Bernd Falk (Hrsg.)
Das große Handbuch
Immobilien-
Management

Bernd Falk (Hrsg.)

Das große Handbuch Immobilien-Management

Die Deutsche Bibliothek – CIP-Einheitsaufnahme

> **Das grosse Handbuch Immobilien-Management** / Bernd Falk
> (Hrsg.) – Landsberg/Lech : mi, Verl. Moderne Industrie, 1997
>   ISBN 3-478-34280-5

© 1997 verlag moderne industrie, 86895 Landsberg/Lech
http://www.mi-verlag.de

Alle Rechte, insbesondere das Recht der Vervielfältigung und Verbreitung sowie der Übersetzung, vorbehalten. Kein Teil des Werkes darf in irgendeiner Form (durch Fotokopie, Mikrofilm oder ein anderes Verfahren) ohne schriftliche Genehmigung des Verlages reproduziert oder unter Verwendung elektronischer Systeme gespeichert, verarbeitet, vervielfältigt oder verbreitet werden.
Umschlaggestaltung: Felix Weinold, Schwabmünchen
Satz: Fotosatz Amann, Aichstetten
Druck: Druckerei Himmer, Augsburg
Bindearbeiten: Thomas, Augsburg
Printed in Germany 340 280/119701
ISBN 3-478-34280-5

Inhaltsverzeichnis

1. Einführung – Grundlagen

Immobilien-Management – Grundlagen, Stand und Entwicklungsperspektiven
Prof. Dr. Bernd Falk, geschäftsführender Gesellschafter,
Institut für Gewerbezentren, Starnberg 11

Informations-Management für Immobilien
Momme Falk, Dipl.-Betriebswirt, Projektleiter,
Institut für Gewerbezentren, Starnberg 37

Management von Wohnungsimmobilien
Prof. Dr. rer. pol. Hansjörg Bach, Hochschullehrer für
Immobilienbetriebslehre, Fachhochschule Nürtingen 69

2. Projektentwicklung und Projektsteuerung von Immobilien

Projektentwicklung von Gewerbeimmobilien
Hans Schlamp, geschäftsführender Gesellschafter,
Accumulata Verwaltungsgesellschaft mbH, München 97

Projekt-Management – Veranlassung und Perspektiven
Rolf Kyrein, Dipl.-Volkswirt, Vorstandsmitglied
der AIH Allgemeine Immobilien Holding AG, Frankfurt am Main ... 119

*Öffentliche Handlungsmöglichkeiten zur Sicherung
des Standortes Innenstadt*
Dr. Ulrich Hatzfeld, Ministerium für Stadtentwicklung, Kultur und
Sport des Landes Nordrhein-Westfalen, und Stefan Kruse,
Dipl.-Geograph, Mitinhaber des Planungsbüros Junker & Kruse,
Stadtforschung + Stadtplanung, Dortmund 145

Vertrags-Management für Immobilien
Dr. jur. Alexander Scholz, Rechtsanwalt, Glock-Liphart-Probst,
Rechtsanwälte, München 165

Juristisches Projekt-Management für Immobilien
Dr. jur. Walter Beck, Dr. Beck, Bennert & Partner,
Rechtsanwälte GmbH, München 187

3. Immobilien-Management: Ausgewählte Funktionen

Gebäude-Management versus Facility-Management
Robert Wahlen, Dipl.-Ing./Dipl.-Wirt. Ing., Inhaber der FMPRO
Facility Management Professional Service Arbeitsplatz
Robert Wahlen, Köln und der FMNetwork Immobilie, Köln 225

Kosten-Management von Immobilien
Dr. Otto Herrmann und Dr. Bernd Neumann, Geschäftsführer,
BauBoden, Systemhaus – Informationssysteme für die
Immobilienwirtschaft GmbH, Mainz 261

Parkflächen-Management
Peter Fischer, Dipl.-Kaufmann, Sprecher des Vorstandes
der APCOA Parking AG, Stuttgart 285

*Risk-Management und Versicherungs-Management
in der Immobilienwirtschaft*
Prof. Dr. Jürgen Nauschütt, Rechtsanwalt, Vorstandsvorsitzender
der DRESDNER Versicherungsmanagement und Beteiligungs-AG,
München 299

Sicherheits-Management für Immobilien
Manfred Zeuner, Produktmanager Sicherheitsdienst,
P. Dussmann GmbH, Dresden und Berlin 327

Controlling von Immobilien-Management-Entscheidungen
Jürgen Krummacker, Dipl.-Ingenieur, geschäftsführender
Gesellschafter, BFC Building Facilities Consulting, Köln 353

4. Marketing-Management für Immobilien

Immobilien-Marketing
Dietmar Franz, Geschäftsführer der
HYPO-Immobilien-Service GmbH, München 381

Kommunikations-Management für Immobilien
Olaf Gaumer, geschäftsführender Gesellschafter,
Gaumer Werbeagentur GmbH, Frankfurt am Main 409

Kommunikations-Management – Strategie und Führungskonzept
Frank Schmeichel, Geschäftsführer, Network Communications –
Marketing Consultants, Leiter Institut für Standort Marketing, Berlin   447

Verkaufs-Management für Immobilien
Dr. Lutz Aengevelt, geschäftsführender Gesellschafter,
Dr. Aengevelt Immobilien KG, Düsseldorf   461

Verkaufs-Management von Gewerbeimmobilien
Jones Lang Wootton, Frankfurt am Main   477

Vermiet-Management für Shopping-Center
Thomas Koerver, Dipl.-Kaufmann, geschäftsführender
Gesellschafter, Brune Consulting GmbH, Düsseldorf   499

5. Finanz-Management für Immobilien

Finanz-Management bei Immobilien oder
Die Sichtweise einer Hypothekenbank bei sich wandelnden Märkten
Horst-Alexander Spitzkopf, Dipl.-Volkswirt, Vorsitzender des
Vorstandes, AHB, Allgemeine Hypothekenbank AG, Frankfurt am
Main, unter Mitarbeit von Klaus Kramer, Dipl.-Kaufmann, Referent,
AHB, Allgemeine Hypothekenbank AG, Frankfurt am Main   519

Immobilien-Leasing und Immobilien-Management
Klaus Feinen, Dipl.-Kaufmann, Sprecher der Geschäftsführung
der Immobilien-Leasing Gesellschaft der Deutsche Bank AG,
Deutsche Immobilien Leasing GmbH (DIL), Düsseldorf   549

Von der Immobilienverwaltung zum Asset-Management
Dr. Klaus Trescher, geschäftsführender Gesellschafter,
in Zusammenarbeit mit Thomas Hoeller, TMW Immobilien AG,
München und Atlanta   569

Finanzierungs-Management von Immobilien in Großbritannien
Dr. Jürgen Blumer, Sprecher des Vorstandes der Württembergischen
Hypothekenbank AG, Stuttgart   621

6. Strategisches Immobilien-Management

Portfolio-Selektion und strategisches Immobilien-Management
Jost Hiernoymus, Vorstandsvorsitzender der AIH, Allgemeine
Immobilien Holding AG, Frankfurt am Main und Dr. Oscar Kienzle,
geschäftsführender Gesellschafter der IC Immobilien Consulting-
und Anlagegesellschaft mbH, Regensburg 639

Portfolio-Management für Immobilien
Peter Welling, Geschäftsführer, PortfolioInvest-Beratung
Management für Immobilien GmbH, Düsseldorf 663

*Wirtschaftslichkeitsberechnungen als Grundlage
für Immobilien-Entscheidungen*
Rolf Grosspeter, Geschäftsführer verschiedener Projektgesellschaften
der Bayerischen Hypotheken- und Wechsel-Bank AG, München 711

*Möglichkeiten und Auswirkungen von Wertsteigerungen
bei Mietverträgen von Gewerbeimmobilien*
Dr. rer. pol. Dr. h.c. Hans Vielberth, geschäftsführender Gesellschafter,
Gewerbepark Regensburg GmbH und Donau Einkaufszentrum GmbH,
Regensburg 735

Auslands-Portfolio-Management bei Offenen Immobilienfonds
Jürgen Wundrack, Geschäftsführer, Deutsche Grundbesitz-
Investmentgesellschaft mbH, Deutsche Bank Gruppe,
Geschäftsbereich Immobilien, Frankfurt am Main 765

Management für Geschlossene Immobilienfonds
Dr. H. Jürgen Tiemann, Mitglied des Vorstandes der KapHag
Vermögensanlagen Handels AG und geschäftsführender
Gesellschafter der KapHag Unternehmen, Berlin 783

*Immobilien-Strategien und Plazierungskonzepte
für Geschlossene Immobilienfonds*
Roland Pellegrino, Geschäftsführer, Kapital-Consult, Gesellschaft
für Konzeption und Marketing von Kapitalanlagen GmbH, Stuttgart   811

*Corporate Real Estate – Funktionen und Voraussetzungen
für ein Immobilien-Managaement durch den Staat*
Karl-Heinz Ehlers, Direktor, Alleinvorstand der Sprinkenhof AG,
Hamburg 827

1

Einführung – Grundlagen

Immobilien-Management – Grundlagen, Stand und Entwicklungsperspektiven

Prof. Dr. Bernd Falk, geschäftsführender Gesellschafter, Institut für Gewerbezentren, Starnberg

Inhalt

1.	Grundlegung und Einführung	13
1.1	Management von Immobilien	13
1.1.1	Definition	13
1.1.2	Der Immobilien-Manager	14
1.1.3	Management-Ebenen	15
1.1.4	Zielgruppen	15
1.1.5	Eigenregie oder Fremdvergabe	16
1.2	Immobilienwirtschaft	17
1.2.1	Immobilienwirtschaft – Grundlagen und Bedeutung	17
1.2.2	Immobilienmärkte	18
1.2.3	Marktteilnehmer	19
1.2.4	Facettenreichtum der unterschiedlichen Immobilienarten	19
1.3	Organisationen im Immobilien-Management	20
2.	Aufgabenfelder des Immobilien-Managements	21
2.1	Immobilien-Management unter ausgewählten funktionalen Aspekten	22
2.1.1	Informations-Management	22
2.1.2	Facility-Management	23
2.1.3	Vermiet- und Verkaufs-Management	24
2.1.4	Projekt-Management	25
2.1.5	Flächen-Management	25
2.1.6	Immobilien-Marketing	26
2.1.7	Immobilien-Controlling	27
2.1.8	Finanz-Management	27
2.1.9	Vertrags-Management	28

2.2	Immobilien-Management unter ausgewählten institutionellen Aspekten	29
2.2.1	Besonderheiten	29
2.2.2	Industrie- und Gewerbeparks	29
2.2.3	Büroimmobilien	30
2.2.4	Handelsimmobilien bzw. Shopping-Center	31
2.2.5	Freizeit-Immobilien bzw. Urban-Entertainment-Center	32
2.2.6	Betreiber-Immobilien	32
2.3	Immobilien-Management unter strategischen Aspekten	33
2.3.1	Aktualität und Erfordernis	33
2.3.2	Aufgaben des strategischen Immobilien-Managements	33
2.3.3	Corporate-Real-Estate-Management	34
2.3.4	Portfolio-Management	35
3.	Entwicklungsperspektiven im Immobilien-Management	35

1. Grundlegung und Einführung

1.1 Management von Immobilien

1.1.1 Definition

Die Bedeutung des Immobilien-Managements hat in der Bundesrepublik Deutschland in der letzten Zeit einen neuen Stellenwert erhalten. Ausgelöst durch die rezessive Entwicklung des Immobilienmarktes wurden in der Vergangenheit von allen Unternehmen Bereiche gesucht, in denen Einsparungspotentiale vorhanden waren. Insbesondere bei den großen bundesdeutschen Produktions- und Industrieunternehmen wie Thyssen, Veba, Siemens etc. wurde in Anbetracht der wirtschaftlichen Marktbedingungen auch über das nicht „betriebsnotwendige" Kapital nachgedacht – mit der Folge, daß mittlerweile einige dieser Unternehmen über eigenständige Immobilienfirmen verfügen. Diese sind dazu da, einer zunehmend ganzheitlich orientierten Stoßrichtung des Immobilien-Managements Rechnung zu tragen, wobei an dieser Stelle die Frage zu stellen ist, was hierunter überhaupt zu verstehen ist.

Während das Management in der Betriebswirtschaftslehre als das zielorientierte Führen von Wirtschaftsunternehmen zu verstehen ist, steht beim Immobilien-Management nicht die Unternehmung, sondern vielmehr das Gut „Immobilie" im Vordergrund. Hieraus läßt sich folgern, daß grundsätzlich der Eigentümer einer Immobilie an einem professionellen Immobilien-Management interessiert sein muß.

Aufgrund der Langfristigkeit einer Immobilienanlage ist es nicht immer einfach, die Qualität eines Immobilien-Managements exakt zu messen. Aus der Erfahrung, die in den vergangenen Jahren gemacht wurde, wird sich dieses daher nicht nur an den Mieterträgen ausrichten, sondern vielmehr auch an der Wertsteigerung der Immobilie, die erst nach einem Immobilienverkauf genau quantifizierbar wird.

Summa summarum: Unter Immobilien-Management werden alle Prozesse des Planens, Entscheidens, Realisierens und Kontrollierens verstanden, um auf lange Sicht für eine Immobilie den größtmöglichen Gewinn zu erzielen, und zwar unter Beachtung bestimmter Nebenbedingungen.

1.1.2 Der Immobilien-Manager

Die Hauptaufgabe eines Immobilien-Managers besteht in der Maximierung des Gewinns von Immobilien eines Eigentümers durch Werterhalt bzw. noch besser durch Wertsteigerung und Sicherung respektive Optimierung der laufenden Erträge. Mit anderen Worten, der Immobilien-Manager wird versuchen, die Netto-Erträge einer Immobilienanlage für den Eigentümer über den Lebenszyklus des Gebäudes hinweg zu optimieren. Ausschließlich auf die Pünktlichkeit und Regelmäßigkeit der Mietzahlungen zu achten und freiwerdende Flächen wieder zu vermieten reicht hier bei weitem nicht aus. Vielmehr übersteigt die Tätigkeit eines Immobilien-Managers aufgrund seiner Komplexität und Vielseitigkeit bei weitem die Aufgaben eines reinen Hausverwalters.

Bereits seit Jahren werden im Bereich „Immobilien-Management" in den Vereinigten Staaten von Amerika hohe Zuwachsraten erzielt. Unterschieden werden hierbei der einzelne Manager, das Management-Unternehmen sowie die Immobilien-Management-Abteilungen innerhalb von Banken, Versicherungen etc. Ein eigenständiger Wissenschaftsbereich ist somit entstanden.

Auch in der Bundesrepublik Deutschland sind Immobilien-Manager zunehmend gefragt. Der erfolgreiche Manager auf diesem Sektor muß heute über ein „Fingerspitzengefühl" für den Markt, einen hohen Wissensstandard in bezug auf technische, wirtschaftliche und rechtliche Inhalte sowie über eine hohe Kommunikationsfähigkeit verfügen. Permanente Entscheidungen aufgrund veränderter Marktbedingungen werden von ihm gefordert. Die Vielseitigkeit dieser Aufgabe kommt nicht zuletzt in den umfangreichen Tätigkeitsfeldern zum Ausdruck. Neben Marktanalysen, Werbemaßnahmen, Vermiet- und Verkaufsgesprächen oder Marketing-Aufgaben gehören auch einfache technische Entscheidungen zum Alltag. Nicht zuletzt wird vom Immobilien-Manager Geschicklichkeit im Umgang mit Eigentümern, Mietern, Angestellten, Miet- oder Kaufinteressenten oder anderen Beteiligten in der Immobilienwirtschaft gefordert.

Nur in wenigen Bereichen haben sich bereits eigenständige Berufsbezeichnungen für Immobilien-Manager durchgesetzt. Hierunter fallen beispielsweise die Center-Manager von Einkaufszentren, Passagen und Galerien sowie die Projekt-Manager, die die Gesamtheit der Führungsaufgaben (Organisation, Techniken und der Einsatz verschiedener Mittel) für die Abwicklung eines Projektes wahrnehmen. Auch die aus dem amerikanischen Raum stammenden Berufsbezeichnungen des Facility-Managers und des Corporate-Real-Estate-Managers haben sich mittlerweile in Deutschland etabliert. Demgegenüber gibt es für andere funktionale Aufgabenbereiche des Immobilien-Managements noch keine eigenständigen Berufsbilder.

1.1.3 Management-Ebenen

Das Immobilien-Management kann entsprechend dem St. Gallener Management-Konzept in das normative und strategische einerseits sowie in das operative Management andererseits differenziert werden. Während dem normativen und strategischen Management eher eine Gestaltungsfunktion zukommt, ist es Aufgabe des operativen Managements, lenkend in die Unternehmens- bzw. Immobilienentwicklung einzugreifen.

Aufgrund erschwerter Marktbedingungen in der bundesdeutschen Immobilienwirtschaft, die durch ein häufig anzutreffendes Informationsdefizit verstärkt werden, wird es für Marktteilnehmer wie Immobilienunternehmen und -eigentümer zukünftig besonders darauf ankommen, ein optimales Immobilien-Management-System einzurichten bzw. das vorhandene neu zu strukturieren. Dabei sind zunächst im Rahmen des normativen Managements die generellen Ziele der Unternehmung bzw. der Immobilien-Eigentümer und deren Prinzipien, Normen und Spielregeln zu implementieren, um so die Lebens- und Entwicklungsfähigkeit sicherzustellen.

Das strategische Management hat im Gegensatz dazu den Aufbau, die Pflege und die Ausschöpfung von Erfolgspotentialen zur Zielsetzung. Die Gesamtheit aller produkt- und marktspezifischen erfolgsrelevanten Voraussetzungen kann hierbei nach Gälweiler als sogenanntes Erfolgspotential verstanden werden. Das strategische und normative Management wird dann mit Hilfe des an kurzfristigen Gewinnzielen ausgerichteten operativen Managements umgesetzt.

1.1.4 Zielgruppen

Die Zielgruppe des Immobilien-Managements reicht vom „Ersterwerber" bis hin zum gut informierten sogenannten „Mehrfach-Investor". Entsprechend des Informationsstandes des Immobilien-Eigentümers, und damit der Zielgruppe, kann der Umfang möglicher Managementleistungen erheblich variieren. Während der Ersterwerber einer Immobilie in Abhängigkeit von der Immobilienart im Regelfall ein umfangreiches Angebot an Managementleistungen benötigt, ist diese bei einem Mehrfach-Investor im Hinblick auf seinen persönlichen Informationsstand sehr differenziert auszuarbeiten und individuell zuzuschneiden. Die ganzheitliche Betrachtungsweise des Immobilien-Managements darf dabei jedoch nicht verlorengehen. In diesem Zusammenhang ist daher auch die Frage nach Eigenregie oder Fremdvergabe zu beantworten.

1.1.5 Eigenregie oder Fremdvergabe

Inwiefern ein eigenes Management für geplante und bestehende Immobilien aufgebaut werden muß oder inwieweit man sich der Leistungen eines externen Unternehmens bedienen kann, hat jeder Immobilien-Eigentümer nach den Erfordernissen des speziellen Falls selbst zu entscheiden. Bei den Immobilienaktivitäten großer Konzerne ist es aufgrund des umfangreichen Objektbestandes meist zweckmäßig, eigenständige Immobiliengesellschaften aufzubauen. Diese managen die Liegenschaften unter dem Aspekt des Corporate Real Estate. So werden beispielsweise die Objekte des Daimler-Benz-Konzerns durch die debis Immobilien GmbH (DIM), die der Thyssen AG durch die Thyssen Immobilien GmbH sowie die der Deutsche Telekom AG durch die DeTeIMMOBILIEN GmbH gemanagt. Diese Form des Immobilien-Managements schließt jedoch nicht aus, daß Teilbereiche wie etwa das Sicherheits-Management oder auch das Parkflächen-Management mit Hilfe von Outsourcing ausgelagert werden.

Auf dem bundesdeutschen Immobilienmarkt sind im Bereich der Handelsimmobilien nur wenige Management-Gesellschaften aktiv. Die Komplexität eines Shopping-Centers macht es beispielsweise erforderlich, einen gut ausgebildeten und mit dem erforderlichen Fachwissen versehenen Center-Manager einzusetzen. Während Eigentümer mit einer geringen Objektanzahl in der Regel die Fremdvergabe präferieren, bauen Immobiliengesellschaften mit mehreren Objekten meist eigenständige Managementgesellschaften hierfür auf. Branchenführer mit insgesamt zirka 40 Einkaufszentren ist die ECE Projektmanagement GmbH in Hamburg, gefolgt von der CMG Center-Management-Entwicklungs-GmbH und der ICM-Immobilienverwaltungs- und Centermanagement GmbH.

Aber auch Privatpersonen, die über einen umfangreichen Immobilienbesitz verfügen, sollten sich regelmäßig die Frage nach Eigenregie oder Fremdvergabe stellen. In den USA und in vielen anderen Ländern weltweit wird in solchen Fällen meist ein eigenständiger Asset-Manager, d. h. ein Gebäude- bzw. Sachanlagenverwalter, beauftragt, der den Immobilienbestand unter dem Aspekt der Gewinnoptimierung managt. Denkbar ist hierbei die Einschaltung eines eigenständigen Unternehmens oder die Auftragsvergabe im Rahmen eines Angestelltenverhältnisses. Die Entscheidungsfindung wird u. a. durch die Objektgröße beeinflußt.

Bei kleineren Immobilien fehlt häufig das erforderliche Management, da sich das Einstellen eines eigenständigen Objekt-Managers häufig nicht rechnet. In den USA kann das Management eigenen Management-Gesellschaften übertragen werden, man vermag so mehrere Immobilien in die Obhut eines Objekt-Managers zu legen. Ungeahnte Potentiale werden sich auf diesem Sektor in Zukunft noch ausschöpfen lassen.

1.2 Immobilienwirtschaft

1.2.1 Immobilienwirtschaft – Grundlagen und Bedeutung

Unter Immobilienwirtschaft kann der Zweig der Volkswirtschaft verstanden werden, in dem die wirtschaftlichen Leistungen zur Schaffung und Bewirtschaftung von Immobilien erbracht werden. Alle Maßnahmen und Tätigkeiten zur Deckung des Bedarfs an Immobilien – wie die Planung, die Finanzierung, der Bau, die Vermittlung, die Bewirtschaftung, etc. – können hierunter subsumiert werden.

Die Grundlage für diesen Wirtschaftszweig bildet das Gut „Immobilie". Eine einschlägige Definition dieses Begriffes unter Berücksichtigung der gesetzlichen Bestimmungen hat der deutsche Gesetzgeber noch nicht formuliert. Ersatzweise läßt sich jedoch auf die Bezeichnung „Grundstück" zurückgreifen. Dieses wird als ein abgegrenzter Teil der Erdoberfläche definiert, der eine wirtschaftliche Einheit bildet. Unter betriebswirtschaftlichen Gesichtspunkten, d.h. aus Sicht des Eigentümers bzw. Investors, wird der Wert eines Grundstückes im wesentlichen durch die Nutzungsmöglichkeit an sich bestimmt. Neben dem Grundstück, und damit dem Standort, ist vielmehr auch die Immobilie bzw. der Immobilientyp im Rahmen eines Immobilien-Managements relevant.

Mit einem Umsatzvolumen von 340 Mrd. DM in 1996 zählt der Immobilienmarkt zum größten Teilmarkt der bundesdeutschen Volkswirtschaft. Die Bedeutung des Immobilien-Managements wird so nicht zuletzt auch aus dem Volumen des Wohnungs- und Wirtschaftsbaus ersichtlich, das sich im Jahr 1996 auf 463,9 Mrd. DM belief. Davon entfielen 157,1 Mrd. DM auf den Sektor der Gewerbeimmobilien.

Nicht weniger bedeutend für das Immobilien-Management ist aufgrund seines überdurchschnittlich hohen Marktanteiles innerhalb der Immobilienwirtschaft der Wohnungsmarkt zu bewerten. Mit 35 Millionen Wohnungen in Deutschland und einer Wohnfläche von zirka 3 Mrd. Quadratmetern lassen sich zwar grobe Rückschlüsse auf das Immobilien-Management ziehen, jedoch kann man sie nicht exakt quantifizieren. Berechnungen haben ergeben, daß sich bei einer angenommenen Wohnfläche von durchschnittlich 60 Quadratmetern pro Haushalt ein Marktvolumen von 20 Millionen Wohnungen ergibt, die einer Fremdverwaltung unterliegen bzw. ein Management erfordern. In Anbetracht der Bedeutung dieses Zweiges der Volkswirtschaft, die sich klar daraus ergibt, ist es verwunderlich, daß das Immobilien-Management immer noch keinen entsprechenden Stellenwert hat.

1.2.2 Immobilienmärkte

Der Immobilienmarkt kann als der Ort definiert werden, an dem Nachfrage und Angebot aufeinandertreffen. Aufgrund der Besonderheit der bereits erwähnten Standortgebundenheit ist er aber mit keinem anderen vergleichbar. Denn: Bei einer Verschiebung der Nachfrage kann die Immobilie aufgrund ihrer Immobilität nicht in ein anderes Bedarfsgebiet gebracht werden, woraus erhebliche Konsequenzen für das Immobilien-Management ableitbar sind.

Das Immobilien-Management macht es erforderlich, die richtigen Entscheidungen, auch immer in bezug zu den lokal unterschiedlichen Erfordernissen zu stellen. Aufgrund der Vielzahl verschiedener regionaler Teilmärkte wird diese Aufgabe des Immobilien-Managers erheblich erschwert, wenn er für mehrere Teilmärkte verantwortlich ist. Das gilt besonders, wenn der Eigentümer selbst oder ein Verwalter die Aufgabe inne hat. Der Informationsgewinnung ist daher ein hoher Stellenwert beizumessen.

Im Gegensatz zum britischen und französischen weist der bundesdeutsche Immobilienmarkt eine polyzentrische Struktur auf. Das heißt, daß der Immobilienmarkt nicht durch *eine* wichtige Metropole geprägt ist, sondern vielmehr durch eine Vielzahl an Teilmärkten, die über unterschiedliche Spezialisierungen verfügen und einem laufenden Wandel unterliegen. Die Arbeit des Immobilien-Managements wird auch durch diese polyzentrische Marktstruktur erheblich erschwert. Die Beobachtung der Märkte hinsichtlich der Marktveränderungen auf internationaler, europäischer, bundesdeutscher oder auch regionaler Ebene zählt damit zu den wesentlichen Aufgaben des Immobilien-Managements. Nur *der* Immobilien-Manager, der das Ohr „am Puls der Zeit" hat, wird auf Dauer die richtigen Management-Entscheidungen treffen können.

1.2.3 Marktteilnehmer

Neben einer Vielzahl unterschiedlicher Teilmärkte sind in der Immobilienwirtschaft auch eine ganze Reihe heterogener Marktteilnehmer zu finden, über die ein Immobilien-Manager entsprechend gut informiert sein sollte.

- Offene Immobilienfonds
- Geschlossene Immobilienfonds
- Projektentwickler/Developer
- Architekten
- Immobilien-Manager
- Wohnungsunternehmen
- Konkurs- und Zwangsverwalter
- Immobilienmakler
- Immobilien-Marktforschungsinstitute
- Bankengebundene Immobilien-Vermittlungsgesellschaften
- Immobilien-Leasinggesellschaften
- Versicherungen
- Pensionskassen
- Bauträger
- Immobilienverwalter
- Wohnungsbaugenossenschaften
- Immobiliensachverständige
- Staatliche Verwaltungen
- Kreditinstitute
- Immobilienanlageberatungen
- Immobilien-Aktiengesellschaften
- sonstige Unternehmen

Abb. 1: Die verschiedenen Marktteilnehmer

1.2.4 Facettenreichtum der unterschiedlichen Immobilienarten

Die Anforderungen an ein Immobilien-Management werden durch die Immobilienmärkte und Marktteilnehmer, aber durch den Facettenreichtum an Immobilienarten bestimmt. Grundsätzlich lassen sich Immobilien in Wohn- und Gewerbeimmobilien differenzieren. Nach der Definition des Statistischen Bundesamtes gehören zu den Wohnimmobilien alle Wohnbauten, d. h. Gebäude, die mindestens zur Hälfte Wohnzwecken dienen. Die Auflistung in Abbildung 2 zeigt das breite Spektrum möglicher Wohnungsimmobilien.

Während sich das Leistungsprofil im Immobilien-Management für den Wohnungsbereich nicht sehr von dem allgemeinen Immobilien-Management unterscheidet, ist bei der Differenziertheit der Gewerbeimmobilienarten eine Spezialisierung unbedingt erforderlich. Angefangen bei der kleinsten Laden- und Büroeinheit bis hin zu den multifunktionalen Einkaufs- und Gewerbezentren ist die Brandbreite der verschiedenen Objekte außerordentlich groß.

- Appartements
- Eigentumswohnungen
- Altbauwohnungen
- Neubauwohnungen
- Maisonette-Wohnungen
- Penthouse-Wohnungen
- Dachgeschoß-Wohnungen
- Reihenhäuser
- Doppelhaushälften
- Einfamilienhäuser
- Landhäuser/Bauernhäuser
- Bungalows
- Niedrigenergiehäuser
- Zweifamilienhäuser
- Mehrfamilienhäuser
- Hochhäuser des Wohnungsbaus
- Villen etc.

Abb. 2: Überblick über die Bandbreite an Wohnimmobilien

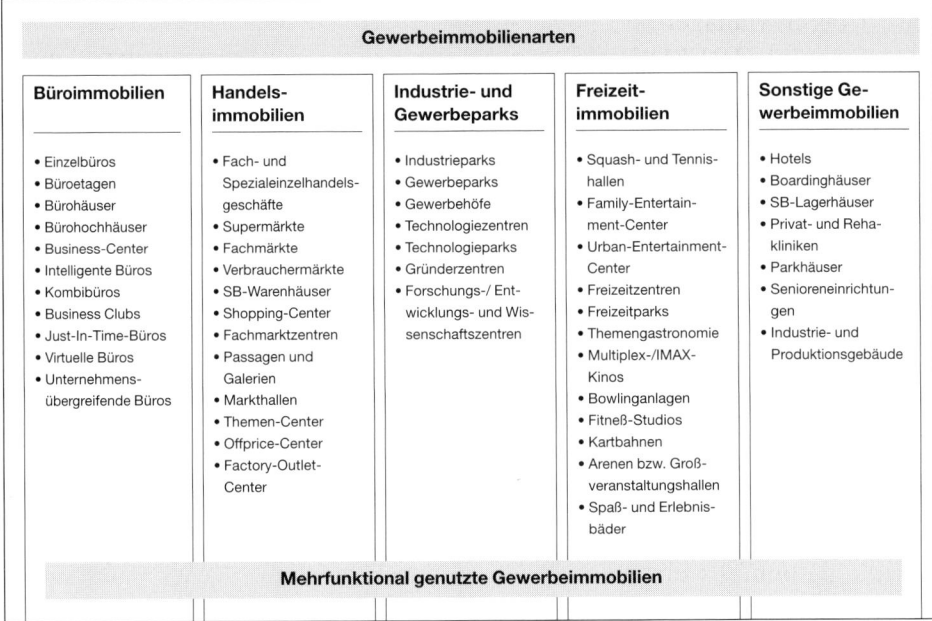

Abb. 3: Die wichtigsten Gewerbeimmobilienarten
Quelle: Institut für Gewerbezentren

1.3 Organisationen im Immobilien-Management

In den Vereinigten Staaten haben sich bereits erstmalig im Jahre 1908 zirka 75 Immobilien-Eigentümer zusammengefunden, um sich im Rahmen einer Konferenz über das Immobilien-Management von Büroimmobilien auszutauschen. Die aus diesem Treffen hervorgegangene „Chicago Building Managers Organization" wurde anschließend regelmäßig einmal im Jahr in unterschiedlichen Städten zusammengerufen. Weitere Organisationen wie die „Building Owners and Managers Association" (BOMA), aus der später die „Building Owners and Managers Association International" hervorging, und das im Jahr 1933 gegründete „Institute of Real Estate Management" (IREM) folgten.

Mit Vereinigungen wie der „Systems Maintenance Adiministrators" (SMA), der „Facility Management Administrators" (FMA) sowie im Handelsbereich den „International Council of Shopping-Centers" (ICSC) oder der „National Association of Retailers" (NAR) gründeten sich noch weitere spezialisierte Organisationen. Von diesen wurden im späteren Verlauf auch die Aus- und Weiterbildungsaufgaben vorgenommen, wodurch dann managementspezifische Berufsbezeichnungen wie „Certified Property Manager" (CPM), „Real Property Administrator" (RPA) oder „Certified Shopping Center Manager" (CSM) geprägt wurden. Das Institute of Real Estate Management (IREM) beispielsweise zeichnete auch Management-Unternehmen mit dem Titel „Accredited Management Organisation" (AMO) für ein besonders qualifiziertes Management aus.

In der Bundesrepublik Deutschland gründeten sich Organisationen im Immobilien-Management zu einem sehr viel späteren Zeitpunkt. Die GEFMA, Deutscher Verband für Facility Management e.V., Bonn, wurde erst im Jahre 1989 ins Leben gerufen. Die GEFMA (German Facility Management Association) versteht sich als Plattform für einen kontinuierlichen Informationsaustausch und fördert den internationalen Know-how-Transfer durch die Kooperation mit amerkanischen, britischen, japanischen und niederländischen Facility-Management-Verbänden. Neben der GEFMA gingen aus der „International Facility Management Association" (IFMA) in den USA die IFMA Deutschland e.V. und auch eine weitere bundesdeutsche Organisation hervor, die den Interessenaustausch der Facility-Manager fördern. Ebenfalls erst einige Jahre zurück liegt die Gründung des „German Council of Shopping Centers" (GCSC). Diese Organisation sieht den Interessenaustausch im Bereich der Handelsimmobilie als ihre wichtigste Aufgabe an.

2. Aufgabenfelder des Immobilien-Managements

Die Aufgabenfelder des Immobilien-Managements können in funktionale, institutionelle sowie strategische Aspekte differenziert werden. Während sich das Immobilien-Management unter funktionalen Aspekten mit der Vielzahl möglicher Aufgabenfelder eines Immobilien-Managers beschäftigt, werden bei den institutionellen Aspekten die spezifischen Management-Anforderungen unterschiedlicher Immobilienarten näher betrachtet. In dem abschließenden Kapitel 3. wird die zunehmende Notwendigkeit einer ganzheitlichen Betrachtungsweise im Rahmen eines strategischen Immobilien-Managements noch deutlich werden.

2.1 Immobilien-Management unter ausgewählten funktionalen Aspekten

2.1.1 Informations-Management

Grundlage jeder Entscheidung im Immobilien-Management bildet die Informationsbeschaffung. Die Bedeutung eines umfangreichen und zielführenden Informations-Managements ist aber leider in der deutschen Immobilienwirtschaft noch nicht jedem Marktteilnehmer bekannt. Denn: Jede Management-Entscheidung wird immer nur so gut sein, wie die Informationsbasis, auf der sie beruht.

Die bereits jetzt deutlich gewordenen Fehlentscheidungen bei der Entwicklung von Einkaufszentren in den neuen Bundesländern nach der Wiedervereinigung hätten beispielsweise durch ein professionelles Informations-Management vermieden werden können. Eine zu geringe Flächenproduktivität und eine zu hohe Mieterfluktuation bzw. enorme Flächenleerstände sind erste Indikatoren für das Center-Management, den Problemfeldern mittels Objektanalysen sofort auf den Grund zu gehen. Auch die hohen Kosten zur Beseitigung der Objektfehler können im Regelfall vermieden werden, sofern die Ergebnisse von Markt- und Standortanalysen auch rechtzeitig in die Projektentwicklung einfließen.

Das Informations-Management ist jedoch nicht nur in der Entwicklungsphase einer Immobilie gefordert, sondern vielmehr auch während seines gesamten Lebenszyklus, um Marktveränderungen rechtzeitig zu erkennen und entsprechende Entscheidungen zu treffen. Dieses gilt insbesondere vor dem Hintergrund einer zunehmenden Globalisierung der Wirtschaft, einer Entwicklung von der Industrie- zur Informationsgesellschaft, einer Veränderung des Konsumentenverhaltens, eines Handels vom Massen- zum Mikromarkt sowie einer Verschiebung des Bedarfs durch Tele-Shopping und Homearbeitsplätze.

Informationen über Märkte, Wettbewerber und Nutzer stehen am Ausgangspunkt eines professionellen Immobilien-Managements. Bei einer zunehmenden Verschärfung des nationalen und internationalen Wettbewerbs wird sich so nur der Immobilien-Manager im Markt behaupten, der sich der umfangreichen Aufgabenfelder der Informationsgewinnung wie der Analyse der allgemeinen Rahmenbedingungen (der Regional-Analyse, der Markt-, Standort- und Objekt-Analyse, der Wettbewerbs-Analyse, der Unternehmens-Analyse, der Analyse der Nachfrager und Nutzer), der neuesten Erkenntnisse über die Zielgruppen sowie auch der Marketing-Ergebnis-Forschung bedient.

2.1.2 Facility-Management

Unter dem Begriff Facility-Management fallen eine Vielzahl unterschiedlicher funktionaler Aufgabenbereiche des Immobilien-Managements zusammen. Nach Wahlen beispielsweise wird das Immobilien-Facility-Management als eine kundenorientierte, ganzheitliche Managementleistung definiert, die sich mit komplexen Entscheidungsgrundlagen zur optimalen Planung, Nutzung und Nutzungsanpassung von Gebäuden, deren Anlagen, Einrichtungen und Dienstleistungen, gestützt durch Informationssysteme, befaßt. Es sollte die Unternehmensleitung strategisch unterstützen und jeden wertschöpfenden Arbeitsplatz mit Know-how versorgen.

Die Zielsetzung dieser ganzheitlichen und umfassenden Immobilien-Managementleistung liegt in einer langfristigen Ertragssteigerung bzw. Werterhaltung – sowohl für den Investor als auch für den Nutzer. Das hier in Frage kommende Marktvolumen wird von namhaften Unternehmensberatungen auf zirka 60 Mrd. DM pro Jahr beziffert. Da nach Schätzungen gegenwärtig hier erst ein Marktvolumen von 35 Prozent erschlossen ist, wird für die Zukunft ein jährliches Wachstum von beachtlichen 10 Prozent prognostiziert.

Facility-Managementleistungen sollten bereits in die Planungsphase einer Immobilie eingebunden werden, um einen möglichst effizienten Einsatz zu erreichen. Planungsfehler, die sich im nachhinein als Hauptursache von zu hohen Nutzungskosten herausstellen könnten, dürften so bereits im Vorfeld verhindert werden. Auf diese Weise sind die richtigen Weichen für eine hohe Nutzungsqualität und Werterhaltung gestellt.

Die Erbringung einer Facility-Managementleistung kann sowohl durch unternehmenseigenes Personal erfolgen, aber auch an hierfür spezialisierte Dienstleistungsunternehmen durch Outsourcing ausgelagert werden. Solche Überlegungen sollten allerdings bereits bei der strategischen Ausrichtung eines Unternehmens bzw. eines privaten Immobilien-Eigentümers angestellt werden, um mögliche Informationsdefizite zu vermeiden.

Die Einführung des Facility-Managements ermöglicht Einsparungen von bis zu 20 Prozent der bisherigen Kosten. Wie und wo solche Einsparungen erzielt werden, kann dem Abschnitt „Gebäude-Management versus Facility-Management" dieses Handbuches entnommen werden.

Während das Facility-Management in den USA sowie in den europäischen Staaten England, Holland und Frankreich bereits seit einigen Jahren praktiziert wird, befindet sich dieser Bereich in Deutschland noch am Anfang. In den kommenden Jahren ist aber mit einem permanenten Ausbau zu rechnen, welcher auch durch die vorausgesagten zehnprozentigen Wachstumspotentiale begründet werden kann.

2.1.3 Vermiet- und Verkaufs-Management

Obwohl das Vermiet- und Verkaufs-Management lediglich einen Teilbereich des ganzheitlichen Immobilien-Managements ausmacht, ist deren Bedeutung eminent wichtig, da die gesamte Rendite hierdurch maßgeblich bestimmt wird. Während das Vermiet-Management auf den ganzen Lebenszyklus einer Immobilie verteilt ist, ist das Verkaufs-Management mit der Investition eines Anlegers beendet.

Die Qualität des Vermiet-Managements wird sich nachhaltig auf die jährlichen Erträge einer Immobilie auswirken. Damit heißt Vermiet-Management nicht nur einmalige Vermietung, sondern ist vielmehr eine laufende Mieterbetreuung, um rechtzeitig den Wünschen hinsichtlich gewünschter Flächenerweiterungen oder -verkleinerungen entsprechen zu können. Neben der eigentlichen Mieterbetreuung ist nicht zuletzt auch eine Marktbeobachtung erforderlich, die es dem Vermiet-Management ermöglicht, rechtzeitig auf veränderte Marktbedingungen reagieren zu können. Dieses setzt jedoch voraus, daß entsprechende mietvertragliche Regelungen getroffen wurden. Der Mietvertrag ist demnach als Steuerungsinstrument für das Vermiet-Management zu bewerten.

Neben den monatlichen Mieterträgen wird die Rendite nicht zuletzt auch durch die Wertsteigerung bestimmt. Immobilien-Eigentümer müssen sich daher bei ihren Objekten permanent die Frage stellen, wann der optimale Zeitpunkt für einen Immobilienverkauf gekommen ist. Verkaufs-Management wird daher zu einem sehr viel früheren Zeitpunkt als dem eigentlichen Verkaufszeitpunkt notwendig. Bei Rendite-Immobilien wird die Qualität des Verkauf-Managements entscheidend durch die des Vermiet-Managements bestimmt, da der Verkaufspreis sich regelmäßig aus dem vielfachen der Jahresmieteinnahmen errechnet.

2.1.4 Projekt-Management

Das Projekt-Management konzentriert sich auf die Realisierungsphase von Immobilien, es wirkt sich damit aber auch auf den gesamten Lebenszyklus aus. Der Projekt-Manager legt so die Grundlage für das sich hieran anschließende Objekt-Management oder Center-Management. Unter Projekt-Management wird – wie schon erläutert – die Gesamtheit von Führungsaufgaben, -organisationen, -techniken und -mitteln für die Abwicklung eines Immobilien-Projektes verstanden. Im Gegensatz zum allgemeinen Immobilien-Management ist das Projekt-Management zeitlich enger begrenzt, und zwar bis zur Zielerreichung des Projektes befristet. Nach erfolgter Erst-Vermietung und Übergabe des Projekts an die Mieter übernimmt beim nun fertiggestellten Objekt das „Objekt-Management", wie beispielsweise der Center-Manager, die notwendigen weiteren Aufgaben. Vorteilhaft wirkt sich regelmäßig die vorzeitige Einbindung des Objekt-Managers auf die Planungsphase aus, da hierdurch die spezifischen Betreibererfahrungen, die man bei einer bestimmten Immobilienart macht, bereits in der Planungs- und Realisierungsphase Berücksichtigung finden.

Die Stärke des optimalen Projekt-Managements zeigt sich in der exakten Analyse aller relevanten technischen, rechtlichen und wirtschaftlichen Arbeitsergebnisse aus der Planungsphase sowie der Zeit der Baudurchführung. Im Mittelpunkt aller Bemühungen stehen die Rentabilität und die nachhaltige, dauerhafte Ertragssicherung einer Immobilie, was mit der allgemeinen Zielsetzung des Immobilien-Managements einhergeht.

2.1.5 Flächen-Management

Unter Flächen-Management kann die quantitativ wie auch qualitativ-optimierte Ausnutzung aller Flächen einer Immobilie verstanden werden, wobei die Zielsetzung in einer höheren Flächenproduktivität bzw. Wertsteigerung liegt, die mit dem allgemeinen Ziel des Immobilien-Managements in Übereinstimmung steht. Erhebliche Potentiale können durch ein professionelles Flächen-Management für eine Immobilie gebunden werden. Vergegenwärtigt man sich beispielsweise, daß Büroflächen regelmäßig nur zu zirka 16 Prozent der zeitlichen Verfügbarkeit genutzt werden, so wird hieraus das Einsparungspotential im Rahmen eines Flächen-Managements nur allzu bewußt.

Hierfür ist zunächst eine Ist-Analyse erforderlich, die neben der jeweiligen Flächenstruktur auch die Belegung der Räume nach unterschiedlichen Nutzungsbereichen sowie ihrer Lage aufnimmt. Neben dieser quantitativen Aufnahme ist auch die Qualität der Flächen zu bewerten.

Die Ermittlung des Soll-Zustandes folgt der umfassenden Bestands-Analyse. Bisherige Flächenstrukturen sind dabei in Frage zu stellen. Ein Abgleich des Soll-Zustandes mit der vorherrschenden Flächenstruktur wird Reserven bzw. Potentiale aufdecken, die durch geeignete Maßnahmen zu erschließen sind. Möglicher Handlungsbedarf im Flächen-Management von Immobilien ergeben sich aus der Auflistung unten. Folgende Überlegungen spielen hier eine Rolle:

- Selbstnutzung, Vermietung oder Verkauf,
- Überbauung von Höfen,
- Verbindung zu attraktiven Nachbarn mittels Brücken, Unterführungen etc.,
- Flächenerweiterungen (z. B. durch Aufstockung),
- Flächenreduzierungen (z. B. durch Stillegung oder Vermietung),
- Boden-, Wand- oder Raumnutzung verändern,
- Ausnutzung der Flächen unter den Rolltreppen,
- Auslagerung von (Neben-) Flächen (z. B. Warenhäuser, Post etc.),
- Parkierungsflächen (Attraktivitätserhöhung bzw. Kapazitätsauslastung),
- Abriß und Wiederaufbau.

2.1.6 Immobilien-Marketing

Bei einem bis vor wenigen Jahren zu verzeichnenden überwiegenden Nachfragemarkt in der Immobilienwirtschaft gab es in der Vergangenheit nur wenig Gründe, über ein gezieltes Immobilien-Marketing nachzudenken. Bei veränderten Marktbedingungen ist es allerdings heutzutage erforderlich, Marketing als eine Managementaufgabe zu verstehen, die alle Unternehmensbereiche gleichermaßen betrifft. Im Idealfall sollte daher ein integriertes Marketingkonzept vorliegen, das systematisch am Absatzmarkt ausgerichtet ist.

Um trotz der Komplexität des Immobilienmarktes als Unternehmen erfolgreich zu sein, müssen beispielsweise zielgruppenorientierte Informationen – wie aus der Marktforschung, der Kostenrechnung und des Objekt-Managements – den Ausgangspunkt eines professionellen Immobilien-Marketings bilden. Marketing umfaßt dabei alle unternehmerischen Maßnahmen zur Beschaffung und zum Verkauf oder zur Vermietung einer Immobilie. Bei sich ständig ändernden Einflüssen im Immobilienmarkt ist eine schnelle und flexible Reaktion auf veränderte Marktbedingungen absolut notwendig. Daher bedarf es einer strategischen Orientierung des Immobilienunternehmens. Das strategische Marketing stellt dabei das richtige zukunftsgestaltende Instrumentarium zur Entscheidungsfindung im Unternehmen dar. Die

Umsetzung der Unternehmensziele ist an den Kundenwünschen auszurichten. Nicht was *wir* wollen, sondern was *der Kunde* will, bestimmt das Marketing. Die Umsetzung erfolgt durch das entsprechende marketingpolitische Instrumentarium, dessen Einsatz und Gewichtung von den Zielgruppen und Strategien des Unternehmens abhängig ist.

2.1.7 Immobilien-Controlling

Während das Instrument „Controlling" aus der Industrie nicht mehr wegzudenken ist, kann in der Immobilienwirtschaft auf diesem Sektor noch ein enormes Informationsdefizit, und damit ein noch unerschlossenes Potential, in diesem Bereich festgestellt werden. Entsprechend der eingangs vorgenommenen Definition des Immobilien-Managements kann das Immobilien-Controlling einen überaus wichtigen funktionalen Aufgabenbereich übernehmen, auch wenn dieser nicht immer ohne Überschneidungen mit anderen Bereichen – wie beispielsweise dem Facility-Management – operieren kann. Die Aufgabe des Controlling ist jedoch nicht gemäß der Übersetzung mit einer reinen Kontrolle vergleichbar, sondern soll vielmehr eine Informationsgrundlage bilden, die überhaupt erst fundierte und zielführende Management-Entscheidungen ermöglicht. Zunächst müssen daher Vorgaben und Rahmenbedingungen definiert werden. Die Datenbestände dafür sind bereits während der Planungs- und Realisierungsphase aufzubauen. Diese vielfach technisch-orientierten Infos sollten auch besonders unter kaufmännischen Aspekten aufbereitet werden. Monatliche, quartalsmäßige und jährliche Berichte informieren den Immobilien-Manager während der Nutzungsphase permanent über den aktuellen Stand der Immobilie. Abschließend läßt sich somit unter Immobilien-Controlling das systematische Management aller kaufmännischen und technischen Zahlungsströme unter besonderer Betonung der Prozesse verstehen, und zwar mit der Zielsetzung der Sicherung und Wertsteigerung des Immobilienbestandes.

2.1.8 Finanz-Management

Einen weiteren funktionalen Teilbereich im Immobilien-Management bildet das Finanz-Management. Vergegenwärtigt man sich, daß eigengenutzte Immobilien meist das zehn- bis zwölffache des Brutto-Jahreseinkommens eines durchschnittlichen Angestellten kosten, so wird deutlich, daß auf eine Finanzierung beim Immobilienerwerb grundsätzlich nicht verzichtet werden kann.

Zahlreiche Einflußfaktoren wirken auf die bundesdeutschen Finanzmärkte ein. Als ein Beispiel dafür kann die Volatilität des Fremdkapitalmarktes angeführt werden. In den vergangenen fünf Jahren ergab sich beispielsweise eine Zinsdifferenz von zirka 4 Prozent für fünfjährige Hypothekendarlehen – bei einem Minimum von 5,5 Prozent und einem Maximum von 9,5 Prozent. Im Finanz-Management gilt es so, Niedrigzinsphasen auszunutzen und Hochzinsphasen nach Möglichkeit für Investitionen zu vermeiden.

Von besonderer Bedeutung wird in den kommenden Monaten und Jahren die Einführung des Euro werden, da dieser erhebliche Auswirkungen auf die Geldwertstabilität und damit auf das Zinsniveau haben wird. Immobilien-Eigentümer und -Unternehmen sollten daher bereits heute Überlegungen anstellen, wie sie ihr Fremdkapital strategisch geschickt auf die Zukunft ausrichten.

2.1.9 Vertrags-Management

Im Streben nach der Durchsetzung einmal gesetzter Ziele bilden im Immobilien-Management vertragsrechtliche Regelungen als Steuerungsinstrument eine wesentliche Grundlage. Das Vertrags-Management bezieht sich dabei nicht nur auf die mietvertraglichen Gestaltungen, sondern vielmehr auf sämtliche Verträge, die im Zusammenhang mit einer Immobilie stehen. Bereits in der Planungs- und Realisierungsphase ist ein Vertrags-Management zwingend notwendig. Versäumnisse wirken sich regelmäßig auf die hieran anschließende Nutzungsphase aus und sind häufig nicht oder nur unter erheblichen Kosten zu beseitigen. Insbesondere Verträge mit Projekt-Managern, Architekten, bauausführenden Unternehmen sowie externen Beratungsunternehmen sind während der Planungs- und Realisierungsphase auf die strategische Zielsetzung des Immobilien-Managements auszurichten.

Während der Nutzungsphase ist insbesondere die mietvertragliche Gestaltung von Bedeutung, da sich hieran die Erträge einer Immobilie ausrichten. Die Gestaltungsmöglichkeiten sind hinsichtlich der Miethöhe, der Mietanpassungen, der Vertragslaufzeiten und Optionen, der Betriebs- und Nebenkostenvereinbarungen sowie weiterer Vertragsinhalte mannigfaltig. Sofern der Eigentümer bzw. Immobilien-Manager nicht über das erforderliche juristische Know-how verfügt, sollte er sich rechtlicher Fachberatung bedienen, um den wirtschaftlichen Erfolg der Immobilie auch wirklich möglich zu machen.

2.2 Immobilien-Management unter ausgewählten institutionellen Aspekten

2.2.1 Besonderheiten

Nachdem einige Aufgabenbereiche des Immobilien-Managements im vorherigen Kapitel aufgezeigt wurden, sollen nunmehr die Immobilienarten mit ihren unterschiedlichen Management-Anforderungen im Vordergrund stehen. Insbesondere bei den sogenannten „sensiblen Managementimmobilien" sind umfangreiche, spezifische Kenntnisse erforderlich, die nur durch langjährige praktische Erfahrung bzw. zielgerechte Ausbildung sowie die Teilnahme an Fachseminaren erworben werden können. Eine frühzeitige Einbindung des Objekt-Managers bereits in der Planungsphase wirkt sich daher allgemein vorteilhaft aus.

Während bei den „sensiblen Management-Immobilien" wie Freizeiteinrichtungen und Erlebniszentren, Einkaufszentren, Galerien, Passagen, Factory-Outlet-Malls, Gewerbeparks, Technologie- und Gründerzentren, Trade Marts (Modezentren, Business-Design-Center) sowie mehrfunktional-genutzter Immobilien ein sachkundiges Management durch den Immobilien-Eigentümer gestellt wird, wird das Management von Seniorenwohnheimen und Hotels vom Betreiber übernommen.

Die Vielfältigkeit möglicher Aufgabengebiete für das Objekt-Management bei einer „sensiblen Management-Immobilie" führt zu der Erkenntnis, daß eine spezifische Ausbildung des Objekt-Managers von großer Bedeutung ist. Gegenwärtig wird allerdings ausschließlich für Center-Manager von Shopping-Centers eine derartige Fachausbildung angeboten. Ein erheblicher Nachholbedarf besteht dementsprechend für das Objekt-Management von Gewerbeparks, Technologiezentren, Urban-Entertainment-Centers sowie großdimensionierter mehrfunktional-genutzter Immobilien. Neben der eigentlichen Fachausbildung sollten zudem zusätzlich Tagungen und Fachseminare besucht werden. Auch die Mitgliedschaft in Vereinigungen, Organisationen oder die Teilnahme an Arbeitskreisen ermöglicht den Interessentausch gleichgesinnter Immobilien-Manager.

2.2.2 Industrie- und Gewerbeparks

Ein Gewerbepark ist ein meist von privaten Investoren planmäßig entwickeltes, einer durchdachten Nutzungskonzeption unterworfenes, größeres Gewerbegebiet, das unter einem einheitlichen Namen bekannt gemacht wird und einem gemeinsamen Management unterworfen ist. Der Erfolg dieser Immobilienart wird während seiner Nutzungsphase erheblich durch das Objekt-Management bestimmt.

Die Einrichtung eines Objekt-Managements erfordert eine gewisse Mindestgröße des Industrie- und Gewerbeparks. Erfahrungsgemäß werden zwischen 5 Prozent und 8 Prozent der Brutto-Mieteinnahmen als Management-Fee verlangt. Diese beinhaltet Aufgaben wie den Unterhalt der Immobilien, die Mieterbetreuung und Wiedervermietung leerstehender Flächen, die Marketing-Maßnahmen für den Gewerbepark, die permanente Überprüfung baulich erforderlicher Optimierungs-Maßnahmen, Erstellung von Monats-, Quartals- und Jahresberichten etc.

2.2.3 Büroimmobilien

In den Vereinigten Staaten ist das professionelle Immobilien-Management für Büroobjekte bereits seit Jahren nicht mehr aus der Angebotspalette wegzudenken. In der Bundesrepublik Deutschland dagegen sind erhebliche Defizite im Management von Büroimmobilien auszumachen. Dies ist natürlich auch auf die unterschiedlichen Dimensionen amerikanischer und bundesdeutscher Büroimmobilien zurückzuführen. Während in den USA Hochhaustürme oft über mehrere hundert Büroeinheiten verfügen, sind diese Dimensionen hierzulande nur in einigen wenigen Großstädten wie etwa Frankfurt am Main und Hamburg vorzufinden.

Um bei einem verschärften Marktwettbewerb zukünftig bestehen zu können, wird auch hierzulande bei kleinerdimensionierten Büro-Objekten ein professionelles Objekt-Management notwendig werden. Ähnlich wie im Handelsbereich bei Einkaufspassagen und Galerien sollten aufgrund der Objektgröße eigenständige Management-Gesellschaften mehrere Immobilien gemeinsam managen.

Die Erfolgsfaktoren einer Büroimmobilie sind einem permanenten Wandel unterworfen. Ob es um das Büro der Zukunft geht oder auch Begriffe wie das intelligente Gebäude, Customizing, Desk-Sharing, Dock-in-Systeme, Ergonomie, fraktales Büro, Hotelling, Hotdesking, Kart, Lean Office eine Rolle spielen, sie alle gehören mittlerweile zum allgemeinen Sprachgebrauch eines Objekt-Managers für Büroimmobilien.

Eine permanente Ausrichtung auf die Nutzeranforderungen ermöglicht eine Profilierung der Immobilie im Markt. Daher sollten sich Objekt-Manager von Büroimmobilien in jedem Fall des Informations-Managements bedienen.

2.2.4 Handelsimmobilien bzw. Shopping-Center

Im Bereich der Handelsimmobilie, insbesondere bei regionalen Shopping-Centers, ist das Objekt-Management durch den häufigen Einsatz eines sogenannten Center-Managers bereits am weitesten verbreitet. Bei einem Shopping-Center handelt es sich um eine Konzentration von Anbietern „unter einem Dach" an einem geographisch eng begrenzten Ort, wobei dieses von einer Institution einheitlich geplant, realisiert, verwaltet und gemanagt wird. Diese Definition verdeutlicht die Management-Intensität dieser Immobilienart, anhand derer der Erfolg maßgeblich bemessen wird. Für kaum eine andere Immobilienart sind so viele spezifische Management-Kenntnisse erforderlich wie für das Shopping-Center. Nachfolgend seien hier nur einige Aufgabenbereiche exemplarisch aufgeführt:

- *Vermiet-Management.* Zum Beispiel: Erst- und Nachvermietung von Mietflächen, Auswahl der Handelsbetriebe entsprechend des gewünschten Mieter- und Branchen-Mix, Erstellung von Statistiken über Flächenumsätze, Mietvertraglaufzeiten und Mieterwechsel.
- *Marketing- und Öffentlichkeitsarbeit.* Zum Beispiel: Steuerung der Werbegemeinschaft nach den Zielsetzungen des Shopping-Centers, Vertretung des Centers nach innen und außen durch eine gezielte Öffentlichkeitsarbeit.
- *Juristisches Fachwissen.* Zum Beispiel: Kenntnisse über das Mietvertragsrecht und das Baurecht, Erfahrungen im Konkurrenzschutz und Knowhow im Wettbewerbsrecht sowie der Preisangabenverordnung.
- *Durchführung bzw. externe Vergabe von Marktforschungsaufgaben.* Zum Beispiel: Markt- und Standortanalysen, auch Objektanalysen, Tragfähigkeitsberechnungen etc.
- *Flächen-Management.* Zum Beispiel: Vitalisierung und Revitalisierung, Anpassung von Raum- und Flächenstrukturen, Wechsel von Beleuchtungskonzepten, Instandhaltungsplanung und Kontrolle der nachfolgenden Umsetzung etc.
- *Immobilienverwaltung im klassischen Sinne.* Zum Beispiel: Erstellung von Heiz- und Nebenkostenabrechnungen, Mietinkasso, Mietvertragsverwaltung, Durchsetzung von Mieterhöhungen etc.

Eine noch größere Management-Intensität wird das in Deutschland noch nicht realisierte Factory-Outlet-Center erfordern. Bei dieser Unterart des Shopping-Centers gehen die Managementleistungen noch weit darüber hinaus und bedeuten in ihrer Konsequenz nahezu die Übernahme der einzelnen

Outlets als Betreiber. Exemplarisch seien hier die Überprüfung der angebotenen Sortiments- und Warenbereiche, die Einhaltung von Preisnachlässen sowie die Überprüfung der Warenpräsentation genannt.

2.2.5 Freizeit-Immobilien bzw. Urban-Entertainment-Center

Eine weitere überaus managementintensive Immobilienart ist die Freizeit-Immobilie bzw. auch die aus den Vereinigten Staaten stammende Form des Urban-Entertainment-Centers. Freizeit als Sphäre der Selbstverwirklichung und Selbstbestimmung gewinnt im Rahmen allgemeiner gesellschaftlicher Trends – wie z.B. der Individualisierung und Konsumorientierung – einen immer größer werdenden Stellenwert. So wird nach einer Marktuntersuchung des Institut für Freizeitwirtschaft das Freizeitvolumen von 425 Mrd. DM in 1994 bis zum Jahr 2000 auf 520 Mrd. DM (in Preisen von 1991) ansteigen. Der Markt für Freizeit-Immobilien zeigt einen erstaunlichen Facettenreichtum unterschiedlicher Typen und Subsegmente auf. Neben der wachsenden Multiplikation erfolgreicher Betriebskonzepte – wie Spielhallen, Videotheken und Fitneßstudios – etablierten sich verstärkt auch Freizeit-Großeinrichtungen wie Urban-Entertainment-Centers, Musical-Halls und Multiplex-Kinos, die eines professionellen Immobilien-Managements bedürfen. Insbesondere vor dem Hintergrund relativ kurzer Lebenszyklen und der Notwendigkeit einer fortwährenden Marktanpassung bzw. Attraktivitätssteigerung werden vom Objekt-Manager besondere Anforderungen und Marktkenntnisse gefordert. Nicht unterschätzt werden darf auch die Tatsache, daß sich die meisten Freizeitimmobilien durch eine äußerst geringe Drittverwendungsfähigkeit auszeichnen.

2.2.6 Betreiber-Immobilien

Betreiber-Immobilien erfordern ebenfalls ein sachkundiges Objekt-Management, welches im Regelfall von den Betreibern selbst und nicht vom Immobilien-Eigentümer übernommen wird. Seniorenwohnheime und Hotels sind typische Beispiele einer Betreiber-Immobilie. Außer bei den eigentümerbetriebenen Hotels wird hier mittels Pachtvertrag die Betriebsführung etwa an eine Gesellschaft übertragen. Bei dieser Form sind vom Eigentümer höchste Ansprüche an die Betreibergesellschaft zu richten. Internationale Gruppen, Ketten und Konzerne wie Steigenberger, Maritim, Holiday Inn etc. dominieren mittlerweile diesen Markt. Gleichwohl kann in bestimmten Einzelfällen ein Managementvertrag sinnvoller sein, bei dem ein Hotelier im Namen des Hoteleigentümers auftritt und handelt. Bei dieser Managementform ist jedoch eine intensive Kooperation und Überwachung des Hoteliers erforderlich, was zumindest Grundkenntnisse der Branche auf seiten des Eigentümers erfordert.

Bei Senioren-Immobilien kommen unterschiedliche Betreiber wie öffentlich-rechtliche Träger, Verbände der freien Wohlfahrtspflege, freie, gemeinnützige sowie private Träger in Betracht. Diese sind mit Ausnahme der privaten Träger nicht gewinnorientiert tätig, sondern agieren vielmehr aus der Pflegebedürftigkeit der Nutzer derartiger Einrichtungen heraus. Neben der Erbringung sozialhumanitärer Leistungen sollten aus Sicht des Eigentümers vielmehr auch immobilien-spezifische Management-Fähigkeiten vorhanden sein, um eine Betreibung der Immobilie auch unter Ertrags- und Wertsicherungs- bzw. -steigerungs-Aspekten zu gewährleisten.

2.3 Immobilien-Management unter strategischen Aspekten

2.3.1 Aktualität und Erfordernis

Das strategische Immobilien-Management ist erst in jüngster Zeit in das Blickfeld unternehmerischer Aktivitäten gerückt. Mit dem Corporate-Real-Estate-Management und dem Portfolio-Management sind zwei eigenständige Bereiche entstanden, die dem strategischen Aspekt voll Rechnung tragen. Während sich das Corporate-Real-Estate-Management auf die gesamten Liegenschaften einer Unternehmung bezieht, steht beim Portfolio-Management vielmehr der Kapitalanlage-Gesichtspunkt im Vordergrund.

2.3.2 Aufgaben des strategischen Immobilien-Managements

In Anlehnung an die schon vorgestellte Definition kann unter strategischem Management die systematische Planung, Steuerung und Kontrolle der zukünftigen Immobilienentwicklung bzw. auch die Errichtung von Immobilien-Unternehmen verstanden werden, und zwar mit der Zielsetzung, die Erfolgspotentiale in einer sich wandelnden Umwelt zu sichern bzw. aufzubauen. Die Umsetzung der strategischen Entscheidungen obliegt demgegenüber dem operativen Management.

Eine Differenzierung der Aufgaben des strategischen Managements kann entsprechend der nachfolgenden Grundfunktionen erfolgen. (Vgl. Kreikebaum, Unternehmensplanung, S. 125f.; Steinemann/Schreyögg, Management, S. 125; Szyperski/Winand, Grundbegriffe, S. 78; Bone-Winkel, Das strategische Management von Immobilienfonds, S. 12f.):

- Erfolgssicherung bzw. Effizienzsteigerung,
- Chancengenerierung, Risikoerkenntnis und -reduktion,
- Flexibilitätserhöhung,
- Komplexitätsreduktion,
- Koordinations- und Integrationsfunktion,
- Schaffung von Synergieeffekten.

2.3.3 Corporate-Real-Estate-Management

Unter Corporate-Real-Estate-Management versteht man das umfassende, strategische und operative Management der gesamten Liegenschaft eines Unternehmens. Die Zielsetzung besteht im wesentlichen darin, die Liegenschaften optimal und im Rahmen der Geschäftspolitik sowie der allgemeinen Unternehmensphilosophie zu nutzen. Funktionen wie die Beschaffung, Betreuung und Verwertung der betrieblichen Liegenschaften unter Berücksichtigung der jeweiligen Wertigkeiten und Interdependenzen sind hierin enthalten.

Der Unternehmens-Ressource „Grund und Boden" wird dabei das selbe Interesse und Engagement gewidmet wie auch den anderen Produktionsfaktoren des Unternehmens. Bei einem Anteil der Immobilien am Gesamtvermögen einer Unternehmung von 10 Prozent bis 40 Prozent wird deutlich, welche erheblichen Einsparungspotentiale – Schätzungen gehen von bis zu 10 Prozent des Gesamtumsatzes aus – bestehen.

Das Corporate-Real-Estate-Management beinhaltet nicht nur die strategische Ausrichtung des betrieblichen Immobilienvermögens, sondern vielmehr auch die operative Umsetzung der festgelegten Strategien. Unterschiedlichste Fachbereiche und Disziplinen wie das Immobilien-Research, die Bewertung, die Architektur, das Bau- und Planungsrecht, der Städtebau, die Finanzierung, die Erschließung, die Infrastruktur, die Verkehrsanbindung, die Gebäudeverwaltung und -sanierung etc. werden davon tangiert.

Umgestaltungen können durch die Einrichtung eigener Geschäftsbereiche, die Gründung einer selbständigen Immobiliengesellschaft bzw. auch durch die Einrichtung eines eigenständigen Profit-Centers erfolgen. Voraussetzung hierfür ist jedoch die Akzeptanz und das notwendige Bewußtsein innerhalb des Unternehmens, welches bei einer Vielzahl bundesdeutscher Unternehmen gegenwärtig noch nicht vorzufinden ist.

2.3.4 Portfolio-Management

Während das Corporate-Real-Estate-Management eindeutig auf Unternehmen zugeschnitten wurde, steht beim Portfolio-Management vielmehr die Transparenz der Immobilienanlagen im Vordergrund, und diese ermöglicht hierdurch eine strategische Ausrichtung der Gesamtheit der Anlageimmobilien. Dabei ist es nicht ausgeschlossen, daß sich Unternehmen im Rahmen des Corporate-Real-Estate-Managements des Portfolio-Managements bedienen. Das Portfolio-Management zählt zu den am meisten verbreiteten Analyse- und Planungsinstrumenten eines strategischen Managements. Die Gesamtheit aller Immobilien eines Eigentümers wird dabei als Portfolio definiert. Die Immobilien eines Eigentümers bzw. auch eines Unternehmens können mit diesem Instrument den strategischen Zielvorstellungen gemäß geplant und detailliert betrachtet werden. Dabei wird ein in strategischer Sicht ausgewogenes Portfolio der Immobilien angestrebt.

3. Entwicklungsperspektiven im Immobilien-Management

Die Management-Aktivitäten in der bundesdeutschen Immobilienwirtschaft unterliegen gegenwärtig einem erheblichen Wandel. Die Zeiten, in denen Immobilien ausschließlich eine schwere Verwaltung benötigten, sind aufgrund zahlreicher Markteinflüsse vorbei. Nur wenige Immobilien-Eigentümer haben aber bislang die Zeichen der Zeit erkannt und ihr Immobilien-Management auf eine ganzheitliche Betrachtungsweise umgestellt. Wieder andere befinden sich im Umstellungsprozeß, und bei der wohl mit Abstand größten Anzahl wird noch eine erhebliche Aufklärungsarbeit zu leisten sein. Die in den Vereinigten Staaten bekannten Management-Gesellschaften, die auch kleiner-dimensionierte Immobilien einem professionellen Management unterwerfen, existieren so in Deutschland noch nicht. Vielmehr wird der Markt noch von traditionellen Hausverwaltungen dominiert, deren Management-Qualitäten jedoch in Frage zu stellen sind. Für die Zukunft gilt es daher, neue Marktpotentiale in der Immobilienwirtschaft zu erschließen. Facility-Management-Unternehmen schätzen das mögliche Wachstum auf jährlich 10 Prozent. Anreize sind genügend vorhanden, es gilt daher, diese auch auszunutzen. Unternehmen und Immobilien-Eigentümer, die sich rechtzeitig hierauf eingestellt haben bzw. noch einstellen, werden wohl auch in Zukunft keine Vermarktungsschwierigkeiten bekommen.

Der Facettenreichtum unterschiedlicher Immobilienarten, aber auch die differenzierten Aufgabenbereiche im Immobilien-Management geben Anlaß genug, die gegenwärtige Aus- und Weiterbildung im Immobilien-Management kritisch zu hinterfragen. Eigenständige Ausbildungsgänge für das Flächen-Management, das Immobilien-Marketing, das Immobilien-Controlling, das Finanz-Management, das Vermiet- und Verkaufs-Management etc. sowie auch hinsichtlich unterschiedlicher Immobilienarten wie zum Objekt-Manager für Gewerbeparks und Technologiezentren, Büro-Immobilien, Freizeit-Immobilien, Trade Marts sowie Urban-Entertainment-Centers könnten zu einer Qualitätssteigerung des Ausbildungsniveaus im Immobilien-Management beitragen. Hieraus sollten sich möglichst auch eigenständige Berufsbezeichnungen – wie beispielsweise der Center-Manager für Handels-Immobilien – herauskristallisieren.

Das Immobilien-Management sollte nicht zuletzt wegen des umfangreichen Immobilieneigentums des Staates sowie der Kommunen und Gemeinden ein ausreichend großes Aktionsfeld für sich entdecken. Denn: Die Etablierung eines staatlichen Immobilien-Managements kann enorme Einsparungspotentiale erschließen, die letztendlich dem Steuerzahler zugute kommen werden. Unter dem Stichwort „Flächen-Management" könnte so beispielsweise jede Dienststelle nach Einführung einer „Market Rent" nutzerspezifisch belastet werden, was unweigerlich ein Nachdenken über die Notwendigkeit, Flächen selbst zu nutzen, zur Folge hätte. Die Erfassung und Zuordnung der Kosten im Rahmen eines Immobilien-Controllings wäre allerdings die Voraussetzung hierzu.

Informations-Management für Immobilien

Momme Falk, Dipl.-Betriebswirt, Projektleiter, Institut für Gewerbezentren, Starnberg

Inhalt

1.	Aufgabenbereiche des Immobilien-Research	39
1.1	Regionalanalyse und überregionales Immobilien-Research	40
1.1.1	Bedeutung und Ziel	40
1.1.2	Untersuchungsbereiche des überregionalen Immobilien-Research	40
1.1.3	Untersuchungsbereiche der Regionalanalyse	41
1.2	Markt- und Standortanalyse	43
1.2.1	Aufgaben und Ziele	43
1.2.2	Untersuchungsbereiche und Verfahren der Markt- und Standortanalyse	45
1.3	Objekt- bzw. Projektanalyse	46
1.3.1	Aufgaben und Informationsquellen	46
1.3.2	Untersuchungsbereiche	47
1.3.3	Etablierung eines Informations-Managements	52
2.	Analyse des Wettbewerbs	52
2.1	Analyse der Branchenstruktur	52
2.2	Konkurrenzanalyse	54
2.3	Benchmarking	57
2.3.1	Begriff und Zielsetzung	57
2.3.2	Phasen des Benchmarking	58
3.	Unternehmensanalyse	59
3.1	Image-Analyse	59
3.1.1	Bedeutung von Images im unternehmerischen Marketing	59

3.1.2	Aufgaben, Ziele, Verfahren und Techniken einer Image-Analyse	60
3.2	Portfolio-Analyse und Portfolio-Management	61
3.2.1	Marktwachstums-Marktanteils-Portfolio	62
3.2.2	Marktattraktivitäts-Wettbewerbsvorteils-Portfolio	63
4.	Literatur	68

1. Aufgabenbereiche des Immobilien-Research

Sowohl wirtschaftliche, politische, gesellschaftliche als auch technologische Veränderungen prägen das Umfeld der Immobilienwirtschaft. Eine zunehmende Globalisierung der Wirtschaft, eine Entwicklung von der Industrie- zur Informationsgesellschaft, veränderte Konsumentenmuster, ein Trend vom Massen- zum Mikromarkt sowie ein Abbau der Ortsanwesenheit durch z. B. Teleshopping und Telearbeit sind nur einige ausgewählte Beispiele der hohen Dynamik und Komplexität unserer Zeit. Konjunkturelle Schwierigkeiten, aber auch strukturelle Anpassungsprozesse sind Kennzeichen der aktuellen wirtschaftlichen Situation in Deutschland.

Ihren unmittelbaren Niederschlag spürt die Immobilienwirtschaft unter anderem im Wandel vom Verkäufer- zum Käufer- bzw. vom Vermieter- zum Mietermarkt. In Anbetracht hoher Leerstandsquoten, stagnierender bzw. rückläufiger Mieten, Marktsättigungserscheinungen und einer Verschärfung des nationalen und internationalen Wettbewerbs gewinnt auch in der Immobilienwirtschaft eine konsequente Marktausrichtung zunehmend an Bedeutung. Informationen über Märkte, Wettbewerber und Nutzer stehen hierbei am Ausgangspunkt eines professionellen Marketings und Managements.

Als Immobilienmarktforschung (Market-Research) bezeichnet man eine mit Hilfe wissenschaftlicher Erhebungsmethoden erarbeitete, systematische und zielbewußte Erfassung sowie Analyse des Immobilienmarktes, also des Marktes bzw. der Teilmärkte für Grundstücke und Gebäude, was deren Größe, Konturen und Struktur angeht (vgl. Falk, B. [Hrsg.]: Fachlexikon Immobilienwirtschaft, 1996, S. 433). Die Bereiche des Immobilien-Research sind von einer großen Bandbreite geprägt. Zu den wesentlichen Aufgabenfeldern der Informationsgewinnung zählen in erster Linie die:

- Analyse der allgemeinen Rahmenbedingungen und deren Auswirkungen auf die Immobilienwirtschaft,
- Regionalanalyse bzw. überregionales Immobilien-Research,
- Markt-, Standort- und Objektanalyse,
- Wettbewerbsanalyse,
- Analyse des eigenen Unternehmens (Unternehmensanalyse),
- Analyse der Nachfrager bzw. Nutzer,
- Erkennung und Segmentierung von Zielgruppen sowie die
- Marketing-Ergebnisforschung.

1.1 Regionalanalyse und überregionales Immobilien-Research

Die Regionalanalyse bzw. das überregionale Immobilien-Research, so wie es hier behandelt werden soll, hat die Aufgabe, bestehende Strukturen und Potentiale von Immobilienmärkten zu untersuchen. Die zu analysierenden Gebiete können dabei Regionen, Volkswirtschaften, aber auch Staatenverbände sein.

1.1.1 Bedeutung und Ziel

Die großräumige Betrachtungsweise ist insbesondere in Anbetracht einer zunehmenden Internationalisierung und Globalisierung erforderlich. Im Sinne einer strategischen Ausrichtung der Investitionsentscheidungen wird eine europäische bzw. weltweite Vermögensstreuung an Bedeutung gewinnen. Neben den Gesichtspunkten der Risikostreuung können im Rahmen einer internationalen Anlagenstreuung auch nationale Einzelmarktschwankungen frühzeitig erkannt und berücksichtigt werden.

Informationen, die im Zusammenhang mit einer Regionalanalyse bzw. dem überregionalen Immobilien-Research gewonnen werden können, bieten nicht nur die Grundlage einer strategischen Investitionsplanung, sondern erleichtern auch die Einordnung bzw. Bewertung einer daran sich anschließenden Makroanalyse. Durch einen Vergleich der Ergebnisse der Makroanalyse mit der zuvor untersuchten größeren Gebietseinheit können Strukturunterschiede identifiziert und bewertet und übergeordnete Entwicklungstendenzen berücksichtigt werden.

1.1.2 Untersuchungsbereiche des überregionalen Immobilien-Research

Zu den Schwerpunkten des überregionalen Immobilien-Research zählt neben einer Analyse der ökonomischen Kriterien und der allgemeinen demographischen Entwicklung auch eine Untersuchung der politischen und gesetzlichen Bedingungen. In Ergänzung der Darstellung des aktuellen Zustandes sind die Ursachen aufzudecken und künftige Entwicklungstrends zu prognostizieren.

Der Immobilienmarkt wird in besonderem Maße von der wirtschaftlichen Entwicklung der Stadt, der Region und der Volkswirtschaft determiniert. So ist mit einer wirtschaftlichen Prosperität in der Regel nicht nur eine verstärkte Nachfrage nach Industrie-, Gewerbe- und Büroflächen verbunden, sondern auch ein Nachfrageschub im Bereich des Wohnungsmarktes und der Handelsflächen festzustellen. Zur Abschätzung der zukünftigen Entwicklungen auf den regionalen bzw. nationalen Immobilienmärkten sind daher die Beachtung und Analyse der ökonomischen Rahmenbedingungen, wie etwa das allgemeine Wirtschaftsklima, das Bruttosozialprodukt, die Arbeitslosenquote, das Zinsniveau etc., von besonderer Bedeutung.

Eine wichtige Voraussetzung für die wirtschaftliche Entwicklung eines Landes zeigt sich in den sogenannten Potentialfeldern. Als Bestimmungsfaktoren sind diese für den internationalen Wettbewerb von entscheidender Bedeutung. Neben den natürlichen Ressourcen eines Landes, der geographischen Lage, der Ergiebigkeit des Arbeitsmarktes sind unter anderem die Lohnkosten, die Produktivität und die Qualität der Verkehrs- und Kommunikationsverbindungen zu diesen Potentialfeldern zu zählen.

Neben den wirtschaftlichen Rahmenbedingungen ist zudem die demographische Struktur und deren voraussichtliche Entwicklung zu bestimmen. Aktuelle Zahlen zur Einwohnerzahl, zur geographischen Verteilung und Dichte, zur Alters- und Haushaltsstruktur, zum Ausbildungsstand und zur Mobilität sind Beispiele aus dem zu erhebenden Datenkranz. Ergänzende Informationen ermöglichen demographisch-wirtschaftliche Strukturziffern wie die Erwerbsquote oder die Aufgliederung der Erwerbstätigen nach einzelnen Wirtschaftsbereichen.

Insbesondere strategische Anlageentscheidungen werden in einem hohen Maße von der politischen Stabilität beeinflußt. Zu beachten sind zudem die Restriktionen der Gesetzgebung. Neben den Bestimmungen des Mieterschutzes, der Vertragsfreiheit und der Transferierbarkeit von Investitionsgewinnen sind u. a. auch die gesetzlichen Vorgaben des öffentlichen Baurechts zu beachten. Zu untersuchen sind darüber hinaus das steuerliche Umfeld und die in diesem Zusammenhang auftretenden spezifischen Auswirkungen auf die Immobilie.

1.1.3 Untersuchungsbereiche der Regionalanalyse

In Ergänzung zur Analyse der nationalen bzw. internationalen Entwicklungstendenzen gewinnt die Regionalforschung erheblich an Bedeutung. Mit dem Trend zur Globalisierung bzw. Internationalisierung der Märkte und dem Abbau zwischenstaatlicher Mobilitätsbarrieren ist ein Bedeutungsverlust der nationalen Grenzen verbunden. Es sind hierbei nicht mehr die

Staaten, die im Wettbewerb um Arbeitskräfte, Unternehmen, Steueraufkommen, wissenschaftliche Einrichtungen, Touristen, Messen und Kulturveranstaltungen stehen, sondern Regionen bzw. Ballungsräume.

Im Rahmen der Regionalanalyse sind zudem die Wirtschaftsstruktur, die demographischen Entwicklungstrends und die politischen Gegebenheiten zu untersuchen. Darauf aufbauend ist eine differenzierte Analyse der spezifischen Immobilienteilmärkte vorzunehmen. Auch für die wirtschaftliche Prosperität und Wettbewerbsfähigkeit einer Region ist das Vorhandensein und die Qualität spezifischer Potential- bzw. Standortfaktoren von entscheidender Bedeutung. Zu den regionalspezifischen Standortfaktoren zählen hierbei u. a. die Umweltqualität, die infrastrukturelle Anbindung, das regionale Wirtschaftsklima, die Verfügbarkeit, die Qualität und Mentalität der Arbeitskräfte, das Managementpotential der ansässigen Unternehmen, der Freizeitwert der Region, das Standortimage, die Verfügbarkeit und Konditionen von Büro- und Gewerbeflächen, die Unternehmensfreundlichkeit der kommunalen Verwaltung und die Wirtschaftsförderung.

Grundsätzlich kann man zwischen harten und weichen Standortfaktoren unterscheiden. Einhergehend mit einer zunehmenden Tertiärisierung der Wirtschaft, einer Ausweitung der Arbeitsteilung, einem Wandel der Zeitstrukturen und einer wachsenden Qualifikation der Arbeitskräfte ist ein Bedeutungsgewinn der weichen Standortfaktoren zu beobachten. Nach einer Begriffsbestimmung des Deutschen Instituts für Urbanistik haben weiche Standortfaktoren für die Betriebs- oder Unternehmenstätigkeit entweder *direkte Auswirkungen*, lassen sich aber nur schwer quantifizieren bzw. sind durch subjektive Einschätzungen überlagert oder ersetzt (Wirtschaftsklima, Verhalten der öffentlichen Verwaltung etc.), oder sie zeigen eine Relevanz für die Beschäftigten oder die Entscheider (Kulturangebot, Wohnsituation, Einkaufsmöglichkeiten etc.) und haben somit beispielsweise über die Arbeitsmotivation eine *indirekte Auswirkung* auf die Betriebs- oder Unternehmenstätigkeit.

Nachdem die relevanten Umfeldbedingungen untersucht wurden, sind der Immobilienmarkt bzw. die ausgewählten Immobilienteilmärkte zu analysieren. Der relevante Datenkranz ist hierbei von einer großen Bandbreite geprägt und in Abhängigkeit des jeweiligen Untersuchungsbereiches zu spezifizieren.

Neben der regionalen Marktgröße, die beispielsweise anhand des Büro- oder Verkaufsflächenbestandes bestimmt werden kann, sind die projektierten Flächen, das Bauvolumen, die Zahl der erteilten Baugenehmigungen sowie die Umsätze und Kauffälle zu eruieren. Beim Wohnungsmarkt ist zudem die Zahl, der Zustand, das Alter sowie die durchschnittliche Größe der Wohnungen zu erheben. Zu untersuchen ist darüber hinaus die Entwicklung der Zu- und Abgänge, der Leerstände bzw. der Leerstandsquoten, der Baukosten und Baulandpreise, der Mieten (Durchschnittsmieten bzw. Spitzenmieten) und Preise, der Renditen (Nettoanfangsrenditen) sowie der Wertzuwachserwartungen.

Immer wichtiger werden zudem die Analyse der Flächenbedarfsentwicklung der Nachfrager und die spezifischen Anforderungen der Nutzer bezüglich der Objektgröße, der Aufteilung, der Ausstattung und der spezifischen Standortpräferenz. Als Informationsgrundlage existiert hier eine Fülle von Informationsquellen und Erhebungen. Neben Markt- und Regionalanalysen spezialisierter Institute zählen zu den wichtigsten: amtliche Statistiken und Veröffentlichungen, die Marktberichte und City-Reports der Immobilienmakler sowie die Statistiken und Veröffentlichungen der Verbände. Bei der Nutzung dieser Sekundärquellen müssen besonders die Nachvollziehbarkeit der Angaben und die methodische Vorgehensweise der Untersuchung beachtet werden. Da eine Objektivität wohl nicht immer gegeben ist, kann vor einer kritiklosen Übernahme der Daten gewarnt werden. Prognosen sind zudem unter Berücksichtigung der Prämissen und des Zeithorizonts zu werten. Die Angaben und Informationen aus unterschiedlichen Quellen sind abzugleichen und im Kontext der allgemeinen bzw. überregionalen wirtschaftlichen Entwicklung, gesellschaftlicher Trends und politischer sowie rechtlicher Hintergründe zu werten.

1.2 Markt- und Standortanalyse

Vor der Projektentwicklung als Basis der Erschließung neuer Märkte, aber auch zur Überprüfung bestehender, insbesondere komplexer Immobilien wie z. B. Einkaufszentren, Hotels, Freizeitanlagen und Gewerbeparks, sollte eine Markt- und Standortanalyse durchgeführt bzw. in Auftrag gegeben werden. Zur Anwendung kommt eine Markt- und Standortanalyse zudem im Rahmen der Bewertung bzw. Kaufpreisfindung und bei der Entwicklung neuer bzw. neuartiger Immobilienprodukte.

1.2.1 Aufgaben und Ziele

Der klassische Aufgabenbereich einer Markt- und Standortanalyse besteht in der Untersuchung des Makro- bzw. Mikrostandortes für ein konkretes Vorhaben bzw. ein bereits bestehendes Objekt. Steht die Analyse vor der

Projektentwicklung, sind in erster Linie die Stärken, Schwächen und Restriktionen des betreffenden Standortes aufzudecken und seine spezifische Eignung für unterschiedliche Nutzungsalternativen zu identifizieren. Die Ergebnisse der Untersuchung müssen ausgewertet und als praktische Handlungs- und Umsetzungsmöglichkeiten für die anschließende Phase der Nutzungskonzeptionserstellung aufbereitet werden.

Eine ähnliche Aufgabenstellung zeigt sich bei der Überprüfung bestehender Immobilien, beispielsweise im Rahmen einer anstehenden Objektrevitalisierung bzw. einer Erweiterungsinvestition. Da hier die Nutzungsbausteine weitgehend determiniert sind, kann die Analyse hierbei allerdings *nutzungsspezieller* durchgeführt werden. Vor der Durchführung einer differenzierten Markt- und Standortanalyse kann es sinnvoll sein, die wesentlichen Beurteilungsdimensionen im Rahmen eines Kurzgutachtens (*quick-look*) zu analysieren. Neben der Identifikation der grundsätzlich möglichen Nutzungsalternativen vermag hierdurch unter Umständen bereits erkannt werden, ob eine intensivere Auseinandersetzung bzw. eine weitere Projektentwicklung an dem betreffenden Standort überhaupt zukunftsträchtig ist.

Neben der klassischen Markt- und Standortanalyse kann auch der Fall eintreten, daß für ein spezielles Nutzungskozept (Multiplex-Kino, Einkaufszentrum, Factory-Outlet-Center etc.) ein optimaler Standort zu suchen und auszuwählen ist. Erforderlich ist hierzu allerdings die Kenntnis der spezifischen Standortanforderungen der zu etablierenden Nutzung.

Da es sich bei Investitionen im Immobilienbereich immer um langfristige Anlagen handelt, ist nicht nur der gegenwärtige Stand, sondern auch die zukünftige Entwicklung maßgeblich. So können beispielsweise von stadtplanerischen Vorhaben wie Straßenumlegungen, Straßenneubau, Verkehrsberuhigungen, Ausweisung neuer Fußgängerzonen etc. sowohl erhebliche positive als auch negative Auswirkungen auf den zu untersuchenden Standort ausgehen. Zu beachten ist aber auch eine mögliche Veränderung der zukünftigen Markt- und Wettbewerbsbedingungen, beispielsweise durch die Planung von Wettbewerbsobjekten im Marktgebiet.

Die Ergebnisse einer Markt- und Standortanalyse sind aber auch vor dem Hintergrund der regionalen bzw. überregionalen Veränderungen und unter Berücksichtigung der allgemeinen Entwicklungstendenzen (Telearbeit, Teleshopping, Veränderung des Konsumentenverhaltens etc.) zu sehen.

1.2.2 Untersuchungsbereiche und Verfahren der Markt- und Standortanalyse

Mit der Makro- und der Mikroanalyse unterscheidet man zwei grundsätzliche Untersuchungsbereiche einer Markt- und Standortanalyse.

- *Makroanalyse.* Im Rahmen der Makroanalyse wird die Immobilie, unter Berücksichtigung der wichtigsten Standortanforderungen und -bedingungen, einem geographischen Raum zugeordnet, der dann auf seine wesentlichen Eigenschaften und Potentiale untersucht wird (vgl. Knecht, R.: Fragen der Standortplanung von Shopping Centers, 1972, S. 73). Die Untersuchungsbereiche einer Makroanalyse beziehen sich vor allem auf die ökonomischen, soziodemographischen, politischen und rechtlichen Rahmenbedingungen, die Infrastruktur, die Struktur und Entwicklung des relevanten Immobilienteilmarktes sowie der weichen Standortfaktoren.
- *Mikroanalyse.* Bei der Mikroanalyse wird hingegen der konkrete Standort (Viertel, Grundstück), nach seiner endgültigen Einordnung innerhalb des Makrostandortes, auf seine wesentlichen Eigenschaften untersucht. Mit der Lage, der unmittelbaren Verkehrsanbindung, der Nachbarbebauung und dem Image des Standortes unterscheidet man die wesentlichen Untersuchungsbereiche einer Mikroanalyse.

Markt- und Standortanalysen können sowohl individuell als auch mit Hilfe der Checklist-Methode durchgeführt werden. Im Rahmen dieser Strategie, die insbesondere angewendet wird, um Alternativstandorte vergleichen zu können, werden alle relevanten Standortfaktoren gelistet und anschließend einer individuellen Bewertung unterzogen. Mit dem Ziel, eine objektivere Beurteilung der einzelnen Kriterien zu ermöglichen, bietet sich eine weitere Untergliederung in Ober- und Unterkriterien an. Neben der Unabhängigkeit der unterschiedlichen Untersuchungskriterien ist auch auf deren Überschneidungsfreiheit zu achten.

Eine Verfeinerung dieses Verfahrens ermöglichen sogenannte Scoring-Modelle. Hierbei werden die einzelnen Standortmerkmale nicht als gleichwertig angesehen, sondern abhängig von ihrer Bedeutung für das Projekt gewichtet. Empfehlenswert ist darüber hinaus die Durchführung von Primäranalysen, in denen beispielsweise die Nutzer von Büroimmobilien nach ihren individuellen Standortanforderungen befragt werden. Aus der Multiplikation von Bewertung und Gewichtungsfaktor erhält man sodann für jede Standortalternative eine weitgehend objektive und vergleichbare Gesamtbewertung.

Neben der Auswahl der tatsächlich erfolgsbestimmenden Standortfaktoren bestehen die Schwierigkeiten derartiger Verfahren in der *bedeutungsgerechten* Gewichtung der unterschiedlichen Kriterien. Darüber hinaus sind eventuell bestehende Wirkungsinterdependenzen zwischen den einzelnen Standortfaktoren zu berücksichtigen. Nicht nur der geographische Untersuchungsraum und die zu erhebenden Untersuchungskriterien, sondern auch die anzuwendenden Methoden sind in Abhängigkeit von der angedachten Nutzung von einer erheblichen Bandbreite geprägt. Während beispielsweise im Rahmen einer geplanten großflächigen Einzelhandelsnutzung in erster Linie das Bevölkerungs- und Kaufkraftpotential im Einzugsgebiet, die Wettbewerbssituation im Marktgebiet und die Qualität der Verkehrsanbindung zu berücksichtigen sind, ist bei einer geplanten Wohnnutzung unter anderem die Zahl der Haushalte und deren Entwicklung, die Infrastruktur und das Vorhandensein sicherer Arbeitsplätze zu überprüfen.

1.3 Objekt- bzw. Projektanalyse

Im Sinne einer umfassenden Immobilienbegutachtung müssen neben den Informationen, die im Rahmen der Makro- und Mikroanalyse erhoben wurden, auch ergänzende Daten und Informationen über das unmittelbare Objekt bzw. Projekt ermittelt werden.

1.3.1 Aufgaben und Informationsquellen

Zu den Aufgaben einer Objektanalyse gehören im wesentlichen das Aufspüren und die umfassende Analyse bestehender Stärken und Schwächen einer Immobilie. Sie liefert damit die Informationsbasis für eine professionelle Objektoptimierung durch beispielsweise das quantitative und qualitative Flächenmanagement oder eine umfassende Objektumstrukturierung bzw. Revitalisierung. Aber nicht nur bereits am Markt eingeführte Immobilien können Gegenstand der Untersuchung sein, auch Projektkonzeptionen lassen sich im Rahmen einer Projektanalyse auf mögliche Planungsfehler hin untersuchen. Neben der Beseitigung festgestellter Mängel liegt die grundsätzliche Zielsetzung einer Objektanalyse im Ausbau der erkannten Stärken, wodurch ein nicht zu unterschätzender Beitrag der nachhaltigen Image-Positionierung gegeben ist.

Wie jedes Produkt ist auch die Immobilie einem Lebenszyklus unterworfen. So ist beispielsweise im Bereich der Freizeit- und Handelsimmobilien in der Regel bereits nach zehn bis 15 Jahren mit der Notwendigkeit einer Objektverbesserung bzw. Revitalisierung zu rechnen. Die Ursachen einer Erosionserscheinung lassen sich grundsätzlich in endogene (objektbedingte) und exogene Faktoren untergliedern. Endogene Ursachen sind direkt gestalt- und veränderbar. Neben den baulich bzw. technisch hervorgerufenen Erosionen zählen hierzu beispielsweise Mängel an der Konzeption, Architektur und Dimensionierung, die Etablierung eines unpassenden Mieter- und Branchenmixes sowie Schwächen beim Management. Exogene Ursachen resultieren demgegenüber in erster Linie aus geänderten Marktverhältnissen, etwa in Form eines gewandelten Verbraucher- bzw. Kundenverhaltens, der Entstehung neuer attraktiver Konkurrenzobjekte oder einem veränderten Anforderungsprofil der Nutzer. Ebenfalls zu den exogenen Faktoren zählt auch eine generelle Verschlechterung der wirtschaftlichen Situation im Einzugsgebiet oder die Beeinträchtigung der Verkehrssituation und -anbindung, beispielsweise durch eine geänderte Straßenführung.

In Abhängigkeit des zu untersuchenden Objekts bzw. Projekts sind eine Reihe von Informationsquellen auszuschöpfen. Als Basis sollte auf eine eingehende Begehung und Besichtigung auf keinen Fall verzichtet werden. Expertengespräche mit Mietern und Nutzern, dem Immobilien-Management wie auch Architekten und Technikern geben einen ergänzenden Einblick in das komplexe Gesamtgefüge einer Immobilie und ermöglichen eine umfassende Stärken-Schwächen-Analyse. Hilfreich ist darüber hinaus eine Auswertung und Gegenüberstellung der Umsatzergebnisse der unterschiedlichen Mieter bzw. Nutzer. Handelt es sich bei der zu untersuchenden Immobilie um eine Handels- oder Freizeitimmobilie, sollte auf den Einsatz einer Kunden- bzw. Passantenbefragung nicht verzichtet werden.

Bevor eine Objektanalyse durchgeführt werden kann, muß man sich über die spezifischen Erfolgs- und Imagefaktoren einer Immobilie im klaren sein, die in Abhängigkeit von dem zu untersuchenden Objekt zu variieren bzw. unterschiedlich zu gewichten sind. Für ein Einkaufszentrum sind beispielsweise der Standort, die Wettbewerbssituation, die Erreichbarkeit, der Branchen- und Mietermix, die Dimensionierung und Funktionalität wie auch die Einkaufsatmosphäre hervorzuheben.

1.3.2 Untersuchungsbereiche

- *Grundstücksbeschaffenheit.* Neben der Grundstücksgröße ist zunächst der Flächenzuschnitt des Grundstücks zu prüfen. Zu klären ist in diesem Zusammenhang auch die Möglichkeit einer späteren Flächenerweiterung im unmittelbaren Objektumfeld. Ein weiteres Kriterium ist insbesondere für Hotels, Handels- und Entertainment-Immobilien die uneingeschränkte Einsehbarkeit des Grundstücks von Passanten- und Verkehrsströmen. Im Bereich der Wohnimmobilien ist demgegenüber auf die Qualität der Aussicht und der Besonnung (Südlage) zu achten. Ebenfalls analysiert werden müssen die bestehenden bzw. zukünftig zu erwartenden Immissionsbelastungen durch Lärm, Schmutz, Gase etc. Eine erhebliche Auswirkung auf die zu erwartenden Baukosten gehen von der Qualität des Baugrundes aus. Zu prüfen sind hierbei die Bodenart, die Bodenpressung, der Grundwasserstand und die Altlastensituation.

- *Rechtliche Grundstückssituation.* Ein weiterer wichtiger Untersuchungsbereich besteht in der Analyse der rechtlichen Grundstückssituation. So werden die Nutzungsfähigkeit und der Wert eines Grundstücks unmittelbar durch die Raumordnung und Bauleitplanung beeinflußt. Eine entscheidende Bedeutung kommt hierbei dem Entwicklungszustand des Grundstücks zu, der sich in die Entwicklungsstufen Agrarland, Bauerwartungsland, Rohbauland und baureifes Land untergliedern läßt. Bestimmt wird die Nutzungsfähigkeit aber auch durch die Art und das Maß der baulichen Nutzung sowie durch bestehende Nutzungsrechte und -beschränkungen. Unmittelbar beeinflußt wird die bauliche Nutzbarkeit eines Grundstücks zudem durch den Stand der Erschließung.

- *Konzeption.* Ein sehr differenziert zu analysierender Bereich besteht in der Nutzungskonzeption. Ziel der Objekt- bzw. Projektanalyse ist hierbei die Schaffung einer Informationsbasis, die es im Rahmen der Projektentwicklung ermöglicht, ein markt- und standortoptimales Nutzungskonzept zu entwickeln bzw. bestehende Konzeptionsfehler auszuschalten. Zum möglichen Aufgabenspektrum gehören u. a. die Analyse und Bestimmung der optimalen Gesamtgröße des Objekts, der Relation der Verkehrsfläche zur Nutzfläche, der optimalen Gebäudetiefe, der Grundrisse, Deckenhöhen und Rastermaße, die Funktionalität der Anlieferung und Entsorgung, die Art und Plazierung der Verkehrsbauwerke sowie auch Zahl, Größe und Bedeutung der Eingänge. Zu überprüfen ist auch das Parkflächen- bzw. Individualverkehrskonzept (Parkflächendimensionierung, Befahrbarkeit, technische Ausstattung, Anordnung der Stellplätze etc.). Im Rahmen der Beurteilung einer Konzeption ist zudem auf die erforderliche Flexibilität zu achten. Im Sinne einer internen Flexibilität mag man hierbei zunächst an die Anpassungsfähigkeit an künftige Anforderungen der Nutzer denken. Hierzu gehört zum einen neben der erforderlichen Flächenflexibilität auch die Möglichkeit der unmittelbaren Reaktion auf technologisch bzw. organisatorisch bedingte Veränderungen. Zum anderen sollte die Immobilien-Konzeption aber auch eine echte Alternativnutzung, eine externe Flexibilität zulassen. Als weiterer Baustein der Konzeption ist die Qualität der Funktionalität zu untersuchen. Im Bereich der Büro- bzw. Verwaltungsimmobilien sollte als grundlegende Informationsbasis auf eine Analyse der spezifischen Arbeitsplatz-Strukturen sowie der individuellen Betriebs- und Arbeitsabläufe der jeweiligen Nutzer nicht verzichtet werden. Neben der bestehenden bzw. künftig zu erwartenden Ablauforganisation sind insbesondere der interne und externe Kommunikationsfluß, die Arbeitszufriedenheit und die Möglichkeit der Teamarbeit zu bewerten.

- *Architektur*. Immer mehr Unternehmen setzen die Architektur zur gezielten Profilierung und Gestaltung ihres Corporate Design ein. Aber nicht nur Unternehmen, auch die einzelne Immobilie kann durch ihre spezifische Architektur eine unverwechselbare Corporate Identity erhalten. Ein marktoptimaler und ehrlicher Auftritt ist hierbei allerdings nur möglich, wenn das äußere Erscheinungsbild mit dem jeweiligen Nutzungsinhalt übereinstimmt. Zu beachten ist ferner die Funktionalität und Flexibilität der Architektur sowie die Akzeptanz beim Besucher, Nutzer und Investor.

- *Austattung und baulicher Zustand*. Der bauliche Zustand von Bestandsimmobilien hat nicht nur einen Einfluß auf das Image der Immobilie, sondern kann unter Umständen auch die laufenden Kosten und Erträge des Objektes erheblich beeinflussen. Zu untersuchen sind in diesem Zusammenhang nicht nur der aktuelle Zustand der Bauteile und technischen Einrichtungen sowie die Bestimmung eines eventuell vorhandenen Instandhaltungsstaus, sondern auch die Instandhaltungskosten der vergangenen Jahre und die Höhe der bestehenden Instandhaltungsrücklagen. Ebenfalls zu prüfen sind die generelle Güte der Bauausführung, eventuell bestehende Kontaminationen der aufstehenden Bausubstanz sowie mögliche Restriktionen und Auflagen des Denkmalschutzes. Die spezifischen Ausstattungsmerkmale einer Immobilie sollten sowohl den jetzigen als auch den zukünftigen Erfordernissen und Prämissen der Mieter bzw. Nutzer entsprechen. Im Sinne eines intelligenten Gebäudes sind hierbei Kriterien der Flexibilität, Funktionalität, Kostentransparenz, Mitarbeitermotivation, Umweltverträglichkeit und Ressourcenschonung miteinander zu vereinen.

- *Mieter- und Branchenmix*. Die Beurteilung des Mieter- bzw. Branchenmixes ist in erster Linie im Bereich der Handels- und Entertainment-Immobilien von Bedeutung. Aber auch für Gewerbe- und Technologieparks, thematisierte Bürokomplexe sowie multifunktional genutzte Immobilien kann der Mieter- und Branchenmix Gegenstand der Objektanalyse sein. Aufbauend auf die Markt-, Standort- und Wettbewerbsanalyse definiert der Mieter- und Branchenmix einen unter synergetischen Gesichtspunkten optimierten Zusammenschluß verschiedener Mieter bzw. Nutzer.

- *Mieteranalyse.* Nicht nur der Mietermix, auch die einzelnen Mieter bzw. Nutzer müssen einer detaillierten Bewertung unterzogen werden. Neben dem äußeren Eindruck, dem Bekanntheitsgrad und der Anziehungskraft sind auch das Image, die Wettbewerbsfähigkeit, die Atmosphäre, eventuell bestehende Mietrückstände sowie Seriosität und Bonität der Mieter zu beachten. Im Rahmen einer laufenden Analyse der spezifischen Umsatzergebnisse ist eine Transparenz der aktuellen wirtschaftlichen Mietersituation mit der Chance einer schnellen und flexiblen Reaktionsmöglichkeit gegeben. Mietergespräche ermöglichen zudem ein Einschätzen bestehender Probleme, fördern Verbesserungsvorschläge, Anforderungen wie auch eventuell angestrebte Auszugs- oder Expansionsabsichten der Mieter zutage.

  Darüber hinaus sollte die Qualität der bestehenden Mietverträge analysiert werden. Neben den vereinbarten Sicherheitsleistungen sind hierbei u. a. die getroffenen Regelungen bezüglich der Betriebs- und Nebenkosten, der Restlaufzeit der Verträge sowie eventuell bestehender Optionen zu beachten.

- *Image bzw. Imageanalyse.* Das Image einer Immobilie ist ein komplexes und mehrdimensionales System, welches sich aus objektiven und subjektiven, also unter Umständen auch falschen Vorstellungen zusammensetzt. Das Image einer Immobilie ergibt sich aus einer Vielzahl von Einzelfaktoren, die der Mieter bzw. Nutzer, Käufer, Kunde oder Passant bewußt oder unbewußt aufnimmt.

  Ebenfalls zu berücksichtigen ist das Phänomen des Imagetransfers. Hierunter versteht man die Übertragung von Imagebestandteilen eines Imageobjektes (etwa einer Immobilie) auf ein anderes Imageobjekt (Mieter, Nutzer, Eigentümer). So können beispielsweise allein das äußere Erscheinungsbild und die Fassadengestaltung einer Büroimmobilie bestimmte Assoziationen zum jeweiligen Eigentümer bzw. Nutzer hervorrufen.

  Mit dem Ziel, das Image einer Immobilie durch gezielte Maßnahmen zu verändern, ist die genaue Erfassung und Diagnose des Ist-Zustandes erforderlich. Aufgabe der Imageanalyse ist hierbei nicht nur die Bestimmung der Einschätzungen und Vorstellungen, die über eine Immobilie generell bestehen, sondern auch eine Analyse, nach welchen konkreten Beurteilungsdimensionen und Einzelfaktoren sich das Image zusammensetzt und welche Interdependenzen bestehen. Durch eine ergänzende Bestimmung des Soll-Image gibt die Imageanalyse wertvolle Hinweise für die konkrete Umgestaltung bzw. den effektiven Einsatz des marketingpolitischen Instrumentariums.

- *Marketingkonzeption und Immobilien-Management.* In Abhängigkeit der Erkentnisse der Markt-, Standort- und Wettbewerbsanalyse kann auch die bestehende bzw. geplante Marketingkonzeption analysiert werden. Ziel ist die Sicherung eines optimalen Marktauftritts, der ein Ausschöpfen der am Standort vorhandenen Potentiale ermöglicht und die Immobilie entsprechend der erkannten Erfolgsfaktoren optimal profiliert und positioniert. Insbesondere sogenannte sensible Immobilien wie Einkaufszentren, Urban-Entertainment-Centers und Gewerbeparks erfordern als langfristigen Erfolgsfaktor ein professionelles Immobilien-Management. Neben einer laufenden quantitativen und qualitativen Optimierung der Flächen gehört hierzu die Etablierung eines professionellen Kosten-, Sicherheits-, Informations- und Vermietmanagements.

- *Rentabilitäts- und Wirtschaftlichkeitsaspekte.* In Abstimmung der Erkenntnisse der Markt-, Standort- und Wettbewerbsanalyse sowie unter Berücksichtigung der objekt- und nutzerspezifischen Besonderheiten können abschließend die erzielbaren Mieten und Renditen bestimmt und ihre zukünftige Entwicklung prognostiziert werden. Neben den Mieteinnahmen ist die Angemessenheit der Kosten, insbesondere in Relation zum tatsächlich gestifteten Nutzen, zu prüfen. Im Rahmen der Kostenanalyse ebenfalls zu beachten sind eventuelle Leerstände. Neben dem eigentlichen Mietausfall müssen hierbei die Betriebs- und Instandhaltungskosten, die Kosten der Überwachung und Kontrolle und für Insertion und Besichtigung eingerechnet werden. Insbesondere im Bereich der Gewerbeimmobilien können Leerstände darüber hinaus zu einem erheblichen Image- und Attraktivitätsverlust der gesamten Immobilienanlage führen. Zu analysieren sind zudem der spezifische Investitionsaufwand (Ressourcenbindung), das Entwicklungspotential etwa durch Flächenumlegungen und Aufstockungen wie auch die langfristige Werthaltigkeit bzw. Wertsteigerung. Ein Aspekt mit erheblichem Einfluß auf den langfristigen wirtschaftlichen Erfolg zeigt sich im Reinvestitionsdruck der Immobilie. So erfordert beispielsweise eine Freizeit- und Entertainment-Anlage, insbesondere aufgrund der Schnellebigkeit des Freizeitmarktes, eine fortwährende Attraktivitätsanpassung.

1.3.3 Etablierung eines Informations-Managements

Kernelement eines effizienten Immobilien-Managements ist die Koordination eines durchgängigen und alle Bereiche umfassenden Informations-Managements – von der Planung über die Errichtung bis zum Ende des Lebenszyklus einer Immobilie. Neben den Ergebnissen einer Objektanalyse sollte ein derartiges Informations-Management die laufend anfallenden Informationen zusammenführen, koordinieren und abgleichen. Insbesondere die zunehmende Anlageintelligenz (Stichwort: intelligente Gebäude) verursacht eine Fülle komplexer Daten, die zudem innerhalb kürzester Zeit zur Verfügung stehen müssen. Der Einsatz der elektronischen Datenverarbeitung (Computer Aided Facility Management) ist angesichts dieser Entwicklungen eine entscheidende Voraussetzung geworden. Vor der Auswahl geeigneter Systeme sind allerdings eine Informationsbedarfsanalyse und eine Bewertung der unterschiedlichen Systeme vorzunehmen.

2. Analyse des Wettbewerbs

Der Wandel hin zum Käufer- bzw. Mietermarkt, zu gesättigten Immobilienteilmärkten, hohen Leerstandsraten im Bürobereich, aber auch der stärker werdende internationale Wettbewerbsdruck erfordern auch im Immobilienbereich eine intensivere Beachtung der Wettbewerbssituation.

2.1 Analyse der Branchenstruktur

Zu den Aufgaben einer Branchenstrukturanalyse gehören neben der Erfassung und Analyse der branchenspezifischen Erfolgsfaktoren und der relevanten Spielregeln im Branchenwettbewerb auch die Untersuchungen über die allgemeine Branchenentwicklung bzw. aktuellen Trends. Nach Michael Porter sind der Stand und die Intensität des Wettbewerbs in einer Branche mit der Rivalität unter den bestehenden Unternehmen, der Verhandlungsmacht der Abnehmer, der Verhandlungsstärke der Lieferanten, der Bedrohung durch Ersatzprodukte und -dienste und der Bedrohung durch neue Konkurrenten insgesamt von fünf grundlegenden Wettbewerbskräften abhängig (Porter, M.: Wettbewerbsstrategie, 1992, S. 25 ff.).

- *Rivalität unter den etablierten Wettbewerbern.* Zur Bestimmung der Rivalität unter den etablierten Wettbewerbern ist zunächst die Anzahl der Wettbewerber als auch die spezifische Differenziertheit der angebotenen Leistung zu analysieren. Die Konkurrenz unter den bestehenden Wettbewerbern manifestiert sich unter anderem in einem Preiswettbewerb (stagnierende bzw. sinkende Büromieten, mietfreie Zeiten etc.), einer stärkeren Bedeutung der Immobilienwerbung, einer Verbesserung der Serviceleistungen (Übernahme des Vermietmanagements, Abgabe von Garantien, Marktforschung als Kundenservice etc.) und der Einführung neuer Produkte (Factory-Outlet-Center, zukunftsorientierte Büroformen, betreutes Wohnen etc.).
- *Bedrohung durch potentielle neue Konkurrenten.* Die Bedrohung durch potentielle neue Wettbewerber wird im besonderen durch die spezifischen Eintrittsbarieren und erwarteten Reaktionen der etablierten Wettbewerber beeinflußt. Zu den Markteintrittsbarrieren zählen neben einem hohen Kapitalbedarf und der Betriebsgrößenersparnis „Economies of Scale" auch hohe Umstellungskosten, die Knappheit geeigneter Standorte und besonderer Imageerfordernisse. Im Bereich der Projektenwicklung, insbesondere wenn es sich um sensible Immobilien (Einkaufszentren, Gewerbeparks etc.) handelt, kann mit dem spezifischen Know-how (Nutzungskonzept, Mietermix, Mietvertragsgestaltung, Baurecht etc.) eine nicht zu unterschätzende Eintrittsbarriere ausgemacht werden. Eingeschränkt wird der Marktzutritt aber auch durch den hohen Kapitalbedarf und die enormen Vorlaufkosten (Grundstückssicherung, Analysen, Planungen etc.) einer Immobilieninvestition. Ebenfalls von Relevanz ist das gute Image bzw. der gute Ruf eines etablierten, professionell und seriös arbeitenden Projektentwicklers. Vorteile können sich in diesem Zusammenhang für den etablierten Entwickler nicht nur bezüglich der Kapitalbeschaffung, sondern auch im Rahmen der Mieterfindung, im Zusammenhang eines Investorenwettbewerbs und bei der Erlangung der Baugenehmigung ergeben.

Neben den Eintrittsbarrieren wird die Gefahr des Markteintritts durch die erwartete Reaktion der etablierten Wettbewerber beeinflußt. So ist nach Michael Porter unter anderem mit einer hohen Vergeltungswahrscheinlichkeit und damit Abschreckung zu rechnen, wenn die etablierten Unternehmen über umfangreiche Mittel zur Vergeltung (unausgelastete Kapazitäten, überschüssige Liquidität etc.) verfügen, mit der Branche eng verwachsen sind und insgesamt ein langsames Wachstum (Kampf um Marktanteile) besteht (Porter, M.: Wettbewerbsstrategie, 1992, S. 37 f.).

- *Verhandlungsmacht der Mieter bzw. Investoren.* Daneben konkurrieren die Abnehmer (Mieter bzw. Investoren) mit der spezifischen Branche (Projektentwickler, Immobilienmakler etc.), indem sie die Preise (Mietpreise, Kaufpreise, Provisionen) drücken bzw. ein höheres Leistungs- und Qualitätsniveau verlangen. In Anbetracht des Wandels vom Verkäufer- zum Käufer- bzw. Vermieter- zum Mietermarkt hat diese Wettbewerbskraft erheblich an Bedeutung gewonnen. Stagnierende bzw. sinkende Mietpreise, Incentives (mietfreie Zeiten, Zuschüsse, Übernahme der Mieterausbauten etc.), Zugeständnisse im Rahmen der Mietvertragsgestaltung (Nebenkosten, Vertragslaufzeiten, einseitige Optionsrechte etc.) sind ausgewählte Kennzeichen dieser Entwicklung.
Die Verhandlungsstärke der Abnehmergruppe (Mieter bzw. Investoren) ist dabei vom Konzentrationsgrad der Abnehmer, den spezifischen Umstellungkosten, der Markttransparenz und der Gewinnsituation der Abnehmer abhängig. Zu berücksichtigen ist in diesem Zusammenhang auch, ob die Produkte und Leistungen, die die Abnehmergruppe von der Branche beziehen, differenziert sind und inwieweit sie einen signifikanten Anteil an den Gesamtkosten der jeweilgen Gruppe ausmachen.
- *Verhandlungsstärke der Lieferanten.* Lieferanten (Bauunternehmen, Kreditgeber, Grundstückseigentümer etc.) können ihrer Verhandlungsstärke durch eine Preiserhöhung bzw. Senkung der Qualität Ausdruck verleihen. Vermag man die höheren Preise nicht an die Abnehmer weiterzugeben, wird die Rentabilität der Branche gedrückt. Die Verhandlungsstärke der Lieferanten ist dabei von der Differenziertheit der Produkte und Leistungen, der spezifischen Konzentration der Lieferantengruppe und der Existenz möglicher Ersatzprodukte abhängig.
- *Bedrohung durch Ersatzprodukte.* In der Regel konkurrieren die Unternehmen einer Branche mit allen anderen, die Ersatzprodukte anbieten. Als Ersatz- oder Substitionsprodukte können sämtliche Produkte bezeichnet werden, die dieselbe Funktion wie das jeweilige Produkt der Branche erfüllen. Da die Abnehmer gegebenenfalls auf *günstigere* Ersatzprodukte ausweichen können, begrenzen Ersatzprodukte bzw. -dienstleistungen das Gewinnpotential einer Branche.

2.2 Konkurrenzanalyse

Die Analyse der Konkurrenzsituation erfordert in einem ersten Schritt die Identifizierung der relevanten Wettbewerber. Zur Abgrenzung der Wettbewerber mögen hierbei mehrere Ansatzpunkte bzw. -kriterien differenziert werden. Neben der Möglichkeit, die Unternehmen als Wettbewerber zusammenzufassen, die das gleiche Produkt anbieten (Branchenkonzept), werden im sogenannten Marktkonzept nur die Unternehmen als Wettbewerber eingestuft, die sich durch ihr Angebot um die Deckung desselben bzw. eines als ähnlich empfundenen Bedarfs bewerben und somit um die gleichen Kunden konkurrieren (vgl. Kotler, P./Bliemel, F.: Marketing-Management, 1995, S. 365). Beeinflußt wird der Kreis der Konkurrenten darüber hinaus durch den spezifischen Standort, das Preisniveau, die Absatzreichweite und die Art der Immobilienprodukte und Leistungen.

Nach der Identifikation der relevanten Konkurrenten ist ihre Struktur und ihr spezifisches Verhalten zu analysieren (vgl. Abb. 1). Die Konkurrenzanalyse kann grundsätzlich in vier Teilaufgaben gegliedert werden:

1. Beschreibung der gegenwärtigen Strategien der Konkurrenten,
2. Beschreibung der Ziele der Konkurrenten und Prognose, welche Strategien zur Erreichung der Ziele eingesetzt werden,
3. Formulierung von Annahmen der Konkurrenten über sich selbst (Selbsteinschätzung) und die Annahmen und Beurteilungen des Konkurrenten über die Branche,
4. Analyse der wichtigsten sachlichen und personellen Ressourcen (Stärken und Schwächen) der Konkurrenten.

Abb. 1: Strategische Profilierung des Kunden
Quelle: In Anlehnung an: Porter, M.: Wettbewerbsstrategie, 1992, S. 80.

- *Strategien der Konkurrenten.* Die Strategien der Konkurrenten spiegeln sich in ihrem spezifischen Marktverhalten wider. Eine Analyse über den Einsatz der Marketinginstrumente (Produktpolitik, Beschaffungspolitik, Preispolitik, Distributionspolitik, Kommunikationspolitik, Servicepolitik) erlaubt somit eine Einordnung der gegenwärtigen Strategien der Konkurrenten (Brezski, E.: Konkurrenzforschung im Marketing, 1993, S. 78 ff.). Zur Ableitung der gegenwärtig bestehenden bzw. in Zukunft zu erwartenden Strategien sind darüber hinaus Hinweise über die Intensität, die Richtung, den Einsatzzeitpunkt, die Dauer und die Frequenz des Instrumenteneinsatzes zu erheben.
- *Ziele der Konkurrenten.* Neben den Strategien der Konkurrenten sollten deren spezifische Ziele bestimmt werden. Möglich ist hierdurch unter anderem die Einschätzung, wie wahrscheinlich ein zukünftiger Strategiewechsel ist und mit welcher Intensität ein Konkurrent auf äußere Einflüsse (Konjunktur, Aktivitäten der Wettbewerber etc.) reagieren kann. Und neben der Definition der Ziele der Konkurrenten (kurzfristige bzw. langfristige Gewinnerzielung, Marktanteilsausdehnung, Marktführerschaft etc.) sind auch das Verhalten der Konkurrenten gegenüber Zielkonflikten und die spezifische Risikoeinschätzung des Konkurrenten zu ermitteln.
- *Annahmen der Konkurrenten.* Jede Entscheidung einer Unternehmung wird durch die Einschätzung über sich selbst, die Branche und die Konkurrenten beeinflußt. So kann sich ein Projektentwickler beispielsweise als Branchenführer oder als besonders innovativ einschätzen. Indikatoren für die Annahme der Konkurrenten bestehen etwa in deren allgemeinen Absichten, der Besetzung der Führungsposition und der spezifischen Organisationsstruktur.
- *Stärken und Schwächen der Konkurrenten.* Die Stärken und Schwächen bzw. Ressourcen der Konkurrenten determinieren die Fähigkeit, ihre Ziele zu erreichen bzw. ihre Strategien auszuführen. Zur Bestimmung der relativen Stärken der Konkurrenzunternehmen ist ein Vergleich mit den übrigen Wettbewerbern und dem eigenen Unternehmen erforderlich. Durch den Einsatz einer Stärken- bzw. Schwächenanalyse, in der die Ressourcen einer Unternehmung im Vergleich zu den Konkurrenten analysiert werden, können in diesem Zusammenhang Bereiche identifiziert werden, in denen das Konkurrenzunternehmen Wettbewerbsvorteile besitzt.

2.3 Benchmarking

2.3.1 Begriff und Zielsetzung

Unter Benchmarking versteht man einen kontinuierlichen Lernprozeß, bei dem insbesondere Prozesse, Leistungen und Funktionsbereiche des eigenen Unternehmens an einer Benchmark, also der maximal erreichbaren Leistung, gemessen werden. Ziel des Benchmarking ist die Schaffung von Wettbewerbsvorteilen durch die Identifikation der jeweils besten Lösungen (sogenannte *Best Practices*) für detaillierte Problemfelder und Prozesse. Benchmarking versteht sich dabei als Hilfsmittel, um anhand eines inner- bzw. außerbetrieblichen Vergleiches sowohl aus den eigenen als auch den Erfahrungen anderer zu lernen, neue Ideen zu entwickeln und dadurch ebenso gut oder gar besser zu werden als der momentan *Beste*.

Angesichts einer Verschärfung des nationalen und internationalen Wettbewerbs, steigender Ansprüche an die Servicequalität der Immobilienunternehmen und partieller Marktsättigungserscheinungen müssen die Unternehmen zu Veränderungen bereit sein und neue Wege beschreiten. Erfolgreiche Unternehmen der Zukunft sind aufgefordert, *Bestleistungen* und ein Höchstmaß an Kundenzufriedenheit zu erreichen.

Abzugrenzen ist das Benchmarking sowohl von der Marktforschung als auch von der Wettbewerbsanalyse. Im Gegensatz zum Benchmarking besitzt die Marktforschung neben einem klaren Branchenfokus in der Regel nur einen geringen Einfluß auf die Veränderung bzw. Optimierung der eigentlichen Prozesse. Die Wettbewerbsanalyse kann demgegenüber als ein Element des Benchmarking verstanden werden. Mit der Analyse der Ziele, Strategien und der Marktposition der Konkurrenten ist aber auch ihr Betrachtungshorizont auf die eigene Branche gerichtet. Läßt sich die Wettbewerbsanalyse vorrangig als Informationsinstrument einordnen, versteht sich das Benchmarking in erster Linie als ein Zielsetzungs- und Umsetzungselement (Pieske, R.: Benchmarking in der Praxis, 1995, S. 19 f.). Benchmarking kann sowohl innerhalb des Unternehmens (internes Benchmarking) mit den direkten Wettbewerbern (wettbewerbsorientiertes Benchmarking) oder auch mit branchenfremden Unternehmen (funktionales Benchmarking) verwirklicht werden.

2.3.2 Phasen des Benchmarking

Der Benchmarking-Prozeß wird insbesondere bezüglich der Anzahl und Aufeinanderfolge der zu vollziehenden Schritte unterschiedlich strukturiert bzw. gewichtet. Mit der Zielsetzung, der internen Analyse, der Vergleichsphase, der Entwicklung von Maßnahmekatalogen und der Umsetzung können grundsätzlich fünf Kernphasen untergliedert werden.

- *Zielsetzungsphase*. Benchmarking beginnt mit der Zielsetzungsphase, bei der ausgehend von der Unternehmenszielsetzung die Benchmarking-Ziele bestimmt werden müssen. Der Gegenstand des Benchmarking (Benchmarking-Objekt) ist eindeutig zu definieren und abzugrenzen. Erforderlich ist zudem die Einbindung und Akzeptanzgewinnung des oberen Managements.
- *Interne Analyse*. Da ein Vergleich mit den Prozessen der Benchmarking-Partner nur möglich ist, wenn die eigenen Prozesse und Strukturen bekannt und verstanden werden, ist in der zweiten Phase das Benchmarking-Objekt zu analysieren. Ein nach Prozessen strukturiertes Unternehmen zeigt sich als eine Voraussetzung für die erfolgreiche Anwendung des Benchmarking. So sind zunächst die Prozesse zu definieren und entsprechende Kennzahlen zu erheben (vgl. Hanser, P.: Partner gesucht! in: Absatzwirtschaft 2/97, S. 50 f.).
- *Vergleichsphase*. In der dritten Kernphase sind zunächst die geeigneten internen und/oder externen Benchmarking-Partner auszuwählen. Ziel ist hierbei die Identifikation von Branchen bzw. Unternehmen, die bezüglich des spezifischen Benchmarking-Objektes eine höhere Professionalität besitzen. So dürften Immobilienunternehmen, die beispielsweise ihre Kommunikationspolitik effizienter gestalten möchten, im Bereich der Konsumgüterindustrie geeignete und professionelle Benchmarking-Partner finden. Ansatzpunkte der Partnerwahl liefern u. a. die Auswertung von Publikationen, der Besuch von Fachseminaren, die Nutzung spezialisierter Immobilien-Datenbanken und Befragungen, z. B. bei den Marktpartnern, Immobilienberatern und Kunden. Eine geeignete Möglichkeit zur Identifikation der geeigneten Vergleichsunternehmen bieten auch sogenannte Benchmarking-Börsen.
Hat man die geeigneten Vergleichsunternehmen gefunden, müssen die relevanten Informationen gesammelt werden. Zu den Informationsquellen gehören neben internen Quellen (Vertriebsdaten, Informationen der Marktforschung etc.) u. a. auch Publikationen, Kundenbefragungen, Produkt- und Leistungsanalysen, persönliche Interviews und Benchmar-

king-Börsen. Genügt die gewonnene Informationsbasis, kann die eigene Leistung im Vergleich zu den ausgewählten Benchmarking-Partnern gemessen werden. Im Anschluß daran folgt eine detaillierte Bewertung der Ergebnisse und die Ermittlung der Ursachen für die festgestellten Unterschiede.
- *Entwicklung von Maßnahmenkatalogen.* Nach dem eigentlichen Benchmarking-Vergleich müssen aus den gewonnenen Ergebnissen konkrete Maßnahmen entwickelt werden. Dabei sind die erworbenen Erfahrungen auf den Kontext und die spezifischen Verhältnisse des eigenen Unternehmens zu übertragen.
- *Umsetzung der Maßnahmen.* Die konkrete Umsetzung der Maßnahmen erfordert die Akzeptanz der Mitarbeiter des Unternehmens. Zur Vermeidung einer Abwehrhaltung ist daher eine klare und ehrliche Kommunikationsstrategie von erheblicher Bedeutung. Mit der eigentlichen Umsetzung ist der Benchmarking-Prozeß allerdings noch nicht beendet. So sind die Leistungsveränderungen im Zeitablauf zu messen und mit der Zielsetzung zu vergleichen. Aber auch die Ziele müssen den ständigen Entwicklungen und Veränderungen angepaßt werden. Die Etablierung eines kontinuierlichen Benchmarking-Prozesses ist daher im Sinne der Erhaltung und Verbesserung der Wettbewerbsfähigkeit unverzichtbar.

3. Unternehmensanalyse

3.1 Image-Analyse

Unter einem Image versteht man ein beeinflußbares, komplexes und mehrdimensionales System, dessen wahre Grundstrukturen dem betreffenden Imageträger oft nicht voll bewußt sind (Johannsen 1971, S. 35). Images spiegeln die Realität allerdings nicht naturgetreu wider, sondern diese sind stets kombiniert mit sachgerechten Informationen, persönlichen Erfahrungen, Gefühlen, Einstellungen, Gerüchten und Vorurteilen.

3.1.1 Bedeutung von Images im unternehmerischen Marketing

Insbesondere in Anbetracht der Informationsüberflutung und einer zunehmenden Konfrontation mit einer immer unübersichtlicher werdenden Angebots- und Anbietervielfalt besitzen Images für den Konsumenten eine erhebliche Orientierungsfunktion. An die Stelle der unüberschaubaren Vielfalt treten eindeutige Strukturen, die diese vielfältigen Informationen verdichten und somit eine klare Gliederung und Einordnung ermöglichen.

Ein weiterer Gesichtspunkt ergibt sich aus dem Tatbestand, daß die Wahl des Arbeitsplatzes in einem hohen Maße vom Image der Unternehmung beeinflußt wird. Ein gutes Image vermag darüber hinaus ein positives Klima und ein Vertrauensverhältnis aufzubauen und leistet einen Beitrag, die vielfach zu verzeichnende Anonymität in der heutigen Wirtschaft zu beseitigen. Dieses Goodwill-Polster ist insbesondere in Krisenzeiten, in denen das Unternehmen öffentlich angegriffen wird, von entscheidender Bedeutung. Vertrauen ist zudem eine grundlegende Voraussetzung im Rahmen der Kapitalbeschaffung wie auch bei der Realisierung sensibler Investitionsbzw. Bauvorhaben. So lassen sich die verschiedenen Interessengruppen wie Städte und Gemeinden, Kreditinstitute, Investoren, Parteien, Verbände sowie Bürgerinitiativen sehr viel leichter überzeugen, wenn das Unternehmen ein kompetentes, solides und seriöses Image besitzt.

3.1.2 Aufgaben, Ziele, Verfahren und Techniken einer Image-Analyse

Eine entscheidende Aufgabe der Image-Analyse besteht in der Erfassung und Diagnose des Ist-Zustandes. Neben der Bestimmung der Vorstellungen und Einschätzungen, die über ein Imageobjekt generell bestehen, müssen hierbei die konkreten Beurteilungsdimensionen, aus denen sich das Image zusammensetzt, analysiert werden.

Ein optimaler Einsatz der marketingpolitischen Instrumente bedarf darüber hinaus der Bestimmung des Soll- bzw. Idealimages. Mit dem Ziel eines effektiven Einsatzes der Imagepolitik sollten im Rahmen einer Image-Analyse auch die relevanten Zielgruppen ermittelt werden. Zu analysieren bzw. interpretieren sind hier die bestehenden Interdependenzen zwischen den unterschiedlichen Imagearten – wie z. B. Branchen-, Firmen- und Produktimage.

Der Verlauf einer Image-Analyse kann in mehrere Phasen untergliedert werden. In der ersten Phase muß das Untersuchungsproblem abgegrenzt und der methodische Aufbau der empirischen Erhebung festgelegt werden. Im Vordergrund steht hierbei die Frage, was beurteilt werden soll (Unternehmen, Branche, Immobilie, Stadt, Region etc.) und wer die Beurteilung vorzunehmen hat (Mitarbeiter, Kunden, Öffentlichkeit etc.). In der zweiten Phase, die möglichst breit und offen angelegt sein sollte, sind alle relevanten Imagedimensionen bzw. Bewertungskriterien zu erfassen. Eine Möglichkeit, die relevanten Imagedimensionen zu erheben, besteht unter anderem im Rahmen intensiver Expertengespräche, durch Gruppendiskussionen und Exploration. Anhand dieser Grundlage erfolgen in der dritten Phase die Erarbeitung eines Fragebogens wie auch die Auswahl der geeigneten Verfahren und Techniken, die dann im Rahmen einer quantitativen Imagemessung in der letzten Phase zum Einsatz kommen.

3.2 Portfolio-Analyse und Portfolio-Management

Basierend auf der Portfolio-Analyse hat sich das Portfolio-Management zu einer Führungskonzeption entwickelt und zählt zu den verbreitesten Analyse- und Planungsinstrumenten des strategischen Managements. In Anlehnung an das Portfolio von Wertpapieren wird hierbei das Unternehmen als ein Portfolio – als eine Gesamtheit von sogenannten Strategischen Geschäftseinheiten (SGE) – gesehen. Der Portfolio-Ansatz kann aber auch auf die einzelnen Strategischen Geschäftseinheiten übertragen werden, wobei dann die speziellen Produkte bzw. Immobilien die jeweiligen Einzelelemente darstellen.

Aufgabe der Portfolio-Analyse ist die Visualisierung und Strukturierung der Aktivitäten sowie der äußerst komplexen strategischen Probleme eines Unternehmens. Im Rahmen des Portfolio-Managements dient sie in erster Linie der Suche nach Strategien einer integrativen Steuerung der strategischen Geschäftseinheiten eines Unternehmens. Eine Vielzahl sachlicher und räumlicher Teilmärkte, eine relativ unübersichtliche Anzahl divergierender Nutzergruppen sowie eine zunehmende Wechselwirkung zwischen Unternehmen, Wettbewerbern, Kunden, Umwelt und Technik unterstreichen die Komplexität, mit der das Management in der Immobilienwirtschaft konfrontiert wird. Portfolio-Management ist in der Immobilienwirtschaft in erster Linie für Unternehmen erforderlich, die große und differenzierte Anlagevermögen managen.

Der sinnvolle Einsatz des Portfolio-Konzeptes setzt daher die Definition und eindeutige Abgrenzung geeigneter *Strategischer Geschäftseinheiten* (Strategic Business Units) voraus. Unter einer Strategischen Geschäftseinheit versteht man einen möglichst isolierten und unabhängigen Ausschnitt aus dem gesamten Betätigungsfeld des Unternehmens mit eigenen Ertragsaussichten, Kompetenzen, Chancen und Risiken. Neben einer eigenständigen Marktaufgabe und einem eigenen Wettbewerberkreis sollte eine Strategische Geschäftseinheit die Formulierung eigener Ziele und die selbständige

Planung und Durchführung strategischer Aktivitäten ermöglichen. Darüber hinaus muß jede Strategische Geschäftseinheit einen dauerhaften Beitrag zum Gesamterfolg des Unternehmens leisten können und sich durch möglichst geringe Überschneidungen mit anderen Strategischen Geschäftseinheiten auszeichnen (Hinterhuber 1992, S. 142).

Die Bildung geeigneter Strategischer Geschäftseinheiten erfordert die Auswahl passender *marktorientierter* Segmentierungs- bzw. Abgrenzungskriterien. Im Immobilienbereich stehen unter anderem folgende Segmentierungskriterien zur Verfügung:

- Abgrenzung auf internationaler Ebene,
- Segmentierung nach dem Makrostandort,
- Segmentierung nach dem Mikrostandort,
- Abgrenzung anhand des Immobilientyps bzw. der Nutzungsart,
- Abgrenzung nach unterschiedlichen Betriebstypen und Subsegmenten,
- Abgrenzung nach der Objektgröße,
- Segmentierung nach dem Lebenszyklus,
- Abgrenzung nach differenzierten Nachfragesegmenten.

Eine Segmentierung nach einzelnen Immobilienobjekten, bei der also jede Immobilie eine eigene strategische Geschäftseinheit bildet, ist lediglich für Investoren mit einer geringen Anzahl an Objekten in Betracht zu ziehen. Umfangreichere und differenzierte Immobilienbestände sind demgegenüber in Abhängigkeit der individuellen Gegebenheiten anhand der unterschiedlichen Abgrenzungskriterien zu segmentieren.

Visualisiert wird die Struktur und die strategische Lage der Geschäftseinheiten anhand einer zweidimensionalen Matrix. Diese Portfolio-Matrix besteht dabei aus einer internen (Stärken und Schwächen eines Unternehmens) und einer externen (Zustand der relevanten Umweltstruktur) Komponente. Auf der Basis dieser Grundstruktur wurde eine Reihe unterschiedlicher Portfolio-Konzepte entwickelt. Praktische Bedeutung hat neben dem Marktwachstums-Marktanteils-Portfolio u. a. das Marktattraktivitäts-Wettbewerbs-Portfolio erlangt.

3.2.1 Marktwachstums-Marktanteils-Portfolio

Das Marktwachstums-Marktanteils-Portfolio basiert auf einer Vier-Felder-Matrix, deren jeweilige Hauptachsen das Marktwachstum bzw. den Marktanteil beschreiben. Entwickelt wurde diese wohl bekannteste Variante durch das amerikanische Beratungsunternehmen Boston Consulting Group (Nieschlag 1991, S. 875).

Die in der Matrix eingetragenen Kreise repräsentieren den Standort der unterschiedlichen Strategischen Geschäftseinheiten bzw. Produkte, wobei die Variation der Kreisfläche die Bedeutung gemessen an Umsatz, Deckungsbeitrag oder Investitionsvolumen wiedergibt. Aufgrund der entsprechenden Positionierung in der Vier-Felder-Matrix werden den Strategischen Geschäftseinheiten bzw. Produkten unterschiedliche *Normstrategien* bzw. strategische Stoßrichtungen empfohlen, die zu einem – aus strategischer Sicht – ausgewogenen Produktprogramm führen sollen.

3.2.2 Marktattraktivitäts-Wettbewerbsvorteils-Portfolio

In Erweiterung des Marktanteils-Marktwachstums-Portfolio wurde von McKinsey in Gemeinschaftsarbeit mit General Electric das Marktattraktivitäts-Wettbewerbsvorteils-Portfolio (Neun-Felder-Portfolio) entwickelt.

Die zwei Dimensionen dieser Portfolio-Variante beinhalten jeweils ein Konglomerat unterschiedlicher Einflußgrößenbündel, wobei hier sowohl quantitative als auch qualitative Faktoren bzw. Variablen berücksichtigt werden können. Diese differenzierte und mehrdimensionale Geschäfsfeldanalyse ist insbesondere in Anbetracht der Komplexität und Vielschichtigkeit in der Immobilienwirtschaft erforderlich. Bezieht sich die eine Achsendimension (*Wettbewerbsvorteile*) weitgehend auf Faktoren, die die Unternehmensleitung direkt beeinflussen kann, wird die zweite Dimension (*Marktattraktivität*) durch Faktoren bestimmt, die nicht bzw. nur indirekt durch die Unternehmensleitung gesteuert werden können.

Als Anhaltspunkt zur Bestimmung der Marktattraktivität im Immobilienbereich können nachfolgend aufgeführte Faktoren differenziert werden. Der Faktorenkatalog ist allerdings nicht allgemeingültig, sondern muß von jedem Unternehmen individuell erarbeitet und angepaßt werden.

- *Ökonomische Rahmenbedingungen.* Wirtschaftsstruktur, Zukunftsträchtigkeit und Bedeutung der örtlichen Wirtschaftskraft, des Wirtschaftsklimas, der Bruttowertschöpfung (absolut, differenziert nach Wirtschaftsbereichen), der Einschätzung der Arbeitsmarktlage, der Erwerbsstruktur, der Einkommenssituation, der Einzelhandelszentralität etc.
- *Soziodemographische Struktur.* Bevölkerungsstand und dessen Entwicklung, Bevölkerungsdichte, Bevölkerungsstruktur (Altersstruktur, Geschlechtsstruktur etc.), Haushaltsstruktur (Anzahl, Struktur und Entwick-

lung der Privathaushalte, durchschnittliche Haushaltsgröße etc.), Sozialstruktur etc.
- *Politische und rechtliche Rahmenbedingungen.* Politische Stabilität, Raumordnungspolitik, Bauleitplanung, Stadtentwicklungspolitik, Genehmigungsverfahren, Planungssicherheit, Steuergesetze und deren Änderungen, steuerliche Belastungen (Gewerbesteuer-, Grundsteuerhebesatz etc.), rechtliche Bestimmungen (Baurecht, Mietrecht, Auflagen etc.), Unternehmensfreundlichkeit der kommunalen Verwaltung, staatliche Fördermittel und Subventionen, Umweltschutzauflagen (Ausgleichsabgaben für Grünflächen etc.), kommunale Flächenausweisungen, Bodenpolitik etc.
- *Infrastruktur.* Stadt- und Zentrumsfunktion, Zentralitätswirkung, Mobilität der Bevölkerung (Pkw- und Kfz-Dichte, Pendlerverflechtungen), Kommunikationsinfrastruktur, soziale Infrastruktur (Schulen, Kindergärten etc.), Verkehrssituation (Anbindung an das Verkehrsnetz, Flughafennähe etc.), Ver- und Entsorgung (Energieversorgung, Energiekosten etc.), Hochschulen und Forschungseinrichtungen etc.
- *Weiche Standortfaktoren.* Image der Stadt bzw. der Region, Freizeit-, Erholungs- und Kulturangebot, Wohnwert, Umweltqualität, Landschafts- und Stadtästhetik, Citymarketing etc.
- *Struktur und Entwicklung des Immobilienmarktes bzw. der relevanten Immobilienteilmärkte.* Marktgröße (Büroflächenbestand, Verkaufsflächenbestand etc.), projektierte Flächen und Bauvolumen, Entwicklung der Bestände, Leerstände, Analyse der Teilmärkte nach Zustand, Lage und Ausstattung, Wettbewerbsintensität und -struktur, Markteintrittsbarrieren, Nutzeranforderungen (Objektgröße, Standortpräferenzen, Ausstattung etc.), Flächenbedarfsentwicklung der Nachfrager, Verhandlungsmacht der Abnehmer (Mieter, Käufer), Stabilität der Nachfrage, Konjunkturabhängigkeit, Wertzuwachserwartungen, Mieten und deren Entwicklung (Durchschnitts- bzw. Spitzenmieten), Renditen und deren Entwicklung etc.
- *Ressourcenverfügbarkeit.* Baumarktentwicklung (Verhandlungsmacht der Bauunternehmen etc.), Finanzierungsquellen (z. B. Zinslast, erforderliche Eigenkapitalquoten, Aufgeschlossenheit der Kreditinstitute etc.), Managementpotential, Qualifikation der Arbeitskräfte etc.

Die Position einer Immobilie bzw. einer Strategischen Geschäftseinheit in einem räumlich und sachlich abgegrenzten Immobilienmarkt läßt sich durch den Vergleich zur besten Konkurrenzimmobilie bzw. zum stärksten Wettbewerber ermitteln. Die relativen Wettbewerbsvorteile (Stärken) einer Immobilie bzw. einer strategischen Geschäftseinheit ergeben sich im wesentlichen aus den nachfolgend aufgeführten Beurteilungskriterien.

- *Grundstücksbeschaffenheit und Standortfaktoren.* Physische Grundstücksbeschaffenheit (Bodenart, Bodenpressung etc.), Altlastensituation, Immissionsbelastung (Lärm, Schmutz, Gase etc.), Stand der Erschliessung, rechtliche Situation (Baurecht, Entwicklungszustand, Grundbuchinhalt etc.), Lagequalität (Nähe zum Kaufkraftpotential, Standortfrequenz etc.), Größe und Flächenzuschnitt des Grundstücks, Erreichbarkeit und Verkehrsanbindung, Erweiterungsmöglichkeiten, Image des Standortes etc.
- *Nutzungskonzeption.* Markt- und standortoptimales Nutzungskonzept, Gesamtgröße des Objektes, Flächenaufteilung, Funktionalität der Anlieferung und Entsorgung, Zahl, Größe und Bedeutung der Eingänge, Relation der Kfz-Stellplätze zur Quadratmeter-Nutzfläche etc.
- *Mieter- und Mietermix.* Branchen- und Mietermix, Image und Bekanntheitsgrad der Mieter, Bonität und Seriosität der Mieter (Mietzahlungssicherheit), Qualität der Mietverträge, Vertragsmanagement, Restlaufzeit der Mietverträge, Sicherheitsleistungen, Mietgarantien etc.
- *Architektur und Ausstattung.* Attraktivität (Image, Bekanntheitsgrad), Atmosphäre, Funktionalität und Zweckmäßigkeit, Lage- und Nutzungsadäquanz, Güte der Bauausführung (Baustoffwahl, Konstruktion etc.), Umweltverträglichkeit der verwendeten Materialien, Kommunikations-, Sicherheits- und Haustechnik (intelligentes Gebäude) etc.
- *Immobilien-Management.* Erfordernis eines eigenen Managements (sensible Immobilien), Qualität des Managements (Facility-Management, Vermietmanagement, Kostenmanagement, Informationsmanagement, Marketing-Know-how etc.), Vorhandensein und Qualität der Mieter- bzw. Werbegemeinschaft etc.
- *Kapitalintensität und Reinvestitionsdruck.* Investitionsaufwand und Ressourcenbindung, Produktdynamik, Reinvestitionen aufgrund technischer Erosion (Instandhaltungsstau), Reinvestitionen wegen wirtschaftlicher Erosion (Marktdynamik) etc.
- *Objektvolumen.* Marktanteil am Standort, Marktanteil im Einzugsgebiet, Marktanteil am Gesamtbestand etc.
- *Rentabilitäts- und Wirtschaftlichkeitsaspekte.* Bewirtschaftungskosten, Kosten des Managements und der Verwaltung, Instandhaltungskosten, Mietausfall (Kostentransparenz), Leerstandskosten, allgemeines Risiko, Mieten (erzielbare Mieten, Entwicklung der Mieten), Flächenproduktivitäten, jährlicher Reinertrag, Rendite (Umsatzrentabilität, Gesamtkapitalrentabilität etc.), Cash-flow etc.
- *Wertsteigerungspotential und Flexibilität.* Langfristige Werthaltigkeit bzw. Wertsteigerung, Entwicklungspotential (Aufstockung, Flächenumlegung

etc.), Flexibilität (inhärente Flexibilität der Nutzung sowie die sogenannte Outside Flexibility), Drittverwendungsfähigkeit, Fungibilität etc.

Nach der Auswahl der zu beurteilenden Faktoren müssen diese in bezug auf ihre jeweilige Bedeutung gewichtet werden. Dabei wird sich die Wertigkeit der einzelnen Kriterien an den Aufgaben und Rahmenbedingungen des spezifischen Unternehmens orientieren. Zur anschließenden *Bewertung* der Beurteilungskriterien kommt in der Praxis regelmäßig das Skalierungsverfahren zur Anwendung (Ebert 1991, S. 14). Hierzu ist allerdings eine eingehende Bestandsanalyse erforderlich. Die Positionierung der Immobilie erfolgt in der Neun-Felder-Matrix mit Hilfe von Kreisen, wobei sich der jeweilige Kreismittelpunkt aus dem Schnittpunkt der Achsenwerte ergibt. Der Umfang der Kreise, der beispielsweise durch den jeweiligen Verkehrswert sowie die Höhe der erzielten Umsätze oder Flächenproduktivitäten zu bestimmen ist, spiegelt die Bedeutung der einzelnen Immobilien im Gesamtbestand wider.

Die Diagonale durch das Neun-Felder-Portfolio teilt die Strategischen Einheiten zwei grundsätzlichen Risikobereichen zu. Dabei können die Immobilien bzw. Strategischen Geschäftseinheiten rechts oberhalb der Linie tendenziell positiv, die Einheiten links unterhalb als tendenziell gefährdet eingestuft werden.

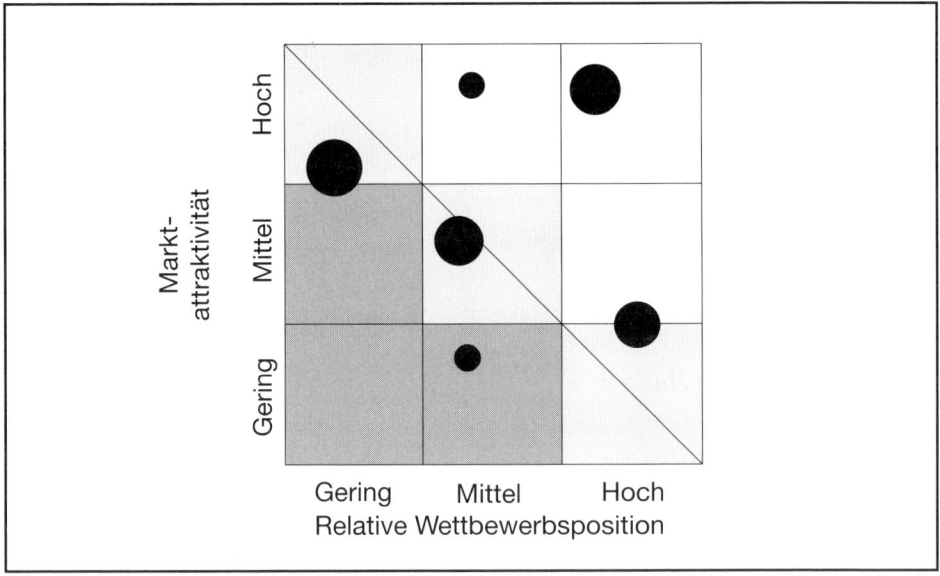

Abb. 2: Marktattraktivitäts-Wettbewerbsvorteils-Portfolio mit strategischen Einheiten
Quelle: Institut für Gewerbezentren, Starnberg, 1997

Für jede Strategische Einheit ist in diesem Zusammenhang auch die voraussichtliche weitere Entwicklung unter der Prämisse einer Beibehaltung der gegenwärtigen Strategien zu projizieren. Erforderlich sind hierbei unter anderem Prognosen über die Einflüsse der Wettbewerber, Veränderungen der Wettbewerbstrukturen, ökonomische Entwicklungen, Trends im Konsumentenverhalten (Erlebnisorientierung, Individualisierung, Selbstverwirklichung etc.), neue Arbeitsformen (Telearbeit) und Veränderungen in den Anforderungen der Nutzer (z. B. intelligente Gebäude). Neben der Analyse der verschiedenen Immobilien und Strategischen Geschäftseinheiten dient das Portfolio-Konzept der Entwicklung geeigneter Strategien, um die gesetzten Unternehmensziele zu erreichen. Dabei unterscheidet man mit den *Unternehmensstrategien* und den *Potentialstrategien* zwei grundlegende Strategiearten.

- *Unternehmensstrategien*. Im Rahmen der Unternehmensstrategien erfolgt in erster Linie die integrative Steuerung des gesamten Unternehmens (Müller-Stewens 1995, S. 2042 ff.). Neben der Frage, welche Strategischen Geschäftseinheiten expandieren, welche gehalten werden und welche schrumpfen sollen, definieren die Strategien die zukünftigen Märkte und Marktsegmente des Unternehmens.
- *Potentialstrategien*. Die Potentialstrategien beziehen sich demgegenüber auf der Ebene der Strategischen Geschäftseinheiten auf mehr oder weniger große Subsystemen der Unternehmung (Immobilien). Die Strategischen Geschäftseinheiten sind dabei mit dem Ziel einer zukünftig ausgewogenen Struktur der Produkte zu entwickeln. Als mögliches Kriterium kann hierbei etwa der Cash-flow herangezogen werden, wobei den cashverzehrenden Immobilien (Projektentwicklung, Revitalisierung, Markteinführung) in ausreichendem Maße cash-erzeugende Immobilien (z. B. am Markt eingeführte, langfristig vermietete Immobilienprodukte) gegenüberstehen müssen. Neben den übergeordneten Zielen des Unternehmens sind im Rahmen der Strategiefindung stets die spezifischen Gegebenheiten und Rahmenbedingungen der Immobilie und die Bedürfnisse der Nutzer zu beachten.

Für die Strategiewahl können beim Neun-Felder-Portfolio (vgl. Abb. 2) drei grundsätzliche Bereiche unterschieden werden. So sind die *starken* Immobilien bzw. Strategischen Einheiten in den drei Feldern oben rechts angesiedelt und durch das Unternehmen in erster Linie durch *Investitions- und Wachstumsstrategien* zu unterstützen. Die drei Felder, die sich auf der Diagonalen von links oben nach rechts unten erstrecken, sind demgegenüber von mittelmäßiger Attraktivität gekennzeichnet und erfordern daher ein selektives Vorgehen, wobei sich mit den *Offensiv-*, *Defensiv-* und den *Übergangsstrategien* die drei möglichen großen Stoßrichtungen unterscheiden lassen. Für die weniger attraktiven Strategischen Einheiten, die links unten angeordnet sind, empfiehlt sich demgegenüber die Entwicklung von *Abschöpfungs-* oder *Desinvestitionsstrategien* (Hinterhuber 1996, S. 163 ff.)

Zur Bestimmung der spezifischen Stoßrichtungen für die einzelnen Strategischen Einheiten bietet sich darüber hinaus die Aufstellung eines Ziel-Portfolios an, wobei sich die jeweiligen Strategien aus der Überwindung der Ist-Soll-Distanz ableiten lassen. Eine weitere Hilfestellung offeriert das Portfolio-Benchmarking. In Abhängigkeit von Struktur, Größe und Immobilienbestand kann sich hierbei durch den Vergleich, beispielsweise mit der Performance eines Offenen Immobilienfonds, ein Anhaltspunkt für den eigenen Erfolg ableiten.

Sind die Strategien für ein Portfolio erstellt, müssen diese im Sinne einer langfristigen Betrachtung regelmäßig überprüft und den veränderten Rahmenbedingungen angepaßt werden. So können ertragsstarke Immobilien beispielsweise durch technische und wirtschaftliche Erosionserscheinungen ihre Marktbedeutung in sehr kurzer Zeit verlieren und zu einer nachhaltigen Belastung der Ergebnisrechung führen.

4. Literatur

Hinterhuber, H.: *Strategische Unternehmensführung*, 5. Auflage, Berlin, New York 1992

Johannsen, U.: *Das Marken- und Firmen-Image*, Berlin 1971

Knecht, R.: *Fragen der Standortplanung von Shopping Centers*, Frankfurt am Main 1972

Kotler, Ph., Bliemel, F.: *Marketing-Management*, 8. Auflage, Stuttgart 1995

Porter, M.: *Wettbewerbsstrategie*, 7. Auflage, Frankfurt am Main, New York 1992

Management von Wohnungsimmobilien

Prof. Dr. rer. pol. Hansjörg Bach, Hochschullehrer für Immobilienbetriebslehre, Fachhochschule Nürtingen

Inhalt

1.	Einführung und Begrenzung des Themenkreises	71
2.	Das Wohnungs-Management der Zukunft	73
2.1	Wird sich etwas ändern?	73
2.2	Was wird sich in Zukunft ändern?	73
2.3	Was kann der Rückblick beim Blick in die Zukunft leisten?	76
2.4	Wie läßt sich der Widerspruch zwischen der langlebigen Immobilie und dem kurzfristigen Wandel des Produktes Wohnung zusammenführen?	76
2.5	Hardware	78
2.5.1	Sicherheit	78
2.5.2	Ökologie	79
2.5.3	Finanzierbarkeit	80
2.5.4	Kalkulierbarkeit	80
2.6	Software	81
2.6.1	Komplexe Vernetzung	81
2.6.2	Neue Kommunikationswege	82
2.6.3	Eine neue Verantwortlichkeit des Vermieters für den Mieter als Folge von veränderten Familien- und Nutzerstrukturen	82
2.6.4	Produktspezifischer Imageaufbau und produktspezifische Imagepflege im Hinblick auf die Wohnungsverwaltung	83
3.	Neue Anforderungen an Management und Führungsqualifikationen	84
3.1	Externe und interne Anforderungen an den Wohnungs-Manager der Zukunft als:	85
3.1.1	...Kommunikator im Unternehmen	85

3.1.2	...Präsentator des Unternehmens	85
3.1.3	...Visionär für Investoren, Unternehmenseigner und Mitarbeiter	86
3.1.4	...Katalysator der Kräfte	87
3.1.5	...Fachmann auf dem weiten Feld des Wohnungs-Managements	87
4.	Folgerungen	88
4.1	Wieviel Zeit bleibt für die notwendige Anpassung?	90
4.2	Welcher Weg führt zum Erfolg?	90
4.3	Zum Verhältnis zwischen Theorie und Praxis im Wohnungs-Management der Zukunft	91
4.4	Generalist oder Spezialist?	91
4.5	Die Bedeutung des Realitätsbezugs	92
5.	Literatur	92

1. Einführung und Begrenzung des Themenkreises

Über die Zukunft einer derart vielschichtigen Tätigkeit wie des Wohnungsmanagements der Zukunft – d. h. des Wohnungsmanagements nach dem Jahr 2000 – nachzudenken und zu schreiben ist außergewöhnlich reizvoll, aber auch außergewöhnlich schwierig.

Reizvoll deshalb, weil es um einen Kernbereich der immobilienwirtschaftlich-unternehmerischen Tätigkeit geht, der zudem in der Vergangenheit erheblich unterbewertet wurde. Dies dürfte sich in der Zukunft allerdings ändern. Und *schwierig* deshalb, weil Prognosen im wohnungswirtschaftlichen Bereich bisher wenig Treffsicherheit aufwiesen. Diese Feststellung schließt Vorhersagen sowohl über quantitative Aspekte als auch qualitative Aspekte ein. Es würde zu weit führen, diese wenig befriedigenden Ergebnisse und die Gründe dafür hier zu erörtern. Die Komplexität dieses Wirtschaftsbereiches ist sicher eines unter zahlreichen Motiven. Sie belegt jedoch deutlich, wie schwierig der Blick in die Zukunft der wohnungswirtschaftlichen Tätigkeit ist.

Jahrhundertwenden haben traditionell die Menschen dazu animiert, über die Zukunft nachzudenken.[1] Bei der letzten Jahrhundertwende war die Wohnungsfrage – das sei besonders erwähnt – ein Thema, dem das ausdrückliche Interesse vieler gesellschaftlicher Gruppierungen galt. Auch die Wissenschaft beschäftigte sich damit. Wie das Problem der Versorgung kleiner Leute mit bezahlbaren Wohnungen gelöst werden könne, war die zentrale Frage. Die Unterscheidung in Großwohnungsbau für die Wohlhabenden und Kleinwohnungsbau für die weniger Wohlhabenden spricht hierbei für sich.

Eine Lösung der Wohnungsfrage ist allerdings noch lange nicht in Sicht. Neue Aspekte tauchten ständig auf. Und eine dauerhafte und befriedigende Versorgung aller ist trotz des hohen Niveaus der Wohnraumversorgung auch heute noch nicht gefunden.

Dies zeigt die Grenzen eines Ausblickes in die wohnungswirtschaftliche Zukunft auf. Zu viele Faktoren beeinflussen das Gut „Wohnen". Zahlreich sind die Faktoren, die die Verwaltung – oder anders ausgedrückt das Management – des Gutes „Wohnung" beeinflussen. Noch vor wenigen Jahrzehnten brachte man die Monatsmiete dem Vermieter in bar, und er quittierte in das Mietenbüchlein.

---

1 Auf die Studie von Bucksteeg, M./Eichner, V.: Wohnungsmanagement 2000. Neue Anforderungen an Management und Führungsqualifikationen angesichts neuer Geschäftsfelder und Dienstleistungsfunktionen in der Wohnungswirtschaft, Bericht 2/95 des Instituts für Wohnungswesen, Immobilienwirtschaft, Stadt- und Regionalentwicklung, Bochum 1995 ist in diesem Zusammenhang zu verweisen.

Betriebskosten- waren ebenso wie Heizkostenabrechnungen weitgehend unbekannt. Der Gasometer führte unmittelbar vor Augen, wieviel man verbrauchte und was dies kostete. Oder man hatte den Vorrat an Holz und Kohlen im Keller – und konnte nur soviel verheizen, wie man vorher bezahlt hatte. Bagatellreparaturen wurden selbstverständlich vom Mieter selbst durchgeführt – ohne daß dies als etwas Besonderes galt. Es gab kein Müllproblem, kein Kabelfernsehen.

Mietwidriges Verhalten unterblieb, weil niemand die Existenz der Wohnung aufs Spiel setzen wollte. Man könnte diese Aufzählung noch beliebig fortsetzen, Beispiele gäbe es genügend. Wir reden hier wohlgemerkt über den grundlegenden Wandel innerhalb weniger Jahrzehnte. Noch gravierender wäre der Unterschied, wenn man den Vergleich zwischen heute und der damaligen Welt der Elterngeneration ziehen würde.

Die Grenzen eines Blickes in die Zukunft des Wohnungsmanagements sind eng gesteckt. Dennoch ist er von elementarer Bedeutung, denn Versäumnisse und Fehler bestrafen die Marktmechanismen. Beispiele hierfür sind gerade in letzter Zeit zuhauf zu beobachten gewesen. Zu Recht wird für das Desaster jeweils das Management verantwortlich gemacht. Und wenn nicht diese Leute, wer denn sonst soll sich sachkundig mit der Zukunft auseinandersetzen?

Die Beschäftigung mit der Zukunft ist somit unabdingbar! Gleichsam vorgeschaltet ist das Nachdenken über die Anforderungen, denen die Führungskräfte genügen müssen, die diesen zukünftigen Anforderungen gerecht werden sollen. Die formelle und noch mehr die materielle Qualifikation für Führungsaufgaben erfordert Zeit. Falsche Wegweisungen führen zu Defiziten an geeigneten Führungspersönlichkeiten in einer Branche – eine geradezu tödliche Gefahr.

Gleichzeitig kann dies aber auch ein persönliches Verhängnis für die Fehlgeleiteten nach sich ziehen. Ganze Scharen von hochqualifizierten Beschäftigungslosen belegen, daß der Mangel an zukunftsorientierter Reflexion über eine zielgerichtete Qualifikation zukünftiger Führungskräfte einer Branche in der Regel böse Folgen für alle Beteiligten hat. Aber selbst wenn eine solche Reflexion erfolgt, ist noch keine Garantie gegeben, daß doch manches oder vieles eine andere Entwicklung nimmt, als vorgedacht war. Ideal wäre, den schmalen Pfad zwischen einem phantasievollen Blick in die Zukunft, der auch den Blick über die engen fachlichen Grenzen einschließt, mit ausreichender Bodenhaftung und Realitätssinn auf der Basis solider praktischer Erfahrung zu wählen. Dies soll im Rahmen dieser Überlegungen versucht werden.

2. Das Wohnungs-Management der Zukunft

2.1 Wird sich etwas ändern?

Der Wandel ist etwas Selbstverständliches. Er ist – das sollte nicht verkannt werden – aber auch anstrengend. Dauernde Aufmerksamkeit ist unabdingbar. Denn was sich wohl entscheidend ändern wird, ist die Geschwindigkeit, mit der sich der Wandel vollzieht.[2]

Die Gründe liegen auch in den geradezu dramatischen Fortentwicklungen der Datenverarbeitung und Telekommunikation. Als vor Jahren die Spezialisten der Telekommunikation davon sprachen, daß die technische Überalterung neuer Produkte jeweils in rund sieben Jahren erfolgen würde, mußte man ob der dadurch in der praktischen Anwendung und Finanzierung entstehenden Probleme erschrecken. Heute muß die Halbwertszeit wohl eher schon nach unten korrigiert werden.

2.2 Was wird sich in Zukunft ändern?

Die Auseinandersetzung darüber, ob das Gut „Wohnung" ein Wirtschaftsgut oder ein Sozialgut ist, wird zunehmen. Was bedeutet dies, welche Folgen ergeben sich hieraus? Der Vizepräsident des Deutschen Mieterbundes e.V., Helmut Schlich, ordnet die Wohnung eindeutig den Kulturgütern zu.[3] Dies überrascht eigentlich bei einem führenden Vertreter eines Mieterverbandes nicht weiter. Wenn aber Wolf-Rüdiger Bub als Präsident des Dachverbandes Deutscher Hausverwalter e.V. diese Klassifizierung – wenn auch in modifizierter Form – als Sozialgut bestätigt[4], muß dies bei einer Betrachtung über die Zukunft der Wohnungswirtschaft, und damit auch des Wohnungs-Managements, besondere Beachtung finden und wohl auch sehr nachdenklich stimmen.

Bub billigt der Wohnung die Eigenschaft eines Wirtschaftsgutes nur bis zum Zeitpunkt der ersten Vermietung zu. Mit dem Eintritt in das Vergleichsmietensystem sieht er den Wandel zum Sozialgut als vollzogen an. Mit anderen Worten: Der kausale Zusammenhang zwischen den Anschaffungs- bzw.

---
[2] In diesem Zusammenhang sei auf folgende Ausführungen zur Bedeutung des Wandels in der Wirtschaft hingewiesen: Bahlsen: Kontinuität und Wandel, 1996, und Oetker: Wirtschaftliche Dynamik durch Wandel, 1996. Zu den aktuellen Entwicklungen des Change-Managements wird verwiesen auf: Mary, M.: Change-Management, 1996.
[3] Vgl. Schlich: Mietwohnung, 1995, S. 687.
[4] Vgl. Bub: Werterhaltung, 1995, S. 14.

Herstellungskosten und der sich daraus ergebenden Mietzinsbildung wird unterbrochen. Anstelle dessen greift ein dichtes Netz rechtlicher Vorschriften mit unverkennbarem sozialen Bezug.

Daß eine, wie Wolf-Rüdiger Bub meint, hitzige Diskussion unter Fachleuten zu diesem Grundsatzproblem bereits seit Jahrzehnten geführt würde, kann nicht nachvollzogen werden. Im Gegenteil: Man hat wohl der Klärung des Grundsätzlichen in der Vergangenheit viel zuwenig Aufmerksamkeit geschenkt.

Die Bewältigung der Symptome hat die Wohnungswirtschaft derartig in Atem gehalten, daß für die Reflexion über Derartiges kaum mehr Zeit und auch Energie übriggeblieben sind. Den Ausführungen des Volkswirtschaftlers Friedrich Lütge[5] – immerhin aus dem Jahr 1949 – ist keine Fortführung in seiner komplexen Art gefolgt. Nicht ohne Grund wird deshalb auch noch heute immer wieder auf Lütge und seine hervorragenden grundsätzlichen Ausführungen zurückgegriffen.

Man kann nun fragen, was haben solche grundsätzlichen, theoretischen Fragen mit dem praktischen und ganz konkreten Wohnungs-Management der Zukunft zu tun? Die Antwort lautet: Sehr viel!

Für Schlich reduziert sich die Funktion des Eigentümers einer Wohnimmobilie – stark vereinfacht – auf die Dienstleistungsfunktion. Folgt man dem, wird das Wohnungs-Management zwangsläufig zum zentralen Bereich der Wohnungswirtschaft:

1. Das Management des Bestandes wird aufgewertet gegenüber der Neuproduktion von Wohnungen.
2. Wohnungs-Management wird gleichgesetzt mit Dienstleistung. (Anzumerken ist, daß unter beschäftigungspolitischen Aspekten ja die Dienstleistung als herausragender Faktor für die Zukunft gesehen wird.)

Zum ersten Punkt, zur Aufwertung des Bestands-Managements, ist nur zu sagen: Dies entspricht der Vernunft. Die einseitige Hervorhebung des zugegeben spektakuläreren Neubaues und die nachrangige, da weniger spektakuläre Berücksichtigung des Bestandes sind unter kaum einem Blickwinkel hinreichend zu begründen. Langfristig bewegt sich die Neubauproduktion bei zirka 1 % des gesamten Wohnungsbestandes. Die Bestandswohnungen (99 %) sind somit als Beschäftigungsfeld für die Wohnungswirtschaft von weit überwiegender Bedeutung.

---

5 Vgl. Lütge: Wohnungswirtschaft, 1949.

Sieht man von Zeiten extensiver Neubauproduktion ab, ist das Volumen der Bestandsverwaltung auch unter wirtschaftlichen Gesichtspunkten sehr bedeutend. Ein Beispiel: 20 Millionen fremdverwaltete Wohnungen ziehen bei einer Annahme von durchschnittlich 60 Quadratmeter Wohnfläche und 25 DM/m^2/Jahr Betriebskosten einen Umsatz aus diesen Betriebskosten von sehr vorsichtig geschätzt 30 Mrd. DM nach sich – und dies jährlich wiederkehrend!

Zum zweiten Punkt, zur Gleichsetzung des Wohnungs-Managements mit Dienstleistung, kann konstatiert werden: Dieser zu erwartende Wandel ist mit einer weiteren Entwicklung, die sich abzeichnet, in einen Kontext zu bringen. Denn die Wohnung als Qualifikationsmerkmal in der sozialen Hierarchie gewinnt weiter an Bedeutung. Anders ausgedrückt, viele möchten ihren sozialen Status durch die Größe und Qualität ihrer Wohnung eher verbessern. Schlichtwohnungen, d. h. Wohnungen einfachsten Standards, sind kaum dazu geeignet. Der durchschnittlich hohe Anspruch an die Dienstleistung eines Wohnungs-Managements wird zum Standard werden. Die Regulierungsfunktion über den Preis wird auch beim Wohnungs-Management in den Hintergrund gedrängt. Eine akzeptierte und praktikable verminderte Dienstleistung im Management von Wohnungen des unteren Preisgefüges zeichnet sich nicht ab. Man hat im Gegenteil den Eindruck, daß Mieter von besonders preisgünstigen, einfachen Wohnungen geradezu einen extensiven Service erwarten und auch fordern. Prozeßkostenhilfe und Rechtschutzversicherungen sowie die umfangreiche Mietrechtsprechung leisten ihren entsprechenden Beitrag.

Dies dürfte das Szenario der Zukunft sein, auch wenn Vergleichbares in anderen Wirtschaftsbereichen kaum vorstellbar ist. Eine wesentliche Veränderung wird auch die Frage nach der optimalen Größenordnung von Wohnungsverwaltungen erfahren. Der Glaube der sechziger und siebziger Jahre an die Notwendigkeit zur Konzentration als Voraussetzung für Qualität und Überlebensfähigkeit von Wohnungsunternehmen erscheint im Hinblick auf die Möglichkeiten der Kommunikationstechnologie in einem neuen Licht.

Die optimale Betriebsgröße wird zukünftig bestimmt durch die Grenze der von der Unternehmensführung unter Anwendung moderner Management-Methoden noch hinreichend überschaubaren Einheiten. Wohnungsverwaltungen, bei denen eine Kluft zwischen täglicher Verwaltungsrealität und Führungsebene besteht, werden in dem bereits angeführten raschen Wandel schnell in die Gefahrenzone geraten.

2.3 Was kann der Rückblick beim Blick in die Zukunft leisten?

Die Wirtschaftsgeschichte der Wohnungswirtschaft ist bisher nur ansatzweise bearbeitet worden. Die der Hausbewirtschaftung – oder auch anders ausgedrückt der Objektbewirtschaftung – noch weniger. Ein Rückblick bringt üblicherweise wenig für die Zukunft an unmittelbar verwendbarer Detailinformation. Er öffnet jedoch den Blick für große Entwicklungslinien.

Wer kennt, besonders von der jüngeren Generation, die Wurzeln, aus denen die kommunalen Wohnungsgesellschaften entstanden sind, und weiß, welchen Personenkreis sie kraft ihres ursprünglichen Auftrages mit Wohnungen zu versorgen hatten?

Wer kennt noch die klare Trennung zwischen Klein- und Großwohnungsbau?

Wer kann die heutigen Tendenzen aus der Entwicklung der Wohnungsbaugesetze verstehen?

Manche Bestimmung eines Unternehmensleitbildes gelänge dann auf der Basis einer genauen Kenntnis der Unternehmensgeschichte leichter. Die Entwicklung der Wohnungsgesellschaften großer Industriebetriebe ist ebenso weitgehend unbekannt wie diejenige der institutionellen Anleger.

Erst die Privatisierungs- bzw. Veräußerungstendenzen in der jüngsten Vergangenheit haben diese bedeutenden Wohnungsunternehmen in den Fokus öffentlicher Beachtung gerückt. Vielleicht gelingt auch die Beantwortung der Frage nach der Kernkompetenz der Wohnungswirtschaft leichter mit dem Blick auf die geschichtliche Entwicklung und Tradition. Es ist kein Zufall, daß es Wohnungswirtschaft und nicht Wohnungsbauwirtschaft heißt. Eine begriffliche Klarheit, die sich bei vielen Unternehmen, die sich Wohnungs*bau*gesellschaften nennen, nicht ohne weiteres wiederfindet.

2.4 Wie läßt sich der Widerspruch zwischen der langlebigen Immobilie und dem kurzfristigen Wandel des Produktes Wohnung zusammenführen?

Die unbefriedigende Antwort lautet: durch kontinuierliche Anpassung. Unbefriedigend ist diese Aussage deshalb, weil sie keine Handreichung bietet für die wirtschaftliche Umsetzung. Die Kalkulationsspielräume in der Wohnungswirtschaft sind so eng bemessen, daß der Substanzerhalt und die Substanzverbesserung aus den schmalen Erträgen kaum finanziert werden können. Es überrascht immer wieder, wenn man den Anteil der weichen Kosten bei Geschlossenen Immobilienfonds zur Errichtung von Wohnimmobilien in Relation zu den Aufwendungen zur Substanzerhaltung der Immobilie unter die Lupe nimmt. (Unterstellt man, daß es bei den Geschlossenen Immobilienfonds mit Wohnimmobilien *um die Wohnimmobilie* als zentrales Investitionsobjekt tatsächlich geht.)

Das rechtliche Rahmengefüge, um einen weiteren Aspekt anzuführen, behindert mehr, als daß es hilfreich ist. Das Wohnungsmanagement muß deshalb in der Zukunft viel stärker als bisher Einfluß auf die Planung und die Realisierung von Wohnungsbauvorhaben nehmen.

Der Erfolg eines Wohnungsbauvorhabens bestimmt sich maßgeblich in der Nutzungsphase.

Vermietbarkeit und wirtschaftliche Verwertbarkeit müssen zum Prüfstein *vor* der Realisierung werden. Noch fehlen zu den derzeit die Landschaft dominierenden Pilotprojekten des kostengünstigen Bauens die Zwillingsprojekte des kostengünstigen Bewirtschaftens.

Hier zeigt sich ein wesentlicher Teil der Kernkompetenz wohnungswirtschaftlicher Tätigkeit. Das Wohnungsmanagement ist nicht die langweilige Phase der Nutzung des Gutes „Wohnung" nach der glanzvollen Planungs- und Realisierungsphase, es ist vielmehr die langfristig über den Erfolg des Vorhabens entscheidende Phase. Flexible Grundrisse sind nur ein Teil der notwendigen Anpassungsfähigkeit, die finanzierbare anpassungsfähige Haustechnik beispielsweise ein weiterer.

Das Wohnungsmanagement ist der Risikoträger für die Anpassungsprozesse vieler Bereiche, die die Wohnung mittelbar oder unmittelbar betreffen.

Beispiele sind die Anschluß- und Versorgungstechnik der Telekommunikation, die Abfallwirtschaft und die Heizungstechnologie.

Das Wohnungsmanagement ist die Harmonisierungsinstitution der vielen sich in der Wohnungsbewirtschaftung treffenden Teilbereiche.

Ein Beispiel: die funkübertragene Ablesetechnologie des Verbrauches von Heizung, Warmwasser und Kaltwasser. Der Verbrauch von Strom und Gas wird (noch) überwiegend auf einer anderen Schiene erfaßt und abgerechnet.

Dramatisch schnelle Entwicklungen in einigen Bereichen stehen eher trägen in anderen Bereichen gegenüber. Das Wohnungsmanagement muß aktive Harmonisierungsimpulse geben. Die Abwendung von einem mehr passiven Vollzug externer Vorgaben muß vollzogen werden. Die Besinnung auf aktives betriebswirtschaftliches Handeln eines wirtschaftlich mächtigen Zweiges, nämlich des Wohnungs-Managements, muß und wird an Stelle eines auf korrekten juristischen Vollzug reduzierten Vollzugs der mietvertraglichen Vereinbarungen treten. Aspekte, die für das Wohnungs-Management der Zukunft von herausragender Bedeutung sein werden, sind im folgenden aufgezählt.

2.5 Hardware

2.5.1 Sicherheit

In den achtziger Jahren wurde über den Zusammenhang von Wohnung – Wohnanlagen – Sicherheit besonders nachgedacht. Insbesondere Kurt Rolinski setzte sich mit dem Zusammenhang von Kriminalität und Wohnhausarchitektur auseinander. Zukünftig wird das Maß des objektiven und subjektiven Sicherheitsgefühls der Mieter im Hinblick auf ihre Wohnung bzw. Wohnanlage zum bestimmenden Faktor für die langfristige und dauerhaft wirtschaftliche Nutzbarkeit der Wohnung werden. Kriminalität, vom Vandalismus bis zu schweren Vergehen, zerstört das gebrechliche Gefüge des Geborgenseins und Geborgenfühlens schnell und nachhaltig.

Präventive oder reaktive Handlungen des Wohnungs-Managements greifen in traditionelle Wohnformen ein. Die Dauerüberwachung einer Tiefgarage durch Videoaufnahmen, die in das Kabelnetz der Wohnanlage eingespeist werden und damit ohne jeden Zweifel die Sicherheit erhöhen, wird allerdings als unzulässige Kontrolle argwöhnisch betrachtet.

Wer ein Jugendbandenwesen in einer Wohnanlage oder einem Wohnquartier erlebt hat, weiß, wie schwierig eine angemessene Reaktion ist. Wie lange der Prozeß einer Amerikanisierung unserer Wohnanlagen dauern wird – von technischen Sicherheitseinrichtungen bis zum Sicherheitspersonal –, läßt sich schwer vorhersagen. Dies wird auch vom Umfang der sozialen Spannungen im Land und dem sozialen Gefälle zu den Nachbarstaaten abhängen. Die Ausprägungen eines steigenden Sicherheitsbedarfes der Mieterschaft werden vielfältig sein. Eine Folge kann die Ablehnung von Mitmietern aus tatsächlichen oder vermeintlichen Randgruppen sein. Diejenigen Wohnungsunternehmen, die sich traditionell der Versorgung solcher Bevölkerungsgruppen verpflichtet fühlen – die kommunalen Wohnungsunternehmen –, werden in dieser Hinsicht mit einer schwierigen Situation konfrontiert werden. Ghettobildung mit negativen langfristigen Auswirkungen droht.

Die Kosten, welche die Prävention oder Reaktion auf eine potentielle oder tatsächliche Sicherheitsbedrohung verursacht, werden den knappen Kalkulationsrahmen noch weiter einengen. Sozialkosten werden auf die Wohnungsverwaltung abgewälzt. Die zuständigen Behörden sind rechtzeitig in diese Aufgaben mit einzubinden. Ansonsten besteht die Gefahr, daß Wohnungsverwaltungen zu Ersatzbehörden mutieren, die sich selbst finanzieren müssen.

Der zuerst aufgezeigte Weg, d. h. Einbindung der vorhandenen Behörden mit klarer Aufgabenzuweisung in diese Probleme in Wohngebieten, mag anfänglich mehr Aufwand bedeuten. Auf lange Sicht gibt es dazu jedoch nach meiner Auffassung keine Alternative. Eine Wohnungsverwaltung kann nicht die vorhandenen, öffentlich finanzierten Fachleute der zuständigen Behörden durch eigenfinanzierte Mitarbeiter ersetzen – die zudem gar nicht über die regelmäßig gesetzlich zugewiesenen dienstlichen Möglichkeiten und Kompetenzen verfügen.

An die riesigen Grünanlagen von typischen Wohnanlagen der sechziger Jahre, die heute von Unternehmen betriebskostenbelastend gepflegt werden müssen, sei als weiterer wichtiger Aspekt erinnert. Heute ist man bei der Planung auf ein vernünftiges Maß der Aufteilung zwischen privatem und öffentlichem Grün zurückgekehrt. Dieses auf den ersten Blick weit hergeholte Beispiel aus einem anderen Bereich sollte eine Lehre sein, wenn über die Übernahme neuer Aufgaben des Wohnungs-Managements im sozialen Bereich nachgedacht wird.

2.5.2 Ökologie

Aus dem weiten Feld ökologischer Fragen, die das Wohnungs-Management zukünftig intensiver beschäftigen werden, wird sich ein schwerwiegendes Problem durch die Beeinflussung der langfristigen Nutzbarkeit der Wohnung im Hinblick auf die Baumaterialien ergeben, die zukünftig auf roten Listen erscheinen.

Die medizinischen Spezialisten sprechen von einer geradezu dramatischen Zunahme der Allergien, besonders unter der jüngeren Generation. Und wer prüft heute die Qualität der durch den Mieter durchgeführten Schönheitsreparaturen oder eine Mietermodernisierung unter dem Gesichtspunkt solcher Auswirkungen? Wie sensibel Mieter auf potentielle Gesundheitsgefahren reagieren, wurde bei der Asbestdiskussion klar. Darum: Die ökologische Qualität des unmittelbaren Wohnumfeldes – Stichwort beispielsweise Elektrosmog – wird zukünftig mit zum wertbestimmenden Faktor der Wohnimmobilie.

Im Auftrag der IBM hat das Institut für empirische Psychologie in Köln (Ifep) zum wiederholten Male auch 1995 – also in jüngster Zeit – wieder eine Studie über die Jugend erstellt. Befragt wurden 2.404 junge Menschen zwischen 14 und 24 Jahren im ganzen Bundesgebiet. Nahezu drei Viertel der Befragten ließen eine hohe Priorität für Fragen des Umweltschutzes erkennen. Der Anteil, der bereit war, für Umweltschutzmaßnahmen finanzielle Einbußen hinzunehmen, war jedoch um mehr als 15 % geringer.

2.5.3 Finanzierbarkeit

Die Vorstellung der Kunden (Mieter) über die angemessene Wohnung hat ein sehr hohes Niveau erreicht. Ob die Versuche, kostensparend zu bauen, erfolgreich zur Kostendämpfung beitragen können, wird sich somit zeigen.

Der wirkliche Wandel müßte sich jedoch in der Vorstellung der Mieter abspielen. Das Akzeptieren einer einfacheren Wohnung wird regelmäßig mit sozialem Abstieg – der auch noch nach außen hin dokumentiert wird – gleichgesetzt. Solche einfachen Wohnungen werden allenfalls noch vorübergehend akzeptiert, zum Beispiel von Studenten, deren sozialer Status dadurch nicht in Frage gestellt wird. Natürlich ist ein qualitativ hohes Niveau der Wohnungsversorgung nur zu begrüßen. Dies muß aber auch über den Preis – unserer Wirtschaftsordnung entsprechend – finanziert werden. Drastische Veränderungen in dieser Richtung wird es wohl kaum geben.

Das Wohnungs-Management der Zukunft wird somit gezwungen sein, in dem von ihm beeinflußbaren Bereich zur Kosteneinsparung beizutragen. Das wird in erster Linie der Betriebskostenbereich sein. Eine schwierige Organisationsaufgabe für das Wohnungs-Management der nächsten Jahrzehnte wird sein, Mietschulden rechtzeitig zu erkennen und Hilfsmöglichkeiten zu organisieren. Präventives Mietschulden-Management ist auch für das Wohnungsunternehmen erheblich attraktiver als der Rechtsweg.

2.5.4 Kalkulierbarkeit

Den Einsparungen im Betriebskostenbereich sind Grenzen gesetzt. Für zu viele Kostenpositionen ist das Wohnungs-Management lediglich (leidgeprüfter) Sammler, Verteiler, Risikoträger und letztendlich Prügelknabe. Die Kernkompetenz hier liegt in einer durchschaubaren, raschen Abwicklung des komplizierten Abrechnungswerkes und -netzes.

Eine Abrechnung von Betriebskosten – im Extremfall 24 Monate nach ihrer Entstehung gesetzlich ohne weiteres zulässig – ist zukünftig nicht vorstellbar.

Möglicherweise müssen völlig neue Wege erkundet und beschritten werden. Ob einer davon der High-Tech-Ansatz ist, der sich gegenwärtig bei der Erfassung und Abrechnung von Heizung, Warmwasser und Kaltwasser abzeichnet, bleibt abzuwarten. Die Kostenbelastungen durch solche beeindruckenden Techniken stimmen allerdings nachdenklich. Die Akzeptanz dieser Kosten durch die Mieter ist erstaunlich hoch.

In allen Wirtschaftszweigen hat die genaue Preisangabe einen hohen Stellenwert. Die Wohnungswirtschaft operiert vielfach mit Vorauszahlungen und nachfolgender Abrechnung, die teilweise erst nach langen Zeiträumen in die Hände der Kunden kommt. Dies wird sich ändern.

Ob die verbrauchsabhängige Abrechnung von Betriebskosten tatsächlich zu entsprechenden Einsparungen führt, scheint noch nicht hinreichend untersucht und belegt zu sein. Die Kostenbelastung durch ein solches Vorgehen wird zukünftig in einem engen Zusammenhang mit den möglichen Einsparungen gesehen werden müssen.

Die Spaltung in mögliche Kosteneinsparung an den Mieter und mögliche höhere Kostenbelastung durch ein solches Vorgehen zu Lasten des Vermieters geht von einem Vermieter aus, dessen finanzielle Belastbarkeit ohne Grenzen ist.

2.6 Software

Aus diesem Bereich sollen einige Punkte exemplarisch herausgegriffen werden, auch um anhand dieser Beispiele die Richtung aufzuzeigen, in die der Weg des Wohnungs-Managements zukünftig gehen dürfte.

2.6.1 Komplexe Vernetzung

Die vor wenigen Jahren noch für unmöglich gehaltene, heute aber Realität gewordene dramatische Entwicklung der Datenverarbeitung wird weiter fortschreiten. Datenvielfalt und Datenmenge über beliebige Vorgänge werden in atemberaubender Geschwindigkeit zur Verfügung stehen.

Ein beliebiges Beispiel in diesem Zusammenhang mag das folgende sein: Bereits jetzt zeichnet sich die Installierung von Online-Diensten der Kommunen ab. Der Schritt, darüber auch die Mietspiegel dem Bürger zur Verfügung zu stellen, ist bereits gemacht.

Die notwendige Software, hieraus die Miete der eigenen Wohnung zu berechnen, wird nicht lange auf sich warten lassen. Ebensowenig die bereits juristisch vorformulierten Beschwerdebriefe an den Vermieter. Informationsquellen im Datennetz werden zur Verfügung stehen, anhand derer der Mieter nachprüfen kann, ob der Preis für den Quadratmeter Grünpflege in seiner Betriebskostenabrechnung angemessen und marktgerecht ist. Der Kunde wird bald daran gewöhnt sein, kurzfristig vielfältige Informationen abrufen zu können. Ob er noch imstande sein wird, diese zu verarbeiten, ist eine andere Frage.

Der Schwachpunkt in dieser Vernetzungskette ist zukünftig, wie in allen High-Tech-Systemen, der Mensch. Das Wohnungs-Management muß nicht nur aus Kostengründen die Ablauforganisation auf die zukünftig zu erwartende Geschwindigkeit und Informationsmöglichkeiten in seinem Umfeld abstimmen.

2.6.2 Neue Kommunikationswege

Die Mieterversammlung traditioneller Prägung stirbt. Vielleicht tritt an ihre Stelle und an Stelle der Mieterzeitung und der vielen schriftlichen Mieterinformationen zukünftig der Informationskanal im Kabelnetz. Die technischen Voraussetzungen dafür sind ja sogar bereits weitgehend vorhanden. Die Datenautobahn oder besser gesagt die routinierte Bewegung auf ihr teilt die Bevölkerung in Alte und Junge. Die einen sind voller Skepsis oder Ablehnung, verbunden mit der Hoffnung, es handle sich um eine vorübergehende Erscheinung mit modeartigem Charakter. Die anderen surfen bereits mit größter Selbstverständlichkeit. Ein Wirtschaftskolumnist schrieb vor kurzem, man erkenne viele Chefzimmer daran, daß in ihnen kein PC oder Datenterminal stehe. Bliebe anzumerken, daß in den Chefzimmern selten Vertreter der jungen Generation sitzen.

Die Annahme, daß der persönliche Kontakt zwischen Vermieter und Mieter wünschenswert und ein anzustrebendes Ziel ist, wird zunehmend in Frage gestellt.

2.6.3 Eine neue Verantwortlichkeit des Vermieters für den Mieter als Folge von veränderten Familien- und Nutzerstrukturen

Die Familienstruktur ändert sich. Man spürt es in der Wohnungswirtschaft in vielfältiger Weise. Die Mietpartei aus einer oder zwei Personen (die Statistik nennt sie den Kleinhaushalt) nimmt relativ stark zu. Immer mehr Kunden der Wohnungswirtschaft haben niemanden, der sich um die Wohnung kümmert, wenn sie im Krankenhaus liegen. Die Nachbarschaftshilfe stirbt aus, weil soziale Hilfen mehr und mehr zu bezahlten Angelegenheiten werden. Mangels sonstiger Kontakte fällt es dem Wohnungs-Management somit weit häufiger als früher zu, einem Hilfsbedürftigen den Weg zu Hilfsdiensten zu weisen und umgekehrt. Nicht zu vergessen: Die Zahl derer, die sterben, ohne daß sich jemand um die Abwicklung ihres Nachlasses – und die Auflösung des Hausstandes – kümmert, steigt rapide. Hier gilt es, Hilfsmöglichkeiten zu entwickeln. Ein Beispiel dazu: Vorab regelbare Formalien für die Durchführung der Schönheitsreparaturen beim Ableben einer Einzelperson oder des Letztversterbenden ohne Nachkommen sind zu überlegen.

Wenn über neue Geschäfts- und Betätigungsfelder in der Wohnungsverwaltung nachgedacht wird, sollte man wohl zuerst an die naheliegenden, der Lösung harrenden Felder denken. Auch hier gilt: Das eine tun und das andere nicht lassen!

2.6.4 Produktspezifischer Imageaufbau und produktspezifische Imagepflege im Hinblick auf die Wohnungsverwaltung

Was erwartet der Kunde zukünftig von der Wohnung über die Hardware hinaus?

Das Wohnungs-Management der Zukunft muß für sich, die Mitarbeiter, die Investoren und besonders für die Kunden eine klare Zielvorgabe haben. Wer ein Auto kauft, für den ist auch die Servicequalität wichtig, sehr wichtig sogar. So verhält es sich auch mit der Wohnung. Die Skepsis, mit der Bauträger der Verwaltung von Wohneigentum als interessantem langjährigen Folgegeschäft des Neubaus gegenüberstehen, ist überraschend und erstaunlich. Die Hardware und der Preis sind nur ein Teil des Gesamtproduktes. Die langjährigen Vorgaben der Gemeinnützigkeit in der Wohnungswirtschaft, die tendenziell auf Vereinheitlichung abzielten, treten immer stärker zurück.

Der Zukunft gehört die markante Individualität des Images eines Wohnungs-Managements. Dies könnte zum Beispiel auch darin bestehen, daß Sicherheit, Zuverlässigkeit und Seriosität wesentliche Bestandteile eines Unternehmensleitbildes sind. Um noch einmal auf Helmut Schlich[6] zurückzukommen: Er unterscheidet zwischen einem Dienstleister und einem Verwalter. Letzterer wird von ihm im Sinne einer, wie er meint, schwerfälligen

---
6 Vgl. Schlich: Mietwohnung, S. 690.

öffentlichen Verwaltung verstanden. Dabei gilt es, an die entscheidenden Maximen einer (öffentlichen) Verwaltung zu erinnern: Genauigkeit, Präzision und formelle Exaktheit. Dienstleistung im Wohnungsbereich mit der Präzision usw. der öffentlichen Verwaltung und der Kunden- und Kostenorientierung der privaten Wirtschaft zu verlangen zielt auf die Forderung nach der Quadratur des Kreises ab.

3. Neue Anforderungen an Management und Führungsqualifikationen

Der gedankliche Weg durch die Zukunft des Wohnungs-Managements hat zu interessanten Überlegungen geführt. Einfache Wahrheiten und schnelle Lösungsvorschläge können bei einem so komplexen Thema wie dem Wohnungs-Management weder erwartet noch erreicht werden.

Die Forderung nach abgespeckten Verwaltungen und flacheren Hierarchien beinhaltet ja wohl, daß Verwaltungen imstande gewesen waren, bisher Speck im übertragenen Sinne anzusetzen, und zu aufgebläht waren. Ob dies in der Wohnungswirtschaft möglich war, ist zu bezweifeln. Und wenn es tatsächlich da und dort solche Verwaltungen gegeben haben sollte, dann ist das eher die Ausnahme als die Regel. Die Realität der wohnungswirtschaftlichen Verwaltung war eher der Versuch, mit zu geringen Mitteln eine Vielzahl von Aufgaben (manchmal recht und schlecht) unter dem immerwährenden Damoklesschwert von mietrechtlichen Prozessen zu erledigen.

Die Gurus der modernen Management-Lehre sollten wohl auch nicht verschweigen, wenn sie flachere Hierarchien fordern, daß Motivationsimpulse, d. h. einfach ausgedrückt Aufstiegsmöglichkeiten bei flachen Hierarchien für den Nachwuchs wegfallen. Es ist eine Fiktion, von einem selbstmotivierten Mitarbeiterstamm als Regelfall auszugehen. Die in weiten Bereichen erkennbare *theoretische* Bereitschaft, aber weitgehend *praktische* Abstinenz zur Mehrarbeit zum Wohle eines Unternehmens – manchmal sogar als Überlebensvoraussetzung – scheint dies zu bestärken. Damit soll nicht eine allgemeine pessimistische Auffassung vertreten werden, sondern lediglich eine langfristige realistische.

3.1 Externe und interne Anforderungen an den Wohnungs-Manager der Zukunft als:

3.1.1 ... Kommunikator im Unternehmen

Die Kommunikation innerhalb eines Unternehmens wird gemeinhin als gegeben unterstellt. In kleineren Unternehmen, in denen die informelle Kommunikation gleichsam aus der Struktur heraus geschieht, mag dies ohne vorgegebenen Rahmen vielleicht so sein. Im Regelfall bedarf es jedoch eines Organisationsrahmens, in dem sich die Kommunikation abspielt. Diesen Rahmen zu setzen, ihn zu pflegen und zu fördern ist eine wesentliche Aufgabe jeder Führungskraft in der Zukunft.

Die Vielschichtigkeit in einem Wohnungs-Management erfordert in besonderem Maße die interne Kommunikation. Das Schweigen zwischen Kollegen, das Horten von Herrschaftswissen ist weiter verbreitet als angenommen. Nach außen – oder besser mit der Außenwelt des Unternehmens – bedarf es auch einer regelmäßigen und strukturierten Kommunikation. Eine nach außen offene Geschäftspolitik, die auch das Unternehmensgeschehen erläutert, ist zukunftsorientiert. Als Nebeneffekt erfordert die Kommunikationsseite einer Führungskraft eine in der eigenen Vorstellung strukturierte Gedankenwelt über das und von dem Wohnungs-Management.

Kommunikation will und muß gelernt sein. Sie ist kein Talent, das man im Bedarfsfall gleichsam zwangsläufig entwickelt und das bei jeder Führungskraft natürlich vorhanden ist. Nicht zuletzt ist es auch die Aufgabe des Kommunikators, dazu beizutragen, daß das „Kampffeld" Vermieter – Mieter weniger oft genützt wird. Wer kommuniziert, vermeidet Streit und überwindet Konfrontation.

3.1.2 ... Präsentator des Unternehmens

Die Führungskraft im Wohnungs-Management muß ein positiver Imageträger für das Unternehmen nach außen sein. Der gute Wille dazu reicht nicht aus. Erinnert sei an das – fachlich wahrscheinlich richtige – Wort von den Peanuts, um die es bei einer Immobilienpleite vor noch nicht allzu langer Zeit ging. Die Wirkung dieser Aussage in der Öffentlichkeit war sicher eine ganz andere als beabsichtigt. Ob es zum positiven Image des Unternehmens, aus dem diese Äußerung kam, beigetragen hat, wird von einigen bezweifelt.

Die Vielfalt der Medien stellt neue Anforderungen, die bisher nicht gegeben waren. In der alten Zeit *einer* lokalen Zeitung herrschten andere Regeln als heute. Lokalfunk und Lokalfernsehen haben mit einer gehobenen Konkurrenz die Geschwindigkeit der Nachrichtenübermittlung völlig verändert. Aktualität ist Trumpf. Die Vorlaufzeit einer nicht geplanten Präsentation des Unternehmens zu aktuellen Ereignissen ist minimal. Die Hochglanzpräsentation, d. h. die langfristig geplante Präsentation, wird eher selten. Allenfalls ist sie in einem Gesamtkonzept zu sehen.

Im Gegensatz zu den Gewerbeimmobilien verfallen Fehlinvestitionen und Mißerfolge bei Wohnimmobilien nicht in eine Art Dornröschenschlaf, allenfalls noch beachtet von dem sehr kleinen Kreis von Insidern, die auch kein Interesse daran haben, daß hierüber anhaltend öffentliche Diskussionen stattfinden. Wohnimmobilien sind in vergleichbaren Fällen Dauerthemen in der täglichen Berichterstattung.

Präsentation und Kommunikation sind als kontinuierlicher Prozeß zu sehen. Die Führungskraft, die die Öffentlichkeit scheut oder sie sogar meidet, hat keine Zukunft. Präsentation und Kommunikation muß die Führungskraft als positive, gestalterische Möglichkeit für die unternehmerische Tätigkeit sehen. Das weite Feld des Wohnungs-Managements, um diesen Ausdruck zum wiederholten Male zu verwenden, bietet ausgezeichnete Möglichkeiten, die bisher noch viel zuwenig genutzt wurden.

3.1.3 ... Visionär für Investoren, Unternehmenseigner und Mitarbeiter

Dem Furchtsamen, der als Führungskraft nur die bürokratische Verwaltung, in diesem Fall im negativen Sinne verstanden, als Aufgabe sieht, gehört nicht die Zukunft. Die Führungskraft muß, losgelöst von Tagesarbeit – solche Freiräume muß sie sich schaffen können –, über die Zukunft, nah und fern, eine Vorstellung haben. Diese muß auch mit Begeisterung an die Mitstreiter im Unternehmen weitergegeben werden. Nur wer hier selbst Impulse geben kann, darf von seinen Mitarbeitern auch den Mut erwarten, Neues aufzugreifen und anzupacken. Die Mannschaft kann nur so gut und innovativ sein wie die Spitze.

Ein Wort in diesem Zusammenhang zu den neuen Geschäftsfeldern, die die Diskussion in unserer Branche seit geraumer Zeit beleben. Neue Geschäftsfelder sollten im Auge behalten werden. Sie anzupacken setzt jedoch voraus, daß wir in unseren traditionellen Geschäftsfeldern ausgelastet sind und diese auch exzellent beherrschen. Es muß deshalb die Frage gestellt werden, weshalb das Outsourcing[7] von Gebäude- und Verwaltungsdiensten zur Zeit soviel Interesse weckt. Wieso lassen sich traditionelle Geschäftsfelder, in denen die Wohnungswirtschaft lange Erfahrung hat, durch solche neuen Wege kostengünstiger gestalten? Neue Geschäftsfelder anzupacken, ohne die traditionellen bestens zu beherrschen, kann leicht den Eindruck erwecken, daß man vieles anpackt, um ein Alibi für die Defizite auf traditionellen Feldern zu haben. Die Unternehmensgröße dürfte außerdem zukünftig eine bedeutende Rolle bei der Frage spielen, ob man neue Geschäftsfelder in Angriff nimmt. Nicht zuletzt steht und fällt eine solche Entscheidung auch mit dem Personalproblem.

3.1.4 ... Katalysator der Kräfte

Teilen und Herrschen mag zwar ein traditionelles und stilles Führungsprinzip sein, das in einzelnen Fällen tatsächlich funktioniert. Die Führungskraft der Zukunft sollte jedoch durch ihr Wirken entscheidend dazu beitragen, daß die Gesamtheit der Mitarbeiter im Zusammenspiel mehr leistet und erbringt als der einzelne. Nicht „Teilen und herrschen" wird die Maxime sein können, sondern „Zusammenführen".

Gerade in der Wohnungsverwaltung mit der Vielzahl von Tätigkeiten ohne direkte Berührungspunkte ist die katalysatorische Wirkung einer Führungskraft von großer Bedeutung. Damit meine ich auch das Zusammenführen unterschiedlichen Fachwissens. Nach einer Zeit langer Abstinenz, was Fachliteratur und Fachinformation betrifft, ist die Wohnungswirtschaft nun in der Lage, daß Publikationen mit einer Fülle von Informationen auf dem Markt erscheinen. Im Zusammenwirken der Spezialisten muß eine gemeinsame Basis des Fachwissens und Schärfens des Blickes für benachbarte Gebiete im Wohnungs-Management entstehen.

3.1.5 ... Fachmann auf dem weiten Feld des Wohnungs-Managements

Traditionell sind die meisten Wohnungsverwaltungen eher kleinere Unternehmen. Dies hat zur Folge, daß einzelne Führungspersonen keinesfalls ohne eine solide Fachkenntnis bestehen können. Sie sind im Gegenteil gezwungen, herausragende Fachkompetenz zu haben. Eine solche Kompetenz auch in kritischen Situationen unter Beweis zu stellen und hier die klassische

---

7 In jüngster Zeit wurde hier zum Beispiel veröffentlicht: Schneider: Outsourcing, 1996 m. w. N.

Führungsrolle zu übernehmen stärkt die Akzeptanz bei nachgeordneten Mitarbeitern ungemein.

Facility-Management bei Wohnimmobilien hat in der derzeitigen Bearbeitungsintensität bei weitem noch nicht das Niveau von korrespondierender Tätigkeit bei Gewerbeimmobilien erreicht.[8]

4. Folgerungen

Wer lange genug im Wohnungs-Management tätig war, wird sicherlich fragen, wo sich hier neue Forderungen aus den bisherigen Ausführungen ergeben und ob die zukünftigen Anforderungen wirklich neue Anforderungen sind.

Solche andersartigen Anforderungen an das Management und die Führungsqualitäten der Zukunft sind schon klar erkennbar. Die staatlichen Subventionen werden in der Zukunft stark zurückgehen. Wenn sie fließen, dann auf neuen Subventionswegen, die nicht den traditionellen, der bisherigen (ehemals größtenteils gemeinnützigen) Wohnungswirtschaft wohl bekannten entsprechen. Damit wird der Zwang zur wirtschaftlichen Bewährung im freien Marktgeschehen noch ausgeprägter. Die Bekundungen, sich nach wie vor gemeinnützig zu verhalten – auf freiwilliger Basis, zum Beispiel als wesentlicher Bestandteil eines Unternehmensleitbildes –, stoßen in der Öffentlichkeit und insbesondere bei der Politik auf begeisterte Zustimmung. Wie dies wirtschaftlich langfristig funktionieren soll, wird sich zeigen. Die bisherige staatliche Subventionspolitik in der Wohnungsbauförderung hat zwar große finanzielle Vorteile gebracht, zumindest war dies in der klassischen „guten" alten Zeit so, sie brachte jedoch auch ein dichtes Regelwerk mit sich, welches die unternehmerischen Spielräume erheblich einschränkte.

Die zukünftige Freiheit will auch ausgenutzt sein. Das Vakuum nach Wegfall dieser Regulierungen muß aufgefüllt werden. Denkt man hier an den Betriebskostenbereich, wo man sich gerne auf die II. Berechnungsverordnung (immerhin aus dem Jahre 1956) zurückzieht – auch auf dem vertraglichen Sektor, wo eine freie Gestaltungsmöglichkeit gegeben wäre –, so ist festzustellen, daß wenig Flexibilität und Kreativität Anwendung finden.

Geschieht dies nur, weil die Regelungen der II. Berechnungsverordnung so hervorragend sind, oder weil ganz einfach niemals andere Konzepte entwickelt wurden?

Auch bei dem freifinanzierten Wohnungsbau zeichnen sich wenig gün-

---
[8] Dies belegt u. a. auch die jüngste Veröffentlichung von Braun/Haller/Oesterle: Facility-Management, 1996

stige Entwicklungen ab. Den im Rahmen von Geschlossenen Immobilienfonds errichteten Wohnimmobilien könnte eine ähnliche Entwicklung bevorstehen wie früher den aus Kölner Ursprüngen hervorgegangenen Bauherrenmodellen. Zudem scheinen sich Überlegungen zur Reform der Steuergesetzgebung in die Richtung zu bewegen, die nichts Positives für die Zukunft der bisherigen steuerlichen Anreize für Investoren in Wohnimmobilien bedeutet. Neben dem Wegfall oder zumindest der Beschneidung von Investitionsanreizen für Wohnimmobilien könnte dadurch ein weiterer Effekt ausgelöst werden: die Präzisierung bei Rentabilitätsberechnungen für Investitionen in Wohnimmobilien.

Ein weiterer neuer Aspekt, der die Zukunft maßgeblich prägen wird, ist die Internationalisierung.[9] Die Europäische Union hat die Wohnungswirtschaft bisher weitgehend von ihrem Regelungswerk ausgenommen. Ob dies auf Dauer so bleibt, wird abzuwarten sein.

Internationale Aspekte wurden bereits laufend bei der Versorgung der ausländischen Arbeitnehmer und der Spätaussiedler spürbar. Viele Mißverständnisse und auch Probleme sind daraus entstanden, daß wir uns mit dem Wohnen schlechthin in den Ländern, aus denen diese Bevölkerungsgruppen zu uns kamen, wenig oder gar nicht beschäftigt haben.

Die Völkerwanderung vor allem ärmerer Menschen in Gebiete mit einer wohlhabenden Struktur wird weitergehen. Nachdem wir, wie wir alle hoffen, auch in Zukunft zu den wohlhabenden Gebieten gehören werden, müssen wir uns auch zukünftig auf solche Situationen einrichten.

Möglicherweise bringt uns aber auch der Blick in die Wohnungswirtschaft – das Wohnungs-Management – anderer Länder neue Erkenntnisse. Unsere Branche wird wohl kaum eine der wenigen sein, die ohne eine solche Internationalisierung auskommen wird. Was wissen wir über das Wohnungs-Management in Italien, Frankreich, Großbritannien, den USA usw.?

Der Blick über die Grenzen wird auch in anderer Beziehung von Bedeutung sein. Newsweek, wohl eine der bedeutendsten Wochenzeitungen, die es gibt, befaßte sich in seiner Ausgabe vom 18. März 1996 mit der deutschen Wirtschaft. Das Urteil war wenig schmeichelhaft für uns. „Die deutsche Krankheit", wie es dort bezeichnet wurde, habe ihre Wurzeln in der Unfähigkeit der Deutschen zur Dienstleistung. Ohne daß solche Veröffentlichungen überbewertet werden sollen, stimmt es nachdenklich, daß es gerade die Dienstleistung ist, an deren Qualität es in Deutschland mangeln soll.

Dabei ist es gerade, wie bereits ausgeführt, die Dienstleistung, die als Zukunft des Wohnungs-Managements angesehen wird.

---

9 Über das Ergebnis der Arbeit des Europäischen Verbindungsausschusses der Wohnungsgenossenschaften berichtet Hachmann. Vgl. Hachmann: Verbindungsausschuß, 1996.

Und um wieder auf heimisches Gelände zurückzukehren: Horst W. Opaschowski[10] hat mehrfach das Freizeitverhalten unserer Bevölkerung untersucht. Dienstleistung wird danach immer mehr nachgefragt – zu einer Zeit, die der Kunde möglichst flexibel bestimmen will. Dienstleistung zu erbringen eben zu diesen Zeiten, d. h., wenn andere Freizeit haben, sind immer weniger Menschen bereit.

Die Flexibiliät der Arbeitszeit, die auch vor dem Wohnungs-Management nicht haltmachen wird, erfordert von den Führungskräften im Wohnungs-Management zukünftig auch neue Organisationsfähigkeiten. Im Notfall wird die Führungskraft selbst die schnelle Einsatzgruppe sein müssen. Von ihr werden eine außergewöhnliche Einsatzbereitschaft und Verfügbarkeit für dienstliche Zwecke erwartet werden.

4.1 Wieviel Zeit bleibt für die notwendige Anpassung?

Die Vorbereitung auf die sich wandelnde Situation braucht Zeit. Gleichzeitig aber verschärft sich die wirtschaftliche Situation. Ein realistischer Weg zur Bewährung in dem neuen magischen Viereck: *Kostenzwang – Zeitdruck – Personalprobleme – technisches Wissen* scheint zu sein, Mitarbeiter für zukünftige Führungsaufgaben zu gewinnen, die Volltreffer sind, um es so salopp auszudrücken. Der Anteil an Leistungsträgern muß sich erhöhen.

4.2 Welcher Weg führt zum Erfolg?

Das lebenslange Lernen. Der Komplexität der Probleme und Fragestellungen kann man nur mit Flexibilität beggenen. Dies erfordert ein solides Maß an formeller beruflicher Bildung. Diese soll ein besonderes Augenmerk auf die Vermittlung der Fähigkeit haben, Strukturen zu erkennen, um sich später in der Praxis in ihnen sicher zu bewegen.

---

10 Vgl. Opaschowski: Erlebniszeitalter, 1995.

4.3 Zum Verhältnis zwischen Theorie und Praxis im Wohnungs-Management der Zukunft

Der reine Theoretiker als Immobilienfachmann ist ebenso abzulehnen wie der reine Praktiker. Für beide sind die Anpassungsprozesse an die Realität zu langwierig und somit zu kostspielig. Und deshalb muß die heute noch weitgehend vorherrschende Theorieabstinenz der Wohnungswirtschaft ein Ende finden. Wie auch in anderen Branchen bereits Tradition, wird die Theorie, d. h. die Hochschule, ihren Beitrag zur Innovation leisten. Hochschule und Praxis sind kein Widerspruch, sondern eine sinnvolle Ergänzung. Vielleicht zu lange wurde dem Wohnungs-Management die Zukunft von der Politik über die rechtlichen Rahmenbedingungen vorgegeben.

Niemand wird anzweifeln, daß das Wohnungs-Management heute ein Profigeschäft ist, welches ein Learning by doing oder Learning on the job, simpler ausgedrückt, den Anlernling in einer Führungsposition, nicht verträgt.

4.4 Generalist oder Spezialist?

Einer breiten Basis des Grundwissens soll die Spezialisierung folgen. Eine Spezialisierung wird bis zu einem bestimmten Umfang notwendig sein.

Da jedoch die zukünftige Führungskraft im Wohnungs-Management nicht wissen kann, in welchem Unternehmen welcher Größe sie später arbeiten wird, ist ein breit angelegtes berufliches Wissen unumgänglich. Kleinere und mittlere Unternehmen werden für die Führungsebene nur bedingt eine Spezialisierung zulassen. Dort muß die Führungskraft in vielen wohnungswirtschaftlichen Sätteln fest sitzen.

Eine Forderung, die sich aus diesen Überlegungen ergibt, ist, daß der zielgerichtete Durchlauf der Vorbereitung auf zukünftige Aufgaben zügig erfolgen muß. Der Selektionsprozeß muß frühzeitig einsetzen. Dies ist eine Kostenfrage für die Unternehmen und die Bewerber. Der Wohnungs-Manager der Zukunft muß nicht nur Mitarbeiter motivieren und führen können, er muß auch der Führer durch Entscheidungen im Bilanzbereich ebenso wie in technischen Fragen und Planungsentscheidungen sein.

4.5 Die Bedeutung des Realitätsbezugs

Wenn eine zukünftige Generation von Führungskräften für das Wohnungs-Management heranwachsen soll, die diesen Aufgaben gewachsen ist, bedarf es gemeinsamer Anstrengungen. Das Wohnungs-Management muß als wichtige, zentrale Aufgabe in der Wohnungswirtschaft deutlich gemacht werden. Die Schule und Hochschule müssen in enger Abstimmung mit der Praxis die Grundlage schaffen. Die Praxis muß die behutsame Hinführung auf die Bewährung in der Realität übernehmen. Gemeinsam muß der zukünftigen Generation die Begeisterung für diese Tätigkeit und diesen Beruf weitergegeben werden.

„Viele Fehler werden gemacht durch Verzicht auf ein Ziel. Der Mensch ... kann nämlich gut ohne Ziele leben, jedenfalls ohne strategische. Viele Fehler werden aber auch gemacht bei der Formulierung von Zielen. Diese müssen, sollen sie wirklich erreicht werden und nicht als ferne Hoffnung am jeweiligen Horizont flimmern, nicht nur am Bedarf oder am Wünschenswerten, sondern auch am Möglichen ausgerichtet sein."[11] Diese Feststellung von Manfred Rommel kann man nur nachdrücklich unterstreichen, und es ist zu hoffen, daß mit diesen Ausführungen über die Herausforderungen für das Wohnungs-Management der Zukunft Anstöße zur rechtzeitigen Reflexion über die Ziele für diesen Bereich gegeben wurden.

5. Literatur

Bahlsen, W. M.: *Familienunternehmen – Die Herausforderung von Kontinuität und Wandel*, in: Würtele, Günther (Hrsg.): Agenda für das 21. Jahrhundert, Politik und Wirtschaft auf dem Weg in eine neue Zeit, 2. Auflage, Frankfurt am Main 1996, S. 289–303

Braun, H.-P./Haller, P./Oesterle, E.: *Facility-Management*. Erfolg in der Immobilienbewirtschaftung, Berlin usw. 1996

Bub, W.-R.: *Werterhaltung und Wertsteigerung von Immobilien*, in: Der Immobilienverwalter, November 1995, S. 14–16

Hachmann, C. J.: *10 Jahre Zusammenarbeit. Der Europäische Verbindungsausschuß CECODHAS zieht Bilanz*, in: wohnen, Zeitschrift der Wohnungswirtschaft Bayern (ZdW Bay), 1996, S. 100–102

---

11 Vgl. Rommel, M.: Das Mögliche und das Unmögliche in der Politik, 1996, S. 237.

Lütge, F.: *Wohnungswirtschaft – Eine systematische Darstellung unter besonderer Berücksichtigung der deutschen Wohnungswirtschaft*, 2., völlig überarbeitete und stark erweiterte Auflage, Stuttgart 1949

Mary, M.: *Change-Management als Chance. Wandel ist die einzige Konstante*, Zürich 1996

Oetker, A.: *Wirtschaftliche Dynamik durch Wandel*, in: Würtele, Günther (Hrsg.): Agenda für das 21. Jahrhundert, Politik und Wirtschaft auf dem Weg in eine neue Zeit, 2. Auflage, Frankfurt am Main 1996, S. 369–389

Opaschowski, H. W.: *Das Erlebniszeitalter*, in: Becker, Ulrich u. a.: Toptrends: die wichtigsten Trends für die nächsten Jahre, Düsseldorf, München 1995, S. 9–43

Rommel, M.: *Das Mögliche und das Unmögliche in der Politik*, in: Würtele, Günther (Hrsg.): Agenda für das 21. Jahrhundert, Politik und Wirtschaft auf dem Weg in eine neue Zeit, 2. Auflage, Frankfurt am Main 1996, S. 227–249

Schlich, H.: *Die Mietwohnung – Kulturgut in einer urbanen Gesellschaft*, in: Wohnungswirtschaft und Mietrecht, Dezember 1995, S. 687–692

Schneider, H.: *Outsourcing von Gebäude- und Verwaltungsdiensten. Unternehmenspolitik – Projektmanagement – Vertragsarbeit*, Stuttgart 1996

2

Projektentwicklung und Projektsteuerung von Immobilien

Projektentwicklung von Gewerbeimmobilien

Hans Schlamp, geschäftsführender Gesellschafter, Accumulata Verwaltungsgesellschaft mbH, München

Inhalt

1.	Projektentwicklung: Von der Idee zur Realisation	99
1.1	Definition	99
1.2	Die Grundlagenarbeit	101
1.2.1	Der Zeithorizont	101
1.2.2	Die Idee	101
1.2.3	Die Projektstudie	102
1.2.4	Kosten, Erträge, Finanzierung	106
1.3	Vorbereitung der Realisierungs- und Gestaltungsphase	107
2.	Perspektiven im Gewerbeimmobilienmarkt	109
2.1	Wünsche der Nutzer	110
2.2	Wünsche des Finanziers und der Investoren	111
2.3	Wünsche der Kommune	112
3.	Spezielle Aspekte	113
3.1	Kostendruck	113
3.2	Ökologie und Ökonomie	114
3.3	Psychologie und Marketing	115
4.	Risiken	116
5.	Ausblick	118
6.	Literatur	118

1. Projektentwicklung: Von der Idee zur Realisation

Kaum ein im Immobilienbereich Tätiger benötigt so ein vielschichtiges Wissen wie ein Projektentwickler. Während die Geschäftspartner, mit denen er im Rahmen der Entwicklung eines Objektes zu tun hat, im allgemeinen Spezialisten sind, ist er in der Regel ein Generalist, ein Manager, bei dem die Fäden zusammenlaufen, der das Projekt koordiniert und am Laufen hält, die Entscheidungen – zwar auch auf Basis der Ratschläge und Vorstellungen eines Stabes von Experten – trifft, der dabei aber gleichzeitig nicht auf profunde eigene Kenntnisse und vor allem auch auf ein Gespür für den Markt verzichten kann.

Das Berufsbild des Projektentwicklers ist in den USA alteingesessen. In der Bundesrepublik sind dagegen bislang erst relativ wenige Projektentwickler tätig, und das zumeist auch nur auf regionalen Märkten. Aktuelle und genaue Schätzungen über ihre Zahl existieren nicht. 1993 sollen allerdings nach einer Studie der SF-Bau, Köln, in Deutschland rund 600 Projektentwicklungsgesellschaften tätig gewesen sein. Das damalige Projektentwicklungsvolumen soll rund 44 Mrd. DM betragen haben, jeweils etwa zur Hälfte auf Gewerbe- und Wohnobjekte aufgeteilt. Die Zahlen sind nach Ansicht etlicher Fachleute deutlich zu niedrig angesetzt. Seit 1993 müßte der Gesamtumsatz der Projektentwickler ansonsten merklich gestiegen sein. Nach Angaben des Instituts für Städtebau, Wohnungswirtschaft und Bausparwesen betrug das gesamte Wohnungs- und Wirtschaftsbauvolumen inklusive Bestandsmaßnahmen 1996 in der Bundesrepublik 463,9 Mrd. DM. Auf den Gewerbeimmobilienbereich entfielen davon 157,1 Mrd. DM. Gerade in diesem Sektor werden die Projekte immer anspruchsvoller und komplexer. Das überfordert nicht wenige Bauherren und bringt damit verstärkt Projektentwickler ins Spiel.

1.1 Definition

Jeder, der schon einmal ein Haus oder eine Gewerbeimmobilie für sich selbst geplant und erstellt hat, war in gewissem Sinne als Projektentwickler tätig. Er mußte die Idee für den Bau haben, das geeignete Grundstück finden, die Maßnahme genehmigen und architektonisch planen lassen, die Finanzierung sichern, mit den Bauunternehmern verhandeln und letztlich zur Bauausführung schreiten. Das alles sind Aufgaben, die zum täglichen Brot der Immobilien-Projektentwicklungsunternehmen in Deutschland zählen.

Dabei ist eine genaue Definition der Aufgabengebiete eines Projektentwicklers allerdings schwierig, denn die Grenzen zu anderen Immobilienwirtschaftsbereichen verlaufen fließend. Nicht selten wird Projektentwicklung relativ eng betrachtet und gilt deshalb als Tätigkeit, bei der von der Idee bis zur Baufreigabe alle Leistungen enthalten sind, die letztlich zur Realisation eines Immobilienprojektes führen. Die tatsächliche Bauausführung zählt dagegen qua Definition in der Regel nicht mehr zu den originären Tätigkeiten der Projektentwicklung.

Damit fällt die Definition allerdings in gewissem Maße praxisfremd aus. Denn zwar gibt es auch die Projektentwickler, die im Auftrag des Bauherren genau diese Entwicklungsarbeiten übernehmen und dabei nicht (direkt) an der Finanzierung der Projektentwicklung beteiligt sind. Grundsätzlich gehören Entwickler aber auch zu denjenigen, die ein Immobilienprojekt nicht nur initiieren, sondern auch realisieren. Im Sprachgebrauch handelt es sich dabei um Developer. Diese tragen bis zum Verkauf der Immobilie – die Veräußerung erfolgt häufig bereits in der Bauphase – das volle finanzielle Risiko. Selten werden Developer damit „das gesamte Immobilienprojekt von der Idee bis zum Endes des Lebenszyklus" (vgl. Falk, B. [Hrsg.]: Fachlexikon Immobilienwirtschaft, S. 501) begleiten. Das kann allerdings möglich sein, wenn sie für den eigenen Bestand bauen.

Auf jeden Fall wird von einem Projektentwickler eine große Koordinierungsfähigkeit verlangt, denn er bearbeitet in aller Regel komplexe und große Bauprojekte. Grundlegende Voraussetzung für eine erfolgreiche Tätigkeit sind eine gute Kenntnis des Immobilienmarktes und ein Gespür dafür, wann und wo ein Objekt erforderlich ist und mit einer guten und sicheren Rendite für alle Beteiligten realisiert werden könnte bzw. sollte. In diesem Zusammenhang müssen Projektentwickler letztlich auch dafür sorgen, daß die Risiken, die ein Bauherr gemeinhin zu tragen hat – bei der Qualität, der Kostenentwicklung und den Fertigstellungsterminen –, minimiert werden. Im Extremfall wälzt der Bauherr diese Risiken durch die Übertragung der Managementaufgaben sogar komplett auf den Projektentwickler ab.

Dieser sollte insbesondere auch über gute Kommunikationsfähigkeiten verfügen. Das kommt ihm sowohl bei seinen Gesprächen und Verhandlungen mit Banken, anderen Kapitalgebern und den Behörden zugute als auch bei der Suche nach Mietern bzw. Käufern für ein Objekt.

Die folgenden Darstellungen beschränken sich nicht auf die engere Begriffsdefinition, sondern implizieren auch die Tätigkeit der Developer.

1.2 Die Grundlagenarbeit

1.2.1 Der Zeithorizont

Projektentwicklung ist kein schnelles Geschäft. In der Bundesrepublik gilt es vielmehr, einen sehr langen Atem zu haben. Große Projekte, egal ob im Wohn- oder Gewerbeimmobilienbereich, benötigen von der Idee bis zur Realisierung nicht selten etliche Jahre. Das liegt zum einen an sachlichen und zum anderen an rechtlichen Schwierigkeiten, vor allem aber auch an den bürokratischen Hürden, die ein Objekt bis zur Baufreigabe durchlaufen muß. Und – das sollte nicht verschwiegen werden –: Projektentwickler sind häufig auch auf das Wohlwollen der politischen Seite angewiesen. Geduld gehört deshalb ebenso mit zu ihren vornehmsten Eigenschaften wie ein gutes finanzielles Polster. Denn gerade aufgrund der Langzeitkomponente der Objekte gehen sie häufig ein nicht geringes, vor allem auch finanzielles Risiko ein.

1.2.2 Die Idee

Am Anfang einer Projektentwicklung steht immer eine Idee. Auslöser für diese können entweder bereits vorhandene Flächen sein, die es zu nutzen gilt, oder aber es besteht die Überzeugung, es sei aus gewissen Gründen sinnvoll, ein Objekt, etwa ein Büro- bzw. Verwaltungsgebäude, innerhalb einer bestimmten Region zu realisieren. Zur Aufgabe des Projektentwicklers gehört damit auch die Ideenfindung. In diesem Zusammenhang ist es aufgrund der sich verändernden Welt notwendig und richtig, völlig neue (Nutzungs-)Konzepte (Marktplätze) zu (er)finden. Ein Beispiel dafür sind etwa die Multiplexe und Factory-Outlet-Malls.

Nicht selten kommt die Initialzündung aber auch von einer ganz anderen Seite. So vergibt beispielsweise der Staat schon die Entwicklung seiner Immobilienprojekte immer häufiger nach außen. Schon allein aufgrund städtebaulicher Gesichtspunkte oder kommunalwirtschaftlicher Überlegungen stoßen beispielsweise Kommunen häufig Projekte an. Sei es etwa, weil sie das Stadtbild verschönern oder aber den Innenstadtbereich durch die Ansiedlung neuer Einzelhandelsbetriebe attraktiver machen wollen. Banken wiederum verfügen nicht selten über Grundstücke – etwa aufgrund notleidender Kredite –, die sie sinnvoll(er) nutzen wollen. Private Grundstückseigentümer, Firmen, Interessenvertretungen (etwa Einzelhändler), Architekten, Bauunternehmer und Makler sind ebenfalls Parteien, die konkrete Projektideen haben. Teilweise ist damit auch eine weitere Gruppe schon genannt, die mit eigenen Vorstellungen an den Markt kommt und im Verlauf der Projektentwicklung bedeutend ist: die späteren Nutzer einer Immobilie.

1.2.3 Die Projektstudie

Auch wenn es im folgenden so scheinen mag: Projektentwicklung bedeutet keineswegs eine strikt gegliederte Abfolge verschiedener Tätigkeiten. Parallele Arbeitsabläufe gehören vielmehr zum Alltag. Gewissen Erfordernissen kann sich allerdings kein gewinnorientierter Entwickler entziehen. So muß er, um spätere Flops so sicher wie möglich auszuschließen, die Idee eingehend anhand einer Projektstudie überprüfen. Dabei macht es im Prinzip kaum einen Unterschied, ob bereits ein Grundstück feststeht und überprüft werden soll, was für ein Objekt sich für genau dieses Grundstück eignen würde, oder der umgekehrte Weg beschritten wird, also aufgrund einer bestehenden bzw. vermuteten Bedarfssituation Grundstücke gesucht, mehrere ausgewählt wurden und jetzt überprüft werden soll, welches der in Frage kommenden die besten Voraussetzungen für das bereits angedachte Projekt hat.

Konkret muß der Entwickler zunächst ein Entwicklungsziel definieren, ehe er sich im einzelnen daran macht, den Standort, die rechtliche Lage und die Wirtschaftlichkeit eines Projektes genauestens unter die Lupe zu nehmen. Seit jeher ist vor allem auch der Standort für den späteren Erfolg oder Mißerfolg einer Immobilie von entscheidender Bedeutung (auch wenn das Konzept an sich zunehmend wichtiger wird). Punkte, die er bei der Standortfrage klären und – um das Projekt später tatsächlich zu realisieren – auch als den Vorstellungen entsprechend beurteilen muß, sind zum Beispiel:

- *die Gelände- und Grundstückseigenschaften im allgemeinen.* Entsprechen der Zuschnitt und die Größe den Erfordernissen? Wie ist das Gelände erschlossen? Wie ist die topographische Ausrichtung? Zur Beantwortung der Frage der Bodenbeschaffenheit und möglicher Altlasten muß in diesem Zusammenhang ein Bodengutachten eingeholt werden;
- *das nähere Umfeld.* Hier ist eine Mikroanalyse zu erstellen, die sich, pauschal ausgedrückt, mit der Infrastruktur des Umfeldes beschäftigt. Es gilt beispielsweise abzuklären, wie das Grundstück an den öffentlichen Personennahverkehr und an das Straßennetz angebunden, welcher Bewertungskategorie (Lage) das Grundstück zuzuordnen ist, wie die bauliche Gestaltung der unmittelbaren Nachbarschaft aussieht. Gibt es Konkurrenz-

objekte mit gleicher Ausrichtung in der Nachbarschaft? Wie ist das Image des Standorts? Wie hoch sind die Mieten in der näheren Umgebung? Gerade bei Einzelhandelsimmobilien spielt zudem die Frage der Kaufkraft des Umfelds eine wichtige Rolle. Extrem wichtig bei Wohnobjekten, aber auch bei Gewerbeimmobilien von zunehmender Relevanz sind Punkte wie Einkaufsmöglichkeiten in der Umgebung, die Ärztedichte, die Umweltbelastung (Lärm, Luft, Strahlung), das soziale Umfeld und Freizeitmöglichkeiten;

- *das weitere Umfeld.* Die Makroanalyse erfaßt zum einen die unter der Mikroanalyse bereits genannten Punkte in einem weiteren Zusammenhang – geht aber noch darüber hinaus. Zu prüfen sind etwa die Anbindung an den Fernverkehr (Autobahn, Bahnanschluß, Flughafen), die Bevölkerungszahl und deren Entwicklung, bei Wohnimmobilien spielt zudem der Freizeitwert einer Stadt bzw. einer Region eine nicht unerhebliche Rolle. Speziell bei Gewerbe- und Industrieprojekten stellen sich zudem Fragen nach der Arbeitsplatzsituation, dem Bildungsniveau der Bevölkerung oder auch dem Lohnniveau in der Region;
- *der Zustand und die Entwicklung des Mietermarktes.* Ein Projekt muß sowohl die Interessen des Investors berücksichtigen als auch die Situation am Mietermarkt. Dabei kommt es vor allem auch darauf an, seine zukünftige Entwicklung möglichst korrekt abzuschätzen. Ansonsten besteht, trotz der bereits vorgenommenen anderen Untersuchungen, die Gefahr, daß das Projekt an den Bedürfnissen vorbei entsteht. Wichtig für einen Projektentwickler ist es deshalb, daß er sowohl über gute Kenntnisse und stimmige Prognosen über die Entwicklung des Mietermarktes im weiteren Umfeld als auch in der engeren Umgebung des geplanten Objektes verfügt.

Nicht nur hier, sondern auch bei all den anderen genannten Punkten muß der Projektentwickler ebenso Prognosen über die Entwicklung der relevanten Kriterien aufstellen. Es hat einerseits wenig Sinn, beispielsweise ein Projekt in einer aktuellen 1b-Lage anzugehen, wenn die Gefahr besteht, daß sich diese verschlechtert. Andererseits könnten momentan schlechtere Lagen in der Zukunft aufgewertet werden, etwa durch deutlich verbesserte Anschlüsse an den öffentlichen Nahverkehr oder durch größere Gewerbe-, Freizeit- und Einkaufsparks, die auf der grünen Wiese entstehen und in die das Projekt integriert werden kann. Ein Beispiel für eine relativ krasse Umwälzung ist beispielsweise das CentrO in Oberhausen, durch das die dortigen Innenstadt-Randlagen sicher an Attraktivität verloren haben.

Der zukunftsbezogene Aspekt impliziert also, daß ein Projektentwickler in gewissem Maße im Nebel herumstochert. Eine gute Kenntnis der Situation und Erfahrungen aus früheren Projekten hilft aber, das Risiko von Fehlprognosen zu verringern. Zudem sollte er bewußt überprüfen, ob die gemachten Annahmen geschönt oder zu optimistisch sind. Im Zweifel dürfte ein Objekt auch im Falle eines Worst-case-Szenarios nicht zum kompletten Fehlinvestment werden. Umgekehrt haben zu pessimistische Annahmen auch schon später möglicherweise sehr erfolgreiche Objekte verhindert.

Bei den Analysen sollte der Projektentwickler möglichst systematisch vorgehen. Kriterienkataloge, in denen die zu untersuchenden Punkte systematisch aufgelistet sind und Noten für jeden einzelnen untersuchten Punkt gegeben werden, helfen hier weiter.

All diese im Rahmen der Standortprüfung durchzuführenden Analysen dienen letztlich der Beantwortung der Frage, ob mittel- und langfristig überhaupt Bedarf nach dem geplanten Projekt besteht. Werden die vorgesehenen Wohnungen im entsprechenden Gebiet tatsächlich benötigt? Kann sich das neue Einkaufszentrum überhaupt rechnen? Gerade viele der Gewerbeobjekte, die in Ostdeutschland nach der Wiedervereinigung auf der grünen Wiese entstanden sind und ganz offensichtlich am Markt vorbei konzipiert wurden, sollten hier für alle Entwickler ein warnendes Beispiel sein.

Mit der Standortanalyse ist die Projektstudie aber noch keineswegs abgeschlossen. Für die spätere Verwirklichung – vor allem für eine zügige Realisierung – des Projektes noch wichtiger ist eine genaueste Prüfung der rechtlichen und auch der politischen Situation. Im einzelnen sollten hier unter anderem folgende Punkte beachtet werden:

- *Baurechtliche Erfordernisse*: Der Projektentwickler muß selbst prüfen oder von einem Fachanwalt überprüfen lassen, ob die geplante Bebauung und Nutzung des Grundstücks durch den Flächennutzungsplan und den Bebauungsplan gedeckt sind oder ob Änderungen oder Aufstellungen dieser Planung initiiert werden müssen (Zinsfaktor). Dabei gilt es auch, so simple Fragen zu überprüfen wie etwa, wie hoch die mögliche Geschoßflächenzahl ist und ob sinnvolle und funktionale Planungen in der vorgegebenen Geschoßflächenzahl zu realisieren sind (Raumtiefen u. a.).
- *Gesicherte Erschließung*: Die Erschließung des Grundstücks und die Umweltverträglichkeit eines Objektes müssen gesichert sein. Auch die Verkehrsbewältigung ist eine entscheidende Frage.
- *Politischer Wille*: Ohne das Plazet der politisch Verantwortlichen in einer Kommune ist kaum ein Bauprojekt zu verwirklichen, selbst wenn ein Bauherr in den meisten Fällen de jure einen Anspruch auf die Erteilung einer Baugenehmigung hätte, falls sein Projekt in jeder Hinsicht den baurecht-

lichen Gegebenheiten entspricht und auch die Erschließung gesichert sein sollte. De facto können aber plötzlich viele Steine im Weg liegen, falls ein Projekt von den Kommunalpolitikern nicht erwünscht ist. Deshalb ist es für jeden Projektentwickler unumgänglich, frühzeitig die Lage an der politischen Front und bei der Verwaltung zu sondieren. Zugeständnisse nach dem Motto: „Wir genehmigen eine große Wohnimmobilie, wenn im Gegenzug für die Gemeinde eine neue Kinderkrippe herausspringt" gehören dabei gerade in Zeiten leerer öffentlicher Kassen immer mal wieder zum Geschäft. Auch das Argument, mit einem Industrieprojekt würden etwa neue Arbeitsplätze geschaffen, zeigt keine uneingeschränkte Zugkraft. Zwar haben Gemeinden schon aufgrund der positiven Auswirkung auf den örtlichen Arbeitsmarkt und der zu erwartenden Steuereinnahmen in der Regel nichts gegen Industrie- und Gewerbeansiedlungen und fördern diese sogar, kritisch betrachten sie hier allerdings Betriebe, die die Umwelt stark belasten.

- *Maßgeschneiderte Bebauungspläne*: Nicht selten stellen Gemeinden für Großprojekte inzwischen maßgeschneiderte Bebauungspläne auf. Deshalb ist auch hier der gute Kontakt zu den kommunalen Behörden sehr wichtig. Zu beachten ist hier die Weiterverwertungschance in der Zukunft.

Erste, noch grobe Wirtschaftlichkeitsberechnungen spielen schon in dieser Phase der Projektentwicklung eine wichtige Rolle. Nicht zuletzt deshalb bleibt bereits an dieser Stelle ein großer Teil der angedachten Projekte auf der Strecke. Sie werden als nicht realisierbar verworfen. Eine entscheidende Rolle kommt dabei auch den Banken zu. Da Projektentwicklung in den allermeisten Fällen über die Banken läuft, haben diese dabei eine Art Gatekeeper-Funktion inne. Bei den Bewertungs- und Finanzierungsfragen von Projekten stellen sie damit das Nadelöhr dar, das es zu durchlaufen gilt.

Zur Projektstudie gehört schließlich auch das Erstellen erster Ansatzpunkte eines Marketing- und Nutzungskonzeptes. Dieses sollte den Vorstellungen der potentiellen späteren Nutzer entsprechen. Idealerweise gibt es für das Projekt schon den bzw. die späteren Nutzer – etwa den Bauherren selbst. Dann können dessen Vorstellungen bereits in das Nutzungskonzept eingebracht werden. In das Nutzungskonzept für ein Gewerbe- oder ein gemischtes Gewerbe- und Wohnobjekt gehören auf alle Fälle konkretisierte Überlegungen zum später möglichen Branchenmix in dem Objekt. Zudem sollten beispielsweise die Fragen durchdacht werden, wie etwa die Flächen des Grundstücks tatsächlich verwendet und welche Bereiche innerhalb der Immobilie wie genutzt werden.

1.2.4 Kosten, Erträge, Finanzierung

Hatten erste Ansätze einer Wirtschaftlichkeitsberechnung schon während der Projektstudie eine nicht unerhebliche Bedeutung, so nimmt deren Stellenwert im Laufe der konkreter werdenden Planungen entsprechend weiter zu. Immerhin können mit der wachsenden Datenfülle auch detailliertere und zutreffendere Hochrechnungen über die anfallenden Kosten aufgestellt werden. Ziel muß es sein, die Kosten mit einem möglichst hohen Genauigkeitsgrad vorherzusagen. Daß dabei sehr große Vorsicht an den Tag gelegt werden sollte, liegt auf der Hand. Wer beispielsweise bereits kurz nach der Wiedervereinigung, auf den damaligen Boom-Prognosen und dem guten wirtschaftlichen Umfeld aufbauend, etwa in Berlin Projekte entwickelte, aber erst fünf Jahre danach mit dem Bau beginnen konnte, sieht sich heutzutage einer ganz anderen Situation gegenüber als eigentlich von vielen prognostiziert. Weder das allgemeine Investitionsklima noch die wirtschaftliche Situation sind so positiv wie erwartet. Die Folgen für das Projekt können bei zu optimistischen Hochrechnungen verheerend sein.

Da nur wenige Projektentwicklungsgesellschaften über das Know-how verfügen, die anfallenden Kosten in dem frühen Stadium ohne fremde Hilfe anhand der Projektstudie genau zu bestimmen, sollten in die Investitionsrechnung verschiedene Experten eingebunden werden. Architekten, Bauingenieure, Projektsteuerer, Projektanten, Landschaftsplaner, Makler oder auch Vertreter von Banken bzw. Vertriebsorganisationen können gegebenenfalls helfen, die Bau- und Baunebenkosten zu optimieren. Die Grundstückskosten und die Grundstücksnebenkosten, die etwa bei der Erschliessung eines Objektes anfallen, müssen ebenfalls berücksichtigt werden. Besonderes Augenmerk sollte schließlich auf eine weitere kritische Komponente in allen Konzepten gelegt werden, die gerade wegen der schon mehrmals erwähnten zeitlichen Unsicherheit besonders schwierig zu kalkulieren ist: die Finanzierungs- bzw. die Zwischenfinanzierungskosten. Die zeitliche Differenz zwischen der Projektierung und der Realisation eines Objektes kann hier gegen, aber auch für den Projektentwickler sprechen. Letzteres ist der Fall, wenn die Zinsen etwa in der Zeit zwischen dem Erstellen der Kalkulation und dem Zeitpunkt, zu dem eine Zwischenfinanzierung benötigt wird, gefallen sind. Umgekehrt kann ein nicht einkalkulierter Zinsanstieg das ganze Projekt zum wirtschaftlichen Flop degradieren.

Den Kosten sollten gleichzeitig Kalkulationen über die Erträge aus dem Projekt gegenübergestellt werden. Nur so kann schließlich die Wirtschaftlichkeit eines Objektes errechnet werden. Wie schon bei den Kosten, so ist auch hier ein konservatives Vorgehen, nur eben im umgekehrten Sinne ratsam. Während die Kosten im wahrsten Sinne des Wortes eher hochgerechnet werden sollten, gilt es, die Einnahmen vorsichtig zu schätzen. Dabei wird der Projektentwickler unter anderem auch auf seinen Erfahrungsschatz zurückgreifen. Die von ihm zum Beispiel zugrunde gelegten Mieteinnahmen bei Gewerbeobjekten oder die erzielbaren Verkaufspreise bei Wohnimmobilien bringen beim Vergleich mit den prognostizierten Kosten schnell Aufschluß darüber, ob ein Projekt in der geplanten Form überhaupt realisierbar ist. Um eine gesichertere Kalkulationsbasis, aber auch um eine bessere Verhandlungsposition bei den projektfinanzierenden Banken und Kapitalgebern zu haben, ist es sinnvoll, so früh wie möglich Vorvereinbarungen etwa mit künftigen Mietern oder Kapitalanlegern abzuschließen. Gerade in Phasen, in denen die Lage am Immobilienmarkt schwierig ist, finanzieren Banken nicht selten erst, wenn die Objekte schon eine relativ hohe Vermietungsquote aufweisen. Neben den Kreditinstituten gehören auch Versicherungen oder Fondsgesellschaften zu den typischen Geldgebern eines Projektes.

1.3 Vorbereitung der Realisierungs- und Gestaltungsphase

Nach einem positiven Abschluß der Projektstudie und der Finanzierungs- bzw. Rentabilitätsrechnung kommt ein Projektentwickler zuerst einmal wieder an den Ausgangspunkt seiner Überlegungen zurück. Ist er von einem bereits im Besitz des späteren Bauherren – der sehr wohl er selbst sein kann – befindlichen Grundstück ausgegangen, entfällt für ihn die Aufgabe, das Grundstück für die Projektrealisierung zu sichern. In allen anderen Fällen muß er dies jetzt nachholen, und zwar unter dem Vorbehalt, daß das Bauvorhaben tatsächlich realisiert wird. So sollte schon allein aus finanziellen Risikogründen ein Grundstückskaufvertrag nur unter dem Vorbehalt abgeschlossen werden, daß die Baugenehmigung tatsächlich erteilt wird. Dies insbesondere dann, wenn unvorhersehbare Wertabschöpfungen durch die Kommune die Kalkulierbarkeit eines Projektes in der ersten Phase oftmals unmöglich machen.

Sind Grundstücksbeteiligte im Rahmen eines Bebauungsplanes Auftraggeber für eine Projektentwicklung, steht in dieser Phase nicht selten ein oft unterschiedlich definierter Architekturwettbewerb mit der sich daran anschließenden Auftragsvergabe meist an das ausgewählte Architekturbüro an. Die architektonischen Schritte, also das Erstellen eines Vorentwurfs und schließlich auch der Entwurfs- und Genehmigungsplanung, findet man auch in den anderen Fällen an diesem Punkt der Projektentwicklung auf der

Tagesordnung. Bei den Behörden ist der Bauantrag einzureichen. Gute Kontakte, die entweder bereits aus früheren Projekten bestehen oder im Verlauf der Projektstudienerstellung aufgebaut werden, sind hier sehr hilfreich, gerade um eine zügige Bearbeitung der Anträge zu erreichen. Sehr oft spielt neben den baulichen Faktoren die menschliche Ebene eine nicht zu unterschätzende Rolle.Und schließlich müssen die Gewerke ausgeschrieben, Angebote der Baufirmen eingeholt, gesichtet und die Arbeiten vergeben werden. Dabei hat der Projektentwickler dafür Sorge zu tragen, daß in den Verträgen mit den Bauunternehmen bzw. dem Generalunternehmer etwaige Gewährleistungsansprüche ebenso geklärt sind wie der Fertigstellungstermin des Bauvorhabens und etwaige Konventionalstrafen bei einer verspäteten Fertigstellung. Eine Festpreisgarantie ist ebenfalls üblich. Bei der Bauvergabe stellt sich für den Projektentwickler vor allem dann, wenn er selbst der Bauherr ist, immer wieder die Frage, ob er einen Generalunternehmer einsetzt oder die fälligen Einzelvergaben selbst durchführt. Prinzipiell bedeutet der Verzicht auf einen Generalunternehmer für den Projektentwickler einen deutlich höheren Arbeitsaufwand. Zudem steigt das Risiko für den Projektentwickler erheblich. Immerhin haftet er und nicht mehr der Generalunternehmer jetzt gegenüber den Mietern und Investoren, zum Beispiel für die preisvereinbarte Übergabe des Objektes bis zum zugesagten Zeitpunkt. Dem stehen nicht unwesentliche Einsparungen beim Honorar gegenüber.

Parallel zum Objektfortschritt sollte der Projektentwickler wiederholt die Kostenpläne aktualisieren, um so die Risiken weiter zu minimieren. Immerhin kann er jetzt nicht nur die Grundstücks-, sondern auch die Bau- und die Baunebenkosten immer genauer planen. Die relevanten Kostenarten, die in das Budget einfließen sollten, finden sich in den Tabellen nach DIN 276. Dabei sollte er für unvorhergesehene anfallende Kosten auch noch einen niedrigen einstelligen Prozentbetrag der Bau- und der Baunebenkosten berücksichtigen.

Auf der anderen Seite muß es sein Ziel sein, bereits jetzt konkrete Mietverträge, zumindest mit den Hauptmietern, abzuschließen. Gerade aufgrund der schwierigen Situation im Gewerbeimmobilienmarkt, aber auch beim bestehenden Preisdruck im Wohnimmobilienbereich ist dies äußerst wichtig; vor allem auch, damit die Banken das Entwicklungskonzept akzeptieren und die Finanzierung endgültig gesichert werden kann. Mit den erwarteten Mieteinnahmen und den genau kalkulierbaren Kosten kann der Projektentwickler jetzt auch relativ genau die Rendite des Projektes ermitteln.

Mit der Baufreigabe endet die Tätigkeit des Projektentwicklers im engeren Sinne. Da die Grenzen der Tätigkeitsbeschreibungen fließend verlaufen, bleibt er aber in der Regel zumindest im Hintergrund tätig. Aufgaben, die er während der Phase der Projektdurchführung eventuell übernehmen muß, sind beispielsweise die Fortschreibung der Kostenentwicklung, die Qualitätssicherung und Prüfung der Realisierbarkeit des eingeschlagenen Konzeptes. In seinen Bereich fällt daneben durchaus auch, einen Soll-Ist-Vergleich der einzelnen Projektstufen vorzunehmen oder auch erforderliche Plananpassungen zu veranlassen.

Schließlich gehört zu den Aufgaben des Entwicklers auch eine Projektnachsorge. Hier geht es beispielsweise darum, die erforderlichen Grundbucheinträge vornehmen zu lassen, was gerade bei Engagements in den neuen Bundesländern oder auch in Berlin teilweise sehr lange dauert und dadurch nicht unwesentliche Kosten verursachen kann. Der Projektentwickler hat zudem zu überprüfen, ob die vertraglich vereinbarten Leistungen tatsächlich und komplett erbracht wurden. Die finanziellen Transaktionen müssen abgeschlossen werden. Und schließlich steht auch die Mängelbeseitigung auf seinem Arbeitsprogramm.

2. Perspektiven im Gewerbeimmobilienmarkt

Relativ hohe Leerstandsquoten bei den Büroflächen, die Gefahr vieler Gewerbeimmobilienpleiten (nicht nur) in Ostdeutschland, verbunden mit möglicherweise hohen finanziellen Verlusten der Investoren, Einschränkungen der steuerlichen Förderung für Immobilienengagements und die mäßige konjunkturelle Entwicklung sind Perspektiven, die dem Gewerbeimmobilienmarkt kaum positive Impulse bringen: Das sind Schlaglichter, mit denen die aktuelle Situation immer wieder umschrieben wird. Dennoch bieten sich auch im Gewerbeimmobilienbereich Chancen. So leicht wie während des Wiedervereinigungsbooms läßt sich zwar kein Objekt mehr konzipieren und verkaufen, aber die Kunden, also die späteren Nutzer und Investoren einer Immobilie, sind nach wie vor an hochwertigen Objekten, die ihren Wünschen entsprechen, interessiert. Dieses Ziel müssen die Projektentwickler deshalb mehr denn je im Blick haben. Chancen ergeben sich nicht zuletzt deshalb auch bei neuartigen Konzepten, die etwa die Interessen der Menschen verstärkt berücksichtigen, die später einmal in dem Gewerbeobjekt arbeiten. Aber auch das städtebauliche Interesse der Kommunen darf nicht außer acht gelassen werden. Architektonische Highlights sorgen im Zweifel bei diesen für eine positive Stimmung, ebenso wie neue Arbeitsplätze, die durch ein Objekt angesiedelt werden.

2.1 Wünsche der Nutzer

Der Wunschkatalog der Investoren und Nutzer ist groß: Preisgünstige und gleichzeitig hochwertig ausgestattete betriebswirtschaftlich ausgerichtete Objekte, die ihren individuellen Bedürfnissen optimal entsprechen, die repräsentativ sind, verkehrsgünstig liegen, über gute Anschlüsse an die öffentlichen Nahverkehrsmittel verfügen, genügend Parkmöglichkeiten für Besucher und Mitarbeiter, Bauten und Räume bieten, in denen sich – bei Gewerbeobjekten – die Mitarbeiter wohlfühlen, sowie ein gutes Facility-Management, bei dem die laufenden Betriebskosten der Objekte möglichst niedrig gehalten werden, sind von entscheidender Bedeutung. Um den Erfolg eines Objektes sicherzustellen, ist es Aufgabe des Projektentwicklers, diese Wünsche allumfassend zu erfüllen.

Daß dabei gewisse Interessenkonflikte auftreten, liegt auf der Hand. Je stärker bei der Projektentwicklung und Planung eines Objektes auf die speziellen Wünsche eines Mieters eingegangen wird, desto schwieriger und entsprechend teurer wird eine später – nach Auszug des Mieters – eventuell nötig werdende Umwidmung des Objektes. Das muß ein Projektentwickler von Anfang an berücksichtigen, und das hat preisrelevanten Charakter. Ebenso impliziert eine aufwendige Bauweise relativ hohe Kosten. Kein Gebäude der Topklasse wird damit auf Basis unterdurchschnittlicher Grundmieten noch gute Renditen abwerfen können.

Zudem muß für eine gute Anbindung, sowohl an den öffentlichen Personennahverkehr als auch an das Straßennetz, nicht in einer Innenstadtlage gebaut werden; gute Parkmöglichkeiten kämen dort sowieso extrem teuer. Und aufwendig sowie hochwertig erstellte Objekte können bei den Betriebskosten wesentlich günstiger ausfallen als minderwertige Bauwerke etwa bei den Energiekosten. Projektentwicklung bedeutet deshalb sowohl für die Initiatoren als auch für die späteren Nutzer, in gewissem Maße den goldenen Mittelweg zu finden, der dennoch von beiden Seiten als optimal betrachtet werden kann. Allein das Kostenargument ist jedenfalls nicht maßgebend. Denn auch wenn die Mieter momentan gerade im Gewerbeimmobilienbereich, aber auch bei Wohnimmobilien eine starke Verhandlungsposition haben, lassen sich bei hochwertigen Immobilien noch immer angemessene Preise erzielen. Dies um so mehr, wenn die richtige Konzeptwahl und nicht mehr der Preis das alleinige Regulativ ist.

Der Projektentwickler sollte bei all dem vermeiden, den späteren Nutzer als subjektloses Unternehmen zu betrachten. Vielmehr sollte er sich bereits bei den Vorplanungen auf die Wünsche und Bedürfnisse der Menschen, die hinter dem Unternehmen stehen (eigentliche Zielgruppe), konzentrieren.

Für ihn muß deshalb wichtig sein, was die Menschen von der Gestaltung ihres späteren Arbeitsplatzes erwarten.

2.2 Wünsche des Finanziers und der Investoren

Fondsgesellschaften, Versicherungen, Pensionskassen und vor allem auch Privatanleger gehören zu den typischen Investoren bei Immobilienprojekten. In kaum einem anderen Land haben private Anleger einen vergleichbar hohen Anteil ihrer Portefeuilles in Immobilien angelegt. Das mag mit den Erfahrungen zweier Geldentwertungen zusammenhängen, wie immer wieder betont wird, aber eben auch damit, daß in der Vergangenheit Immobilienengagements eine relativ hohe Rendite bei einem vergleichsweise geringen Risiko boten. Genau das aber waren und sind die Wünsche der Immobilienanleger. Sie wollen – bezogen auf einen langfristigen Zeitraum – eine ordentliche und nach Möglichkeit dabei auch von vornherein langfristig abgesicherte Rendite erzielen. Dafür sorgten unter anderem auch staatliche Subventionen in Form steuerlicher Abschreibungsmöglichkeiten, etwa die progressiven Abschreibungssätze oder auch die Sonder-AfAs für Ostimmobilien. Nachdem der Staat die Steuergesetzgebung in der jüngeren Vergangenheit aber zuungunsten der Immobilieninvestoren geändert hat, hat auch die steuerliche Komponente zwangsläufig an Bedeutung verloren.

Der Wunsch nach einer gesicherten Rendite besteht für die Investoren jedoch nach wie vor. Diese aber ist, im Gegensatz zu früher, verstärkt nur noch mit erstklassigen Objekten zu erzielen. Das müssen Projektentwickler heute mehr denn je berücksichtigen. Zweitklassige Objekte, auch versehen mit einer mehrjährigen Mietgarantie, können nicht im Interesse der Anleger sein, und sie sind auch nicht im Interesse der Entwickler. Während die Anleger nach Ablauf der Garantie Gefahr laufen, weit unter den bisher erzielten (subventionierten) Einnahmen weitervermieten zu müssen und so ihre Renditeberechnungen Makulatur werden, gehen die Projektentwickler ihrerseits ein nicht unerhebliches finanzielles Risiko ein. Minderwertige Objekte lassen sich mittlerweile nur noch schlecht vermieten. Das hat für die Entwickler häufig zur Folge, daß entweder kein Mieter gefunden wird oder die Mietverträge auch langfristig unter den Beträgen abgeschlossen werden, auf die die Investoren eine Garantie abgegeben haben. Beides wirkt sich meist unmittelbar auf den Gewinn (in Mark und Image) des Projektentwicklers aus, auch wenn Mietgarantien nicht selten im Kaufpreis enthalten sind.

Insofern korrespondieren auch die Wünsche der Nutzer, der Investoren und der Projektentwickler. Die Nutzer wünschen hervorragende, ihren Anforderungen entsprechende Objekte. Projektentwickler, die diese bieten, können hier entweder ganz auf Mietpreiszugeständnisse verzichten oder müssen, auch bei extrem günstigen Marktverhältnissen für die Mieter, zumindest keine so hohen Zugeständnisse machen. Dadurch verringern sie ihr finanzielles Risiko. Und letztlich steigen dadurch auch die Höhe und die Sicherheit der Investoren-Rendite.

Zudem können im Laufe eines Projektes auch noch andere Zielkonflikte auftreten, die bei einer ungünstigen Vertragsgestaltung auf den Projektentwickler durchschlagen. So kann das Interesse des Investors an einer langfristig gesicherten Rendite und damit an der langfristigen Ertragskraft des Objektes im ungünstigen Fall vom Generalunternehmer konterkariert werden, indem dieser beim eigenen Bestreben, möglichst kostengünstig zu bauen, minderwertige Qualität produziert. Dem muß der Projektentwickler durch hochqualifizierte Dienstleistung entgegentreten. Umgekehrt hat er – gerade wenn er schon umfangreiche Vorleistungen erbracht und damit Kosten getragen hat – ein zunehmendes Interesse daran, daß ein Objekt auch tatsächlich realisiert wird.

2.3 Wünsche der Kommune

Die Wünsche der kommunalen Verantwortungsträger sind, wie bereits erwähnt, für die Verwirklichung eines Immobilienprojektes von maßgeblichem Belang. Nur relativ wenig Schwierigkeiten bestehen in der Regel dann, wenn eine Gemeinde selbst der Ideengeber für ein Projekt war, dafür eventuell sogar einen Investorenwettbewerb ausgelobt hatte und dementsprechend bereits konkrete Vorstellungen über die Immobilie vorliegen. Die Aussichten, daß sich Gemeinden in Zukunft noch stärker um private Projektentwickler bemühen und an diese Immobilien-Entwicklungsaufträge vergeben, stehen aufgrund der zunehmenden Komplexität der Objekte nicht schlecht. Gerade bei den Tätigkeiten für die öffentliche Hand müssen die Entwickler aber ihr Prämissenkonzept überprüfen. Denn mit den Gemeindeprojekten übernehmen sie bis zu einem gewissen Grad auch gesellschaftspolitische Aufgaben. Gut ist die Stellung der Entwickler gegenüber den Kommunen auch dann, wenn sich die Gemeinde prinzipiell um Projekte bemüht, dafür beispielsweise schon einen Gewerbepark oder Industrieflächen geschaffen hat und auf der Suche nach Arbeitsplätzen Investoren sogar zahlreiche Vergünstigungen bietet. Dies ist besonders in strukturschwachen Räumen der Fall, kann aber auch, wie das Beispiel des Berliner Umlandes zeigt, zu erheblichen Fehlentwicklungen führen.

Auch alle Projekte, die positiv zur Stadtentwicklung beitragen, architektonische Highlights darstellen, das Image eines Raumes aufwerten, Arbeitsplätze im Handels- oder Dienstleistungsbereich schaffen oder günstigen Wohnraum bieten, sind in der Regel sehr willkommen; ebenso wie exklusive Wohnobjekte, die eine zahlungskräftige Bevölkerungsschicht neu in eine Region locken. Aber bereits bei diesen letztgenannten Objekten laufen Projektentwickler Gefahr, sich im politischen Dickicht einer Gemeinde zu verheddern. Das mag einerseits daran liegen, daß sie mit ihrem Projekt massiv die Interessen einer örtlichen (geschäftlichen) Lobby tangieren, andererseits aber auch einfach an der politischen Situation in einer Stadt. Immer wieder auch politisch motiviert können Forderungen der Kommunen sein, die die architektonische Gestaltung der Gebäude und der Gelände betreffen. Diese resultieren aber häufig auch nur aus dem Wunsch, daß sich ein Gebäude harmonisch in das städtische Gesamtbild einfügen soll.

3. Spezielle Aspekte

Projektentwicklung bedeutet, nicht nur Standards abzuspulen. Um erfolgreich zu sein, muß in diesem Metier vielmehr eine hohe Kreativität an den Tag gelegt werden. Das gilt bereits bei prinzipiellen Aspekten wie etwa den Überlegungen, wie ein Grundstück zu nutzen sein könnte, und auch – wie bereits gezeigt – bei den einzelnen Entwicklungsschritten. Vor allem aber sorgen auch Details dafür, daß ein Projekt etwas Besonderes wird, sich dadurch von anderen Objekten abhebt und so am Markt gut ankommt.

3.1 Kostendruck

Der zunehmende Wettbewerbsdruck in der Wirtschaft trifft nicht nur Industriebetriebe, sondern macht auch vor dem Dienstleistungsbereich nicht halt. Dabei sind für viele Unternehmen neben den eigentlichen Personalkosten auch die Mietkosten ein nicht zu unterschätzender Wettbewerbsfaktor. Schon allein dies spricht dafür, gerade auch bei Büro- und anderen Gewerbeimmobilien auf städtische Randlagen auszuweichen, die gleichwohl eine günstige Verkehrsanbindung haben müssen und nach Möglichkeit eine gewachsene gemischte Struktur aufweisen. Gleichzeitig aber muß sich der Projektentwickler darüber im klaren sein, daß er damit allein noch nicht die Anforderungen erfüllt hat, kostengünstige Büroräume zur Verfügung zu stellen. So ist im Dienstleistungsbereich der Flächenbedarf pro Mitarbeiter seit den siebziger Jahren um mehr als das Eineinhalbfache auf rund 25 m^2 gestiegen. Das liegt unter anderem an der zunehmenden „Technologisierung" der Arbeitsplätze. Projektentwickler, die dem Trend zu mehr Platz durch flächenoptimierende Konzepte entgegenwirken, haben damit ein gewichtiges Argument für ihr Projekt in der Hand. Immerhin lassen sich so, ohne Verlust an Lebensqualität für die Beschäftigten, bis zu 30 % des bei herkömmlichen Konzepten benötigten Platzbedarfes einsparen.

Eine wenig durchdachte Planung kann im nachhinein auch dann hohe Kosten verursachen, wenn ein Objekt neu vermietet und dadurch anders genutzt wird oder wenn der bisherige Mieter neue Ansprüche an das Objekt stellt. Bereits bei der Planung muß deshalb einerseits zwar so genau wie möglich auf die individuellen Ansprüche des Nutzers eingegangen werden, andererseits muß dafür gesorgt werden, daß eine spätere Neuausrichtung baulich relativ unproblematisch erfolgen kann. Gut durchdacht und vernetzt werden sollte auch die technische Ausstattung der Gewerbegebäude. Dafür sprechen die in der Zukunft weiter zunehmende Vertechnisierung der Arbeitsplätze und finanzielle Aspekte, falls Räumlichkeiten unerwarteterweise auf gehobene technische Anforderungen aufgerüstet werden müssen. Eine größtmögliche Flexibilität bei Änderungen am Objekt ist auch schon allein deshalb angebracht, da in der aktuellen Marktsituation häufig erst spät Mieter gefunden werden. Während der eigentlichen Planungen kann also noch gar keine Rücksicht auf deren spezifische Interessen genommen werden. Deshalb bietet es sich an, Gewerbeobjekte nach dem Baukastenprinzip zu konzipieren.

3.2 Ökologie und Ökonomie

Ein zunehmend wichtiger werdendes Argument bei der Projektentwicklung ist der ökologische Aspekt. Auch wenn das Objekt dadurch nicht billiger wird: Hohe ökologische Standards beim Bau können, wenn man die laufenden Betriebskosten und andere Argumente berücksichtigt, durchaus auch unter ökonomischen Aspekten für sich sprechen. Eine unter Wärmegesichtspunkten sinnvolle Architektur hilft später ebenso Kosten zu sparen wie eine optimale Planung der Sonnenlichteinstrahlung. Und selbst der Einsatz energiesparender Glühbirnen sollte für Projektentwickler mittlerweile selbstverständlich sein. Auch ein kombiniertes Trink- und Brauchwasserkonzept, bei dem aufgefangenes und gefiltertes Regenwasser beispielsweise für die Toilettenspülungen verwendet wird, entlastet die Betriebskostenrechnung. Der Einsatz von Solartechnik zur Energiegewinnung sollte nicht sofort pauschal abgelehnt werden, zumindest sind Vorkehrungen vorzusehen.

Ein extremes Beispiel dafür, wie teuer später eine nicht umweltgerechte Planung werden kann, sind die Unsummen, die in die Sanierung asbestverseuchter Gebäude gesteckt werden müssen. Für eine umweltfreundliche Planung sprechen daneben auch noch Imagegründe. Die Mercedes-Benz AG hat dies bei ihrem neuen Motorenwerk in Bad Cannstatt eindrucksvoll unter Beweis gestellt, indem sie auf das Dach des Werkes die größte industriell genutzte Photovoltaikanlage setzen ließ, ohne daß sich die Mammutanlage angeblich besonders gut rechnen würde.

Neben dem Image nach außen spricht auch die positive Auswirkung, die eine ökologische Bauweise auf das Image eines Unternehmens nach innen und auf das Wohlbefinden der Mitarbeiter hat, für die verstärkte Nutzung ökologischer Konzepte im Gewerbeimmobilienbau. Dabei gilt es auch zu beachten, daß der Arbeitsplatz für die Mitarbeiter immer mehr zu einem Lebensraum wird und sich die Menschen in diesem wohlfühlen müssen.

3.3 Psychologie und Marketing

Bei der Projektentwicklung spielen psychologische und Marketingaspekte eine nicht unerhebliche Rolle. Ein gut durchdachtes Marketingkonzept kann für den Erfolg eines Projektes maßgeblich sein. Aber auch wenn damit emotionale Punkte durchaus in den Mittelpunkt gerückt werden sollen: Der Sinn eines Marketingkonzeptes besteht nicht darin, hinter Hochglanzprospekten zweitklassige Objekte zu verbergen.

Während zuvor behandelte Themen wie Kosten, Flexibilität der Nutzung, technische Ausstattung und Ökologie schon für sich allein genommen wichtige Bestandteile eines Marketingkonzeptes für ein Projekt sind, sind auch bei noch so kostenbewußten Unternehmen andere Punkte von Relevanz. Dazu zählen das Erscheinungsbild des Grundstücks und des Gebäudes. Damit wird zum einen natürlich auch das unterschwellig vorhandene Selbstwertgefühl von Entscheidungsträgern eines Unternehmens angesprochen, andererseits gilt in der Geschäftswelt eben auch, daß ein Gebäude und die

Räumlichkeiten eines Unternehmens repräsentativen Zwecken genügen müssen. Sie werden verstärkt als Visitenkarte der Firma betrachtet. Zu den relevanten Imagekriterien zählt auch die Namensgebung für ein Objekt.

4. Risiken

Da auch fremde Bauherren von vornherein versuchen, Risiken abzuwälzen, sieht sich ein Projektentwickler immer einer ganzen Reihe von – im Extremfall auch finanziellen – Risiken gegenüber, die er nur durch professionelle Abwicklung und eine optimale Vertragsgestaltung bzw. Vertragskoordination beherrschen kann. Deshalb ist eine gute anwaltliche Beratung während der Einzelphasen der Entwicklung unabdingbar.

Arbeitet der Projektentwickler beispielsweise als Generalübernehmer für einen Auftraggeber, wird er mit diesem in aller Regel einen Werkvertrag abschließen. Im für ihn ungünstigsten Extremfall muß er dabei dem Auftraggeber eine Festpreisgarantie geben und kann sich noch nicht einmal auf eine Öffnungsklausel im Vertrag berufen, wonach er für unvorhergesehene Aufwendungen Nachträge geltend machen kann. Dem Vertrag mit dem Auftraggeber stehen die Kontrakte gegenüber, die der Projektentwickler beispielsweise mit den Baufirmen abschließt. Idealerweise harmonieren die beiden Vertragsseiten miteinander, so daß der Entwickler seine vom Auftraggeber aufgebürdeten Risiken soweit wie möglich auf die Vertragspartner abwälzen kann.

Auch für Risiken, die aus den Miet- oder Kaufverträgen mit den späteren Nutzern bzw. Investoren entstehen, muß der Projektentwickler einstehen – falls er entsprechende vertragliche Vereinbarungen getroffen hat. Das Risiko, daß ein Projekt aufgrund einer fehlenden Baugenehmigung nicht verwirklicht werden kann, kann er etwa beim Grundstückskauf durch entsprechende Rückgabeklauseln verringern. Gefahr besteht allerdings, wenn der Bau aufgrund einer verspäteten Baugenehmigung nicht rechtzeitig fertiggestellt wird. Verschuldet das Bauunternehmen dagegen eine verspätete Abnahme des Objektes, kann der Projektentwickler fällige Vertragsstrafen durchleiten.

Die Summe aller Risikofaktoren vermag ein Projektentwickler dann zu spüren bekommen, wenn er selbst der Bauherr ist. Ein Worst-case-Beispiel für die Risikenspirale: Ein Projektentwickler hat auf eigene Rechnung ein Grundstück gekauft und plant, darauf ein Wohnobjekt zu erstellen. Aufgrund von Verzögerungen im Genehmigungsverfahren kann er den Bau jedoch erst zwei Jahres später als geplant starten. Entsprechend muß er auch zwei Jahre länger als vorgesehen die Zwischenfinanzierungskosten für das Grundstück tragen. Innerhalb dieser Zeit hat sich die Situation am Immobilienmarkt (auch steuerlich) gewandelt. Die Nachfrage nach Mietwohnungen ist ebenso zurückgegangen wie die Nachfrage nach Kapitalanlageobjekten. Damit sieht sich der Projektentwickler folgenden Problemen ausgesetzt: Er vermietet die Wohnungen langsamer als geplant, und er verkauft die Wohnungen schlechter als kalkuliert. Um weder Zugeständnisse beim Mietpreis noch beim Verkaufspreis zu machen, setzt der Projektentwickler beim Verkauf der Wohnungen auf eine relativ aggressive Strategie und lobt vergleichsweise hohe Provisionen im Vertrieb aus. Dennoch läuft der Verkauf nur zögerlich. Da außerdem aber die Bauarbeiten inzwischen in Gang sind, entstehen hier Kosten, die der Projektentwickler in unvorhergesehen hohem Maße selbst tragen muß. Eine gewisse Entlastung erzielt er dadurch, daß er die Bauausführung billiger gestaltet als geplant. Um den Verkauf der Wohnungen zu forcieren, erhöht er schließlich die Provision für die Verkäufer nochmals, gleichzeitig senkt er auf Anraten des Vertriebes die Preise für die Wohnungen. Beides belastet sein – eventuell noch vorhandenes – Budget weiter. Gleichzeitig gibt er eine mehrjährige Mietgarantie ab. Die Wohnungen selbst kann er aber nur unter dem in der Garantie genannten Quadratmeterpreis vermieten. Der Verkauf läuft jetzt besser, aber es zeichnet sich ab, daß die Wohnungen nicht zum vorgesehenen Zeitpunkt fertiggestellt werden. Damit muß der Projektentwickler den Käufern der Wohnungen über mehrere Monate hinweg die garantierte Miete zahlen, ohne dem Einnahmen gegenüberstellen zu können. Für die nächsten Jahre muß er zudem den Differenzbetrag zwischen der Mietgarantie und der tatsächlich eingenommenen Miete zahlen. Aufgrund der schlechter als im Prospekt geschilderten Bauausführung könnte er zudem in Regreß genommen werden.

So relevant vernünftige und wasserdichte Verträge auch sind: Nicht selten neigen Juristen dazu, praxisfremde Verträge abzuschließen. Aufgabe des Projektentwicklers muß es deshalb sein, hier für Kontrakte zu sorgen, die eine vernünftige Realisierung eines Objektes noch zulassen. Projektentwicklung basiert zudem in sehr starkem Maße auch auf einem Vertrauensverhältnis der an dem Objekt beteiligten Parteien. Diese arbeiten nicht selten immer wieder zusammen und müssen sich deshalb aufeinander verlassen können. Das impliziert auch, daß teilweise zum Beispiel gewisse Vorleistungen schon im rechtsfreien Raum – also ohne Vertrag – erbracht werden.

5. Ausblick

Projektentwicklung muß, um für alle Beteiligten zu einem zufriedenstellenden Ergebnis zu führen, höchst seriös betrieben werden. Dies ist leider nicht immer der Fall. Gerade in rezessiven Bauzeiten müssen Projektentwickler vorsichtig agieren, um ihren eigenen Sicherheitsansprüchen, vor allem aber auch denen der Banken, und den Rendite-Überlegungen der Bauherren gerecht zu werden. Dabei dürfen sie aber den zukunftsbezogenen Aspekt ihrer Tätigkeit nicht aus den Augen verlieren. Denn aufgrund ihrer langfristig angelegten Tätigkeit müssen sie – in gewissem Maße bereits heute – dafür sorgen, daß sie bei einer positiven Wende des Marktes geeignete Bauobjekte kurzfristig realisieren können. Zudem sorgt die aktuelle steuerpolitische Situation dafür, daß es in der Bundesrepublik immer schwieriger wird, die Investoren selbst für erstklassige Objekte zu finden. Auch gesetzliche Reglementierungen beim Bau führen dazu, daß sinnvolle Objekte nicht oder nur verspätet realisiert werden.

Wie bereits erwähnt, kommt der frühzeitigen qualifizierten Nutzer- und Marketingkonzeption erhebliche Bedeutung zu. Die Projektentwicklungsgesellschaften sehen sich aber auch nach Alternativen um, die sie verstärkt im Ausland zu finden glauben. Noch fehlt vielen Gesellschaften allerdings das Know-how, um im Ausland erfolgreich tätig zu sein. Mit dem Wissensaufbau dürften sich die Internationalisierungstendenzen innerhalb der noch immer stark regional bezogenen Projektentwicklungsbranche aber weiter verstärken.

6. Literatur

Amelung, V. E.: *Gewerbeimmobilien: Bauherren, Planer, Wettbewerbe*, Berlin u. a. 1996

Bulwien, H., Talkenberger, P. P. (Hrsg.): *Top-Know-how rund um den Immobilienstandort*, Idstein 1994

Falk, B. (Hrsg.): *Fachlexikon Immobilienwirtschaft*, Köln 1996

Kyrein, R.: *Immobilien – Projektmanagement, Projektentwicklung und -steuerung*, Köln 1997

Schulte, K.-W. (Hrsg.): *Handbuch Immobilien-Projektentwicklung*, Köln 1996

Bronner, O.: *Immobilien in Europa – Märkte in Bewegung*, Wien 1993

Projekt-Management – Veranlassung und Perspektiven[1]

Rolf Kyrein, Dipl.-Volkswirt, Vorstandsmitglied der AIH Allgemeine Immobilien Holding AG, Frankfurt am Main

Inhalt

1.	Projekt-Management	121
2.	Projekt-Management, Projektentwicklung und Projektsteuerung im Umfeld des Bauens	130
3.	Anforderungen an Projekt-Manager, Projektentwickler und Projektsteuerer	132
3.1	Problemidentifizierung und Problemlösung	132
3.1.1	Die Fähigkeit zur Problemidentifizierung	132
3.1.2	Die Fähigkeit der Problemlösung	133
3.1.3	Die Fähigkeit, Problemlöser und Problemidentifizierer zusammenzubringen	133
3.2	Die erforderlichen Ressourcen für Qualitätsunternehmen	134
3.3	Die Stellung des Projektentwicklers und Projektsteuerers unter den Dienstleistenden des Baugewerbes	135
3.3.1	Routinemäßige Produktionsdienste	136
3.3.2	Kundenbezogene Dienste	136
3.3.3	Symbolanalytische Dienste	137
3.4	Projektentwickler und Projektsteuerer sind Symbolanalytiker	137
3.5	Die Fähigkeiten des Projektentwicklers und Projektsteuerers	139
3.5.1	Abstraktionsfähigkeit, Kreativität, interaktives Denken	139

---

1 Teilabdruck aus Kyrein, R: *Immobilien – Projektmanagement, Projektentwicklung und -steuerung*, Köln 1997

3.5.2	Systemdenken	139
3.5.3	Fähigkeit zum Experimentieren	140
3.5.4	Fähigkeit zur Zusammenarbeit	140
3.6	Projektentwickler und Projektsteuerer und ihr Verhältnis zum traditionellen Bauen	141

1. Projekt-Management

Die Vorbereitung und Durchführung von Projekten ist ein Prozeß, bei dem zahlreiche Beteiligte auf verschiedenen Ebenen und aus verschiedenen fachlichen Richtungen zusammenarbeiten müssen. Auf der Entscheidungs- und Risikoebene agiert der Bauherr (Investor) häufig ohne fachspezifisches Wissen. Auf der Vorbereitungsebene agieren Architekten, Ingenieure, Kaufleute und Juristen. In einem Beziehungsgeflecht von technischen, ökonomischen und rechtlichen Rahmenbedingungen definieren sie anhand von Plänen, Leistungsbeschreibungen, Verträgen und Kalkulationen das Projekt. Auf der Durchführungsebene agieren schließlich ein oder mehrere mehr oder weniger handwerklich orientierte Betriebe, die aus einer Vielzahl von Gewerken ihren Beitrag zum Projekt leisten.

Obwohl seit langem Anstrengungen unternommen werden, die technischen, planungs- und bauordnungsrechtlichen Rahmenbedingungen zu vereinfachen, sind die Zusammenhänge und Abläufe für die Beteiligten nicht einfacher geworden. Die Beteiligten leisten ihre Beiträge, aus denen mehr oder weniger koordiniert das Ganze entsteht. Eine zentrale Koordinierungsfunktion, die die Maßnahmen ergebnis- und kundenorientiert von der Projektidee bis zur Durchsetzung der Gewährleistungsansprüche steuert, ist als selbstverständliches Berufsbild nicht etabliert. Techniker, Juristen und Kaufleute agieren mit ihrem fachspezifischen Wissen meist ohne theoretischen Hintergrund für eine Vernetzung im Sinne integrierten, technischen, wirtschaftlichen und juristischen Projekt-Managements.

Daraus resultiert eine Reihe technischer, ökonomischer und juristischer Probleme, die ihre Ursache in zahlreichen, unkoordinierten Nahtstellen der Beiträge der fachlich Beteiligten haben. Je spezialisierter der fachliche Beitrag ist, desto geringer wird die Wahrscheinlichkeit seiner nahtlosen Integration in die Beiträge der übrigen fachlich Beteiligten. Für den Bauherrn entstehen so Qualitäts-, Kosten- und Terminrisiken.

Bauherren und Investoren verlangen daher vermehrt Komplettlösungen. Damit ist nicht nur der traditionelle Fertigbau gemeint, sondern zunehmend die Gesamtleistung von der Grundstückserschließung über die Projektentwicklung und Bauplanung bis hin zur schlüsselfertigen Errichtung und Finanzierung und darüber hinaus die Entwicklung von Nutzungskonzepten sowie die Betreuung und Unterhaltung der Bauwerke. Die nachgefragte Leistungspalette wird sich also deutlich erweitern. Die Nachfrage nach Risikominimierung wird nicht haltmachen bei den vorgelagerten Bereichen der Bauausführung, wie beispielsweise der Planung und Konstruktion, sondern wird auch die Bauausführung selbst betreffen. Aus dieser Problemstellung leitet sich das Berufsbild des sogenannten Projekt-Managers ab.

Es besteht auf breiter Front unter den Management-Theoretikern Einigkeit, daß der größte Schlüssel zum Produkterfolg die Produktentwicklung ist. Diese Erkenntnis gilt uneingeschränkt für alle Konsumprodukte, Investitionsgüter und Dienstleistungen. Warum sollte dies bei Immobilienprodukten auch anders sein? Komponenten sind out, Systeme werden gefragt. Hierauf müssen Architekten, in deren Händen heute noch überwiegend die Projektvorbereitung liegt, eingehen. Nur wenige größere, leistungsfähige Architekturbüros „können" dies und bieten ihre Dienste als Generalplaner an. Termine, Kosten, Funktion und natürlich Qualität werden dabei optimiert, so daß zumindest der seriell aufeinander aufbauende Planungsprozeß mit seinen vielen Schnittstellen und Fehlerquellen verbessert wird. Ob diese Fortentwicklung allerdings dem Markt genügt, ist sehr zweifelhaft, da Generalplaner lediglich die technisch/architektonische Dimension des Bauens, nicht aber die Erfordernisse der wirtschaftlichen und juristischen Betreuung des Bauherrn abdecken. Der Anspruch, Management-Prozesse zu optimieren, wird nicht nur an das Bauhaupt- und -nebengewerbe gestellt, sondern an alle dienstleistenden Berufe. Auf europäischer Ebene wurden Prüfkriterien formuliert, an denen die Qualität von Management-Prozessen gemessen werden soll.

In der Einleitung zur ISO 9004[1] heißt es: „Qualität und Kundenzufriedenheit sind bedeutende Themen, denen weltweit zunehmende Aufmerksamkeit gewidmet wird. Die ISO 9004 geht auf dieses Bewußtsein ein und will Organisationen und Unternehmen ermutigen, die Qualitätsaspekte ihrer zu Dienstleistungen führenden Tätigkeiten wirksamer zu gestalten. Die Erzeugung und Aufrechterhaltung (zufriedenstellender) Qualität in einer Organisation hängen von einer systematischen Hinwendung zu einem Qualitätsmanagement ab, dessen Aufgabe es ist sicherzustellen, daß die Erfordernisse des Kunden verstanden und erfüllt werden. Um (zufriedenstellende) Qualität zu erreichen, ist es erforderlich, sämtliche Ebenen der Organisation auf die Qualitätsgrundsätze zu verpflichten sowie das vorgelegte System des Qualitätsmanagements auf der Grundlage von Rückmeldungen über die Vorstellung der Kunden über die erbrachten Dienstleistungen ständig zu überprüfen und zu verbessern."

Das deutsche Ausbildungssystem trägt den beschriebenen Anforderungen für Leistungen des Bauprojekt-Managements, der Projektentwicklung und der Projektsteuerung (noch) nicht Rechnung. Berufsanfänger sind Ar-

---

[1] DIN ISO 9004 Qualitätsmanagement und Elemente eines Qualitätssicherungssystems.

chitekten, Bauingenieure, Städteplaner, Betriebswirte, Volkswirte und Juristen, selten mit Doppelstudium (Diplom-Wirtschaftsingenieure), nie ausgebildete Projekt-Manager mit ausreichender technisch/architektonischer, kaufmännischer und juristischer Ausbildung, Praktiker mehr oder weniger (mindestens in zwei Fakultäten), Autodidakten. Projekt-Manager, die Projektentwicklungs- und Projektsteuerungsaufgaben übernehmen sollen, müssen regelmäßig mit ihrem Fachwissen zurechtkommen, das ergänzende Know-how der übrigen Fakultäten muß mit Hilfe der Learning-by-doing-Methode erarbeitet werden.

Mangelnde Qualität und hohe Risiken sind vorwiegend auf mangelnde Ausbildung zurückzuführen. Im Kapitel „Personal und Mittel" der ISO 9004 heißt es zu diesem Punkt: „Ausbildung macht bewußt, daß Veränderungen notwendig sind, und bietet Mittel, mit deren Hilfe Veränderungen vollbracht werden können... Bedeutende Elemente der Personalentwicklung schließen somit ein:

– Schulung der Führungskräfte in Qualitätsmanagement auch im Hinblick auf qualitätsbezogene Kosten und Bewertung der Wirksamkeit des Qualitätssicherungssystems,
– Schulung der Prozeßlenkung im Sammeln von Daten und ihrer Analyse, in der Problemidentifikation und -analyse, in Korrektur- und Verbesserungsmaßnahmen, in Methoden des Teamworks und der Kommunikation..."

Um u. a. diese Anforderungen zu erfüllen, sind Lehrmittel und Schulungseinrichtungen erforderlich. Bis heute gibt es jedoch kein deutschsprachiges Lehrbuch, das zusammenhängend von der Projektidee bis hin zur Durchsetzung der Gewährleistungsansprüche im Sinne eines integrierten Managements technischer, wirtschaftlicher und juristischer Belange darstellt, welche Beiträge von den Fakultäten zu welchen Zeitpunkten des Projektablaufs erbracht werden müssen, um Qualität zu optimieren und Risiken zu minimieren.

Da die Vielfalt der Anforderungen kompetent erfüllt werden muß, sollte für Projektentwickler und Projektsteuerer eine dreifache Ausbildung in kaufmännischer, technischer und juristischer Hinsicht unerläßlich sein. Zu definieren wäre auch die Stellung des Projekt-Managers in Projektentwicklung und Projektsteuerung. Die ISO 9004 legt somit fest: „Die oberste Leitung ist für die Festlegung einer Qualitätspolitik für Dienstleistungen und zur Erlangung der Kundenzufriedenheit verantwortlich. Die erforderliche Verwirklichung dieser Politik hängt von der Verpflichtung der obersten Leitung zur Entwicklung und zum wirksamen Betreiben eines Qualitätssicherungssystems ab.

Die Verantwortung für eine Qualitätspolitik für die Dienstleistungsorganisation und deren Verpflichtung daraus gehören auf die höchste Führungsebene. Die oberste Leitung sollte eine Qualitätspolitik entwickeln und dokumentieren im Hinblick auf

- die (Anspruchs-)Klasse der zu erbringenden Dienstleistung,
- das Image der Dienstleistungsorganisation und ihren Ruf bezüglich Qualität,
- die Ziele in bezug auf die Dienstleistungsqualität,
- die zur Verfolgung von Qualitätszielen einzuschlagende Vorgehensweise,
- die Rolle des für die Verwirklichung der Qualitätspolitik verantwortlichen Firmenpersonals.

Die oberste Leitung sollte sicherstellen, daß die Qualitätspolitik bekanntgemacht, verstanden, verwirklicht und aufrechterhalten wird."

Es stellt sich die Frage, wer in den heutigen Baustrukturen die Funktion der obersten Leitung innehat. Hat sie der Bauherr selbst? Hat sie der Architekt mit seinen umfassenden Funktionen? Hat sie der Generalunternehmer oder der Generalübernehmer? Hat sie der Totalplaner? Hat sie der Projektsteuerer im Sinne von § 31 HOAI? Diese für Qualitäts-Management so zentrale Frage muß geklärt werden.

Im Kapitel „Qualitätsverantwortung und Befugnis" heißt es in der ISO 9004 dazu: „Zur Erreichung der Qualitätsziele sollte die oberste Leitung ein strukturiertes Qualitätssicherungssystem zur wirksamen Lenkung, Bewertung und Verbesserung der Dienstleistungsqualität während allen Stufen der Erbringung einer Dienstleistung festlegen. Für alle Mitarbeiter, deren Tätigkeiten die Dienstleistungsqualität beeinflussen, sollten die allgemeine und die spezifische Verantwortung sowie die jeweilige Befugnis ausdrücklich festgelegt werden. Dies sollte die Sicherstellung wirkungsvoller Kunden-Lieferanten-Beziehungen an sämtlichen Schnittstellen innerhalb und außerhalb der Dienstleistungsorganisation einschließen. Die jeweils festgelegte Verantwortung und Befugnis sollten mit den zur Erreichung der (zufriedenstellenden) Dienstleistungsqualität erforderlichen Mitteln und Methoden vereinbar sein.

Die oberste Leitung sollte dafür verantwortlich sein, daß die an ein Qualitätssicherungssystem zu stellenden Forderungen entwickelt werden. In eigener Verantwortung oder in Verantwortung eines von ihr benannten Managementbeauftragten sollte sichergestellt sein, daß das Qualitätssicherungssystem eingereicht, auditiert, fortlaufend beurteilt und zwecks Verbesserung überprüft wird."

Wo aber existiert ein strukturiertes Qualitätssicherungssystem? In welchem Projekt sind die Verantwortungen klar definiert? Durch welche Methoden werden Schnittstellenprobleme vermieden? Selbst die Begriffsbestimmungen zu Projekt, Projekt-Management, Projektentwicklung und Projektsteuerung sind uneinheitlich. Für Projektentwicklung und Projektsteuerung (im Sinne der folgenden Definition) existieren solche Systeme nicht einmal ansatzweise. Wer koordiniert die Nahtstellen zwischen dem Grundstückseigentümer/Investor/der Kommune? Wer koordiniert die Nahtstellen des Planungsprozesses im Bereich der öffentlichen Hand? Bauhaupt- und -nebengewerbe erkennen das Erfordernis einer strukturellen Neuordnung. So hat sich beispielsweise im Jahr 1996 in Berlin ein „Aktionskreis innovatives Bauen" gebildet. Handwerkskammer, Hochschulen, Bauunternehmen, Senatsverwaltung, Journalisten, Mitglieder des BMBau, Banken und viele andere haben sich zusammengeschlossen, um Anregungen für innovatives Bauen zu erarbeiten.

Nach Einschätzung des Aktionskreises befindet sich Bauen im Umbruch. Der Aufgabenbereich des Bauwesens, die Aufgabenverteilung, die Arbeitsprozesse bei der Ausführung ihrer Aufgaben, das europäische Umfeld und die Beurteilung des Bauwesens durch die Gesellschaft sind im Wandel. Der Wandel ist zwangsläufig, er kann aber durch zielbewußtes Handeln beeinflußt werden (Erste Vollsitzung des Aktionskreises innovatives Bauen 21. Febr. 1996).

Als mögliche Rationalisierungspotentiale werden unter anderem die Systematisierung der Bauprozesse (Teambildungen) erkannt. Für den Bauherrn und Nutzer sollen sich daraus insbesondere folgende Vorteile ergeben:

- Reduktion der Vorlaufkosten und des Vorlaufrisikos,
- höhere Kosten- und Terminsicherheit,
- größere Sicherheit im Entscheidungsprozeß,
- größerer Spielraum durch unterschiedliche Angebote,
- langfristig niedrigere Baukosten und kürzere Termine.

Für die ausführenden Unternehmen muß sich folgender Nutzen ergeben:

- intelligenter Wettbewerb, der Vorteile gegenüber der Konkurrenz aus Niedriglohnländern schafft,
- strategische Optionen als aktiver Marktpartner und Zukunftspotentiale durch Marketingchancen.

Für die Planer/Architekten sind es:

- neue Chancen durch Kooperation mit Unternehmen,
- langfristige Existenzsicherung durch Stärkung von wirtschaftlichem Denken gegenüber vorwiegend künstlerischem Gestaltungsansatz,
- *neue Berufsbilder*.

Schwerpunkte der Entwicklung des Aktionskreises stellen beispielsweise dar:

- Erarbeitung einer Informations- und Kommunikationstechnologie für Bauträger und Bauwirtschaft,
- Entwicklung einer Informationstechnik für die Projektbewirtschaftung (beispielsweise Facilitiy-Management),
- Beratung der Bauunternehmen bei der Entwicklung bzw. Erweiterung ihres Dienstleistungsangebotes.

Vorgeschlagen wird, die Bauleistungen zukünftig verstärkt nach einem Modell zu vergeben, das sich weitgehend an dem in den Niederlanden entwickelten Bauteamkonzept orientiert. Bereits die Vorplanung soll einem Wettbewerb unterworfen werden. Der Bauherr bzw. der Projektentwickler und Projekt-Manager beschreiben die baurechtlichen Voraussetzungen des Grundstücks und holen sich auf der Grundlage dieser Beschreibung unterschiedliche Angebote für die Vorplanung einschließlich einer Kostenoberbegrenzung (Budgetierung) ein.

Hinterfragt wird das System der Ausschreibungen nach VOB/A: „Die VOB läßt die Einschaltung von Vertretern der bauausführenden Unternehmen mit ihrem Know-how als Sachverständige in der Vorbereitungsphase nicht zu. Im Gegenteil: Sie schließt Sachverständige, die im Ausschreibungsverfahren hinzugezogen werden könnten, vom späteren Wettbewerb sowohl mittelbar als auch unmittelbar aus." Als Vorbild nennt Kortmann (vgl. Engelbert Kortmann, Aktionskreis innovatives Bauen, Bericht über Aktionsgruppe 1 „Organisation Wettbewerb und Finanzierung", Vortrag am 21. 06. 1996) die wettbewerbsfähigste Produktionsbranche, die im weitesten Sinne noch mit der Bauwirtschaft in Verbindung gebracht werden kann, die Automobilherstellung. Sie kann als Beispiel für eine Entwicklung der Bauwirtschaft dienen. Sie ist heute durch Zulieferung von hochkomplexen Bauelementen gekennzeichnet. Der am Fließband tätige Automobilwerker ist nicht mehr Maschinenschlosser, Betriebselektriker, Polsterer oder Glaser. Er benötigt dieses tiefe Fachwissen nicht mehr, weil die Montage der vorgefertigten Elemente ganz andere Anforderungen stellt. Durch die Wiederholung ähnlicher Tätigkeiten kommt er zu einer sehr hohen Produktivität, weil er außerdem durch einen hohen Maschineneinsatz effektiv unterstützt werden kann.

Dies alles treffen wir auf der Baustelle so nicht an. Jede Baumaßnahme wird als hochgradig individuelle Einzelanfertigung gesehen. Alle, die mit der Produktion befaßt sind: Planer, Bauleiter, Polier, Handwerker wechseln in ihrem Zusammenhang von Baustelle zu Baustelle, so daß die Einarbeitung immer nur für ein Projekt gelten kann. Damit ergeben sich auch immer wieder neue Kooperationsverhältnisse mit ständig wechselnden Anforderungen.

Hier liegen die Chancen des Projekt-Managements. Projektentwickler und Projektsteuerer sind in der Lage, Know-how-Transfer von einem Projekt zum anderen vorzunehmen. Sie sind in der Lage, in der Bauwirtschaft nicht vorhandene Kontinuität der Entwicklung zu fördern und zu gewährleisten. Projekt-Manager sind in der Lage, die Anzahl von Schnittstellen zu reduzieren und Projekte so zu entwickeln und zu steuern, daß eine möglichst geringe Zahl von Projektbeteiligten erforderlich ist.

Wegen der Komplexität der technischen, wirtschaftlichen und rechtlichen Belange im Planen und Bauen und wegen der zahlreichen Projektbeteiligten wünschen Bauherren möglichst nur einen Ansprechpartner. Wiewohl die HOAI in ihrem Leistungsbild für den Architekten im Prinzip diesen Anspruch abdeckt, wurde doch in zunehmendem Maße erkannt, daß dieses Leistungsbild einen Interessenkonflikt in sich birgt: Es ist der Anspruch an die Architekten einerseits, Ästhetik, Qualität und Funktion sicherzustellen, andererseits Rentabilität, zivilrechtliche und öffentlich-rechtliche Problemstellungen zu beachten und in Einklang zu bringen.

Die Ausbildung der Architekten wird den Ansprüchen, die nach § 15 HOAI und erst recht nach § 31 HOAI gestellt werden, nicht gerecht. Dies gilt insbesondere für die Beurteilung wirtschaftlicher Zusammenhänge (Renditeberechnungen, Finanzierungsfragen, steuerliche Fragen etc.), aber auch – und dort im besonderen Maße – für die Beurteilung rechtlicher Probleme. Ansprechpartner der Architekten in den Behörden sind in zunehmendem Maße Verwaltungsjuristen geworden.

Architekten, die hohe ästhetische Ansprüche befriedigen, sind regelmäßig künstlerisch sensibel, an wirtschaftlichen und rechtlichen Fragen aber nur untergeordnet interessiert.

Viele Bauherren „vergewaltigen" ihre Architekten: Anstatt sie künstlerisch und kreativ arbeiten zu lassen, werden sie als Kaufleute und Juristen zweckentfremdet. Dies schlägt sich dann entweder in schlechter Architektur oder in unerfreulichen wirtschaftlichen Ergebnissen der Baumaßnahme oder in Rechtsstreitigkeiten zwischen den Bauherren und den anderen Projektbeteiligten nieder.

Qualifiziertes Bau-Management ist von volkswirtschaftlicher Bedeutung. Die Optimierung von Planungsabläufen stellt unter betriebswirtschaftlichen Gesichtspunkten eine der größten Ressourcen bei der Suche nach Verbesserungsmöglichkeiten im Bauwesen dar. Die Entwicklung der Datenverarbeitung eröffnet neue Chancen für eine ganzheitliche, integrierte Zusammenarbeit aller Planungsgewerke. Vernetzte Informationstechnologie wird mittelfristig eine durchgehende Nutzung von Daten von der Planung über die Herstellung bis zum Betrieb von Gebäuden ermöglichen (Facility-Management/Projekt-Management/Portfolio-Management). Mittels Computersimulation werden die Planungen von Gebäuden optimiert. Planungsdaten werden als Grundvoraussetzung für Teilautomatisicrung aufbereitet werden.

Der Kommissionsbericht (vgl. Kommissionsbericht, a. a. O., S. 172) formuliert in Kapitel IX „Der Bauprozeß und die daran Beteiligten" folgende Thesen zur Rolle der Architekten/Ingenieure:

- „Die Honorarordnung für Architekten und Ingenieure (HOAI) bietet kaum Anreiz für kostengünstige Bauweisen, indem die Berechnung des Honorars im wesentlichen an der Höhe der Kosten orientiert ist.
- Die Bauleitung durch Architekten und Ingenieure ist unter den aktuellen Rahmenbedingungen (HOAI, unzureichende betriebswirtschaftliche Ausbildung) wenig dazu geeignet, eine rationelle Koordination des Bauablaufs anzuregen. Ein koordinierender Hauptunternehmer (Anmerkung des Autors: Projektsteuerer, Projektentwickler und Projekt-Manager), der die Steuerung des Bauablaufes als Unternehmerleistung anbietet, wäre besser geeignet (niederländisches Beispiel).
- In der Ausbildung der Architekten werden bauwirtschaftliche und rechtliche Grundlagen des Bauens vernachlässigt. Die geringe Kenntnis des Baurechts führt dazu, daß unberechtigte Forderungen der Bauaufsicht eher akzeptiert werden.
- Die Ausbildung vernachlässigt Techniken des kostensparenden Bauens und die Methodik der Kostenplanung.
- Die teilweise völlig unbegründete Angst vor Haftungsansprüchen, die gegenüber Architekten geltend gemacht werden können, fördert nicht eine sparsame Standardfestlegung.
- Die Bereitschaft der Architekten und Ingenieure, kostengünstige Bauweisen in Zusammenarbeit mit Bauunternehmen zu realisieren, ist gering,

weil sie nachträgliche Änderungen an ihrem Entwurf oft nicht für tolerierbar halten. Somit fehlt die Rückkopplung zu den Erfahrungen der Unternehmen, die zum Beispiel in den Niederlanden im Rahmen des Bauteams gewährleistet ist."

Es müssen Ausbildungsstätten geschaffen werden, in denen das ganzheitliche Denken im Bauen als integriertes Bau-Management gelehrt wird. In einer Dienstleistungsgesellschaft ist Platz für ein neues Berufsbild: das des Projektentwicklers und Projektsteuerers.

Die Erfordernisse der Zukunft fördern das Entstehen von Planungsteams, die als Generalplaner auftreten werden. Es werden hohe Investitionen in Informationstechnologie und Ausbildung von Mitarbeitern erforderlich werden. Generalplaner werden in Kooperation mit Projektentwicklern und Projektsteuerern die Bedürfnisse einer wirtschaftlichen Bauausführung mehr und mehr berücksichtigen. Die Planung wird insgesamt nicht billiger werden, aber sie wird erheblich zur Optimierung der Kosten von Herstellung, Funktionen und Betrieb von Gebäuden beitragen. Für die bauberatenden Berufe ist dieser Wandel schwer zu verkraften. Die bauberatenden Berufe haben immer schon ein archaisches Verständnis von Management und Organisation gehabt (Jürgen Schnell, Leiter der technischen Abteilung der Philipp Holzmann AG, in: Facility Management 3/96). Die großen, historischen Veränderungsschübe wie z. B. der Übergang von der handwerklichen zur industriellen Produktion sind im Baufach nur in Randbereichen erkennbar. Wir stehen heute vor einem geschichtlichen Umbruch, der das gesamte Branchenmuster erschüttert und in dem alle Beteiligten ihre Rolle neu zu definieren haben. Balck (Henning Balck, Institut für Projektmethodik und Systemdienstleistungen, Mannheim, in: Facility Management 3/96) nennt fünf Strategien für die Neuordnung der Bauwirtschaft:

- „*Strategie 1:* Ausrichtung auf den Kundennutzen
  Kommunikative Dienstleistungen werden zum Schlüssel für den Unternehmenserfolg. Sie durchdringen die gesamte Wertschöpfungskette von der Forschung und Entwicklung bis zur Produktion und von den Zulieferleistungen bis zum Vertrieb.
  Nutzerpotentiale in individuellen Kundensituationen zu identifizieren und anschließend herbeizuführen bedeutet etwas radikal anderes als Produkte zu „vertreiben".
- *Strategie 2:* Überprüfung der Wettbewerbsfähigkeit entlang der Wertschöpfungskette

Die äußeren Grenzen der Arbeitsteilung innerhalb der unternehmensübergreifenden Wertschöpfungskette – an den Schnittstellen zu den Zulieferern und an den Schnittstellen des Vertriebs – und die inneren Grenzen der Arbeitsteilung entlang der unternehmerischen Wertschöpfungskette werden zur Disposition gestellt. Auf die Doppelfrage: ‚Was sind unsere Kernkompetenzen? – Was können andere besser als wir?' werden konsequent Antworten gesucht.

- *Strategie 3:* Vitalisierung der ‚unterstützenden Tätigkeiten'
 In der lange vorherrschenden funktionalen Organisation waren die Verwalter an der Macht. Im Zangengriff dieser ‚unproduktiven' Zentralfunktionen mußten die wertschöpferischen Leistungsbereiche gegen die Widerstände der maschinenhaft starr organisierten Arbeitsabläufe um ihren Gesamterfolg ringen.
- *Strategie 4:* Desinvestment
 Stillegung von Betrieben oder Betriebsteilen.
- *Strategie 5:* Reorganisation der Arbeit durch kommunikationstechnische Netze
 Vernetzte PCs und Workstations sind die Antwort auf das Problem informationstechnischer Insellösungen und zugleich eine große Herausforderung für die herkömmlichen Rechenzentren mit ihren monopolistischen Zentralfunktionen aus gerechneten Datendiensten."

Um die Aufgaben zu bewältigen, sind ganzheitliches Denken und Handeln im Sinne einer technisch/architektonischen, wirtschaftlichen und juristischen Programmstellung sowie technisch/architektonischer, wirtschaftlicher und juristischer Projektsteuerung unerläßlich.

2. Projekt-Management, Projektentwicklung und Projektsteuerung im Umfeld des Bauens

Da Bauherren in steigendem Maße nicht mehr bereit sind, vermeidbare Bauherrenrisiken einzugehen, werden die klassischen Bauherrenrisiken wie Abweichung von Qualitätsstandards, Überschreitung von Terminplänen, Überschreitung von Kostenschätzungen wo irgend möglich auf Bauträgergesellschaften, Maßnahmeträger oder Generalunternehmer oder -übernehmer überwälzt. Investiert wird in Objekte, die in Plänen und Baubeschreibungen definiert sind und die weitgehend mangelfrei hergestellt zum garantierten Termin und garantierten Festpreis übergeben werden.

Die Vermeidung der genannten Bauherrenrisiken ist beim Erwerb von Eigentumswohnungen oder Einfamilienhäusern relativ leicht möglich; bei der Errichtung von Mietwohngebäuden, Industrie-, Dienstleistungs-, Handelsobjekten und erst recht bei Bauvorhaben der öffentlichen Hand ist dies ungleich schwieriger. Diese Objekte sind meist individuell auf die Nutzerbedürfnisse zugeschnitten. Ein Markt mit standardisierten Projekten besteht nicht. Diese Projekte werden fallweise entwickelt. Damit verbindet sich ein hohes Qualitäts-, Termin- und Kostenrisiko, das die Bauherren in immer geringerem Maße zu übernehmen bereit sind. Die zur Einhaltung der vorgegebenen Qualitäten, Termine und Kosten erforderliche Koordination der Baubeteiligten überfordert sie.

Die knappen Haushaltsmittel der öffentlichen Hände zwingen zu sparsamem Einsatz der verfügbaren Mittel. Aber gerade bei Investitionen der öffentlichen Hände sind Qualitätsabweichungen, Terminüberschreitungen und vor allen Dingen Kostenüberschreitungen an der Tagesordnung. Die Verpflichtung der öffentlichen Hände, nach VOB/A Projekte auszuschreiben und zu vergeben, hat sich bezüglich der Kosteneinhaltung als nicht zielführend erwiesen. Die öffentlichen Hände gehen dazu über, Kosten-, Termin- und Qualitätsüberwachung an freie Büros zu vergeben, um der Probleme Herr zu werden.

Neben Qualitäts-, Termin- und Kostenrisiken haben nationale und internationale Kapitalsammelstellen bei ihren Investitionen regelmäßig noch zusätzlich das Vermietungs- bzw. Vermarktungsrisiko zu tragen. Sie sind nicht gewillt, diese Summen der Risiken zu übernehmen. Bei Investitionen in Neubauprojekte läßt sich regelmäßig das Vermietungsrisiko vor Durchführung einer Baumaßnahme nicht abdecken. Um so größere Bedeutung kommt der Minimierung des Kosten-, Qualitäts- und Terminrisikos zu.

Seit Jahren stehen Bauherren in Deutschland einer steigenden Flut von planungs- und bauordnungsrechtlichen Bestimmungen gegenüber. Technische Standards, Finanzierungsformen und -möglichkeiten, planungs-, bauordnungs-, zivil-, steuerrechtliche Vorschriften sind einem ständigen Wandel unterworfen.

Grundstückswerte, Baukosten, Mieterlöse und Finanzierungskonditionen ändern sich mit den Konjunkturzyklen. Die aktuellen Konditionen und Entwicklungstrends sind für Marktteilnehmer, die nicht ständig in diesen Märkten agieren, nur schwierig feststellbar oder prognostizierbar.

Gesucht wird eine Dienstleistung, durch die ein hoher Grad an Sicherung der Qualität, der Termine und der Kosten erreicht wird. An sie wird die Anforderung gestellt, allen in den Phasen Projektprogrammstellung, Projektvorbereitung, Projektdurchführung und Projektnachsorge Beteiligten entsprechende Vorgaben zu machen, sie zu koordinieren und zu kontrollieren. Ihre Funktion ist es, die Fülle von Informationen und Daten aus Technik, Wirtschaft und Recht zu koordinieren und so zu verdichten, daß die Bauherrn ein Höchstmaß an qualitativer, terminlicher und wirtschaftlicher Sicherheit erlangen. Solche Dienstleister werden als Projekt-Manager, Projektentwickler und/oder Projektsteuerer bezeichnet.

Die Herausforderung für Projekt-Manager besteht darin, die Termin-, Qualitäts- und Kostenrisiken zu minimieren und gleichzeitig den Wert dessen zu erhöhen, was die am Bau traditionell Beteiligten zur Wertschöpfung beitragen.

Während der Wettbewerb der Baubetriebe und der Dienstleister im Bau bei allen konventionellen Bauleistungen und Baudienstleistungen auf die Gewinne drückt, haben Projektentwickler und Projektsteuerer mit fortschrittlichen, vernetzten Konzepten durch nachfragegerechte Dienstleistungen Zugang zum Markt gefunden. Sie haben ein sehr hohes Niveau der Gewinnrealisierung erreicht.

3. Anforderungen an Projekt-Manager, Projektentwickler und Projektsteuerer

3.1 Problemidentifizierung und Problemlösung

Robert B. Reich analysiert in „Die neue Weltwirtschaft", Frankfurt 1993, die Erfordernisse und Entwicklungen der Dienstleistungsgesellschaft.

Er stellt unterschiedliche, aber untereinander in Beziehung stehende Fertigkeiten in den Vordergrund:

3.1.1 Die Fähigkeit zur Problemidentifizierung

Sie besteht darin, den potentiellen Kunden klarzumachen, welcher Art ihre Bedürfnisse sind und wie diesen Bedürfnissen am besten durch maßgeschneiderte Produkte entsprochen werden kann.

Im Gegensatz zu Verkauf und Vermarktung konventioneller Produkte, bei denen es darauf ankommt, eine Vielzahl von Kunden von den Vorteilen eines einzelnen Produktes zu überzeugen, erfordern Verkauf und Vermarktung maßgeschneiderter Erzeugnisse intime Kenntnis vom Geschäft des Kunden, der genau wissen will, welcher Vorteil ihm erwachsen könnte und wie der Vorteil zu erreichen ist.

3.1.2 Die Fähigkeit der Problemlösung

Das ist die Fähigkeit, die Dinge auf einzigartige Weise miteinander zu kombinieren (seien dies Legierungen, Moleküle, Halbleiterchips, Softwarecodes, Filmdrehbücher, Pensionsfonds oder Nachrichten und Informationen). Die Problemlöser müssen über ein intimes Wissen verfügen, was bewirkt werden kann, wenn Dinge – oder Dienstleistungen – neu zusammengesetzt und kombiniert werden. Sie müssen in der Lage sein, dieses Wissen dann in entsprechende Entwürfe und Anweisungen umzusetzen (Reich, a. a. O., S. 96).

3.1.3 Die Fähigkeit, Problemlöser und Problemidentifizierer zusammenzubringen

Manager als „Problemidentifizierer" und „Problemlöser" haben andere Funktionen wahrzunehmen als die traditionellen Geschäftsführer und Unternehmer. Statt Organisationen zu beaufsichtigen, Unternehmen zu gründen oder Dinge zu erfinden, müssen diese Personen fortwährend damit beschäftigt sein, Ideen zu managen. Sie sind strategische Mittelsmänner (Reich, a. a. O., S. 97).

Für Projekt-Manager, die Projektentwicklungs- und Projektsteuerungsfunktionen wahrnehmen, bedeutet dies:

Die bisherige Unterscheidung zwischen dem Bauen im konstruktiven Sinn und Planen im architektonischen, ingenieurmäßigen Sinn wird immer bedeutungsloser. Erfolgreiche Projekte werden nicht dadurch erfolgreich, daß sie konstruktiv, architektonisch und ingenieurmäßig optimiert sind, sondern dadurch, daß spezielle Dienstleistungen in Anspruch genommen werden, die nicht nur die technisch-architektonischen, sondern auch – und vor allem – die unternehmerischen Zielsetzungen des Investors in wirtschaftlicher und rechtlicher Hinsicht abdecken.

Reich stellt diese Entwicklung am Beispiel der Computerhersteller dar (Reich, a. a. O., S. 97):

„Computerhersteller sind Dienstleistungsanbieter geworden, da ein immer größerer Teil an den Verbraucherausgaben in die Anpassung der Software geht, um die herum dann die Hardware installiert wird.

1990 stammten mehr als ein Drittel der Gewinne von IBM aus der Softwareproduktion, wohingegen Mitte der achtziger Jahre dieser Anteil erst 18 % betrug; etwa 20 % der Gewinne stammen darüber hinaus aus der Integration von Computersystemen."

3.2 Die erforderlichen Ressourcen für Qualitätsunternehmen

Die Projektentwickler und Projektsteuerer haben es nicht nötig, über mächtige Ressourcen zu verfügen. Sie benötigen keine Produktionsstätten oder Bauhöfe oder Zeichensäle. Sie benötigen auch keine Organisationsstruktur in Form hierarchischer Pyramiden, die der Bauwirtschaft klassischer Prägung zu eigen waren.

Projektentwicklungs- und Projektsteuerungsunternehmen können gar nicht in dieser Weise organisiert werden.

Sie müssen in der Lage sein, als Problemidentifizierer, Problemlöser und strategische Mittelsmänner zu fungieren. Die Kommunikation muß schnell und reibungslos vonstatten gehen, wenn die richtigen Lösungen rechtzeitig das richtige Problem erreichen sollen. Da ist kein Platz für Bürokratie.

Als Problemidentifizierer und Problemlöser haben der Projektentwickler und Projektsteuerer die Aufgabe, auf der Metaebene zwischen dem konstruktiven Produktionsprozeß und dem architektonisch ingenieurmäßigen, wirtschaftlichen und rechtlichen Umfeld zu agieren. Diese Aktion hat auf einer horizontalen und nicht auf einer vertikalen Ebene zu erfolgen.

Die Probleme bei der Realisierung der Maßnahmen können nicht im voraus definiert werden. Sie treten im Rahmen der Koordinationsgespräche während der Planung und Baudurchführung auf. In einem Team von Technikern, Juristen und Wirtschaftlern lassen sich technische Probleme oft juristisch lösen, wirtschaftliche oft technisch und juristische oft technisch oder wirtschaftlich. Identifizierte Probleme des Teammitglieds einer Fakultät können oft durch Aktivierung des Teammitglieds einer anderen Fakultät zu Problemlösungen führen.

Reich bezeichnet Unternehmen, die so agieren, als „Qualitätsunternehmen" (Reich, a. a. O., S. 96). Sie ähneln in ihrer Organisationsstruktur mehr einem Spinnennetz als einer Pyramide. In der Mitte sitzen die strategischen Mittelsmänner, die Projektentwickler und Projektsteuerer.

Dieses informelle Organisationsschema ist die Quelle des Erfolges im Qualitätsunternehmen (Reich, a. a. O., S. 100). Der Erfolg hängt nicht von formeller Machtbefugnis oder Stellung ab (wie in den traditionellen Unternehmen der Bauwirtschaft), sondern von der Fähigkeit, dem Projekt einen Wertzuwachs zu bescheren. Problemidentifizierer, Problemlöser oder Mittelsmänner üben Führerschaft aus, indem sie Möglichkeiten schaffen, durch die auch andere zur Wertschöpfung beitragen können. Auf diese Weise bilden sich Führungskräfte heraus.

In dem Maße, wie der Ruf des Projektentwicklers und Projektsteuerers für professionelles Identifizieren und Lösen von Problemen oder erfolgreicher Mittlertätigkeit wächst, gewinnen Projektentwickler und Projektsteuerer als informelle Führer Glaubwürdigkeit und Gefolgschaft.

Aktivposten der Projektentwicklungs- und Projektsteuerungsunternehmen ist das intellektuelle Potential, das die Mitarbeiter repräsentieren. Sein Wachstum hängt von der gesammelten Erfahrung der Schlüsselleute ab.

Dienstleistungen lassen sich heute ohne Schwierigkeiten in elektronische Impulse verwandeln. Projektentwicklungs- und Projektsteuerungsideen und Projektinformationen lassen sich zwischen Problemlösern, Problemidentifizierern und Mittelsmännern, die in verschiedenen Städten, ja Ländern und Kontinenten zusammenarbeiten, in Sekundenschnelle transferieren. Was in anderen Wirtschaftszweigen längst gang und gäbe ist und von Firmen wie McKinsey, Arthur Andersen, Roland Berger praktiziert wird, ist im Dienstleistungsbereich um das Bauen stark unterentwickelt. Lediglich im Bereich der Architektur läßt sich bereits eine Entwicklung erkennen, zumindest diesen Teil der Dienstleistung am Bau zu internationalisieren.

3.3 Die Stellung des Projektentwicklers und Projektsteuerers unter den Dienstleistenden des Baugewerbes

Investoren tätigen ihre Investitionen dort, wo Risiko und Ertragschancen in einem günstigen Verhältnis zueinander stehen. Die Wettbewerbsfähigkeit bei der Erbringung von Bauleistungen hängt zukünftig weniger von der Menge des Geldes ab, das die Investoren bereit sind zu investieren, als von den Kenntnissen und Fähigkeiten, die Projektentwickler und Projektsteuerer in die Maßnahmen einbringen, um zur Ertragsoptimierung und Risikominimierung beizutragen. Die hierfür erforderlichen Schlüsselentscheidungen werden auf einer dezentralisierten Stufe getroffen, die durch den Projektentwickler und Projektsteuerer horizontal vernetzt wird. Hierbei spielt es keine Rolle, wer die Verfügungsgewalt über die Produktionsfaktoren Grund und Boden sowie Maschinen hat. Die Schlüsselposition kommt dem

Projektentwickler und Projektsteuerer zu. Die höchste Wertschöpfung im System entsteht dort, wo die wertvollsten Kenntnisse und Fähigkeiten für die Optimierung der Wertschöpfung angesiedelt sind.

„Die zur Problemidentifizierung, Problemlösung und strategischen Vermittlertätigkeit benötigten Fähigkeiten wachsen mit der Erfahrung. Die Praxis ist der beste Lehrmeister" (Reich, a. a. O., S. 171). Das Dilemma der deutschen Baustruktur ist es jedoch, daß auch in der Praxis solche Fähigkeiten nur selten vermittelt werden. Ausbildungsstätten, an denen solche Fähigkeiten vermittelt werden, entwickeln sich erst in jüngster Zeit (ebs, FWI, Seminarreihen).

In Analogie zu Reich (a. a. O., S. 194ff.) können folgende Analysen und Prognosen für die Dienstleistungsstrukturen im Bausektor gegeben werden:

3.3.1 Routinemäßige Produktionsdienste

Sie umfassen die sich ständig wiederholenden, monotonen Tätigkeiten des Bauens im engeren Sinne. Hierzu gehören auch die routinemäßigen Aufsichtstätigkeiten der unteren und mittleren Ebene, also der Poliere, Bauleiter, technischen Zeichner, Buchhalter, Justiziare im mittleren Management.

Sie kontrollieren die Arbeit ihrer Untergebenen routinemäßig und überwachen die Einhaltung der Planungsvorgaben im engeren Sinn. Nach Reich gehören hierzu auch „die Fußsoldaten der Informationswirtschaft, Horden von Datenverarbeitern, die in ‚Hinterzimmern' an weltweit mit Datenbanken verbundenen Computerterminals sitzen, Daten eingeben und sich ausgeben lassen, CAD-gezeichnete Pläne, computerunterstützte Leistungs- und Massenverzeichnisse, Projektkalkulationen und Verträge standardisiert erstellen."

Dort wird eine Fülle von Daten und Informationen geschaffen, die auf die gleiche, monotone Weise verarbeitet werden, wie dies ehemals Fließbandarbeiter im sekundären Sektor getan haben.

3.3.2 Kundenbezogene Dienste

In der zweiten Arbeitskategorie erbringen Dienstleistende ihre Leistungen von Person zu Person. Sie stehen in einem direkten Kontakt zu den Nutznießern ihrer Tätigkeit, sie arbeiten alleine oder in kleinen Gruppen und werden dabei angewiesen und überwacht. Zu dieser Kategorie gehören Architekten, Kaufleute, die Finanzierungskonzepte für Bauherrn oder Käufer von Objekten erarbeiten, oder Makler, die vermittelnd tätig sind, und unter den Juristen jene, die beispielsweise Bauherrn oder Käufer von bebauten oder unbebauten Grundstücken beim Abschluß von Verträgen beraten.

3.3.3 Symbolanalytische Dienste

Die dritte Kategorie schließt alle jene Aktivitäten der Problemlösung, -identifizierung und strategischen Vermittlung ein, die eingangs dargestellt wurden. Symbolanalytische Dienste können gehandelt werden. Sie fließen jedoch nicht als standardisierte Produkte in den Bauprozeß ein. Vielmehr werden fallweise manipulierte Symbole gehandelt: technische Daten (Kubikmeter, Quadratmeter etc.), Worte (Konzepte für Projekte, Verträge, Baubeschreibungen), visuelle Darstellungen (Baupläne, Zeitpläne, Ablaufschemata, Soll-Ist-Vergleiche).

3.4 Projektentwickler und Projektsteuerer sind Symbolanalytiker

In die Kategorie der Symbolanalytiker fallen die Projektentwickler und Projektsteuerer. Als Symbolanalytiker identifizieren, lösen und vermitteln sie Probleme, indem sie Symbole manipulieren. Sie reduzieren die Wirklichkeit des Baugeschehens auf abstrakte Bilder, die sie umarrangieren, mit denen sie jonglieren und experimentieren, die sie an andere Spezialisten weiterreichen und die sie schließlich zurück in die Wirklichkeit, den Bauprozeß, einfließen lassen. Die Manipulationen werden vorgenommen mit analytischen Werkzeugen, geschärft durch Erfahrung. Diese Werkzeuge sind beispielsweise: juristische Argumente, Finanzierungskonzepte, DIN-Normen, anerkannte Regeln der Baukunst, Marketingkenntnisse, öffentlich-rechtliche, zivil- und steuerrechtliche Konzeptionen. Dabei ist sowohl induktives als auch deduktives Denken nützlich und notwendig.

Der größte Zeit- und Kostenaufwand des Projektentwicklers für die Wertschöpfung entsteht bei der Erkennung und Formulierung des Problems, bei der Lösungsfindung und bei der Planung der Ausführung in den Phasen der Projektprogrammstellung und der Projektvorbereitung.

Projektsteuerer und Projektentwickler können Techniker, Juristen oder Kaufleute sein. Nicht alle Fachleute aus diesen Gebieten sind als Symbolanalytiker geeignet. Manche verbringen ihr gesamtes Berufsleben mit Dingen, die ein Symbolanalytiker als unerträglich monoton empfindet. Sie planen immer in den gleichen Prozessen, sie kalkulieren immer in den gleichen

Strukturen, sie setzen immer die gleichen Verträge auf. Bei manchen Managern der Baubranche beschränkt sich die Tätigkeit darauf, den Ablauf der Arbeit zu überwachen.

Diese Fachleute sind keine Symbolanalytiker. Der Produktionsprozeß der Bauwirtschaft ist voller unidentifizierter Probleme, unbekannter Lösungen und unversuchter Mittel und Wege. Die Beherrschung klassischen Wissens in Technik, Wirtschaft und Recht reicht nicht mehr aus, gutes Einkommen zu garantieren. Nach Reich ist das Spezialwissen in der jeweiligen Fakultät nicht einmal mehr nötig. Symbolanalytiker können sich viele Wissensinhalte aus dem Team holen. Voraussetzung ist allerdings, daß der Projekt-Manager selbst „in der Materie steckt", um zu wissen, wer welche Beiträge aus dem Team zu welcher Zeit leisten kann und soll. Tatsachen, Vorschriften, Formeln und Richtlinien sind aus dem Team der Projektbeteiligten jederzeit abrufbar. Viel wichtiger ist die Fähigkeit des Projektentwicklers und Projektsteuerers, das Wissen im Team effizient und kreativ einzusetzen.

Weil Status, Einfluß und Einkommen des Projektentwicklers und Projektsteuerers wenig mit einem offiziellen Rang oder Titel zu tun haben, ist die Tätigkeit des Projektentwicklers und Projektsteuerers oft mysteriös. Unabhängig davon, wie der Arbeitsplatz der Techniker, Wirtschaftler und Juristen im Baugeschehen offiziell eingestuft ist, und unabhängig von ihrer Zugehörigkeit zu ihrer jeweiligen Fakultät hängt ihre Konkurrenzsituation in immer stärkerem Maße von der Funktion ab, die sie in der Projektprogrammstellung, Projektentwicklung und Projektdurchführung innehaben.

Der Stern der „Routinearbeiter" im Bauprozeß ist im Sinken. Zwar fallen die Routinetätigkeiten nicht weg, doch bei flacheren Hierarchien wächst die Eigenverantwortlichkeit und damit das Bedürfnis nach Kreativität auch bei „Routinearbeitern". Effiziente Produktionsmethoden sind die Voraussetzung für den Zugang zum Markt. Ohne sie ist ein Zugang zum Markt überhaupt nicht denkbar.

Die gleiche Tendenz ist bereits im Bereich der „Dienstleistenden" (Architekten, Ingenieure, Finanzberater, Anwälte) zu erkennen.

Die „Symbolanalytiker", die neue Konzepte entwickeln, Probleme identifizieren, lösen und die Problemlösung vermitteln, sind die Gewinner der Branche.

Die Nachfrage nach ihren Kenntnissen wächst nicht zuletzt durch die Verbesserung der Kommunikationsmittel. Durch ehrliche Arbeit kann so Reichtum erworben worden. Hotelkomplexe entstehen heute beispielsweise in Deutschland in der Weise, daß amerikanische Konzerne ihre benötigten Standards verbalisiert vorgeben, deutsche Architekten und Ingenieure Entwürfe und Blaupausen beiliefern, niederländische Investoren die Finanzierung stellen und eine Gruppe hochspezialisierter niederländischer und deutscher Juristen die steuerliche Optimierung solcher Investitionen ausarbeitet.

3.5 Die Fähigkeiten des Projektentwicklers und Projektsteuerers

Die Kompetenz eines angehenden Symbolanalytikers besteht in Analogie zu Reich aus der Verfeinerung folgender grundlegender Fähigkeiten:

- Abstraktionsfähigkeit, Kreativität, interaktives Denken,
- Systemdenken,
- Fähigkeit zum Experimentieren,
- Fähigkeit zur Zusammenarbeit.

3.5.1 Abstraktionsfähigkeit, Kreativität, interaktives Denken

Projektsteuerer und Projektentwickler handhaben als Symbolanalytiker Formeln, Modelle, Konstruktionsprinzipien, Kalkulationsschemata, öffentlich-rechtliche, zivil- und steuerrechtliche Erkenntnisse, um Voraussetzungen für eine Neuinterpretation und eine anschließende Neuordnung zu schaffen. Sie integrieren auf diese Weise eine Fülle unorganisierter Informationen, die im klassischen System des Bauablaufes beim Bauherrn landen, der jedoch nicht befähigt ist, hieraus eine Struktur zu schaffen. Daraus ergeben sich neue Lösungen, Probleme und Wahlmöglichkeiten. Jeder innovative Projektentwickler und Projektsteuerer muß ständig auf der Suche nach neuen Möglichkeiten der Darstellung der Realitäten sein, um durch Kreativität die Transparenz des Investitionsprozesses, der komplexer ist als der reine Bauprozeß, zu erhöhen. Die Ausbildung an deutschen Universitäten und Hochschulen fördert dieses interaktive Denken derzeit nicht. Auch in der Realisierung von Baumaßnahmen fehlt es an diesem interaktiven Denken.

3.5.2 Systemdenken

Die Beiträge der fachlich Beteiligten im Bauprozeß erfolgen im „Kästchendenken". Gedacht wird in den Kategorien Technik, Wirtschaft und Recht, gerade so, als ob jede Kategorie von der anderen verschieden und ohne den geringsten Bezug zueinander wäre.

Projektentwicklung und Projektsteuerung müssen jedoch in der Lage sein, das Ganze zu sehen und Prozesse zu verstehen, durch welche Technik, Architektur, Wirtschaft und Recht miteinander verknüpft werden. Projektentwickler und Projektsteuerer müssen fortwährend versuchen, Ursachen, Wirkungen und Wechselbeziehungen zu erkennen.

Bei ihrer Ausbildung müssen der Projektentwickler und Projektsteuerer auf Systemdenken geschult werden. Projektentwicklern und Projektsteuerern muß beigebracht werden zu untersuchen, woher ein Problem kommt und in welcher Beziehung es zu dem anderen Problem steht.

3.5.3 Fähigkeit zum Experimentieren

Der klassische Baubetrieb in Deutschland hat wenig für Experimente übrig. Projektvorbereitung, Projektentwicklung und Projektdurchführung erfolgen in einer festgelegten Routine, die in gelehrten und erfahrenen Denkschemata abläuft. Wichtig wäre, Teile des Prozesses konstant zu halten und andere abzuwandeln, um Ursachen und Wirkungen besser verstehen zu können. Ein Beispiel: Auf die Frage nach der Verbilligung des sozialen Wohnungsbaues in Deutschland kann eine technische Antwort gefunden werden: Vereinfachung des Konstruktionsprinzips, Holzbauweise. Es ist aber auch eine systemübergreifende Beantwortung möglich, bei der Ursachen und Wirkung untersucht werden und experimentell erforscht werden:

Bei Beibehaltung des konstruktiven Prinzips werden beispielsweise öffentlich-rechtliche Einflußfaktoren wie die Wirkung der Erschließungsverträge, des Städtebaulichen Vertrages, der Entwicklungssatzung untersucht. Hierzu ist vernetztes Denken in technischer, rechtlicher und wirtschaftlicher Hinsicht erforderlich.

3.5.4 Fähigkeit zur Zusammenarbeit

Projektentwickler und Projektsteuerer verbringen einen großen Teil ihrer Zeit damit, ihre Konzepte kommunikativ in Form von mündlichen Präsentationen, Berichten, Entwürfen, Memoranden, Layouts, Texten zu erbringen, um anschließend die Zustimmung zur Fortführung des Projektes zu gewinnen. Hierbei kommt es auf die Fähigkeit an, in der Metaebene zwischen Software und Hardware des Bauprozesses Konzepte zu vermitteln und sich die Zustimmung sowohl der Planer, der Finanziers, der Juristen als auch derer, die das Projekt durchführen, zu holen.

Der Akzent des Projektentwicklers und Projektsteuerers liegt weniger auf einer individuellen Leistung als auf der Förderung der interdisziplinären Gruppenarbeit.

Da solches Tun nicht gelehrt wird, kommt der Praxis große Bedeutung zu. Projektentwickler und Projektsteuerer werden in der Praxis ausgebildet. Ihre Auseinandersetzung mit technischen, wirtschaftlichen und rechtlichen Problemen bringt in jedem Projekt neue Erkenntnisse und Ansätze zur Lösung neuer, möglicherweise noch komplexerer Probleme. So steckt in jedem Projekt der Ansatz zu einem neuen Lernprozeß. Das Abstraktionsvermögen wird geschult. Die Fähigkeit, im System zu denken, wird vertieft. Die Bereitschaft, zu experimentieren und dabei „Fehler" zu machen, wächst. Die Routine, im Team zentripedal, integrierend zu wirken, wird immer besser. Da die auftauchenden Probleme in der Projektdurchführung normalerweise im voraus nicht strukturierbar sind, ergeben sich im dauernden Austausch von Fragen und Lösungen während der Projektprogrammstellung und Projektdurchführung neue Wege, Antworten und Lösungsansätze, auf die eine Person allein nicht kommen kann.

Auf der Projektentwicklungs- und Projektsteuerungsebene werden Erkenntnisse und Erfahrungen vom jeweiligen Arbeitsteam geteilt. Dies geschieht ganz spontan im Rahmen der regelmäßigen Koordinationsgspräche.

3.6 Projektentwickler und Projektsteuerer und ihr Verhältnis zum traditionellen Bauen

Die Etablierung des Berufsbildes des Projektentwicklers und Projektsteuerers vollzog und vollzieht sich immer noch schrittweise und ohne viel Aufhebens. Sie erfolgt unwissenschaftlich und vielleicht auch unbeabsichtigt. Während viele Projektsteuerer im Sinne des § 31 HOAI noch nicht den Schritt zum Projektentwickler und -steuerer vollzogen haben, haben jene, die sich bereits als Symbolanalytiker betätigen, ihr Verständnis von ihrer wirtschaftlichen Rolle und Verantwortung im Baugeschehen verändert und gefunden.

Im Unterschied zu Bauträgern, die die gleichen Fähigkeiten entwickeln und umsetzen müssen wie Projektentwickler und Projektsteuerer, verbleibt der erhöhte Gewinn aus der Risikominimierung nicht bei den Projektentwicklern und Projektsteuerern. Der Gewinn fließt dem Projekt und damit dem Investor zu.

Dienstleistungsaufträge im Bauen werden dort erteilt werden, wo Gewinne optimiert und Risiken minimiert werden. Projektentwickler und Projektsteuerer wissen, daß Auftraggeber Mandate nicht aus Gefälligkeit erteilen, sondern aus Gewinnstreben. Deshalb versuchen Projektentwickler und Projektsteuerer, ihre Projekte so profitabel wie nur irgend möglich zu organisieren.

Die bisherigen Abläufe des Baugeschehens werden leider noch nicht im erforderlichen Umfang umstrukturiert. Es wird übersehen, daß Projektentwickler und Projektsteuerer jedesmal, wenn sie in ihrer Funktion tätig werden (Meilensteinebene), einen wesentlichen Beitrag für die Routinearbeiter (Bauausführung, d. h. Aktivitätenebene II), aber auch für die „Dienstleistenden" (Architekten, Ingenieure etc., d. h. Aktivitätenebene I) leisten. Eine relativ kleine Zahl von Projektentwicklern und Projektsteuerern unterhält indirekt eine wesentlich größere Zahl von „Dienstleistenden" (Architekten, Ingenieure, Finanzberater, Anwälte und Steuerberater).

Problematisch ist die fortdauernde Dominanz des traditionellen Denkens in der Bauwirtschaft. Für die meisten Beteiligten im Baugeschehen besteht die Bauwirtschaft weiterhin aus Bauunternehmungen und Handwerksbetrieben und Architekten, deren Bestand von den Investoren und Bauherren abhängt, denen genügend Anreiz geboten werden muß, ihr Kapital zu riskieren. Weil so gedacht wird, wird gefordert, daß die Arbeitsplätze in der Produktion und im Engineering von der Vitalität der deutschen Bauwirtschaft, also der Produktion im engeren Sinne, abhängen. Daraus wird gefolgert, daß dafür Sorge getragen werden muß, die Erträge der Investoren so großzügig zu bemessen, um diese hochmotiviert zu halten, zu investieren. Kostenstrukturen im Bauen werden als gottgegeben unterstellt. Dieses Bild teilen private Investoren ebenso wie institutionelle Anleger und öffentliche Hände. Es bedarf sicherlich eines erheblichen Aufwandes an Energie, die entsprechende notwendige Aufklärung durchzuführen. Allein die Diskussion um die Senkung der Kosten im Wohnungsbau infolge des Kommissionsberichts von 1994 zeigt die Zähigkeit der etablierten Strukturen.

Die Rolle der Projektentwicklung und Projektsteuerung innerhalb der Bauwirtschaft ist, dafür zu sorgen, daß sich alte, festgefahrene, traditionelle Strukturen verändern und in der Metaebene zwischen der „Software" des Bauens und der „Hardware" für eine Wertschöpfung zu sorgen, der eine überproportionale Kostenreduktion bei der Durchführung der Baumaßnahmen gegenübersteht.

Projektentwicklern eröffnen sich neue Handlungsmöglichkeiten. Ein wesentlicher Bestandteil der neuen Handlungsfelder wird die Zusammenarbeit mit der öffentlichen Hand, insbesondere den Kommunen, sein. Im engagierten Handeln von Projekt-Managern und Projektentwicklern werden Netze entstehen, die unter Einschaltung von Politikern, Bürgerschaftsvertretern und nicht zuletzt durch Einschaltung der Medien die Basis für Projektentwicklung darstellen. Voraussetzung für den Erfolg ist eine Neuorientierung sowohl im kommunalen als auch im Wirtschaftssektor.

Die bisherige überwiegende Orientierung an marktwirtschaftlichem Denken bei Projektentwicklungen muß sich zu einer kommunalen Orientierung hin entwickeln. Die bisher ausschließlich kameralistische Denkweise der Kommunen muß sich verstärkt zu einem marktwirtschaftlichen Denken hin entwickeln. Projekt-Manager haben als Projektentwickler und Projektsteuerer hierbei eine wesentliche Funktion wahrzunehmen.

Projektentwickler nehmen in solchen Kooperationen Funktionen wahr, die bisher im hoheitlichen Bereich ausgeübt wurden. Die zunehmende Projektgröße und die damit wachsende Bedeutung des einzelnen Projektes für eine Stadt werden zukünftig zwangsweise zu einer engeren Zusammenarbeit zwischen Projektentwicklern und der öffentlichen Hand führen müssen. Dies fordert von Projektentwicklern eine mehr gesellschaftsorientierte Projektentwicklung. Die Übernahme von quasi staatlichen Planungsaufgaben muß als fester Bestandteil der Projektentwicklung angesehen werden. Eine Unternehmensphilosophie mit Scheuklappen, die ein (Groß-)Projekt ausschließlich als wirtschaftliches Investment und räumlichen Solitär ohne Bezug zum städtischen Gefüge sieht, wird mittelfristig den Anforderungen des Marktes nicht mehr entsprechen.

Projekt-Management ermöglicht die Verknüpfung verschiedener Instrumentenbereiche. Projekt-Management vernetzt die fachspezifische Sicht durch eine fachübergreifende Behandlung eines Themas. Bauen in interdisziplinären Projektgruppen, die zwar fachspezifisch, ihrerseits aber interdisziplinär besetzt sind, ermöglicht einen wesentlichen Schritt zur Optimierung des Bauablaufes. Appel und Henckel sehen in methodischem Vorgehen und interdisziplinären Diskussionsprozessen mit intensiver Vor- und Nachbereitung folgende Vorteile (vgl. Appel/Henckel: Flächen sparen, Verkehr reduzieren, S. 241):

- Die Einbindung von Praktikern und Wissenschaftlern verknüpft die Erfahrungen und Kenntnisse beider Bereiche.
- Durch Workshops, ihre Vor- und Nachbereitung werden Diskussionsprozesse in Gang gesetzt.
- Die Interdisziplinarität ermöglicht die Überprüfung und Verknüpfung einer Vielzahl von Steuerungsinstrumenten aus unterschiedlichen Bereichen in einer bislang kaum erreichten Breite. Dadurch werden auch wechselseitige Einschätzungen und/oder Schuldzuschreibungen verschiedener Fachgebiete offenkundig.

- Durch diese Konzeption ist es möglich, mit Blick auf das vorgegebene Ziel einen Rahmen für die Ausrichtung der notwendigen Reform zu formulieren.
- Die Anlage eines Projekts erlaubt eine Zusammenschau der Ergebnisse und die Verknüpfung der einzelnen Instrumentenbereiche auf einer qualitativen Ebene.

In dem Buch *Immobilien – Projektmanagement, Projektentwicklung und -steuerung,* Köln 1997, gebe ich einen Überblick über sinnvolle Steuerungsinstrumente. Es wird dargelegt, wie die Instrumente zusammenhängen, in welchem Maße sie sich gegenseitig stützen und ergänzen, in welchem Maße sie in einem Konkurrenzverhältnis stehen, wie ein Instrument durch ein anderes ersetzt werden kann.

Vorgestellt wird ein Instrumentenbündel. Darüber hinaus werden die Akteure und ihre Funktionen dargestellt. Es wird der Versuch unternommen, die Wirkungen der vorgeschlagenen Instrumente darzustellen.

Die gelehrten und gelernten Fähigkeiten der Techniker, Architekten, Juristen und Kaufleute entsprechen nicht mehr den an sie gestellten Ansprüchen, da für Software, Multimedia, Consulting andere Fähigkeiten erforderlich sind als für den exakten Bau eines bestimmten Gebäudes. Die einzelnen Fächer Technik, Wirtschaft und Recht sind strikt voneinander abgegrenzt, der übergreifende Zusammenhang wird nicht deutlich.

Projekt-Manager, Projektentwickler und Projektsteuerer werden heute überwiegend durch Learning by doing ausgebildet. Der Lernende muß neugierig, kritisch und kreativ sein. Er muß selbst Lösungen und Wege finden, die nicht per Lehrplan vorgegeben wurden. Dies wird auch noch einige Jahre so sein. An die Stelle der Einzelarbeit muß zunehmend die Gruppenarbeit treten. Wichtig ist die Fähigkeit, sich auszudrücken, Kritik zu ertragen und konsensfähig zu sein. Aber diese Fähigkeiten werden heute noch zu sehr als nebensächlich angesehen – das abgefragte Faktenwissen dominiert.

Es werden dynamische Unternehmer gebraucht, die Visionen haben und davon fasziniert sind, das Produkt „Projekt-Management, Projektentwicklung, Projektsteuerung" zu entwickeln. Kreativität und Risikobereitschaft sind die wesentlichen Eigenschaften des Schumpeter'schen Pionierunternehmers.

Öffentliche Handlungsmöglichkeiten zur Sicherung des Standortes Innenstadt

Dr. Ulrich Hatzfeld, Ministerium für Stadtentwicklung, Kultur und Sport des Landes Nordrhein-Westfalen, und Stefan Kruse, Dipl.-Geograph, Mitinhaber des Planungsbüros Junker & Kruse, Stadtforschung + Stadtplanung, Dortmund

Inhalt

1. Zu den Ausgangsbedingungen: Ein ambivalentes Bild der Innenstädte gegen Ende der neunziger Jahre 148

2. Entwicklung der Innenstädte – Wohin kann/soll/wird die Innenstadt steuern? 152

3. Öffentliche Handlungsansätze und -strategien zur Sicherung des Wirtschaftsstandortes Innenstadt 156
3.1 Rechtliche Steuerungsansätze 157
3.2 Informelle Planung 159
3.3 Kooperation und Koordination 159
3.4 Verkehrsinfrastrukturpolitik 161
3.5 Wirtschaftsförderung/Liegenschaftspolitik 162

4. Perspektiven 163

Eigentlich hat sich die Politik schon immer für die Innenstädte verantwortlich gefühlt. In der Vergangenheit dokumentierte sich diese Verantwortlichkeit etwa in der Vielzahl von Vorschriften und Regelungen, die speziell für Straßen und Plätze im Stadtkern erlassen wurden, aber auch in der großen Anzahl und besonderen Qualität öffentlicher Bauten und Einrichtungen. Dieses Engagement setzt sich bis in die Gegenwart fort und findet seinen Ausdruck in den noch immer außergewöhnlich hohen Infrastrukturleistungen, die mit dem Ziel einer Attraktivierung und Funktionsstärkung der Innenstädte eingesetzt werden. Nach wie vor gehören Innenstädte als gebaute Geschichte, als bedeutungsreiche Orte gesellschaftspolitischer Entwicklungsprozesse und als wichtigste politische Bühne zum Kernbereich der öffentlichen Daseinsvorsorge.

Wie sich die öffentlichen Verantwortlichkeiten und Handlungsmöglichkeiten in Zukunft darstellen werden, ist angesichts der sich zur Zeit dynamisch verändernden Rahmenbedingungen nur bedingt absehbar. Hinzuweisen ist in diesem Zusammenhang vor allem auf die finanziellen Restriktionen öffentlicher Haushalte, aber auch auf die offensichtliche Tatsache, daß maßgebliche Entscheidungen in Städten immer weniger vom jeweiligen Stadtrat oder von politischen Parteien und immer mehr von anonymen Wirtschaftsunternehmen und mächtigen Interessenverbänden getroffen werden. Gleichwohl spricht vieles dafür, daß sich die kommunale Politik auch zukünftig für attraktive und vitale Innenstädte zuständig fühlen und auch nachhaltig engagieren wird; zumindest so lange, wie sich „Stadt" inhaltlich primär durch den öffentlichen Raum sowie räumlich durch den Bereich der Innenstadt definiert. Gerechtfertigt wird dieses Engagement auch durch die ungebrochen hohe Identifikation der Bevölkerung mit der Innenstadt: „Unsere Innenstädte gehören immer noch unhinterfragt zum Traditionsbestand unseres täglichen Lebens – wir nehmen sie als selbstverständlich hin."[1]

Es geht also auch in Zukunft vermutlich weniger um das Ob der Innenstadtförderung als vielmehr um das Wie. Welche Schwerpunkte soll und kann die öffentliche Hand setzen, wenn sich die Produktionsvoraussetzungen der Innenstädte, etwa die räumliche Mobilität der Bevölkerung, die Art und zeitliche Beständigkeit von Investitionen und schließlich auch die Bedürfnisse und Ansprüche der Innenstadtnutzer in immer kürzeren Zeitabständen verändern? Ist es sinnvoll, an den traditionellen zentrenorientierten Stadtmodellen mit der Innenstadt als Kristallisationspunkt festzuhalten, wenn die maßgeblichen wirtschaftlichen Kräfte räumlich dezentralisierend

---

1 Sieverts, Thomas: Kulturpolitik und Städtebau. Planungsperspektiven für die Innenstadt. 10 Thesen, Vortrag auf der Fachtagung „Kultur und Städtebau" des Deutschen Instituts für Urbanistik und des Deutschen Städtetages am 27./28. April 1987 in Göttingen

und damit stadtauflösend wirken? Gibt es noch Leitbilder, die über ausreichend zeitliche Stabilität und gesellschaftlichen Konsens verfügen, um als Grundlage für langfristige Investitionsentscheidungen dienen zu können?

Der dynamische Wandel, dem die Innenstädte zur Zeit unterliegen, ist allerdings nicht nur als Risiko, sondern zugleich auch als Stärke bzw. als Chance zu interpretieren. Denn jede langfristig angelegte Betrachtung macht deutlich, daß sich Innenstädte vor allem über ihre Veränderbarkeit und ihre Widersprüchlichkeit stabilisieren. Aufgabe der öffentlichen Hand ist es, auf diese Dynamik zielorientiert, flexibel und effektiv zu reagieren. Daß diese Reaktion anders aussehen muß als noch vor zehn Jahren, ist in Anbetracht der Veränderungsgeschwindigkeit unserer Städte wohl unmittelbar evident.

Vor diesem Hintergrund befaßt sich der vorliegende Beitrag mit den maßgeblichen Entwicklungslinien der deutschen Innenstädte und den damit im Zusammenhang stehenden öffentlichen Interventionen; im Kern geht es um die aktuellen und zukünftigen Handlungs- und Steuerungsmöglichkeiten öffentlicher Handlungsträger.

1. Zu den Ausgangsbedingungen: Ein ambivalentes Bild der Innenstädte gegen Ende der neunziger Jahre

Im Gegensatz zu den anderen städtischen Teilräumen, die eher durch eine spezifische Einzelnutzung geprägt werden, vereint und verbindet die Innenstadt zahlreiche für die Funktionsfähigkeit der städtischen Gemeinschaft insgesamt existentielle Nutzungen und Bedeutungen. Relevante Stichwörter sind dabei Politik, Wirtschaft, Religion, Markt, Kultur und Bildung. Die Innenstadt ist der prädestinierte Ort für öffentliche und private Präsentation und Demonstration; die bauliche, räumliche und funktionale Verdichtung von Funktionen, Aktivitäten und Informationen bildet dabei notwendige Voraussetzungen für Attraktivität und Ausstrahlung und letztlich auch zur Herausbildung von Urbanität. Der Bedeutungsüberschuß macht die Innenstadt zum Kristallisationspunkt politischer, wirtschaftlicher und gesellschaftlicher Aufmerksamkeit: Größere Veränderungen und technologische Innovationen finden im Regelfall hier ihren Ausgangspunkt bzw. werden hier zuerst präsentiert.

Zweifellos unterliegen die Innenstädte zur Zeit einer Reihe von widersprüchlichen Trends. Bei genereller Betrachtung drängt sich der Eindruck auf, daß die innerstädtische Nutzungsstruktur mehr und mehr an Vielfalt und Dimensionalität verliert; im Zuge der Kommerzialisierung wird das Innenstadtgefüge zunehmend durch Handelseinrichtungen und Dienstleistungsangebote überformt.

- Der *Einzelhandel* als innerstädtische Leitfunktion sieht sich einem erheblichen Konkurrenzdruck durch großmaßstäbige Handelszentren auf der grünen Wiese ausgesetzt. Gleichzeitig führen das *Dominanzstreben* einzelner Handelsbranchen, die zunehmende *Filialisierung* und die *Internationalisierung* des Handels zu einer Entindividualisierung der Innenstädte; die Folge sind bereits deutlich erkennbare Qualitäts- und Attraktivitätsdefizite in den Fußgängerzonen.
- Nach den großflächigen Einzelhandelsbetrieben suchen in zunehmendem Maße auch (publikumsintensive) *Dienstleistungsbetriebe* wie Banken und Versicherungen Standorte in der Peripherie der Städte.
- In Konkurrenz zu (städtebaulich integrierten) öffentlichen *Freizeit- und Kultureinrichtungen* entstehen immer mehr private kommerzielle Angebote. In der städtischen Peripherie werden neue Betriebskonzepte in großmaßstäbigen Gebäudekomplexen erprobt, wobei sich immer häufiger attraktive Agglomerationen aus Handels-, Freizeit- und Gastronomieeinrichtungen herausbilden.
- Das *Wohnen* spielt nur noch in den Zentren von Klein- und Mittelstädten eine wichtige Rolle; in Großstädten und Ballungszentren wird die Diskrepanz zwischen Tag- und Nachtbevölkerung immer größer.
- Die Diskussion um die *Erreichbarkeit der Innenstädte* für den motorisierten Individualverkehr entwickelt sich zum Dauerthema und wird inzwischen zum Standortrisiko. Dem Postulat einer uneingeschränkten (Pkw-) Erreichbarkeit sowie eines ausreichenden Parkplatzangebots steht die Forderung nach mehr Aufenthalts-, Erlebnis- und Umweltqualität gegenüber.
- Hinzu treten *Sicherheits- und Sauberkeitsdiskussionen*[2], die insbesondere durch den Handel und die Gastronomie thematisiert werden. Einkaufszentren grenzen die sozialen Probleme aus, während in vielen Fußgängerzonen die Präsenz von privaten Sicherheitsdiensten selbstverständlich geworden ist.[3]

---

2 Vgl. u. a. Pangels, Rolf: Von der „Unwirtlichkeit" der Städte, in: BAG Handelsmagazin 1997, Heft 4, S. 25–26; Falk, Bernd: Die City braucht den Handel. Einkaufspassagen steigern die Attraktivität der Innenstädte, in: Zadelmarkt 8 (1996), Heft Oktober, S. 37–43, hier: 38
3 Vgl. Holzamer, Hans-Herbert: Das gute Geschäft mit Angst und Bequemlichkeit, in: Süddeutsche Zeitung Nr. 299 vom 28./29. Dezember 1996

Angesichts dieser sicher nicht abschließenden Aufzählung aktueller Probleme scheint die vielfach zitierte Krise der Innenstadt unmittelbar plausibel. Auf der anderen Seite belegen jedoch empirische Untersuchungen, daß es auch eine Reihe von Faktoren gibt, die eher als Beleg für eine anhaltend hohe Standortattraktivität der Innenstadt zu werten sind. So sind die Durchschnittsmieten für Ladenlokale in 1a-Lagen in den letzten 20 Jahren kontinuierlich gestiegen; erst seit 1993 ist eine Stagnation der Höchstmieten zu beobachten. Auch hat das Interesse an Mietobjekten in attraktiven Innenstadtlagen nicht nachgelassen, im Gegenteil: Angesichts fehlender Flächenfreisetzungen hat sich die Nachfrage noch leicht erhöht.[4]

Ebenso verhält es sich mit der Entwicklung der Innenstadtbesucherzahlen, die sich trotz anderslautender Vermutungen und der zunehmenden Konkurrenz dezentraler Einzelhandelseinrichtungen positiv entwickelt haben.[5] Gleichzeitig wird erheblich in die Innenstädte investiert: Neben Einkaufsstraßen und -passagen entstehen zur Zeit in vielen Städten Kultur- und Gastronomiemeilen. Länder und Kommunen unterstützen diese Aufwertungsstrategien durch massive Investitionen im öffentlichen Sektor, sei es für den öffentlichen Nahverkehr, für den ruhenden und fließenden motorisierten Individualverkehr, den Denkmalschutz oder die Städtebauförderung.

Unabhängig von diesen ambivalenten Befunden besteht das wichtigste Merkmal der gegenwärtigen Situation der Innenstädte sicher in dem erheblichen Veränderungs- und Entwicklungsdruck. Wie stark diese Dynamik ausgeprägt ist, zeigt eine aktuelle Befragung nordrhein-westfälischer Städte[6], in der die zuständigen öffentlichen Planungsträger u. a. danach gefragt wurden, wie sich die für die Innenstadtentwicklung relevanten Nutzungen und Parameter entwickelt haben (Abb. 1).

Es wird erkennbar, daß der Problem- und Handlungsdruck in nahezu allen Handlungsbereichen der Kommunen in den letzten zehn Jahren zugenommen, zum Teil sogar stark zugenommen hat. Die Ergebnisse der Befragung machen darüber hinaus ein weiteres Mal deutlich, daß die Innenstadt nach wie vor im Spannungsfeld zwischen der – an allgemeinen Zielen orientierten – Stadtplanung und den Einzelinteressen möglicher Investoren steht. Diese Einschätzung wird durch eine Betrachtung der aktuellen Probleme nordrhein-westfälischer Innenstädte bestätigt (Abb. 2).

---

4 Vgl. Comfort Gesellschaft für Geschäftsflächen und Unternehmensvermittlung mbH, Düsseldorf, Marktbericht Vermietung Citys 1995/1996, Düsseldorf 1995, S. 4

5 Vgl. Bundesarbeitsgemeinschaft der Mittel- und Großbetriebe des Einzelhandels e.V. (BAG) (HG), Einkaufsverkehr – Gewinner und Verlierer –, Köln 1993, S. 15

6 Städte mit mehr als 50.000 Einwohnern. Vgl. dazu: Junker und Kruse: Stadtforschung – Stadtplanung, Aktuelle und zukünftige Entwicklungsprobleme und -optionen von Innenstädten in Nordrhein-Westfalen, Untersuchung im Auftrag des Ministeriums für Stadtentwicklung, Kultur und Sport des Landes Nordrhein-Westfalen, Unv. Manuskript, Dortmund 1996

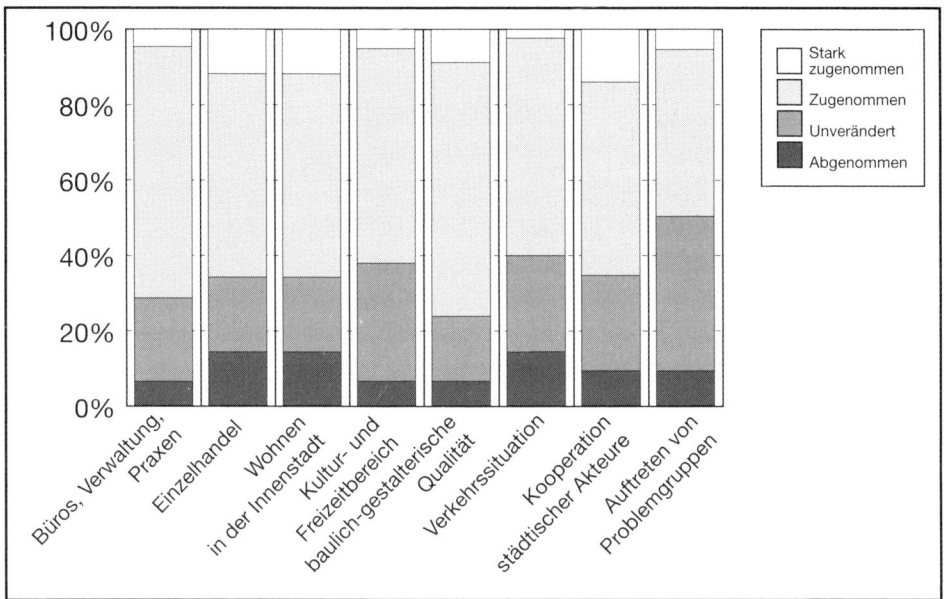

Abb. 1: Bewertung der Innenstadtentwicklung nordrhein-westfälischer Städte in den letzten zehn Jahren
Quelle: Junker und Kruse: Stadtforschung – Stadtplanung, Aktuelle und zukünftige Entwicklungsprobleme und -optionen von Innenstädten in Nordrhein-Westfalen, Untersuchung im Auftrag des MSKS NRW, Dortmund 1996

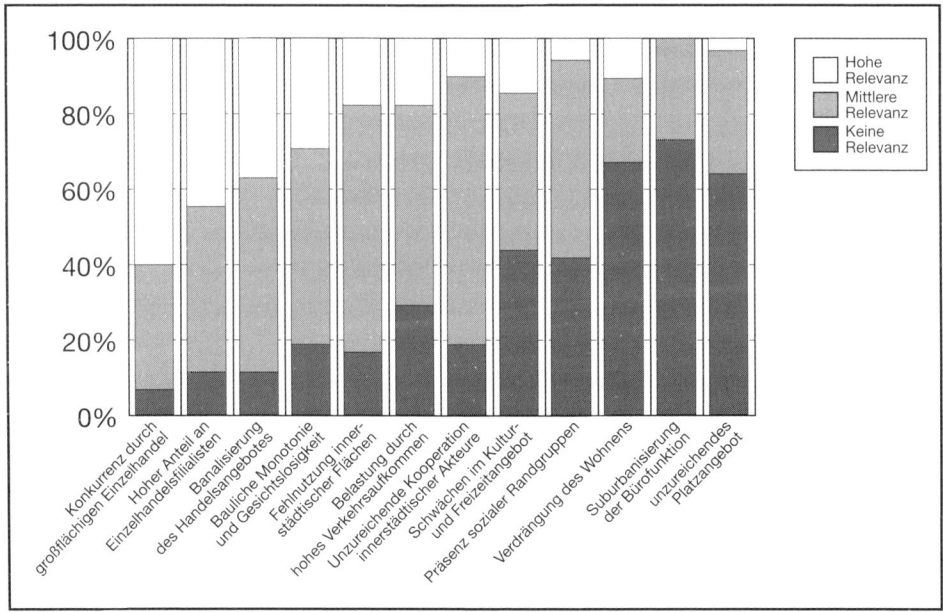

Abb. 2: Aktuelle Probleme nordrhein-westfälischer Innenstädte
Quelle: Junker und Kruse: Stadtforschung – Stadtplanung, Aktuelle und zukünftige Entwicklungsprobleme und -optionen von Innenstädten in Nordrhein-Westfalen, Untersuchung im Auftrag des MSKS NRW, Dortmund 1996

Zu den Schwerpunkten in der Diskussion um die drängenden Innenstadtprobleme der Gegenwart gehören demnach Fragestellungen zur räumlichen und strukturellen Entwicklung des Einzelhandels. Eine solche Sicht korrespondiert mit der Erfahrung, daß der Besuch von Handelsbetrieben nach wie vor das mit Abstand wichtigste Motiv für den Besuch von Innenstädten ist (Abb. 3). Zu den Hauptproblemen gehören neben der zunehmenden Konkurrenz des großflächigen Einzelhandels in der städtischen Peripherie erhebliche qualitative Defizite des Handels in den Stadtkernen (Filialisierung, Banalisierung des Angebotes). Insofern spiegeln die Untersuchungsergebnisse die Erfahrung, daß die Innenstadtprobleme in der Praxis (sicher zu Unrecht) mit Entwicklungsproblemen der Leitfunktion Einzelhandel gleichgesetzt werden, wider.

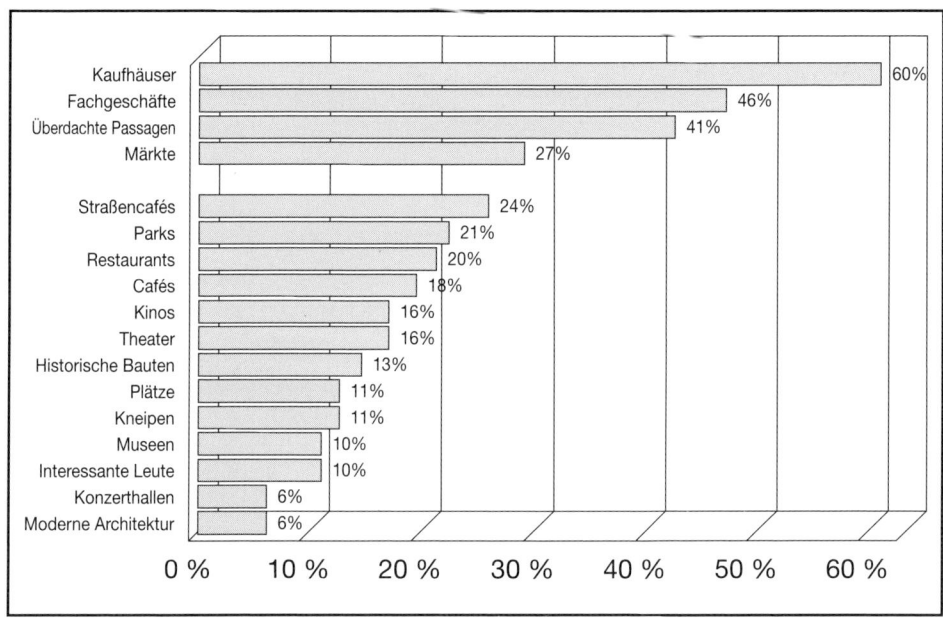

Abb. 3: Hauptsächliche Gründe für den Besuch von Innenstädten (Mehrfachnennungen)
Quelle: Befragung ifa-Plan, Köln 1995 (2.017 Befragte)

2. Entwicklung der Innenstädte – Wohin kann/soll/wird die Innenstadt steuern?

Viele Anzeichen sprechen dafür, daß sich das Spannungsverhältnis „Wirtschaftsstandort Innenstadt" versus „periphere Standortentwicklung" weiter fortsetzen und vermutlich intensivieren wird. Insbesondere die nach wie vor starke Ausrichtung auf die Handelsfunktion und die daraus resultierende einseitige Abhängigkeit bergen die Gefahr einer risikobetonten und von Konjunkturschwankungen abhängigen Innenstadtentwicklung; aber auch andere Trends werden auf dem zukünftigen Weg der Innenstädte eine im einzelnen noch nicht absehbare Rolle spielen.[7] Die elementaren Standortkriterien *Marktnähe*, *Einzugsbereich* und *Transportkosten* sowie *Arbeitsmarkt*, *Flächen-* und *Kapitalverfügbarkeit* werden in Zukunft aller Voraussicht nach eine Umwertung erfahren. Daneben können neue Faktoren wie etwa die neuen Kommunikationstechniken zusätzlichen Einfluß gewinnen. Schließlich verändert sich auch der Stellenwert von sogenannten weichen Standortfaktoren (u. a. Freizeitwert, Kulturangebot, Image). Vor allem folgende Faktoren erscheinen aus heutiger Sicht von Relevanz für die Innenstadt:

- Durch die Abnahme der Gesamtbevölkerung und den wachsenden Ausländeranteil ergeben sich vermutlich eher negative Effekte für den Wirtschaftsstandort Innenstadt.
- Die bereits heute insbesondere in den Innenstädten zu beobachtende soziale Polarisierung wird weiter voranschreiten. Sicherheit und Sauberkeit der Innenstädte werden mehr denn je zum Öffentlichkeits- und Imageproblem für Innenstadtbetriebe.
- Dominante Trends im Einzelhandel (Größenwachstum der Betriebseinheiten, Unternehmenskonzentration, Suburbanisierung der Handelsfunktion) richten sich auch in Zukunft gegen die ökonomische Basis der Innenstädte.
- Neben dem Einzelhandels- und Dienstleistungssektor unterliegen auch der Freizeit- und Kulturbereich einem weitreichenden Strukturwandel. Große kommerzielle Angebotsformen wie beispielsweise der Multiplex-Kinos oder Musicals treten in Konkurrenz zu traditionellen Einrichtungen. Ähnliches gilt für die Gastronomie. Bei einer dezentralen Standortwahl werden der Innenstadtstruktur weitere Elemente der Urbanität genommen.
- Neuere Entwicklungen im Medien- und Kommunikationsbereich (wie zum Beispiel Telebanking und -working) führen zum Verlust innerstädtischer (Dienstleistungs-)Arbeitsplätze; auch die Möglichkeiten im Bereich

---

7 Vgl. u. a. Junker, Rolf: Zwischen Leitbild und Realität. Sieben Thesen zur Entwicklung der Innenstädte in den alten Ländern, in: Der Städtetag 1997, Heft 1, S. 8–13; Hatzfeld, Ulrich: Einzelhandel – der zentrale Akteur in der Innenstadt?, Vortrag im Rahmen des Bremer Handelssymposiums „Handeln in der Stadt" am 10./11. März 1997 in Bremen. Erscheint demnächst; Grabow, Busso: Standorttendenzen und kommunale Standortpolitik im Dienstleistungssektor, in: Archiv für Kommunalwissenschaften II / 1996, S. 173–195.

des Teleshoppings können eine Veränderung der (innerstädtischen) Einzelhandelslandschaft zur Folge haben.
- Die nach wie vor wachsende individuelle Motorisierung und die zunehmende Mobilitätsbereitschaft benachteiligen den Standort Innenstadt.
- Immer kürzere Zyklen von Trends und Verhaltensmustern werden sich tendenziell negativ auf die Stadtkerne auswirken, da die Reaktionszeiten von Konkurrenzangeboten in der städtischen Peripherie noch kürzer sind.

Auf der anderen Seite zeichnen sich aber auch Tendenzen ab, die sich positiv auf die Entwicklung der zentralen Stadtbereiche auswirken können:

- Begünstigend wirkt der kontinuierlich wachsende Anteil von Senioren, die eher traditionelle und überschaubare Standorte wie die Innenstadt bevorzugen.
- Die neuen telekommunikativen Möglichkeiten können auch eine Trendwende in Richtung auf ein verstärktes Bedürfnis nach persönlichen Kontakten, räumlicher Nähe und Urbanität hervorrufen.
- Durch das Freiwerden großer, im Innenstadtbereich befindlicher Flächen (nicht mehr benötigte Post- und Bahnareale, Gewerbe- und Industriebetriebe sowie ehemals militärisch genutzte Gebäude) ergeben sich für die Innenstadt positive Entwicklungsoptionen.

Multifunktionalität und Nutzungsmischung, bauliche Dichte und architektonische Vielfalt sowie Öffentlichkeit und Kommunikation – kurz: Urbanität – werden aller Voraussicht nach auch weiterhin zu den Erfolgsfaktoren von Innenstädten gehören. Vor diesem Hintergrund haben die Innenstädte, so läßt sich zusammenfassen, sicher eine Zukunft. Es erscheint jedoch notwendig, über neue Zielorientierungen und moderne Leitbilder nachzudenken. Der quantitative Wettlauf mit der grünen Wiese scheint mittlerweile verloren zu sein, Entwicklungen in diesem Bereich – insbesondere im Handelssektor – sind nicht mehr umkehrbar.

Welche Ziele und welche öffentlichen Handlungs- und Steuerungsmöglichkeiten lassen sich auf der Basis der oben dargestellten Entwicklungen und Prognosen für den Lebens- und Wirtschaftsstandort Innenstadt formulieren? Welche Strategien gibt es, Stadtentwicklung als gemeinschaftliche Aufgabe und Verantwortung von Staat, Kommunen, Wirtschaft und Bürgern zu verstehen und letztlich auch umzusetzen? Damit ist die Leitbildfrage angesprochen und die Tatsache, daß solche Leitbilder imstande sind, Kräfte zu bündeln und zu verstärken. Denn städtebauliche Leitbilder werden verschiedentlich auch als Mythen bezeichnet, wohl vor allem aufgrund ihrer

Eigenschaft, nicht beweisbar, aber dennoch mit Wahrheitsanspruch versehen zu sein.[8] Vor allem aber wegen des schnellen Wechsels von Leitbildern in der Nachkriegszeit[9], allerdings auch vor dem Hintergrund der derzeitigen neuen Unübersichtlichkeit, ist zunächst ein Verlust von umfassenden, übergeordneten Leitbildern zu konstatieren. Statt dessen entwickeln sich immer mehr partielle Leitbilder heraus, die sich auf einzelne Sektoren oder städtische Teilbereiche (insbesondere auch Innenstädte) beziehen. Diese Heterogenität reflektiert im Kern nur die Erkenntnis, daß Stadtentwicklung bei ihrem extrem komplexen Gegenstand und als lebendiger Prozeß nicht nur ein einziges Ziel haben kann. Zur Zeit diskutierte Leitbilder für die (Innen-)Stadt sind u. a.:

- Revitalisierung der Innenstadt: Bei dieser Strategie geht es in erster Linie um die Steigerung der Standortattraktivität, die vor allem durch Nutzungsanreicherungen (insbesondere mehr Handelsflächen) in Verbindung mit einer Inszenierung von Innenstädten in gestalterischer Hinsicht erreicht werden soll. Wichtige Kriterien sind im Rahmen dieses Leitbildes Begriffe wie Vielfalt, Vitalität und Erlebnisorientierung.
- Collage City: In Verfolgung dieses Ansatzes verzichtet die städtebauliche Planung auf ihren übergeordneten Steuerungsanspruch und konzentriert sich auf die Realisierung von anspruchsvollen Fragmenten (Einzelprojekten), die eher additiv verknüpft werden. Eine Orientierung an anspruchsvollen Leitprojekten gehört etwa auch zu den Kennzeichen der Internationalen Bauausstellung Emscher Park. Relevante Stichworte sind Qualitätsorientierung und fachlich übergreifender Ansatz.
- Kompakte Stadt und dezentrale Konzentration: Durch eine Konzentration der Entwicklungsdynamik auf bestimmte Punkte (Innenstädte oder Nebenzentren) und Linien (Achsen) soll Zielen wie Verkehrsvermeidung und Freiraumschutz zur Umsetzung verholfen werden. Wesentliche Instrumente dieser Strategie sind die Erzeugung von Nutzungsmischung, Dichte und Vernetzung.
- Nachhaltige Stadt: Seit der Konferenz von Rio zur Umwelt und Entwicklung Anfang der 90er Jahre beziehen sich viele Planungsstrategien auf das sogenannte Sustainable Development. Diese Entwicklungsstrategie ba-

---

8 Vgl. Albers, G.: Leitbilder und Mythen, in: Müller-Ramisch, H.-R. (Hrsg.): Leitbilder und Mythen in der Stadtplanung 1945–1985, Frankfurt am Main, 1990, S. 12

9 Die Phasen dieser Entwicklung noch einmal im einzelnen wiederzugeben ist angesichts der bereits vorhandenen hervorragenden Analysen unnötig. Vgl. u. a. Müller-Ramisch, H.-R. (Hrsg): Leitbilder und Mythen in der Stadtplanung 1945–1985, Frankfurt am Main 1990; Albers, G., Papgeorgiou-Venetas, A.: Stadtplanung. Entwicklungslinien 1945–1980; Tübingen 1994, Pehnt, W.: Die Erfindung der Geschichte, München 1989, Reinborn, D.: Städtebau im 19. und 20. Jahrhundert, Stuttgart, Berlin, Köln 1996

siert auf einer stärkeren Zukunftsorientierung. Jede städtebauliche Maßnahme und jedes Investitionsprojekt muß daraufhin geprüft werden, ob eventuelle negative Folgen nicht in die Zukunft oder in eine benachbarte Region verlagert werden. Die städtebauliche Konkretisierung der Sustainability-Ziele richtet sich in erster Linie auf die Konzeptionen der Innenentwicklung, der Nutzungsmischung und der Sozialplanung.
- Unternehmen Stadt: International orientierte Ansiedlungsstrategien von Unternehmen, weltweite Informationsnetze und globale Akquisition von Arbeit und Kapital erfordern nach Ansicht vieler eine neue Ebene der Kooperation von Städten und Regionen. Ziele sind die Erhöhung der regionalen Wettbewerbsfähigkeit bzw. die Steigerung des wirtschaftlichen Wachstums. Die Rolle der Stadtplanung reduziert sich auf eine möglichst rasche Bereitstellung der erforderlichen Infrastruktur und der Abfederung möglicher sozialer Konflikte. Zentraler Aspekt eines solchen Leitbildes ist die flexible Ermöglichung von Wandel, also auch ein Verzicht auf räumlich verfestigte Leitvorstellungen.

Die hinter dieser Aufzählung erkennbare Fragmentierung der moderneren Leitbilddiskussion für Innenstädte macht vor allem deutlich, daß einheitliche, gesellschaftlich übergreifende Wertorientierungen nicht mehr vorhanden sind. Wichtige Elemente nahezu aller Innenstadtleitvorstellungen sind allerdings:

- Multifunktionalität, Nutzungsmischung,
- Dichte, Vernetzung, Überlagerung von Nutzungen,
- sozialer Ausgleich,
- Image, Präsentation,
- Erreichbarkeit, Mittelpunktsfunktionen.

3. Öffentliche Handlungsansätze und -strategien zur Sicherung des Wirtschaftsstandortes Innenstadt

So vielschichtig wie die Probleme und Optionen in den Innenstädten sind, so vielfältig sind auch die Handlungsansätze und Maßnahmen, die zur Verbesserung der Situation bzw. zur weiteren Aufwertung im Sinne einer langfristigen und nachhaltigen Innenstadtentwicklung zur Verfügung stehen. Um die

Übersichtlichkeit zu wahren, werden im folgenden nur die wichtigsten Handlungsmöglichkeiten und -strategien aus Sicht der Kommunen vorgestellt.

Das nach wie vor wichtigste Instrument zur räumlichen Steuerung der verschiedenen Nutzungen im Innenstadtbereich stellt das Rechtsinstrumentarium dar, also vor allem das Baugesetzbuch (BauGB) und die auf dieses Gesetz bezogene Baunutzungsverordnung (BauNVO). Im Rahmen der Bauleitplanung finden auch die länderspezifischen Ziele der Raumordnung und Landesplanung Berücksichtigung. Neben diesen rechtlichen Rahmenbedingungen gewinnen neuerdings Formen der Kooperation und Koordination zwischen der öffentlichen Hand und privaten Trägern wie beispielsweise Public-Private-Partnership oder City-Management immer größere Bedeutung. Eine andere Strategie besteht in der Aufstellung gesamtstädtisch orientierter Entwicklungs- oder Zielkonzepte (zum Beispiel Einzelhandelskonzepte). Ergänzt wird dieser formelle und informelle Instrumenteneinsatz um infrastrukturelle sowie Wirtschaftsförderungsmaßnahmen. Ziel aller Maßnahmen ist es, eine im Interesse aller Bevölkerungsschichten, aber auch der Wirtschaftsunternehmen geordnete städtebauliche Entwicklung sicherzustellen.

3.1 Rechtliche Steuerungsansätze

Das Hauptinstrument der räumlichen Planung in der Innenstadt ist der *Bebauungsplan (§§ 8ff. BauGB)*, mit dem durch die Kommune für die Innenstadt oder Teile davon Art und Maß der Bebauung und sonstiger Nutzungen bestimmt werden können. Abgeleitet aus dem *Flächennutzungsplan (§ 5 BauGB)*, in dem die städtebaulichen Entwicklungslinien für das gesamte Gemeindegebiet für einen Zeitraum von mindestens zehn Jahren festgelegt sind, konkretisiert der Bebauungsplan die angestrebte städtebauliche Entwicklung für einen Planbereich. Seit Einführung des neueren Städtebaurechts wird der Bebauungsplan durch den *Vorhaben- und Erschließungsplan (§ 7 BauGB-MaßnG)*, der von einem Investor betrieben wird, ergänzt. Im Gegensatz zum Bebauungsplan ist der Vorhaben- und Erschließungsplan nicht auf die Vorgaben des BauGB und der BauNVO beschränkt, so daß die in dem jeweiligen Planbereich zu regelnden Nutzungen konkretisiert und abschließend öffentlich rechtlich vereinbart werden können. Bei beiden Planarten wird durch die Kommunen per Satzungsbeschluß Ortsrecht geschaffen. Im Rahmen des Aufstellungsverfahrens werden die Pläne öffentlich ausgelegt, wodurch ausreichend Raum für eine öffentliche Diskussion geboten wird. Die im Verfahren bekannt gewordenen Anregungen und Bedenken werden unter- und gegeneinander abgewogen und im Sinne der Zielsetzung des Plans zum Ausgleich gebracht. Insgesamt wird mit einer flächendeckenden Bauleitplanung ein hohes Maß von Planungs- und Investitionssicherheit insbesondere für den Innenstadtbereich geschaffen.

Als ergänzende Instrumente sind für die Innenstadtentwicklung *Gestaltungssatzungen* sowie *städtebauliche Verträge* (§ 6 BauGB-MaßnG) von besonderer Bedeutung. Nach den Bauordnungen der Länder können die Gemeinden auf die äußere Gestaltung von Gebäuden und Werbeanlagen durch als Satzung erlassene Bauvorschriften Einfluß nehmen. Insbesondere in Innenstädten mit besonderer städtebaulicher, künstlerischer oder geschichtlicher Bedeutung finden solche von der Gemeinde erlassenen *Gestaltungssatzungen* Anwendung, um die Gestaltqualität der betreffenden Innenstadt zu schützen bzw. zu verbessern.

Mit dem *städtebaulichen Vertrag* hat die Gemeinde ein Instrument in der Hand, um die Vorbereitung und Durchführung städtebaulicher Maßnahmen an Dritte zu übertragen oder um hierüber gesonderte Vereinbarungen zu treffen. Insbesondere wird sie hierdurch in die Lage versetzt, (kostenintensive) öffentliche, unmittelbar mit dem Planvorhaben in Verbindung stehende Infrastrukturmaßnahmen auf Private zur übertragen (Folgekostenverträge).

Die Erneuerung der Innenstädte kann auch durch das besondere Städtebaurecht zur *städtebaulichen Sanierung* (§ 136ff. BauGB) gefördert werden, das klare rechtliche, organisatorische und förderungstechnische Rahmenbedingungen schafft. Ziel der städtebaulichen Sanierung ist die Aufwertung von Gebieten mit städtebaulichen Mißständen oder Funktionsstörungen. Das besondere Städtebaurecht wird durch die *Erhaltungssatzung (§§ 172-174 BauGB)*, die auf die Erhaltung baulicher Werte und der Eigenart von Gebieten zielt, sowie durch bisher allerdings wenig angewandte *städtebauliche Gebote (Baugebot, Modernisierungs- und Instandsetzungsgebot, Pflanzgebot und Abbruchgebot, §§ 175–179 BauGB)* ergänzt. Während in den alten Bundesländern die großen Sanierungs- und Erneuerungsprogramme weitgehend abgeschlossen sind, besteht in den neuen Ländern noch ein großer Investitionsbedarf.

3.2 Informelle Planung

Neben diesen rechtlichen Steuerungs- und Handlungsmöglichkeiten stehen den Kommunen sogenannte informelle Planungsansätze zur Verfügung, wobei neben den städtebaulichen Rahmenplänen in jüngster Zeit verstärkt gesamtstädtisch orientierte Konzepte wie beispielsweise Einzelhandelskonzepte zur Anwendung kommen.

Städtebauliche Rahmenpläne, in der Planungshierarchie zwischen Flächennutzungs- und Bebauungsplan angesiedelt, sind das traditionelle planerische Handlungsinstrument für Innenstädte. Wegen ihrer Anschaulichkeit, ihrer variablen Aussagenschärfe und ihrer Flexibilität werden sie bereits in vielen Gemeinden erfolgreich angewendet, obwohl sie zunächst keine rechtliche Bindung entfalten. In Verbindung mit Bebauungsplänen können Rahmenpläne allen Beteiligten als Grundlage für ein gemeinsames Handeln dienen.

Eine wichtige Grundlage für die Planung und Entwicklung im Standortbereich Innenstadt besteht in der politischen Selbstbindung zur Ansiedlungspolitik für großflächige Handelsbetriebe im Außenbereich. Ziel ist dabei, den Akteuren des Einzelhandels sowie den Investoren und Grundstückseigentümern im Stadtkern Planungs- und Investitionssicherheit zu verschaffen. Auf der Basis einer empirischen Analyse werden im Rahmen eines (gesamtstädtischen) *Einzelhandelskonzeptes* die Ziele der zukünftigen Einzelhandelsentwicklung festgelegt. Dazu gehören Aussagen zum zukünftigen Stellenwert des großflächigen Einzelhandels und dessen Standorten. Mindestens ebenso wichtig sind Festlegungen zur Hierarchie zentraler Versorgungsbereiche (Innenstadt, Neben- oder Stadtteilzentren, Sondergebiete), bei der dem Innenstadtbereich eine übergeordnete Stellung zukommt.

3.3 Kooperation und Koordination

Insbesondere vor dem Hintergrund der angespannten Haushaltslage zahlreicher Kommunen und dem gleichzeitig wachsenden Anspruch an beschleunigte Planungs- und Genehmigungsprozesse, aber auch wegen der zunehmenden Komplexität kommunaler Aufgaben werden in jüngster Vergangenheit zunehmend Entwicklungskooperationen zwischen der Gemeinde und Privaten angestrebt. Zur Beschreibung dieser Ansätze finden Begriffe wie PPP (Public-Private-Partnership), City-Management oder Stadtmarketing Verwendung.

Beim PPP handelt es sich um eine institutionalisierte Form der Zusammenarbeit zwischen öffentlicher Hand und privaten (Investoren-)Gruppen mit dem Ziel, Planung und Durchführung komplexer Erneuerungs- und Entwicklungsstrategien schneller und kostengünstiger voranzubringen. Aktuell werden solche *Public-Private-Partnership*-Ansätze beispielsweise im Rahmen der Privatisierung von Fußgängerzonen diskutiert. Die Vorteile dieses Ansatzes bestehen in der Verknüpfung von Planung und Umsetzung sowie in der Möglichkeit, private Kapitalmittel in den Prozeß der Stadtentwicklung einzubinden. Gleichzeitig ergeben sich aus diesem Kooperationsverhältnis aber auch Gefahren, die zum Beispiel in einem Verlust der demokratischen Kontrolle (Allianzen), in einer Verschärfung räumlicher und sozialer Disparitäten (Konzentration auf kommerzielle Aspekte) oder in einer Überbetonung kurzfristiger Perspektiven (Erfolgszwang) bestehen können.

Als eine in vielen Städten bereits erfolgreich installierte Variante des Public-Private-Partnership gilt das *City-Management*. Hierbei verpflichten sich öffentliche Hand und private Akteure zu einer längerfristigen Zusammenarbeit, bei der innenstadtrelevante Aufgaben integrativ bearbeitet und umgesetzt werden. City-Management versucht dabei, alle an der Innenstadtentwicklung beteiligten und interessierten Akteure für Maßnahmen zu gewinnen. Funktionsfähiges City-Management

- bindet die relevanten Gruppen einer Stadt ein und fördert die Kommunikation zwischen diesen Gruppen,
- zielt auf eine integrierte Sicht von der Innenstadt,
- setzt an lokalen Bedürfnissen und Potentialen an,
- schafft ein Forum, in dem alles thematisiert werden kann,
- fördert Konsens und damit die Akzeptanz von Entscheidungen,
- betreibt vor allem die Umsetzung von Maßnahmen.

Der Erfolg dieses Instruments wird durch eine Befragung des Deutschen Instituts für Urbanistik bestätigt, nach der annähernd acht von zehn Städten und Gemeinden, die bereits über Erfahrungen in diesem Bereich verfügen, Stadtmarketing in ihrer Kommune als dauerhafte Einrichtung etablieren wollen (Abb. 4).

Darüber hinaus geben etwa 70 % der antwortenden Kommunen an, daß durch die Einrichtung des Stadtmarketingansatzes der Kommunikationsprozeß zwischen den beteiligten (Innenstadt-)Akteuren gefördert wurde. Hierzu zählt auch die Transformation von Zielen und Strategien in den politischen Raum, wodurch eine zeitnahe Umsetzung der erarbeiteten Maßnahmenbündel ermöglicht wurde. Insgesamt, das zeigen auch Ergebnisse

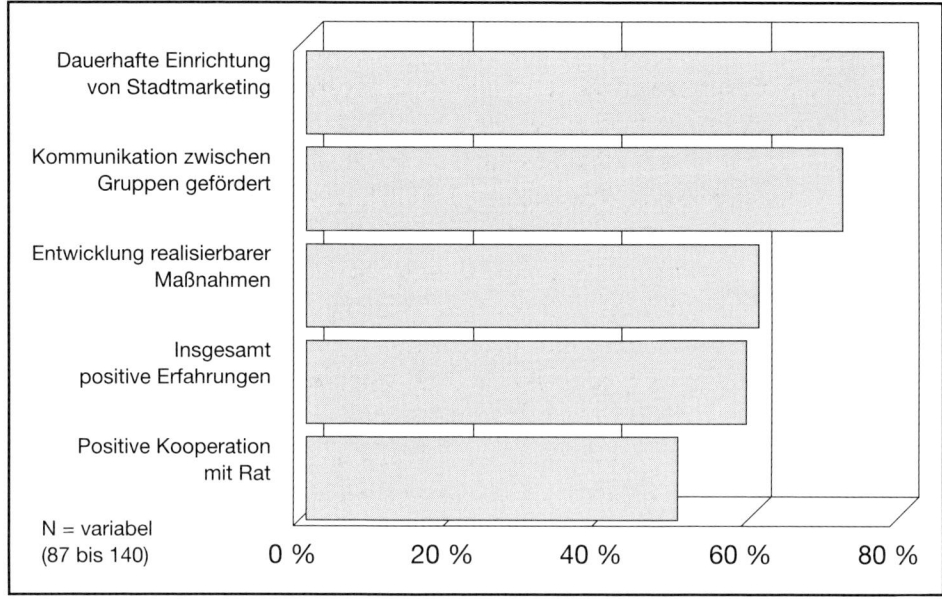

Abb. 4: Erfolgseinschätzung von Stadtmarketingprojekten in 1995
Ergebnisse einer Umfrage unter 323 Städten und Gemeinden
Quelle: Deutsches Institut für Urbanistik (difu) Berlin

einer Umfrage zur Entwicklung von Handlungsbereichen des Stadtmarketing[10], hat die Einrichtung von Stadtmarketingprojekten für positive Entwicklungsimpulse in der (Innen-)Stadtentwicklung gesorgt.

3.4 Verkehrsinfrastrukturpolitik

Die wesentlichen Handlungsansätze in diesem Bereich stellen neben Verkehrsberuhigungs- und Parkraumkonzepten (Parkleitsysteme, Parkhausbau) umfassende Strategien zur autoarmen Innenstadt sowie zur Förderung des Umweltverbundes (öffentlicher Personennahverkehr, Rad- und Fußverkehr) dar.

Die einzelnen Konzeptbausteine eines *Verkehrsentwicklungsplans* verstehen sich dabei im wesentlichen als Mittel zur gleichzeitigen Verbesserung sowohl des verkehrlichen Angebotes und der Umweltsituation als auch der Aufenthalts- und Lebensqualität in verdichteten Innenstadtbereichen. Mit

---

10 Vgl. Kremming, Martin: Methoden der Erfolgskontrolle im Stadtmarketing, Diplomarbeit am Geographischen Institut der Universität Hannover, Hannover 1997, S. 70 ff.

dem Verkehrsentwicklungsplan werden in der Regel Maßnahmen, die die Erreichbarkeit der Innenstadt für den *öffentlichen Personennahverkehr* (Taktfolge, Vorrangschaltungen, Qualitätsverbesserungen) sowie für den *Rad- und Fußgängerverkehr* erhöhen, verknüpft. Neuere Ansätze zur Verkehrsplanung finden sich vor allem im Bereich des bis zu Beginn der neunziger Jahre vernachlässigten Wirtschaftsverkehrs, der nach Schätzungen 25 bis 35 % der innenstadtbezogenen Fahrten umfaßt. Sogenannte *City- oder Stadtlogistik-Ansätze* verfolgen das Ziel, durch die Bündelung mehrerer, auf den Stadtkern gerichteter Fahrten die Wirtschaftlichkeit dieser Verkehrsart zu erhöhen (höhere Auslastung) und gleichzeitig Beiträge für eine verbesserte Stadtverträglichkeit zu erzielen (Lärm- und Abgasminderung).

3.5 Wirtschaftsförderung/Liegenschaftspolitik

Zu den klassischen Instrumenten der *Wirtschaftsförderung* gehören die kommunale Liegenschafts-, Finanz- und Steuerpolitik. Konkrete Handlungsmöglichkeiten ergeben sich insbesondere dann, wenn die Kommune im Besitz von Grundstücksflächen ist. In Verbindung mit städtebaulichen Verträgen, Baugeboten und Vorkaufsrechten vermag die Kommune die Entwicklung der Innenstadt aktiv zu fördern. Allerdings scheitert eine vorsorgende Bodenpolitik in der Regel an der aktuellen finanziellen Situation der Kommunen.

Weitere Instrumente der kommunalen Wirtschaftsförderung sind gezielte Betriebs- und Finanzierungsberatungen sowie Hilfestellungen bei Standortfragen vor allem für Existenzgründer. Zu den standortverbessernden Maßnahmen zählen ferner Werbe- und Akquisitionsbemühungen der Städte bzw. der weite Bereich der sogenannten betrieblichen Bestandspflege. Im Hinblick auf Verbesserung der Standortfaktoren in der Innenstadt versteht sich die Wirtschaftsförderung immer häufiger als Bindeglied und Vermittler zwischen den Interessen der Kommune und der ansässigen Wirtschaft. Wie eine Umfrage des Deutschen Instituts für Urbanistik zeigt[11], hat die sogenannte projektorientierte Wirtschaftsförderung ständig an Bedeutung hinzugewonnen. Hierzu zählen neben dem Stadtmarketing und der Erarbeitung von Güterverkehrskonzepten auch regional bedeutsame Ansätze wie beispielsweise die Förderung regionaler Netzwerke.

---

11 Vgl. Kommunale Wirtschaftsförderung der neunziger Jahre. Ergebnisse einer neuen difu-Umfrage, in: difu berichte 4/95, S. 10–12

4. Perspektiven

Bei aller Ambivalenz, die eine Beschreibung der gegenwärtigen Situation und der Zukunftstrends von Innenstädten erkennen läßt, und bei aller Unsicherheit, ob eine öffentliche Steuerung der Innenstadtentwicklung überhaupt möglich und erforderlich ist, erscheint es sinnvoll, eine Verständigung relativ gesicherter Feststellungen herbeizuführen.

Zunächst ist festzuhalten, daß die gegenwärtige Umbruchsituation kein Anlaß für Überreaktionen darstellt, da die Geschichte der Innenstadt schon immer eine Geschichte von Veränderungen und Widersprüchen war. Die Innenstädte leiden auch nicht unter fehlender Beachtung. Im Gegenteil: Nach wie vor stehen die Stadtkerne im Mittelpunkt des gesellschaftlichen und politischen Interesses. Schließlich wird der Standortbereich auch von der Wirtschaft hoch bewertet, was sich u. a. in den hohen Grundstücks- und Mietpreisen niederschlägt. Insofern sind die Innenstädte in Deutschland noch weit von amerikanischen Verhältnissen entfernt.

Gleichwohl sind die Stadtkerne keine Selbstläufer. Zu den größten Zukunftsgefahren dürfte zählen, daß sich die Tendenzen zum Niveauverlust und zur Überökonomisierung fortsetzen. Außerdem nehmen die sozialen Probleme in den Innenstädten zu. Es wird immer deutlicher, daß die öffentliche Planung mit dem Anspruch überfordert ist, soziale Stabilität, Multifunktionalität und Urbanität in den Stadtkernen allein sicherzustellen. Die Zukunftsthemen der Innenstädte heißen Qualitätssicherung, Bestandsorientierung und sozialer Ausgleich. Um dies zu erreichen, bedarf es finanziell und planerisch handlungsfähiger Kommunen. Es bedarf aber auch neuer Zusammenarbeitsformen mit privaten Unternehmen. Letztendlich kommt es aber entscheidend darauf an, das Engagement der Bürger für ihre Stadt zu aktivieren.

Vertrags-Management für Immobilien

Dr. jur. Alexander Scholz, Rechtsanwalt, Glock-Liphart-Probst, Rechtsanwälte, München

Inhalt

1.	Einführung	167
2.	Rechtliche Vorgaben	167
2.1	Gesetzliche Regelungen	167
2.1.1	Architekt oder Projektsteuerer	168
2.1.2	Realisierungsphase	168
2.1.3	Nutzungsphase	169
2.2	Vertraglicher Regelungsbedarf	169
2.2.1	Vorüberlegungen	170
2.2.2	Allgemeine Geschäftsbedingungen	170
2.2.3	VOB/B	171
2.2.4	Verhandlungsprotokolle	172
3.	Planungs- und Realisierungsphase	172
3.1	Vorbemerkung	172
3.2	Vertragsgestaltung	173
3.2.1	Grundsätzliches	173
3.2.2	Stufenweise Beauftragung	173
3.3	Einzelne Regelungskomplexe	174
3.3.1	Planungsbereich	174
3.3.2	Ausführungsbereich	175
4.	Betriebsphase	179
4.1	Vorbemerkungen	179
4.2	Einzelne Bereiche	179
4.2.1	Vertragsdauer	179
4.2.2	Miete	180

4.2.3	Betriebs- und Nebenkosten	183
4.2.4	Konkurrenzschutz und Sortimentsabgrenzung	184
4.2.5	Mietergemeinschaften und Shopping-Center	185
5.	Zusammenfassung	186

1. Einführung

Mit der Errichtung oder dem Erwerb einer Immobilie verfolgt der Investor oder Käufer wirtschaftliche Ziele. Die Rahmenbedingungen, die letztendlich über Erfolg oder Mißerfolg des Investments entscheiden, lassen sich unterteilen in beeinflußbare Faktoren und nicht oder in nur geringem Umfang steuerbare Faktoren. Die nicht steuerbaren Faktoren hat der Investor gleichsam als allgemeines Lebensrisiko zu akzeptieren, wobei hierzu etwa die allgemeine wirtschaftliche Lage, Gesetzesänderungen sowie Umweltfaktoren im weitesten Sinne gehören. Zu den beherrschbaren Faktoren können gerechnet werden die Leistungen, die der Investor selbst erbringt oder sich gegen Vergütung erbringen läßt, darüber hinaus der gesamte Bereich der Objektverwaltung. Auf diesem Sektor können Handlungen oder Unterlassungen des Investors maßgeblichen Einfluß auf sein wirtschaftliches Ergebnis ausüben. Er muß sich also schon frühzeitig in jeder Phase der Planung und Realisierung Gedanken hinsichtlich der Betriebsphase machen. Erfolgreiches, also letztlich fehler- und schadensfreies Projekt-Management beginnt daher immer schon vor Abschluß der maßgeblichen Verträge, also bereits in der Entwurfsphase. Einfaches Vertrags-Management setzt daher ein durchdachtes und dem Einzelfall gerecht werdendes Vertragsentwurfs-Management voraus. Die Anforderungen hierfür wachsen mit der Komplexität der Immobilie. Es bedarf keiner näheren Erläuterung, daß der Planungsbedarf für ein Einfamilienhaus ein anderer ist als derjenige für ein regionales oder überregionales Einkaufszentrum mit mehreren tausend Quadratmetern Verkaufsfläche.

2. Rechtliche Vorgaben

2.1 Gesetzliche Regelungen

Gemessen an dem wirtschaftlichen Wert, der im Immobilienbereich realisiert und umgesetzt wird, sind die rechtlichen Rahmenbedingungen – außerhalb der technischen Normen in DIN-Vorschriften und Verordnungen – eher als mager zu bezeichnen. Es ist in diesem Zusammenhang auch darauf hinzuweisen, daß der Bundesgesetzgeber in neue Strukturen und Arbeitsfelder der im Immobilienbereich Handelnden nicht planend und regelnd eingreift, sondern nur gleichsam im Bedarfsfall tätig wird. Noch immer haben sich die

Bestimmungen des BGB mit den Regelungen über die besonderen Schuldverhältnisse als ausreichend erwiesen, Entscheidungen zu finden, mögen sie von den Beteiligten als sachgerecht oder als nicht sachgerecht empfunden werden. Es ist aber nicht zu leugnen, daß dieses Regelungsdefizit zugleich zu einer Rechtsunsicherheit führt, da erst eine Entscheidung der Gerichte, sofern sich die Beteiligten nicht anders einigen, eine Rechtsklarheit herstellt.

2.1.1 Architekt oder Projektsteuerer

Das BGB in seiner aus dem vergangenen Jahrhundert stammenden Fassung kennt den Begriff des Architekten nicht. Es wurde daher der Rechtsprechung überlassen, den Architektenvertrag zunächst als Dienstvertrag zu bewerten, dann erst als einen auf den Erfolg gerichteten Werkvertrag. Den gerade bei großen Bauvorhaben – unentbehrlichen Projektsteuerer, der teilweise Bauherrenfunktion übernimmt, benennt das Gesetz nicht. Er ist lediglich in § 31 der Honorarordnung für Architekten und Ingenieure (HOAI) ausgeführt. Die Regelung in § 31 Abs. 2, wonach der Projektsteuerer ein Honorar nur abrechnen darf, wenn dies bei Auftragserteilung schriftlich vereinbart worden ist, ist nichtig (Urteil des BGH vom 9. Januar 1997, Az. VII ZR), da sie von der Ermächtigungsgrundlage nicht gedeckt ist.

Bislang hatte man geglaubt, daß der Umfang dessen, was der Architekt schuldet, in der HOAI geregelt sei, so daß eine genaue Bezeichnung des Leistungsumfangs des Architekten entbehrlich schien. Nach Auffassung des BGH (BauR 1997, 154) „ist allein der geschlossene Werkvertrag nach Maßgabe der Regelungen des BGB und der dazu im einzelnen getroffenen Vereinbarungen" für die Frage von Bedeutung, was der Architekt oder Ingenieur zu leisten hat. Der Leistungsumfang sollte also aus Gründen der Klarheit deutlich definiert werden.

Auch aus dem Begriff der Projektsteuerung ergibt sich ein klar umrissener Umfang des vom Projektsteuerer vertraglich Geschuldeten nicht (vgl. Locher/Koeble/Frick, a. a. O., Rd. Nr. 2).

2.1.2 Realisierungsphase

Die Milliardenumsätze der deutschen Bauindustrie werden außerhalb des technischen Bereiches abgewickelt, und zwar auf der Grundlage der §§ 631-651 BGB. Die Verdingungsordnung für Bauleistungen (VOB), die in ihrem Teil B Regelungen über Rechte und Pflichten der Bauvertragsparteien enthält, stellt allgemeine Geschäftsbedingungen dar und wird als solche nur bei ausdrücklicher Vereinbarung der Parteien Vertragsinhalt, stellt also insbesondere auch keinen Handelsbrauch dar (Ingenstau/Korbion, VOB, 13. Auflage, Einleitung Rd. Nr. 91 ff.). Diese Gesetzeslage darf man getrost (nur) als Rahmenbedingung verstehen, innerhalb derer die Parteien vertragliche Absprachen zur Regelung ihrer wechselseitigen Verpflichtungen treffen können, sollten und müssen.

2.1.3 Nutzungsphase

Soll mit der Immobilie – wie üblich – eine Rendite erzielt werden, geschieht dies in aller Regel durch Überlassung an Dritte auf Zeit, also den Abschluß von Miet-, Leasing- oder sonstigen Nutzungsverträgen. Diesen gesamten Bereich regelt das BGB in den §§ 535–580a, wobei allein unterschieden wird zwischen Wohnraummietverhältnissen einerseits und gewerblichen Mietverhältnissen andererseits. Dabei erfassen die gesetzlichen Bestimmungen im wesentlichen nur die vertraglichen Eckdaten, der gesamte Bereich des Tagesgeschäfts wird durch die Verwendung von unbestimmten Rechtsbegriffen der Rechtsprechung überlassen.

2.2 Vertraglicher Regelungsbedarf

Zusammenfassend ist der vorhandene Regelungsumfang als überschaubar zu bezeichnen. Es ist den Parteien eines Vertrages daher zu empfehlen, die zwischen ihnen geltenden Rechte und Pflichten eingehender zu regeln, da jeder Einzelfall Besonderheiten gegenüber dem gesetzlich angenommenen Normfall aufweist. Bis an die Grenzen des Wucherverbots und des Grundsatzes von Treu und Glauben sind die Vertragspartner frei, ihr internes Verhältnis zu regeln. Besonderheiten ergeben sich, wenn eine der Parteien allgemeine Geschäftsbedingungen verwendet, die zu der Anwendbarkeit des Gesetzes zur Regelung der allgemeinen Geschäftsbedingungen führt, was nicht selten die Unwirksamkeit von vertraglichen Regelungen nach sich zieht.

2.2.1 Vorüberlegungen

Wie oben dargestellt wurde, sind die gesetzlichen Vorgaben überschaubar. Was nicht gesetzlich geregelt ist, unterliegt letztlich der richterlichen Auslegung und Würdigung, sofern es nicht ausdrücklich als vertragliche Verpflichtung vereinbart wird. In jeder Phase eines Bauvorhabens handeln daher alle Vertragsbeteiligten vernünftig, wenn sie den Versuch unternehmen, jedenfalls die vorhersehbaren Problemfelder und tatsächlichen Gegebenheiten soweit und so klar zu regeln, daß eine Auslegung durch die Parteien mit ihren unterschiedlichen Interessen oder ein Gericht gar nicht erst erforderlich wird. Die tägliche Praxis zeigt, daß die Fülle des Unvorhersehbaren so umfangreich ist, daß in diesem Bereich bei allem Bemühen um Klarheit noch immer hinreichend Auslegungsbedarf verbleibt. Auch sind alle Verhandlungspartner davor zu warnen, erkannte Problembereiche offenzulassen oder diffus zu regeln in der Annahme, hieraus künftig Vorteile ziehen zu können. Nicht selten wird daraus ein Eigentor.

Bei jedem der abzuschließenden Verträge, beginnend bei der Planung und endend bei den Nutzungsverträgen, muß sich der Investor die Frage stellen, ob er einen vertraglichen Regelungsbedarf hat. Diesen vertraglichen Regelungsbedarf hat er nur dann nicht, wenn sich die erwünschte Rechtsfolge bereits aus dem Gesetz ergibt. Nur wenn dies nicht der Fall ist, muß eine vertragliche Regelung angestrebt werden, die die eigene Position verbessert. Würde dieser Grundsatz hinreichend beachtet, könnten manche Verträge kürzer ausfallen.

2.2.2 Allgemeine Geschäftsbedingungen

Die Realisierung eines Bauvorhabens von der Planung bis zur Fertigstellung und Nutzung stellt einen sich häufig wiederholenden Vorgang dar. Dieser Wiederholungsfaktor führt dazu, daß die Regelungswünsche sich wiederholen und zu standardisierten Vertragsregelungen führen. Von wesentlicher Bedeutung in diesem Zusammenhang ist auch die unterschiedliche Marktstellung zwischen den Vertragspartnern, die dazu führen mag, daß eine Partei den Vertrag wegen ihrer wirtschaftlichen Überlegenheit gleichsam diktieren kann.

Diese Mißbrauchsmöglichkeit soll durch das Gesetz zur Regelung der allgemeinen Geschäftsbedingungen, das im Grunde auch für Vollkaufleute gilt, eingeschränkt werden. Wegen der Fülle der Sachverhalte hat der Gesetzgeber nur einen geringen Bereich konkreter Regelungen in den §§ 10 und 11

AGBG vorgesehen, im übrigen in § 9 AGBG mit einer Generalklausel gearbeitet, um den sich ändernden Bedingungen und Vertragsregelungen Rechnung zu tragen, hat also letztlich die Entscheidungsmacht den Gerichten übertragen. Der Preis der Flexibilität ist die Rechtsunsicherheit. Die Strafe für den Verwender allgemeiner Geschäftsbedingungen wurde von der Rechtsprechung zusätzlich noch durch das Verbot der geltungserhaltenden Reduktion erhöht. Nach diesem Grundsatz tritt an die Stelle einer unwirksamen vertraglichen Regelung die gesetzliche Bestimmung, die die Vermutung der Ausgewogenheit für sich in Anspruch nehmen kann. Der Verwender kann sich also nicht darauf berufen, daß seine Klausel zwar unwirksam sei, er aber Anspruch darauf habe, daß diese Klausel so ausgelegt werde, wie sie gerade noch zulässig wäre.

Für die tägliche Praxis bedeutet diese Vorgabe durch den Bundesgerichtshof, daß sich derjenige, der einen Vertrag zu entwerfen hat, bei jeder Klausel die Frage stellen muß, ob die Grenzen des AGBG eingehalten sind oder nicht, mit der Folge, daß dann die gesetzliche Regelung gilt. In Einzelbereichen hat die Rechtsprechung bereits feste Grenzen gezogen und damit Rechtssicherheit geschaffen, wodurch zugleich der Regelungsspielraum eingeschränkt wird. Diese Grenzen müssen bei der Vertragsgestaltung berücksichtigt werden.

2.2.3 VOB/B

Eine besondere Form der allgemeinen Geschäftsbedingungen stellt die Verdingungsordnung für Bauleistungen in ihrem Teil B dar. In der Erkenntnis, daß das gesetzliche Werkvertragsrecht den Besonderheiten eines größeren Bauvorhabens nicht hinreichend gerecht wird, wurde unter Mitwirkung der an der Bauwirtschaft Interessierten der Regelungskomplex der VOB/B geschaffen. Dieser Regelungskomplex soll, ohne daß dafür bislang ein hinreichender Nachweis geführt werden konnte, die Interessen von Besteller (Bauherr) und Unternehmer ausgewogen regeln. Hiervon geht jedenfalls auch der Bundesgerichtshof aus, wobei seine Prämisse ist, daß die VOB/B als Ganzes vereinbart sein muß. Nur in diesem Fall ist die VOB/B, die tatsächlich allgemeine Geschäftsbedingungen darstellt, dem Prüfungsmaßstab des AGBG entzogen (BGH, NJW-RR 91, 535, 727). Wird sie danach nicht als Ganzes vereinbart, sondern sucht der Verwender eine einseitige Verbesserung seiner Position im Vertrag, ist jede einzelne Bestimmung der VOB/B isoliert auf ihre Vereinbarkeit mit dem AGBG hin zu überprüfen, und zwar auch dann, wenn bei dieser Bestimmung keine Veränderung vorgenommen worden war.

2.2.4 Verhandlungsprotokolle

Das Gesetz zur Regelung der allgemeinen Geschäftsbedingungen ist nicht anwendbar, soweit die Vertragsbestimmungen im einzelnen ausgehandelt wurden, § 2 AGBG. Dem Wortlaut der letztlich unterzeichneten Vertragsregelungen kann man häufig nicht entnehmen, ob sie im einzelnen ausgehandelt wurden oder von dem Verwender gestellt und ohne Verhandlung letztlich Vertragsinhalt geworden sind. Es kann daher im Einzelfall von erheblicher Bedeutung sein, im Rechtsstreit den Nachweis führen zu können, daß eine Vertragsklausel, die sich ihrem Wortlaut nach als allgemeine Geschäftsbedingung darstellt, gleichwohl im einzelnen verhandelt worden ist oder beispielsweise mit diesem Wortlaut in den Vertrag aufgenommen wurde, weil Zugeständnisse an anderer Stelle gemacht wurden. Gerade bei umfangreichen Vertragsverhandlungen ist es daher dringend zu empfehlen, entsprechende Verhandlungsprotokolle zu fertigen und aufzubewahren, um ggf. einen derartigen Nachweis führen zu können.

3. Planungs- und Realisierungsphase

3.1 Vorbemerkung

Gerade bei komplexen Bauvorhaben mit einer beabsichtigten Nutzungs- und Nutzervielfalt ist bereits in der Planungsphase eine Vielzahl von Beteiligten eingeschaltet. Bevor die eigentliche Realisierungsphase mit der Entwurfsplanung des Architekten beginnt, können sinnvollerweise bereits Projektentwickler eingeschaltet werden, die das jeweilige Objekt auf ihre optimale Nutzbarkeit unter Marktgesichtspunkten untersuchen. Während der Projektsteuerer auf der Auftraggeberseite steht und dessen Funktionen wahrnimmt, arbeitet der Projektentwickler selbständig neben dem Bauherrn auf eigene Rechnung und schuldet ihm eine Fremdleistung (vgl. Falk, B.: Fachlexikon Immobilienwirtschaft, 1996, Stichwort Projektsteuerung). Der Begriff der Projektsteuerung hat noch nicht feste Konturen erlangt. Der Bauherr und Auftraggeber muß daher bemüht sein, sich selbst zunächst Klarheit darüber zu verschaffen, welche Leistungen er von dem Projektsteuerer erwartet, und muß beachten, daß die Verträge mit den anderen Beteiligten so aufeinander abgestimmt sind, daß nicht Leistungen doppelt in Anspruch genommen werden und bezahlt werden müssen. Diese Problematik wird der Bauherr ohne erfahrene Baujuristen kaum selbst bewältigen können. Wegen der Dauer des Genehmigungsverfahrens wird frühzeitig ein Architekt einzuschalten sein, der wiederum die gesamte Planung nur unter Hinzuziehung von Fachprojektanten und Statikern bewältigen kann. Zugleich muß der Bauherr sich um die Finanzierungsseite kümmern.

3.2 Vertragsgestaltung

3.2.1 Grundsätzliches

Optimales und möglichst streitfreies Vertrags-Management beginnt bereits im Rahmen der Vertragsverhandlungen mit dem Versuch, die konkreten Regelungsbereiche des Einzelfalls zu erfassen und einer Regelung zu unterwerfen. Je besser und umfassender dies gelingt, desto wahrscheinlicher ist es, daß sich die Vertragsabwicklung problemfrei gestaltet. Dabei sollte der Versuch unternommen werden, jedes erkannte Problem einer vertraglichen Regelung zuzuführen. Bewußt offengelassene Lücken können gefährlich werden.

Im Zeitpunkt der ersten Auftragserteilungen ist der Gegenstand des Auftrages noch diffus. Die Planungsziele stehen noch nicht fest, die Realisierbarkeit ist zweifelhaft. Diese Entwicklungsphase ist daher dadurch gekennzeichnet, daß teilweise Wege beschritten werden müssen, die sich letztlich nicht als gangbar erweisen. Diese Erfahrung liegt in der Natur der Sache und ist vom Architekten im Rahmen der Vorplanung zu berücksichtigen, wenn er als Grundleistung das Erarbeiten eines Planungskonzeptes einschließlich Untersuchung der alternativen Lösungsmöglichkeiten zu erbringen hat. Die Vertragsparteien sollten daher den Versuch unternehmen, eine Regelung dafür vorzusehen, in welchem Umfang der jeweilige Auftragnehmer in seinem Leistungsbereich Lösungsversuche unterschiedlicher Art zu erarbeiten hat, ohne Anspruch auf zusätzliche Vergütung zu haben.

3.2.2 Stufenweise Beauftragung

Die Auftragnehmer wünschen sich eine Beauftragung für eine Komplettleistung. Der Bauherr hat vernünftigerweise während jeder Phase seines Projektes die Frage zu beantworten, ob er sich noch auf dem rechten Wege mit seinem Objekt befindet und die vorgegebenen Eckdaten einhält. Für ihn stellt daher eine Gesamtbeauftragung von Anfang an ein nicht unerhebliches Risiko dar, da er zwar einerseits als Herr des Geschehens jederzeit sein Projekt beenden kann, andererseits aber ohne abweichende Regelung die vereinbarten Vergütungen abzüglich ersparter Aufwendungen zu bezahlen hat, § 649 BGB. Es ist ihm daher zu empfehlen, die Leistungen stufenweise nach Planungsfortschritt zu beauftragen oder abzurufen. Bei dem Architektenvertrag ist die damit erforderliche sachliche Unterteilung der zu erbringenden Leistungen relativ einfach durch Verweis auf die Leistungsphasen des § 15 HOAI zu erbringen. Entsprechende Leistungsbilder gibt es für Projektsteuerer und Projektentwickler (noch) nicht, so daß es in diesem Fall erforderlich ist, das Ausstiegsrecht des Bauherrn konkret zu bezeichnen, entweder unter zeitlichen Gesichtspunkten oder nach erreichten Leistungsständen.

3.3 Einzelne Regelungskomplexe

3.3.1 Planungsbereich

- *Vergütung*. Durch die Honorarordnung für Architekten und Ingenieure (HOAI) hat der Verordnungsgeber, durch Bundesgesetz ermächtigt, die Honorare der Architekten und Ingenieure festgelegt. Das verdiente Honorar ermittelt sich nach Honorarzone, Leistungsumfang und anrechenbaren Kosten. Der Planer wird also durch hohe Baukosten begünstigt. Nur innerhalb enger Grenzen können die Honorarergebnisse durch freie Vereinbarung nach oben oder unten verändert werden. Gleichwohl erweist die Praxis, daß Mindestsatzunterschreitungen häufig vorkommen und unbeanstandet bleiben, da sich die Architekten ihrer Rechte nicht bewußt sind oder diese nicht ausüben wollen.

  Unter dem Gesichtspunkt eines vereinfachten Vertragsmanagements muß sich der Bauherr die Frage stellen, ob er das Honorar pauschalieren will. Hieran hat häufig der Planer ein Interesse, weil er sich den beschwerlichen Weg ersparen will, eine prüffähige Rechnung, sei es Abschlags- oder Schlußrechnung, stellen zu müssen. Mit der Pauschalierung geht immer auch ein Maß an Transparenz verloren. Insbesondere aber sollte der Auftraggeber, wenn er einen Pauschalvertrag abschließt, darauf achten, daß der Planer gleichwohl verpflichtet ist, die Leistungen im Rahmen von Kostenschätzung, Kostenberechnung, Kostenanschlag und Kostenfeststellung durchzuführen, um auf diese Weise fortlaufend Kontrolle über die Kostenentwicklung zu gewinnen.

- *Zeitliche Komponente.* Für den Bauherrn ist häufig von entscheidender Bedeutung, daß er sein Vorhaben innerhalb des vorgegebenen oder von ihm gesetzten Zeitrahmens realisiert. Gerade in der Planungsphase sind besondere Unwägbarkeiten gegeben, da im Genehmigungsverfahren Zeitläufe kaum planbar sind. Das Genehmigungsverfahren mit seinen nicht von Anfang an völlig überschaubaren Gegebenheiten und Notwendigkeiten entzieht diesen Komplex der zeitlichen Fixierung. Auch wäre hierbei die Gefahr gegeben, daß Qualität und optimale Ausnutzung und Gestaltung dem Zeiterfordernis geopfert werden. Aus diesem Grunde finden sich in Planungsaufträgen selten exakte Fristen. Da sich dieser Bereich der Regelung entzieht, ist ein sachgerechtes Vertragsmanagement auf dieser Ebene in erster Linie durch ständiges Nachfassen und Aktivieren gekennzeichnet. Ein fester Termin zur Erbringung bestimmter Planungsphasen ist für den Bauherrn selten sinnvoll, da er dann zwar wahrscheinlich eine zeitgerechte Planung erhält, möglicherweise aber nicht die optimale.
- *Kostenentwicklung.* Der Architekt hat bei seiner Planungstätigkeit auch wirtschaftliche Vorgaben zu berücksichtigen, insbesondere den vom Bauherrn gesetzten Kostenrahmen für sein Objekt. Als Grundleistung schuldet der Architekt im Rahmen der Vorplanung eine Kostenschätzung und im Rahmen der Entwurfsplanung eine Kostenberechnung. Diesen Aufgaben liegt die Annahme zugrunde, daß mit sich entwickelnder Planung auch die Kostenplanung differenzierter und genauer wird. Der Planer haftet für die Richtigkeit seiner Kostenschätzung und Kostenberechnung, wobei die zulässige Fehlerspanne mit fortschreitendem Planungsstand sinkt. Die rechtzeitige Abforderung dieser Leistungen reduziert also das Risiko des Bauherrn, Opfer einer für ihn nicht vorhersehbaren Kostenexplosion zu werden.

3.3.2 Ausführungsbereich

- *Leistungsgegenstand.* Es mag auf den ersten Eindruck überraschen, daß die Festlegung des Leistungsgegenstandes etwas mit Vertragsmanagement zu tun haben soll. Wenn in diesem Zusammenhang noch der Begriff des Nachtrags angesprochen wird, kann das Geheimnis gelüftet werden. Eine möglichst klare Definierung des Leistungsgegenstandes verhindert bei der Vertragsabwicklung eine Auseinandersetzung über den Umfang des Geschuldeten. Nachträge müssen nicht verhandelt werden. Es ist also dringend zu empfehlen, bereits mit Vertragsabschluß den Gegenstand des Geschuldeten möglichst genau zu definieren.

- *Vergütung.* Während das BGB nur von dem Werklohn spricht und also eine Differenzierung vermeidet, unterscheidet die VOB in § 2 Nr. 2 zwischen Einheitspreisvertrag einerseits und anderen Berechnungsarten andererseits und nennt hierbei Pauschalsumme, Stundenlohn und Selbstkosten. Nur im Rahmen des Pauschalvertrages sind eine wie auch immer anzustellende Ermittlung des zu bezahlenden Werklohns und die Überprüfung dieser Ermittlung entbehrlich. Bei der Pauschale wird gleichsam die zu entrichtende Vergütung von der zu erbringenden Leistung abstrahiert, wenngleich bei der Ermittlung der Pauschale der Bezug hergestellt worden war. Aus diesem Grund ist der Pauschalpreisvertrag zwar abwicklungstechnisch einfacher, andererseits birgt er für beide Vertragsparteien Risiken in wirtschaftlicher Hinsicht. Die Pauschale reicht aus Sicht des Unternehmers möglicherweise nicht aus, aus der Perspektive des Bestellers und Auftraggebers wird möglicherweise zu teuer eingekauft.
- *Fristen.* Im Rahmen der Ausführungsphase hat sich das geplante Bauvorhaben soweit konkretisiert, daß seine Umsetzung in zeitlicher Hinsicht fixierbar ist. Termine können vereinbart werden in Richtung auf Arbeitsbeginn, Arbeitsdurchführung und Fertigstellung der Arbeiten. Liegen sämtliche Voraussetzungen, insbesondere sämtliche Genehmigungen vor, kann ein Arbeitsbeginn kalendermäßig festgelegt werden. Zumeist fehlen jedoch noch einzelne Genehmigungen, so daß der Arbeitsbeginn hieran anknüpfend, also gleichsam variabel, festgelegt werden kann.

Im Rahmen der Ausführung nach Arbeitsbeginn ist der Unternehmer im Grunde frei, wie er sich seine Leistung in zeitlicher Hinsicht einteilt. Er hat allerdings die Verpflichtung, diesen Fortgang des Bauvorhabens angemessen zu fördern. Nach ihrem Wortlaut in § 5 unterstellt die VOB/B gleichsam, daß die Vereinbarung von verbindlichen Fristen, innerhalb derer mit der Ausführung zu beginnen, diese angemessen zu fördern und die Leistung zu vollenden ist, üblich sei. In einem Bauzeitenplan enthaltene Einzelfristen gelten nur dann als Vertragsfristen und sind als solche verbindlich, wenn dies in dem Vertrag ausdrücklich geregelt ist. Die bloße Aufnahme von Terminen in einen Bauzeitenplan führt also noch nicht dazu, daß Vertragsfristen vereinbart sind. Der Bauherr hat also eine wirksame Kontrollmöglichkeit über den Ablauf der Baustelle nur dann, wenn es ihm gelingt, mit dem Auftragnehmer Vertragsfristen zu vereinbaren. Diesem Ansinnen widersetzen sich die Auftragnehmer unter Hinweis darauf, daß sie im Rahmen der Ausführung flexibel bleiben wollen. Es ist daher dem an einer Kontrolle über seine Baustelle interessierten Auftraggeber zu empfehlen, sich auf bestimmte Zeitpunkte zu beschränken, etwa Fertigstellung Decke über dem ersten Obergeschoß, Fertigstellung Rohbau etc.

Durch entsprechende vertragliche Festlegung werden Kontrollzeitpunkte installiert, anhand derer die ordnungsgemäße Vertragsabwicklung durch den Auftragnehmer stichprobenweise kontrolliert werden kann. Vertragsfristen, seien es Einzelfristen zur Absicherung des kontinuierlichen Baufortschritts oder der Gesamtfertigstellungstermin, können vertragsstrafebewehrt werden. Insofern handelt es sich aber nicht um einen Punkt des Vertragsmanagements, sondern um den Versuch, den Auftragnehmer mittels einer Strafe zur Vertragstreue anzuhalten.

- *Qualitätsmanagement.* In welcher qualitativen Art der Auftragnehmer seine Leistung zu erbringen hat, wird zumeist durch das Leistungsverzeichnis, auf dessen Grundlage der Unternehmer sein Angebot erarbeitet hat, festgelegt. Mit Baufortschritt werden einzelne Leistungsteile förmlich zugedeckt. Gerade für diese Bereiche, die später nicht oder nur schwer zugänglich sind, ist eine permanente Qualitätskontrolle unentbehrlich, um ein Auftreten von Schäden im nachhinein mit den dann erforderlich werdenden Vor- und Nacharbeiten und sonstigen Auswirkungen zu vermeiden. Eine gute Bauaufsicht ist daher ein wesentliches Element eines erfolgreichen Vertrags-Managements, da sie die Voraussetzung für ein schnelles und damit möglichst folgenarmes Eingreifen bei Leistungsdefiziten darstellt.

- *Abnahme.* Der Unternehmer schuldet die Herstellung des vereinbarten Werkes. Dieser Leistungserfolg wird mit der Abnahme bestätigt. Unter Abnahme wird die Billigung der Leistung als im wesentlichen vertragsgerecht verstanden (vgl. Ganten/Jagenburg/Motzke: VOB/B, vor § 12 Rd. Nr. 30). Die Abnahme hat weitreichende rechtliche Bedeutungen. Der Auftraggeber ist zur Abnahme nach Fertigstellung des Werkes verpflichtet, wenn das Werk mangelfrei (BGB) ist oder keine wesentlichen Mängel aufweist (§ 12 Nr. 3 VOB/B). Eine verfallene, bei der Abnahme aber nicht vorbehaltene Vertragsstrafe kann vom Auftraggeber nicht mehr geltend gemacht werden. Auch können Mängel, die bekannt sind und bei der Abnahme nicht vorbehalten werden, nicht mehr geltend gemacht werden, § 640 BGB. Mit der Abnahme beginnt der Lauf der Gewährleistungsfrist. Wegen dieser weitreichenden Konsequenzen ist es erforderlich, zur Abnahme eine sachkundige Person hinzuzuziehen, die in erster Linie technisch versiert sein muß, darüber hinaus aber auch die rechtlichen Gegebenheiten einschätzen können sollte.

- *Sicherheiten.* Immer häufiger werden bei der Abwicklung von Bauverträgen Sicherheiten vereinbart. Der Bauherr und Auftraggeber stellt eine Zahlungsbürgschaft, der Unternehmer eine Vertragserfüllungsbürgschaft. Sind diese befristet, muß im Rahmen der Abwicklung darauf geachtet werden, daß die Bürgschaften nicht verfallen, also innerhalb der Befristung in Anspruch genommen werden, sofern Ansprüche bestehen oder behauptet werden.

Wechselseitig gegebene Bürgschaften sichern lediglich Ansprüche. Will sich der jeweilige Gläubiger, sei es der Bauherr oder der Werkunternehmer, damit zugleich Liquidität verschaffen, muß vereinbart werden, daß der Bürge sich zur Zahlung auf erstes Anfordern verpflichtet. Dann ist der Bürge auf bloße Aufforderung hin zur Zahlung verpflichtet; die Frage, ob der geltend gemachte Anspruch berechtigt ist, wird erst nach erfolgter Zahlung in dem sogenannten Rückforderungsprozeß geklärt. Da es sich bei dieser Bürgschaftsart um ein riskantes Geschäft handelt, das zu Mißbrauch einlädt, können derartige Bürgschaften wirksam nur von Kreditinstituten gegeben werden (BGH WM 90, 1410). Darüber hinaus ist eine formularmäßig eingegangene Verpflichtung zur Stellung einer solchen Bürgschaft unwirksam.

- *Gewährleistung.* Ist das Werk abgenommen, besteht grundsätzlich der ursprüngliche Erfüllungsanspruch nicht mehr. Sind Mängel vorhanden, kann der Auftraggeber Gewährleistungsansprüche geltend machen. Diese Gewährleistungsansprüche unterliegen der Verjährung. Die Verjährungsfrist beträgt bei einem BGB-Vertrag fünf Jahre. Haben die Parteien die Geltung der VOB/B ohne Abänderung vereinbart, ist die Gewährleistungsfrist zwei Jahre, wobei mit erster schriftlicher Mängelrüge an die Stelle der zweijährigen Gewährleistungsfrist die zweijährige Verjährungsfrist hinsichtlich des geltend gemachten Mängelbeseitigungsanspruches tritt. Schon die erste schriftliche Mängelrüge setzt die zweijährige Verjährungsfrist in Gang, eine zweite Mängelrüge, die denselben Punkt betrifft, ist also unter zeitlichen Gesichtspunkten ohne Belang.

Da diese Gewährleistungsfrist der VOB/B von zwei Jahren für zu kurz erachtet wird, vereinbaren die Parteien häufig eine Verlängerung dieser Frist auf fünf Jahre. Diese Vereinbarung ist unter dem Gesichtspunkt des Eingriffs in die VOB/B als Ganzes unbedenklich, da sich die VOB/B in § 13 Nr. 4 Satz 1 selbst unter den Vorbehalt stellt, daß „für die Gewährleistung keine Verjährungsfrist im Vertrag vereinbart" ist.

Danach kann der Bauherr bei einem BGB-Vertrag den Ablauf der Gewährleistungsfrist leicht ermitteln, wenn Hemmungs- und Unterbrechungstatbestände durch Mängelrüge und Untersuchung des Mangels sowie Anerkenntnis des Mängelbeseitigungsanspruches außer Betracht bleiben. Ist die VOB/B vereinbart, gestaltet sich die Feststellung der Termine schwieriger, da durch die Bedeutung von Mängelrügeschreiben auf den Lauf der Gewährleistungsfrist eine differenzierte Betrachtung notwendig ist.

In jedem Fall tut der Bauherr gut daran, sich rechtzeitig über den Lauf der Fristen klar zu werden, um nicht am Ende in Zeitdruck zu geraten, wenn gerichtliche Schritte zur Verjährungsunterbrechung unvermeidlich sind. Diese Fristenkontrolle ist ein wesentlicher Faktor des Vertrags-Managements im Gewährleistungsbereich.

4. Betriebsphase

4.1 Vorbemerkungen

Die Planungs- und Realisierungsphase sind die notwendigen Vorstufen zur Nutzungsphase. Versäumnisse sind häufig nicht oder nur unter erheblichen Kosten zu beseitigen. Eine intelligente Planung zeichnet sich dadurch aus, daß sie Schwierigkeiten aus der Betriebsphase bereits antizipiert und planliche Lösungen entwickelt. Dabei handelt es sich nicht um einen Selbstzweck, sondern um den Versuch, das in der Betriebsphase immer gegebene Konfliktpotential möglichst gering zu halten. Dabei sind nicht alle Umstände, die ein funktionierendes Vertragsmanagement in der Betriebsphase zu berücksichtigen hat, von der Planung in architektonischer und bautechnischer Hinsicht in gleicher Weise abhängig.

4.2 Einzelne Bereiche

4.2.1 Vertragsdauer

Miete ist die Überlassung einer Sache auf Zeit gegen Entgelt. Dabei sind die Vertragsparteien frei, welchen Zeitraum sie vereinbaren wollen. Im Gewerbemietbereich sind längere, feste Vertragslaufzeiten üblich, damit die erforderlichen und getätigten Investitionen sich amortisieren können. Bei größeren Einheiten ist die Vereinbarung einer Laufzeit von zehn Jahren häufig, insbesondere dann, wenn es sich um gute Standorte handelt. Die jeweilige feste Vertragslaufzeit wird auf Vermieter- und Mieterseite gleichermaßen von den wirtschaftlichen Erwartungen abhängig gemacht und der Versuch unternommen, die weitere Entwicklung des Mietenmarktes vorherzusehen. Erwartet der Mieter einen Anstieg der ortsüblichen Preise, sucht er eine lange Bindung, während der Vermieter bei gleicher Erwartung ein gegenteiliges Ziel durchzusetzen versucht.

Die Gestaltungsmöglichkeiten hinsichtlich der Vertragslaufzeit sind mannigfaltig. Es kann eine feste Laufzeit ohne Kündigungserfordernis und ohne Verlängerungsmöglichkeit vereinbart werden, eine feste Laufzeit mit Verlängerungsmodalitäten für den Fall, daß nicht gekündigt wird, eine feste Laufzeit ohne Kündigungsnotwendigkeit, aber ohne Abbedingung der gesetzlichen Regelung, daß sich das Mietverhältnis mangels Widerspruchs hinsichtlich der fortdauernden Nutzung in ein unbefristetes Mietverhältnis verlängert, und schließlich die Regelung einer Option zugunsten des Mieters. Dabei sollten die Vertragsparteien schon bei der Vereinbarung ihrer Regelung diese gedanklich durchspielen, um nicht bei Vertragsende Überraschungen zu erleben.

Für das Vertrags-Management ist von Bedeutung, daß die jeweils vereinbarten Fristen und Termine einwandfrei vor- und nachgehalten werden, damit nicht durch bloße Nachlässigkeit Tatsachen geschaffen werden.

Sind in einem Objekt mehrere Gewerbeeinheiten nebeneinander vermietet, sollte der Vermieter den Versuch unternehmen, die Vertragslaufzeit nach einer der o. g. Modalitäten einheitlich abzuschließen, damit sich die Verwaltung insoweit vereinfacht.

Sofern sich dieses Ziel wegen der unterschiedlichen Mieterwünsche nicht realisieren läßt, muß eine individuelle Betrachtung erfolgen und eine Terminkontrolle durchgeführt werden.

4.2.2 Miete

Über die übliche Kontrolle hinsichtlich des Zahlungsverkehrs hinaus muß eine konkrete Kontrolle erfolgen, wenn der Mietzins variabel gestaltet ist.

- *Festmiete.* Eine vereinbarte Festmiete hat zur Folge, daß der Mietzins über den vereinbarten Zeitraum hin unverändert bleibt. Einen Anspruch auf Änderung der Miete haben weder Vermieter noch Mieter. Für die Dauer der Befristung ist eine Kündigung mit dem Ziel, hiermit eine Änderung des Mietzinses zu erreichen, nicht möglich.
Diese Mietzinsvereinbarung wird üblicherweise nur bei Mietverträgen mit kurzer Laufzeit vereinbart. Falls eine Verlängerungsoption eingeräumt wird, sollte sich der Vermieter insoweit eine ausdrückliche Anpassungsklausel einräumen lassen. Der Vorteil der Festmiete für den Vermieter liegt in der genauen Kalkulierbarkeit, da auch ein Abweichen nach unten ausgeschlossen ist.

Da eine unveränderliche Festmiete nur bei Verträgen mit kurzer Laufzeit abgeschlossen wird, hält sich das beiderseitige Risiko im Rahmen des Vertretbaren. Ein besonderer Verwaltungsaufwand ist bei dieser Mietzinsart nicht erforderlich.
- *Indexmiete.* Bei dieser Mietzinsart wird der Mietzins variabel gestaltet, und zwar entsprechend der Veränderung des vereinbarten Wertmaßstabes. Als Wertmaßstab wird meist einer von mehreren vom Statistischen Bundesamt monatlich herausgegebenen Indizes vereinbart.

Nach § 3 Währungsgesetz sind derartige Klauseln untersagt, es sei denn, sie werden von der Deutschen Bundesbank genehmigt. Die Deutsche Bundesbank hat hierzu Genehmigungsrichtlinien erlassen, wonach bei Mietverträgen eine derartige Wertsicherungsklausel dann genehmigt wird, wenn sich der Vermieter auf die Dauer von mindestens zehn Jahren vertraglich verpflichtet hat. Diese Voraussetzung ist nicht nur dann erfüllt, wenn der Vertrag eine feste Laufzeit von zehn Jahren hat, sondern auch schon dann, wenn zu einer festen Laufzeit von fünf Jahren ein Optionsrecht des Mieters auf Vertragsverlängerung um weitere fünf Jahre hinzutritt.

Neben der genauen Bezeichnung des anzuwendenden Index (beispielsweise 4-Personen-Arbeitnehmerhaushalt mit mittlerem Einkommen oder branchenspezifischer Index) ist insbesondere das Verfahren der Anpassung zu regeln. Früher geschah dies häufig durch die Vereinbarung von Auslöseschwellen, etwa einer Veränderung des Index um 10 % oder zehn Punkte. Da bei einer derartigen Regelung der Vermieter regelmäßig die Entwicklung des Index verfolgen mußte, konnte leicht der Fall eintreten, daß das Überschreiten der Schwelle übersehen und die Anpassung vergessen wurde. Als Folge wurde ein Automatismus vereinbart, der die Anpassung lediglich an das Überschreiten der Schwelle anknüpfte, ohne daß eine Vertragspartei verpflichtet sein sollte, die sich daraus ergebende Änderung hinsichtlich des Mietzinses geltend zu machen. Versäumnisse waren also unschädlich.

Neuerdings ist es üblich, die Anpassung nicht mehr vom Überschreiten einer Auslöseschwelle abhängig zu machen, sondern den Mietzins kalenderjährlich anzupassen, was zu einer jährlichen Veränderung des Mietzinses führt.

Sind die wirtschaftlichen Gesamtumstände so gestaltet, daß von einem Mietermarkt gesprochen werden kann, können die Mieter erreichen, daß keine volle Anpassung entsprechend der Änderung des Index erfolgt, sondern nur eine anteilige Anpassung. Damit sinkt der Realertrag aus dem Objekt mit wachsender Vertragsdauer.

- *Staffelmiete.* Mit der Vereinbarung einer Staffelmiete werden die unterschiedlichen Miethöhen für bestimmte Zeiträume innerhalb der gesamten Vertragsdauer im voraus festgelegt. Mit dem vereinbarten Zeitpunkt verändert sich die Miete entsprechend dem Vertrag. Zur Meidung von Auslegungsproblemen sollten die Endbeträge für die einzelnen Zeiträume beziffert werden. Zeitliche Grenzen für einen Staffelmietvertrag gibt es weder nach unten noch nach oben. Auch bei der Staffelmiete ist der künftige Mietertrag kalkulierbar. Liegen die einzelnen Schritte der Staffel oberhalb der durchschnittlichen Inflationsrate, steigt der reale Mietertrag. Die Staffelmiete ist in ihrer uneingeschränkten Form sinnvoll für kurz- und mittelfristige Vertragslaufzeiten.

  Das erforderliche Management beschränkt sich auf die Überprüfung, ob der Mieter die geänderten Staffelmieten bezahlt.

- *Umsatzmiete.* Ist eine Umsatzmiete vereinbart, richtet sich die jeweils vom Mieter zu zahlende Miete nach dem in den gemieteten Geschäftsräumen erzielten Umsatz oder Gewinn. Die Höhe des vereinbarten Prozentsatzes hängt von verschiedenen Faktoren wie Branche, Betriebsform, Sortiment und Marktsituation ab und bewegt sich in einer Größenordnung von 2 bis zu 15 %. Bei dieser Mietzinsermittlung nimmt der Vermieter an Erfolg und Mißerfolg des Mieters teil. Da er es bevorzugt, an dem Mißerfolg nicht in vollem Umfang teilzunehmen, werden Umsatzmieten zumeist mit einer Mindestmiete unterlegt, die auch bei niedrigerem Umsatzanteil nicht unterschritten werden darf. Diese Mindestmiete wird zudem häufig noch gestaffelt oder indexiert.

  Bei dieser Mietzinsgestaltung ist von wesentlicher Bedeutung, daß der Begriff des Umsatzes und der des maßgeblichen Zeitraumes, der für die Ermittlung des Umsatzes herangezogen wird, genau festgelegt werden. Falls keine Einschränkungen erfolgen, sollte ausdrücklich geregelt werden, daß der mietpreisbildende Umsatz aus allen Rechtsgeschäften, die in den Mieträumen angebahnt oder abgeschlossen werden, gleich, ob von Mieter, Untermieter oder sonstigen Nutzern getätigt, berücksichtigt wird. Zu regeln ist auch, ob Kundenskonti, Retouren und Personalrabatte ebenfalls umsatzmindernd wirken.

  Um den geschuldeten Mietzins ermitteln zu können, muß sich der Mieter zu Umsatzmeldungen verpflichten. Ob dies monatlich oder quartalsweise zu erfolgen hat, ist festzulegen. Weiter muß klar vereinbart werden, ob die Umsatzmitteilung und die sich daraus ergebende Umsatzmiete für den Zeitraum der Umsatzmeldung abschließend maßgeblich sein sollen oder etwa eine nachfolgende Abgleichung über einen längeren Zeitraum hin, also etwa ein Jahr, erfolgen soll.

Häufig finden sich auch Vereinbarungen dahingehend, daß sich der Prozentsatz am Umsatz mit dessen Veränderung seinerseits verändert, also sich beispielsweise der Prozentsatz mindert, wenn der Umsatz steigt.

Es versteht sich von selbst, daß die Umsatzmiete durch die Notwendigkeit der Überprüfung der Mitteilungen die von der Verwaltung her aufwendigste Form der Mietzinsgestaltung darstellt. Diese Form der Mietzinsgestaltung empfiehlt sich insbesondere dann, wenn damit mindestens auch ein Steuerungsinstrument wahrgenommen werden soll. Insbesondere bei Einkaufszentren hat sich erwiesen, daß die Auswertung der Umsatzmeldungen eines der wichtigsten Steuerungsmittel für den Betreiber oder Center-Manager darstellt.

4.2.3 Betriebs- und Nebenkosten

Entscheidungen und Festlegungen aus der Planungsphase wirken sich bei den Betriebskosten aus. Eine architektonische Gestaltung mit großen Glasflächen oder nur mit großem Kostenaufwand zu reinigende Flächen erhöhen die Betriebskosten ebenso wie aufwendige Materialauswahl oder anspruchsvolle technische Infrastruktur. Die Entwicklung der Nebenkosten hat dazu geführt, daß man heute allgemein von der „zweiten Miete" spricht. Insbesondere die Erhöhung öffentlicher Gebühren und Entgelte hat hierzu beigetragen. Kostenbewußtsein in den angesprochenen Bereichen wirkt sich als Wettbewerbsvorteil aus.

Das BGB geht davon aus, daß mit der Zahlung des Mietzinses die Nebenkosten abgegolten sind, § 546 BGB. Tatsächlich werden heute die Nebenkosten auf den Mieter abgewälzt und von ihm separat neben der Miete bezahlt. Ursache hierfür ist, daß der Vermieter das Risiko von Schwankungen im Nebenkostenbereich abwälzen will.

Während im Wohnungsmietbereich die auf den Mieter umwälzbaren Nebenkosten abschließend in Anlage II zu § 27 der II. BV aufgeführt sind, fehlt es im Gewerbebereich an einer Regelung. Dort können also in größerem Umfang Nebenkosten auf den Mieter abgewälzt werden, insbesondere etwa Verwaltungskosten, Instandhaltungskosten oder auch Kosten von Sicherheitsdiensten. Ob auch Kosten der Instandsetzung umgelegt werden können, ist noch nicht abschließend geklärt. Wegen der o. g. Regelung in § 546 BGB ist jedoch eine Abwälzung durch allgemeine Geschäftsbedingung wegen Unvereinbarkeit mit dem gesetzlichen Leitgedanken unwirksam.

Die Summe der so vom Mieter zu tragenden Nebenkosten wird in Zeitabschnitten, zumeist kalenderjährlich, erfaßt. Werden die Nebenkosten für ein

Objekt mit mehreren Mietern zusammen erfaßt, gilt es, den Verteilungsmaßstab festzulegen. Es empfiehlt sich, diese Festlegung bereits im Vertrag zu treffen, so daß also das Konzept bereits bei der Erstvermietung bestehen muß. Eine Anpassung des Umlegungsmaßstabes bei Vorliegen eines wichtigen Grundes sollte vorbehalten werden.

Der Umlegungsmaßstab muß sachgerecht sein. Es spricht nichts dagegen, die Kosten der Bewirtschaftung von Gemeinflächen, etwa Treppenhäusern oder allgemein zugänglichen Zuwegungen, flächenanteilig zu verteilen. Schwieriger wird es schon, wenn durch architektonische Gestaltungen oder technische Einrichtungen Kosten verursacht werden, ohne daß zugleich gesagt werden kann, daß alle Mieter hieraus gleichen Nutzen ziehen. Ist danach eine Differenzierung geboten, birgt sie immer das Risiko in sich, daß ein Gericht sie nicht für hinreichend differenziert erachtet. Für diesen Fall muß den anderen Mietern gegenüber eine Nachberechnungsmöglichkeit vorbehalten bleiben.

Auf die Nebenkosten hat der Mieter, sofern dies nicht ausdrücklich vereinbart ist, Vorauszahlungen nicht zu leisten. Werden monatliche Vorauszahlungen vereinbart, muß deren Höhe festgelegt werden. Diese Ermittlung ist bei in Betrieb befindlichen Objekten leicht möglich, bei Erstvermietungen ist eine Schätzung erforderlich. Neben der allgemeinen Anpassung der Vorauszahlungen an das Ergebnis des letzten Abrechnungszeitraums sollte sich der Vermieter die Möglichkeit vorbehalten, eine auch unter dem Abrechnungsjahr durchzuführende Erhöhung der Vorauszahlung durchsetzen zu können, wenn durch sprunghafte Erhöhung einzelner Nebenkostenarten eine Unterdeckung durch unveränderte Vorauszahlungen droht.

Die Verpflichtung des Mieters, die Nebenkosten zu erstatten, sollte den Vermieter nicht dazu veranlassen, Optimierungsbemühungen zu unterlassen. Fast alle Nebenkostenarten, die nicht aus behördlichen Gebühren bestehen, können durch aktives Kosten-Management positiv beeinflußt werden.

4.2.4 Konkurrenzschutz und Sortimentsabgrenzung

Nach der Rechtsprechung des Bundesgerichtshofs steht dem Mieter, sofern nichts anderes vereinbart ist, Konkurrenzschutz in dem Mietobjekt und auf in der Nähe gelegenen Grundstücken, die in der Verfügungsgewalt des Vermieters stehen, zu. Er kann also verlangen, daß der Vermieter nicht an konkurrierende Unternehmen vermietet. Ob der BGH auf Dauer bei dieser Rechtsprechung bleibt, ist abzuwarten.

Durch den Konkurrenzschutz, soweit dieser nicht detailliert im Vertrag geregelt ist, wird der Mieter im Kernbereich seiner Branche geschützt. Bloße Sortimentsüberschneidungen, die sich nie ganz vermeiden lassen, unterliegen nicht dem Konkurrenzschutz. Es empfiehlt sich, einen ausdrücklich gewährten Konkurrenzschutz möglichst genau zu definieren. Dabei sind die Verträge mit Mietern, bei denen Sortimentsüberschneidungen möglich erscheinen, aufeinander abzustimmen. Durch die übliche Regelung, daß eine Änderung der Branche des Mieters nur mit Zustimmung des Vermieters möglich ist, wird dieser hinreichend geschützt. Er kann, worauf ausdrücklich hingewiesen werden soll, nicht etwa die Konkurrenten aufeinander verweisen, vielmehr besteht der Konkurrenzschutzanspruch zwischen Mieter und Vermieter. Der Vermieter muß also gegebenenfalls einen Verstoß des Konkurrenten mit Rechtsmitteln zu untersagen suchen.

Da der vom Vermieter geschuldete Konkurrenzschutz vertragsimmanent ist, hat jedenfalls der Vermieter ein Interesse daran, daß dieser Bereich ausdrücklich geregelt wird, um zwischen den Vertragsparteien Rechtssicherheit zu schaffen.

4.2.5 Mietergemeinschaften und Shopping-Center

Nach herkömmlichem Muster verfolgte jeder Gewerbemieter seine eigenen wirtschaftlichen Ziele ohne Rücksicht auf benachbarte Mieter. In der Annahme, Synergieeffekte nutzen zu können, entstanden Shopping-Center. Verschiedene, unter einem Dach zusammengefaßte Branchen sollten sich wechselseitig unterstützen und ein warenhausähnliches Angebot unterhalten, allerdings mit Einzelhandelscharakter.

Mit diesem Ziel ist es nicht mehr vereinbar, wenn sich die vertraglichen Beziehungen auf das Verhältnis Vermieter–Mieter reduzieren. Ein Shopping-Center lebt davon, daß eine einheitliche Präsentation nach außen erfolgt. Hierzu gehören beispielsweise Öffnungszeiten, Werbung, ähnliches Niveau des Angebots u. ä.

Mit einem diese Umstände berücksichtigenden Mietvertrag kann der Vermieter in der Person des Center-Managers Einfluß nehmen auf eine einheitliche Außendarstellung. Ohne besondere Regelungen ist es dem Vermieter jedoch nicht möglich, Einfluß auf die Geschäftspolitik des Mieters zu nehmen, sofern und sobald dies im Interesse der Gesamtheit erforderlich oder wünschenswert ist. Derartige Steuerungsinstrumente bedürfen also der ausdrücklichen vertraglichen Regelung. Hierzu gehören etwa die Einflußnahme auf die Außengestaltung, akustische Werbung, Nutzung von Fensterflächen, Verkaufsständer außerhalb der Miträume etc. Aus der Tatsache allein, daß

Flächen in einem Einkaufszentrum gemietet werden, ergibt sich noch nicht ein Recht des Vermieters auf Einflußnahme in die Verkaufspolitik und Selbstdarstellung des Mieters. Entsprechende vertragliche Regelungen müssen also ausdrücklich vorgesehen werden.

Bei Einkaufszentren wird der Mieter zumeist gemeinsam mit dem Abschluß des Mietvertrages Mitglied einer Werbegemeinschaft. Diese Werbegemeinschaft wird durch der Höhe nach zu regelnde Beiträge der Mieter finanziert und organisiert. Werbliche Maßnahmen für das Gesamtobjekt werden durchgeführt, worin letztlich der von den Mietern gemeinsam verfolgte Zweck dokumentiert wird, ohne daß dadurch gesellschaftsrechtsähnliche Verhältnisse unter den Mietern und zwischen dem Vermieter und den Mietern zustande kommen.

5. Zusammenfassung

Erfolgreiches und streitfreies Vertrags-Management beginnt bereits in der Planungsphase. Hier werden bereits Konfliktfelder begründet oder vermieden. Die Hinzuziehung professioneller Hilfe in Entwicklung und Beratung entspricht daher wohlverstandenem Eigeninteresse des Investors. In jeder Phase des Lebens einer Immobilie von der Planung über Ausführung bis zur Nutzung erweist sich, daß ein professionelles Management, das die Problembereiche aus manchmal leidvollen Erfahrungen kennt, viel zum wirtschaftlichen Erfolg der Immobilie beitragen kann.

Juristisches Projekt-Management für Immobilien

Dr. jur. Walter Beck, Dr. Beck, Bennert & Partner, Rechtsanwälte GmbH, München

Inhalt

1.	Warum Juristisches Projekt-Management?	191
1.1	JurProMI – Teil des Sicherheitspaketes	191
1.2	Rechtsberatung durch Planer-Verstoß gegen das RBerG?	191
1.3	Das Recht – verständlich für die Projektpartner	192
1.4	Das Projekt als Politikum	193
1.5	Checkliste möglicher Probleme	193
1.6	Projektplanung und Lebensqualität	194
1.7	Probleme der Informationsbeschaffung	197
2.	Die Grundstückssicherung	199
2.1	Verlängerungsklausel bei Optionsverträgen	200
2.2	Bestandskräftiges Baurecht	200
2.3	Formerfordernis für Nebenabreden	201
2.4	Formbedürftigkeit von Änderungen der notariellen Urkunden	201
2.5	Kaufpreisberechnung bei Bindung an die Ausnutzung des Grundstücks	201
2.6	Besondere Gefahren bei Erbbaurechtsverträgen	202
2.7	Wegfall der Teilungsgenehmigung	203
2.8	Nichtige Planungsverträge	203

2.9	Verträge mit Gemeinden, Städten	204
3.	Öffentliches Baurecht	204
3.1	Die Umweltverträglichkeitsprüfung	205
3.2	Der Eingriffsausgleich	205
3.3	Der Vorhaben- und Erschließungsplan (VEP)	205
3.4	Wegfall der aufschiebenden Wirkung des Widerspruchs	205
3.5	Prüfung des öffentlichen Planungsverfahrens	206
4.	Besondere Regelungen mit den Planern	206
4.1	Meist besteht nur ein Anspruch auf das Mindesthonorar	207
4.2	Anforderungen an die Schriftform	208
4.3	Teilaufträge und Vertragsstrafe	208
4.4	Keine Kündigung bei Nachbesserung durch Dritte	209
4.5	Honorare bei Bausummen über 50 Mio. DM frei vereinbar	209
4.6	Keine Pflicht zu Planänderungen	209
4.7	Vergütungsanspruch bei mehreren Vorentwürfen	210
4.8	Kündigung aus wichtigem Grund	210
4.9	Urheberrecht/CAD-Planung	211
4.10	Versicherungsschutz	211
5.	Projektsteuerung und AGB-Gesetz	211
5.1	ABG-Gesetz verbietet Überraschungsklauseln	211
6.	Immer vernachlässigt: die Teilungserklärung	213
6.1	Umfassende Vollmacht für den Verwalter	213
6.2	Nutzungsänderung der Sondereigentumsflächen	214
6.3	Nutzung des Gemeinschaftseigentums	214

7.	Einige Probleme bei Unternehmerverträgen	215
7.1	Der Pauschalvertrag – oft überschätzt	215
7.1.1	30jährige Haftung des GU bei mangelnder Überwachung	215
7.1.2	Unterschied zwischen geänderter und zusätzlicher Leistung	216
7.1.3	Neuberechnung des Nachtragspreises	217
7.1.4	Flexibler Baubeginn	217
7.1.5	Einseitige Änderung des Terminplans	217
7.2	30jährige Mängelhaftung bei Verschweigen des Mangels	218
7.3	Abnahme der Bauleistung und Beginn der Verjährung trennen	218
7.4	Mängelnachbesserung ohne Kündigung	220
7.5	Abnahme ohne Vorbehalt der Vertragsstrafe	220
8.	„Management von Mutter Natur"	220
9.	Literatur	221

1. Warum Juristisches Projekt-Management?

1.1 JurProMI – Teil des Sicherheitspaketes

Schon der Name „Juristisches Projekt-Management für Immobilien" (wir kürzen den Begriff auf JurProMI) wird bei manchem Widerspruch hervorrufen. Juristen, insbesondere Rechtsanwälte, sind in der umfassenden Begleitung von großen Projekten häufig nicht sehr gerne gesehen. Ihnen geht der Ruf voraus, das Verfahren komplizierter und problembeladener zu gestalten.

Dort, wo Juristisches Management praktiziert wird, ist die Erfahrung umgekehrt. Dabei ist es gleichgültig, ob dieses Juristische Management für Unternehmenskäufe, Umweltverfahren oder – wie hier – für große Immobilienobjekte eingesetzt wird. Gerade die umfassende Begleitung vom Beginn des Projektes an, also bei Immobilien von der Prüfung des Grundstücksankaufes bis zur späteren Fertigstellung und Vermietung, sorgt für einen erheblich reibungsloseren Ablauf, spart viel Ärger und Geld und hilft, die typischen juristischen Probleme von Großbaustellen erheblich einzugrenzen. Die Investition in eine Gesamtberatung liegt je nach Größe und Umfang zwischen 1 und 1,5 % der gesamten Baumaßnahme. Die Einsparungen sind erheblich höher.

Im Kreise unserer Mandanten kristallisierte sich das Bedürfnis nach Gesamtberatung sehr schnell im Rahmen der *Wiedervereinigung* heraus. Die Verwaltungen in den neuen Bundesländern hatten so gut wie keine Erfahrung, die Architekten und die Projektentwickler aus den alten Bundesländern verfügten auch über keine entsprechende Erfahrung mit der Verwaltung. Diese Lücke führte zu einer sehr frühzeitigen anwaltlichen Einschaltung. Erfreulicherweise für alle Beteiligten stellte sich das rasch als so sinnvoll heraus, daß die Gesamtbetreuung zwischenzeitlich immer häufiger als Teil des gesamten Sicherheitspaketes angesehen wird, das eine rasche und zuverlässige Verwirklichung von großen Projekten verbessert.

1.2 Rechtsberatung durch Planer-Verstoß gegen das RBerG?

In Projekt-Management-Verträgen findet man immer wieder Regelungen, mit denen sich die Projekt-Manager verpflichten, die entsprechende juristische Beratung mitzuerledigen. Nun sind zwar die Planer nach der BGH-Rechtsprechung verpflichtet, über einschlägige rechtliche Kenntnisse zu verfügen; wenn aber ein Projektsteuerer dem Auftraggeber ein Vertrags-Management anbietet, das zum Beispiel umfassend ein Nachtrags-Management verspricht oder die Besorgung der Rechtsangelegenheit während der Projektrealisierung, so liegt immer ein *Verstoß gegen das Rechtsberatungsgesetz* vor.

Solche Verträge, die eine unzulässige Rechtsbesorgung enthalten, sind nach § 134 BGB *nichtig*. Damit wird auch gemäß § 139 BGB der gesamte Projektsteuerungsvertrag nichtig (vgl. dazu auch Art. 1 § 1 RBerG). Für den Projektsteuerer ist deshalb die Rechtsberatung ein sehr großes Risiko, weil sich der Investor praktisch problemlos von dem Auftrag mit dem Projektsteuerer lösen kann. Regelmäßig hat dieser auch keinen Anspruch wegen ungerechtfertigter Bereicherung gemäß §§ 812 ff. BGB (vgl. dazu BGH BB 1995, S. 21–26, 21–27).

Zulässig ist die Besorgung von Rechtsangelegenheiten lediglich dort, wo diese Tätigkeit ein Annex zum Berufsbild darstellt. Der Planer muß also beispielsweise die öffentlich-rechtlichen Rahmenbedingungen des Bauobjektes kennen und prüfen, die LVs für die Vergabe zusammenstellen, nachbarrechtliche Zustimmungen einholen und dergleichen. Er kann aber zum Beispiel *keine* Vereinbarungen zwischen den Nachbarn entwerfen, *keine* Bauverträge juristisch prüfen und dergleichen mehr.

1.3 Das Recht – verständlich für die Projektpartner

Juristen gelten allgemein als Leute, deren Einschaltung die Arbeit häufig auch unverständlicher macht; sie sprechen ein Deutsch, das keiner versteht. Diese und viele andere Vorurteile kennen wir aus der täglichen Praxis. Wer als Entwickler bei einer Stadt vorspricht, legt regelmäßig großen Wert darauf, zunächst ohne Anwalt zu erscheinen, damit vorab keine unnötigen Spannungen entstehen.

Der Jurist hat nur dann eine wirklich gute Chance, wenn er auf die Sprache seiner Partner eingeht. Deshalb sollte sehr großer Wert darauf gelegt werden, die VOB als einen technischen Ablauf erkennbar zu machen, sie also in nachvollziehbaren optischen Schemata darzustellen. Dieser Ansatz gilt noch sehr viel mehr für das gesamte JurProMI. Alle wichtigen juristischen Probleme müssen *optisch nachvollziehbar* und *leicht kontrollierbar* dargestellt werden, so daß sie für alle einsehbar verstanden und nachvollzogen werden können. Dazu gibt es umfangreiche optische Unterlagen, dazu gehören ausführliche Projektpläne, die den juristischen Teil in den gesamten Projektplan mit einarbeiten, dazu gibt es umfangreiche Checklisten und optisch aufbereitete Kontrollen.

Es ist die entscheidende Aufgabe des Anwalts, dieses Kommunikationsproblem zu erkennen und darauf einzugehen. Nicht die Kaufleute und Techniker müssen lernen, den Juristen zu verstehen, sondern umgekehrt.

Optisch gut aufbereitete Darstellungen dienen nicht nur der Information des Mandanten und seiner Angestellten, stets sind sowohl die Partner in der Projektentwicklung, also die öffentlichen Körperschaften im Rahmen der Baurechtsentwicklung, die Banken bei der finanziellen Prüfung und Begleitung und die späteren Partner in der Vermarktung, sehr dankbar für diese Unterstützung, die ihnen einen schnellen und leicht nachvollziehbaren Überblick gibt.

1.4 Das Projekt als Politikum

Jedes Projekt, das Juristisches Projekt-Management in seiner umfassenden Gestaltung benötigt (oder zumindestens benötigen sollte), hat meist eine Größenordnung, die es *politisch relevant* macht. Sei es, daß sich die politischen Parteien in den jeweiligen Kommunen um solche Objekte streiten, sei es, daß irgendwelche Interessengruppen oder Bürgerbewegungen einen Grund finden, dafür oder dagegen zu sein. Jede größere Projektentwicklung ist deshalb eingebettet in die gesamte Kommunalpolitik und bedarf daher umfangreicher kommunalpolitischer Begleitung. Diese aktiv mitzugestalten ist aus unserer Sicht ebenfalls Aufgabe des Anwalts. Anfängliche Versuche, solche Projekte aus dem politischen Geschäft herauszuhalten, scheitern regelmäßig. Es ist deshalb von Anfang an vernünftiger, die aktive Mitgestaltung vorzubereiten und die entsprechenden Konzepte zu erarbeiten; werden sie nicht benötigt – um so besser (vgl. Abb. 1).

1.5 Checkliste möglicher Probleme

Häufig werden von dem Initiator die Vorteile und Ziele sehr schön optisch einleuchtend und graphisch begeisternd dargestellt. Die Fragen und Probleme, die bei solchen Projekten entstehen, werden gerade in der Anfangsphase oft verdrängt, damit der unternehmerische Elan dadurch nicht beeinträchtigt wird. Es ist aber besonders wichtig, schon von Anfang an diese Probleme möglichst umfassend darzustellen und mit Prioritäten zu versehen. Dazu wird eine mehrseitige Checkliste erarbeitet.

Solche Fragensammlungen dienen bei der richtigen Behandlung nicht als

Dämpfer. Sie zeigen aber sehr klar, *wann* sich voraussichtlich *welche* Probleme in den Vordergrund schieben.

Hier ein Beispiel: Die gegenwärtige Projektidee setzt die Erschließung über ein Grundstück voraus, das noch nicht juristisch gesichert ist. Ein Gespräch mit dem Eigentümer dieser Grundstücke hat auch noch zu keinem erkennbaren Ergebnis geführt. Dieses Problem wird in die höchste Priorität eingeordnet, wenn es praktisch nur diese eine Erschließungsmöglichkeit gibt. Es wird in eine niedrige Priorität eingeordnet, wenn ohne sehr großen Aufwand andere Erschließungsmöglichkeiten absehbar sind. Die Erschließungsfrage sollte also geklärt sein, bevor ein Vorbescheid eingereicht wird.

Die Checkliste „Projektfragen" wird regelmäßig überarbeitet, geklärt und abgehakt. Das gibt einerseits das befriedigende Gefühl, daß schon viele Fragen gelöst sind, und zeigt andererseits auch stets neu die ständige Veränderung der Schwerpunkte auf. *Diese Checkliste* muß im Interesse der sorgfältigen Projekte und Planung *möglichst schonungslos* sein. Im Interesse der Sicherung der Planung ist besonders die Prioritätendarstellung jedesmal neu zu überprüfen. Werden wirklich wichtige Probleme verdeckt in der Hoffnung, sie würden sich schon irgendwie lösen, haben sie meist die unangenehme Eigenschaft, genau dann aufzutauchen, wenn man sie gar nicht brauchen kann.

Wenn großflächig geplant wird, spielen regelmäßig Umweltprobleme und insbesondere Fragen des Naturschutzes eine große Rolle. Es nutzt wenig, darauf zu hoffen, daß solche Fragen übersehen werden. Wenn man sich selbst frühzeitig prüft, bleibt man selbst aktiv und muß nicht nur reaktiv auf etwaige Angriffe antworten. Dies ist *wie bei einem gut geführten Wahlkampf*: Die absehbaren Probleme müssen erkannt und aufgegriffen sein, bevor es der Gegner tut.

1.6 Projektplanung und Lebensqualität

Jeder Projektplan enthält schöne „Bilder", wie sinnvoll und nützlich die jeweilige Maßnahme sich für die Kommune darstellt. Erstaunlich ist aber immer wieder, daß bereits seit langem bekannte Ergebnisse der Verhaltensforschung in solche Projekte nur selten ausdrücklich Eingang finden. Deshalb hier eine Zusammenfassung wichtiger Grundsätze für die Stadt- und Lebensqualität des Verhaltensforschers Irenäus Eibl-Eibesfeldt. Sie sollten zumindestens *auch* ein möglicher Prüfstein sein für das Projektkonzept. Wer ohne Berücksichtigung der menschlichen Natur plant, wird scheitern; mög-

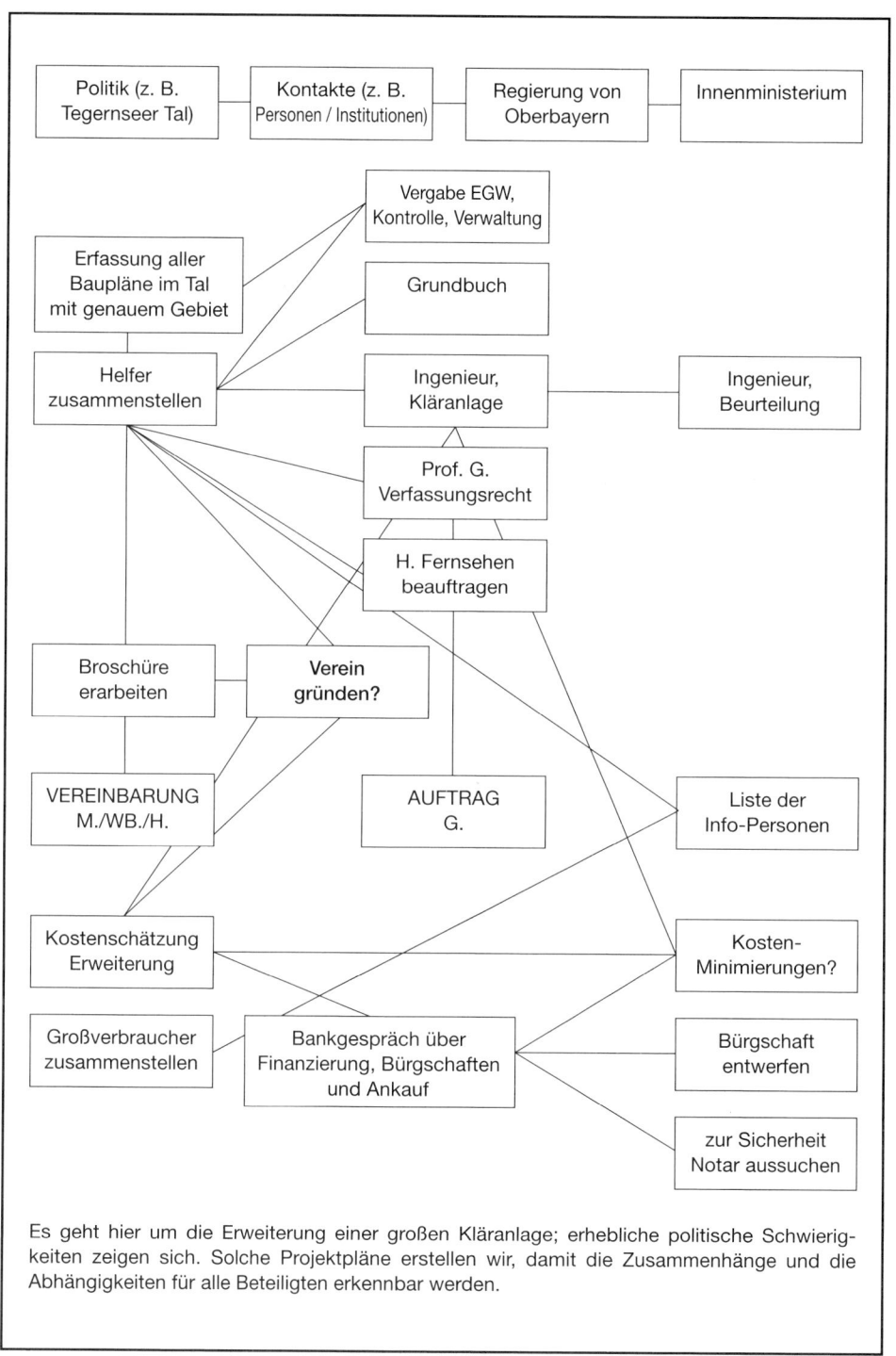

Abb. 1: Auszug aus einem Projektplan

licherweise kurzfristig schon bei der Projektverwirklichung, sicherlich langfristig im Rahmen der wirtschaftlichen Nutzung. Diese Grundsätze sind insbesondere entwickelt worden bei der Prüfung der Ansprüche an menschliches Wohnen. Sie gelten aber geradeso für die langfristige sichere Nutzung gewerblicher Immobilien.

Hier eine Zusammenfassung der Grundsätze für Stadt- und Lebensqualität: Die humane Stadt läßt sich nicht allein nach organisatorischen und ästhetischen Gesichtspunkten am Reißbrett entwerfen. Die Planer müssen auch *archaische Verhaltensdispositionen* des Menschen in Rechnung stellen.

Wahrnehmung, Emotionalität und konkretes Handeln des Menschen werden nachweislich von stammesgeschichtlichen Anpassungen mitbestimmt.

Diese über 40.000 Generationen (1 Mio. Jahre) geführte Lebensweise prägt uns biologisch. Erst vor 400 Generationen begannen Menschen, vereinzelt Pflanzen zu kultivieren und Haustiere zu halten. *Nur 20 Generationen* trennen uns vom Beginn der Neuzeit.

Mit der technischen Zivilisation und mit den Millionenstädten schufen wir uns eine Umwelt, für die wir biologisch nicht geschaffen sind. Die kurze Zeit, in der wir unter diesen Bedingungen leben, reichte nicht aus, um uns genetisch an die neuen Lebensbedingungen anzupassen.

Biologisch ist auch der moderne Mensch an ein Leben in *territorialen Kleingruppen* angepaßt, die sich gegen andere abgrenzen. Familie (Drei-Generationen-Familie) und Sippe bilden die Kristallisationskerne solcher Gemeinschaften.

Aus dieser Vorprogrammierung für die individualisierte Kleingruppe, in der jeder jeden kennt, erwachsen uns in der *anonymen Großgesellschaft Belastungen*. Viele Menschen klagen über Einsamkeit in der sie bedrückenden, weil ängstigenden Masse, was sich in Gereiztheit, erhöhter Aggressivität und allgemeiner Unzufriedenheit äußert.

Durch städtebauliche Maßnahmen lassen sich die aus dem zwischenmenschlichen Mißtrauen erwachsenden Belastungen mildern. Auf *zweierlei soziale Bedürfnisse* ist dabei vorrangig Rücksicht zu nehmen: auf das Bedürfnis nach *Privatheit* (familiäre Abgrenzung) und das nach *Einbindung in den Kleinverband*, in dem Menschen einander kennen.

Den Menschen zeichnet ein Bedürfnis nach *positiver Selbstdarstellung* aus. Er trachtet nach Ansehen, sowohl als Individuum wie auch als Angehöriger einer Solidargemeinschaft. Der ästhetischen Gestaltung der Fassaden und der Kunst am Bau kommt dabei besondere Bedeutung zu. Sie soll das Selbstgefühl ihrer Bewohner stützen und durch Unverwechselbarkeit Identifikation fördern.

Zu den Primärbedürfnissen des Wohnens gehört die *Naturnähe*. Ferner besteht das Bedürfnis nach allgemein zugänglichen *größeren Freiräumen*, die naturnah mit Baumgruppen, Brunnen und kleinen Teichen gestaltet sein können. Reiche Differenzierung, Begehbarkeit, Verweilzonen für jung und alt sind vorzusehen. Vor allem dem Bewegungs-, Spiel- und Explorierbedürfnis der Kinder, die ihre Aktivitäten im Raum entfalten wollen, ist entgegenzukommen. Der Mensch hat auch das Bedürfnis nach *freiem Ausblick*. Dem kann man durch Dachgestaltung, Terrassen und andere Einrichtungen genügen.

Bei ruhiger Überprüfung dieser Forderungen, insbesondere, wenn man die Meßlatte der eigenen Bedürfnisse anlegt, klingt vieles selbstverständlich. Um so erstaunlicher ist es, wie häufig gerade gegen diese Kernsätze verstoßen wird.

1.7 Probleme der Informationsbeschaffung

Projektentwicklungen auf dem Immobiliensektor sind langfristige Planungen; zumindest der Versuch davon. Das Hauptproblem jeder langfristigen Planung ist die Tatsache, daß der Mensch *keinerlei genetische Veranlagung* zu einer solchen Fähigkeit hat. Im Laufe der Entwicklung des Menschen gab es nie eine besondere Präferenz für denjenigen, der (angeblich) langfristig planen konnte. Dabei darf man die langfristige Planung nicht verwechseln mit der langfristigen Zielsetzung. Planung ist die Konkretisierung einzelner Schritte zum Ziel. Diese Konkretisierung macht nur Sinn, wenn sie möglichst flexibel vorgenommen wird. Die Umwelt ändert sich ständig und oft sehr schnell. Die Einflüsse auf große Vorhaben sind so vielfältig, daß die Entwicklungen sehr häufig nicht voraussagbar sind. Deshalb ist es besonders wichtig, alle Pläne und auch alle Entscheidungen *so flexibel wie möglich* zu gestalten. Dies gilt insbesondere auch für alle Verträge, sei dies mit Architekten, sonstigen Fachleuten, Generalunternehmern und dergleichen. Im übrigen sichert nur eine solche Flexibilität die möglichst gute Einhaltung etwaiger Termine. Freilich: Je konkreter die jeweilige Planungsstufe ist, desto geringer wird die Flexibilität sein. Aber auch hier gilt es: Auf jeder Stufe muß um Flexibilität gekämpft werden.

Hierzu ein Beispiel: Der Architekt hat seine Planleistungen nicht rechtzeitig abgeliefert. Die normalen gesetzlichen Möglichkeiten lassen es nur zu, dem Architekten eine Nachfrist zu setzen und dann den Auftrag zu kündigen. Erst danach kann ein Dritter eingeschaltet werden. Dies muß vertraglich anders geregelt werden.

Oder: Ein Generalunternehmer bessert Mängel nicht rechtzeitig nach; die Parteien sind sich auch nicht einig, ob es wirklich ein Mangel ist. Wenn sich der GU endgültig weigert, besteht normalerweise nur die Möglichkeit, den Mangel zu belassen, ein kostspieliges Beweisverfahren einzuleiten und/oder zu kündigen. Regelnotwendig ist es hier, daß der Auftraggeber die Möglichkeit erhält, einen Dritten mit der Nachbesserung zu beauftragen, *ohne* den Vertrag im übrigen kündigen zu müssen.

Flexibilität ist deshalb die Meßlatte, die während der Projektentwicklung an jede Maßnahme gelegt werden muß. Zum Thema Planung schreibt Dietrich Dörner in seinem amüsanten und lehrreichen Buch über die „Logik des Mißlingens" u. a.: „Die Denkstruktur des Menschen ist geprägt durch die entwicklungsgeschichtliche Festlegung. Danach ist die Mechanik des menschlichen Denkens in der Evolution erfunden worden, um kurzfristige Probleme zu bewältigen. Es ging sozusagen um das Feuerholz für den nächsten Winter. Die Fähigkeit zu langfristigen (zukunftssicheren) Voraussagen ist keine typische menschliche Fähigkeit. Sie ist offenkundig im Kampf um das Überleben nicht erforderlich. ... Das Planungsverhalten des Menschen ist gekennzeichnet durch die große Schwierigkeit, mit der Zeit umzugehen. Gerade die nicht vorhandene Fähigkeit, in die Zukunft, also in die Zeit hineinzudenken, führt zu der Tendenz, die Zukunft als Fortschreibung der Gegenwart anzunehmen."

In diesem Zusammenhang gilt auch die mangelnde Vorstellungskraft als typische menschliche Lücke.

Dörner weist auch sehr nachdrücklich darauf hin: „Es gibt kein Denken ohne die Gefühle; Planungen sind also in hohem Maße an die emotionale Ausgangsbasis des jeweiligen Menschen gekoppelt. Letztlich neigt der Mensch dazu, Erfolgskontrolle *nicht* durchzuführen. Solche Erfolgskontrollen könnten nämlich das eigene Sicherheitsgefühl beeinträchtigen."

Schließlich fehlt dem Menschen auch die Fähigkeit (sie ist ihm jedenfalls nicht angeboren), Probleme zusammenhängend zu sehen und die wechselseitigen Beeinflussungen verschiedenartiger Fragen zu erkennen. Das Übergewicht hat aus der historischen Entwicklung des menschlichen Gehirns das jeweils aktuelle Problem. Gerade die heutige Informationsflut und die stets verbleibende begrenzte Erkenntnisfähigkeit des Menschen führen Dörner zu der Erkenntnis: „Das Realitätsmodell eines Akteurs kann richtig oder falsch, vollständig oder unvollständig sein. Gewöhnlich dürfte es sowohl unvollständig wie auch falsch sein, und man tut gut daran, sich auf diese Möglichkeit einzustellen."

Dörner stellt immer wieder besonders diejenigen Tatsachen fest, die zu fehlerhaften Planungen führen: „Wer z. B. versucht, alle Informationen zu erhalten, gerät regelmäßig unter Handlungszeitdruck, weil die Informationssammlung viel zu lang dauert. Man muß also darauf verzichten, alle möglichen Informationen zu sammeln.

Das menschliche Streben nach Sicherheit hindert den Planer häufig daran, die eigenen Annahmen kritisch zu überprüfen. Besonders problematisch ist der Umgang mit Zielen. Im Umgang mit Zielen sollte man möglichst bestrebt sein, positive Ziele zu haben, die auch nicht zu global sein dürfen. Andererseits stört eine zu frühe Festlegung eines Endzieles. Bei großräumigen Programmen empfiehlt sich daher eine ‚Zwischenzielmethode'. Besonders wichtig bei aller Zielgestaltung ist es, gerade auch an diejenigen Situationen und Zustände zu denken, die man beibehalten möchte. Nur dadurch kann man implizite Probleme deutlich machen."

Im Umgang mit dynamischen Systemen zeigt sich die besondere Schwäche des Menschen, weil die Dynamik den Umgang mit der Zeit verlangt, und das ist wiederum eine Fähigkeit, die dem Menschen nicht angeboren ist. Gerade in Systemen muß man die Frage der positiven und negativen Rückkopplungen prüfen; positive Rückkopplungen gefährden gewöhnlich die Stabilität eines Systems, negative Rückkopplungen führen zu seiner Aufrechterhaltung. Dörner verweist insbesondere darauf, daß es auch bei der Lösung der Probleme nur selten einen großen Eingriff gibt. Im Gegenteil: Die Eingriffe müssen fast immer geringer sein als vermutet, aber es müssen immer mehrere Eingriffe an verschiedenen Stellen sein, nicht nur an einem zentralen Punkt. Im folgenden sollen nun einige Probleme in der typischen zeitlichen Reihenfolge der Immobilienentwicklung angesprochen werden.

2. Die Grundstückssicherung

Grundstücksgeschäfte werden häufig durch Verkäufer getätigt, für die es sich dabei um eine einmalige Gelegenheit handelt. Sie sind deshalb besonders unsicher, oft aber auch unwissend und zögerlich. Man kann daher in Kaufverträgen nicht annähernd soviel regeln, wie man gern möchte, weil sonst die Verkäufer blockieren. Die Kalkulationsgrundlage für den späteren Nutzungsumfang und der zeitliche Rahmen, für den das Grundstück zur Verfügung steht, müssen aber immer eindeutig sein. Einige häufig vernachlässigte Gesichtspunkte sind:

2.1 Verlängerungsklausel bei Optionsverträgen

Wir finden immer wieder feste Fristen, bis zu denen die Voraussetzungen für die Fälligkeit des Kaufpreises geschaffen sein müssen, beispielsweise muß die Baugenehmigung vorhanden sein, die Zustimmung des Nachbarn vorliegen und dergleichen mehr. Sinnvoll sind solche Regelungen nur, wenn sie eine *automatische* Verlängerung vorsehen. Also: Wenn bis zum 31. Dezember die Baugenehmigung nicht bestandskräftig erteilt ist, verlängert sich der Termin automatisch um ein halbes Jahr, sofern nicht eine Partei mit einer Frist von drei Monaten vorher gekündigt hat.

2.2 Bestandskräftiges Baurecht

Das einzige meistens wirklich verläßliche Baurecht ist die bestandskräftige Baugenehmigung, d. h. eine Baugenehmigung, gegen die kein Widerspruch eingelegt ist oder bei der über Widersprüche rechtskräftig entschieden ist. Eine Baugenehmigung ist aber nur dann bestandskräftig, wenn *alle* Widerspruchsberechtigten von der Baugenehmigung rechtzeitig erfahren haben, wenn sie ihnen also zugestellt wurde.

Zur Prüfung dieser Frage muß man deshalb den Wirkungskreis der Baugenehmigung untersuchen und feststellen, wer *Nachbar* im Sinne der jeweiligen Landesbauordnung ist. *Nur wenn sie diesen Nachbarn zugestellt ist* und danach die vierwöchige Widerspruchsfrist abgelaufen ist, besteht Bestandskraft der Baugenehmigung. Anderenfalls gilt: Ein Nachbar, dem nicht zugestellt wurde, kann innerhalb eines Jahres *nach Kenntnis* der Baugenehmigung wirksam Widerspruch einlegen, §§ 70 Abs. 2, 58 Abs. 2 VwGO. Kenntnis hat der Nachbar, wenn nicht zugestellt wurde, in der Regel frühestens nach Beginn der Bauarbeiten! Wenn Zweifel über die Eigenschaft als Nachbar bestehen, gilt auch hier: Im Interesse der Investmentsicherung lieber einmal öfter zustellen, als später – mitten im Bau – einen Widerspruch behandeln zu müssen.

In den neuen Bundesländern gilt, daß ein Widerspruch nicht automatisch die aufschiebende Wirkung herbeiführt, so daß trotz Widerspruch gebaut werden kann. Diese Regelung soll ab 1. Januar 1998 durch die Neufassung des Baugesetzbuches in ganz Deutschland einheitlich gelten (vgl. dazu Ziff. 3.4).

2.3 Formerfodernis für Nebenabreden

Obwohl nicht beurkundete Nebenabreden regelmäßig nichtig sind, findet man sie ständig wieder. Nicht nur in Form der Bargeschäfte, sondern auch durch sonstige Tauschgeschäfte, die aus Ersparnisgründen (Notarkosten, Grunderwerbsteuer) nicht verbrieft werden. Jedes dieser Geschäfte gefährdet die Investition auf das äußerste, weil der gesamte Vertrag regelmäßig gemäß §§ 313, 139 BGB nichtig ist.

2.4 Formbedürftigkeit von Änderungen der notariellen Urkunden

Da sich die Randbedingungen häufig ändern, führen die Parteien regelmäßig Vertragsanpassungen durch. Soweit die ursprünglichen Vereinbarungen notariell beurkundet wurden, müssen mit wenigen Ausnahmen auch diese Anpassungen notariell beurkundet werden. Der BGH ist sehr engherzig. Nur geringfügige, die Hauptleistungspflichten nicht wesentlich berührende Punkte können ohne notarielle Anpassung verändert werden. Die Fälligkeit von Kaufpreisen, die Änderung von Teilzahlungsraten, die Änderung der Berechnungsbasis (GFZ, GRZ) – all dies muß, um wirksam zu sein, notariell angepaßt werden. Hier gilt: Trotz der Kosten im Zweifel eher einmal öfter zum Notar.

Insbesondere, wenn Projektplaner und Grundstückseigentümer auseinanderfallen, braucht der Projektplaner umfassende Sicherheit darüber, daß der Grundstückskaufvertrag auch wirklich wirksam ist. Es gehört also daher zu seinen wesentlichen Pflichten, diesen Themenkreis überprüfen zu lassen.

2.5 Kaufpreisberechnung bei Bindung an die Ausnutzung des Grundstücks

Üblicherweise ist Basis des Grundstückskaufvertrages die Nutzung des Grundstückes. Als Maßstab dient die *Geschoßfläche*, die auf dem Grundstück verwirklicht werden kann, bzw. die *Grundstücksfläche*, die überbaut werden kann. Für beides gibt es Legaldefinitionen in der Baunutzungsverordnung: § 19 für die Grundfläche und § 20 für die Geschoßfläche. Die bloße Verweisung auf diese Vorschriften führt aber häufig zu Mißverständnissen, weil zum Beispiel § 20 (3) und (4) BauNVO jedenfalls die Berechnung der Geschoßfläche variabel gestalten.

In einem Bebauungsplan kann festgehalten sein, daß das Dachgeschoß, das nach landesrechtlichen Vorschriften häufig kein Vollgeschoß ist (wenn es weniger als zwei Drittel Fläche des darunterliegenden Vollgeschosses hat), dennoch zur Geschoßfläche gerechnet wird. Dann erhöht sich der Kaufpreis schlagartig um diesen Bereich. Umgekehrt kann auch geregelt werden, daß der Ausbau des Dachgeschosses *zum Vollgeschoß* nicht auf die Geschoßfläche angerechnet wird.

Ohne Überprüfung des Bebauungsplanes oder ohne Abschätzung der Bebauung in der Umgebung (bei Gebieten, die nach § 34 BauGB beurteilt werden) kann daher eine wirksame Aussage zum tatsächlichen Kaufpreis nicht getroffen werden.

2.6 Besondere Gefahren bei Erbbaurechtsverträgen

Erbbaurechtsverträge haben den großen Vorteil, daß sie die Anfangsbelastung niedrig halten, weil sie auf den Erbbauzins beschränkt ist. Drei besondere Probleme tauchen bei der langfristigen Sicherung durch Erbbaurecht immer wieder auf:

- *Rangstelle des Erbbauzinses.* Der Erbbaurechtsgeber möchte die absolut erste Rangstelle für den Erbbauzins haben, um sicher zu sein. Die Banken, die das Investment finanzieren, wollen die gleiche Rangstelle, weil sie sonst keine Finanzierung freigeben. Diesen Konflikt kann man nach Neufassung der Erbbaurechtsverordnung durch das Sachenrechtsänderungsgesetz vom 21.09.1994 nach § 9 (3) Nr. 1 nunmehr lösen: Zulässig ist jetzt eine Vereinbarung, mit der die dingliche Sicherung des Erbbaurechtszinses (Reallast) auch bei einer Zwangsversteigerung aus einem rangmäßig vorgehenden Recht (regelmäßig die Bank) bestehen bleibt. Wer also das Erbbaurecht ersteigert, übernimmt die Reallast, so daß der Grundstückseigentümer den Erbbauzins gesichert hat, auch wenn er die erste Rangstelle der Bank einräumen muß.
- *Wertsicherung des Erbbauzinses.* Früher mußte der Erbbauzins *bestimmt* sein, seit der Änderung 1994 genügt es, wenn er bestimm*bar* ist. Man kann also jetzt den Erbbauzins wirksam wertsichern *und* vor allem auch an die zukünftige Wertentwicklung des Grundbesitzes anpassen. Die Beschränkung der Wertsicherung nur durch die allgemeine Indexklausel ist weggefallen.

- *Wertverlust durch Belastungssperren.* Häufig sind in Erbbaurechtsverträgen Regelungen enthalten, die eine Belastung in Höhe des Wertes der Bebauung zulassen, aber später weitere Belastungen (auch nach teilweiser Tilgung) nur mit Zustimmung des Erbbaurechtsgebers erlauben.

  Bedenkt man, daß Erbbaurechte über viele Jahrzehnte gelten, so sind diese Regelungen äußerst gefährlich für den Investor: Sein Erbbaurecht wird nämlich jedes Jahr „weniger wert".

  Im Gegensatz zu einem üblichen Grundstückseigentum, das an Wert gewinnt, verliert das Erbbaurecht ständig an Wert. In Verbindung mit der Heimfallklausel kann so das Erbbaurecht langfristig gesehen eine ausgesprochene Gefahr für das Investment werden. Nach 20 oder 30 Jahren, wenn beispielsweise ein umfassendes Reinvestment ansteht, um eine Immobilie zu modernisieren, sind (in der Regel) die Werte für die Immobilie bis dahin erheblich gestiegen, aber auch die Kosten für Renovierungen. Wenn dann der Eigentümer die Zustimmung zu einer Belastung verweigert, die über den ursprünglichen Kaufpreis hinausgeht, obwohl der Wert der Immobilie erheblich gestiegen ist, ist der Wertverfall vorprogrammiert. Erfoderlich ist daher eine Klausel, die die Belastung durch den Erbbaunehmer zuläßt bis zu einer prozentualen Höhe des jeweiligen Wertes der Immobilie im Zeitpunkt der Belastung.

2.7 Wegfall der Teilungsgenehmigung

Bei Kaufvertragsverhandlungen insbesondere mit schwierigen Partnern oder schwierigen Grundstücksverhältnissen blieb häufig als letzte Sicherung noch die Möglichkeit, das Grundstück nicht im Ganzen, sondern in Teilen entsprechend dem künftigen Bebauungsplan zu kaufen. Gab es dann Schwierigkeiten mit dem Baurecht, wurde die Teilung des Grundstückes gemäß §§ 19 ff. BauGB nicht genehmigt, so daß der gesamte Kaufvertrag nichtig war. Dieser – häufig letzte – Rettungsanker fällt mit der Neufassung des Baugesetzbuches ab 01.01.1998 ersatzlos weg.

2.8 Nichtige Planungsverträge

Architekten sichern sich häufig ihre Planungsverträge, indem sie entsprechende Grundstücke nachweisen. Das ist wirtschaftlich gedacht und begrüßenswert. Es ist aber auch gefährlich – für den Architekten. Nach dem

„Gesetz zur Verbesserung des Mietrechtes und zur Begrenzung des Mietanstieges sowie zur Regelung von Ingenieur- und Architektenleistungen" (MRVG) von 1971 ist eine Vereinbarung unwirksam, durch die der Erwerber eines Grundstücks sich *in Zusammenhang mit dem Erwerb* verpflichtet, bei der Planung oder Ausführung eines Bauwerkes auf diesem Grundstück die Leistung eines bestimmten Architekten oder Ingenieurs in Anspruch zu nehmen, Art. 10 § 3 MRVG.

Der Architekt hat daher keine Sicherheit, daß er auf *vertraglicher Basis* leistet. Nur wenn die Leistungen durch Architekten oder Ingenieure erbracht sind *und* sie für den Grundstückskäufer objektiv nützlich waren, haben die Planer trotz des nichtigen Vertrages zumindest einen Anspruch nach Maßgabe der Mindestsätze der HOAI gemäß § 812 BGB.

2.9 Verträge mit Gemeinden, Städten

Im Zweifel sind die Rechte eines Bürgermeisters oder Vertreters einer öffentlichen Körperschaft eng auszulegen. Die Überprüfung der Vollmacht und die Sicherung durch die entsprechenden Beschlüsse der jeweiligen Körperschaften sind daher besonders wichtig. Sehr häufig sind auch Genehmigungen der Aufsichtsbehörden, Landratsamt, Ministerium, zur Wirksamkeit eines Vertrages erforderlich. Dabei empfiehlt es sich immer, sich Originalbeschlüsse bzw. Originalschreiben der Gremien vorlegen zu lassen.

3. Öffentliches Baurecht

Das Baurecht und das Raumordnungsrecht sollen zum 01.01.1998 geändert werden. Die Änderungen sind durchaus einschneidend. Das Raumordnungsrecht möchte insbesondere die Lebensmittelpunkte, also die großen Städte stärken. Einkaufszentren auf der grünen Wiese sollen erschwert werden.

Im Baurecht werden zahlreiche Nebengesetze im Baugesetzbuch zusammengefaßt. Das Verfahren soll erleichtert werden; die bisher strengen Abgrenzungen der verschiedenen Nutzungsbereiche sollen untereinander flexibler gestaltet werden.

3.1 Die Umweltverträglichkeitsprüfung

Diese technisch aufwendige Prüfung soll auch schon für Einkaufszentren ab 5000 m² gelten.

3.2 Der Eingriffsausgleich

Die Notwendigkeit, Eingriffe in die Landschaft ausgleichen zu müssen durch besondere Maßnahmen der Regenerierung des Bodens oder durch Ersatzflächen, wird nun ins Baugesetzbuch übernommen. Der Ausgleich muß aber nicht mehr am Grundstück selbst oder in Zusammenhang mit dem Grundstück erfolgen, sondern kann in der gesamten Gemeinde, u. U. sogar in größeren Gemeindezusammenhängen vorgenommen werden.

3.3 Der Vorhaben- und Erschließungsplan (VEP)

Er wird künftig im Baugesetzbuch geregelt. Der Unterschied zwischen dem üblichen Bebauungsplanverfahren und dem VEP wird bleiben, so insbesondere das Antragsrecht des Investors an den Stadtrat, das *nur beim VEP* gegeben ist, sowie die Möglichkeit, große Teile des Beteiligungsverfahrens der Träger öffentlicher Belange unmittelbar durch den Investor durchführen zu lassen. Die Zulässigkeit von verbindlichen Regelungen zwischen der Gemeinde und den Investoren wird noch verstärkt.

3.4 Wegfall der aufschiebenden Wirkung des Widerspruchs

Für das gesamte Bundesgebiet gilt künftig, daß der Widerspruch eines Nachbarn keine aufschiebende Wirkung mehr hat. Diese Regelung ist als Verfahrenserleichterung für den Investor gedacht. Die Regelung hat aber auch entscheidende Nachteile:
  Bisher konnte der Investor bei einem Widerspruch durch den Antrag auf Sofortvollzug des Bescheides und die anschließende gerichtliche summarische Überprüfung häufig in relativ kurzer Zeit zumindest eine vorläufige Prüfung der Wirksamkeit der Baugenehmigung durch das Verwaltungsgericht erreichen.

Diese Möglichkeit besteht für den Investor ab 1. Januar 1998 nicht mehr. Wenn der Widerspruch eingelegt ist, kann er zwar nunmehr trotzdem mit seiner Investition anfangen, weil der Widerspruch keine aufschiebende Wirkung mehr hat. Er kann aber den Widerspruchsführer nicht zwingen, den Sofortvollzug zu beantragen. Er selbst hat auch kein entsprechendes Recht.

Die zeitnahe summarische Prüfung der Baugenehmigung durch das Verwaltungsgericht im Vorverfahren, die bisher möglich war, entfällt deshalb für den Investor. Gerade bei großen Vorhaben sehen wir dies eher als Nachteil an.

3.5 Prüfung des öffentlichen Planungsverfahrens

Die deutschen Gemeinden (auch im Westen!) leisten sich nach wie vor erhebliche Fehler im Rahmen des Bauleitverfahrens. Wer Baureife will, und zwar in einem überschaubaren Zeitraum, braucht deshalb die ständige juristische Begleitung des Planungsverfahrens. Auch heute noch werden die Auslegungsfristen falsch berechnet, werden häufig fehlerhafte Veröffentlichungen durchgeführt, Satzungen falsch beschlossen. Besonders gravierend sind die Fehler im Rahmen der Abwägung der öffentlichen und privaten Interessen.

Abwägungen, die durch Planer vorgeschlagen werden (das ist oft der Fall), sind häufig fehlerhaft formuliert, auch wenn sie gut gemeint sind.

Die Neufassung des Baugesetzbuches sieht zwar auch hier insofern eine Erleichterung vor, als solche Fehler noch im Rahmen des Planungsverfahrens beseitigt werden können und der Bebauungsplan nicht mehr endgültig nichtig wird; die Investitionsunsicherheit bleibt aber (vgl. Abb. 2).

4. Besondere Regelungen mit den Planern

Die HOAI in ihrer jetzt gültigen Fassung vom 01.01.1996 beruht auf dem oben erwähnten MRVG (vgl. dazu Ziff. 2.8). Sie bietet auch heute noch allen Parteien bei der Anwendung vielfache Schwierigkeiten. Für das Projekt-Management sind die Kostensicherheit und die Terminsicherheit der erforderlichen Leistungen durch die Planungspartner besonders wichtig.

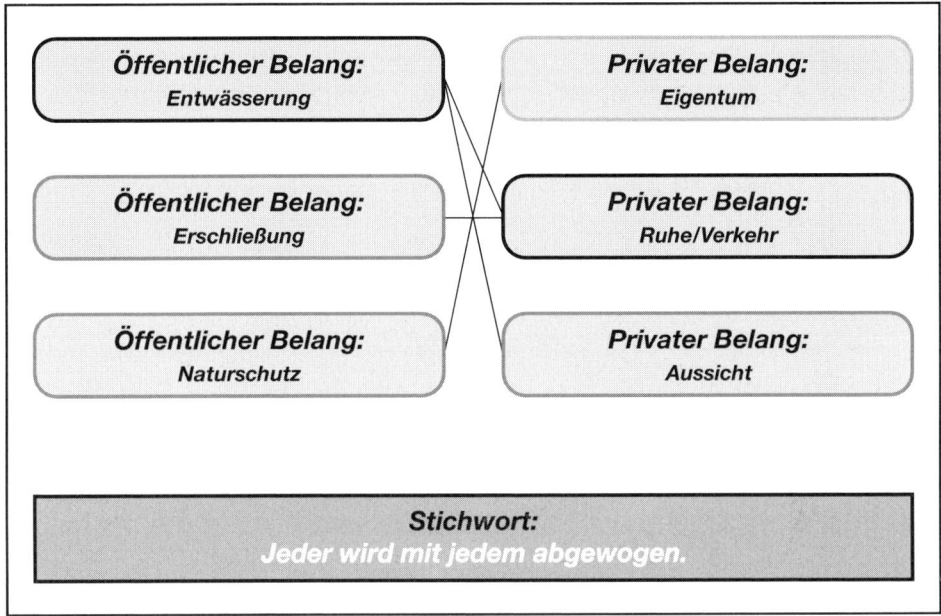

Abb. 2: Die Güterabwägung nach § 1 Abs. 6 BauGB

4.1 Meist besteht nur ein Anspruch auf das Mindesthonorar

§ 4 HOAI fordert ausdrücklich, daß eine Abweichung von den Mindestsätzen nur durch eine schriftliche Honorarvereinbarung festgelegt werden kann, die die Vertragsparteien *bei Auftragserteilung* vereinbaren müssen, § 4 (1).

Sehr häufig werden aber gerade die Aufträge für die Erstellung von Vorentwürfen zur Vorklärung der Gespräche bei den Behörden mündlich erteilt. Eine spätere schriftliche Vereinbarung, die dann von den Mindestsätzen abweicht, hilft dem Architekten nicht mehr. Er kann nur nach den Mindestsätzen abrechnen.

Allerdings gilt diese Regel nach herrschender Meinung auch umgekehrt: Wenn Investoren insbesondere in der Vorphase Architekten *unter* den Mindestsätzen beauftragen, dann ist eine solche Vereinbarung *allerhöchstens* dann wirksam, wenn sie bei Auftragserteilung schriftlich fixiert wurde, § 4 Abs. 2 HOAI. Auch dann ist sie nur wirksam, wenn „ein Ausnahmefall" vorliegt. Ausnahmefälle sind „Umstände im personellen oder sozialen Bereich" (vgl. Locher, § 4 Anm. 11). So können enge Beziehungen zwischen den Parteien die Unterschreitung rechtfertigen; ein Ausnahmefall ist auch die Tatsache, daß der Planer einen besonderen Beitrag leisten will (beispielsweise bei dem Wiederaufbau eines Denkmals). Die wirtschaftliche Situation eines Auftraggebers, Umfang oder Schwierigkeit einer Leistung, besonders geringe Aufwendungen sind nach herrschender Meinung kein Ausnahmefall (strittig). Der Ausnahmefall muß nicht schriftlich festgelegt werden, er muß aber beweisbar sein. Beweispflichtig für den Ausnahmefall ist der Auftraggeber.

4.2 Anforderungen an die Schriftform

§ 4 HOAI fordert bei Abweichungen vom Mindestsatz die Schriftform. Geregelt ist die Schriftform in §§ 126, 127 BGB. Gegen die dort geforderten Ansprüche wird sehr häufig verstoßen:

Schriftform bedeutet nämlich eine handschriftlich unterschriebene Urkunde, die das *gesamte* Rechtsgeschäft enthält. Es ist kein Bezug auf formlos getroffene Abreden zulässig. Besonders wichtig: Die gesamte Geschäftserklärung muß *in einer Urkunde* enthalten sein. Diese Urkunde kann zwar aus mehreren Blättern bestehen, die Zusammengehörigkeit der einzelnen Blätter muß jedoch eindeutig erkennbar sein (vgl. Münchner Kommentar § 126 BGB, Anm. 10). Diese mehreren Blätter müssen auch *miteinander verbunden* sein, und die Verbindung muß erkennbar endgültig und dauerhaft gewollt sein. Dies heißt nach ständiger Rechtsprechung des BGH, daß die hergestellte Verbindung nur durch teilweise Substanzzerstörung oder mit Gewaltanwendung wieder aufgehoben werden kann, wie dies beim Heften mit Faden, Anleimen oder Zusammenfügen mittels Heftmaschine der Fall ist. *Nur dann* deckt die Unterschrift den gesamten Inhalt.

Gerade bei umfangreichen Architektenverträgen mit Anlagen, aber auch bei gewerblichen Mietverträgen wird dagegen sehr häufig verstoßen.

Übrigens: Auch wenn die Schriftform nur *freiwillig* vereinbart wird, gilt im Zweifel dieses gesetzliche Erfordernis, § 127 BGB.

4.3 Teilaufträge und Vertragsstrafe

Aus Gründen der Kostensicherheit empfiehlt sich immer eine schriftliche Vereinbarung, die sich aber auch begrenzt auf die Teilschritte. Im Interesse des Projektes müssen dabei diese Leistungen immer an eine enge planerische Zeitvorgabe gebunden sein. Es ist zwar nicht üblich, aber durchaus empfehlenswert, auch in diesem Bereich die Architekten an eine Vertragsstrafe zu binden, falls sie nicht zeitgerecht leisten.

4.4 Keine Kündigung bei Nachbesserung durch Dritte

Die üblichen Regelungen sehen vor, daß der Architekt zunächst ein eigenes Nachbesserungsrecht hat, wenn seine Leistung fehlerhaft ist. Bessert er nicht nach, muß ihm gekündigt werden, damit Dritte eingeschaltet werden können. Dies ist für die Projekthandhabung häufig unpraktisch. Deshalb empfiehlt sich die Regelung, daß der Investor durch Dritte nachbessern lassen kann, wenn der Architekt nicht zeitgerecht selbst nachgebessert hat, *ohne die Verpflichtung, den Architektenvertrag bzw. Planervertrag vorher zu kündigen*.

4.5 Honorare bei Bausummen über 50 Mio. DM frei vereinbar

Nach § 16 (3) HOAI können Honorare für Gebäude und raumbildende Ausbauten, die über 50 Mio. DM liegen, *frei und auch mündlich* vereinbart werden. Gerade diese Tatsache, daß solche Honorare mündlich vereinbart werden können, wird häufig übersehen, und zwar von beiden Parteien.

Beachten muß man bei solchen Großobjekten aber, ob es sich wirklich um *ein einziges* Gebäude handelt oder um *mehrere* Gebäude im Sinne des § 22 HOAI. Wenn beispielsweise ein Einkaufszentrum aus mehreren Gebäuden besteht, die untereinander nicht verbunden sind, und wenn jedes Gebäude *für sich unter* 50 Mio. DM liegt, dann muß zur Klärung des Honorars ein eigener Auftrag schriftlich erteilt werden, wenn die Mindestsätze überschritten werden sollen.

Beispiel: Ein Verwaltungstrakt besteht aus vier verschiedenen Häusern, die über eine zentrale Tiefgarage erschlossen werden, die Häuser sind aber untereinander nicht verbunden oder wenn, dann nur durch unmaßgebliche Nebengebäude (Brücken und dergleichen). In einem solchen Fall handelt es sich nach dem BGH um mehrere Gebäude, die nach § 22 HOAI gesondert abzurechnen sind.

4.6 Keine Pflicht zu Planänderungen

Wenn nicht gesondert vereinbart, ist der Architekt zu Planänderungen *nicht* verpflichtet. Wenn beispielsweise das Bauvorhaben geändert werden soll, weil sich der Markt gedreht hat, muß der Architekt nicht neu planen. Er kann seine Mitarbeit an der Planänderung verweigern und sich statt dessen auf den entgangenen Gewinn stützen. Wenn auch die bisher üblicherweise verwendete Pauschalregelung der Gewinnberechnung von 60 % nach der neuesten Entscheidung des BGH nicht mehr gültig ist, so bleibt dennoch ein erhebliches Anspruchspotential.

Im Interesse des Projektes kann man dies nur vermeiden, wenn man den Architekten stufenweise beauftragt.

4.7 Vergütungsanspruch bei mehreren Vorentwürfen

Gemäß § 20 HOAI hat der Architekt einen Anspruch auf *Mindesthonorar*, wenn auf Veranlassung des Auftraggebers mehrere Vorentwurfsplanungen oder Entwurfsplanungen erstellt werden. Gerade bei Großprojekten ist es in der Vorphase häufig üblich, in Zusammenarbeit mit dem örtlichen Planungsamt verschiedene Gestaltungsmöglichkeiten zeichnerisch zu erproben. Dabei ist schnell der Charakter von „verschiedenen Vorentwürfen" erreicht. Wenn sich die Anordnung der Baukörper verschiebt, wenn sich die Nutzungskonzepte innerhalb einer Gewerbeimmobilie verschieden darstellen lassen, ist dies regelmäßig schon ein „verschiedener Vorentwurf". Will der Investor in diesem Bereich die Kosten im Griff behalten, so muß er mit dem Architekten gemäß § 4 (2) HOAI eine Vereinbarung treffen, in der sich der Architekt verpflichtet, nicht alle diese zeichnerischen Überlegungen als verschiedene Vorentwürfe abzurechnen. Dies sollte auch begründet werden, damit der Ausnahmecharakter herausgestellt ist.

4.8 Kündigung aus wichtigem Grund

Die allgemeinen Architektenbestimmungen sehen regelmäßig vor, daß eine Kündigung des Vertrages *nur aus wichtigem Grund* zulässig ist. Im Interesse des geordneten Projekt-Managements sollte eine solche Formulierung nicht akzeptiert werden. Man muß dann aber mit dem Architekten für jeden Fall der Kündigung eine Ausgleichsregelung finden für den entgangenen Gewinn. Im Interesse der zügigen Projektentwicklung ist aber eine solche Regelung günstiger als der Hemmschuh, der bestehen kann, wenn man nur aus wichtigem Grund kündigen kann.

4.9 Urheberrecht/CAD-Planung

Unbedingt erforderlich ist die Verpflichtung des Architekten, die Planung auf CAD zu erstellen und die Disketten auf ständig neuem, laufenden Stand dem Investor zur Verfügung zu stellen. Es muß auch geklärt werden, daß der Architekt in jedem Fall der Vertragsauflösung kein Zurückbehaltungsrecht an diesen Disketten hat. Der Investor ist ansonsten der Gefahr ausgesetzt, daß gerade diesbezüglich erheblicher Druck ausgeübt werden kann.

4.10 Versicherungsschutz

Immer wieder wird es vergessen, sich einen Nachweis über die Versicherung des Architekten geben zu lassen. Dazu sind erforderlich die Versicherungspolice und die Bestätigung, daß die Prämien auch regelmäßig eingezahlt sind. Bei einem Großprojekt muß dies überwacht werden. Im Architektenvertrag gehört geregelt, daß der Architekt diesen Nachweis der Versicherung laufend erbringt.

Gegen *Baukostenüberschreitungen*, für die der *Architekt* haftet, ist er nach den besonderen Versicherungsbedingungen für die Haftpflichtversicherung Ziff. II 2 gerade *nicht versichert* (vgl. Abb. 3).

5. Projektsteuerung und AGB-Gesetz

5.1 AGB-Gesetz verbietet Überraschungsklauseln

Bei Großprojekten ist Hauptthema immer die größtmögliche Vereinheitlichung der rechtlichen Gestaltungen, damit die überwiegend am Objekt tätigen Nichtjuristen möglichst einfache Verhaltensschemata erkennen und befolgen können. Notwendige Konsequenz daraus ist, daß so gut wie alle Verträge regelmäßig dem Gesetz über die allgemeinen Geschäftsbedingungen unterliegen. Dies verbietet Überraschungsklauseln. Im einzelnen heißt dies, daß in den Vereinbarungen mit allen Planern und am Objekt Betroffenen, den Bauunternehmen, aber auch den Mietern nur solche Vereinbarungen Sinn machen, die ausgewogen sind und die nicht in den Nebenbestimmungen versuchen, die Vertragspartner unangemessen zu benachteiligen.

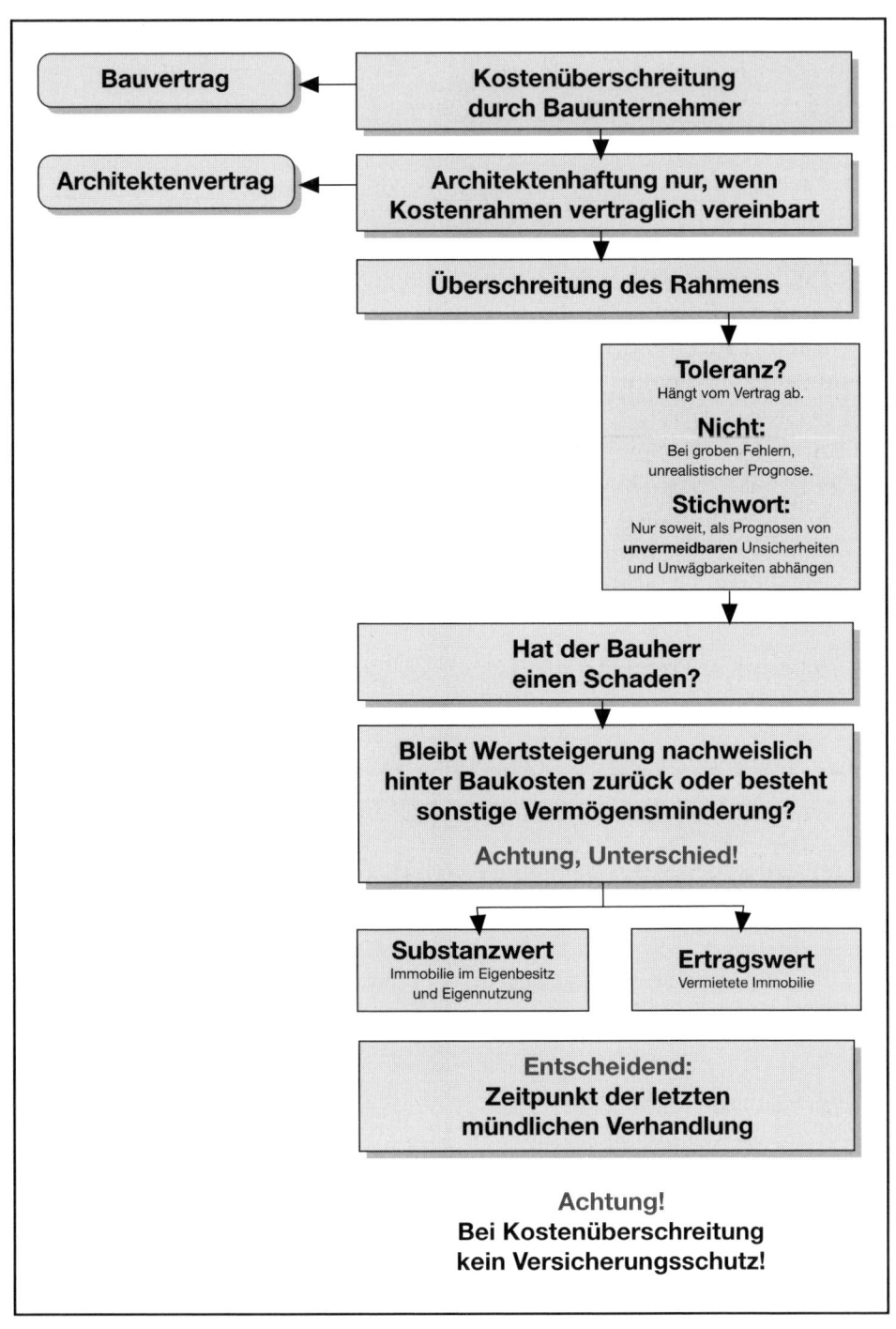

Abb. 3: Haftung des Architekten für Kostenüberschreitung nach BGH vom 23. Januar 1997

Der scheinbare Vorteil eines solchen Versuches, regelmäßig eine Ersparnis, birgt den sehr großen Nachteil der Unkalkulierbarkeit. Wenn diese scheinbare Ersparnis nicht eintritt, verändert sich die Kostenkalkulation gleich erheblich, weil ihr regelmäßig eine sehr viel größere Ausgabe gegenübersteht.

Im Interesse sicherer Kalkulation müssen deshalb alle kostenträchtigen Vereinbarungen, die von der Vertragstypik abweichen, auf Übereinstimmung mit dem AGB-Gesetz umfassend geprüft werden.

Hierzu ein Beispiel: In den Planungsverträgen, die ja mit allen Planern gleich strukturiert sind, ist eine Regelung enthalten, wonach im Fall der Kündigung kein Gewinnausgleich vereinbart wird. Eine solche Regelung ist wegen Verstoßes gegen das AGB-Gesetz nichtig.

Ein weiteres Beispiel: In einem GU-Vertrag ist festgehalten, daß die Firma auch das Risiko für den Grund und Boden übernimmt, obwohl es kein umfassendes Bodengutachten gibt. Auch eine solche Klausel ist als Verstoß gegen das AGB-Gesetz unwirksam.

6. Immer vernachlässigt: die Teilungserklärung

Soweit Großobjekte in Miteigentumsgemeinschaften aufgeteilt sind, zeigt sich regelmäßig, daß die Regelungen der Miteigentümer untereinander recht nachlässig geregelt und beurkundet werden. Ohne viele Überlegungen werden dabei die bei Notaren üblichen Formulare verwendet. Unbedingt geordnet gehören aber die unten genannten Bereiche.

6.1 Umfassende Vollmacht für den Verwalter

Von Anfang an sollte die Vollmacht für den Verwalter möglichst umfangreich sein, höchstens gebunden an die Zustimmung durch einen Beirat. Der Verwalter muß also bevollmächtigt sein, sämtliche Mängelrügen durchzuführen, Aufträge bis zu einem bestimmten Geldbetrag auszulösen, Rechtsanwälte einzuschalten, Prozesse einzuleiten und dergleichen mehr. Werden solche Vollmachten nicht erteilt, muß jeweils gesondert dafür eine Eigentümerversammlung einberufen werden. Das ist zeitaufwendig und teuer.

Von der Vollmacht im Außenverhältnis ist zu unterscheiden die Berechtigung im Inneren, ob also der Verwalter seine Vollmacht auch gebrauchen darf. Hier macht es durchaus Sinn, die Vollmacht an einen Zustimmungskatalog des Beirates zu binden.

6.2 Nutzungsänderung der Sondereigentumsflächen

Das WEG sichert eine relativ weitgehende, variable Nutzungsmöglichkeit der einzelnen Teileigentumseinheiten zu unter dem Vorbehalt der vertraglichen Einschränkung, § 13 WEG, wenn vertraglich nichts anderes festgeschrieben ist. Genau dies geschieht aber:
  Da aber die Einheiten regelmäßig als Wohnung, als Büro oder als Gewerbeeinheit verkauft werden, stellt sich bei einer Änderung der Nutzungswünsche stets die Frage, ob die Zustimmung der Eigentümerversammlung erforderlich ist oder nicht. Dies wird man eher bejahen als verneinen müssen. Hinzu kommt, daß solche Änderungen der Nutzung stets die Zustimmung *aller* Wohnungseigentümer benötigen; sie ist fast nicht erreichbar. Man muß gerade in diesem Bereich also rechtzeitig entsprechende Nutzungsmöglichkeiten regeln und Änderungen auch nicht von einer Zustimmung aller Wohnungseigentümer, sondern nur von der Zustimmung der Mehrheit abhängig machen.

6.3 Nutzung des Gemeinschaftseigentums

Hier gelten ähnliche Regelungsvoraussetzungen. Auch sie werden regelmäßig viel zuwenig beachtet. Gerade bei größeren Eigentumseinheiten gibt es immer wieder Flächen, die in der Entwicklung der Immobilie einer Neunutzung zugeführt werden sollen. Aus einem Rasen soll ein Spielplatz werden oder ein Grillplatz, aus einer Waschküche ein Tischtennisraum. Alles dies geht nur durch sehr umständliche Prozeduren, wenn es nicht von Anfang an geregelt wird.
  Tragender Ordnungspunkt bei der Teilungserklärung ist deshalb eine optimale Flexibilität unter Berücksichtigung des Gesamtcharakters einer solchen Anlage. Dafür müssen klare Eckpunkte gesetzt werden. Ein Beispiel:
  In der Erklärung wird geregelt, daß Wohnungen auch für Altenpflege verwendet werden dürfen. Es wird für zulässig erklärt, wenn ein Büro zu Wohnzwecken genutzt wird. Oder: Ein Büro darf auch für allgemeines Gewerbe benutzt werden usw.

7. Einige Probleme bei Unternehmerverträgen

Die Unternehmerform hat wesentlichen Einfluß auf die gesamte juristische Gestaltung. Der Investor sollte sich daher relativ früh entscheiden, ob er einen Totalübernehmer möchte (erledigt alles, von der Beschaffung der Baugenehmigung bis zur Fertigstellung), einen Generalübernehmer (Planung und Bauausführung), einen Generalunternehmer (Bauausführung *ohne* Planung) oder Einzelvergabe durchführen möchte.

7.1 Der Pauschalvertrag – oft überschätzt

Häufig liegt trotz der Bezeichnung als Pauschalvertrag gar kein solcher Vertrag vor, sondern lediglich ein Einheitspreisvertrag, bei dem das Gesamtergebnis finanziell „abgerundet" wurde. Insbesondere wenn der spätere Preis dem Ergebnis der Einzelleistungsverzeichnisse im wesentlichen entspricht und darauf Bezug genommen ist, bestehen hohe Zweifel an einem „Pauschalvertrag".

Aber auch wenn wirklich ein Pauschalvertrag vorliegt, hilft er dem Investor nur dann, wenn der Leistungsbereich bei Vertragsabschluß eindeutig erkennbar war und/oder erkannt wurde und auch ausreichend beschrieben ist. Je weniger vorher geplant ist, desto höher ist in der Regel die Diskussion um das „Nachtragsmanagement" bei solchen Verträgen.

7.1.1 30jährige Haftung des GU bei mangelhafter Überwachung

Wenn an einen GU, einen GÜ oder an einen Totalunternehmer vergeben ist, so ist für diese Unternehmer das Risiko erheblich erhöht. Der BGH hat umfassende Prüf- und Überwachungspflichten für die Nachunternehmer festgelegt. Wenn der GU bei den Nachunternehmern nicht ordnungsgemäß überwacht und prüft, haftet er häufig 30 Jahre lang für Mängel, die daraus entstehen. Dieses hohe Risiko übersehen viele Generalunternehmer; für die Auftraggeber ist dies einer der großen Vorteile der Vergabe der gesamten Bauleistung an eine Firma.

7.1.2 Unterschied zwischen geänderter und zusätzlicher Leistung

Die Regelungen in § 2 (5) und § 2 (6) der VOB/B sind die Fundgrube für „Nachträge".

Die VOB unterscheidet aber zwischen der Änderung einer Leistung und zwischen einer *zusätzlichen* Leistung. Wird der Bauentwurf geändert, muß vor Beginn der Arbeiten *keine* Ankündigung durch den Auftragnehmer erfolgen, § 2 (5) VOB/B. Der neue Preis wird unter Berücksichtigung der geänderten Leistung vereinbart. Diese Leistung *soll* vor der Ausführung getroffen werden.

Fordert der Auftraggeber eine *zusätzliche* Leistung, hat der Auftragnehmer nur dann einen Anspruch auf besondere Vergütung, wenn er ihn *vor Beginn* der Ausführung angekündigt hat. Die Vergütung bestimmt sich dann auf den Grundlagen der Preisermittlung. Sie ist *möglichst* vor Beginn der Ausführung zu vereinbaren.

Da aber die Grenzen zwischen der *geänderten* Leistung und der *zusätzlichen* Leistung ebenfalls häufig unscharf sind, empfiehlt es sich, im Vertrag eine gleiche Behandlung beider Leistungsarten festzulegen. Sinnvoll ist, in beiden Fällen den Leistungsanspruch von einer Ankündigung dieses Anspruches durch den Auftragnehmer vor Beginn der Leistung abhängig zu machen, und zwar von einer schriftlichen Ankündigung.

Häufig entsteht ein Streit dadurch, daß der Auftragnehmer eine Möglichkeit sieht, hohe Preise zu fordern, da die Baustelle nicht unterbrochen werden soll. Gerade wenn Streit darüber herrscht, ob es wirklich einen Anspruch auf eine weitere Vergütung gibt und wie hoch dieser Anspruch tatsächlich ist, besteht für beide Parteien eine hohe Risikolage. So ist beispielsweise höchstrichterlich entschieden, daß ein Auftragnehmer dann ein Leistungsverweigerungsrecht hat, wenn durch eine Änderung des Auftraggebers ein erheblicher Mehraufwand (25 %) entstanden ist.

Es empfiehlt sich daher eine Vereinbarung, daß ein Auftragnehmer sein mögliches Leistungsverweigerungsrecht nur in Anspruch nehmen darf, wenn der Auftraggeber vorher unter Fristsetzung aufgefordert wurde, den Nachtrag anzuerkennen. Soweit es Meinungsverschiedenheiten über die Höhe des Nachtrages gibt, muß weiter vereinbart werden, daß dem Auftragnehmer dann kein Leistungsverweigerungsrecht zusteht, wenn der Auftraggeber Forderungen soweit anerkennt, als der Auftragnehmer sie im einzelnen begründet hat. Ab einer bestimmten finanziellen Größenordnung muß man das Leistungsverweigerungsrecht des Auftragnehmers auch abbiegen können durch Stellung einer Bürgschaft durch den Auftraggeber.

7.1.3 Neuberechnung des Nachtragspreises

Basis für die Berechnung der Nachträge sind die Vertragspreise, mithin also die „Urkalkulation" des erteilten Auftrages.

Es gehört deshalb vertraglich geregelt, daß der Auftragnehmer die für die Preisermittlung der vertraglichen Leistung vorhandene Basis dem Auftraggeber in einem verschlossenen Umschlag zur Aufbewahrung übergibt. Der Auftraggeber darf dann die Preise einsehen, wenn dazu ein besonderer Anlaß besteht, wie bei der Vereinbarung neuer Preise oder der Prüfung sonstiger Ansprüche, und zwar bei gleichzeitiger Anwesenheit des Auftragnehmers.

Diese Regelung ist im übrigen im Rahmen der öffentlichen Vergabe von Aufträgen sowieso vorgesehen (vgl. EMV-ZVB, Ziff. 4.1). Entscheidend ist dabei, daß diese Urkalkulation schon mit dem Angebot eingereicht wird; später wird sie erfahrungsgemäß nicht mehr geliefert.

7.1.4 Flexibler Baubeginn

Termine und Flexibilität sind scheinbar ein Widerspruch. Großbauvorhaben sind aber mit starren Terminen nur sehr selten planbar, schon weil der Beginn der Arbeiten durch die öffentliche Hand häufig unkalkulierbar wird. Wichtig ist deshalb, daß der Beginn von Bauarbeiten nicht an starre Termine gebunden wird, sondern an feste Tage ab Beginn einer bestimmten Maßnahme, beispielsweise zehn Tage nach Baufreigabe durch die Behörde oder zehn Tage nach Bestätigung der Unanfechtbarkeit der Baugenehmigung. Solche Fristen haben den Nachteil, daß der Auftragnehmer erst in Verzug ist, wenn er ausdrücklich gemahnt wird; sie haben aber auch den Vorteil, daß die Termingestaltung durch den Auftraggeber besser gestaltbar wird.

7.1.5 Einseitige Änderung des Terminplans

Auch gut kalkulierte Terminpläne verlangen häufige Anpassungen. Da an die Termine, zumindest an einige Termine, regelmäßig Vertragsstrafen gekoppelt sind, ist dies für das gesamte Vertragsgefüge besonders gefährlich.

Sinnvollerweise soll sich daher der Auftraggeber das Recht einräumen lassen, die Termine in angemessener Weise einseitig zu ändern. Dies ist gemäß § 315 BGB zulässig. Der Auftraggeber muß sich aber in einem solchen Fall um eine ausgewogene Anpassung der Terminkette bemühen.

7.2 30jährige Mängelhaftung bei Verschweigen des Mangels

Die Mängelhaftung wird – nicht nur im Baurecht – ständig ausgeweitet. Schon seit langem ist es unstrittige Rechtsprechung, daß der Bauunternehmer für jeden Mangel, den er *arglistig* verschweigt, 30 Jahre haftet. Dabei bedeutet vorsätzliches Abweichen von der Leistungsbeschreibung regelmäßig bereits „Arglist"; eine besondere Täuschungshandlung gegenüber dem Bauherrn ist aber nicht erforderlich. Selbst wenn der Auftragnehmer in der Absicht gehandelt hat, ein gleichwertiges Material einzubauen, liegt Arglist in diesem Sinne vor.

Verstärkt wird die Verlängerung der Mängelhaftung durch die oben erwähnte Rechtsprechung des BGH zum Organisationsverschulden. Wer seinen Betrieb schlampig organisiert, wer Subunternehmer nicht ordentlich beaufsichtigt, kann sich von Mängeln nicht innerhalb der üblichen Gewährleistungsfrist freizeichnen. Er haftet dann 30 Jahre (vgl. Abb. 4).

Vor diesem Hintergrund dürfte auch eine allgemeine Verlängerung der Gewährleistungsfristen auch nach AGB-Gesetz unproblematisch sein. Dies um so mehr, als sich europaweit eine allgemeine zehnjährige Haftung für Baumängel abzeichnet.

7.3 Abnahme der Bauleistung und Beginn der Verjährung trennen

Sowohl bei der Einzelvergabe durch den Auftraggeber wie auch bei der Vergabe an den GU stellt sich die Frage nach dem Unterschied zwischen der Abnahme einerseits und dem Beginn der Gewährleistung andererseits.

Jeder Auftraggeber hat den Wunsch, den Beginn der Verjährung für alle Gewerke möglichst einheitlich auf die Abnahme des gesamten Gewerkes zu legen. Dasselbe Bedürfnis hat der GU, der ja die Leistungen der einzelnen Handwerker sehr viel früher erhält, als er seinerseits die Abnahme mit dem Auftraggeber durchführt. Ein Verschieben der *Abnahme* bis zur Fertigstellung des gesamten Bauwerkes dürfte gegen das AGB-Gesetz verstoßen. Diese Regelung ist daher nicht empfehlenswert. Problemlos dürfte es aber angesichts der oben dargestellten Rechtsprechung sein, zu trennen zwischen der Abnahme, die zeitgerecht durchgeführt wird, einerseits und dem Beginn der Verjährung andererseits. Dieser wird verlegt auf den Zeitpunkt der Abnahme des insgesamt fertiggestellten Bauwerkes.

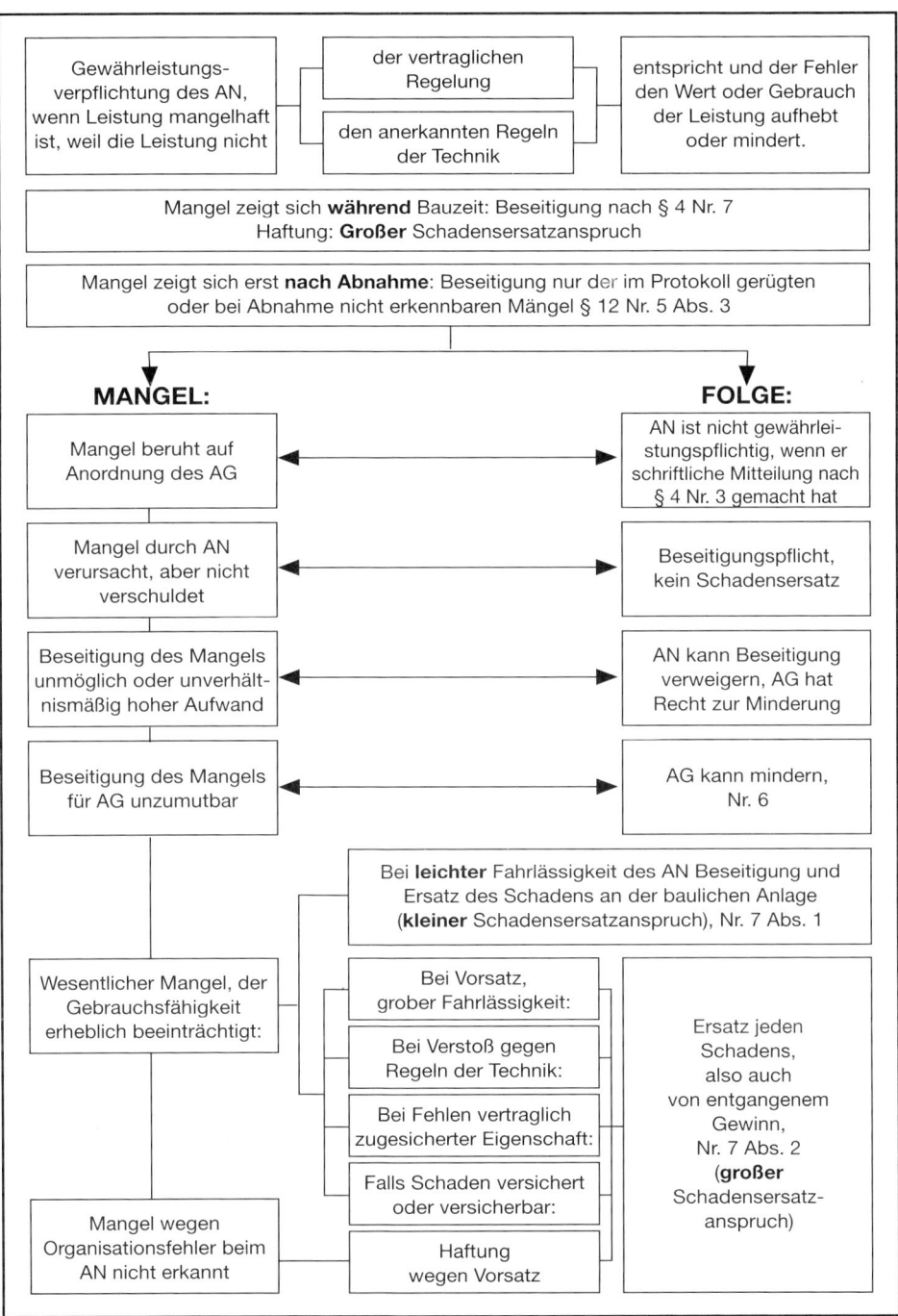

Abb. 4: B § 13 – Gewährleistung
Quelle: Beck W./Herig, N.: *VOB für Praktiker*, München 1997

7.4 Mängelnachbesserung ohne Kündigung

Nach der Gesetzestypik hat der Auftragnehmer den Anspruch auf Mängelnachbesserung. Er kann ihm nur entzogen werden, wenn der Bauauftrag vorher gekündigt wird, § 4 Nr. 7 Satz 3 VOB/B.

Wenn zwischen den Parteien Streit darüber herrscht, ob wirklich ein Mangel vorliegt, ist dies für den Auftraggeber eine schwierige Situation, da er nur dann die Nachbesserung selbst durchführen kann, wenn er entweder dem Auftragnehmer kündigt oder auf einen Nachbesserungsanspruch verzichtet.

Hier empfiehlt sich eine vertragliche Regelung, nach der der Auftraggeber *nachbessern* kann, *ohne* den Bauvertrag insgesamt *kündigen* zu müssen.

7.5 Abnahme ohne Vorbehalt der Vertragsstrafe

Der Vertragsstrafenvorbehalt wird trotz vielfältiger Hinweise immer wieder allzu leicht übersehen. Es ist ohne weiteres zulässig und auch sehr sinnvoll, die Notwendigkeit des Vorbehaltes der Vertragsstrafe abzubedingen.

8. „Management von Mutter Natur"

Die vielfachen Verflechtungen im Projekt-Management und das Aufeinanderprallen der verschiedensten Berufsgruppen – bis hin zum Juristen – machen die Abstimmung oft nicht einfach. Gerade die verschiedenartigen Ausbildungen erleichtern die Kommunikation untereinander nicht gerade. Zu den vielen Management-Regeln, die allerorten verbreitet werden, darf ich an dieser Stelle hinweisen auf das sehr lesenswerte Buch von Fred Kurt: „Das Management von Mutter Natur". Kurt faßt für erfolgreiches Verhalten folgende vier Eigenschaften zusammen, die sich in den Jahrmillionen der natürlichen Entwicklung herausgestellt haben: *Nettigkeit, Provozierbarkeit, Versöhnlichkeit, Klarheit.*

- *Nettigkeit.* Kooperationsbereitschaft lohnt sich. Kooperiere beim ersten Mal, sei bereit zusammenzuarbeiten.
- *Provozierbarkeit.* Reagiere auf das Verhalten Deines Partners. Tue das, was Dein Partner davor getan hat. Benimmt er sich schlecht, zeige ihm, daß Du Dir das nicht gefallen läßt. Benimmt er sich gut, kooperiere mit ihm weiter.

- *Versöhnlichkeit.* Wenn sich der Partner schlecht benommen hat, so zeige ihm, daß Du Dir das nicht gefallen läßt. Sei aber nicht nachtragend. Lerne aus den Eigenschaften des Partners diesen erkennen, sei bereit, wieder zu kooperieren, ohne dem „Partner" etwas nachzutragen.
- *Klarheit.* Die eigene Verhaltensweise muß für den Partner überschaubar und berechenbar sein.

Letztlich werden diese vier Regeln zurückgeführt auf das Prinzip „Wie Du mir, so ich Dir". Dieses hat im Laufe der Jahrmillionen größte Erfolge gebracht. Nicht immer gleich zu Beginn der Zusammenarbeit, aber auf die Länge betrachtet war es das beste Prinzip. Vielleicht trägt es auch zum guten Ablauf der Zusammenarbeit auf der Baustelle bei.

9. Literatur:

Beck, W./Herig, N.: *VOB für Praktiker*, Kommentar mit Grafiken, Urteil und Praxistips, 3. Auflage, München 1997

Beck, W./Busse, J./Keller, J.: *Handbuch für die Gemeinderatssitzung in Bayern*, 7. Auflage, München 1996

Dörner, D.: *Die Logik des Mißlingens*, Strategisches Denken in komplexen Situationen 2. Auflage, Hamburg 1990

Casti, J.: *Szenarien der Zukunft*, Stuttgart 1992

Eibl-Eibesfeldt, I. in: *Stadt- und Lebensqualität*, Stuttgart 1985

Ernst, W./Zinkahn, W./Bielenberg, W.: *Baugesetzbuch*, München 1992

Kapellmann, K.: *Juristisches Projektmanagement bei Entwicklung und Realisierung von Bauprojekten*, Köln 1997

Kurt, F.: *Das Management von Mutter Natur*, München 1985

Locher, H./Koeble, W./Frik, W.: *Kommentar zu HOAI*, 6. Auflage, Düsseldorf 1991

Münchner Kommentar, 2. Auflage, München 1988

Watzlawick, P.: *Wie wirklich ist die Wirklichkeit?* 21. Auflage, München 1993

3

Immobilien-Management: Ausgewählte Funktionen

Gebäude-Management versus Facility-Management

Robert Wahlen, Dipl.-Ing./Dipl.-Wirt. Ing., Inhaber der FMPRO Facility Management Professional Service Arbeitsplatz Robert Wahlen, Köln, und der FMNetwork Immobilie, Köln

Inhalt

1.	Ausgangssituation	227
2.	Marktgrundlagen	228
2.1	Marktanbieter und Wettbewerbssituation	228
2.2	Entwicklung in Deutschland	229
2.2.1	Entwicklung zum Gebäude-Management	230
2.2.2	Definition Gebäude-Management	230
2.2.3	Entwicklung zum Facility-Management	231
2.2.4	Die sprachliche Einordnung	231
3.	Facility-Management-Definitionen	232
3.1	Eine amerikanische Definition	232
3.2	Eine europäische Definition	232
3.3	Entwicklung einer allgemeingültigen Definition für Facility-Management	233
3.4	Immobilien-Facility-Management	235
3.5	Die Leistungsfelder der strategischen Management-Ebene	237
3.6	Die Leistungsfelder der Ausführungshandlungen in Oberbegriffen	238
4.	Immobilien-Facility-Management als strategische Komponente in Unternehmen	242
4.1	Grundlage der Einführung und Nutzung von Immobilien-Facility-Management	243

4.1.1	Es bleibt so, wie es ist	243
4.1.2	Das Immobilien-Facility-Management-Team	244
4.1.3	Das externe Immobilien-Facility-Management-Team	245
4.1.4	Das interne Immobilien-Facility-Management-Team	246
4.1.5	Das kombinierte interne/externe Immobilien-Facility-Management-Team	247
4.2	Grundlegende Ausgangspunkte	248
5.	Entwickeln neuer Wirtschaftsmodelle in der Dienstleistung	248
6.	Beispiele für Kosteneinsparung	250
7.	Determinanten der Kostensenkung	252
7.1	Ausbildung	252
7.2	Hilfsmittel	252
8.	Trade-off zwischen Kostensenkung und optimalem Service – ein Zielkonflikt	254
9.	Schlußbetrachtung	256
10.	Literatur	260

1. Ausgangssituation

In den Zeiten, in denen die Agrarwirtschaft noch eine zentrale Rolle spielte, hätten die Bauern sicher nicht geglaubt, daß ihr Anteil am Bruttosozialprodukt im Jahr 1997 nur noch 2 % ausmachen würde und trotzdem alle satt würden. Solch konservatives Denken behindert in Deutschland Änderungen der Verhältnisse, obwohl wir in einer „Höher-Schneller-Weiter-Gesellschaft" leben.

In Amerika beträgt der Dienstleistungsanteil bereits 75 % am Bruttosozialprodukt, in Deutschland nur 25 %. Doch sowohl im 60 %-Anteil des Bruttosozialprodukts der Industrieproduktion als auch in den Leistungen von Verwaltung, Handel, Gewerbe und Sozialeinrichtungen schlummern erhebliche Reserven an produktionsnahen Dienstleistungen. In den meisten Unternehmen haben Dienstleistungen aber noch nicht den Stellenwert wie die Wertschöpfung. Alle stellen aber mittlerweile fest, daß ihre Produkte bis zu 35 % und mehr durch diese Kosten belastet werden. Sie begreifen, daß Wertschöpfungen nicht mehr nur über Massenströme laufen, sondern über intelligente Wertschöpfungsketten. Weil der darin steckende Dienstleistungsanteil nicht ihr originäres Kerngeschäft ist, suchen sie Unterstützung.

„Der Industriestandort Deutschland wandelt sich zu einem Dienstleistungsstandort", lautet somit eine zukunftsweisende These. In bestehenden Geschäftsfeldern wollen Unternehmen sowohl national als auch international weiter wachsen. Zusätzlich suchen sie neue unternehmerische Aufgaben, bei denen sie ihre Stärken aus bestehenden Geschäftsfeldern einsetzen können.

Und: „Eigentümer und Nutzer von Immobilien wollen sich auf ihr Kerngeschäft konzentrieren und erwarten umfassende unterstützende Dienstleistungen", heißt eine andere wichtige Feststellung. Unternehmen müssen somit ihre kundenbezogenen Leistungen mit einem deutlich erkennbaren Nutzwert einer erstklassigen Produktqualität bieten. Also Leistungen, die bei den Wettbewerbern so nicht zu finden sind.

Mit dem ganzheitlichen Ansatz „Facility-Management" wollen Unternehmen die Aktivitäten, die ihr originäres Kerngeschäft unterstützen, erkennen. Sie lagern dazu nicht nur ihre Immobilien, sondern auch die unterstützenden Leistungen (Sekundärprozesse) aus oder bringen diese gegebenenfalls in neue eigene Geschäftsfelder, sie ergänzen sie sogar um weitere Dienstleistungen rund um die Immobilie. Damit erreichen sie, daß die Leistungen kundenorientiert und profitabel erbracht werden. Dienstleister aller Fakultäten erkennen die Situation immer mehr und versuchen diesen Wünschen nachzukommen. Sie bieten Facility-Management (FM) und/oder Gebäude-Management (GM) an.

2. Marktgrundlagen

In Amerika wird Facility-Management seit zirka 15 Jahren im Zusammenwirken zwischen strategischem Management und operativer Dienstleistung verstanden und durchgeführt. Auch in Europa – in England, in den Niederlanden und in Frankreich – findet Facility-Management schon seit Jahren Anwendung.

Von namhaften Unternehmensberatungen wird ein Marktvolumen von zirka 60 Mrd. DM pro Jahr für GM, welches Teilbereiche des FM abdeckt, geschätzt. Von diesem Marktvolumen sollen derzeit zirka 35% erschlossen sein. Ein jährliches Wachstum von zirka 10% wird prognostiziert, weil Unternehmen ihre Immobilien und deren Bewirtschaftung auch als Kostenpaket entdecken. Dabei stehen Verwaltungsimmobilien im Vordergrund. Auch Immobilien für soziale Zwecke, Industrie-, Handels- und Lagergebäude, aber auch öffentliche Immobilien werden in letzter Zeit immer mehr mit in die entsprechende Betrachtung einbezogen.

Weitere Indikatoren für die Entwicklung des Marktes sind sowohl die Etablierung von deutschen Verbänden für Facility-Management, des Bundesverbandes für Facility-Management e. V. (GEFMA) und IFMA Deutschland e. V., ein Chapter der International Facility Management Association IFMA in USA, als auch die steigende Anzahl an Nachfragern, Anbietern und Management-Seminaren zum Themenkomplex.

2.1 Marktanbieter und Wettbewerbssituation

Bisher stammen die Marktplayer aus dem Bereich der Projektentwicklung, der technischen Gebäudeausrüstung, der technischen Bewirtschaftung, der Reinigung und der Sicherheit. Um FM oder GM anbieten zu können, werden einzelne Dienstleistungen um das originäre Kerngeschäft herum aufgebaut bzw. hinzugekauft, womit man die Angebotspalette erweitern kann.

Die Dienstleister begreifen immer mehr, daß erfolgreiches GM oder FM nicht nur die Durchführung der Dienstleistung, sondern auch das Management beinhalten muß. Nachfrager haben insofern mit umfassenden Angeboten ihre Probleme:

- die Leistungen beschränken sich meist nur auf die Ausführungshandlungen, da die eigentlich geforderte Management-Leistung oftmals noch nicht ausgeprägt ist;
- es klafft insofern oft eine Lücke zwischen dem Angebot, der tatsächlichen Leistungsfähigkeit, Innovation und Kompetenz;
- eine externe Vergabe der gesamten Leistungen innerhalb des GM/FM an einen Anbieter erscheint noch nicht sinnvoll, solange die Management-Leistung nicht im Vordergrund steht.

Im Gegensatz zu der oben genannten Vorgehensweise haben sich in der letzten Zeit aus unternehmensinternen Dienstleistern marktfähige Facility-Management-Profit-Center bzw. rechtlich eigenständige Gesellschaften gebildet. Diese führen die Management-Leistung und nur wenige unbedingt notwendige Dienstleistungen selbst durch. Sie kaufen zirka 90 % der operativen Leistungen (Ausführungshandlungen) ein. Diese Teams haben Praxiserfahrungen aus der firmeninternen Organisation und dem Management. Sie gehen u. a. Kooperationen ein, um ihre Kompetenz zu erweitern.

2.2 Entwicklung in Deutschland

Vergleicht man den internationalen Markt, wird festgestellt, daß die nachfolgenden Entwicklungen in anderen Ländern ähnlich verlaufen sind. Doch die Fortschritte im deutschen Markt sind aufgrund verschiedener Akzeptanzschwierigkeiten um einige Jahre zurück.

Üblicherweise werden u. a. von Immobilienverwaltern folgende Leistungen angeboten:

- Mietbewirtschaftung (Vermietungswesen, Objektbuchhaltung, Versicherungswesen, Mieterbetreuung, Technische Objektbetreuung, Einsatz und Kontrolle von Subunternehmen, Berichtswesen) sowie
- die Weiterentwicklung der Immobilie.

Alternativ bieten sowohl Projektentwickler als auch Marktanbieter für die Erstvermietung, neben dem Profilierungs-Management, Teile der oben genannten Leistungen an. Es fällt auf, daß viele dieser Leistungen eigentümerbezogene Einmalleistungen sind. Der Nutzer muß sich um die kontinuierliche Performance auf der von ihm genutzten Fläche (Mietfläche) selbst kümmern. Anlagenbaufirmen, die haus- und bautechnische Gewerke durchführen, übernehmen bis zum Jahr 1980 zusätzlich die Wartung und Instandsetzung. Danach bilden sie eigene Abteilungen bzw. Profit-Center, die diversifizieren darin und bieten den Service für Instandhaltung an. Dieser besteht aus der Wartung, Inspektion und Instandsetzung. Leider wird im Rahmen der kaufmännischen Liegenschaftsverwaltung oftmals Instandhaltung mit Instandsetzung gleichgesetzt. Instandhaltung ist aber der Oberbegriff für die vorgenannten Leistungsfelder, die in VDMA 24186 Teil 0 und DIN 31051 Instandhaltung definiert und erläutert werden. Diese sollten Grundlage unter anderem für die Bewirtschaftungskostenabrechnung sein; damit könnten schon einige Verständnisprobleme behoben werden.

2.2.1 Entwicklung zum Gebäude-Management

Ab dem Jahr 1985 reagieren diese Profit-Center für Instandhaltung auf die Marktnachfrage. Das Leistungsangebot beinhaltet nun Instandhaltung und Betriebsführung und wird GM benannt. Das Leistungsspektrum umfaßt die in Abb. 1 aufgezeigten Größen.

Instandhaltung	Betriebsführung
• Wartung, • Inspektion, • Instandsetzung, • Stördienst.	• Reinigung, • Pflege der Außenanlage, • Gartenpflege, • Pflanzenpflege im Gebäude, • Winterdienst, • Haustechniker, • 24-Stunden-Service und Bereitschaftsdienst, • Betrieb der ver- und entsorgungs-technischen Anlagen, • Funktionsgarantie, • Zentrale Leittechnik, • Energie-Management.

Abb. 1: Gebäude-Management-Angebot ab dem Jahr 1985

2.2.2 Definition Gebäude-Management

Der Verband Deutscher Maschinen- und Anlagenbau e.V. (VDMA) in Frankfurt definiert im Jahr 1996 in der VDMA-Richtlinie 24196 Gebäude-Management und Facility-Management. Eindeutig wird ausgesagt, daß Gebäude-Management Teil von Facility-Management ist. Es werden Leistungen zur Nutzung von Gebäuden und Liegenschaften im Rahmen des Facility-Management in

- technisches Gebäude-Management,
- infrastrukturelles Gebäude-Management,
- kaufmännisches Gebäude-Management

strukturiert und der Öffentlichkeit damit zentrale Grundlagen an die Hand gegeben. Interessant dabei ist, daß nicht nur technische Leistungen in die Betrachtungen einbezogen werden, sondern auch kaufmännische und Services, die bisher dem klassischen Liegenschaftsverwalter zugeordnet waren. Ein notwendiger Schulterschluß wird dadurch vollzogen.

2.2.3 Entwicklung zum Facility-Management

Hersteller von Büromöbeln in den USA kamen etwa 1975 unter enormen Wettbewerbsdruck: Ihre Produkte unterschieden sich nur in wenigen Merkmalen von denen ihrer Mitbewerber. Um die Wettbewerbsposition wieder zu stärken, sahen sie sich im Umfeld der Nutzer ihrer Produkte um und stellten fest, daß die optimale Nutzung ihres Produkts von der Umwelt und der Organisation sehr stark abhängen. Deshalb entwickelten sie Strategien zur Verdeutlichung der Zusammenhänge von Facilities und der Produktivität der Arbeitenden. Im Jahr 1978 fand dann eine Konferenz mit dem Titel „Facilities Impact on Productivity" statt, welche die Grundlage aller weiteren Entwicklungen in den USA bildete.

2.2.4 Die sprachliche Einordnung

Im angelsächsischen Sprachgebrauch wird innerhalb des gesprochenen Zusammenhangs deutlich gemacht, wofür ein Synonym angewendet wird. In Deutschland wird dies übersehen und entsprechend unklar definiert (vgl. Abb. 2).

Die Anwendung von Facility-Management muß definiert werden – etwa für Immobilie, Stadtentwicklung, EDV-Netzwerke usw. Des weiteren muß klar sein, daß es in Deutschland u. a. Wirtschaftslehre und Ingenieurwissenschaften gibt, aus denen Definitionen für das Handeln abgeleitet werden sollten. Insofern ist eine klare Trennung zwischen Management-Leistungen und den Ausführungshandlungen vorzunehmen.

- leicht, machbar
- Leichtigkeit
- Günstige Gelegenheit, Möglichkeit
- Einrichtungen, Anlagen
- Schlüsselfertige Anlagen
- Installationsanlagen
- Bädereinrichtungen
- Außenanlagen
- Außensportanlagen
- Sportanlagen
- Pflegegeräte
- Einrichtungen u. Anlagen für Gebäude
- alternativ

- Facilis (lateinisch)
- Facility (Singular, Englisch)
- Facilities (Plural, Englisch)
- Turnkey facilities
- Installation facilities
- Swimming pool facilities
- Outdoor facilities
- Outdoor sports facilities
- Sports facilities
- Maintenance facilities
- Property facilities
- Facilities for...

Abb. 2: Was sind Facilities? Einige Beispiele

3. Facility-Management-Definitionen

Um die Zusammenhänge und Sichtweisen zu verdeutlichen, werden nachfolgend einige Beispiele von FM-Definitionen dargestellt. Diese lassen sich an der Abbildung 3 jeweils nachvollziehen und entsprechend einordnen.

3.1 Eine amerikanische Definition

FM ist die Praxis, den physikalischen Arbeitsplatz mit den Menschen und mit der Arbeit der Organisation zu koordinieren. FM integriert dabei die Grundlagen der wirtschaftlichen Betriebsführung, der Architektur und der Verhaltens- und Ingenieurwissenschaften.

3.2 Eine europäische Definition

FM ist der ganzheitliche strategische Rahmen für koordinierte Programme, um Gebäude, ihre Systeme und Inhalte kontinuierlich bereitzustellen, funktionsfähig zu halten und an die wechselnden organisatorischen Bedürfnisse anzupassen.

3.3 Entwicklung einer allgemeingültigen Definition für Facility-Management

An dieser Stelle soll der Versuch unternommen werden – allerdings ohne zu tief in die allgemeine Betriebswirtschaftslehre oder die Ingenieurwissenschaften einzutauchen –, eine allgemeingültige Definition für Facility-Management zu entwickeln. Ausgehend von der in Deutschland allgemeingültigen Wirtschaftslehre ist eine Management-Leistung das Planen, Entscheiden und Controlling über die Erstellung und Verwendung von Performance – nicht aber das Erstellen und Verwenden selbst. Letztere sind die aus dem Wirtschaften hervorgehenden Ausführungshandlungen, u. a. die Dienstleistungen.

Management gliedert sich z. B. in die folgenden Bereiche:
- *Leistungen:* Planung, Organisation, Kontrolle, Aufgabenvergabe, Steuerung, Stellenbesetzung;
- *Funktionen:* Weisung, Koordination, Berichterstattung, Budgetierung, Innovationen, Repräsentation;
- *Ziele:* Effizienz, Flexibilität, Kontinuität, Deutlichkeit, Effektivität, Zufriedenheit der Beteiligten.

Die Leistungen, Funktionen und Ziele innerhalb des Managements können auch als Instrumente der Unternehmensführung bezeichnet werden.

Zur Entwicklung einer allgemeingültigen Definition muß die folgende Forderung betrachtet werden, nämlich das *„Entwickeln von Strategien zur Verdeutlichung der Zusammenhänge von Facilities und der Produktivität"*. So wird sie zusammenfassend in anderen Definitionen beschrieben. Diese oben genannten ist einerseits mit der Beschreibung von Facilities und der Produktivität, andererseits mit der Aufgabe Management-Darstellung zu verbinden. Voraussetzung ist die Beschreibung der *Facilities* und der *Produktivität.*

Erstes Beispiel: Betrachtet werden soll ein Produktionsunternehmen. Die Facilities sind Anlagen, Einrichtungen und Dienstleistungen. Eine Unternehmung schöpft einen Wert, bestehend aus Kern-, Teil-, Hauptprozessen und Aufgaben. Diese werden von Sekundärprozessen unterstützt. Ohne diese Unterstützung wäre die vorgenannte Kette zur Wertschöpfung nicht möglich. Auch ohne die Beschreibung der Prozesse ist es schwierig zu erkennen, welche Prozesse konkret vorliegen. Deshalb ist es notwendig, um die Zusammenhänge zu wissen.

Zur Verdeutlichung sind folgende Größen entscheidend:

- Zentrale Aktivitäten = Hauptaktivitäten = Kernprozesse
  - Beschreibung des Unternehmenszwecks
  - Beschreibung der Unternehmenswertschöpfung

Die zentralen Aktivitäten beschreiben die Produktivität.

- Unterstützende Aktivitäten = andere Aktivitäten = Sekundärprozesse
  - alle, die den Unternehmenszweck unterstützen
  - alle, die die Unternehmenswertschöpfung unterstützen.

Diese Aktivitäten beschreiben alle Facilities, die benötigt werden, damit es zur Wertschöpfung kommt.

Ergebnis: Facility-Management ist das Management von Sekundärprozessen eines Produktionsunternehmens. Warum aber muß Wertschöpfung im Zusammenhang mit Produktionsprozessen gesehen werden? Kann Wertschöpfung auch im Zusammenhang mit Dienstleistungen stehen? Dazu ein weiteres Beispiel.

Zweites Beispiel: Der Bewohner einer Stadt soll sich in seiner Umgebung wohl fühlen, die Infrastruktur an seinem Wohn- und Arbeitsort seine Bedürfnisse unterstützen. Er soll in seinem Umfeld u. a. Kultur, Sozialeinrichtungen sowie verschiedene Freizeiteinrichtungen finden. Diese stellen für ihn Werte dar.

Das Unternehmen ist insofern hier eine Stadtverwaltung. Die Facilities sind Anlagen (Straßen, Wege, Plätze, Grüngebiete), Einrichtungen (Ampel, Beschilderung) und Dienstleistungen (behördliche Arbeit). Auch hier ist zu fragen, was zentrale Aktivitäten und was die unterstützenden Aktivitäten sind.

Ergebnis: Facility-Management ist das Management von Sekundärprozessen einer Stadt. Und in beiden Beispielen lautet der Kern der Definition: *Facility-Management ist das Management von Sekundärprozessen.* Diese zentrale Aussage ist auf den jeweiligen Fall anzupassen, und der Zusammenhang muß genannt werden und sollte demnach in dem Facility-Management Anwendung finden, damit eindeutig klar wird, wofür es eingesetzt wird. Diese Definition kann Grundlage für weitere Entwicklungen sein – u. a. für Projektentwickler, Bauherren, Betreiber, Dienstleister, Eigentümer und Nutzer von Immobilien, für Industrie, Verwaltung, Handel, Gewerbe, Sozialeinrichtungen und die öffentliche Hand. Festzuhalten ist, daß Facility-Management eine Management-Leistung ist. Facility-Management ist insofern nicht das Reinigen, Catering oder die Liegenschaftsverwaltung. Diese sind nur Ausführungshandlungen, die gemäß den Vorgaben des Managements agieren.

3.4 Immobilien-Facility-Management

Unser Kerngeschäft, also nicht nur die Wertschöpfung als solche, betreiben wir in den meisten Fällen in Immobilien, die durch verschiedene Ingenieurdisziplinen geplant und realisiert werden. Die Anlagen und Einrichtungen sollten nicht nur technisch professionell betrieben werden, sondern die Investitionen in Gebäude, Anlagen und Einrichtungen müssen auch betriebswirtschaftlich optimal eingesetzt werden. Hierzu gehört neben dem traditionellen kaufmännischen und technischen Liegenschafts-Management auch das Corporate Real Estate (CRE), das kosten- und bilanzorientierte Immobilien-Management. Des weiteren ist die Immobilie mit ihren Management-Systemen, unter Integration der notwendigen Organisation von Dienstleistungsketten, mit in die Betrachtung einzubeziehen. Im folgenden wird so aus den oben genannten und verschiedenen internationalen Facility-Management-Definitionen eine Basis für Facility-Managements im Zusammenhang mit Immobilien versucht zu finden. Diese müßte folgendermaßen lauten: *Immobilien-Facility-Management ist eine kundenorientierte ganzheitliche Management-Leistung, die sich mit komplexen Entscheidungsgrundlagen zur optimalen Planung, Nutzung und Nutzungsanpassung von Gebäuden, deren Anlagen, Einrichtungen und Dienstleistungen – verstärkt durch Informationssysteme – befaßt, die die Unternehmensleitung strategisch und jeden wertschöpfenden Arbeitsplatz unterstützen (vgl. Abb. 3).*

Ziel des Immobilien-Facility-Managements ist es, den Investor bzw. Eigentümer oder Nutzer bzw. Produzenten von den Tätigkeiten der Immobilienbewirtschaftung und den Sekundärprozessen sowohl in kaufmännischer als auch in technischer Hinsicht zu entlasten, damit sich dieser voll auf sein eigentliches Kerngeschäft konzentrieren kann. *Das bedeutet, daß die unterstützenden Leistungen je wertschöpfendem Arbeitsplatz auf der Fläche des Nutzers vom Immobilien-Facility-Management mitbetrachtet werden und daß sich die Leistungen des IFM nicht nur auf Eigentümer, sondern auch auf Nutzer erstrecken – im Gegensatz zum GM, welches ausschließlich Eigentümerinteressen vertritt.*

Immobilien-Facility-Management schlägt eine Brücke zu einzelnen Immobilien-Management-Systemen und vereint diese.

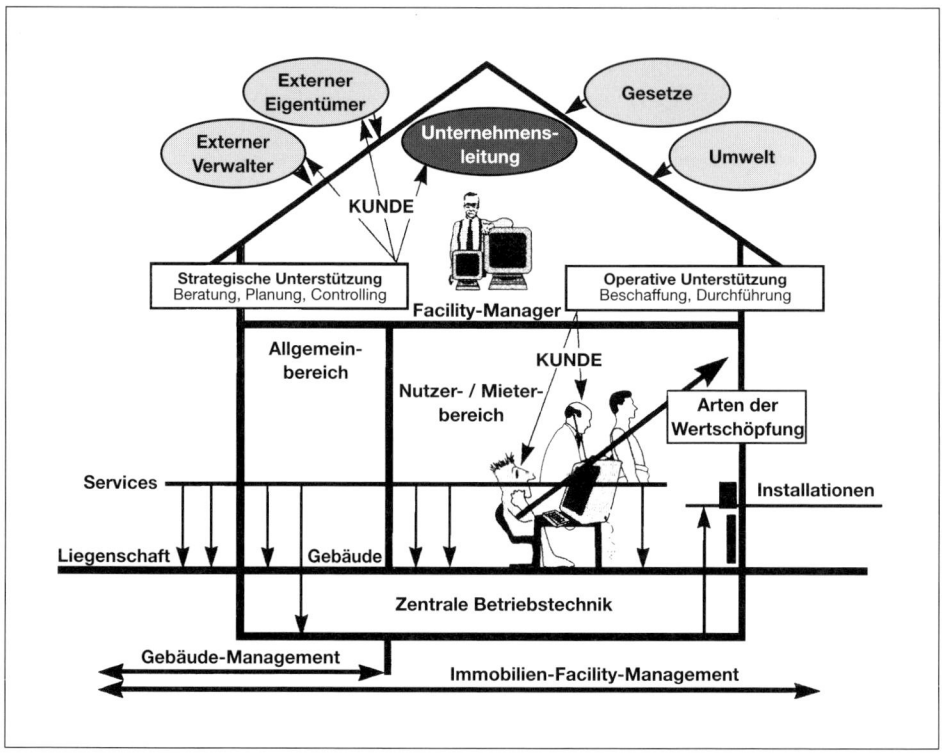

Abb. 3: Immobilien-Facility-Management

Durch diese Zusammenfassung wird gewährleistet, daß sowohl dem Eigentümer als auch dem Nutzer alle Informationen zu 100 % zur Verfügung stehen. Entscheidungen können durch kurze Wege, bei minimalem eigenen Personaleinsatz, schnell und präzise getroffen werden. Und der Effekt ist, daß die Wertschöpfung innerhalb des Betrachtungssystems Immobilie verbessert wird (vgl. Abb. 4).

Es gibt viele Möglichkeiten, die Management- und Ausführungshandlungen des Immobilien-Facility-Managements aufzugliedern und mit Inhalten zu füllen. Jede gewählte Darstellung ist aber mit Sicherheit unvollständig, da von Immobilie zu Immobilie, von Eigentümer zu Eigentümer, natürlich auch von Nutzer zu Nutzer und im Zusammenspiel dieser, das Leistungsprofil des Immobilien-Facility-Managements ein offenes System sein muß, um nicht auf die entsprechenden dynamischen Prozesse im nachhinein zu reagieren, sondern diese aktiv und frühzeitig zu beeinflussen.

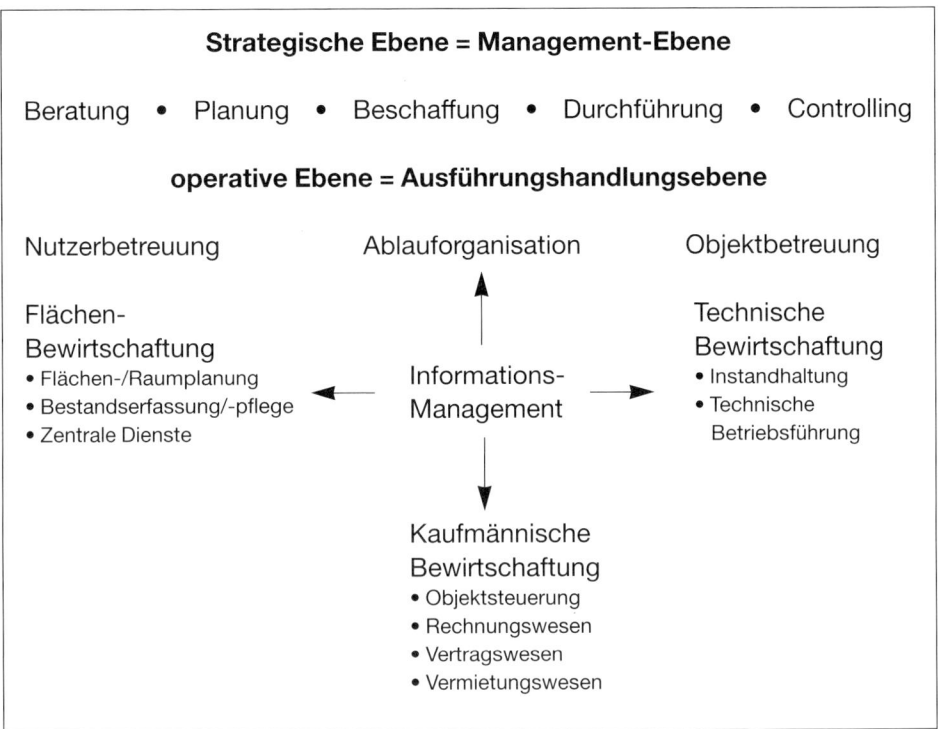

Abb. 4: Strukturierung und Leistungsbereiche des Immobilien-Facility-Managements
Quelle: EuroFM-Network Konferenz, Glasgow 1988

3.5 Die Leistungsfelder der strategischen Management-Ebene

Beratung ist die Aufgabe und Erörterung von Handlungsempfehlungen durch Sachverständige, wobei von den Zielsetzungen des zu Beratenden (Auftraggeber oder Kunde) und von relevanten Theorien unter Einbeziehung der individuellen Entscheidungssituation des Auftraggebers auszugehen ist.

Planung bedeutet, Ordnung zu entwerfen, und zwar bezogen auf Geschehnisse und Personen, die dort hineingehören. Planung ist die Vorwegnahme einer künftigen Form von Abläufen. Es gibt Gesamt- und Einzelpläne – z. B. für Beschaffung, Lager, Fertigung, Absatz, Finanzierung, Investitionen und Entwicklungen.

Die Planung im Facility-Management umfaßt alle Aktivitäten, die im Zusammenhang mit Bedürfnissen oder Bedürfnisveränderung der Kunden stehen. Etwa:

- strategische Planung (das ist die Orientierung an der Systemstruktur und der Unternehmenskultur);
- Projektplanung (sie bildet die Grundlage für Budgetierung, indem sie Aufschluß über die erforderlichen Investitionen und Lösungen auf Basis von z. B. Gesetzen, Normen, üblichen Handlungsweisen gibt);
- Raumplanung (sie ist die effiziente und ökonomische Aufteilung eines gegebenen Raums).

Beschaffung ist eine Grundfunktion in Unternehmen. Im Zuge der Leistungserstellung werden Inputfaktoren wie z. B. Sachgüter (Anlagen, Einrichtungen), Dienstleistungen (Fachingenieurleistungen, Infrastrukturdienste wie Reinigung, Bewachung, etc.), finanzielle Mittel usw. teilweise oder vollständig verbraucht und müssen dementsprechend ergänzt bzw. ersetzt werden, sofern die Wirtschaftsorganisation weiterbestehen soll.

Wenn die Ergänzung aus der eigenen Organisation z. B. für Dienstleistungen erfolgen kann, handelt es sich um einen speziellen Akt der Leistungserbringung.

Durchführung ist die Leistungserbringung (Ausführungshandlung), hervorgerufen durch die jeweiligen Bedarfsstrukturen. Die Basis der Durchführung sind Beratung, Planung und Beschaffung.

Controlling kann verstanden werden als Entscheidungs- und Führungshilfe durch ergebnisorientierte Beratung, Planung, Steuerung und Überwachung des Unternehmens in allen Bereichen sowie Ebenen und/oder einzelner Ausführungshandlungen. Controlling ist Teil des gesamten internen Überwachungssystems. Es dient in gleichem Maße auch der Unternehmensführung als Entscheidungsinstrument. Controlling hat in diesem Sinne nur untergeordnet mit Kontrolle zu tun.

3.6 Die Leistungsfelder der Ausführungshandlungen in Oberbegriffen

Die Strukturierung definiert im Gegensatz zum GM unterhalb der Management-Ebene keine weiteren Management-Leistungen, da es sich hierbei um Ausführungshandlungen, also Services handelt. Diese sind gemäß der zweiten Berechnungsverordnung Teil der Bewirtschaftungskosten und werden entsprechend Flächenbewirtschaftung, Kaufmännische Bewirtschaftung und Technische Bewirtschaftung genannt.

Diese Strukturierung bürgert sich langsam am Markt ein, wird mit Leistungsbeschreibungen versehen und von Fall zu Fall ergänzt, erweitert oder vermindert.

Bei einigen Immobilien konnte man bereits nach diesem Verfahren Ausschreibungen erstellen, die Leistungen wurden transparent und damit eindeutig kalkulierbar. Weiterhin wurden von manchen Kaufleuten der Immobilienwirtschaft die Kontenrahmen auf dieser Basis ergänzt und erweitert, so daß nicht nur die Bewirtschaftungskosten mit den entsprechenden Betriebskosten aus Eigentümersicht, sondern auch die Kosten des Nutzers auf dessen Fläche zur Zufriedenheit aller abgerechnet wurde.

Flächenbewirtschaftung
Die Leistungen, die dieser Sparte zugeordnet werden, sind Services, die auf der Fläche für Eigentümer und/oder für den Flächennutzer erbracht werden.

- *Flächen- bzw. Raumplanung:*
  - Immobilien- bzw. Standortbewertung,
  - Flächenorganisation,
  - Arbeitsplatzanalyse.
- *Bestandserfassung bzw. -pflege:*
  - Flächeninventarisierung bzw. -pflege,
  - Inventarerfassung bzw. -pflege,
  - Anlageninventarisierung bzw. -pflege,
  - Raumbucherstellung bzw. -pflege,
  - Dispositions- bzw. Flächenreserven.
- *Zentrale Dienste:*
  - Gebäudesicherheitsdienst,
  - Empfang,
  - Telefonzentrale,
  - Reinigung,
  - Winterdienst,
  - Pflege der Außenanlagen,
  - Gartenpflege,
  - Pflanzenpflege im Gebäude,
  - Schädlingsbekämpfung,
  - Poststelle bzw. -service,
  - Reisestelle bzw. -service,
  - Zentralsekretariat,
  - Fuhrparkverwaltung,
  - Kantinenbewirtschaftung,
  - Umzugsdienst,

- Zentralarchiv,
- Botendienste,
- Druckerei,
- Kopierdienst,
- Büromaterialverwaltung,
- Sicherheit,
- Medizinischer Dienst,
- Wäscherei,
- Büroservice,
- EDV-Unterstützung,
- Entsorgung,
- Tiefgaragenbetrieb.

Kaufmännische Bewirtschaftung
Die kaufmännische Bewirtschaftung gliedert sich nach den üblichen Leistungsmerkmalen eines Liegenschaftsverwalters. Darüber hinaus erhält sie eine starke Ausprägung in der Objektsteuerung durch die bis dahin vernachlässigte Nutzerbetreuung, die im Immobilien-Facility-Management bis zum Arbeitsplatz wirkt.

- *Objektsteuerung:*
  - Objekt-, Projekt-Management,
  - Nutzerbetreuung,
  - Eigentümerbetreuung,
  - Objektbetreuung,
  - Objektinspektion,
  - Budgetierung,
  - Kostenoptimierung,
  - Vermittlung von Dienstleistungen,
  - Leistungskoordinierung,
  - Vertragspflichtenüberwachung,
  - Flächenübergabe und -abnahme,
  - Betreuung von Nutzer- und Werbegemeinschaften,
  - Center-Management,
  - Dokumentation oder Berichtswesen.
- *Rechnungswesen:*
  - Kostenberechnung und -abrechnung,
  - Inkasso u. a. Miet- und Nebenkosten,
  - Kostenträger- und Kostenstellenzuordnung,
  - Miet- und flächenbezogene Buchhaltung,

– Lohn- und Finanzbuchhaltung,
– Liquiditätsanalyse,
– Mahnwesen,
– Steuern, u. a. Umsatzsteuervoranmeldung.
- *Vertrags-, Versicherungs-, Rechts- und Personalwesen:*
– Vertragsabschluß und -pflege,
– Versicherungsabschluß und -pflege,
– Vertrags- und Kautionsverwaltung,
– Index-, Miet- und Nebenkostenanpassung.
- *Vermietungswesen:*
– Vermietungskonzeption, Mietermix,
– Erst-, Nach- und Untervermietung.

Technische Bewirtschaftung
Die Technische Bewirtschaftung wird in Anlehnung an die Honorarordnung für Architekten und Ingenieure HOAI und die DIN 276 Kosten im Hochbau gegliedert.

- *Instandhaltung, Wartung, Inspektion, Instandsetzung, Betriebsmittel, Stördienst:*
– Gastechnik,
– Wassertechnik,
– Abwassertechnik,
– Wärmeversorgungstechnik,
– Brauchwassererwärmungstechnik,
– Raumlufttechnik,
– Kältetechnik,
– Elektrotechnik,
– Blitzschutz,
– Aufzugs-, Förder- und Lagertechnik,
– kraftbetätigte Tür- und Toranlagen,
– Sicherheitstechnik,
– Meß-, Steuer- und Regeltechnik,
– Gebäudeautomation,
– Nachrichten und Kommunikationstechnik,
– Kabel- und Netzwerktechnik,
– EDV-Technik, EDV-Sicherheitstechnik,
– Wäscherei- und chemische Reinigungstechnik,
– Küchentechnik,
– Medizin- und Labortechnik,

- Druckereitechnik,
- allgemeine Bautechnik,
- Bürogerätetechnik,
- sonstige Technik.
- *Technische Betriebsführung*
  - Haustechniker oder Hauswart,
  - 24-Stunden-Service und Bereitschaftsdienst,
  - Betrieb der technischen Anlagen und Zentralen,
  - Zentrale Leittechnik,
  - Energie-Management.

4. Immobilien-Facility-Management als strategische Komponente in Unternehmen

Wenn Immobilien-Facility-Management Anwendung findet, müssen folgende Parameter berücksichtigt werden. Immobilien-Facility-Management stellt Mittel zur Erreichung der Ziele eines Unternehmens. Es:

- umfaßt die Integration von Menschen, Technologie und Immobilie,
- basiert auf der Fähigkeit, Immobilien mit vorgegebenen wirtschaftlichen Anforderungen in Einklang zu bringen,
- zielt auf die Verwirklichung und Einhaltung einer physikalischen, räumlichen und visuellen Umgebung,
- ist auf die Bereitstellung einer bebauten Umgebung gerichtet,
- zielt auf die Organisation einer Reihe von Leistungen und Systemen zur Unterstützung der geschäftlichen Hauptaktivitäten eines Unternehmens,
- ist die Strategie zur Verbesserung von Wert und Leistung,
- ist ein Prozeß, durch den ein Unternehmen eine qualitativ höhere Arbeitsumgebung zu möglichst geringen Kosten erzielen und aufrechterhalten kann.

Immobilien-Facility-Management muß somit eine Beziehung schaffen zwischen Mitarbeitern, Immobilie und Unternehmen.

Das bedeutet konkret die Unterstützung effektiver Wertschöpfung unter Einbeziehung der Mitarbeiter. Dies bringt für das Immobilien-Facility-Management eine starke Orientierung am Nutzer und die Konzentration der Bemühungen auf die Entwicklung von Prozessen und die Bereitstellung von Hilfsmitteln mit sich.

Hierbei muß sich der Facility-Management-Mitarbeiter auf das Verhalten von Personen in Immobilien konzentrieren und dieses berücksichtigen. Die Bedürfnisse können dann mit den Unternehmensanforderungen in Beziehung gesetzt werden. Immobilien-Facility-Management eröffnet Möglichkeiten:

- zur Verbesserung der Team-Organisation und zur Erfüllung der geschäftlichen Anforderungen,
- für ein besseres Verhältnis über Bedürfnisse der Nutzer,
- für ein besseres Verständnis über die Möglichkeiten der Bedürfnisdarstellung,
- für verbesserte Methoden zur Bewertung des Umfanges, in denen die Bedürfnisse erfüllt werden,
- für verbesserte Methoden zur Zusammenstellung von Management-Informationen.

4.1 Grundlage der Einführung und Nutzung von Immobilien-Facility-Management

Basis ist der Gedanke, daß der Eigentümer bzw. Verwalter für die Bewirtschaftung der Immobilie den größten Teil der Daten vorhält, die auch der Nutzer, das Unternehmen, der Produzent und der Dienstleister benötigen *(gleiche Informationsbasis)*, und diese nur in geringem Maße erweitern muß. Alle haben Interesse an optimaler Unterstützung durch vergleichbare Leistungen. Hierzu gibt es verschiedene Modelle.

4.1.1 Es bleibt so, wie es ist

Die dispositiven und dazugehörigen Management-Leistungen werden durch eigene unterschiedliche Fachabteilungen des Unternehmens erbracht, die die Ausführungshandlungen intern durch vorhandenes Personal aus den verschiedensten Abteilungen erbringen lassen und spezielle Leistungen extern vergeben. Darunter fallen Reinigung, Wäscherei, Catering, Sicherheit (Bewachungs-, Pförtner-, Kontrolldienste) und Instandhaltung. Eigentümer und Nutzer erbringen die Leistungen insofern wie bisher. Das heißt: Es bleibt so, wie es ist. Es stellt sich die Frage, ob wir in Zukunft unsere Unternehmen oder Wirtschaftseinheiten z. B. ohne die Nutzung von Wettbewerbsvorteilen so weiterführen können.

4.1.2 Das Immobilien-Facility-Management-Team

Das Immobilien-Facility-Management-Team (IFM-Team) führt das Management im Sinne der Wirtschaftslehre für die Anlagen, Einrichtungen und Dienstleistungen von Immobilien und praktiziert insofern ein ganzheitliches Immobilien-Informations-Management. Es entscheidet, plant, controllt und koordiniert strategische und zukunftsorientierte Leistungen als ganzheitliches System, um Immobilien, ihre Systeme und Inhalte bereitzustellen, funktionsfähig zu halten und an die sich wandelnden organisatorischen Bedürfnisse anzupassen.

Das IFM-Team muß dabei über die mittelfristigen Ziele des Eigentümers und Nutzers im Bilde sein, um den oben genannten Anforderungen aktiv gerecht werden zu können. Wenn dies nicht der Fall ist, werden die Leistungen zwar verbessert, aber eher reaktiv erbracht. Darunter ist die operative Ebene des IFM-Teams angesiedelt. Bei der Erstellung von Bewirtschaftungskonzeptionen für Immobilien werden viele Einzelleistungen tangiert und müssen in die Betrachtung einbezogen werden.

Das IFM-Team betrachtet die Funktionen umfassend, und zwar von der Bauplanung bis hin zum Abriß des Gebäudes. Zahlreiche Informationen – architektonischer, statischer, bau- und haustechnischer, kaufmännischer, organisatorischer, verwaltungstechnischer und anderer Art – werden benötigt, um die Immobilie effizient zu bewirtschaften. Insofern ist es auch bei Neubauprojekten notwendig, die Bewirtschaftungserfahrungen eines IFM-Teams so früh wie möglich (z.B. im Rahmen eines Programming) einzubeziehen. Dann ist es erst möglich, während der Bewirtschaftungsphase enorme Kosten einzusparen.

Ein wichtiger Aspekt ist dabei, daß eine intensive Kommunikation zwischen dem internen oder externen Anbieter sowie den *Kunden* und Auftraggebern entsteht. Erst dann kann erkannt werden, welche Leistungen notwendig sind bzw. generiert werden müssen. Es muß also eine enge Kundenbeziehung entstehen.

Ebenso wichtig ist, daß das Immobilien-Facility-Management durch EDV-technische Lösungen im Sinne eines Handwerkzeuges unterstützt werden muß, damit die entsprechenden strategischen Unternehmensentscheidungen vorbereitet werden können und die Unterstützung des Kerngeschäftes abwicklungstechnisch und betriebswirtschaftlich funktioniert. Im Markt werden hierzu Computer-Aided-Facility-Management-Systeme (CAFM-Systeme) angeboten. Es stellt sich bei diesen die Frage, inwieweit u.a. die kaufmännische und technische Abwicklung sowie das Management ausreichend unterstützt werden und ob ein Datenaustausch untereinander in vertretbarem und notwendigen Rahmen erfolgen kann. Die Festlegung und Durchführung eines solchen Rahmens bedeutet einen enormen, aber vertretbaren Aufwand.

4.1.3 Das externe Immobilien-Facility-Management-Team

Viele Unternehmen bieten bereits Facility-Management an. Um dieses offerieren zu können und die Angebotspalette zu erweitern, werden einzelne Dienstleistungen um das originäre Kerngeschäft herum aufgebaut bzw. hinzugekauft. Anbieter müssen dabei begreifen, daß erfolgreiches Facility-Management nicht nur die Durchführung der Dienstleistung, also die Ausführungshandlung, sondern auch das interdisziplinäre Management beinhalten muß und das dieses entsprechend aufzubauen ist.

Es stellen sich bei Make-or-buy-Entscheidungen folgende Fragen, die von jedem Nachfrager bzw. jeder Organisation selbst zu beantworten sind:

- Sollen die Leistungen komplett an einen Dienstleister vergeben werden, so daß nur noch eine Person bei Eigentümer und Nutzer als Ansprechpartner für das Immobilien-Facility-Management zur Verfügung steht?
- Sollen die Leistungen an viele Dienstleister vergeben werden, so daß intern noch mehrere Personen diese managen?
- Ist das Personal des Unternehmens überhaupt in der Lage, ganzheitliche Dienstleistungsketten zur Unterstützung der Wertschöpfung auszuschreiben?
- Hat das Personal die entsprechenden Daten, Informationen etc., um diese Leistungen zu beschreiben?
- Kann das Personal die notwendigen Leistungen so qualifiziert beschreiben, daß die Angebote der Bieter 5 % auseinander liegen? In den meisten Fällen weisen diese maximal bis zu 50 % Unterschiede auf. An wen soll denn dann der Auftrag vergeben werden? An den billigsten?
- Kann das Personal eine Risiko- und Kostenanalyse der eigenen oder fremden Leistungserbringung sogar in Teilbereichen gegen oder für die eigene Leistung, die heute durch eigenes Personal ausgeführt wird, entscheiden?
- Sind die Anbieter in der Lage, Personal zu übernehmen?
- Können diese die notwendigen Leistungen überhaupt erfüllen?

An dieser Stelle sei darauf hingewiesen, daß ein solcher Prozeß nicht kurzfristig zu realisieren ist. Es stellt einen enormen Aufwand dar, die einzelnen

Leistungen herauszuarbeiten, zu beschreiben und dann sinnvoll miteinander zu verknüpfen. Erst dann können Entscheidungen zur externen Vergabe gefällt werden. Diese Prozesse sollten EDV-technisch – z.B. durch Workflow-Prozeßanalysen – unterstützt werden. Die Definitionen und Koordinationen der notwendigen Leistungserbringung bedürfen eines professionellen Verständnisses über Immobilien-Facility-Management, das im Unternehmen meist nicht vorzufinden ist.

4.1.4 Das interne Immobilien-Facility-Management-Team

Als Gegenbewegung zum Outsourcing haben sich in der letzten Zeit aus verschiedenen unternehmensinternen Dienstleistern Facility-Management-Profit-Center gebildet. Diese führen die Management-Leistung und die operativen Ausführungshandlungen durch. Solche Teams haben ihre Praxiserfahrung aus der internen Firmenorganisation und dem Management.

Vorgehensweise zur Installierung eines internen Immobilien-Facility-Management-Teams:

- Analyse des Unternehmens,
- Erarbeitung eines Management- und Abwicklungsmodells für das IFM-Team, welches die Eigentümer- und Nutzer-Grundlagenbedingung erfüllt,
- Bildung eines Immobilien-Facility-Management-Teams (IFM-Team) als eigenständiges Profit-Center,
- Unterstützung der Arbeit durch optimalen EDV-technischen Einsatz,
- Erarbeiten eines Kataloges, in dem sowohl die Management-Leistungen als auch Ausführungsleistungen (gegebenenfalls extern zugekauft) durch das IFM-Team Eigentümern und Nutzern angeboten werden,
- Ausarbeiten von entsprechenden Verträgen,
- Schaffen einer optimalen Kundenbeziehung,
- Abschluß von Verträgen,
- Aufrechterhaltung der Kundenbeziehung,
- Erbringung der Beratung, Planung, Beschaffung, Durchführung und des Controllings sowohl für den Eigentümer, die Allgemeinbereiche etc. als auch für die Mieter oder Nutzer auf seiner Fläche.

Auch diese Prozesse sollten EDV-technisch, z.B. durch Workflow-Prozeßanalysen, unterstützt werden. Dabei darf nicht vergessen werden, daß die IFM-Team-Mitglieder optimal und fortwährend in ihren Fachgebieten und übergreifend in den benachbarten Bereichen, aber auch im Management, Verkauf und Serviceverhalten geschult werden müssen, um marktfähig zu sein.

Es stellen sich dabei folgende Fragen:

- Wird dem Personal Kompetenz und Verantwortung für das Budget, bestehend aus Leistung und Kosten, übertragen?
- Darf das Personal bei einer Entscheidung zur Eigenleistung jederzeit marktnah die notwendigen Hilfsmittel und Technologien zur optimalen Bearbeitung der Leistungen einkaufen?
- Sind Investoren und Nutzer selbst bereit, fachgeschultes Personal bereitzustellen, aus- bzw. weiterzubilden, um die Leistungen des Immobilien-Facility-Managements immer auf dem aktuellen Kenntnisstand zu halten?
- Soll entsprechendes Management-Personal zur Verfügung bzw. eingestellt werden?
- Muß eigenes Personal mit der notwendigen Führungsstruktur für die Ausführungshandlungen engagiert werden?
- Wollen Eigentümer und Nutzer selbst die entsprechenden Hilfsmittel und Technologien kaufen, einsetzen und fortwährend betreiben?

4.1.5 Das kombinierte interne/externe Immobilien-Facility-Management-Team

Es kann ein Ziel sein, ein internes Team zu schaffen, um aus verschiedenen, nicht einheitlich geführten unternehmensinternen Dienstleistern ein marktfähiges Facility-Management-Profit-Center bzw. eine rechtlich eigenständige Gesellschaft zu bilden. Diese führt die Management-Leistung und nur wenige unbedingt notwendige Dienstleistungen selbst durch. Sie kauft zirka 90 % der operativen Ausführungshandlungen ein.

Des weiteren mag ein Ziel sein, eine Kombination mit externen Anbietern z.B. in einer gemeinsamen Gesellschaft vorzunehmen. Der Vorteil liegt darin, daß die Praxiserfahrungen aus der internen Firmenorganisation und dem Management mit Zusatzqualifikationen des Anbieters kombiniert werden können, die man firmenintern nur mit sehr hohem Aufwand hätte aufbauen müssen.

4.2 Grundlegende Ausgangspunkte

Bei allen Überlegungen sind folgende Punkte beachtenswert:

- Erlangen eines besseren Verständnisses der Unternehmensziele und der Faktoren, die Veränderungen in Unternehmen begünstigen.
- Die strategische Planung für Immobilien muß vom Unternehmensplan ausgehen und für einen festgelegten Zeitraum in das vorherrschende gesellschaftliche und wirtschaftliche Umfeld integriert werden.
- Die Zusammenfassung der betrieblichen Ziele sollte in ein Unternehmensmodell Eingang finden (Wichtige Stichworte: zentrale Aktivitäten = Hauptaktivitäten, Beschreibung des Unternehmenszwecks, Beschreibung der Unternehmenswertschöpfung; unterstützende Aktivitäten = andere Aktivitäten, die dem Unternehmenszweck dienen und zur Unternehmenswertschöpfung führen).

5. Entwickeln neuer Wirtschaftsmodelle in der Dienstleistung

Externe Dienstleistungsanbieter und/oder interne Dienstleistungsabteilungen sollten begreifen, daß sie potentiellen Nachfragern innovativen, produktionsnahen, ökonomischen und ökologischen Service anbieten müssen. Dieser kann nicht mehr im Sinne des Uno-acto-Prinzips – also auf eine vorne beginnende und kurz darauf endende Ausführungshandlung – beschränkt sein.

Dienstleistung muß heute als interdisziplinär verknüpfte Leistung innerhalb von anpassungsfähigen, fortwährenden Ketten zur Unterstützung des Kerngeschäftes von Unternehmungen – insofern auch Großhaushalte betreffend – verstanden werden. Sie ist also nicht alleine auf produzierende Gewerbe beschränkt, sondern auf alle Unternehmungen inklusive Dienstleistungsunternehmen ausgedehnt. Die Leistungen können nicht mehr im Sinne von Cost-Centern, sondern müssen durch Profit-Center angeboten und durchgeführt werden. Nur diese liefern Leistungs-, Kostentransparenz und klare Entscheidungskriterien. Dies kann u. a. intern, extern oder in einer sich daraus ergebenden sinnvollen Kombination geschehen.

Diese Notwendigkeit gilt für Großhaushalte, Industrie, Verwaltung, die öffentliche Hand und andere. Man muß den erweiterten Management- und Dienstleistungsgedanken im Rahmen einer intensiven Kundenbeziehung weiterführen. Daraus wird erkannt, welche Leistungserbringung über die bisher erreichte hinaus notwendig ist. Dabei ist es wichtig, die Inhalte festzulegen und in Projekten zu erproben.

Wird der Leistungsbereich des Immobilien-Facility-Managements betrachtet, fällt auf, daß sowohl Eigentümer als auch Nutzer kein adäquates Ordnungssystem besitzen. Diese haben aber durch ihre eigenen Wertschöpfungen andere Ordnungssysteme – z. B. Finanzbuchhaltung und Kostenrechnung –, die sie wegen der Einführung von Immobilien-Facility-Management nicht ändern können. Gleiches gilt für externe Dienstleister, die große Teile der Bewirtschaftungsleistungen erbringen. Deshalb muß das Facility-Management-Team eine Organisationsform wählen, die diesen Kriterien gerecht wird. Dies ist bei ausreichender Erfahrung im Umgang mit Immobilien-Facility-Management kein Problem, wenn ein entsprechendes Ordnungssystem, so wie es in Kapitel 3.6 beschrieben wird, Anwendung findet.

Des weiteren muß bei der Einführung einer IFM-Team-Organisation die Frage der Herstellung von Kosten- und Leistungstransparenz beantwortet werden, damit sowohl ein internes als auch externes Benchmarking möglich wird. Aufgrund der Benchmarking-Ergebnisse lassen sich dann alle anderen Maßnahmen ableiten. Ausschlaggebend für den Mietvertrag sind die Betriebskosten der Allgemeinflächen und gegebenenfalls die in der zweiten Berechnungsverordnung dargestellten Bewirtschaftungskosten. Hierin sind die vorgeschriebenen notwendigen Verwaltungs- und technischen Dienste enthalten. Hinzu kommen Leistungen und Kosten, die eine ständige Nutzung der Mietfläche gewährleisten, sowie solche für die Anpassung der Mietfläche an den jeweiligen Nutzungsprozeß. Diese übersteigen erheblich die Kosten, die auf Grundlage des Mietvertrages abgerechnet werden.

Eigentümer und Nutzer müssen verstehen bzw. begreifen immer mehr, daß diese Schnittstellen aufgelöst werden müssen, um höhere Einsparpotentiale als bisher zu realisieren. Dazu sollten die Interessen aller Beteiligten ganzheitlich betrachtet und herkömmliche Strukturen aufgebrochen werden.

Aus diesem Grund benötigen Eigentümer und Nutzer jeweils ein in allen Einzelheiten auswertbares und transparentes Budget, in das alle Leistungen und Kosten integriert sind. Dieses *Nutzungskosten-Budget* sollte über viele Jahre Gültigkeit haben, damit eine Unternehmensplanung möglich wird. Dies kann nur erreicht werden, wenn klar ist, was die Herstellung und Erhaltung eines Arbeitsplatzes kostet. Erst durch das langfristige Nutzungskosten-Budget, durch Transparenz und die darin formulierten Kosten und Leistungen wird erkannt, wo Schnittstellen zu Leistungsüberschneidungen führen. Nur das macht die Optimierung der Leistungen und Kosten möglich.

Und schon eine Verbesserung um wenige Prozentpunkte in diesem Bereich führt zu erheblichen Produktivitätsfortschritten und Ertragssteigerungen.

Bei der Durchforstung der Verträge mit Dienstleistern, insbesondere den angebotenen und durchgeführten Leistungen, ergeben sich meistens Überschneidungen, die aufgehoben werden können. Die übliche Kostendarstellung des Eigentümers wird durch die des Nutzers (Kosten und Leistungen zur Herstellung und Erhaltung des Arbeitsplatzes) ergänzt. Die Beträge sind natürlich von Immobilie zu Immobilie unterschiedlich und hängen wesentlich von der Nutzungs- und Wertschöpfungsart ab.

Allgemein ist festzustellen, daß durch den klassischen Liegenschaftsverwalter die Bereiche Verwaltung, Instandsetzung, Betrieb der Allgemeinflächen und gegebenenfalls die Wartung in die Pflicht genommen werden. Die Kosten dafür bewegen sich zwischen 3 bis 10 DM pro Quadratmeter und Monat.

Der Organisationsbereich wird vom Liegenschaftsverwalter nicht betrachtet. Auf diesem Sektor fallen – je nach Nutzungsgrad – Kosten von 10 bis 50 DM pro Quadratmeter und Monat, manchmal sogar mehr an. Dies sind die Kosten, die das Produkt mit zwischen 5 und 35 % Immobilienkosten belasten. Erst durch die Verknüpfung der Informationen mit einem übergreifenden Management ist es möglich, die Gesamtkosten zu optimieren.

Gleiches gilt natürlich auch für den Eigentümer, der durch diese Verfahrensweise enorm profitiert und somit seine Rendite oder andere Kosten- bzw. Erlösparameter viel besser steuern und stabil halten kann. Die Verknüpfung ist nur möglich, da es sich immer um den selben Quadratmeter Immobilie handelt, für den und auf dem Leistungen erbracht werden.

Üblicherweise interessiert sich der Eigentümer nicht für die Bewirtschaftungskosten auf der Fläche der Nutzer. Da er aber die Betriebskosten der Allgemeinbereiche abrechnet, hat er Grundinformationen über die Fläche der Nutzer und kann darauf aufbauend weitere Leistungen generieren. Insofern müssen auch hier alte Strukturen abgelöst werden (vgl. Abb. 5).

Abbildung 5 berücksichtigt weite Teile der Kosten, die beim Nutzer auf der Fläche anfallen.

6. Beispiele für Kosteneinsparung

Marktanbieter – z.B. des GM – versprechen Einsparpotentiale (insbesondere im Energiebereich) bezogen auf das Eigentümerinteresse von 20 bis 30 %. Das entspricht ungefähr 1 DM pro Quadratmeter und Monat. Die

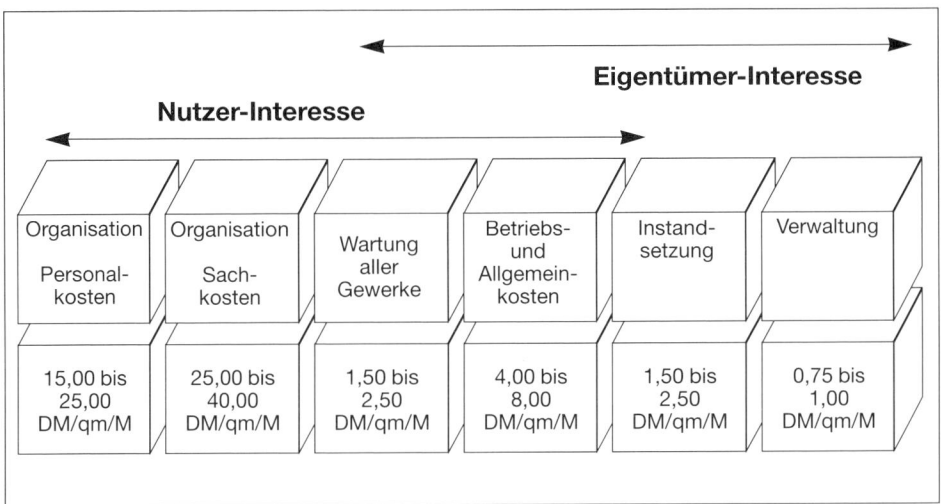

Abb. 5: Ganzheitliche Kostenbetrachtung

höchsten Einsparpotentiale – bis zu 4 DM pro Quadratmeter und Monat – sind aber im Nutzerinteresse vorhanden. Insgesamt können durch Immobilien-Facility-Management bis zu 5 DM pro Quadratmeter und Monat eingespart werden.

Durch eine verbesserte Kombination von Leistungen ergeben sich bei eigenen Mitarbeitern und Dienstleistern Kosteneinsparungen. Diese konsequente Vorgehensweise wird die Kosten für die Bewirtschaftung erheblich minimieren.

Kurzfristige Betrachtungsweisen führen zu dem Trugschluß, daß 25 bis 30% der Gesamtkosten eingespart werden könnten. Demgegenüber stehen Erfahrungen aus anderen Ländern, die unter Betrachtung langfristiger Budgets Einsparpotentiale von 10 bis 15% prognostizieren. Hierbei sind dann aber auch die Einführungskosten entsprechender Management-Modelle, die notwendige EDV-Unterstützung des Managements und der Ausführungshandlungen enthalten.

7. Determinanten der Kostensenkung

7.1 Ausbildung

Es ist notwendig, den Mitarbeitern entsprechende Hilfsmittel zur optimalen Bearbeitung des Aufgabenfeldes zur Verfügung zu stellen. Es reicht nicht, qualifiziertes Personal einzusetzen. Ständige interne Schulungen zur besseren Benutzung der verwendeten Hilfsmittel sowie ausgewählte externe Seminare und Schulungen sind notwendig, um ständig über fachgeschultes und marktorientiertes Personal zu verfügen. Auf diese Weise werden die Mitarbeiter befähigt und motiviert, eigene und kompetente Entscheidungen im Sinne eines Immobilien-Facility-Management zu treffen.

Jeder Unternehmer sollte in diesem Zusammenhang entscheiden:

- Ist Qualifizierung wichtiger als Produktivität?
- Sind nicht beide Faktoren wichtige Aspekte und sich bedingende Wirtschaftsfaktoren?

Dabei soll der Begriff „Qualifizierung" für die Qualität eines Produktes oder eine erbrachte Leistung stehen, während Produktivität eher die Quantität, also den Absatz einer Ware oder Dienstleistung meint.

7.2 Hilfsmittel

Die Erfahrungen von Investoren und Nutzern haben gezeigt, daß die Anschaffung von EDV-spezifischen Werkzeugen für die Bearbeitung von Immobilien-Facility-Management sehr kostenintensiv ist. Üblicherweise werden hierfür folgende Einzelprogramme eingesetzt:

- Immobilien-Verwaltungssoftware (kaufmännische),
- Instandhaltungssoftware (Maintenance-Management-Software, technisch),
- Energie-Management-Software (EMS-Software, technisch),
- Computer Aided Design (CAD-Anlagen und -Software, Architektur, Statik und Haustechnik),
- relationale Datenbanksoftware (RDB-Software, reine Datenhaltung ohne Datentransfer zu den vorgenannten Anwendungen).

Die allgemeine Auffassung ist, daß nur für sehr große Immobilien bzw. für den Instandhaltungsbereich von Industrieanlagen Investitionen für einzelne oben genannte Programme bisher Sinn gemacht haben. Bei der Bearbeitung finden mit den erwähnten EDV-Werkzeugen normalerweise einzelne Produkte von verschiedenen Herstellern Anwendung, die untereinander keine Schnittstellen zum Datentransfer besitzen. Heutzutage ist es notwendig, Immobilien durch systemübergreifende EDV-Lösungen zu bewirtschaften, so daß Redundanz zwischen den einzelnen Informationen gewährleistet werden kann. Es wird gegenwärtig als systemübergreifende EDV-Lösung ein CAD-System in Verbindung mit Datenbanken eingesetzt, das einen Datenaustausch mit vorgenannten Einzellösungen erlaubt (vgl. Abb. 6).

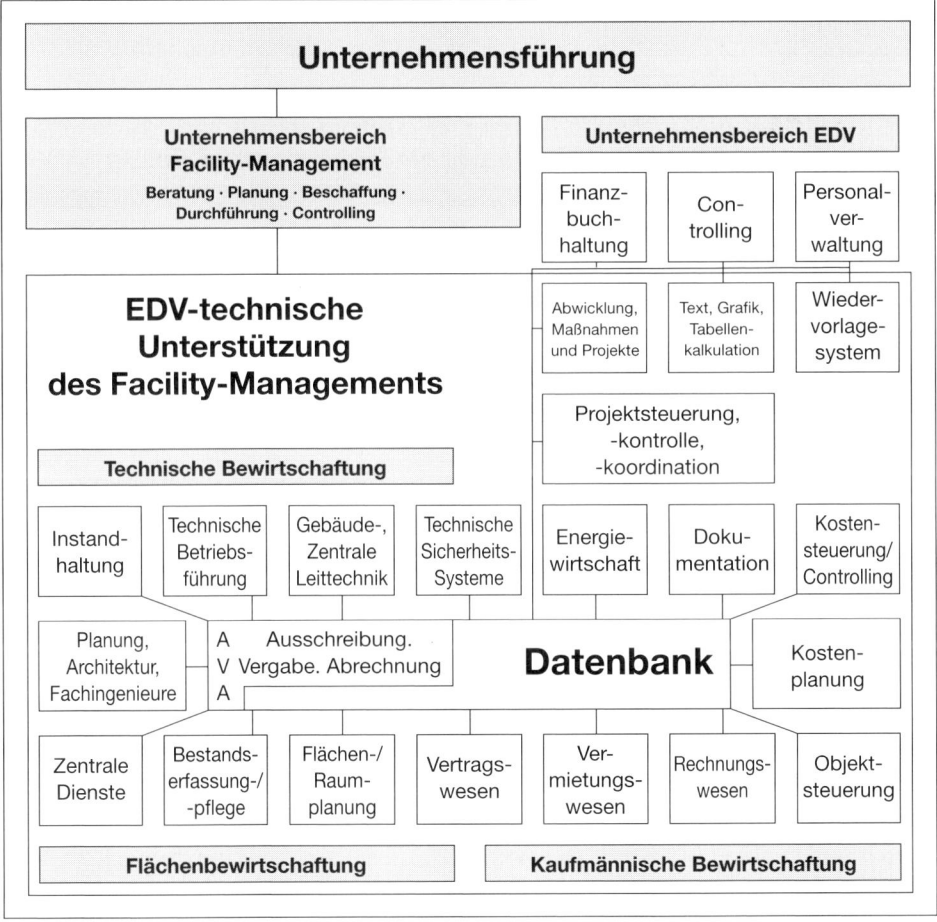

Abb. 6: Die EDV-technische Unterstützung

Der Markt bietet inzwischen verschiedene Systeme an. Bei ihrer Auswahl sollte durch das IFM-Team ein Pflichtenheft erarbeitet werden. Da meist der informelle Überblick über solche ganzheitlichen Systeme und die Erfahrung der Erprobung selbst bei den meisten Systemanbietern im Markt nicht vorhanden ist, müssen entsprechende Berater hinzugezogen werden, da der bloße Einkauf meist zur Ablehnung in der dauerhaften Anwendung führt.

8. Trade-off zwischen Kostensenkung und optimalem Service – ein Zielkonflikt

Üblicherweise wird eine Vielzahl von Leistungen an externe Dienstleister vergeben. Ein wichtiger Faktor für optimalen Service ist das inhaltliche Abgleichen der Dienstleistungsverträge untereinander und die Abstimmung auf die Leistungen und Organisation des IFM-Teams. Dabei muß dieses in der Lage sein, die richtigen Definitionen zu den oben genannten Leistungen zu kennen und anzuwenden. Externe Dienstleister sollten ein Menü von Leistungen offerieren können, welches flexibel ergänzt oder verringert werden kann.

Die Dienstleistungen des Immobilien-Facility-Managements überbrücken für den Eigentümer und Nutzer diesen Schnittstellen-Trade-Off, indem eine Garantie für alle Leistungen übernommen wird. Durch diese Garantie ist man zur Kontrolle der Leistungen verpflichtet, da die Kosten innerhalb des Budgets garantiert werden.

Grundlage für alle Überlegungen im Rahmen des Outsourcing ist eine qualifizierte Ausschreibung. Diese kann oftmals von internen Mitarbeitern nicht geliefert werden. Anbieter bauen das Know-how aus der internen Abwicklung auf und bieten deshalb oftmals Standardtexte an, die zu Problemen in der Durchführung führen. Dies hat in der Vergangenheit zu Angebotsunterschieden von 100 % und mehr geführt. Dabei stellte sich immer die Frage, an wen denn nun vergeben werden soll. Vergabe an den billigsten, den teuersten oder ...?

Es ist notwendig, einen Facility-Management-Regelkreis aufzubauen, und zwar mit den in Abbildung 7 dargestellten Abhängigkeiten.

Dazu ist Voraussetzung, daß für die einzelnen Gewerke und die darin befindlichen Arbeitsplätze der Flächen-, kaufmännischen und technischen Bewirtschaftung folgende Frage beantwortet wird. Wer macht was und für wen, wann, wo, wie, warum und in welchem Umfang? Nur durch die Beantwortung dieser Fragen wird eine optimale Leistungsbeschreibung und Dokumentation gewährleistet. Ist die Gesamtbewirtschaftung der Immobilie nicht

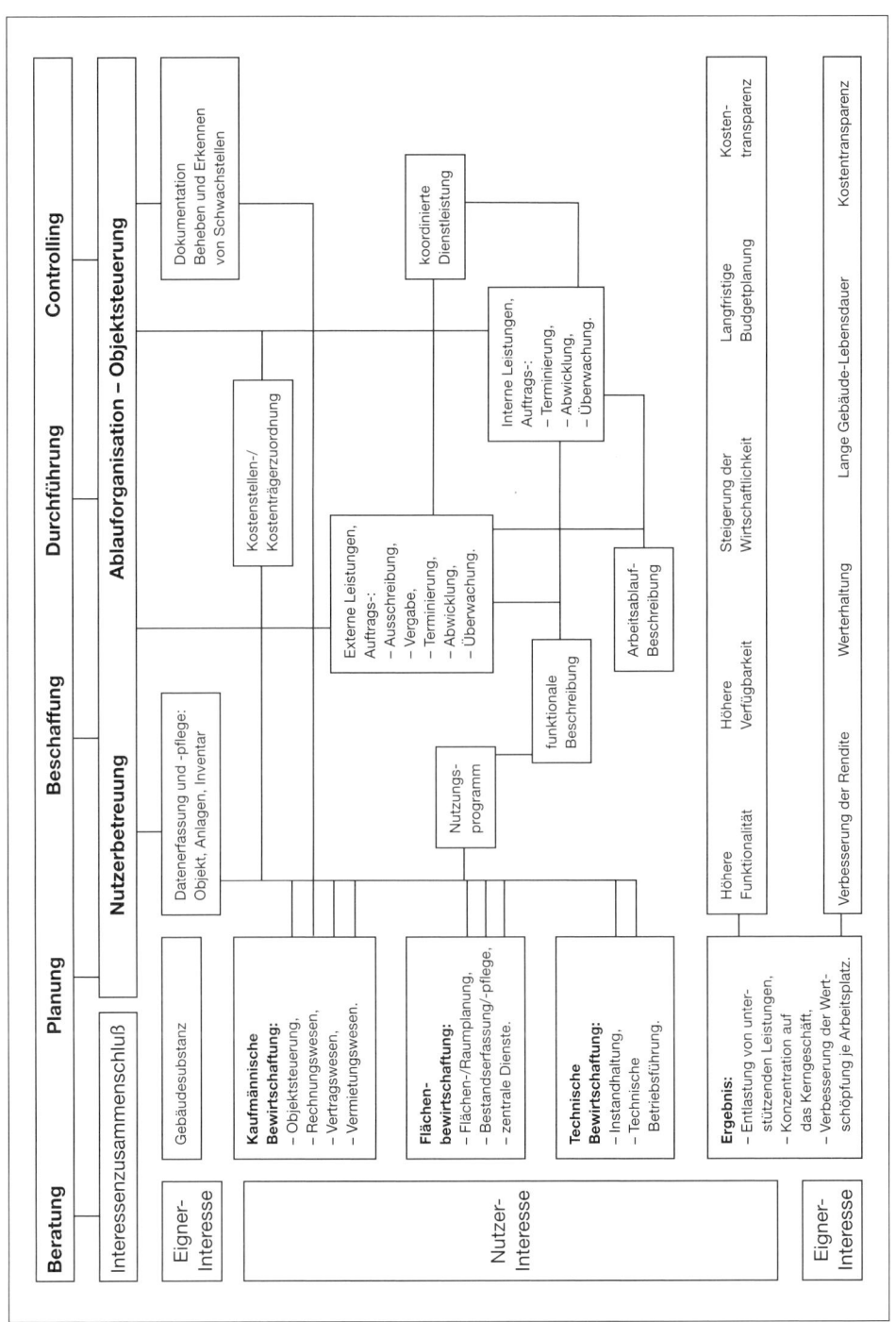

Abbildung 7: Aufbau eines Facility-Management-Regelkreises

im Rahmen eines Immobilien-Facility-Managements und in der vorgenannten Weise insgesamt verknüpft, steigen die Kosten für Leistungserbringungen untereinander. Entscheidender Vorteil: Der Koordinationsaufwand und die damit verbundenen Kosten werden minimiert. Die Erfahrungen aus detaillierten Leistungsaufnahmen haben gezeigt, daß die Berechnung der dafür notwendigen Kosten zu Ergebnissen führt, die maximal 5 % auseinanderliegen.

9. Schlußbetrachtung

Erkennt man die Tragweite der notwendigen Veränderung in unseren Köpfen und in den Unternehmen sowie die abzuleitenden Vorgehensweisen, dann glaubt man, vor unüberwindbaren Problemen zu stehen. Jeder findet Aussagen, die gegen Veränderungen sprechen, insbesondere wenn das interne Personal durch Outsourcing verunsichert wird. Dann werden ganz schnell unüberbrückbare Fronten aufgebaut. Unternehmen möchten aber trotzdem das Ziel der Leistungs-, Kostentransparenz und die Möglichkeit zur langfristigen und kontinuierlichen Einsparung erreichen. In vielen nationalen und internationalen Projekten wurde gezeigt, daß jeder seinen Nutzen bei der richtigen Vorgehensweise hat, natürlich im Rahmen einer gewissen Kompromißbereitschaft.

In den Unternehmen werden bereits viele Leistungen erbracht, aber nicht unter dem oben genannten ganzheitlichen Denk- und Management-Ansatz. Insofern erkennen die entsprechenden Verantwortlichen nicht, daß sie vielleicht schon Facility-Manager mit dem notwendigen Ausbildungspotential sind. Fachkräfte im Sinne einer eigenständigen Ausbildung sind im deutschen Markt derzeit nicht zu bekommen. In einzelnen Fällen kann man aber Glück haben und einen Praktiker finden, der schon Erfahrungen in anderen Unternehmen sammeln konnte.

Durch die beginnende Wende in der Ausbildung in Deutschland ist festzustellen, daß IFM ein Ausbildungsthema ist. Die Einführung und der Nutzen von Immobilien-Facility-Management kann insofern nicht einfach eben nebenan gekauft und auch nicht nur durch den alleinigen Einkauf sowie Anwendung von EDV-Werkzeugen bewerkstelligt werden.

Unternehmen können aber nicht auf entsprechend ausgebildete Studenten warten. Viele Unternehmen bedienen sich deshalb eines externen Beraters (einer Beratung durch einen Dienstleistungsanbieter). Er muß die Voraussetzungen in Sachen Erfahrung mitbringen und folgende Faktoren erfüllen, damit ein Projekt erfolgreich ist. Er sollte:

- die Fähigkeit zur Problemlösung beim Klienten und seinen Mitarbeitern verbessern,
- Unterstützung bei der Entwicklung von vernetzten und systemischen Lösungen erwirken,
- die Fähigkeit entwickeln, Ergebnisse zu interpretieren und zu präsentieren,
- Handlungen auf neue Lösungen und Ergebnisse gründen,
- die Fähigkeit haben, Probleme selbst zu erkennen und zu unterstützen.

Eigentümer und Nutzer müssen verstehen, bzw. begreifen auch immer mehr, daß die Schnittstellen zwischen ihren Interessen aufgelöst werden müssen, um erheblich höhere Einsparpotentiale als bisher zu realisieren. Es stellen sich dazu folgende Fragen:

- Können die Interessenlagen zwischen Eigentümern und Nutzern herkömmlicher Bewirtschaftungsmodelle wirklich verbessert und dabei Kosten eingespart werden?
- Können die Leistungen durch die Bündelung von fachlicher Kompetenz und Verantwortung mit mehr Qualität, effektiver und kostengünstiger erbracht werden – z. B. durch den Aufbau eines übergeordneten Dienstleistungspools bzw. -teams?

Beide Fragen sind aufgrund der Projekterfahrungen mit ja zu beantworten.

Im Rahmen eines Musterprojektes sollte alles – von der Grobanalyse bis zur Implementierung – in Begleitung eines oder mehrerer fachkompetenter Immobilien-Facility-Manager durchgeführt werden. Durch die Mitarbeit des vorhandenen Personals kann dann die Ausbildung erfolgen. Das erlernte Wissen läßt sich weiterentwickeln und auf andere Prozesse anwenden. Das Projekt kann kurzfristig gute Ergebnisse bringen, sein eigentlicher Nutzen wird sich jedoch erst mittel- bzw. langfristig zeigen. Insofern muß der Prozeß von der Unternehmensleitung getragen werden, da sonst alle Ansätze zum Scheitern verurteilt sind.

Die Vielfalt der Teilleistungsanbieter, nicht vergleichbarer Leistungen, Beschreibungen, Definitionen und damit verbundene Kosten, Definitionsschwierigkeiten des Geforderten bzw. Gewollten und die Frage nach dem ausreichenden Wissen und der Innovationsfähigkeit sowohl bei den Auftraggebern als auch bei Anbietern dürfen die vorgenannten Forderungen nach optimierter Immobilien-Bewirtschaftung und Wertschöpfungsunterstützung nicht scheitern lassen.

Die Kosten für die dargestellten Einzelleistungen der kaufmännischen und technischen Bewirtschaftung bewegen sich von zirka 3 bis 10 DM pro Quadratmeter und Monat für die Allgemeinbereiche der Immobilie. Hinzu kommen die von Behörden und Dritten (z. B. EVU) direkt dem Eigentümer berechneten umlagefähigen Kosten – wie beispielsweise Heizenergie, Wasser, Grundbesitzabgaben, Versicherungsprämien und Allgemeinstrom. Die Gesamtkosten werden gegenüber dem Eigentümer im Rahmen der Nebenkostenabrechnung mit dem Mieter abgerechnet.

Hierin sind die Kosten, die auf der Fläche des Nutzers bzw. Produzenten anfallen und direkt vom Nutzer bezahlt werden, nicht enthalten. Die Nutzungs- und Organisationskosten können je nach Leistungsintensität bis zu 50 DM pro Quadratmeter und Monat und mehr betragen. Befriedigende Erkenntnis wird nur erlangt, wenn die effektiv angefallenen Leistungen und deren Kosten über einen langen Nutzungszeitraum und über die an der Gebäudebewirtschaftung beteiligten Budgets hinweg addiert werden. Diese Synergieeffekte werden für den Eigentümer und Nutzer durch Immobilien-Facility-Management erreicht.

Die Einzelleistungen des Immobilien-Facility-Managements müssen in einzelnen Bausteinen immobilien- und nutzungsabhängig zusammengefaßt und dargestellt werden. Es stellt sich dabei die Frage, ob Investoren, Eigentümer und Nutzer selbst diese Technologien durch eigenes Personal einsetzen können und wollen. Synergieeffekte und Kostenreduzierungen dürften durch den Einsatz von Immobilien-Facility-Management ohne Zweifel erreicht werden. Ein optimaler Einsatz menschlicher und technischer Ressourcen zur Erlangung des jeweiligen Unternehmensziels – sowohl beim Eigentümer als auch beim Nutzer – wird nur dann möglich, wenn die Leistungen ganzheitlich und mit der notwendigen Transparenz in folgenden Bereichen durchgeführt werden. Es gilt zu beachten:

- *Flächenbewirtschaftung –*
- *Kaufmännische Bewirtschaftung –* } = *Immobilien-Facility-Management*
- *Technische Bewirtschaftung –*

Zusätzlich ist heute ein Nutzungs- und Kostenmanagement über einen technologisch hochwertigen EDV-Einsatz möglich. Solche Strategien ermöglichen weitere Kosteneinsparpotentiale. Zukünftig wird Immobilien-Facility-Management immer mehr an Bedeutung gewinnen. Aus diesem Grund sollte sich jeder, der Immobilien besitzt oder nutzt, so früh wie möglich mit der Thematik befassen und falls notwendig beraten lassen.

Immobilien und deren Nutzung dürfen in Unternehmen keine untergeordnete Rolle mehr spielen, da sie keinesfalls nebensächlich für den Geschäftserfolg sind. Investitionen in neueste Technologien und der Erwerb des entsprechenden Know-hows (auch über EDV) sind etwa nicht die richtige Strategie – zum Ausgleich verlorener Zeit. Des weiteren liegt der Schlüssel zum Erfolg nicht nur in Outsourcing-Konzepten. Damit werden oftmals gute interne Abwicklungsmethoden und wichtige Mitarbeiterpotentiale vernichtet.

Der Schlüssel zu einem effektiven Immobilien-Facility-Management und zur Verbesserung der Gebäudemerkmale und Nutzbarkeit ist zweifellos in einer intensiveren Kommunikation mit den Nutzern und in ihrer Einbeziehung in die Entscheidungsfindung während der gesamten Lebensdauer einer Immobilie zu sehen.

Immobilien-Facility-Management ermöglicht das umfassende Verständnis ihrer Anforderungen an die Fläche, Räumlichkeit, physikalische Umgebung, das soziale Umfeld und die Dienstleistungen. Externe Dienstleistungsanbieter bzw. entsprechende interne Abteilungen müssen begreifen, daß sie potentiellen Nachfragern – also ihren Kunden – innovative, produktionsnahe, ökonomische und ökologische Dienstleistungen anbieten müssen. Diese können nicht mehr im Sinne des Uno-acto-Prinzips, also auf eine vorne beginnende und kurz darauf endende Ausführungshandlung beschränkt sein. Dienstleistung muß heute als interdisziplinär verknüpfte Leistung innerhalb von anpassungsfähigen fortwährenden Ketten zur Unterstützung des Kerngeschäftes von Unternehmungen verstanden werden. Also müssen die Leistungen nicht alleine auf das produzierende Gewerbe beschränkt sein, sondern dürfen sich auf alle Unternehmungen beziehen. Die Leistungen können nicht mehr im Sinne von Cost-Centern, sondern müssen durch Profit-Center angeboten und durchgeführt werden, die Leistungs-, Kostentransparenz und klare Entscheidungskriterien liefern. Dies kann u. a. intern, extern oder in einer sich daraus ergebenden sinnvollen Kombination geschehen.

Die Einführung und Nutzung von Immobilien-Facility-Management im Rahmen eines zuerst intern laufenden Facility-Management-Projekts macht es möglich, Ideen zu entwickeln und Vorschläge zu unterbreiten, um Einsparungen zu realisieren. Hierzu stehen derzeit in Deutschland leider erst einige Berater mit Projekterfahrung zur Verfügung.

Nationale und internationale Projekte der letzten Jahre haben gezeigt, daß durch die Einführung von Facility-Management Einsparungen bis zu 20 % der bisherigen Kosten realisiert werden konnten. Die Einsparung umfaßt auch die Mehraufwendungen auf der Leistungs- und Management-Ebene des IFM-Teams.

10. Literatur

Euro FM-Network Konferenz 1988 in Glasgow

A. T. Kearney-Seminare

Schlitt, M. R.: *Herkunft und Anfänge, in:* Planen, Bauen, Nutzen und Instandhalten von Bauten, Kahlen, H. (Hrsg.), Stuttgart 1993

European Facility Network Conference, Rotterdam 1992

Wahlen, R. Veröffentlichungen von 1991–1996, Köln

Kosten-Management von Immobilien

Dr. Otto Herrmann und Dr. Bernd Neumann, Geschäftsführer, BauBoden, Systemhaus – Informationssysteme für die Immobilienwirtschaft GmbH, Mainz

Inhalt

1.	Renditesteigerung durch aktives Kosten-Management	263
2.	Kostenarten im Lebenszyklus von Immobilien	263
2.1	Phasen im Lebenszyklus von Immobilien	263
2.2	Kostenarten in der Entwicklungsphase von Immobilien	264
2.3	Kostenarten in der Nutzungsphase von Immobilien	264
3.	Kosten-Management in der Entwicklungsphase von Immobilien	266
3.1	Kostenplanung in der Entwicklungsphase von Immobilien	266
3.2	Kostenerfassung in der Entwicklungsphase von Immobilien	266
3.3	Kostenanalyse in der Entwicklungsphase von Immobilien	267
3.4	Kostensenkungsmaßnahmen in der Entwicklungsphase von Immobilien	267
4.	Kosten-Management in der Nutzungsphase von Immobilien	268
4.1	Kostenplanung durch Budgetierung	268
4.2	Kostenerfassung in der Nutzungsphase von Immobilien	269
4.2.1	Kostenerfassung mit Hilfe der Finanzbuchhaltung	269
4.2.2	Kostenerfassung mit der Kostenstellen- und Kostenträgerrechnung	270
4.2.3	Kostenerfassung für die Nebenkostenabrechnung	270
4.3	Kostenanalyse in der Nutzungsphase von Immobilien	271
4.3.1	Kostenanalyse durch Soll-Ist-Vergleich	271

4.3.2	Kostenanalyse durch Kostendatenbanken und Kostenkennzahlen	271
4.4	Kostensenkungsmaßnahmen in der Nutzungsphase von Immobilien	272
5.	Anforderungen an die Computerunterstützung des Kosten-Managements von Immobilien	273
5.1	Leistungsumfang	273
5.2	Integration des Systems	273
5.3	Bedienerfreundlichkeit	274
5.4	Flexibilität des Systems	274
5.5	Detaillierte Datenzugriffsrechte	274
5.6	Langfristige Pflege und Betreuung des Systems	275
6.	Computerunterstützung des Kosten-Managements bei Immobilien am Beispiel von KIM	275
6.1	Architektur und Bausteine von KIM	275
6.2	Kosten-Management in der Entwicklungsphase von Immobilien mit KIM	279
6.2.1	Kostenplanung	279
6.2.2	Kostenerfassung und -analyse	280
6.2.3	Kostensenkungsmaßnahmen	281
6.3	Kosten-Management in der Nutzungsphase von Immobilien mit KIM	281
6.3.1	Kostenplanung	281
6.3.2	Kostenerfassung und -analyse	282
6.3.3	Nebenkostenabrechnung	283
6.3.4	Kostensenkungsmaßnahmen	284
7.	Ausblick	284
8.	Literatur	284

1. Renditesteigerung durch aktives Kosten-Management

Die Investition in Immobilien geschieht in aller Regel unter Renditeaspekten. Die Rendite einer Immobilie wird bestimmt durch den Kaufpreis bzw. die Entwicklungskosten der Immobilie, die laufenden Erträge aus der Nutzung der Immobilie sowie Kosten, die mit der Nutzung und der Erhaltung der Immobilie entstehen. Durch aktives Kosten-Management bei der Entwicklung und während der Nutzung der Immobilie kann die Rendite nachhaltig gesteigert werden.

Das Kosten-Management von Immobilien gliedert sich in die Teilaspekte:

– Kostenplanung,
– Kostenerfassung,
– Kostenanalyse und die daraus abgeleiteten
– Kostensenkungsmaßnahmen.

Diese Teilaspekte sollen später einzeln untersucht werden.

Das Kosten-Management ist ein wesentlicher Baustein des in der jüngeren Vergangenheit sehr intensiv diskutierten Facility-Managements. Hierunter wiederum versteht man ein ganzheitliches System, welches alle Aspekte der Immobilienplanung, -erstellung und des -Managements abdeckt. Im Mittelpunkt des Facility-Managements stehen die Ziele Kostenreduzierung, Kostentransparenz sowie Aufrechterhaltung und Optimierung der Immobilienfunktionalität.

2. Kostenarten im Lebenszyklus von Immobilien

2.1 Phasen im Lebenszyklus von Immobilien

Unter Immobilien sollen im folgenden sowohl Wohnimmobilien als auch Gewerbeimmobilien wie Bürohäuser, Gewerbeparks und Handelsimmobilien verstanden werden. Der Lebenszyklus von Immobilien gliedert sich in eine:

– Entwicklungsphase, in der die Gebäude geplant und von Bauunternehmen bis zur Nutzungsübergabe errichtet werden, und in eine

– Nutzungsphase, in der die Gebäude zu Wohnungs- oder Gewerbezwecken von Eigentümern und/oder Mietern genutzt werden.

Während die Entwicklungsphase von der Bauplanung bis zur Baufertigstellung in der Regel ein bis zwei Jahre beträgt, kann sich die Nutzungsphase von Immobilien über viele Generationen erstrecken. Gerade bei Gewerbeimmobilien können die Kosten, die in der Nutzungsdauer von Immobilien anfallen, die Höhe der ursprünglichen Herstellungskosten aus der Entwicklungsphase deutlich übersteigen.

Zur Verlängerung der Nutzungsdauer sind Instandhaltungsmaßnahmen, bei Gewerbeimmobilien häufig auch umfangreiche Weiterentwicklungen notwendig, die auch als Revitalisierungsmaßnahmen bezeichnet werden.

Analysiert man die Lebensdauer von Gebäudekomponenten bei Gewerbeimmobilien, so geht man davon aus, daß Fassaden nach fünf bis zehn Jahren, Einrichtungen und Innenausbau nach zehn und Gebäudetechnikkomponenten wie Heizung, Klima, Lüftung in der Regel nach ca. zehn bis fünfzehn Jahren zu erneuern sind.

2.2 Kostenarten in der Entwicklungsphase von Immobilien

Für die systematische Erfassung der Kosten in der Entwicklungsphase von Immobilien wurde die DIN 276 entwickelt. Diese unterscheidet sogenannte Leistungsbereiche im Rahmen

– des Rohbaus,
– des Ausbaus und
– der Gebäudetechnik

von Immobilien. Diese Leistungsbereiche werden häufig auch als Gewerke eines Bauvorhabens bezeichnet. Es existiert umfangreiches statistisches Material, in dem die Entwicklungskosten von Immobilien gegliedert nach Leistungsbereichen für unterschiedliche Immobilientypen dokumentiert sind.

2.3 Kostenarten in der Nutzungsphase von Immobilien

Bei der Definition der Kosten, die in der Nutzungsphase von Immobilien anfallen, gibt es Unterschiede zwischen Wohn- und Gewerbeimmobilien.

Für Wohnimmobilien gibt es verschiedene gesetzliche Vorschriften, insbesondere die II. Berechnungsverordnung für die Mietkalkulation (WB), in der diese Kosten definiert sind, die zur Bewirtschaftung des Gebäudes oder der Wirtschaftseinheit laufend erforderlich sind. Die Bewirtschaftungskosten bei Wohnimmobilien gliedern sich demnach in

- Abschreibung,
- Verwaltungskosten,
- Betriebskosten,
- Instandhaltungskosten und
- Mietausfallwagnis.

Zur verursachungsgerechten Erfassung der einzelnen Kostenarten wurde durch die Wohnungswirtschaft ein eigener Kontenrahmen entwickelt, der insbesondere im Bereich der Betriebskosten detailliert gegliedert werden kann. Als wesentliche Betriebskosten können genannt werden:

- Strom,
- Heizung,
- Wasser,
- Entwässerung,
- Steuern und Abgaben,
- Reinigungsarbeiten,
- Hausmeisterkosten,
- Wartungskosten und
- Schönheitsreparaturen.

Bei Gewerbeimmobilien fehlen klare gesetzliche Definitionen oder in der Praxis allgemeingültig erarbeitete Kontierungsregeln. Die Unternehmen wenden daher häufig eigenentwickelte Kontenrahmen an, die je nach Typ der Gewerbeimmobilie und Bedeutung des Kosten-Managements eine sehr unterschiedliche Anzahl von Kostenkonten aufweisen. Ein allgemeingültiger Kontenrahmen für Gewerbeimmobilienunternehmen hat sich bisher nicht etabliert.

Zu den bei Wohnimmobilien zuvor genannten Kostenarten kommen bei Gewerbeimmobilien häufig folgende Kostenarten hinzu:

- Kosten für Klimatisierung, Be- und Entlüftung,
- erhöhte Wartungskosten für technische Einrichtungen,
- Kosten für Sicherheitsdienste und Bewachung,
- Kosten für kaufmännisches und technisches Objekt-Management.

3. Kosten-Management in der Entwicklungsphase von Immobilien

3.1 Kostenplanung in der Entwicklungsphase von Immobilien

Ausgangspunkt der Kostenplanung in der Entwicklungsphase sind die Entscheidungen des Investors beim Architekten über Nutzungsart, geplante Nutzfläche, Architektur, Ausstattung und Außenanlagen der Immobilie. Aus diesen Entscheidungen lassen sich detaillierte Bau- und Konstruktionspläne ableiten, die nach Leistungsbereichen gegliedert sind.

Anhand statistischen Materials, Projekterfahrungen aus der Vergangenheit oder gespeicherter Standardpreise für alle denkbaren Einzelleistungen einer Immobilienentwicklung können die sich aus den Architektur- und Ausstattungsentscheidungen ergebenden Mengenkomponenten (Massen) mit Standardpreisen bewertet werden, so daß sich für alle Teilleistungen des Bauvorhabens Kosten ermitteln lassen.

Sowohl für die Massenermittlung als auch für die Bewertung mit Einzelpreisen sind integrierte DV-Systeme sehr nützlich, da die Wirkung von Änderungen in der Architektur, Ausstattung oder von Einzelpreisen auf die Entwicklungskosten sehr schnell maschinell ermittelt werden kann.

3.2 Kostenerfassung in der Entwicklungsphase von Immobilien

Für die Kostenerfassung in der Entwicklungsphase von Immobilien gibt es verschiedene Detaillierungsstufen. Gemäß der DIN 276 lassen sich Bauvorhaben zunächst in die Leistungsbereiche Rohbau, Ausbau und Gebäudetechnik gliedern. Innerhalb dieser Leistungsbereiche ist eine weitere Untergliederung in Gewerke, zum Beispiel Maurerarbeiten, Zimmerarbeiten, Dachdeckerarbeiten, üblich. Für die einzelnen Gewerke lassen sich detaillierte Einzelleistungen spezifizieren. Für die Einzelleistungen werden vom Ausführenden Preise je Mengeneinheit angeboten.

Die detaillierteste Kostenerfassung geschieht auf der Ebene von Preisen je Mengeneinheit für Einzelleistungen von Gewerken. Ausgehend von dieser Detaillierungsstufe können die Kosten auf der Ebene von Gewerken oder Leistungsbereichen verdichtet werden. Die Entwicklungskosten werden sowohl vor der Leistungserstellung auf der Basis von Aufträgen und Nachträgen ermittelt als auch nach der Leistungserstellung auf der Basis kontierter Eingangsrechnungen.

3.3 Kostenanalyse in der Entwicklungsphase von Immobilien

Die Kostenanalyse in der Entwicklungsphase von Immobilien kann durch folgende Maßnahmen durchgeführt werden:

- Vergleich eingehender Angebote für Einzelleistungen mit den Standardpreisen aus der Vergangenheit,
- Vergleich des Angebotvolumens für Gewerke und Leistungsbereiche mit ähnlichen Bauvorhaben in der Vergangenheit,
- ständige Aktualisierung der Planwerte eines Bauvorhabens durch Auftragswerte aus der Vergabe von Aufträgen und Nachträgen nach der Ausschreibung von Einzelleistungen,
- Vergleich eingehender Rechnungen nach der Leistungserstellung mit den Werten aus der Auftragsvergabe,
- sorgfältige Rechnungsprüfung durch intensive Massenermittlung, Durchführung von Einbehalt von Rechnungsbeträgen für Mängel und Gewährleistung,
- ständiger Vergleich von Planwerten, Auftragswerten und Rechnungswerten.

Je umfangreicher, aussagefähiger und detaillierter die Datenbasis aus der Vergangenheit ist, desto leichter können Kostenanalysen unterstützt werden.

3.4 Kostensenkungsmaßnahmen in der Entwicklungsphase von Immobilien

Bei den Kostensenkungsmaßnahmen soll unterschieden werden zwischen:

- Maßnahmen in der Entwicklungsphase, die die Herstellkosten der Immobilien reduzieren, und
- Maßnahmen in der Entwicklungsphase, die die späteren Bewirtschaftungskosten der Immobilie reduzieren.

Als Maßnahmen zur Senkung der Herstellkosten können genannt werden:

- Wahl des Investitionszeitpunkts, da in Zeiten schwacher Baukonjunktur häufig günstigere Baupreise erzielt werden können,
- detaillierter Planungsprozeß mit Ausstattungsalternativen bei Ausschreibungen für die Leistungsbereiche des Ausbaus,
- umfangreicher Ausschreibungsprozeß, um aus einer Vielzahl von Angeboten für die einzelnen Gewerke auswählen zu können,
- Verhandlungsgeschick in den Vertragsgesprächen mit den kostengünstigsten Anbietern einzelner Gewerke.

Als Maßnahmen in der Entwicklungsphase zur Senkung der späteren Bewirtschaftungskosten gelten etwa:

- Verwendung von Wärmeschutzglas und umfangreichen Dämmaterialien, um spätere Heizungskosten zu reduzieren,
- Einbau effektiver und flexibler Steuerungsysteme für die Beleuchtung, um Stromkosten zu reduzieren,
- Berücksichtigung einer flexiblen Raumgestaltung und intelligenten Kabelführung zur Senkung späterer Umzugskosten,
- Einbau einer Gebäudetechnik, die die verursachungsgerechte Kostenverteilung auf die Nutzer der Immobilie erleichtert,
- Berücksichtigung der späteren Reinigungs- und Instandhaltungskosten bei der Auswahl der Baumaterialien.

Hilfreich für diese Maßnahmen sind Kostendatenbanken aus der Bewirtschaftung von Immobilien.

4. Kosten-Management in der Nutzungsphase von Immobilien

4.1 Kostenplanung durch Budgetierung

Effektives Kosten-Management setzt die Kostenplanung und den ständigen Soll-Ist-Vergleich der Plankosten mit den Istkosten voraus. Hierzu ist es erforderlich, für jede Immobilie und alle großen Maßnahmen in den Immobilien die einzelnen Kostenarten zu planen und zu budgetieren.

Bei der Einrichtung eines solchen Controllingsystems gilt es folgende Entscheidungen zu treffen:

- Sollen die Plankosten für Kostengruppen, einzelne Kostenarten oder innerhalb der Kostenarten auch nach Objekten gegliedert geplant werden?
- Sollen die Planwerte als Jahreswerte, Quartalswerte oder Monatswerte festgelegt werden?
- Sollen die Planwerte aus Istwerten früherer Jahre hochgerechnet werden oder sollen sie das Ergebnis eines intensiven Planungsprozesses sein?

Bei diesen Fragen muß eine Entscheidung zwischen der Genauigkeit der Planung und dem hierfür erforderlichen Aufwand getroffen werden.

4.2 Kostenerfassung in der Nutzungsphase von Immobilien

4.2.1 Kostenerfassung mit Hilfe der Finanzbuchhaltung

Durch die Festlegung eines mehr oder minder detaillierten Kostenrahmens und entsprechende Kontierung der Eingangsrechnungen lassen sich die in der Nutzungsphase der Immobilie anfallenden Kosten erfassen. Je detaillierter der Kostenrahmen gewählt wird, desto feiner ist eine Ex-Post-Analyse der Ausgaben möglich. Die Darstellung der Kosten in der Finanzbuchhaltung ist geschäftsjahresbezogen und nach Konten gegliedert. Die Kostenerfassung über die Finanzbuchhaltung kann nur ein erster Ansatz sein, da damit folgende Nachteile verbunden sind:

- Eine detaillierte Kostenerfassung setzt einen detaillierten Kontenrahmen voraus, mit gesonderten Konten je Immobilie, der die Finanzbuchhaltung unnötig aufbläht.
- Eine jahresübergreifende Erfassung der Kosten ist über die geschäftsjahresbezogene Darstellung in der Finanzbuchhaltung nicht möglich.
- Spezifische Fragestellungen, wie beispielsweise Kostenstrukturen verschiedener Objekte oder Gesamtkosten einer Instandhaltungsmaßnahme, lassen sich nur durch eine Vergewaltigung des Kontenrahmens und eine damit einhergehende unübersichtliche Darstellung in der Finanzbuchhaltung beantworten.

4.2.2 Kostenerfassung mit der Kostenstellen- und Kostenträgerrechnung

Richtet man in der Finanzbuchhaltung zu einer überschaubaren Anzahl von Kostenkonten für jede Immobilie eine Kostenstelle ein und kontiert beim Verbuchen der Eingangsrechnungen neben dem Kostenkonto die entsprechende Kostenstelle, so kann eine objektbezogene Kostenerfassung ohne Aufblähen des Kontenrahmens vorgenommen werden.

Richtet man darüber hinaus für bestimmte Maßnahmen, zum Beispiel die Instandhaltungsmaßnahme an einer Immobilie oder die Werbeveranstaltungen in einem Einkaufszentrum, einen Kostenträger ein, so lassen sich für diese Maßnahmen die Kosten gegliedert nach Kostenarten ermitteln und analysieren.

4.2.3 Kostenerfassung für die Nebenkostenabrechnung

Unmittelbare Auswirkungen auf die Rendite von Immobilien haben zunächst die nicht umlagefähigen Bewirtschaftungskosten, die beim Eigentümer verbleiben. Daher hat sich in der Vergangenheit das Kosten-Management auf diese Kostenarten konzentriert.

Nachdem die umlagefähigen Bewirtschaftungskosten immer häufiger als zweite Miete bezeichnet werden, gewinnt insbesondere in Zeiten eines Mietermarkts auch das Management dieser Kostenarten an Bedeutung.

Die Nebenkostenabrechnung der umlagefähigen Bewirtschaftungskosten besteht darin, diese Kostenarten möglichst effizient verursachungsgerecht zu erfassen und auf die Nutzer der Immobilien umzulegen. Hieraus ergeben sich über Finanzbuchhaltung und Kostenstellen-/-trägerrechnungen hinausgehende zusätzliche Anforderungen:

- Es müssen für die verursachungsgerechte Weiterverrechnung der Kosten zusätzliche Abrechnungseinheiten für die Kontierung der Kosten eingerichtet werden.
- Die Nutzungszeiten der einzelnen Nutzer müssen für die zeitanteilige Verteilung ermittelt werden.
- Die Ausprägungen von Verteilungsschlüsseln (Mietflächen, Köpfe, Ablesewerte für Zähler etc.) werden für die Abrechnung benötigt.

Während Umfang und Verfahren der Weiterbelastung von Bewirtschaftungskosten bei Wohnimmobilien in aller Regel gesetzlich festgelegt sind, gestaltet sich die Nebenkostenabrechnung bei Gewerbeimmobilien aus folgenden Gründen häufig sehr aufwendig:

– Es existiert keine eindeutige gesetzliche Regelung, welche Kosten umlagefähig sind, vielmehr bleibt das häufig der Mietvertragsverhandlung zwischen zwei Kaufleuten überlassen.
– Bei Gewerbeimmobilien, insbesondere Handelsimmobilien, existieren vielfältige Kostenarten, die pro Mietfläche sehr unterschiedlich sein können.
– Die Mietfläche, auf die in aller Regel die Kosten zu verteilen sind, ist nicht immer konstant, sondern es ergeben sich Flächenänderungen im Zeitablauf.
– Es können Sondervereinbarungen mit einzelnen Mietern bestehen, die der verursachungsgerechten Verteilung entgegenstehen.

Die Durchführung der Nebenkostenabrechnung ist eine der Hauptaufgaben der kaufmännischen Objektverwaltung. Durch weitgehend maschinelle Verfahren und Vermeidung der Mehrfacherfassungen von Daten lassen sich daher die Verwaltungskosten effizient senken.

4.3 Kostenanalyse in der Nutzungsphase von Immobilien

4.3.1 Kostenanalyse durch Soll-Ist-Vergleich

Liegen Planwerte vor, kann ein permanenter Soll-Ist-Vergleich mit den verursachungsgerecht kontierten Eingangsrechnungen vorgenommen werden.

Für die Durchführung des Soll-Ist-Vergleichs ist es wichtig, daß Plan- und Istwerte auf derselben Ebene kontiert wurden. Eine Schwierigkeit kann sich daraus ergeben, daß Planwerte häufig zeitraumbezogen erfaßt wurden, die Istwerte sich jedoch aus dem Zeitpunkt der Rechnungsstellung ableiten. Daher ist für aussagefähige Soll-Ist-Vergleiche häufig eine Zeitraumkontierung der Rechnungen sinnvoll. Über Abweichungsanalysen lassen sich darüber hinaus Kostensenkungsmaßnahmen ableiten, mit denen ein effektives Kosten-Management von Immobilien durchgeführt werden kann.

4.3.2 Kostenanalyse über Kostendatenbanken und Kostenkennzahlen

Ein umfassendes Kosten-Management in der Nutzungsphase von Immobilien kann erreicht werden, wenn sowohl für die periodisch anfallenden Bewirtschaftungskosten als auch für die Instandhaltungsmaßnahmen Kostendatenbanken angelegt und gepflegt werden. So lassen sich beispielsweise für die verschiedenen Gruppen der Bewirtschaftungskosten wie

- öffentliche Abgaben,
- Versorgung,
- Versicherungen,
- Wartungen,
- Dienstleistungen

sämtliche mit wiederkehrenden Zahlungen verbundenen Verträge erfassen. Mit den erfaßten Kostendaten läßt sich die Budgetierung maschinell unterstützen. Weiterhin lassen sich Kostenbuchungen automatisch erzeugen. Solche Kostendatenbanken liefern Kostenkennzahlen, mit denen Objekte einer intensiven Kostenanalyse unterzogen werden können. Werden neben den Kostendaten auch zusätzliche Vertragsinformationen gespeichert wie die Laufzeit oder auch der Leistungsumfang, ergeben sich durch die Transparenz vielfältige Ansatzpunkte für Kostensenkungsmaßnahmen im Kosten-Management.

4.4 Kostensenkungsmaßnahmen in der Nutzungsphase von Immobilien

Die detaillierte Budgetierung und der permanente Soll-Ist-Vergleich der Kostenarten in der Nutzungsphase von Immobilien bildet die Grundlage für die Durchführung von Ausgabensenkungsmaßnahmen. Zu den wesentlichen Aufgaben des Immobilien-Managements gehört es, Grund und Höhe jeder Kostenposition in Frage zu stellen. Dabei ist zu unterscheiden zwischen beeinflußbaren und nicht beeinflußbaren Kostenarten. So sind beispielsweise öffentliche Abgaben wie Grundsteuer oder Entsorgung häufig nicht beeinflußbar. Allerdings sollte bereits bei der Kostenplanung berücksichtigt werden, daß diese Kostenarten in der Zukunft tendenziell stark steigen werden. Bei den beeinflußbaren Kostenarten sollen folgende Kostensenkungsmaßnahmen angeregt werden:

- Bei den Versicherungsprämien lassen sich durch Einschaltung von Beratern Struktur und Volumen des Versicherungsschutzes analysieren. Durch Einholung von Vergleichsangeboten können Prämienhöhe und Vertragsbedingungen optimiert werden.

- Auch die Energiekosten können durch Einschaltung von Beratern reduziert werden. Häufig können Einstufungen in andere Tarifklassen oder Sondervereinbarungen mit Versorgungsunternehmen erreicht werden.
- Bei Dienstleistungen und Wartungen kann überlegt werden, ob eigenes Personal für Hausmeister- und Reinigungsdienste kostengünstig durch externe Dienstleister ersetzt werden kann. Neuausschreibungen und Wettbewerbsangebote können häufig zu deutlichen Kostensenkungen führen.
- Im Bereich der Instandhaltung sollte man analysieren, inwieweit durch frühzeitige Maßnahmen beispielsweise im Energiebereich die Bewirtschaftungskosten langfristig nachhaltig gesenkt werden können.
- Die Verwaltungskosten lassen sich durch den Einsatz integrierter EDV-Systeme reduzieren, die möglichst alle Management-Aufgaben in der Nutzungsphase von Immobilien integriert unterstützen.

5. Anforderungen an die Computerunterstützung des Kosten-Managements von Immobilien

5.1 Leistungsumfang

Die wesentliche Anforderung an ein System zur Computerunterstützung des Kosten-Managements von Immobilien besteht darin, daß möglichst viele der zuvor geschilderten Einzelaspekte des Kosten-Managements über das EDV-System abgedeckt sind. Dabei ist zu beachten, daß die Einzelaspekte des Kosten-Managements durch Spezialprogramme aus der Sicht des Immobilien-Managers unterstützt werden. Sicherlich lassen sich viele Aspekte des Kosten-Managements auch über reine Finanzbuchhaltungssysteme rudimentär unterstützen, allerdings gehen dabei spezifische Fragestellungen verloren, und ein zeitnahes Kosten-Management ist kaum denkbar.

5.2 Integration des Systems

Es existieren zu jeder Einzelfrage des Kosten-Managements spezifische Softwarelösungen, die die jeweiligen Fragestellungen umfassend beantworten. Solche Insellösungen haben allerdings den Nachteil, daß Daten für die einzelnen Fragestellungen mehrfach erfaßt werden müssen. Beispielsweise werden Rechnungen für Bauvorhaben häufig für Zwecke der Baukostenüberwachung und der Finanzbuchhaltung in unterschiedliche Systeme aufgenommen.

Ein anderes Beispiel sind Flächenangaben von Immobilien, die im Architektursystem und in Systemen für das kaufmännische Objekt-Management mehrfach erfaßt werden. Wünschenswert wäre ein umfassendes System, das die Immobilien in der Projektentwicklungsphase über die gesamte Nutzungsdauer integriert begleitet. Ein solches System sollte eine Datenübergabe aus der Entwicklungsphase in die Nutzungsphase von Immobilien ermöglichen, ohne daß eine Mehrfacherfassung von Stamm- und Bewegungsdaten erforderlich ist.

5.3 Bedienerfreundlichkeit

Wird das Kosten-Management durch Finanzbuchhaltungssysteme unterstützt, so müssen diese Systeme fachlich vergewaltigt werden (zum Beispiel Aufblähen von Kontenrahmen), um die Fragestellungen des Kosten-Managements beantworten zu können. Wird das Kosten-Management durch isolierte Anwendungssysteme unterschiedlicher Softwarehersteller unterstützt, sind meist verschiedene Hardwareumgebungen, Betriebssysteme und Datenbanken erforderlich, um die einzelnen Systeme zum Einsatz zu bringen. Für den Anwender ergibt sich in jedem Fall die Schwierigkeit, sich in unterschiedliche Bedienungssystematiken einarbeiten zu müssen. Wünschenswert wäre ein durchgängiges System mit einer ergonomischen, graphischen Bedienoberfläche, die alle Aspekte des Kosten-Managements abdeckt.

5.4 Flexibilität des Systems

Die Aspekte des Kosten-Managements sind, wie geschildert, sehr vielfältig. Nicht alle Fragestellungen können im Sinne vordefinierter Auswertungen abgedeckt sein. Um zusätzliche Fragestellungen zu bearbeiten, muß das System durch variable Auswertungstools und Zugang auf alle relevanten Datenbestände Hilfestellungen zur Beantwortung aller Fragen des Kosten-Managements bieten. Diese Hilfsmittel sollten allerdings so konstruiert sein, daß es dem Anwender ohne umfassende Programmierkenntnisse möglich ist, die benötigten Auswertungen zu erstellen.

5.5 Detaillierte Datenzugriffsrechte

Integrierte Systeme haben den Vorteil, in umfassenden Datenbanken eine Vielzahl von Einzelinformationen zu Immobilien zur Verfügung zu stellen.

Dies birgt allerdings auch die Gefahr, daß durch Datenverluste, fehlerhafte Eingaben oder unberechtigten Zugriff größerer Schaden angerichtet werden kann, als dies bei isolierten Systemen der Fall ist. Daher erfordern integrierte Systeme umfassende Maßnahmen gegen Datenverlust, Datenmanipulation und unberechtigten Zugriff.

5.6 Langfristige Pflege und Betreuung des Systems

Umfassende, integrierte Systeme zur Unterstützung aller Aspekte des Kosten-Managements können nur von Unternehmen entwickelt werden, die seit vielen Jahren mit einer Vielzahl von Kunden das Know-how des Kosten-Managements von Immobilien in ihr EDV-System integriert haben. Nur ein Partner mit Kernkompetenz in der Immobilienbranche wird in der Lage sein, die verschiedenen Aspekte des Kosten-Managements mit technischen und kaufmännischen Fragestellungen zu einem umfassenden System zu integrieren. Dabei ist auch darauf zu achten, daß der Entwicklungspartner aufgrund seiner finanziellen Ausstattung in der Lage ist, sein System zum Immobilien-Management jeweils den sich rasch ändernden technischen Entwicklungen im EDV-Bereich zeitnah anzupassen.

6. Computerunterstützung des Kosten-Managements bei Immobilien am Beispiel von KIM

6.1 Architektur und Bausteine von KIM

Zukunftsorientierte Software für die Immobilienwirtschaft, die alle Phasen des Objektlebenszyklus geschäftsprozeßorientiert abdeckt und damit auch die Querschnittsfunktion des Kosten-Managements unterstützt, ist nur als ein integriertes System denkbar. Das Kooperative Immobilien-Management von BauBoden, kurz KIM, bildet ein solches System, das durch eine Vielzahl einzelner Module den unterschiedlichen Aspekten des Kosten-Managements gerecht wird und darüber hinaus über Schnittstellen Integrationsmöglichkeiten bereitstellt (vgl. Abb. 1).

KIM beinhaltet Bausteine zur individuellen Zusammenstellung einzelner Komponenten zu einem Gesamtsystem und kann dadurch den Bedürfnissen des jeweiligen Unternehmens entsprechend angepaßt werden. Basis sind zum einen kooperierende, branchenunabhängige und zum anderen immobi-

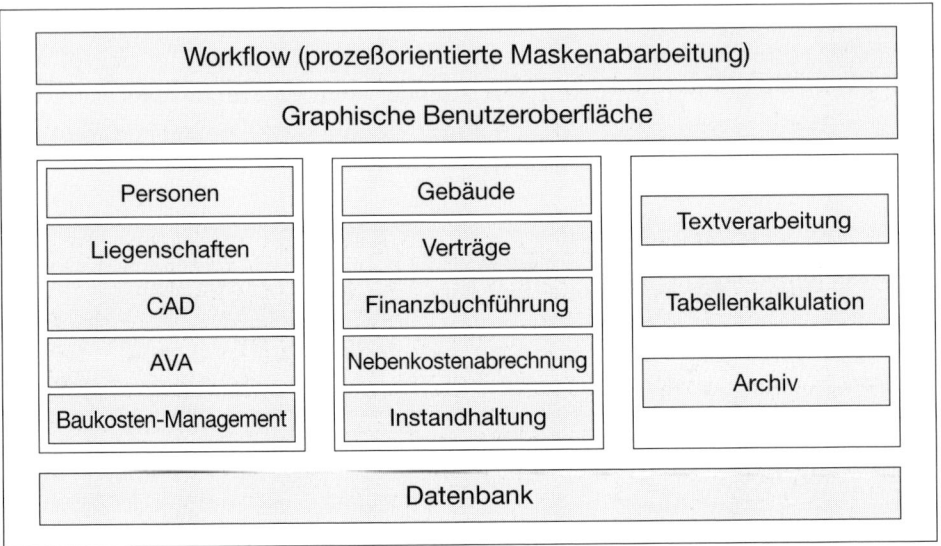

Abb. 1: Kooperatives Immobilien-Management

lienspezifische Softwaresysteme, die Expertenlösungen der einzelnen Bereiche beinhalten.

Das Leistungsspektrum von KIM ergibt sich demnach (vgl. Abb. 1) aus der Zusammenfassung von Funktionalitäten und Dienstleistungen immobilienwirtschaftlicher Spezialisten und der Berücksichtigung neuer Anforderungen. Bei der Zusammenführung der verschiedenen Lösungen zu KIM wurde für alle Systeme eine einheitliche graphische Benutzeroberfläche eingeführt. BauBoden hat mit dem KIM-Konzept die traditionelle Softwarestrategie der vollständigen Eigenentwicklung verlassen und integriert viele spezialisierte Softwaresysteme unterschiedlicher Anbieter. Basis des Systems ist eine Datenbank, mit der die operative Datenverarbeitung abgewickelt wird. Integriert sind Module wie Personen, Liegenschaften, Verträge, Finanzbuchhaltung, Nebenkostenabrechnung und Instandhaltung für alle kaufmännischen Aspekte der Gebäudebewirtschaftung. Alle Module können funktionsorientiert oder durch das eingebundene Workflow-System prozeßorientiert gesteuert werden.

Berücksichtigt sind darin sowohl Wohnungs- als auch Gewerbeimmobilien, d.h., die Besonderheiten beider Bereiche, insbesondere ein flexibles Vertrags-Management, sind integriert. Dadurch lassen sich alle Varianten von Wohn- und Gewerbemietverträgen erstellen und verwalten.

Im Bereich der Gewerbeimmobilien übernimmt KIM beispielsweise auf Grundlage vorliegender Gewerbemietverträge das Erstellen von Mietprognosen, die automatische Indexanpassung und rechnet die Umsatzmieten ab.

Die nachfolgende Bildschirmmaske zeigt am Beispiel der Indexanpassungsklausel von Gewerbemietverträgen die graphische Benutzeroberfläche von KIM für die kaufmännischen Applikationen (vgl. Abb. 2).

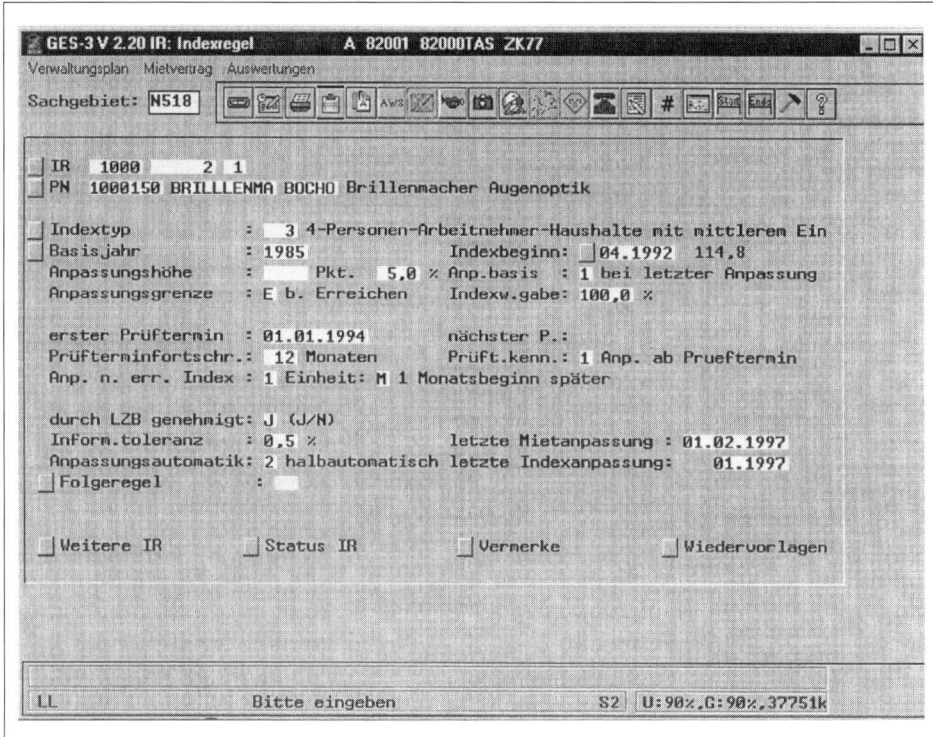

Abb. 2: Bildschirmmaske
Quelle: KIM der Firma BauBoden

Darüber hinaus wurde durch eine entsprechende Architektur sichergestellt, daß lokale Softwaresysteme und bestimmte Programme von Fremdanbietern (zum Beispiel für Facility-Management) eingebunden werden können.

Integriert sind demnach CAD, Facility-Management, Auftragsvergabe und -übersicht, Baukosten-Management, Modernisierung, komplexes Vertrags-Management und Miet- bzw. Bewirtschaftungssysteme, um nur die wichtigsten zu nennen.

Ergänzend sind Querschnittsfunktionen eingebunden, durch die Daten weiterer Dienstleister wie beispielsweise von Wärmemeßdiensten in das Gesamtsystem einfließen können und Rationalisierungsmöglichkeiten geschaffen werden, zum Beispiel durch automatische Bankdienstleistungen, Mittel der Bürokommunikation, optische Archivierung, Netzwerkservices etc.

Alle Daten müssen nur einmal erfaßt werden und stehen übergreifend zur Verfügung, sei es für Auswertungen, zur Weiterverarbeitung oder als Vergleichsdaten zu anderen Werten. Dies bedeutet, daß beispielsweise Daten aus der Phase der Projektentwicklung ein Objekt über den gesamten Lebenszyklus begleiten. Außerdem ist sichergestellt, daß die Datenbestände immer konsistent sind. Die Übergabe der Daten aus der Entwicklungsphase in die Nutzungsphase und die Weiterverarbeitung dieser Daten funktionieren fließend; sie geschehen mit KIM innerhalb eines Systems.

Neben 3-D-Modellen sind Objekt- und Vertragsdaten jederzeit verfügbar und so angelegt, daß sich der überwiegende Teil aller Zahlungen und Buchungen automatisch errechnen, ausführen und letztlich auch bilanzieren und abrechnen läßt. Die nach ergonomischen Kriterien entwickelte graphische Benutzeroberfläche bietet in allen integrierten Modulen die gleiche Systematik. Ein Beispiel für die Integration technischer Gebäudedaten unter der gleichen Benutzeroberfläche zeigt die nachfolgende Abbildung 3.

Durch variable Auswertungstools und Zugang zu allen relevanten Daten-

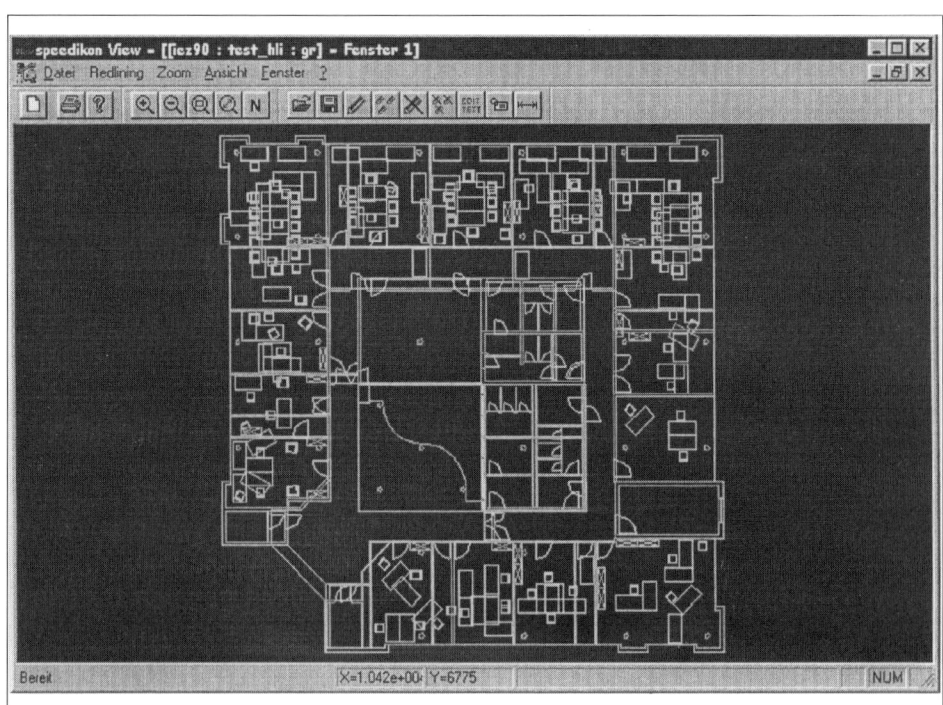

Abb. 3: Integration technischer Gebäudedaten unter der gleichen Benutzeroberfläche
Quelle: KIM der Firma BauBoden

beständen bietet KIM komplexe Auswertungsmöglichkeiten und dadurch die Grundlage für ein zeitnahes Kosten-Management. Manipulationen und unberechtigte Zugriffe sind durch die vielfältigen Maßnahmen im Bereich Datenschutz/Datensicherheit nicht möglich.

KIM bietet die Basis für ein umfassendes Facility-Management, da die integrierten Module alle Aspekte der Immobilienplanung, -erstellung und des -Managements abdecken.

6.2 Kosten-Management in der Entwicklungsphase von Immobilien mit KIM

6.2.1 Kostenplanung

Voraussetzung des Kosten-Managements in der Entwicklungsphase von Immobilien ist zunächst die transparente Darstellung der Planungskosten. Hierzu gehören eine Aufschlüsselung aller Einzelkosten, ihre Bewertung und die sich daraus ergebende Kostenplanung, die auf die Entscheidungen des Investors aufsetzt. Über KIM erhält der Entscheidungsträger alle hierfür notwendigen Informationsgrundlagen wie zum Beispiel Angaben über Liegenschaften.

In dem Modul Liegenschaften sind die Standorte von Liegenschaften hinterlegt und noch genauer die Positionen an diesen Standorten. Erkennbar wird, welche Liegenschaften in welchen Gemarkungen sind, welche Grundstücksflächen vorhanden sind und aus welchen Flurstücken sie bestehen. Jederzeit kann eingesehen werden, ob die Liegenschaften gekauft, gepachtet oder gemietet sind und wie sie genutzt werden. Informationen über die Außenanlagen, die Bebauung, ungenutzte Grundstücksflächen, Verkehrsanbindung, Infrastruktur, Kaufkraft und vieles mehr runden das Bild ab. Die EDV-gestützte und damit schnelle und einfache Beantwortung dieser Fragestellungen liefert Entscheidungshilfen bezüglich Verkauf, Vermietung, Verpachtung und Bebauung von Liegenschaften.

Im Rahmen der Immobilienentwicklung werden Festlegungen bezüglich der Ausstattung, Architektur und künftigen Nutzungsart eines Objektes getroffen. Dadurch können auf der Basis von Standardpreisen für alle erdenklichen Einzelleistungen Kosten ermittelt werden. Durch die DV-Unterstützung können verschiedene Modelle durchgerechnet werden, d.h., Veränderungen der Entwicklungskosten durch Änderungen in der Architektur können sofort ermittelt werden.

Die integrierte CAD-Software ist zur Verarbeitung einer Vielzahl graphischer Informationen entwickelt worden, wie sie beispielsweise bei einem Architekten oder Städteplaner anfallen. Alle relevanten Daten des CAD-Systems können über eine integrierte Schnittstelle in das AVA-System (Ausschreibung, Vergabe, Abrechnung) und in die Systeme zur kaufmännischen Gebäudeverwaltung weitergegeben werden.

Dadurch, daß die Daten später in die Instandhaltung einfließen, lassen sich die Kosten künftiger Wartungen, Renovierungen oder der Umbauten einer Immobilie präzise kalkulieren. Die Planung oder Neuplanung eines Projektes wird damit vom Vorentwurf bis zur letztendlichen Übergabe an das AVA-System unterstützt, bei gleichzeitiger Kostentransparenz. Das CAD-System basiert auf einem beliebig modifizierbaren 3-D-Gebäudemodell.

Der Anwender kann dabei – wie auf dem Zeichenbrett – grundrißbezogen seine Eingaben machen. Die dritte Dimension wird vom Programm automatisch mitvollzogen. In der Folge können Ausschnitte, Schnitte und Detailpläne von Objekten angefordert und Veränderungen simuliert werden. Aufgrund von hinterlegten Preisen von Gebäudeteilen, Ausstattungsmerkmalen etc. sind die Planungskosten transparent.

6.2.2 Kostenerfassung und -analyse

Die KIM-Module AVA, Baukosten-Management und Finanzbuchführung unterstützen die Kostenerfassung und -analyse in der Entwicklungsphase von Immobilien. Das AVA-Modul ermöglicht die Ausschreibung, Vergabe und Abrechnung von Aufträgen in Entwicklungsprojekten. Eingehende Angebote werden erfaßt. Durch die Vergabe von Aufträgen ergeben sich die Sollkosten einzelner Gewerke. Sind die Aufträge vergeben, können die Auftragswerte aller Gewerke als Sollkosten integriert an das Modul Baukosten-Management übergeben werden. Werden Nachträge erteilt oder Planungsänderungen vollzogen, so werden die sich hieraus ergebenden Kostenänderungen im Modul Baukosten-Management zeitnah modifiziert.

Nachdem die Entwicklungsleistungen erbracht wurden, werden von den ausführenden Unternehmen Rechnungen erstellt. Diese werden im KIM-Modul Finanzbuchführung erfaßt und mit den zugrunde liegenden Aufträgen verknüpft. Hierdurch läßt sich jede Rechnung detailliert einem Entwicklungsvorhaben zuordnen, so daß ein jederzeitiger Vergleich zwischen Plankosten und tatsächlich angefallenen Istkosten möglich ist. Dies bildet die Basis für detaillierte Kostenanalysen zur Ableitung von Kostensenkungsmaßnahmen.

6.2.3 Kostensenkungsmaßnahmen

Das System KIM kann auf vielfältige Weise genutzt werden, um zur Kostensenkung beizutragen. Zum einen lassen sich die verschiedenen Kostenfaktoren im Bereich der Herstellungskosten ermitteln, kombinieren und darstellen. So ist es möglich, verschiedene Ausstattungsmöglichkeiten in den Planungsprozeß alternativ einzubeziehen, bis eine ideale und kostengünstige Lösung gefunden worden ist. Daß sich Änderungen des Materials oder der technischen Ausstattung nicht nur auf die Herstellungskosten beziehen lassen, wurde bereits erläutert. Mit EDV-gestützten Planungsmodellen kann man bereits in der Entwicklungsphase von Immobilien die späteren Bewirtschaftungskosten ermitteln und vergleichen. Je umfangreicher die in KIM erfaßte Datenbasis aus früheren Entwicklungsmaßnahmen ist, desto aussagefähiger sind diese Planungsmodelle.

6.3 Kosten-Management in der Nutzungsphase von Immobilien mit KIM

6.3.1 Kostenplanung

Die Kostenplanung in der Nutzungsphase von Immobilien kann durch die KIM-Module Verträge und Instandhaltung unterstützt werden.

Das Modul Verträge erlaubt, sämtliche mit wiederkehrenden Zahlungen verbundenen Kostenverträge von Immobilien detailliert zu erfassen. Dabei können frei wählbare Vertragsarten wie beispielsweise Versicherungen, Wartungen, öffentliche Abgaben, Energie, Dienstleistungen etc. klassifiziert werden. Diese Klassifikation kann vom KIM-Anwender weiter untergliedert werden. Die zu erbringenden Leistungen und die ausführenden Unternehmen werden ebenso gespeichert wie die Termine und die Kosten der einzelnen Leistungen. Aus einer solchen Kostenvertragsdatenbank lassen sich die vertragsgemäß für die einzelnen Immobilien anfallenden Kosten sowohl nach der Höhe, nach der Kostenart als auch nach dem Zeitpunkt des Anfalls der Kosten detailliert maschinell ableiten. Aus diesem Vertragswerk ergeben sich der Liquiditätsbedarf für die Bewirtschaftungskosten im Zeitablauf und die Sollwerte der Bewirtschaftungskosten in der Nutzungsphase von Immobilien.

Mit dem Modul „Instandhaltung" können aus Erfahrungswerten der Vergangenheit Instandhaltungsmaßnahmen über mehrere Jahre geplant und budgetiert werden. Dabei ist zwischen einer Grobplanung von zukünftigen Maßnahmen und einer Detailplanung konkret anstehender Instandhaltungsprojekte zu unterscheiden. Bei konkreten Instandhaltungsprojekten kommen die Instrumente erneut zum Einsatz, die für die Entwicklungsphase von Immobilien beschrieben wurden.

6.3.2 Kostenerfassung und -analyse

Die Kostenerfassung geschieht über das KIM-Modul „Finanzbuchführung" durch die Erfassung und Kontierung der laufend eingehenden Rechnungen für die einzelnen Immobilien. Im Rahmen der Rechnungsprüfung werden Kostenarten kontiert. Die Rechnungen werden den entsprechenden Immobilien verursachungsgemäß zugeordnet, es wird der zugrunde gelegte Kostenvertrag bzw. Instandhaltungsauftrag identifiziert. Durch diese Verweise kann ein jederzeitiger Vergleich zwischen Plankosten und Istkosten gewährleistet werden. Weiterhin ist es möglich, Kostenstrukturen unterschiedlicher Immobilien im Zeitablauf zu vergleichen. Ein Beispiel für einen derartigen Soll-Ist-Vergleich zeigt die nachfolgende Abbildung 4.

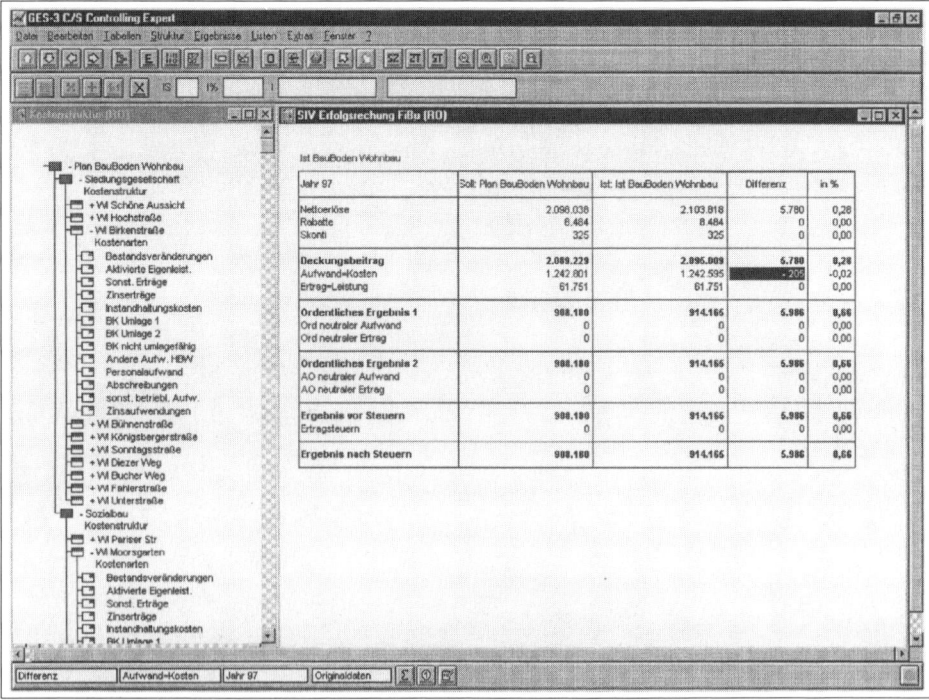

Abb. 4: Kostenerfassung: Soll-Ist-Vergleich
Quelle: KIM der Firma BauBoden

Die transparente Darstellung von Betriebskosten (Heizung, Strom, Wasser etc.) und Bewirtschaftungskosten (Verwaltung, Instandhaltung etc.) bildet die Basis für Kostenanalysen. Mit den Planwerten aus dem Modul Verträge wird ein permanenter Soll-Ist-Vergleich mit den verursachungsgerecht kontierten Eingangsrechnungen vorgenommen. Über entsprechende Abweichungsanalysen können wiederum Kostensenkungsmaßnahmen abgeleitet werden.

6.3.3 Nebenkostenabrechnung

Die Nebenkostenabrechnung stellt eine der Hauptaufgaben des kaufmännischen Immobilien-Managements dar. Das KIM-Modul Nebenkostenabrechnung bietet hierfür umfassende Unterstützung. Es beinhaltet nicht nur die durch gesetzliche Grundlagen vorgeschriebenen Verteilungsregeln bei Wohnimmobilien, sondern auch die vielfältigen individuellen Besonderheiten der Gewerbeimmobilien. Besonders hervorzuheben ist der hohe Grad der Integration, der sich anhand folgender Beispiele belegen läßt:

– Die Kostenarten, an denen die einzelnen Nutzer einer Immobilie partizipieren, sind im KIM-Modul Verträge enthalten, in dem sämtliche Mietverträge einer Immobilie gespeichert sind.
– Die Nutzungszeiten der einzelnen Nutzer ergeben sich über die Vertragslaufzeiten aus dem Modul Verträge.
– Die Verteilungsschlüssel, zum Beispiel Mietflächen, ergeben sich aus dem KIM-Modul Gebäude.
– Die im Laufe der Abrechnungsperiode tatsächlich angefallenen Kosten sind in dem Modul Finanzbuchführung gespeichert.
– Auf Zählerwerte, die zur verursachungsgerechten Verteilung von Energie- und Wasserkosten benötigt werden, kann KIM ohne Doppelerfassung durch Kopplung mit den Zählerdatenbanken von Ableseunternehmen integriert zugreifen.

Die Nebenkostenabrechnung über KIM geschieht weitgehend maschinell durch integriertes Zusammenwirken der einzelnen KIM-Bausteine. Damit wird eine wesentliche Forderung des Kosten-Managements von Immobilien, die transparente Darstellung und Weiterbelastung der Betriebskosten an die Nutzer, effizient unterstützt.

6.3.4 Kostensenkungsmaßnahmen

Durch permanenten Soll-Ist-Vergleich und die Durchführung von Abweichungsanalysen lassen sich vielfältige Kostensenkungsmaßnahmen unterstützen. Ausgangspunkt hierbei ist wiederum das KIM-Modul Verträge, in dem die in der Nutzungsphase von Immobilien zu erbringenden Leistungen mit ihrem Leistungsumfang und den Vertragspartnern gespeichert sind. Durch Objektvergleiche, die Auswertung der Vertragslaufzeiten, die Bündelung von Vertragspaketen über mehrere Objekte sowie die Einbeziehung von Outsourcing-Alternativen ergeben sich vielfältige Ansatzpunkte zur Durchführung von Kostensenkungsmaßnahmen.

7. Ausblick

Mit dem System KIM – Kooperatives Immobilien-Management – wird erstmals ein System vorgestellt, das den gesamten Lebenszyklus von Immobilien integriert begleitet. Dabei wird keine Unterscheidung zwischen Wohn- und Gewerbeimmobilien vorgenommen, vielmehr läßt sich das Immobilien-Management sämtlicher Immobilienarten durch KIM unterstützen. Da ein Teil der Bausteine von Fremdanbietern stammt, gilt es, in der Zukunft diese Bausteine weiter zu integrieren und die Schnittstellen zu verfeinern. Daneben ist es wichtig, permanent das Fach-Know-how der verschiedenen Branchenspezialisten in die sich rasch ändernden modernen EDV-Infrastrukturen jeweils zeitnah zu übertragen. Mit diesem umfassenden Ansatz kann das Kosten-Management von Immobilien langfristig nachhaltig unterstützt werden.

8. Literatur

Essen von, E.: *Die Buchhaltung in der Wohnungswirtschaft*, 7. Auflage, Hamburg 1988

Herrmann, O. u. a.: *Computerunterstützung bei der Verwaltung gewerblicher Immobilien*, in: Falk, B. (Hrsg.): Gewerbe-Immobilien, 6. Auflage, Landsberg 1994

Nehm, A. u. a.: *Gebäudekosten 1997, Baupreistabellen, Teil 1 und Teil 2*, Stuttgart 1996

Neumann, B.: *Kooperatives Immobilienmanagement, EDV-gestützte Immobilienverwaltung in der Zukunft*, in: Office Management, 10/1996

Stapleton, T.: *Real Estate Management Practice*, 3. Auflage, London 1994

Parkflächen-Management

Peter Fischer, Dipl.-Kaufmann, Sprecher des Vorstandes der APCOA Parking AG, Stuttgart

Inhalt

1.	Notwendiges Übel oder Profit-Center?	287
2.	Eigenregie oder Fremdvergabe?	288
3.	Kriterien einer optimalen Performance	290
3.1	Service	290
3.2	Optik	293
3.3	Marketing	295
4.	Resümee	296

1. Notwendiges Übel oder Profit-Center?

Mobilität kann heute – retrospektiv betrachtet – als Katalysator des gesellschaftlichen Strukturwandels der letzten Jahrhunderte angesehen werden: Mutierte der urbane Raum mit seiner Schwerpunktsetzung auf den sozialen Funktionen Arbeit, Handel und Kommunikation vom Lebensraum allmählich zum Bewegungsraum, so „verkommt" dieser durch die zunehmende Motorisierung schließlich zum Lagerraum. Zunehmende Motorisierung führte jedoch in der Folge nicht zu einer Kurskorrektur, die von der Optimierung des ruhenden Verkehrs im Straßenraum hätte ausgehen müssen, und schuf damit zunehmend Konfliktpotential zwischen fließendem und ruhendem Verkehr. Erst die Verknappung der Stellplatzkapazitäten im öffentlichen Raum machte die schrittweise Schaffung privater Stellplatzpotentiale erforderlich. Kristallisationspunkt dieser Entwicklung ist das „Shopping-Center" mit seinen aus dem fließenden und ruhenden Verkehr resultierenden Interdependenzen: So bestimmt die Mobilität – der fließende Verkehr – die bequeme und rasche Erreichbarkeit des Shopping-Centers, während die Pausen der Mobilität – der ruhende Verkehr – von der Funktionalität definiert werden.

Bis vor wenigen Jahren wurden Parkgaragen in ihrer Funktion als Bestandteil der Infrastruktur eines Einkaufszentrums wie ein notwendiges Übel (resultierend aus der Reichsgaragenordnung) betrachtet und vom Investor der Immobilie oft sträflich vernachlässigt. Aufgrund des verschärften Wettbewerbs im Einzelhandel und der einsetzenden Sensibilisierung bei den gewerblichen Mietern muß heute der Stellenwert von Garageneinheiten unter Renditegesichtspunkten neu angedacht werden.

Dies trifft um so mehr auf Altobjekte zu, die bereits einen Sanierungs- bzw. Revitalisierungsbedarf erkennen lassen. Bei der Konzeption und Realisierung von Neuobjekten hingegen wird diese Frage in aller Regel schon während der Finanzierungsphase zugunsten des Profit-Centers „Parking" entschieden. Die Parkierungsimmobilie als Visitenkarte des Shopping-Centers!

Natürlich muß hierbei sehr wohl nach dem Standort und dem Umfeld differenziert werden:

Einkaufszentren in peripherer Lage wie beispielsweise im Stadtteilzentrum, im Gewerbegebiet oder mit Standort „Grüne Wiese" versuchen in aller Regel, ihren Standortnachteil gegenüber den innerstädtischen Zentren auszugleichen, indem sie kostenlosen Parkraum für den Einzelhandelskunden zur Verfügung halten. Ausgelöst durch das verständliche Bestreben, die

Kosten für diesen „Kundenservice zum Nulltarif" möglichst niedrig zu halten, entwickeln sich groteske und kontraproduktive Situationen:

- Chaos bei Zu- und Abfahrt zu/von den Einkaufszentren,
- blockierende Einkaufswagen in den Fahrgassen,
- unnötiger Such- und Quellverkehr,
- Beschädigung von Kundenfahrzeugen (Vandalismus),
- Verunreinigung der Parkierungsanlage,
- mißbräuchliche Nutzung von Kundenstellplätzen durch Verkaufspersonal und Anlieger (Büros/Wohnungen).

Eine gezielte Bewirtschaftung dieser Parkierungsanlagen könnte das aufgezeigte Dilemma lösen und nur vordergründig den Einzelhandelskunden mit Gebühren belasten. Durch ein effizientes Rückvergütungssystem für Parkgebühren wird dem Endverbraucher sein privilegierter Status mit Nulltarif transparent gemacht – gleichzeitig kann auch eine verursachungsgerechte Verteilung des existenten Kostenblocks auf die umsatzstärksten Mieter des Zentrums erzielt werden.

Für das Einkaufszentrum in innerstädtischer Lage (sogenanntes City-Center) hat die Parkierungsanlage eine entscheidende Schlüsselfunktion. Die grundsätzliche Entscheidung, kostenlose respektive kostenpflichtige Stellplätze vorzuhalten, ist weitgehend bereits vom Markt vorgegeben: Maßgeblich hierfür sind hohe Grundstücksbeschaffungs- und Baukosten; die zwangsläufig aufwendig gestaltete Haustechnik des Baukörpers wird weiteren Kostendruck auf den Investor ausüben, um diese Mieteinheit als Profit-Center zu vermarkten.

Da diese Objekte zudem im scharfen Wettbewerb zu ihrem unmittelbaren Umfeld stehen, geht von dem Bereich „Parking" eine wichtige Magnetwirkung aus: Durch eine vorausschauende Strukturierung der Parkgebühren (orientiert an Ziel- und Impulskäuferschichten) wird der Kunde in das innerstädtische Zentrum geschleust.

2. Eigenregie oder Fremdvergabe?

Häufig ist der institutionelle Anleger oder Eigentümer eines gewerblichen Zentrums zunächst versucht, über bestehendes Center-Management mit angeschlossener Haustechnik seine Parkierungsanlage aus vermeintlichen Kostengründen in eigener Regie zu verwalten. Hierbei wird unterstellt, daß die

Garageneinheit wie ein Perpetuum Mobile als Selbstläufer funktioniert. Es werden jedoch bei dieser Überlegung das spezielle Know-how und das Potential eines überregional und international tätigen, professionellen Betreibers unterschätzt, der Synergien und Expertise aus seinem breiten Parkierungsportfolio bieten kann.

Der Eigenregisseur muß sich über seine Organisationsstruktur und seine Personalkapazität dieses Fachwissen mit enormen Leerkapazitäten nur für sein spezielles Objekt teuer erkaufen und vorhalten. Dies kann ihm nur – wenn überhaupt – partiell gelingen, und er schafft hiermit Overheadkosten, die sein Ergebnis nachhaltig belasten werden.

Um diesen Überbau im Sinne einer schlanken Organisation (Lean Management) zu vermeiden, sollte der Eigentümer der Immobilie bzw. das für die Renditeerwirtschaftung verantwortliche Center-Management die offenkundigen Vorteile eines fachbezogenen Management-Unternehmens für Parkierungsanlagen nutzen: Insbesondere gilt es hierbei, auch von dessen degressivem Kostengefüge bei entsprechend überregionaler und internationaler Präsenz zu profitieren sowie sein Potential herauszufordern (Synergien im Outsourcing). Im übrigen wird wohl ein vorausschauendes Center-Management auch niemals dem Gedanken verfallen, sonstige gewerbliche Flächen oder Segmente des Zentrums selbst zu betreiben, wenn hierfür professionelle Service-Provider zur Verfügung stehen.

Zudem ist bei Eigenbetrieb der Garageneinheit durch das Center-Management ein Spannungsfeld mit den gewerblichen Mietern vorprogrammiert: Alle relevanten Entscheidungen hinsichtlich der Parkierungsanlage (wie beispielsweise Tarifumstrukturierungen, Öffnungszeiten, Privilegien etc.) werden dann gerne aus dem Mieterkreis torpediert. Es wird somit genau zu prüfen sein, inwieweit der Investor mit eigenen Ressourcen dem hohen Anforderungsprofil des Garagen-Managements gerecht werden kann. Er wird sich immer mit den vielfältigen Möglichkeiten einer externen Bewirtschaftung im Outsourcing messen lassen müssen.

In aller Regel wird die sinnvolle Alternative zur Eigenregie in der Fremdvergabe liegen, da nur hierbei ein maximaler Nutzen gezogen werden kann. Vor einer beabsichtigten Fremdvergabe sind die Bonität und Seriosität des künftigen Betreibers zu prüfen. Dies muß sowohl in direkten Gesprächen mit dem Management des Unternehmens erfolgen als auch via Bankauskunft. Informationsabruf bei dem zuständigen Verband und anläßlich des regelmäßigen Erfahrungsaustausches mit Branchenkollegen und Referenzeinholung bei weiteren Fachinstanzen der Immobilienwirtschaft empfehlen sich zur Abrundung. Bei der Marktauswahl sollte sich der Investor die gesamte Palette an Know-how eines bundesweit und international tätigen Service-

Providers sichern, um möglichst stark von dessen Markterfahrungen für seine Immobilie profitieren zu können.

Die Vertragsgestaltung muß die langfristigen Ziele einer angestrebten Partnerschaft beinhalten und sollte möglichst viele unternehmerische Elemente auf den Betreiber vereinen. Hierfür ist fast ausschließlich der Miet- oder Pachtvertrag geeignet – ein Management Contract transferiert nahezu alle Risiken auf den Eigentümer und bietet zuwenig Anreize zur Umsatzmaximierung und Renditeoptimierung für den Betreiber. Bei Öffnungszeiten und Tarifgestaltung sollte ein Mitspracherecht des Verpächters verankert werden; die direkten Betriebskosten sind in die Zuständigkeit des Pächters zu delegieren. Auch wird ein potenter Betreiber die Investitionen für Parkabfertigungsanlagen (Kassenautomaten, Ein- und Ausfahrtskomponenten) zu eigenen Lasten übernehmen; hierdurch wird eine Kapitalentlastung des Verpächters in seiner Investitionsrechnung erzielt und gleichzeitig der Betreiber der Parkierungsanlage in den wirtschaftlichen Erfolg des Zentrums eingebunden.

3. Kriterien einer optimalen Performance

In den bisherigen Abschnitten der Abhandlung wurde zunächst das noch weitgehend ungenutzte Potential von Parkierungsimmobilien offengelegt. Weiterhin wurde die Differenzierung zwischen Eigenregie und Fremdvergabe (Outsourcing) deutlich gemacht. Im folgenden werden dem Eigentümer der Immobilie das Herausforderungs- und Anforderungsprofil vermittelt, das er an den Betreiber der Garageneinheit stellen sollte.

3.1 Service

Die geforderte Dienstleistung der Parkierungsexperten hat im selben Maße den Ansprüchen des Eigentümers der Immobilie wie auch den Vorstellungen der sonstigen gewerblichen Mieter *und* dem Erwartungshorizont des Endkonsumenten gerecht zu werden. Der in den letzten Jahren zunehmend spürbare Wertewandel hat auch die Erwartungshaltung beim Parkkunden einer einschneidenden Veränderung unterzogen und das Anforderungsprofil an den Betreiber einer Parkierungsanlage neu definiert. Kriterien, die aus Sicht des Parkkunden die Akzeptanz einer Parkierungsanlage bestimmen, sind unter anderem

- zielgruppenadäquate und sozialverträgliche Tarifstruktur,
- benutzerfreundliches und zeitsparendes Handling (Conveniencebereich),
- konsequente Maßnahmen zum Abbau von Schwellenangst (insbesondere objektives und subjektives Sicherheitsempfinden mit Schwerpunktsetzung auf die Zielgruppe „Frauen"),
- Betonung der zwischenmenschlichen Relationen in bezug auf kompetente und freundliche Kundenberatung und -information,
- Schaffung eines dissonanzminimierenden Ambientes (Outfit, Reinlichkeit etc.),
- signifikante Leitsysteme im Umfeld der Parkierungsanlage mit integrierter Stellplatzanzeige über freie Kapazitäten,
- Stauraum im Einfahrtsbereich zur Vermeidung von Verkehrsbehinderungen,
- praxisgerechte Rampen- und Spindelneigungen sowie entsprechende Fahrbahnbreiten der Rampen; standardgemäße Fahrgassenbreiten,
- bequemes Ein- und Aussteigen durch entsprechende Stellplatzdimensionen, keine baulichen Behinderungen durch Säulen und Stützen,
- visuelle und/oder bauliche Einfahr- und Einparkhilfen,
- beleuchtete Innenleitsysteme, die Autofahrern und/oder Fußgängern die Orientierung erleichtern,
- ausreichend dimensionierte und behindertengerechte Aufzüge,
- Existenz eines Journaldienstes für den Fall von Betriebsstörungen außerhalb der personalbesetzten Öffnungszeit und direkter Zugriff zum technischen oder operativen Verantwortlichen der Garageneinheit,
- Kundentoiletten, Safeboxes, Wickelraum, Garderobeparken,
- deutliche und übersichtliche Auszeichnung der Öffnungszeiten und Parkgebühren,
- Ausstattung mit Notrufmeldern,
- Einbau von Glastüren und/oder Sichtfenstern bei Ein- und Ausgangstüren (Vermeidung von Schleuseneffekten),
- Videoüberwachung und Videoaufzeichnungsgeräte als Präventivmaßnahmen,
- regelmäßige Kontrolltätigkeit durch garageneigenes Personal, private Bewachungsdienste sowie Kontrollfahrten durch Streifenwagen der Polizei.

Mit entscheidend für die Fremdvergabe ist über die professionelle Abdeckung der kundenrelevanten Kriterien hinaus, die ihrerseits die Akzeptanz der Parkierungsanlage bestimmen, auch – aus der Sicht des Center-Managements bzw. des Eigentümers der Immobilie – die Servicekompetenz in den Segmenten:

- Consulting (Bauberatung und Baubegleitung im Hinblick auf Marketing und operativ bedingte Kriterien sowie Equipmentauswahl),
- Technik und Wartung,
- Rechnungswesen, Controlling und EDV-Organisation,
- Management-Information-System und Revision,
- Marketing, Werbung und Public Relations.

So wird die Servicefunktion eines hochspezialisierten Garagen-Managements in mehrere Stufen gegliedert: Das *technische Know-how* ist idealerweise vom Investor bereits in der Planungs- und Realisierungsphase abzurufen, da die (honorarfreie) Mitwirkung des künftigen Betreibers entscheidend die spätere Nutzerfreundlichkeit und Funktionsfähigkeit prägen kann. Bei europaweit operierenden Serviceunternehmen darf der Eigentümer der Immobilie erwarten, daß hierfür effiziente Stabsabteilungen des Betreibers zur Verfügung stehen, die Fragen der Stellplatzoptimierung/Verkehrsführung/Auslegung der Haustechnik/Layout etc. in Zusammenarbeit mit den beauftragten Architekten souverän und optimal lösen können.

Für den Betrieb der Parkierungsanlage ist das vor Ort eingesetzte Personal des Betreibers mit entscheidend für den wirtschaftlichen Erfolg des Objekts. Eine hierarchisch gegliederte Organisationsstruktur des Management-Unternehmens (Niederlassungsprinzip mit zentraler straffer Führung) bietet dem Eigentümer die Gewähr für permanente Qualitätskontrolle des Betreibers und Know-how-Transfer zur Optimierung der Parkierungsimmobilie.

Auch Probleme von qualifizierten Krankheits- und/oder Urlaubsvertretungen des örtlichen Garagenpersonals sowie Lösungen gegen „Betriebsblindheit" werden ausschließlich mit einem leistungsstarken Betreiber zu erzielen sein (Job-rotation). Der *technische Service* für das Handling von sensibler Elektronik an den Parkabfertigungsanlagen sowie die Einhaltung von Wartungsintervallen und die umgehenden Instandsetzungsarbeiten bei Ausfall von technischen Betriebsvorrichtungen der Garage (beispielsweise Lüftungssystem, CO-Anlagen, Sprinkler, Brand- und Feuerschutz, Personenaufzüge etc.) sind ausschließlich in der Verantwortung des Betreibers zu sehen: Er wird diese Anforderungen meist nur mit Hilfe eigener technischer Abteilungen reibungslos erfüllen können, damit sonst niemand im Tagesbetrieb davon tangiert wird.

An die laufende *Administration* des Objektes durch den Service-Provider sind vom Eigentümer der Immobilie hohe Anforderungen zu stellen: Kriterien einer zeitnahen Verbuchung und transparente Kontenpläne (die Betriebsstätte ist als separate Kostenstelle zu erfassen!) sollten hierbei Selbstverständlichkeiten sein. Daneben müssen jedoch auch die ordnungsgemäße

Verwaltung und Kontenführung von Werbe- und Dauermietverträgen gewährleistet sein. Zügige Abwicklung von Versicherungsschäden, die Kunden in der Garage erlitten und/oder verursachten, sind ebenfalls Tagesroutine für den Betreiber.

Essentiell ist auch der kontinuierliche Datenfluß für Informationsstand zwischen Center-Management und Parkierungsanlage: Tägliche Frequenzen sowie durchschnittliche Verweildauer geben wichtige Rückschlüsse über den Erfolg von Sonderaktionen und veränderte Einkaufsgewohnheiten der Kunden.

Gesicherte Informationen hierfür wird der verantwortungsbewußte Center-Manager nur von einem Fachunternehmen der Parkierungsbranche abrufen können, das mit modernsten und leistungsfähigen Medien (Datennetzverbund mit zentraler EDV) arbeitet. Nebenbei darf der Eigentümer auch jährliche Umsatzbudgetierung mit monatlichen statistischen Management-Berichten erwarten. Bei Pachtverträgen mit Umsatzbeteiligungen für den Verpächter sollte das Testat einer renommierten WP-Gesellschaft des Betreibers gefordert werden.

Schließlich muß auch noch auf latente Gefahren von Manipulation eingegangen werden, die sich zwangsläufig auf allen Sektoren des Cash-Handlings stellen. Ein sich selbst kontrollierendes System von hochintelligenten elektronischen Abfertigungsanlagen (im Netzverbund mit zentralem Rechner) ist gleichwohl nicht gegen Störungen und mißbräuchliche Eingriffe durch Kunden und/oder Personal gänzlich abzuschirmen. Für den Eigentümer kann dieser Aspekt bei Umsatzbeteiligungen durchaus relevant sein – ganz abgesehen von möglichen drohenden Imageverlusten bei vollendeten betrügerischen Manipulationen. Vorbeugende Kontrollen und Revision durch hausinterne und externe Instanzen wird nur der qualifizierte Betreiber von Parkgaragen als Service gewährleisten können.

3.2 Optik

Natürlich sind die Funktionalität und Innengestaltung einer Parkierungsanlage ein wesentliches Moment für die Akzeptanz durch den Kunden (Customer Convenience). Helles Interieur durch entsprechenden Farbanstrich und großzügige Ausleuchtung werden diesem Anspruch am ehesten gerecht. Unter diese Maßnahmen sind auch Sicherheitsaktionen mit zielgruppenspezifischer Orientierung einzureihen, wie beispielsweise Einrichtung von einsehbaren Frauenstellplätzen, Videoüberwachung mit Kontrollgängen des adrett gekleideten und als solches erkenntlichen Betriebspersonals etc. Peinlicher

Reinlichkeitsstandard durch tägliche Grob- und wöchentliche Grundreinigung sichert ein scheinbar selbstverständliches Kriterium. Der Betreiber muß hierfür in einen leistungsfähigen Maschinenpark investieren, um auch Schneeräum- und Streupflichten in den Wintermonaten zeitnah erfüllen zu können.

Eine zusätzliche Auflockerung des oft tristen Garagenimages erbringt die aktive Vermarktung von Werbeträgern (wie zum Beispiel hinterleuchtete Coloramas, attraktive Vitrinen, Unterzug- und Stufen- sowie Banderolenwerbung, City Lights etc.) durch den Betreiber in Abstimmung mit dem Center-Management. Hierbei sind Fragen des Konkurrenzausschlusses sowie Imageverträglichkeit mit dem hohen Genre des Einkaufszentrums zu beachten. Ein spezielles Beleuchtungskonzept für oft vernachlässigte Bereiche der Garage (in und vor Treppenhäusern sowie fußläufige Zugänge, sogenannte gefangene Sektoren) kann der Betreiber mit dem Einzelhandel des Zentrums planen: Spezielle Hinweis- und Informationstransparente erleichtern dem Kunden die Orientierung und lösen gleichzeitig das angesprochene Problem.

Generell ist festzuhalten, daß alle Maßnahmen im Bereich der aktiven Vermietung von beleuchteten Werbeträgern durch den Betreiber auch ein vieldiskutiertes Dilemma seiner Energiekostenwirtschaftlichkeit lösen helfen: der zusätzliche Ausleuchtungsaufwand wird an den jeweiligen Werbeträger via Nebenkosten weitergereicht und entlastet auf diese Weise die interne Unternehmensrechnung. Schließlich wird ein potenter Service-Provider auf dem Parkierungssektor noch weitere Register zur optischen Verbesserung der Immobilie ziehen: Beispielhaft für vielfältige Gestaltungsmöglichkeiten sei hier die Bemalung ausgewählter Wandflächen durch Schulklassen unter fachpädagogischer Anleitung aufgeführt. Diese Aktionen lassen sich hervorragend in den öffentlichen Medien darstellen – neben der positiven Imagepflege des Zentrums wird jedoch auch potentielle Stammkundschaft sorgfältig aufgebaut: Die Eltern der mitwirkenden jugendlichen Künstler werden bei ihren künftigen Einkaufsfahrten nicht umhin können, die Werke ihrer Sprößlinge in eben jener Parkierungsanlage zu bewundern.

Stellvertretend für die ganze Palette an Know-how sei abschließend noch die optische Verbesserung von Orientierungshinweisen angesprochen: Durch den Verkauf kompletter Garagendecks an bekannte Markenartikler kann dem parkenden Kunden über die werbliche Vermarktungsschiene eine wirkungsvolle Eselsbrücke zum problemlosen Auffinden seines Pkw gebaut werden. Nur wenige Kunden sind in der Lage, sich komplizierte Stellplatznumerierungen oder Etagenbezeichnungen zu merken – sehr wohl aber werden sie sich an das Coca-Cola-Deck entsinnen. Ein ähnlicher Effekt läßt sich natürlich auch mit unterschiedlicher Farbgebung oder dem etagenweisen Aufbringen von Fruchtsymbolen erzielen, die sich dann allerdings bis in die Treppenhäuser respektive Aufzugskabinen fortsetzen müssen (Leitsysteme). Ein kompetenter Betreiber einer Parkierungsanlage wird bei langfristigen Pachtverträgen die Verpflichtung zur turnusmäßig wiederkehrenden Innenrenovierung akzeptieren und damit kontinuierlich optische Schönheitsreparaturen für den Eigentümer durchführen. Auch Musikberieselung des Garagentraktes kann ein angenehmes Ambiente für den Kunden bewirken.

3.3 Marketing

Das Serviceargument einer „aktiven Marketingpolitik" für Parkierungsanlagen wird zunächst ungläubiges Staunen hervorrufen. Es ist jedoch eine Tatsache, daß Garagen, wie jeder andere unverwechselbare Markenartikel auch, einer entsprechenden Marketingphilosophie bedürfen. Eine gewichtige Rolle spielt dabei für den Kunden das Preis-Leistungs-Verhältnis. Als Empfehlung sollte grundsätzlich ein günstiger Kurzparkeinstiegstarif gewählt werden, der die Interessen des Zielkäufers angemessen berücksichtigt. Das weitere Tarifsystem muß sich an der tatsächlichen oder gewollten Verweildauer des Kunden im Einkaufszentrum orientieren: Das Shopping-Erlebnis soll dem Impulskäufer durch entsprechend vorgegebene Verweildauer in der Parkierungsanlage vermittelt werden – und nicht etwa durch kurzsichtigen Taktwechsel mit Tarifsprüngen den Kunden zur Eile antreiben. Letztlich wird die flächendeckende Parkgebührenrückvergütung des Einzelhandels zufriedene Kunden generieren. Durch Rückvergütung der Parkgebühren kann eine Kundenbindung an das Zentrum realisiert werden – im Idealfall kann der Kunde de facto zum Nulltarif parken.

Die Preispolitik unter Marketingaspekten muß aber noch weitere Kundensegmente erfassen: So kann der abendliche Besucher durch einen attraktiven Bummeltarif angelockt werden – an speziellen Wochentagen wird man in den Vormittagsstunden einen günstigen Markttarif offerieren. Ein absolutes Muß für den Garagenbetreiber ist die aktive Mitgliedschaft in der Werbegemeinschaft des Einkaufszentrums, in der er auch Sonderaktionen mitträgt und initiiert. Von ihm sind Impulse und Engagement zugunsten des Shopping-Centers zu erwarten.

Ein weiterer, zielgruppenspezifischer Marketingansatz ist beispielsweise die enge Kooperation des Betreibers mit dem lokalen Fahrschulverbund: Der Fahrlehrer hat während der Übungsstunden mit dem Fahrschüler kostenlose Trainingsmöglichkeit zum Befahren der Parkgarage. Bei erfolgreich bestandener Fahrprüfung erhält jeder Führerscheinneuling per Direktmailing des Garagenbetreibers ein Kontingent an Gutscheinen zum kostenlosen Parken: Auch diese Aktion baut langfristig Stammkundschaft für die Parkierungsanlage auf, von der das Zentrum wiederum profitiert.

Beispielhaft für die ganze Palette an Marketingpotential eines professionellen Betreibers sollen noch Möglichkeiten aufgezeigt werden, die durch Einsatz modernster Elektronik realisiert werden können: Bestimmten Kundenkreisen werden sogenannte Werttickets angeboten. Diese beinhalten einen Vorzugstarif und ermöglichen das Parken à la Card: Durch Erwerb der gespeicherten Parkpunkte wird der ständige Bezahlvorgang am Kassenautomat überflüssig – der Stammkunde parkt bargeldlos und ist damit privilegiert. Selbstverständlich ist es im Zeitalter der elektronischen Point-of-Sales möglich, mit Kreditkarten jeglicher Couleur wie auch mit elektronischer Geldbörse (Chipcard) den Parktarif bargeldlos zu entrichten. Auch sind bereits sogenannte Generalparkkarten und Combicards im Umlauf: Der Kunde hat einen Dauerstellplatz in seiner Stammgarage (Wohnung, Arbeitsplatz) und kann mit seiner Combicard bargeldlos andere Parkierungsanlagen frequentieren.

Natürlich muß hierbei ein transparenter Abrechnungsmodus von dem Betreiber gefunden werden, da meist mehrere seiner Vertragspartner im Systemverbund profitieren sollen. Auch wird dieser Service nur von potenten international operierenden Managementunternehmen geboten werden, die flächendeckend arbeiten können.

Vorstehend dargelegte Segmente aus dem Marketingumfeld können nur beispielhaften Charakter haben und erheben keinen Anspruch auf Vollständigkeit. Dem aktiven Center-Management und dem Investor soll hiermit lediglich verdeutlicht werden, daß für seine Parkierungsanlage eine aktive Marketingpolitik gefahren werden muß. Dieses Potential wird ihm nur ein renommiertes Fachunternehmen in der Betreibung seiner Parkgarage erschließen können.

4. Resümee

Vorstehende Ausführungen sollen dem Investor oder Eigentümer eines Einkaufszentrums die Möglichkeiten zur Erschließung weiterer Ertragsquellen darlegen. Der nicht unerhebliche Aufwand bei der Erstellung und Unterhaltung von Parkierungsanlagen zwingt zu der Perspektive eines Profit-Centers

– die Garageneinheit muß ihren Deckungsbeitrag (Return on Investment) zugunsten des Gesamtkomplexes eines Einkaufzentrums beisteuern. Aus vielfältigen Gründen des branchenspezifischen Know-how ist dem Eigentümer der Immobilie dringend eine Vermietung oder Verpachtung seiner Garage an ein professionelles Unternehmen im Wege des Outsourcing zu empfehlen, da er nur auf diesem Wege einen optimalen Ertrag erwirtschaften kann.

Risk-Management und Versicherungs-Management in der Immobilienwirtschaft

Prof. Dr. Jürgen Nauschütt, Rechtsanwalt, Vorstandsvorsitzender der DRESDNER Versicherungsmanagement und Beteiligungs-AG, München

Inhalt

1.	Einführung	301
2.	Risk-Management	302
2.1	Begriffserläuterung	302
2.2	Der Ausgangspunkt des Sicherungsprozesses	304
2.3	Definition der Risikokategorien	306
2.4	Analyse der wichtigsten Betriebsprozesse	308
2.5	Definition der kritischen Stellen	309
2.6	Checkliste	310
2.7	Sicherungsmaßnahmen	312
3.	Risiken in der Immobilienwirtschaft	314
3.1	Wirtschaftliche Unternehmensrisiken	314
3.1.1	Einflußgrößen der Rentabilität von Immobilienanlagen	315
3.1.2	Maßnahmen zur Sicherung der Rentabilität von Immobilien	316
3.2	Sachrisiken	318
3.3	Haftungsrisiken	320
4.	Finanzierungsmöglichkeiten durch Lebensversicherung	321
4.1	Formen der Versicherungshypothek	321
4.2	Praktische Funktionsweise	322
4.3	Risiken der Finanzierung mit Lebensversicherungen	323

4.4	Steuerfragen bei der Finanzierung mit der Lebensversicherung	324
4.4.1	Der Bereich der Einkunftserzielung	324
4.4.2	Besonderheiten der Eigenheimfinanzierung	326

1. Einführung

Risiken einzugehen, zu schaffen und zu verändern ist jedem unternehmerischen Handeln zu eigen. Forschungen in verschiedenen Risikobereichen haben ergeben, daß die Beherrschung der Risiken durch die sonst fruchtbare Intuition der Handelnden oft fehl am Platze ist. Die systematische Risikoplanung ist deshalb in allen Bereichen der Wirtschaft – auch der Immobilienwirtschaft – Führungsaufgabe nicht nur der betroffenen Unternehmen. Insbesondere im gewerblichen und industriellen Bereich haben die Versicherer ein vitales eigenes Interesse an der Risikosteuerung ihrer Kunden, ist doch das Abwälzen von Risiken auf eine Versicherung ein Teil der Risk-Management-Strategie der Versicherungsnehmer. Für die Unternehmen kann die richtige Risikobewältigung mehr noch als für die Versicherer eine Frage des Überlebens sein.

Das Risk-Management ist nach dem Zweiten Weltkrieg in den USA entstanden und erst in den siebziger Jahren nach Europa übertragen worden. Ursprünglich wurzelt das Risk-Management in dem Bestreben, die Versicherungsdeckung eines Unternehmens zu optimieren und unter Einsatz der Marktmacht des Unternehmens möglichst kostengünstig einzukaufen. In diesem Zusammenhang entstanden auch erste Alternativkonzepte zum Einkauf von Versicherungen: Abgrenzung der Möglichkeiten, Risiken selbst zu tragen, sowie die Prüfung von Maßnahmen zur Risikoverminderung, also Schadensverhütung und Schadensherabsetzung. In weiteren Entwicklungsstufen ist das Risk-Management über die Optimierung versicherbarer Risiken hinaus auf andere Bereiche übertragen worden. In der Tat besteht in der Handhabung zufälliger (versicherter) Störungen wie Brand oder Produkthaftung einerseits und auf Willensentscheidungen beruhender Störungen wie falsche Produktwahl oder Marktauswahl andererseits grundsätzlich kein struktureller Unterschied. Risk-Management ist also gedanklich der weitere Ansatz, zu dem als ein Teilbereich die Bewältigung von Störungen durch Überwälzen auf eine Versicherung gehört.

2. Risk-Management

2.1 Begriffserläuterung

Der Begriff „Risk-Management" stammt wie viele griffige Formulierungen aus den Vereinigten Staaten. Der Inhalt der Bezeichnung ist nicht eindeutig. Es gibt keine allgemein anerkannte und für jeden verwendbare Definition. Das Wort wird je nach individueller Ansicht und persönlicher Meinung weiter oder enger gefaßt. Immerhin wird man sagen können, daß Risk-Management alle betrieblichen Risikosituationen günstig beeinflussen soll.

Ähnlich steht es um den Begriff „Risiko". Er ist in der Umgangssprache nicht präzise definiert. Seine Bedeutung wechselt im jeweiligen Kontext. Das zeigen zum Beispiel Ausdrücke wie: Zufallsrisiko, Risikopatient, Änderungsrisiko, Sicherheitsrisiko, Umweltrisiko. Der Begriff hat jedoch immer zwei Dimensionen, die mit ihm zum Ausdruck kommen:

– das Informationsdefizit, oft auch als Unbestimmtheit, Ungewißheit, Unsicherheit, Zufall oder Schicksal bezeichnet, und
– die Zielgerichtetheit des Handelns oder Planens, die durch das Informationsdefizit beeinflußt wird.

In diesem Beitrag wird mit der folgenden *Definition* gearbeitet: Risiko ist das Informationsdefizit über das Erreichen von Zielen. Bei den meisten wirtschaftlichen und nicht-wirtschaftlichen Entscheidungen kann nicht genau gesagt werden, daß ein Zielpunkt sicher erreicht wird. Es besteht lediglich eine bestimmte Wahrscheinlichkeit, daß Werte eines Zielintervalls verwirklicht werden können. Es ist jedoch möglich, Risiken zu quantifizieren. Ein deutsches Sprichwort weist auf drei Wege hin, die zur Erkenntnis führen:

– Eigenes Nachdenken	– der beste und zugleich der am seltensten beschrittene Weg
– Irrtümer und Fehler anderer	– der einfachste und zugleich der übliche Weg
– Eigene Schadenserfahrung	– der schmerzhafteste und zugleich der wirksamste Weg, wie schon die alten Römer wußten: „Quae nocent, docent."

Risikoeinschätzungen beruhen meist weniger auf objektiven Kenntnissen, sondern vielfach eher auf subjektiven Empfindungen. Das wird beispielsweise bei der in Deutschland heftig geführten Diskussion um den Einsatz von Atomkraftwerken deutlich. Bei der Risikobeurteilung wird leichter einer Person als einem objektiven Sachverhalt geglaubt. Häufig vorkommende Risiken sind jedoch objektiv *meßbar*:

So kann man beispielsweise alle Menschen, die mehr oder weniger dem gleichen Risiko unterliegen, in einer Gruppe zusammenfassen, zum Beispiel alle Flugzeugpassagiere, alle Autofahrer, alle Raucher etc.

Ein Beispiel verdeutlicht dies: 1983 kamen von den damals 60 Millionen Einwohnern der Bundesrepublik Deutschland bei Autounfällen etwa 12.000 Menschen ums Leben. Die statistische Wahrscheinlichkeit, durch einen Autounfall ums Leben zu kommen, betrug für den Bundesbürger also etwa 12.000 : 60.000.000 = 1 : 5.000 = 1 : 5 x 10^3, d.h., der deutsche Autofahrer befindet sich in einer Risikogemeinschaft von 5.000 Menschen, bei der innerhalb eines Jahres *ein* Todesopfer durch ein Autounglück zu beklagen ist.

Weil zwischen den Größen solcher statistischen Risikogemeinschaften eine enorme Spannweite liegt, stellt man sie – ähnlich wie bei der bekannten Richterskala für Erdbeben – nach Zehnerpotenzen eingeteilt dar. Man erhält so eine objektive Skala zur Messung von häufig vorkommenden, statistisch erfaßbaren Risiken und kann einen Sicherheitsgrad zahlenmäßig definieren (vgl. Abb. 1).

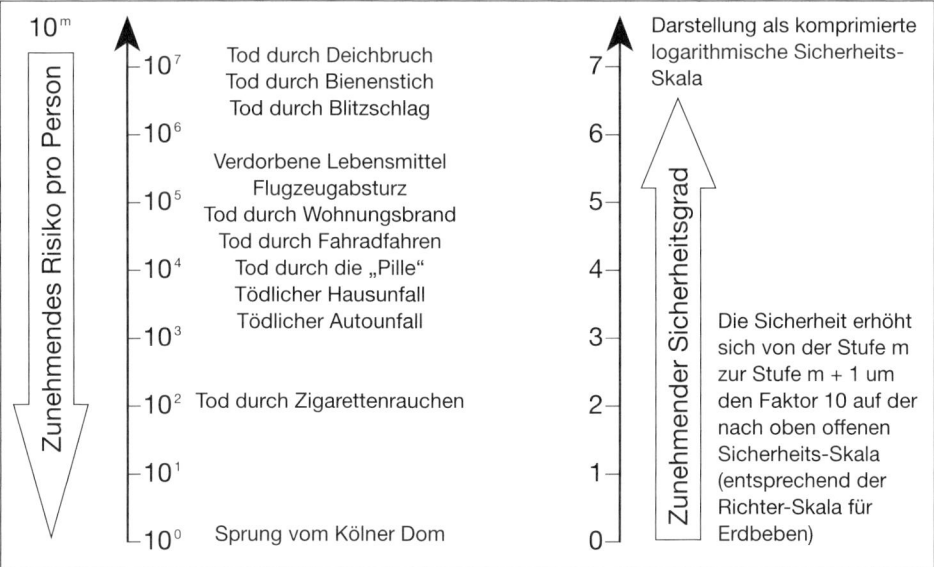

Abb. 1: Objektive Messung von Risiken

Für *Unternehmen* haben Risiken im wesentlichen zwei Aspekte: den Geld- und den Güteraspekt. Unter *Geldaspekt* versteht man, daß wirtschaftliche Erwartungen eines Unternehmens nicht erfüllt werden (zum Beispiel Ertrag, Gewinn oder Cash-flow). Der *Güteraspekt* erfaßt Risiken auf technologisch/leistungswirtschaftlichem sowie sozial-menschlichem Gebiet. Beispiel aus dem technologisch-leistungswirtschaftlichen Gebiet ist eine unzureichende Versorgung mit Gütern oder der Verlust von Marktanteilen. Zu den sozial-menschlichen Risiken einer Unternehmung gehören der Imageverlust in der Öffentlichkeit (Beispiel: von einer Bank nicht geprüfte Bonität eines Milliarden-Kreditnehmers, der Konkurs anmeldet) oder die Unzufriedenheit von Mitarbeitern mit ihrem Arbeitsplatz.

Risiken lassen sich grob in zwei Arten unterteilen:

– *Aktionsrisiken*,
– *Bedingungsrisiken*.

Bei der Verwirklichung von *Aktionsrisiken* werden vom Unternehmen bewußt gesetzte Ziele nicht erreicht. Das kann auf eine verfehlte Personalpolitik, Absatzstörungen, ein falsches Cash-Management oder eine ineffiziente Forschung zurückzuführen sein. Bei den *Bedingungsrisiken* werden unbewußt vorhandene Ziele oder (oft unbewußt) vorausgesetzte Randbedingungen verletzt, die zur Zielerreichung erfüllt sein müssen. Beispiele dafür sind der Ausfall von Schlüsselpersonen (der leitende Forscher, der Hauptdarsteller in einem Werbefilm) oder von Schlüsselmaschinen (Brand vernichtet Automaten zur Herstellung von Computer-Speicherchips), ein Haftpflichtfall (Beispiel: Änderung der Produkthaftpflicht-Rechtsprechung in einem wichtigen Exportmarkt – USA –) oder ein Sachschaden.

Mit den Mitteln und Methoden des *Risk-Managements* wird nun versucht, das Management eines Unternehmens um den Aspekt der Risikobeherrschung zu ergänzen. Die Wissenschaft sieht Unternehmensführung als Entwickeln, Gestalten und Lenken eines produktiven sozialen Systems. Dazu gehört auch die Vorsorge für den Fall, daß sich Erwartungen als Folge von Störungen nicht erfüllen.

2.2 Der Ausgangspunkt des Sicherungsprozesses

Risk-Management in Unternehmen betrifft im weitesten Sinne die Gesamtheit der Störungsmöglichkeiten, die die Verwirklichung der Unternehmensziele bedrohen. Die vorsorgliche Beschäftigung mit kritischen Situationen gewinnt für die Führung jedes Betriebes immer größere Bedeutung. Risk-Management ist heute eine begleitende Management-, d. h. Führungsfunktion. Sie geht weit über das versicherungsbezogene Risikodenken hinaus und betrifft alle finanzwirtschaftlichen, leistungsbezogenen und sozialen Fragen, die einen Betrieb berühren (vgl. Abb. 2).

Abb. 2: Risiken eines Industriebetriebes

Ausgangspunkt des Prozesses „Risk-Management" sind ein Gefühl der Unsicherheit und das daraus folgende Streben nach mehr Sicherheit. In *drei Phasen* soll eine Erhöhung der Sicherheit eines Betriebes erreicht werden:

- Identifizieren aller Risiken;
- Bewertung nach Risikokategorien;
- Wahl und Durchführung der Sicherungsmaßnahmen.

In der ersten Phase müssen auf der Management-Ebene die *Ziele* und *Randbedingungen* des Unternehmens geklärt werden. Das bedeutet, sich in regelmäßigen Abständen über die unternehmerischen Aktivitäten Rechenschaft abzulegen und eventuell nicht berücksichtigte Risikofaktoren in die Untersuchung mit einzubeziehen. Erst wenn man seine Ziele kennt, kann man auch ermitteln, welche Faktoren ihre Erreichung stören können.

Zu den Unternehmenszielen zählen Aussagen über die:

- Marktziele (Marktsegmente, Kundensegmente, Marktbearbeitung etc.),
- Produktziele (Qualität, Sortiment, Mengen, Lieferfristen etc.),
- Zahlungsbereitschaftsziele (Liquiditätsreserven, Cash-flow, offene/stille Reserven etc.),
- Ertragsziele (Reingewinn, Deckungsbeitrag, Ertragsverwendung, Investitionen etc.),
- Wirtschaftlichkeitsziele (Kosten, Produktion pro Mitarbeiter, Verhältnis Fixkosten/variable Kosten etc.),
- mitarbeiterbezogenen Ziele (Betriebsordnung, Organisation, Sicherung vor Ungerechtigkeit, finanzielle Leistungen etc.),
- allgemeinen gesellschaftlichen Ziele (Freiheit, Bildung, Gesundheit, umweltschonende Ressourcennutzung etc.).

Die *Randbedingungen* sind Annahmen, von denen bei der Zielfestlegung bewußt oder unbewußt ausgegangen wird. Sie stehen in unmittelbarem Zusammenhang mit den Unternehmenszielen und ermöglichen erst deren Erreichen. Einige Randbedingungen sind gleichzeitig Ziele des Unternehmens. Besonders deutlich wird dies in der finanzwirtschaftlichen Dimension des Unternehmens. Eine ausreichende Liquidität ist sowohl dauerhaft angestrebtes Ziel als auch eine überlebensnotwendige Randbedingung. Beispielhaft sind folgende Randbedingungen aufgeführt:

- Im Absatzmarkt:
  - Kaufkraft der Kunden,
  - Kaufmotive der Kunden,
  - Marktmacht der Konkurrenten.
- Im Beschaffungsmarkt:
  - Verfügbare Mitarbeiter,
  - Einsatzfähige Schlüsselpositionen,
  - Verfügbarkeit von Rohstoffen.
- Übrige Randbedingungen:
  - Inflation,
  - Konjunktur,
  - Politische Stabilität.

2.3 Definition der Risikokategorien

Den Maßstab für die Beurteilung der Risikolage bilden *individuell erarbeitete Risikokategorien*. Sie werden im Gespräch mit verantwortlichen Mitarbeitern des Unternehmens aus den Ergebnissen der Unternehmens- und Umweltanalyse erarbeitet. Die Risiken können grob in folgende fünf Bereiche eingeteilt werden (vgl. Abb. 3):

- Katastrophenrisiken,
- Großrisiken,
- Mittlere Risiken,
- Kleinrisiken,
- Bagatellrisiken.

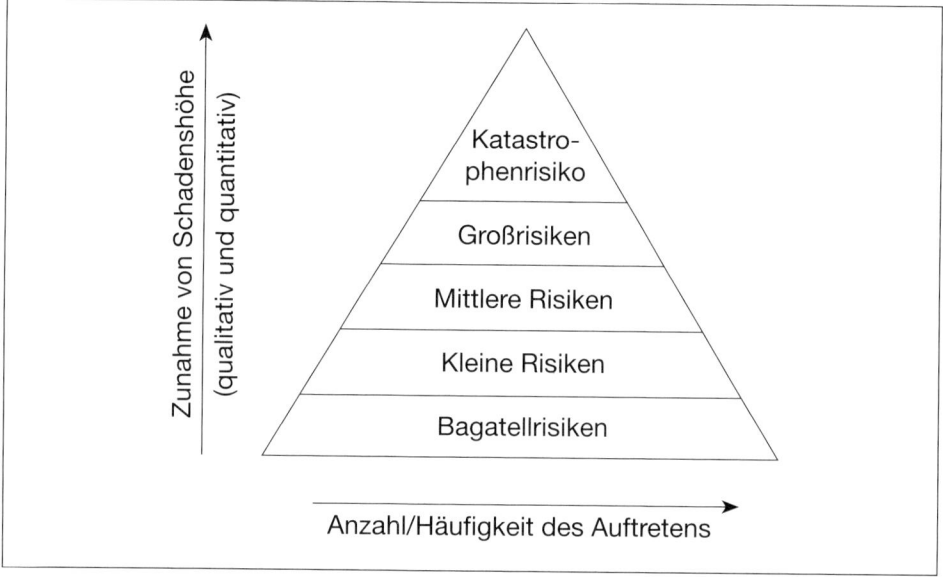

Abb. 3: Risikopyramide

Im Falle von Katastrophen- oder Großrisiken stellt der Eintritt möglicher Störungen die Existenz des Unternehmens in Frage. Bei mittleren Risiken führt der Eintritt eventueller Störungen zur Auflösung von Teilsystemen eines Betriebes, also zum Beispiel einer Maschine oder eines Absatzkanals, ohne daß jedoch das Überleben des Unternehmens gefährdet wird. Das Unternehmen ist lediglich gezwungen, bestimmte Ziele wie zum Beispiel kurze Lieferfristen zu ändern. Die Klein- und Bagatellrisiken führen nicht zu Veränderungen der Zielvorstellungen. Hier müssen zum Beispiel Produktionsmittel vorübergehend verändert werden, also beispielsweise Handarbeit statt Maschinenarbeit, Spedition per Bahn statt mit betriebseigenem Lastwagen.

2.4 Analyse der wichtigsten Betriebsprozesse

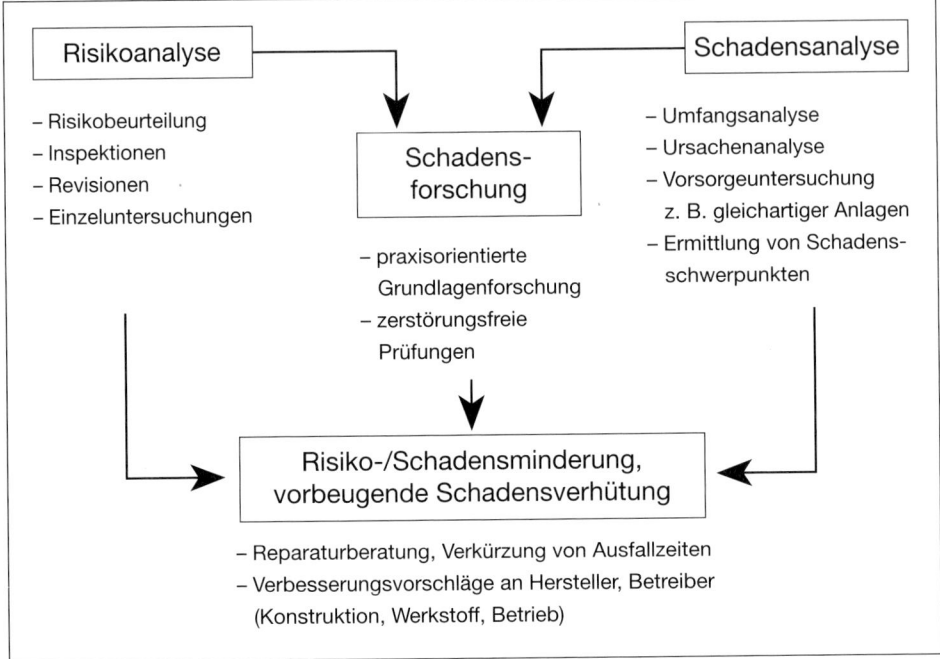

Abb. 4: Analyse von Risiken und Schäden

In der Praxis hat es sich als nützlich erwiesen, die wichtigsten Betriebsprozesse und -funktionen aufzulisten, graphisch darzustellen und zur Analyse möglicher Engpässe und Abhängigkeiten im unternehmerischen Geschehen heranzuziehen (vgl. Abb. 4). Auf diese Weise ist es leicht möglich,

- stark gefährdete Personen (zum Beispiel Schlüsselpersonen),
- stark gefährdete Objekte (zum Beispiel Schlüsselmaschinen),
- stark gefährdete Prozesse (zum Beispiel Informationsverarbeitung durch Computer),
- stark gefährdete Beziehungen (zum Beispiel zum Hauptlieferanten),
- stark gefährdete Finanzen (zum Beispiel beim Hauptdebitor)

zu erkennen.

2.5 Definition der kritischen Stellen

Auf der Basis der Risikokategorien als Risikomaßstab und der graphisch dargestellten Betriebsabläufe werden die einzelnen Unternehmensbereiche und -funktionen analysiert. Das Ergebnis ist ein *Gefährdungskatalog*, der alle sachlichen und persönlichen Produktionsmittel erfaßt und Kategorien zuordnet. Dieser Katalog kann durch eine Ausfallanalyse ergänzt werden. Es müssen dazu zwei Leitfragen beantwortet werden:

- *Leitfrage 1:*
  Was ist die *direkte Wirkung*, wenn
  – eine Person ausfällt,
  – ein Objekt zerstört,
  – ein Betriebsablauf gestört,
  – eine Geschäftsbeziehung abgebrochen wird,
  – Finanzen verlorengehen?
- *Leitfrage 2:*
  Was sind die *Folgewirkungen* von
  – Personalausfällen,
  – zerstörten Objekten,
  – gestörten Betriebsabläufen,
  – abgebrochenen Geschäftsbeziehungen,
  – Finanzverlusten?

Die Beantwortung der Fragen führt zu einer *wirkungsbezogenen* (*nicht* ursachenbezogenen) Sicht des Risikopotentials des Unternehmens. Die Zusammenschau der direkten und der Folgewirkungen in einer Risikomatrix ist ein erprobtes Hilfsmittel zur realistischen Risikobewertung. Dies verdeutlicht ein Beispiel: Bei einem Skiliftunternehmen wird im Sommer einer von drei Skilifts durch ein Unwetter total zerstört. Die direkten Wirkungen sind als Großschaden einzuordnen. Folgeschäden treten in der Regel nur in geringem Umfang auf. Anders im Winter: Fällt der Skilift am 15. Dezember durch eine Lawine völlig aus, so spielt neben dem direkten Verlust von Sachwerten vor allem die Umsatzeinbuße dabei eine große Rolle. War der Lift ein Zubringer für die beiden anderen Lifts der Anlage, so findet an dem gesamten Berg kein Skilauf mehr statt. Die Folgewirkungen können die direkten Schadenkosten weit übersteigen.

2.6 Checkliste

Die folgende Checkliste zeigt eine Auswahl der wichtigsten Störungsereignisse, die für das gesamte Unternehmen, aber auch für den privaten Haushalt von Bedeutung sein können. Es versteht sich von selbst, daß diese Liste an den Einzelfall angepaßt werden muß. Insbesondere muß die Liste um *Wirkungen* ergänzt und damit für den Einzelfall konkretisiert werden, da die Wirkungen in jedem Haushalt und Unternehmen unterschiedlich sind.

- *Störungsereignisse durch elementare Gefahren:*
  - Feuer,
  - Blitzschlag,
  - Sturm,
  - Hagel,
  - Regen,
  - Schnee,
  - Hochwasser,
  - Überschwemmung,
  - Erdrutsch,
  - Steinschlag,
  - Erdbeben,
  - Frost,
  - Hitze,
  - Grundwasser,
  - Feuchtigkeit,
  - Verseuchung,
  - Fäulnis,
  - Ungeziefer.
- *Störungsereignisse durch Menschen:*

(1) Straftaten
  - vorsätzliche Beschädigung,
  - Unterschlagung,
  - Betrug,
  - Urkundenfälschung,
  - Industriespionage,
  - Computerkriminalität,
  - Diebstahl,
  - Einbruchdiebstahl,
  - Sabotage,
  - Terror(-drohung),

(2) Andere Störungsereignisse
  - Unzureichende Leistung (Ausfall) von Arbeitnehmern durch:
  - Hohen Krankenstand,
  - Arbeitsunfälle,
  - Hohe Fehlerhäufigkeit bei Projektierung, Montage, Wartung, Reparatur, Arbeitsvorbereitung, Produktion und Kontrolle,
  - Bedienungsfehler,

- Entführung,
- Erpressung,
- Räuberische Erpressung,
- Beraubung,
- Plünderung.

- Unzureichende Ausbildung,
- Einarbeitung neuer Mitarbeiter,
- Streik, Aussperrung,
- Wetterverhältnisse,
- Informationsabfluß durch:
  - Mitarbeiterwechsel zur Konkurrenz,
  - leichtfertigen Informationsaustausch,
- Herstellung fehlerhafter Produkte durch:
  - Entwicklungsfehler, Produktionsfehler, Informationsfehler.

- *Störungsereignisse durch technische und organische Ursachen:*
  - Kurzschluß,
  - Explosion,
  - Implosion,
  - Rauch,
  - Dämpfe,
  - Sengschäden,
  - Leitungswasser,
  - Glasbruch,
  - Schäden an Kabeln und Leitungen,
  - Ausfall von Meldeanlagen (Anlagen der Meß- und Regeltechnik, Datenübertragungssysteme),
  - Ausfall der EDV-Anlage,
  - Versagen von Sicherheitseinrichtungen,
  - Leckage flüssigkeitsführender oder gasführender Anlagen,
  - Versagen der Energie-, Wasser-, Materialversorgung,
  - Ausfall innerbetrieblicher Transportsysteme,
  - Ausfall von Anlagen durch:
    - Materialfehler,
    - Verschleiß,
    - Defekte in der elektronischen Anlage,
    - Überstrom,
    - Überspannung,
    - Kurzschluß.
  - Versagen von Meß-, Regel- und Sicherheitseinrichtungen,
  - Zerreißen infolge von Fliehkraft,

- Herstellung fehlerhafter Produkte durch:
  - Materialfehler, Produktionsfehler,
  - Fehler bei eigener Montage, Konstruktionen aller Art,
  - Fehler bei der Organisation von Arbeitsabläufen.
- *Störungsereignisse in Verbindung mit der Unternehmensumwelt:*

(1) Gefahren aus der Unternehmensumwelt
- Überschallknall,
- Radioaktivität,
- Absturz von Flugkörpern,
- Feuer, Explosion, Rauch,
- Dämpfe, Staub, Gase, Lärm,
- Fahrzeuganprall,
  Unterbrechung der Energieversorgung,
- Ausfall wichtiger Lieferanten,
- Ausfall von Großabnehmern,
- Forderungsausfall,
- Behördliche Vorschriften und Auflagen wie z.B. Sicherheitsvorschriften, Umweltschutzvorschriften,
- Transportschäden.

(2) Gefahren für die Unternehmensumwelt
- Auf die Nachbarschaft übergreifende Gefahren,
- Haftpflichtansprüche Dritter wegen Arbeiten auf fremdem Grundstück, an fremden Sachen, in gemieteten Räumen, mit gemieteten Maschinen, Verwendung nicht zugelassener Fahrzeuge oder Arbeitsmaschinen, Beschädigung fremder Sachen z. B. durch Gabelstapler, Kräne etc.,
- Schäden durch Heizöltanks, Chemikalienbehälter,
- Schäden durch Wasser-, Luftverschmutzung,
- Vertragliche Übernahme der gesetzlichen Haftpflicht Dritter,
- Produkthaftung z. B. wegen Falschlieferung, Eigenschaftszusicherung, Weiterverarbeitung fehlerhafter Produkte.

2.7 Sicherungsmaßnahmen

Erkannte und analysierte Risiken ermöglichen die Definition von Sicherheitszielen. Der Weg zu diesen Zielen führt über die Untersuchung verschiedener Sicherungsalternativen. Die Entscheidung über das betriebsspezifisch geeignetste Sicherheitskonzept wird vor allem durch deren jeweilige Sicherheits- und Schadenverhütungskosten sowie durch das jeweilige Restrisiko bestimmt. Dieses Restrisiko muß erkannt und kalkulierbar gemacht werden (vgl. Abb. 5).

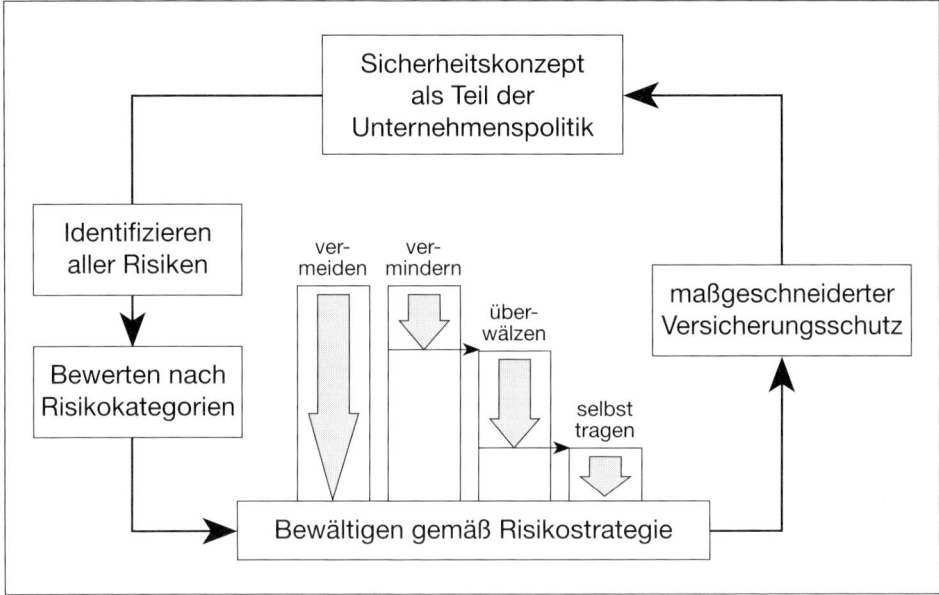

Abb. 5: Sicherheitskonzept als Teil der Unternehmenspolitik

Die verschiedenen Risikopotentiale des Unternehmens werden einzelnen Sicherungsmaßnahmen zugeordnet. Die Bewältigung des Gesamtrisikos erfolgt zumeist in vier Schritten:

- Wenn möglich bzw. sinnvoll durch *Vermeiden* des Risikos (zum Beispiel Verzicht auf neue, unerprobte Technologien wegen der rechtlichen Haftungssituation).
- Manche Unternehmensrisiken werden wegen ihres hohen Schadenpotentials erst durch *Vermindern* des Risikos überschaubar.
  - *Beispiele dafür sind:* Risikobegrenzung durch Bürgschaft, Ausfallgarantie z. B. im Verpachtungsbereich;
  - Risikoteilung durch Dezentralisierung der Herstellung;
  - Risikoverhütung durch Blitzableiter, Unfallverhütungsvorschriften.
- Die am häufigsten praktizierte Methode ist das *Überwälzen,* zum Beispiel auf eine Gefahrenträgergemeinschaft durch Versicherung (Erst-, Rückversicherung, Captive), Gefahrtragungsklauseln und Vertragsstrafen in Verträgen, Kurs- und Zinsklauseln.
- *Tragbare Risiken* können beispielsweise im Selbstbehalt eines maßgeschneiderten Versicherungsschutzes übernommen werden. In bestimmten Fällen ist auch eine steuerbegünstigte Rücklagenbildung möglich.

Von großer betriebswirtschaftlicher Bedeutung ist bei allen diesen Maßnahmen das Ziel eines möglichst effizienten Mitteleinsatzes zur Schadensverhütung und Sicherheitserhöhung. Abhängig vom Grad der angestrebten zusätzlichen Sicherheitserhöhung ergibt sich aus den Kosten für sicherheitserhöhende Maßnahmen und dem infolge dieser Maßnahmen verringerten Schadensaufwand bei der Finanzierung eines Risikos ein individuell typisches Minimum für die resultierenden Gesamtkosten nach der Durchführung der sicherheitserhöhenden Maßnahmen.

3. Risiken in der Immobilienwirtschaft

3.1 Wirtschaftliche Unternehmensrisiken

Eines der großen Risiken in der Immobilienwirtschaft ist die mangelnde Rentabilität einer Investition.

Die Rentabilität stellt das Verhältnis einer Erfolgsgröße zu dem eingesetzten Kapital dar, das zur Erzielung dieser Erfolgsgröße erforderlich ist.

$$Rentabilität = \frac{Erfolgsgröße}{Eingesetztes\ Kapital}$$

Die Erfolgsgröße entspricht weitestgehend dem jeweiligen Periodenerfolg beispielsweise eines Geschäftsjahres. Der Periodenerfolg ist die Differenz zwischen den periodenbezogenen Aufwendungen und Erträgen. Die Aufwendungen ergeben sich aus den Ausgaben. Die Erträge setzen sich aus den Einnahmen zusammen. Da Einnahmen und Ausgaben in der Regel nicht ausschließlich in der jeweiligen Wirtschaftsperiode auftreten, fallen Aufwand und Ausgaben sowie Erträge und Einnahmen zeitlich auseinander. Aus diesem Grund ist es notwendig, sie so voneinander abzugrenzen, daß ein periodengerechter Aufwand und Ertrag herangezogen werden können. Die Periodenrentabilität ergibt sich aus dem Verhältnis von Periodenerfolg zu eingesetztem Kapital.

$$Periodenrentabilität = \frac{Periodenerfolg}{Eingesetztes\ Kapital}$$

Bei der Berechnung der Erfolgskomponente ist auf eine periodengerechte Betrachtung und auf die Eliminierung einmaliger oder außerordentlicher Aufwendungen und Erträge zu achten.

3.1.1 Einflußgrößen der Rentabilität von Immobilienanlagen

- *Investition.* Die wesentliche Bestimmungsgröße der Rendite von Immobilienanlagen sind die Anschaffungs- und Herstellungskosten. Darüber hinaus sind auch die Erwerbsnebenkosten zu berücksichtigen. Dazu zählen zum Beispiel Maklergebühren, Grundbuchkosten, Notarkosten sowie die Grunderwerbsteuer. Die in der Praxis übliche Faustformel „Kaufpreis = x-fache Jahresmiete" hilft dem Kapitalanleger, in Verbindung mit seinen eigenen Vorstellungen von der Lage und Substanz des Immobilienobjektes optimale Anlageentscheidungen zu treffen.
- *Laufende Erlöse.* Die Nachhaltigkeit der Rentabilität einer Investition wird durch laufende Einnahmen gewährleistet. Die Mieteinnahmen ermöglichen als wesentlicher Bestandteil der laufenden Einnahmen einen positiven Periodenerfolg. Deren Höhe ist in der momentanen Betrachtung und in ihrer Zukunftsentwicklung maßgebend für die Ertragskraft der Kapitalanlage. Die Mieteinnahmen setzen sich zusammen aus der Grundmiete, dem Nebenkostenanteil und gegebenenfalls – abhängig von der Ausgestaltung des Mietvertrages – zusätzlichen Anteilen. Hinzuzurechnen sind auch sonstige Periodenerlöse wie beispielsweise aus der gesonderten Vermietung von Park-, Stell- sowie Werbeflächen.
Staffelmietverträge sowie Indexklauseln, mit denen Mieteinnahmen an die wirtschaftliche Entwicklung oder an die Lebenshaltungskosten gebunden werden, sind Instrumente, mit denen die Rentabilität nachhaltig gesichert werden kann. Die Auswahl der Mieter, deren Bonität und Rechtsform, die Ausgestaltung der Mietverträge, die Nebenkostenregelungen und die Vertragslaufzeiten sind weitere wesentliche Bestimmungsgrößen für die Höhe der Mieteinnahmen.
- *Bewirtschaftungskosten.* Den Mieteinnahmen stehen die Ausgaben für die Bewirtschaftung des Immobilienobjektes gegenüber. Die *laufenden Aufwendungen* setzen sich zusammen aus *periodischen Kosten* wie beispielsweise Versicherungen, Verwaltungskosten, Instandhaltungskosten und Betriebskosten sowie *aperiodischen Kosten*, die durch Instandsetzungs- und Modernisierungsmaßnahmen entstehen. *Bewirtschaftungskosten* sind vor allem Mietnebenkosten, Objektverwaltungs-, Instandhaltungs- und Modernisierungskosten.

3.1.2 Maßnahmen zur Sicherung der Rentabilität von Immobilien

Gestaltung der Sicherheiten für den *Investor oder Verpächter*:

- *In der Bauphase.* Der Bauträger muß die schlüsselfertige Erstellung zu einem vertraglich vereinbarten Termin garantieren. Die Fertigstellung sollte durch Bankgarantie abgesichert werden. Für Fristüberschreitung wird häufig eine Pönale (eine Vertragsstrafe) vereinbart. Alle Gewährleistungsansprüche gegen einen beauftragten Generalplaner und -unternehmer sowie gegen die einzelne Gewerke ausführenden Unternehmen sollten an den Investor abgetreten und unmittelbar geltend gemacht werden können.
- *In der Betriebsphase.* Im Falle einer Verpachtung der Immobilie ist die Laufzeit der Pachtverträge von besonderer Bedeutung. Insbesondere in Nischenbereichen wie Sozialimmobilien (Seniorenpflegeheime, Altersheime, Immobilien für betreutes Wohnen etc.) sind Laufzeiten zwischen 15 und 25 Jahren üblich. Dies ergibt sich aus dem Umstand, daß derartige Immobilien in aller Regel keiner anderen ertragreichen Verwendung zugeführt werden können, ohne nochmals erhebliche Investitionen in Kauf zu nehmen. Bei hinreichender Bonität des Pächters ist die Immobilie nach der genannten Laufzeit aus den Erträgen bezahlt.
Der Pachtzins sollte gerade bei langen Laufzeiten indexiert sein. Die einfachste Variante der Indexierung arbeitet mit einem festen Prozentsatz von beispielsweise 1 % p.a. Es sollte die Vereinbarung getroffen werden, daß alle Kosten der Instandhaltung der Gebäude und des Grundstücks einschließlich der Instandhaltung von Dach und Fach zu Lasten des Pächters gehen.
Die Pachtzahlung wird in aller Regel in Höhe einer Jahrespacht verbürgt. Um die Liquidität des Pächters nicht dauerhaft zu mindern, wird die Dauer der Bürgschaft oft auf die ersten fünf Betriebsjahre beschränkt. Die Bürgschaft verringert sich zum Beispiel ab dem zweiten Jahr um jeweils 20 % der Ausgangsbürgschaft.
Im Falle der Beteiligung von (ausländischen) Gesellschaften kann die uneingeschränkte Verpflichtung nach deutschem Recht vereinbart werden, die (deutsche) Tochtergesellschaft finanziell so auszustatten, daß sie stets in der Lage ist, ihren gegenwärtigen und zukünftigen Verpflichtungen nachzukommen (Patronatserklärung). Geschäftsführung, ggf. Aufsichtsrat und leitende Angestellte des Pächters können darüber hinaus eine D&O-Versicherung (directors and officers liability) mit einer Deckungssumme von z. B. zwei Jahrespachtbeträgen abschließen.

- *Erläuterung zur D&O-Versicherung.* Die D&O-Versicherung wird von wenigen deutschen Versicherern angeboten, die – abweichend von zum Beispiel angelsächsischen und US-amerikanischen Versicherern – nur über beschränkte Erfahrungen in diesem Geschäftsfeld verfügen. Mit der D&O-Versicherung erhält der Investor eine zusätzliche Sicherheit: Die D&O ersetzt Vermögensschäden, die Dritten durch unerlaubte Handlungen des Versicherungsnehmers entstehen. Unerlaubte Handlungen im Sinne der Police sind nicht nur Haftungstatbestände nach § 823 BGB, sondern darüber hinaus falsche Angaben, irreführende Erklärungen, Unterlassungen, Fahrlässigkeit, Pflichtverletzungen, Vertrauensbrüche oder Verletzungen von Garantien, die einer oder mehreren Personen in ihrer Eigenschaft als leitende Angestellte des Versicherungsnehmers vorgeworfen werden. Damit ist ein Mietausfallrisiko auf indirektem Wege mit abgesichert.

Gestaltung der Sicherheiten für den Investor oder Vermieter: Nach Fertigstellung und Inbetriebnahme des Objekts besteht für den Eigentümer großer Einheiten das Ertragsrisiko von Mieteinnahmeausfällen. Die direkte Absicherung des Mietausfallrisikos ist mit Hilfe einer Mietausfalldeckung möglich.

Mietausfälle sind auf eine Vielzahl von Ursachen zurückzuführen. Eine der Ursachen ist, daß der Mieter seinen Mietzins aus wirtschaftlichen Gründen nicht mehr zahlen kann. Dies wiederum liegt häufig

- an einem Unfall des Mieters, der ihn außerstande setzt, erwerbstätig zu sein,
- im Todesfall an der mangelnden Bereitschaft der Erben, Mietverpflichtungen zu erfüllen, oder an der plötzlichen Einnahmeminderung des überlebenden Ehegatten,
- an vorübergehender oder dauernder Arbeitslosigkeit des Mieters.

Alle drei Risiken sind mit der Mietausfallversicherung abzudecken. Diese zahlt bis zu einer maximalen Dauer von derzeit 24 Monaten die Nettomiete des betroffenen Versicherten fort. Dadurch erspart sich der Investor oder Vermieter langwierige Räumungsverfahren und Mietausfälle. Dem Mieter ist die Versicherung nützlich, weil er zum Beispiel im Falle der Arbeitslosigkeit ohne wirtschaftlichen Druck eine neue Beschäftigung suchen kann. Fraglich ist, ob die Kosten der Mietausfallversicherung auf die Mieter umgelegt werden können. Hier sind in der Praxis Vertragsgestaltungen entwickelt worden, die eine Lösung des Problems versprechen.

3.2 Sachrisiken

Mit der Deregulierung des Versicherungsmarktes seit dem 1. Juli 1994 hat sich die Produktvielfalt auch im Sektor der Immobilienwirtschaft deutlich erhöht. Während es vor diesem Zeitpunkt nur standardisierte Produkte gab, ist es nunmehr den Versicherungsunternehmen überlassen, die Inhalte ihrer Angebote in weiten Grenzen frei zu bestimmen. Für den Versicherungsnehmer hat dies Vor- und Nachteile. Er kann – sofern er über eigene Fachkenntnisse verfügt oder durch z. B. einen Makler richtig beraten ist – einen für seine Bedürfnisse maßgeschneiderten Versicherungsschutz einkaufen. Nachteilig ist, daß die Angebote der Versicherer oft nicht mehr vergleichbar sind. Im folgenden sind die grundlegenden Strukturen der einschlägigen Versicherungen dargelegt.

Die auf die Immobilienwirtschaft zugeschnittenen Versicherungssparten lassen sich – mit Ausnahme der Finanzierungsinstrumente Lebensversicherung und Bausparversicherung – grob in zwei Kategorien gliedern: die Aktivenversicherung und die Passivenversicherung. Ziel der *Aktivenversicherung* ist es, den Bestand an Sach- und Vermögenswerten zu erhalten. Die *Passivenversicherung* dient dem Schutz vor Vermögensminderung durch Ansprüche Dritter. Zu den *Aktivenversicherungen* zählen die Wohngebäudeversicherung und die Glasversicherung.

- Wohngebäudeversicherung. Dieser Versicherung liegen derzeit die Allgemeinen Versicherungsbedingungen VGB 88 zugrunde. Versichert sind hier Gebäude. Unter Gebäude ist nicht nur der eigentliche Baukörper einschließlich Grund- und Kellermauern zu verstehen, sondern auch verschiedene *Einbauten*. Dazu zählen zum Beispiel Holzdecken, eingebaute Schränke, fest verlegte Fußbodenbeläge, Zentralheizungsanlagen, sanitäre Installationen sowie elektrische Anlagen. Darüber hinaus ist *Zubehör* versichert, das dazu dient, das Gebäude instand zu halten oder zu bewohnen (zum Beispiel Gemeinschaftswaschanlagen, Brennstoffvorräte für Sammelheizungen, Antennen, Markisen, Überdachungen). Auf Wunsch wird weiteres Zubehör (zum Beispiel Müllboxen, Zäune) eingeschlossen. Die *versicherten Gefahren* in der Wohngebäudeversicherung sind:

    – *Brand, Blitzschlag, Explosion;* dazu kommen Anprall oder Absturz bemannter Flugkörper sowie Schäden durch Löschen, Niederreißen und Ausräumen.
    – *Leitungswasser, Rohrbruch und Frost:* Schäden durch bestimmungswidrig austretendes Leitungswasser (zum Beispiel durch Undichtwerden

der Leitungsrohre oder Zerreißen von Verbindungsstücken), aus Heizungen und Warmwasserversorgungsleitungen austretendes Wasser, Überlaufen (zum Beispiel Badewanne), Bruch- und Frostschäden an Rohrleitungen sowie an Badeeinrichtungen, Heizkörpern etc.
- *Sturm und Hagel:* Schäden am Gebäude (ab Windstärke 8) oder Hagel; Schäden durch Bäume oder sonstige Gegenstände, die durch Sturmeinwirkung auf das Gebäude gelangen.
- *Kosten* sind nach den VGB 88 ebenfalls vom Versicherungsschutz umfaßt. Dies gilt für Kosten für das Aufräumen der Schadensstätte sowie für den Abbruch stehengebliebener Gebäudeteile. Im Falle eines Feuerschadens sind in der Zeit bis zur Bezugsfertigkeit die notwendigen Baustoffe mitversichert.

Eigentümer eigen- oder fremdgenutzter Miethäuser können nach den Bestimmungen der VGB 88 auch den Ersatz von *Mietausfall* beanspruchen. Voraussetzung sind das Vorliegen eines Versicherungsfalles, also der Eintritt einer der oben angegebenen Gefahren, und das Recht der Mieter, aufgrund der Beschädigung von Wohnräumen die Zahlung der Miete zu mindern oder ganz zu verweigern.

Zu beachten ist, daß in der Wohngebäudeversicherung die Möglichkeit einer *Unterversicherung* besteht. Ist der Wert des versicherten Gebäudes zu niedrig angesetzt – etwa wegen nachträglicher Anbauten –, so wird ein Schaden nur anteilig ersetzt.

Aufgrund besonderer Vereinbarung kann die Wohngebäudeversicherung um die Deckung weiterer *Elementarschäden* ergänzt werden. Der Einschluß betrifft die Entschädigung für versicherte Sachen, die durch Überschwemmung des Versicherungsgrundstücks, Erdbeben, Erdsenkung, Erdrutsch, Schneedruck oder Lawinen zerstört oder beschädigt werden.

Glasversicherung: In der Wohngebäudeversicherung ist eine Glasbruchversicherung nicht enthalten. Die separat abzuschließende Deckung umfaßt Gebäudeverglasungen im Innen- und Außenbereich, Lichtkuppeln, Glassteine und Profilbaugläser. Alterungserscheinungen wie Eintrübung von Isolierglasscheiben sowie Werbeanlagen im gewerblichen Bereich sind nicht versichert. Abweichend von der Wohngebäudeversicherung leistet die Glasversicherung keine Entschädigung in Geld, sondern in Naturalersatz.

3.3 Haftungsrisiken

Haus- und Grundstücksbesitzer-Haftpflicht: Sie zählt zu den Passivenversicherungen. Die Aufgabe der Haftpflichtversicherung ist es, den Versicherungsnehmer von Schadensersatzansprüchen freizustellen. Der Versicherer:

– prüft die Frage, ob und in welcher Höhe die Verpflichtung zum Schadensersatz besteht,
– ersetzt den Schaden durch Geldleistung oder
– wehrt unberechtigte Schadensersatzansprüche ab.

Versichert ist die gesetzliche Haftpflicht des Haus-/oder Grundstücksbesitzers, zum Beispiel als Eigentümer, Nießbraucher, Pächter oder Mieter. Gegenstand der Versicherung sind Ansprüche aus der Verletzung von Pflichten, die dem Versicherungsnehmer obliegen, zum Beispiel bauliche Instandhaltung, Beleuchtung, Reinigung, Streuen und Schneeräumen auf Gehwegen. Mit einer eingeschränkten Deckungssumme ist diese Haftpflichtversicherung erweitert auf Neubauten, Umbauten, Reparaturen, Abbruch- und Grabearbeiten.

Der Versicherer übernimmt im Schadensfall außerdem die *Kosten* der Ermittlungen zur Schadenshöhe (zum Beispiel Kosten für ärztliche Untersuchungen einer geschädigten Person, Sachverständigenkosten bei Sachschäden) und die Kosten der Rechtsverteidigung des Versicherungsnehmers, also Anwalts- und Gerichtsgebühren.

Im Rahmen der Haus- und Grundbesitzer-Haftpflichtversicherung kann der Schutz auf die gesetzliche Haftpflicht für *Gewässerschäden* erweitert werden (Einwirkungsrisiko). Die Versicherung der Haftung nach dem Wasserhaushaltsgesetz ist vor allem für Besitzer von Heizöltanks bedeutsam. Die Deckung der Haftpflicht als Inhaber von Anlagen zum Lagern gewässerschädlicher Stoffe bedarf einer weiteren Zusatzdeckung.

Die *Rechtsschutzversicherung* dient der rechtlichen Interessenwahrnehmung des Eigentümers und Mieters von Wohnungen und Grundstücken. Der Versicherer trägt die erforderlichen Kosten der Wahrnehmung rechtlicher Interessen aus Miet- und Pachtverhältnissen, sonstigen Nutzungsverhältnissen und dinglichen Rechten, die Grundstücke, Gebäude oder Gebäudeteile zum Gegenstand haben. Beispiel: nachbarrechtliche Streitigkeiten wie die Nichteinhaltung von Bauabständen, zu nahe Bepflanzung oder Errichtung eines Gewerbebetriebes.

4. Finanzierungsmöglichkeiten durch Lebensversicherung

Die Lebensversicherung kann auf unterschiedliche Weise zur Finanzierung von Immobilien beitragen. Die Lebensversicherungsunternehmen bieten Kombinationen von Lebensversicherung und Hypothek an. Diese Versicherungsdarlehen stellen eine Möglichkeit der langfristigen Fremdfinanzierung dar. Sie dienen der Bereitstellung von Zahlungsmitteln für Investitionszwecke von Unternehmen, öffentlichen sowie privaten Haushalten. Die Bereitstellung der Versicherungshypothek ist an den Abschluß eines Lebensversicherungsvertrags gebunden. Daraus ergibt sich, daß in der Regel die Hypothek mit Hilfe der Versicherungsleistung getilgt wird. Die Versicherungsbeiträge sind grundsätzlich als Vorsorgeaufwendungen nach § 10 EStG steuerlich begünstigt. Insoweit gelten allerdings Höchstgrenzen. Die Versicherungsleistung besteht aus der Versicherungssumme und der Überschußbeteiligung. Beide sind einkommensteuerfrei, wenn die Vertragslaufzeit mindestens zwölf Jahre beträgt.

Für Finanzierungen im Bereich der Einkunftserzielung (Mietobjekte, Arzt-, Steuerberater- und Anwaltspraxen sowie gewerblich genutzte Objekte) bietet die Lebensversicherung über den reinen Finanzierungseffekt hinaus weitere Zusatznutzen. So ist die Lebensversicherung für eine flexible Todesfallabsicherung einzusetzen. Durch den Einschluß einer Berufsunfähigkeits-Zusatzversicherung besteht die Möglichkeit einer Absicherung von Invalidität.

4.1 Formen der Versicherungshypothek

In der *Variante 1* ist die Versicherungshypothek mit einer gemischten Kapitalversicherung auf den Todes- und Erlebensfall in gleicher Höhe und mit derselben Laufzeit wie die Hypothek verbunden. Die laufende Belastung ist dabei in der Regel höher als bei einer Tilgungshypothek, da die Ablaufleistung der Lebensversicherung die Darlehensschuld erheblich übersteigt.

Die *Variante 2* verzichtet auf den Grundsatz „Versicherungssumme = Hypothekensumme". Die Versicherungssumme wird so niedrig gewählt, daß sie zusammen mit den Überschußanteilen der Darlehensschuld entspricht. Es ist eine höhere Todesfallsumme zur Besicherung notwendig.

Mit dem Endalter von 85 Jahren arbeitet die *Variante 3*, um die Prämienbelastung zu verringern. Hier sind zwar Hypothekensumme und Versicherungssumme identisch, nicht jedoch die Laufzeiten von Darlehensvertrag und Lebensversicherungsvertrag. Die anfallenden Überschußanteile der Lebensversicherung werden zur Abkürzung der Laufzeit der Versicherung verwendet. Auf diese Weise endet die Versicherung erheblich früher als zum Endalter 85. Die Darlehenstilgung erfolgt also ebenfalls viel früher.

Bei einer letzten, der *vierten Variante*, werden mehrere Versicherungsverträge mit unterschiedlichen Laufzeiten und Summen abgeschlossen. Der dadurch zu erzielende Effekt liegt in der teilweisen früheren Ablösung der Darlehensverpflichtung und damit verbunden in einer Verringerung der anfallenden Schuldzinsen.

Unabhängig von den obigen Modellen hat der Versicherungsnehmer die Möglichkeit, eine eingezahlte Kapitallebensversicherung in Höhe des Rückkaufswerts (zirka 60 % der eingezahlten Beiträge) zu beleihen *(Policendarlehen)*.

In den Kapitallebensversicherungen ist stets eine Risikolebensversicherung enthalten. Diese ist auch ohne eine Verbindung mit dem Sparvorgang einer Kapitallebensversicherung abzuschließen. Der Zweck der Risikoversicherung ist es, im Todesfall beispielsweise des Ernährers einer Familie oder des geschäftsführenden Gesellschafters eines Unternehmens die Hinterbliebenen oder das Unternehmen vor finanziellen Belastungen zu schützen. Die Risikoversicherung dient bei Finanzierungen in der Form der Restschuldversicherung zur Absicherung von Darlehen. Die Versicherungssumme verändert sich mit dem Darlehen. Sie geht bei Tilgung des Darlehens in gleichem Maße zurück.

4.2 Praktische Funktionsweise

Die Finanzierung bei der Anschaffung von Renditeanlagen erfolgt häufig dadurch, daß die erforderlichen Fremdkapitalbeträge von einer Bank als Darlehen genommen und mit 1 % jährlich annuitätisch getilgt werden. Wie bereits dargelegt, bietet es sich alternativ hierzu an, mit der Bank eine Tilgungsaussetzung zu vereinbaren und die Tilgung statt dessen über eine Lebensversicherung vorzunehmen. Da die Lebensversicherungserträge unter Beachtung bestimmter Bedingungen steuerfrei sind, während die Fremdkapitalzinsen steuerlich voll abzugsfähig sind, führt dies zu einem Zinsvorteil nach Steuern auf die erbrachten Tilgungsleistungen, wie das nachfolgende Beispiel zeigt:

- *Annahmen:* Lebensversicherungszinssatz 7 %
  Fremdkapitalzinssatz 7 %
  persönlicher Einkommensteuersatz 50 %
- Fremdkapitalzinssatz − 7,0 %
  da steuerlich absetzbar, Steuererstattung + 3,5 %
  Belastung auf nicht direkt getilgtem Fremdkapital − 3,5 %
- Zuzüglich steuerfreier Zinssatz auf Lebensversicherung + 7,0 %
  = Renditevorteil nach Steuern + 3,5 %

Im Vergleich zu einer herkömmlichen Bankfinanzierung mit einer 1%igen Annuitätentilgung führt bei den oben genannten Annahmen die Finanzierung mittels Tilgungsaussetzung und Abschluß einer Lebensversicherung zu einem beachtlichen Vermögensvorteil. Bei einer Fremdkapitalaufnahme von 10 Mio. DM liegt dieser nach Ablauf von zirka 30 Jahren bei mehr als 3 Mio DM netto nach Steuern. Liquiditätsnachteile vor Steuern während der Tilgungsphase bestehen nicht. In steuerlicher Hinsicht existiert gegenüber dem Annuitätendarlehen zudem der Vorteil, daß der steuerlich absetzbare Zinsanteil nicht stetig sinkt und der Steuervorteil nicht von Jahr zu Jahr geringer wird.

4.3 Risiken der Finanzierung mit Lebensversicherungen

Abweichend von Annuitätendarlehen findet bei Versicherungsdarlehen eine laufende Tilgung des Kredits *nicht* statt. Die Rückzahlung des Kredits erfolgt am Ende der Kreditlaufzeit in einer Summe. Die Tilgung des Darlehens ist also während der gesamten Laufzeit ausgesetzt. Der Kreditnehmer zahlt auf die gleichbleibend hohe Schuld nur die Zinsen. Besichert wird der Kredit – Kreditgeber kann eine Bank oder auch eine Versicherung sein – mit einer gemischten kapitalbildenden Lebensversicherung. Die Leistung der Versicherung dient bei Fälligkeit der Rückführung des Kredits. Die Zahlung wird im Erlebensfall bei Ablauf der Versicherungsdauer, im Todesfall der versicherten Person mit deren Ableben fällig. Die Versicherungsprämien (-beiträge) sind bis zur Fälligkeit der Leistung zu zahlen. Die Höhe der Beiträge richtet sich nach Kriterien wie zum Beispiel Eintrittsalter der versicherten Person, Gesundheitszustand, Höhe der Versicherungssumme etc.

4.4 Steuerfragen bei der Finanzierung mit der Lebensversicherung

Grundsätzlich gilt:

- Die Beiträge der zur Tilgung einer Hypothek bestimmten Lebensversicherung sind im Rahmen der Sonderausgaben-Höchstbeträge als Vorsorgeaufwendungen abzugsfähig.
- Die Zinserträge der Lebensversicherung sind einkommensteuerfrei.
- Aus der Tilgungsaussetzung resultiert ein konstant hohes Zinsniveau. Die Zinsen sind als Werbungskosten/Betriebsausgaben unbeschränkt steuerlich abzugsfähig.

Die Inanspruchnahme der steuerlichen Vorteile Abzugsfähigkeit als Sonderausgaben und die Steuerfreiheit der Zinserträge ist an die Erfüllung der folgenden Voraussetzungen gebunden:
- Laufende Beitragszahlung mit mindestens fünf Jahren Beitragszahlungsdauer,
- Mindestlaufzeit des Versicherungsvertrages zwölf Jahre.

4.4.1 Der Bereich der Einkunftserzielung

Einzelheiten der steuerlichen Wirksamkeit einer Finanzierung durch Lebensversicherung sind in § 10 Abs. II Satz 2 des Einkommensteuergesetzes (EStG) geregelt. Dazu zunächst der Gesetzestext mit in Klammern gesetzten Ergänzungen und Hervorhebungen des Verfassers: *Als Sonderausgaben können Beiträge zu Versicherungen im Sinne des Abs. 1 Nr. 2 Buchstabe b Doppelbuchstabe bb, cc und dd* (EStG; das sind 1. Rentenversicherungen ohne Kapitalwahlrecht; 2. Rentenversicherungen mit Kapitalwahlrecht gegen laufende Beitragsleistung, wenn das Kapitalwahlrecht nicht vor Ablauf von zwölf Jahren seit Vertragsschluß ausgeübt werden kann; 3. Kapitalversicherungen gegen laufende Beitragsleistung mit Sparanteil, wenn der Vertrag für die Dauer von mindestens zwölf Jahren abgeschlossen worden ist) *nicht abgezogen werden, wenn die Ansprüche aus Versicherungsverträgen während deren Dauer im Erlebensfall der Tilgung oder Sicherung eines Darlehens dienen, dessen Finanzierungskosten Betriebsausgaben oder Werbungskosten sind, es sei denn,*

a) das Darlehen dient unmittelbar und ausschließlich der Finanzierung von Anschaffungs- und Herstellungskosten eines Wirtschaftsgutes, das dau-

ernd zur Erzielung von Einkünften bestimmt und keine Forderung ist, und die ganz oder zum Teil zur Tilgung oder Sicherung verwendeten Ansprüche aus Versicherungsverträgen übersteigen nicht die mit dem Darlehen finanzierten Anschaffungs- oder Herstellungskosten, dabei ist unbeachtlich, wenn diese Voraussetzungen bei Darlehen oder bei zur Tilgung oder Sicherung verwendeten Ansprüchen aus Versicherungsverträgen jeweils insgesamt für einen Teilbetrag bis zu 5.000 DM nicht erfüllt sind,
b) es handelt sich um eine Direktversicherung oder
c) die Ansprüche aus Versicherungsverträgen dienen insgesamt nicht länger als drei Jahre der Sicherung betrieblich veranlaßter Darlehen; in diesen Fällen können die Versicherungsbeiträge in den Veranlagungszeiträumen nicht als Sonderausgaben abgezogen werden, in denen die Ansprüche aus Versicherungsverträgen der Sicherung des Darlehens dienen.

Im Klartext: Die Risiko-Lebensversicherung bleibt von der gesetzlichen Regelung unberührt.

Die zur Tilgung oder Sicherung von betroffenen Darlehen eingesetzte Lebensversicherung ist dann steuerlich begünstigt, wenn:

– mit dem Darlehen ausschließlich die Anschaffungs- bzw. Herstellungskosten eines begünstigten Wirtschaftsgutes finanziert werden und
– die als Sicherheit abgetretenen Lebensversicherungsansprüche weder den Nennwert des Darlehens noch die mit dem Darlehen finanzierten begünstigten Anschaffungs- bzw. Herstellungskosten übersteigen.

Keine Regel ohne Ausnahme: Bei Erstfinanzierungen dürfen einmalig bankübliche Finanzierungskosten (Disagio, Bearbeitungsgebühr etc.) mitfinanziert werden. Die Abtretung der Lebensversicherungsansprüche muß jedenfalls auf den Betrag der mit dem Darlehen finanzierten steuerlich begünstigten Anschaffungs- bzw. Herstellungskosten begrenzt werden. Der dafür maßgebliche Zeitpunkt ist die Abtretung, nicht etwa der spätere Zeitpunkt der Sicherungszweckerklärung.

Wird § 10 Abs. 2 Satz 2 EStG nicht beachtet, führt dies zum einen zum Verlust der Sonderausgaben-Abzugsmöglichkeit. Darüber hinaus sind die Zinserträge aus der Lebensversicherung nicht mehr steuerfrei.

4.4.2 Besonderheiten der Eigenheimfinanzierung

Die Vorschrift des § 10 Abs. 2 Satz 2 EStG bezieht sich in der Regel nicht auf die Eigenheimfinanzierung, da insoweit Finanzierungskosten keine Werbungskosten sind. Allerdings ist mit Blick auf einen steuerunschädlichen Einsatz der Lebensversicherung zu beachten, daß beim Kauf von Eigentumswohnungen die gesetzliche Instandhaltungsrücklage aus der Sicherung des Darlehens durch Lebensversicherung auszunehmen ist.

Amtliche Einzelheiten der Anwendungsregelungen des § 10 Abs. II Satz 2 EStG sind Schreiben des Bundesfinanzministeriums vom 19. Mai und 2. November 1993 zu entnehmen. Im übrigen ist zu empfehlen, die Anwendung der hier dargelegten Regelungen auf die persönliche Situation mit einem Mitglied der steuerberatenden Berufe zu erörtern.

Sicherheits-Management für Immobilien

Manfred Zeuner, Produktmanager Sicherheitsdienst, P. Dussmann GmbH, Dresden und Berlin

Inhalt

1.	Einleitung	329
1.1	Schutz, Sicherheit und Service	331
2.	Stellung des Sicherheits-Managements	333
2.1	Mechanische und elektronische Sicherheit	335
2.2	Berücksichtigung der Sicherheitstechnik in der Bauplanung	336
2.3	Mechanische Sicherungstechnik	337
2.3.1	Aufgabenstellung der mechanischen Sicherungstechnik	337
2.3.2	Freilandsicherung	337
2.3.3	Bauwerkssicherung	338
2.3.4	Elektronische Sicherheitstechnik	338
3.	Sicherheits-Management und Schutzaufgaben	340
3.1	Kernaufgaben von Sicherheitsdienstleistungen	341
3.2	Aufgaben des Sicherheitspersonals	342
4.	Brandschutz – integrierter Bestandteil eines effizienten Sicherheits-Managements für Immobilien	344
4.1	Vorbeugender Brandschutz	345
4.2	Abwehrender Brandschutz	347
4.3	Brandschutzkonzepte	349
5.	Fazit	350
6.	Literatur	351

1. Einleitung

Die Bestimmung und Bewältigung der Verantwortung für den Schutz und die Sicherung von Immobilien erfordern vor allem eine frühzeitige und klare Darstellung der Sicherheitsphilosophie, die den Nutzern eine Atmosphäre der Geborgenheit, Organisiertheit und Ruhe garantiert. Dies setzt die Beurteilung und Bewertung einer breiten Palette von Anforderungen und Bedingungen voraus, die das Schutz- und Sicherheitsbedürfnis von Immobilien tangieren. Ausgangspunkt dieses Prozesses sind die Beurteilung des Charakters, der Lage und die Zweckbestimmung sowie die personellen, materiellen und ideellen Rahmenbedingungen, die bestimmend für die Funktionen einer Immobilie sind.

Für die Attraktivität einer Immobilie sind nicht zuletzt Fragen des Schutzes und ein hoher Sicherheitsstandard von großer Bedeutung. Leben, Sachwerte und Eigentum vor Gefahren und Schäden jederzeit zuverlässig zu schützen sowie beständige Risikominimierung sind deshalb wesentliche Grundziele der Tätigkeit des Sicherheits-Managements (SM). Die Verantwortung, die Pflichten, die Stellung des Sicherheits-Managements werden entscheidend geprägt von der Funktion der Immobilie sowie den Schutz- und Sicherheitsbedürfnissen der Nutzer, Mieter und Besucher.

Dient eine Immobilie ausschließlich Wohnzwecken, werden der Schutz- und Sicherheitsanspruch von anderen Faktoren charakterisiert als bei Immobilien, die gewerblichen Zwecken dienen bzw. als Handelseinrichtung genutzt werden.

Neben diesen durch Funktion und Zweckbestimmung einer Immobilie bestimmten Sicherheits- und Schutzbedürfnissen sind solche Faktoren bedeutsam wie:

- die aus dem Schutz von Werten (materielle und geistige) abzuleitenden Sicherheitsrisiken,
- relevante kriminelle Bedrohungen sowie deren Eintrittsmöglichkeiten und Eintrittswahrscheinlichkeiten,
- Personenkonzentrationen, Kunden, Besucherströme bzw. Treffpunktbildung unerwünschter Personen,
- Gefahren- und Risikopotentiale.

Bei aller Bedeutsamkeit der Schutz- und Sicherheitsaspekte sind alle notwendigen Schritte zur Entwicklung eines modernen und leistungsfähigen Sicherheits-Managements, welches Akzeptanz findet, mit einem wirtschaftlich vertretbaren Aufwand zu planen und zu realisieren.

Die Basis für eine zuverlässig funktionierende Sicherheit bilden:

- der baulich-mechanische Schutz,
- die elektronische Melde-, Kontroll- und Überwachungstechnik,
- die personellen Aktivitäten und Handlungen,
- die überschaubare Struktur und flexible Organisation.

Das Sicherheits-Management hat die Gesamtverantwortung für die personelle, technische und organisatorische Umsetzung aller Sicherheitserfordernisse wahrzunehmen.

Es verwaltet nicht die Aufgaben und Tätigkeiten des Schutzes und der Sicherheit von Immobilien, sondern hat alle erforderlichen Handlungen und Maßnahmen zu organisieren, optimieren, kontrollieren und zu dokumentieren, damit jederzeit eine störungsfreie Funktion und Verfügbarkeit aller Ressourcen gewährleistet wird. Das bedeutet grundsätzlich Planung, Steuerung und Regulierung aller Schutz- und Sicherheitsprozesse einer Immobilie. Dieser Stellung in jeder Beziehung gerecht zu werden heißt für das Sicherheits-Management:

- Einholung, Prüfung, Verarbeitung und Weiterleitung aller sicherheitsrelevanten Erkenntnisse und Informationen,
- Erarbeitung, Umsetzung und Weiterentwicklung des Sicherheitskonzeptes,
- Organisation der Gefahrenfrüherkennung und Schadensabwehr,
- zielgerichte ex- und interne Zusammenarbeit mit den kompetenten Entscheidungsträgern,
- effiziente Kostenkalkulation und Budgetverwaltung.

Entsprechend seiner Verantwortung hat das Sicherheits-Management umfassende und komplexe Aufgabenstellungen zu erfüllen.

Neben den herkömmlichen Aufgaben, wie dem Schutz von Personen, deren Leben und Gesundheit, dem Schutz von Sachwerten, Vermögen und anderem, gewinnen Aufgaben wie der Schutz der Umwelt, der Datenschutz zunehmend an Bedeutung und erfordern eine entsprechend fundierte Vorsorge. Dabei muß jedoch klar sein, daß neben dem Sicherheits-Management, welches die Hauptverantwortung zu erfüllen hat, alle anderen in einer Immobilie tätigen Personen ihre eigenständigen Anteile für den Schutz zu erbringen haben. Unabhängig von den Schutzzielen, den Sicherheitsplanungen, den Sicherheitsstrukturen sowie den Alarm- und Sicherungssystemen gehen oft Sicherheitsrisiken insbesondere vom Verhalten und Handeln der Menschen aus.

Deshalb hat das Sicherheits-Management stets auch darauf zu achten, daß alle wesentlichen Maßnahmen des Schutzes und der Sicherheit von allen Beschäftigten, Besuchern und Kunden, die eine Immobilie nutzen, verstanden werden und notwendige Akzeptanz finden.

Ein Sicherheits-Management wird mit der Sicherheitsorganisation nur die erforderliche Anerkennung finden, wenn die Lösungsschritte sich an den spezifischen und praktischen Erfordernissen orientieren, die inneren Abläufe nicht beeinflussen und durch alle Beteiligten bewußt verwirklicht werden.

1.1 Schutz, Sicherheit und Service

Vielfach beruht der Schutz von Immobilien auf langjährigen, eingefahrenen Aufgabenverteilungen und Strukturen. Die Organisation der Sicherheit setzt sich aus vielen einzelnen Bausteinen zusammen, die als Reaktion auf bestimmte Ereignisse bzw. Risiken entwickelt wurden. Nicht selten sind Insellösungen entstanden, die kaum einen modernen und flexiblen Immobilienschutz garantieren.

Die Entwicklung der inneren Sicherheit in Deutschland spiegelt unterschiedliche Veränderungen wider, teilweise hat sich regional die Sicherheitslage verschlechtert. Deshalb ist eine komplexe und umfassende Bestandsaufnahme der Sicherheitslage, der Anforderungen und Interessen der Nutzer durch das Sicherheits-Management unumgänglich, um den Schutz, die Gefahrenabwehr und Risikobeherrschung stets auf dem erforderlichen Sicherheitsniveau zu gewährleisten. Zu berücksichtigen sind vor allem eine ganze Reihe gesetzlicher Regelungen zu den Pflichten und Verantwortlichkeiten für die Eigensicherung von Immobilien sowie zu den Fürsorgepflichten für die Mitarbeiter, Kunden und Gästen. Durch die Tätigkeit des Sicherheits-Managements sind ferner auch mögliche haftungsrechtliche Pflichten sowie strafrechtliche Folgen auszuschließen. Nachweis der Vorsorgemaßnahmen und eindeutige Dokumentation der Erfüllung obliegender Pflichten sind deshalb bedeutsam, um allen Verantwortlichkeiten nachzukommen (vgl. Abb. 1).

Das Sicherheits-Management wird allen ihm obliegenden Aufgaben gerecht, wenn Sicherheits-, Schutz- und Servicefunktionen in einer Hand liegen und durch ein koordiniertes und zielgerichtetes Handeln verwirklicht werden.

- *Sicherheitsaufgaben sind:*
  – Leitstellendienste,

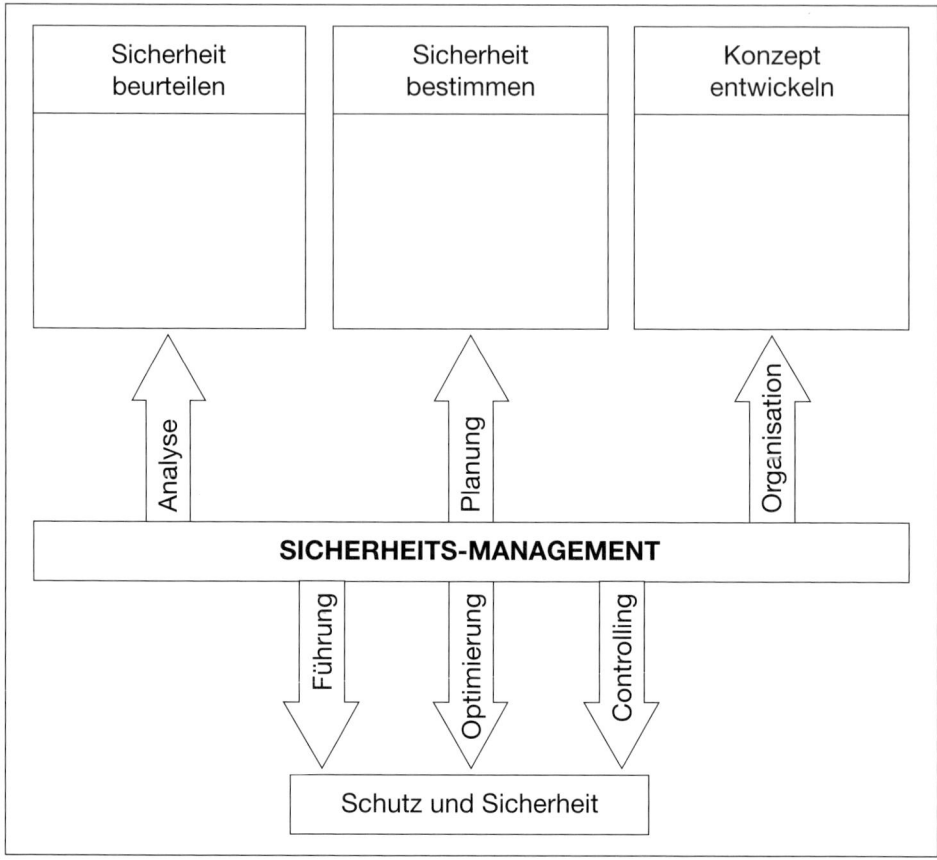

Abb. 1: Sicherheits-Management

  - Empfangsdienst,
  - Tor- und Pfortendienst,
  - Streifendienst,
  - Verkehrsdienst,
  - Personenschutz,
  - Veranstaltungsschutz.
- *Schutzaufgaben sind:*
  - Arbeitsschutz,
  - Brandschutz,
  - Datenschutz,
  - Informationstechnik,
  - Geheimschutz,
  - Umweltschutz.

- *Serviceaufgaben sind:*
  - Empfangs- und Besucherdienste,
  - Telefondienste,
  - Postendienste,
  - Boten- und Kurierdienste,
  - Fuhrparkverwaltung,
  - Erste Hilfe.

Die Schutz-, Sicherheits- und Servicemaßnahmen sind ein untrennbarer Bestandteil der Basis eines erfolgreich funktionierenden Sicherheits-Managements einer Immobilie.

Damit hat das Sicherheits-Management eine wichtige Rolle als Dienstleister im Interesse der Attraktivität und Wirtschaftlichkeit einer Immobilie auszuführen.

2. Stellung des Sicherheits-Managements

Voraussetzung für den zuverlässigen Schutz von Immobilien ist ein gut funktionierendes und leistungsfähiges Management-Systems, welches durchgängig, umfassend und flexibel alle Komplexe zur Gewährleistung der Sicherheit organisiert, steuert und über ein klares Sicherheitskonzept verfügt, welches ständig hinsichtlich Aktualität geprüft und bei begründeter Notwendigkeit ergänzt wird. Das erfordert zugleich eine reibungslose Organisation und Wirtschaftlichkeit des Sicherheits-Managements und die zuverlässige Erfüllung gesetzlicher Grundlagen und behördlicher Vorschriften sowie der versicherungstechnischen Auflagen. Höchste Ansprüche sind auch an ein gut organisiertes und jederzeit zuverlässig funktionierendes Kommunikationssystem zu stellen.

Leit- und Koordinierungsstellen sind das Herzstück für das Sicherheits-Management und können ihre Funktion nur umfassend wahrnehmen, wenn die technische Ausstattung und die personelle Besetzung jederzeit schnelles Reagieren auf alle Ereignisse und Erfordernisse der Lage garantieren. Die fachliche Kompetenz und die Leistungsfähigkeit des Personals sind von entscheidender Bedeutung, um auf alle qualitativen und quantitativen Anforderungen schnell und angemessen reagieren zu können. Hauptbestandteile des Managements für den Schutz und die Sicherheit einer Immobilie mögen sein:

- Alarm- und Gefahrenmelder,
- Videoüberwachungssysteme,
- allgemeine Betreuungs- und Servicesysteme,
- Schließ- und Fluchtwegesicherungssysteme.

Darüber hinaus können durch Leit- und Koordinierungsstellen unterstützende Aufgaben für die Gebäudetechnik und -verwaltung der Liegenschaft mit ausgeführt werden. Mit ihrer durchgehenden personellen Besetzung, auch außerhalb der allgemeinen Arbeits- und Geschäftszeit, bieten diese Leitstellen mit ihrer technischen Ausstattung eine Reihe von Möglichkeiten für Serviceleistungen gegenüber anderen Elementen des infrastrukturellen Managements zur Unterstützung einer effizienten Bewirtschaftung von Immobilien.

Die Leitstellen des Sicherheits-Managements sollten so konzipiert werden, daß sie neben den Aufgaben für die Sicherheit, dem Brandschutz, dem Umwelt- und Datenschutz durch Integration von Gebäudeleittechnik auch Aufgaben der Koordination, Überwachung und Disposition im Interesse einer effizienten und beweglichen Intervention bei Havarien und Störungen realisieren können.

Entsprechend dem Querschnittscharakter der Schutz- und Sicherheitsanforderungen an Immobilien hat das Sicherheits-Management alle relevanten Entwicklungen und Probleme im Sicherheitsbereich zu analysieren, auszuwerten und rechtzeitig Entscheidungen aufzubereiten, um den Immobilienschutz angemessen weiterzuentwickeln. Dabei geht es niemals um Verwaltung von Schutz- und Sicherheitsaufgaben durch das Management, sondern stets um die permanente Vervollkommnung und innovative Fortentwicklung. Das verlangt, vor allem drei Problemfeldern ständig die gebührende Beachtung beizumessen:

- Gewährleistung eines effektiven Einsatzes des Sicherheitspersonals unter Ausschöpfung aller technischen und innovativen Voraussetzungen.
- Kosteneffizienz für die Sicherheit durch den Einsatz von Technik und Verbesserung der Organisation der Schutz- und Servicemaßnahmen.
- Ständige Prüfung der Ausführung der Schutz- und Sicherheitsleistungen, um rechtzeitig Schwachstellen in Bereichen mit erhöhten Risiken, besonders in hochsensiblen Einrichtungen zu erkennen und erfolgreich zu beseitigen.

Neben diesen Verantwortlichkeiten kommen dem Sicherheits-Management auch eine Reihe weiterer interner Funktionen zu. So unter anderem in der

Beratung sowie Fortbildung in bezug auf spezifische Sicherheitsbelange oder zur Erreichung der erforderlichen Akzeptanz und Transparenz bei neuen bzw. geänderten Sicherheitsmaßnahmen.

All diese Aufgaben und Verantwortlichkeiten unterstreichen Stellung und Verantwortung des Sicherheits-Managements für die Realisierung und zuverlässige Funktion aller zum Schutz und zur Sicherung von Immobilien gehörenden Pflichten und Verantwortlichkeiten.

Das Umfeld von Immobilien und auch Schutz- und Sicherheitsaufgaben unterliegen permanenten Veränderungen, vor allem durch:

- Bedrohungen, d.h. Aktivitäten, Ereignisse und Umstände, die eine gefahrlose, störungsfreie Nutzung beeinträchtigen können.
- Gefährdungen und Risiken, d.h. Ursachen für Stör- und Schadensfälle.

Für die uneingeschränkte Beherrschung aller Seiten der Eigensicherung einer Immobilie sind für die Projektentwicklung des Sicherheits-Managements einige prinzipielle Arbeitsschritte zu realisieren, um die Organisation, Struktur und Arbeitsweise der spezifischen Bedeutung entsprechend zu gestalten, damit mögliche Defizite von vornherein ausgeschlossen werden.

Denn alle personellen und organisatorischen Erweiterungen oder technischen Nachrüstungen verursachen weitere Kosten für den Schutz und die Sicherheit, die bei einer sorgfältigen Beurteilung aller Probleme sowie der Interessen von Mietern ausgeschlossen werden können (vgl. Abb. 2).

2.1 Mechanische und elektronische Sicherheit

Die Sicherheit einer Immobilie ist nur im Verbund mit einer Reihe von Maßnahmen realisierbar. Das sind:

- bauliche und mechanische Sicherheitsmaßnahmen,
- Sicherheitstechnik,
- personelle Maßnahmen,
- organisatorische Regelungen.

Eine optimale Sicherheit für eine Immobilie wird erreicht, wenn die entsprechenden Sicherheitslösungen eine zweckmäßige Verbindung von Mensch und Technik verkörpern.

Der Einsatz von Technik sollte stets auf das notwendige Maß begrenzt bleiben, um keinen Anlaß für Unsicherheit zu geben, potentielle Bedrohun-

Abb. 2: Projektentwicklung des Sicherheits-Managements

gen rechtzeitig zu erkennen, um angemessen präventiv reagieren zu können.

2.2 Berücksichtigung der Sicherheitstechnik in der Bauplanung

Nicht selten werden manche Sicherheitsprobleme einer Immobilie erst bedacht, wenn die Immobilie fast vor der Vollendung steht. Die Ursachen dafür sind vielfältig. Einer der Hauptgründe ist oftmals, daß die Sicherheitsplanung noch nicht vollständig in die Bauvorbereitung und -planung einbezogen wird. Aber auch wenn sie beachtet wird, dann bleiben Sicherheitsmaßnahmen als ein architektonisch störendes Element nur im Einzelfall berücksichtigt und stellen selten eine ganzheitliche, komplexe, konzeptionelle Lösung dar.

Dabei wird dann vielfach festgestellt, daß Nachrüstungen mit mechanischer und elektronischer Sicherheitstechnik nur schwer realisierbar und mit erheblichen Mehrkosten verbunden sind. Auswege lassen sich nur finden, wenn Gebäudeplanung, Immobilienverwaltung und Sicherheits-Management eng in den Planungsphasen zusammenarbeiten.

Heute greifen mechanische und elektronische Sicherheit zur Erzielung optimaler Sicherheitslösungen derart ineinander, daß nur ein abgestimmtes Gesamtkonzept und nicht das Aneinanderfügen einzelner Sicherheitsprodukte den gewünschten Erfolg erzielt. Dabei muß nicht auf anspruchsvolle Lösungen verzichtet werden.

2.3 Mechanische Sicherungstechnik

2.3.1 Aufgabenstellung der mechanischen Sicherungstechnik

Die mechanische Sicherungstechnik soll

- das gewaltsame Eindringen von Personen mit und ohne Hilfsmittel,
- das Zerstören von Einrichtungen innerhalb gesicherter Bereiche,
- das Entwenden von Gegenständen und
- das Freisetzen gefährlicher Stoffe

in umfassender Art und Weise unterbinden.

Wichtig ist, daß natürlich jedes mechanische Sicherungssystem überwindbar ist, wenn ausreichend Energie, Zeit und Hilfsmittel zur Verfügung stehen. Die mechanische Sicherung wird durch unterschiedliche Konstruktionen und Materialien erreicht. Anwendung finden:

- Einrichtungen der äußeren Umschließung der Immobilie,
- Bauteile des Gebäudes,
- Verschlüsse und Schließsysteme,
- Sicherheitsbehältnisse und andere mechanische Vorkehrungen.

Diese Technik hat einen begrenzten zeitlichen Widerstandswert und sollte deshalb sinnvoll mit Gefahrenmeldeanlagen ergänzt werden.

2.3.2 Freilandsicherung

Die Einfriedung einer Immobilie erfüllt eine juristische Aufgabe als äußeres Zeichen des Besitzanspruches bzw. Eigentumsrechtes auf die Immobilie und eine sicherungstechnische Anforderung, um ein unberechtigtes Eindringen bzw. einen unberechtigten Aufenthalt zu erschweren.

Als wichtigste Elemente der Freigeländesicherung seien genannt:
- Zaunanlagen,
- Mauern,
- Zaundurchlässe (Zauntore, Schranken, Drehkreuze etc.),
- Durchfahrtschutz.

Mechanische Elemente der Freilandsicherung sind dann besonders wirkungsvoll, wenn sie als Bestandteil eines Gesamtsicherungskonzeptes angesehen werden und mit zusätzlichen personellen Maßnahmen (Bestreifungen) sowie elektronischen Sicherungsmaßnahmen (Melder, Videoanlagen etc.) verknüpfbar sind.

2.3.3 Bauwerkssicherung

Im Rahmen der Immobiliensicherung sind insbesondere die folgenden Bauteile zu betrachten und auf ihre Widerstandsfähigkeit zu prüfen:

- Wände, Decken, Fußböden,
- Dächer von Erdgeschoßbauten,
- Dächer, die ohne besondere Schwierigkeiten oder mit einfachen Hilfsmitteln erreichbar sind.

Türen und Tore sind erste Schwachstellen, die in der Bauwerkssicherung Bedeutung haben, da diese nach wie vor der meistgenutzte Angriffsweg für kriminelle Kräfte sind.

Zur Beseitigung von Schwachstellen sollte die Gesamtkonstruktion immer unter Sicherheitsaspekten betrachtet werden. Dabei muß auch der Sicherheitswert von Schlössern und Schließanlagen mit beurteilt und berücksichtigt werden.

Begriffe, Anforderungen, Prüfungen und Kennzeichnungen sind in DIN-Normen festgelegt.

2.3.4 Elektronische Sicherheitstechnik

Elektrische und elektronische Sicherheitstechnik nimmt in der Gesamtheit der Immobiliensicherheit an Bedeutung weiter zu. Insbesondere dann, wenn sie in Planung und Realisierung bauliche und mechanische Sicherheitsmaßnahmen einschließt und personell Leistungen sinnvoll ergänzt oder auch im Einzelfall ersetzt.

So finden elektrische und elektronische Sicherungstechnik im mehrstufigen Überwachungskonzept in der Perimeterüberwachung, der Peripherieüberwachung sowie der Raum- und Einzelobjektüberwachung Anwendung. Die Perimeterüberwachung durch elektrische und elektronische Sicherungstechnik hat das Ziel, bereits die Annäherung Unbefugter an das Schutzobjekt zu erfassen und zu signalisieren. Anwendung finden dabei besonders:

- Melder zur Zaunüberwachung (zum Beispiel Vibrationsmelder, Körperschallmelder, Mikrofonkabel, elektrische Schleifen und Schalter).
- Volumetrische und linienartige Überwachung (zum Beispiel Infrarotschranken, Mikrowellenschranken).
- Bodensensoren (zum Beispiel Körperschallmelder, Druckmelder, magnetische Kabelsensoren).

Im Rahmen des Peripherieschutzes wird mittels elektrischer und elektronischer Sicherungstechnik das Eindringen nicht autorisierter Personen rechtzeitig erkannt. Als Detektionssystem finden verschiedenste Überwachungskontakte an Fenstern, Türen und Schließblechen zur Meldung von Bewegungen Anwendung. Erschütterungskontakte werden zur Durchbruchsüberwachung von Fenstern und Türen eingesetzt. Die Überwachung einbruchsgefährdeter Wertbehältnisse aus harten Baustoffen und Stahl (Tresorräume, Geldausgabeautomaten) erfolgt durch Körperschallmelder. Die Raumüberwachung mittels elektrischer und elektronischer Sicherungstechnik detektiert und löst Alarm aus beim Eindringen in einen überwachten Innenbereich. Anwendung finden überwiegend Bewegungsmelder in Form von Ultraschallmeldern, Mikrowellendetektoren und Passiv-Infrarotmelder. Zur linienförmigen Raumüberwachung können auch Infrarotlichtschranken eingesetzt werden.

Bei der Einzelobjektüberwachung wird ein Angriff oder die Berührung durch verschiedenste Kombinationen von elektromechanischen oder magnetischen Kontakten, Glasbruchmeldern, Alarmglas, Vibrationsmelder oder Infrarotbewegungsmelder signalisiert.

Zweckmäßig kann zusätzlich der Einsatz der Videoüberwachung zur Beobachtung von Objekten, Personen oder des Geländes sein. Als Ergänzung zur Geländeüberwachung vermag durch die Videoüberwachung die tatsächliche Gefahr nach Auslösung einer Alarmmeldung erkannt werden, die Interventionsmaßnahmen können dadurch unterstützt werden bzw. bei Fehlalarmen werden Folgehandlungen ganz vermieden.

In der einfachsten Form der Videoüberwachung werden lediglich Kamera und Monitor miteinander verbunden. Diese Anwendung ist hinsichtlich des operationellen Nutzens begrenzt. Sinnvoll und nützlich sind Videoüberwachungssysteme zur Durchführung komplexer Beobachtungen und Auswertungen sowie zur Rekonstruktion von Handlungen. Moderne Videoüberwachungssysteme ermöglichen die Verteilung von Videobildern auf verschiedene Beobachtungsmonitore oder Beobachtungsplätze. Mittels Telemetriesystemen werden Funktionen zum Schwenken und Neigen der Kameras, Brennweitenveränderungen und Scharfstellen von Objekten, aber auch das Ein- und Ausschalten von Beleuchtungsquellen oder das Heizen bzw. Kühlen von Wetterschutzgehäusen gesteuert. Die Dokumentation und Auswertung von Videobildern erfolgt hauptsächlich mit Langzeitrecordern. Zur unmittelbaren Dokumentation werden Videoprinter angeschlossen, die den Hardcopy-Bildnachweis liefern.

Videosensoren oder Videobewegungsmelder erkennen und zeigen unvorhergesehene Bildveränderungen an und lösen Alarm in einer ständig besetzten Leitstelle aus. Im Rahmen der Anwendung von Videoüberwachungssystemen sind die notwendigen rechtlichen und arbeitsrechtlichen Rahmenbedingungen zu berücksichtigen.

Zur Sicherung von Immobilien mit dem Ziel einer kontrollierten Personenbewegung sind entsprechende Zutrittskontrollsysteme eine zuverlässige Unterstützung des Sicherheitspersonals.

Dieses vereinigt verschiedene bauliche, apparative, organisatorische und personelle Maßnahmen zur Sicherstellung einer möglichst optimalen Zutrittskontrolle. Aufgaben eines Zutrittskontrollsystems sind die Überwachung und Steuerung der Personalbewegung, Identifizierung von Personen, Feststellung der Berechtigungen und Auslösung von Alarmen bei Normabweichung.

Je nach Schutzbedürfnis der Immobilie können zusätzlich zur Codierung der Ausweise Maßnahmen zur Erhöhung der Sicherheit integriert werden, um weitere Merkmale und Informationen zu erhalten, mit denen Personen exakt zu identifizieren sind. Anwendung finden die zusätzliche Eingabe eines Zahlencodes, der Vergleich von relativ beständigen persönlichen Merkmalen sowie bei hohem Schutzbedürfnis auch biometrische Verfahren.

3. Sicherheits-Management und Schutzaufgaben

Im Gegensatz zu den klassischen Schutzaufgaben, wo der Gesetzgeber die personellen Voraussetzungen häufig definiert hat, ist für Sicherheitsaufgaben der personelle Aufwand nicht reglementiert. Im Sicherheitsbereich geht es stets um die Erfüllung der Aufgaben, die Eigentümer bzw. Unternehmer entsprechend ihres Rechtsstatus zum Zweck der Gefahrenabwehr, zum Schutz von Leben, Gesundheit und anderen Rechtsgütern für notwendig und angemessen erachten.

Leistungsumfang und -inhalte im Sicherheitsbereich sind deshalb sehr unterschiedlich determiniert und ergeben sich aus den Fürsorgepflichten, den Eigentums- und Besitzrechten und anderen Verpflichtungen beispielsweise aus Ansprüchen im Rahmen des Versicherungsschutzes.

An das Personal werden zwangsläufig hohe Ansprüche gestellt, um die hohe Verantwortung und die Vertrauensstellung zu rechtfertigen. Vorbildliche Motivation, Leistungsbereitschaft und fachliche Qualifikation sind Grundwerte für Kompetenz und erfolgreiches Handeln. Um das Sicherheitspersonal effizient einzusetzen und ein erfolgreiches Wirken zu gewährleisten, müssen für die unterschiedlichen Situationen, wie Bedrohungen, Gefahr- und Störfälle, Sofortmaßnahmen und Reaktionspläne vorliegen, um den Spielraum subjektiv einzuschränken, damit angemessene Wirkungen zur Schadensminimierung auch erzielt werden.

Solche Maßnahmenpläne sollten mit der Polizei und der Feuerwehr abgestimmt sein und bedürfen regelmäßiger Erprobungen und Trainings, um den erforderlichen Grad der Beherrschung aller Tätigkeiten zu garantieren.

3.1 Kernaufgaben von Sicherheitsdienstleistungen

Traditionell haben sich die Sicherheitsdienstleistungen aus den Erfordernissen und Erfahrungen des Objektschutzes entwickelt.

Zu den Kernaufgaben gehören:

- *Tor- und Pfortendienst*
  Überwachung, Regelung und Kontrolle des Personen-, Fahrzeug- und Güterverkehrs an den Ein- und Ausgängen der zu schützenden Objekte.
- *Wach- und Streifendienst*
  Durchführung objektbezogener Kontrollgänge mit dem Ziel, Gefahren bzw. Gefahrenzustände zu erkennen, Gefahrenquellen zu beseitigen und Gefahren abzuwenden.
- *Alarmdienste*
  Annahme und Auswertung von Alarmen und Notmeldungen, deren Weiterleitung an interne und externe hilfeleistende Stellen sowie Informations- und Dokumentationsaufgaben.
- *Verkehrsdienst*
  Überwachung, Sicherung und Kontrolle des objektspezifischen Verkehrs,

der Verkehrswege und der Verkehrseinrichtungen sowie Unfallaufnahme und deren Bearbeitung.
- *Ermittlungsdienste*
  Untersuchung von Ordnungswidrigkeiten, Schadensfällen, strafbaren Handlungen und geschäftsschädigenden Ereignissen und Vorkommnissen und deren Auswertung.
- *Mitwirkungsdienste*
  Wahrnehmung von Aufgaben im Brandschutz, bei der Unfallverhütung, im Datenschutz und Umweltschutz, bei der Veranstaltungsabweichung sowie Personenschutzmaßnahmen.

Vor dem Hintergrund der ständigen Veränderungen unterliegenden Sicherheitserfordernisse und des komplexen Charakters der Vielzahl von Aufgaben steigen die Ansprüche und setzen Flexibilität der Handlung des Personals voraus, um auch die Wahrnehmung unterschiedlichster Servicefunktionen zu realisieren.

Ausgehend von den Pflichten und Verantwortungen realisiert fachlich kompetentes Sicherheitspersonal Aufgaben, die eine Kombination von Sicherheits-, Schutz- sowie Servicemaßnahmen darstellen, die in die Tätigkeit des Sicherheitspersonals zu integrieren sind. Vorrangige Priorität hat dabei die zuverlässige Erfüllung der festgelegten Sicherheitsfunktionen (vgl. Abb. 3).

3.2 Aufgaben des Sicherheitspersonals

- *Bewachungsdienste:*
  - Kontrolldienste zur Erkennung und Meldung von Gefahren und Störungen,
  - Zugangskontrolle Personen und Fahrzeuge,
  - Durchführung von Schließdiensten und Prüfung der Verschlußsicherheit,
  - Kontrolle externer Objekte und Sonderbereiche nach risikoorientierten Sicherheitsgrundsätzen,
  - Begleitung von Personen außerhalb der Geschäftszeiten,
  - Überwachung der Zugangskontrolltechnik, des Parkraumes, Erteilung von Zufahrtsberechtigungen,
  - Funktionsüberprüfung Drehtoranlagen, Schranken, Nottüren, Erkennen von Störungen, Sperrungen und Einleitung von Maßnahmen,
  - Überwachung Personal in Sonderbereichen,

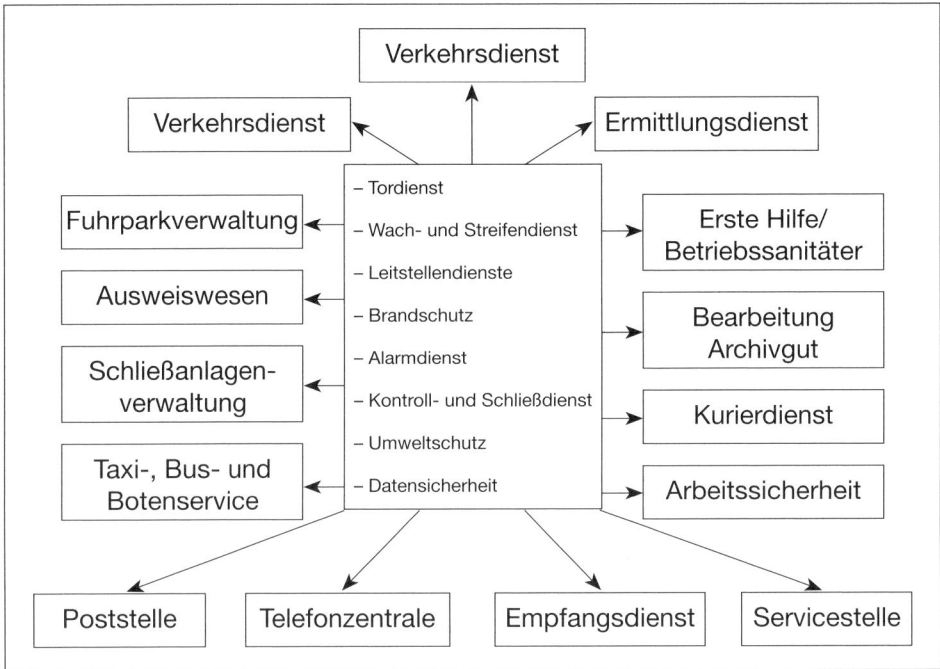

Abb. 3: Sicherheit auf allen Ebenen

- Übernahme von Empfangsdienstaufgaben außerhalb der Geschäftszeit,
- Kontrollen mit Wächterkontrollsystem in sensiblen Bereichen.
- *Leitstellen- und Informationsdienste:*
  - Sicherstellung der Kommunikation in Gefahr- und Havariefällen,
  - Erfassung und Analyse der eingehenden Zustandsmeldung, Energie, Klima, Kühlanlagen, Löschanlagen,
  - Bearbeitung von Brand-, Gefahr- und Störungsmeldungen und Einleitung festgelegter Sofortmaßnahmen,
  - Videoüberwachung und Beweissicherung,
  - Erfassen und Pflegen von Text und Graphikdaten,
  - Frühzeitige Aufdeckung von Sicherheitslücken,
  - Beseitigung von Sicherheitsrisiken (nach Abstimmung),
  - Rechnergestützte Alarmierung,
  - Auswertung von Mängeln und Schwachstellen,
  - Dokumentation, Nachweise,
  - Aktualisierung der Flucht- und Rettungswegeplanung,
  - Analyse relevanter Ereignisse,

- Einweisungen und Schulungen,
- Revision sicherheitsrelevanter Bereiche, Zutrittsorganisation, Begehung der Bereiche, Feststellung von Meldungen und Schwachstellen, Vorschläge zur weiteren Optimierung,
- Auswertung der Wächterkontrollen.
• *Empfangsdienste:*
- Empfangs- und Auskunftsdienste,
- Besuchererfassung und -anmeldung,
- Fundsachenbearbeitung,
- Ausfertigung von Zugangsberechtigungen,
- Prüfung von mitgeführten Gegenständen,
- Ausfertigung von Mitnahmeberechtigungen.

4. Brandschutz – integrierter Bestandteil eines effizienten Sicherheits-Managements für Immobilien

Ausgehend davon, daß der Brandschutz die Gesamtheit aller Maßnahmen, Mittel und Methoden zur Verhütung von Bränden, zur Begrenzung der Brandausbreitung und zur Brandbekämpfung umfaßt und dem Ziel dient, Menschen, Tiere und Sachwerte zu schützen, ordnen sich die entsprechenden Aktivitäten des Brandschutzes in das Sicherheits-Management für Immobilien ein.

Wesentlich für eine sachbezogene und zweckmäßige Einordnung dieser Aktivitäten ist das Verständnis, daß sich der Brandschutz in die Hauptbestandteile vorbeugender Brandschutz und abwehrender Brandschutz gliedert (vgl. Abb. 4).

Während sich das Sicherheits-Management beim vorbeugenden Brandschutz auf die Verhinderung einer Brandentstehung und der damit verbundenen Brandausbreitung konzentriert, gilt es beim abwehrenden Brandschutz, vorrangig eine schnelle und wirksame Brandbekämpfung, d. h. organisatorisch und personell sowie technisch-taktisch, sicherzustellen. Da Maßnahmen des Brandschutzes generell baulich als auch technisch-organisatorisch determiniert sind, eine bedeutende Sicherheitsbasis verkörpern, empfiehlt es sich, dieses Leistungsspektrum gegebenenfalls als partielles Management zu handhaben, ohne jedoch die Funktion im Sinne eines effizienten Sicherheits-Managements einzuschränken.

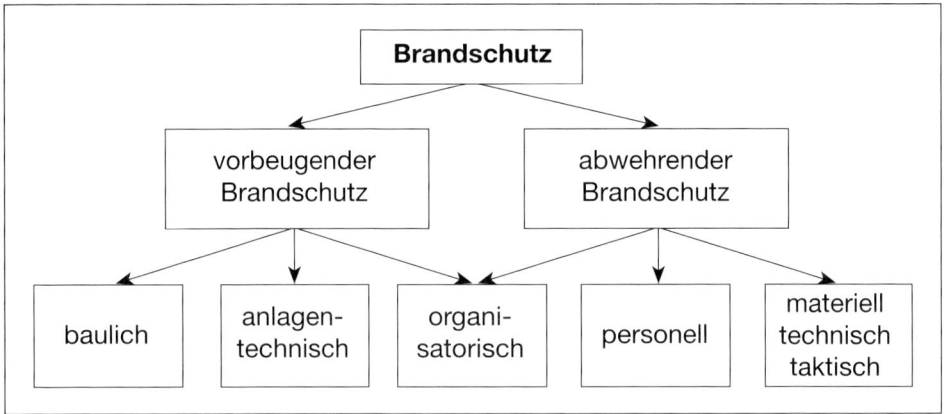

Abb. 4: Brandschutz für Immobilien

4.1 Vorbeugender Brandschutz

Der vorbeugende Brandschutz, der im wesentlichen auf die Verhinderung des Brandausbruchs und der Brandausbreitung gerichtet ist und sich in den baulichen, anlagentechnischen und organisatorischen Brandschutz gliedert, sollte im Rahmen eines Sicherheits-Managements stets im Detail, aber grundsätzlich auch ganzheitlich betrachtet und praktiziert werden. Unter Beachtung dieser Aspekte kommt es besonders darauf an, daß die gesetzlichen und verwaltungsrechtlichen Bestimmungen des vorbeugenden Brandschutzes als Mindestforderungen eingehalten und darüber hinaus auf der Grundlage objektiver Erfordernisse weitere Maßnahmen des vorbeugenden Brandschutzes in Anwendung neuester Erkenntnisse organisiert und umgesetzt werden.

Für den vorbeugenden Brandschutz sind eine Vielzahl konkreter Aufgaben und Verantwortlichkeiten in Rechts- und Verwaltungsvorschriften (zum Beispiel Brandschutzgesetze der Länder u. Bauordnungen), Richtlinien (zum Beispiel VdS-Richtlinien), aber auch allgemeinverbindlicher Normen (zum Beispiel DIN) vorgegeben und damit die Grundlage für die erfolgreiche Realisierung.

Den baulichen Brandschutz betreffend bilden Musterbauordnungen und Länderbauordnungen, aber auch für spezifische Bauwerke untersetzende Musterverordnungen einen wichtigen Ausgangspunkt. Besonders in der Musterbauordnung (zum Beispiel MBO §§ 3, 5, 17, 21 ff.) werden Bezugspunkte zum Brandschutz bzw. unmittelbare Vorschriften des baulichen Brandschutzes formuliert und beschrieben.

Was hinsichtlich des Brandschutzes unter öffentlicher Ordnung und Sicherheit zu verstehen ist, wie bauliche Anlagen beschaffen sein müssen, welche allgemeinen Anforderungen an den Brandschutz bestehen und welche besonderen brandschutztechnischen Anforderungen u. a. an: Baustoffe, Bauteile, Baugruppen gestellt werden, findet dabei, bis hin zu speziellen haustechnischen Anlagen (zum Beispiel Aufzüge und Feuerungsanlagen), eine klare Einordnung.

Von besonderer Bedeutung für ein fachkompetentes Sicherheits-Management auf dem Gebiet des baulichen Brandschutzes sind aber auch die Kenntnis vom Brandverhalten der Bestandteile baulicher Anlagen (DIN 4102 Teile 1 bis 18) und die damit verbundene Sicherstellung der Flucht- und Rettungswege, da hier für den Schutz der Menschen in baulichen Anlagen eindeutige Voraussetzungen gegeben sind.

Im Rahmen des Sicherheits-Managements zum baulichen Brandschutz ist es nicht relevant, die Verantwortung von Projektanten und Architekten anzutasten oder gar einzuschränken, sondern unter dem Aspekt der ganzheitlichen Betrachtung des vorbeugenden Brandschutzes für Immobilien einen angemessenen Beitrag zu erbringen, der insbesondere organisierend, beratend und unterstützend sein sollte.

Anliegen einer solchen Praxis kann es nur sein, Probleme frühzeitig zu erkennen, kostengünstige Lösungen ohne größere bauliche Veränderungen und Nachrüstungen zu entwickeln.

Dies trifft ebenso auf die Sicherstellung des anlagentechnischen Brandschutzes zu, der sich auf Alarm- und Warnanlagen, Rauch- und Wärmeabzugsanlagen, aber auch Löschanlagen, insbesondere Löschwasserversorgungsanlagen, bezieht.

Analog zum baulichen Brandschutz hat dieser in den entsprechenden Bau- und Betreibervorschriften von Immobilien seine Wurzeln und ist in der Regel nur im engen Zusammenwirken mit fachkompetenten Projektanten und zugelassenen Errichterfirmen realisierbar.

Ganzheitlich betrachtet bildet jedoch der anlagentechnische Brandschutz – wie auch der bauliche Brandschutz – einen unmittelbaren Ausgangspunkt und hat engen Zusammenhang zu den Maßnahmen des organisatorischen Brandschutzes.

Mit dem organisatorischen Brandschutz ist zugleich das umfangreichste Betätigungsfeld auf dem Gebiet des vorbeugenden Brandschutzes innerhalb des Sicherheits-Managements für Immobilien gegeben. Unter diesem Gesichtspunkt kommt einer überprüfenden analytischen Tätigkeit eine nicht zu unterschätzende Bedeutung zu.

Die Analyse möglicher Ursachen und Bedingungen für die Brandentstehung und die Brandausbreitung bewirkt, daß Mängel frühzeitig erkannt, aufgedeckt und zugleich bauliche oder anlagentechnische Maßnahmen des Brandschutzes, die dem beabsichtigten Schutzziel nicht oder nicht ausreichend entsprechen, durch organisatorische Maßnahmen des vorbeugenden Brandschutzes ergänzt bzw. vervollkommnet werden können.

Diesem Erfordernis kann im Rahmen eines effizienten Sicherheits-Managements mitwirkend oder bei vorhandener fachlicher Befähigung direkt realisierend entsprochen werden, indem u. a. Brandschutzordnungen nach DIN 14096, Alarmpläne nach VBG 1 §43, Flucht- und Rettungswegepläne nach VBG 125, Feuerwehrpläne nach DIN 14095 aufgestellt, dokumentiert und erprobt werden. Die entsprechenden Auflagen der Feuerwehr sind zu berücksichtigen.

Zusammenfassend ist festzustellen, daß organisatorische Brandschutzmaßnahmen, die der Verhinderung von Bränden dienen, Verbote, Gebote, Warnungen und Hinweise sind, die bei konsequenter Verwirklichung einen direkten Beitrag zur Gewährleistung des Schutzes von Immobilien darstellen. Darüber hinaus gehören die Organisation, Koordination und anteilige Realisierung von Schulungs- und Fortbildungsmaßnahmen, Prüf- und Revisionsprozessen, komplexen Brandschutzbegehungen zum notwendigen Standard.

4.2 Abwehrender Brandschutz

Eine zwischen vorbeugendem und abwehrendem Brandschutz förmlich vermittelnde Rolle spielt die Vorbereitung der Gefahrenabwehr, der im wesentlichen die Brandmeldung, die Alarmierung sowie weitere vorbereitende Maßnahmen der Organisation der Brandbekämpfung zugrunde liegen. Für das Sicherheits-Management hat die Warnung bedrohter Personen stets vorrangige Bedeutung im Prozeß des Ablaufes der Gefahrenabwehr (vgl. Abb. 5).

Der abwehrende Brandschutz, der in seiner Gesamtheit auf die Eindämmung der von Bränden ausgehenden Gefahren konzentriert ist, schließt in seiner Komplexität demzufolge die Branderkennung und -meldung, die Alarmierung sowie die Brandbekämpfung einschließlich Rettung von Menschen und Tieren aus Notsituationen ein, da mit Brand- und Notfallerkennung sowie -meldung das Erfordernis einer schnellen und wirksamen Hilfe unmittelbar angezeigt wird.

Die Brandbekämpfung umfaßt dabei als Kernstück des abwehrenden Brandschutzes alle Mittel und Methoden, um einen entstandenen Brand an seiner Ausbreitung schnell und wirksam zu hindern sowie diesen möglichst in der Nähe seines Entstehungsortes zu löschen. Die für eine erfolgreiche

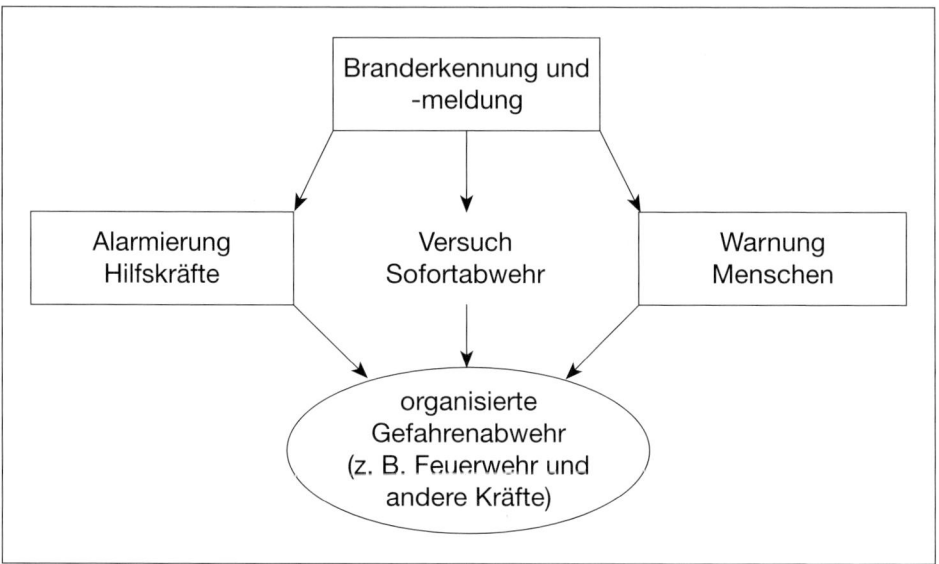

Abb. 5: Ablauf der Gefahrenabwehr

Brandbekämpfung zu planenden und zu koordinierenden Maßnahmen bilden demzufolge auch für ein effizientes Sicherheits-Management einen besonderen Schwerpunkt.

Neben der allgemeinen Kenntnis der von Bränden ausgehenden Gefahren, wie beispielsweise Rauch, extreme Hitze, Instabilität von Baukörpern und anderes mehr, die Menschen, Tiere und Sachwerte bedrohen können, ist natürlich das spezielle Wissen um ablaufende Verbrennungsprozesse und dabei entstehende Verbrennungsprodukte für die zur Brandbekämpfung tätig werdenden Kräfte und Mittel eine wichtige Voraussetzung.

Eine schnelle und reibungslose Erstbrandbekämpfung oder auch andere Notfallbekämpfung bedingt deshalb eine regelmäßige Ausbildung und Schulung geeigneter Kräfte, eine zweckmäßige Lösch- und Sondertechnik sowie die Bereitstellung geeigneter Lösch- und Spezialmittel in ausreichendem Maße.

Erfolgreiche Brand- und Notfallbekämpfung setzt in der Regel das Zusammenwirken hausinterner Hilfskräfte (zum Beispiel Betriebsfeuerwehr, Betriebsarzt, Arbeitssicherheitskräfte) und externer Kräfte (zum Beispiel öffentliche Feuerwehr, Polizei, Rettungsdienste etc.) voraus. Diesen Prozeß zu koordinieren und immobiliengerecht auszugestalten muß Teil eines komplexen, aber auch innovativen Sicherheits-Managements sein.

4.3 Brandschutzkonzepte

Für spezielle Immobilien wie

- Krankenhäuser und Altenheime,
- Versammlungs- und Kulturstätten,
- Geschäftshäuser,
- Warenhäuser und Kaufparks,
- Gaststätten und Beherbergungsbetriebe,
- Hochhäuser, aber auch
- bauliche Anlagen und Räume von großer Ausdehnung oder erhöhter Brand- und Explosionsgefahr

bedarf es folgerichtig im Rahmen eines effizienten Sicherheits-Managements auch spezieller und sehr komplex ausgeprägter Maßnahmen des vorbeugenden und abwehrenden Brandschutzes. Während eine Vielzahl baulicher, anlagentechnischer, personeller und organisatorischer Maßnahmen in Gesetzen sowie anderen allgemeinverbindlichen Rechtsvorschriften als zu erfüllende Mindestforderungen des Brandschutzes fixiert sind, bestehen für oben aufgelistete spezielle Immobilien oft weiter untersetzende Vorgaben und Orientierungen (z. B. VdS-Richtlinien), welche beispielsweise Brandschutzmaßstäbe für zu verwendende Baustoffe und Bauteile (zum Beispiel Wände, Decken, Türen), Flucht- und Rettungswege (zum Beispiel Flure, Treppen, Ausgänge), brandschutztechnische Anlagen (zum Beispiel Brandmelde- und Löschanlagen), Sicherheitskräfte (zum Beispiel Hausfeuerwehren) beinhalten.

Im Sinne eines zuverlässig agierenden und reagierenden Sicherheits-Managements für Immobilien kommt es zunehmend mehr darauf an, auf der Grundlage gesicherter Kenntnisse innovative und praxisorientierte Brandschutzkonzepte zu entwickeln und diese mit den Gesamterfordernissen der Sicherheit zweckentsprechend zu verbinden. Ausgehend von der geplanten Nutzung der Immobilie ist es für die Entwicklung eines effizienten Brandschutzkonzepts besonders wichtig, die Schutzziele eindeutig zu bestimmen und die geeignetsten Maßnahmen unter Beachtung zweckentsprechender Brandschutzkenngrößen zu realisieren (vgl. Abb. 6).

Angemessener und wirksamer Brandschutz für Immobilien stellt umfangreiche Anforderungen und bedarf einer grundsätzlichen Planung, sorgfältiger konzeptioneller Arbeit sowie der Koordination zwischen Betreiber, Brandschutzbehörden, Versicherungen und möglicher gewerblicher Dienstleister. Ein zuverlässiger Brandschutz ist bezahlbar, wenn bauliche, techni-

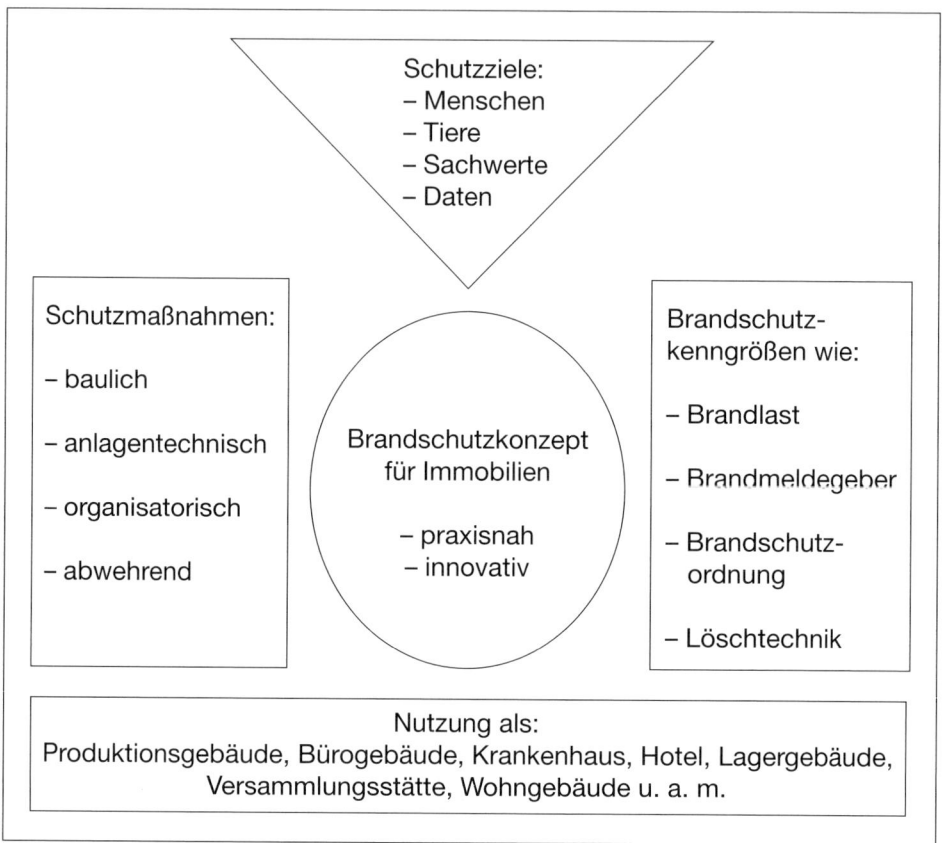

Abb. 6: Brandschutzkonzept für Immobilien

sche, organisatorische Bedingungen und bauliche Voraussetzungen in einem angemessenen und richtigen Verhältnis stehen (vgl. Abb. 6).

5. Fazit

Trotz einer dynamisch fortschreitenden Entwicklung im technischen und elektronischen Schutz von Immobilien wächst der Anspruch an das Können und die Verantwortung des Personals bei der Verwirklichung der Sicherheitsfunktionen. Allein die Tatsache, daß die Sicherheitskräfte auf unterschiedlichste Bedrohungs- und Gefährdungssituationen vorbereitet sein müssen und in kürzester Frist solche Maßnahmen zu realisieren haben, die eine Schadensverhütung bzw. Schadensminimierung ermöglichen, belegt dieses hohe Ziel.

Mit ihren Leistungen, der Zuverlässigkeit und der Fachkompetenz realisieren sie die Bedingungen für die Sicherheit einer Immobilie und gewährleisten damit Größen wie Vertrauen, Integrität und Verfügbarkeit der Sicherheitsaktivitäten.

Sie verkörpern eine wichtige Handlungsgröße für ein anerkanntes und funktionierendes Sicherheits-Management.

Damit sind natürlich Kosten verbunden, deren Minimierung mit neuen Herausforderungen verbunden ist. Will man diesen Herausforderungen erfolgreich begegnen, gilt es grundsätzlich, die Entwicklungen der Bedrohungen, Risiken und Störungen zu analysieren.

Dieser ständige Prozeß muß die Auswahl, Wirkungsweise und Bewertung aller Maßnahmen umfassen und eine Kosten-Nutzen-Betrachtung einschließen.

In diesem Zusammenhang stellt sich stets die prinzipielle Frage: Was bewirken die Schutz- und Sicherheitsmaßnahmen und in welchem Verhältnis stehen sie zu den Gesamtkosten? Natürlich läßt sich die Sicherheit einer Immobilie an konkreten Zahlen belegen, das ist aber stets nur die Halbwahrheit, weil auch Ansehen und Attraktivität einen vorbildlichen Sicherheitsstandard einschließen.

Mit Recht dürfen Nutzer, Mieter und Besucher ein hohes Sicherheitsniveau erwarten, welches Ruhe, Ordnung und Geborgenheit verspricht und so die Philosophie einer Immobilie reflektiert und dokumentiert.

6. Literatur

Beck, W./Obergfell, H.: *Mechanische Sicherungstechnik*, München 1990

Glavic, J. (Hrsg.): *Handbuch des privaten Sicherheitsgewerbes*, München 1995

Pfeiffer, W./Sailer B./Stubbe, S./Stüllenberg, K.: *Effizienzsteigerung Unternehmenssicherheit*, München 1993

Schiffel, P.: *Elektronische Sicherungstechnik: Einführung in die Gefahrenmeldung, Fernsehüberwachung und Zutrittskontrolle*, Stuttgart 1988

Controlling von Immobilien-Management-Entscheidungen

Jürgen Krummacker, Dipl.-Ingenieur, geschäftsführender Gesellschafter, BFC Building Facilities Consulting, Köln

Inhalt

1.	Einleitung	355
2.	Was ist Immobilien-Controlling?	355
2.1	Portfolio-Planung	356
2.2	Zielsetzung des Immobilien-Berichtswesens	356
2.3	Zeitliche Einordnung des Immobilien-Berichtswesens in die Planungsroutine	357
2.4	Datenbasis des Immobilien-Controllings	358
2.5	Entlastung des Immobilien-Managements durch Controlling	360
3.	Immobilien für Selbstnutzer	365
3.1	Dienste in Großunternehmen	368
3.2	Kostenzuordnung bei Selbstnutzern	368
4.	Gemeinsamkeiten von vermieteten und selbstgenutzten Immobilien	369
4.1	Versicherungen für Gewerbeimmobilien	370
4.2	Die Glosure®-Police	372
5.	Zusammenfassung	377
6.	Literatur	378

1. Einleitung

In Deutschland wird der Begriff Controlling mit Kontrolle gleichgesetzt. Deshalb ist sofort am Anfang dieser Betrachtung zu fragen: *Was ist Immobilien-Controlling? Was soll damit erreicht werden?* Bereits hier muß in der Betrachtungsweise unterschieden werden, ob es sich um eine selbstgenutzte oder um eine fremdvermietete Immobilie als Kapitalanlage handelt. Denn: Jede Form der Immobiliennutzung hat ihre eigenen Kriterien und Anforderungen an Controllingziele. Alle können in der Definition in Abb. 1 zusammengefaßt werden.

2. Was ist Immobilien-Controlling?

Immobilien-Controlling ist der Ausdruck für ein systematisches Management aller kaufmännischen und technischen Zahlungsströme unter besonderer *Betonung der Prozesse*. Die wesentlichen Bausteine sind in Abbildung 1 dargestellt.

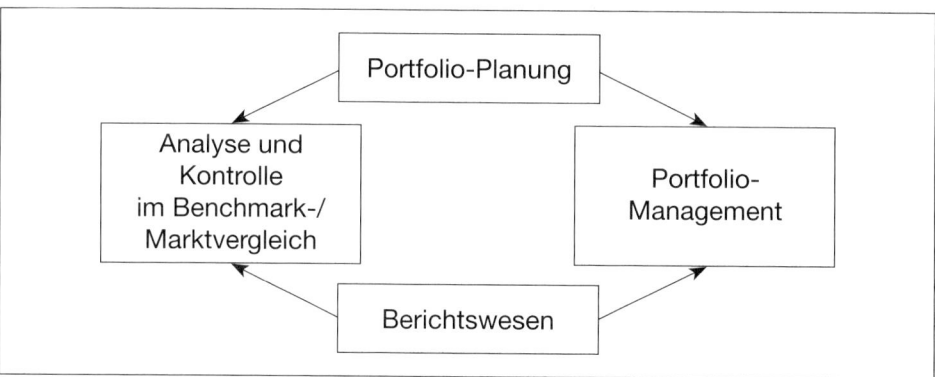

Abb. 1: Wesentliche Schritte beim Immobilien-Controlling
Quelle: Baseler Versicherung

Entscheidungen im Immobilien-Management lösen Prozesse aus. Diese Prozesse haben Auswirkungen auf das Handeln aller Beteiligten am gesamten „*Organisationsprozeß Immobilie*". Die wesentliche Betrachtung des Controlling liegt hier nicht bei einer vergangenheitsbezogenen Ereignisanalyse, sondern in der kontinuierlichen, dauerhaften Betrachtung und Steuerung von Prozessen. Wesentlicher Baustein sind dabei die *Portfolio- und Prozeß-planung*.

Alle Ereignisse, die in und um eine Immobilie herum stattfinden, können im Rahmen eines vorherigen theoretischen Szenarios abgebildet werden. Damit lassen sich auch mögliche Auswirkungen, ihre Folgen und Ergebnisse theoretisch berechnen.

2.1 Portfolioplanung

Der Begriff „Portfolioplanung" stammt aus dem Bereich der Kapitalanlage. Hiermit ist die Gesamtzusammensetzung des Anlageportfolios gemeint, die maßgeblich Einfluß hat auf das wirtschaftliche Gesamtergebnis der Kapitalanlage. Dabei spielen bei selbstgenutzten Immobilien Anlagekriterien eine untergeordnete Rolle. Hier geht es sehr viel mehr um die Nutzungsart und damit die Prozeßdichte und Tiefe innerhalb der Immobilie. Diese lassen sich mit dem System des „Facility Warehouse®"[1] in einem theoretischen Nutzungsszenario planen, um damit die beeinflußbaren Faktoren der späteren Immobiliennutzung und ihre Kosten festlegen zu können.

Nach Inbetriebnahme der Immobilien müssen die vorher theoretischen Szenarien in die Praxis umgesetzt werden. Hier geht es darum, die vorher festgelegten Ziele zu erreichen und dauerhaft beizubehalten. Im Rahmen des Portfolio-Managements zielt man auf das Erreichen der prognostizierten Mieterträge und das Erreichen möglichst niedriger Betriebskosten ab. Dies ist jedoch nicht zu erreichen ohne ein auf die Immobilie und ihre spezielle Nutzung zugeschnittenes Berichtwesen. Das ist so aufzubauen, daß jederzeit Marktvergleiche durch „Benchmarking" durchgeführt werden können.

2.2 Zielsetzung des Immobilien-Berichtswesens

Für das laufende Geschäft der Immobilienbewirtschaftung ist es erforderlich, das Berichtswesen in verschiedene Bereiche zu unterteilen und die Zeitpunkte exakt festzulegen. Diese Zeitpunkte sind mit allen Beteiligten am *„Organisationsprozeß Immobilie"* abzustimmen. Damit sind nicht nur die Nutzer der Immobilie, die Kapitalanleger, die Immobilienverwalter, sondern im wesentlichen auch die von unterschiedlichen Beteiligten beauftragten Dienstleister gemeint.

---

[1] Spezielle Form von Dienstleistungsstruktur und Organisation in gewerblichen Immobilien.

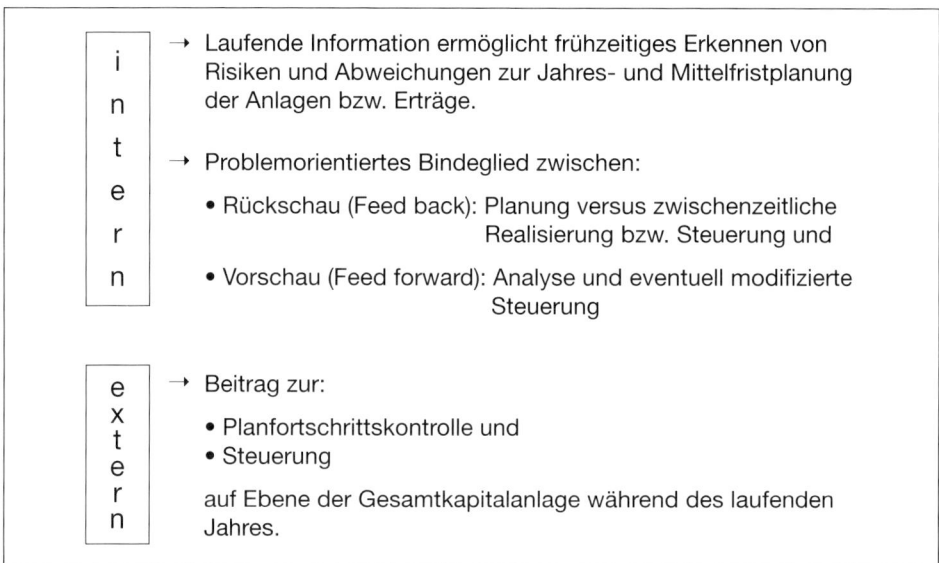

Abb. 2: Zielsetzung des Berichtswesens
Quelle: Baseler Versicherung

2.3 Zeitliche Einordnung des Immobilien-Berichtswesens in die Planungsroutine

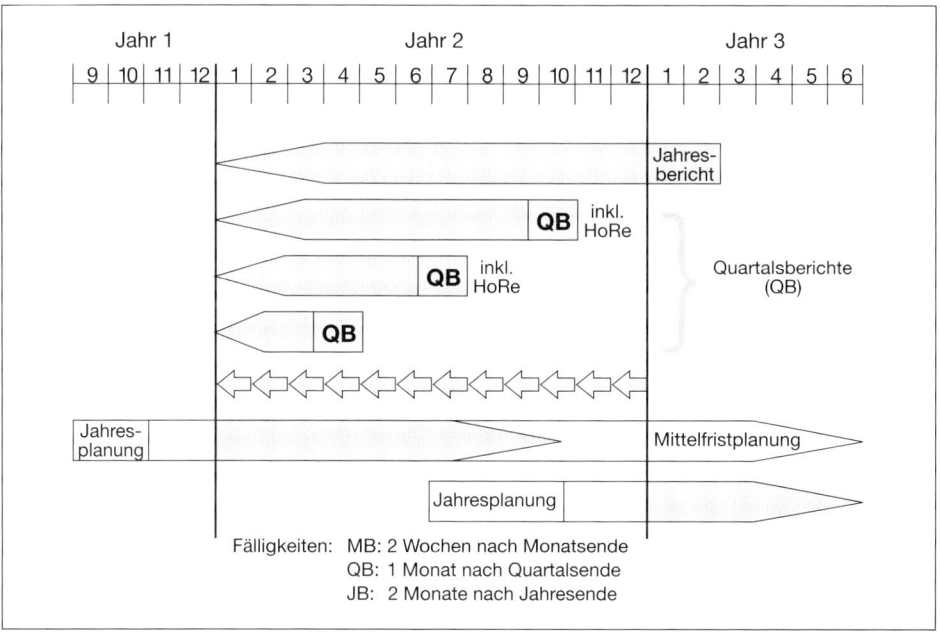

Abb. 3: Zeitliche Einordnung des Berichtswesens
Quelle: Baseler Versicherung

2.4 Datenbasis des Immobilien-Controllings

Daß ein Immobilien-Controlling ohne eine gesicherte und permanent fortgeschriebene Datenbasis nicht existieren kann, versteht sich von selbst. Die hier gezeigte Datenbasis entspricht in ihrer Struktur den Anforderungen eines Immobilien-Controllings für Kapitalanlagen (vgl. Abb. 4).

Datenbasis	Vergleichsmaßstab
– Standortstruktur – Objektstruktur (Größe, Alter, techn. Zustand) – Nutzungsartstruktur – Mieterstruktur	Markttrends/systematische Diversifikation
– Vertragsstruktur/Anpassungspotential – Leerstandsstruktur – Wiedervermietbarkeit – Ertragsstruktur	Marktusance/gesetzlicher Rahmen Marktlage
– Wertgutachten – Wertentwicklung/Barwertanalyse (intern)	Markterwartungen
– Betriebskosten	Vergleich mit Referenzobjekten

– offene Mietforderungen jeweils für
  Objekte im Bestand
  potentielle Kaufobjekte
	Erfahrungswerte/Zeitreihe

– Baukosten/
  Kosten Projektentwicklung
– Direkte Kosten/
  Renovationen Immobilien
	Erfahrungswerte/
	interne und externe Expertise

– Transaktionskosten – Personal-Sachkosten	Betriebskosten-/Renovationsplanung Marktusancen/Vorjahr/Planung

Abb. 4: Anforderungen eines Immobilien-Controllings für Kapitalanlagen
Quelle: Baseler Versicherung

Dies ist deutlich daran zu erkennen, daß die Dienstleistungsprozesse innerhalb der Mietflächen nicht berücksichtigt werden. Die fallen nicht in den Zugriffs- und Verantwortungsbereich des Immobilienverwalters oder -investors. Bei selbstgenutzten Immobilien stehen die Kosten des Arbeitsplatzes im Vordergrund.

Und zwar sind das folgende:

- Kosten der Flächenbereitstellung,
- Kosten der Flächenverwaltung,
- Kosten des Flächenbetriebs,
- Kosten der Standortfunktion (nicht flächenabhängig, eher nutzerspezifisch) (Verpflegungsdienste, Fuhrpark etc.).

In der Feststellung der direkten und indirekten Arbeitsplatzkosten gibt es derzeit in Deutschland keine feststehende Systematik, nach der vorgegangen werden kann.

Die zur Zeit laufenden Tendenzen in Großunternehmen, innerhalb ihrer Organisation übersichtliche Profit-Center einzurichten, begünstigen den Trend der Organisationsaufgliederung. Dadurch wird es möglich, innerhalb von selbstgenutzten Immobilien ähnliche Systematiken wie im Bereich der fremdvermieteten Immobilien einzuführen.

Eine Kostengliederung zur Feststellung der Arbeitsplatzkosten könnte wie folgt aussehen:
- Kostengruppe 1. Grundkosten „Immobilie",
  2. Betriebskosten „Immobilie",
  3. Einrichtung Arbeitsplätze,
  4. Servicekosten,
  5. Administrative Kosten (kein Kerngeschäft),
  6. Administrative Kosten (Kerngeschäft),
  7. Personalkosten.

Darüber hinaus ist jede Datenbasis aufzugliedern in:

- Stammdaten der Immobilie,
- Budgetierungsdaten der Immobilie und ihre Prozesse,
- Bewegungsdaten der Prozesse.

Der Versuch jedoch, dieses in ein übliches betriebswirtschaftliches Abrechnungswesen einzubinden, scheitert im allgemeinen. Betriebliche Abrechnungssystematiken folgen anderen Kriterien, als sie im Bereich der Immobilien- und Dienstleistungsverwaltung erforderlich sind. Bei richtiger Anwendung kann ein Immobilien-Controlling eine erhebliche Entlastung des Immobilien-Managements bedeuten (vgl. Abb. 5).

2.5 Entlastung des Immobilien-Managements durch Controlling

Problem-bereiche	Typisches Umfeld des Immobilien-Managements bei Finanzdienstleistern	Nach Unterstützung durch Immobilien-Controlling
Strategie	– Vorgaben unklar oder widersprüchlich	– Vorgaben und Rahmenbedingungen definiert
Controlling-Verfahren	– Gesamtüberblick nicht jederzeit verfügbar – Viel Kontrolle, wenig Controlling – Vielfach ausschließlich technikorientiert	– Datenstand der Immobilien (fast) jederzeit verfügbar – Entscheidungsunterstützung für das Management – Verstärkte kaufmännische Orientierung
Berichts-wesen	– Kein hierarchischer Aufbau – Unzahlige, vielfach überflüssige oder widersprüchliche Auswertungen/ Detailberichte/Listen – Keine ausreichenden Steuerungsinformationen	– Hierarchischer und einheitlicher Berichtswesenaufbau – Entrümpelung und Straffung des Berichtswesens – Entscheidungsorientierte Steuerungsimpulse
Personal und Organisation	– Mitarbeiter durch steigende ökonomische und Rentabilitätsanforderungen überfordert – Wenig kaufmännische Orientierung	– Neue Struktur entlastet Mitarbeiter – Mehr Zeit für die Entwicklung von zielführenden Strategien
EDV	– Datenbestand unzureichend gepflegt – Software deckt Anforderungen von Verwaltung und Bautechnik nicht adäquat ab	– Gepflegter Datenbestand – Neue, an kaufmännischen Controllinganforderungen orientierte DV-Konzepte
	Verwaltung und Management	**Aktive Portfolio-Steuerung und Prozeß**

Abb. 5: Entlastung durch Controlling
Quelle: Metzler Consulting

Heute jedoch ist gerade bei Unternehmen, die nicht direkt mit Immobilien zu tun haben, eine Vielzahl von Unzulänglichkeiten vorhanden, die ein Immobilien-Controlling erschweren. Zu diesen gehören sowohl Finanzdienstleister als Kapitalinvestoren als auch beispielsweise Produktionsunternehmen als Immobilien-Selbstnutzer. Überwiegend ist keine Nutzungsstrategie und damit auch keine Controllingstrategie vorhanden. Die Vorgaben sind häufig unklar oder widersprüchlich. Nach eindeutiger Definition der Ziele und der Nutzungsart ergibt sich Kostentransparenz schon durch die Definition der Rahmenbedingungen. Üblicherweise werden Immobilien immer noch stark technikorientiert betrachtet. Die Auffassung, daß die Immobilie ein Organisationsmittel für Geschäftsprozesse sein kann, ist noch sehr wenig verbreitet. Eine verstärkte kaufmännische Orientierung bringt sofort andere Sichtweisen und damit Entscheidungsunterstützung für das Management. Heute wird noch sehr viel vergangenheitsbezogen kontrolliert, aber sehr wenig im Sinne eines Controllings an Steuerungs- und Entscheidungsmechanismen zur Verfügung gestellt. Hierfür sorgt auch ein oft fragmentarisch vorhandenes Berichtswesen. Üblicherweise sind die Berichtsarten der unterschiedlichen Dienstleister in einer Immobilie nicht abgeglichen. Es gibt keinen einheitlichen hierarchischen Berichtswesenaufbau. Dafür jedoch werden unzählige, vielfach überflüssige und nicht verwendbare Auswertungen und Detailbereiche geliefert. Aus diesem Konglomerat kann naturgemäß kein sinnvolles Steuerungselement entstehen. Da eine Immobilie immer noch mit Bau verbunden ist, sind die überwiegenden Anteile des mit dem Immobilien-Controlling befaßten Personals bau- oder technikorientiert. Eine kaufmännische Orientierung ist oft nur fragmentarisch vorhanden. Das vorhandene Personal ist durch die steigende ökonomische Anforderung oft überfordert. Neue Controllingsystematiken lassen mehr Zeit für zielführende Nutzungsstrategien mit der Möglichkeit, ein „Facility Warehouse®" zu entwickeln.

Überwiegend sind Softwarelösungen im Einsatz, die ausschließlich bautechnische Belange berücksichtigen, aber keine adäquaten Verwaltungsfunktionen bereitstellen. Damit lassen sich zwar technisch orientierte Prozesse begleiten, es können jedoch keine betriebswirtschaftlich ausgerichteten Nutzungsstrategien entwickelt und zeitnah verfolgt werden. Im Bereich der *Immobilieninvestoren* bestimmen nur *zwei* Hauptkriterien die Entscheidungen (vgl. Abb. 6).

Standorte	Lagen

• Großstädte
  – Mietnachfrage
  – Angebot an Kaufobjekten
 	
• Erreichbarkeit
  – Objektbetreuung bei engen
    Personalressourcen
• Objektkumulierung
  – Vergleichbarkeit
    (intern und extern)
	• Fußgängerzone
	  – knappes Flächenangebot
	  – deutlich höhere Quadratmeter-
	    Mieten
	  – Wertsteigerungspotential
	• Zentrale Büroanlagen
	  – öffentliche Verkehrsmittel
	  – Parkplatzangebot
	  – Einkaufsmöglichkeiten
	  – Gastronomie/Hotel

Abb. 6: Zwei Hauptkriterien für Immobilieninvestoren

Entscheidend sind die Fragen des Standortes und die der speziellen Lagen. Denn im Vordergrund stehen ausschließlich der Ertrag, die Wertsteigerung und die Risikominimierung dieser Investitionsentscheidung.

Da es sich um eine Investitionsentscheidung handelt, kommt die Renditeberechnung an erster Stelle (vgl. Abb. 7).

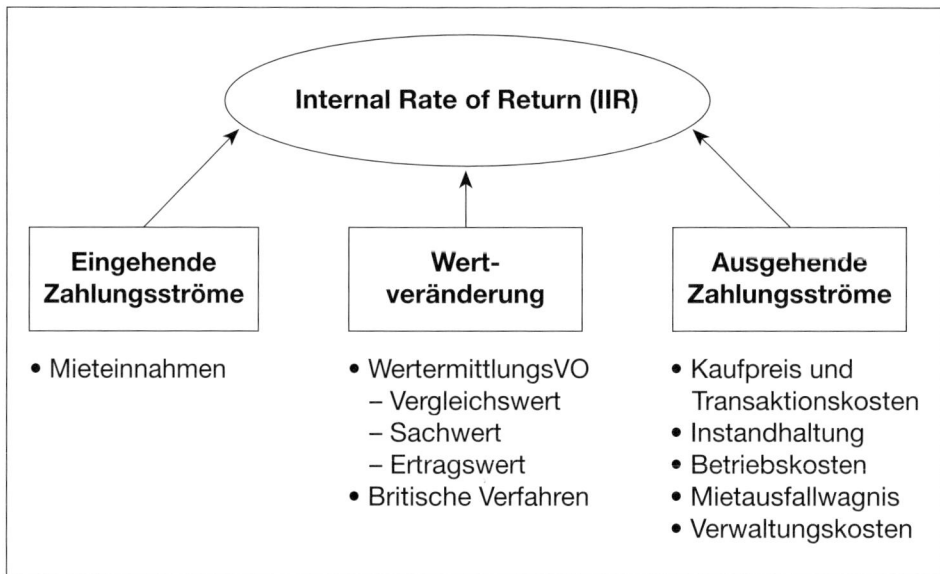

Abb. 7: Renditeberechnung vor einer Investitionsentscheidung
Quelle: Baseler Versicherung

Die alte Regel: „*Die beste Immobilie an schönster Lage ist nichts wert ohne Mieter, die Miete zahlen*", gilt jedoch auch hier. Nicht nur die Mieteinnahmen spielen für den dauerhaften Ertrag eine Rolle, sondern auch die Möglichkeiten, Betriebskosten der Immobilien auf ihre Nutzer zu verlagern. Für gewerbliche Mietverhältnisse existiert keine gesetzliche Regelung über Betriebskosten. Lediglich für den Bereich des öffentlich geförderten Wohnungsbaues sind in der Anlage zu § 27 der II. Berechnungsverordnung die umlagefähigen Betriebskosten aufgeführt und erläutert, nämlich:

- die laufenden öffentlichen Lasten des Grundstücks,
- die Kosten der Wasserversorgung,
- die Kosten der Entwässerung,
- die Kosten des Betriebes der zentralen Heizungsanlage,
- die Kosten des Betriebes der zentralen Warmwasserversorgungsanlage,
- die Kosten des Betriebes des maschinellen Personen- oder Lastenaufzugs,

- die Kosten der Straßenreinigung,
- die Kosten der Hausreinigung und Ungezieferbekämpfung,
- die Kosten der Gartenpflege,
- die Kosten der Beleuchtung,
- die Kosten der Schornsteinreinigung,
- die Kosten der Sach- und Haftpflichtversicherung,
- die Kosten für den Hauswart,
- die Kosten für die Gemeinschaftsantennenanlage,
- die Kosten des Betriebes der maschinellen Wacheinrichtung,
- sonstige Betriebskosten, das sind insbesondere die Betriebskosten von Nebengebäuden, Anlagen und Einrichtungen.

Bei Gewerbeobjekten ist jedoch eine weitaus größere Anzahl von Betriebskostenarten denkbar und in den Mietverträgen üblicherweise aufgeführt. So beispielsweise Wartung und Reparatur sämtlicher im Objekt installierten technischen Einrichtungen, die Kosten der Verwaltung und der Erstellung der Nebenkostenabrechnungen, Kosten für Bewachung, Empfangsservice etc. Dieser Katalog der Betriebskostenarten kann zusammengefaßt und damit optisch verringert werden.

Die Bereiche *Hauswart* und *Technische Wartung* können zu „*Technischer Service*", *Heizung* und *Allgemeinstrom* zu „*Energie*", *Reinigung und Pflege der Außenanlagen* wie auch *Winterdienst* zu „*Hausdienste*", *Grundsteuern und Wasser* zu „*öffentlichen Abgaben*" zusammengefaßt werden.

Diese haben etwa folgende prozentuale Verteilung:

- Energie   17 %
- Technischer Service 24 %
- Öffentliche Abgaben 23 %
- Verwaltung   13 %
- Hausdienste   8 %
- Versicherung   7 %
- Müll   8 %

Diese Auflistung kann eine grobe Übersicht bieten.

In absoluten Größenordnungen ändert sich dieses Bild jedoch recht schnell. Je nach Gebäudetyp und Nutzungsart können sich sehr unterschiedliche Betriebskosten ergeben (vgl. Abb. 8).

Betriebskosten für Gewerbeimmobilien im Jahr 1994
Angaben: DM/m² und Mietfläche/mtl.

Betriebskostenart DM	Bürogebäude DM	Gewerbepark Lager-/Bürogebäude DM
• Energie	**1,20**	**0,60**
Heizung	0,70	0,40
Allgemeinstrom	0,50	0,20
• Technischer Service	**1,70**	**0,70**
Wartungen	0,70	0,30
Hausmeister	1,00	0,40
• Öffentliche Abgaben	**1,60**	**0,50**
Grundsteuer	1,30	0,40
Wasser/Abwasser	0,30	1,10
• Verwaltung	**0,90**	**0,60**
• Hausdienste	**0,60**	**0,50**
Reinigung		
Allgemeinflächen	0,40	0,20
Außenanlagen	0,20	0,30
• Versicherung	**0,50**	**0,30**
• Müll	**0,60**	**0,40**
• Gesamt	**7,10**	**3,60**

Abb. 8: Übersicht: Betriebskosten
Quelle: DTZ Zadelhoff

Im Zusammenhang mit Immobilienversicherungen sind zwei grundsätzliche Probleme festzustellen:

1. Die bestehenden Gebäuderisiken werden oft nicht richtig abgedeckt. Das liegt an einem fehlenden vorherigen Nutzungsszenario für das Gebäude, aus dem ein Deckungskonzept resultiert.
2. Der Prämienaufwand bei identischen Leistungen ist zu hoch. Und auch der Prämienaufwand der Einzelleistungen ist zu hoch, da Leistungen oft aufgesplittet eingekauft werden.

3. Immobilien für Selbstnutzer

Bisher hat für Immobilien-Selbstnutzer das Thema Immobilie und Nutzungskosten nur eine sehr untergeordnete Rolle gespielt. Dieses ist um so verblüffender, als der Anteil der immobilienbezogenen Kosten am Gesamtumsatz des Unternehmens doch beachtlich ist. Die darüber vorliegenden Zahlen stammen aus den USA, die in dieser Art des Immobilien-Controllings erheblich weiter entwickelt sind (vgl. Abb. 9).

20–25 %	**10–18 %**	**20 %**	**67 %**
des bilanzierten Anlagevermögens (grundstücks- und gebäudebezogen)	der Erfolgsrechnung (grundstücks- und gebäudebezogen)	aller Unternehmen und Organisationen (ohne Grundstücks- und Gebäudeinventar)	aller Unternehmen und Organisationen (ohne Informationssystem für aktuelle Daten zu Grundstücks- und Gebäudebestand)

Abb. 9: Immobilienbezogene Kosten am Gesamtumsatz des Unternehmens
Quelle: IFMA, Houston 1992

Bei deutschen Immobiliennutzern ist nicht bekannt, wie hoch der Anteil der tatsächlichen Immobilienkosten am Gesamtumsatz des Unternehmens ist. Neueste Untersuchungen lassen erkennen, daß die hier gezeigten Größenordnungen in Deutschland deutlich überschritten werden. Um hier zu einem Controllingbewußtsein in Richtung „*Immobilie*" und „*Immobiliennutzung*" zu kommen, werden zur Zeit in Deutschland Untersuchungen durchgeführt, wie sie in den Niederlanden seit vielen Jahren üblich sind. Die dort gezeigten Ergebnisse der Kostenverteilungen sind vergleichbar mit deutschen selbstgenutzten Immobilien (vgl. Abb. 10).

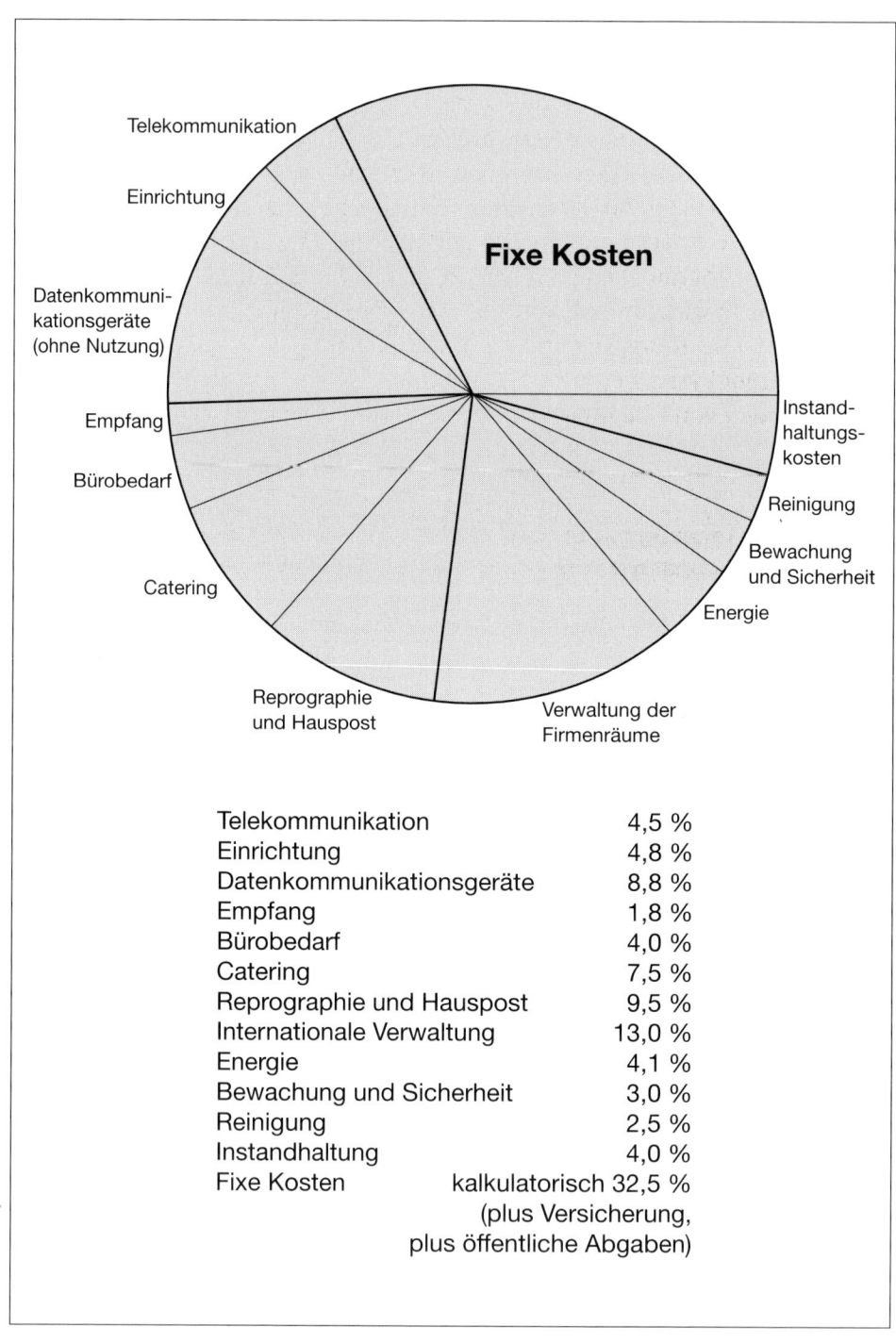

Abb. 10: Nutzung pro Jahr und Arbeitsplatz in den Niederlanden (Stand: 1990)
Quelle: IFMA, Houston 1991

Auch hier ist zu überlegen, inwieweit Leistungen integriert und erweitert werden können. Bisher wurden diese Kostenbereiche in immobiliennutzenden Unternehmen lediglich als Bestandteile der Unternehmensgemeinkosten betrachtet. Erst seit kurzem werden diese Kosten gesondert untersucht und ihre Prozeßdichte je Arbeitsplatz oder genutzter Fläche analysiert. Sehr leicht verfallen typische deutsche Kostenrechner auf die Methode, vorhandene sichtbare Kosten einmalig zu reduzieren, um damit sofort einen wirtschaftlich meßbaren Erfolg darstellen zu können. Diese Methode ist jedoch nur kurzfristig wirksam und erlaubt nicht die Einführung einer Controllingsystematik. Die Realisierung von Kostensenkungspotentialen in selbstgenutzten Immobilien bedingt die vorherige Festlegung einer Strategie und das Erkennen von Abhängigkeiten und Notwendigkeiten (vgl. Abb. 11).

Kostensenkungspotentiale sind abhängig von:	Notwendig dabei sind:
• Kostentransparenz • Leistungsdefinition • Energieversorgung • Unternehmensstruktur • Gebäudestruktur/-alter • Anteil Eigenleistung • Branche • Unternehmensgröße	• Problembewußtsein • Leistungsverzeichnis • Energie-Management

Abb. 11: Die Realisierung von Kostensenkungspotentialen
Quelle: DTZ Zadelhoff

Wenn eine Immobilie als Organisationsmittel und damit als Bestandteil der Gemeinkosten eines Unternehmens betrachtet wird, kann sie Träger der Geschäftsprozesse sein, die jedoch dann in den unterstützenden Dienstleistungen den Anforderungen eines „Facility Warehouse®" zu folgen haben. Die heutige Struktur von Diensten in Großunternehmen zeigt jedoch eine sehr starke Zersplitterung und eine Vielzahl von Schnittstellen, die ein aktives zeitnahes Dienstleistungscontrolling unmöglich machen.

3.1 Dienste in Großunternehmen

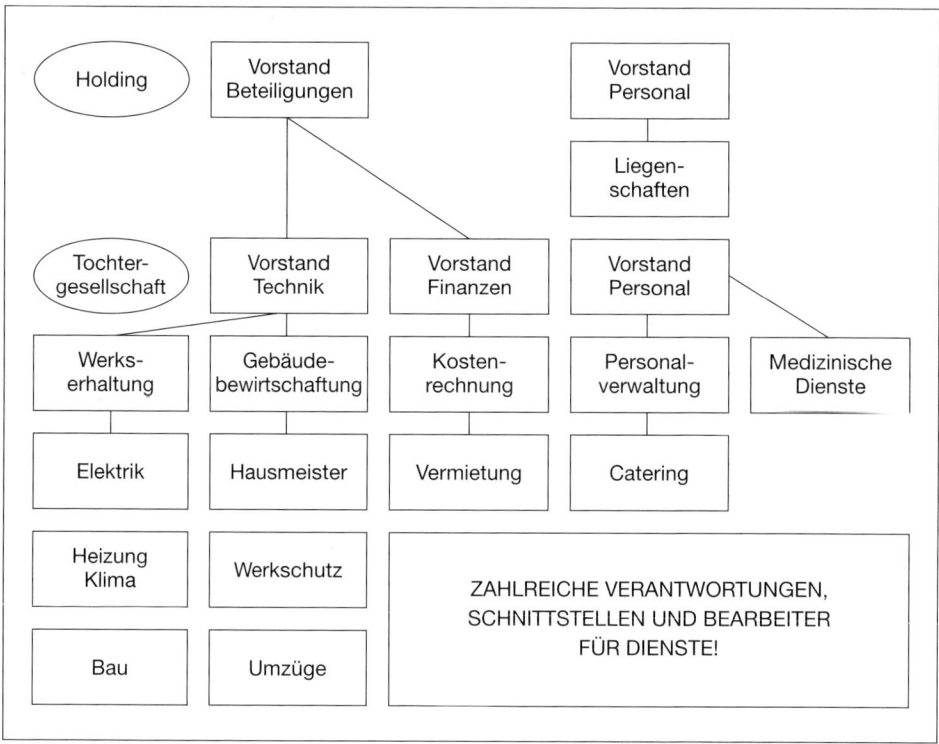

Abb. 12: Dienste in Großunternehmen
Quelle: Hermann Schneider

3.2 Kostenzuordnung bei Selbstnutzern

Eine Controllingsystematik steht und fällt mit einer sehr zeitnahen und zielgenauen Kostenzuordnung. Auf Basis dieser Daten sind Management-Informationen zu erhalten, die anschließend zu Steuerungsmechanismen führen können (vgl. Abb. 13).

Heute wird üblicherweise von Dienstleistungskosten gesprochen, die sehr oft im gemeinsamen Topf der Gemeinkosten landen, jedoch nicht die richtige Kostenstelle des Verursachers treffen. Die spätere Verteilung nach Kriterien wie Personenzahl oder Flächenbedarf sorgt für Ungerechtigkeiten und damit für Gleichgültigkeit bei den Kostenverursachern. In Zukunft müssen Dienstleistungen mit Preisen versehen werden, die einem Leistungsanforderer durch Auftrag mit folgender Rechnung im Rahmen von Daueroder Projektaufträgen zielgerecht und verursachergerecht belastet werden können. Dieser dauerhafte Prozeß wird nicht einmalig kontinuierlich eingerichtet werden können, sondern wird durch sprunghaftes Abnahmeverhalten und periodenhaft wechselnde Leistungsabnahme und Prozeßdichte gekennzeichnet sein.

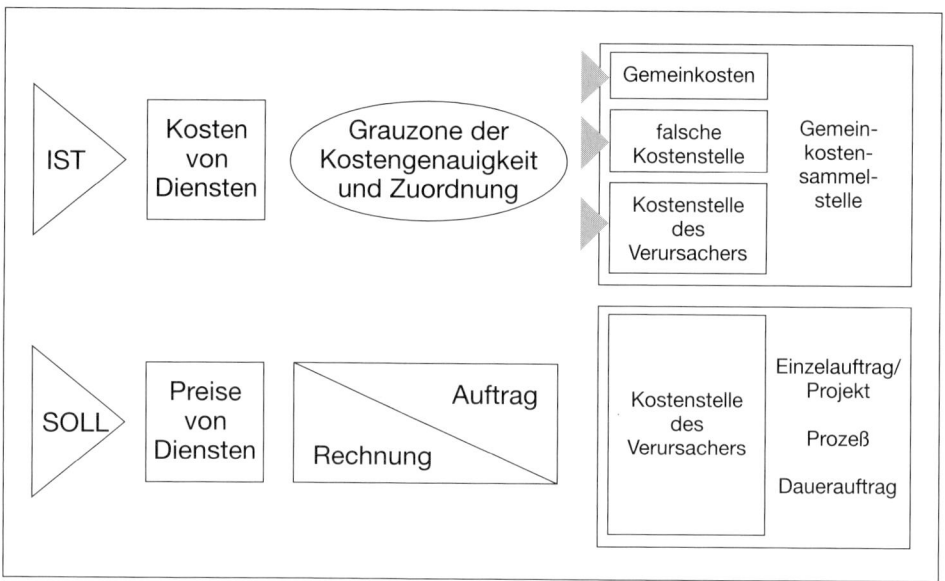

Abb. 13: Kostenzuordnung bei Selbstnutzern
Quelle: Hermann Schneider

4. Gemeinsamkeiten von vermieteten und selbstgenutzten Immobilien

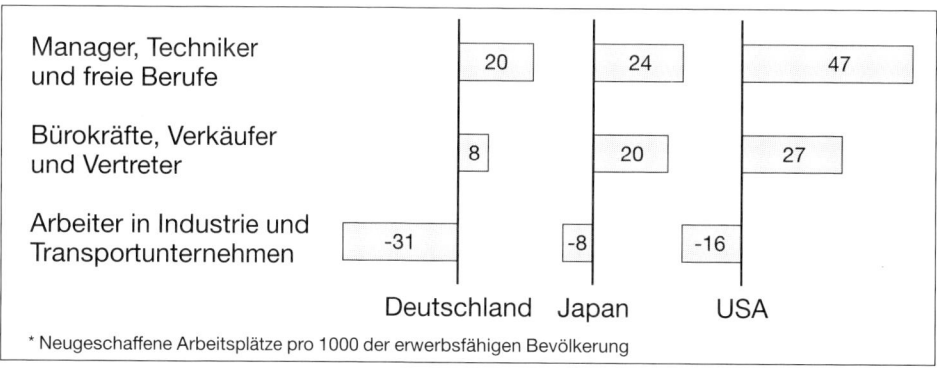

Abb. 14: Wachstum der Beschäftigung zwischen 1980–90*
Quelle: OECD Jobs Study, McKinsey Global Institute

Die Arbeitswelt und damit die Anforderungen an Immobilien ändern sich. Das ist sehr deutlich an der Veränderung der Beschäftigungsarten und der Verschiebung von Arbeitsplätzen zu erkennen (vgl. Abb. 14).

Die in den USA bereits deutlich erkennbaren Trends auf dem Arbeitsmarkt zu mehr „Kopfarbeit" bedingen eine Veränderung der Immobilienlandschaft und Struktur. Die Mieteinheiten werden kleiner, die Anforderungen an Dienstleistungen um den Arbeitsplatz steigen. Damit wachsen gleichzeitig Anforderungen an die Beherrschung von Dienstleistungsprozessen, ihrer Planung und ihrer sehr zeitnahen Abrechnung. Dieses bedingt neue Formen des Immobilien-Controllings im Sinne von Nutzungsszenarien und ihrer anschließenden Umsetzung. Dabei werden Nutzungsszenarien jedoch nur für kurze Zyklen von maximal zwölf Monaten sinnvoll sein, um den Veränderungsprozessen in der Struktur der Immobiliennutzer folgen zu können.

In Zukunft muß der Immobilieninvestor mehr wie ein Eigennutzer denken und das Geschäft seiner Mieter verstehen können. Erste Ansätze dazu finden sich im Bereich des Center-Managements. Der Blick ausschließlich auf die Rentabilität, gekennzeichnet durch Investition und Mietertrag, ist zu kurz gesehen und wird durch die Tendenz, Immobilien und ihre Nutzung als Teil des Geschäftsbereiches zu begreifen, überholt.

4.1 Versicherungen für Gewerbeimmobilien

Dazu gehört bereits zum Zeitpunkt der Gebäudeplanung die Erstellung eines Nutzungsszenarios, aus dem sich eine Risikoanalyse und daraus wiederum ein Risikodeckungskonzept der Immobilie abdecken lassen. Was sind heute die typischen Versicherungen, die bei Gewerbeimmobilien abgeschlossen werden bzw. die zweckmäßigerweise abgeschlossen werden sollten?

1. Feuerversicherung

Durch die Feuerversicherung werden die Gefahren wie

- Feuer,
- Blitz,
- Explosion,
- Anprall bemannter Flugkörper

abgedeckt.

2. Zusatzdeckung/EC-Extended Coverage

Mit dieser Zusatzdeckung, auch EC genannt, werden zusätzlich zu der Grunddeckung der Feuerversicherung weitere wesentliche Risiken abgedeckt, nämlich:

- innere Unruhen, böswillige Beschädigungen, Streik oder Aussperrung,
- Fahrzeuganprall, Rauch, Überschallknall,
- Sprinklerleckage,
- Leitungswasser,
- Sturm,
- Hagel.

3. Erweiterte Zusatzdeckung

Über die Grunddeckung der Feuerversicherung und EC hinaus können nun noch erweiterte Zusatzkriterien abgeschirmt werden. Hierbei sind je nach Versicherung unterschiedliche Leistungspakete zusammengefaßt, die auch letztlich mit unterschiedlichen Prämien belegt sind, wie zum Beispiel:

- Erdbeben,
- Überschwemmung, Hochwasser,
- Erdrutsch, Lawinen,
- Glasbruch.

4. Mietverlustversicherung

Während die bisher erwähnten Risiken die Substanz, den Wert der Immobilie vor den unterschiedlichen Schäden absichern, ist der laufende Mietertrag nicht gesichert. Dieser ist erforderlich, um die Hypotheken zu bedienen oder Anlegern die Ausschüttung zukommen zu lassen. Hierfür gibt es die sogenannte Mietverlustversicherung.

Damit kann nicht die Zahlungsunfähigkeit bzw. Zahlungsunwilligkeit Ihrer Mieter abgesichert werden. Vielmehr dient diese Versicherung dazu, den Mietvertrag auch dann zu erhalten, wenn ein Schadensereignis am Objekt eingetreten ist und der Mieter die Miete nicht zahlt, also wegen Unbenutzbarkeit der Mieträume die Miete mindert.

5. Eigentümer-Haftpflichtversicherung

Der Eigentümer eines Grundstückes oder eines Gebäudes kann gegebenenfalls dafür haftbar gemacht werden, daß ein Dritter auf dem Grundstück oder im Gebäude zu Schaden gekommen ist.

Der Eigentümer haftet sowohl für Personenschäden, Sachschäden als auch für Vermögensschäden, wenn diese Sachen etwa durch Nachlässigkeit am Grundstück oder im Gebäude ihre Ursache haben. Auch gibt es eine besondere Haftung des Eigentümers bei Einsturz eines Gebäudes. Nicht zuletzt ist auch der Bereich der Umwelthaftung zu erwähnen. Gegen derartige Schäden aufgrund gesetzlicher Haftpflichtbestimmungen können entsprechende Haus- und Grundstückshaftpflichtversicherungen abgeschlossen werden. Diese Versicherungen decken jedoch nur den Risikobedarf des Eigentümers ab.

Eine heute auf dem Markt befindliche Versicherungssystematik für gewerbliche Immobilien nach dem Prinzip einer Glosure®-Police betrachtet die Immobilie insgesamt als Teil des Geschäftsprozesses, dessen Risiken vorher in einem Nutzungsszenario beschrieben wurden.

4.2 Die Glosure®-Police

Ein Versicherungsmakler als Mittler zwischen einer Management-Gesellschaft und den Versicherungsgesellschaften wird unter Berücksichtigung der Mieterstruktur eine Ansammlung von Deckungskonzepten zusammenstellen, die alle Versicherungsrisiken des Gesamtobjektes erfassen und absichern. Der Gebäude-Manager wickelt die Police ab.

Er zahlt die Versicherungsbeiträge gesammelt ein und verpflichtet jeden Mieter und Dienstleister, sich den vorgegebenen Konzepten und Prämien zu unterwerfen. Mit Abschluß eines Mietvertrages wird automatisch das entsprechende Versicherungskonzept vorgestellt und die Mieten in das System integriert.

Es liegen besondere Bedingungen und Prämiensätze vor. Die Mieter werden in verschiedene Gruppen unterteilt, um möglichst wenige Standardpolicen zu entwickeln.

Nachfolgend wird exemplarisch der Versicherungsbedarf der einzelnen Gruppen vorgestellt.

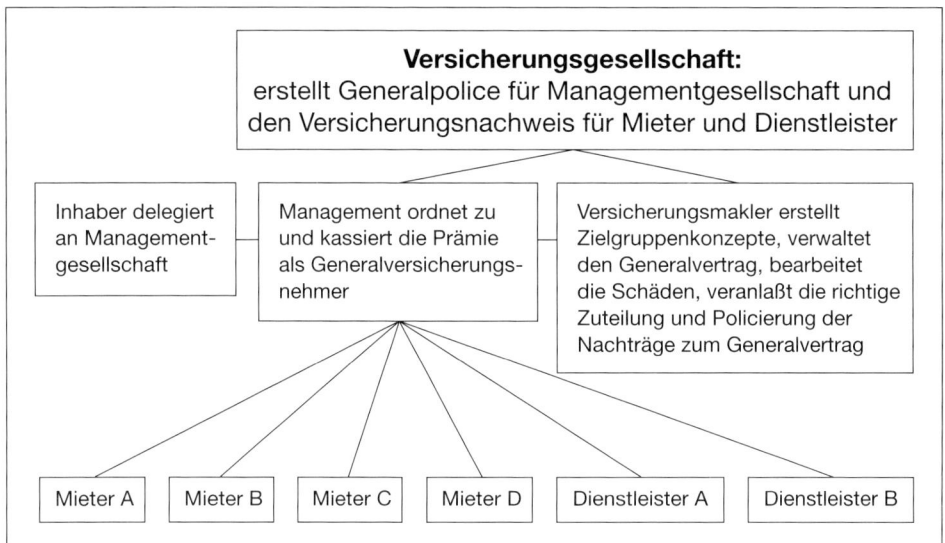

Abb. 15: Die Glosure®-Police

Es wird eine Police erstellt, die davon ausgeht, daß der Vermieter und die Mieter automatisch als Anlage zum Mietvertrag eingeschlossen werden. Die Mieter werden einer der aufgeführten Gruppen zugeordnet. Durch die Unterteilung „Büros", „Läden" und „Gastronomie" ist eine Einstufung praktisch erfolgt. Für jede Gruppe existiert eine individuelle Zusammenstellung der Deckungsbausteine und der damit verbundenen Prämienkalkulation. Dies kann bei jedem Projekt neu bestimmt werden.

Die automatische Pflichtversicherung der Dienstleister geht davon aus, daß jeder Dienstleister eine Betriebshaftpflichtversicherung mit den Mindestversicherungssummen hat. Die Generalpolice gewährleistet, daß alle Dienstleister auf ein gemeinsames Deckungsniveau gestellt werden.

Es erfolgt eine Unterteilung nach einfachen Gruppen. Mit geringem Verwaltungsaufwand ist sichergestellt, daß alle Mieter und alle Dienstleister jeweils auf dem gleichen (für den Vermieter wichtigen) Versicherungsniveau stehen.

Die Police ist unterteilt in:
  a. unabdingbare Leistung,
  b. Basisleistung,
  c. optionale Leistung.

a) Die unabdingbaren Leistungen gehören in die Gruppe:

- I. Versicherungen des Eigentümers (umlagefähig) nach Fläche des Gesamtobjektes.

b) Die Basisleistungen des Mietvertrages gehören in die Gruppe:

- II. Mietergruppe 1 (Büros)
- III. Mietergruppe 2 (Läden)
- IV. Mietergruppe 3 (Gastronomie)

(wobei je nach Objekt einzelne Gruppen zusammengelegt werden können), die Bereiche

- Mietsachschäden
- Schlüsselversicherung
- Glasversicherung
- Personenschäden
- Sachschäden

als für den Vermieter wesentliche Risikodeckungen.

c) Die optionalen Deckungen werden über die externe Dienstgesellschaft angeboten und mit Dienstleistungen verknüpft, welche separat bezahlt werden müssen.

In den Gruppen V bis VIII sind die verschiedenen Dienstleistergruppen mit unterschiedlichem Risikopotential beschrieben. Es wird hier unterstellt, daß jeder Dienstleister eine Betriebshaftpflichtversicherung mit 2,0 Mio. DM Deckungssumme für Personen- und Sachschäden vorhält.

Die beauftragten Dienstleister werden in das vorliegende Risikoschema (vgl. Abb. 16, S. 375–376) eingruppiert. Die anteiligen Kosten der Generalpolice werden nach Risikogruppen an die Dienstleister über einen Abzug bei der Begleichung der Rechnung weiterberechnet.

I.

Umlagefähige Versicherungen des Mieters

a) – Haus- und Grundhaftpflicht

a) – Gewässerschadenhaftpflicht

a) – Gebäudeversicherung

a) – Mietverlustversicherung

II.

Mietergruppe 1 (Büros)

Betriebshaftpflicht (Basiskonzept)

b) – Personenschäden
b) – Sachschäden
b) – Mietsachschäden
b) – Schlüsselschäden
b) – Glasversicherung

c) – Vermögensschäden
c) – Inhaltsversicherung
c) – Elektronikversicherung
c) – Betriebsunterbrechungsversicherung
c) – Inhaltsversicherung

b) = Basisleistung
c) = optionale Leistung

III.

Mietergruppe 2 (Läden)

Betriebshaftpflicht Basiskonzept
b) – Personenschäden
b) – Sachschäden
b) – Schlüsselschäden
b) – Mietsachschäden
b) – Glasversicherung

c) – Vermögensschäden
c) – Be- und Entladeschäden
c) – Elektronikversicherung
c) – Betriebsunterbrechungsversicherung
c) – Inhaltsversicherung

b) = Basisleistung
c) = optionale Leistung

IV.

Mietergruppe 3 (Gastronomie)

Betriebshaftpflicht Basiskonzept
b) – Personenschäden
b) – Sachschäden
b) – Mietsachschäden
b) – Schlüsselschäden
b) – Glasversicherung

c) – Vermögensschäden
c) – Be- und Entladeschäden
c) – Seuchengefahr
c) – Umweltschäden
c) – Elektronikversicherung
c) – Betriebsunterbrechungsversicherung
c) – Inhaltsversicherung

b) = Basisleistung
c) = optionale Leistung

Abb. 16: Risikoschema

V.

Dienstleistergruppe 1

Dienstleister *mit* feuergefährlichen Arbeiten, z. B. Dachdecker, Aufzugbauer

Grundpolicendeckung*

Personenschäden	10.000.000,– DM
Sachschäden	10.000.000,– DM
Umweltschäden	2.000.000,– DM
Schlüsselschäden	100.000,– DM
Be- und Entladeschäden	20.000,– DM
Allmählichkeits- und Abwasserschäden	300.000,– DM
Tätigkeitsschäden	500.000,– DM
Leitungsschäden	300.000,– DM

* Eine Versicherung mit mindestens 2.000.000,- DM für Personen- und Sachschäden muß vorgelegt werden.

VI.

Dienstleistergruppe 2

Dienstleister *ohne* feuergefährliche Arbeiten, z. B. Maler, Reinigungsunternehmen

Grundpolicendeckung*

Personenschäden	10.000.000,– DM
Sachschäden	10.000.000,– DM
Umweltschäden	2.000.000,– DM
Schlüsselschäden	100.000,– DM
Be- und Entladeschäden	20.000,– DM
Allmählichkeits- und Abwasserschäden	300.000,– DM
Tätigkeitsschäden	500.000,– DM
Leitungsschäden	300.000,– DM

* Eine Versicherung mit mindestens 2.000.000,- DM für Personen- und Sachschäden muß vorgelegt werden.

VII.

Dienstleistergruppe 3

Dienstleister *ohne handwerkliche* Arbeiten, z. B. Wachdienste, Pförtnerdienste

Grundpolicendeckung*

Personenschäden	10.000.000,– DM
Sachschäden	10.000.000,– DM
Umweltschäden	2.000.000,– DM
Schlüsselschäden	100.000,– DM
Abhandenkommen von bewachten Gegenständen	30.000,– DM

* Eine Versicherung mit mindestens 2.000.000,- DM für Personen- und Sachschäden muß vorgelegt werden.

VIII.

Dienstleistergruppe 4

Center-Manager
Facility-Manager

Spezialpolice

Personenschäden	bis 10 Mio. DM
Sachschäden	bis 10 Mio. DM
Schlüsselschäden	bis 100 TD DM
Vermögensschäden	100 TD DM

Abb. 16: Risikoschema

5. Zusammenfassung

Ein Immobilien-Controlling im Sinne einer immobilienbezogenen Prozeßorientierung findet momentan in Deutschland nicht statt. Üblicherweise wird heute vergangenheitsbezogen gebucht, Situationen werden festgestellt, und es wird dann darauf reagiert. Zielgerichtetes Agieren und Controllingdaten als Entscheidungshilfe sind meist nicht möglich.

Um eine höhere Effizienz zu erreichen, ist es erforderlich, das Immobilien-Controlling neu auszurichten. Die Umsetzung von Controllingkonzepten scheitert oft schon am unsystematischen Vorgehen. Vor der Umsetzung sollten in jedem Falle eine detaillierte Bestandsaufnahme sowie eine Anpassung des Controllingkonzeptes an die organisatorischen Rahmenbedingungen stehen. Ein möglicher Weg der Bestandsaufnahme ist eine tiefgehende Datenerhebung für ausgewählte Objekte von der Verbuchung bis zum Berichtswesen.

In einem Umsetzungskonzept sind unter Berücksichtigung der unternehmensspezifischen Ziele des Immobilien-Controllings anschließend Aufgabenumfang und Selbstverständnis dieses Bereiches festzulegen. Die Anwendung der Controllingkonzeption beinhaltet in aller Regel neben der Einführung neuer strategischer Konzepte vor allen Dingen die Einleitung systemtechnischer Maßnahmen.

Dabei sind die Anforderungen eines Controllingsystems an die EDV-Systemarchitektur denen eines herkömmlichen Immobilienverwaltungssystems völlig entgegengesetzt.

Das Controlling verlangt keine operativen Details, aber eine übergreifende und konsistente Datenbasis aller finanzrelevanten Vorgänge auf Objektebene, die flexibel abgefragt werden können. Es gibt zwar einige hervorragende Verwaltungssysteme und gute Ansätze für Bautechnikmodule am deutschen Markt, integrierte, finanztechnisch ausgerichte Controllingsysteme sucht man aber bisher vergeblich. Die Forderung nach Systemen für das Management von Dienstleistungsprozessen ist für Deutschland derzeit nicht zu erfüllen.

Ohne Zweifel festzustellen ist allerdings, daß ohne ein effizient arbeitendes Immobilien-Controlling mit gut organisierten Daten kein Beteiligter an dem „Organisationsprozeß Immobilie" den Schritt vom reinen Immobilienbestand oder einer Anlagenverwaltung zum aktiven prozeßorientierten Dienstleistungscontroller schaffen wird.

6. Literatur

Blumenstein, W.: *Tagung „Immobilien-Controlling"*, Frankfurt 1996

Krummacker, J.: *Tagung „Immobilien-Controlling"*, Frankfurt 1996

Krummacker, J.: *Tagung „Dienstleistungs-Controlling"*, Düsseldorf 1996

Krummacker, J.: *Gestaltung „Facility Warehouse®"*, 1997

Verband der Deutschen Immobilien Dienste (Hrsg.): *Versicherungskonzept „Glosure®"*, Köln 1996

4

Marketing-Management für Immobilien

Immobilien-Marketing

Dietmar Franz, Geschäftsführer der HYPO-Immobilien-Service GmbH, München

Inhalt

1.	Marketing	383
1.1	Analyseinstrumente	383
1.2	Produkt-Markt-Strategie	384
1.3	Marketing- und Absatzinstrumente	384
1.4	Besonderheiten im Immobilienbereich	385
2.	Produktpolitik	386
2.1	Allgemeines	386
2.2	Arten der Wohnimmobilie	387
2.2.1	Secondhand und Neubau	387
2.2.2	Sonderobjekte	387
2.2.3	Zielgruppen	388
2.3	Arten der Gewerbeimmobilie	389
2.3.1	Zielgruppen	389
3.	Preispolitik	390
3.1	Preispraxis	390
4.	Vertriebs- oder Distributionspolitik	391
4.1	Direkter Vertrieb	391
4.2	Indirekter Vertrieb	392
4.2.1	Vertriebsstrukturen im indirekten Vertrieb	392
5.	Kommunikationspolitik im Immobiliengeschäft	393
5.1	Voraussetzungen einer erfolgreichen Kommunikationspolitik	394

5.1.1	Integrierte Kommmunikation	394
5.1.2	Corporate Identity	394
5.1.3	Analyse des Vermarktungsumfelds	396
5.1.4	Zielsetzung der Kommunikationsmaßnahmen	397
5.1.5	Budgetplanung	397
6.	Kommunikationsmaßnahmen im einzelnen	398
6.1	Werbung	398
6.1.1	Online-Werbung	400
6.2	Public Relations	401
6.2.1	Definition Public Relations	401
6.2.2	Zielgruppen	401
6.2.3	Bedeutung der PR-Arbeit	402
6.2.4	Praktische PR-Maßnahmen	404
6.3	Sponsoring	405
6.4	Verkaufsförderung	406
6.4.1	Definition Verkaufsförderung	406
6.4.2	Zielgruppen und Maßnahmen	407
6.5	Resümee	407
7.	Literatur	408

1. Marketing

Marketing entwickelte sich durch den Wandel des Verkäufermarktes zum Käufermarkt. Ziel des Marketings ist es, als ganzheitliches unternehmerisches Steuerungskonzept für das Unternehmen Gewinn zu erzielen und für die Kunden einen optimalen Nutzen zu bringen. Zunächst beschränkten sich Marketingkonzepte auf den Konsumgüterbereich. Mittlerweile hat sich aber auch im Investitionsgüter- und Dienstleistungssektor, zu dem der Immobilienbereich zählt, die Marketingidee durchgesetzt. Das Marketing wird heute als Management-Aufgabe verstanden und betrifft alle Unternehmensbereiche gleichermaßen, d. h., es liegt im Idealfall ein integriertes Marketingkonzept vor, bei dem alle Funktionen des Unternehmens systematisch auf den Absatzmarkt ausgerichtet sind. Zu den strategischen Maßnahmen innerhalb des Marketings, die auch für den Immobilienbereich relevant sind, sind so die Marktforschung, das Informations-Management und die Unternehmensanalyse zu erwähnen.

In diesem Beitrag werden weitestgehend alle Bereiche des Immobilienmarketings dargestellt, gewisse Themen werden jedoch nur kurz erwähnt, da die Darstellung des Gesamtthemas zu umfassend ausfallen würde.

1.1 Analyseinstrumente

Ein Unternehmen muß sich, um seine geplanten Ziele zu erreichen und um sich erfolgreich am Markt zu behaupten, an bestimmte Verhaltensgrundsätze der Marketingstrategien halten. Diese sind zeitlich festgelegte Maßnahmen, die einen Erfolg am Markt ermöglichen sollen. Im Bereich der Unternehmensanalyse ist besonders die *Portfolioanalyse* hervorzuheben, die als Instrument zur Unterstützung sowohl in der Unternehmens- als auch der Umweltanalyse eingesetzt wird. Unter Umwelt ist hier nicht nur die natürliche, ökologische Umwelt zu verstehen, sondern alle gesamtwirtschaftlichen, demographischen, technologischen, politischen und gesellschaftlichen Entwicklungen bzw. Veränderungen.

Die Portfolioanalyse zeichnet sich gerade durch die Kombination dieser beiden so wichtigen Bereiche aus und ist auch für professionell arbeitende Immobilienunternehmen unerläßlich. Die Grundidee der Portfolioanalyse besteht darin, daß eine Entscheidung nicht isoliert zu sehen ist. Die Planungsaufgaben werden systematisch, zukunftsorientiert forciert. Innerhalb dieses Prozesses werden auftretende Probleme offen dargelegt.

Die gemeinsame Lösung der Probleme innerhalb der Entscheidungsphase führt zu einer strukturierten Kommunikation, die sich ständig den aktuellen Entwicklungen anpassen muß.

1.2 Produkt-Markt-Strategie

Auf dem Immobilienmarkt – mit all seinen Besonderheiten – ist die von Ansoff entwickelte Produkt-Markt-Kombination gut anwendbar. Hier wird zwischen dem gegenwärtigen und einem neu zu schaffenden Markt sowie zwischen einem bereits existierenden oder einem neu zu entwickelnden Produkt unterschieden. Entsprechend werden die unterschiedlichen Strategien der Marktdurchdringung, Marktentwicklung, Diversifikation und der Produktentwicklung angewendet. Im einzelnen heißt das: Mit der Marktdurchdringung will der Unternehmer mit einem bereits bestehenden Produkt auf einem bestehenden Markt ein Wachstum, eine Marktanteilssteigerung herbeiführen. Mittel in diesem Bereich stellen zum Beispiel aggressive Preispolitik, bessere Kommunikationsstrategie oder qualifizierte Servicepolitik dar. Bei der Marktentwicklung sucht ein Unternehmen nach neuen Märkten für seine bestehenden Produkte, beispielsweise Wiederbelebung von Einkaufspassagen, verändertes Käuferinteresse durch neue Gesetze. Bei der Produktentwicklung wird über die Neuentwicklung von Produkten der bisherige Markt bedient, zum Beispiel umweltfreundliches Wohnen. Schließlich sucht ein Unternehmen bei der Diversifikation mit neuen Produkten neue Märkte, beispielsweise Selbstbauhäuser.

1.3 Marketing- und Absatzinstrumente

Erst eine genaue Kenntnis der zeitlich und räumlich jeweils unterschiedlichen Gegebenheiten am Markt wird dem Unternehmen die Chance bieten, den Absatz zu erhöhen. Dazu stehen ihm die folgenden marketingpolitischen Instrumente zur Verfügung:

- Produkt- /Sortimentspolitik,
- Preispolitik,
- Vertriebs-/Distributionspolitik,
- Kommunikationspolitik.

Die individuell von jedem einzelnen Unternehmen festgelegte Kombination, Gewichtung und Ausgestaltung dieser vier Instrumente nennt man *Marketing-Mix*. Die Festlegung des Marketing-Mix stellt die grundlegende Entscheidung für den zukünftigen Erfolg des Unternehmens dar. Die Entscheidung für ein bestimmtes Marketing-Mix hängt von dem Betriebstyp, vom Produkt selbst und natürlich vom Käuferverhalten ab. Bei der Festlegung des Marketing-Mix sollte das Management sich die folgenden Fragen stellen:

- Welche Leistungen bzw. Problemlösungen sollen am Markt angeboten werden?
- An wen und auf welchen Wegen sollen die Produkte oder Dienstleistungen verkauft werden?
- Zu welchen Bedingungen sollen die Leistungen am Markt angeboten werden?
- Welche Informationsmaßnahmen sollen eingesetzt werden?

Die Festlegung des optimalen Marketing-Mix ist eine schwieriger gewordene Aufgabe. Die Unternehmensumwelt verändert sich immer dynamischer. Daraus resultieren die immer komplexer werdende Aufgabe der Markt- und Marketingforschung und die Unsicherheit von Prognosen. Heute muß jeder Unternehmer stets auch bereit sein, einen flexiblen und kreativen Spielraum für Veränderungen innerhalb des Marketing-Mix zuzulassen.

1.4 Besonderheiten im Immobilienbereich

Im Bereich der Immobilien-Dienstleistung gibt es spezifische Unterscheidungsmerkmale gegenüber den Konsum- und Investitionsgütermärkten. Zunächst muß grob unterschieden werden zwischen Wohnungs- und Gewerbeimmobilie. Bei beiden handelt es sich um ein kapitalintensives Produkt, dem besonders im Wohnungsimmobilienbereich meist langwierige Entscheidungsprozesse vorausgehen. Mit der Entscheidung zum Kauf einer Immobilie werden weitreichende Entscheidungen getroffen (zum Beispiel Finanzierung, Festlegung von Kapital, Standortwahl). Besonders bei der Wohnungsimmobilie besteht nur eine niedrige Kaufintensität, oftmals nur ein- bis zweimal im Leben. In beiden Bereichen erwartet der Kunde eine hohe Informationsbereitschaft von seiten des Anbieters, das Produkt Immobilie ist stark erklärungsbedürftig.

Auch im Immobilienbereich hat in den letzten Jahren eine Entwicklung vom Verkäufer- (Nachfrageüberhang) hin zum Käufermarkt stattgefunden. Das heißt auch hier weg vom reinen Distributionsmarketing hin zu einem stärker kundenorientierten Marketing-Mix.

Der Kunde hat ein höheres Informationsbedürfnis, er besitzt meist gute Vorkenntnisse, und er erwartet vom Verkäufer stets aktuelle Kenntnis der neuesten Gesetzesänderungen ebenso wie Know-how im Bereich technischer Innovationen.

Gerade für die jüngere Käufergruppe ist der Erwerb einer Immobilie oft auch verbunden mit einem gewissen Image- oder Prestigedenken, hier nutzen dem Immobilienberater nicht nur gute Marketing-, sondern auch psychologische Kenntnisse.

2. Produktpolitik

2.1 Allgemeines

Produktpolitisch hat die Immobilie in den letzten Jahren einen starken Wandel erfahren. Es entstanden bei der Wohn- wie auch bei der Gewerbeimmobilie eine Reihe von neuen Produkten, die sich ausschließlich am Kunden bzw. Nutzer orientieren. Speziell im Bereich Wohnimmobilie standen in den vergangenen Jahren Themen wie „Ökologie" und „Kostengünstiges Bauen" im Vordergrund. Teilweise sind es im Rahmen der Wohnungsbaupolitik propagierte Trends, teilweise vom Verbraucher diktierte Produktinnovationen.

Im gewerblichen Bereich ist zur Zeit ein Trend zur Freizeitimmobilie im weitesten Sinne zu beobachten. Der Käufer orientiert sich an Freizeit- oder an Kommunikationsbedürfnissen, zum Beispiel neue Restaurantformen im amerikanischen Stil. Auch im Immobilienbereich wurde mittlerweile erkannt, daß ausschließlich Kunden- und Nutzerorientierung die Gewähr für einen kontinuierlichen Absatzmarkt sind. Allerdings zeigt das Produkt Immobilie durch lange Anlaufzeiten – von der Planung bis zur Produktion – nach wie vor gewisse Restrisiken beim Absatz, die nie ganz auszuschließen sind.

Grundsätzlich wird bei der Produktpolitik die Art der Immobilie, nämlich die Wohn- oder Gewerbeimmobilie, festgelegt. Außerdem werden auch andere wichtige Produktfaktoren fixiert. Zum einen ist dies die Architektur, die einerseits durch baurechtliche Vorschriften, andererseits durch die Art der Immobilie beeinflußt wird. Ein außergewöhnliches Beispiel im Wohnimmobilienbereich ist das Hundertwasser-Projekt in Plochingen. Zum zweiten ist dies der Produktfaktor Ausstattung, die sich am jeweiligen Nutzer bzw. Investor ausrichtet.

2.2 Arten der Wohnimmobilie

Bei der Wohnimmobilie unterscheidet man zwei Arten: das Haus und die Wohnung. Zusätzlich wird differenziert zwischen Secondhand- und Neubauimmobilie. Das Haus, speziell das Ein- bis Zweifamilienhaus, wird vorwiegend für die Zielgruppe Eigennutzer konzipiert.

Nur ein geringer Anteil Kapitalanleger bevorzugt diese Art der Immobilie. Allerdings ist mittlerweile zu beobachten, daß durch kostengünstige Bauweise – speziell bei Reihen- und Doppelhäusern – mehr und mehr auch Anleger investieren.

2.2.1 Secondhand und Neubau

Im Secondhandbereich hat der Kunde die Möglichkeit, manche Rarität, beispielsweise ein Gründerzeithaus oder eine Jugendstilwohnung, zu erwerben. Diese Objekte sind nicht nur architektonisch interessant, sondern auch steuerlich. Die Sanierung wird unter Umständen staatlich subventioniert oder steuerlich gefördert, also ein interessantes Produkt für Investoren und Kapitalanleger.

Bezogen auf das Merkmal Standort hat man speziell in bevorzugten städtischen Wohngebieten nur über eine Gebrauchtimmobilie die Möglichkeit, diverse Lagen zu erwerben. Der Neubau bietet Vorteile bezogen auf die Ausstattung, vor allem technischer Art. Außerdem sind die Möglichkeiten der steuerlichen Abschreibung hier im Regelfall höher, wie auch die Möglichkeit der Unterstützung durch öffentliche Mittel.

2.2.2 Sonderobjekte

Bei dem Produkt „Wohnimmobilie" gibt es eine Reihe von Sonderimmobilien, die sich durch die spezielle Nutzung unterscheiden. Beispiele dafür sind Studenten-, Senioren-, Sozialwohnungen, Ferienimmobilien und steuerersparende Gebäudeinvestitionen. Alle diese Produkte sprechen eine ausgewählte, aber zum Beispiel bei Senioren immer größere Zeilgruppe an. Bei diesen Sonderimmobilien ist daher einer marketingtechnischen Aufbereitung – bezogen auf die Zielgruppe – besondere Beachtung zu schenken.

2.2.3 Zielgruppen

Bei Wohnimmobilien wird zwischen zwei Hauptzielgruppen, den Eigennutzern und den Kapitalanlegern, unterschieden. Eine weitere Zielgruppe, der Mieter, ist in Zeiten eines großen Wohnungsangebotes aus produktpolitischer Sicht nicht zu vernachlässigen. Beispielhaft ist hier die für den Kapitalanleger in Ballungszentren sehr häufig gebaute Zwei-Zimmer-Wohnung, die bei der Vermietung durch ein Überangebot dieses Produktes problematisch geworden ist.

Der Eigennutzer, der im Regelfall nur ein- bis zweimal im Leben investiert, hat hohe Anforderungen an das Produkt Immobilie, seine Merkmale und die Beratung. Seine Motivation sind Unabhängigkeit und Freiraum durch die Investition in die eigene Immobilie. Beim Kapitalanleger, der im Regelfall schon Immobilienbesitzer ist, sind Hauptmotive Sachwertanlage, Rendite, Altersvorsorge sowie Steuerersparnisse.

Durch Preise, die ähnlich gestaltet sind wie bei einer vergleichbar großen Wohnung, zum Beispiel durch Verzicht auf einen Keller, ist dies heute auch von der Mietrendite eine interessante Alternative für den Kapitalanleger. Neue Absatzmärkte werden momentan durch das Ausbauhaus erschlossen. Die Hülle des Hauses wird vorproduziert und montiert, die Innenausstattung wird als Paket angeboten, das der Kunde selber ausbaut und installiert.

Ein weiteres Produkt – das Mehrfamilienhaus – wird hauptsächlich von Anlegern favorisiert. Diese als Globalobjekt angebotenen Projekte haben den Vorteil, daß entsprechend auch Teile wieder veräußert werden können, ohne sich vom gesamten Bestand zu lösen. Bei der Bauweise wird nach wie vor konventionell massiv gebaut, oder es werden verschiedene Formen der Holzskelettbauweise angewandt. Mittlerweile gibt es eine Reihe von Herstellern, die ausgestaltete Wandelemente bis hin zu kompletten Sanitärzellen vorfertigen und direkt an der Baustelle montieren. Ein Weg, der Kosten und Bauzeit einspart.

Bei den Baumaterialien bestimmen zunehmend ökologisch bedenkenlose bzw. biologische Baustoffe den Markt. Weiteres wichtiges Produktkriterium ist die Energieeinsparung. Die Werte, die heute bei der Wärmedämmung oder Wärmerückgewinnung erreicht werden, sind optimal. Diese Entwicklungen werden auch sehr stark politisch unterstützt, und zwar durch entsprechende Subventionen oder Steuererleichterungen. Die Produkteigenschaft „ökologische oder energiesparende Bauweise" spricht speziell bei der Wohnimmobilie eine immer größere Zielgruppe an.

Bei Wohnungen wird von der Art her unterschieden in Appartements, Ein-und Mehr-Zimmer-Wohnungen, Maisonette- und Penthouse-Wohnungen. Präferenz haben hier kleinere, zum Beispiel sechs bis acht Wohneinheiten pro Haus. Das Ausstattungsniveau hat heute mit hochwertigen Fliesen, Teppich- oder Parkettböden, wandhohen Fliesen im Sanitärbereich einen Grad erreicht, der sich deutlich vom Wohnbau der sechziger und siebziger Jahre abhebt. Optimierungen bei den Grundrissen haben speziell bei Wohnungen dazu geführt, daß beispielsweise eine Drei-Zimmer-Wohnung derzeit durchschnittlich 65–70 m² Wohnfläche aufweist, vor 20 Jahren waren vergleichbare Wohnungen im Schnitt 15–20 m² größer.

Natürlich wird auch bei Wohnungen auf den gesamten Themenkreis „Ökologie" Wert gelegt, allerdings nicht in dem Maße wie bei Häusern.

2.3 Arten der Gewerbeimmobilie

Bei Gewerbeimmobilien werden grundsätzlich folgende Arten unterschieden: Büro-, Handels-, Industrie- oder Produktions-, Freizeit- und Sonderimmobilie. Die Bauweise ist überwiegend massiv in Stein oder Beton, teilweise bei Märkten und Hallen auch Fertigbauweise mit vorgefertigten Elementen. Im Gegensatz zur Wohnimmobilie erhebt die Gewerbeimmobilie einen sehr hohen Anspruch an flexible Nutzung und Gestaltung. Die letzten Jahre haben auch gezeigt, daß hinsichtlich technischer Ausstattung von Büros viele ältere Gebäude nur unter sehr hohen finanziellen und baulichen Aufwendungen den heutigen Anforderungen gerecht werden.

Im Bereich der Büroimmobilie werden vom Nutzer zunehmend Komplettlösungen erwartet. Für den Produktanbieter heißt dies eine intensive Einbindung des Nutzers bereits während der Planung. Außerdem sollte er die gesamte Ausstattungspalette selbst konzipieren und anbieten oder in Zusammenarbeit mit einem Büromöbelhersteller bzw. Innenausstatter komplette Bürolösungen offerieren.

2.3.1 Zielgruppen

Gewerbeimmobilien haben drei Zielgruppen: den Eigennutzer, den Investor und den Mieter. In Zeiten starken Angebotüberhangs dominiert der Mieter. Dies hat zur Folge, daß Immobilieninvestitionen dann getätigt werden, wenn Nutzer bzw. Mieter für das Gebäude zur Verfügung stehen bzw. Mietverträge abgeschlossen sind. Der Anspruch des Nutzers oder Mieters ist deshalb entscheidend für die Immobilie, ihre Architektur und Ausstattung.

3. Preispolitik

Der Preis einer Immobilie orientiert sich an der Möglichkeit der Nutzung, der Nachfrage und natürlich der Lage, dem Standort. Im Neubaubereich sind die Preise bestimmt vom Aufwand des Bauherrn, im Gebrauchtimmobilienbereich vom Aufwand und von Vergleichswerten.

3.1 Preispraxis

Die Preiskalkulation beim Neubau setzt sich vereinfacht zusammen aus: Grundstückswert, Baukosten, Baunebenkosten und Gewinnmarge. Bei der Gebrauchtimmobilie gibt es verschiedene Kalkulationsgrundlagen bzw. verschiedene Bewertungsverfahren:

- Sachwertverfahren: eine Bewertung für Eigentumswohnungen und Häuser;
- Vergleichswertverfahren: eine Bewertung für Eigentumswohnungen und standardisierte Häuser;
- Ertragswertverfahren: eine Bewertung für Renditeobjekte und Gewerbeimmobilien.

In der Praxis dienen alle Methoden zur Preisbindung, wobei der praktische Verkaufspreis, der Verkehrs- oder Marktwert oft davon abweichen. Weitere für die Preispraxis wichtige Kriterien sind:

- Belastung bzw. Annuität beim Immobilienkauf,
- Steuervorteil mit dem Unterschied Selbstnutzer oder Kapitalanleger,
- Gewährleistung auf Bauteile und Handwerkerleistungen,
- Ausstattung: einfache – mittlere – hochwertige,
- Preisnachlässe bzw. Rabatte,
- öffentliche Förderung oder Subventionen,
- erzielbare Erträge aus Vermietung und Verpachtung,
- langfristige Wertzuwachsmöglichkeiten.

Rabatte oder Preisnachlässe werden direkt mit dem Preis verrechnet oder in Form besserer Ausssttattung. Bei Mieten werden entsprechend mietfreie Zeiten angeboten. Die Preispolitik eines Immobilienunternehmens hängt sehr stark von den vorgenannten Faktoren ab. Als Unternehmer muß man aber auch vorher den Markt untersuchen (Research), um zu entscheiden, in welches Marktsegment man investieren will. Ist die Zielrichtung die breite Masse oder eine exklusive Klientel, die unter Umständen bereit ist – für ein Objekt ihrer Wünsche –, fast jeden Preis zu bezahlen?

4. Vertriebs- oder Distributionspolitik

Vertrieb ist ein wichtiger Teil im Gesamtmarketingprozeß. Er sollte vom Research über die Projektentwicklung bis zum vollständigen Verkauf bzw. zur vollständigen Vermietung einbezogen werden. Der Vertrieb ist gleichermaßen Ansprechpartner für Verkäufer, Käufer und Mieter. Er ist außerdem Servicepartner bei der Steuerberatung, Finanzierung, Bautechnik etc.

Im Vertrieb werden die Möglichkeiten des Marketings, zum Beispiel Werbung, Verkaufsförderung, genutzt und praktisch angewendet. Da sehr viele Fachgebiete einbezogen werden, muß deshalb Wissen über Architektur, Planung, Bautechnik, Betriebswirtschaft, Steuern und Recht vorhanden sein.

Durch die Vielfalt der Produkte ist es für den Vertrieb sinnvoll, sich zu spezialisieren, beispielsweise ausschließlich auf Einzelhandels-, Gastronomieimmobilien. 90 % der in Deutschland tätigen Vertriebe sind Kleinbetriebe mit maximal fünf Mitarbeitern. Der Marktanteil der Makler am Gesamtimmobilienumsatz liegt bei zirka 40 %. Im Gewerbeimmobiliengeschäft ist der Anteil höher.

4.1 Direkter Vertrieb

Direkter Vertrieb ist die Vertriebsform, bei der der Eigentümer oder Bauträger einer Immobilie selbst oder durch eigene Vertriebsmitarbeiter verkauft. Eigene Vertriebsmitarbeiter einzusetzen lohnt sich allerdings erst ab einem gewissen Umsatzvolumen. Merkmal dieser Vertriebsform ist, daß sie direkt steuerbar ist. Wenn grundsätzlich ähnliche oder gleiche Produkte angeboten werden, ist es nicht notwendig, ständig Produktschulungen durchzuführen. Auf der anderen Seite ist aus diesem Grund auch die Flexibilität geringer, wenn die Produkte standardisiert sind. Für den Anbieter bedeutet ein eigener Vertrieb, daß bestimmte Fixkostenblöcke – unabhängig von dem tatsächlichen Immobilienumsatz – entstehen. Dies kann entsprechend kritisch werden, wenn unterschiedliche bzw. geringe Auslastungen vorkommen. Der direkte Vertrieb hat eine geringere Kundenreichweite als der indirekte Vertrieb. Betrachtet man die Kosten, ist der eigene Vertrieb im langfristigen Vergleich nicht günstiger als der indirekte Vertrieb.

4.2 Indirekter Vertrieb

Er wird in sehr unterschiedlichen Formen praktiziert. Welche Vertriebsform angewandt wird, ist abhängig von der Immobilienart. Da der indirekte Vertrieb keine direkte Unternehmensbindung hat, operiert er sehr flexibel. Bei größeren Vertrieben mit breitgefächerten Immobilienaktivitäten sind eine entsprechend gute Marktkenntnis und eine hohe Kundenreichweite vorhanden, was sich positiv auf die Leistungsfähigkeit auswirkt. Im Gegensatz zum direkten Vertrieb ist er jedoch schlechter steuerbar, und die Identifikation mit dem Produkt ist nicht so hoch.

4.2.1 Vertriebsstrukturen im indirekten Vertrieb

Die Keimzelle des klassischen Vertriebs ist der Makler. Aufgrund der, wie schon erwähnt, sehr unterschiedlichen Immobilien sollten je nach Größe und Umfang eines Projektes unterschiedliche Vertriebsstrukturen eingesetzt werden. Durch das Produkt bestimmt, sollte grundsätzlich klar sein, ob man eine lokale, regionale oder überregionale Vertriebsstruktur benötigt. Im Kapitalanlagebereich hat sich beispielsweise auf dem Sektor der Ostimmobilie mit Sonderabschreibung herauskristallisiert, daß der Anleger oft weit entfernt vom Investitionsstandort beraten werden muß, mit der zusätzlichen Möglichkeit, auch vor Ort betreut zu werden.

Im klassischen Secondhandbereich mit der Zielgruppe Eigennutzer spielt sich der Hauptanteil des Immobiliengeschäfts meist in einem Radius von zirka 30 km ab.

Unterschieden wird beim direkten Vertrieb zwischen: Einzelmakler, Maklerbetrieb, Immobilienabteilung bei beispielsweise einer Bank und Vertriebsgesellschaft. Diese Betriebe oder Firmen können frei am Markt agieren, als Töchter oder Abteilungen von Banken, Bausparkassen, Versicherungen oder als Franchisepartner. Besonders bei Vertriebsorganisationen, die bankgestützt sind, kann der Kunde durch die verschiedenen Synergien aller Finanzdienstleistungen, die entstehen, eine Komplettlösung erhalten.

Für den Immobilienanbieter ist die Leistungsfähigkeit des Vertriebes wichtig, die Kapazität, welche Zielgruppen er anspricht, wie groß seine Reichweite ist, welches Image er am Markt hat und wie kreativ und innovativ er ist. Ein Beispiel von Auswahlkriterien für den Einsatz unterschiedlicher Vertriebsstrukturen zeigt Abbildung 1:

Geeignete Vertriebsstruktur im indirekten Vertrieb				
Kriterien	Einzel-makler	Makler-betrieb	Immobilien-abteilung	Vertriebs-gesellschaft
Image/Seriosität				
Kosten (Provisionen, Fix-, Investitions-kosten)				
Regional u./od. überregional				
Vertriebskapazität (Wohneinheiten p. a.)				
Kapitalkraft/ Know-how				
Beziehungsgeflecht				
Serviceleistungen (Synergiemöglich-keiten)				

Abb. 1: Vertriebsstrukturen

5. Kommunikationspolitik im Immobiliengeschäft

Innerhalb der Kommunikationspolitik werden vier Bereich unterschieden:

- Werbung,
- Public Relations (Öffentlichkeitsarbeit),
- Sponsoring, ursprünglich Teilbereich der PR,
- Verkaufsförderung/persönlicher Verkauf (= immobilienspezifisch).

Besaß bis vor wenigen Jahren eindeutig die Werbung innerhalb des Kommunikations-Mix Priorität, so wissen vor allem Großunternehmen, Weltkonzerne (zum Beispiel BMW, Bertelsmann), daß *jeder* der vier Bereiche eine wichtige Aufgabe erfüllt. Der Konsument wird mit der Werbung zunehmend unzufriedener und ihrer überdrüssig. Fast 50 % würden – wenn sie könnten – die Werbung einschränken (GfK-Befragung 10/96, Horizont 18. Oktober 1996).

Kleine bis mittlere Unternehmen, zu denen der größte Teil der Immobilienbranche gezählt werden kann, müssen hier schnell lernen umzudenken. Weg von den nichtssagenden großformatigen Anzeigen, den Hochglanzbroschüren, hin zu informativen, auf die speziellen Käuferwünsche eingehenden Maßnahmen.

5.1 Voraussetzungen einer erfolgreichen Kommunikationspolitik

Um mit Kommunikationsmaßnahmen, die ja in der Regel relativ kostspielig und zeitintensiv sind, auch den gewünschten Erfolg verzeichnen zu können, muß das Unternehmen im Vorfeld einiges beachten. Nur einfach eine Anzeige zu schalten, einen Werbespot im Radio auszusenden, ein Richtfest zu organisieren oder der ortsansässigen Presse ein paar Pressemitteilungen zu schicken, damit wird sich kein Unternehmen am immer härter umkämpften Immobilienmarkt behaupten können.

5.1.1 Integrierte Kommunikation

Das heißt nichts anderes, als daß alle kommunikativen Maßnahmen aufeinander abgestimmt sein müssen, um sich gegenseitig ergänzen zu können und um ein einheitliches Erscheinungsbild nach außen zu gewährleisten. Das ist vor allem beim indirekten Vertrieb mit einer Vielzahl von Mitarbeitern im Außendienst nötig. Daher beginnt eine gute Kommunikationspolitik intern, in der Firma zwischen den Mitarbeitern. Gerade in der Immobilienbranche mit einem großen Anteil an Außendiensttätigkeit ist es besonders wichtig, daß die linke Hand weiß, was die rechte gerade tut. In der Praxis haben besonders Firmen mit einem hohen Anteil an Vertriebsleuten häufig Probleme mit der internen Kommunikation zwischen beispielsweise Controlling und Außendienst.

5.1.2 Corporate Identity

Um ein Miteinander- oder Wir-Gefühl innerhalb eines Unternehmens – und sei es noch so klein – hervorzurufen, bedarf es einer Unternehmensidee, einer Philosophie. Diese sollte gewachsen und sinnvoll strukturiert sein, eine den Mitarbeitern oktroyierte Unternehmensphilosophie hat wenig Bestand. Dieses Unternehmensleitbild darf auch nicht reine Makulatur sein, sondern muß mit reellen Inhalten gefüllt werden können – nur so identifizieren sich alle Mitarbeiter damit.

Und auch nur dann wird das Unternehmensbild/-image glaubwürdig nach außen vermittelt. Wenn alle Handlungsinstrumente eines Unternehmens in einen einheitlichen Rahmen nach innen und außen zur Darstellung gebracht werden, nennt man das Corporate Identity (CI). Im Kampf um Marktanteile benötigen Unternehmen ein Image: Als strategisches Mittel zur Differenzierung im Wettbewerb ist CI längst ein unverzichtbarer Bestandteil des Marketings.

Doch leider hat diese Erkenntnis bislang auch wieder nur die großen Unternehmen erreicht – bis auf wenige Ausnahmen im mittelständischen Bereich. Image ist noch immer einer der meistunterschätzten Erfolgsfaktoren in deutschen Unternehmen (Manager Magazin, 6/96). Obwohl Studien und der Erfolg von Firmen eindeutig ergeben haben, daß sich Unternehmen mit einer klar definierten Identität gegenüber den Mitbewerbern, die diese nicht besitzen, klar profilieren.

Damit man bei einem Unternehmen tatsächlich von einer gelungenen Corporate Identity sprechen kann, müssen zunächst die drei Bereiche Corporate Behaviour bzw. Culture (Verhalten), Corporate Communication und Corporate Design erfüllt sein. Das ist ein langer Weg, der sich aber – wie erfolgreiche Unternehmen beweisen – lohnt. Stimmt die CI erst einmal, so ist die Wahrscheinlichkeit groß, daß der Empfänger die Botschaft versteht.

Der Empfänger innerhalb der Kommunikationsstrategie ist u. a. der Immobilieninteressierte, der zukünftige Käufer oder Verkäufer. Er liest die Anzeige, erhält die Visitenkarte eines Außendienstmitarbeiters, sieht sich einen neuen Prospekt an oder bekommt ein Mailing zugeschickt. Hier entsteht der erste Eindruck, hier hat eine Firma die Möglichkeit, seriös, kompetent und interessant zu erscheinen – oder eben nicht. Das gesamte optische Erscheinungsbild wird als das *Corporate Design* (CD) bezeichnet. Dazu gehören auch Dinge wie Haus- und Pkw-Beschriftung, Messestände, Baustellenhinweise etc.

Kleine Immobilienfirmen können das CD mit Hilfe einer kleinen Agentur im eigenen Haus gestalten. Größere, überregional agierende Unternehmen tun gut daran, gewisse Designrichtlinien zu erarbeiten – einen Art Werbemittelkatalog zusammenzustellen –, um so ein einheitliches Erscheinungsbild und damit einen hohen Wiedererkennungswert bei den Zielgruppen hervorzurufen (zum Beispiel Schwäbisch-Hall Bausparkasse mit dem Fuchs). „Die Prüfung des Designs ist sowohl Ergänzung wie integraler Bestandteil der Prüfung der Kommunikation, und beide sind mit der Prüfung des Verhaltens verflochten", konstatiert Wally Olins.

Corporate Communication und Behaviour bzw. Culture umfassen den weiten Bereich, wie sich ein Unternehmen im Ganzen und jeder einzelne Mitarbeiter nach innen und außen präsentieren. Gerade im Immobilienbereich kann hier mit einem positiven Auftritt in der Öffentlichkeit sehr viel für ein gutes Image einer Firma getan werden. Der kompetente Berater, die hilfsbereite Sekretärin oder die freundliche Telefonistin hinterlassen einen nachhaltigen Eindruck in der deutschen Servicelandschaft.

In Deutschland gibt es wenige Beispiele von Immobilienunternehmen, die sich bisher einen guten Namen gemacht haben. In Anbetracht der Tatsache, daß der Immobilienmakler in Deutschland kein gutes Image hat und die Zulassungsvoraussetzungen für diesen Beruf – im Vergleich zu anderen europäischen Staaten – einfach sind, ist hier ein wichtiger Ansatzpunkt für zukünftiges unternehmerisches Denken im Immobilien-Marketing zu sehen.

5.1.3 Analyse des Vermarktungsumfelds

Der Immobilienmarkt steht in einer permanenten Wechselbeziehung zu Politik, Gesellschaft und Wirtschaft. Deshalb muß eine Immobilienfirma eine dynamische und flexible Kommunikationspolitik betreiben, um spätere Erfolge mit den jeweiligen Kommunikationskampagnen zu erzielen.

Marktforschung ist der Oberbegriff für den gesamten riesigen Bereich der Informationsgewinnung. Sie ist ein unerläßliches Mittel, um frühzeitig Veränderungen im Käuferverhalten und Trends zu erkennen. Kleine Firmen können dies mit der Befragung ihrer existierenden Kunden und interessierten Besucher auf den Besichtigungsterminen oder Fachmessen erreichen.

Größere Firmen können Marktforschungsunternehmen beauftragen und Marktberichte auswerten. Die Lektüre von Fachzeitschriften und Literatur – auch aus dem Werbe- und Marketingbereich – sind ein unerläßliches Handwerkszeug, um die neuesten Entwicklungen am Markt nicht zu versäumen. Was für die meisten Firmen selbstverständlich ist, ist die Beobachtung der Wettbewerber. Es sind Fragen zu stellen wie zum Beispiel: Wie ist deren öffentlicher Auftritt? Verändern sich deren Werbemaßnahmen? Welche Objekte bieten sie an? Welches Beziehungsgeflecht besteht? Welche Stärken, welche Schwächen haben sie? Wie ist die Medienstruktur in meinem Gebiet? Auf welchem Wege erreiche ich meine Zielgruppen mit der bestmöglichen Wirkung? Wie hebe ich mich von den Mitbewerbern positiv ab? Diese und andere existentiellen Fragen muß sich ein Unternehmer stellen. Denn Geld für ineffektive Kommunikationsmaßnahmen ist schnell ausgegeben, aber nicht immer auch wieder so leicht verdient.

5.1.4 Zielsetzung der Kommunikationsmaßnahmen

Ob ein Immobilienunternehmen mit einer Werbekampagne ein neues Objekt am Markt anbieten, mit einer PR-Aktion auf die Firma aufmerksam machen will, mit einer Verkaufsförderungsmaßnahme den im Immobilienbereich so wichtigen persönlichen Verkauf unterstützt oder sich als Sponsor im örtlichen Fußballverein betätigt, die Ziele sind immer die gleichen:

- den Markt erhalten bzw. ausbauen,
- den Umsatz erhalten bzw. steigern,
- den Bekanntheitsgrad erhalten bzw. erhöhen,
- das Image, Vertrauen erhalten bzw. steigern,
- die Zielgruppe ansprechen.

Um Erfolg zu haben, muß die unternehmerische Kommunikation von der Zielgruppe, dem Interessenten, dem Käufer erst einmal wahrgenommen, verstanden und akzeptiert werden.

5.1.5 Budgetplanung

Um diese Ziele zu erreichen, muß sich jeder Immobilienunternehmer zunächst fragen: Was kann, will oder muß ich für das Marketinginstrument „Kommunikation" ausgeben? Aufgrund langjähriger Erfahrung und Marktbeobachtung kann gesagt werden, daß ein kleines Maklerunternehmen zirka 13% seines Provisionsumsatzes, ein größeres Unternehmen zirka 10 % in Werbung, Public Relations, Verkaufsförderung und Sponsoring reinvestieren muß.

Ein Makler benötigt bei der Vermittlung einer Immobilie – zum Beispiel der Wohnimmobilie – zirka 15–20 Interessenten, bis es zu einem Kaufabschluß kommt. Deshalb muß er kalkulieren, daß über Insertionen in Zeitungen für Ballungsgebiete wie München, Frankfurt, Düsseldorf, Berlin oder Hamburg etwa 600,- DM pro Interessent investiert werden müssen. Bei Gewerbeimmobilien greift eine andere Gesetzmäßigkeit. Hier wird im Vergleich zur Wohnimmobilie wesentlich weniger in Anzeigen investiert.

Bei der Budgetplanung sollte der häufig vorkommende Denkfehler vermieden werden, daß die Kosten für die Marketingkommunikation mit Fertigstellung der Immobilie abgeschlossen sind. Nicht nur, daß es nach Fertigstellung Leerstände gibt, auch die Unternehmenskommunikation zur Erhaltung oder Verbesserung des Images ist ein kontinuierlicher Prozeß. Daher muß die Budgetplanung ein fester Bestandteil innerhalb der gesamten Unternehmensplanung sein.

Am Beispiel eines großen Immobilienvertriebsunternehmens wird veranschaulicht, wie die aktuelle Etatplanung im Immobilienmarkt aufgesplittet sein kann. Vom geplanten Provisionsertrag sind etwa 11 % für den Kommunikationsetat veranschlagt. Davon fließt in die klassische Anzeigenwerbung der Hauptanteil von zirka 58 %, knapp 3 % davon werden in die Imagewerbung investiert.

Hinzu kommen etwa 3 % des Gesamtetats für Außenwerbung, zum Beispiel Plakate, Schilder. Für Werbemittel werden zirka 10 % ausgegeben, weitere 3 % werden für die Herstellung der Exposés veranschlagt. In Vertriebsveranstaltungen und in Public Relations inklusive Sponsoring werden zusammen etwa 15 % des Gesamtwerbeetats investiert. Die verbleibenden ungefähr 11 % verteilen sich auf allgemeine Konzeptionskosten und Marketingtätigkeiten sowie Büromaterial (mit Werbeaufdruck).

An diesem Beispiel, das in der prozentualen Aufteilung – gemesssen am Provisionsertrag – als repräsentativ angesehen werden kann, ist klar erkennbar, wo der Schwerpunkt in der Etatplanung eines Immobilienunternehmens liegt. Nachfolgend eine exemplarische Marketingbudgetplanung (vgl. Abb. 2).

6. Kommunikationsmaßnahmen im einzelnen

6.1 Werbung

Die Werbung ist ein Instrument der Kommunikation zwischen einem Unternehmen und seinem Markt bzw. Marktteilnehmern. Sie dient beiden Seiten hauptsächlich zur Markttransparenz und Information und soll letztendlich zum Kauf des jeweiligen Produkts animieren. Auf den Bereich klassische Werbung, der noch immer über die Hälfte des Budgets eines Immobilienunternehmens ausmacht, kann an dieser Stelle leider nicht weiter eingegangen werden. Es wird nur kurz ein noch junger, sehr zukunftsträchtiger Sektor gestreift, die sogenannten „Neuen Medien", insbesondere das Internet. Dieses Medium wird für alle vier Kommunikationsbereiche mittel- bis langfristig von großem Interesse sein.

Etatpositionen	Mai	Juni	Juli
Anzeigen			
Verkaufsanzeigen			
Gesuchsanzeigen			
Imageanzeigen			
Personalanzeigen			
Strat. Konzeptionskosten			
Bauträgermaßnahmen			
Bautafeln			
Bauträgermaßnahmen			
Baucontainer			
Verkaufsprospekte			
Flyer			
Plakate/Sonstiges			
Vertriebsveranstaltungen			
Objektbesichtigungen			
Incentives			
Vertriebsveranstaltungen			
Immobilientage			
Kundenabende/			
-veranstaltungen			
Werbemittel			
Streuartikel			
Visitenkarten			
Sonderaktionen			
Exposés			
Außenwerbung			
Marktforschung			
Büromaterial mit Aufdruck			
Öffentlichkeitsarbeit			
Imagebroschüre			
Imageplakate			
Telefonbuchwerbung			
Veranstaltungen			
Sponsoring			
Redaktionelle Beiträge			
Sonstige			
GESAMT			

Abb. 2: Marketingetatplanung

6.1.1 Online-Werbung

Online-Werbung bezeichnet heute in erster Linie „Werbung im Internet". Derzeit wird jeder, der am Internet oder an kommerziellen Netzbetreibern wie beispielsweise AOL und CompuServe interessiert ist, mit einer nicht mehr überschaubaren Flut von Informationen überschwemmt. Bei aller Euphorie sollte jedoch der Immobilienmakler, der im Internet kommunizieren will, sich vorher entsprechend klare Gedanken über seine Erwartungen und Ziele gemacht haben. Denn in diesem neuen Medium – neu besonders für kommerzielle Werbung – kann sehr viel falsch gemacht werden. Erfahrungswerte können wir nur aus den USA beziehen.

Eines ist sicher: Für den Erfolg im Internet spielen Schnelligkeit, Kreativität und Flexibilität eine große Rolle. Wer sein Netzangebot nicht ständig erneuert, wird mit Nichtbeachtung bestraft. Das Online-Publikum ist anspruchsvoll.

Einer aktuellen Focus-Studie zum Thema Multimedia-Kommunikation zufolge sind 73 % der etwa 2,4 Millionen Online-Nutzer männlich, davon sind 84 % im Alter zwischen 18 bis 49 Jahren, 50 % haben Abitur/Studium und bei 68 % liegt das Haushaltsnettoeinkommen über 4.000 DM. Überproportional viele Onliner befinden sich in männlichen Single-Haushalten. In sechs von zehn online-angeschlossenen Haushalten leben Kinder und Jugendliche. Wenig multimediamotiviert zeigen sich Ehepaare ohne Kinder, weibliche Single-Haushalte und Alleinerziehende. Das heißt konkret, im Internet kann ein Immobilienunternehmen gezielt die favorisierten Zielgruppen auf sich aufmerksam machen:

Familien mit zwei Kindern, sie machen 19 % der Gesamtbevölkerung aus, aber erstaunliche 31 % der Online-Nutzer. Oder männliche Singles als Kapitalanleger. Nur 12 % der Gesamtbevölkerung verfügen über mehr als 6.000 DM monatlich, 33 % davon sind Onliner.

Wie kann man als Immobilienmakler diese interessanten Zielgruppen ansprechen? Die Neugier einer Familie kann man mit spannenden Gewinnspielen zum Mitmachen motivieren, das Interesse des anspruchsvollen Singles läßt sich eventuell mit Sonderleistungen wecken. Beiden Interessentengruppen gemeinsam ist, daß sie in diesem Medium besonders aktuelle, präzise, maßgeschneiderte und schnell abrufbare Informationen vom Anbieter erwarten.

Wie in den klassischen Marketingbereichen, so gilt auch bei Online-Aktivitäten: Sie müssen in das Gesamtmarketingkonzept integriert sein. Entscheidet sich ein Immobilienmakler für den Auftritt im Internet, sollte die optische Darstellung auf jeden Fall in die Hand von Profis aus dem Bereich

Electronic Advertising gegeben werden. Viele vorwiegend in den klassischen Medien arbeitende Werbeagenturen sind hier immer noch überfordert: Nichts ist langweiliger für einen Internet-Surfer als eine klassische Werbebroschüre, die einfach auf das neue Medium übertragen wurde.

6.2 Public Relations

6.2.1 Definition Public Relations

Öffentlichkeitsarbeit, das deutsche Synonym für Public Relations (PR), ist das Kommunikationsinstrument, mit dem das Unternehmen in einen ständigen Dialog mit der Öffentlichkeit tritt. Die gesellschaftliche Verantwortung des ganzen Unternehmens, nicht nur Teile davon, ist die Ausgangsbasis für PR-Arbeit. PR ist das bewußte, geplante, ständige Bemühen einer Organisation, Verständnis, Vertrauen und Unterstützung in der Öffentlichkeit aufzubauen und zu pflegen. Informationsaufbereitung und -weitergabe sind klassische Felder der Öffentlichkeitsarbeit. Voraussetzung glaubwürdiger PR-Arbeit sind daher Offenheit und Transparenz bei der Informationsübertragung, denn Verschleierungen und Beschönigungen schaden langfristig nur.

Im Falle von Immobilienunternehmen und Bauträgern ist es wichtig, mit jenen Teilen der Öffentlichkeit, von denen sie in ihrer Existenz abhängig sind, zu Übereinstimmungen von Einzelinteressen zu kommen.

Konkret heißt das beispielsweise bei größeren Bauvorhaben: die Kommunalverwaltung, die Anwohner, Umweltschutzorganisationen, die lokale Presse. Beim Vertrieb von Wohnimmobilien vor Ort ist der Kreis der Öffentlichkeit nicht so weitreichend wie bei einem Gewerbeprojekt, wo unter Umständen nicht nur kommunale, sondern auch landespolitische Vorgaben und Interessen berücksichtigt werden müssen.

6.2.2 Zielgruppen

„First know your public." Ein Unternehmen muß seine Öffentlichkeit, seine Zielgruppen kennen, um eine effiziente PR leisten zu können. Jedes Unternehmen hat seine spezifischen Beziehungsgruppen und sollte diese auch gezielt ansprechen. Man unterscheidet zwischen interner und externer Öffentlichkeit. Eine sehr wichtige interne Zielgruppe oder Teilöffentlichkeit sind die Mitarbeiter. „PR begins at home." Zur internen Öffentlichkeit, auch als

Human Relations bezeichnet, gehören ebenso die Angehörigen, Freunde der Mitarbeiter, aber auch Nachbarn, ehemalige Mitarbeiter und Berater des Unternehmens. Aus eigener Erfahrung und aus der Beobachtung des Mediengeschehens weiß jeder, daß sich schlechte Nachrichten wesentlich schneller und weiter verbreiten als gute. Damit erklärt sich schnell die Bedeutung dieser Teilöffentlichkeit.

Eine positive Einstellung zur Firma, für die man tätig ist (siehe auch CI), fördert das Engagement, die Loyalität und die Identifizierung. Sie schafft insgesamt ein besseres Betriebsklima, und dies alles wiederum senkt die innere Kündigung, die Krankentagequote, die Fluktuation, um nur einige Beispiele zu nennen.

Die externe Öffentlichkeit ist unendlich vielfältig, und eine Organisation kann sie nur selten selbst bestimmen. Man sollte über Leistungen und Gegenleistungen von Anspruchsgruppen nachdenken. Weiter kann eine Zielehierarchie entwickelt werden, um klarer erkennen zu können, welche Kommunikation mit welcher Zielgruppe Erfolg verspricht. Außerdem kann ein Unternehmen versuchen, eine Analyse der Wahrnehmungsweise seiner Zielgruppen vorzunehmen, und damit verbunden untersuchen, wie häufig die jeweilige Teilöffentlichkeit ansprechbar ist.

So kann die Öffentlichkeit nochmals unterteilt werden in die des Wirtschaftsleben: zum Beispiel Neu- und Altkunden, Lieferanten, Wettbewerber etc.; in die der Finanzwelt: Banken, Investoren, Leasinggesellschaften etc.; und in die der Meinungsbildner: zum Beispiel Medien, Interessengruppen, Verbände.

6.2.3 Bedeutung der PR-Arbeit

Die Ziele, die von einem Unternehmen mit den verschiedenen Kommunikationsmaßnahmen innerhalb des Marketings verfolgt werden, wurden bereits genannt. Marketing bedeutet käufer-, nutzenorientiertes Entscheidungsverhalten. Was kann jetzt speziell bei Immobilienunternehmen Public Relations erreichen, was nicht schon die Werbung erreicht hat? Diese oder ähnliche Fragen werden immer wieder gestellt. Wie bereits erwähnt, ist ein positives Firmenimage, welches nicht (nur) durch Werbung erreicht wird, sondern weitgehend von professioneller PR-Arbeit abhängig ist, ein sehr wichtiger Erfolgsfaktor – doch leider ein von kleinen und mittleren Unternehmen oft sehr vernachlässigter Marketingaspekt.

Public Relations stellen ein Input-Output-System dar. PR nehmen Umweltmeinungen, -einstellungen und -verhalten wahr, analysieren und reflektieren diese, bevor sie auf der Grundlage dieser Erkenntnisse einen internen

Meinungsbildungs- und Entscheidungsprozeß für künftiges Handeln herbeiführen. Daraus ergibt sich die Basis für Strategie und Taktik, für das Handeln von PR nach innen und außen.

PR hat die Funktion, den Dialog mit der Öffentlichkeit zu fördern und damit Handlungsrichtung und Handlungsfreiheit in der Absicht mitzubestimmen, dem Unternehmen zu helfen, seine gesetzten Ziele zu erreichen.

Die Orientierung des Nutzers oder Käufers wird durch drei Verhaltenskategorien determiniert: durch Motivation, durch kognitive Prozesse und durch Lernen. Der Interessent, der Käufer, der Wirtschaftsjournalist, der Nachbar, der Mitarbeiter – sie alle bilden einen Meinungsmarkt. Dieser Markt ist größer als jeder einzelne der funktionszugeordneten Märkte. Alle, die eine Meinung haben und diese auch kundtun, sind Teilnehmer an diesem Markt. Durch sein Verhalten erzeugt, verstärkt oder beseitigt er Motive, die eine Verhaltensentscheidung auslösen – also beispielsweise die Unterschrift unter einen Immobilienkaufvertrag.

Konkret angewandt heißt das für ein Immobilienunternehmen – gleich welcher Größe –, daß es das Umfeld, in dem es tätig ist, zunächst analysieren sollte; insbesondere wenn es sich um größere gewerbliche Bauvorhaben handelt! Gibt es irgendwelche Bürgerinitiativen? Steht die Region oder ein Teil davon unter Naturschutz? Wie ist die Infrastruktur oder wie groß ist das Einzugsgebiet? Das alles sind wichtige Fragen.

Auch beim Bau von Wohnimmobilien sollte das Umfeld des zukünftigen Standortes untersucht werden. Je nachdem, welche Zielgruppe mit den Kaufobjekten ansprochen wird, sollte im Vorfeld zum Beispiel geklärt werden: Wie ist die demographische Struktur? Wie die Verkehrssituation? Ist die Gegend eher kinderfeindlich bzw. gibt es überhaupt entsprechende Einrichtungen für den Nachwuchs, oder bietet die Gegend für Singles entsprechende Freizeitmöglichkeiten?

Um das alles in schnellster Zeit in Erfahrung zu bringen und immer auf dem aktuellsten Stand zu sein, ist es als Unternehmer wichtig, aktiven Kontakt zu den Gemeinden zu pflegen (damit sind keine Bestechungsgelder gemeint). Eventuelle Mitgliedschaft in den örtlichen Sportvereinen und Fachverbänden, Informationsaustausch mit Bildungseinrichtungen und Bürgerinitiativen sind nur einige Beispiele dafür, wie der Informationsaustausch zwischen Unternehmen und Öffentlichkeit stattfinden kann.

Aufgrund der sehr sensibel gewordenen Öffentlichkeit sollten vor Baubeginn alle Probleme mit der direkten Nachbarschaft und den indirekt Betroffenen diskutiert werden. Agieren statt reagieren ist eine Grundvoraussetzung für die strategische Aufgabe, die erfolgreiche PR-Arbeit erfüllen sollte. Die Veranstaltung von Informationsseminaren und Diskussionsforen oder –

bei entsprechendem Anlaß – eine Pressekonferenz können zu erwartende Schwierigkeiten und Störfälle vermeiden helfen. Denn richtig betriebene Öffentlichkeitsarbeit schließt den Krisenfall eigentlich aus oder begrenzt ihn zumindest.

Hier ist eine wichtige Aufgabe von PR zu sehen: Störungen sind unvermeidbar, ob durch menschliches Versagen oder durch technische Mängel ausgelöst. Wenn aber ein Störfall auf eine unvorbereitete interne und externe Öffentlichkeit stößt, d. h., wenn die Folgen unklar sind und Angst auslösen können und falls dann das Unternehmen auch noch sprachlos erscheint, dann handelt es sich um eine Krise. Krisen sind das Ergebnis falsch behandelter Schwächen.

6.2.4 Praktische PR-Maßnahmen

Um den Bekanntheitsgrad zu erhöhen, das Vertrauen zu stärken, die Kompetenz zu untermauern, stehen einem Immobilienunternehmen vielfältige Möglichkeiten der PR-Arbeit zur Verfügung.

Die Human Relations müssen gepflegt werden. Die interne Teilöffentlichkeit ist anzusprechen. Daher sollten bei entsprechenden Anlässen Betriebsfeiern oder Vertriebsfeste unter dem Motto „Come together" veranstaltet werden. Ist die Firma etwas größer, ist eine Mitarbeiterzeitung ein sehr gutes Mittel, die interne Kommunikation zu fördern. Auch Diskussionsforen oder regelmäßig stattfindende „Round-table"-Gespräche zwischen Mitarbeitern der verschiedenen Bereiche und Ebenen sind ein Weg, die firmeninterne Stimmung zu verbessern. Weiterbildungsmaßnahmen und Teamtraining sind ebenfalls – auch für die externe Kommunikation – Alternativen, um das Engagement für ein Unternehmen bei den Mitarbeitern am Leben zu erhalten.

Um die externe Kommunikation zu aktivieren, bietet sich die Veranstaltung von Straßenfesten unter einem bestimmten Motto, zum Beispiel „umweltfreundliches Bauen", „kinderfreundliches Wohnen" oder „nachbarschaftliches Zusammenleben" an. Auch zunächst langweilige Themen wie „Erster Spatenstich" oder das Richtfest können mit ein wenig Phantasie zu Ereignissen werden, die die zukünftigen Bewohner oder Kunden, Nachbarn, Handwerker etc. nicht so schnell vergessen – und schon hat man positiv gestimmte Multiplikatoren gewonnen.

Aber auch sachlichere Veranstaltungen wie Haus- oder Fachmessen, Immobilienfachtage, „Tage der offenen Tür", Kundeninformationsabende, Nachbarschaftsforen unterstützen das Image eines Unternehmens. Nur bei wirklich bedeutenden Ereignissen sollten die Medien zu einer Pressekonferenz einberufen werden. Denn nichts ist schlimmer, als die Presseleute mit einer uninteressanten Pressekonferenz zu langweilen. Außerdem ist eine gute Pressekonferenz eine organisatorische Herausforderung, die oft unterschätzt wird. Eine erfolgreich verlaufende Veranstaltung solcher Art ist minutiös zu planen und durchzuführen. Schon eine vergessene Kleinigkeit, wie zum Beispiel Ersatzbirnen für einen Projektor zu besorgen, kann zu einem Fiasko führen. Deshalb ist es besser, durch originelle Veranstaltungen oder professionelle Vorträge auf sich aufmerksam zu machen. Dann hat man unter Umständen die Presse von selbst vor Ort.

6.3 Sponsoring

Zwischen PR und Sponsoring besteht ein nahtloser Übergang, und doch handelt es sich um zwei – mittlerweile selbständige – Marketinginstrumente. Doch was macht Sponsoring für ein Unternehmen interessant? Ist doch die Sponsorentätigkeit zunächst mit einer finanziellen Aufwendung verbunden. Es ist das – für die Öffentlichkeit, für die Medien – interessante Umfeld, mit dem der Sponsor in Verbindung gebracht wird. Außerdem kann der Sponsor von dem, den er sponsert, eine Kommunikationsgegenleistung erwarten bzw. ist diese vertraglich fixiert.

Wird das jeweilige Projekt aus Überzeugung gefördert, ist dem Unternehmen eine positive Berichterstattung der Medien sicher und somit ein entsprechendes Feedback in den von ihm avisierten Zielgruppen. Der Sponsor kann mit seinen Aktivitäten belegen, daß er seine gesellschaftliche Verantwortung als Unternehmer ernstnimmt. Die Ziele von Sponsoring sind identisch mit denen professioneller PR-Arbeit: den Bekanntheitsgrad zu erhöhen und einen Imagetransfer auf das Leistungsangebot des Immobilienunternehmens zu vollziehen, um dadurch letztlich – indirekt – den Absatz zu steigern.

Ein Immobilienunternehmen kann als Sponsor gezielt im kulturellen, sportlichen und wissenschaftlichen Bereich auftreten. Es kann sich speziell in sozialen oder Umweltschutzbelangen engagieren. Die Variationsmöglichkeiten sind unzählig. Auch hier sind wieder Kreativität und Offenheit gefragt. Doch das, was unterstützt wird, muß auch ernstgemeint sein, nur einem Trend hinterherzurennen nützt nichts. Die Öffentlichkeit ist oft wachsamer, als man glaubt.

Der Sport ist das älteste und immer noch beliebteste Betätigungsfeld für Sponsoren. Allerdings zunehmend interessanter – gerade für ein Immobilienunternehmen – werden die Bereiche des Kultur-, Sozial- und Umwelt-Sponsoring. Auch für kleinere Unternehmen – mit kleinerem Budget – bestehen hier gute Möglichkeiten, die jeweiligen Teilöffentlichkeiten auf sich aufmerksam zu machen, ein positives Image aufzubauen und vielleicht sogar das Interesse der Medien zu wecken. Die Idee muß nur neu sein. Das heißt, das Unternehmen muß nur ganz genau „seine" Umwelt beobachten, um die richtigen Bereiche für „seine" Sponsortätigkeit ausfindig zu machen. Beispielsweise kann ein Immobilienunternehmen den Bau und Unterhalt von Kindergärten fördern oder den Erhalt von Obstwiesen oder Biotopen unterstützen, es kann Architekturwettbewerbe oder junge Designer sponsern.

Hier sind Unternehmen und Mitarbeiter auf eigenes innovatives Denken angewiesen. Zu diesem Zeitpunkt sollte das Unternehmen auch den internen Effekt erkennen. Die Motivation und Identifikation der Mitarbeiter werden durch Sponsor-Aktivitäten erhöht und somit insgesamt die Unternehmenskultur positiv beeinflußt.

6.4 Verkaufsförderung

6.4.1 Definition Verkaufsförderung

Im Rahmen der Instrumente der Kommunikationspolitik hat die Verkaufsförderung oder Sales-Promotion spezielle Aufgaben zu erfüllen. Verkaufsförderung (VKF) kann als Sammelbegriff für Aktionen gesehen werden, die den Absatz kurzfristig und unmittelbar stimulieren und den Kontakt zwischen den verschiedenen Geschäftspartnern pflegen und intensivieren sollen.

Das heißt, konkret im Immobilienbereich sind die Zielgruppe der VKF primär der Eigen- oder Fremdvertriebsapparat und die sonst noch am Verkauf beteiligten Absatzmittler und Partner. Im Immobilienbereich spielt die VKF im Verhältnis zum Kunden direkt aufgrund der Besonderheit des Produktes Immobilie – im Gegensatz zu schnellebigen Verbrauchsgütern – eine bisher untergeordnete Rolle.

Eine Immobilie als sehr hochwertiges Produkt bedarf einer besonderen Verkaufsstrategie. Der persönliche Kontakt zwischen Vertrieb und Kunden ist hier oft außerordentlich intensiv und wichtig. Besonders bei Gewerbeimmobilien läuft der Verkaufsprozeß fast ausschließlich über den persönlichen Kontakt ab. Zur Steigerung der Leistungsfähigkeit und des -willens der Vertriebsmitarbeiter bedarf es daher systematischer Unterstützung und Motivation.

6.4.2 Zielgruppen und Maßnahmen

Die Mitarbeiter, insbesondere die Außendienstmitarbeiter, können durch Seminare und Training on the job gefördert werden. Da das Gespräch beim Immobilienverkauf eine sehr wichtige Rolle spielt, sollten die Mitarbeiter in diesem Bereich ständig auf dem neuesten Stand sein, d. h., an professionellen Rhetorik-, Mimik-, Verkaufstechnikseminaren darf nicht gespart werden. Die Immobilie kann noch so gut sein, wenn der Vermittler nicht glaubwürdig auftritt, läßt sie sich schwer verkaufen.

Vertrauen, Kompetenz und Seriosität signalisieren, sachlich überzeugen können, in der Lage sein, auf den Kunden individuell einzugehen, und entsprechend argumentieren können, dabei aber nicht überheblich wirken, sondern einfach nur überzeugend – so sieht der ideale Immobilienverkäufer aus. Doch der fällt so meist nicht vom Himmel. Hier liegt es am Unternehmer, durch den eigenen Führungsstil als Vorbild aufzutreten und durch entsprechende Maßnahmen gute Mitarbeiter heranzubilden. Ein sehr wichtiges VKF-Mittel ist die Unterstützung des Vertriebes mit der Ausstattung hervorragender Sachmittel bzw. spezifischem Handwerkszeug. Dazu zählen die Prospekte und Flyer, das Exposé und Verkaufshandbuch (Sales Manual), aber auch die Visitenkarte, das Werbegeschenk und das Bauschild, um nur einige Beispiele zu nennen.

An dieser Stelle wird wieder deutlich, wie wichtig eine vernetzte Kommunikationspolitik für ein erfolgreiches Unternehmen ist. Werbe-, Verkaufsförderungs-, PR- und Sponsor-Aktivitäten müssen optisch und inhaltlich übereinstimmen, damit ein Synergieeffekt zwischen den einzelnen Maßnahmen auch nach außen erkennbar wird. Dann erst existiert eine Corporate Identity – ein Firmenimage. Weitere Sondermaßnahmen, die zusätzliche Anreize schaffen, sind beispielsweise Incentives, die sowohl in Geld- als auch in Sachleistungen in Frage kommen, oder Wettbewerbe, die den Sportsgeist innerhalb der Verkaufstruppe fördern.

6.5 Resümee

Leider werden in der Praxis von allen Anbietern dieselben Maßnahmen in ziemlich ähnlicher Weise eingesetzt. Dadurch wird die Zielsetzung der verschiedenen Kommunikationsinstrumente oft verfehlt. Deshalb werden in Zukunft die Kreativität jedes einzelnen Unternehmens und seiner Mitarbeiter, daraus resultierend seine Originalität, sowie die Gesamtkonzeption aller Maßnahmen über den Erfolg der Kommunikationspolitik und damit auch über die Existenz eines Unternehmens mit entscheiden. Zukünftig wird nur das Unternehmen am Markt bestehen können, welches mittels einer langfristigen strategischen Vernetzung aller Marketinginstrumente – und hier explizit aller Kommunikationsinstrumente – einen besonderen Synergieeffekt erreicht.

7. Literatur

Brauer, G.: *Handbuch Öffentlichkeitsarbeit*, Düsseldorf 1993

Cole, T. (Hrsg.): *Internet Praxis*, Augsburg 1996

Nieschlag, R./Dichtl, E.: *Marketing*, Berlin 1991

Olins, W.: *Corporate Identity*, Frankfurt am Main 1990

Kommunikations-Management für Immobilien

Olaf Gaumer, geschäftsführender Gesellschafter, Gaumer Werbeagentur GmbH, Frankfurt am Main

Inhalt

1.	Einführung	411
1.1	Marketingschema	411
1.2	Entwicklung eines Vermarktungskonzeptes	413
2.	Kommunikationskonzepte	414
2.1	Der Aufbau eines Kommmunikationskonzeptes	414
2.2	Die Stufen der Entwicklung eines Kommunikationskonzeptes	415
2.3	Die Gliederung von Kommunikationskonzepten	416
2.4	Die Kommunikationsmittel	417
2.5	Die Aufteilung des Kommunikationsbudgets	419
2.6	Der Kommunikationseinsatz	420
2.7	Budgetplanung und Budgetkontrolle	420
2.7.1	Etathöhe	420
2.7.2	Etatumfang	421
2.8	Der Zeit- und Kostenbedarf der Konzeptionsplanung	422
2.9	Die Kommunikationstests	423
2.10	Die fünf Kommunikationsphasen	425
2.11	Die Doppelwirkung der Projektkommunikation	426
3.	Der Kommunikationsservice	427
3.1	Die Kommunikationspalette	427

3.2	Der Agenturaufbau	428
3.3	Die Auftragsabwicklung	430
3.4	Der Zeitaufwand für die Erarbeitung eines Anzeigenmotivs	430
3.5	Fiktive Schätzung der monatlichen Agenturstunden	432
3.6	Arbeitsschritte und Zeitaufwand am Beispiel eines vierseitigen Prospekts	433
3.7	Der Kreativitätsablauf	435
3.8	Die Basiskomponenten	435
3.9	Die Arbeitsbeispiele	436
3.9.1	Die Logos	437
3.9.2	Die Broschüren	438
3.9.3	Die Großwerbemittel	439
3.9.4	Die Give-aways	440
4.	Das Corporate Design	441
4.1	Die Gliederung der CD-Kommunikation als Ausschnitt aus einem Gesamtsystem	441
4.2	CD-Faktoren	442
4.2.1	Schriften	442
4.2.2	Farben	443
4.2.3	Formen	443
4.2.4	Materialien	444
4.3	Die Arbeitsbeispiele	445
5.	Zusammenfassung	446

1. Einführung

Kommunikation umschreibt alle Möglichkeiten, um durch Werbung, Verkaufsförderung, Pressearbeit, Sponsoring und ergänzende Maßnahmen die Zielgruppen zu erreichen, die Immobilien kaufen oder mieten sollen. Diese Zielgruppen sind jedoch wesentlich kleiner als im Konsumgüterbereich. Deshalb werden Massenauflagen selten gebraucht, und die Stückkosten sind relativ hoch. Der finanzielle Aufwand dafür ist jedoch im Verhältnis zum Kapitaleinsatz für Immobilien noch immer eher bescheiden.

Ziel des Kommunikations-Managements ist es, die Investitionen in Kommunikation kostengünstig und zielgerecht zu steuern. Den gesamten Umfang des Kommunikationsbereiches zu erklären kann nicht auf wenigen Seiten gelingen. Hier soll ein Einblick möglich gemacht werden, der in der Praxis durch Fachleute zu vertiefen ist.

Immobilien-Management ist ohne die Strukturierung der geschäftlichen Vorgänge nicht möglich. Strukturen haben der Optimierung von Vermietung oder Verkauf zu dienen. Alle Vorgänge sind vielschichtig und kaum kurzfristig zu bewältigen. Hierbei ist die Hilfe von Beratern nützlich und notwendig, weil das eigene Unternehmen nicht über ein ausreichendes Know-how verfügt und neue Ideen extern entwickelt werden müssen.

Selbstverständlich müssen die Immobilienberater, zu denen auch die für Kommunikation gehören, das Thema beherrschen. Da die Markenartikelwerber und alle anderen Werbung Treibenden jedoch selten für den Immobiliensektor arbeiten, sind Werbeagenturen und Kommunikationsberater nicht von vorneherein mit dem Wissen über die Immobilienbranche ausgestattet. Dies sollte vor der Auftragsvergabe geprüft werden.

1.1 Marketingschema

Die Voraussetzungen dafür, sich dieses Wissen zu beschaffen, haben sich in den letzten Jahren deutlich verbessert. Unsere Agentur mußte sich die meisten Grundlagen noch selbst erarbeiten. Voraussetzung unserer Arbeit ist der 5stufige Aufbau eines Marketingkonzeptes. Diese Übersicht läßt die weiteren Maßnahmen mit allen Ableitungen schneller verständlich werden (vgl. Abb. 1).

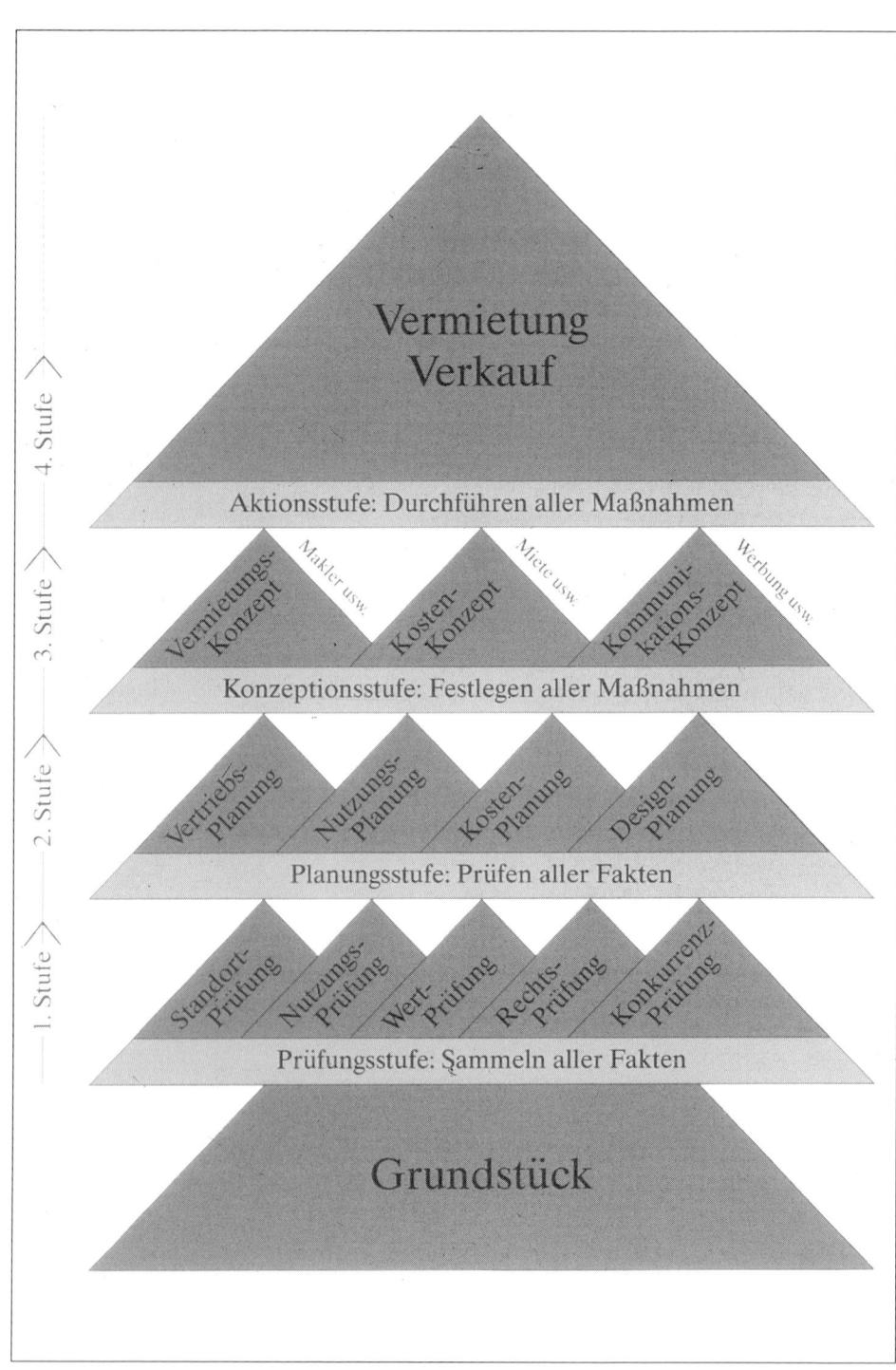

Abb. 1: Marketingschema für die Immobilienvermarktung
Quelle: Olaf Gaumer GmbH

1.2 Entwicklung eines Vermarktungskonzeptes

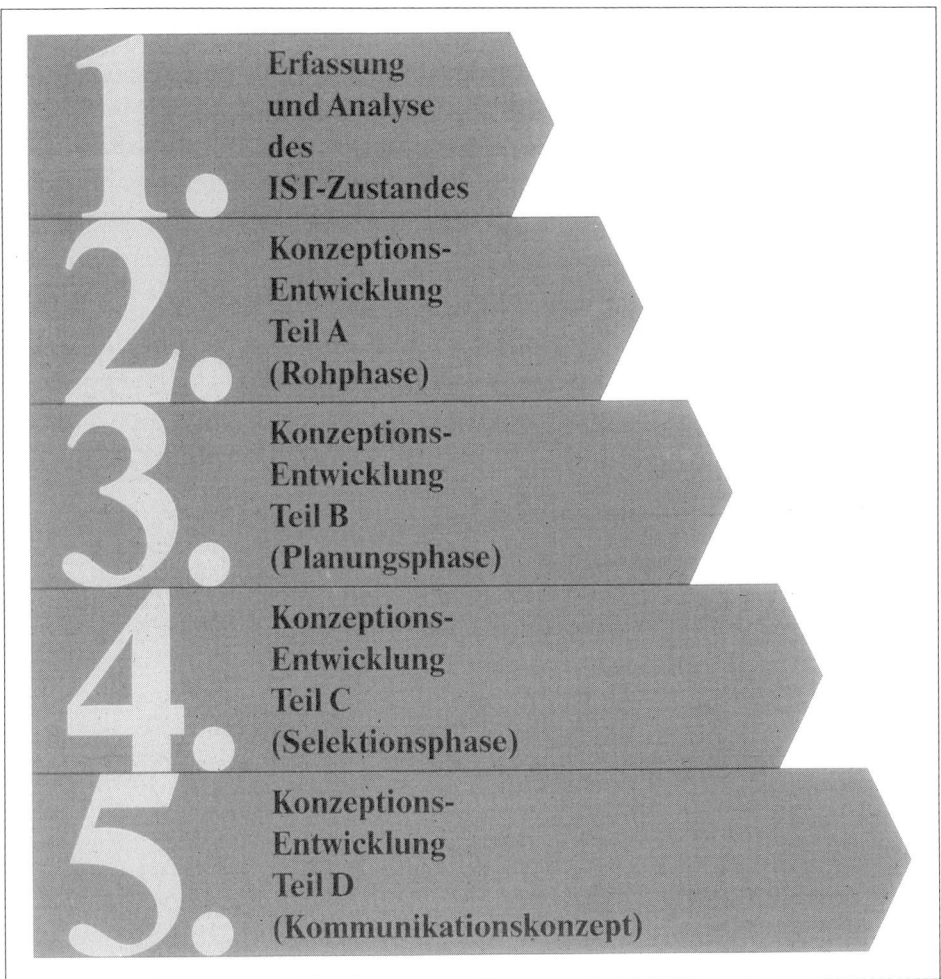

Abb. 2: Entwicklung eines Vermarktungskonzeptes
Quelle: Olaf Gaumer GmbH

2. Kommunikationskonzepte

Jedes Konzept im Kommunikationsbereich ist dem Marketingkonzept anzupassen. Es nimmt dessen Zielsetzungen auf und setzt sie kommunikativ um. Zur Kommunikation gehört auch Kreativität. Mit originellen Lösungen und dem Einsatz unverbrauchter Möglichkeiten muß hier eigenes Profil erreicht werden. Dieses sollte sich sowohl von der Immobilienkonkurrenz unterscheiden als auch von allen weiteren kommunikativen Reizen, denen die Zielgruppen ausgesetzt sind. Die Erarbeitung des Kommunikationskonzeptes kann deshalb nicht kurzfristig erfolgen und ist mit einigem Kostenaufwand verbunden. Der Vermarktungserfolg hängt dabei im wesentlichen von der Wirkung und der Marktkonformität aller Maßnahmen ab.

2.1 Der Aufbau eines Kommunikationskonzeptes

Abb. 3: Der Aufbau eines Kommunikationskonzeptes
Quelle: Olaf Gaumer GmbH

Konzepte müssen nachvollziehbar sein, und daher ist ein klarer Aufbau wichtig. Für die Kommunikation und das gesamte Konzept ist eine Leitidee Voraussetzung, ebenso ist die Festlegung von Zielgruppen und die daraus resultierende Positionierung von Bedeutung. Stehen diese Größen fest, muß der passende Name und erst dann das Logo entwickelt werden. Bei jeder neuen Aufgabe – und damit der nächsten Stufe – ist zu prüfen, ob das Konzept auch konsequent eingehalten wird.

2.2 Die Stufen der Entwicklung eines Kommunikationskonzeptes

Abb. 4: Die Stufen der Entwicklung eines Kommunikationskonzeptes
Quelle: Olaf Gaumer GmbH

Konzeptionen werden in allen Details festgelegt und gelten nach ihrer Akzeptanz durch den Auftraggeber als Richtschnur für alle anstehenden Kommunikationsaufgaben, einschließlich der Termin- und Kostenplanung. Ihre Gliederung folgt im wesentlichen der bewährten Gliederung der Marketingkonzepte.

2.3 Die Gliederung von Kommunikationskonzepten

Die umfangreichen Möglichkeiten, die sich für die Kommunikation eignen und zum großen Teil seit langem genutzt werden, sind in einer Gesamtübersicht zusammengefaßt. Die Auswahl und Kombination der unterschiedlichen Mittel werden zwar durch Inspiration und Kreation geprägt, sind jedoch immer innerhalb des jeweiligen Konzeptes passend miteinander zu verknüpfen. Es muß erkennbar sein, was zusammengehört, damit sich die Wirkung auf die Zielgruppen potenziert.

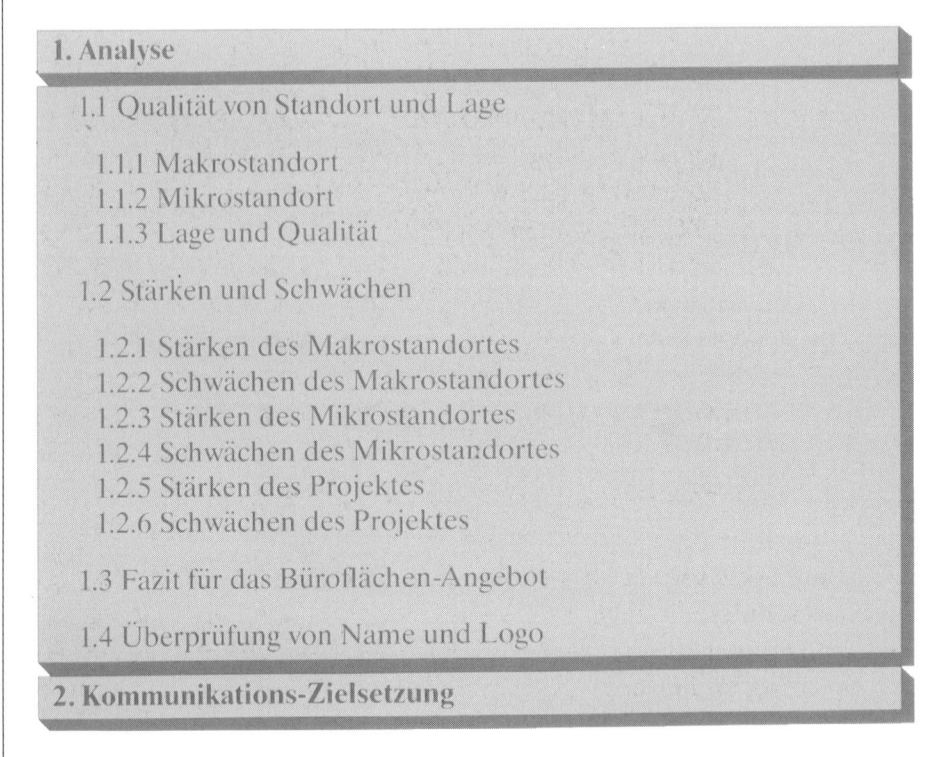

3. Zielgruppen

3.1 Makler für direkte Vermietung/Leasing
3.2 Mieter/Leasingnehmer
3.3 Käufer/Investoren
3.4 Öffentlichkeit

4. Positionierung

5. Strategie

5.1 Marketingstrategie

    5.1.1 Marketingmaßnahmen Vertriebsstufe Vermieter

5.2 Kommunikationsstrategie

    5.2.1 Kommunikationsmaßnahmen (Maßnahmen und Mittel)
       – Zielgruppe Makler für Vermietung/Leasing
       – Zielgruppe Mieter/Leasingnehmer
       – Zielgruppe Käufer/Kapitalanleger
       – Zielgruppe Öffentlichkeit

    5.2.2 Public Relations für alle Zielgruppen

    5.2.3 Maßnahmen-Zeitplan

    5.2.4 Kostenschätzung für den Zeitraum von 12 Monaten

6. Weiteres Vorgehen

Abb. 5: Gliederung eines Kommunikationskonzeptes
Quelle: Olaf Gaumer GmbH

2.4 Die Kommunikationsmittel

Die richtige Aufteilung der einzusetzenden Budgets ist ein wesentlicher Faktor des Kommunikationskonzeptes. Da es für Neubauten entscheidend sein kann, bereits vor Baubeginn so viele Einheiten wie möglich zu vermieten, ist hier der wesentliche Teil des Budgets einzuplanen. In Abstufungen werden dann geringere Anteile für Voll- und Nachvermietung abgerufen. Bei kritischen Marktlagen und hohen Leerständen können sich die Absatzphasen deutlich verlängern. Deshalb sollten Budgets nicht zu knapp ausgestattet und für mindestens zwei Jahre geplant werden.

1. Konzeption/Präsentation
2. Name/Logo
3. Fotografie/Video
4. Illustration/Animation
5. Baustellenaustattung
   5.1 Werbeschild/
       Transparent/
       Großdisplay
   5.2 Bauschild
   5.3 Bauzaun
   5.4 Info-Container/
       Pavillon/Ausstellung
   5.5 ARGE-Briefbogen
   5.6 ARGE-Kurzmitteilungen
   5.7 Schilder
   5.8 Fahne/Werbeelement
   5.9 Stempel
   u.s.w.
6. Aktivitäten
   6.1 Grundsteinlegung/
       1. Spatenstich
       6.1.1 Konzeption/
             Organisation
       6.1.2 Einladung
       6.1.3 Gästebuch
       6.1.4 Veranstaltung/
             Programm
       6.1.5 Beschallung
       6.1.6 Urkunde
       6.1.7 Infotafeln
       6.1.8 Bewirtung/
             Ausstattung
   6.2 Bewirtung
       6.2.1 z.B. Sektgläser
             mit Aufdruck
       6.2.2 z.B. Sektflaschen
             mit Etikett

   6.3 Richtfest/
       Projektpräsentation
       6.3.1 Konzeption
       6.3.2 Einladung
       6.3.3 Gästebuch-
             Eindruck
       6.3.4 Veranstaltung/
             Programm
       6.3.5 Beschallung
       6.3.6 Teilnehmerkarte
       6.3.7 Infowand
       6.3.8 Bewirtung/
             Ausstattung
   6.4 weitere Events
7. Werbung
   7.1 Anzeigen
       7.1.1 Rubrik-Anzeigen
       7.1.2 Textteil-Anzeigen
   7.2 Streuprospekt/Mailing
   7.3 Objektbroschüre
   7.4 Plakat
   7.5 Vitrine/Leuchtfläche
   7.6 Projektblatt
   7.7 Präsentationsfolder
8. Öffentlichkeitsarbeit
   8.1 Info-Mappe
   8.2 Info-Bogen
       8.2.1 Info-Zweitblatt
   8.3 Info-Texte (Pressetexte)
   8.4 Presse-Fotos
   8.5 Presse-Einladung
   8.6 Presse-Empfang
9. Sponsoring
   9.1 Kultur-Sponsoring
   9.2 Sport-Sponsoring
   9.3 Sozial-Sponsoring
10. Allgemeine Beratung

Abb. 6: Die Kommunikationsmittel
Quelle: Olaf Gaumer GmbH

2.5 Die Aufteilung des Kommunikationsbudgets

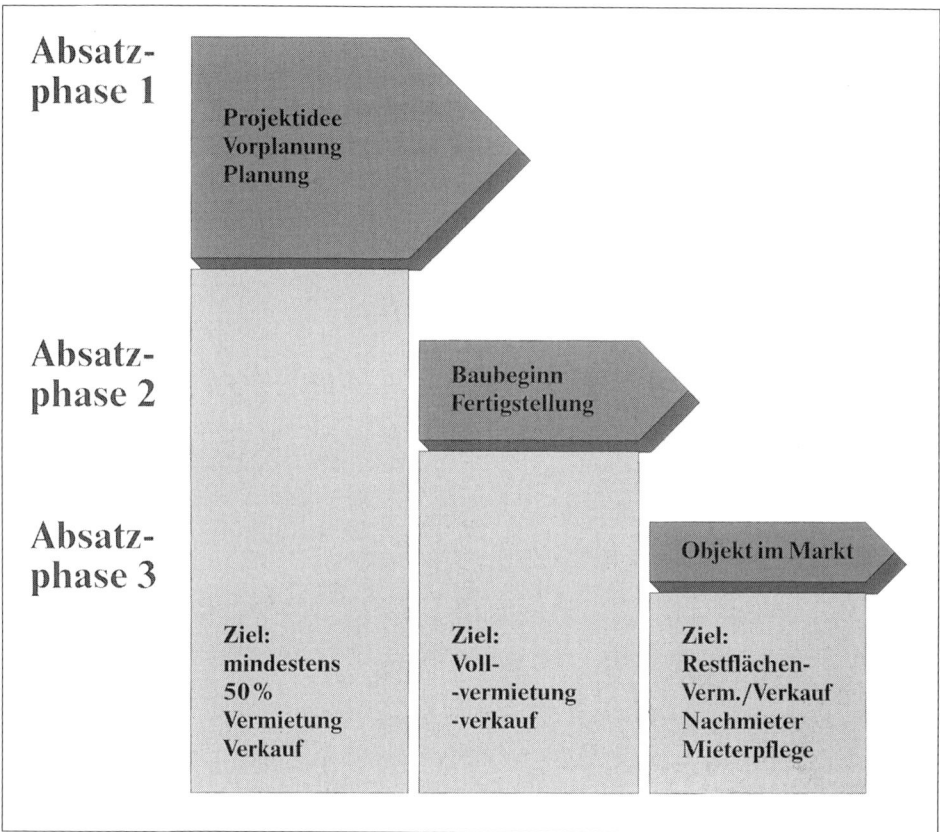

Abb. 7: Das Kommunikationsvolumen
Quelle: Olaf Gaumer GmbH

Die bisherige Praxis, beim Baustart oder kurz vorher mit der Kommunikation zu beginnen und nach der Vollvermietung schlagartig aufzuhören, hat sich als nicht marktkonform erwiesen. Erfolgreicher ist der Beginn mit den Kommunikationsmaßnahmen noch in der Planungsphase. Um das Projekt im Markt für Nachmieter und auch für die Nochmieter aktuell zu halten, ist langfristige Pflege durch angemessene Maßnahmen wünschenswert. Der Wert einer Immobilie hängt entscheidend von ihrem Image ab, das durch Kommunikation gezielt und dauerhaft zu fördern ist.

2.6. Der Kommunikationseinsatz

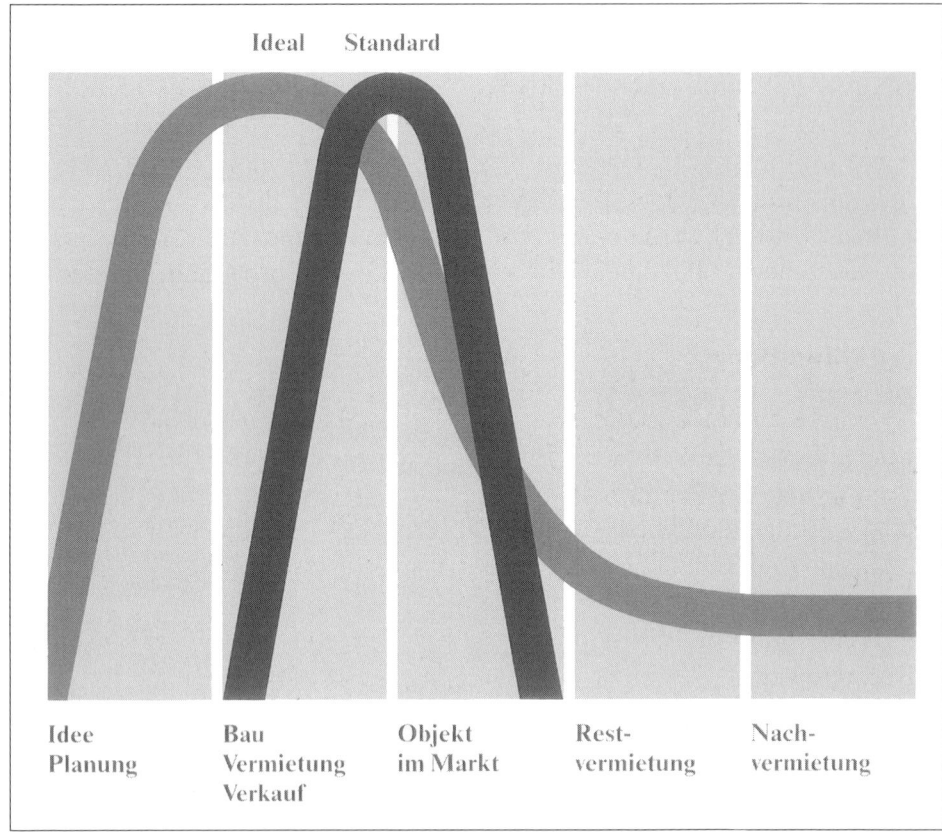

Abb. 8: Der Kommunikationseinsatz in der Immobilienvermarktung
Quelle: Olaf Gaumer GmbH

2.7 Budgetplanung und Budgetkontrolle

2.7.1 Etathöhe

Der Markt hat bewirkt, daß die Kosten für Immobilienkommunikation ständig gestiegen sind. Von der einfachen Aktion mit Bauwerbeschild, der Kurzbroschüre im DIN-A4-Format und der Schwarzweißanzeige ausgehend haben sich ausgefeilte Kampagnen entwickelt mit differenzierten Ansprachen unterschiedlicher Zielgruppen. Kommunikationsetats fallen daher heutzutage größer aus. Eine Faustregel für die angemessene Höhe dieses Etats ist für unsere Agentur die Staffelung nach Monatsmieten. Drei bis fünf Monatsmieten der angesetzten Jahresmieteinnahmen gelten gegenwärtig als marktkonform. Natürlich ist von den jeweiligen Gegebenheiten der speziellen Marktsituation, den Zielgruppen, der Miethöhe usw. auszugehen. Nicht das Schema hilft zum Ziel, sondern die gründliche Abwägung aller Voraussetzungen. Wenn beispielsweise ein Mietpreis von 40,- DM pro Quadratmeter bei einem Bürogebäude angesetzt wird, so können hier drei Monatsmieten eher ausreichen als bei einem Mietpreis von 25,- DM pro Quadratmeter.

2.7.2 Etatumfang

Zu einem Kommunikationsetat gehören grundsätzlich die Kosten aller Maßnahmen. Dabei gibt es Grenzfälle. Gehören das Fundament des Bauwerbeschildes, seine Statik, die Konstruktion, der Aufbau, die Beleuchtung und auch die Pflege, die Aktualisierung auch in den Etat? Das ist alles vorher festzulegen (vgl. Tab. 1). In den Etat gehören auf jeden Fall:

- *Modelle.* Während der langen Planungs- und Bauphasen sind diese im Rahmen von Projektpräsentationen besonders wichtig. Bei einer Innenstadtimmobilie wirken markante oder historische Bauwerke oder Bezugspunkte unterstützend. Der Maßstab spielt dafür zweifellos eine große Rolle, ebenso der Ort, an dem das Modell aufzustellen ist.
- *Bildmaterial.* Illustrationen, Dias, Videos, CDs, Fotos und Pläne sind so zu konzipieren, daß die technische Vervielfältigung optimal gewährleistet ist. Farbkopien sind keine Druckvorlagen, und die Vervielfältigungskosten können deshalb stark schwanken.
- *Herstellungs- und Pflegekosten für die Baustellenausstattung mit Zäunen, Schildern, Fahnen.* Hier sind auch Musterräume, Formulare bis zum Stempel für die Bauabwicklung, Straßenmarkierungen und Baustellenhinweisschilder einzuordnen.
- *Ausstattungs- und Bewirtungskosten für Events, Grundsteinlegungen, Richtfeste, Messen.* Hierzu zählen Einladungen, Gästebücher, Urkunden, Speisekarten, Tischsets und vieles mehr – ebenso wie Reise- und Übernachtungskosten, aber auch Honorare für Redner und Künstler.
- *Herstellungs-, Transport- und Versandkosten aller Werbemittel.* Hier sind Lagerkosten einzurechnen, wenn etwa Kommunikationsmaterial für verschiedene Immobilienprojekte verwendet werden soll und deshalb zwischengelagert werden muß.

- *Entwurfs-, Entwicklungs-, Abwicklungs-, Berater- bzw. Agenturkosten.* Präsentationshonorare – möglicherweise für mehrere Agenturen – sind einzubeziehen.
- *Public Relations und Pressearbeit.* Informationsmaterial für die Presse sind Texte, Fotos, Illustrationen, Mappen, Tonbänder, CDs und Videos. Auch Infobögen, Zweitbögen und Faxformulare gehören in diesen Bereich.

2.8 Der Zeit- und Kostenbedarf der Konzeptionsplanung

Die Kosten sind kalkuliert für einen Zeitraum von zwei Jahren, ausgenommen hiervon ist der Punkt 3.4. Der Punkt 3.5. ist gerechnet, aber ohne Wartung bzw. Pflege und Instandhaltung. Nachdrucke und Nachbestellungen sind nicht kalkulierbar. Alle genannten Preise verstehen sich zuzüglich Mehrwertsteuer. Die mit * gekennzeichneten Summen beinhalten sämtliche Agentur-Services in diesem Bereich.

Kommunikations-Konzepte bedürfen präziser Planung. Die Zeit für die Erarbeitung richtet sich nach der Größe der Projekte und der Qualität des Briefings, also nach den allgemeinen Vorgaben. Dabei ist zu prüfen, ob alle notwendigen Unterlagen und Angaben bereits vorliegen oder diese ergänzt werden müssen.

Für die Erarbeitung des Konzeptes ist eine genaue Kostenplanung nicht möglich, weil der Aufwand nicht völlig überschaubar ist. Der Kostenansatz basiert auf Erfahrungswerten. Gegebenenfalls muß stufenweise vorgegangen und erst nach Festlegung der Ergebnisse der Vorstufe der nächste Schritt vollzogen werden. Terminverkürzungen und Kosteneinsparungen, die bereits in der Konzeptionsphase anfallen, gehen zu Lasten der Gesamtkonzeption.

1. Corporate Design		3.5. Werbeschild, Bauschild, Bauzaun	250.000 DM
1.1. Logo inklusive Reinzeichnung, Copyright, technische Kosten	17.000 DM		**250.000 DM**
1.2. Slogan, USP (Unique Selling Proposition)	8.000 DM	3.6. Drei Illustrationen	42.000 DM
1.3. CD-Richtlinien	15.000 DM		**42.000 DM**
	40.000 DM*	3.7. Bildmaterial	20.000 DM
2. Maßnahmen			**20.000 DM**
2.1. Zeitplan		3.8. PR	100.000 DM
2.2. Etatermittlung			**100.000 DM**
2.3. Kostenschätzung der Werbemittel	18.000 DM	3.9. Events inklusive Einladungen	
	18.000 DM*	3.9.1. Grundsteinlegung	150.000 DM
		3.9.2. Richtfest	150.000 DM
3. Kommunikation		3.9.3. Eröffnungsfeier	250.000 DM
3.1. Prospekt, 16seitig, 2.000 Exemplare inkl. Geschoßpläne	150.000 DM		**550.000 DM**
3.2. Flyer, lang-DIN (3.000 Ex.)	50.000 DM	3.10. Give-aways	
3.3. Geschäftspapiere 1. und 2. Seite (1.000 Ex.)	8.000 DM	3.10.1. Schuhanzieher, 1.000 Exemplare à 32 DM	32.000 DM
	208.000 DM*	3.10.2. Verpackung für Schuhanzieher	8.000 DM
			40.000 DM
3.4. Anzeige, 1 Motiv, vierfarbig	8.000 DM*	3.11. Modelle	100.000 DM
3.4.1. Schaltung 1x Focus, 2/3 Seite	41.700 DM		**100.000 DM**
3.4.2. Schaltung 1x Manager Magazin, 2/3 Seite	20.244 DM	3.12. Agenturservices, geschätzter Zeitraum: zwei Jahre	210.000 DM
3.4.3. Schaltung 1x Wirtschaftswoche, 2/3 Seite	26.680 DM		**210.000 DM**
3.4.4. Schaltung 1x FAZ, 1/3 Seite	32.950 DM		
	129.574 DM	Gesamt	**1.707.574 DM**

Tab. 1: Geschätztes Budget für zwei Jahre
Quelle: Olaf Gaumer GmbH

2.9 Die Kommunikationstests

Über die gewünschte Wirkung von Kommunikation besteht oft Unsicherheit. Auch unterschiedliche Meinungen wecken den Wunsch nach Entscheidungen über die richtige Wahl zwischen verschiedenen Text- und Bildmotiven. Durch Bildungsunterschiede, regionale Merkmale und persönlichen Geschmack sind innerhalb der Zielgruppen unterschiedliche Reaktionen zu erwarten. Bekannt ist seit der Wiedervereinigung zum Beispiel, daß die Bewohner der neuen Bundesländer in vielen Bereichen anders als die der alten reagieren.

Für mehr Klarheit können hier Testverfahren sorgen, die bei entsprechendem Aufwand zu nutzbaren Ergebnissen kommen. Die Ergebnisse dieser unterschiedlichen Tests bedürfen der Interpretation und sind auch nur dann aussagefähig, wenn die Zahl der Testpersonen nicht zu klein ist. Dagegen steht der Kosten- und Zeitaufwand. Je höher die Zahl der befragten Personen, desto teurer wird natürlich der Test.

Die Nützlichkeit von Projektkommunikation beschränkt sich nicht allein auf die Mieterfindung. Sie beginnt bei der Suche nach Kapitalgebern und Investoren. Hier sollten nicht nur Pläne und Expertisen vorliegen, sondern bereits Gestaltungsbeispiele, Name und Logo einbezogen werden. Für die Beurteilung eines Projektes ist ein schlüssiges Kommunikationskonzept von Vorteil. Kommunikation ist ein kontinuierlicher Prozeß und begleitet die Immobilie während ihrer Existenz. Deshalb muß das Konzept sorgfältig auf diese Langfristigkeit hin geplant werden.

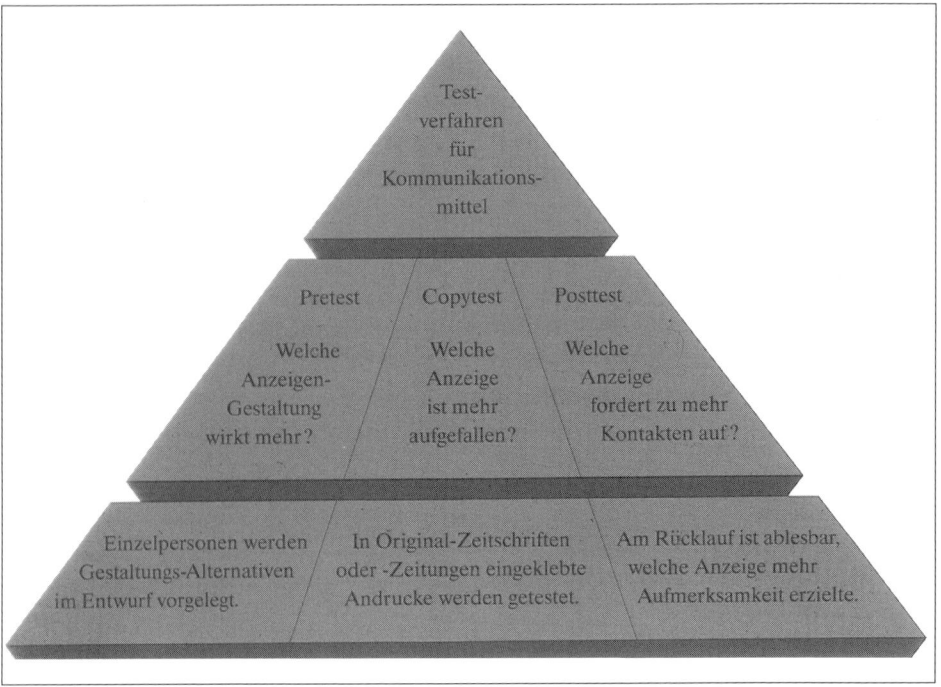

Abb. 9: Die Kommunikationstests
Quelle: Olaf Gaumer GmbH

2.10 Die fünf Kommunikationsphasen

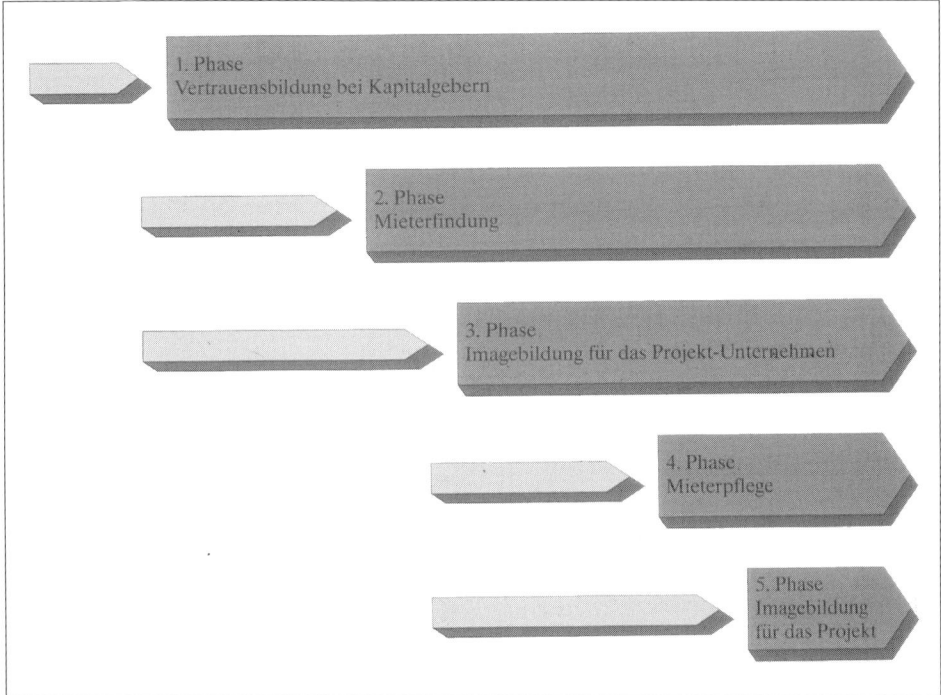

Abb. 10: Fünf Phasen der Werbewirkung durch Mieterwerbung für Projekte
Quelle: Olaf Gaumer GmbH

Ein wesentlicher Faktor für den Abschluß eines Miet- oder Kaufvertrages ist gegenseitiges Vertrauen. Dem Interessenten nachzuweisen, daß eigene Projekte zufriedene Käufer oder Mieter gefunden haben, schafft Marktgeltung und damit Image. Neben Imagewerbung ist die erfolgreiche Projektkommunikation von langfristigem Wert für das Gesamtunternehmen.

Einzelkampagnen potenzieren Langfriststrategien. Damit wird auch deutlich, daß Maßnahmen mit individuellem Auftritt besser durch einen Gesamtrahmen, den Unternehmens-Auftritt oder das Corporate Design, abzulösen sind. Die Zielgruppen sollen wiedererkennen können, was ein und dasselbe Unternehmen bietet (vgl. Tab. 2).

			Zeit/ Wochen kumulieren	Zeit/ Wochen pro Stufe/ Phase	TDM pro Stufe/ Phase
Stufe 1	Agenturbriefing über Konzeption, Hintergrund etc.		0	0	0
Stufe 2	Zielgruppen (Mieter, Kunden, Öffentlichkeit, Hersteller etc.) Konkurrenzsituation Marktsituation Vorgehensweise	Definition und Analyse z. B. Anzahl, Branchen, In- und Ausland, Einzugsgebiet etc. Analyse Analyse Entwicklung der Strategie (Schwerpunkte, Positionierung, Art und Stil der Darstellung)	3/5	3/5	15/20
Stufe 3	Kommunikationsbasis Mittel und Maßnahmen Zeitplan Kostenplan	Name, Slogan, Logo, Gestaltungsraster Werbung, Verkaufsförderung, PR, Direktmarketing (Kommunikationsmix) sofort, kurzfristig, mittelfristig, langfristig Rohlayout verbal	5/8 8/11	2/3 3	zirka 20 zirka 35
Stufe 4	Ausarbeitung einzelner Mittel und Maßnahmen aus Stufe 3	Text, Grafik	10/12	2/3	nach Aufwand
Stufe 5	Realisierung und Durchführung		12/22	2/8	nach Aufwand

Tab. 2: Leistungen der Agentur
Quelle: Olaf Gaumer GmbH

2.11 Die Doppelwirkung der Projektkommunikation

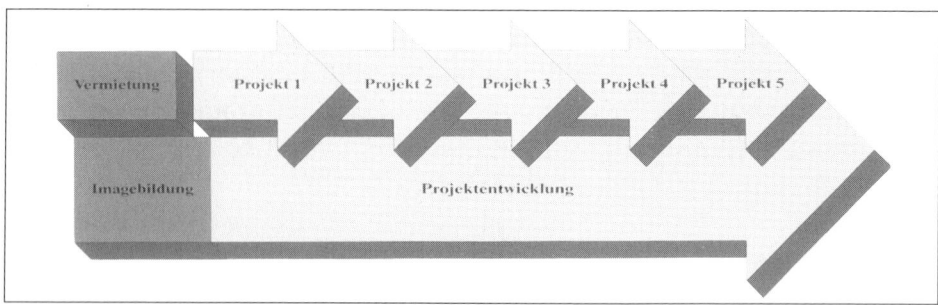

Abb. 11: Projektkommunikation hat Doppelwirkung
Quelle: Olaf Gaumer GmbH

3. Der Kommunikationsservice

Die Immobilienbranche arbeitet erst seit wenigen Jahren intensiver mit Kommunikationsberatern und -agenturen zusammen. Deshalb ist das Wissen über deren Leistungsfähigkeit noch relativ gering. Das Kommunikationsangebot ist jedoch eher groß und kann kaum von einem Anbieter alleine besetzt werden.

3.1 Die Kommunikationspalette

Entscheidet sich ein Immobilienunternehmen für die Zusammenarbeit mit einer Agentur, so sollte es sich mit deren Strukturen vertraut machen.

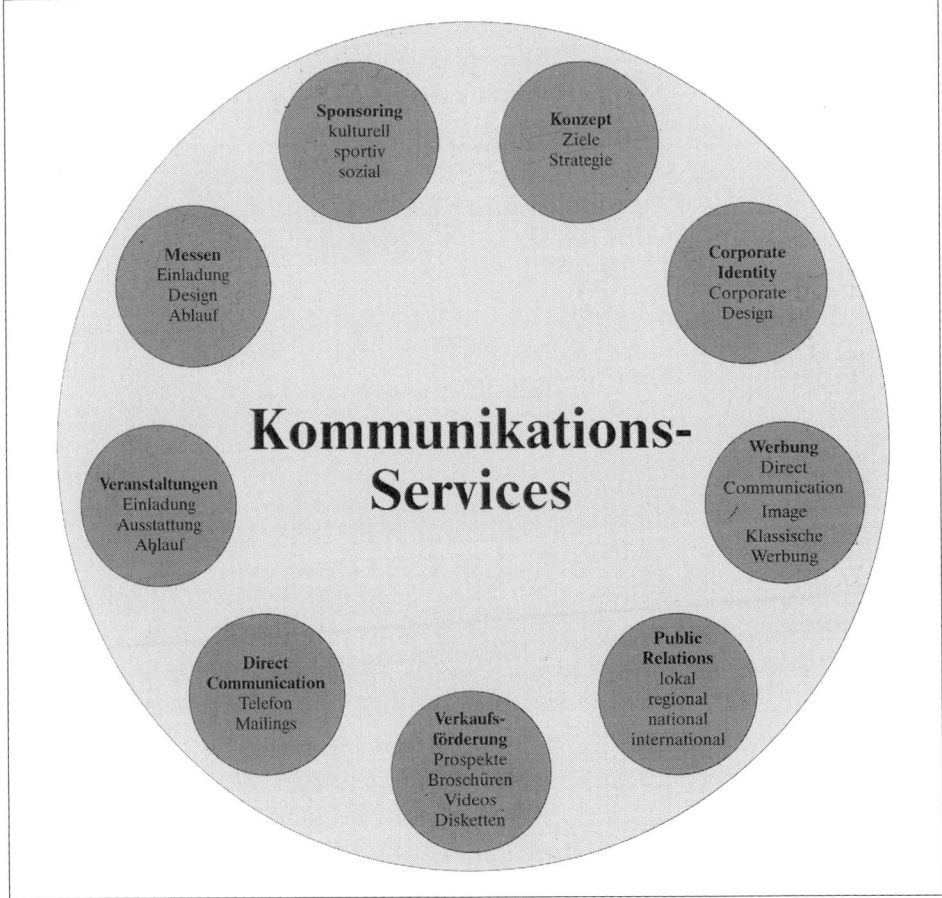

Abb. 12: Kommunikationsservices
Quelle: Olaf Gaumer GmbH

Die Agenturen ordnen ihren Kunden jeweils einen oder mehrere Mitarbeiter zu, die Kundenberater oder Kontakter, die alle Anliegen und Briefings aufnehmen, diese innerhalb der Agentur mit den verschiedenen Abteilungen umsetzen und dem Kunden die Ergebnisse zur Abstimmung, Prüfung und Freigabe vorlegen.

3.2 Der Agenturaufbau

Die Agentur als Auftragnehmer hält die Besprechungen mit ihrem Kunden in Protokollen fest.

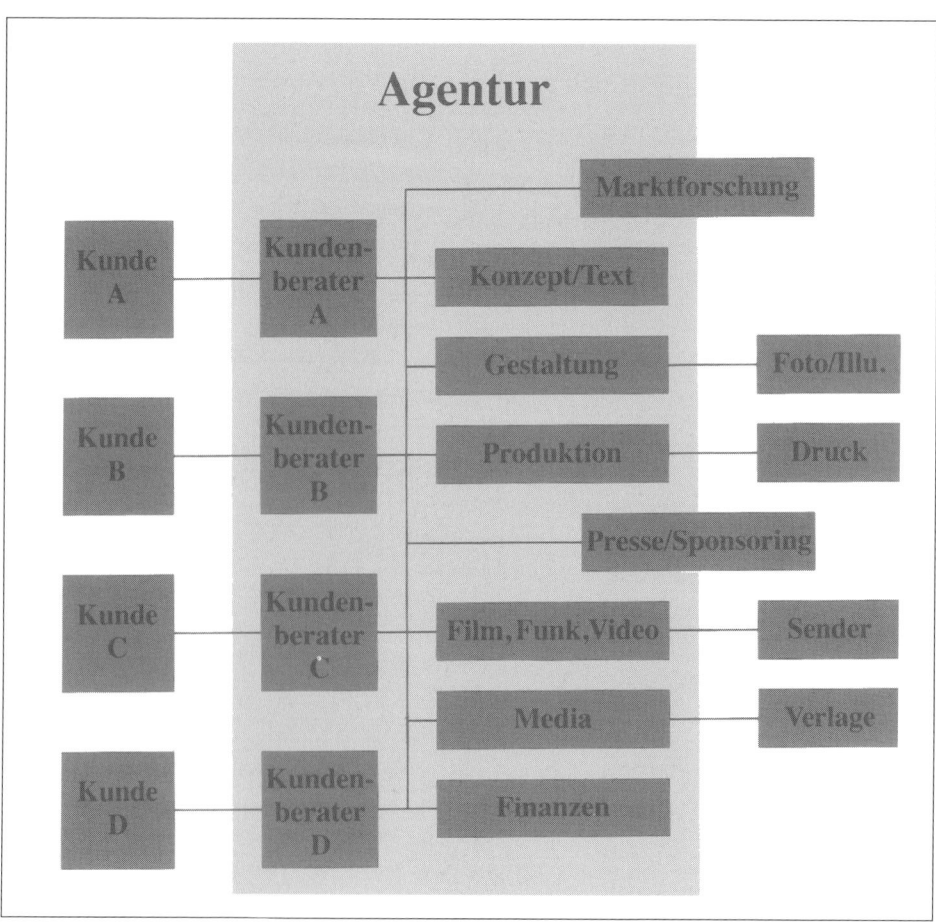

Abb. 13: Die Agentur
Quelle: Olaf Gaumer GmbH

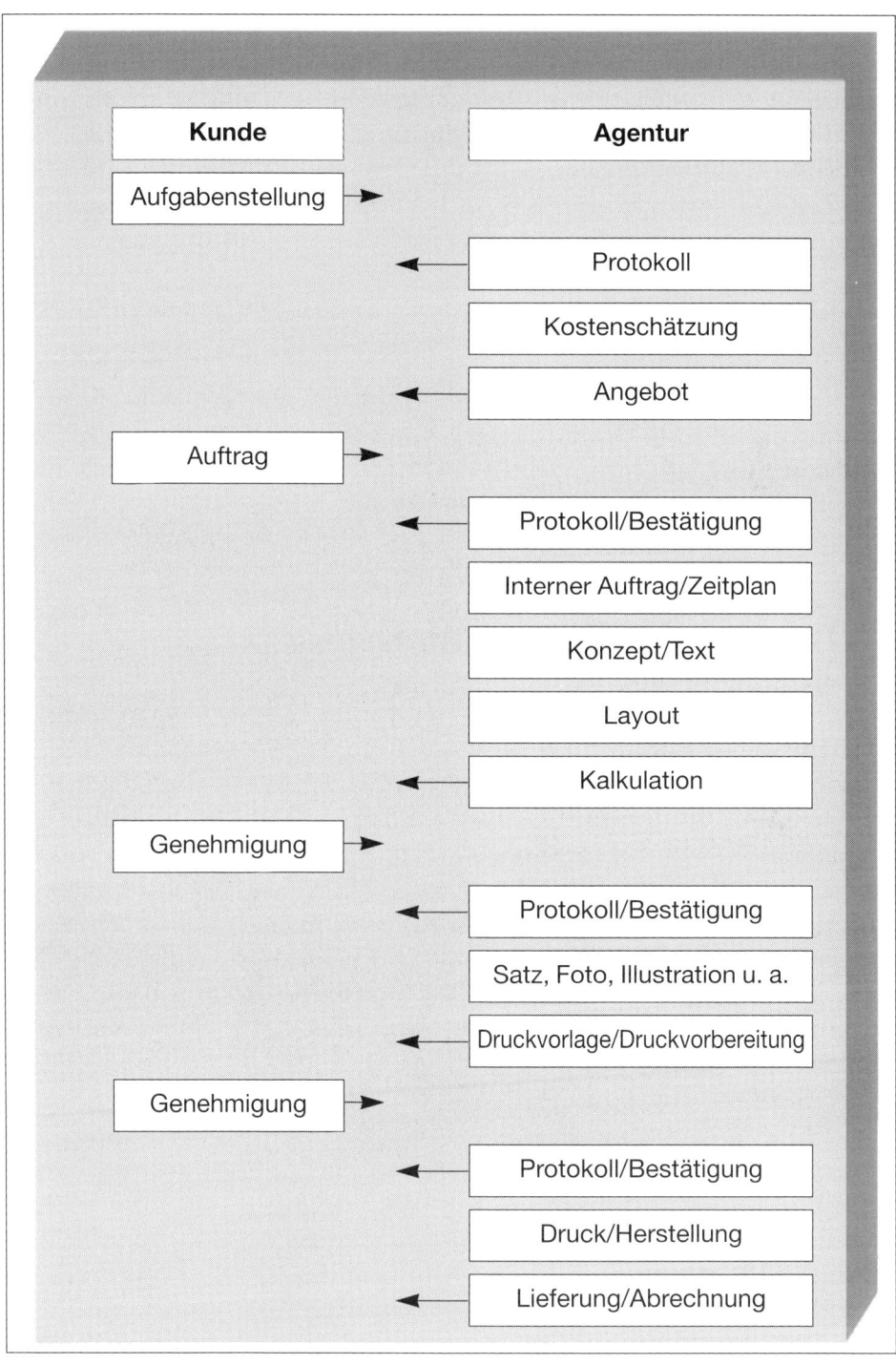

Abb. 14: Die Auftragsabwicklung
Quelle: Olaf Gaumer GmbH

Sie bestätigt alle Genehmigungsschritte. Dazu gehört auch die Kontrolle der Kosten. Wenn sich Änderungen ergeben, dann führen diese meist zu Kostenerhöhungen. Nur die schrittweise Protokollierung hilft bei der Klärung.

Es ist nicht möglich, einen dieser Schritte zu übergehen. Arbeitstechnisch kann auch keiner dieser Schritte ausgetauscht werden. Die einzige Möglichkeit, Zeit und Kosten zu sparen, ist auch hier präzise Planung bei allen Beteiligten, sowohl auf seiten des Auftraggebers als auch des Auftragnehmers.

3.3 Die Auftragsabwicklung

Auch in der Kommunikation muß der zeitliche und finanzielle Aufwand nachvollziehbar sein. Die Auftraggeber wollen und sollen wissen, wie ihre Kommunikationsetats eingesetzt werden. Zeitplanungen lassen sich durch feststehende technische Voraussetzungen nur selten verkürzen. Fehleinschätzungen und Korrekturwünsche treiben oftmals die Kosten in die Höhe.

3.4 Der Zeitaufwand für die Erarbeitung eines Anzeigenmotivs

Innerhalb der Agenturen müssen verschiedene Abteilungen miteinander koordiniert werden. Diese wiederum haben sich auch extern abzustimmen, sowohl mit den Auftraggebern als auch mit den Lieferanten. Der notwendige Zeitaufwand kann vorher geschätzt werden, ist aber in der Praxis zu kontrollieren.

Die Agenturstunden müssen täglich festgehalten und wöchentlich zusammengefaßt werden, damit am Monatsende eine Kostenaufstellung dem Kunden übermittelt werden kann. Die Monatskosten können nach Stundensätzen oder pauschal berechnet werden. Grundlage bleibt die tatsächlich aufgewendete Zeit.

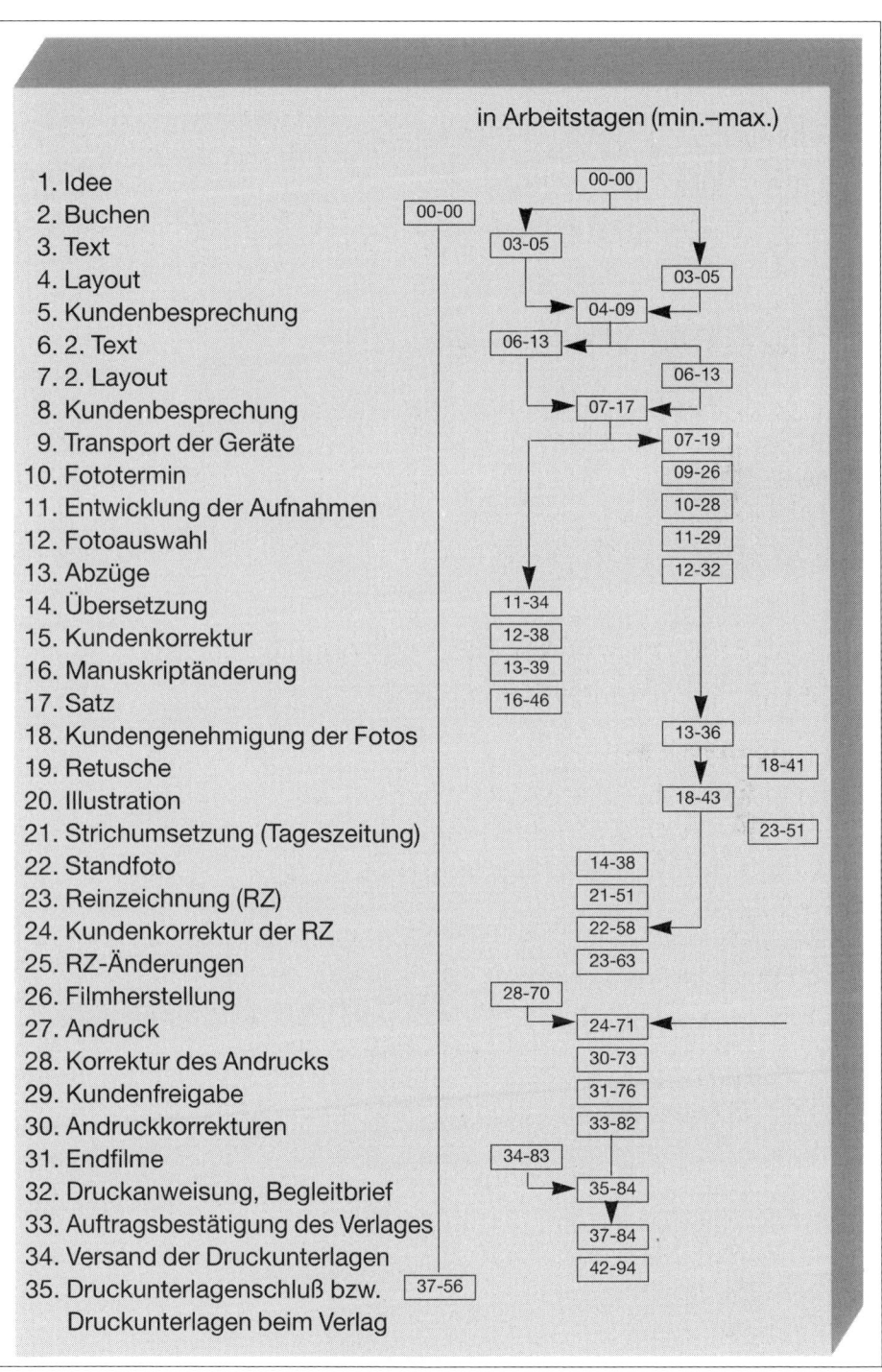

Abb. 15: Der Zeitaufwand für ein Anzeigenmotiv von einer ganzen Seite
Quelle: Olaf Gaumer GmbH

3.5 Fiktive Schätzung der monatlichen Agenturstunden

1.	**Beratung**	Woche	Monat
	Extern		
1.1.	Besprechung (beim Kunden, Agentur)		
1.2.	Telefonate		
1.3.	Korrespondenz (Kontaktberichte, Briefe)		
1.4.	Besuch von Messen, Handelspartnern, Außendienstveranstaltungen etc.	4 x 4 =	16 Std.
	Intern		
1.5.	Entwicklung von Konzepten (Marketing, Werbung, Verkaufsförderung)		
1.6.	Aufgabenbesprechung mit Grafikern		
1.7.	Aufgabenbesprechung mit Textern		
1.8.	Überwachung von Gestaltung und Reinzeichnung		
1.9.	Budgetkontrolle, Rechnungskontrolle		
1.10.	Aufgabenbesprechung und Abwicklung mit Media und Produktion	10 x 4 =	40 Std.
2.	**Produktions-Organisation** (Prospekte, Anzeigen, Display, Deko, Give-aways, Fotoherstellung etc.)		
2.1.	Angebotseinholung		
2.2.	Druckvorlagenherstellung, Druckanweisung		
2.3.	Drucküberwachung (Litho, Druck, Muster)		
2.4.	Dokumentation bzw. Archiv		
2.5.	Abwicklung	6 x 4 =	24 Std.
3.	**Media**		
3.1.	Media-Planung		
3.2.	Media-Buchung		
3.3.	Media-Abwicklung (Aufträge, Versand)		
3.4.	Media-Kontrolle (Belege und Rechnungen)		
3.5.	Media-Kartei, Verlagsgespräche	8 x 4 =	32 Std.
4.	**Finanzen, Sekretariate, Administration**		
4.1.	Rechnungserstellung, Rechnungskontrolle, Bankverkehr		
4.2.	Sekretariate für Beratung, Produktion, Media (Korrespondenz, Textmanuskripte, Angebote, Aufträge etc.)	16 x 4 =	64 Std.
5.	**Text** pro Job		
6.	**Grafik** pro Job		
7.	**Reinzeichnung** pro Job		
		44 x 4 =	176 Std.

Tab. 3: Schätzung der monatlichen Agenturstunden
Quelle: Olaf Gaumer GmbH

Die Menge der notwendigen Arbeitsschritte für die Herstellung jedes Kommunikationsmittels ist Grundlage jeder Agenturkalkulation. Sie wird von den Auftraggebern meist unterschätzt. Nicht die Entwürfe für Text und Layout, sondern die Abwicklungsschritte schlagen zeitlich zu Buche. Unsicherheiten des Auftraggebers können zusätzlichen Zeitaufwand möglich machen, wenn dieser z. B. erst bei der Genehmigung der Druckvorlage Textkorrekturen vornimmt.

3.6 Arbeitsschritte und Zeitaufwand am Beispiel eines vierseitigen Prospekts

		Personen	Std.	Gesamt
1.	Aufgabenbesprechung beim Kunden	2 KdB*	2,5	5,0
2.	Aufgabenbesprechung mit Textern und Grafikern	1 KdB	2,0	2,0
3.	Vorschläge von Text und Grafik (Rohkonzept)	2 KdB	2,0	4,0
4.	Vorstellung von Layout und Text (intern)	2 KdB	1,0	2,0
5.	Textkorrekturen durch Agentur	1 KdB	1,5	1,5
6.	Text schreiben, Fotokopien anfertigen	1 Sekr.	1,0	1,0
7.	Vorstellung von Layout und Text bei Kunden	1 KdB	2,0	2,0
8.	Anbebotseinholung durch Agentur	1 Prod.**	9,0	9,0
9.	Angebot schreiben	1 Sekr.	0,5	0,5
10.	Vorstellung von Layoutänderungen u. Kostenvoranschlag	1 KdB	2,0	2,0
11.	Beauftragung von Fotografen, Transport, Organisation, Modellbeschaffung	1 KdB	4,0	4,0
12.	Fotoaufnahmen, Überwachung	1 KdB	6,0	6,0
13.	Fotoauswahl beim Kunden	1 KdB	2,0	2,0
14.	Beauftragung der Fotoretuschen	1 Prod.	1,0	1,0
15.	Schreiben der endgültigen Texte	1 Sekr.	2,0	2,0
16.	Druckvorlage (Reinzeichnung) veranlassen	1 Prod.	0,5	0,5
17.	RZ-Kontrolle	1 Prod.	1,0	1,0
18.	RZ an Kunde zur Genehmigung	1 KdB	1,5	1,5
19.	RZ-Korrekturen	1 Prod.	0,5	0,5
20.	RZ-Endkontrolle	1 Prod.	0,25	0,25
		1 KdB	0,5	0,5
21.	Auftragvergabe an Druckerei	1 Prod.	1,0	1,0
22.	Rückfrage von Lithoanstalt und Druckerei	1 Prod.	0,5	0,5
23.	Andruckbegutachtung, Korrekturangaben	1 Prod.	1,0	1,0
24.	Andruckgenehmigung durch den Kunden	1 KdB	1,5	1,5
25.	Auflagendruckgenehmigung	1 Prod.	2,0	2,0
26.	Muster, Belege an den Kunden schicken	1 Sekr.	0,5	0,5
27.	Abrechnung, Buchhaltungsarbeiten, Rechnungserfassung bzw. -stellung	1 Buchh.	3,5	3,5
		1 KdB	0,5	0,5
	Sonstiges		2,5	2,5
	Gesamtstunden			60,25

*KdB = Kundenberater **Prod. = Produktioner

Tab. 4: Arbeitsschritte und Zeitaufwand am Beispiel eines vierseitigen Prospekts
Quelle: Olaf Gaumer GmbH

Die Umsetzungen von Botschaften und Argumenten in wirkungsvolle Kommunikation sind nur kreativ möglich. Die Aussagen und optischen Umsetzungen müssen dafür erlebnishaft verschmelzen. Nachgewiesenermaßen entsteht der erste Kontakt durch das Auge, wenn nicht die Akustik alleine eingesetzt wird, wie beispielsweise beim Hörfunk. Die optischen Reize müssen Aufmerksamkeit wecken, die verbalen das Thema näher beschreiben. Ausschlaggebend ist die Herausbildung eines originellen Einfalls, einer zündenden Idee. Die Ideenfindung danach steht unter Zeit- und Kostendruck und kennzeichnet einen Prozeß, der sowohl zwischen Auftraggeber und Auftragnehmer als auch innerhalb der beauftragten Agentur abgestimmt werden muß.

Zuerst sollten möglichst viele und auch möglichst unterschiedliche Ideen gesucht werden. Deren Übereinstimmung mit dem Konzept und ihre Abgrenzung von der Konkurrenz entscheidet über die Anwendbarkeit. Hier sind nicht nur optische, sondern auch textliche, mediale, produktionstechnische (z. B. originelle Falztechniken für Prospekte), konzeptionelle und alle in Verbindung mit dem Auftrag denkbaren Ideen einzubringen und auf ihre Anwendbarkeit zu prüfen. Der Verwirklichung von ausgefallenen Ideen stehen eventuell finanzielle und temporäre Faktoren im Wege. Ebenso ist zu berücksichtigen, welche Lieferanten zur Verfügung stehen. Der Einsatz von individuell konfektionierten Kartonagen ist schon oft daran gescheitert, daß die nötige Menge in der verbleibenden Zeit nicht zu beschaffen war.

Die langfristige Festlegung auf eine bestimmte Form der Kreativität mit allen dazugehörenden Einzelheiten ist ohne ein vertrauensvolles Verhältnis zwischen Kunde und Agentur nicht möglich. Das Gelingen eines Konzeptes wird von der Kreativität so stark beeinflußt, daß Unsicherheiten in der Beurteilung schnell zu Unstimmigkeiten in der Zusammenarbeit führen.

3.7 Der Kreativitätsablauf

Abb. 16: Der Kreativitätsablauf
Quelle: Olaf Gaumer GmbH

3.8 Die Basiskomponenten

Ebenso wie der Betrachter von Kunstwerken nach Deutungen sucht – und das war schon ein Problem der Kommunikation mit Heiligen auf mittelalterlichen Altarbildern –, sind kreative Darstellungen jeglicher Art von Erläuterungen abhängig. Deshalb gehören Titelzeilen und Texte zur Basis der gesamten Kommunikation.

Text kann man zwar artikulieren, aber in der kommunikativen Anwendung muß er meist gelesen werden. Dafür ist Schrift notwendig, und diese wiederum sollte so lesbar wie möglich sein. Lesen muß unbewußt geschehen und nicht besonderer Mühe bedürfen. Also hat die Auswahl der Schrift diesen Forderungen zu genügen. Ebenso sind Buchstabengröße, Zeilenbreite und Zeilenabstände wesentliche Parameter.

Die Formulierung von Text ist nicht nur eine Stil- und Geschmacksfrage, sondern bestimmt die kommunikative Wirkung. So wie Comic und Tageszeitung unterschiedliche Textformen wiedergeben, haben auch Zeitungen untereinander verschiedene und ihren Käuferschichten entsprechende Schreibstile. Die Kommunikation hat bei ihren Texten die avisierten Zielgruppen mit deren Bildungsniveau und Lebensumfeld zu berücksichtigen. Der Reihenhauskäufer im Umland liest und denkt anders als der geschäftsführende Mieter eines Büroturmes der Innenstadt.

Neben dem Stil sind auch die Länge der Formulierungen und deren Unkompliziertheit wichtig für die Lesbarkeit. Je leichter und damit schneller Textinhalte aufgenommen werden, desto näher ist der Kommunikationserfolg.

Als visuell orientiertes Wesen ist der Mensch durch Farben, Symbole und Bildinhalte anzusprechen. Niemand entgeht den optischen Reizen, die Fotos von Kleinkindern oder jungen Haustieren ausstrahlen. Da positive Reize langfristig die stärkere Wirkung haben, hat die Bildauswahl hier anzusetzen, denn Schönheit oder Ausstrahlung überzeugen immer. Bilder müssen deshalb bedarfsweise unauffällig korrigiert werden, um dem gewünschten Effekt nahezukommen.

Es gibt zunehmend weniger Schwarzweißbilder, und die optische Betonung auch für die Flächen und Schriften liegt auf der Farbe. Farben wecken ebenso wie Bilder und Schriften Emotionen. Sie müssen also strategisch eingesetzt werden, wenn sie die konzeptionell gewünschte Wirkung erzielen sollen.

3.9 Die Arbeitsbeispiele

Der Service muß sich am Ergebnis messen lassen. Ist das Konzept erfolgreich, konnten Termine und Kosten stets eingehalten werden, sind die Ergebnisse bei den Zielgruppen wirksam? Die Ergebnisse der Kommunikationskonzepte sind die Logos, Broschüren, Schilder, Videos usw., die zu Kauf- oder Mietabschlüssen motivieren sollen. Hier können aus Platzgründen exemplarisch nur wenige Beispiele aus vier Kategorien gezeigt werden.

3.9.1 Die Logos

Auch Logos müssen emotional wirken. Daher ist eine nüchterne Geometrie ungeeignet. Logos müssen sich auch in Schwarzweiß und in extremer Größenveränderung ablesen lassen. Die Abbildung von Gebäuden ist dafür selten geeignet (vgl. Abb. 17–20).

Abb. 17–20: Logos
Quelle: Olaf Gaumer GmbH

3.9.2 Die Broschüren

Sie gelten als das zentrale Kommunikationsmittel der Branche. Die Zielgruppen, die die Wahl zwischen vielen Angeboten haben, orientieren sich oft am Sympathiewert einer Broschüre. Wie hebt sich diese unter den vielen Konkurrenzbroschüren ab? Durch Format, Material, Typografie oder Stanzung? Wegen der kleinen Auflagen sind die Stückkosten hoch, deshalb ist Effektivität besonders gefragt (vgl. Abb. 21–24).

Abb. 21–24: Broschüren für verschiedene Büroprojekte
Quelle: Olaf Gaumer GmbH

3.9.3 Die Großwerbemittel

Ob Großflächenplakate, Deckenhänger (z. B. auf Flughäfen), Aufstellplakate und ähnliche Flächen – sie alle transportieren eine kurze Botschaft. In der Immobilienbranche muß in der Regel ein Ansprechpartner genannt werden oder wenigstens seine Telefonnummer. Vor Großflächenplakaten können Autos parken, vor der Flughafenwerbefläche herrscht starker Publikumsverkehr. So ist im unteren Bereich der Flächen höchstens Zweitrangiges zu plazieren, und die Gesamtwirkung muß sehr stark sein. Schließlich wird der Beschauer enorm abgelenkt. Die richtigen Plazierungen zu finden und auch mieten zu können ist von erheblicher Bedeutung. Langfristige Planung entscheidet über die besten Standorte. Nicht die Mietkosten sind hier das Problem, sondern die Druckkosten. Denn ganz selten sollen Großflächenplakate überregional zu sehen sein. Deshalb bleibt die Auflage klein, und die Stückkosten steigen (vgl. Abb. 25–29).

Abb. 25-29: Großwerbemittel
Quelle: Olaf Gaumer GmbH

3.9.4 Die Give-aways

Kleine Geschenke erhalten die Freundschaft – nach Veranstaltungen oder Beratungsgesprächen werden oftmals Präsente überreicht. Diese sollten zum Konzept passen, also thematisch ausgewählt werden. Ihre Originalität entscheidet darüber, ob Sie auf die Dauer einen Platz im Lebensumkreis des Beschenkten reserviert bekommen. Solche Geschenke findet man in den Werbemittelkatalogen selten. Zu diesen Give-aways gehört die interessante Hülle mit den auf die Immobilie abgestimmten Informationen (vgl. Abb. 30–33).

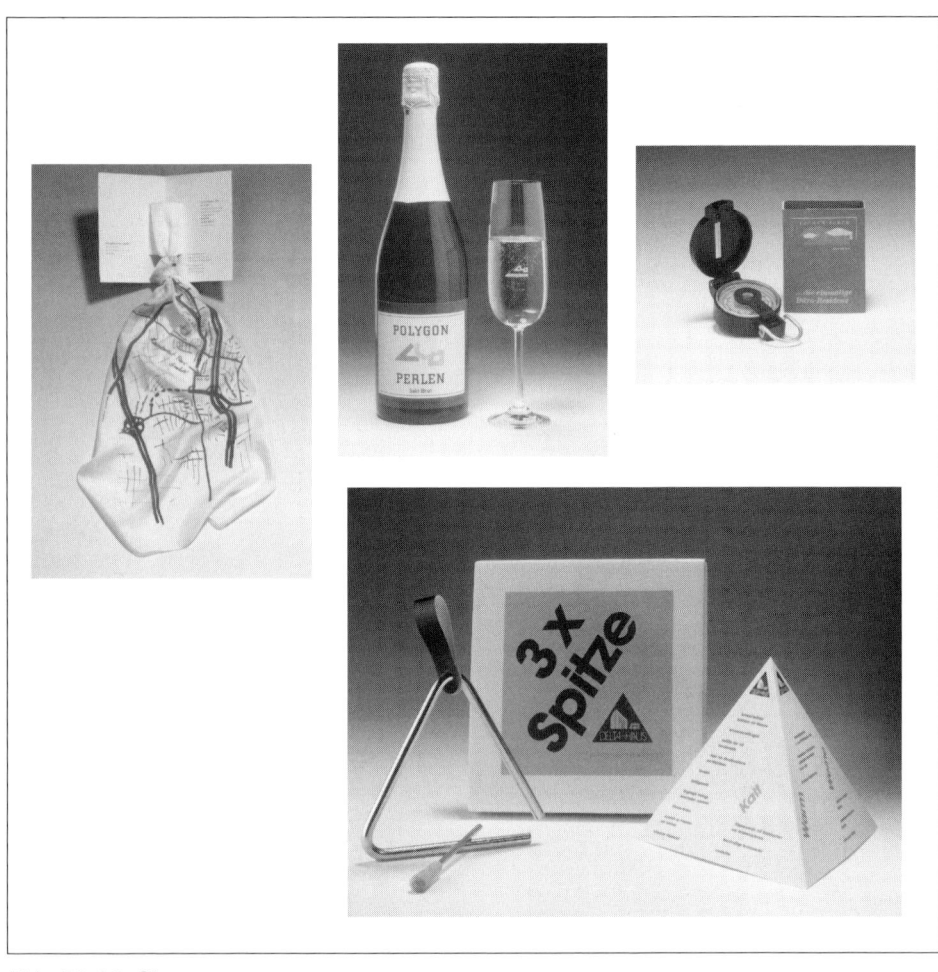

Abb. 30-33: Give-aways
Quelle: Olaf Gaumer GmbH

4. Das Corporate Design

Corporate Design (CD) bezeichnet die Festlegung der bei der Ausführung eines Kommunikationskonzeptes eingesetzten optischen Elemente. Dies sind Schriften, Farben, Formen und unter Umständen auch Materialien. Alle diese Komponenten werden zu einem System zusammengefaßt, das aber selten alle Details enthält und durch die praktischen Erfahrungen meist noch ergänzt wird.

CD-Systeme sollen vor Beginn einer Kommunikationskampagne festgelegt werden, damit die später von unterschiedlichen Lieferanten entwickelten und produzierten Werbemittel ein einheitliches Erscheinungsbild ergeben. Das Bauschild, die Anzeigen und die Broschüren müssen immer dieselben Schriften verwenden und sollten auch immer die gleichen Farben tragen, weil die dort gezeigte Sorgfalt dem Gesamtbild zugute kommt.

CD-Systeme müssen einfach gegliedert sein, damit sie im Gebrauch keine Entscheidungen offenlassen. Die Systematik wird tabellarisch und anhand von Anwendungsbeispielen niedergelegt, so daß sich alle Beteiligten an einer Gesamtdarstellung orientieren können. Auftraggeber, z. B. ein Projektentwickler oder ein Vertriebsunternehmen, die betreuende Agentur und alle hinzugezogenen Lieferanten sollten nach diesen Vorgaben problemlos miteinander arbeiten können.

4.1 Die Gliederung der CD-Kommunikation als Ausschnitt aus einem Gesamtsystem

3. Strategische Kommunikation
  3.2 Projekte
    3.2.1 Marketing-Kommunikation
      3.2.1.0 Konzeptionen/Präsentationen
      3.2.1.1 Broschüren
      3.2.1.2 Prospekte/Mailings
      3.2.1.3 Plakate
      3.2.1.4 Anzeigen/Beihefter
      3.2.1.5 Give-Aways
      3.2.1.6 Aufsteller
      3.2.1.7 Großdias/Leuchtkästen
      3.2.1.8 Verkehrsmittel
      3.2.1.9 Public Relations
      3.2.1.10 Video/Film
      3.2.1.11 Gimmicks/Spiele
      3.2.1.12 Charts
      3.2.1.13 Einladungen

Abb. 34: Die Gliederung der CD-Kommunikation
Quelle: Olaf Gaumer GmbH

4.2 CD-Faktoren

4.2.1 Schriften

Schrift drückt ebenso Emotionen aus wie Bilder und Farben. Deshalb ist die Wahl der richtigen Schriftart ein wesentlicher Faktor beim gesamten Corporate Design. Hinzu kommt, daß die Wahl der Schrift auch unverwechselbar und einmalig, nämlich individuell sein sollte, was sich in der Praxis als überaus schwierig erweist. Der Umgang mit Schrift – die Typographie – setzt Erfahrung voraus und ist ohne Wissen über Stilgeschichte und Lesbarkeitsfaktoren nicht möglich. Wesentlich für die Lesbarkeit sind nicht nur die Buchstabenformen, sondern Größen, Zeilenbreiten sowie Zeilenabstände. Hier bieten zwar moderne Computersatzsysteme weitreichende Möglichkeiten, diese führen aber gerade durch falsche Anwendung zu verschlechtertem Lesefluß und damit zu weniger Kommunikation. Was schlecht zu lesen ist, wird zu teuer bezahlt. Nicht zuletzt ist auch an einem Telefax gut zu erkennen, ob die Schrift richtig ausgewählt wurde.

Schriften werden nach Stilrichtungen klassifiziert und sind meist in verschiedenen Stärken erhältlich, z. B. mager, normal, halbfett, fett, extrafett usw. Das Marktangebot an unterschiedlichen Schriften ist kaum zu überblicken.

Die CD-Gliederung von Schriften kann man in erstrangige Schriften für Überschriften und dominierende Texte und zweitrangige Schriften für Textspalten und/oder Bildtexte untergliedern.

Alle CD-Systeme brauchen mindestens eine Schrift in verschiedenen Ausführungen, z. B. mager mit halbfett und/oder kursiv, oder zwei Schriften, die sich deutlich unterscheiden, z. B. Linear-Antiqua mit Serifen-Antiqua. Nicht jede Schrift eignet sich beispielsweise für die Tageszeitungsanzeige oder den Videotext. Wenn Schriften für das Bauschild geplottet werden, dann können diese anders aussehen als dieselbe Schrift im Prägedruck auf der Visitenkarte. Hier ist fachmännischer Rat durch einen Druckberater notwendig. Auch wenn Schriften für mehrfarbigen Druck gerastert werden müssen, beispielsweise Grün aus Gelb und Blau übereinander, ist Fachberatung wichtig. So ist großflächige Schrift leichter zu rastern, aber sie wirkt dann eben auch aufdringlicher, brutaler und weniger wertvoll.

4.2.2 Farben

- *Drucksystemfarben*
  - schwarz
  - cyan (blau)
  - magenta (rot)
  - gelb

- Durch Rasterung (Auflösung der Flächen in Punkte) lassen sich alle Farbwirkungen im Zusammendruck erzielen.

- *Regenbogenfarben*
  - gelb
  - orange
  - rot
  - purpur
  - violett
  - blau
  - grün

- Durch Abstufungen von hell zu dunkel lassen sich alle Zwischentöne erzeugen und damit sämtliche Emotionsarten betonen.

Farben werden nach verschiedenen und nicht kompatiblen Systemen gegliedert. Die auf dem Bau und im technischen Bereich angewendeten RAL-Farben sind in der Druckindustrie nicht geläufig. Hier wird in Deutschland meistens nach dem sogenannten HKS-System gearbeitet, das aber relativ grob ist, d. h., hier sind feine Abstufungen nicht möglich oder müssen extra angemischt werden. Beim Nachdruck oder wenn verschiedene Druckereien beauftragt werden, sind diese individuellen Rezepturen nicht ohne weiteres übertragbar. Aus den USA stammt das wesentlich differenziertere Pantone-System mit Mischanleitungen und Rastervorgaben, die nahezu alle Farbwirkungen erlauben.

4.2.3 Formen

- Quadrat
- Rechteck
- Dreieck
- Kreis

- In diesen Bereich gehören auch Symbole oder bildhafte Formen (weitere Formen und Mischformen sind möglich)

4.2.4 Materialien

Im Bereich der Kommunikation sind Papier und Karton unverzichtbar. Deshalb wird an diesem Materialbeispiel eine grobe Gliederung angedeutet.

- Glatte Oberfläche:
  - matt
  - glänzend

- Rauhe Oberfläche:
  - Bütten
  - Strukturprägungen
  - Fließstoffe (z. B. Bierdeckel)
  - Sonderformen (z. B. Wellpappen)

Weitere Materialien können Folien, Stoffe, Bleche, Hölzer, Stein, Glas usw. sein. Hierbei sind gleichzeitig die Verarbeitungsverfahren festzulegen, etwa die Druckverfahren für Papier und Karton.

4.3 Die Arbeitsbeispiele

Die Darstellung systematischer Anwendungen optischer Konstanten sollte handlich aufbereitet werden, möglichst in Form eines ergänzungsfähigen Ordners.

Sowohl die Image- als auch die Produktkommunikation haben sich an diesem Regelwerk zu orientieren, sollen es aber nicht nur formal anwenden. Auch hier ist immer die kreative Umsetzung gefordert (vgl. Abb. 35–37).

Abb. 35-37: Die Arbeitsbeispiele aus dem CD-Konzept eines Produktentwicklungs-Unternehmens
Quelle: Olaf Gaumer GmbH

5. Zusammenfassung

- Kommunikationskonzepte basieren auf Marketingkonzepten und haben diese für die Vermietung oder den Verkauf kreativ umzusetzen.
- Kommunikationskonzepte müssen langfristig angelegt werden und wirken über das Einzelprojekt auf das Gesamtimage des projektierenden Unternehmens und/oder Vermieters.
- Zur Kommunikation gehört auch das Corporate Design.
- Die Immobilienbranche braucht spezialisierte Berater für Kommunikation.
- Die Abwicklung von Kommunikationskonzepten sowie die Verwaltung entsprechender Etats sind effizient zu planen.
- Kommunikation ist ein vielschichtiger und diffiziler Prozeß, dessen Besonderheiten auf diesen Seiten nur angedeutet werden konnten.
- Bei der Beauftragung eines Beraters oder einer Agentur ist deren Arbeitsaufwand zu vergüten. Dieser wird allgemein nach Stundensätzen oder Tageshonoraren kalkuliert. Die Honorare größerer Agenturen und in Großstädten liegen meistens höher, weil die Eigenkosten höher sind. Diese Kosten richten sich nach der geschätzten Zeit und der Zahl der Mitarbeiter, die angesetzt werden müssen. Die Erfahrungen über Zeit- und Kostenaufwand bei Konzeptionen lassen sich an einer Tabelle ablesen.

Kommunikations-Management – Strategie und Führungskonzept

Frank Schmeichel, Geschäftsführer, Network Communications – Marketing Consultants, Leiter Institut für Standort Marketing, Berlin

Inhalt

1.	Political Engineering	449
2.	Public Relations	449
3.	Corporate Behaviour	451
4.	Standortmarketing	452
5.	Stärken-Schwächen-Analyse	454
6.	Zielgruppenansprache	455
7.	Immobilien-Events	457
8.	Reputations-Management	458
9.	Literatur	459

1. Political Engineering

Bis vor einigen Jahren ruhte die Projektentwicklung in der Immobilienwirtschaft auf einer technisch dominierten Säule, die von Planern und Architekten getragen wurde. Inzwischen ist eine zweite hinzugekommen, die eine ebenso wichtige tragende Funktion erfüllt: das Kommunikations-Management. Die Erfordernisse des Marktes haben zu einer Verschiebung der Problemszenarien geführt. Nicht mehr die Projektierung und Realisierung einer Immobilie, also das Technical Engineering, ist potentiell problembehaftet, sondern die Akzeptanzschaffung, Positionierung und Vermarktung einer Immobilie, das Political Engineering.

Insbesondere bei komplexen Projekten mit einer städtebaulichen Relevanz erfordert allein die Herstellung von Genehmigungsfähigkeit und Baurecht ein hohes Maß an strategischer Kommunikation. Das politische Umfeld, Genehmigungsinstanzen, Nachbarschaftsbelange und Eigentumsfragen sind nur einige Imponderabilien, die über Erfolg oder Mißerfolg einer Immobilienentwicklung bestimmen können. Ein Projekt ab einem bestimmten Volumen ist immer eine Public Affair und bedarf eines permanenten, ausgewogenen, häufig diplomatischen Manövrierens, um nicht schon in der Phase der Projektvorbereitung an den ausgiebig vorhandenen Klippen zu zerschellen. Das Kommunikationsmanagement folgt im Interesse von Realisierbarkeit und Wirtschaftlichkeit einem Moderationsprinzip, das nicht selten an die Hochdiplomatie des imperialen Zeitalters erinnert.

In Zeiten von Flächenüberproduktionen und fehlendem Nachfragepotential wird entscheidend für das Gelingen des Vermarktungserfolgs, einer Immobilie Profil zu geben und neben der kalkulatorischen auch die emotionale Intelligenz von prospektiven Nachfragern anzusprechen. Der Faktor Image, lange ein vernachlässigter oder verneinter Faktor, ist vielfach gleichrangig in den Bewertungskriterien geworden wie Flächeneffizienz, Flexibilität und technische Ausstattung eines Gebäudes.

2. Public Relations

Innerhalb der Kommunikationspolitik nimmt Public Relations (PR) eine zentrale Bedeutung ein. PR bezeichnet die planmäßige, systematische und kontinuierliche Gestaltung der Beziehung zwischen einem Unternehmen und den relevanten Öffentlichkeiten, mit dem Ziel, Vertrauen und Verständnis zu gewinnen bzw. auszubauen. PR im Immobilienbereich soll dazu beitragen, langfristig die Öffentlichkeit und Teilöffentlichkeiten zu informieren, um damit den Vermarktungsprozeß günstig zu beeinflussen. In diesem Sinne ist PR als die zielorientierte Pflege der Kommunikation eines Unternehmens zu den Teilöffentlichkeiten zu sehen mit den Zielen:

- die Existenz des Unternehmens positiv darzustellen,
- das Image des Unternehmens und seines Produktes im Urteil der Öffentlichkeit so günstig wie möglich zu gestalten und durch Aktionen und Ereignisse im Rahmen des Standortmarketing langfristig zu sichern,
- den Dialog mit der wirtschaftlich relevanten Öffentlichkeit zu fördern,
- Reaktionsvermögen und Dynamik, also Flexibilität, gegenüber der Öffentlichkeit zu demonstrieren,
- Bedürfnisse zu wecken,
- Produktpräferenzen zu bilden und damit
- die Vermarktung des Projektes zu fördern.

Ein weiterer wichtiger Aspekt von PR ist die interne Kommunikation, mittels derer Mitarbeiter sowie Projektbeteiligte informiert, motiviert und damit zu Botschaftern werden. Kein Unternehmen kann es sich leisten, auch nur ein Instrument zur Vermittlung einer Immobilie nicht zu nutzen.

Da ein deutlich zu erkennender Trend im Immobilienmarketing lautet, Zusatznutzen zu schaffen, der sich insbesondere in zusätzlichen Dienstleistungen in und um die Immobilie herum ausdrückt, erhalten die Mitarbeiter und die mit der Vermarktung befaßten Unternehmen eine neue Bedeutungsdimension. Jeder einzelne mit der Realisierung und dem Marketing befaßte Mitarbeiter kann zu einem Imageträger für die Immobilie werden und somit wesentlich dazu beitragen, daß die Qualitätsmerkmale „Service und Convenience" gelebte Produktvorteile werden. Insbesondere im Bereich Facility-Management erhält der Begriff Coporate Behaviour eine neue Bedeutung. Das Verhalten von Mitarbeitern im Vermarktungsprozeß antizipiert vielfach das versprochene Dienstleistungsangebot im Objekt. Wenn hier ein Produktversprechen gemacht wird, jedoch später nicht eingehalten werden kann, wird das leicht dazu führen, daß der mühsam gewonnene Mieter sich schnell anderen Produkten am Markt zuwendet.

3. Corporate Behaviour

Personen zu Imageträgern zu machen, ein Corporate Behaviour zu entwickeln, aufrechtzuerhalten und zu kontrollieren ist eine große Herausforderung des Kommunikations-Managements und erfordert auch auf der Seite der Mitarbeiter ein hohes Maß an Flexibilität sowie Bereitschaft, sich verschärften Marktbedingungen anzupassen. Viele Unternehmen haben dieses Erfordernis erkannt und kommunizieren den Dienstleistungsgedanken nach innen. Die erwarteten Umdenkungsprozesse können häufig jedoch nur erreicht werden, wenn ein professionelles Coaching durchgeführt und die Sinnhaftigkeit derartiger Trainings auch von den Mitarbeitern internalisiert wird. Die Argumente für dieNutzung der Human Resources sind evident: Der Erfolg des Produktes sichert die Existenz des Unternehmens und damit die Arbeitsplätze der im Unternehmen tätigen Menschen.

Doch nicht nur das Humankapital der Unternehmensmitarbeiter läßt sich im Interesse einer erfolgreichen Vermarktung nutzen, sondern auch die am Projekt Beteiligten – vom Architekten über den Vermessungsingenieur bis zum Tiefbauunternehmer – können zu Botschaftern eines Projektes werden. Naturgemäß ist es nicht einfach, der technischen Fraktion die Inhalte und Ziele von Image und Projektphilosophie zu vermitteln. Doch die Praxis hat gezeigt, daß dies kein unmögliches Unterfangen ist. In der ehemaligen Funktion des Verfassers als Marketingdirektor der deutsch-amerikanischen Investorengruppe Central European Development Corporation (CEDC) Berlin-New York wurde in Abstimmung mit dem technischen Projektmanager immer wieder an Bausitzungen teilgenommen und über die Kommunikationsziele des Marketings berichtet. Es ist so in gemeinsamer Anstrengung gelungen, ein Wir-Gefühl zu erzeugen und, mehr noch, eine Identifikation mit dem Projekt herzustellen, was sogar bewirkte, daß sich ausführende Unternehmen und Planer zum Beispiel an Kosten für kulturelle Events auf der Baustelle beteiligt haben. Die Realisierung des Kunstevents „Checkpoint Liberty", einer Nachbildung der Freiheitsstatue auf dem letzten verbliebenen DDR-Wachturm am Baufeld des Checkpoint Charlie, ist zu wesentlichen Teilen unter finanzieller Mitwirkung von Co-Sponsoren ermöglicht worden. Kommunikations-Management heißt, alle potentiellen relevanten Multiplikatoren zu identifizieren und in eine integrative Gesamtstrategie einzubeziehen.

4. Standortmarketing

Von Unternehmens-PR lassen sich analog wesentliche Ziele auf eine Immobilie transferieren. Bei den meisten Projektentwicklern und Bauherren ist die Botschaft angekommen, daß eine Immobilie wie ein Produkt gesehen werden muß, das zu einer Marke zu entwickeln ist und mit allen Instrumenten des Marketing-Mix vermarktet werden muß.

Bevor nun auf die Instrumente im einzelnen eingegangen wird, ist ein zweiter Begriff einzuführen, der wegen der nach wie vor überproportionalen Bedeutung der Lagequalität einer Immobilie zentrales Element für den Vermarktungserfolg zu sein scheint: das Standortmarketing. Standortmarketing ist der Versuch, eine positive Wechselwirkung zwischen dem Image eines geographischen Ortes und dem Produktimage zu erzeugen. Ziel des Standortmarketings ist es, eine Lage als imageträchtigen Firmensitz, als Standort zukunftsorientierter Wirtschaftszweige, als Innovationszentrum auf den Gebieten der Technik und Dienstleistung darzustellen. Um einen neuen Standort zu etablieren, müssen die Besonderheiten von Ort und Projekt der Öffentlichkeit bekannt sein. In den Mitteln der PR und den entsprechenden Aktivitäten vor Ort (On-Site) liegt somit ein Schlüssel zur Einführung eines Standortes, zur Bekanntmachung des Vorhabens und des Images.

Die Besonderheiten eines Projektes, die USPs (Unique Selling Proposition) für die Gewerbeimmobilie, müssen schrittweise etabliert werden. Die traditionellen Akte der Grundsteinlegung, des Richtfestes und der Eröffnung sind insbesondere in kritischen Marktzeiten durch zusätzliche Kommunikationsanlässe (sogenannte Events) vor Ort zu ergänzen. Diese sind ein weiterer Baustein in der Qualitätsetablierung des Standortes.

Nachfrage nach dem Produkt „Bürofläche" setzt sinnvollerweise Nutzenstiftung voraus. Für die Vermarktung ist die Voraussetzung, daß dieser sich in der zur Disposition stehenden Bürofläche konkretisiert. Dessen Erfolgschancen sind um so größer, je intensiver das Nutzenversprechen scheint, je verbreiteter der durch das Produkt befriedigte Bedarf ist und je genauer die Bürofläche diesen Bedarf abdeckt. Somit soll erreicht werden, daß vom Gesamteindruck des Projektes deduktiv auf die Einzelqualitäten geschlossen werden kann. Einem Produkt, das ein erstklassiges Image hat, spricht man diese Überlegenheit auch für dessen einzelne Leistungsdimensionen zu.

Alle Maßnahmen der Öffentlichkeitsarbeit und des Standortmarketings zielen darauf ab, daß das eigene Produkt gegen konkurrierende und vergleichbare Projekte bei den potentiellen Kunden präferiert wird. Ansonsten wenden sich diese den Mitbewerbern zu. Damit erhalten PR und Standortmarketing eine eminente Bedeutung für jedes erfolgreiche Unternehmen. Entscheidend ist es also, mit den Marketingmaßnahmen komparative Konkurrenzvorteile zu generieren, die ein subjektiv überlegenes Leistungsangebot gegenüber den sich bietenden Alternativen darstellen.

Um dies zu erreichen, gilt es, Aufmerksamkeit zu erzielen. Dabei muß die grundsätzliche Bereitschaft zur Auseinandersetzung mit dem Projekt geweckt werden. Schafft es ein Projekt nicht, noch während des Realisierungsprozesses auf sich aufmerksam zu machen, sei es in der Presse oder durch Mund-zu-Mund-Propaganda, werden alle späteren Akquisitionsversuche erschwert. Erst nach wiederholter Wahrnehmung der Botschaften kann es dann zu projektbezogenen, imageaufbauenden Wirkungen kommen. Dies schafft in der Summe eine grundlegende Akzeptanz für die Projektkernbotschaften.

Im Anschluß daran bedarf es weiterhin der Bereitschaft zur Auseinandersetzung mit einem spezifischen, klar umrissenen Angebot, für das Interesse geweckt werden soll. Dazu muß zunächst verständlich werden, was das Angebot will, welchen Anspruch es erhebt, wie es sich gegenüber den Mietern und Wettbewerben positioniert. Daran schließt sich bei erfolgreich ablaufendem Kommunikationsprozeß in der nächsten Stufe die Überzeugungsarbeit an – vor allem, indem der Angebotsnutzen emotional wirksam dargestellt und die präsentierte Nutzenableitung außerdem einleuchtend bewiesen bzw. abgesichert werden. Es muß mit den zur Verfügung stehenden Mitteln der PR eine wesentliche Verstärkung der emotionalen Bindung erreicht werden. Diese letzte Stufe der Beeinflussung mündet optimalerweise in den auslösenden Faktor der Anmietung.

Neben den harten Entscheidungskriterien für eine Immobilie spielen Emotionen für oder gegen das Produkt eine wichtige Rolle, denn das Büro wird zunehmend zum Lebensraum der Menschen. Es genügt daher nicht, einem Objekt einen Namen zu geben, ein Logo zu designen, eine Vermietungsbroschüre zu erstellen und ein Richtfest zu feiern. Vielmehr muß in Zeiten eines Mietermarktes das Produkt mit allen zur Verfügung stehenden Mitteln der Kommunikation von der Realisierungsphase bis zur Fertigstellung begleitet werden. Nur so besteht die Chance, daß der zukünftige Nutzer positive Assoziationen und damit Emotionen für seinen Lebensraum entwickelt. Die Gesamtheit der einzelnen Rezipienten bestimmt somit das Meinungsklima.

PR ist deshalb unverzichtbar, weil:

- öffentliche Medien die wirkungsvollsten, glaubwürdigsten und preiswertesten Multiplikatoren von objektiven Projektinformationen und subjektiven Meinungen sind,
- die Medien den Bekanntheitsgrad und das Profil des Projektentwicklers erhöhen,
- die Medien über öffentliches Interesse auch Vertrauensbildung schaffen,
- so der ständige Dialog mit allen relevanten Teilöffentlichkeiten ermöglicht wird,
- so unternehmerisches Image geschaffen und gepflegt wird,
- der gezielte Zugang zu Medien Einflußnahme auf die öffentliche Meinungsbildung ermöglicht und damit eine Steuerungskompetenz darstellt,
- im Falle einer Krise mit Offenheit, Klarheit, Zuverlässigkeit und Sachlichkeit einem möglichen Imageschaden vorgebaut werden kann.

5. Stärken-Schwächen-Analyse

Ausgangspunkt für eine Kommunikationsstrategie ist immer eine Stärken-Schwächen-Analyse. Die Stärken eines Projektes gilt es mittels PR zu kommunizieren, wobei sich bei der naturgegebenen Komplexität eines Projektes ein breites Themenspektrum ergibt, das zielgruppengerecht vermarktet werden kann. Schwächen eines Projektes lassen sich insbesondere aus der kritischen internen Reflexion ermitteln. Schwächen bergen ein kritisches öffentliches Potential in sich, dem durch kontinuierliche proaktive Pressearbeit entgegengewirkt werden kann. Indem im Rahmen einer agierenden Kommunikationspolitik den Medien Themenangebote unterbreitet werden, reduziert sich die Gefahr, daß die häufig kritischen Medien, die vielfach der Maxime „Only bad news are good news" folgen, Schwachstellen aufgreifen und kritische Themen wie Restitutionsprobleme, Leerstand, Nachbarschaftsproteste und Finanzierungsprobleme überbewerten und thematisieren. Wer ein Themenvakuum zuläßt, eine restriktive Öffentlichkeitsarbeit verfolgt, setzt sich in besonderem Maße der Gefahr aus, sich mit unliebsamen Themen in der Presse wiederzufinden. Die oben erwähnte Steuerungskompetenz, flankiert von kreativem Potential, ist die beste Voraussetzung für eine interessengerechte Öffentlichkeitsarbeit.

Nach interner Analyse und Erstellung eines Stärken-Schwächen-Profils sind Kommunikationsinhalte bzw. Kernbotschaften zu formulieren. Als Basis dafür dient häufig das Stärkenprofil eines Projektes. Beispiele für kommunikationsfähige Kernbotschaften sind:

- Der Ort und die Lage. Handelt es sich um einen besonders geschichtsträchtigen Ort oder einen Standort, der Bezüge zu historischen Personen zuläßt, kann aus diesem Traditionsfundus geschöpft werden (optimale Anbindung an ÖPNV, zentrale Lage, Nähe etwa zum Bankenviertel, zu Ministerien etc.).
- Prominenz des Architekten. Die Reputation eines international renommierten Architekten bietet sich an, um dem Gebäude das Image einer unverwechselbaren Landmark zu geben. Das kann soweit gehen, daß ein Haus wie am Checkpoint Charlie in Berlin den Namen seines legendären Architekten Philip Johnson trägt.
- Wirtschaftsimpulse, die von dem Projekt ausgehen. Ein größeres Gebäude kann zu einem bedeutenden Wirtschaftsfaktor werden, und zwar durch die zahlreichen Arbeitsplätze, die in ihm geschaffen werden.
- Innovationsvorsprung. Dieser mag zum Beispiel in der innovativen technischen Infrastruktur eines Gebäudes begründet liegen.

6. Zielgruppenansprache

Eine wichtige Zielgruppe bei PR-Maßnahmen sind die potentiellen Mieter. Nicht zu vernachlässigen sind dabei jedoch diejenigen Teilöffentlichkeiten, die mit ihrer Meinung Einfluß auf die eigentliche Zielgruppe und deren Mietverhalten haben. Bei der Zielgruppenansprache ist zu berücksichtigen, daß die Hauptzielgruppe der potentiellen Mieter immer Bestandteil von Teilöffentlichkeiten ist und somit nicht isoliert betrachtet werden kann. Die wichtigen Teilöffentlichkeiten sind:

- Geschäftswelt:
  - potentielle Mieter oder Käufer,
  - Kooperationspartner,
  - Auftragnehmer,
  - Wettbewerber,
  - Wirtschaftspresse.

- Finanzwelt:
  - potentielle Mieter oder Käufer,
  - Investoren von Kapital und Kredit,
  - Finanzanalysten und Anlageberater,
  - Finanzpresse.

- Politik:
  - potentielle Mieter oder Käufer,
  - Entscheidungsträger in lokalen Behörden,
  - Abgeordnete von Land und Bund,
  - politische Mandatsträger.

- Öffentliche Meinung:
  - Bevölkerung (Anwohner, Gewerbetreibende) im regionalen Umfeld,
  - Bürgerinitiativen,
  - Interessengruppen,
  - Meinungsbildner in den Medien.

Parallel zu der oben beschriebenen Grundlagenarbeit kommen die Instrumente der PR und des Standortmarketings projektadäquat zum Einsatz. Dabei ist nachvollziehbar, daß ein Projekt mit einem Investitionsvolumen von mehreren 100 Mio. DM die gesamte Klaviatur nötig macht und ein kleineres Projekt entsprechend einzelne Instrumente gezielt zum Einsatz bringt. Diese sind:

- Klassische Pressearbeit:
  - Pressekonferenz,
  - Pressemitteilungen,
  - Pressegespräche,
  - Journalistenreisen,
  - Exklusivartikel,
  - Nutzung von Sonderbeilagen und Sonderveröffentlichungen (redaktionelle Anzeigen),
  - Buchprojekte.

- Baustellenkommunikation:
  - Bauschild,
  - Bauzaun,
  - Aussichtsplattform.

- Lobbying

- Informationsmittel:
  - Broschüren,
  - Newsletter und Flyer,
  - audio-visuelle Produktionen (z. B. Imagefilm).

- Multimedia:
  - Internet,
  - CD-ROM.

- Direktkontakte:
  - Einzelgespräche über persönliche und kontinuierliche Kontaktpflege,
  - Podiumsdiskussionen,
  - Symposien oder Kolloquien,
  - Workshops,
  - Messebeteiligungen.

7. Immobilien-Events

Events als das zentrale Instrument des Standortmarketings sind eigens inszenierte Ereignisse, die durch erlebnisorientierte Unternehmens- und Produktveranstaltungen emotionale und physische Reize darbieten, die wiederum einen Aktivierungsprozeß auslösen. Events sollen Teilöffentlichkeiten ansprechen, jedoch auch indirekt durch die (Fach-)Presse zum Gegenstand einer Berichterstattung werden, die das Projekt und/oder Unternehmen einem erweiterten Kreis näherbringt. Instrumente des Standortmarketings sind:

- Bauliche Anlässe:
  - Grundsteinlegung,
  - Richtfest,
  - Eröffnung,
  - besondere Bauabschnitte (z. B. Bodenplatte, Fassadengestaltung).

- Tage der offenen Tür

- Goodwill-Veranstaltungen:
  – Spendenaktionen, sportliche Ereignisse.

- Kulturelle Events:
  – Aktivitäten im Rahmen von Kunst auf der Baustelle.

Die Stadt Berlin hat zusammen mit ihrer Vermarktungsagentur „Partner für Berlin" bereits im Jahre 1996 ein mehrmonatiges Dauerevent, die „Schaustelle Berlin", ins Leben gerufen, das ganz offensiv auf die Attraktivität von Baustellen setzte. Der überragende Erfolg der „Schaustelle Berlin" mit ihren Baustellenbesichtigungen, Architekturführungen, Kunstaktionen etc. wurde international in den Medien thematisiert und hat dazu geführt, daß die eher negativen Assoziationen, die mit Baustellen verbunden werden, wie Lärm, Schmutz, Verkehrsstaus, einer neuen Betrachtungsweise gewichen sind. Die Baustelle hat somit eine Neudefinition erfahren und ist von einem Negativum zu einem Positivum geworden.

Seinen Ursprung hatte das Baustellenmarketing auf zwei Großbaustellen in Berlin, dem Potsdamer Platz und dem Checkpoint Charlie. Die Idee, die Baustelle zu vermarkten, sie in einen Dialog mit Kunst und Kultur zu bringen, entsprang im wesentlichen zwei Motiven: Zum einen sollte bereits der Bauplatz in seinem Transformationsprozeß von negativen Konnotationen befreit werden und durch das Zusammenbringen zweier scheinbar unversöhnlichen Welten, Baustelle und Kunst, zu Akzeptanz beitragen. Zum anderen sollte sie durch die Qualität der Kunstereignisse die Innovationen und das Modellhafte eines anspruchsvollen Architekturkonzeptes antizipieren. Die besondere Chance des kulturellen Ortes Baustelle besteht darin, Schwellenängste zu nehmen, Kunst erfahrbar zu machen und zu vermitteln, aber auch schon während der Realisierungsphase im Gespräch zu bleiben. Dieses Konzept wurde sowohl von Nachbarn, der Real Estate Community, der Politik als auch von den internationalen Medien angenommen.

8. Reputations-Management

Kommunikations-Management steht in einem ständigen Wechselverhältnis zwischen den eigenen Unternehmenszielen und der konjunkturellen Großwetterlage. In der zweiten Hälfte des Jahres 1997 bedeutet für viele Projekte Kommunikation gleich Krisen-Management. Mit dem etwas freundlicher klingenden Wort Reputations-Management haben sich zahlreiche Developer zu befassen, die mit Leerstand zu kämpfen haben und mit großen Anstrengungen zu vermeiden versuchen, daß ihre Immobilie den Stempel Investruine erhält – ein Schaden, der irreparabel ist und häufig nicht nur zum Imageverlust führt. Ein strategisches Kommunikations-Management hat bei Eintritt der Krise ein Krisenszenario längst durchgespielt und Wege aus der Krise aufgezeigt. Insbesondere beim Eintritt eines solchen Falles steht an erster Stelle eine effiziente interne Kommunikation, die alle beteiligten Partner und dort insbesondere die Banken frühzeitig mit einbezieht. Eine abgestimmte Diktion hilft häufig, den größten Schaden zu vermeiden, und bietet den kritischen Medien wenig Ansatzpunkte für Negativschlagzeilen.

Häufig ist ein Erfolg von Reputations-Management bereits dann eingetreten, wenn es gelungen ist, das Projekt aus der negativen, übergeordneten Trendberichterstattung herauszuhalten. Ein derartiges Taktieren läßt sich allerdings immer nur für einen bestimmten Zeitraum erfolgreich anwenden.

Die Bedeutung von Kommunikations-Management in einem integrierten Marketingkonzept sollte stärker als bisher bei den Entscheidern in der Immobilienwirtschaft als Unternehmensphilosophie und Führungskonzept Akzeptanz finden. Kommunikation bedeutet zwar nicht alles, aber ohne Kommunikation erhöht sich die Chance, am Ziel vorbeizuschießen, überproportional.

9. Literatur

Kotler, P./Bliemel, F.: *Marketing – Management*, 8., vollständig neu bearbeitete und erweiterte Auflage, Stuttgart 1995

Abraham, M./Lodish, L.: *Getting the Most Out of Advertising and Promotion*, Harvard Business Review Mai–Juni 1990

Cutlip, S./Center, A./Brown, G.: *Effective Public Relations*, Englewood Cliffs 1985

Duncan, T.: *A Study of How Manufacturers and Service Companies Perceive and Use Marketing Public Relations*, Muncie 1985

Verkaufs-Management für Immobilien

Dr. Lutz Aengevelt, geschäftsführender Gesellschafter, Dr. Aengevelt Immobilien KG, Düsseldorf

Inhalt

1.	Vorbemerkungen	463
2.	Wohnwirtschaftliche Immobilien für überwiegende Eigennutzung	464
2.1	Akquisition	465
2.2	Verkaufs-Management	465
2.2.1	Wohnwirtschaftliche Einzelobjekte	465
2.2.2	Eigentumswohnungen zur Kapitalanlage	466
2.2.3	Verkaufs-Management für Wohnhäuser und Wohnanlagen	468
3.	Gewerbeimmobilien	470
3.1	Gewerbliche Immobilien zur Kapitalanlage	470
3.2	Gewerbliche Immobilien zur Eigennutzung	472
3.3	Spezialimmobilien	473
4.	Verkaufs-Management für notleidende Immobilienengagements	475

1. Vorbemerkungen

Der deutsche Immobilienmarkt ist mit einer jährlichen Umsatzgröße von rund 340 Mrd. DM (Untersuchung der Aufina vom März 1997 für das Jahr 1996) einer der größten Teilmärkte in unserer Volkswirtschaft. Verkaufs-Management im Sinne einer systematischen Marktbearbeitung ist notwendig, weil ein Markt in dieser Größenordnung in zunehmendem Maße nicht mehr automatisch funktioniert: Das war der Irrglaube früherer Tage. Vielmehr strukturiert sich der Immobilienmarkt gewaltig um. Die Bedeutung eines gezielten Managements wird notwendig, weil sich in zunehmendem Maße die Marktteilnehmer neu sortieren. Hier eine Aufzählung sich ändernder Parameter: Corporate Real Estate verändert drastisch das Verhältnis der Unternehmen zu ihren genutzten, nicht mehr genutzten oder anders zu nutzenden Liegenschaften. Durch Unternehmensfusionen werden Liegenschaften frei. Dieser Prozeß in das zu Ende gehende Zeitalter der Produktionsgesellschaft: Die zukünftigen Produktionsprozesse – insoweit sie in Deutschland stattfinden – erfolgen auf reduziertem Immobilienbestand. Die Umstrukturierung in die Dienstleistungsgesellschaft stellt in Zukunft andere Ansprüche an die Büroimmobilie. Die Bedeutung von Logistikimmobilien steigt. Der Bedarf an sogenannten Management-Immobilien nimmt zu: Freizeitimmobilie, die verschiedenen Formen des altersbetreuten Wohnens, Ferienimmobilien, Hotels etc. wurden noch vor kurzer Zeit als Spezialimmobilien belächelt: Aber die Spezialimmobilie von gestern wird die Normalimmobilie von morgen sein.

Die Ansprüche von Bahn und Post an ihre zukünftig zu nutzenden Immobilien ändern sich drastisch und führen auf lange Sicht zu einem konstanten Angebot nicht mehr gebrauchter Liegenschaften. Gleichzeitig ändern sich die immobilienwirtschaftlichen Vorstellungen bei Bund, Ländern und Kommunen und führen dort zu einem hochinteressanten Prozeß – der laufenden Abgabe von Grundbesitz. Und: Die Konversion ehemals militärisch genutzter Liegenschaften in Ost- und Westdeutschland erweitert das Spektrum immobilienwirtschaftlicher Möglichkeiten erheblich. Der immobilienwirtschaftliche Teil der Vereinigung von Ost- und Westdeutschland ist bei weitem noch nicht abgeschlossen bzw. bewältigt. Änderungen in den Produktionsbedingungen der Land- und Forstwirtschaft und in den Absatzbedingungen des Einzelhandels führen zu erheblichen immobilienwirtschaftlichen Konsequenzen. Die Verwertung der umfangreichen notleidenden oder kritischen Immobilienengagements bei den Banken steht an.

Die neuen oder zukünftigen steuerlichen Veränderungen in den Bereichen Erbschaftsteuer, Grunderwerbsteuer, Besteuerung von Immobiliengewinnen, der Fortfall von Sonderabschreibungen und von staatlichen Förderungen – z.B. Erwerb eigengenutzter Immobilien – und die deutliche Reduzierung des öffentlich geförderten Wohnungsbaus ändern die Rahmenbedingungen auf den Immobilienmärkten.

Last but not least sind die Auswirkungen der Globalisierung der Produktions- und Finanzströme und die zunehmende Standortkonkurrenz zwischen Regionen, Ländern und Kontinenten auf das nationale Immobiliengeschehen zu beachten. Diese Änderungen der Marktstruktur bilden sich in der Änderung der Marktteilnehmer ab und führen zu einer starken Spezialisierung der Management- und Marketinginstrumente, die angewendet, entwickelt, flexibel angepaßt werden müssen. Die Zielrichtung des Verkaufs-Managements ist die vermehrte Kundenorientierung, das Erkennen von Wachstumsnischen und Bedarfsänderungen in Verbindung mit stärkerer Zielgruppensegmentierung und Zielgruppenausrichtung.

Das Ziel dieses Handbuchs und die Aufgabe dieses Beitrages sind das beispielhafte Aufzeigen der Objekttypen des Immobilienmarktes und das jeweils hierauf anzuwendende Verkaufs-Management, soweit es in der vorgegebenen Kürze und in der ausdrücklichen Beschränkung auf den Inlandsmarkt möglich ist. Das heißt, hier liegt das Hauptaugenmerk auf inländischen Käufern und Verkäufern bzw. auf ausländischen Marktteilnehmern mit entsprechender inländischer Erfahrung und Kompetenz.

2. Wohnwirtschaftliche Immobilien für überwiegende Eigennutzung

Der wohnwirtschaftliche Immobilienmarkt ist mit einem jährlichen Umsatz von rund 236 Mrd. DM bei weitem der größte Einzelmarkt. Es handelt sich hier um einen atomisierten Markt mit einer extrem großen Preisspannweite zwischen den einzelnen Objekttypen. Entsprechend groß ist die stark segmentierte Zielgruppe, die vom Ersttäter bis zum bestinformierten Mehrfachinvestor reicht. Entsprechend breit ist der Vertriebsweg: Er reicht von der lokalen Einzelvermittlung bis zur organisierten Vertriebstätigkeit für Bauträger. Das gemeinsame Kennzeichen ist die örtliche bzw. regionale Limitierung des Absatzgebietes.

2.1 Akquisition

Kein Verkaufs-Management ohne Akquisitions-Management, heißt eine goldene Regel. Das Spiegelbild der atomisierten Abnehmergruppen sind dabei die ähnlich strukturierten Anbietergruppen. Es gilt: Je größer und individueller das Objekt ausfällt, desto öfter privat sind die Anbieter. Je kleiner das Immobilienobjekt ausfällt, desto besser organisiert ist der Anbieterkreis. Als Erstanbieter für Reihenhäuser und Doppelhäuser dienen fast ausschließlich lokal oder überwiegend regional tätige Bauträger. Bei Einzelobjekten erfolgt die Akquisition über die Einzelbeschaffung und ist stark vom Zufall abhängig: Persönliche Beziehungen, Anzeigen, aber auch Direktansprache und Direct Mailing sind eher zu- und einzelfallbezogene Akquisitionsinstrumente. Für Markttransparenz sorgen fast ausschließlich örtlich gut eingeführte Makler oder Vertriebsorganisationen von Landesbausparkassen etc.

Die Akquisition von Bauträgerobjekten erfolgt entweder über Makler oder durch Direktansprache der Bauträger, die über Anzeigen, Baustellenberatungen etc. werbend tätig werden. Aufteiler, die unvermietete Eigentumswohnungen für Eigennutzung etc. anbieten, arbeiten überwiegend über eigene Vertriebe oder über vertraglich gebundene Fremdvertriebe, letztere auch überregional.

2.2 Verkaufs-Management

2.2.1 Wohnwirtschaftliche Einzelobjekte

Privatanbieter werden zweckmäßigerweise auf lokal eingeführte, seriöse Makler verwiesen.

Das Verkaufs-Management der Makler erstreckt sich auf die Auftragssicherung nach entsprechender Beratung des Anbieters bezüglich Preisniveau, Definition der Käufer-Zielgruppe und Anwendung entsprechender Marketingmethoden zur Erschließung dieser Zielgruppe. Die Beratung der Verkäufer erfolgt nicht nur auf einem realistischen Preisniveau, sondern auch auf einer angemessenen Zeitachse bei einem abgestimmten Angebotsverfahren. Entsprechend erfolgt die Aufbereitung der Verkaufsunterlagen in Form glaubwürdiger, technisch abgesicherter und durch Vergleichsobjekte preislich untermauerter Unterlagen für die Objektpräsentation bei potentiellen Erwerbskandidaten, die aufgrund einer sorgfältig geführten

Kartei indentifiziert und mit Hilfe der optisch und technisch gut aufbereiteten Verkaufsunterlagen in Verbindung mit direkter Ansprache der Zielpersonen an das Objekt herangeführt werden. Begleitet wird eine solche Aktion durch einen vorbereiteten Musterkaufvertrag, Finanzierungsangebote etc.

Das Verkaufs-Management umfaßt als zusätzliche Maßnahmen ein sorgfältig zielgruppenabgestimmtes Direct Mailing, kreative Anzeigen, lokale oder regionale Verkaufsmessen, Hinweise im Internet. Zu beachten ist, daß die anvisierte Zielgruppe häufig bereits über Grundbesitz verfügt und deshalb die Kaufberatung gleichzeitig auch auf die Desinvestition der vorhandenen Immobilien ausgedehnt werden muß (Stichwort: gedanklicher Tauschvorgang).

Für die Vermarktung von Bauträgerobjekten gilt zusätzlich, daß die Verkaufsunterlagen eine technische Beschreibung enthalten müssen, möglichst in Verbindung mit TÜV-Gutachten über die Verwendung nicht gesundheitsgefährdender Baustoffe, einen Musterkaufvertrag sowie Finanzierungsvorschläge mit Modellrechnungen zur finanziellen Belastung. Regionale und lokale Verkaufsmessen erweisen sich bei Bauträgerobjekten als hilfreiche Methoden des Verkaufs-Managements. Sorgfältiges Direct Mailing kann bei Bauträgerobjekten regional erweitert werden. Hinweise im Internet finden zunehmend Beachtung. Das Heranziehen von Multiplikatoren (Banken, Beratungsleistung von Steuerberatern, Finanzdienstleistern etc.) ist ins Auge zu fassen.

2.2.2 Eigentumswohungen zur Kapitalanlage

Eigentumswohnungen wurden bis vor einigen Jahren fast ausschließlich zum Zwecke der sofortigen oder späteren Eigennutzung erworben. Hier hat sich ein erheblicher Tendenzwandel vollzogen: Mehr als 80 % der Eigentumswohnungen werden heute zum Zwecke der Kapitalanlage gekauft.

Die zu vermarktenden Objekte stammen aus drei Quellen:

- Zweitverkauf von Bestandsobjekten,
- Vermarktung von Objekten aus der nachträglichen Aufteilung von Bestandsobjekten,
- Erstplazierung von Neubauobjekten.

Gemeinsames Marktkennzeichen ist die zunehmende Lösung vom regionalen Marktprinzip. Eigentumswohnungen zur Kapitalanlage sind das erste echte immobilienwirtschaftliche Standardprodukt. Entsprechend ist das

Verkaufsmarketing auf ein anlagesuchendes, überregional disponierendes Publikum auszurichten. Dieses ist durch folgende Kaufmotive charakterisiert: Sicherheit für den Ertrag, erfahrenes Objekt-Management und einfacher, standardisierter Erwerb.

Das Verkaufs-Management umfaßt deshalb die Erstellung von Objektunterlagen mit abgesicherten Informationen über den Objektzustand, die technische Ausstattung (besteht Reparaturstau oder nicht?) – zweckmäßigerweise unter Beifügung von Gutachten über die Verwendung unbedenklicher Baustoffe und die Einhaltung der technischen Normen bezüglich Wärmedämmung, Schallschutz etc. (beispielsweise: TÜV-Begutachtung) –, Vermietungsstand bzw. Vermietungsaussichten in Verbindung mit der Objektlage, der regionalen Wirtschaftskraft, dem anhand von Vergleichsmieten nachgewiesenen Mietniveau, Vermietungsgarantien bzw. Vermietungsservice, Hinweise zur Objektverwaltung als After-sales-Service, Hinweise auf eventuell vorliegende ausgabewirksame Beschlüsse der Eigentümergemeinschaft. Bei Aufteilungsobjekten, z. B. aus Werkwohnungsbesitz und Kommunalbestand etc., liegen oftmals Bindungen an die Miethöhe oder an den Mieterkreis vor.

Gibt es Sanierungsprogramme, und wenn ja, welche Absicherung für die Kosten können erbracht werden? Hinweise auf die Kompetenz und die Bonität des Anbieters sind wichtig. Den Verkaufsunterlagen ist bereits ein Musterkaufvertrag beizufügen. Hinweise über Finanzierungszusagen sind in Form von Modellrechnungen sehr hilfreich. Der Erwerb solcher Eigentumswohnungen erfolgt oftmals unter Steuersparmotiven: Abgesicherte steuerliche Ausführungen und Modellrechnungen sind deshalb beizufügen. Das Verkaufs-Management erstellt die entsprechenden Verkaufsunterlagen mit Modellfotos, Grundrissen und bietet Video- und Computer-Animationen an.

Der *Verkaufsweg* erfolgt über regionale Makler, über eigenen Vertrieb bzw. Fremdvertrieb auf der Basis vertraglicher Vereinbarungen zwischen Bauträger, Aufteiler und Vertrieb: Vertriebsziele, Zielvereinbarung, Zeitpunkte, örtliche Präsenz bei Verkaufsveranstaltungen und/oder auf der Baustelle, Einsatz von Direct Mailing mit deutlicher Zielgruppenorientierung. Teilnahme an Verkaufsmessen, Kooperation mit Multiplikatoren und Hinweise im Internet sind Maßnahmen für Marketing und Verkaufs-Management.

Ein Sonderfall ist der Verkauf von Aufteilungsobjekten an die dort wohnenden Mieter: Hier sind eine gezielte, sensible Ansprache der Bewohner, die Katalogisierung von technischen Maßnahmen inklusive Zeitachse genauso notwendig wie ein Finanzierungsangebot, das einen Belastungsvergleich zwischen der derzeitigen Miete und den zukünftigen Aufwendungen für Zins und Tilgung enthält.

Tendenziell handelt es sich hier um einen Markt, der in Zukunft zerfallen wird, und zwar in einen örtlich bzw. abzuwickelnden Individualmarkt und einen standardisierten überregionalen Markt, in dem entsprechend organisierte Vertriebsgruppen die Vermarktung übernehmen werden. Marktwachstum ist in diesem Immobiliensegment vorprogrammiert.

2.2.3 Verkaufs-Management für Wohnhäuser und Wohnanlagen

Verfügbar sind Einzelobjekte von Einzeleigentümern, die aus verschiedenen Gründen auf den Markt gelangen. Hinzu treten in zunehmendem Maße Werkswohnungen, Wohnanlagen aus Kommunalbesitz, Wohnanlagen von Post und Bahn und aus Konversionen (z. B. Kasernen für spätere Wohnzwecke, ehemalige Wohnunterkünfte von Militärbediensteten), aber auch Umschichtungen aus den Portfolios von Immobilienfonds und Versicherungen.

Die Akquisition entsprechender Objekte erfolgt durch die klassischen Marketingmethoden: Einschaltung von Maklern, Direktansprache der potentiellen oder erkannten Anleger. Das Verkaufs-Management hat folgendes zu beachten: Die Erwerbsmotive sind entweder die dauerhafte Kapitalanlage mit oder ohne Steuerorientierung (Steuervorteile durch Modernisierung, Denkmalschutz, Sonderabschreibungen in Ostdeutschland) oder der Erwerb zum Zweck der erstmaligen Aufteilung in Wohnungseigentum.

Entscheidend ist deshalb die entsprechende Darstellung des Ertragswertes der Immobilie, d. h. der Nachhaltigkeit des Ertrages in Verbindung mit der Wirtschaftskraft der Objektlage bzw. Region. Hier erfolgt die Bewertung der vorhandenen Ist-Miete in Abwägung zu im Mikro- oder Makroumfeld vorhandenen Vergleichs- oder Konkurrenzangeboten.

Erforderlich sind glaubwürdige Angaben zum technischen Zustand und zum Ausstattungsstandard, zweckmäßigerweise ergänzt durch Gutachten über einen eventuellen Reparaturstau und dessen Sanierungskosten sowie hinsichtlich der Nichtverwendung gesundheitsgefährdender Baustoffe. Liegen Bindungen, was die Miethöhe oder den Mieterkreis betrifft, vor? Wie ist der Vermietungsstand, die historische Fluktuationsrate, eventueller Leerstand in der Umgebung? Das sind wichtige und zu beantwortende Fragen. Nicht zu vergessen sind auch Hinweise zur Nachverdichtung auf dem vorhandenen Grundbesitz bzw. zur Ausschöpfung von Baureserven (z. B. durch nachträglichen Dachgeschoßausbau). Die üblichen Recherchen zum Grundbuchstand, zu Baulasten etc. sind selbstverständlich.

Der Erwerberkreis umfaßt Privatpersonen als Einzelanleger mit den Hauptmotiven der Steuerorientierung und der langfristigen Absicherung von Kapitalzuflüssen zur (zusätzlichen) Altersversorgung, aber auch Versicherungen, Pensionskassen; und in Zukunft wird man auch an spezielle Immobilienfonds denken müssen. Deshalb sind Hinweise zur vorhandenen Finanzierungshöhe mit der Möglichkeit der Ablösung bzw. Übernahme eventuell vorhandener Belastungen erforderlich.

Bei Aufteilungsobjekten steht die abgesicherte Darstellung des *Sachwertes* im Vordergrund. Das Verkaufs-Management umfaßt eine „umgekehrte Bauträgerkalkulation", d.h., der für das Bestandsobjekt zu zahlende Kaufpreis ist das Resultat einer klassischen Bauträgerkalkulation (Residualmethode). Hierbei stellt der am Markt erzielbare Kaufpreis für das fertige Produkt die Obergrenze dar, und der Einstandspreis ergibt sich nach Abzug aller Aufwendungen für Sanierung, Vertrieb, Zwischenfinanzierung, Entmietung und aller sonstigen Maßnahmen, die bis zum Verkauf des Produktes notwendig oder üblich sind, inklusive der verkehrsüblichen Marge für den Initiator.

In diesem Spezialfall umfaßt das Verkaufs-Management Angebotshinweise zur Konkurrenzlage im Mikro- und Makrobereich sowie technische Hinweise zur Herbeiführung oder zum Vorhandensein einer für die Aufteilung in ETW notwendigen Abgeschlossenheitsbescheinigung (hier gibt es stark unterschiedliche behördliche Anforderungen auf Lokal- bzw. Landesebene). Sie umfaßt also detaillierte Hinweise zur technischen Ausstattung der Bestandsobjekte. Ist eine Mieterbefragung durchgeführt? Gibt es Bindungen hinsichtlich der Miethöhe bzw. des Mieterkreises (wichtig bei Werkswohnungen oder Kommunalbesitz)? Das Verkaufs-Management erstreckt sich auf die Erfassung der Erwerberzielgruppen, auf die Aufbereitung der oben genannten Daten und deren zielgruppengenaue und konkrete Darstellung für die Käufergruppen.

Dem Verkaufs-Management muß klar sein, daß die Preisgestaltung auf Anhieb passen muß: Auf der Käuferseite sitzen selten Amateure, die Transparenz der Märkte ist recht groß, und gefeilscht wird nur in engen Grenzen.

Der Vertriebsweg erfolgt über Makler, Direktansprache der Zielgruppen durch Eigen- oder Fremdvertrieb, unterstützt durch Direct Mailing sowie Aktivierung von Multiplikatoren (Banken, Steuerberater, Finanzdienstleister). Unerläßlich für das Verkaufs-Management ist die Rundumbetreuung der Erwerber von der persönlichen Betreuung bei Besichtigungen, Objektpräsentation, Finanzierungsberatung, technische Hilfestellung bei eventuellen Umbauten, Vorlage eines Musterkaufvertrages und Beratung bei dessen

Abschluß, kompetente Objektverwaltung, kurzum: ein Sorglospaket für den privaten Kapitalanleger.

Dort, wo institutionelle Kapitalanleger (Versicherungen, Pensionskassen und Modernisierungsfonds) als Käufergruppe in Frage kommen, regiert der Ertragswert, d. h. die Nachhaltigkeit der Mieterträge, die sorgfältige Prognose möglicher Wert- und Rentabilitätszuwächse, die Netto-Rendite (Discounted-cash-flow-Analyse) und die abgesicherte Darstellung bau- und planungsrechtlicher Reserven (Nachverdichtung, Zusatzausbau): allesamt notwendige Voraussetzungen für ein erfolgreiches Verkaufsmarketing.

3. Gewerbeimmobilien

3.1 Gewerbliche Immobilien zur Kapitalanlage

Die Akquisition geeigneter Objekte erfolgt bei abgabewilligen Einzeleigentümern aus dem Bestand. Zunehmende Bedeutung erlangt der Verkauf aus Firmeneigentum, auch in der beratungsintensiven Form des Sale & Lease Back und durch fortschrittlich denkende Kommunen (auch im Sinne von Sale & Lease Back bzw. der alternativen Finanzierung über Leasing- oder Mietkaufmodelle). In steigendem Maße erfolgt die Abgabe gewerblicher Immobilien durch Bahn und Post, Bund und Länder. Verkäufe sind auch aus dem Bestand von Immobilienfonds und Versicherungen im Sinne eines aktiven Portfolio-Managements zu verzeichnen.

Organisierte *Abgabe* – insbesondere von Neu- und Umbauten – erfolgt durch Bauträger, Projektentwickler und Developer sowie aus der Verwertung notleidender Kreditengagements der Banken. Als *Käufer* kommen in Frage: Einzelanleger, vor allem in den Kaufpreisgrößenordnungen von 1 Mio. bis 15 Mio. DM (auch private Anlegergruppen), Geschlossene und Offene Immobilienfonds, Versicherungen und Pensionskassen, Developer, die Bestandsobjekte durch immobilienwirtschaftliche Wertschöpfung weiterentwickeln und – sofern dieselbe gelingt – weiterveräußern, Projektentwickler für unentwickelte, ganz oder teilweise aufbereitete und entwickelte Objekte.

Das Verkaufs-Management erstreckt sich auf das Erkennen und die Pflege der erwerbswilligen Zielgruppen. Private und institutionelle Anleger ändern häufig ihre Anlagewünsche und Erwerbsstrategien. Erfolgreiches Verkaufs-Management besteht in der konsequenten Zielgruppenpflege. Nur wer die ständig wechselnden Erwerbswünsche der in Frage kommenden

Zielgruppen aktuell kennt und eine entsprechende Vertrauensbasis bei den potentiellen Abnehmern aufgebaut hat, betreibt erfolgreiches Verkaufs-Management. Vielfach wird übersehen, daß bei den in Frage kommenden Erwerberkreisen jährlich bis zu 700 konkrete, mehr oder weniger gut beschriebene Verkaufsangebote auf die Tische flattern. Wer hier ungeteilte Aufmerksamkeit erzielen möchte, sollte zweckmäßigerweise die handelnden Personen und deren aktuelle Suchwünsche, Prioritäten und Präferenzen kennen.

Investitionsobjekte werden fast ausschließlich unter Renditegesichtspunkten beurteilt: Wie ist der Vermietungsstand? Besteht Leerstand im Objekt, am Mikro- oder Makrostandort? Wie verhalten sich die vereinbarten Ist-Mieten zu Konkurrenzangeboten? Der Laufzeit der Mietverträge, der Bonität der Mieter, dem Mietvertragsinhalt bezüglich Indexbindung, Nebenkostenabrechnung etc. kommen angesichts der herrschenden Leerstände und der Nachhaltigkeit der erzielbaren Miete die größte Bedeutung als Auswahlkriterien zu. Gibt es Vermietungsgarantien, Generalmietverträge und ähnliche Absicherungen für den Investor? Danach ist nicht zuletzt zu fragen.

Erst wenn die wirtschaftlichen Daten die jeweiligen Erwerberzielgruppen überzeugen, erfolgt die technische Prüfung. Sie ist nicht weniger strikt und für eine Erwerbsentscheidung sogar ausschlaggebend: Der Ausstattungsstandard muß Zukunftssicherheit signalisieren. Bei der Plazierung von Projekten sind ein hoher oder Vollvermietungsstand und die üblichen Festpreis- und Fertigstellungsgarantien unerläßliche Erwerbsvoraussetzungen.

Der Markt ist für die Erwerber hinreichend transparent, um Phantasiepreise von vornherein und ohne Verhandlungsaufnahme auszuschließen. Im Zuge des Abbaus der Sonderabschreibungen für Berlin und Ostdeutschland und im Rahmen der erkennbaren Ziele der Steuerreform (z. B. der Besteuerung von Verkaufsgewinnen) nimmt die Steuerorientierung als Auswahlkriterium für den Erwerb tendenziell ab. Um so stärker nehmen die Aspekte Barrendite, langfristige Ertragssicherheit, Multifunktionalität und technische Nachrüstbarkeit etc. an Bedeutung zu. Ein erfolgreiches Verkaufs-Management beachtet das!

Für das Verkaufs-Management sind als Vertriebswege verfügbar: spezialisierte Makler mit nachgewiesenem Zutritt zu den relevanten Marktteilnehmern, mit Vermietungskompetenz und nachgewiesenen Erfolgen im Bereich von Projekt-Management bzw. Projektaufbereitung, vor allem für die Vermarktung von (ganz oder teilaufbereiteten) Projekten. Als Alternative dient der Aufbau eines eigenen Vertriebs: Ein mühsamer, zeit- und personalintensiver Weg, der nur in seltenen Fällen zu besseren Resultaten führt.

Zunehmende Bedeutung werden in Zukunft strategische Allianzen zwischen Developern, Maklern bzw. Makler und Endabnehmern erlangen. Dabei geht es um die gezielte Verwirklichung von Erwerbs- und Vermarktungsstrategien und um die frühzeitige Einbeziehung von Mietern, die bereit sind, Projekt-Mietverträge einzugehen, und die in geeigneter Weise zu Projektpartnern gemacht werden können.

Tendenziell wird die reine (spekulative) Neubautätigkeit bei gewerblichen Immobilien zugunsten einer nutzerbezogenen Projektentwicklung und zugunsten einer Weiterentwicklung von Bestandsobjekten zurückgehen. Gleichzeitig wird der Anteil gewerblicher Immobilien durch die steigende Abgabeneignung der oben beschriebenen Veräußererkreise und die damit zwangsweise verbundene erhöhte Kreativität bei der Vermarktung gewerblicher Objekte innerhalb des gesamten Immobilienmarktes zunehmen.

3.2 Gewerbliche Immobilien zur Eigennutzung

Während bei gewerblichen Immobilien zum Zwecke der Kapitalanlage der Ertragswert im Vordergrund steht, dominiert bei eigengenutzten Immobilien der *Sachwert*. Die Erwerber stellen sehr detailliert Untersuchungen über die Angemessenheit des Sachwertes beim Erwerb von Bestandsimmobilien an und vergleichen sie mit den entstehenden Kosten beim Neubau bzw. bei der Anmietung. Hierbei gelten – zu Recht – einfache Vergleiche zu den Kosten pro Quadratmeter oder Kubikmeter als überholt. Bei Bürobauten werden sie zunehmend durch die Ermittlung der *gesamten* Jahresaufwendung pro *Arbeitsplatz* als vergleichendes Auswahlkriterium ersetzt.

Weitere Auswahlkriterien sind: die multifunktionale Verwendbarkeit, die technische Ausrüstung auch im Sinne einer zukunftssichernden Nachrüstungsmöglichkeit, Hinweise zu erfolgten Untersuchungen bezüglich etwa vorhandener ökologischer Altlasten oder bauphysikalisch bzw. gesundheitlich bedenklicher Schadstoffe etc. Die Erwerberberatung durch das Verkaufs-Management umfaßt die Alternativüberlegungen zwischen Bestandsobjekten, Neubauobjekten, Projektentwicklung mit und ohne Beteiligung des Endnutzers und dem kreativen Einsatz moderner Finanzierungsinstrumentarien wie Anmietung, Mietkauf, Leasing etc. Hier hat sich das immobilienwirtschaftliche Instrumentarium in den letzten Jahren sprunghaft weiterentwickelt.

Während die Nachfrage nach Produktionseinrichtungen sinkt, steigt die Nachfrage nach Logistikeinrichtungen, Immobilien für die Kommunikationsindustrie (von Netzknoten bis zu Call-Centern) sowie nach Freizeit- und Sozialimmobilien stark an. Das erfolgreiche Verkaufs-Management erfaßt bei den entsprechenden Bedarfsträgern die teilweise sehr spezialisierten immobilienwirtschaftlichen Wünsche und kombiniert die erforderlichen Standorte inklusive deren bau- und planungsrechtlicher Absicherung mit einem technisch-wirtschaftlichen Erwerbsangebot durch entsprechende Produzenten und Endinvestoren. Häufig werden für die Eigennutzung gedachte und optimierte Objekte bei entsprechender Eignung und Aufbereitung früher oder später dem Kapitalanlagemarkt zugeführt (Sale & Lease Back-Vereinbarungen, partnerschaftliche Projektentwicklung etc.).

3.3 Spezialimmobilien

Leicht abwertend wurden alle aus dem konventionellen Rahmen herausfallenden Immobilien vorschnell als Spezialimmobilien gekennzeichnet. Die immer stärker werdende Segmentierung des Immobilienmarktes hat deren vorausschauende Teilnehmer schon vor geraumer Zeit zu dem Urteil veranlaßt: Die Spezialimmobilie von heute ist die Normalimmobilie von morgen. Noch vor wenigen Jahren galten z. B. Immobilien für das altersbetreute Wohnen als Exoten und wurden von den privaten und institutionellen Kapitalanlegern nur vereinzelt aufgegriffen. Inzwischen ist hier ein Umdenkungsprozeß eingetreten: Auch die konservativsten Kapitalanleger haben erkannt, daß die demoskopischen Realitäten unweigerlich immobilienwirtschaftliche Bedarfsänderungen nach sich ziehen.

Immobilien für das altersbetreute Wohnen werden in Zukunft fortentwickelt zu cityorientierten Einrichtungen, die nicht nur Senioren einen Lebensabend außerhalb von Pflegeeinrichtungen ermöglichen. Hierfür sprechen nicht zuletzt auch die ökonomischen Basisdaten einer gut versorgten älteren Generation mit erhöhter Aktivität und Lebenserwartung. Das Betreiberrisiko läßt sich eingrenzen, weil die Anzahl bonitätsstarker, überregionaler Betreiber zunimmt. In steigendem Maße investieren Versicherungen in altersgerecht aufgebaute Liegenschaften, die durch Betreiber, an denen sie selbst beteiligt sind, gemanagt werden. Offene Immobilienfonds erwerben langfristig an bonitätsstarke Betreiber vermietete Objekte als risikoarme Beimischung in ihren Objektbestand. Das Verkaufs-Management erstreckt sich derzeit angesichts fehlender Bestandsobjekte im wesentlichen auf die Projektentwicklung. Auswahlkriterien sind: Objektlage, zukunftssichere Objektgestaltung, Flexibilität der Aufteilung, kreative Finanzierungen und die Auswahl entsprechender geeigneter Betreiber.

In absehbarer Zeit zeichnet sich der Übergang in eine Überproduktion ab, weshalb die Auswahlkriterien der potentiellen Erwerber kritischer ausfallen werden. Hotelimmobilien sind beliebte Erwerbsobjekte Offener und

Geschlossener Immobilienfonds. Die großen Hotelketten expandieren in Deutschland. Die 50 größten deutschen Hotelgesellschaften betrieben 1996 911 Hotels und damit 73 Häuser mehr als im Vorjahr (Untersuchung der NGZ vom Juli 1997). Ein Umsatz von über 7 Mrd. DM wurde erzielt. Gleichzeitig sank die Auslastung auf knapp unter 60 % – unter anderem eine Auswirkung der starken Expansion in Ostdeutschland. Immobilienwirtschaftlich geht von einem Hotel ein fast exotischer Charme aus: Objektiv erbringt ein Hotel eine um 1–2 Prozentpunkte höhere Rendite als ein vergleichsweises Bürohaus und kann im Idealfall mit langfristigen Mietverträgen national und international tätiger Hotelketten aufwarten und damit höhere Sicherheit bieten. Nachteile sind die eingeschränkte Drittverwendungsfähigkeit, der höhere technische Erhaltungsaufwand bzw. die erhöhten Kosten für technischen Ersatz sowie die oft nach oben starren Miet- bzw. Pachtkosten.

Das Verkaufs-Management erstreckt sich auch hier auf Projektentwicklung bzw. Projektaufbereitung gezielt akquirierter Standorte für entsprechende Sucher aus den Kreisen der nationalen und internationalen Hotelketten, die bereit und in der Lage sind, langfristige Mietverträge abzuschließen.

Die Akquisition geeigneter Standorte erfolgt über spezialisierte Makler, verkaufswillige Kommunen, Grundstücke aus dem Bereich von Bahn und Post. Erwerber sind (fast) alle institutionelle Kapialanleger, die aus Gründen der Renditeoptimierung Erwerbswünsche von ein bis zwei Hotels per anno formulieren.

Der größte Zukunftsbedarf geht von den sogenannten Freizeitimmobilien aus. Ein immer größerer Anteil des Volkseinkommens fließt in die Freizeit bzw. in Freizeiteinrichtungen, die im immobilienwirtschaftlichen Sinne von der Bowlingbahn bis zum Urban Entertainment Center (UEC) reichen, vom erlebnis- und freizeitorientierten Einkaufszentrum bis zum Multiplex-Kino mit und ohne zusätzlichen Einzelhandels- und Gastronomiebesatz. Freizeitimmobilien sind einleuchtende, noch junge Immobilienprodukte in Deutschland. Hauptauswahlkriterium ist deswegen neben der Objektlage (vor der „grünen Wiese" wird gewarnt) der Betreiber. Da die Multifunktionalität von Freizeitimmobilien, Multiplex-Kinos etc. stark eingeschränkt ist, kommt der Bonität und der Kompetenz des Mietvertragspartners die entscheidende Bedeutung zu. Bei Multiplex-Kinos ist eines der Auswahlkriterien, ob der mietvertragliche Partner beispielsweise selbst Produzent von Filmen, Videos etc. ist und insofern den Markt bestimmt oder nur der Abnehmer von Filmen ist und welche Bonitätsgarantien betreiberseits vorgelegt werden können. Angesichts der branchenüblichen Mietverträge zwischen 20 und 25 Jahren sind die diesbezüglichen Recherchen für ein verantwortungsbewußtes Verkaufs-Management ein unerläßlicher Arbeitsschritt. Freizeitimmobilien haben eine unwiderlegbare Zukunftschance und liegen im langfristigen gesellschaftlichen Trend. Sie sind die Immobilien, die eine deutlich erhöhte Rendite versprechen, sofern der Betreiber ausreichend Absicherungen bietet. Als Erwerber kommen deshalb insbesondere Immobilienfonds in Frage, die unter dem Konkurrenzdruck eine bessere Performance zeigen wollen.

Das Verkaufs-Management ist auch hier auf Projektaufbereitung bzw. Projektentwicklung angewiesen. Strategische Allianzen zwischen Nutzern, spezialisierten Immobiliendienstleistern und Endabnehmern zeichnen sich als logische Folge der aufgezeigten Marktentwicklung ab.

4. Verkaufs-Management für notleidende Immobilienengagements

Zu allen Zeiten hat es notleidende Engagements von Immobilienkrediten gegeben. Die Anzahl hat in den letzten Jahren sprunghaft zugenommen. Auslöser sind die allgemeine wirtschaftliche Entwicklung, insbesondere aber die ins Kraut geschossenen, steuerinduzierten Fehlproduktionen in Berlin und Ostdeutschland und die Tatsache, daß sich die kreditgewährenden Stellen häufig mit Developern und Projektentwicklern zu Projektgemeinschaften und Joint-ventures zusammengeschlossen haben. Die derzeitige Stille an der Verkaufsfront ist auf die historisch günstige Zinshöhe zurückzuführen und kann nicht darüber hinwegtäuschen, daß erhebliche Anstrengungen des Verkaufs-Managements für die geordnete Vermarktung notleidender oder kritischer Immobilienengagements anstehen. Das Verkaufs-Management erstreckt sich zunächt auf die Erfassung aller objektrelevanten Daten. Das ist oft leichter gesagt als getan. Den kreditgewährenden Stellen fehlt häufig der personelle Unterbau, um im Projektstadium oder in der Projektentwicklung steckengebliebene Liegenschaften verkaufsfähig aufzubereiten. Die Heranziehung zeitbegrenzter externer Hilfe erscheint in vielen Fällen sinnvoll bzw. unumgänglich. Eine anschließende immobilienwirtschaftliche Begutachtung muß die Entscheidung dafür liefern, ob und in welchem Umfang die Objekte im vorhandenen Zustand desinvestiert (und entsprechend wertberichtigt) oder gezielt und gegebenenfalls in Partnerschaft mit geeigneten Marktteilnehmern weiterentwickelt und dann der Verwertung zugeführt werden können. In vielen

Fällen ist ein radikales Umdenken hinsichtlich des ursprünglich angestrebten Nutzungszwecks erforderlich.

Sind Nutzungsumwandlungen allerdings möglich, sinnvoll und mit welchen Kosten erreichbar? In den meisten Fällen geht es um Schadensbegrenzung und realistischerweise nicht mehr um Gewinnerzielung. Das Verkaufs-Management hat diese Entscheidungsgrundlagen vorzubereiten, die Entscheidungen mitzutreffen, für die Durchführung mittels Vermietung und Verwertung zu sorgen und die strategische Aufgabe, durch eine geordnete Abgabe an den Markt ein plötzliches Überangebot – das niemandem dient – zu verhindern. In vielen Fällen fehlt es an den kreditgewährenden Stellen an der entsprechenden Personalstärke, um Vermietung und Verwertung sicherzustellen. Als Mittel der Wahl erfolgt die Abwägung, ob eine eigene Verkaufs- und Vermietungsmannschaft aufgebaut werden soll oder ob per Outsourcing und strategischer Allianz eine Partnerschaft mit geeigneten externen Vertriebs- und Vermietungsspezialisten eingegangen wird. Die kurz- und mittelfristig notwendigen Maßnahmen weisen auf den hohen Nutzen von strategischen Partnerschaften hin.

Verkaufs-Management von Gewerbeimmobilien

Robert S. Orr, Geschäftsführer, Jones Lang Wootton GmbH, Frankfurt am Main, unter Mitarbeit von Christoph Herle, Fabian Klein, Rainer Koepke, Marcus Lemli und Klaus Thomas

Inhalt

1.	Einführung	479
1.1	Notwendigkeit eines systematischen Verkaufs-Managements	479
1.2	Zielsetzung und Vorgehensweise	479
2.	Ablaufschema für die Vermarktung	479
2.1	Systematische Vorgehensweise für einen Objektverkauf	479
2.2	Akquisition und Objektprüfung	480
2.3	Objektaufbereitung	480
2.4	Festlegung der Marketingstrategie	481
2.5	Durchführung von Marketingmaßnahmen	481
2.6	Verkauf	481
3.	Besonderheiten beim Verkauf ausgewählter Immobilientypen	482
3.1	Büro- und Gewerbeparkinvestmentobjekte	482
3.2	Einzelhandelsimmobilien	484
3.3	Eigennutzerobjekte	488
3.4	Hotelimmobilien	491
3.5	Internationale Investments	495

1. Einführung

1.1 Notwendigkeit eines systematischen Verkaufs-Managements

Die Immobilienmärkte sind vor dem Hintergrund langsameren Wirtschaftswachstums und des ausgeprägten Strukturwandels zu sehen und gekennzeichnet durch eine zunehmende Komplexität. Investoren, Nutzer und Verkäufer sind immer mehr und mehr gehalten, ihre Immobilienstrategien zu optimieren und das Vermarktungsrisiko zu minimieren. Das erfordert erhöhten Beratungsbedarf. Insbesondere muß der Verkauf von Immobilien in bezug auf Vermarktungszeit und Verkaufspreiskonditionen optimiert werden. Eine zielgerichtete, systematische und marktorientierte Vorgehensweise für die Betreuung des Verkaufs einer Immobilie erhöht die Wahrscheinlichkeit, die gewünschten Verkaufsziele zu erreichen.

1.2 Zielsetzung und Vorgehensweise

Die Zielsetzung des Beitrages ist die Darstellung einer systematischen Vorgehensweise aus Sicht eines Immobilienberaters für die Vermarktung und den Verkauf von Gewerbeimmobilien unter Berücksichtigung der Besonderheiten ausgewählter Immobilientypen. Dazu werden zunächst allgemein für unterschiedliche Immobilientypen Phasen für den Verkauf beschrieben. Schließlich können anhand von Fallbeispielen die Besonderheiten beim Verkauf von klassischen Investmentprodukten, Einzelhandelsobjekten, Eigennutzerobjekten, Grundstücken und Entwicklungsprojekten, Hotels und die Besonderheiten des internationalen Investments erläutert werden.

2. Ablaufschema für die Vermarktung

2.1 Systematische Vorgehensweise für einen Objektverkauf

Bei steigenden Anforderungen an den Verkaufserfolg von Immobilien ist eine konzeptionelle Vorgehensweise für deren Verkauf gefordert. Durch die systematische Vorbereitung des Verkaufs und Bearbeitung der einzelnen Schritte kann eine intensive Vermarktung erreicht werden. Trotz der Verschiedenartigkeit unterschiedlicher Immobilientypen und der jeweiligen Vorgehensweisen beim Verkauf ist ein gleichartiges Grundgerüst für die Vermarktung zu identifizieren.

2.2 Akquisition und Objektprüfung

In dieser ersten Phase gilt es, Objekte für den Verkauf zu akquirieren und zu prüfen, inwieweit sie sich für einen Verkauf eignen. Erste Informationen zur Lage, Grundstücks- und Gebäudegröße sowie zu der Vermietungssituation der Liegenschaft werden gesammelt. Eine Besichtigung vor Ort verbessert den ersten Eindruck weiterhin. Als Berater empfiehlt es sich ebenfalls zu untersuchen, ob durch Verkaufsbemühungen für diese Liegenschaft Interessenkonflikte entstehen können. Diese mögen beispielsweise dadurch aufkommen, daß man als Berater für den Verkauf zweier Liegenschaften von unterschiedlichen Auftraggebern genommen wird, diese sich aber im selben Marktsegment befinden und somit in direkter Konkurrenz zueinander stehen.

Anhand der gewonnenen Informationen ist eine Kaufpreiseinschätzung vorzunehmen. Diese ist mit den Vorstellungen des Verkäufers abzugleichen. Sollten die beiden Sichtweisen voneinander abweichen, ist eine Diskussion der Hintergründe für die Verkaufspreisvorstellung und der Kaufpreiseinschätzung notwendig, um eine gemeinsame Basis für die Zusammenarbeit zwischen Berater und Verkäufer zu schaffen. Schließlich steht am Ende dieser Phase die Entscheidung über Annahme oder Ablehnung eines Verkaufsauftrages. Im Falle einer Annahme gilt es diesen Verkaufsauftrag vertraglich zu sichern.

2.3 Objektaufbereitung

Die intensive und umfassende Objektaufbereitung ist Voraussetzung für die klare Erarbeitung einer Marketingstrategie und der Marketingunterlagen. Hierzu ist es notwendig, möglichst vollständige Informationen und Unterlagen sowie Pläne zu der Liegenschaft zu sammeln, insbesondere aus den Bereichen:

- Mikro- und Makrolage,
- Grundstücksdaten,
- baurechtliche Situation,
- Bau- und Gebäudedaten,
- Vermietungssituation.

2.4 Festlegung der Marketingstrategie

In dieser konzeptionellen Phase wird die Marketingstrategie bzw. werden die Strategiealternativen festgelegt. Dies umfaßt in einem ersten Schritt die Überlegungen über Verwertungsalternativen der Liegenschaft, ob etwa ein Verkauf als Gesamtheit, eine Parzellierung oder möglicherweise eine Umnutzung die beste Verwertungsmöglichkeit darstellt. Mit diesen Überlegungen einher geht die Frage, wer als Käufergruppe für die Liegenschaft in Frage kommt. Man sollte diese Zielgruppen möglichst klar definieren, um die Vermarktung zielgerichtet durchführen zu können. Die Herausarbeitung eines klaren Produktprofils und die Differenzierung gegenüber anderen Immobilienangeboten ist hier ebenso zentral für einen klaren Marktauftritt.

Sind Zielgruppen identifiziert, wird man die Erreichbarkeit der potentiellen Käufer untersuchen und danach die Kommunikationsmittel wählen. Die verschiedenen Marketingmittel (Preis-, Kommunikations- und Produktpolitik) sind festzulegen und aufeinander schlüssig abzustimmen. Schließlich sind Marketingunterlagen wie Verkaufsexposés, Broschüren, Verkaufshinweise zu erstellen.

2.5 Durchführung von Marketingmaßnahmen

Die vorher im Zuge der Strategiefindung festgelegten Marketingmaßnahmen müssen in dieser Vermarktungsphase durchgeführt werden. Über unterschiedliche Kommunikationsmittel – wie Zeitungswerbung, Events, Direct Mailings von Angeboten oder telefonischen Direktkontakt – wird das Angebot möglichen Kaufinteressenten präsentiert. Entscheidend ist in dieser Phase, die Rückläufe der Kommunikationsmaßnahmen genau zu verfolgen und gegebenenfalls Kontakte zu wiederholen. Interessenten werden weitere Informationen zur Verfügung gestellt und Besichtigungen mit Kaufinteressenten durchgeführt.

2.6 Verkauf

Dieser Abschnitt umfaßt die konkreten Verkaufsgespräche und -verhandlungen, die möglicherweise mit Beteiligung der Verkäuferseite geführt werden. Nach Einigung über die Eckdaten eines möglichen Verkaufs finden mit Beteiligung des Beraters und gegebenfalls weiterer Rechts- bzw. Steuerberater detaillierte Verkaufsverhandlungen statt. Zielsetzung ist der Abschluß eines Kaufvertrages. Dieses Ablaufschema ist nicht als Einbahnstraße zu sehen, sondern ist gekennzeichnet von Rückkopplungen der einzelnen Phasen mit vorherigen Schritten. Sollten etwa Informationen in bestimmten Bereichen fehlen oder führen Verkaufsverhandlungen nicht zum Erfolg, muß oftmals mit den weiteren Verkaufsbemühungen wieder in vorherigen Phasen angesetzt werden, und neue Interessenten sind zu gewinnen.

3. Besonderheiten beim Verkauf ausgewählter Immobilientypen

3.1 Büro- und Gewerbeparkinvestmentobjekte

- *Akquisition und Objektprüfung.* Investmentobjekte sind in der Regel vermietete Objekte bzw. Objekte, die für die Vermietung vorgesehen sind und in erster Linie von institutionellen Investoren als ertragbringende Anlagemöglichkeit nachgefragt werden. Die Beschaffung und Akquisition geeigneter Immobilieninvestments erfordern daher eine große Erfahrung im Bereich gewerblicher Immobilien sowie eine ausführliche Prüfung aller für einen möglichen Investor relevanten Punkte.

Hierzu zählen zum einen die Einschätzung der Flächeneffizienz und -flexibilität sowie der Zustand der Immobilie selbst. Weiterhin ist selbstverständlich die Qualität der Mietverträge in bezug auf die Laufzeit, die Bonität der Mieter, das Verhältnis zur Marktmiete sowie die Frage nach einer Indexierung der Miete von großer Bedeutung. Der Erfolg eines Investments basiert letztendlich auf der Vermietbarkeit der Flächen, so daß man die Tätigkeit eines Immobilienberaters im Investmentgeschäft häufig als das „Verkaufen von Mietverträgen" bezeichnen kann. Die Preisfindung erfolgt dann auf Basis der langjährigen Erfahrung der Investmentberater. Zusätzlich besteht die Möglichkeit, über die Valuationsabteilung eine formelle Bewertung nach den internationalen Bewertungsstandards durchzuführen.

Ohne Zweifel, ein Erfolgsfaktor ist die Kunst, sich bei der Auftragsannahme auf verkaufbare Investments zu begrenzen. Somit können Ressourcen effektiv eingesetzt werden, und der Berater verschafft sich im Markt eine Vertrauensbasis. Bei solchen Produkten handelt es sich insbesondere um Bürohäuser, Lager- und Gewerbeparks, Einzelhandelsimmobilien und Hotels, aber auch um Betreiber- und Freizeitimmobilien.

- *Objektaufbereitung.* Die für die Objektprüfung in der Regel bereits vorab ermittelten Informationen fließen in die Objektaufbereitung ein. Für die in der Regel sehr professionellen Kunden werden alle relevanten Informationen nach einem Ankaufprüfungsschema in einem Exposé umgesetzt. Neben den mietvertragsrelevanten Daten sowie allgemeinen Informationen zum Standort und zum Objekt wird insbesondere geprüft, inwieweit wertbeeinflussende Umstände zu berücksichtigen sind. Dies könnten etwa Baulasten, Dienstbarkeiten, Sonderkündigungsrechte in den Mietverträgen sowie die Nichterfüllung des Schriftformerfordernisses bei den Mietverträgen, Reparaturrückstau und Altlasten sein.
- *Zielgruppendefinition und Marketingstrategie.* Zielgruppen sind institutionelle Investoren sowie Privatinvestoren. Unter den institutionellen Investoren spielen zur Zeit die Offenen Immobilienfonds die größte Rolle. Diese haben innerhalb der letzten fünf Jahre Netto-Mittelzuflüsse von insgesamt 50 Mrd. zu verzeichnen gehabt, die in der Regel nur gewerblich in Büros und Einzelhandelsobjekte, aber zum Teil auch in Hotels, Gewerbeparks, Lager- und Distributionsobjekte sowie Betreiberimmobilien investiert werden. Weitere Anleger auf dem Sektor der institutionellen Investoren sind Versicherungen, Versorgungswerke und Pensionskassen. Der wesentliche Unterschied zu den Offenen Immobilienfonds liegt in der Tatsache, daß beispielsweise bei den großen Versicherungsgesellschaften in der Regel nur etwa 5 % des Gesamtvermögens in Immobilien investiert werden. Ausländische institutionelle Investoren haben in den vergangenen Jahren in Deutschland meist die Verkäuferseite vertreten. Nur in seltenen Fällen kam es innerhalb der letzten Zeit zu Ankäufen durch diese Zielgruppe.

  Bei den Privatinvestoren wird zwischen direkter und indirekter Investition unterschieden. Als die wichtigste Gruppe gelten hier die professionellen Privatinvestoren, die zum Teil Größenordnungen von mehreren hundert Millionen DM Objektvolumen repräsentierten. Noch immer ist hier ein beachtliches Immobilienvermögen konzentriert, und zum Teil werden auch Objekte in Konkurrenz zu den institutionellen Investoren geprüft und auch erworben.

  Bei den indirekten Privatinvestoren stehen insbesondere die Zeichner Geschlossener Immobilienfonds im Vordergrund, die jedoch im Gegensatz zu den Anteilseignern der Offenen Immobilienfonds oftmals steuerorientiert handeln und insbesondere in den neuen Bundesländern für das heutige Überangebot mitverantwortlich sind.
- *Marketingmaßnahmen.* Der Investmentmarkt ist ein nach außen ruhiges Geschäft, in dem selten Werbung in der Zeitung für zu verkaufende Ob-

jekte gemacht wird und so gut wie nie Schilder mit Verkaufshinweisen verwendet werden. Durch die ständige Kundenpflege und den Kontakt zu den potentiellen Käufern besteht eine sehr gute Kundenbeziehung, so daß im Falle eines möglichen Investments die direkte Kundenansprache erfolgt. Da diese Kunden ein regelmäßiges Anlageinteresse haben, sollte der Berater in der Lage sein, sehr präzise die in Frage kommenden Investoren für das jeweilige Produkt zu benennen und die Transaktion durchzuführen.
- *Verkaufsgespräch und -verhandlungen.* Auf Basis der vorab ausführlich recherchierten Informationen und Unterlagen sowie der Aufbereitung der Verkaufsunterlagen wird versucht, im Rahmen eines persönlichen Gespräches oder einer Besichtigung den Kunden von der Vorteilhaftigkeit des Investments zu überzeugen. Die im Gegensatz zu den Nutzern oft sehr professionellen Kunden sind jedoch in der Lage, aufgrund von schriftlichen Informationen die Vorteilhaftigkeit eines möglichen Investments sehr präzise einzuschätzen, so daß konkrete Verhandlungen oft erst nach einer Vorsondierung der Verkaufsmöglichkeiten stattfinden.

Die Aufgabe des Beraters ist nicht nur die Suche nach den Kunden, die sehr oft auch dem Verkäufer zumindest namentlich bekannt sind, sondern vielmehr die Betreuung der Durchführung der gesamten Transaktion und der damit verbundenen Aufgaben- und Hilfestellungen. Die Beauftragung eines professionellen Beraters mit einem Alleinverkaufsauftrag gewährt die Erkenntnis bei den potentiellen Investoren, daß die jeweiligen Mitbewerber auf dieselbe professionelle Art und Weise über das Objekt informiert werden und somit nur mit einer für den Verkäufer realistischen Preisvorstellung ein Objekt zum Ankauf akquiriert werden kann.

3.2 Einzelhandelsimmobilien

- *Akquisition und Objektprüfung.* Die Akquisition von Einzelhandelsimmobilien als Verkaufsobjekte ist – im Vergleich zu Büro- bzw. Gewerbeparkimmobilien – eine besonders schwierige und komplizierte Aufgabe. Die Eigentumsverhältnisse sind hier oftmals sehr schwierig. Vor allem bei klassischen Geschäftshäusern in Fußgängerzonen besteht eine starke Dominanz einer Vielzahl von unterschiedlichsten Privatinvestoren. Diese Privatinvestoren agieren im Markt meistens sehr diskret mit der Unterstützung eines sehr kleinen Kreises vertrauter Berater bzw. Makler. Konkrete Informationen über Objektbestände der Privatinvestoren werden kaum veröffentlicht. Das führt insgesamt zu einer großen Intransparenz in

diesem Marktsegment. Das Spektrum der privaten Geschäftshausinvestoren reicht etwa von einer Erbengemeinschaft, der vielleicht eine kleine Einzelhandelsimmobilie in einer Kleinstadtfußgängerzone (Durchschnittswert 3–5 Mio. DM) gehört, bis hin zu einem professionell operierenden großen Privatinvestor, der bis zu 600 solcher Geschäftshäuser bundesweit mit einem Gesamtwert von mehreren Milliarden besitzt.
Bei SB-Märkten, Baumärkten und Fachmärkten ist die Eigentümerstruktur ebenfalls stark von Privatinvestoren geprägt. Der Anteil der institutionellen Eigentümer hat in den letzten Jahren durch den verstärkten Erwerb dieser Objekte durch Geschlossene und Offene Immobilienfonds sowie Versicherungsunternehmen deutlich zugenommen. Das Marktsegment „größerer regionaler und innerstädtischer Einkaufszentren" wird von institutionellen Investoren sowie einer überschaubaren Anzahl vermögender Privatinvestoren, die sich darauf spezialisiert haben, dominiert. Insofern ist die Eigentümerstruktur in diesem Marktsegment relativ transparent und leicht zu identifizieren. Allein durch die Investitionsgrößenordnung dieser Einkaufszentren (oft von 100 Mio. DM aufwärts) wird der Kreis der in Frage kommenden Kapitalgeber stark begrenzt. Deshalb sind häufig zwei oder mehr Investoren an Einkaufszentren beteiligt.
Bei der Akquisition und Prüfung von Einzelhandelsimmobilien, die für einen Verkauf vorgesehen sind, ist es von größter Bedeutung, daß der Eigentümer darauf vertraut, daß der in Frage kommende Berater bzw. Makler ein hohes Maß an Kompetenz im Einzelhandelsimmobilienbereich besitzt.
In der Objektprüfungsphase wird beim Shopping-Center zunächst das Konzept unter die Lupe genommen – bei Geschäftshäusern eher der Zuschnitt und die Effizienz der einzelnen Ladeneinheiten. Die Mieterstruktur einer Einzelhandelsimmobilie ist zudem von entscheidender Bedeutung. Die Erfolgsfaktoren einer Einzelhandelsimmobilie sind vor allem:

- Lage,
- Mietermix,
- Mieterbonität,
- Umsatzzahlen pro Quadratmeter Verkaufsfläche,
- Umsatzmieten,
- Anteil der Festmiete am Gesamtumsatz,
- Mietvertragslaufzeit und -gestaltung,
- Marktgerechtigkeit der vertraglichen Miete.

Eine Einschätzung des Objektes wird möglicherweise unter verschiedenen Szenarien vorgenommen. Daraufhin wird eine Verkaufsempfehlung für den Eigentümer vorbereitet, die sowohl den realistisch zu erwartenden Nettoverkaufserlös als auch eine Kaufpreisforderung (Angebotspreis) beinhaltet.

- *Objektaufbereitung.* Da in der Regel Einzelhandelsimmobilien deutlich höhere Quadratmetermieten erwirtschaften als sonstige (z. B. bis zu 350 DM pro Quadratmeter und Monat in allerbester Innenstadtlage), ist die Analyse des nachhaltig erzielbaren Mietertragpotentials für einen Investor mit großen Risiken verbunden. Deshalb scheint ein möglichst umfangreiches und fundiertes Verkaufsexposé vor allem bei Einkaufszentren, aber auch bei Geschäftshäusern sehr wichtig.
  Die Exposés sollten neben einer Lage- bzw. Objekt-Konzeptbeschreibung idealerweise folgende Angaben beinhalten:

  - Objektfotos,
  - Konkurrenzanalyse,
  - Trader's Plan,
  - Kaufkraftanalyse,
  - detaillierte Mieterlisten mit den wichtigsten wirtschaftlichen Eckdaten des Mietvertrages,
  - Mietermix,
  - Beschreibung der einzelnen Mietparteien (Bonitätsüberblick),
  - farblich gekennzeichnete Grundrißpläne,
  - im Falle eines sehr komplizierten Einkaufszentrums gegebenenfalls auch eine Cash-flow-Analyse.

  Es ist oft sinnvoll, zunächst ein Kurzexposé vorzubereiten und darüber hinaus einen oder mehrere Ordner, die alle die oben beschriebenen Details beinhalten, separat bereitzustellen. Der suchende Investor möchte sich häufig so zunächst einen Überblick über die Immobilie verschaffen. Bei Bedarf können die detaillierten Unterlagenordner zur Verfügung gestellt werden.
  Für größere Einkaufszentren bzw. Portfolios von Geschäftshäusern kann es sinnvoll sein, in Zusammenarbeit mit Werbeagenturen aussagekräftige Broschüren mit entsprechenden Fotos zu gestalten. Solche Broschüren sind beispielsweise für ausländische Investoren oftmals sehr nützlich.

- *Zielgruppendefinition und Marketingstrategien.* Die Identifikation der Käuferzielgruppen ist für eine erfolgreiche Vermarktung sehr wichtig. Bei Einzelhandelsimmobilien kommen – je nach Art der Objekte – Investitionsgrößenordnungen bzw. Rendite-Profile unterschiedlicher Investorengruppen in Frage (vgl. Tab. 1):

Objektart	Investitionssumme in DM	Rendite-Profil (durchschnittlich)	Typische Käufergruppe
Überregionale Einkaufszentren	200.000.000 +	6,00 – 7,50 %	Offene Immobilienfonds, geschlossene Immobilienfonds, Versicherungen, Immobiliengesellschaften, ausländische Investoren
Regionale sowie innerstädtische Einkaufszentren	50.000.000 +	6,00 – 7,50 %	Wie oben zuzüglich einiger weniger vermögender Privatinvestoren
Fachmarktzentren	30.000.000 +	7,00 – 8,00 %	Wie oben
SB-Märkte, Baumärkte	3.000.000 – 30.000.000	7,50 – 9,00 %	Regionale Privatinvestoren, Geschlossene Immobilienfonds
Geschäftshäuser in Fußgängerzonen	3.000.000 – 40.000.000	5,00 – 6,50 %	Überwiegend Privatinvestoren

Tab. 1: Einzelhandelsimmobilien

Es ist sinnvoll, nicht nur die Käuferzielgruppen zu definieren, sondern für einzelne Interessenten innerhalb der Gruppe eine Art Prioritätenliste festzulegen, somit können etwa größere Einkaufszentren bzw. exklusive Geschäftshäuser der richtigen, begrenzten Käufergruppe vorgestellt werden, ohne daß eine breite Vermarktung stattfindet. Bei SB-Baumärkten und sonstigen Geschäftshäusern muß eine breitere Vermarktung durchgeführt werden, da die in Frage kommende Käuferschicht hier größer als sonst ausfällt.

- *Marketing-Maßnahmen.* Für eine besonders exklusive bzw. komplizierte Immobilie ist es empfehlenswert, persönliche Präsentationen bei den Kaufinteressenten vorzunehmen. Danach sollte dem Kaufinteressenten selbstverständlich ein ausführliches Verkaufsexposé ausgehändigt werden.
Weniger empfehlenswert ist es, bei größeren Einkaufszentren bzw. sehr hochpreisigen innerstädtischen Geschäftshäusern Anzeigen zu schalten, da dadurch meistens der erwünschte Hauch von Exklusivität verlorengeht. Bei Einzelhandelsimmobilien, für die eine breitere Schicht von Privatinvestoren als potentielle Käufer in Frage kommt, können dezente, gut durchdachte Anzeigen durchaus von Nutzen sein. Die Aufstellung von Verkaufsschildern ist auf keinen Fall empfehlenswert.
Die Besichtigung jeder Immobilie mit einem Kaufinteressenten ist eine entscheidende Phase bei der Vermarktung. Deshalb gilt hier die Regel: „Vorbereitung ist 90 % des Erfolges!" Diese trifft besonders bei Einkaufszentren zu, denn hier ist eine intensive vorherige Abstimmung mit dem Center-Manager notwendig. Der Center-Manager kennt die Vor- und Nachteile seines Objektes sehr gut und weiß durch seinen ständigen Kontakte zu Mietern und Mietinteressenten genau, wie das Center am besten verkauft werden kann. Besichtigungstermine sollten möglichst in den höchstfrequentierten Zeiten des Tages vereinbart werden, etwa in der Mittagszeit.
- *Verkaufsgespräche und Verhandlungen.* Hier gibt es keine wesentlichen Unterschiede zu sonstigen Investment-Verkaufsverhandlungen. Da der Erwerb von größeren Einkaufszentren häufig mit der Übernahme von Management-Gesellschaften, Parkhausbetreibergesellschaften und dergleichen zusammenhängt, kann es vorteilhaft sein, einen Rechts- bzw. Steuerberater zu involvieren, der sich ebenfalls in diesem Bereich auskennt.

3.3 Eigennutzerobjekte

- *Akquisition und Objektprüfung.* Eigennutzerobjekte sind Gewerbeimmobilien, die von einem Kapitalgeber für ihn selbst errichtet wurden, vorwiegend sind das Gebäude für Produktion und Lagerung – verbunden mit Büros. Ein Eigennutzer baut so, daß sich seine betrieblichen Vorgänge im Gebäude widerspiegeln. Mit der Zeit ändern sich diese möglicherweise, so daß Anpassungen am Gebäude notwendig werden. Hieraus haben sich die typischen Industrieimmobilien entwickelt, die mit Anbauten und Erweiterungen jahrzehntelang organisch gewachsen sind und heute mit der grundlegenden Veränderung der betrieblichen Strukturen obsolet werden. Die Suche nach einem geeigneten Nachnutzer gestaltet sich schwierig. Viele ältere Objekte können nur noch zum Grundstückswert abzüglich Abrißkosten veräußert werden. Besser für einen Nachnutzer geeignet sind relativ neuwertige Objekte, die heutigen Anforderungen entsprechen, zum Beispiel Lagerflächen mit 6 bis 8 Metern Höhe mit guter Rampenandienung für Lkws sowie helle Produktionsflächen mit modernen Büros. Diese multifunktionellen Gebäude – eben keine Einzweckanlagen – finden durchschnittlich innerhalb eines Jahres nach Vermarktungsbeginn einen Nachnutzer.

Bei der Akquisition dieser Objekte ist ein Alleinverkaufsauftrag mit Honorierung durch den Verkäufer anzustreben. Voraussetzung ist, daß komplette Informationen zum Objekt vorliegen bzw. erhältlich sind und der Preis vom Verkäufer realistisch eingeschätzt wird. Eine erste Preiseinschätzung wird auf Ertragswertbasis errechnet, beispielsweise die erzielbare jährliche Miete mal Faktor neun bis elf.

Bei der Preisfindung vergleicht der Eigennutzer den Ankauf mit einer Anmietungsalternative und orientiert sich deshalb an der Sichtweise eines möglichen Investors, der als Käufer auftreten würde, um die Immobilie dann zu vermieten. Denkbar ist ebenfalls, daß der Nutzer nicht Käufer, sondern Mieter wird, und ein Investor gefunden werden muß, der bei Immobilien mit hohem Lager- und Produktionsanteil zumindest eine Rendite von 8,5 % bis 9,5 % fordert. Die Entscheidung über die Annahme eines Verkaufsauftrages fällt, wenn folgende wichtige Bedingungen erfüllt sind. Das Objekt:

- ist eine moderne, multifunktionale Immobilie in einem aktiven Markt,
- hat einen realistischen Preis
- und bietet Möglichkeit zur Schaffung eines Verkaufsszenarios mit verschiedenen potentiellen Käufern und Mietern.

- *Objektaufbereitung.* Die Erstellung eines ausführlichen Exposés setzt folgende Unterlagen voraus: Grundrißpläne, Schnitte, Flächenberechnung, Katasterauszug mit Lageplan, Grundbuchauszug, Baupläne, Baubeschreibung, Baulastenverzeichnis, bestehende Miet- oder Pachtverträge sowie Fotos. Weitere Unterlagen werden je nach Bedarf, je nach Anforderungen und Informationsbedürfnis der potentiellen Käufer zusammengestellt.
- *Zielgruppendefinition und Marketingstrategien.* Die Zielgruppe für Eigennutzerobjekte ist in zwei Hauptgruppen zu unterteilen. Zum einen sind es Nutzer, die für ihren eigenen Bedarf ein Objekt erwerben, und zum ande-

ren sind es Investoren, die das Objekt kaufen, um es an Nutzer zu vermieten. In Abgrenzung zu dem Verkauf von Entwicklungsobjekten tritt der Erwerber hier als reiner Investor auf, ohne den Nutzungscharakter des Gebäudes zu verändern. Der Kreis dieser Investoren für Eigennutzerimmobilien ist relativ klein und im wesentlichen nur über direkte Kontakte zu erreichen.

Bereits bei der Annahme des Verkaufsauftrages muß klar sein, welche Eigennutzer-Zielgruppen angesprochen werden sollen und welche Marketingstrategie verfolgt wird. Die Zielgruppen für eine freiwerdende Eigennutzer-Immobilie sind: Nachbarn, Unternehmen vor Ort, Betriebe derselben oder einer artverwandten Branche und – bei entsprechender Objektgröße – die Top-500-Industrieunternehmen und Top-100-Speditionen. Da es sich in der Regel um spezifische Eigennutzer-Immobilien handelt, müssen Unternehmen gefunden werden, die ein ähnliches Anforderungsprofil wie der ursprüngliche Bauherr aufweisen.

- *Marketingmaßnahmen.* Die Gestaltung der Vermarktungsunterlagen ist auf die jeweilig anzusprechenden Zielgruppen abzustimmen. Oft werden für die Gestaltung der Marketingmittel Werbeagenturen hinzugezogen. Eine vier- bis zehnseitige Broschüre wird mit einem Begleitschreiben und Faxantwortbogen an die Ansprechpartner in den Zielgruppen, die für die Nutzung der Liegenschaft geeignet erscheinen, gemailt. Auf diese Art werden oft Tausende von Unternehmen mit diesem speziellen Angebot angesprochen. Spezialisten aus den unternehmensinternen Call-Centern telefonieren diesen Mailing-Aktionen zeitgerecht nach. Die positiven Gesprächsergebnisse werden vom jeweiligen Objektbetreuer oder Objektspezialisten bearbeitet. Ziel ist es dabei, gemeinsam mit den Interessenten festzustellen, inwieweit der Bedarf des Nutzers in der Liegenschaft dargestellt werden kann, gegebenenfalls einen Besichtigungstermin zu vereinbaren.

Ebenfalls werden die Wirtschaftsförderungen vor Ort informiert und gegebenenfalls andere Makler. Der Verkaufshinweis wird am Gebäude montiert und Zeitungsanzeigen geschaltet. Nach Beginn der Vermarktung sollten die Maßnahmen vollständig und intensiv durchgeführt werden.

Besichtigungen finden mit Interessenten statt, die nach dem Lesen des Exposés das Objekt für ihren Bedarf grundsätzlich für geeignet halten. In der Regel sind viele Besichtigungen und Verhandlungen notwendig, bis sich erste geeignete Kunden für ein Verkaufsobjekt finden. In den nächsten Schritten werden mit Spezialisten und Technikern vertiefende Besichtigungen durchgeführt. Erst nach der Objektprüfung kann ein Interessent sein deutliches Interesse, verbunden mit einem Preisangebot, äußern.

- *Verkaufsgespräche und Verhandlungen.* Verkaufsgespräche und Verhandlungen können sehr langwierig sein. Dies hängt sehr stark mit der Altlastenfrage sowie mit der Klärung des Übergabezustandes des Objektes zusammen. Denn eine der ersten Fragen nach der Prüfung der grundsätzlichen Eignung für den Nachnutzer ist die nach eventuellen Altlasten. Daher sollte, um den Kaufvertragsabschluß nicht unnötig zu verzögern, bereits im Vorfeld eine historische Untersuchung und gegebenenfalls ein Altlastengutachten erstellt werden. Ohne Klärung dieser Thematik wird heute kein Industriegrundstück mehr verkauft. Unbedenklich sind im allgemeinen Gebäude in neuen Gewerbegebieten auf ehemaligen landwirtschaftlich genutzten Flächen, sofern von dem Betrieb keine Umweltbelastung ausging. Die eventuelle Reinigung der übergebenen Bauten und der Abbau vorhandener Maschinen oder technischer Einbauten werden im Vertrag geregelt.

  Ideal für einen raschen Kaufvertragsabschluß ist ein Szenario mit verschiedenen Kauf-, Mietinteressenten und Investoren. Die Interessenten werden vom Interesse anderer potentieller Käufer informiert. Wichtig ist es hierbei, nur zutreffende und nachprüfbare Informationen weiterzugeben und eine Vertrauensbasis herzustellen. Firmen vor Ort oder aus derselben Branche kennen sich häufig.

  Ziel der Verkaufsgespräche und Verhandlungen ist ein Kaufvertragsabschluß zu einem bestmöglichen und fairen Kaufpreis unter Berücksichtigung von Nebenbedingungen (Räumungszeitpunkt, Rückanmietung, Modalitäten der eventuellen Sanierung, Zahlung des Kaufpreises u. a.). Bei einem Ankauf durch einen Investor ist das Vorliegen eines Mietvertrages meistens Voraussetzung für den Ankauf. Ein Investor muß gegebenenfalls bereit sein, weitere Investitionen zu tätigen, um das Gebäude den Nutzeranforderungen anzupassen.

3.4 Hotelimmobilien

- *Akquisition und Objektprüfung.* Kaum ein Immobilienbereich ist auf Eigentümer- und Betreiberseite so international strukturiert wie die Hotellerie. Zahlreiche Hotelgesellschaften betreiben ihre Häuser weltweit, wie die Inter-Continental- oder Holiday-Inn-Kette, und nicht selten besitzen Eigentümer eines Hotels in den Vereinigten Staaten auch anderswo auf der Welt ein solches. Auch wenn laut World Tourism Organisation die Hotel- und Tourismusindustrie im 21. Jahrhundert der größte Arbeitgeber der Welt sein wird, ist der Kreis der Eigentümer und Betreiber von

Hotels im Vergleich dazu sehr klein. Daher ist es von besonderer Bedeutung, diese Eigentümerkreise genau zu kennen und deren absolutes Vertrauen zu genießen sowie deren Marktkenntnis und Professionalität zu nutzen. Bei der Akquisition von Objekten sind professionell durchgeführte Bewertungs- und Beratungsaufträge sowie erfolgreiche Transaktionen, wie sie das Regent Hotel in London oder das Plaza in New York aufweisen, und eine Kundenliste, die z. B. bekannte Privatinvestoren, Hotelgesellschaften und Institutionen umfaßt, die Hauptwerkzeuge im Akquisitionsprozeß der Hotelabteilung. Häufig wird auch mit der Unterstützung eines lokalen Büros eine Präsentation vorbereitet. Da Hotels auf internationaler Basis vermarktet werden, der Verkaufsprozeß zirka neun bis zwölf Monate ab Beauftragung in Anspruch nimmt und ein koordiniertes Marketing erforderlich ist, handelt z. B. JLW Hotels generell im weltweiten Alleinauftrag.

Am Anfang eines Verkaufsauftrages steht die Prüfung potentieller Interessenkonflikte, die bei Hotelimmobilien, die auf internationaler Basis operieren wollen, durchgeführt werden muß. Dies beruht auf der Tatsache, daß potentielle Konflikte nicht nur auf der Ebene der spezifischen Immobilie, sondern auch in bezug auf die Betreibergesellschaft gesehen werden müssen. Diese ist oftmals auf regionaler, wenn nicht sogar auf internationaler Basis tätig.

Im allgemeinen kann man bei Hotelverkäufen zwei Kategorien unterscheiden: erstens den Verkauf eines Hotelinvestments, d. h. Betreiber und Eigentümer sind voneinander unabhängige Gesellschaften (Investmentverkauf), und zweitens den Verkauf einer Eigennutzerimmobilie.

Abhängig von der Art des Verkaufes werden unterschiedliche Preiseinschätzungsverfahren angewendet. Bei einem Investmentverkauf wird ein möglicher Verkaufspreis nach klassischen Investment-Bewertungsmethoden errechnet. Und beim Verkauf einer Eigennutzerimmobilie arbeitet man am besten mit der diskontierten Cash-flow-Methode. Vor einer solchen Preiseinschätzung sollte aber immer eine detaillierte Besichtigung des Objektes sowie eine Untersuchung des lokalen Hotelmarktes durchgeführt werden. Der offene Marktwert einer Hotelimmobilie wird maßgeblich durch den Cash-flow des Betriebes beeinflußt. Daher ist es besonders wichtig, Angebot und Nachfrage nach Hotelzimmern in der Vergangenheit sowie das zukünftige Angebot und die voraussichtliche Nachfrageentwicklung in dem betreffenden Marktsegment zu untersuchen. Diese Erkenntnisse geben Aufschluß über den zukünftig erzielbaren Umsatz und Gewinn des Hotelbetriebes. Auf den erzielten Cash-flow vor Abschreibung, Zinsen und Kapitalrücklagen, der nach dem „Uniform System of Accounts for Hotels" (allgemein anerkanntes, einheitliches Buchführungssystem für Hotels) berechnet wird, wird ein Vervielfältiger angewendet. Dieser setzt sich aus der Kenntnis von aktuellen Renditeerwartungen, Besonderheiten im Betreibervertrag, vergleichbaren Hoteltransaktionen und Besonderheiten der Immobilie zusammen. Die diskontierte Cashflow-Methode ist eine international anerkannte Bewertungsmethode für Hotels, und sie gewährleistet, daß bei Transaktionen Verkäufer, Käufer und Berater dieselbe Sprache sprechen.

- *Objektaufbereitung.* Falls die Immobilie mit einem Mietvertrag veräußert wird, ist die Objektaufbereitung der eines Büroinvestment-Objektes sehr ähnlich. Wenn das Hotel allerdings mit einem Management-Vertrag bzw. betreiberfrei verkauft werden soll, sind die notwendigen Informationen für den Objektordner umfangreicher. Neben den üblichen Details zur Immobilie müssen Informationen wie solche über zu übernehmende Versicherungen (Betriebsunterbrechung, Feuer), Leasingverträge (PKWs, Computer, Telefonanlage), Lizenzen und Konzessionen (Schankerlaubnis, Gesundheitszeugnis, Feuerwehrberichte), Personalverträge (§ 613 BGB) und vor allem über den Geschäftsverlauf der vergangenen drei bis fünf Jahre sowie die Finanz- und Marketingbudgets und Prognosen für die kommenden drei Jahre beigefügt werden. Hinzu kommen Budgets für geplante Investitionen, die nicht aus dem normalen Cash-flow des Hotels bezahlt werden, wie etwa strukturelle Veränderungen, eine neue Klimaanlage oder ähnliches.

  Diese Informationen werden in einem oder mehreren Ordnern für interessierte Investoren bereitgehalten und nach Unterzeichnung einer Vertraulichkeitserklärung herausgegeben. Häufig wird dieses umfangreiche Informationspaket in kleinere Einheiten unterteilt. Bei erstem Interesse sind Verträge, Grundbuchauszüge, Geschäftszahlen und Budgets herauszugeben. Besonders vertrauliche Informationen wie Personalverträge, Steuerbescheide und Gesellschafterverträge sollte man erst zu einem späteren Zeitpunkt versenden, wenn von einem nachhaltigen Interesse des Investors ausgegangen werden kann.

- *Zielgruppendefinition und Marketingstrategien.* Die Zielgruppendefinition ergibt sich bei Hotelimmobilien häufig bereits im Vorfeld, wenn eine Preiseinschätzung des Objektes durchgeführt wird. Bei der Bewertung des offenen Marktwertes wird versucht, sich in die Lage eines potentiellen Käufers zu versetzen und dessen Erwartungen nachzuvollziehen. Darüber hinaus werden durch Rücksprache mit internationalen Kollegen in Frankfurt, London, New York, Singapur und Sydney weitere mögliche Zielgruppen definiert. Bei einem betreiberfreien Verkauf sind nationale sowie internationale Hotelgesellschaften eine der offensichtlichen Zielgruppen. Ebenso sind zumindest dem Namen nach viele passive Hoteleigentümer bekannt wie Prince Al-Waleed (Teilhaber Four Seasons Hotels, George V. in Paris), Dr. Oetker (Brenner's Park Hotel in Baden-Baden, Hotel Bristol in Paris u. a.), Fundus Fonds (Hotel Adlon in Berlin, Quellenhof in Aachen). Allerdings ist es gerade bei Privatpersonen wichtig, den persönlichen Kontakt zu der Person selbst oder zu seinem direkten Beauftragten zu bekommen.

Hotels sind mit sehr viel Emotionen verbunden, da es sich um eine Immobilie handelt, die 365 Tage im Jahr, 24 Stunden am Tag in Betrieb ist und auch dem Eigentümer zur Nutzung zur Verfügung steht, obwohl er das Haus vielleicht vermietet hat. Lage, Fassade, Einrichtung, Zimmeranzahl, Konferenz- oder Fitneßmöglichkeiten können die Kaufentscheidung beeinflussen. Je nach Größe des Hotels wird eine mehrfarbige Marketingbroschüre mit zirka 4 bis 16 Seiten erstellt. Diese enthält Hinweise zu der Art des Auftrags (Alleinauftrag, Investmentverkauf etc.), eine Beschreibung des Hotels (Größe, Lage etc.), einen Marktüberblick (Übernachtungszahlen in der Stadt, Belegungszahlen, erzielte Zimmerdurchschnittsraten, Planungseinschränkungen o. ä.) sowie Hinweise zu dem Geschäftsverlauf des Hotels und Fotos der öffentlichen Bereiche oder Hotelzimmer.

- *Marketingmaßnahmen.* Nachdem Broschüren in einer Auflage von zirka 600 bis 800 Stück gedruckt wurden, wird das Hotel einer begrenzten Anzahl von Investoren, die vorher mit dem Kunden abgestimmt wird, bei persönlichen Treffen vorgestellt. Hierbei sind den möglichen Entfernungen keine Grenzen gesetzt. Die verbleibenden Broschüren werden an bekannte Hotelinvestoren sowie Büros von JLW versendet, da die Kollegen vom lokalen Investmentteam möglicherweise zusätzliche Interessenten kennen.

Besichtigungen von Hotelimmobilien durch Interessenten sind häufig mit einer Übernachtung und einem Essen im Restaurant verbunden, um das Produkt aus der Sicht des Gastes zu erleben. Die anschließende Besichtigung der nichtöffentlichen Bereiche ist jedoch viel entscheidender. Hier laufen alle Fäden, die über die Zufriedenheit des Gastes und somit den Erfolg des Hotels entscheiden – wie Küche, Weinkeller, Telefonzentrale, Heizung, Klimaanalage, Wasserversorgung etc. – zusammen. Häufig sind aber auch die Bereiche von Bedeutung, die bei laufenden Investitionen vernachlässigt werden, da sie nicht von dem Gast einzusehen sind.

Im Rahmen der Objektbesichtigung wird auch ein Gang zu den wichtigsten Mitbewerbern zwecks Produktvergleich durchgeführt. Als Berater des Verkäufers sollte man in der Lage sein, einen Überblick über die relevanten wirtschaftlichen (dadurch werden Übernachtungen generiert) und kulturellen Standortfaktoren der Stadt (Museen, Musicals, Theater) sowie den daraus resultierenden Gästemix des Hotels zu geben. Als Beispiel für die unterschiedlichen Strukturen und Abläufe in einem Hotelbetrieb sowie die speziellen Bedürfnisse und Erwartungen von Gästen sei ein Flughafenhotel (Sheraton Airport in Frankfurt) vergleichend einem traditionsreichen Stadthotel (Hotel Vier Jahreszeiten in Hamburg) oder einem Garni bzw. Budget Hotel (Holiday Inn Express Leipzig) gegenübergestellt.

- *Verkaufsgespräche und Verhandlungen.* Im allgemeinen unterscheiden sich Investment-Verkaufsverhandlungen bei einem Hotel nicht entscheidend von den Verkaufsverhandlungen bei anderen Gewerbeimmobilien. Es besteht meist ein langfristiger Mietvertrag, häufig zwanzig Jahre und mehr, und die Verhandlungspunkte konzentrieren sich auf Lage und Qualität des Gebäudes sowie auf die Bonität des Mieters.

Anders ist die Lage bei betreiberfreien Hotels oder bei Immobilien mit einem Management-Vertrag. Hier wird die langfristige Rendite für den Investor durch die zukünftige Nachfrage im Hotelmarkt an einem Standort bestimmt. Darüber hinaus wird der Goodwill bei einem Hotel (Hotelname, Reputation des Hauses etc.) immer mitverkauft. Diese Aspekte geben dem Käufer zahlreiche Argumentationsgrundlagen für Preisverhandlungen in die Hand, denen nur effektiv begegnet werden kann, wenn der Berater des Verkäufers den lokalen sowie den internationalen Hotelmarkt und seine aktuellen Begebenheiten sehr gut kennt.

Bei der Übernahme eines Hotels sind der notarielle Kaufvertragsabschluß und der tatsächliche Übergang des Betriebes häufig zeitlich voneinander getrennt. Dies beruht auf der Tatsache, daß der laufende Betrieb mit Kreditoren, Debitoren, Reservierungen, bestehenden Verträgen mit Reisebüros, Marketingvereinigungen etc. erst nach einer gewissen Übergangsphase übergeben werden kann. Käufer und Verkäufer müssen in dieser Phase sehr eng zusammenarbeiten, und der Berater steht auch jetzt dem Auftraggeber oftmals weiterhin beratend zur Seite (siehe dazu Abb. 1 auf der letzten Seite des Beitrags).

3.5 Internationale Investments

Ein altes chinesisches Sprichwort sagt sinngemäß: „Um etwas zu kaufen, muß man die Landessprache nicht sprechen, um etwas zu verkaufen schon."

In der jüngeren Vergangenheit waren deutsche Investoren im Ausland eher auf der Käufer- als auf der Verkäuferseite zu finden. Im Falle eines Verkaufsauftrags unterscheidet sich der grundsätzliche Weg nicht groß von dem, der in den vorhergehenden Abschnitten dargestellt wurde. Sicherlich: In den einzelnen Ländern müssen unterschiedliche rechtliche und wirtschaftliche Rahmenbedingungen berücksichtigt werden, der Weg zum Erfolg verläuft aber im wesentlichen analog dazu.

Auch herrschen an unterschiedlichen Orten Marktgepflogenheiten vor. In Großbritannien ist es zum Beispiel üblich, daß sowohl Verkäufer- als auch Käuferseite je von einem Berater vertreten werden und jede Seite ihren Berater honoriert (wobei die Provisionssätze in der Regel lediglich 1% betragen). Ansprechpartner für den Berater auf der Verkäuferseite ist dort oft nicht der eigentliche Erwerber, sondern eben wiederum dessen Berater.

Als vorteilhaft hat es sich daher erwiesen, auf der inländischen wie auf der ausländischen Seite über Mitarbeiter zu verfügen, die Verständigungs- und Verständnisprobleme zwischen dem deutschsprachigen Verkäufer und den ausländischen Kollegen überbrücken können. Auch wenn Englisch als internationale Sprache die Kommunikation grundsätzlich ermöglicht, heißt dies noch lange nicht, daß beide Seiten auch immer von derselben Sache sprechen müssen, wenn sie sich austauschen. Wichtig ist es somit auch, durch ein Verstehen der Mentalitäten und unterschiedlichen Vorkenntnisse bzw. Betrachtungsweisen einander zu begreifen.

Verkaufsaufträge von Kunden mit Objekten im Ausland werden entweder hier in Deutschland oder direkt von den Büros im Ausland akquiriert. Dies je nachdem, welche Kontakte zu den potentiellen Verkäufern bereits bestehen. Zu Eigentümern, die sich schon in größerem Umfang in dem jeweiligen Markt tätig zeigten, bestehen meist bereits gute Kontakte vor Ort. Bei Kunden, die wenig aktiv waren und vielleicht nur über ein, zwei Objekte in dem jeweiligen Markt verfügen, dient das deutsche Büro als erste Anlaufstelle. Dieses operiert entweder intern, um den Kontakt zu dem potentiellen Verkäufer aufzubauen, oder extern, wenn der Verkäufer selbst um Unterstützung bei dem Verkauf seiner Immobilie im Ausland nachfragt. Wichtig ist in beiden Fällen, daß man demonstrieren kann, neben dem internationalen Netzwerk auch über gute lokale Marktkenntnisse und Verbindungen zu verfügen, da die meisten Transaktionen zunächst im örtlichen Markt, d. h. mit lokalen Marktteilnehmern erfolgen.

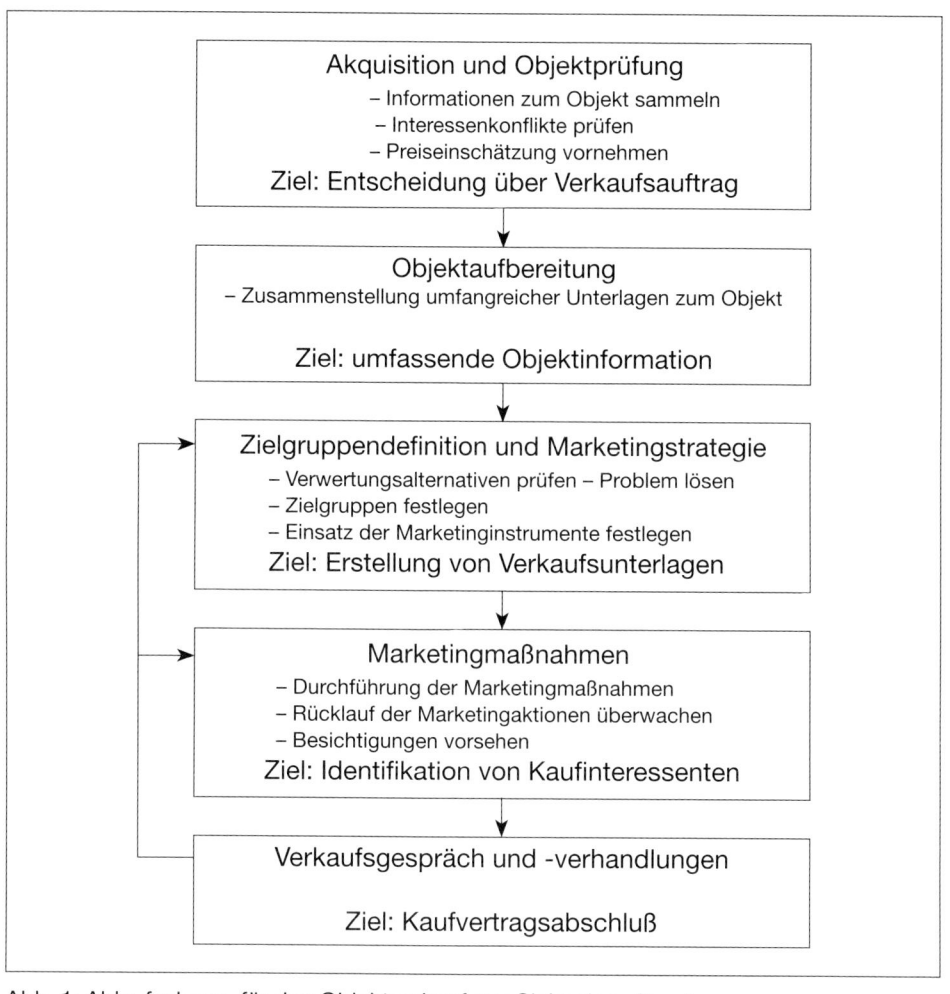

Abb. 1: Ablaufschema für den Objektverkauf aus Sicht eines Beraters

Vermiet-Management für Shopping-Center

Thomas Koerver, Dipl.-Kaufmann, geschäftsführender Gesellschafter, Brune Consulting GmbH, Düsseldorf

Inhalt

1.	Problemstellung	501
2.	Voraussetzungen	501
2.1	Standortanalyse	502
2.1.1	Makrostandort	502
2.1.2	Mikrostandort	502
3.	Branchenmix	503
3.1	Mieterprofil	505
4.	Architektonische Funktionalität	505
5.	Operative Funktionalität	506
6.	Mietvertrag	506
7.	Konditionen	507
8.	Vermietung und Marketing	509
8.1	Anforderungen an den Vermieter	510
8.2	Vermietung durch Eigentümer, Center-Management, Makler oder Berater	511
8.3	Flexibles Einhalten und Abändern der Vorgaben	512
9.	Vermiet-Management in bestehenden Shopping-Centern	514

10.	Zusammenfassung	515
11.	Literatur	516

1. Problemstellung

Shopping-Center oder Einkaufszentren sind Immobilien, deren Rendite nicht nur, wie bei anderen Objekten auch, von der Miete abhängt, sondern deren Miethöhe ganz unmittelbar von der Akzeptanz des Standorts beim Verbraucher und den daraus resultierenden Umsätzen im Shopping-Center bestimmt wird. An die Vermietung von Shopping-Centern und Einkaufsgalerien müssen daher gesonderte Anforderungen gestellt werden, da die Miete nicht nur unmittelbar vom Mieter, sondern mittelbar von dessen Kunden und den am Standort erzielten Umsätzen abhängt. Somit muß ein sehr viel komplexeres Anforderungsprofil an die Vermietung gestellt werden, als dies bei Wohn- oder Verwaltungsgebäuden der Fall ist.

Wenn die Gesetzmäßigkeiten und Anforderungen, die ein Shopping-Center in bezug auf Standort, Branchenmix, Ausrichtung und Struktur stellt, in der Vermietung nicht berücksichtigt werden, so ist nicht nur die Miete eines jeweiligen Mietvertrages gefährdet, sondern mittel- und langfristig der gesamte Standort und die Immobilie. Der kurzfristige Vermietungserfolg darf diesen langfristigen Zielen nicht untergeordnet werden. Bei jeder einzelnen Vermietungsentscheidung muß die komplexe Gesamtfunktion des Objektes Berücksichtigung finden. Die Vermietung muß mit spezifischen Instrumenten konsequent eine entsprechende Strategie verfolgen und umsetzen. Der Erfolg oder der Mißerfolg fast aller Shopping-Center und Einkaufsgalerien kann wesentlich durch die Qualität der Vermietung sowie der der Vermietung vorausgehenden Untersuchungen und Vorgaben erklärt werden.

2. Voraussetzungen

Die erfolgreiche Vermietung eines Einkaufszentrums setzt eine Reihe von Prämissen voraus, die jeder unmittelbaren Vermietungsaktivität vorgeschaltet erbracht werden müssen. Die im folgenden erläuterten Prämissen definieren wesentlich die Immobilie und den Mieter, der Ziel der Vermietungsaktivitäten werden soll und die Voraussetzung für den dauerhaft erfolgreichen Betrieb eines Einkaufszentrums darstellt.

2.1 Standortanalyse

Da ein Einkaufszentrum nicht losgelöst vom Markt entwickelt und betrieben werden darf, müssen zunächst in einer detaillierten Standortanalyse die Bedarfsfelder definiert werden, die aufgrund der standortspezifischen Gegebenheiten Aussicht auf dauerhaft wirtschaftliche Umsetzung bieten. Naturgemäß sind auch die Anforderungen an eine Standortanalyse abhängig von der Projektidee, d. h., daß die Analyseanforderungen an ein überregionales Einkaufszentrum mit mehr als 50.000 m² anderer Natur sind als die an ein Nahversorgungscenter mit 3.000 bis 8.000 m² Verkaufsfläche.

2.1.1 Makrostandort

Vor allen Dingen bei der Entwicklung größerer Einkaufszentren mit mehr als 12.000 m² Verkaufsfläche sollte eine genaue Erhebung des Makrostandortes vorausgeschickt werden. Hierbei wird ein potentielles Einzugsgebiet in bezug auf qualitative und quantitative, demographische Daten definiert, d. h., es wird beispielsweise in einer Zeit-Weg-Methode festgelegt, wie viele potentielle Konsumenten den Standort erreichen können und welche soziodemographische Struktur diese potentiellen Konsumenten haben. Weiterhin ist der Makrostandort in bezug auf seine Wettbewerbssituation zu analysieren. Hier bietet ein dominantes Oberzentrum deutlich andere Voraussetzungen als eine Kleinstadt im unmittelbaren Einzugsgebiet eines entsprechenden Oberzentrums. Die Analyse des Einzugsgebietes, der gesamten vorhandenen Kaufkraft, der Abschöpfungsquote, der Zentralität und unter anderem auch der Kaufkraftkennziffern läßt eine zuverlässige Einschätzung der derzeitigen Marktsituation und der entsprechenden Marktpotentiale zu.

2.1.2 Mikrostandort

Bei der Mikrostandortanalyse werden die unmittelbare Situation und die Umgebung des Standortes untersucht. Während bei der Makrostandortanalyse in erster Linie auf sekundär statistisches Material zurückgegriffen werden kann, kann dies bei der Analyse des Mikrostandortes nur in geringem Umfang genutzt werden, zum Beispiel zur Ermittlung der demographischen Struktur der unmittelbar im Einzugsbereich befindlichen Wohn- und Arbeitsbevölkerung. Darüber hinausgehende Zahlen wie Frequenzanalysen, Verkehrsbeziehungen, Parkplatzpotentiale, Ziel- und Quellverkehre müssen empirisch erhoben und speziell aufgearbeitet werden. Im Rahmen der Mikrostandortanalyse sollte auch das Wettbewerbsumfeld Haus für Haus und Laden für Laden aufgenommen und analysiert werden. Als Mikrostandort kann grundsätzlich das unmittelbare Umfeld in einer Fünf- bzw. Zehn-Minuten-Gehweg-Distanz-Methode erfaßt werden.

Ziel der gesamten Standortuntersuchung ist es, spezifische Defizite im Einzelhandel in bezug auf Größe, Genre und Angebotsstruktur zu identifizieren. Bestreben eines erfolgreichen Einkaufszentrums kann es nicht sein, Vorhandenes zu kopieren oder zu wiederholen, sondern Vorhandenes zu ergänzen und Defizite aufzuarbeiten, um somit dem gesamten Einzelhandelsstandort zusätzliche Attraktivität zu verschaffen. Die Standortanalyse soll entsprechende Defizite aufzeigen und somit quantitativ und qualitativ Vorgaben für die Entwicklung eines Branchenmix bilden (vgl. Abb. 1).

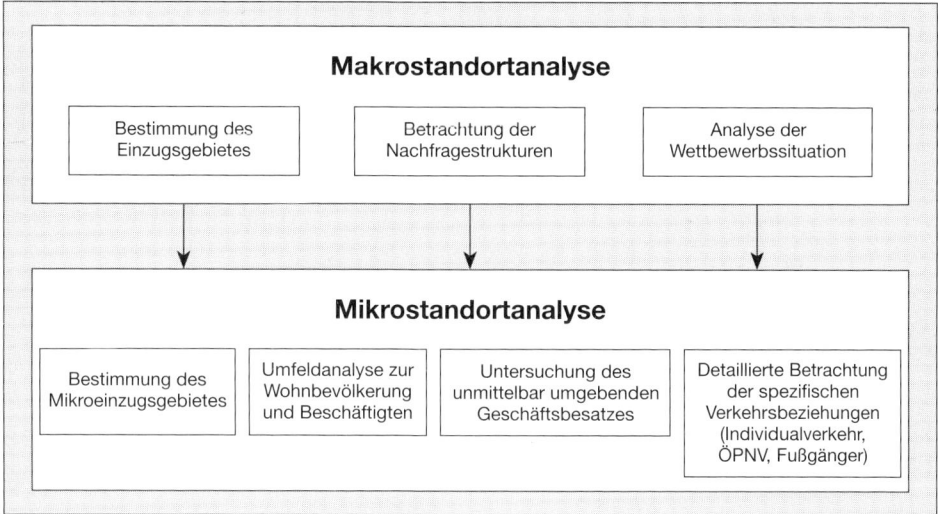

Abb. 1: Kernkomponenten der Standortanalyse als Informationsbasis der Branchenmixentwicklung

3. Branchenmix

Auf Grundlage der Standortanalyseergebnisse und Vorentwicklung architektonischer Strukturen wird nun ein funktionaler Mix definiert, in dem verschiedene Funktionen wie beispielsweise Einzelhandel, Freizeit, Dienstleistungen, Wohnen und Parken quantitativ und qualitativ definiert werden. Im Rahmen dieser Funktionsbeschreibungen werden den Einzelhandelsbereichen unterschiedliche Bedarfsgruppen wie täglicher Bedarf, mittelfristiger Bedarf, Braune oder Weiße Ware, Textilien etc. von der Größe wie auch von der Wertigkeit her Flächen zugeordnet. Aus dem Branchenmix wird sodann zusammen und im Dialog mit den Architekten ein Projektkonzept entwickelt, in dem den verschiedenen Funktionen konkrete Flächen zugeordnet werden. In dieser Konzeptionsphase werden sowohl die größenmäßigen Festlegungen der Verkaufs-, Verkehrs- und Infrastrukturflächen vorgenommen als auch deren räumliche Zuordnung innerhalb des Objektes. Sowohl für die Definition des Branchenmix als auch vor allen Dingen für die Zuordnung der Flächen im Rahmen des Projektkonzeptes ist ein hohes spezifisches Know-how seitens der Berater und der Architekten erforderlich. Hier müssen sämtliche funktionalen Anforderungen sowohl aus Sicht des Einzelhandels als auch psychologische Kenntnisse in bezug auf Konsumverhalten und die verträglichkeits- sowie unverträglichkeitsspezifischen Merkmale verschiedener Nutzungen vorhanden sein (vgl. Abb. 2). Die Einbindung entsprechend erfahrener Berater in dieser wie auch in allen anderen Phasen der Projektentwicklung erscheint unerläßlich.

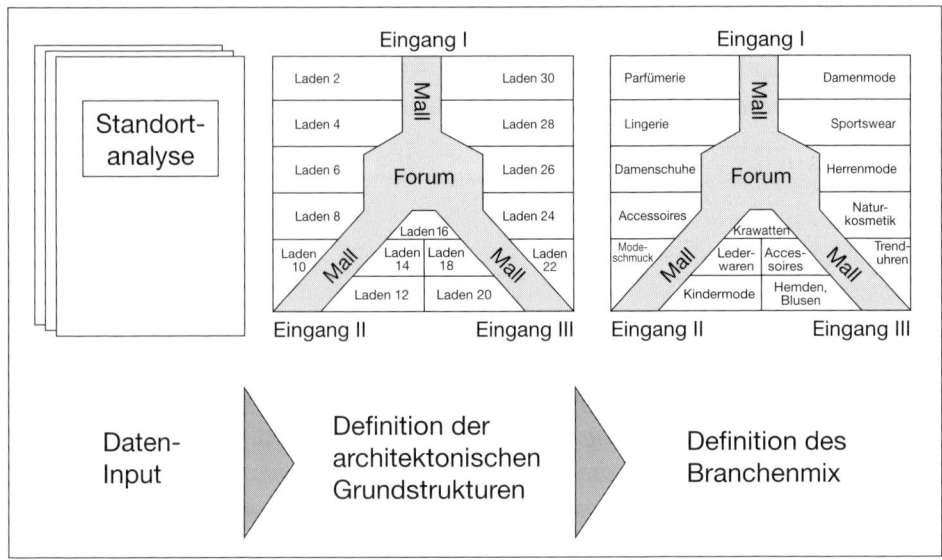

Abb. 2: Prozessuale Darstellung der Konzeptentwicklung

Ein guter Branchenmix ist nicht nur in sich funktionsfähig, sondern positioniert das Zentrum auch eindeutig im Markt und verschafft ihm, wie die Architektur, ein spezifisches eigenständiges Profil, das für den langfristigen Erfolg und auch für die Vermietung von bestimmender Bedeutung ist.

3.1 Mieterprofil

Während der Branchenmix definiert, welche Branche in welchem Genre für ein bestimmtes Ladenlokal in Frage kommt, wird bei der Definition des Mieterprofils nun konkret festgelegt, welche Mietkandidaten für die entsprechenden Einheiten mit welcher Priorität in Frage kommen können. Hierbei ist nicht nur die Branchenmixvorgabe, sondern selbstverständlich auch das Ergebnis der Standortanalyse hinzuzuziehen, um sicherzustellen, daß Defizite des Standortes aufgearbeitet werden und nicht Mietinteressenten mit erheblichem Aufwand angesprochen werden, die in der Nähe des Standortes schon ausreichend präsentiert sind.

Bei der Erstellung des Mieterprofils sind darüber hinaus konkret die Ansprechpartner und die Art und Weise der Ansprache für die verschiedenen Kandidaten festzulegen. Im Rahmen der Entwicklung des Branchenmix und des Mieterprofils sollten selbstverständlich alternative Lösungen für verschiedene Ansätze erarbeitet werden. Dies ist – vor allen Dingen in bezug auf mittel- und großflächige Mieter – unerläßlich, um kurzfristig auf Erfolge oder Mißerfolge im Rahmen der Vermietung oder auf neue Marktgegebenheiten reagieren zu können. In diesem Zusammenhang ist es auch wichtig, von vornherein sowohl im Branchenmix als auch in der architektonischen Konzeption ein Höchstmaß an Flexibilität bei einem Mindestmaß an funktionaler Vorgabe zu erreichen.

4. Architektonische Funktionalität

Als wesentliche Voraussetzung für eine erfolgreiche Vermietung ist die architektonische Funktionalität – vor allem des Einzelhandels und der Freizeitnutzungen – einer Immobilie sicherzustellen. Insbesondere professionelle Filialisten sowohl im Einzelhandel als auch im Gastronomie- und Freizeitbereich machen Anmietungsentscheidungen wesentlich von der inneren und äußeren architektonischen Erscheinung des Shopping-Centers oder der Einkaufsgalerie abhängig, die eben funktionsgerecht im Sinne des Konsumenten sein muß und nicht ausschließlich akademischen, architektonisch-ästhetischen Gesichtspunkten gerecht werden darf.

5. Operative Funktionalität

Genauso wie auf architektonische Funktionalität werden professionelle Mietinteressenten bei einem Abschluß eines Mietvertrages auf die Institutionalisierung eines professionellen Center-Managements und eine entsprechenden Verwaltung Wert legen und darauf bestehen, daß sie gute Servicedienste leistet. Schon bei der Vermietung muß glaubhaft und nachvollziehbar dargestellt werden, wie das zu vermietende Objekt später als Shopping-Center oder gemischt genutzte Immobilie bewirtschaftet wird und daß dies durch erfahrene Betreiber geschieht, die über entsprechende Referenzen verfügen. Wenn der Vermieter keine Erfahrungen auf diesem Gebiet hat und auch über das notwendige Know-how nicht verfügt, ist es ratsam, schon in der Vermietungsphase entsprechende Betriebsverträge mit professionellen Center-Betreibern abzuschließen.

6. Mietvertrag

Selbstverständlich ist für die Vermietung die Erstellung eines Mietvertrages Voraussetzung, wobei ein Mietvertrag für Shopping-Center vielfachen, spezifischen Bedürfnissen gerecht werden muß, die nicht nur im Sinne des Vermieters und Mieters liegen, sondern vor allen Dingen in der komplizierten Betriebsstruktur eines derartigen Objektes. An dieser Stelle kann und soll auf die verschiedensten Kriterien eines Mietvertrages nicht eingegangen werden. Die Erstellung eines solchen Mietvertrages sollte jedoch in Zusammenarbeit mit erfahrenen Center-Management-Gesellschaften und Betreibern bzw. entsprechenden Beratern und Juristen vorgenommen werden.

7. Konditionen

Die Konditionen, die den Mietverträgen zugrunde liegen, werden durch den Mikro- und Makrostandort sowie branchenspezifische Gesichtspunkte bestimmt. Zwischen dem Branchenmix und den Konditionen gibt es selbstverständlich auch Wechselbeziehungen beispielsweise in bezug auf Größe und Lage sowie die Miete pro Quadratmeter.

Es ist sicherlich kein Geheimnis, daß sich die Mieten in ersten Lagen in München, Berlin oder Düsseldorf deutlich von denen in Bochum, Gummersbach oder Aschaffenburg unterscheiden. Die Miete muß in Abhängigkeit vom Mikro- und Makrostandort, aber auch von Branche und Lage innerhalb des Zentrums so festgelegt sein, daß sie dauerhaft sicher erwirtschaftet werden kann, wenn der Mieter sein Geschäft kompetent betreibt. Sicherlich eine Binsenweisheit, gegen die jedoch häufig verstoßen wird. Die ortsübliche Miete in vergleichbaren Lagen ist sicherlich ein besserer Indikator als ähnlich strukturierte Zentren in ganz anderen Lagen und Städten. Keinesfalls dürfen die Objektkosten die Miete bestimmen, sondern die vernünftigerweise zu erwirtschaftende Miete definiert die verantwortbaren Objektaufwendungen.

Zur Definition der Mieten steht ein breitgestaffeltes Bündel von Gestaltungsmaßnahmen zur Verfügung, das im Sinne von Mieter und Vermieter ausgenutzt werden sollte.

- *Umsatzmiete*. Grundsätzlich sollten Umsatzmieten vereinbart werden, weil sie zum einen die einzelhandelsspezifischste Form der Miete sind und zum anderen den Vermieter dauerhaft motivieren, den Standort nicht zu vernachlässigen. Die Höhe der Umsatzmiete, die zwischen 2 und 11% liegen kann, hängt selbstverständlich in erster Linie von der Branche, aber auch vom Standort ab, wobei auch Vertriebsform, Genre und Sortimentszusammenstellung erhebliche Auswirkungen auf die zu erwirtschaftende Umsatzmiete haben. Bei der spezifischen Festlegung der jeweiligen Umsatzmiete ist daher erhebliches Einzelhandels-Know-how erforderlich. Die Mindestmiete sollte bei der Vereinbarung von Umsatzmieten deutlich unter der standortspezifischen Vergleichshöchstmiete liegen, wobei eine Größenordnung von 80 % angemessen erscheint.
- *Indexierung*. Die Indexierung der Mindest- oder Festmiete ist selbstverständlich, wobei bekanntlich eine Mindestmietdauer von zehn Jahren Voraussetzung für die LZB-Genehmigung der Indexklausel sein muß. So sehr eine allgemeine Durchsetzung der hundertprozentigen Indexierung wün-

schenswert und anzustreben ist, so gibt es doch immer wieder Ausnahmen, die eine Durchsetzung dieses Prinzips unmöglich machen. Zugeständnisse in bezug auf die Indexierung fallen naturgemäß leicht, wenn mit hoher Wahrscheinlichkeit von einer Umsatzmiete ausgegangen werden kann und wenn beispielsweise die zu erwartenden Quadratmeterumsätze und Umsatzmieten eines Großfilialisten deutlich über der Mindestmiete liegen. In anderen Fällen ist bei Zugeständnissen in bezug auf die Indexklausel Vorsicht geboten, da sie einer vertraglichen Wertminderung der Realmiete im Verlauf der Mietzeit gleichkommt.

- *Staffelmieten.* Staffelmieten sind ein übliches und probates Mittel, Zugeständnisse zur Überbrückung von Anlaufschwierigkeiten zu machen oder zum kurzfristigen Abschluß eines Mietvertrages zu motivieren, ohne hiermit die Miete nachhaltig wertmindernd einzuschränken. Staffelmieten bieten sich beispielsweise auch als hervorragendes Instrument an, um auf konjunkturelle Situationen zu reagieren und so auch in Zeiten schlechter Einzelhandelskonjunktur Mietverträge abschließen zu können. Sie können auch als Starthilfe bei Existenzgründern fungieren.
- *Ausbauzustand.* Der Ausbauzustand, der bei Einkaufszentren zunehmend magerer definiert wird, bietet nicht nur die Möglichkeit, versteckte Subventionen und Motivationen zum Abschluß von Mietverträgen durch den Vermieter zu gewähren, sondern er verleiht auch die Chance, mieterspezifische Probleme lösen zu helfen. In gewissen Branchen ist eine Vermietung ohne Mindestinvestitionen des Vermieters kaum durchzusetzen, wie beispielsweise bei Supermärkten und gastronomischen Betrieben. Vermieterseits einen gewissen Ausbaustandard sicherzustellen ist oftmals ratsam, damit später keine betriebsbedingten Probleme auftreten, die zu Lasten des Gesamtobjektes gehen. Darüber hinaus haben derartige Zugeständnisse des Vermieters den Vorteil, wertsteigernd im Sinne des Objektes zu wirken, wenn es sich um allgemeine und nicht speziell auf die individuellen Bedürfnisse eines Einzelmieters ausgerichtete Investitionen handelt.
- *Laufzeiten.* Grundsätzlich scheint der in Deutschland übliche Zehnjahresmietvertrag einen Zeitraum vorzugeben, der sowohl im Sinne des Mieters als auch im Sinne des Vermieters die notwendige Sicherheit für einen gewissen Zeitraum gibt, ohne auf unabsehbare Zeit Zustände festzuschreiben, die nicht festgeschrieben werden sollten. Die Verlängerung der Mietzeit ist sehr kritisch zu sehen, da sie in bezug auf den Branchenmix, aber auch in bezug auf die Architektur langfristig Tatsachen schafft, die den Anforderungen des Marktes im Laufe der Zeit nicht mehr entsprechen werden. Die Flexibilität nach Ablauf der ersten zehn Jahre sollte deshalb auch bei eventuell zuzugestehenden Optionen durch entsprechende spezi-

fische Klauseln in baulicher und branchenmixmäßiger Hinsicht gewahrt werden. Optionen sind grundsätzlich aus Sicht des Vermieters unvorteilhaft, da sie eben einseitige Wahlmöglichkeiten für den Mieter gewähren, ohne dem Vermieter entsprechende Sicherheit zu geben. In Einzelfällen kann es auch ratsam und vernünftig sein, dem Mieter ein erst- und einmaliges Kündigungsrecht beispielsweise nach zwei oder drei Jahren einzuräumen, um vor allen Dingen bei Existenzgründern und kleinen Familienbetrieben die existentielle Bedrohung eines Zehnjahresmietvertrages abzumindern.

8. Vermietung und Marketing

Technisch sind nach Erfüllung der oben genannten Voraussetzungen alle Kriterien zum Abschluß erster Mietverträge bei neuen Objekten erfüllt. Es gibt einen standortspezifischen Branchenmix sowie potentielle Mieter, die ladenspezifisch zugeordnet sind und denen jeweils die Branchen und standortspezifischen Konditionen zugeordnet werden können. Ein professionelles Vermietungs-Management ist sich jedoch auch darüber im klaren, daß es nun nicht darum geht, ein knappes Gut zu verteilen, sondern daß auf einem offenen Markt ein Angebot plaziert werden soll, das selbstverständlich im Wettbewerb mit anderen Marktteilnehmern steht.

Wie bei jedem Konsum- oder Investitionsgut, so sollte auch die Vermietung dementsprechend ein organisiertes PR- und Marketingkonzept verfolgen, um das gewünschte und richtige Image bei den Mietinteressenten zu positionieren. Ein PR-Konzept muß von der ersten Projektidee bis in die Betriebsphase hinein verfolgt und durch aktive Maßnahmen gestützt werden. Die Entwicklung eines Einkaufszentrums bietet naturgemäß eine Vielzahl von Anlässen, die im Hinblick auf die PR geschickt genutzt werden können.

So sorgen Pressekonferenzen im Laufe der Entwicklung und Bauphase und auch das gezielte Einladen und Ansprechen von Fachjournalisten dafür, daß das Objekt bei potentiellen Mietern einen Bekanntheitsgrad und ein Image erlangt, welches Voraussetzung für eine erfolgreiche Vermietung ist. Weitere Marketinginstrumente, wie beispielsweise spezifisches Prospektmaterial, Bauschilder, Vermietungsbüros, Musterfassaden, Projektmodelle, Computeranimationen und Briefpapier, sollten selbstverständliche Hilfsmittel sein.

Darüber hinaus sind auch klassische Advertising-Maßnahmen wie Anzeigen unerläßlich, wobei diese gezielt geschaltet und spezifisch gestaltet sein müssen und nicht allgemeine Mietflächen anbieten dürfen. Der Vermieter kann und sollte auch als Vermittler zwischen Franchisegebern und Franchisenehmern wirken und beispielsweise in Absprache mit Franchisegebern gezielt Franchisenehmer für das Objekt suchen.

Letztlich ist und bleibt das Hauptmarketinginstrument die persönliche und spezifische Ansprache ausgesuchter Mietinteressenten und das Gespräch bei dem Mietinteressenten bzw. vor Ort. Die Kontaktaufnahme und die Pflege der Kontakte müssen sehr persönlich geschehen. Für die Verhandlungen sollte jeweils ein Mitarbeiter des Vermietungsteams für bestimmte Mietinteressenten persönlich verantwortlich sein und als Ansprechpartner zur Verfügung stehen. Breitgestreute Rundschreiben an potentielle Mieter können allenfalls stützend helfen, zeigen jedoch ohne kurzfristiges persönliches Nachhaken keine Wirkung.

8.1 Anforderungen an den Vermieter

Worin bestehen nun die besondere Qualifikation und Qualität desjenigen, der die Vermietung durchführen soll? Es ist sicher nicht das Wissen um die Adressen potentieller Mieter und Filialisten, das entscheidend ist. Derartige Daten lassen sich erwerben, eventuell schon mit Adressenaufklebern für das dann erfolgende pauschale Rundschreiben. Die Qualität des Vermietungs-Managers zeigt sich in seiner Fähigkeit, die spezifischen Probleme, Wünsche und Anforderungen eines jeden Mietinteressenten zu erkennen und ihm hierfür maßgeschneiderte Problemlösungen zu bieten. Er muß über spezifisches Know-how in den verschiedenen Branchen des Einzelhandels und des Gastgewerbes sowie der Freizeitindustrie verfügen, d. h., er sollte die Kostenstruktur der verschiedenen Branchen, die Betriebsabläufe, die Marketing- und Vertriebsnotwendigkeiten der verschiedensten Mietinteressenten grundsätzlich kennen und nachvollziehen können. Darüber hinaus hat der Vermietungs-Manager selbstverständlich auch die Problematik eines Shopping-Centers bzw. einer innerstädtischen Einkaufsgalerie im Detail zu kennen und zu beherrschen. Nur wer diese Fähigkeiten miteinander zu verbinden vermag, wird von Mietern als kompetenter Gesprächspartner akzeptiert, und nur derjenige kann auch in der Lage sein, überzeugend einen Vertrag auszuarbeiten, der letztlich für beide Seiten eine faire und langfristige Chance bietet.

Weiterhin müssen ausgezeichnete persönliche Kontakte zu den jeweils entscheidenden Führungskräften bei potentiellen Mietern hinzukommen, die sich nur durch eine langjährige vielfältige Zusammenarbeit ergeben können. Diese Kontakte sollten selbstverständlich möglichst auch internationale Filialisten einschließen, womit die entsprechenden sprachlichen Kenntnisse natürlich vorausgesetzt werden.

Darüber hinaus sei am Rande noch erwähnt, daß selbstverständlich die Fähigkeit gefordert ist, eine Verhandlung sicher und zielgerichtet zu führen, auf die persönlichen Eigenarten der jeweiligen Gesprächspartner einzugehen und persönlich zu überzeugen. Ausschließlich das Team, das all diese Eigenschaften auf sich vereinigt, kann eine erfolgreiche Vermietung durchführen. Das umfassende und komplexe Anforderungsprofil scheidet jedoch naturgemäß ziemlich schnell die Spreu vom Weizen.

8.2 Vermietung durch Eigentümer, Center-Management, Makler oder Berater

Egal, durch wen die Vermietung – und vor allen Dingen die Erstvermietung – durchgeführt wird, sie sollte immer im Auftrag und zu Lasten des Vermieters vollzogen werden. Die immer wieder angewandten und angebotenen Alleinvermietungsaufträge an Maklerunternehmen bergen erhebliche Risiken für den Vermieter und führen von vornherein zu einem unlösbaren Interessenkonflikt zwischen Vermieter, Mieter und Makler. Ein Makler, der dem Mieter drei Monatsmieten Provision berechnet, muß seriöserweise auch und in erster Linie Interessen des Mieters verfolgen und wird diese Interessen über die des Vermieters oder die des Gesamtobjektes stellen. Darüber hinaus werden der kurzfristige Vermietungserfolg und die damit kurzfristig zu erzielende Provision die primäre Motivation des Vermietenden sein, womit funktionelle und langfristige Überlegungen, die im Standortgutachten und im Branchenmix definiert sind, in den Hintergrund treten. Hier liegt die Ursache für langfristige, ernsthafte Probleme im Betrieb schon vor der Eröffnung.

Bei der Erstvermietung einer Einkaufsgalerie oder eines Shopping-Centers mit jeweils zirka 60 bis 80 Fachgeschäften müssen jeweils zirka 500 potentielle Mieter kontaktiert werden. Diese werden angeschrieben und persönlich angesprochen, woraus sich dann etwa 300 Erstverhandlungen mit einem interessierten Kunden oder am zu vermietenden Objekt ergeben.

Bis zum Abschluß aller Mietverträge werden insgesamt zirka 1.000 Verhandlungen pro Objekt erforderlich. Auch nach Abschluß der Mietverträge schließen sich noch ungefähr 200 persönliche Verhandlungen an, in denen Abwicklungsformalitäten, Koordinationsgespräche zwischen Ladenbau und

Ausbaufirmen sowie den verschiedenen technischen Gewerken bis zu den Eröffnungsaktivitäten abgesprochen werden müssen.

Es ist offensichtlich, daß der Center-Manager oder auch der Investor zur Wahrnehmung dieser Aufgaben weder vom Know-how noch von der personellen Ausstattung her optimal geeignet ist. Das Center-Management sollte jedoch die Vermietungsphase unbedingt begleiten und spielt vor allen Dingen in den Verhandlungsphasen nach Abschluß der Mietverträge eine dominierende Rolle. Aus den oben genannten Gründen ist es bei der Vermietung von Einkaufszentren nicht nur legitim, sondern zwingend erforderlich, sich kompetenter Hilfe zu versichern.

8.3 Flexibles Einhalten und Abändern der Vorgaben

Der Branchenmix und die Mietverträge geben der Vermietung auf der einen Seite ein recht starres Konzept vor, an das die Vermietung zunächst auch strikt gebunden ist. Es liegt auf der anderen Seite jedoch auf der Hand, daß ein neuvermietetes Einkaufszentrum nie in allen Details oder Einzelheiten dem ursprünglichen Konzept und dem Branchenmix sowie auch nicht jeder Vertrag in allen Einzelheiten dem Standardmietvertrag entsprechen können.

Der Branchenmix ist eine mögliche Lösung des Problems, dem jedoch ein bestimmtes aus dem Standortgutachten resultierendes Konzept zugrunde liegt. Selbstverständlich sind auch Branchenmixpläne für dasselbe Konzept mit anderen Mietern, Ladeneinteilungen oder Gewichtungen innerhalb der verschiedenen Branchen denkbar und würden in jedem Einzelfall ebenso funktionieren wie die spezielle Vorgabe. Das Abweichen vom Branchenmix kann und wird also im Laufe der Vermietung notwendig werden, darf jedoch nur in enger Abstimmung mit den Konzeptentwicklern geschehen und keinesfalls durch das Vermietungsteam oder das Center-Management eigenmächtig und ohne Rücksprache erfolgen. Hierbei kann es sich um marginale Verschiebungen handeln, wie beispielsweise das Umsetzen bestimmter Mietparteien und Branchen, das Zusammenlegen oder weitere Aufteilungen bestimmter Flächen. Es können sich aber auch grundsätzliche und tiefgreifende Änderungen ergeben, wenn beispielsweise ein erhoffter Magnetbetrieb nicht zu akquirieren ist oder ein neues hochinteressantes Unternehmen, das bei der Konzepterstellung nicht berücksichtigt wurde, als Mietinteressent genommen werden kann.

So wichtig der kurzfristige Vermietungserfolg und die weitgehende Vollvermietung bei der Eröffnung auch sind, so wenig darf bei allen Änderungen selbstverständlich das langfristige Funktionieren des Zentrums als Oberziel aus den Augen verlorengehen. Dieser Grundsatz gilt auch für Abweichungen vom Standardmietvertrag, die immer wieder verlangt und auch teilweise berechtigterweise zugestanden werden. Daß es hierbei heilige Kühe gibt, die keinesfalls geschlachtet werden dürfen, ist eine altbekannte Tatsache, die dennoch hin und wieder in Vergessenheit zu geraten scheint. Im folgenden daher noch einmal eine kurze Auflistung der unbedingt durchzusetzenden Forderungen:

1. Jeder Mieter muß Mitglied der Werbegemeinschaft werden, auch wenn hier eine gewisse Flexibilität, bedingt durch die Größe der Mietfläche, vor allen Dingen bei Großmietern, denkbar ist.

2. Jeder Mieter muß die allgemeinen Nebenkosten in angemessener Weise mittragen. Auch in diesem Punkt ist eine gewisse Flexibilität über die Flächendefinition bei Großmietern und nebenflächenintensiven Betrieben legitim.

3. Jeder Mieter muß verpflichtet werden, im Rahmen der allgemein vernünftigen Öffnungszeiten seinen Betrieb dauerhaft zu betreiben.

4. Jeder Mieter muß sich im Rahmen des Mietvertrages oder der Hausordnung den Spielregeln des Shopping-Centers unterwerfen.

5. Allgemeine Konkurrenzschutzklauseln dürfen nicht zugestanden werden.

Die oben genannten Punkte sind deshalb von so elementarer Bedeutung, weil sie die Funktionsfähigkeit des gesamten Centers betreffen bzw. bei einer Nichtbeachtung die Funktionsfähigkeit gefährden können. Alle darüber hinausgehenden Abweichungen in den Mietverträgen tangieren in erster Linie das Verhältnis zwischen Vermieter und Mieter und haben finanzielle Auswirkungen, die zwar die Rentabilität, nicht aber die Funktionsfähigkeit des Gesamtzentrums beeinflussen. Inwieweit in diesen Punkten also Zugeständnisse gemacht werden, bleibt dem Vermieter jeweils überlassen.

9. Vermiet-Management in bestehenden Shopping-Centern

Die im Vorgenannten aufgeführten Punkte beziehen sich in erster Linie auf die Erstvermietung neuer Shopping-Center, gelten jedoch grundsätzlich in weiten Zügen auch für das permanente Vermietungs-Management bestehender Shopping-Center. In bestehenden Shopping-Centern ist es eine selbstverständliche Aufgabe des Center-Managements, den bestehenden Branchenmix permanent zu überwachen und sicherzustellen, daß alle Mieter den im Branchenmix vorgesehenen Ansprüchen gerecht werden. Es wird im Laufe der Zeit jedoch zwangsläufig zu einer gewissen Fluktuation kommen, womit sich neue Vermietungsfragen stellen. Es wird auch der Zeitpunkt kommen, in dem durch den Ablauf laufender Mietverträge eine Möglichkeit zur Änderung und Ergänzung des bisherigen Branchenmix besteht. Das Center-Management sollte also permanent bemüht sein, einen idealen Branchenmix zu entwerfen, auch wenn die gewünschten Partner teilweise derzeit keine Flächen finden oder selber kein Interesse an einer Anmietung haben. Darüber hinaus empfiehlt es sich, den Branchenmix in regelmäßigen Abständen, zum Beispiel im Abstand von fünf Jahren, von externen Experten auf seine Struktur untersuchen und optimieren zu lassen.

Weiterhin sollte permanent Kontakt zu interessanten und potentiellen Mietern gehalten werden. Durch eine intensive Marktbeobachtung muß ein Prioritätenkatalog potentieller Mieter erstellt und auf aktuellem Stand gehalten werden. Auf diese Weise sollte das Center-Management permanent wissen, welche Mieter man bevorzugt zu einer Anmietung bringen will und welche Interessenten zu welchen Konditionen bereit wären, Flächen anzumieten.

Idealerweise sollte das Center-Management bei einem Mieterwechsel für jeden Laden oder zumindest für jede Branche ausgearbeitete Lösungsansätze bereithalten, so daß bei einem sich andeutenden Mieterwechsel vorverhandelte Vertragspartner, die zur Verbesserung des Branchenmix beitragen, zur Verfügung stehen. Der Planungszeitraum sollte hierbei bei mindestens zwei Jahren, für grundsätzliche strategische Änderungen bei mindestens fünf Jahren liegen, um entsprechende Maßnahmen, die oft eine komplexe Umstrukturierung der gesamten Mieterschaft bedeuten, langfristig vorbereiten zu können.

Mieterwechsel innerhalb der Vertragslaufzeit sind zwar für ein gut organisiertes Center-Management in aller Regel absehbar, da die Probleme sich meist nicht von heute auf morgen ergeben, jedoch ist es bei sich abzeichnenden Schwierigkeiten das beste, einen Wechsel so schnell wie möglich herbeizuführen, was naturgemäß leichter fällt, wenn alternative Lösungen vorbereitet sind. In der Praxis werden hierfür Mietinteressentenlisten geführt, in denen alle Daten potentieller Mieter – wie Flächenbedarf, Nebenflächenbedarf, Mindestmiete, Umsatzmiete, Standortpräferenzen, mögliche Eröffnungszeitpunkte (saisonabhängig) – geführt werden. Diese Mietinteressentenlisten sind nicht nur ständig zu ergänzen, sondern auch mindestens zweimal jährlich zu aktualisieren.

Auch bei bestehenden Shopping-Centern sind, wie oben gesagt, die selben Bedingungen zu erfüllen wie bei neuen Objekten. Das heißt auch, daß in regelmäßigen Abständen Standortgutachten erstellt werden sollten, um sicherzustellen, daß die Rahmenbedingungen, die die Grundlage des ursprünglichen Branchenmix bilden, noch gegeben sind, oder herauszufinden, wo sich neue Ansätze zur Optimierung des Branchenmix in der Standortstruktur ergeben haben.

10. Zusammenfassung

Es ist festzustellen, daß eine professionelle Vermietung auch nur auf der Basis von professionell erarbeiteten Voraussetzungen geschehen kann. Hierbei wird auf Grundlage eines Standortgutachtens, das den Mikro- und Makrostandort untersucht, ein spezifischer Branchenmix entwickelt. Die Mietkonditionen werden für jede Mieteinheit individuell nach den speziellen Bedürfnissen der Branche und des Standortes definiert, wobei als Gestaltungsmittel Umsatzmieten, Indexierungen, Staffelmieten, der Ausbauzustand und die Laufzeiten gesehen werden.

Ein professionelles Vermietungsmarketing, das die Marketinginstrumente Public Relations, Advertising, Aktionen und persönliche Kontakte beinhaltet, begleitet die Vermietung nicht nur bei der Erstvermietung, sondern auch im laufenden Centerbetrieb. Die Vermietung sollte grundsätzlich im Auftrag des Vermieters durchgeführt werden. Eine Vermietung über vermieterhonorierte Makler ist problematisch.

Wenn die Vermietung durch das Center-Management durchgeführt wird, ist die Hilfe professioneller Berater, die auch Makler sein können, in aller Regel unerläßlich und durch den Vermieter zu honorieren. Die Vorgaben des Branchenmix und der Mietverträge sind grundsätzlich einzuhalten, wobei jedoch Abweichungen flexibel und mit dem nötigen Know-how in Abstimmung mit den Konzeptberatern unvermeidlich sind.

Eine Immobilie ist naturgemäß auf langfristige Nutzung und Rendite ausgerichtet, und die Qualität der Immobilie hängt wesentlich von der Qualität der Vermietung ab. Nicht das verkäuferische Geschick, das zu einer schnellen Vollvermietung zu maximalen Mieten führt, zeichnet eine gute Vermietung aus, sondern Mietverträge, die standort- und branchenspezifisch den Mietern eine langfristige Existenzgrundlage bieten, sind auch im Sinne des Shopping-Centers und des Vermieters die anzustrebende Lösung.

11. Literatur

Institute of Real Estate Management (Hrsg.): *Leasing Retail Space*, Chicago 1990

Morgan, P., Walker, A.: *Retail Development*, London 1988

Roca, A.: *Market Research for Shopping Centres*, International Council of Shopping Centre, New York 1988

5

Finanz-Management für Immobilien

Finanz-Management bei Immobilien: Die Sichtweise einer Hypothekenbank bei sich wandelnden Märkten

Horst-Alexander Spitzkopf, Dipl.-Volkswirt, Vorsitzender des Vorstandes, AHB Allgemeine Hypothekenbank AG, Frankfurt am Main, unter Mitarbeit von Klaus Kramer, Dipl.-Kaufmann, Referent, AHB Allgemeine Hypothekenbank AG, Frankfurt am Main

Inhalt

1. Vorbemerkung 521
2. Geld- und Kapitalmärkte vor der europäischen Währungsunion 522
3. Perspektiven der Immobilienmärkte in Deutschland 526
3.1 Allgemeine Lage 526
3.2 Auswirkungen von Steuerrechtsänderungen auf Immobilieninvestitionen 532
3.3 Auswirkungen der Europäischen Währungsunion auf die Immobilienmärkte 533
4. Entwicklung eines Prognosemodells 535
5. Prognoserechnungen für unterschiedliche Szenarien 536
6. Empfehlungen an Immobilieninvestoren 538
7. Zusammenfassung 547
8. Literatur 548

1. Vorbemerkung

Die Immobilienmärkte in Deutschland stehen vor einer Phase des Wandels und der Neuorientierung. Als Ursache hierfür ist in erster Linie die Gesamtverfassung der bundesdeutschen Wirtschaft zu nennen, die sich in einem fundamentalen Umbruch befindet. Die Globalisierung der Märkte, die Neuordnung insbesondere der Finanzmärkte, aber auch der Wandel der ehedem in erster Linie industriell geprägten bundesdeutschen Wirtschaft hin zur modernen Dienstleistungsgesellschaft sind in diesem Zusammenhang zu nennen. Alles Stichworte, die die Tiefe und Breite der notwendigen, aber auch nicht aufzuhaltenden Veränderungen beispielhaft verdeutlichen sollen. Hinzu kommt eine eklatante Verschiebung des demographischen Aufbaus unserer Gesellschaft, der schon jetzt seinen Niederschlag in der finanziell angespannten Situation der bundesdeutschen Sozialversicherungssysteme findet. Die Eigenvorsorge durch Bildung von Kapital auch zur Abdeckung elementarster Lebensrisiken wird deshalb immer stärker an Bedeutung gewinnen, wenn man nicht einzig den immer untauglicher werdenden Sicherungssystemen des Staates und seiner Sozialversicherungsträger vertrauen will.

Die Immobilie wird dabei weiterhin einen herausgehobenen Platz zur Kapitalbildung breiter Bevölkerungsschichten einnehmen. Allerdings wird es die renditestarke Immobilie von der Stange für jedermann, wie wir sie bislang kannten, nicht mehr geben: Das Angebot muß im Hinblick auf seine Ertragskraft und Vorteilhaftigkeit zunehmend heterogen ausfallen, ein heute bewährtes Immobilienangebot zum Kauf oder zur Investition kann morgen schon nicht mehr marktgängig sein. Ein potentieller Immobilieninvestor muß deshalb ständig sein Ohr am Puls der Zeit haben und flexibel auf sich abzeichnende Trends reagieren.

Bewährte Konzepte müssen nicht auch für die weitere Zukunft richtig sein. Wir müssen erkennen, daß der derzeit zu beobachtende Anpassungsdruck auf die Immobilienmärkte nicht wie in den Jahren 1974/1975 oder 1981 konjunktureller Art ist, sondern in erster Linie strukturelle Ursachen hat. Diese liegen in der Veränderung der Arbeitswelt, der bereits erwähnten Globalisierung der Wirtschaft durch Vernetzung der Märkte – insbesondere aber der Geld- und Kapitalmärkte – sowie der Änderung gesellschaftlicher Rahmenbedingungen. Hinzu kommt: Die Verkehrs- und damit Kommunikationswege in unserer Gesellschaft verändern sich dramatisch. Besonders deutlich wird diese Entwicklung in den neuen Bundesländern: Die Einkaufs- und damit die Kommunikationszentren in dieser Region befinden sich in der Regel an der Peripherie, also auf der grünen Wiese, und werden in erster Linie wegen ihrer günstigen Verkehrsanbindung frequentiert. Aussterbende Innenstädte durch die Amerikanisierung des Einkaufsverhaltens und Flächenleerstand können die Folge sein. Für den Immobilieninvestor stellt sich hier die elementare Frage, welchem Trend er folgen will: Vertraut er auf eine eher traditionelle Lagebeurteilung oder zwingen ihn veränderte Rahmenbedingungen zur gedanklichen und damit konzeptionellen Neuorientierung?

Darüber hinaus müssen aber auch absehbare Änderungen gesetzlicher und wirtschaftlicher Rahmenbedingungen mit in das zukünftige kurz- bis mittelfristige Kalkül des Immobilieninvestors gezogen werden. Als Stichworte sind hier die Einführung des Euro als gemeinsame europäische Währung, die geplante Steuerreform sowie die Sättigung des Nachholbedarfs in Ostdeutschland zu nennen. Bei Kapitalanlegern herrscht zunehmende Unsicherheit, da neben der strukturellen Krise zudem sowohl über die zu erwartende Stabilität des Euro als auch über die genaue Ausgestaltung der Steueränderungen noch keine verläßlichen Informationen vorliegen. Diese Entwicklungen müssen im Rahmen eines professionellen Finanz-Managements, das alle Finanz- und Investitionsentscheidungen umfaßt, berücksichtigt werden.

In diesem Beitrag soll nun untersucht werden, ob vor dem skizzierten Hintergrund sich wandelnder Märkte eine Immobilie auch weiterhin ein lohnendes Investitionsobjekt darstellt. Neben einer groben Skizzierung der Auswirkungen der europäischen Währungsunion wird in einem weiteren Schritt auf die Perspektiven der Immobilienmärkte in Deutschland vor dem Hintergrund der vorstehend genannten Änderungen der Rahmenbedingungen eingegangen werden. Die Entwicklung eines Prognosemodells sowie von Prognoserechnungen auf der Basis unterschiedlicher Szenarien schließen sich an. Zudem sollen potentiellen Investoren Empfehlungen zur Beurteilung der Vorteilhaftigkeit von Immobilieninvestitionen in Anbetracht der aufgezeigten strukturellen und konjunkturellen Rahmenänderungen zur Steigerung der Rentabilität, aber auch aus Sicht des Anforderungskataloges einer Hypothekenbank gegeben werden.

2. Geld- und Kapitalmärkte vor der europäischen Währungsunion

Die Einführung einer gemeinsamen europäischen Währung ist für die weitere Entwicklung an den Finanzmärkten ein einschneidendes Ereignis. Die noch ausstehenden wirtschaftlichen und politischen Entscheidungen bestimmen über die internationale Einordnung und damit über die Bewertung des Euro in Relation zu den konkurrierenden Devisen- und Kapitalmärkten. Bis zur endgültigen Festlegung der Wechselkurse am 1. Januar 1999 interessieren die Marktteilnehmer vor allem die Frage nach den Teilnehmerländern und die Problematik des Kurses für den Umtausch der einzelnen nationalen Währungen in den Euro sowie die zu erwartende Stabilität der neuen gemeinsamen Währung. Seit Anfang der neunziger Jahre haben sich in den meisten europäischen Ländern die langfristigen Renditen auf niedrigem Niveau angeglichen. Grund dafür ist der Rückgang der Inflationsraten durch die teilweise erheblichen Anstrengungen, die viele Staaten unternommen haben, um sich für die Währungsunion zu qualifizieren. Der markante Renditeabbau unterstreicht auch, daß diese nationalen Finanzmärkte von den Kapitalinvestoren einen weitreichenden Vertrauensvorschuß erhalten haben (vgl. Abb. 1).

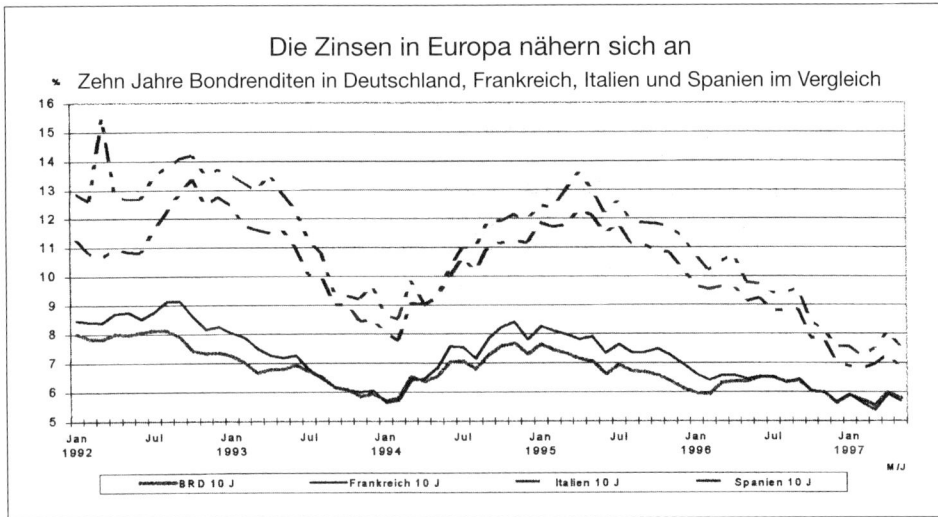

Abb. 1: Zinsen in Europa
Quelle: Allgemeine Hypothekenbank AG

Bis zur endgültigen Klärung des Teilnehmerkreises wird es weiterhin zu Unsicherheiten an den Finanzmärkten kommen. Falls sich berechtigte Zweifel an der Stabilität des Euro ergeben, ist mittelfristig mit einer höheren Inflation in den Hartwährungsländern zu rechnen. Dies würde in Deutschland voraussichtlich zu Ausweichreaktionen von Kapitalanlegern führen, die ihre Mittel in Immobilien oder Fremdwährungsanlagen umschichten können. Nur eine überzeugende stabilitätsorientierte Wirtschafts- und Finanzpolitik kann daher Unruhe an den Märkten vermeiden (vgl. Abb. 2).

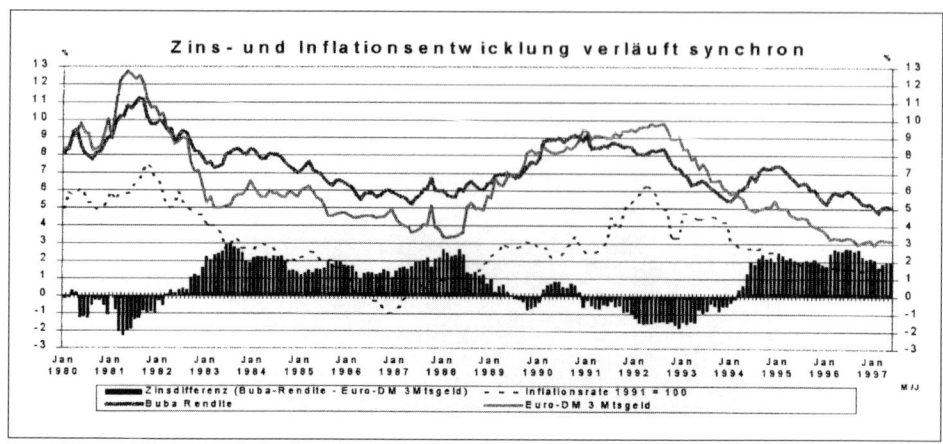

Abb. 2: Zins- und Inflationsentwicklung in Deutschland
Quelle: Allgemeine Hypothekenbank AG

Grundsätzlich sind verschiedene Entscheidungsszenarien in ihren Auswirkungen auf die Zins- und Währungsmärkte zu analysieren und zu bewerten.

- Für den Normalfall des vertraglich festgelegten Starts des Euro zum 1. Januar 1999 wird zumindest in dem Urteil der Finanzmärkte zwischen einer Hartwährungsunion mit maximal acht Mitgliedern und einer großen Runde von Startteilnehmern unterschieden, die bis auf Griechenland alle beitrittswilligen Länder von Anfang an als Teilnehmer sieht.

- Mit den zunehmenden Haushaltsproblemen Deutschlands wächst die Überzeugung, daß die Auslegung der Kriterien Spielräume eröffnet, die es letztlich jedem teilnahmewilligen EU-Land gestattet, ab 1. Januar 1999 in den Genuß der Euro-Vorteile zu kommen. Obwohl die Stabilität und Stärke des Euro bei einem solchen Teilnehmerfeld in keinem Fall an die Relationen der bisherigen DM-Bewertung heranreichen kann, gilt dies leider politisch als tolerabel. Die wirtschaftlichen Vorteile für die Bundesrepublik lassen stabilitätspolitische Bedenken vorläufig in den Hintergrund treten. Nach der im wesentlichen abgeschlossenen Korrektur der DM-Aufwertung dürfte die Exportindustrie einen nachhaltigen Aufschwung erfahren. Durch den Wegfall von Wechselkursschwankungen innerhalb Europas erhofft sich der Außenhandel zusätzliche Wettbewerbsvorteile, die den notwendigen Investitionsanstoß für den Standort Deutschland auslösen können.

- An den Devisenmärkten wurden diese Erwartungen durch eine Aufwertung des US-Dollars und die Sonderrolle des Britischen Pfunds und des Schweizer Franken nachvollzogen. An den Bondmärkten bewegen sich die Prognosen für einen Euro-Aufschlag ab 1998 bei zirka 0,5–0,75 %. Dabei werden unverändert stabile Geldmarktsätze vorausgesetzt.

- Sollte der Euro wider Erwarten in kleiner Runde mit den bisherigen Hartwährungsländern starten, so sind zumindest für den Devisenmarkt erhebliche Turbulenzen vorhersehbar. Das in die südlichen Länder investierte Anlegervertrauen wäre abrupt beendet. Die Club-Med-Länder sähen sich mit erheblichen Abwertungen und deutlichen Zinserhöhungen konfrontiert. Da es sich dabei um große Handelspartner der Bundesrepublik handelt, wären Rückwirkungen auf das Inlandswachstum kaum zu verhindern. Diese kleine Euro-Runde hätte sicherlich jedoch keine Bewertungsprobleme aus internationaler Sicht.

- Zum anderen ist noch immer eine Verschiebung des Starttermins möglich. Von offizieller Seite wird jegliche Diskussion über eine Verschiebung des Euro-Starttermins oder eine Veränderung der Maastricht-Bedingungen strikt abgelehnt. Und nach bisher gültigem Fahrplan werden die Daten der volkswirtschaftlichen Gesamtrechnung für alle beitrittswilligen Länder im Frühjahr 1998 vorgelegt. Auf dieser Grundlage wird die Beitrittsqualifikation für die teilnehmenden Länder bewertet und entschieden. Eine Verschiebung kann nur dann überzeugend vermittelt werden, wenn der neue Termin in einer zeitlich engen Begrenzung von ein bis maximal zwei Jahren liegt. Durch die Addition von Strukturproblemen hat sich die Wachstumsschwäche und die Arbeitslosigkeit in Europa verstärkt, so daß dieser Aufschub für ein ernsthaftes Krisen-Management genutzt werden könnte. Damit würde sich die Euro-Gemeinschaft zu dem gewollt späteren Zeitpunkt in einem stabileren Umfeld präsentieren. Dies hätte sicherlich auch positive Auswirkungen auf die internationale Bewertung dieses neuen Kapital- und Devisenmarktgebildes.

Festzuhalten ist, daß bis zur endgültigen Entscheidung über die Zukunft und Zusammensetzung des Euro die Volatilitäten an den Märkten zunehmen werden. Da Politik und Wirtschaft offensichtlich keine überzeugenden Konzepte für eine Überwindung der Strukturprobleme liefern können, ist eine noch stärkere Abhängigkeit von globalen Trends als bisher gekannt zu erwarten (vgl. Abb. 3).

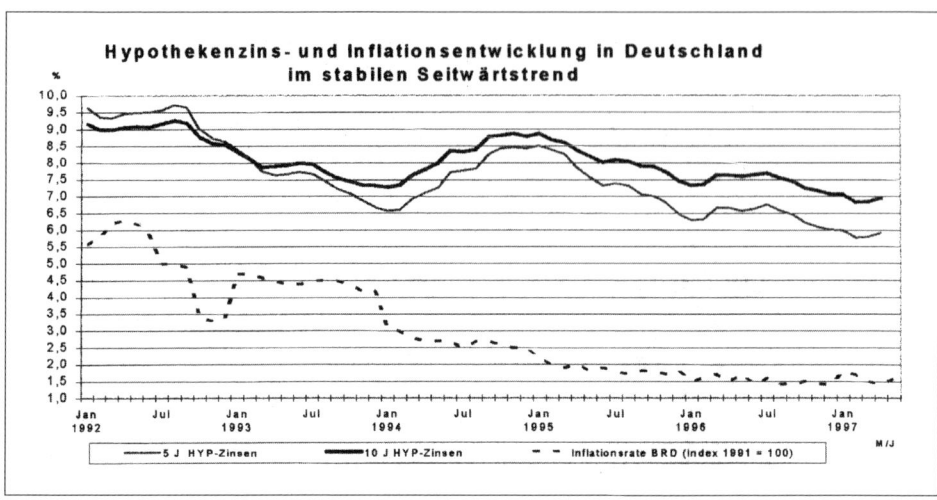

Abb. 3: Hypothekenzins- und Inflationsentwicklung in Deutschland
Quelle: Allgemeine Hypothekenbank AG

Direkte Auswirkungen der Euro-Umstellung auf den Immobilienmarkt sind aus fundamentaler Sicht jedoch nur in geringem Umfang abzuleiten. Allerdings können durch Währungsumstellungsängste bedingte Kaufreaktionen nicht ausgeschlossen werden. Das Zusammenwachsen des EU-Binnenmarktes dürfte sich allerdings mit der Euro-Einführung beschleunigen, so daß entsprechende Konjunkturimpulse auch für die Bau- und Immobilienwirtschaft zu erhoffen sind.

3. Perspektiven der Immobilienmärkte in Deutschland

3.1 Allgemeine Lage

1996 sind erstmals seit der Wiedervereinigung die Bauinvestitionen in Gesamtdeutschland gesunken, die Zahl der Arbeitsplätze nahm um zirka 110.000 ab. Die Strukturkrise in der deutschen Bauwirtschaft hat sich auch 1997 weiter verschärft. Der Rückgang der Bauinvestitionen trifft alle Teilbereiche der Bauwirtschaft, wobei die Abnahme in Ostdeutschland nach den Boomjahren deutlich stärker ausfällt als in Westdeutschland (vgl. Abb. 4).
In den kommenden Jahren wird das Bauvolumen im Westen nur leicht zunehmen, im Osten sinken. Der westdeutsche Wirtschaftsbau dürfte sich we-

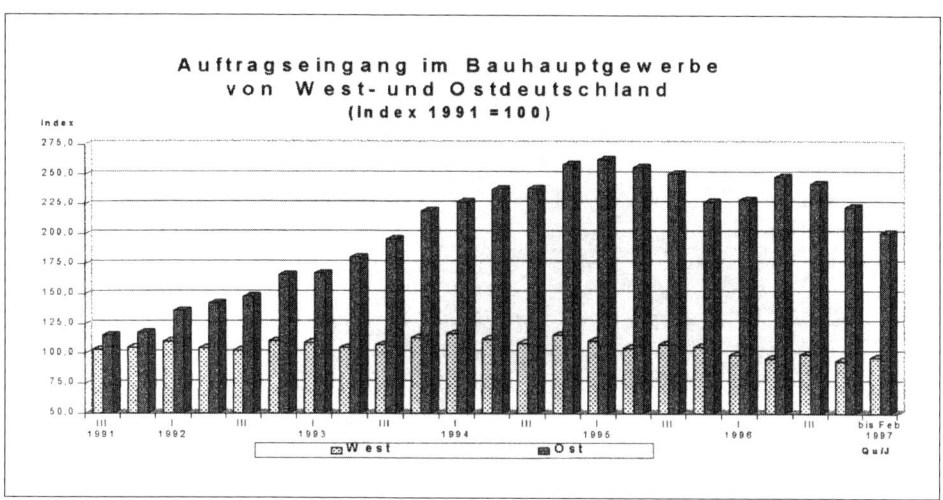

Abb. 4: Auftragseingang im Bauhauptgewerbe von West- und Ostdeutschland
Quelle: Allgemeine Hypothekenbank AG

gen der kräftig gestiegenen Ausrüstungsinvestitionen etwas beschleunigen, im Wohnungsbau ist mit einem leichten Rückgang zu rechnen. In Ostdeutschland könnten die Bauinvestitionen in den nächsten Jahren als Folge des vorhandenen Angebotsüberhangs und der Reduzierung von Steuervergünstigungen voraussichtlich weiter fallen. Wesentliche Auswirkungen auf den Immobilienmarkt sind vor allem durch Steuerrechtsänderungen und die Europäische Währungsunion zu erwarten, auf die in den nächsten Abschnitten eingegangen werden soll.

Wegen der finanziellen Engpässe der öffentlichen Haushalte sind des weiteren die *öffentlichen Bauleistungen* in den alten Bundesländern von 1992 bis Ende 1996 um zirka 15 % gesunken. Auch in Zukunft ist unter anderem wegen forcierter Sparanstrengungen von Bund, Ländern und Gemeinden zur Erreichung der Maastricht-Kriterien mit einem weiteren Rückgang, bestenfalls mit einer Stagnation zu rechnen. Vom öffentlichen Bau sind deshalb keine positiven Impulse für die Bauwirtschaft zu erwarten.

Der *Büroimmobilienmarkt* ist gegenwärtig durch eine hohe Leerstandsrate gekennzeichnet. Diese dürfte vor allem in den neuen Bundesländern ihre Höchststände noch nicht erreicht haben, da weitere Neubauflächen auf den Markt drängen. In Leipzig beispielsweise stehen bereits über 30 % der Büroflächen leer. Die bundesweit zu verzeichnenden hohen Flächenumsätze entstehen meist durch Umzüge von Unternehmen in preiswertere und modernere Gebäude. Das große Überangebot setzt die Büromieten unter Druck: Seit 1990/91 sind die Mieten um durchschnittlich 30 % gefallen, stellenweise sogar bis zu 50 %.

Der deutsche Büromarkt wird sich bis zur Jahrtausendwende nur sehr verhalten entwickeln. Im Jahre 1998 dürfte allmählich der Rückgang der Mieten im Westen zum Stillstand kommen, während in Ostdeutschland die Fertigstellung vieler Neubauobjekte nochmals zu einer deutlichen Zunahme der Leerstände führen wird. Vereinzelt sind im Westen schon heute stabilisierende Tendenzen auszumachen. In München, Frankfurt am Main, Hamburg, Stuttgart und Düsseldorf bewegen sich die Büromieten ungefähr seit Anfang 1996 auf nahezu unverändertem Niveau.

In Zukunft ermöglichen moderne Informations- und Kommunikationstechniken neuartige Büroformen mit vergleichsweise geringerer Bürofläche pro Beschäftigtem. Hinzu kommen verstärkte Rationalisierungsbemühungen, gerade im Finanzgewerbe, durch die zunehmende Internationalisierung des Wettbewerbs, allerdings auch durch notwendige Rationalisierungen besonders im branchenbezogen gesehen überdimensionierten Geschäftsstellen- und Filialnetz. Auch die geplanten Steueränderungen erschweren eine Belebung am Büroimmobilienmarkt.

Als Fazit bleibt festzuhalten, daß sich bestenfalls auch bei moderatem Wirtschaftswachstum ein leichter Anstieg der Flächennachfrage ergibt. Da das Angebot weiterhin hoch bleibt, ist vor allem in Ostdeutschland und an der Peripherie von weiter fallenden Mieten auszugehen.

Nötig wäre in diesem Zusammenhang ein deutlicher Rückgang der Neubautätigkeit und eine Konzentration auf bedarfsgerechte Neuinvestitionen mit multifunktionaler Bürogestaltung, modernster Technik, professionellem Gebäude-Management und einem attraktiven Umfeld.

Auf dem Markt für *Einzelhandelsimmobilien* hat die anhaltende Rezession im Einzelhandel deutliche Spuren hinterlassen. Selbst in 1a-Lagen sanken die Ladenmieten um 8 bis 12 %. Besonders kritisch ist die Lage des innerstädtischen Einzelhandels in den neuen Bundesländern durch die an der Peripherie entstandenen großflächigen Einkaufszentren. Niedrige Lohnerhöhungen, steigende Arbeitslosigkeit und höhere Sozialabgaben lassen auch für die absehbare Zukunft kein Wachstum der Einzelhandelsumsätze zu. Erst durch die geplante Einkommensteuersenkung 1998 und 1999 sind unter Umständen stärkere Impulse zu erwarten, die allerdings durch Inflationsängste, die sich aus der beabsichtigten Euro-Einführung ergeben, überkompensiert werden könnten (vgl. Abb. 5).

Mittel- und langfristig sieht die Studie „Handel im 21. Jahrhundert" der Kölner Unternehmensberatung BBE gravierende Veränderungen im Einzelhandel. In wenigen Jahren wird dort eine Übernahmewelle erwartet, nach der ein gutes Dutzend Handelskonzerne in Zentraleuropa mehr als die Hälfte aller Einzelhandelsumsätze auf sich vereint. Der schon unter starkem

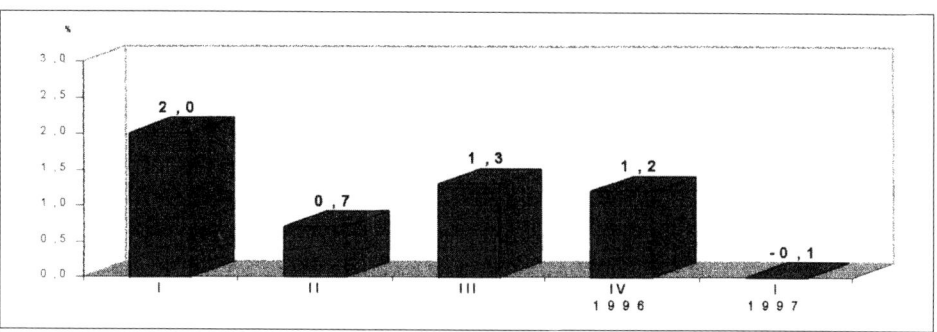

Abb. 5: Wachstum des privaten Verbrauchs in Prozent
Quelle: Allgemeine Hypothekenbank AG

Wettbewerbsdruck leidende Mittelstand habe weiterhin schlechte Aussichten, so die Schlußfolgerung. Die altbekannte, klassische Branchenspezialisierung werde durch einen starken Trend zur Sortimentsvermischung weitgehend aufgehoben. Gewinner können die Filialunternehmen sein, während Fachmärkte Marktanteile verlören. Die Einzelhandelsunternehmen werden gut gemanagte Einkaufszentren vorziehen und dabei die traditionelle Einkaufsstraße mehr und mehr vernachlässigen. Dem Einkaufszentrum auf der grünen Wiese werden wegen der konzentrierten Produktvielfalt und der ausreichend vorhandenen Parkplätze gute Chancen zugesprochen. Weiterhin soll es nach Auffassung der BBE-Unternehmensberatung durch die Einführung von Electronic Shopping zur Aufhebung jeglicher Regionalität kommen (vgl. BBE-Unternehmensberatung, zitiert in: Frankfurter Allgemeine Zeitung, 25. April 1997). Dagegen sprechen allerdings aktuelle Entwicklungen in den USA, wo der Marktanteil von TV-Shopping bei rund 6 % stagniert, da die Konsumenten auf das originäre Kauferlebnis nicht verzichten wollen. Vielerorts wird zudem versucht, die zunehmend verödeten Innenstädte durch einen attraktiven Einzelhandel zu revitalisieren.

Festzuhalten bleibt, daß sich insbesondere der Einzelhandel mit geänderten Konsum- und Einkaufsgewohnheiten auseinanderzusetzen hat, die eine detailliertere Prognose erschweren.

Die Zahl der fertiggestellten *Wohnungen* in Deutschland ist 1996 auf 590.000 gefallen, wovon rund 447.000 dem Westen und 143.000 dem Osten zuzurechnen sind. Für 1997 werden nur noch rund 540.000 Einheiten erwartet. Von diesem Rückgang ist vor allem der Geschoßwohnungsbau betroffen. Positiv entwickelt sich nur die Nachfrage bei Ein- und Zweifamilienhäusern (vgl. Abb. 6).

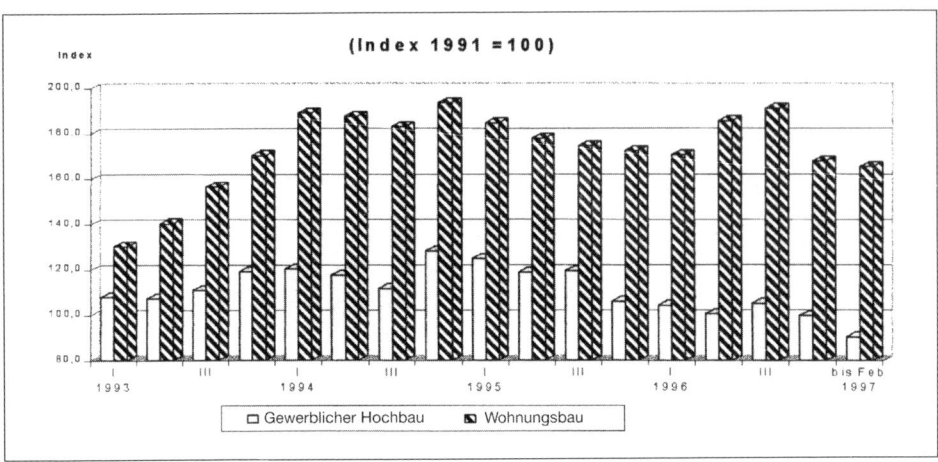

Abb. 6: Auftragseingang im Bauhauptgewerbe – gewerblicher Hochbau und Wohnungsbau
Quelle: Allgemeine Hypothekenbank AG

Nach Einschätzung des Deutschen Instituts für Wirtschaftsforschung wird auch 1997 bei Wohnungen in Mehrfamilienhäusern mit einem weiteren deutlichen Rückgang gerechnet. Dagegen ist bei Ein- und Zweifamilienhäusern mit einem Anstieg um 5% auf 163.000 Einheiten zu rechnen. Die Spreizung des Wohnimmobilienmarktes in zwei Marktsegmente im Hinblick auf das Erwerbsmotiv einerseits (Kapitalanlage versus Eigennutzung), aber auch auf die Objektart andererseits (Geschoßwohnungsbau versus Einfamilienhaus, Reihenhaus, Doppelhaushälfte) dürfte sich in Zukunft noch verstärken. So drückt das vorhandene Überangebot im Bereich der Kapitalanlage im Geschoßwohnungsbau auf die Preise. Hinzu kommt die geplante Vermarktung von bis zu 500.000 Wohnungen aus den Beständen von Bund, Ländern, Kommunen, Post sowie Versicherungs- und Industrieunternehmen.

Stabilisierend auf den Wohnungsbau könnte sich in Zukunft die Sanierung und Modernisierung von Altbauten in den neuen Bundesländern auswirken, da diese seit Jahresbeginn 1997 mit attraktiven Sonderabschreibungen gefördert werden. Der Bauschadensbericht der Bundesregierung weist 40 Mrd. DM als Instandsetzungsbedarf mit hoher Dringlichkeit aus.

Kurz- bis mittelfristig mag es in erster Linie im Marktsegment für eigengenutzte Wohnimmobilien, und hier insbesondere bei EFH, DHH und RH, wieder zu steigenden Preisen und Mieten kommen. Gründe dafür sind die durch Wanderungsbewegungen erwartete wachsende Bevölkerungszahl, die weitere Zunahme von Einpersonenhaushalten mit ihrem tendenziell höheren Flächenverbrauch, die steigenden Ansprüche der geburtenstarken Jahrgänge und der Zuwanderer der letzten Jahre. Zudem wird die Bedeutung der

Immobilie für die private Altersversorgung weiter zunehmen. 86 % der Bundesbürger sehen in der selbstgenutzten Immobilie die beste Vorsorgemöglichkeit. Diese Tendenz wird noch verstärkt durch die geplante Besteuerung von Lebensversicherungen.

Die im europäischen Vergleich niedrigen Wohneigentumsquoten von zirka 43 % in Westdeutschland und nur 26 % in Ostdeutschland zeigen noch zusätzlich ein erhebliches Steigerungspotential im Vergleich zu Großbritannien mit 67 % und Frankreich mit 54 %.

Falls es aber bei der Steuerreform tatsächlich zu den geplanten Belastungen der Immobilienwirtschaft kommt, wäre die Attraktivität der Immobilie allerdings deutlich beeinträchtigt. Vor allem auf dem Mietwohnungsmarkt könnte es zu einem weiteren Rückgang des Investitionsvolumens kommen, da die steuerlich induzierten Verluste nur teilweise durch höhere Mietzahlungen auf dem zudem durch Staat und Rechtssprechung aus sozialpolitischen Motiven geschützten Mietwohnungsmarkt kompensiert werden können.

Serviceimmobilien werden in Zukunft verstärkt nachgefragt werden. Bis zum Jahr 2000 steigt in Deutschland die Zahl der Personen, die über 60 Jahre alt sind, von heute 17,5 Millionen auf dann 19,3 Millionen. Im Jahre 2030 werden es sogar 26 Millionen sein. Die Senioren als Nachfrager von Alten- und Seniorenwohnheimen verfügen über ein Einkommen, das unabhängig von kurzfristigen Konjunkturschwankungen zur Verfügung steht und sich mittlerweile auch aus mehreren Töpfen speist. Diese Bevölkerungsgruppe hat sich in den letzten 20 Jahren maßgeblich verändert. Die dritte Lebensphase ist heute geprägt vom Wunsch nach vielfältigen sozialen, kulturellen und sportlichen Aktivitäten. Die Senioren wollen individuell und unabhängig leben und nur im Bedarfs- oder Notfall auf Service- oder Pflegeleistungen zurückgreifen. Die Eigenständigkeit des Wohnens genießt bei den neuen Alten höchste Priorität. Diesem Wunsch muß schon bei der Konzeptionierung einer Serviceimmobilie Rechnung getragen werden. Nicht das Altenwohnheim auf der grünen Wiese wie noch in den siebziger Jahren wird weiter nachgefragt, sondern die citynahe Immobilie mit optimaler Verkehrsanbindung, die es Senioren gestattet, auf ein hotelähnliches Angebot in urbaner Umgebung zurückzugreifen. Auch der Bedarf an Pflegeheimen wird durch die Überalterung der Bevölkerung in Zukunft weiter wachsen, wobei die Leistungen aus der Pflegeversicherung einem Investor relativ sichere Einnahmen garantieren.

3.2 Auswirkungen von Steuerrechtsänderungen auf Immobilieninvestitionen

Der Immobilienmarkt besitzt eine herausragende Bedeutung für die Gesamtwirtschaft. In Deutschland betragen die Immobilieninvestitionen rund 500 Mrd. DM im Jahr, das sind zwei Drittel aller Bruttoanlageinvestitionen. Auf Wohnimmobilien entfallen davon 260 Mrd. DM. Durch Kauf und Verkauf von Bestandsobjekten und Grundstücken werden zusätzlich 300 Mrd. DM bewegt. Insgesamt sind durch die Steuerrechtsänderungen also Investitionsvolumina von gut 800 Mrd. DM p.a. betroffen.

Die drastische Reduzierung der Sonderabschreibungen in den neuen Bundesländern im Rahmen des Fördergebietsgesetzes zum 31. Dezember 1996 führte zu deutlichen Rückgängen im Mietwohnungsbau. Zum 31. Dezember 1998 sollen auch diese reduzierten Abschreibungsmöglichkeiten vollends entfallen. Anfang 1996 wurden die Abschreibungsbedingungen im Mietwohnungsbau durch die Senkung des Eingangssatzes bei der degressiven Afa von 7 % auf 5 % verschlechtert. Ebenfalls zu Beginn diesen Jahres wurde die Eigenheimförderung vom § 10e EStG auf eine progressionsunabhängige Zulage umgestellt. Die anerkennungsfähigen Vorkosten wurden auf 3.500 DM begrenzt (§ 10i EStG). Mit diesen Veränderungen ergibt sich schon für mittlere Einkommensschichten eine Schlechterstellung gegenüber der bis Ende 1995 geltenden Regelung.

Die zum Jahresanfang 1997 erfolgte Abschaffung der Vermögensteuer bedeutet zwar eine steuerliche Entlastung für Immobilienbesitzer, die gleichzeitige Neuregelung der Erbschaftsteuer und die Erhöhung der Grunderwerbsteuer belasten aber fast ausschließlich die Immobilienwirtschaft. Die Bemessungsgrundlage für die Erbschaftsteuer wurde um ein Mehrfaches erhöht und die Grunderwerbsteuer von 2 % auf 3,5 % angehoben. Als Kapitalverkehrssteuer behindert die Grunderwerbsteuer die Effizienz des Marktes und die Mobilität des Kapitals. In der Gesamtbetrachtung überwiegen somit eindeutig die belastenden Effekte.

Besonders negative Auswirkungen wird weiterhin die geplante Abschaffung oder Reduzierung der degressiven Afa haben. Zusammen mit der Senkung des Spitzensteuersatzes, die den Entlastungseffekt der Afa bereits mindert, führen diese geplanten Änderungen zu letztlich indiskutabel niedrigen Renditen. Nach Berechnungen des Verbandes deutscher Hypothekenbanken ergäbe sich dann bald im freifinanzierten Mietwohnungsbau bei einer linearen Afa von 2 % und einem Steuersatz von 40 % in den ersten zehn Jahren eine Rendite von durchschnittlich -1,7 %, erst über einen Zeitraum von 20 Jahren würde eine positive Durchschnittsrendite von 1,3 % erreicht. Angesichts dieser schlechten Renditeaussichten ist mit einem Ausweichen der Investoren in andere Kapitalanlagen zu rechnen, wenn es nicht zu einer Anpassung der Preise und Mieten kommt. Eine Senkung des Spitzensteuersatzes auf 40 % macht nach Berechnungen der Expertenkommission Wohnungsbau (sogenannte Sinn-Kommission) als Kompensation eine Erhöhung der Anfangsmieten um 20 bis 25 % erforderlich, die allerdings auf dem sozialpolitisch reglementierten Wohnungsmarkt auch auf längere Zeit nicht oder nur zum Teil durchsetzbar ist.

Die geplante Besteuerung von Wertsteigerungen bzw. eine Verlängerung der Spekulationsfrist von zwei auf fünf oder gar zehn Jahre würde überdies Immobilienbesitzer in ihrer Dispositionsfreiheit und Mobilität, beispielsweise beim Wechsel des Arbeitsplatzes, deutlich behindern, was angesichts der Anforderungen an Flexibilität und Mobilität der Arbeitnehmer ökonomisch kontraproduktiv ist. Angesichts geringer laufender Renditen spielt die Aussicht auf einen steuerfreien Veräußerungsgewinn bei Immobilieninvestitionen eine wichtige Rolle. Bei einer Besteuerung privater Veräußerungsgewinne müßten die Renditen im Wohnungsbau zum Ausgleich steigen. Außerdem wäre ein starker Werteverfall zu befürchten. Nach einer Prognose des Münchener Ifo-Institutes für Wirtschaftsforschung könnte es durch die Verlängerung der Spekulationsfrist auf zehn Jahre zu einem Nachfragerückgang mit einem Preisrutsch von 20 bis 30 % kommen.

Als Fazit bleibt festzuhalten, daß die Kumulation von steuerlichen Mehrbelastungen zu einem Nachlassen der Bautätigkeit und mittelfristig zu höheren Mieten führt. Würden die geplanten Steueränderungen in der skizzierten Weise erfolgen, wäre mit einem gravierenden Rückgang des Investitionsvolumens im Wohnungsbau zu rechnen (vgl. zum vorangehenden Abschnitt: Verband Deutscher Hypothekenbanken e.V.: *V-Rundschreiben Nr. 25* vom 10. März 1997, Bonn-Bad Godesberg).

3.3 Auswirkungen der Europäischen Währungsunion auf die Immobilienmärkte

Unabhängig von der geplanten Einführung des Euro ist und bleibt eine Immobilie eine sinnvolle Kapitalanlage. Die langfristig erzielbare Rendite scheint hierbei das wichtigste Investitionskriterium. Allerdings ist zu unterscheiden, ob es sich bei der Einführung um einen festen oder eher weichen Euro handelt. Durch eine gemeinsame Währung entfällt das Wechselkursrisiko und erhöht sich die Markttransparenz. Investoren werden ihr Interesse verstärkt auf Anlagemöglichkeiten im Ausland richten. Bei einem kleinen

Teilnehmerkreis und einem stabilen Euro wären die Inflationsängste der Bundesbürger unbegründet, eine Flucht in Sachwerte nicht nötig. Allenfalls aus marktpsychologischen Gründen könnte mit temporärer Mehrnachfrage zu rechnen sein. Da auf den deutschen Immobilienmärkten in den kommenden Jahren eine Konsolidierungsphase zu erwarten ist, würde es nur vorübergehend zu leicht erhöhten Immobilienpreisen kommen, allerdings ohne die Gefahr einer Überhitzung. Mittel- und langfristig werden sich im Zuge der Europäisierung der Märkte die Immobilienpreise innerhalb der Mitgliedsländer der Währungsunion annähern. Am deutschen Immobilienmarkt wird es deshalb zu stagnierenden oder gar fallenden Preisen kommen.

Bei einem großen Teilnehmerkreis und weichem Euro sind eine höhere Inflationsrate und tendenziell steigende Zinsen zu erwarten. Wegen der in diesem Fall nicht unbegründeten Inflationsängste ist mit größerem Interesse an Immobilien zu rechnen. Private Anleger werden sich verstärkt inländischen eigengenutzten Wohnimmobilien zuwenden, was tendenziell zu höheren Preisen führen wird. Das Interesse gewerblicher Anleger kann sich wegen des Wegfalls des Währungsrisikos, der höheren Markttransparenz und höherer Renditen stärker auf Gewerbeimmobilien in anderen EU-Staaten richten. Langfristig ist aber auch bei den Renditen mit einer Konvergenz innerhalb der an der Währungsunion beteiligten Staaten zu rechnen.

Eine DM-Aufwertung als Folge einer Euro-Verschiebung hätte negative Auswirkungen auf das wirtschaftliche Wachstum in Deutschland. Auch der Immobilienmarkt würde dadurch in Mitleidenschaft gezogen. Eine Folge der Bemühungen zum Erreichen der Maastricht-Kriterien sowie der Globalisierung der Weltwirtschaft und stagnierender Einkommen ist der deutliche und kontinuierliche Rückgang der Inflationsraten. Weltweit mehren sich Stimmen, daß die Inflation für längere Zeit besiegt sei. Dies hätte natürlich gravierende Auswirkungen auf die Immobilienmärkte. Die bequeme Inflationsmechanik, bei der der Wert von Immobilien durch Inflation jährlich stieg, während die Hypothek ihre ursprüngliche Höhe behielt, würde nicht mehr funktionieren. Die Immobilienkredite könnten nicht mehr mit inflationsgetriebenen steigenden Mieteinnahmen oder Verkaufserlösen zurückgezahlt werden. Die Folgen einer solchen Entwicklung auf die Kapitalmärkte insgesamt wären schlechterdings nicht abzusehen. Allerdings ist bislang auch aufgrund des fehlenden statistischen Datenmaterials von einer dauerhaften Negierung von Inflationsgefahren nicht auszugehen, da es auch in der Vergangenheit Phasen mit niedriger Inflation oder gar Deflation gab, die aber letztlich nie von Dauer waren.

4. Entwicklung eines Prognosemodells

Wie soll sich ein potentieller Investor angesichts der oben geschilderten Unsicherheiten hinsichtlich der zukünftigen Wertentwicklung und Besteuerung von Immobilien nun in Zukunft verhalten? Ausgangspunkt der Überlegungen hier soll ein privater Investor sein, der den Erwerb einer zu vermietenden Immobilie plant. Durch eine Prognoserechnung werden ihm dabei Entscheidungshilfen geboten werden.

Ziel des Investors soll die Endvermögensmaximierung sein. Sein Endvermögen besteht in dem vorgestellten Prognosemodell aus dem Wert der Immobilie abzüglich der Restschuld und dem Endwert der aufgelaufenen Ergänzungsinvestitionen.

Mit Hilfe von Investitionsrechnungen kann man die Vorteilhaftigkeit von Investitionsentscheidungen in bezug auf monetäre Ziele bewerten. Eine geeignete dynamische Investitionsrechnung ist die Kapitalwertmethode, ein Spezialfall der Endwertmaximierungsmodelle. Sich gegenseitig nicht ausschließende Handlungsmöglichkeiten werden in sogenannten vollständigen Finanzplänen zu echten, sich gegenseitig ausschließenden Alternativen ergänzt, denn nur dann ist eine rationale Entscheidung möglich. Dies erreicht man, indem in die Zahlungsreihe des eigentlich zu beurteilenden Projekts die Zahlungsreihen von Ergänzungsinvestitionen eingefügt werden. Diese Vorgehensweise ermöglicht es, daß bei jeder zu untersuchenden Alternative identische Entnahmen aus den verfügbaren Finanzmitteln des Investors erfolgen.

Eine Ergänzungsinvestition ist eine reale Investition, die in Erweiterung zu einer Investition durchgeführt wird, um diese mit einer alternativen Möglichkeit zu vergleichen. In jedem Zahlungszeitpunkt ist die Berücksichtigung je einer Ergänzungsinvestition in Höhe der Differenz der Nettozahlungen erforderlich. In diesem Prognosemodell besteht die Ergänzungsinvestition in einer Anlage nicht benötigter Finanzmittel am Kapitalmarkt. Der Habenzins, den die Ergänzungsinvestition bringt, soll immer niedriger als der für das Darlehen zu zahlende Sollzins sein. Diese Differenz resultiert aus den Transaktionskosten der Geldanlage und der Kreditaufnahme, nämlich den Verwaltungskosten und dem Gewinn der Kreditinstitute. Man spricht bei dieser Konstellation auch von einem unvollkommenen Kapitalmarkt. Der Habenzins soll während des Betrachtungszeitraumes konstant bei 4 % liegen.

5. Prognoserechnungen für unterschiedliche Szenarien

Als Rechenbeispiel wird der Kauf eines Neubaubürogebäudes mit 1.000 m² vermietbarer Bürofläche und 25 Stellplätzen in den alten Bundesländern unterstellt. Der Kaufpreis inkl. Anschaffungsnebenkosten soll 6 Mio. DM betragen, wovon 2 Mio. DM auf den anteiligen Bodenwert entfallen. Als Mieteinnahmen im ersten Jahr werden 28,75 DM pro Quadratmeter Bürofläche sowie 100 DM pro Stellplatz angesetzt, insgesamt also 375.000 DM. Das Objekt wird im Privatvermögen des Investors gehalten und ist deshalb linear mit 2 % abzuschreiben, so daß die Abschreibungen 80.000 DM pro Jahr betragen. Es entstehen somit Einkünfte aus Vermietung und Verpachtung. Etwaige Verwaltungskosten oder nicht umlegbare Betriebskosten werden nicht berücksichtigt. Das zu versteuernde Einkommen des Investors soll sich vor und nach der Investition im Bereich des Grenzsteuersatzes (obere Proportionalzone) befinden. Kirchensteuer und Solidaritätszuschlag werden nicht berücksichtigt. Die Zinsen aus der Ergänzungsinvestition (4 % per anno) werden ebenfalls mit dem Grenzsteuersatz belastet, da der Sparerfreibetrag schon anderweitig ausgenutzt sein soll. Aus anderen Einkunftsarten zahlt der Investor jährlich 180.000 DM. Am Beginn des ersten Jahres investiert er 600.000 DM Eigenkapital in das Objekt. Als Zahlungszeitpunkt aller anderen Zahlungen wird das Ende des jeweiligen Jahres angenommen. Die verbleibenden 5.400.000 DM werden durch ein Annuitätendarlehen finanziert. Der Zins soll 6,55 % bei 100 % Auszahlung betragen und wird über den gesamten Betrachtungszeitraum als fest angenommen. Bei einer unterstellten Annuität von 10 % per anno errechnet sich eine anfängliche Tilgung von 3,45 % jährlich. Je nach untersuchter Prognosealternative werden verschiedene Annahmen über den erwarteten Grenzsteuersatz während des Betrachtungszeitraumes, die Mietsteigerung und den Wertzuwachs pro Jahr getroffen (vgl. Tab. 1).

Die Finanzanlage C sei eine Anlage in festverzinslichen Wertpapieren, deren Zinsen dem Grenzsteuersatz unterliegen, da ja der Sparerfreibetrag schon anderweitig ausgeschöpft sein soll. Kirchensteuer und Solidaritätszuschlag werden – wie schon erwähnt – nicht berücksichtigt. Die Zinserträge und jährliche Zuzahlungen können ebenfalls zum angenommenen Zinssatz angelegt werden. Der unterstellte Wertzuwachs der Aktienanlage ist steuerfrei. Von einer zu versteuernden Dividende bzw. Kauf- und Depotgebühren wird abgesehen. Die jährlichen Zuzahlungen erzielen ebenfalls den genannten Wertzuwachs.

	Grenzsteuersatz	Wertzuwachs der Immobilie p.a.	Steigerung der Mieteinnahmen p.a.
Prognosealternative A	53 %	2 %	2 %
Prognosealternative B	40 %	0 %	0 %

Die Ergebnisse der Prognosealternativen werden mit folgenden Alternativanlagen verglichen:

	Grenzsteuersatz	Verzinsung bzw. Wertzuwachs
Finanzanlage C	40 %	7 %
Aktienanlage D	steuerfrei	6 %
Aktienanlage E	steuerfrei	11 %

Tab. 1: Beispielrechnung

In der folgenden Tabelle (vgl. Tab. 2) sind die Ergebnisse der Alternativen nach zehn Jahren dargestellt.

Version	Ergebnis
Prognosealternative A	4.746.836,01 DM
Prognosealternative B	3.269.836,25 DM
Finanzanlage C	3.086.624,01 DM
Aktienanlage D	3.447.051,71 DM
Aktienanlage E	4.713.614,21 DM

Tab. 2: Ergebnisse der Alternativen nach zehn Jahren

Blieben die heutigen Voraussetzungen erhalten (Alternative A), wäre die untersuchte Immobilie die vorteilhafteste Kapitalanlage. Sie würde sogar eine Aktienanlage mit einem jährlichen steuerfreien Wertzuwachs von 11 % übertreffen. Falls aber Alternative B eintritt, würde die Immobilieninvestition enorm an Attraktivität verlieren und sogar hinter das Ergebnis einer Aktienanlage mit 6%iger Wertsteigerung zurückfallen. Trotzdem wäre eine Immobilieninvestition bei dieser Konstellation immer noch vorteilhafter als eine Anlage in festverzinslichen Wertpapieren zu 7 %.

Nicht berücksichtigt bei diesem Vergleich ist der unterschiedlich hohe Verwaltungsaufwand sowie die unterschiedlich zu bewertenden Risiken, was die Nachhaltigkeit des unterstellten Wertzuwachses betrifft. Die Prognoseergebnisse sind selbstverständlich vom Eintreffen der genannten Annahmen abhängig. Deshalb sollte man die errechneten Zahlenwerte auch nur als ungefähren Richtwert betrachten.

6. Empfehlungen an Immobilieninvestoren

Die aufgezeigten Entwicklungsmöglichkeiten an den Immobilien- und Kapitalmärkten verunsichern viele potentielle Investoren. Welche Ratschläge kann man vor diesem Hintergrund einem Anleger erteilen?

Grundsätzlich bleibt der Erwerb ausgesuchter Immobilien eine sinnvolle Alternative im Rahmen der privaten Vermögensdiversifikation. In Zukunft darf eine erwartete Steuerersparnis – wie allerdings schon bislang – nicht das allein entscheidende Investitionskriterium sein. Der Investor sollte sich vielmehr an den langfristig erzielbaren Mieteinnahmen orientieren. Diese sind unter anderem abhängig von der Lage der Immobilie, der Bausubstanz, der Flexibilität der Nutzungsmöglichkeiten (vor allem bei Gewerbeimmobilien) sowie der Bonität des Mieters. Eine Immobilie, die diese Kriterien erfüllt, wird auch weiterhin eine solide Anlage bleiben. Vor reinen Steuersparmodellen, die am Bedarf vorbei errichtet wurden, muß gewarnt werden. Selbst die höchste Steuerersparnis macht aus solchen Objekten keine sinnvolle Kapitalanlage, denn nachhaltig erzielbare Mieteinnahmen sowie Wertsteigerungen oder zumindest Werterhalt sind damit nicht zu erreichen. Statt dessen ist mit einem drastischen Wertverfall zu rechnen, der vielfach die realisierten Steuerersparnisse übersteigen kann und letztlich auch zu Problemen bei der Fremdkapitalbedienung führt.

Unabhängig von konjunkturellen Schwankungen ist in den vergangenen Jahren zu beobachten, daß sich die Produktlebenszyklen einer Immobilie dramatisch verringern. Bei Wohnimmobilien ändern sich in rascher Folge die Wohntrends in einer Gesellschaft, was konsequent Auswirkungen auf die Wertsteigerung und Werthaltigkeit von Wohnimmobilien hat. Deutlich konnte man diese Entwicklung in der Vergangenheit bei Flachdachbauten erkennen. Dieser Tendenz wirkt in erster Linie nur die zunehmende Verknappung und damit Verteuerung von Bauland entgegen, die den Wert einer Wohnimmobilie durch den relativ großen Anteil von Grund und Boden zumindest auf einem bestimmten Niveau hält. Dagegen unterliegt der Markt für Büroimmobilien noch schnelleren Marktschwankungen. Ausschlaggebend für den wirtschaftlichen Erfolg einer Büroimmobilie ist neben ihrer attraktiven Lage in erster Linie ihre Nutzungsfungibilität und ihre technische

Ausstattung. Insbesondere die installierte Kommunikationstechnologie wird zukünftig für den Vermietungserfolg entscheidender Faktor sein.

Die Verkürzung von Lebenszyklen betrifft aber auch sowohl Management- als auch Freizeitimmobilien durch sich schnell veränderndes Freizeitverhalten der relevanten Nutzergruppen. Im Rehaklinikbereich ist durch die jüngste Gesetzesnovelle ein abrupter Wandel der Gesetzeslage mit dem damit einhergehenden Schwund der Auslastungsquote dieser Kliniken eingetreten, der in dieser Form nicht absehbar war, gleichwohl jedoch deutliche Auswirkungen auf die Betreiber dieser Anlagen und die objektfinanzierenden Banken hat.

Diese Entwicklungen gebieten für viele Objekte eine kalkulatorische Reduzierung des wirtschaftlichen Nutzungszeitraumes auf 10 bis 20 Jahre. Für Investoren bedeutet dies eine Erhöhung der in ihre Kalkulation einzustellenden jährlichen wirtschaftlichen Abschreibungssätze. Aber auch die Banken werden sich der geänderten Situation anpassen müssen. Die alleinige grundpfandrechtliche Sicherung der herausgelegten Kredite wird vielfach nicht mehr ausreichen. Dagegen werden die Banken verstärkt auf das Einbringen von Zusatzsicherungen, die Vereinbarung höherer Tilgungsleistungen sowie den Einsatz von Eigenmitteln des Darlehensnehmers achten müssen, um insgesamt zu einer gleichgewichtigeren Austarierung von Projektrisiken zu gelangen.

Auch auf das Management einer Immobilie sollte der Investor achten. Eine vergleichsweise neue Entwicklung stellt auf diesem Gebiet das Facility-Management dar. Darunter ist eine ganzheitliche und umfassende Immobilienbewirtschaftung zu verstehen, deren Ziel die langfristige Ertragssteigerung und Werterhaltung sowohl für den Investor als auch für den Nutzer ist. Die Besonderheit liegt in der ganzheitlichen Betrachtung und umfassenden Immobilienbewirtschaftung, wobei wesentliche Teilbereiche des Facility-Managements Flächen-Management, Organisationsoptimierung und Kosten-Management umfassen. Durch die zunehmende Konzentration vieler Unternehmen auf ihr eigentliches Kerngeschäft nimmt der Trend zum Outsourcing des Facility-Managements zu.

Die Vorteile des Facility-Managements liegen in einer durch das Outsourcing bedingten besseren Konzentration der Gebäudenutzer auf ihr Kerngeschäft, einer erfahrenen und professionellen Immobilienbewirtschaftung und den daraus resultierenden Kosteneinsparungspotentialen, die von gewerblichen Großunternehmen auf 10 bis 20 % der gesamten Bewirtschaftungskosten quantifiziert werden. Facility-Management kann also einen Beitrag zur Objektfinanzierung durch die Reduktion von Bewirtschaftungskosten leisten und ist deshalb auch ein wichtiger Aspekt für die Banken im

Hinblick auf ihre Kreditentscheidungsprozeß (vgl. zum vorangehenden Abschnitt: B. Falk [Hrsg.]: *Fachlexikon Immobilienwirtschaft*, Köln 1996).

Einen erheblichen Einfluß auf die Wertentwicklung und Rendite einer Immobilie haben Mietvertragsklauseln, die der Absicherung der Mieten gegen Inflation dienen. Der Wert einer Immobilie wird neben anderen Faktoren vor allem von den langfristig und nachhaltig erzielbaren Mieteinnahmen bestimmt. Wertsicherungsklauseln sichern deshalb neben der Kaufkraft der laufenden Mieteinnahmen auch den Wert eines Mietobjekts. Die DM von 1949 hat fast in jedem Jahr an Kaufkraft verloren. 1994 war die DM von 1949 nur noch 29 Pfennige wert. Dies verdeutlicht die Bedeutung der Wertsicherung von Mietzahlungen aus langfristigen Verträgen, denn die jährlichen Wertminderungen des Geldes würden sich sonst zu erheblichen Größenordnungen summieren. Im Gesetz gibt es keinen Anspruch des Vermieters auf Ausgleich des Wertverlustes durch Inflation. Deshalb muß der Vermieter Wertsicherungsklauseln in den Vertragstext aufnehmen. Eine automatische Indexierung sollte von der Bundesbank genehmigt werden und ist für Mietverträge unter zehn Jahren Laufzeit vom Gesetzgeber verboten. Bei kürzer laufenden Verträgen kann man zum Beispiel durch Staffelmieten die Miete regelmäßig erhöhen. Die Wertsicherung über die Indexierung ist eine weitverbreitete Methode des Inflationsschutzes. Üblicherweise wird die Indexreihe des Statistischen Bundesamtes für einen Vierpersonenhaushalt zur Indexabsicherung gewählt. Falls Apassungen der Miete erst nach einer bestimmten, beispielsweise 10%igen Änderung durchgeführt werden, bedeutet dies, daß die letzte Mietzahlung bereits 10 % in ihrem realen Wert niedriger ist. Deshalb ist dem Vermieter – soweit durchsetzbar – zu einer jährlichen Anpassung zu raten, denn diese birgt den geringsten Inflationsverlust. Bei Mietverträgen mit Teilindexierungen, wie sie häufig für Handelsimmobilien vereinbart werden, kommt eine Steigerung des Index nur mit einem bestimmten Prozentsatz, etwa 60 % oder 70 %, als Mieterhöhung in Frage. Das bedeutet, man wählt eine über die Vertragslaufzeit fallende Miete, die sich zwar nominell erhöht, real an der Kaufkraft gemessen aber fällt.

Diese unterschiedlichen Möglichkeiten der Vertragsgestaltung haben erheblichen Einfluß auf die erzielbare Rendite. Bei einer Immobilie mit einer Erwerbsrendite von 7 % erreicht der Investor sogar bei einer 100%igen Vollindexierung mit Anpassung nach jeweils 10 % Änderung des zugrundegelegten Index nur eine Effektivverzinsung von zirka 6,7 %. Bei einer Teilindexierung fällt die reale Verzinsung, also die verbleibende Verzinsung nach Abzug der Inflationsrate, mit der Länge der Laufzeit um so stärker, je geringer die Indexanpassung ausfällt. Die Entwicklung der Nominal- und

Realverzinsung einer Immobilie in den Jahren 1965 bis 1994 bei einem 30jährigen Mietvertrag zeigt die folgende Tabelle (vgl. Tab. 3).

Jahr	Index	100 % Vollindexierung Anpassung nach zehnprozentiger Steigerung		60 % Teilindexierung		Ohne Indexierung	
		Nominalverzinsung	Realverzinsung	Nominalverzinsung	Realverzinsung	Nominalverzinsung	Realverzinsung
1965	101,84	7,00 %	6,87 %	7,00 %	6,87 %	7,00 %	6,87 %
1966	103,38	7,00 %	6,66 %	7,00 %	6,66 %	7,00 %	6,66 %
1967	106,92	7,00 %	6,54 %	7,00 %	6,54 %	7,00 %	6,54 %
1968	108,31	7,00 %	6,46 %	7,00 %	6,46 %	7,00 %	6,46 %
1969	110,51	7,56 %	6,86 %	7,36 %	6,59 %	7,00 %	6,33 %
1974	143,65	9,42 %	6,55 %	8,45 %	5,88 %	7,00 %	4,87 %
1984	218,82	15,00 %	6,86 %	11,81 %	5,39 %	7,00 %	3,19 %
1994	274,18	18,51 %	6,75 %	13,90 %	5,07 %	7,00 %	2,55 %

Tab. 3: Die Entwicklung der Nominal- und Realverzinsung einer Immobilie in den Jahren 1965 bis 1994
Quelle: J. Vielberth

Da die Preise einer gewerblichen Immobilie häufig als das Vielfache einer Jahresnettomiete ausgedrückt werden, führt eine fehlende Wertsicherungsklausel in einem langfristigen Mietvertrag deshalb zu einer erheblichen Wertminderung des Objektes im Zeitablauf. Dies sollte jeder Investor ex ante in sein Kalkül mit einbeziehen, um bei einem späteren Verkauf des Objektes keine Überraschungen zu erleben (vgl. zum vorangehenden Abschnitt: Vielberth, J.: *Möglichkeiten der Stabilisierung und Wertsteigerung von Shopping-Centern und anderen Gewerbe-Immobilien*, Institut für Gewerbezentren, Starnberg, 1996).

Nicht zu vergessen bei der Auswahl der Immobilie sind die anfallenden Transaktionskosten, die unter anderem die Grunderwerbsteuer, eine eventuell anfallende Maklergebühr, Notar- und Grundbuchkosten umfassen. Diese können schnell bis zu 10 % des Kaufpreises erreichen, was bei der Finanzierung zu berücksichtigen ist.

Hilfreich kann es für den Investor sein, sich bei der Entscheidung für eine zu erwerbende Immobilie auch an den Beleihungswertermittlungsmethoden der finanzierenden Bank zu orientieren. Bei der Feststellung des Beleihungswertes sind nach §12 (1) Hypothekenbankgesetz „... nur die dauernden Eigenschaften des Grundstücks und der Ertrag zu berücksichtigen, welchen das Grundstück bei ordnungsgemäßer Wirtschaft jedem Besitzer nachhaltig gewähren kann". Der Beleihungswert ist also der Wert, den die Bank der Immobilie unter Würdigung von Risikogesichtspunkten auf lange Sicht beimißt. Man unterscheidet dabei drei Methoden der Wertermittlung: das Vergleichswertverfahren, das Ertragswertverfahren und das Substanzwertverfahren.

Bei Gewerbeimmobilien und vermieteten Wohnimmobilien ab zwei Wohneinheiten kommt in der Regel das Ertragswertverfahren zur Anwendung. Der Ertragswert gibt Auskunft über den sich ergebenden Barwert der Immobilienerträge. Wesentliche Faktoren sind dabei die nachhaltigen Mieterträge, die Restlebensdauer der Gebäude, der Kapitalisierungszinssatz, der bei Gewerbeimmobilien nicht unter 6 % und bei Wohnimmobilien nicht unter 5 % liegen darf, sowie die Bewirtschaftungskosten, bestehend aus Instandhaltungs-, Verwaltungs- und Wagniskosten des Mietausfalls. Der Ertragswert wird um so größer, je höher die Mieten, je länger die Restlebensdauer und je niedriger der Kapitalisierungseinsatz sind. Er wird um so niedriger, je höher die Bewirtschaftungskosten, je kürzer die Restlebensdauer, je geringer die Mieten und je höher der Kapitalisierungszinssatz sind (vgl. Müller-Trudrung, Jürgen, „Grundstücksbewertung und Kundenschutz", in: Der langfristige Kredit, 7/97). Zentrale Bedeutung beim Ertragswertverfahren kommt durch seine Vervielfältigerwirkung dem Kapitalisierungszinssatz zu. Man versteht darunter den Zinssatz, mit dem Hypothekenbanken den Verkaufswert von Immobilien, also den ermittelten Beleihungswert errechnen. Beispielsweise ergibt sich bei einem angenommenen Zins von 5 % und einer Restnutzungsdauer von 50 Jahren ein Vervielfältiger von 18,26. Diese Werte liegen den Kreditinstituten als Tabellenwerk vor.

Ohne auf Details einzugehen, soll hier kurz die Berechnung des Ertragswertes bei wohnwirtschaftlich genutzten Neubauobjekten skizziert werden (vgl. Tab. 4).

Jährlicher Rohertrag (Nettokaltmiete)
– Bewirtschaftungskosten
= Reinertrag
* Kapitalisierungszinssatz
= Ertragswert (= Verkaufswert = ermittelter Beleihungswert)

Tab. 4: Schema zur Ermittlung des Ertragswertes ohne Bodenwertverzinsung

Ausgehend von dem jährlichen Rohertrag des Objekts gelangt man zum Reinertrag durch Abzug der Bewirtschaftungskosten. Bei einer wohnlich genutzten Fläche wird die Bank die Bewirtschaftungskosten je nach Miethöhe zwischen 20 und 40 % in Anlehnung an die II. Berechnungsverordnung ansetzen. Der Reinertrag wird multipliziert mit dem angemessenen Kapitalisierungszinssatz und ergibt den Ertragswert, der dem ermittelten Beleihungswert entspricht. Bis zu 60 % des vom Kompetenzträger festgelegten Beleihungswertes bezeichnet man als sogenannten erststelligen Beleihungsraum, der vorrangig von Hypothekenbanken finanziert wird. Der übersteigende Kreditanteil unterliegt diversen formalen Anforderungen des Kreditwesengesetzes (§§ 13, 15, 16 und 18) und ist damit nicht mehr Realkredit, sondern Personalkredit (vgl.: Spitzkopf, Horst Alexander, in: B. Falk [Hrsg.]: *Gewerbe-Immobilien*, Landsberg/Lech, 6. überarbeitete und erweiterte Auflage, 1994, S. 536). Für Darlehensteile, die über den erststelligen Beleihungsraum hinausgehen, verlangen die Banken in der Regel zusätzliche Sicherheiten und einen Zinsaufschlag, um dem erhöhten Risiko entsprechend begegnen zu können.

Eine Möglichkeit zur Rentabilitätsbetrachtung von Immobilien bietet der Cash-flow. Darunter versteht man eine finanz- und betriebswirtschaftliche Kennzahl zur Beurteilung der Finanz- und Ertragslage eines Unternehmens. Dazu werden liquiditätswirksame Ab- und Zuflüsse einer Firma saldiert, um eine Aussage über die Innenfinanzierungskraft auch einer Immobilie zu gewinnen. Auf das Immobiliensegment angewandt, können für jede Immobilieninvestition die jeweiligen Cash-flows berechnet werden, wobei der jeweilige Barwert der Zahlungsreihen durch Diskontieren zu bilden ist (vgl. Tab. 5).

Jährliche Mieteinnahmen
+ Sonstige jährliche Einnahmen
= Gesamteinnahmen des Objekts
− Zinsaufwendungen
− Aufwendungen zur Erhaltung des Objekts
− Verwaltungs- und Personalkosten
− Sonstige Kosten
= Laufender Cash-flow
− Buchwert des Objekts
+ Verkehrswert des Objekts
= Cash-flow

Tab. 5: Schema zur Ermittlung des Cash-flows
Quelle: Fachlexikon Immobilienwirtschaft

Der laufende Cash-flow, auch Kapitaldienstgrenze eines Objekts genannt, ist eine wichtige Kennziffer für den potentiellen Investor, um die Ertragskraft einer Immobilie zu beurteilen. Er gibt an, bis zu welchem Grad die Bedienung der aufgenommenen Fremdmittel unter Berücksichtigung auch anderer Kostenbestandteile aus den Mieteinnahmen des Objekts gesichert ist (vgl.: B. Falk [Hrsg.]: *Fachlexikon Immobilienwirtschaft*, Köln, 1996).

Welche Auswirkungen die Gewährung von Incentives auf den Cash-flow bei einem Zehn-Jahres-Mietvertrag haben kann, zeigt das folgende Beispiel von DTZ Zadelhoff. Aus der Sicht eines Mieters wird die ersparte Miete bei Gewährung unterschiedlicher Incentives errechnet (vgl. Tab. 6).

Bürofläche	1.500 m²	1.500 m²	1.500 m²
Miete	30 DM/m²/Monat	28 DM/m²/Monat	25 DM/m²/Monat
Mietfreie Zeit	0 Monate	3 Monate	3 Monate
Zu zahlende Miete			
Jahr 1: 1997	540.000 DM	378.000 DM	337.500 DM
Jahr 2: 1998	540.000 DM	504.000 DM	450.000 DM
Jahr 3: 1999	540.000 DM	504.000 DM	450.000 DM
Jahr 4: 2000	571.028 DM	532.960 DM	475.857 DM
Jahr 5: 2001	581.371 DM	542.613 DM	484.476 DM
Jahr 6: 2002	581.371 DM	542.613 DM	484.476 DM
Jahr 7: 2003	614.776 DM	573.791 DM	512.314 DM
Jahr 8: 2004	625.911 DM	584.184 DM	521.593 DM
Jahr 9: 2005	625.911 DM	584.184 DM	521.593 DM
Jahr 10: 2006	669.868 DM	625.210 DM	558.223 DM
Gesamt	**5.890.236 DM**	**5.371.555 DM**	**4.796.032 DM**
Ersparnis		**518.681 DM**	**1.094.204 DM**
Inflation von 2,3 % p. a.; Index 10 Punkte 1985 = 100			

Tab. 6: Cash-flow für Zehn-Jahres-Mietverträge mit Indexierung
Quelle: DTZ Zadelhoff

Verglichen mit einem Zehn-Jahres-Mietvertrag über 1.500 m² Bürofläche zu 30 DM pro m² pro Monat ergibt die Einräumung von drei mietfreien Monaten sowie eine auf 28 DM pro m² ermäßigte Miete in zehn Jahren 518.681 DM Mietersparnis für den Mieter. Läßt sich durch hartnäckiges Verhandeln neben den drei mietfreien Monaten die monatliche Miete auf 25 DM pro m² drücken, errechnet sich sogar eine Ersparnis von 1.094.204 DM. Ein Investor muß diese mögliche Beeinträchtigung seines Cash-flows berücksichtigen, denn auf einem Mietermarkt, wie wir ihn zur Zeit erleben, ist die Gewährung von Incentives ein weitverbreitetes Mittel zur Gewinnung von Kunden (vgl. DTZ Zadelhoff, Zeitschrift Zadelmarkt, Magazin für gewerbliche Immobilien, 8. Jahrgang, Oktober 1996). Auch die Finanzierungsmöglichkeiten sollte der Investor genau prüfen, denn eine falsche Finanzierung belastet die Objektrendite erheblich. Die Höhe der Fremdkapitalkosten hängt ab vom Kapitalbeschaffungspreis des Kapitalgebers, dem Preisaufschlag (der Marge) für Eigenkapital, Risiko und Personal-/Sachaufwand sowie den etwaigen Zusatzprämien. Hinsichtlich der Finanzierungsgestaltung hat der Darlehensnehmer z. B. durch die Wahl von Raten- oder Annuitätendarlehen, variablem oder festem Zins, unterschiedlichen Zahlungsweisen und Tilgungsanteilen vielfältige Kombinationsmöglichkeiten (Spitzkopf, H. A., a. a. O., S. 540ff.). Angesichts des derzeit historisch niedrigen Zinsniveaus erscheint eine langfristige Festschreibung der Konditionen sinnvoll. Der langfristige Zinsdurchschnitt bei einer zehnjährigen Zinsbindung liegt bei knapp 8,5 % (effektiv). Gegenwärtig werden Zehn-Jahres-Darlehen schon für rund 6,75 % effektiv vergeben. Ein risikoaverser Investor wird sich diese günstigen Konditionen deshalb möglichst lange sichern, auch fünfzehnjährige Zinsbindungsfristen werden derzeit angeboten.

Bei der Festlegung der Darlehensbedingungen ist auf eine ausreichende Tilgung zu achten, da sonst Zinserhöhungen nach Ablauf der Festschreibungszeit zu erheblichen Lidquiditätsproblemen führen können. Nach einer schnell überprüfbaren Faustregel sollte die Annuität mindestens 10 % betragen. Diese Belastung muß der Investor bzw. das Objekt langfristig tragen können. Damit ist bei einer Langfristbetrachtung in den allermeisten Phasen der Zinszyklen eine ausreichende Tilgung gewährleistet.

Die geplanten Steueränderungen lassen eine Vorverlagerung von Werbungskosten in den Zeitraum vor Inkrafttreten der Steuerreform durch die Vereinbarung eines Disagios sinnvoll erscheinen. Allerdings sollte die höhere Liquidität durch die geringere laufende Zinsbelastung unbedingt zur Erhöhung der Tilgung eingesetzt werden.

Von sogenannten Tilgungsaussetzungsmodellen ist allerdings abzuraten. Das Risiko, daß die zur Endtilgung vorgesehene Lebensversicherung nicht die in Aussicht gestellte Ablaufleistung erreicht, erscheint zu groß.

Für Kapitalanleger, die möglichst wenig Verwaltungsaufwand mit ihrer Immobilieninvestition anstreben, bieten professionell gemanagte Geschlossene und Offene Immobilienfonds sowie Immobilien-Aktiengesellschaften interessante Produkte.

Im Jahre 1996 wurden Geschlossene Immobilienfonds einschließlich der Immobilien-Leasing-Fonds mit einem Volumen von rund 25 Mrd. DM plaziert. Ein wesentlicher Anreiz für den Erwerber war der Mitnahmeeffekt der Fördergebietsabschreibungen. Auch für 1997 wird durch konservierte Modelle ein solches Volumen erwartet. Es ist hierbei von einem mittleren Risikograd auszugehen, da in der Regel keine Streuung der Fondsmittel erfolgt. Durch die Steuerrechtsänderungen müssen Geschlossene Fonds allerdings völlig neu beurteilt werden. Das Plazierungsvolumen wird tendenziell zurückgehen, denn für steuerorientierte Kapitalanleger verliert der Geschlossene Fonds an Attraktivität. Dennoch hat der Geschlossene Immobilienfonds durchaus Zukunftsperspektiven. In den nächsten beiden Jahren werden Modernisierungs- und Instandhaltungsmodelle zur Sanierung von Altbauten in Ostdeutschland durch die attraktive 40%ige Sonderabschreibung an Bedeutung gewinnen. Nach der Steuerreform werden ausschüttungsorientierte Immobilienfonds in der Gunst der Anleger steigen. Dazu werden vor allem renditestarke gewerbliche Objekte wie beispielsweise Altenwohnheime, Fachmärkte oder SB-Warenhäuser von den Fondsinitiatoren favorisiert. Hiermit sind Renditen von 5,5 bis 6,5 % zu erzielen. Auch ausländische Objekte werden verstärkt über Geschlossene Fonds plaziert. Insbesondere bei bestehenden Doppelbesteuerungsabkommen mit den betreffenden Ländern können 6,5 bis 7,5 % Rendite erreicht werden. Wichtig für die Attraktivität der Geschlossenen Fonds wäre die Entstehung eines funktionierenden Zweitmarktes, was zur Zeit allerdings erst in Ansätzen zu erkennen ist (vgl. Schoeps, M.: *Was bleibt den Geschlossenen Immobilienfonds zukünftig ohne das Steuersparmotiv?*, in: Der langfristige Kredit 11/97). 1996 stieg das Plazierungsvolumen der Offenen Immobilienfonds auf 13,9 Mrd. DM. Der Offene Fonds bleibt wegen seiner geringeren Steuerinduzierung und seiner höheren Fungibilität auch in Zukunft interessant. Hinzu kommt der relativ geringe Risikograd durch eine breite Streuung der Fondsmittel sowie der geringe Verwaltungsaufwand für den Anleger. Offene Fonds sind wegen des zu zahlenden Agios jedoch nicht als kurzfristige Anlage geeignet.

Im Vergleich zum Geschlossenen Fonds weist die Immobilienaktie eine weitaus höhere Fungibilität auf. Ihr Vorteil gegenüber dem Offenen Fonds besteht in ihrer flexibleren Handhabung, da die Immobilienaktie die Möglichkeit eröffnet, sich auch an Projektentwicklungen, Gesellschaften oder

Teileigentum zu beteiligen. Durch die geringen Transaktionskosten ist die Immobilienaktie sowohl für kurz- als auch für mittel- und langfristig orientierte Anleger geeignet. Aus diesen Gründen wird die Immobilien-Aktiengesellschaft zu einer interessanten Anlagealternative. Zu beachten ist allerdings der relativ hohe Risikograd aufgrund einer höheren Kursvolatilität.

7. Zusammenfassung

Insgesamt kann man die Lage am deutschen Immobilienmarkt als sehr differenziert beschreiben. Nicht jede Immobilie wird sich in Zukunft als profitabel erweisen. Dennoch gibt es durchaus interessante Teilmärkte, die ein Engagement lohnend erscheinen lassen.

In der in Tab. 7 zu findenden Matrix sind die zu erwartenden Markttendenzen in groben Zügen dargestellt.

	Büroimmobilien		Einzelhandelsimmobilien		Wohnimmobilien	
	Beste Lage	Sonstige	1a-Lage	1b-Lage	RH/DHH	ETW
Deutschland	→	↘	→	↘	↗	↘
Frankfurt	→	→	→	↘	↗	→
München	→	→	→	↘	↗	→
Berlin	→	↘	→	↘	→	↘
Hamburg	→	↘	→	↘	→	→
Köln	↘	↘	→	→	→	→
Dresden	→	↓	→	↓	→	↘
Stuttgart	→	→	→	↘	↗	↘
Leipzig	↘	↓	→	↘	→	↘

↗ = steigende Nachfrage/Preise/Mieten
→ = gleichbleibende Nachfrage/Preise/Mieten
↘ = sinkende Nachfrage/Preise/Mieten
↓ = stärker sinkende Nachfrage/Preise/Mieten

Tab. 7: Matrix der zu erwartenden Markttendenzen
Quelle: Allgemeine Hypothekenbank AG

Die Sicherstellung des langfristigen Immobilienertrags wird allerdings zunehmend schwieriger, da die Einflüsse der sich schnell wandelnden Immobilienmärkte, die Wirkung von Steuerrechtsänderungen und immer komplexere Mietvertragsgestaltungen, etwa bei der Wahl der Indexierung, für den einzelnen Investor kaum noch überschaubar sind. Hinzu kommen die schon eingangs genannten strukturellen Änderungen auf den Immobilienmärkten, die schwer faßbar und noch schwerer einschätzbar sind, aber auf eine Immobilie als langfristige Kapitalanlage nachweisbare und durchschlagende Einflüsse haben. Hier gilt in erster Linie, daß nur der, der die Zeichen der Zeit und der Märkte richtig erkannt hat, auf Dauer erfolgreich sein wird. Um langjährige Ertragseinbußen zu vermeiden, sollte der Investor deshalb immer externen Sachverstand zu Rate ziehen. Er sollte sich deshalb auch nicht scheuen, die Experten seiner finanzierenden Bank um kompetente Information zu bitten, denn auch die Bank hat ein elementares Interesse daran, daß die von ihr finanzierte Immobilie nicht notleidend wird. Denn: Gemeinsam wird man auch bei schwieriger werdendem Umfeld erstklassige Immobilienengagements zusammen realisieren können.

8. Literatur

Aktuelle Veröffentlichungen aus: FAZ, Handelsblatt, Börsen-Zeitung und der Immobilien Zeitung

DTZ Zadelhoff, Zeitschrift Zadelmarkt, Magazin für gewerbliche Immobilien, 8. Jahrgang, Oktober 1996

Falk, B. (Hrsg.): *Fachlexikon Immobilienwirtschaft*, Köln 1996

Müller,Trudrung, J.: *Grundstücksbewertung und Kundenschutz*, in: Der langfristige Kredit 7/97

Schoeps, M.: *Was bleibt den Geschlossenen Immobilienfonds zukünftig ohne das Steuersparmotiv?* in: Der langfristige Kredit 11/97

Spitzkopf, H.: *Konventionelle Finanzierung von Gewerbe-Immobilien*, in: Falk, B. (Hrsg.): *Gewerbe-Immobilien*, 6. überarbeitete und erweiterte Auflage, Landsberg am Lech, 1994

Verband deutscher Hypothekenbanken e.V. (Hrsg.), *V-Rundschreiben Nr. 25 vom 10. März 1997 und diverse sonstige Veröffentlichungen*, Bonn-Bad Godesberg 1997

Vielberth, J.: *Möglichkeiten der Stabilisierung und Wertsteigerung von Shopping-Centers und anderen Gewerbe-Immobilien*, Institut für Gewerbezentren, Starnberg

Immobilien-Leasing und Immobilien-Management

Klaus Feinen, Dipl.-Kaufmann, Sprecher der Geschäftsführung der Immobilien-Leasing Gesellschaft der Deutsche Bank AG, Deutsche Immobilien Leasing GmbH (DIL), Düsseldorf

Inhalt

Einleitung 551

1. Grundlagen des Immobilien-Leasings 552

2. Bilanzielle und steuerliche Aspekte des Immobilien-Leasings . 554

3. Vertragsvarianten im Immobilien-Leasing 556

4. Spezielle Finanzierungsmodelle im Rahmen des Corporate-Real-Estate-Managements 558
4.1 Sale-and-lease-back 559
4.1.1 Ansatzpunkte für Sale-and-lease-back 559
4.1.2 Steuerliches Umfeld für Sale-and-lease-back-Konzeptionen ... 560
4.2 Optimierte Refinanzierung innerhalb einer Fonds-Leasing-Konzeption 561
4.2.1 Fonds-Leasing-Grundsatzbetrachtungen 561
4.2.2 Gewerblicher Fonds 562
4.3 Leasing-Nehmer-Beteiligung 563
4.4 Zusammenfassung 563

5. Bau-Management-Dienstleistungen der Immobilien-Leasing-Gesellschaften 564

6. Schlußwort 566

7. Literatur 567

Einleitung

Das Immobilien-Management wird geprägt durch das Facility-Management, das Portfolio-Management und das Corporate-Real-Estate-Management. Das Corporate-Real-Estate-Management wiederum kann maßgeblich durch Immobilien-Leasing als eine Form der langfristigen Miete von Grundstücken und Gebäuden beeinflußt werden.

Unter Corporate-Real-Estate-Management ist allgemein der intelligente Einsatz betriebseigener Immobilien zur wirkungsvollen Durchsetzung strategischer Unternehmensziele, wie zum Beispiel die Steigerung der Wettbewerbsfähigkeit, zu verstehen. Über das betriebliche Immobilien-Management werden Grundstücke und Gebäude durch finanztechnische, steuerliche und bilanzielle Gestaltungen aktiv in die Unternehmenspolitik integriert.

In Deutschland sind betriebseigene Immobilien bisher selten Gegenstand unternehmenspolitischer Überlegungen. Neben der unternehmerischen Nutzung werden die Objekte in der Regel lediglich als Beleihungsobjekte und stille Reserven für Notlagen betrachtet. Viel zu häufig beschränkt sich die Betrachtung der betriebseigenen Immobilien nur auf die Kostenseite, und nur selten findet das den Immobilien inhärente Ertrags- und Gewinnpotential Berücksichtigung.

Im Rahmen des Corporate-Real-Estate-Managements erkennen viele Unternehmen und zunehmend auch Städte, Kommunen sowie kommunalnahe Institutionen, daß das Grundeigentum nicht immer die effizienteste Art ist, (Unternehmens-)Kapital zu binden.

Neben dem *Neubau-Leasing* ist insbesondere das *Sale-and-lease-back* geeignet, die in betriebseigenen Immobilien gebundenen Potentiale auszuschöpfen. Auf der Unternehmensebene können durch die Gestaltungsmöglichkeiten des Immobilien-Leasings individuelle bilanz-, steuer- und finanzpolitische Zielsetzungen wirkungsvoll umgesetzt werden. Weitere Vorteile lassen sich mittels spezieller Fonds-Leasing-Konzepte darstellen. Die durch Eigenkapitaleinsatz günstigeren Finanzierungsbedingungen der Fonds-Vermietungsgesellschaft werden dem Leasing-Nehmer über niedrigere Mieten weitergegeben und setzen zusätzliche Kosteneinsparpotentiale frei.

Über die kaufmännische Seite hinaus offerieren größere Immobilien-Leasing-Gesellschaften über Bau-Management-Tochtergesellschaften zumeist ein umfassendes technisches Dienstleistungspaket von der Planung über die Konzeption bis zur schlüsselfertigen Erstellung der Betriebsimmobilie. Auch aus diesem Grund stellt das Immobilien-Leasing heute ein modernes Instrument des Corporate-Real-Estate-Managements dar.

Das Immobilien-Leasing als Form der Grundstücksmiete für gewerbliche und kommunale Objekte wird zunehmend als Investitionsalternative eingesetzt, weil insbesondere die vertraglichen Regelungen zwischen Leasing-Gesellschaft (Leasing-Geber) und anmietenden Unternehmen (Leasing-Nehmer) die individuellen Interessen der Vertragspartner berücksichtigen. Die jüngsten Zahlen dokumentieren, daß auch in wirtschaftlich schwierigen Zeiten dem Finanzierungsinstrument Leasing eine besondere Bedeutung zukommt: Ist das Immobilien-Leasing 1995 noch leicht zurückgegangen, so konnte 1996 eine Steigerung von 8,4 % erzielt werden, wie das ifo-Institut in München nachwies. Dies ist um so bemerkenswerter, als im gleichen Zeitraum die gesamtwirtschaftlichen Investitionen, bezogen auf neue Ausrüstungen und Bauten, um knapp 2 % zurückgegangen sind.

Insgesamt erreichte das Immobilien-Leasing 1996 ein bilanziertes Neugeschäft in Höhe von 10,62 Mrd. DM. Auch die Entwicklung für 1997 scheint sehr positiv zu verlaufen, da aus der Statistik des Bundesverbandes der Deutschen Leasing-Gesellschaften e.V., Bonn, hervorgeht, daß 1996 ein kontrahiertes Geschäft (Volumen der abgeschlossenen Leasing-Verträge) von über 14 Mrd. DM erzielt wurden.

1. Grundlagen des Immobilien-Leasings

Beim Immobilien-Leasing können je nach Situation und Präferenz des Leasing-Nehmers unterschiedliche Arten der Beschaffung differenziert werden:

- *Neubau-Leasing*. Der Leasing-Gegenstand wird nach Abschluß des Leasing-Vertrages schlüsselfertig zum Festpreis (GÜ-Vertrag) erstellt und anschließend vom Leasing-Geber an den Leasing-Nehmer vermietet.
- *Buy-and-Lease*. Der Leasing-Geber kauft ein bereits bestehendes Objekt von einem Dritten und vermietet dieses anschließend an den Leasing-Nehmer.
- *Sale-and-lease-back*. Der Leasing-Geber erwirbt ein bereits bestehendes Objekt aus dem Bestand des Leasing-Nehmers und least dieses anschließend an den Leasing-Nehmer zurück.

Gegenstand von Immobilien-Leasing-Geschäften sind im kommunalen Bereich zumeist:

- Rathäuser, Stadthallen, Dienst- und Verwaltungsgebäude,
- Krankenhäuser und Heilanstalten,
- Kraftwerke und Netze,
- Kläranlagen und Müllverbrennungsanlagen.

Im gewerblichen Bereich werden u. a. folgende Objekte finanziert:

- Kaufhäuser, Warenhäuser, Einkaufszentren,
- Produktions- und Lagergebäude,
- Verwaltungsgebäude,
- Servicestationen.

Voraussetzung für jedes Immobilien-Leasing-Geschäft ist die juristische und wirtschaftliche Selbständigkeit des Immobilienobjektes mit abgesicherter Ver- und Entsorgung.

Immobilien-Leasing ist die Vermietung und Verpachtung von Grundstücken und Gebäuden nach den Grundsätzen des Mietrechtes, wie sie in den §§ 535 ff. BGB definiert sind. Daraus folgt zwingend, daß nicht der Nutzer des Gebäudes Eigentümer wird, sondern die Leasing-Gesellschaft. Diese erwirbt oder errichtet das in Frage kommende Objekt und gewährt dem Leasing-Nehmer langfristiges Nutzungsrecht.

Der Leasing-Nehmer verzichtet für die Dauer des Leasing-Vertrages auf das Eigentum an dem Gebäude und handelt streng nach der Devise, daß nicht das Eigentum, sondern ausschließlich die Nutzung des Objektes betriebswirtschaftlich richtig und sinnvoll ist. Als Gegenwert für die Nutzung zahlt der Leasing-Nehmer an die Leasing-Gesellschaft die Leasing-Rate. Diese wird als reine Finanzmiete kalkuliert. Sie orientiert sich an den Anschaffungs- bzw. Herstellungskosten sowie dem Zins- und Tilgungsbestandteil der Refinanzierung, die dem Leasing-Geber in seiner Eigenschaft als Investor entstehen.

Im Gegensatz zu einem klassischen Mietvertrag trägt der Leasing-Nehmer zusätzlich alle sonst eher eigentümerspezifischen Kosten wie Reparaturen, Versicherungen, Anliegerbeiträge und Objektsteuern. Diese werden dem Leasing-Nehmer neben der Leasing-Rate gesondert in Rechnung gestellt. Das Risiko der ganzen oder teilweisen Zerstörung des Leasing-Objektes, sofern nicht vom Leasing-Nehmer verursacht, trägt der Leasing-Geber, wie es auch im Erlaß des Bundesfinanzministers zur Beurteilung von Immobilien-Leasing-Teilamortisationsverträgen vom 23. Dezember 1991 vorgesehen ist.

Regelmäßig erhält der Leasing-Nehmer das Recht, zum Ende der Vertragslaufzeit die Immobilie zu erwerben, wobei der Kaufpreis bereits bei Vertragsabschluß vertraglich festgelegt wird und sich in der Regel am steuerlichen Restbuchwert des Objektes orientiert. Aus dieser grundsätzlichen Definition des Begriffes Immobilien-Leasing wird bereits deutlich, daß es sich bei einem Immobilien-Leasing-Vertrag zwar rechtlich um einen Mietvertrag handelt, der allerdings durch die Kalkulation der Miete und des Optionspreises am Ende der Vertragslaufzeit wirtschaftlich einen sehr starken Finanzierungscharakter aufweist. Das charakteristische Merkmal eines Leasing-Vertrages, nämlich der periodenmäßige Ausgleich von Leistung in Form der Nutzungsüberlassung durch den Leasing-Geber und Gegenleistung in Form der Zahlung der Leasing-Rate durch den Leasing-Nehmer, führt auch aus bilanzieller Sicht zu einer entsprechenden Behandlung des Leasing-Gegenstandes.

2. Bilanzielle und steuerliche Aspekte des Immobilien-Leasings

Gemäß dem im Januar 1986 in Kraft getretenen Bilanzrichtliniengesetz geht der Gesetzgeber von der Aktivierung des Leasing-Gegenstandes durch den Leasing-Geber aus, vorausgesetzt, der Leasing-Vertrag ist gemäß den einschlägigen Leasing-Erlassen so ausgestaltet, daß dem Leasing-Geber das wirtschaftliche Eigentum an dem Leasing-Objekt zugerechnet wird.

In der Bilanz des Leasing-Nehmers wird das Leasing-Objekt hingegen nicht ausgewiesen. Im Bilanzanhang jedoch werden im Rahmen des Gesamtbetrages der sonstigen finanziellen Verpflichtungen, die nicht in der Bilanz erscheinen, auch die Leasing-Verpflichtungen erfaßt, sofern sie zur Beurteilung der finanziellen Situation des Leasing-Nehmers von Bedeutung sind. Ob und inwieweit allerdings die Leasing-Raten im Bilanzanhang zu erfassen sind, obliegt dabei den Einschätzungen der jeweiligen Wirtschaftsprüfer. Die Leasing-Raten finden aber in jedem Fall als Betriebsausgaben Eingang in die Gewinn- und Verlustrechnung des Leasing-Nehmers.

Da nach dem neuen Bilanzrichtliniengesetz selbst kleinere und mittlere Unternehmen verpflichtet sind, ihre Bilanzen und Ergebnisrechnungen zu publizieren, stellt sich ihnen wie den großen Unternehmen die Frage, wie sie ihre Bilanzen bzw. ihre Bilanzkennzahlen verbessern können. Hierbei können durch Immobilien-Leasing-Finanzierungen folgende Bilanzeffekte erzielt werden:

- *Bilanzstruktureffekt.* Wird eine Immobilieninvestition auf dem klassischen Wege durchgeführt, d. h. auf der einen Seite die Aktivierung des Objektes und auf der anderen Seite eine adäquate Verschuldung durch Aufnahme von Bankdarlehen, führt dies zu einer Bilanzverlängerung und damit eventuell zu einer nicht unerheblichen Verschlechterung des Bilanzbildes eines Unternehmens. Insbesondere sollte das Unternehmen vor dem Hintergrund eines weiteren Finanzierungsbedarfs die entsprechende Wirkung veränderter Bilanzrelationen auf die Öffentlichkeit und potentielle Kreditgeber mit berücksichtigen. Entscheidet sich das Unternehmen hingegen für eine Immobilien-Leasing-Finanzierung, kann die Investition durchgeführt werden, ohne daß die bestehenden Bilanzrelationen tangiert werden, da leasingfinanzierte Investitionen bilanziell nicht erfaßt werden.
- *Bilanzumfangeffekt.* Im Gegensatz zu kreditfinanzierten Investitionen führen leasingfinanzierte Investitionen nicht zu einer Bilanzverlängerung, da die Immobilien beim Leasing-Nehmer nicht aktiviert werden und somit auch keine entsprechenden hohen Verbindlichkeiten auf der Passivseite ausgewiesen werden müssen. Bei einer Sale-and-lease-back-Gestaltung kann sogar die Verkürzung der Bilanz erzielt werden. Gerade die im internationalen Vergleich eher eigenkapitalschwachen deutschen Unternehmen können so eine bessere Eigenkapitalquote erreichen.

Neben der Verbesserung der Bilanzrelationen erhalten die Unternehmen bei Veräußerung des Leasing-Gegenstandes im Rahmen eines Sale-and-lease-back-Verfahrens zusätzliche liquide Mittel. So kann ein größerer finanzieller Spielraum für das eigentliche Kerngeschäft des jeweiligen Leasing-Nehmers geschaffen werden. Mit Blick auf größenklassenabhängige Regelungen mag das Immobilien-Leasing daher gezielt im Rahmen des Corporate-Real-Estate-Managements eingesetzt werden.

Auch die fiskalische Betrachtung eines Leasing-Vertrages geht im allgemeinen davon aus, daß das wirtschaftliche Eigentum und damit die Aktivierungspflicht dem Leasing-Geber zugerechnet wird. Voraussetzung jedoch ist, daß bestimmte Kriterien im Leasing-Vertrag eingehalten werden, die der Fiskus in seinen Erlassen, dem sogenannten Mobilien-Leasing-Erlaß vom 19. April 1971, dem Immobilien-Leasing-Erlaß vom 21. März 1972, dem Teilamortisationserlaß vom 22. Dezember 1975 sowie dem Teilamortisationserlaß für Immobilien vom 23. Dezember 1991 festgelegt hat.

Ohne auf die einzelnen Kriterien einzugehen, Grundgedanke dieser Erlasse ist die Frage, wer letztendlich die Chance oder das Risiko der Immobilieninvestition trägt. Dabei reicht für die Aktivierung beim Leasing-Geber, daß er das Risiko übernimmt und somit das wirtschaftliche Eigentum erhält.

Die Zurechnung des wirtschaftlichen Eigentums hat insofern eine elementare Bedeutung, als daraus unter anderem steuerrechtliche Konsequenzen resultieren, die einer Leasing-Finanzierung gegenüber einer klassischen Bankfinanzierung Vorteile ermöglichen.

Dieser steuerliche Vorteil bezieht sich im wesentlichen auf die Gewerbeertragsteuer, die es außer in der Bundesrepublik nur noch in sehr wenigen anderen europäischen Ländern gibt. Würde der Leasing-Nehmer statt Immobilien-Leasing seine Gebäudeinvestition selbst durchführen, damit aktivieren und über eine Bank finanzieren, müßte er 50 % der Zinsen, die er an die Bank zahlt, seinem Gewerbeertrag hinzurechnen und damit auf diese 50 % Gewerbeertragsteuer an den Fiskus abführen. Im Falle des Immobilien-Leasings stellt die Leasing-Rate für den Leasing-Nehmer eine sowohl bei der Einkommen- bzw. Körperschaftsteuer wie auch bei der Gewerbeertragsteuer in voller Höhe absetzbare Betriebsausgabe dar.

Denkbar wäre, daß die Leasing-Gesellschaft anstelle des Leasing-Nehmers für die Gewerbeertragsteuer aufkommen muß, da analog der obigen Situation eine Verschuldung bei einer Bank vorliegt. Dies geschieht jedoch nicht, da die Leasing-Gesellschaft eine rein vermögensverwaltende Tätigkeit ausübt und so die Sonderregelung im Gewerbesteuergesetz gemäß § 9 Nr. 1 Satz 2 regelmäßig in Anspruch nehmen kann. Hierdurch entfällt die Hinzurechnung, und das Objekt kann ohne zusätzliche Gewerbeertragsteuerbelastung vermietet werden. Aufgrund dieser Konstruktion entstehen dem Leasing-Nehmer kostenmäßige Vorteile, die eine Leasing-Finanzierung gegenüber einer klassischen Bankfinanzierung interessant werden lassen.

3. Vertragsvarianten im Immobilien-Leasing

Im folgenden soll kurz dargestellt werden, wie sich die Miete und der Kaufoptionspreis in Abhängigkeit des jeweiligen Vertragsmodells kalkulatorisch zusammensetzen. Grundsätzlich werden in Deutschland zwei unterschiedliche Basisvertragsmodelle praktiziert. Diese sind das Teilamortisationsmodell und das Teilamortisationsmodell mit Mieterdarlehen.

Beim *Teilamortisationsmodell* kalkuliert der Leasing-Geber in der Regel seine Miete dergestalt, daß den Abschreibungen, die er während der Laufzeit des Leasing-Vertrages auf das Objekt vornimmt, ein entsprechender Amortisationsbestandteil in der Miete des Leasing-Nehmers gegenübersteht. Dabei muß nicht ein periodenmäßiger Ausgleich von Amortisation und Abschreibung erfolgen, lediglich die Summe von Abschreibung und Tilgung über die Laufzeit des Leasing-Vertrages muß sich ausgleichen.

Diese Überlegung zeigt bereits, daß daraus die unterschiedlichsten Mietverläufe resultieren können. So werden in der Praxis lineare, degressive und progressive Mietverläufe vereinbart. Dieser Handlungsspielraum wiederum dokumentiert, daß die Leasing-Branche äußerst flexibel auf den speziellen Bedarf des Kunden zu reagieren weiß und die Miete entsprechend gestalten kann. Per saldo amortisiert der Leasing-Nehmer beim Teilamortisationsmodell über die Laufzeit des Leasing-Vertrages durch Zahlung der Mieten die Abschreibung. Übt er nun zum Ablauf des Vertrages seine Kaufoption aus und zahlt als Kaufpreis den vertraglich vereinbarten Restbuchwert des Objektes, so tilgt er über die Mieten und den Kaufpreis 100 % der ursprünglichen Investitionskosten des Leasing-Gebers. Der Leasing-Nehmer erzielt also den Effekt einer 100%igen Fremdfinanzierung außerhalb der Bilanz.

Neben dem reinen Teilamortisationsmodell werden in der Praxis häufig auch Vertragsmodelle vereinbart, bei denen der Leasing-Nehmer neben der Teilamortisationsmiete ein sogenanntes Mieterdarlehen zahlt, das der Leasing-Geber direkt zur Tilgung der von ihm aufgenommenen Finanzmittel verwendet. Über die Zahlung von Miete und Mieterdarlehen kann der Leasing-Nehmer bereits während der Vertragslaufzeit 100 % der ursprünglichen Investitionskosten des Leasing-Gebers amortisieren. Bilanziell grenzt er dabei aus seiner Gesamtzahlung (Miete und Mieterdarlehen) das Mieterdarlehen aus und aktiviert es als Forderung gegen die Leasing-Gesellschaft.

Die Miete geht, wie bereits erwähnt, als Betriebsausgabe direkt in die Ergebnisrechnung ein. Das aktivierte Mieterdarlehen hat aus der Kalkulation heraus am Ende der Vertragslaufzeit exakt den Restbuchwert des Objektes erreicht. Übt der Leasing-Nehmer seine Kaufoption aus, kann er sein aufgelaufenes Mieterdarlehen mit der Kaufpreisforderung des Leasing-Gebers verrechnen. Das Objekt geht also ohne weiteren Liquiditätsabfluß in das Eigentum des Leasing-Nehmers über. Vereinfacht kann man sagen, daß der Leasing-Nehmer den Kaufpreis während der Vertragslaufzeit über die Bildung des Mieterdarlehens bereits angespart hat. Dieses Modell wird in der Praxis häufig fälschlicherweise als Vollamortisationsmodell bezeichnet, weil der Leasing-Nehmer über die Miete und das Mieterdarlehen liquiditätsmäßig das Objekt während der Vertragslaufzeit gänzlich amortisiert. Dennoch ist der richtige Begriff für dieses Vertragsmodell „Teilamortisationsmodell mit Mieterdarlehen".

Darüber hinaus gibt es zwischen dem echten Teilamortisationsmodell und dem Teilamortisationsmodell mit Mieterdarlehen auch Zwischenlösungen. Hier spart der Leasing-Nehmer nicht den vollen späteren Kaufpreis über das Mieterdarlehen an, sondern lediglich Teile davon.

Einen wichtigen Einfluß auf die Kalkulation der Mieten hat neben der

Wahl des Vertragsmodells die konditionelle Ausgestaltung der Finanzmittel, die die Leasing-Gesellschaft zur Finanzierung des Objektes heranzieht. Da die namhaften Leasing-Anbieter in der Regel Tochterunternehmen von Großbanken sind, verfügen sie über eine exzellente Markttransparenz der möglichen Finanzierungskonditionen. Ein Vorteil, der dem Leasing-Nehmer über entsprechend niedrigere Mieten zugute kommt. In der Praxis werden jedoch fast 60 % aller Leasing-Engagements unter Einbeziehung der Hausbank des Leasing-Nehmers durchgeführt.

Üblicherweise greifen die Leasing-Geber wegen der Langfristigkeit von Leasing-Verträgen auf Hypothekenmittel oder langfristige Kapitalmarktmittel zurück. Dabei werden die Finanzkonditionen nicht über die gesamte Laufzeit des Leasing-Vertrages festgeschrieben, sondern je nach Kapitalmarktsituation bei Vertragsabschluß für ein, fünf oder zehn Jahre. Zu den einzelnen Zinskonversionszeitpunkten wird eine entsprechende Konditionsanpassung vorgenommen. Korrespondierend hierzu kann eine Leasing-Gesellschaft zum gleichen Zeitpunkt eine Mietanpassungsklausel mit dem Leasing-Nehmer vertraglich vereinbaren, um nicht in ein unkalkulierbares Zinsrisiko zu laufen. Die Wahl der Anpassungszeitpunkte erfolgt in enger Abstimmung zwischen Leasing-Geber und Leasing-Nehmer. Tendenziell wird in Hochzinsphasen eher über kurzfristige Mietfestschreibungen, in Phasen eines günstigen Kapitalmarktes eher über langfristige Mietfestschreibungen gesprochen. Mietanpassungsklauseln in Form von Indexbindungen, wie sie bei konventionellen Mietverträgen beispielsweise durch Bindung an die Lebenshaltungskostenentwicklung vereinbart werden, sind beim Immobilien-Leasing unüblich.

4. Spezielle Finanzierungsmodelle im Rahmen des Corporate-Real-Estate-Managements

Um dem individuellen Bedarf und den Anforderungen einer immer breiteren und auch anspruchsvolleren Kundenschicht Rechnung zu tragen, haben sich die namhaften Leasing-Anbieter in der Bundesrepublik Deutschland sukzessive zu Finanzdienstleistungsunternehmen entwickelt, die – basierend auf den zuvor erwähnten Grundmodellen – höchst anspruchsvolle Vertragsvarianten konzipieren. Ziel dieser erweiterten Dienstleistung ist es, die von den Kunden vorgegebenen komplexen Aufgabenstellungen mit individuell für sie entwickelten, maßgeschneiderten Konzepten zu lösen. Egal, ob es sich hierbei im Rahmen von Corporate-Real-Estate-Management-Überlegungen um zivilrechtliche, steuerrechtliche, bilanzpolitische oder bautechnische Fragen handelt, die Leasing-Gesellschaften verfügen über spezialisiertes Know-how, um kundengerechte Lösungsansätze anbieten zu können.

4.1 Sale-and-lease-back

Wenn die Leasing-Gesellschaft das Leasing-Objekt vom zukünftigen Leasing-Nehmer erwirbt, um es anschließend an ihn zurückzuleasen, bezeichnet man diesen Prozeß, wie bereits beschrieben, als Sale-and-lease-back. In der Regel wird hierbei auch das Grundstück mit veräußert, oder es wird zugunsten des Leasing-Gebers ein langfristiges Erbbaurecht, meist mit einer Laufzeit von sechzig Jahren, vereinbart.

4.1.1 Ansatzpunkte für Sale-and-lease-back

Das Sale-and-lease-back hat hohe Bedeutung für das Corporate-Real-Estate-Management und bietet sich insbesondere unter liquiditäts-, ertragsausweis- und bilanzpolitischen Aspekten an. Durch die Veräußerung von Immobilien im Rahmen einer Sale-and-lease-back-Konzeption an eine Vermietungsgesellschaft der Leasing-Gesellschaft können stille Reserven freigesetzt werden, die zur Kompensation für zu erwartende Verluste bzw. bestehende Verlustvorträge eingesetzt werden sollten. Eine Motivation für eine solche Maßnahme ist insbesondere bei publizierenden Unternehmen vorzufinden, wobei man grundsätzlich festhalten kann, daß für die Mehrzahl der Leasing-Nehmer bilanzoptische Wirkungen als Zielsetzung im Vordergrund stehen. Durch das Sale-and-lease-back-Geschäft wird gebundenes Kapital freigesetzt und die betriebliche Liquidität gestärkt, ohne daß eine zusätzliche ertragsteuerliche Belastung erfolgt. Durch das fest vereinbarte, grundbuchlich abgesicherte Ankaufsrecht bleibt die Immobilie langfristig auch nach Beendigung des Mietverhältnisses im Zugriffsbereich des Leasing-Nehmers.

Weitere Einsatzbereiche für Sale-and-lease-back ergeben sich bei Expansionsinvestitionen (Erweiterungen, Unternehmenskauf oder Erwerb von Beteiligungen), die so vom Unternehmen durch Liquiditäts- und Ertragsschöpfung aus der Substanz finanziert werden können. Hierbei können auch abschreibungspolitische Gründe ausschlaggebend sein. Wenn beispielsweise durch einen Unternehmenskauf ein enormer Verlustvortrag gebildet wird, kann das Abschreibungspotential vorhandener Immobilien nicht mehr optimal genutzt werden. Durch eine Auslagerung im Wege des Sale-and-lease-back kann die Immobilie anschließend von der Leasing-Gesellschaft erfolgswirksam abgeschrieben werden.

Eine Unterstützung besteht auch für mittel- bis langfristige Investitionsstrategien der Unternehmen, da die bei der Veräußerung an die Vermietungsgesellschaft aufgedeckten stillen Reserven unter bestimmten Voraussetzungen in eine Rücklage gemäß § 6b EStG eingestellt und auf eine Neuinvestition übertragen werden können. Ein weiteres Motiv in diesem Zusammenhang ist die Ausgliederung von Immobilien bei Unternehmenskauf, mit der oft langfristige strategische Ziele angestrebt werden.

4.1.2 Steuerliches Umfeld für Sale-and-lease-back-Konzeptionen

- *Reinvestitionen von aufgedeckten stillen Reserven nach § 6b EStG.* Die 6b-Rücklage soll die sofortige Besteuerung von Veräußerungsgewinnen verhindern, welche durch die Aufdeckung stiller Reserven von Wirtschaftsgütern des Anlagevermögens entstanden sind. Dies wird dadurch ermöglicht, daß der Steuerpflichtige die stillen Reserven, unter bestimmten Voraussetzungen, auf andere Investitionsgüter übertragen kann. Die Übertragung der durch Veräußerung aufgedeckten stillen Reserven kommt nur in Betracht, wenn ein begünstigtes Wirtschaftsgut veräußert wird. Die veräußerten Wirtschaftsgüter müssen mindestens sechs Jahre zum Anlagevermögen gehört haben. Die in Frage kommenden Wirtschaftsgüter sind im § 6b Abs. 1, Satz 1 EStG aufgezählt. Einzelfragen regelt Abschnitt R 41a, Abs. 1–8 EStR 1993. Die Übertragung der stillen Reserven kann auch auf andere Betriebe des Steuerpflichtigen und sogar auf Wirtschaftsgüter einer Personengesellschaft erfolgen, in der der Steuerpflichtige als Mitunternehmer beteiligt ist. Einzelheiten ergeben sich aus Abschnitt R 41b, Abs. 7 und 9 EStR 1993.
Diese Übertragungsmöglichkeit hat für das Leasinggeschäft eine besondere Bedeutung. Dem Leasing-Nehmer, der in seiner Bilanz eine 6b-Rücklage hat, wird durch Beteiligung als Kommanditist an der Vermietungsgesellschaft die Übertragungsmöglichkeit eröffnet. Die durch den Verkauf an die Vermietungsgesellschaft freigesetzten stillen Reserven können somit durch die Gesellschafterstellung vorteilhaft gemäß § 6b EStG aufgelöst werden. Somit ergibt sich der gewünschte Steuerstundungseffekt.
- *Grunderwerbsteuer.* Grundsätzlich fallen bei einem Sale-and-lease-back-Geschäft 3,5 % Grunderwerbsteuer vom Kaufpreis an. Durch eine 100%ige, kapitalmäßige Beteiligung des Leasing-Nehmers als Kommanditist an der Vermietungsgesellschaft kann der Anfall von Grunderwerbsteuer vermieden werden. Stimmenmehrheit und Geschäftsführung lie-

gen aber weiterhin bei der Objektgesellschaft bzw. der als Holding operierenden Leasing-Gesellschaft, so daß die Beteiligung beim Leasing-Geber konsolidiert wird. Der Leasing-Nehmer weist die Beteiligung lediglich mit dem Nominalwert in seiner Handelsbilanz aus. Der leasingtypische Gewerbesteuervorteil wird bei Beteiligung des Leasing-Nehmers an der Vermietungsgesellschaft durch Forfaitierung der Leasing-Forderung an die refinanzierende Bank erreicht.

4.2 Optimierte Refinanzierung innerhalb einer Fonds-Leasing-Konzeption

4.2.1 Fonds-Leasing-Grundsatzbetrachtungen

Bei dem Fonds-Leasing-Modell handelt es sich um die Kombination eines Leasing-Vertrages mit der Einbindung von Anlegerkapital in die Finanzierung der Vermietungsgesellschaft. Die Vermietungsgesellschaft finanziert die Investitionskosten teilweise durch Anlegerkapital und teilweise durch Aufnahme von Fremdmitteln. Da die Anleger aufgrund ihrer Beteiligung steuerliche Vorteile erzielen, erfolgt die Verzinsung des eingesetzten Eigenkapitals zu einem Zinssatz, der unter dem allgemeinen Kapitalmarktniveau liegt. Und weil die Leasing-Gesellschaft den Vorteil der günstigeren Refinanzierung an den Leasing-Nehmer weitergibt, entsteht eine deutlich niedrigere Leasing-Rate.

Durch eine Beteiligung können von dem Eigenkapitalgeber vorwiegend Steuerstundungseffekte im Bereich der Ertragsteuern (Einkommen-/Körperschaftsteuer) erreicht werden. Laufzeit- und Restwertgestaltung der Leasing-Verträge orientieren sich an der jeweiligen Fonds-Variante. Bei Sale-and-lease-back in Verbindung mit einem Fonds fällt (aufgrund der fehlenden Beteiligung des Leasing-Nehmers an der Vermietungsgesellschaft) 3,5 % Grunderwerbsteuer an, die jedoch für den Leasing-Nehmer grundsätzlich durch den Zins- und Gewerbesteuervorteil überkompensiert wird. Zu beachten ist jedoch, daß nach der Neuregelung des Grunderwerbsteuergesetzes (GrEStG), insbesondere des § 1 Abs. 2a GrEStG, durch wesentliche Änderungen im Gesellschafterbestand einer Personengesellschaft, beispielsweise durch Anlegerbeitritt, die Grunderwerbsteuer nochmals anfällt. Eine abschließende Klärung dieses Sachverhaltes ist derzeit (Stand Mai 1997) aber noch nicht möglich. So kann unverändert ein attraktiver interner Zins garantiert werden, der deutlich unter dem Satz für vergleichbare Bankdarlehen liegt.

4.2.2 Gewerblicher Fonds

Beim gewerblichen Fonds fungiert als Vermietungsgesellschaft eine gewerblich geprägte Kommanditgesellschaft (GmbH & Co. KG). Hier beteiligen sich an der vermögensverwaltenden KG natürliche Personen oder Unternehmen als Kommanditisten, die Einkünfte aus Gewerbebetrieb erzielen, die jedoch gemäß § 9 (1) GewStG nicht der Gewerbesteuer unterliegen. Die Finanzierung der Vermietungsgesellschaft erfolgt durch das Kommanditkapital sowie klassische, langfristige Darlehen. Für die Leasing-Finanzierung über gewerbliche Fonds eignen sich neben Verwaltungsgebäuden auch Kaufhäuser, Kraftwerke, kommunale Versorgungseinrichtungen und Betriebsvorrichtungen.

Um derartige, teilweise bis zu mehrere hundert Millionen DM umfassende Investitionen im Fonds-Leasing finanzieren zu können, muß die Leasing-Gesellschaft in der Regel die Möglichkeit haben, auf die Plazierungskraft eines Bankhauses mit flächendeckendem Filialnetz zurückzugreifen. Nur unter dieser Voraussetzung ist es möglich, das benötigte Eigenkapital in der erforderlichen Zeit einzuwerben.

Interessante Gestaltungsmöglichkeiten ergeben sich für Immobilien, für die eine Baugenehmigung nach dem 31. März 1985 erteilt wurde und die folglich mit 4 % p. a. abgeschrieben werden können, sowie für Objekte, die mit einer Sonder-AfA geltend gemacht werden können. Im Hinblick auf die im Zuge der wirtschaftlichen und sozialen Wiedervereinigung Deutschlands aufzubringenden Finanzierungsbeträge bietet sich Immobilien-Leasing in Verbindung mit der Fonds-Lösung als besonders geeignetes Investitions- und Finanzierungsinstrument an.

Politisch gewollte Steuervergünstigungen zur Förderung der Investitionstätigkeit in den neuen Bundesländern (beispielsweise durch eine Sonder-AfA) führen bei Fonds-Leasing-Gestaltungen zur Gewinnung des notwendigen Privatkapitals. Damit wird der Investitionsschub, der für die Schaffung neuer Arbeitsplätze erforderlich ist, auch für Unternehmen ermöglicht, die aus vielerlei Gründen ansonsten wegen mangelnder Optimierungsmöglichkeit der Rentabilität auf eine eigene Investitionsdurchführung verzichten würden. Für gewerbliche Unternehmen und die öffentliche Hand ermöglicht Fonds-Leasing in Verbindung mit dem professionellen Bauservice einer leistungsstarken Leasing-Gesellschaft eine preiswerte Objekterstellung sowie eine vergleichsweise günstige, langfristige Objektnutzung.

4.3 Leasing-Nehmer-Beteiligung

Neubauinvestitionen werden in den neuen Bundesländern mit einer Sonderabschreibung in Höhe von 20 % gefördert. Dies stellt für viele Unternehmen einen Anreiz dar, dort Investitionen durchzuführen. Die hohen Abschreibungsbeträge kommen dem Unternehmen aber grundsätzlich nur dann zugute, wenn es das Objekt auch selbst bilanziert. Es müßte sich folglich für eine konventionelle Bankfinanzierung entscheiden.

Um dennoch nicht auf die Vorteile des Immobilien-Leasings, insbesondere des Off-balance-Effektes, verzichten zu müssen, haben Leasing-Anbieter folgende Modellgestaltung konzipiert: Als Leasing-Geber fungiert eine Leasing-Objektgesellschaft in der Rechtsform einer OHG. An dieser Objektgesellschaft beteiligen sich in der Regel der Leasing-Nehmer als persönlich haftender Gesellschafter und eine GmbH aus dem Kreis der Leasing-Gesellschaft. Der Leasing-Nehmer ist üblicherweise kapitalmäßig zwischen 95 und 100 % beteiligt. Er besitzt jedoch nur Stimmrechte in Höhe von 15 %. Die eigentliche Investitionsfinanzierung durch die Objektgesellschaft verläuft analog der herkömmlichen Leasing-Finanzierung in der zuvor beschriebenen Form.

Die Objektgesellschaft bilanziert das Objekt und schreibt es entsprechend den Sonderabschreibungsmöglichkeiten ab. Der Sonderabschreibung stehen die Mieteinnahmen gegenüber. Hieraus resultieren zunächst erhebliche Verluste in der Objektgesellschaft, die dem Leasing-Nehmer über seine Beteiligung zugewiesen werden. Durch eine entsprechende Ausgestaltung des Gesellschaftsvertrages der Objektgesellschaft entfällt eine Konsolidierung beim Leasing-Nehmer. Aus diesem Grund kommt dieser auf indirektem Wege über seine Beteiligung in den Genuß der hohen Abschreibung und erzielt dennoch den Off-balance-Effekt.

Dieses Beispiel verdeutlicht, wie über spezielle Vertragsgestaltungen individuelle Ansprüche des Kunden erfüllt und Finanzierungen optimiert werden können.

4.4 Zusammenfassung

Nicht zuletzt wegen der weggefallenen steuerlichen Anreize für Neubauinvestitionen und der damit in Verbindung zu sehenden rückläufigen Baukonjunktur in den westlichen Bundesländern stellen die vorgenannten Sale-and-lease-back-Konzeptionen äußerst interessante Finanzierungsalternativen für Großunternehmen und den gehobenen Mittelstand dar. Bei dem derzeitig günstigen Zinsniveau – gegebenenfalls in Verbindung mit einer Fonds-Variante – können interessante Konditionen langfristig festgeschrieben werden.

Die Vertragsgestaltung ermöglicht dem Leasing-Nehmer eine eigentumsähnliche Nutzung und langfristig die Realisierung von möglichen Wertsteigerungen durch Ausübung des Ankaufsrechtes. Im Vergleich zu einer konventionellen Finanzierung ergeben sich zusätzlich die leasingtypischen Gewerbesteuervorteile. Oft gesuchte Nebeneffekte – gerade bei publizierenden Unternehmen – sind verbesserte Bilanzrelationen. Durch Ausnutzung rechtlicher und steuerlicher Möglichkeiten können weitere interessante Zusatzeffekte erreicht werden.

Für die Leasing-Gesellschaft stellt sich das Sale-and-lease-back unter dem Aspekt der Drittverwendungsfähigkeit und Fungibilität in der Regel komplizierter dar als konventionelles Neubau-Leasing, da das Objekt häufig im übrigen Unternehmensverbund eingegliedert ist. Aus diesem Grund sind regelmäßig erhöhte Anforderungen an die Bonität des Leasing-Nehmers zu stellen. Sale-and-lease-back-Verträge kommen primär nur für bonitätsstarke Unternehmen mit guten zukünftigen Ertragsaussichten in Frage. Unter keinen Umständen wird eine verantwortungsbewußte Leasing-Gesellschaft das Sale-and-lease-back als Sanierungsinstrument für notleidende Unternehmen einsetzen.

5. Bau-Management-Dienstleistungen der Immobilien-Leasing-Gesellschaften

Die Leasing-Gesellschaft wird sich sehr intensiv Gedanken über die Qualität des Investitionsobjektes im Hinblick auf eine langfristige Drittverwendung machen müssen. Da der Leasing-Gegenstand an seinen Standort gebunden ist, wird die Leasing-Gesellschaft zunächst eine sorgfältige Standortnalyse durchführen. Des weiteren muß sie das geplante oder vorhandene Objekt auf seine bauliche Qualität wie auf seine Wirtschaftlichkeit überprüfen.

Um hierzu in der Lage zu sein, beschäftigen die großen Immobilien-Leasing-Gesellschaften neben den kaufmännischen Mitarbeitern auch einen umfangreichen technischen Mitarbeiterstab, d. h. Architekten und Ingenieure. Für die Anfertigung einer Standortanalyse werden in diesen Abteilungen Informationen über bestehende und geplante Gewerbegebiete und Industriegebiete gesammelt. Es werden ferner Informationen über zum Kauf angebotene bebaute und unbebaute Grundstücke sowie deren Preise gespeichert. Da die großen Leasing-Anbieter bundesweit tätig sind, verfügen sie über ein umfangreiches Wissen, welche Standorte interessant sind und welche Preise in der jeweiligen Region im Moment einer eventuellen Investitionsentscheidung marktgerecht sind. Neben der Frage des optimalen Standortes und Grundstückes prüfen die Fachleute auch die baulichen Voraussetzungen einer vorhandenen oder geplanten Immobilie.

Dies betrifft auf der einen Seite den baulichen Zustand von bestehenden Objekten sowie die Plausibilität des geforderten Preises und auf der anderen Seite bei geplanten Neubauten die Überprüfung der kalkulierten Baupreise sowie die bauliche Konzeption im Hinblick auf eine möglichst wirtschaftliche und fungible Bauweise. Um hierzu in der Lage zu sein, sammeln die Baufachleute Informationen über Baupreisentwicklungen, Bauwerkstoffentwicklungen, aber auch über die Anforderungen, die sich aus behördlichen Auflagen ergeben. Eine besondere Aufmerksamkeit gilt hier der Belastung des Grundstückes oder Gebäudes mit umweltgefährdenden Stoffen.

Alle diese Informationen stehen Unternehmen zur Verfügung, die im Rahmen des Corporate-Real-Estate-Managements Bau-Management-Dienstleistungen wie die Bewertung von Immobilienbeständen, die Ermittlung von aktuellen Markt- und Mietpreisen, die Prüfung von möglichen Umnutzungen sowie Planungen nach neuestem Baurecht in Anspruch nehmen. Bei Neubauvorhaben stellt sich das bautechnische Dienstleistungsangebot noch umfangreicher dar. Es beginnt mit der Suche nach einem geeigneten Standort sowie einem passenden Grundstück. Dies ist unter anderem im Hinblick auf die erforderliche Grundstücksgröße wichtig, die in einem vernünftigen Verhältnis zum geplanten Gebäude inklusive eventueller Erweiterungsmöglichkeiten gesehen werden muß.

Ferner prüfen die Fachleute der Leasing-Gesellschaft, ob die geplante Bebauung auch die behördlichen Genehmigungen erhält. Anschließend wird das Baukonzept gemäß dem vom Leasing-Nehmer definierten Bedarf entwickelt. Aufgrund der oben angeführten Markttransparenz sind die Bau-Manager bereits zu diesem Zeitpunkt in der Lage, ein erstes, schon sehr genaues Baukosten- und Bauzeitgerüst zu erstellen. Dieses ermöglicht dem Leasing-Geber zu einem sehr frühen Zeitpunkt die Entscheidung über die Investitionsdurchführung und stellt dem Leasing-Nehmer eine genaue Kalkulation der zukünftigen Leasing-Belastungen zur Verfügung.

Anschließend erarbeiten die Bau-Manager der Leasing-Gesellschaft die Genehmigungs-, Ausführungs- und Ausschreibungsplanung. Hierbei kommt den Architekten der Leasing-Gesellschaft ihre Spezialisierung auf den Gewerbebau mit dem damit verbundenen Know-how zugute. Bei der anschließenden Vergabe des Bauauftrages nutzen die Leasing-Gesellschaften wiederum ihre exzellente Markttransparenz, um beste Baukostenangebote zu erzielen. Da die Leasing-Gesellschaften zum Teil ein Bauvolumen im Jahr in Auftrag geben, das sich im dreistelligen Millionenbereich bewegt, verfügen sie über eine Nachfrageposition, die in der Regel zu günstigeren Baupreisen führt, als wenn der Leasing-Nehmer selber bauen würde. Die großen Leasing-Gesellschaften treten nicht nur als sporadischer Nachfrager an die Bauindustrie heran, sondern vergeben kontinuierlich Bauaufträge und sind daher für die Bauindustrie ein hochinteressanter Auftraggeber. Diese starke Verhandlungsposition findet regelmäßig ihren Niederschlag in der Vereinbarung besonders günstiger Baupreise für Neu- und Umbaumaßnahmen. Demgegenüber treten die Leasing-Nehmer eher im Abstand von mehreren Jahren mit Bauaufträgen an den Markt und verfügen dementsprechend zumeist nicht über die bundesweite Markttransparenz.

Das Bau-Management der Leasing-Gesellschaft gewährleistet während der Bauphase eine laufende Kontrolle des Baufortschritts sowie der Kosten. Der Leasing-Nehmer wird also von den Belastungen eines Bauherrn kosten- und zeitmäßig befreit und erhält dennoch ein speziell auf seinen Bedarf zugeschnittenes Objekt. Über die gesamte Dauer des Leasing-Vertrages prüft eine weitsichtige Leasing-Gesellschaft in regelmäßigen Abständen das Objekt auf offene und verborgene Mängel, so daß diese beseitigt werden können, bevor größere Folgeschäden entstehen. Hierdurch werden unnötige Kosten verhindert.

Da die Leasing-Gesellschaft, wie dargestellt, vor Investitionsbeginn die langfristige Werthaltigkeit der geplanten Immobilie prüft, was durch Standort und Art des Objektes, günstige Erstellungskosten sowie später durch laufende Zustandskontrolle gesichert wird, hat der Leasing-Nehmer die Gewähr, daß er zum Ende der Vertragslaufzeit bei Ausübung seiner Kaufoption ein werthaltiges und fungibles Objekt von der Leasing-Gesellschaft erwirbt. Will er es mangels weiteren Eigenbedarfs am Markt veräußern, wird er einen entsprechenden Weiterverkaufspreis erzielen. Bei der Vermarktung wird ihm die Leasing-Gesellschaft darüber hinaus mit ihrer Marktkenntnis behilflich sein, um den bestmöglichen Erlös zu erzielen.

6. Schlußwort

Das Immobilien-Leasing kann einen erheblichen Beitrag zum Immobilien-Management, insbesondere zum Corporate-Real-Estate-Management leisten. Durch Immobilien-Leasing sind neben der ursprünglichen Finanzierungsfunktion zahlreiche Nebeneffekte realisierbar, die der jeweigen Unternehmensstrategie angepaßt werden können. Hierbei sind vor allem die Möglichkeiten der Bilanzgestaltung, der Liquiditätsbeschaffung sowie der Ausnutzung von Steuerpotentialen nochmals hervorzuheben. Daneben werden gerade im Neubaubereich etliche Serviceleistungen durch Bau-Management-Dienstleistungen angeboten. Das Immobilien-Leasing mit seiner innovativen Kraft wird aber auch zukünftig immer wieder neue Strategien entwickeln, um weiterhin den Bedürfnissen der Wirtschaft und in zunehmendem Maße auch der öffentlichen Hand optimale Konzepte zur Verwirklichung individueller Zielsetzungen anbieten zu können.

7. Literatur

Büschgen, H. E.: *Immobilienleasing*, in: Mitteilungen und Berichte des Forschungsinstituts für Leasing an der Universität zu Köln, hrsg. von Prof. Dr. H. E. Büschgen, Nr. 14, 1992

Feinen, K.: *Leasingfonds für Immobilien*, in: Handelsblatt, Beilage Leasing, vom 17. April 1997

Feinen, K.: *Leasing als Mittel der Unternehmenspolitik*, in: Süddeutsche Zeitung, Beilage Leasing, vom 10. Oktober 1996

Feinen, K.: *Das Leasinggeschäft*, 3. Auflage, Taschenbücher für Geld, Bank und Börse, hrsg. von Prof. Dr. H. E. Büschgen und Dr. A. Herrhausen †, Band 90, Frankfurt 1990

Feinen, K.: *Kommunales Leasing*, Taschenbücher für Geld, Bank und Börse, hrsg. von Prof. Dr. H. E. Büschgen und H. Kopper, Band 110, Frankfurt 1995

Feinen, K./Knoche, W.: *Checklist „Leasing"*, München 1980

Von der Immobilienverwaltung zum Asset-Management

Dr. Klaus Trescher, geschäftsführender Gesellschafter, in Zusammenarbeit mit Thomas Hoeller, TMW Immobilien AG, München und Atlanta

Inhalt

1.	Einleitung	571
2.	Was ist unter Sachanlagenverwaltung zu verstehen?	572
2.1	Kaufen, halten oder verkaufen	573
2.2	Refinanzierung	574
2.3	Umschichtung	575
2.4	Gezielte Nutzung von Ablaufterminen	575
2.5	Bonität von Mietern	576
3.	Betriebliche Fragen	576
3.1	Wartungsverträge	576
3.2	Energieeinsparung	577
3.3	Sicherheit	578
3.4	Steuerliche Strategien	579
3.5	Mieterbindung	580
3.6	Krisen-Management	581
3.7	Instandhaltungsprogramme	582
3.8	Investitionsplanung	583
4.	Risiko-Management	584
5.	Rahmenbedingungen	585
6.	Rechnungs- und Berichtswesen	587
7.	Marketing- und Vermietungsfragen	590
7.1	Immobilienmakler	590
7.2	Werbung	592

7.3	Produktkenntnis	595
7.4	Marktkenntnis	596
7.5	Einstufung von Interessenten	596
7.6	Vertragsverhandlungen	598
7.7	Mietvertragstypen	599
7.8	Mietvertragsanalyse	600
8.	Bestandsverwaltung oder Portfolio-Management	600
8.1	System zur Bestandsverwaltung	601
8.2	Informations-Management	605
8.3	Berichtswesen	606
8.4	Cash-flow-Management	606
8.5	Schlußfolgerung	607
9.	Veräußerungsstrategien	607
9.1	Steuerliche Erwägungen	607
9.2	Eigentumszeitraum	608
9.3	Verkaufsentscheidung	610
9.4	Objektbesichtigung	610
9.5	Marktstudie	611
9.6	Objektbewertung	611
9.7	Zielgruppe	613
9.8	Das Angebot	614
9.9	Absatzförderung	614
9.10	Vertragsverhandlungen	616
9.11	Finanzierungsfragen	617
9.12	Abschluß der Vertragsphase	618
9.13	Schlußfolgerung	619
10.	Literatur	620

1. Einleitung

In den Vereinigten Staaten sieht sich heute das Projekt-Management im Bereich der gewerblichen Immobilienverwaltung – wie zahlreiche andere Unternehmen auch – einer sich ständig ändernden Umgebung gegenüber, in der die Eigentümer von Immobilien bzw. ihre Vertreter über ein hohes Maß an Kenntnissen, Sachwissen und Flexibilität verfügen müssen, wenn sie auf die ständigen Änderungen so reagieren wollen, daß sich der Wert des betreffenden Objekts bewahren und steigern läßt.

Für Gewerbeimmobilien müssen in der Regel umfangreiche Mittel aufgebracht werden. Derartige Investitionen können nicht mehr „mit links" verwaltet werden; es bedarf genauer Kenntnis der in ständigem Wandel befindlichen Faktoren, die den Wert eines Investitionsobjekts positiv oder negativ beeinflussen können. Für ausländische Immobilieninvestoren, die sich in den Vereinigten Staaten betätigen wollen, trifft dies ganz besonders zu; jeder von ihnen ist zweifellos intelligent, kenntnisreich und wohlhabend; trotzdem dürfte er in der Regel mit den unterschiedlichen US-Trends im Hinblick auf Wirtschaft, Demographie und Rechtsprechung nicht vertraut genug sein, die alle erheblichen Einfluß auf Erfolg oder Fehlschlag gewerblicher Immobilien ausüben.

Für den Gebäude- bzw. Sachanlagenverwalter, d. h. Asset Manager, ist es daher von entscheidender Bedeutung, daß er seiner Verantwortung für die Interessenvertretung eines ausländischen Anlegers nachkommt. Wie im einzelnen noch zu erörtern sein wird, umfassen diese Pflichten nicht nur profunde Kenntnisse im Bereich der Gebäudeverwaltung, sondern auch bei Marketingstrategien, in Rechtsfragen, im Hinblick auf Finanzierungs- und Neuerschließungsmöglichkeiten, die sämtlich auf die Anlageziele und das Risikoprofil des betreffenden Investors abgestimmt werden müssen.

Die Investition in US-Immobilien war immer schon und wird auch weiterhin von erheblichem Interesse für ausländische Investoren sein. Zu diesen Investoren gehören wohlhabende Einzelpersonen, große Kreditinstitute, Pensionskassen und Anlagekonsortien. Diese Investoren stammen aus unterschiedlichen Weltgegenden, wobei Engländer, Holländer und Japaner immer schon in erheblichem Umfang beteiligt waren.

TMW, die für meist deutsche Privatkunden und institutionelle Anleger seit mehr als 15 Jahren Gewerbeimmobilien in den USA ankauft und verwaltet, hat inzwischen einen Bestand von nahezu 100 Objekten mit einer Gesamtfläche von mehr als 600.000 m^2 an 33 Standorten in den Vereinigten Staaten aufgebaut.

In letzter Zeit ist erneut starkes Interesse bei deutschen Investoren zu verzeichnen, die sich bereits bisher auf die Dienste der TMW beim Erwerb und der Verwaltung hochwertiger Anlagemöglichkeiten stützen konnten.

2. Was ist unter Sachanlagenverwaltung zu verstehen?

In der herkömmlichen Funktionsbezeichnung des Gebäudeverwalters kommt die Verantwortung nicht mehr zum Ausdruck, die auf einem Immobilienverwaltungsunternehmen lastet, das einen entsprechenden Vertrag mit dem Eigentümer eines Immobilienobjekts abschließt.

Gebäudeverwalter im klassischen Sinn waren wenig mehr als bessere Hausmeister mit Verantwortung für den baulichen Zustand des jeweiligen Gebäudes sowie für die Beitreibung der Mieten und die Zahlung von Rechnungen für den Eigentümer.

Eine Immobilie ist jedoch nicht nur ein bloßes Gebäude, sondern vielmehr ein Vermögenswert, der bei entsprechender Verwaltung zu besseren Barmittelzuflüssen und langfristiger Wertsteigerung des eingesetzten Kapitals führen kann. Um eine derartige Wertsteigerung zu erzielen, muß ein Sachanlagenverwalter über Kenntnisse verfügen, die weit über die herkömmlichen Aufgaben eines Vermögensverwalters hinausgehen und die lediglich einen Teil der Gesamtverpflichtungen und Obliegenheiten gegenüber dem Kunden bilden.

Ein Sachanlagenverwalter (im folgenden zum Teil auch mit dem englischen Ausdruck Asset Manager bezeichnet) muß über eine gewisse Risikobereitschaft verfügen, darf jedoch unter keinen Umständen die Anlageziele und das Risikoprofil des jeweiligen Eigentümers aus den Augen verlieren. Ein Asset Manager, der ein Objekt so wählt, daß eine langfristige Wertsteigerung unter Inkaufnahme hoher Risiken oder geringer laufender Erträge erzielt würde, erweist einem Kunden, dessen Ziel in soliden Erträgen bei niedrigem Risiko besteht, einen denkbar schlechten Dienst.

Sobald er das Anlageprofil des Investors und die von ihm verfolgten Ziele kennt, hat der Asset Manager alle kurz-, mittel- und langfristigen Trends, Probleme und Möglichkeiten in Betracht zu ziehen. Dies bedeutet, daß der Sachanlagenverwalter neben dem Tagesbetrieb des jeweiligen Objekts auch die Marktlage und die finanziellen sowie wirtschaftlichen Rahmenbedingungen stets im Auge haben muß.

Zu den komplexen Fragen, die immer wieder neu beantwortet werden müssen, gehören u. a.:

2.1 Kaufen, halten oder verkaufen

Bedauerlicherweise ändern sich während der Eigentumsdauer nicht selten die Anlageziele, die ein Investor mit US-Immobilien verfolgt. Die meisten (wenn auch längst nicht alle) ausländischen Investoren nehmen im Hinblick auf die Eigentumsfrage einen eher langfristigen Standpunkt ein, ein für Europa typischer Ansatz, der jedoch im Vergleich zu der sehr viel flexibleren, an den Warenhandel erinnernden Einstellung zum Immobilienbesitz relativiert werden muß, die in den Vereinigten Staaten vorherrscht. Diese Vorgehensweise ist in den meisten Fällen sicher empfehlenswert; trotzdem besteht keine Gewähr dafür, daß sich bestimmte Grunddaten, die zu einem bestimmten Zeitpunkt außerordentlich attraktiv waren, nicht aus Gründen ändern, die der Einflußnahme des Anlegers völlig entzogen sind und dennoch – im positiven oder negativen Sinn – einen beträchtlichen Einfluß auf das Anlageobjekt ausüben können. Klassische Beispiele hierfür sind Städte mit industrieller Monokultur, die ihren Konkurrenzvorteil verlieren und dann in erheblichem Umfang Arbeitskräfte freisetzen. Änderungen bei der Infrastruktur können den Zugang zu einem bestimmten Gebäude oder den Arbeitsmarkt im allgemeinen beeinflussen; ein Überangebot an neuen, spekulativ ausgerichteten Objekten kann zu einem Markteinbruch führen. Alle diese Faktoren sowie eine Vielzahl von anderen Einflußgrößen haben tatsächlich oder potentiell Auswirkungen auf die langfristige Tragfähigkeit einer Immobilieninvestition.

Asset Manager, die für Eigentümer außerhalb der Vereinigten Staaten tätig sind, dürfen diese entscheidungserheblichen Aspekte nie aus den Augen verlieren und müssen den Kunden hinsichtlich aller derartigen Änderungen entsprechend beraten. Selbst wenn der Verkauf eines Objekts zu einem Verlust führt, sollte er vorgenommen werden, sobald die langfristigen Aussichten ins Negative abgleiten. Die endgültige Frage lautet stets: „Werden meine Mittel unter Berücksichtigung meiner Ziele und meines Risikoprofils optimal eingesetzt?"

2.2 Refinanzierung

Obwohl die meisten Investoren eher konservativ ausgerichtet sind, gibt es trotzdem Zeiten, in denen der Einsatz von Kreditmitteln Möglichkeiten eröffnet, den Barmittelzufluß und damit auch den Wert zu erhöhen. Ein Sachanlagenverwalter muß den Trendverlauf der Zinsentwicklung nicht nur in den Vereinigten Staaten, sondern auch im Ausland kennen. Derzeit könnten Investoren auf anderen Märkten Kreditmittel zu recht günstigen Konditionen aufnehmen, bei denen die Kosten weit unter denen liegen, die herkömmliche US-Hypothekenbanken berechnen müssen, deren Finanzierungskosten sich auf bis zu 3 % der in Anspruch genommenen Kreditmittel belaufen können.

Im Idealfall ist eine Finanzierung oder Refinanzierung zu Konditionen abzuwickeln, die für den Kreditnehmer ein Höchstmaß an Flexibilität sichern, so daß er nicht auf einen bestimmten Zinssatz festgelegt ist, wenn unter Umständen bessere Konditionen verfügbar sind.

Zum gegenwärtigen Zeitpunkt stehen Investoren vor der Frage, ob sie ihr Darlehen zu recht günstigen Konditionen in der Hoffnung weiterlaufen lassen sollen, daß sich die Kursentwicklung bei kurzfristigen Zinsen bald wieder beruhigt, oder ob sie sich auf einen der für Europa kennzeichnenden Lösungsansätze stützen sollen, die ohnehin angesichts der in den Vereinigten Staaten vorherrschenden, sehr viel flexibleren Einstellung zur Immobilie als Ware unter gewissen Vorbehalten zu sehen sind.

Die Finanzierung über Hypotheken ist ein denkbar abstraktes Gebiet, in das zahlreiche rechtliche Fragen mit hineinspielen. Während die überwiegende Mehrzahl der in den Vereinigten Staaten errichteten Hypotheken nach wie vor keinen Rückgriff (also keine persönliche Haftung) vorsieht, bestehen trotzdem Möglichkeiten, eine Hypothek so zu gestalten, daß ein Rückgriff auf den Darlehensnehmer möglich ist; Kreditnehmer müssen sich dessen uneingeschränkt bewußt sein. Die einschlägigen Fragen umfassen beispielsweise Betrug, Verschwendung und umweltrechtliche Aspekte.

Für den Asset Manager empfiehlt sich in diesem Zusammenhang die Mandierung eines Fachanwalts, der mit der Errichtung von Hypotheken vertraut ist. Auch hier handelt es sich um einen Sonderbereich, der dem Eigentümer im Rahmen eines bestimmten Zinsklimas ungeahnte Gewinnmöglichkeiten bieten kann; jeder Sachanlagenverwalter muß ständig auf diesbezügliche Änderungen gefaßt sein.

2.3 Umschichtung

Ein Asset Manager, der sich ständig auf dem laufenden hält, erkennt am ehesten, daß sich das Investitionsklima im Immobilienbereich in eine bestimmte Richtung entwickelt, woraus sich unter Umständen eine Möglichkeit ergibt, ein bestimmtes Objekt neu auszurichten, um so einen neuen Produkttyp oder eine höhere Qualitätsebene zu erreichen und den Objektwert zu erhöhen. Bei derartigen Möglichkeiten könnte es sich um Verbesserungen beim äußeren Aussehen, bei den Gebäudeeinrichtungen oder aber um sonstige Gebrauchsvorteile handeln, die sich qualitätserhöhend auswirken und damit höhere Mieten ermöglichen. Ein Beispiel wäre die Höherstufung eines Bürogebäudes von der Kategorie B in die Kategorie A, sobald der Standort dies zuläßt.

Zu den positiven Erfahrungen gehört zum Beispiel auch der Umbau des Erdgeschosses in einem Bürogebäude für Einzelhandelsgeschäfte, wodurch sich das Mietaufkommen des betreffenden Objekts erheblich steigern läßt. Derartige Umbauten können zunächst Kosten verursachen; dank dieser Zusatzaufwendungen ergibt sich dann aber möglicherweise für den Eigentümer eine ganz erhebliche Ertragssteigerung. Ein extremes Beispiel hierfür war die Umgestaltung überholter, nicht mehr benötigter Büroräume zu Wohnungen im Zentrum Manhattans.

2.4 Gezielte Nutzung von Ablaufterminen

Ein zukunftsorientierter Sachanlagenverwalter wird nie vergessen, daß der Eigentümer besonderen Risiken unterliegt, wenn ein hoher Prozentsatz aller Mietverträge praktisch gleichzeitig ausläuft. Angesichts der stets zyklisch verlaufenden Konjunkturentwicklung ist es selten angebracht, einen hohen Anteil der Miet- oder Pachtverträge zu ein und demselben Zeitpunkt neu verhandeln zu müssen. Dieser Aspekt darf nie aus den Augen verloren werden und muß ständig überwacht werden, wenn man vor unliebsamen Überraschungen sicher sein will. Sofern ein bestimmter Immobilienbestand mehrere Gebäude umfaßt, könnte der Sachanlagenverwalter beispielsweise einige Gebäude veräußern, um das Risiko des gleichzeitigen Ablaufs mehrerer Verträge dadurch zu verringern, daß er statt dessen ein Objekt erwirbt, das zu einer besseren Streuung bei den Vertragsverlängerungen führt.

2.5 Bonität von Mietern

Der Wert eines Gebäudes wird in hohem Maß durch die Bonität der jeweiligen Mieter beeinflußt. Dies gilt insbesondere dann, wenn ein bestimmtes Objekt nur über einen Mieter verfügt oder wenn bei mehreren Mietern einer von ihnen einen hohen Anteil am Gesamtobjekt belegt.

Umfassende Informationen über die Finanzlage eines Mieters sind praktisch von vornherein erforderlich. In diesem Zusammenhang sollten Finanzabschlüsse und Kreditauskünfte über einen Zeitraum von mehreren Jahren geprüft werden. Sofern dies möglich ist, erweisen sich Gespräche mit früheren Vermietern über das Zahlungsverhalten eines potentiellen Kunden oft als wertvoll. Sofern die Kreditwürdigkeit eines Mietinteressenten für unzureichend befunden wird, hat der Verwalter entweder den jeweiligen Mieter abzuweisen oder zusätzliche Sicherheiten wie zum Beispiel Bankgarantien, Akkreditive oder hohe Kautionen anzufordern, mit denen sich das mieterbedingte Kreditrisiko mindern läßt.

3. Betriebliche Fragen

Die konkrete Verwaltung einzelner Objekte entscheidet in hohem Maße über Erfolg oder Mißerfolg von Investitionen im Immobilienbereich. Durch ein hohes Maß an Aufmerksamkeit hinsichtlich aller Einzelheiten, genaue Überwachung aller Lieferanten und des Wartungspersonals, ständige Offenheit für Innovationen, mit denen sich die Wirtschaftlichkeit eines Gebäudes verbessern läßt, und insbesondere dadurch, daß für den Mieter mehr Dienstleistungen erbracht werden, als er eigentlich erwarten durfte, lassen sich Wert und Nutzungsdauer eines Gebäudes erhöhen.

3.1 Wartungsverträge

Verträge bilden jeweils den Rahmen, in dem sich die zahlreichen bereits bestehenden Geschäftsbeziehungen zwischen Verwaltungsgesellschaft und Dritten abwickeln lassen. Für jedes Gebäude bestehen zwangsläufig mehrere Wartungsverträge (mit Dritten) über zu erbringende Dienstleistungen, so beispielsweise die vorbeugende Wartung aller Lüftungs-, Heizungs- und Klimaanlagen; ähnliches gilt für Aufzüge, Pförtner, Hausmeister und Landschaftsgestaltung.

Für jeden Wartungsvertrag sollten mindestens drei Angebote eingeholt werden, damit sich die Hausverwaltung ein Bild über die voraussichtlichen Kosten machen kann. Bei der Überprüfung derartiger Angebote darf nicht vergessen werden, daß das niedrigste Gebot nicht zwangsläufig auch das beste ist. Manche Auftragnehmer geben bewußt zu niedrig angesetzte Angebote ab, um zunächst einmal ins Geschäft zu kommen und Gewinne dann später durch überhöhte Zuschläge zu erzielen. Derartige Zuschläge können sich als äußerst kostspielig erweisen.

Sobald der Auftragnehmer feststeht, muß der Vertrag selbst noch ausgehandelt werden. Diesbezügliche Einzelheiten sind natürlich davon abhängig, welche Dienstleistung angekauft wird. Ein Instandsetzungsvertrag, der Lohn- und Materialkosten umfaßt, enthält normalerweise die entsprechenden Stundensätze und Ersatzteilkosten. In einem Vertrag für Hausmeisterdienste sollten die zu säubernden Bereiche, die jeweilige Reinigungsfrequenz, die hierfür verwendeten Putzmittel, die Arbeitszeiten und der Arbeitskräftebedarf festgehalten werden. Ein Vertrag hat dem jeweiligen Auftragnehmer auch die Verantwortung für Beschäftigung, Ausbildung und Überwachung des jeweiligen Personals aufzuerlegen, Arbeitspläne festzusetzen und Sicherheitsnormen vorzugeben. Jeder derartige Vertrag muß unbedingt eine Kündigungsvorschrift enthalten, damit bei Umsetzungsproblemen eine Aufhebung innerhalb von höchstens 30 Tagen möglich ist. In Wirklichkeit handelt es dabei um Verträge, die nur von einem Monat auf den nächsten gelten.

In den Vereinigten Staaten ist es besonders wichtig, sich vom jeweiligen Auftragnehmer eine Kopie der Versicherungspolicen über Haftpflicht- und Berufsunfallversicherung vorlegen zu lassen, damit Gewähr dafür besteht, daß der Auftragnehmer auch abgesichert ist, wenn ein Unfall auftritt, in den Mitarbeiter, Mieter oder andere verwickelt sind.

3.2 Energieeinsparung

Seit ihrer Einführung vor 25 Jahren wurden bei Anlagen zur Energieeinsparung gewaltige Fortschritte erzielt. Die zum Einsatz in Großprojekten mit zahlreichen Gebäuden entwickelten Anlagen waren ursprünglich kostspielig und kompliziert zu bedienen. Inzwischen sieht die Lage völlig anders aus. Derartige Anlagen haben sich bei Gewerbe-, Verwaltungs- und Industriegebäuden jeder Größe längst als kostengünstig bewährt. Anlagen, die vor nicht allzulanger Zeit noch Sonderzubehör waren, haben sich schnell zu einem Muß für den laufenden Betrieb entwickelt. Ohne sie können höhere

Energie- und Wartungskosten schnell dazu führen, daß ein Objekt auf einem hart umkämpften Markt seine Konkurrenzfähigkeit verliert oder seine Rentabilität zumindest von gut auf mittelmäßig abfällt.

Um die richtige Anlage zur Energieeinsparung ausfindig zu machen, sind sechs Schritte erforderlich. Der Vorgang beginnt mit der Festlegung der erforderlichen Leistungsmerkmale und führt über die Installation der Anlage bis zu deren Betrieb. Diese sechs Schritte sind bei der Automatisierung des Betriebs und der Führung von Anlagen, die Energie verbrauchen, stets angebracht:

- Vertrautheit mit der Anlage,
- Festsetzung des Leistungsbedarfs im Objekt,
- Überprüfung von Angeboten,
- Abnahmeprüfung,
- Ausbildung des objekteigenen Personals,
- weitere Aktualisierung und Instandhaltung der Anlage.

3.3 Sicherheit

Derzeit scheinen Sicherheitsfragen überall im Vordergrund zu stehen. Mieter und Besucher, die auf ihrem Gelände einem Verbrechen zum Opfer fallen, werden selten zögern, den Asset Manager dafür verantwortlich zu machen. Gerichtsverfahren sind selbst dann kostspielig und zeitaufwendig, wenn der Asset Manager nicht haftbar ist und das Verfahren zu seinen Gunsten entschieden wird. Selbst eine gute Haftpflichtversicherung ist nicht ausreichend – man muß vorbeugend tätig werden.

Wer bei einer Gewerbeimmobilie nicht die richtigen Sicherheitsvorkehrungen trifft, schafft sich nicht nur Probleme im Zusammenhang mit etwaigen Haftungsansprüchen; darüber hinaus entsteht u. U. ein völlig falsches Image vom Objekt.

Bedauerlicherweise wird die Frage der Absicherung einer Immobilie nicht immer sorgfältig analysiert. Nachstehend einige Hinweise darauf, wie bei der Sicherung eines Gebäudes am zweckmäßigsten vorzugehen ist:

- Sich Zeit nehmen, um das Objekt sorgfältig zu prüfen und seine Nutzung, seine Umgebung und die Bedrohungen, denen es ausgesetzt ist, genau zu bewerten.
- Die bestehenden Bedrohungen im Hinblick auf die Frage, wie sie eintreten könnten, untersuchen.

- Sicherstellen, daß gegebenenfalls verwendete technische Einrichtungen bedarfsgerecht sind, ordnungsgemäß installiert wurden, sachgerecht gewartet und genutzt werden.
- Es ist darauf zu achten, daß das richtige Sicherheitspersonal eingestellt sowie entsprechend ausgebildet und ordnungsgemäß überwacht wird.

Bei sachgerechter Erstellung und wirksamer Leitung des Sicherheitsprogramms kann es einen positiven Einfluß auf die Geschäftstätigkeit haben. Damit kann man das Image verbessern und das Objekt für Mieter, Einkäufer, Besucher und Gäste attraktiver gestalten. Unter Umständen läßt es sich auch zur Verringerung diesbezüglicher Verluste und zur Senkung der Haftungsgefahr einsetzen.

3.4 Steuerliche Strategien

In vielen Staaten bildet die Vermögensteuer häufig den größten Einzelposten für den Betrieb eines Immobilienobjekts. Zahlreiche Eigentümer, Investoren und Vermögensverwalter konzentrieren sich derzeit auf die langfristigen Auswirkungen dieses Kostenfaktors und dessen Einfluß auf den Marktwert eines Immobilienobjekts.

Immobilieneigentümer sind hier auf Verwalter angewiesen, die mit den jeweiligen Marktbedingungen bei Umsätzen, Leerstandszahlen und wertsteigernden Standortaspekten vertraut sind und auch andere nützliche Informationen im Auge behalten, so zum Beispiel die Einstufung vergleichbarer Objekte in der jeweiligen Gegend. Der Einsatz eines Unternehmens, das über ortsspezifische Kenntnisse zu Besteuerungsfragen und zur Handhabung steuerlicher Fragen durch die zuständigen Behörden verfügt, ist in dieser Hinsicht unerläßlich.

Momentan geht der Trend dahin, bereits vor dem Ankauf eines Objekts einen Steuerberater einzuschalten und eine mehrjährige Besteuerungsstrategie ausarbeiten zu lassen. Zu berücksichtigen sind auch ortspolitische Fragen wie etwa die Erhebung gemeindlicher Umsatzsteuern, ein etwaiger Refinanzierungsbedarf der öffentlichen Hand, das Wachstum des Steueraufkommens im Regierungsbezirk und mögliche Neueinstufungen.

3.5 Mieterbindung

Während der Immobilienrezession Ende der achtziger, Anfang der neunziger Jahre, als Büroräume im Überfluß vorhanden und Mieter dementsprechend knapp waren, setzte sich die Erkenntnis durch, daß eine der wichtigsten Aufgaben eines Vermögensverwalters darin besteht, die Mieter an ein bestimmtes Objekt zu binden.

Obwohl die Immobilienkonjunktur längst wieder ins Gegenteil umgeschlagen ist, gehört die Mieterbindung immer noch zu den wichtigsten Aufgaben in der Objektverwaltung. Wirtschaftlichkeit, verfügbare Räumlichkeiten und Expansionsbedarf sind sämtlich Faktoren, die eine Entscheidung über die Verlängerung eines Mietvertrages beeinflussen; die Wahl eines Mieters, ob er in einem bestimmten Gebäude bleiben will, hängt allerdings weitgehend auch von den Kundendienstleistungen ab, auf die er seitens der Gebäudeverwaltung rechnen kann. Objektverwaltungsgesellschaften lassen sich diesbezüglich alles mögliche einfallen, von „Gebäudepartys" mit Frühstück oder Mittagessen für die gesamte Belegschaft bis hin zu Hilfsdiensten wie der Verlängerung von Führerscheinen oder Kfz-Zulassungen oder einem Ölwechsel. Keine dieser Maßnahmen fällt im Vergleich zu den Kosten für eine Neuvermietung finanziell wirklich ins Gewicht, die in der Regel sehr viel kostspieliger ist als die Beibehaltung eines Mieters, da dann nicht nur die Kosten für eine Neubelegung des jeweiligen Objekts, sondern auch noch Provisionen und etwaige Abschläge für vom Mieter vorzunehmende Reparaturen anfallen. Im Vergleich zur Neuvermietung von Räumlichkeiten mit etwa 1.000 m² entsteht lediglich der in Abbildung 1 dargestellte Aufwand.

	Mietausfälle	Maklerprovision	Umbaukosten
Vorhandener Mieter	Null	höchstens 2 %	ca. 7 DM/m²
Neumieter	6 Monate	4 %	ca. 17 DM/m²

Tab. 1: Aufwand bei Räumlichkeiten von 1.000 m²

Die tatsächlich anfallenden Kosten hängen natürlich auch noch vom jeweiligen Einzelmarkt ab. Die beste Strategie zur Beibehaltung vorhandener Mieter besteht in der Regel stets darin, alle grundlegenden Kundendienstleistungen zu erbringen und den Bedürfnissen der Mieter, wenn irgend möglich, noch zuvorzukommen.

3.6 Krisen-Management

Unabhängig von Typ, Größe oder Standort eines Immobilienprojekts ist in der heutigen Zeit stets damit zu rechnen, daß eine Krise in Form einer Explosion, eines Brandes oder einer sonstigen Katastrophe zu bewältigen ist. Die Vorbereitung auf dieses an und für sich unabwendbare Ereignis entscheidet letztendlich darüber, ob der Ruf der jeweils Beteiligten noch intakt, wenn die Krise vorüber ist. Am Anfang aller Vorbereitungen muß ein ausgearbeiteter Notfallplan stehen.

Derartige Pläne sind aber immer nur so gut wie diejenigen, von denen sie umgesetzt werden. Alle Personalmitglieder, die unter Umständen bei der Bewältigung einer Krise beteiligt sein könnten, müssen über ihre Pflichten genau Bescheid wissen. Sie müssen imstande sein, bereits eine noch im Entstehen begriffene Krise zu erkennen, und dann sofort die Notfallplanung umsetzen. Die Reaktionszeiten sind von entscheidender Bedeutung für die Beherrschung jeder Krise. Das Personal muß imstande sein, Tatsachen und Gerüchte voneinander zu trennen und im Anschluß daran die Krise möglichst schnell zu bewerten. Die Geschwindigkeit, mit der eine Bewertung erfolgt, und die Genauigkeit der dabei ermittelten Daten sind von entscheidender Bedeutung, da die jeweilige Eindämmungsstrategie anhand dieser Angaben gewählt wird.

Jedes Immobilienobjekt muß über ein Handbuch mit Verfahrensvorschriften zur Kriseneindämmung verfügen. In diesem sind Anweisungen zur Meldung von Notfällen wie beispielsweise Brände, terroristische Überfälle, Bombendrohungen oder Explosionen festzuhalten. Darüber hinaus sollte ein derartiges Handbuch folgende Angaben bereitstellen:

– Eine Auflistung sowie Zeichnungen für sämtliche Ein- und Ausgänge des betreffenden Gebäudes,
– Erläuterungen zur Evakuierung und zu sonstigen Sicherheitsvorkehrungen,
– Hinweise für die Verhinderung von Diebstählen und sonstigen Übergriffen,
– Auflistung der Sicherheitsmerkmale des Gebäudes,
– Telefonnummern für Polizei und Feuerwehr,
– Liste der Sicherheitsvorkehrungen und sonstigen Maßnahmen, die in bestimmten Notfällen zu ergreifen sind, so beispielsweise bei Stürmen, Erdbeben, Bränden oder Bombendrohungen.

3.7 Instandhaltungsprogramme

Jedes Instandhaltungsprogramm wird von zwei entscheidenden Faktoren bestimmt: Erstens einer Inspektion des jeweiligen Objekts und zweitens einer Analyse der vom Eigentümer verfolgten Ziele. Anhand der zur Inspektion vorgenommenen Begehung des Objekts lassen sich dann jene Maßnahmen festlegen, die zum frühestmöglichen Zeitpunkt durchzuführen, während andere Aufgaben anhand der verfügbaren Mittel für die Zukunft einzuplanen sind, sofern sie sich aufschieben lassen, ohne daß dadurch die Investition als solche gefährdet würde.

Ebenso wichtig ist eine Analyse der vom Eigentümer verfolgten Ziele. Jedes Instandhaltungsprogramm ist weitgehend von den Eigentumsverhältnissen und von den jeweils vom Eigentümer verfolgten Zielsetzungen abhängig. Manche Eigentümer wollen beispielsweise, daß ihre Objekte sich stets in einwandfreiem Zustand befinden, und sind dementsprechend auch bereit, die zur Erreichung dieses Ziels erforderlichen Mittel zu investieren. Andere Eigentümer möchten in erster Linie möglichst hohe Erträge und legen dementsprechend Wert darauf, daß für die Instandhaltung des Gebäudes nur der Betrag aufgewendet wird, der unbedingt erforderlich ist, um noch einen Weiterbetrieb zu ermöglichen. Ein zusätzlicher Aspekt ist die Länge der Zeit, während derer ein Eigentümer das betreffende Objekt halten will.

Es muß in diesem Zusammenhang darauf hingewiesen werden, daß ein professioneller Immobilienverwalter immer dazu neigen wird, seine Gebäude in erstklassigem Zustand zu halten. Das Motto könnte hier lauten: „Wer sein Gebäude pflegt, muß sich um den Ertrag keine Sorgen machen."

Vor Aufstellung eines Wartungsplans für ein bestimmtes Objekt muß sich der Verwalter über die unterschiedlichen Instandhaltungsarten im klaren sein. Der wichtigste Instandhaltungstyp, der in Betracht gezogen werden sollte, ist die vorbeugende Wartung, mit der dafür gesorgt wird, daß sich ein Gebäude dank regelmäßiger Inspektionen und Reparaturen stets in einwandfreiem betrieblichem Zustand befindet. Das Ziel besteht darin, kleine Probleme abzufangen, bevor sie sich zu großen und kostspieligen Schwierigkeiten auswachsen.

Selbst bei Einsatz der besten, denkbar umfassenden Wartungsprogramme kommt es aber immer wieder zu Schwierigkeiten. Da sich nicht alle potentiellen Probleme vorhersagen oder gar abwenden lassen, ist ein weiterer Wartungstyp erforderlich: die behebende Wartung. Da behebende Wartung sich auf Reparaturen bezieht, die erst nach Auftreten eines Problems durchgeführt werden können, wird in diesem Zusammenhang häufig von nachträglicher Wartung gesprochen.

Der dritte Wartungstyp könnte als aufgeschobene Wartung bezeichnet werden und kommt daher bereits gefährlich nahe an die unterlassene Wartung. Wie der Name schon sagt, besteht diese Art von Wartung darin, bestimmte Aufgaben aufzuschieben bzw. in die Zukunft zu verlegen. Hierbei handelt es sich vermutlich um den größten Fehler, den man bei der Immobilienverwaltung überhaupt machen kann, da der Aufschub von Wartungsmaßnahmen nicht nur den allgemeinen Eindruck verschlechtert, den ein Objekt macht, und damit zu negativen Auswirkungen und einem schlechten Image führt, sondern auch eine Situation herbeiführen kann, in der Behebungsmaßnahmen immer kostspieliger werden.

3.8 Investitionsplanung

Der Gebäudezustand spielt stets eine bedeutende Rolle im Zusammenhang mit dem wirtschaftlichen Ertrag eines Objekts. Cash-flow-Optimierung ist dabei von den Fähigkeiten des Verwalters abhängig, den äußeren Eindruck, den das Gebäude macht, in bare Münze umzusetzen. Eine der schwierigsten Aufgaben bei der Immobilienverwaltung ist die Steuerung des Kapitalbedarfs in der Weise, daß bei minimalen Betriebskosten der Gesamtertrag maximiert wird. Dies läßt sich dadurch erzielen, daß das Äußere eines Objekts mit möglichst kostengünstigen Methoden stets so zu gestalten ist, daß das für den jeweiligen Markt erforderliche Niveau gewährleistet bleibt. Darüber hinaus sollten Verschönerungsinvestitionen nur dann vorgenommen werden, wenn der damit erzielbare Ertrag mindestens die aufgewendeten Kosten wieder abwirft oder einen Gewinn verspricht.

Jeder, der Immobilienobjekte über längere Zeit halten will, sollte sich nicht nur über seine kurzfristigen finanziellen Erwartungen im klaren sein; darüber hinaus muß der Objektverwalter sein Bestes tun, um die Kosten für Großreparaturen möglichst genau vorherzusagen. Großreparaturen betreffen in der Regel das Dach, die Aufzugsanlagen, wichtige Bestandteile der Heizung und der Klimaanlage, die Pflasterung (insbesondere bei großen Einkaufszentren) und Schönheitsreparaturen bei Bodenbelägen, an den Wänden im Eingangs- und Gemeinschaftsbereich, damit das Objekt sauber und einladend wirkt und weiterhin neue Mieter anzieht und die bereits vorhandenen bindet.

Bevor man bei einem Immobilienprojekt einsteigt, prüft man sorgfältig die voraussichtliche verbleibende Nutzungsdauer aller wichtigen Baugruppen und stellt ein Budget für künftige Ersatzinvestitionen auf. Dieses Budget muß im Anschluß an die regelmäßige Inspektion der einzelnen Baugruppen immer wieder fortgeschrieben werden. Durch ein geeignetes Instandhaltungssystem kann der Objektverwalter nicht nur dessen Nutzungsdauer strecken, sondern auch den Cash-flow des Eigentümers und den Gebäudewert erhöhen und darüber hinaus unangenehme Überraschungen vermeiden.

4. Risiko-Management

Eigentum und Verwaltung von Gewerbeimmobilien unterliegen derzeit erhöhten Risiken. Zusätzlich zu den üblichen Problemen mit Bonität, Konjunktur und Objekthaftung sind Eigentümer und Verwalter derzeit mit immer weiter ausufernden Anforderungen in den Bereichen Umwelt, rechtliche Rahmenbedingungen, Sicherheit und Rechtsstreitigkeiten konfrontiert. Das Risiko etwaiger Naturkatastrophen wie etwa Erdbeben, Überschwemmungen oder Stürme kompliziert die Sachlage zusätzlich.

Derartige Risiken lassen sich nie ganz ausschließen; trotzdem gibt es eine ganze Reihe strategischer Hilfsmittel, die dem Fachmann dabei behilflich sind, sich dieser Herausforderung zu stellen. Risikoeindämmung besteht nicht nur aus dem Abschluß von Versicherungen, vielmehr handelt es sich um einen ständig fortschreitenden Prozeß laufender Analyse und dementsprechender Verbesserung. Die zur Risikoeindämmung eingesetzten Programme unterscheiden sich natürlich; erfolgreiche Strategien decken jedoch mindestens sechs entscheidende Aspekte ab:

- Mögliche Verlustrisiken sind ausfindig zu machen: Alle betrieblichen Vorgänge sind auf mögliche Risiken abzuklopfen.

- Verlustrisiken sind nach Häufigkeit und Umfang zu kopieren. In diesem Zusammenhang hat sich die Verwaltung zwei Fragen zu stellen:
  - Ist mit dem Eintritt des ausfindig gemachten Risikos eher häufig oder nur selten zu rechnen?
  - Wäre der Maximalverlust schwerwiegend oder könnte er sogar die Finanzlage des Eigentümers beeinträchtigen?

- Verfügbare Techniken für die Risikoeindämmung sind miteinander zu vergleichen. In diesem Zusammenhang empfiehlt sich eine vierfach untergliederte Strategie:
  - Haftungsansprüche vermeiden,

– Haftungsansprüche möglichst gering halten,
  – Haftungsansprüche auf Dritte abwälzen,
  – Versicherungen gegen Haftungsansprüche abschließen.

- Auf geeignete Techniken zur Risikoeindämmung zurückgreifen. Eine Entscheidung darüber ist anhand der folgenden Kriterien zu treffen:
  – Kosten der jeweiligen Alternativen,
  – Umsetzungsaufwand,
  – Auswirkungen auf sonstige Beziehungen,
  – Aufwand für Durchsetzung und Verwaltung,
  – nach Umsetzung verbleibendes Restrisiko.

- Implementierung des jeweiligen Plans. Sobald die geeigneten Techniken für die Risikoeindämmung feststehen, sind drei Maßnahmen abzuwickeln:
  – Das Programm muß in geeigneter Weise dokumentiert werden.
  – Alle Beteiligten sind dementsprechend zu instruieren.
  – Die zwischen Eigentümer und Verwalter geschlossenen Verträge müssen unter Umständen angepaßt werden.

- Erzielte Ergebnisse sind zu bewerten. Die Wirksamkeit eines Risk-Management-Programms läßt sich mit zahlreichen Verfahren messen, zwei davon haben sich jedoch besonders bewährt:
  – Beobachtung der Verlustentwicklung des Unternehmens bzw. des Gebäudes über längere Zeiträume,
  – bei der Verlängerung von Versicherungsverträgen für das Unternehmen oder das Gebäude festzustellende Entwicklungen.

5. Rahmenbedingungen

Objektverwaltung unter den etwa in den Vereinigten Staaten vorherrschenden wirtschaftlichen Bedingungen erfordert nicht nur fundierte Kenntnisse in den Bereichen Recht, Rechnungswesen, Finanzierung, Bautechnik und Öffentlichkeitsarbeit; darüber hinaus muß auch die Entwicklung auf Regierungsebene und in der Gesetzgebung ständig beobachtet werden. Die Eigentümer und Verwalter von Gewerbeimmobilien sehen sich manchmal noch mehr als andere Branchen einer ständig steigenden Flut kostspieliger regierungsamtlicher Vorschriften gegenüber. Ausländische Eigentümer müssen sich darauf verlassen können, daß die jeweilige Objektverwaltungsgesellschaft mit diesen Fragen vertraut ist und die Interessen des Eigentümers schützen kann.

Anfang der neunziger Jahre erließ der amerikanische Kongreß ein Behindertengesetz (Americans with Disabilities Act, ADA) in dem Bemühen, auch für Behinderte den Zugang zu öffentlichen Einrichtungen zu gewährleisten. Vorschriften über die Berücksichtigung der Belange von Behinderten bestanden bereits seit langem; die neuen waren allerdings sehr viel detaillierter und haben dementsprechend gewaltige Aufwendungen dadurch verursacht, daß erhebliche Anstrengungen erforderlich waren, um die jeweiligen Gesetze richtig zu deuten und die Erfüllung der betreffenden Vorschriften zu gewährleisten. In größeren Gebäuden kann bereits die Aufstellung geeigneter Schilder mit für Blinde lesbarer Beschriftung ohne weiteres Kosten zwischen 20.000 und 30.000 Dollar verursachen, ganz zu schweigen von den Kosten für die Errichtung behindertengerechter Toiletten.

Eine der kostenträchtigsten Bauvorschriften, denen sich Immobilieneigentümer in den USA gegenübersehen, besteht in der stufenweisen Abschaffung von FCKW-haltigen Kühlmitteln für Klimaanlagen. Mit dem 31. Dezember 1995 wurde die Herstellung dieser Kühlmittel in den Vereinigten Staaten im Rahmen der Bemühungen untersagt, einer weiteren Zerstörung der atmosphärischen Ozonschicht Einhalt zu gebieten. Selbst hochmoderne Gebäude aus den späten achtziger Jahren müssen jetzt ihre Klimaanlagen umbauen oder austauschen, wobei Kosten zwischen 10.000 und 100.000 Dollar anfallen können.

Das US-Energiegesetz (National Energy Policy Act, NEPA) von 1992 erzwang eine weitere Umrüstung. Seit Oktober 1995 müssen die etwa 1,20 m langen Leuchtstoffröhren mit 40 Watt, die bislang zur Standardausstattung von Gewerbeimmobilien gehörten, durch neue mit höherer Lichtausbeute ersetzt werden, die obendrein noch eine Umstellung von magnetischen Vorschalteinheiten auf elektronische Hochleistungsgeräte nach sich ziehen können. Da keine Ersatzmöglichkeiten bestehen, sind die Eigentümer von Gebäuden häufig dazu gezwungen, einen kompletten Umbau der Beleuchtungsanlage in Betracht zu ziehen.

Luftqualität im Gebäudeinneren (Indoor Air Quality, IAQ) ist ein neues Schlagwort der neunziger Jahre. Eine bereits sehr einflußreiche Lobby bemüht sich darum, die Luftqualität im Gebäudeinneren zur Gesundheitsgefährdung hochzustilisieren und landesweite Epidemien vorherzusagen, natürlich ohne tragfähige wissenschaftliche Untersuchungen und eine präzise Abschätzung der wirklichen Risiken. Für den Immobilienfachmann sind die Gesundheit, das Wohlergehen und die Sicherheit seiner Mieter ohnehin ein erstrangiges Anliegen.

6. Rechnungs- und Berichtswesen

Das Rechnungs- und Berichtswesen ist eine entscheidende Dienstleistung, die in der Regel von Objektverwaltungsunternehmen erbracht wird. Unter Berichtswesen ist zu verstehen, die zugrundeliegenden Informationen in ein weitgehend computergestütztes Format umzusetzen, um dann dem Entscheidungsträger zeitnah aussagekräftige Daten vorlegen zu können. Die Erstellung entsprechender Abschlüsse beginnt mit der Vorbereitung eines Jahresbudgets und endet mit einem entsprechenden betriebsinternen Bericht. Der Informationsaustausch zwischen Verwaltung und ausländischem Eigentümer wird letztendlich über derartige Abschlüsse abgewickelt; sie geben den geordneten Rahmen für eine Überprüfung der Kontrollmechanismen vor und dienen als Belege für die bisherige Entwicklung – alles Dinge, die in die Entscheidungsfindung mit einfließen.

Das Budget, also der schriftliche, zahlenmäßige Niederschlag der Management-Planung, liefert den Maßstab für Bewertung und Kontrolle der betrieblichen Abläufe eines Immobilienobjekts. Im einfachsten Fall befaßt sich das Budget mit allen vorhersehbaren Entwicklungen auf Ertrags- und Aufwandskonten. Im Rahmen des Budgetierungsverfahrens muß der Verwalter die für ein Objekt auf der Grundlage bisheriger Ergebnisse und dem derzeitigen Zustand des Objekts Konditionen sowie bereits absehbare künftige Trends der Weiterentwicklung bei einem Objekt als verfügbare Ressourcen koordinieren. Obwohl sich hier längst nicht alle Möglichkeiten vorhersehen lassen, erkennt ein erfahrener Verwalter bestimmte Ereignisse bereits im Ansatz, auf die der Eigentümer dann aufmerksam gemacht werden kann.

Der Objektverwalter erstellt dieses Budget ausreichend detailliert, damit sich bei der Vorlage alle Fragen knapp und zutreffend beantworten lassen. Die dem Budget zugrundeliegenden Einzelheiten sind so aufzubereiten, daß sie eigentlich keiner weiteren Erläuterung mehr bedürfen und genau den empfohlenen Etat dokumentieren. Das Budget ist der Maßstab, an dem sich die dann tatsächlich erzielten Ergebnisse messen lassen. Ein gründlich vorbereitetes Budget schafft Vertrauen zwischen Eigentümer und Verwalter.

Als förmliche Vorhersage über die Entwicklung von Einnahmen und Ausgaben über einen bestimmten Zeitraum ist das Budget entscheidend dafür, daß keine Mißverständnisse im Verhältnis zwischen dem Eigentümer und seinem Verwalter auftreten. Wenn es ausreichend detailliert und realistisch ist, stellt das Budget sicher, daß alle Mitarbeiter des Objektverwaltungsunternehmens dazu beitragen, daß sich die vom Eigentümer für das Objekt gesteckten finanziellen Ziele erreichen lassen. Ohne ein realistisches Budget, in dem sämtliche Einkünfte und Ausgaben miteinander verknüpft sind, kann es keine tragfähige Grundlage für Management-Entscheidungen geben.

Beim betriebsinternen Bericht handelt es sich um den wichtigsten schriftlichen Kontakt, der regelmäßig zwischen Verwaltung und Eigentümer ausgetauscht wird. In ihm werden gegenüber dem Eigentümer Zahlungseingänge und Zahlungsausgänge abgerechnet.

Berichte zum Objektbetrieb sind aus zwei Hauptgründen erforderlich: Erstens sollen sie den Eigentümer über die tatsächlichen Ergebnisse vor allem im Vergleich zu den Planvorgaben informieren, und zweitens sollen sie für den Objektverwalter die Steuerung der laufenden Tätigkeiten und die genaue Vorhersage künftiger Entwicklungen ermöglichen.

Manche Eigentümer wünschen detaillierte, hochkomplexe Berichte, andere ziehen knappe Aufstellungen vor. Auf jeden Fall müssen die Einzelabschlüsse unschwer zu deuten sein. Berichte sind so zu gestalten, daß die tatsächlichen Betriebsergebnisse für ein Objekt überwacht und mit den Planzahlen verglichen werden können. Aus diesem Grund ist für betriebsinterne Berichte das gleiche Format wie für das Budget zu verwenden. Dadurch wird das Budget erst wirklich zum Maßstab, anhand dessen die tatsächlichen Ergebnisse so bewertet werden können, daß sich auch Planabweichungen erläutern lassen. In der *Gewinn- und Verlustrechnung* finden die Aufzeichnungspflichten des Verwalters ihren Niederschlag. Hierzu gehören u. a. die Verwaltung der Mietverträge, die Verbuchung von Zahlungseingängen und -ausgängen im Zusammenhang mit dem Betrieb, die Zahlung aller hypothekarischen Verbindlichkeiten und die Einhaltung aller schriftlich festgehaltenen dinglichen Verpflichtungen und Steuergesetze, der Abschluß von Versicherungen usw. Obwohl es sich hierbei um die bei weitem aussagekräftigste Aufstellung im Rahmen des betriebsinternen Berichts handelt, beruht die Gewinn- und Verlustrechnung normalerweise auf noch eingehenderen Aufzeichnungen. Am häufigsten sind hierbei:

- *Erläuterungen zu Planabweichungen*: Eine kurze Beschreibung aller wichtigen Abweichungen von den Planzahlen.
- *Kontenabstimmung gegenüber Banken*: Führt sämtliche Bankkonten unter Angabe des jeweiligen Anfangssaldos, der Kontenbewegungen und des Abschlußsaldos auf.
- *Mietzinsverzeichnis*: Enthält Angaben über Mietobjekte wie zum Beispiel die Grundfläche, den Beginn und das Ende des Mietverhältnisses, die Jahresmiete, die derzeit fälligen Beträge, durchlaufende Posten und gelegentlich auch weitere Einzelheiten wie prozentuale Angaben zu Mieten, Daten für die Wahrnehmung von Optionsrechten usw.

- *Mieterstatus*: Aufstellung sämtlicher Mieterkonten unter Angabe des jeweiligen Anfangssaldos, der laufenden Rechnungen und Zahlungen, des Endsaldos und der geleisteten Kaution.
- *Besondere Vorfälle*: Informiert über unvorhergesehene Änderungen und Ereignisse mit Bezug auf das Objekt.

Finanztechnische Berichte sichern den Informationsaustausch zwischen Eigentümer und Verwalter und enthalten zuverlässige, aktuelle Leistungsdaten zur Erleichterung der Entscheidungsfindung.

Betriebsinterne Berichte informieren den Immobilieneigentümer über die Ertragsentwicklung seines Objekts und ermöglichen dem Objektverwalter die Planung künftiger Aktivitäten durch Vergleich der tatsächlich erzielten Leistungen mit den jeweiligen Zielvorgaben. Sofern der Bericht knapp, konsequent und vollständig ist, deckt er den Informationsbedarf des Lesers. Sobald der Informationsbedarf befriedigt ist, lassen sich Entscheidungen vorbereiten.

Über seine Funktion als Informationsmedium hinaus ist das betriebsinterne Berichtswesen auch als Kontrollmechanismus zu sehen. Das Berichtswesen einer Objektverwaltungsgesellschaft muß den Akzent auf wechselseitigen Ausgleich aller Einflußgrößen legen. Das System stellt sicher, daß Einnahmen und Ausgaben für das jeweilige Objekt genau verfolgt, geprüft und abgerechnet werden, bevor die Aufstellung der Berichte erfolgt, so daß alle betriebsinternen Berichte die Aufwands- und Ertragslage exakt widerspiegeln. Dank dieser Kontrollen und Prüfungsverfahren verfügt jeder Eigentümer rechtzeitig über ein genaues Bild der für sein Objekt erzielten Resultate, wodurch ebenfalls die Entscheidungsfindung erleichtert wird.

Aus den Jahresabschlüssen können darüber Verlaufsdaten abgeleitet werden. Eine Analyse der Betriebskosten in Vorjahren erleichtert die Aufstellung von Budgets. Verlaufsdaten lassen sich auch daraufhin überprüfen, ob wirtschaftliche Schwachstellen vorliegen, deren Ausräumung bei der Kosteneindämmung behilflich sein könnte. Mehrjahresdaten sind nicht nur zur Ergebnisermittlung für bestimmte Vermögenswerte einsetzbar, sondern bilden ggf. auch eine Grundlage für die Vorhersage bestimmter Trends und können als Frühwarnsystem des Eigentümers bei speziellen Problemen dienen.

Anhand detaillierter Budgets sowie gründlicher und zeitnah vorgelegter betriebsinterner Berichte läßt sich das Berichtswesen auch zur Information sowie zur Dokumentation der Tätigkeit des Objektverwalters verwenden. Berichte bilden ein Medium, anhand dessen die Geschäftstätigkeit während eines bestimmten Abrechnungszeitraums überprüft werden kann, während sich künftige Entwicklungsziele besser abstecken lassen. Als Kommunikationsmedium, Kontrollinstrumentarium und Verlaufsdatenbank bildet das Berichtswesen die Grundlage für die Bereitstellung von Angaben zur Erleichterung strategischer Planung und damit auch zu einer zupackenden, aktiven Unternehmensleitung. Finanzielle Abschlüsse sind bei der Objektverwaltung von entscheidender Bedeutung.

7. Marketing- und Vermietungsfragen

Wenn ein Renditeobjekt den gewünschten Erfolg erbringen soll, müssen auf jeden Fall die Mieteinnahmen maximiert werden. Entsprechende Vermarktungsmaßnahmen sind zur Ertragsmaximierung und zur Ausschaltung kostenträchtiger Leerstandszeiten unerläßlich. Nachstehend finden Sie eine Zusammenfassung der technischen Aspekte des Vermietungsvorgangs sowie jener Komponenten eines tragfähigen Marketingprogramms, die im Zusammenhang mit gewerblichen Immobilienobjekten unerläßlich sind.

7.1 Immobilienmakler

- *Makler für den Eigentümer oder Vermieter*: Immobilienmakler werden von Eigentümern jeweils im Rahmen einer Verkaufskampagne eingeschaltet. Gelegentlich werden auch Firmenvertreter eingesetzt, die Mietinteressenten über die verfügbaren Räumlichkeiten informieren und gegebenenfalls auch Nachfaßwerbung treiben. Ihr Erfolg ist von ihren Fachkenntnissen und ihrer Kontaktfreudigkeit abhängig, da sie unmittelbar mit Kunden in Verbindung treten, um Interesse für das Objekt zu wecken. Ein derartiger Makler führt genau Buch über seine Kunden und ihre Bedürfnisse im Immobilienbereich. Ständige Verfügbarkeit und konsequente Haltung sind unabdingbar, wenn ein derartiger Makler für den Sachanlagenverwalter erfolgreich sein soll.
    - *Ziele*: Aufgabe eines für den Vermieter tätigen Maklers besteht darin, den Wert und die Marktgängigkeit des Objekts durch schnelle Vermietung an gute Kunden zu erhöhen, bei denen es sich häufig bereits um Vormieter im jeweiligen Objekt handeln sollte, damit die Mieterträge nicht unnötig durch kostspielige Einbauten für Neumieter bzw. Provisionszahlungen geschmälert werden. Ein weiteres Ziel ist die Imagepflege für das Objekt dank geeigneter Bemühungen unter Berücksich-

tigung der wohlverstandenen langfristigen Interessen des Vermieters. Waches Bewußtsein dafür, daß Mieternutzungen oder Mieterimage das Image des Gebäudes und seine Marktgängigkeit beeinflussen können.

- *Provisionsstruktur*: Die gezahlten Provisionen sind vom jeweiligen Einzelmarkt und vom Objekttyp abhängig, beispielsweise Einzelhandelsgeschäft oder Büroräume. Die Provision für Büroräume in Atlanta beläuft sich normalerweise auf eine Monatsmiete für die Vermittlung sowie auf 4 % der Mieterträge während der gesamten Laufzeit. Diese Werte liegen im allgemeinen über dem Provisionsniveau auf den meisten Teilmärkten der USA, auf denen normalerweise keine Vermittlungsgebühr bezahlt wird. Die Auszahlung der Vermittlungsprovision erfolgt zu 50 % bei Unterzeichnung des Mietvertrages sowie zu 50 % bei Mietbeginn. Im Einzelhandel werden die Provisionen nicht selten auf der Grundlage der jeweils vermieteten Flächen – beispielsweise 30 Dollar pro Quadratmeter und Fünfjahresvertrag – ermittelt; die Zahlung erfolgt auch hier zu 50 % bei Unterzeichnung des Mietvertrages und zu 50 % bei Mietantritt.

Der für den Vermieter tätige Makler muß die Provisionsstruktur der einzelnen Märkte genau kennen. Sofern er zuwenig anbietet, könnte dies zu Vermietungsrückgängen führen, weil andere Makler ihren Kunden empfehlen werden, sich in Objekten einzumieten, bei denen höhere Provisionen erzielbar sind. Falls die Provisionen dagegen zu hoch liegen, entstehen für den Vermieter unnötige Kosten.

Die Provisionsstruktur für den Makler des Vermieters ändert sich in dem Moment, wo auch ein für den Mieter tätiger Makler eingeschaltet wird. Die Provision beläuft sich dann auf ein Override in Höhe von 50 % des Betrages, den der für den Mieter tätige Makler erhält.

- *Für den Mieter tätige Makler*: Solche Leute werden eingeschaltet, um dem Mieter dabei behilflich zu sein, geeignete Räumlichkeiten ausfindig zu machen. Sie sind für den Mieter insofern nützlich, als daß sie den betreffenden Markt kennen und mit ihm vertraut sind. Sie verschaffen dem Mieter Informationen über unterschiedliche Objekte, sie bieten ihm mehrere Möglichkeiten an, sie begleiten ihn bei der Besichtigung unterschiedlicher Objekte und unterstützen ihn bei Vertragsverhandlungen.
  - *Ziele*: Aufgabe eines jeden für einen Mieter tätigen Maklers muß es sein, diejenigen Räumlichkeiten ausfindig zu machen, die den Bedürfnissen des betreffenden Mieters am besten entsprechen. Ein Makler muß gute Beziehungen sowohl zum Mieter als auch zum für den Vermieter tätigen Makler aufbauen, um für den Mieter optimale Konditio-

nen zu erzielen; er darf das wohlverstandene Interesse des Mieters nie aus den Augen verlieren.
- *Provision*: Auch in diesem Fall sind die gezahlten Provisionen von den Einzelmärkten und den Immobilienobjekten abhängig. Im allgemeinen erhält jedoch der für den Mieter tätige Makler eine Provision in eben der Höhe, die auch ein für den Vermieter tätiger Makler bekäme, allerdings nur dann, wenn an der Transaktion kein für den Vermieter tätiger Makler beteiligt ist. Ansonsten erhält er ebenfalls nur einen sogenannten Override.

7.2 Werbung

Der erste zielführende Schritt eines jeden Maklers besteht darin, eine werbewirksame Kampagne für das entsprechende Objekt zu schaffen. Die Vermietungsaussichten einer professionell angebotenen, hochwertigen Immobilie sind in jedem Fall besser als die für ein vergleichbares, aber unzureichend beworbenes Objekt. Unter geeigneten Konjunkturbedingungen auf dem Immobilienmarkt läßt sich für ein entsprechend vermarktetes Objekt hoher Qualität möglicherweise ein Mietaufschlag erzielen.

Die für jeden Objekttyp verwendeten Werbestrategien sind von Art und Anzahl der Mietinteressenten abhängig, deren Interesse jeweils geweckt werden muß. Ein Industriehersteller, der Lagerraum sucht, wendet sich aller Voraussicht nach eher an einen Branchenmakler; der Immobilienteil seiner Zeitung interessiert ihn vermutlich weniger. Eine große Plakatwand in der Nähe eines Industriegebiets, die von einer wichtigen Durchgangsstraße aus gut zu sehen ist, trägt in derartigen Fällen sicher dazu bei, daß potentielle Mieter auf das Objekt aufmerksam werden. Im gewerblichen Bereich schalten hingegen Mietinteressenten häufig Anzeigen im Immobilienteil der jeweiligen Zeitung. Eine Anzeigenwand entsprechender Größe auf oder in der Nähe eines Bürogebäudes oder im Fenster eines leerstehenden Ladengeschäftes erweckt das Interesse der angepeilten Kunden.

- *Angebot und Nachfrage*: Die Bedarfslage in einem bestimmten Gebiet kann ebenfalls entscheidenden Einfluß auf die Wahl der Absatzstrategie für ein Immobilienobjekt haben. Auf einem ohnehin gesättigten Markt sind nachhaltige Bemühungen um Interessenten eigentlich überflüssig; selbst unter diesen Umständen läßt sich aber das Prestige eines Gebäudes durch entsprechende Werbemaßnahmen erhöhen, so daß Nachfrage entsteht und der Eigentümer seine Mieten anheben kann. Falls allerdings die

Leerstandsrate hoch liegt, empfiehlt sich zweifellos eine Werbekampagne, mit der sich möglichst viele Interessenten möglichst schnell für ein bestimmtes Objekt ausfindig machen lassen. Zielrichtung, Nachdruck und Häufigkeit einer Werbekampagne auf einem durch beträchtliche Leerstandsraten gekennzeichneten Teilmarkt müssen sich erheblich von jenen Bemühungen unterscheiden, die auf einen gesättigten Markt ausgerichtet sind. Bei hohen Leerstandsraten verschiebt sich der Akzent von der Qualität zur Quantität, da kurzfristige Ergebnisse wirtschaftlich bedeutsamer werden als nur langfristig erzielbare Imagevorteile.

- *Finanzmittel*: Die Ertragslage eines Immobilienobjekts schlägt in der Regel unmittelbar auf die Beträge durch, die für Werbung und Verkaufsförderung verfügbar sind. Die für den Objektverwalter möglichen Strategien unterliegen entsprechenden Beschränkungen selbst dann, wenn der Werbeetat im Verwaltungsvertrag festgelegt ist.

Aus der Markt- und Objektanalyse, die der Verwalter in der Regel unterbreitet, bevor er einen Verwaltungsvertrag vorschlägt, ergibt sich meist recht deutlich, wo Mietinteressenten zu finden sind und wo Bedarf für einen bestimmten Immobilientyp besteht. Diese Angaben und der für Werbemaßnahmen und die Verkaufsförderung verfügbare Betrag verschaffen der Objektverwaltung all jene Daten, die für die Auswahl der optimalen Techniken erforderlich sind, um möglichst viele Interessenten zu minimalen Kosten anzusprechen.

- *Beschilderung*: An sämtlichen Büro- und Einzelhandelsobjekten ist ein geschmackvolles Schild anzubringen, auf dem das vermietende Unternehmen, die verfügbaren Räumlichkeiten und der jeweils für weitere Informationen zuständige Ansprechpartner aufzuführen sind. Plakatwände eignen sich am besten zur Werbung für größere Industrie- und Gewerbeobjekte. Industriekunden fahren häufig durch die von ihnen bevorzugte Gegend, um sich ein Bild von den Gebäuden zu machen und mit den Mietern dort zu sprechen. Plakatwände können nur als Hinweis dienen und enthalten dementsprechend auch nur die grundlegenden Informationen über ein Objekt: Standort und Ansprechpartner. Bei größeren Gewerbeobjekten empfiehlt sich, ein kleines Büro im Gebäude selbst einzurichten, dort können dann Anfragen von Mietern und Interessenten beantwortet werden. In der Eingangshalle ist dieses Büro samt Zimmernummer auf dem Mieterverzeichnis unter mehreren Stichwörtern anzugeben (beispielsweise Gebäudeverwaltung, Verwaltungsbüro oder Vermietungsbüro).

- *Zeitungen und sonstige Publikationen*: Größere Anzeigen über Industrie- oder Gewerbeobjekte erscheinen häufig im Wirtschaftsteil von Zeitungen, sie können im Grunde genommen jedoch überall plaziert werden. Jede wirksame Anzeige wendet sich an einen ganz bestimmten Kundenkreis. Aufmerksamkeit wird durch Unterstreichung der mit dem Objekt zu erzielenden Vorteile und der jeweils verfügbaren Dienstleistungen erweckt. Regionale Zeitschriften und Fachpublikationen eignen sich zur Werbung für Immobilien sowie dafür, ein ganz bestimmtes Marktsegment anzusprechen. In den meisten Zeitschriften können sowohl Kleinanzeigen als auch bebilderte Großinserate plaziert werden. Durch Werbung in sorgfältig ausgewählten überregionalen Zeitungen lassen sich möglicherweise geeignete Interessenten ausfindig machen; der Makler muß jedoch sicher sein, daß das Objekt groß genug ist und auch auf überregionaler Ebene genug Interesse auslöst, bevor er diese Art von Werbung wählt.

- *Postwurfsendungen*: Die Eigentümer von Industrie- und Gewerbeimmobilien greifen gern auf Postwurfsendungen zurück. Da es kostspielig ist, eine Broschüre oder ein Flugblatt zu entwerfen, zu texten, zu drucken und zu versenden, sind Postwurfsendungen nur dann kostengünstig, wenn die Adreßliste auf geeignete Kunden hin selektiert wurde. Dieses Vermarktungsverfahren kann unter dem Gesichtspunkt der Werbekosten dann pro Kunde sehr günstig sein. Allerdings sollte die Versandliste nicht nur mögliche Mieter, sondern auch andere Makler umfassen. Ziel des für den Vermieter tätigen Maklers ist es, auch andere geeignete Makler auf die Existenz, auf die dort verfügbaren Räumlichkeiten und die Bereitschaft des Eigentümers zur Zusammenarbeit bei deren Vermietung aufmerksam zu machen.

- *Ruf oder Kundenhinweise*: Potentielle Mieter interessieren sich häufig deshalb für ein Objekt, weil das Verwaltungsunternehmen oder das Gebäude einen guten Ruf genießt; daher sind positive Beziehungen zur Immobilienbranche oft genauso wichtig wie die zu den Mietern. Das beste Verfahren zur Vermietung eines Objekts sind die Empfehlungen zufriedener Kunden. Mieter geben vor allem dann Empfehlungen ab, wenn sie mit ihren Räumlichkeiten, ihrem Verwaltungsunternehmen oder ihrem Makler zufrieden sind. Der Makler sollte sich auf jeden Fall bei einem Kunden bedanken, der ihm zu einem Kontakt mit Interessenten verholfen hat, und um die Erlaubnis bitten, sich bei der Kontaktaufnahme mit dem betreffenden Interessenten auf diesen Mieter zu berufen. Dadurch verbessern sich die Aussichten auf die Vermietung bestimmter Räumlichkeiten ganz erheblich. Sobald ein derartiger Interessent einen Mietvertrag unterzeichnet hat, sollte sich das Verwaltungsunternehmen bei jenem Mieter persönlich bedanken, der den Kontakt vermittelt hat, vorzugsweise auch durch ein kleines Geschenk.

- *Anrufe auf gut Glück*: Durch Anrufe bei Mietern in vergleichbaren Objekten kann der für den Vermieter tätige Makler persönliche Kontakte mit zahlreichen Interessenten knüpfen. Es handelt sich hier um ein aufwendiges, aber hochwirksames Verfahren zur Ausfindigmachung von Mietinteressenten.
- *Kontakte zu anderen Maklern*: Zu den wirksamsten Verfahren bei der Vermarktung von Gewerbeflächen zählen Kontakte zu Fremdmaklern. Die Zusammenarbeit zwischen Maklern ist besonders nützlich, wenn es darum geht, neue Großprojekte zu vermieten. Für den Vermieter und den Mieter tätige Makler sollten sowohl rechtlich als auch finanziell zusammenarbeiten. Die Zusammenarbeit zwischen für den Vermieter und den Mieter tätigen Maklern ist inzwischen eher die Regel als die Ausnahme.

7.3 Produktkenntnis

Jeder für den Vermieter tätige Makler muß das Objekt genau kennen, das er vertreibt. Bei der Präsentation von Räumlichkeiten muß er die Fragen von Interessenten beantworten können.

Bestimmte Informationen wie beispielsweise das Verhältnis zwischen angemieteter Bruttofläche und effektiver Nutzfläche sind für Mietinteressenten von besonderer Bedeutung. Werte wie Ladebuchttiefe oder Deckenhöhe sind für Industrie- oder Einzelhandelskunden von besonderem Interesse.

Potentielle Kunden interessieren sich für die Gebäudetechnik und dafür, ob sie für Instandhaltung bzw. Instandsetzung zuständig sind und ob sie die jeweiligen technischen Einrichtungen selbst kontrollieren können. Der Makler muß auch wissen, wer Versorgungsleistungen bereitstellt und ob die Mieter für ihren Energieverbrauch selbst zu zahlen haben.

Von der Verwaltung erbrachte Dienstleistungen und etwaige Zusatzeinrichtungen erleichtern den Vertrieb des Objekts gegenüber Mietinteressenten. Der Makler sollte stets die Vorteile unterstreichen, die das Objekt im Vergleich zur Konkurrenz aufweist.

Das Alter eines Objekts ist für viele Interessenten von Belang. Sie hegen vielleicht Zweifel, ob das Objekt sachgerecht gewartet wurde und ob das Verwaltungsunternehmen schnell genug auf Wartungsprobleme reagiert. Das Alter eines Objekts kann für den Mieter auch wirtschaftlich von Bedeutung sein, wenn er für die Wartung der technischen Einrichtungen verantwortlich ist.

7.4 Marktkenntnis

Für eine sachgerechte Vermarktung des Objekts benötigt der für den Vermieter tätige Makler entsprechende Marktkenntnisse. In diesem Zusammenhang muß er auch über die Konkurrenzlage Bescheid wissen, über Ähnlichkeiten oder Unterschiede vergleichbarer Gebäude. Der Makler benötigt immer wieder sämtliche Marktstudien, um sich über die Mietsätze, Belegungsraten, Reparaturabschläge, Vermietungskonditionen, Zugeständnisse, Zuschläge der Konkurrenz und ähnliches mehr zu informieren. Andere Einflußgrößen für die Absatzmöglichkeiten eines Objekts sind: Zugänglichkeit, Zusatzeinrichtungen, Kundenfreundlichkeit des Verwaltungsunternehmens, Sicherheitsfragen usw.

Der für den Vermieter tätige Makler muß wissen, wie sich das Angebot und die Nachfrage im jeweiligen Bereich zueinander verhalten. Mieten und Zugeständnisse sind dementsprechend anzupassen. Sofern der Markt bereits gesättigt ist und trotzdem noch erhebliche Nachfrage besteht, erhöhen sich zwangsläufig die Mieten, während die Neuvermietungskosten sinken dürften. Bei hohem Überangebot an Räumlichkeiten müssen die Mieten zurückgenommen und sowohl für Makler als auch für Mietinteressenten Anreize geschaffen werden, um das Objekt interessanter zu machen, so zum Beispiel über höhere Provisionen, mietfreie Zeiten oder höhere Zuschüsse für werterhöhende Einbauten.

7.5 Einstufung von Interessenten

- *Erste Anfragen*: Bevor ein Termin für die Besichtigung der Räumlichkeiten vereinbart wird, sollte der für den Vermieter tätige Makler den genauen Raumbedarf und die sonstigen Bedürfnisse des Interessenten (nach Fläche oder Anzahl der Büroräume) ermitteln. Dabei sollte auch über Preise, Parkplatzbedarf, Belegungsgrad, Sonderbedürfnisse usw. gesprochen werden. Manchmal weiß der Kunde noch nicht genau, was er wirklich braucht. Falls sich die verfügbaren Räumlichkeiten für den Interessenten nicht wirklich eignen, sollte der für den Vermieter tätige Makler dies nicht verschweigen. Es besteht dann kein Anlaß dafür, Zeit in eine überflüssige Besichtigung zu investieren. Ein potentieller Kunde, der hierbei einen positiven Eindruck vom Gebäude mitnimmt, kommt u. U. bei einem künftigen Bedarfsfall wieder auf den Makler zurück.

  Mietinteressenten sind auch nach Dringlichkeit einzustufen, also danach, ob sie geeignete Räumlichkeiten möglichst schnell oder sogar unbedingt benötigen. Der Makler sollte dabei auch beachten, ob seine Kontaktperson befugt ist, Entscheidungen zu treffen und einen Mietvertrag zu unterzeichnen.

- *Besichtigungstermine*: Für eine persönliche Ortsbesichtigung durch den vom Makler begleiteten Kunden gibt es keinen wirklichen Ersatz. Der Makler sollte dabei den vorteilhaftesten Weg von seinem Büro zum Mietobjekt nehmen und dabei auf verfügbare Einrichtungen und Dienstleistungen hinweisen. Während der Fahrt zu einer Industrieanlage kann der für den Vermieter tätige Makler den Mietinteressenten auf sämtliche Transportmöglichkeiten im jeweiligen Bereich aufmerksam machen. Auf dem Weg zu einem Bürokomplex oder einem Einkaufszentrum kann der Makler die bereits vorhandenen Mieter nennen, damit sich der Interessent darüber vergewissern kann, daß keine unmittelbare Konkurrenz besteht. Verkehrsaufkommen und sonstige Merkmale der jeweiligen Gegend lassen sich ebenfalls vom Auto aus beurteilen. Während er mit dem Interessenten zum jeweiligen Objekt geht, kann der Makler den Kunden über den äußeren Zustand des Gebäudes aufklären und die routinemäßigen Instandhaltungs- und Betriebsmaßnahmen beschreiben. Sauberkeit der Gemeinschaftsbereiche, im Gebäude für die Mieter verfügbare Einrichtungen sowie die von der Verwaltung vorgegebene Hausordnung sind wichtige Aspekte, die dem Interessenten gegenüber erwähnt werden sollten. Der Makler muß einerseits darauf achten, daß einem Kunden nicht allzu viele Mietobjekte gezeigt werden, da in diesem Fall eine Entscheidung zu schwierig werden oder der Kunde Bedenken darüber äußern könnte, daß die Belegungsrate so niedrig liegt. Andererseits muß der Makler imstande sein, den wirklichen Bedarf eines Kunden abzuschätzen, um ihm dann weitere Räumlichkeiten zu zeigen, falls der Kunde bestimmte Vorstellungen hat, aber sich noch nicht ganz sicher ist. Bei noch nicht genutzten Gewerbeflächen steht der für den Vermieter tätige Makler vor einem Sonderproblem: Zunächst muß dem Kunden der leerstehende Bereich gezeigt werden, der zur Vermietung verfügbar ist; im Anschluß daran sollte der Interessent aber auf jeden Fall durch ähnliche Räumlichkeiten geführt werden, die bereits belegt sind, damit er sich ein Bild davon machen kann, wie sich Änderungen durch den Mieter auswirken.
- *Angebot*: Sofern ein potentieller Kunde Interesse an der Unterzeichnung eines Mietvertrages äußert, sollte ihm ein schriftliches Angebot vorgelegt werden, in dem die voraussichtlichen vertraglichen Konditionen dargelegt sind. Falls dieses Angebot akzeptiert wird, kann ein Vertrag zur Durchsicht und Unterschrift durch den Mieter abgefaßt werden.

- *Planungsänderungen*: Falls ein potentieller Kunde Interesse an bestimmten Räumlichkeiten äußert, die seinen Bedürfnissen aber noch nicht ganz entsprechen, wird ein Gespräch mit der Bauleitung des Vermieters anberaumt. Dem Kunden können unterschiedliche Grundrisse zur Deckung seines Bedarfs angeboten werden. Sobald sich die Parteien auf einen geeigneten Plan geeinigt haben, werden Kostenvoranschläge für dessen Verwirklichung eingeholt. Die Kosten können je nach Sachlage vom Vermieter, vom Mieter oder von beiden getragen werden.
- *Finanzielle Angaben, Bonitätsprüfungen oder Referenzen*: Einzuholen sind (für Firmen oder Privatpersonen erstellte) Abschlüsse, Bilanzen, Gewinn- und Verlustrechnungen, Umsatzvorhersagen (bei Einzelhandelskunden), Einkommensteuererklärungen und Angaben über einzelstaatliche Umsatzsteuern (für Einzelhändler), Bonitätsdaten der Agentur Dunn & Bradstreet (bei Firmenkunden) oder Equifax etc. (für Einzelpersonen), Referenzen derzeitiger oder bisheriger Vermieter, Bankauskünfte. Es ist zu überprüfen, ob die Liquiditätslage des Kunden (Verhältnis zwischen Aktiva und Passiva) ausreichend ist und keine erheblichen Darlehens- oder Pfandrechtsverpflichtungen vorliegen.

7.6 Vertragsverhandlungen

Hierbei ist zu unterscheiden zwischen neu abzuschließenden Mietverträgen und Vertragsverlängerungen. Obwohl sich bei Ablauf eines langfristigen Mietvertrages häufig eine gewisse Mieterhöhung durchsetzen läßt, liegen die Kosten und Risiken bei einer Neuvermietung an einen anderen Mieter meist sehr viel höher. Bei neuen Mietverträgen fallen in der Regel mehr Renovierungskosten und Provisionen als bei Vertragsverlängerungen an. Das Risiko liegt schon deshalb höher, weil über den neuen Mieter meist nichts bekannt ist. Der Vermieter muß sich bei der Überprüfung des Mieters auf ausreichende Kreditwürdigkeit und Zahlungsfähigkeit auf finanzielle Angaben und andere Referenzen stützen. Eine Vertragsverlängerung ist in der Regel weniger kostspielig als ein neuer Mietvertrag; darüber hinaus kennt der Vermieter den jeweiligen Mieter bereits seit längerem. Er weiß, ob der Mieter entgegenkommend war und wie seine Zahlungsmoral ist.

Im Zusammenhang mit einem Mietvertrag gibt es in der Regel einige Punkte, über die verhandelt werden kann, während andere unabdingbar sind. Über Miethöhe, Prozentanteil (bei Einzelhandelsmieten), Zuschläge für werterhöhende Einbauten, Laufzeit, Standort, Umfang, Grundriß usw. läßt sich jeweils sprechen. Andere Klauseln wie zum Beispiel Versicherungen, Haftung und Verzug des Vermieters stehen hingegen normalerweise nicht zur Disposition. Kein Vermieter wird eine Verzugsklausel akzeptieren wollen. Falls ein Mieter auf einer derartigen Klausel besteht, sollte sich der Vermieter Gedanken machen, ob das Sinn macht.

Vertragsbestimmungen über Optionsrechte bei Verlängerung, Erweiterung oder Einschränkung des Vertrages engen den Vermieter eher ein; er wird sie daher nur bei sehr guten Mietern in Betracht ziehen. Weitere Vertragsklauseln, die dem Mieter zusätzliche Einflußmöglichkeiten verschaffen, sind Kündigungs-, Vorkaufs- und Erstverhandlungsrechte. Der Vermieter wird stets zögern, einem Mieter derartige Rechte einzuräumen, da sie die Verhandlungsfreiheit des Vermieters erheblich einschränken.

Bei der Aushandlung eines Mietvertrages sollte der Makler die Interessen beider Parteien im Auge behalten. Er muß dem Kunden zuhören können, er darf ihm nicht zu nahe treten, darf etwaige Einwände nicht persönlich nehmen und muß versuchen, die Position der jeweils anderen Seite nachzuvollziehen. Das Ziel besteht stets darin, auf gute Beziehungen mit dem Mieter in der Zukunft hinzuarbeiten. Hierzu muß der Mieter unbedingt fair behandelt werden.

7.7 Mietvertragstypen

Im wesentlichen gibt es drei Arten von Mietverträgen: ohne, mit bestimmten und mit sämtlichen Nebenkosten. Es gibt jedoch noch Zwischenformen, bei denen mehr oder weniger Nebenkosten anfallen.

- *Gross Lease* (nebenkostenfreier Mietvertrag): Der Mieter ist nur zur Zahlung einer festen Miete verpflichtet; der Eigentümer oder Vermieter übernimmt Steuern, Versicherungsbeiträge, Wartungs- und Betriebskosten usw. Hierbei besteht für den Vermieter stets die Gefahr, in eine Kostenschere zu geraten.
- *Net Lease* (Mietvertrag mit einigen Nebenkosten): Ein Mietvertrag, bei dem der Mieter zusätzlich zum Mietzins bestimmte Kosten zahlt, so zum Beispiel Energieversorgung und Grundsteuer.
- *Triple Net Lease* (Vertrag mit sämtlichen Nebenkosten): Bei dieser Art von Mietvertrag ist der Mieter verpflichtet, den Mietzins sowie sämtliche Betriebskosten des Objekts und darüber hinaus noch Energieversorgung, Steuern und Versicherungsprämien zu übernehmen.

7.8 Mietvertragsanalyse

Zur Bewertung von Mietverträgen eignet sich das Verfahren der Abzinsung auf den Gegenwartswert. Dabei werden vom Wert des *künftigen* Barmittelzuflusses die ursprünglichen Aufwendungen zur Ermittlung des Investitionswertes in Abzug gebracht. Bei den ursprünglichen Aufwendungen handelt es sich um die ursprünglichen Aufwendungen für das Mietverhältnis wie etwa Provisionen und werterhöhende Einbauten für den Mieter (Tenant Improvements). Sobald eine bestimmte Berechnungsformel ermittelt ist, lassen sich mit ihr die Auswirkungen aller künftigen Mietverträge vorhersagen. Eine derartige Formel wird allerdings realistischer, sofern der Wert eines Mietvertrages zu den jeweiligen Konjunkturdaten in Beziehung gesetzt wird. Die Funktion eines Mietvertrages besteht darin, für das betreffende Objekt ein Höchstmaß an langfristiger Wertsteigerung trotz schwankender Konjunkturbedingungen zu erwirtschaften.

8. Bestandsverwaltung oder Portfolio-Management

Ab einem bestimmten Bestand an Sachanlagen läßt sich die Verwaltung mehrerer Immobilien als eine Gesamtinvestition definieren. Die betreffende Ansammlung an Immobilien wird dann als Immobilienbestand und dessen Verwaltung als *Bestandsverwaltung* bezeichnet (Portfolio-Management).

Diese Konzeption entstand dadurch, daß mehr und mehr institutionelle Anleger sich um Möglichkeiten bemühten, ihre Erträge durch Nutzung jener Synergieeffekte zu maximieren, die sich bei der Schaffung größerer, breiter gestreuter Bestände an Sachanlagen im Vergleich zur Konzentration auf einen einzigen Vermögenswert erzielen lassen. Darüber hinaus kam es durch bestimmte Emissionen sowohl im öffentlich-rechtlichen als auch im privatrechtlichen Bereich zu noch nie dagewesenen Kapitalansammlungen, bei denen eine Konzentration auf einzelne Vermögenswerte überhaupt nicht mehr denkbar war. Den Fondsverwaltern wurde bald klar, daß es strategisch vorteilhaft sein würde, die Erträge aus diesen gigantischen Fonds in mehreren, einander ergänzenden Vermögenstypen anzulegen. Derartige Anlagenbestände gelten im allgemeinen als Gesamtanlage, die nur das jeweils von den Eigentümern definierte Ziel verfolgt. Dementsprechend wurde die Bestandsverwaltung weiterentwickelt, um auch für diese noch umfangreicheren und komplexeren Pools eine effektive und sachgerechte Verwaltung zu gewährleisten.

Unter Bestandsverwaltung ist ein Vorgang zu verstehen, der darauf abzielt, ein vorgegebenes Anlageziel durch geeignete Umschichtung eines Gesamtbestands an Anlagewerten zu erreichen, wobei sowohl Einzelaspekte als auch globale Fragen berücksichtigt werden. Ein Bestandsverwalter muß mit jener Dynamik vertraut sein, über die sich bei strategisch ausgerichteter Verwaltung aller einzelnen Vermögenswerte eine Steigerung des Gesamtwertes dank jener Synergieeffekte verfügbar werden, die sich ab einem bestimmten Umfang erzielen lassen.

Dank eines Systems zur Umsetzung strategischer Planungen und zur wirksamen Verwaltung von Vermögenswerten lassen sich nicht selten bessere Ergebnisse erzielen. Die zur Wertsteigerung eingesetzte Strategie ist von der meist einzigartigen Struktur des jeweiligen Bestandes an Vermögenswerten abhängig. Der Bestandsverwalter wird sich darum bemühen, einen Ausgleich zwischen betrieblichen Zwängen, vom Eigentümer verfolgten Zielen und den für die einzelnen Vermögenswerte im Rahmen der Gesamtstrategie erzielbaren Ergebnissen herzustellen.

8.1 System zur Bestandsverwaltung

Obwohl jeder Bestand an Vermögenswerten seine eigene Struktur aufweist, die über den wirtschaftlichen Erfolg entscheidet, bestehen gewisse Gemeinsamkeiten, auf die sich ein Bestandsverwalter bei der effizienten Erfüllung seiner Aufgaben stützen kann. Die Anwendung eines entsprechenden Systems führt letzten Endes zu besseren Ergebnissen für die Eigentümer, aber auch für alle anderen, die professionell an der Vermögensverwaltung beteiligt sind.

Wichtige Aufgaben im Zusammenhang mit der effektiven Verwaltung eines Vermögensbestandes werden untergliedert und an entsprechend ausgebildete, erfahrene Fachleute vergeben. Die Vergabe ist im Rahmen des Systems zentralisiert; der Bestandsverwalter trifft lediglich die wichtigsten Entscheidungen, die zwangsläufig die Ergebnisse des Gesamtbestandes beeinflussen. Weitere Fachleute unterstützen den Bestandsverwalter bei der Erfüllung bestimmter Pflichten, so zum Beispiel Steuerberater, Rechtsberater und Finanzanalysten.

Die Koordinierung der unterschiedlichen außenstehenden Fachleute wird mit Hilfe des Systems zur Bestandsverwaltung erreicht. Das System beruht auf einem Informationsverfahren für die Unternehmensleitung, das auf Wesentliches beschränkt bleibt, sich auf effiziente Kommunikation stützt und auf konsequente Richtlinien zurückgreifen kann.

Während der Entwicklungsphase des sogenannten Portfolio-Management-Systems sind folgende Schritte erforderlich:

1. Zielsetzung für den Immobilienbestand,
2. Aufgabenverteilung an die unterschiedlichen Fachleute,
3. Festlegung des Informationsbedarfs,
4. Schaffung von Strukturen, Eingrenzung von Schwächen und Risiken,
5. Definition spezifischer Aufgaben,
6. Verknüpfung der Bereiche,
7. Wahl der Mitarbeiter und Aufbau des Teams,
8. Vorgabe von Kontrollen und Prüfungen.

Der abschließende Schritt besteht in der planmäßigen Überwachung des Systems. Zwei miteinander verknüpfte, hierfür geeignete Verfahren bestehen in regelmäßiger Überwachung – um die Einhaltung der unternehmenspolitischen Richtlinien sicherzustellen – und Gruppentreffen, bei denen Ideen ausgetauscht und Kommunikationswege geebnet werden.

- *Aufbau der strategischen Planung*: Strategisch orientierte Planung ist unerläßlich, wenn die vom Eigentümer vorgegebenen Ziele insgesamt erreicht werden sollen. Durch strategische Planung werden gewissermaßen Wegweiser geschaffen, die dem Verwalter eines Immobilienbestands bei wichtigen Entscheidungen behilflich sind, von denen die langfristigen Ergebnisse des jeweiligen Bestands beeinflußt werden. Es handelt sich hier um ein ausgezeichnetes Führungsinstrument, da sowohl die Ziele als auch die wichtigsten Entscheidungen umrissen werden, die auf dem Weg zu ihnen getroffen werden müssen, so daß der Verwalter bereits die Vorbereitung wichtiger Entscheidungen entsprechend planen und die Bemühungen einzelner Teammitglieder zur Erfüllung bestimmter Vorgaben entsprechend koordinieren kann. Darüber hinaus kann der Verwalter dank dieser Planung die dem jeweiligen Immobilienbestand innewohnenden Risiken eingrenzen und entsprechende Maßnahmen zu ihrer Eindämmung ergreifen.
Bei der strategischen Planung geht es um die Koordinierung der Einzelpläne für die unterschiedlichen Objekte im Rahmen des Immobilienbestands. Effizienz entsteht dabei aus ständiger Wechselwirkung zwischen Objekt- und Bestandsebene.
Eine Reihe von Faktoren, mit denen die Verwaltung im Tagesgeschäft immer wieder zu tun hat, ist auch für den Aufbau der strategischen Planung von entscheidender Bedeutung.

- *Zielsetzung des Eigentümers*: Die vom Eigentümer verfolgten Ziele sind grundlegend für den Aufbau der strategischen Planung, da ihre gesamte Existenzberechtigung allein darin besteht, die vom Eigentümer gesetzten Ziele zu erreichen. Der erfahrene Eigentümer eines Immobilienbestands gibt in der Regel bestimmte Ziele vor. Bestandsverwalter und Eigentümer sollten sich darum bemühen, für den jeweiligen Immobilienbestand von vornherein gewisse Eckwerte festzulegen. Dies erleichtert dem Immobilienverwalter die Schaffung des Systems zur Bestandsverwaltung. Beispiele für im Rahmen einer Immobilienstrategie zu berücksichtigende Komponenten:

  - Terminierung der Eigentumsverhältnisse: langfristig/kurzfristig/unbestimmt;
  - Liquidität des Immobilienbestands;
  - Eigentumsverhältnisse: Verschuldungskoeffizient;
  - Diversifizierung nach Projekttyp oder Standort;
  - Strategie für die Immobilienverwaltung (Sachanlagenkategorie);
  - Risikobereitschaft des Eigentümers;
  - sonstige Erwägungen wie etwa Unternehmenskultur, Konkurrenzlage zwischen Institutionen bzw. Eigentümern sowie Zusammensetzung des Kundenstamms.

Für die strategische Gesamtplanung sind diese Einzelfaktoren von erheblicher Bedeutung. Wenn der Eigentümer auf Nummer Sicher gehen will, muß der Immobilienverwalter die strategische Planung so ausrichten, daß die Risiken möglichst gering bleiben. Diese konservative Ausrichtung muß auch im Prozeß der Entscheidungsfindung zum Ausdruck kommen, bei dem der Immobilienverwalter die potentiellen wirtschaftlichen Risiken und Erträge gegeneinander abwägen muß.

  - *Rechtsvorschriften*: Die für den jeweiligen Eigentümer aufsichtsbehördlichen Vorschriften sind ein anderer Aspekt, der bei Aufbau der strategischen Planung eines Immobilienbestands berücksichtigt werden muß. Institutionelle Anleger unterliegen zum Beispiel bestimmten Einschränkungen, die sie daran hindern, bestimmte Objekte in ihren Immobilienbestand mit aufzunehmen.
  - *Besteuerung*: Die sich aus der Struktur eines Immobilienbestands ergebenden steuerlichen Folgen können die erzielbaren Resultate erheblich beeinflussen. Durch sorgfältige und strategisch orientierte Planung unter Hinzuziehung eines geeigneten Steuerfachmanns kön-

nen Immobilienverwalter und Eigentümer die steuerliche Belastung der Gewinne aus einzelnen Projekten innerhalb des Immobilienbestands auf ein Mindestmaß zurückführen. Derartige Steuereinsparungen wirken sich unmittelbar auf das für den Immobilienbestand erzielte Endergebnis aus.

Im Rahmen der strategischen Planung sind drei Besteuerungsebenen zu berücksichtigen:

- Einzelobjekt,
- Immobilienbestand,
- Eigentümer.

○ *Risiko*: Die Risikobereitschaft des Eigentümers bildet das Hauptkriterium für die strategische Planung. Der Ausgleich zwischen Risiko und Ertrag unter Berücksichtigung der Grenzen, die dem Eigentümer auferlegt sind, ist ein entscheidender Aspekt der Bestandsverwaltungsplanung. Die unterschiedlichen Risikoarten eines Immobilienbestands müssen bereits beim Aufbau des Bestandes in Betracht gezogen werden. Zu berücksichtigende Faktoren:

- Objekttyp,
- Ertragsziele,
- geographische Streuung,
- Eigentumsverhältnisse der einzelnen Objekte,
- Verschuldungskoeffizient,
- Mieterbestand/Auslauftermine.

• *Strategie für den Ausstieg*: Die Herausforderung besteht in diesem Zusammenhang darin, die Gewinne der einzelnen Objekte innerhalb einer bestimmten Zeit zu maximieren. Der Immobilienverwalter hat hier die einzelnen Objekte so zu selektieren, daß sie zu Höchstpreisen veräußert werden können; er muß daher bereits bei der Planung seiner Strategie für den Wiederausstieg mit dem zyklischen Verlauf der Immobilienkonjunktur vertraut sein. Dies bedeutet, daß für die Liquidierung bestimmter Vermögenswerte von vornherein ein adäquater Zeitpunkt festzulegen ist, obwohl sich die Zukunft nicht vorhersagen läßt.

8.2 Informations-Management

Ein durchdachtes System für das Informations-Management ist auf allen Verwaltungsebenen von entscheidender Bedeutung; diese Ebenen unterscheiden sich u. a. auch durch ihren Informationsbedarf. Das Informations-Management auf der obersten Lenkungsebene im Rahmen der Immobilienverwaltung ist auf strategische Fragen auszurichten und hat sich an folgenden Punkten zu konzentrieren:

1. Vorgabe der Informationsquellen.
2. Festlegung des Informationsbedarfs, der dem Immobilienverwalter die Erfüllung der vom Eigentümer gesetzten Ziele ermöglichen soll.
3. Schaffung der Kommunikationskanäle.
4. Vorgabe der Verarbeitungskriterien (Termine und Informationsformate zur Erleichterung der Entscheidungsfindung).
5. Überwachung und Nachfaßtermine.

Für den Immobilienverwalter sind zwei Informationstypen relevant: *statische* und *dynamische* Informationen.

- *Statische Informationen*: Zu den statischen Standardinformationen eines Immobilienverwalters gehören u. a.:
  – Struktur des Immobilienbestands (Standort, Objekttyp, Kaufpreis, Bauleitplanung, Darlehensdaten usw.),
  – Eigentumsverhältnisse,
  – Organisationsplan,
  – Befugnisse des Bestandsverwalters und der einzelnen Objektverwalter,
  – bisherige Fondsergebnisse.

- *Dynamische Informationen*: Jeder Bestandsverwalter benötigt u. a. die folgenden dynamischen Informationen:
  – Konjunkturverlauf, regionale Verschiebungen,
  – Hypothekendaten (Zinssätze, Darlehenstypen, Laufzeiten usw.),
  – Wechselkurse,
  – Mieterbestand, Ablauftermine,
  – Konkurrenz,
  – steuerliche Änderungen,
  – Änderungen bei Angebot und Nachfrage.

Der Bestandsverwalter nutzt diese Informationen bei der Entscheidungsfindung und für die strategische Planung.

8.3 Berichtswesen

Die Berichtslegung über die für einen Immobilienbestand erzielten Resultate dient zur Konsolidierung zahlreicher Einzelinformationen im Rahmen eines aussagekräftigen Formats; entsprechende Berichte können dann Dritten vorgelegt werden, so zum Beispiel dem Eigentümer, den Kreditgebern oder sonstigen Interessenten. Der Eigentümer kann die wichtigsten einschlägigen Informationen den jeweiligen Berichten entnehmen; diese Kommunikationsverbindung von entscheidender Bedeutung bedarf daher sorgfältiger Pflege. Darüber hinaus liefert das Berichtswesen Verlaufsdaten für die bisher erzielten Ergebnisse, d. h., derartige Berichte bilden auch eine Vergleichsgrundlage.

8.4 Cash-flow-Management

Bestandsverwalter müssen sowohl global als auch im einzelnen darüber Bescheid wissen, wo für die Objekte Barmittel aufgewendet werden. Darüber hinaus müssen sie mit den diffizilen Techniken für das Cash-flow-Management vertraut sein, mit denen sich auf lange Sicht die für einen Immobilienbestand erzielten Resultate verbessern lassen.

Sämtliche Rechtsgeschäfte mit Bezug auf Immobilien beeinflussen den Cash-flow einer Immobilie; daher muß dieser Parameter sowohl auf der Lenkungsebene als auch dem Objektbereich effizient und umsichtig kontrolliert werden. Die Cash-flow-Ergebnisse sind das eigentliche Maß zur Quantifizierung der mehr oder minder guten Resultate, die für einen Immobilienbestand erzielt wurden.

Der Bestandsverwalter sollte mit den Verknüpfungen zwischen Entscheidungsfindung und Cash-flow-Nutzung auf sämtlichen Ebenen der Immobilienverwaltung vertraut sein. Darüber hinaus ist ein Kontrollmechanismus zu schaffen, mit dem sich sicherstellen läßt, daß alle Zuflüsse aus dem Cash-flow in wirtschaftlicher und umsichtiger Weise genutzt werden. Außerdem hat der Bestandsverwalter ein System zu implementieren, das gewährleistet, daß die Objektverwaltung auf sämtlichen Management-Ebenen auf die vom Eigentümer verfolgten Zielsetzungen ausgerichtet ist.

8.5 Schlußfolgerung

Heute existiert eine ganze Reihe unterschiedlicher Immobilien-Portfolios, die alle durch spezielle rechtliche und steuerliche Aspekte gekennzeichnet sind. Weit verbreitet sind in diesem Zusammenhang Real Estate Investment Trusts, Konsortialfonds, gemischte Immobilienfonds sowie Offene und Geschlossene Immobilienfonds, die öffentlich oder im Rahmen sogenannter Private Placements angeboten werden. Die jeweils unterschiedlichen rechtlichen und steuerlichen Folgen bedingen in Zusammenschau mit den Sondermerkmalen der einzelnen Immobilienobjekte, aus denen sich der jeweilige Bestand zusammensetzt, eine hochkomplexe Strategie für die Bestandsverwaltung.

9. Veräußerungsstrategien

Eine Immobilieninvestition ist erst dann abgeschlossen und ihr Erfolg wirklich nachgewiesen, wenn der Zyklus in Form einer Veräußerung abgeschlossen wurde. Die Veräußerung und der sich dabei ergebende Ertrag sind unabdingbar als Maß für die anhand eines Immobilienobjekts erwirtschafteten Resultate. Zeitpunkt und Verfahren einer Veräußerung sind entscheidender Bestandteil der strategischen Planung. Der direkte Verkauf eines Objekts bildet zwar das am weitesten verbreitete Veräußerungsverfahren; trotzdem gibt es hierfür zahlreiche weitere Möglichkeiten, so beispielsweise Tausch, Schenkung, letztwillige Verfügung und Stiftung. Für die Zwecke des vorliegenden Abschnitts wird nur ein normaler Verkauf in Betracht gezogen.

Die im Rahmen des Veräußerungsvorgangs zu unternehmenden Schritte umfassen u. a. die Auswahl des optimalen Zeitpunkts, den Entschluß zum Verkauf, die Überprüfung steuerlicher Belange, die Besichtigung des Objekts, Marktstudien, finanzielle Analysen, Eingrenzung der Zielgruppe, Vertrieb des Objekts, Aushandlung eines Vertrages über den Verkauf und die Vorkehrungen für dessen Verbriefung.

9.1 Steuerliche Erwägungen

Jeder Investor und jedes Investmentvehikel befindet sich in einer ganz speziellen steuerlichen Lage im Rahmen der jeweiligen Eigentumsverhältnisse. Normalerweise erhöht sich der Wert eines Objekts während der Eigentumsdauer, während gleichzeitig die diesbezügliche steuerliche Bemessungsgrundlage des Investors durch Abschreibungen gemindert wird. Die Differenz zwischen dem beim Verkauf erzielten Preis nach Abzug der hierfür aufgewendeten Kosten und der Bemessungsgrundlage wird in den meisten Fällen zu einem steuerpflichtigen Gewinn führen. Die einkommensteuerlichen Weiterungen aus einem Verkauf können eine diesbezügliche Entscheidung des Investors ganz erheblich beeinflussen. In Fällen, in denen das betreffende Objekt zu einem ganzen Immobilienbestand zählt, wird eine derartige Steuerzahlung für die Gesamtrendite des Immobilienbestands oder die Investitionsziele als solche durchaus von Vorteil sein. Obwohl Einkommensteuerzahlungen im allgemeinen eher unwillkommen sind, könnten sie in einigen Fällen durchaus zu positiven Ergebnissen führen, falls sie zum Beispiel mit Verlustvorträgen verrechnet werden können.

Ein Verfahren zum Aufschub von Steuerzahlungen aus Immobilienveräußerung besteht im Rückgriff auf einen Immobilientausch („1031 Exchange"). Dabei wird der Gewinn aus dem Verkauf eines Objekts sofort wieder in den Erwerb des nächsten investiert. Bei diesem Verfahren sind gewisse zeitliche Einschränkungen im Hinblick auf die Reinvestition der Beträge und den Umfang der jeweils in Betracht zu ziehenden Investition zu berücksichtigen. Auch dergestalt aufgeschobene Steuern werden letztendlich in dem Moment fällig, in dem der Investor den betreffenden Gewinn erzielt. Zahlreiche Investoren bemühen sich diesbezüglich um Aufschub, bis eine Veräußerung zu günstigen Auswirkungen auf den Gesamtbestand führt oder aus sonstigen steuerlichen Erwägungen vorteilhaft ist.

9.2 Eigentumszeitraum

Beim Erwerb eines Immobilienobjekts verfolgt jeder Investor in der Regel auch ein zeitliches Ziel, das dem Eigentumszeitraum entspricht. Diese zeitlichen Ziele können sich aufgrund des Konjunkturverlaufs, aus persönlichen Gründen oder wegen anderer Einflußgrößen verschieben. Angenommen, der Investor gibt zunächst einen Eigentumszeitraum von zehn Jahren vor: Nach wenigen Jahren erhöht sich dann plötzlich die Nachfrage nach entsprechenden Objekten derart dramatisch, daß auch der Wert des betreffenden Objekts entsprechend zunimmt. Der Investor könnte dann zu dem Schluß gelangen, daß der beste Zeitpunkt zum Verkauf bereits gekommen ist, obwohl der ursprüngliche Eigentumszeitraum noch nicht abgelaufen ist. Ein weiterer Grund für eine Veräußerung mag in Umschichtungen innerhalb des vom Investor gehaltenen Immobilienbestands zu suchen sein. Der Investor hat sich unter Umständen entschlossen, vom Einzelhandelsmarkt auf Büroräume oder von Wohnhäusern auf Gewerbeimmobilien umzusteigen. Die Gründe für einen Verkauf können durchaus unterschiedlicher Art sein. Trotzdem muß ein Verkauf oder eine anderweitige Veräußerung vollzogen werden, wenn ein Anlagezyklus abgeschlossen werden soll.

Nachstehend die wichtigsten Einflußgrößen für einen optimalen Eigentumszeitraum bei Immobilienobjekten. Hierzu gehören beispielsweise:

- Gesamtrendite (IRR) bzw. Verhältnis zwischen Netto-Betriebsertrag und Preis bei Kauf und Wiederverkauf,
- Beleihungsquote,
- Hypothekenzinsen,
- Hypothekentilgung,
- Spitzensteuersatz des Eigentümers,
- Vorliegen von Steuergutschriften,
- Mindeststeuersatz für Vorzugserträge,
- verwendetes Abschreibungsverfahren,
- einkommensteuerliche Ansprüche während der Abschreibungsdauer,
- voraussichtliche Änderungen der Netto-Betriebseinnahmen,
- voraussichtliche Änderungen beim Objektwert/Konjunkturverlauf,
- rein persönliche Umstände.

Die Anzahl der möglichen Permutationen dieser Parameter ist naturgemäß unabsehbar. Daher konnte man sich nie auf wie auch immer geartete allgemeine Regeln zur Eingrenzung des optimalen Zeitpunkts für den Ausstieg aus einem bestimmten Immobilienobjekt festlegen. Der Investor ist vielmehr gut beraten, alle Alternativen in Betracht zu ziehen, statt sich an einen ganz bestimmten Parameter zu klammern.

Zahlreiche Eigentümer geben vor, daß ein Objekt so lange zu halten ist, bis die Tilgungszahlungen die geltend zu machenden Abschreibungsbeträge übersteigen. Vor diesem Zeitpunkt liegen die steuerpflichtigen Einkünfte niedriger als der Cash-flow, so daß zumindest ein Teil des jährlichen Barmittelzuflusses steuerfrei bleibt. Ein weiterer wichtiger Wendepunkt im Verlauf eines Immobilienzyklus ist dann erreicht, wenn der Barmittelzufluß aus Betriebstätigkeit ins Negative abgleitet. Ab diesem Zeitpunkt zahlt der Eigentümer dafür, daß er das betreffende Objekt noch nicht abgestoßen hat.

Jeder Investor hat sich somit immer wieder die Frage zu stellen, ob ein Verkauf zum betreffenden Zeitpunkt angesichts seiner persönlichen Ziele und Pflichten angebracht oder wünschenswert ist.

9.3 Verkaufsentscheidung

Eigentum an Immobilien kann verschiedene Formen annehmen. Abgesehen vom persönlichen Eigentum kann die Kommanditgesellschaft als der häufigste Eigentumstyp gelten. Eine Kommanditgesellschaft besteht jeweils aus einem Komplementär, der für die Geschäftsführung und den Betrieb der Gesellschaft zuständig ist, sowie aus Kommanditisten ohne Geschäftsführungsbefugnisse. Kommanditisten bringen normalerweise den Großteil des Anlagekapitals ein und stützen sich auf den Komplementär, dessen Aufgabe darin besteht, das Anlagekapital möglichst nutzbringend einzusetzen. In den meisten Kommanditgesellschaften bestehen für den Komplementär Beschränkungen beim Verkauf von Vermögenswerten ohne Zustimmung der Kommanditisten. Daher liegt der erste Schritt auf dem Weg zum Verkauf bei einer derartigen Gesellschaft normalerweise darin, zwischen den Kommanditisten Einigkeit dahingehend herbeizuführen, daß das betreffende Objekt verkauft werden soll. Eine diesbezügliche Ermächtigung wird von den Kommanditisten normalerweise in Form eines bei der Gesellschafterversammlung herbeigeführten Beschlusses erteilt. Sobald die Mehrheit des Kapitals zugestimmt hat, kann das für den Verkauf erforderliche Verfahren eingeleitet werden.

9.4 Objektbesichtigung

Der erste Schritt im Rahmen aller Verkaufsvorbereitungen besteht in einer gründlichen Besichtigung des Objekts und einer Untersuchung des jeweiligen Marktes. Der mit der Veräußerung betraute Mitarbeiter hat das Gebäude und den jeweiligen Standort von innen und außen vollständig zu prüfen. Bei einer derartigen Inspektion wird der allgemeine Erhaltungszustand des Objekts deutlich; gleichzeitig können etwaige Mängel angegeben bzw. Reparaturen vorgeschrieben werden, die durchzuführen sind, bevor Verkaufsbemühungen eingeleitet werden. Normalerweise werden auch der oder die Mieter des betreffenden Gebäudes hinsichtlich ihrer Meinung zum Gebäude, dessen Betrieb und der Verwaltung befragt. Derartige Gespräche bieten im allgemeinen die nützlichsten Informationen im Verlauf des Verkaufsverfahrens. Mieter wissen häufig sehr gut über die Marktlage für Gebäude der Konkurrenz, den jeweils geforderten Mietzins und die Konjunktur insgesamt Bescheid. Ihre Stellungnahmen ermöglichen dem mit der Veräußerung betrauten Mitarbeiter die Behebung etwaiger negativer Aspekte des Objekts durch entsprechende Korrekturmaßnahmen.

Ein wichtiger Aspekt der Inspektion eines Objekts besteht auch darin, die Einhaltung aller bestehenden Vorschriften auf Gemeinde-, Einzelstaats- und Bundesebene festzustellen, so zum Beispiel im Hinblick auf Zugänglichkeit für Behinderte (sogenannte ADA Compliance). Alle Umweltfragen mit Bezug auf gefährliche Substanzen und Tätigkeiten sind in diesem Zusammenhang ebenfalls festzuhalten.

9.5 Marktstudie

Im Anschluß an eine gründliche Überprüfung des Objekts wird der betreffende Markt einer Untersuchung unterzogen. Hierbei sind die Belegungsraten für vergleichbare Immobilien sowohl auf dem Gesamtmarkt als auch etwaigen Teilmärkten zu untersuchen; desgleichen das Mietzinsniveau, Neubauten, Verfügbarkeit vergleichbarer Objekte und diesbezügliche Preisgestaltung. Hinzu kommt noch eine ganze Reihe weiterer Faktoren; beispielsweise könnte sich das fragliche Objekt innerhalb eines Bürogebäudes befinden, das innerhalb eines gut ausgelasteten Industrieparks liegt, während der betreffende städtische Gesamtmarkt unter hohen Leerstandsraten zu leiden hat. Umgekehrt besteht natürlich auch die Möglichkeit, daß das Objekt von hohen Leerstandsraten geprägt ist, während der betreffende Teilmarkt gut ausgelastet ist. In beiden Fällen lassen sich aus den Umständen Informationen über das Objekt und die jeweilige Marktlage ableiten, die sich nutzen lassen, sobald das Objekt zum Verkauf angeboten wird.

Zu den besten Quellen für Informationen über die örtliche Marktlage gehören Gespräche mit ortsansässigen Fachleuten. Hierzu gehören u. a. Immobilienmakler, Gutachter und Darlehensgeber im Bereich Gewerbeimmobilien. Sie können Hintergrundinformationen liefern, die eine sachgerechte Einschätzung des Marktes, seiner Stärken und Schwächen sowie der Verkaufsaussichten des Objekts ermöglichen. Die Einbindung derartiger Informationen in die Verkaufsunterlagen verschafft dem weniger gut informierten Investor ein genaues Bild der Marktlage, so daß sich unter Umständen der Verkaufsvorgang beschleunigen läßt.

9.6 Objektbewertung

Die Ermittlung des Wertes, der einem Objekt zukommt, ist im Rahmen des Veräußerungsvorgangs von entscheidender Bedeutung. Weitere wichtige Entscheidungen können erst dann getroffen werden, wenn ein Schätzwert für das Objekt vorliegt. In die Bewertung müssen sowohl finanzielle Erwägungen als auch sonstige marktabhängige Faktoren mit einfließen. Die anhand der Objektbesichtigung und der Marktüberprüfung gewonnenen Daten dienen somit als Hintergrundinformationen für die finanzielle Einstufung der mit dem Objekt erzielbaren Leistungen und des damit verbundenen Wertes.

Der erste Schritt im Rahmen der Finanzanalyse zur Ermittlung des Objektwertes besteht in der Erstellung von Vorhersagen über den erzielbaren Cash-flow bzw. einer *Proformahochrechnung*. Normalerweise werden diese Vorausberechnungen für einen Zeitraum von mindestens fünf und vorzugsweise von zehn Jahren erstellt. Sie beruhen auf Annahmen über die Entwicklung des Mietzinsniveaus, der Betriebskosten, des voraussichtlichen Investitionsaufwands, der Kosten für mieterbedingte Einbauten, Maklerprovisionen und des sonstigen Kapitalbedarfs. Die einzelnen Parameter werden aufgrund bestimmter Annahmen hochgerechnet. Für die einzelnen Kategorien können durchaus unterschiedliche Änderungsraten angesetzt werden. Beispielsweise könnte während des Vorhersagezeitraums der Mietzins recht schnell zunehmen, während der Anstieg bei den Aufwendungen eher bescheiden ausfällt. Kosten für mieterbedingte Einbauten und Maklerprovisionen mögen tiefe Spuren im Netto-Cash-flow nach sich ziehen. Die Proformahochrechnung kann mit oder ohne Annahmen zum Schuldendienst erstellt werden. Sofern derartige Werte Berücksichtigung finden, kann der Investor seine Erträge *mit* oder *ohne* Kreditfinanzierung gegeneinander abwägen. Durch Kreditfinanzierung läßt sich normalerweise die Rendite verbessern, weil der Eigenkapitalbedarf des Investors sinkt.

Zu den Annahmen für die Hochrechnung zählen normalerweise auch der voraussichtliche Abgabepreis, die diesbezüglichen Nebenkosten und der sich daraus ergebende Nettoerlös. Der voraussichtliche Wert des Objekts zum Zeitpunkt des Verkaufs wird auch als „*Heimfallwert*" bezeichnet. Sämtliche Cash-flow-Beträge sind auf der Grundlage der für die Erlangung von Anlagekapital erforderlichen Renditen auf den Nettogegenwartswert abzuzinsen. Aus dem Nettogegenwartswert des Heimfalls und den abgezinsten Cash-flow-Werten ergibt sich der Gesamtwert des jeweiligen Renditeobjekts.

Sobald dieser Wert vorliegt, kann er zu etwaigen Vergleichswerten für den betreffenden Markt in Beziehung gesetzt werden, so zum Beispiel zu vergleichbaren Umsätzen, dem Wert bei Aktivierung des Nettobetriebsgewinns und sonstigen Faktoren. Damit läßt sich feststellen, ob der Verkaufspreis realistisch und angesichts der herrschenden Marktlage auch erzielbar ist.

Schätzgutachten sind ein weiteres Verfahren zur Wertermittlung. Bei einem derartigen Gutachten handelt es sich um die entsprechenden Schätzwerte eines Fachmanns mit einer entsprechenden Ausbildung und Erfahrungen bei der Bewertung von Immobilien. Der Schätzgutachter faßt im wesentlichen die Marktuntersuchung, die Objektbesichtigung und die Finanzanalyse in einem einzigen Bericht zusammen. Im Bewertungsabschnitt dieses Gutachtens nimmt der Schätzer normalerweise eine Einstufung des Objekts von unterschiedlichen Standpunkten aus vor (vergleichbare Umsätze, Cash-flow, Ersatzinvestition usw.). Anschließend faßt er die von unterschiedlichen Gesichtspunkten aus gewonnenen Werte zu einem einzigen Schätzwert zusammen, der dann als endgültiger Marktwert gilt. Sofern ein erfahrener Schätzer mit gutem Ruf eingesetzt wird, handelt es sich hierbei um ein sehr wirksames Verfahren zur Wertermittlung für das betreffende Immobilienobjekt. Die Beschäftigung eines derartigen Beraters ist aber recht kostenträchtig. Der Investor hat hier Kosten und Nutzen sorgfältig gegeneinander abzuwägen.

Sofern im Zusammenhang mit der Vermarktung des Objekts ein Makler hinzugezogen wird, erstellt dieser normalerweise sein eigenes *Bewertungsgutachten*. Obwohl ein derartiges Gutachten auf einer weniger komplexen Dokumentationsbasis beruht, kennt der Makler die Vergleichsumsätze und die jeweilige Marktlage doch sehr gut. Eine derartige Bewertung läßt sich ebenfalls als endgültiger Wertansatz für die jeweilige Immobilie verwenden.

9.7 Zielgruppe

Jede Immobilieninvestition wendet sich an einen bestimmten Markt, eine bestimmte Investorengruppe, bei der mit dem höchsten Interesse am betreffenden Objekt zu rechnen ist. Bestimmte Kennwerte des Objekts – Typ, Art des Miet- oder Pachtvertrages, Laufzeit, Standort, Alter usw. – sind für jeweils andere Interessenten attraktiv. Manche Investoren konzentrieren sich auf einen einzigen Immobilientyp. Andere auf einen bestimmten Markt auf lokaler, regionaler oder landesweiter Ebene. Wieder andere wollen erstklassige Trophäen in Toplagen, während andere nur Immobilien der Kategorie B erwerben. Genauso wie jedes einzelne Objekt anders ist, so untergliedert sich auch die Zielgruppe der Investoren in hochspezialisierte Bereiche.

Weitere Hauptfaktoren, von denen die jeweilige Zielgruppe abhängig ist, sind das Investitionsvolumen und der Preis. Örtliche Einzelinvestoren geben normalerweise weniger aus als Kapitalsammelstellen oder sonstige Unternehmen mit erheblichen finanziellen Mitteln. Einige Objekte sind unter Umständen nur von lokalem oder regionalem Interesse, während andere landesweit bei Investoren Aufmerksamkeit finden. Der mit der Veräußerung beauftragte Mitarbeiter hat das Objekt sorgfältig auf seine Kennwerte zu überprüfen, um so die richtige Zielgruppe und deren Markt ausfindig zu machen.

Sobald dieser Markt feststeht, kann der nächste Verfahrensschritt unternommen werden. Sofern die Zielgruppe auf lokaler Ebene angesiedelt ist, eignet sich ein ortsansässiger Makler vielleicht am besten als Helfer bei der Vermarktung. Ein Makler mit guten örtlichen Kontakten auch zu Investoren kann sich bei der Ausfindigmachung eines Käufers in möglichst kurzer Zeit als sehr nützlich erweisen. Falls die Zielgruppe für das Objekt hingegen landesweit gestreut ist, könnte sich der für die Veräußerung zuständige Mitarbeiter vorteilhafterweise auf das firmeninterne Netz an Kontakten und Hilfsmitteln im ganzen Land stützen. In manchen Fällen wird es erforderlich sein, Vertriebsbemühungen sowohl lokal als auch landesweit voranzutreiben; es ist dann dementsprechend vorzugehen.

9.8 Das Angebot

Sobald alle finanziellen Angaben gesammelt sind, werden sie mit den Marktdaten zu *Angebotsunterlagen* kombiniert. Diese Unterlagen enthalten vollständige Angaben über den bisherigen Werdegang der jeweiligen Immobilie sowie Vorhersagen für die künftigen Erträge, Aufwendungen und Gesamtergebnisse. Je nach Zielgruppe und Objektbedarf können die Angebotsunterlagen stilistisch denkbar schlecht oder sehr aufwendig sein. Graphiken sind knapp zu halten und professionell zu erstellen. Aufnahmen des Objekts, seiner Umgebung sowohl vom Boden aus als auch aus der Luft sind in Betracht zu ziehen. Sämtliche Zahlen müssen mehrmals auf Genauigkeit und Vollständigkeit überprüft werden.

9.9 Absatzförderung

Sobald Angebotsunterlagen erstellt sind, wird auch eine *prägnante, kurze Zusammenfassung* vorbereitet, der die wichtigsten Punkte der jeweils angebotenen Immobilieninvestition zu entnehmen sind. Diese Zusammenfassung dient als erster Kontakt zwischen möglichen Interessenten und den grundlegenden Angaben, anhand derer sich ermitteln läßt, ob ein weitergehendes Interesse besteht. Die Verkaufsförderung könnte u. a. die folgenden Maßnahmen umfassen:

- *Postversand*: Ein entsprechendes Schreiben ist zu erstellen und anhand einer auf die Zielgruppe konzentrierten Adressenliste zu versenden. Beizulegen sind jeweils die Zusammenfassung für die Unternehmensleitung, eine Fotografie des Objekts und ein Geheimhaltungsvertrag. Diesen hat der Anlageinteressent zu unterzeichnen, wenn er eine Übersendung der Angebotsunterlagen und damit näherer Informationen wünscht. Der Geheimhaltungsvertrag enthält Vorschriften darüber, wie die in den Angebotsunterlagen enthaltenen Informationen weitergegeben, überprüft und anderweitig behandelt werden dürfen. Der Eigentümer des Objekts schützt sich damit vor mißbräuchlicher Nutzung seiner Angaben.
- *Werbung*: Mit der Wahl einer bestimmten Zielgruppe fällt auch die Entscheidung darüber, ob eine Werbekampagne erforderlich ist und welchen Umfang sie etwa haben muß. Anzeigen sind jeweils in bekannten Fachzeitschriften und sonstigen Veröffentlichungen mit gutem Ruf zu plazieren, damit das Objekt auf dem Markt bekannt wird. Je nach Gesamtumfang des Werbeprogramms und den vom Eigentümer verfolgten Zielen wird sich der Eigentümer gelegentlich an diesen Werbungskosten beteiligen.
- *Nachfaßaktivitäten*: Hierzu gehören Telefonanrufe bei angesprochenen Investoren sowie die Übersendung zusätzlicher Unterlagen auf entsprechende Anfragen hin. Entsprechende Anzeigen führen immer zu einer erheblichen Anzahl von Telefonanrufen. Derartige Kontakte müssen sorgfältig nach Ruf, finanzieller Potenz und Zuverlässigkeit des jeweiligen Interessenten eingestuft werden.

Ab diesem Punkt werden sich potentielle Investoren melden. Die darin enthaltenen Konditionen müssen sorgfältig miteinander verglichen werden. Die besten Angebote werden zu einer „Favoritenliste" zusammengefaßt und dem Eigentümer zur Begutachtung übersandt. Sofern die unterschiedlichen Angebote relativ nahe beieinanderliegen, sollte der Versuch unternommen werden, die betreffenden Interessenten zur Unterbreitung eines für den Eigentümer günstigeren Angebots zu veranlassen. Auf einen der Beteiligten fällt dann letzten Endes die Wahl, woraufhin Konditionen vereinbart werden können. Ein neuer Trend bei der Vermarktung größerer Objekte besteht derzeit darin, das betreffende Objekt auszuschreiben, wobei dann die Interessenten Angebote im geschlossenen Umschlag unterbreiten müssen (Sealed-bid-Verfahren).

9.10 Vertragsverhandlungen

Wie bereits mehrfach dargelegt, ist jede Immobilie ein hochkomplexer Vermögenswert, der sowohl von internen als auch externen Faktoren beeinflußt wird. Dementsprechend müssen in Immobilienverträgen all diese komplexen Fragen und Faktoren berücksichtigt werden. Einige Beispiele hierfür:

- Sondermüll und Bodenverschmutzung sowie Asbestprobleme,
- Versicherungsleistungen und nicht versicherte Verluste,
- behördliche Enteignung und die sich dabei ergebenden Verluste bzw. Schadenersatzbeträge für die Enteignung,
- Haftungsfragen,
- Bescheinigungen der Mieter über die Gültigkeit der Verträge,
- Treuhandverträge,
- Schadloshaltung Dritter aus umweltrechtlichen Ansprüchen,
- Verstoß gegen Zusicherungen oder Garantieerklärungen seitens der Parteien.

Der mit der Veräußerung betraute Mitarbeiter sollte über Erfahrungen beim Umgang mit den unterschiedlichen Fragen verfügen. Die Mandierung eines geeigneten Anwalts mit Erfahrungen im Immobilienbereich kann im Rahmen der Vertragsverhandlungen hilfreich sein. Darüber hinaus kann der Rückgriff auf Berater in unterschiedlichen Bereichen – Sondermüll, Technik, Bau – dazu beitragen, daß ein für die Beteiligten zufriedenstellender Vertrag ausgehandelt wird.

Ein wichtiger Aspekt jedes Kaufvertrages ist die *Hinterlegung einer Anzahlung*. Die entsprechende Bestimmung sieht vor, daß der Erwerber von einem Dritten einen erheblichen Betrag treuhänderisch als Faustpfand dafür verwalten läßt, daß die betreffende Partei ihren vertraglichen Verpflichtungen nachkommt. Die entsprechende Anzahlung dient zum Schutz des Verkäufers gegen Zahlungsverzug des Erwerbers. Die Treuhandbestimmungen des Vertrages sind sorgfältig abzufassen, damit der Verkäufer gegebenenfalls möglichst problemlos auf die betreffenden Mittel zugreifen kann, sollte sich der Käufer aus irgendwelchen, nicht im Vertrag vorgesehenen Gründen von dem Kauf zurückziehen. Die Anzahlung des Käufers kann in Form von Bargeld, eines Akkreditivs oder anderweitig erbracht werden; sämtliche Dokumente sollten jedoch uneingeschränkt fungibel sein.

9.11 Finanzierungsfragen

Zahlreiche Investoren müssen das Objekt als Sicherheit für Kredite verwenden, die sie zu dessen Erwerb aufnehmen. Um Kreditfinanzierung zu erhalten, muß der Erwerber aber regelmäßig Eigenkapital in erheblichem Umfang aufbringen. In einigen Fällen kann es vorteilhafter sein, in bereits bestehende Schuldverhältnisse einzutreten. Unter Umständen kann eine Eigentümerhypothek für die Differenz zwischen der Summe aus Eigenkapital und Fremdfinanzierung erforderlich sein. Der für die Veräußerung zuständige Mitarbeiter sollte mit dem Darlehensmarkt ausreichend vertraut sein, um die Tragfähigkeit der von etwaigen Interessenten unterbreiteten Finanzierungsvorschläge beurteilen und den Eigentümer diesbezüglich sachgerecht beraten zu können (vgl. Abb. 1).

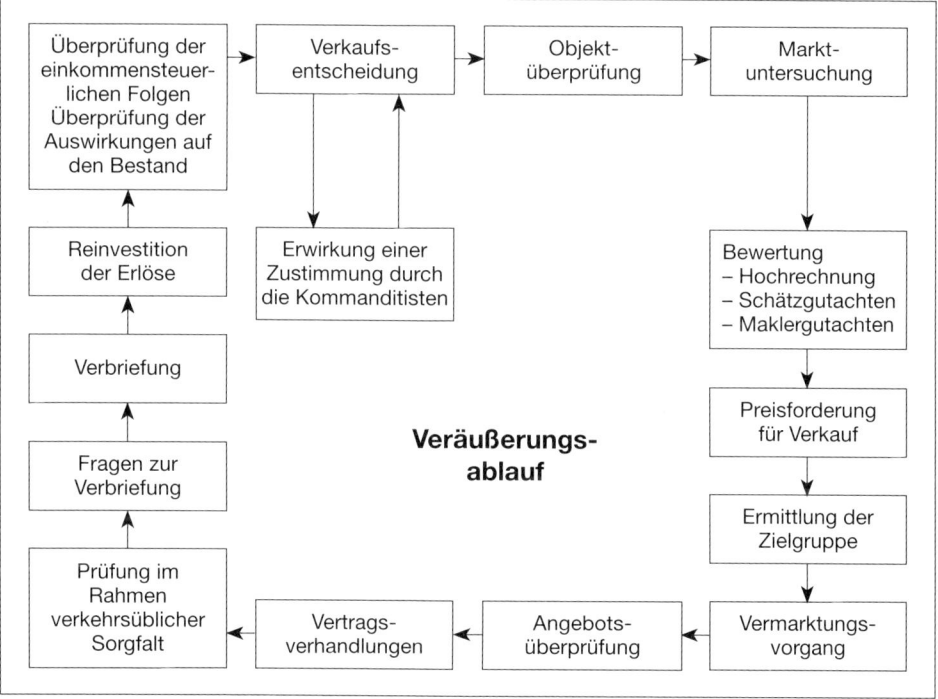

Abb. 1: Veräußerungsablauf
Quelle: TMW, München 1997

9.12 Abschluß der Vertragsphase

Die mit einer Immobilientransaktion verbundenen Komplexitäten müssen jeweils sorgfältig überprüft und gründlich untersucht werden, damit sich alle Betroffenen ein zutreffendes Bild vom Wert des jeweiligen Objekts machen können. Dementsprechend bestehen die meisten Käufer auf einer Vertragsbestimmung, die eine Inspektion durch den Erwerber bzw. ein Überprüfungsstadium (Due Diligence Period) vorsieht. Zweck der Übung ist es, dem Erwerber genügend Zeit zu geben, in der er und seine Berater sämtliche Aspekte des Objekts überprüfen können – Statik, Technik, Umweltfragen, rechtliche Aspekte, Finanzierung, Miet- oder Pachtverträge, Betriebsabrechnungen usw. Normalerweise ist die treuhänderisch verwaltete Anzahlung während des Überprüfungsstadiums zurückzuerstatten, sofern sich der Erwerber dazu entscheidet, die Transaktion abzubrechen. Sobald der Überprüfungszeitraum jedoch vorüber ist, haftet man mit der Anzahlung und ist dann meist nicht mehr erstattungsfähig.

Während des Überprüfungszeitraums muß der mit der Veräußerung befaßte Mitarbeiter eng mit dem Erwerber und seinen Beratern zusammenarbeiten, damit diese genaue Angaben und Antworten auf ihre zahlreichen Fragen erhalten.

Normalerweise werden hinsichtlich des Objekts während dieses Überprüfungsstadiums Einwände erhoben und Fragen gestellt. Der mit der Veräußerung befaßte Mitarbeiter hat all diese zu beantworten und muß sich den diesbezüglichen Herausforderungen erfolgreich stellen, wenn das Geschäft fortgeführt werden soll. Es dürfte sich hier wohl um die wichtigste Phase während des Zeitraums vom Vertragsabschluß für das Objekt bis zur Verbriefung handeln; im wesentlichen bildet diese Due Diligence Period ein zusätzliches Verhandlungsstadium, das nach der Einigung über die geschäftlichen bzw. wirtschaftlichen Konditionen noch zu durchlaufen ist. Insbesondere muß der mit der Veräußerung befaßte Mitarbeiter mit den Begriffen und Fragen ausreichend vertraut sein, die von den unterschiedlichen Beratern für ihre einzelnen Spezialgebiete ins Spiel gebracht werden. Entsprechende Sachkenntnisse dieses Mitarbeiters können dazu beitragen, daß der Erwerber seinerseits auf weitere Einwendungen verzichtet und sich in Richtung auf einen endgültigen Vertragsabschluß bewegt.

Sobald das Überprüfungsstadium abgeschlossen ist und die Verbriefung des Vertrages bevorsteht, müssen im Hinblick auf dieses Rechtsgeschäft zahlreiche Dokumente überprüft und von den Beteiligten gutgeheißen werden. Normalerweise arbeitet der mit der Veräußerung befaßte Mitarbeiter dabei eng mit den Anwälten des Verkäufers und des Erwerbers zusammen, um sicherzustellen, daß all diese Dokumente ordnungsgemäß errichtet wurden und die Konditionen für das Rechtsgeschäft zutreffend wiedergeben sind. Dies gilt insbesondere für Darlehensurkunden, die dem Kreditgeber gewisse Rechte im Hinblick auf das Objekt einräumen. Beispielsweise kann jeder Kreditgeber bestimmte Zusicherungen des Verkäufers bezüglich des Objekts und seines Zustands fordern, bevor er ein Darlehen für das Objekt einräumt. Diese Zusicherungen müssen jeweils sorgfältig geprüft und so abgefaßt werden, daß größere Haftungsansprüche gegen den Verkäufer möglichst weitgehend eingeschränkt werden.

Am Tag für die Verbriefung sind gegebenenfalls Instruktionen für die telegrafische Überweisung entsprechender Mittel beizubringen; darüber hinaus muß eine Abrechnung erstellt werden, damit die Kosten für die einzelnen Verfahrensbestandteile wie beispielsweise Mietverträge, Betriebskosten, Immobiliensteuern und Provisionen ordnungsgemäß umgelegt werden.

Es kann vorkommen, daß der Eigentümer zum Zeitpunkt der Verbriefung noch keine Entscheidung über die Reinvestition der jeweiligen Verkaufserlöse getroffen hat. Für diesen Fall muß der mit der Veräußerung befaßte Mitarbeiter ausreichend genau über kurzfristige Anlagen Bescheid wissen, damit die betreffenden Mittel namens des Verkäufers rentierlich investiert werden können, bis eine endgültige Entscheidung gefallen ist.

9.13 Schlußfolgerung

In diesem Abschnitt wurde versucht, die grundlegenden Vorgänge bei der Veräußerung (vgl. Abb. 1) von Immobilien zu erläutern. Im Rahmen dieses Vorgangs sind zahlreiche Einflußgrößen zu berücksichtigen; hochkomplexe Fragen werden aufgeworfen und müssen beantwortet werden. Der Verkäufer muß sich bei der Abwicklung dieses auch strategisch wichtigsten Abschnitts im Rahmen des Immobilienanlagezyklus auf erfahrene und professionelle Helfer stützen können. Nur dann erbringt seine Investition die höchstmögliche Rendite und die besten langfristigen Anlagevorteile.

10. Literatur

IREM (Hrsg.): *Managing the Office Building*, Atlanta 1990

IREM (Hrsg.): *Principles of Real Estate Management*, 13. Auflage, Atlanta 1991

Alexander, M./Muhlebach, R. F.: *Managing and Leasing commercial Properties. Practices, Strategies and Forms*, 2. Auflage, New York 1994

Kundeen, H. K./Harmon, L. C./Mc Kenna-Haron, K. M.: *The Tenant Retention Solution. A Revolutionary Approach to Commercial Real Estate Management*, Chicago 1995

Soens, M. A./Brown, R. K.: *Real Estate Asset Management. Executive Strategies for Profit-Making*, New York 1994

Finanzierungs-Management von Immobilien in Großbritannien

Dr. Jürgen Blumer, Sprecher des Vorstandes der Württembergischen Hypothekenbank AG, Stuttgart

Inhalt

Vorbemerkung 623

1.	Rechtliche Rahmenbedingungen	623
1.1	Sachenrecht	624
1.2	Vertragsrecht	624
1.3	Aufsichtsrecht	624
1.4	Steuerrecht	625
2.	Markteintritt	625
2.1	Marktverhältnisse	625
2.2	Fremde Usancen und Verhältnisse	626
3.	Risiko-Management	627
3.1	Grundsätzliches	627
3.2	Grundstücksanalyse	628
3.3	Vertragliche Vereinbarungen	629
3.3.1	Single-purpose-company	630
3.3.2	Covenants	630
3.3.3	Caps	631
3.3.4	Vorzeitige Rückzahlbarkeit	632
3.3.5	Portfolio-Beleihungen	633
4.	Währungsfragen	635

Vorbemerkung

Über hundert Jahre waren die Hypothekenbanken in der Immobilienfinanzierung gesetzlich auf das Inland beschränkt. Erst 1988 hat ihnen der Gesetzgeber die Tür zu Europa einen Spaltweit geöffnet. Zum 1. Januar 1991 sind die gesetzlichen Restriktionen im wesentlichen gefallen, und der EU-Binnenmarkt hat dieser Bankengruppe völlig neue Perspektiven eröffnet.

Die Württembergische Hypothekenbank (WH) konnte die angebotene Chance wahrnehmen und von Anfang an offensiv das Auslandsgeschäft betreiben. 1996 wurde bereits ein Drittel von deren Hypothekenneugeschäft außerhalb der Grenzen unseres Landes getätigt. Die maßgeblichen Gründe für die seinerzeitige strategische Entscheidung der Bank waren folgende:

- Tendenziell höhere Erträge im Ausland, verglichen mit der Bundesrepublik Deutschland,
- eher niedrigere Beleihungsausläufe,
- Schaffung und Schonung von Ressourcen, insbesondere der Außerdeckungsgrenze nach dem Hypothekenbankgesetz,
- die Notwendigkeit, den deutschen Kunden auf dem Weg nach Europa zu begleiten,
- die Konkurrenzsituation im Inland,
- die Kompensation von Marktrisiken durch Verteilung auf verschiedene Märkte.

Schon heute sieht sich die WH nicht mehr nur als deutsches, sondern als europäisches Realkreditinstitut, das in ausgewählten Regionen Europas tätig ist.

1. Rechtliche Rahmenbedingungen

Die Tatsache des freien Waren- und Dienstleistungsverkehrs in Europa seit 1993 läßt gerne vergessen, daß die Rechtsvorschriften, auf deren Boden wir uns bewegen, nicht einmal in Ansätzen harmonisiert sind. Von daher beinhalten Kreditentscheidungen bei der Finanzierung ausländischer Grundstücke immer auch Rechtsentscheidungen.

1.1 Sachenrecht

Im Sachenrecht besteht hinsichtlich der anzuwendenden Vorschriften kein Wahlrecht. Hier ist ausschließlich die Öffentlichkeit des Grundstückes maßgeblich, d. h., ein englisches oder französisches Grundstück kann nicht mit einer deutschen Hypothek belastet werden. Vielmehr stehen nur die im Gastland gesetzlich möglichen Grundpfandrechte als Sicherungsmittel zur Verfügung. Das europäische Ausland kennt hierbei mehr oder weniger akzessorische Sicherungsrechte mit unterschiedlichem Haftungsumfang. Eine abstrakte Grundschuld, die auch die Mieten erfaßt, gibt es außerhalb der Grenzen Deutschlands in Europa derzeit nirgendwo.

1.2 Vertragsrecht

Was das Vertragsrecht anbelangt, so ist theoretisch eine Rechtswahl möglich. Faktisch wird der französische oder englische Kunde deutsches Recht jedoch nicht akzeptieren. Außerdem können unerwünschte gesetzliche Folgen des ausländischen Rechts nicht immer durch die Wahl deutschen Rechts vermieden werden. So gehören etwa die französischen Verbraucherschutzbestimmungen zum sogenannten Ordre Public und sind selbst dann einschlägig, wenn deutsches Recht mit einem deutschen Staatsbürger, der in Frankreich lebt – sogenannter französischer Resident –, vereinbart wird. Gegen die Wahl deutschen Vertragsrechts spricht im übrigen, daß als Folge das Schuld- und Sachstatut mit nicht überschaubaren Rechtsfolgen auseinanderklaffen.

1.3 Aufsichtsrecht

Was das Aufsichtsrecht anbelangt, so arbeiten deutsche Hypothekenbanken bis auf weiteres auf der Grundlage der II. Bankrechtskoordinierungsrichtlinie. Das heißt, sie unterliegen bei ihren grenzüberschreitenden Aktivitäten der Aufsicht durch das Bundesaufsichtsamt für das Kreditwesen in Berlin, das sich wiederum mit den Aufsichtsbehörden des Gastlandes abstimmt. Die II. Bankrechtskoordinierungsrichtlinie sieht weiterhin eine europaweite Banklizenz für Filialen und grenzüberschreitendes Geschäft nach den gesetzlichen Vorschriften des jeweiligen Heimatlandes vor. Deutsche Institute können also auf der Grundlage des Hypothekenbankgesetzes und des Kreditwesengesetzes beispielsweise auch in Frankreich oder Spanien arbeiten.

1.4 Steuerrecht

Ein wichtiger Faktor ist der steuerliche Bereich. Insbesondere im grenzüberschreitenden Finanzierungsgeschäft sehen die Doppelbesteuerungsabkommen bestimmte Verfahren vor, die eine interessenkonforme Besteuerung gewährleisten. Das deutsche örtliche Finanzamt bestätigt dabei, daß die von der Bank vereinnahmten Zinsen der vollen Besteuerung in der Bundesrepublik Deutschland unterliegen. Daher sieht beispielsweise der englische Fiskus davon ab, diese ins Ausland fließenden Zinsen der Quellenbesteuerung zu unterwerfen. Der Kunde hat aber die Möglichkeit, die an das ausländische Institut gezahlten Zinsen als Werbungskosten geltend zu machen. Das Vertragswerk muß auch die Möglichkeit in Betracht ziehen, daß künftige Steuern die Darlehensleistungen beeinträchtigen können oder gesetzliche Maßnahmen, insbesondere steuerlicher Art, die Durchführung des Vertrags als wirtschaftlich nicht sinnvoll erscheinen lassen. Grundsätzlich gehen künftige Steuern zu Lasten des Darlehensnehmers (sogenannte Gross-up-Clause). Die „Market-disruption-Clause" sieht eine Billigkeitsregelung für den Fall der wirtschaftlichen Sinnlosigkeit des Geschäfts vor.

2. Markteintritt

Entsprechende Entscheidungen richten sich grundsätzlich nach der Marktattraktivität, der Wettbewerbssituation und den vorhandenen Barrieren. Am Beispiel Großbritannien läßt sich das strategische Vorgehen der WH klassisch aufzeigen.

2.1 Marktverhältnisse

Die Aktivitäten am Londoner Immobilienmarkt 1990/91 wurden am Ende einer Immobilienkrise begonnen. Zu diesem Zeitpunkt befanden sich Kaufpreise wie Mieten auf einem Tiefpunkt. Englische und andere ausländische Immobilienfinanzierer hatten sich weitgehend aus dem Geschäft zurückgezogen. Entsprechend waren die Wettbewerbs- und Ertragschancen der Bank – natürlich mit dem Risiko behaftet, daß sich die Marktverhältnisse weiter verschlechtern konnten (was sie aber nicht taten).

Entgegen kam dem Institut das außerordentlich lang angelegte Mietsystem. Die Mietverträge sind in der Regel für einen Zeitraum von 20 Jahren und länger nicht kündbar; Instandhaltungs- und Versicherungspflichten sind auf den Mieter abgewälzt (sogenannte FI&R-lease, d. h. full-insuring and repairing). Die Miete kann während der Vertragszeit nicht gesenkt, sondern nach einer „Rent review", die in der Regel alle fünf Jahre stattfindet, allenfalls erhöht werden („upwards only").

In England besteht ein hochqualifiziertes Schätzwesen, vermittelt durch die Chartered Surveyors. Außerdem findet eine überaus fachkundige Rechtsberatung durch große spezialisierte Rechtsanwaltsfirmen mit einem entsprechenden Haftungshintergrund statt.

2.2 Fremde Usancen und Verhältnisse

Barrieren liegen in den fremden Marktusancen und dem von angelsächsischer Tradition geprägten andersartigen Rechtssystem. Der Ablauf eines Grundstücksgeschäfts etwa unterscheidet sich von dem in Deutschland wesentlich. So ist auf Verkäufer- wie auf Käuferseite ein Rechtsanwalt mit den verschiedensten Aufgaben tätig. Die Institution der Notare ist unbekannt. Auf den Exchange of Contract am Ende der Verhandlungsphase erfolgt nach einer weiteren Periode von in der Regel vier Wochen die sogenannte Completion, anläßlich derer der Kaufpreis bezahlt werden muß.

Wesentlicher als fremde Abwicklungsmodalitäten ist jedoch das unterschiedliche Investitionsdenken. Sachwertgesichtspunkte spielen bei einer Investitionsentscheidung im United Kingdom so gut wie keine Rolle. Basis ist vielmehr die erzielbare Rendite, die sich je nach Risiko mehr oder weniger von der Rendite von Staatspapieren unterscheidet. Der erzielte Gewinn wird wiederum in Relation zu den Darlehensverpflichtungen gesetzt, woraus sich der Cash-flow des Investments ergibt.

Gewöhnungsbedürftig ist im UK insbesondere der Umstand, daß es Eigentum an Immobilien im deutschen Sinne nicht gibt. Für einen Engländer ist Eigentum eines Privatmannes an einem Stück Land bis zum Erdmittelpunkt, an dem sich alle Eigentumsrechte dieses Planeten treffen, schlicht unvorstellbar. Dieses Recht kann nur einer quasi göttlichen Institution vorbehalten sein. Von daher gilt der Satz: „All land is vested in the crown".

Ein „normaler" Erdenbürger hat daher nur ein mehr oder weniger starkes Besitzrecht an einem Grundstück oder Gebäude. Ist dieses Besitzrecht unbeschränkt, wird es Freehold genannt; ist es zeitlich befristet, heißt es Leasehold, wobei sich der Leasehold letztendlich dogmatisch nicht von unserer Miete unterscheidet. Freilich ist der Leasehold nicht selten auf 999 Jahre und mehr vereinbart und in seinem Wert mit dem Freehold vergleichbar.

Für die Beleihbarkeit eines Leasehold ist entscheidend, ob er einen Kapitalwert besitzt. Dieser ist dann gegeben, wenn für den Besitz ein Entgelt bezahlt wird, das unter der Marktmiete liegt. Ansonsten bleibt für eine Beleihung kein Raum. Oftmals ist in Leasehold-Verträgen nur ein symbolisches Entgelt, die sogenannte Peppercorn Rent, vereinbart.

Ein weiterer wesentlicher Unterschied zwischen dem angelsächsischen und dem deutschen System besteht in der Tatsache, daß kein kodifiziertes bürgerliches Recht besteht. Englische Grundstücks- oder Darlehensverträge sehen daher Regelungen für jeden denkbaren Fall vor, da die Bezugnahme auf ein gesetzliches Regelwerk fehlt. Entsprechend umfangreich sind daher die Vertragsdokumente. So umständlich dies auf den ersten Blick aussieht, so haben sich doch die angelsächsischen Usancen im internationalen Verkehr durchgesetzt, da sie jeden Vertragspartner von der Verpflichtung entheben, in nationale Vorschriften Einsicht zu nehmen. Grundsätzlich gilt das, was im Vertrag geregelt ist; was nicht im Vertrag geregelt ist, gilt nicht.

3. Risiko-Management

3.1 Grundsätzliches

Wer meint, in seiner Beleihungspolitik im Ausland nach dem Prinzip „Am deutschen Wesen soll die Welt genesen" verfahren zu sollen, wird scheitern. Es macht wenig Sinn, deutsche Finanzierungsmethoden und Vertragswerke ins Ausland zu exportieren. Man muß sich vielmehr den lokalen Gegebenheiten anpassen und diese um unsere hypothekenbankspezifischen Anforderungen sowie die grenzüberschreitende Problematik ergänzen.

Der Erfolg beruht aber letztendlich darauf, inwieweit es gelingt, dem potentiellen Kunden in seinem gewohnten Umfeld die speziellen Stärken einer deutschen Hypothekenbank zu vermitteln. Diese liegen in der individuellen Betreuung, unbürokratischen und schnellen Entscheidungswegen. Auch der Preis spielt eine Rolle, wenn auch nicht die entscheidende. Unbestritten besitzt eine deutsche Hypothekenbank aufgrund ihrer Struktur Kostenvorteile etwa im Vergleich zu einer englischen Clearingbank.

3.2 Grundstücksanalyse

Wie jedermann in England, der mit Grundstücksangelegenheiten zu tun hat, bedienen sich deutsche Institute zur Beurteilung des potentiellen Beleihungsobjekts eines Chartered Surveyor. Diese Grundstückssachverständigen haben eine spezielle Ausbildung. Die entsprechenden Firmen sind teilweise über hundert Jahre alt und in der „Royal Institution of Chartered Surveyors" zusammengeschlossen. Sie sind verpflichtet, nach den Regeln dieser Institution ihre Wertgutachten zu erstellen.

Wesentlicher Inhalt des Wertgutachtens ist die Feststellung eines sogenannten „Open Market Value", der sich wie folgt definiert: *„Open Market Value is an opinion of the best price at which the sale of an interest in property would have been completed unconditionally for cash consideration on the date of valuation, assuming:*

a) *a willing seller,*
b) *that, prior to the date of valuation, there had been a reasonable period (having regard to the nature of the property and the state of the market) for the proper marketing of the interest, for the agreement of the price and terms and for the completion of the sale,*
c) *that the state of the market, level of values and other circumstances were, on any earlier assumed date of exchange of contracts, the same as on the date of valuation,*
d) *that no account is taken of any additional bid by a purchaser with a special interest, and*
e) *that both parties to the transaction had acted knowledgeably, prudently and without compulsion."*

Des weiteren wird ein sogenannter „Restricted Realisation Price" festgestellt. Dies ist der geschätzte Erlös eines Grundstücks im Falle einer Zwangsverwertung. Der „RRP" ersetzt den früher üblichen Forced sale value. Selbstverständlich muß das Gutachten zur Lage und Qualität des Gebäudes, zur Lebensdauer und Vermietbarkeit Stellung nehmen.

Ein wichtiger Faktor ist die geschätzte aktuelle und langfristig erzielbare Marktmiete. Im Vergleich zu der aktuell gezahlten Miete läßt sich dabei feststellen, ob das Gebäude „under-rented" mit entsprechendem Mieterhöhungspotential bei der nächsten Rent Review ist oder wie oft ein sogenannter Over-rent vorliegt, obwohl der Mieter oft noch für Jahrzehnte vertraglich verpflichtet ist, die erhöhte Miete zu zahlen. Deutsche Hypothekenbanken dürfen jedoch diese schuldrechtliche Verpflichtung nicht als Grundlage für ihre Wertermittlung heranziehen. Vielmehr ist bei der Ertragswertberechnung die Miete um den sogenannten „Over-rent-Faktor" zu bereinigen. Ein Problem stellt der in Deutschland üblicherweise ermittelte Sachwert dar, für den es im angelsächsischen Bereich kein Äquivalent gibt. Aus Versicherungsgründen wird jedoch ein sogenannter Reinstatement-Value festgestellt, der zusammen mit dem Wert des Grundstücks annäherungsweise eine Art Sachwert ergibt.

In den sogenannten „Instructions" wird der beauftragte Schätzer in aller Regel noch um Angabe eines „Vacant-position-Value" aufgefordert. Nach diesem richtet sich im Zweifel die Tilgung des Darlehens. Das heißt, das Restkapital nach Ablauf der Liquiditätszusage sollte nicht höher als der Leerstandswert sein. Wichtig, insbesondere bei Beleihungen im Großraum von Industriestädten, sind Ausführungen des Schätzers über mögliche Kontaminierung bzw. die Kosten für die Behebung einer Bodenverseuchung.

Bei Bauten, die jünger als zehn Jahre sind, muß der Schätzer noch die Übereinstimmung mit der Baugenehmigung feststellen. Etwaige Gewährleistungsansprüche gegen Handwerker und Architekten werden im übrigen abgetreten.

3.3 Vertragliche Vereinbarungen

In Großbritannien bedienen sich Verkäufer wie Käufer, Darlehensnehmer wie Darlehensgeber jeweils eines eigenen Anwalts. Dieser Anwalt fertigt die umfangreiche Vertragsdokumentation und verhandelt im Zweifel mit dem Anwalt der Gegenseite. Der endgültige Darlehensvertrag mit Anlagen – „Bible" genannt – entspricht dann am Ende mehr der Vorstellung von einem Lexikon als einem Vertragsdokument.

Der Grund ist, wie schon erwähnt, daß einmal sämtliche Eventualitäten eines Darlehensverhältnisses in Ermangelung eines Bürgerlichen Gesetzbuches im Vertrag geregelt werden müssen. Zum anderen beinhalten diese Verträge aber auch ein raffiniertes Risiko-Management, das aus der Erfahrung vergangener Konjunkturzyklen am Immobilienmarkt resultiert. Dieses Risiko-Management haben deutsche Hypothekenbanken gerne übernommen und wenden es zwischenzeitlich, soweit möglich, auch in anderen europäischen Ländern, in denen sie tätig sind, an.

Nachfolgend einige Beispiele hierzu:

3.3.1 Single-purpose-company

Darlehensnehmer ist in aller Regel eine sogenannte „Single-purpose-company", die im Zuge der Darlehensgewährung gegründet wird. Das Vermögen dieser Gesellschaft besteht ausschließlich aus dem Beleihungsobjekt, und das Eigenkapital setzt sich aus dem Wert des Objekts abzüglich des Darlehens zusammen. Der Single-purpose-company ist nach dem Kreditvertrag untersagt, andere Aktivitäten als die Verwaltung dieses Objekts auszuüben und anderweitige Kredite aufzunehmen bzw. Verbindlichkeiten einzugehen (ausdrücklich erlaubte Minimalbeträge ausgenommen). Insofern ist die Bonitätsanalyse der Objektgesellschaft identisch mit der Cash-flow-Analyse des Beleihungsobjektes und dessen Wert. Der Einfluß der hinter der Objektgesellschaft stehenden Personen beschränkt sich im wesentlichen auf das Recht, Überschüsse aus dem Cash-flow nach Zins, Tilgung, Rücklagen, Renovierungskosten, Verwaltungskosten etc. abzuschöpfen. Alle anderen Rechte hat die Bank für die Dauer der Finanzierung inne. Selbst der Verkauf des Objekts bzw. der Objektgesellschaft ist an die Zustimmung der Bank gebunden. Nachdem zudem ein rechtlich uneingeschränkter Zugriff auf die Mieteinkünfte aus dem Objekt möglich ist, kann somit der Darlehensnehmer als Risikoeinheit vom restlichen Konzern und den dahinterstehenden Personen abgekoppelt werden. Das heißt, Zahlungsprobleme einer anderen Konzerneinheit oder gar der Konkurs haben keinen Einfluß auf das Beleihungsobjekt und Bedienung des Darlehens.

3.3.2 Covenants

Ein weiteres Beispiel für ein entwickeltes Risiko-Management sind die in englischen Kreditverträgen üblichen Covenants. Die wichtigsten sind der sogenannte Interest-cover-covenant und der „LTV-covenant". Unter ersterem versteht man die Verpflichtung des Darlehensnehmers, eine bestimmte Zinsdeckung durch die Mieteinnahmen während der gesamten Darlehenslaufzeit aufrechtzuerhalten. Beträgt beispielsweise der „Interest-cover-covenant" 150 %, so bedeutet dies, daß die jährlichen Nettomieten 150 % der per anno zu zahlenden Zinsen nicht unterschreiten dürfen. Andernfalls liegt ein sogenannter Event of default vor, aufgrund dessen die Bank ihre Rechte wie bei einer schwerwiegenden Vertragsverletzung des Darlehensnehmers ausüben kann. Letztendlich heißt dies, daß eine Kündigung des Darlehens und anschließende Vollstreckungsmaßnahmen möglich sind. Der LTV-covenant bedeutet, daß ein bestimmter Beleihungsauslauf (Loan-to-value-ratio) nicht überschritten werden darf. Sonst liegt ebenfalls ein Event of default vor. Das heißt, die Bank hat die Möglichkeit, bei einem Wertverfall des Grundstücks oder einem allgemeinen Niedergang des Marktes entsprechend zu reagieren. Denkbare Maßnahmen sind Tilgungserhöhungen, Stellung von Zusatzsicherheiten oder persönliche Mithaftung der Initiatoren.

Ein Formulierungsbeispiel für die beschriebenen Covenants wäre:
„Ratio of rental income to debt service:
The Borrower shall ensure that annual rental is, at all times, at least 125 per cent of annual finance costs. For the purposes of this Clause:
- „annual rental" means the estimate by the Bank acting reasonably (at any time that the Bank may decide) of the net rental income from the Properties for the year commencing on such day; and
- „annual finance costs" means on each date that the Bank calculates annual rental, the Bank's estimate of the aggregate amount of interest payable by the Borrower to the Bank under the Finance Documents in that year.

Loan to Value:
- The Borrower shall ensure that the Loan shall not at any time exceed 70 per cent of the open market value of the Properties determined in accordance with the then most recent Valuation."

3.3.3 Caps

Zinsänderungsrisiken bei variabler Finanzierung werden in der Regel durch Caps, die an die Bank zu verpfänden sind, ausgeschlossen. Ist dieser (zum Beispiel aufgrund des aktuellen Preises) nicht durchsetzbar, so arbeiten die englischen Kreditinstitute mit einer sogenannten Trigger-Rate: überschreitet der variable Zins oder der Festzins für die jeweilige Restlaufzeit des Darlehens eine bestimmte Marke, bei der die Bedienung des Darlehens als gefährdet erscheint, kann die Bank einseitig Festzinskonditionen festlegen. Zum einen liegt der Vorteil dieser Konstruktion darin: Liquidität für den Darlehensnehmer, der diese für anderweitige Investitionen oder außerordentliche Tilgungen einsetzen kann. Anderseits verhindert der Trigger-Mechanismus, daß die Bedienung des Darlehens wegen eines möglichen Zinsanstiegs gefährdet wird.

- *Formulierungsbeispiel*: „If the Reuters Rate equals or exceeds 10 per cent or the rate which would, in the absolute discretion of the Lender, cause the Borrower to be in breach of Clause 10.11 (Ratio of rental income to debt service), then the rate of interest payable by the Borrower on that part of

the Principal in respect of which the interest rate is floating shall, from the Interest Date next following the date of notification by the Lender to the Borrower that the rate for that tranche is to be fixed under this Clause 4.5 until the Interval Date, be the rate per annum determined by the Lender to be the aggregate of the applicable:
– Margin; and
– Fixed Rate for the relevant period notified to the Borrower by the Lender."

Was die Vereinbarung von Festzinsen anbelangt, so hat sich in Großbritannien eine erstaunliche Entwicklung ergeben. Die Hypothekenbanken, die mit ihrem Markenartikel „Festzinshypothek" nach Europa gezogen sind, mußten alsbald feststellen, daß sie damit auf wenig Akzeptanz stießen. Aus deutscher Sicht dient die Festzinshypothek dazu, Zinsschwankungen und damit Zinsänderungsrisiken auszuschließen und den Cash-flow für viele Jahre stabil und berechenbar zu halten. Die englischen Geschäftspartner sahen das anders: Nicht die variablen Zinsen, sondern die festen Zinsen sind spekulativ, weil der Zinssatz ja noch weiter sinken könnte und der Darlehensnehmer damit mögliche Liquiditätsvorteile in der Zukunft verschenkt. Zum Zeitpunkt des Markteintritts der WH in Großbritannien waren aus diesem Grund Festzinsvereinbarungen die absolute Ausnahme. Mittlerweile bieten Building societies und Versicherungen Zinsfestschreibungen bis 25 Jahre an und gehen damit über die Möglichkeiten, die deutsche Pfandbriefinstitute besitzen, noch hinaus.

Nach wie vor neigen englische Darlehensnehmer jedoch dazu, variabel, in der Regel auf Basis des Drei-Monats-Libors zu finanzieren und das Zinsänderungsrisiko über eine Versicherung, für die sie bereit sind, eine Prämie zu zahlen, auszuschließen. Das entsprechende Finanzinstrument ist der Cap.

3.3.4 Vorzeitige Rückzahlbarkeit

Insbesondere im Zusammenhang mit der Vereinbarung von Festzinsdarlehen stellt sich die Frage, inwieweit diese während der Festschreibungszeit gekündigt und zurückbezahlt werden können. Hier wird eine heilige Kuh des deutschen Hypothekenbankgewerbes geschlachtet. Nach englischer Rechtsprechung ist der Ausschluß des Kündigungsrechts auch bei Festzinsdarlehen nicht möglich. Auch abstrakte Schadensvereinbarungen für diesen Fall sind unwirksam. Ganz anders als nach deutschem Recht differenziert die englische Rechtsprechung nicht, ob das Darlehen grundpfandrechtlich gesichert ist bzw. ob ein variabler oder fester Zinssatz vereinbart wurde. Die

Tatsache einer grundpfandrechtlichen Absicherung ist vielmehr ein Argument für die Einräumung eines vorzeitigen Kündigungsrechts, da die englische Mortgage den Freeholder bzw. Leaseholder in seinem Besitzrecht in so gravierender Weise einschränkt, daß er sich von dieser Last jederzeit befreien können muß, unabhängig davon, ob feste oder variable Zinsen vereinbart wurden.

Englische Anwälte raten daher deutschen Banken, eine sogenannte Exit Fee bei vorzeitiger Rückzahlung in Rechnung zu stellen. Diese ist in der Regel gestaffelt nach den Jahren der Darlehensbeanspruchung. Das heißt, je länger das Darlehen im Bankbestand war, desto geringer ist die Exit Fee. Die entsprechenden Beträge müssen aber von vornherein in den Darlehensvertrag mit aufgenommen werden. Die Exit Fee soll den entgangenen Gewinn bzw. den Bearbeitungsaufwand abdecken. Darüber hinaus entsteht möglicherweise ein Refinanzierungsschaden. Dieser beruht darauf, daß Zins- bzw. Währungsswaps (hierzu noch später) aufgelöst werden müssen. Die entstehenden Kosten unterliegen einer finanzmathematischen Kontrolle und können daher nach englischer Rechtsprechung in Rechnung gestellt werden.

Im Ergebnis sind alle englischen Hypothekendarlehen jeweils zu einem Zinszahlungstermin kündbar, wobei der Refinanzierungsschaden zuzüglich eines mehr oder weniger hohen Entgelts für den entgangenen Gewinn und den Bearbeitungsaufwand zu ersetzen ist.

3.3.5 Portfolio-Beleihungen

Wir finden im UK im wesentlichen zwei verschiedene Anlagestrategien vor: Insbesondere institutionelle Anleger bevorzugen Prime-Grundstücke mit bester Ausstattung und langfristigen Mietverträgen bei Triple-A-Mietern.

Diese Immobilien sind wenig betreuungsintensiv, bedürfen daher auch nur eines minimalen Verwaltungsapparates. Ihre Rendite ist aber entsprechend niedrig.

Viele unserer Kunden sind im sogenannten Secondary-Bereich tätig, in dem derzeit Renditen deutlich über 10 % erzielbar sind. Hier handelt es sich häufig um ältere und kleinere Gebäude mit kürzeren Restmietlaufzeiten, oft im Light- industrial-Bereich, dort sind es meist Lagerhäuser. Diese Gebäude verlangen ein intensives Management im Hinblick auf Renovierungsmaßnahmen, Neustrukturierung oder Neuabschlüsse von Mietverträgen. Um das Risiko zu streuen, wird in aller Regel in Portfolios investiert, die aus einer Vielzahl von Gebäuden und einer Vielzahl von Mietern, oft mehreren hundert, bestehen.

Bei der Beurteilung der Beleihungsfähigkeit solcher Portfolios steht am Anfang die Frage nach der Management-Fähigkeit und den Management-Kapazitäten des jeweiligen Investors. Ist diese Frage positiv beantwortet, so wird im Benehmen mit dem Kunden eine Risikoanalyse des Portfolios erarbeitet:

- Welche Verträge laufen wie lange?
- Wo liegt der Break-even-Point hinsichtlich des Wegfalls von Mietverträgen in bezug auf die Bedienbarkeit des Darlehens?
- Wie sind die Mieter zu kategorisieren (A, B, C)?
- Welches Mietausfallrisiko besteht?

Auf der Grundlage dieser Analyse ist der entsprechende Kredit hinsichtlich Beleihungshöhe und Tilgungsmodalitäten zu strukturieren. Selbstverständlich ist in diesen Fällen ein Haftungsverbund aller Objekte (sogenannter Cross-Collateralization) und eine Haftung nicht nur der Objektgesellschaft, sondern der dahinterstehenden Investoren (sogenannte Recourse) unumgänglich. In diesem Zusammenhang wird ein Net-worth-covenant eingesetzt. Das heißt, bestimmte Ratios der Investmentgesellschaft werden festgeschrieben (zum Beispiel EK oder Ertragsziffern). Eine Verschlechterung dieser Ratios stellt einen Event of default mit den beschriebenen Möglichkeiten zur Neustrukturierung des Kredits dar.

Zu berücksichtigen ist ferner, daß solche Portfolios nicht statisch sind, sondern die Performance durch ständigen Zu- und Abverkauf von Grundstücken gesteigert werden soll. Damit die bei der Darlehensgewährung vorhandenen Ratios auch bei nicht ganz glücklicher Anlagestrategie oder Änderung der Marktverhältnisse zumindest gehalten werden, sind detaillierte Vereinbarungen für den Zu- und Abverkauf von Grundstücken im Hinblick auf die Kreditbeanspruchung von vornherein zu treffen. Insbesondere besteht die Notwendigkeit, den einzelnen Grundstücken Kreditteilbeträge zuzuordnen (Allocated Loans) und Regelungen zur mindestens proportionalen Rückführung von Kreditteilbeträgen bei Verkauf vorzusehen.

Ein Beispiel für eine entsprechende vertragliche Regelung könnte folgendermaßen aussehen: „Subject to Clause 16.14 (Occupational Leases), the Borrower shall not, without the consent of the Bank, either in a single transaction or in a series of transactions, whether related or not and whether voluntarily or involuntarily, sell, transfer, grant or lease or otherwise dispose (each a „disposal") of all or any part of its assets. If the Bank consents to the disposal of a Property, the Borrower shall, subject to Clause 16.19 (Substitution of Property), immediately on completion of disposal, apply in or towards prepayment of the Loan an amount equal to the higher of:

- 110 % of the Relevant Property Amount; or
- 90 % of the net proceeds of sale of the Property (net proceeds meaning gros of sale minus reasonable selling agent's fees and reasonable legal fees)."

Wenn die entsprechenden Regeln beachtet werden, sind diese Secondary-Investments für Darlehensgeber wie Darlehensnehmer durchaus lukrativ und ohne überproportionales Risiko, allerdings mit erhöhtem Verwaltungsaufwand verbunden.

4. Währungsfragen

Grundsätzlich gilt, daß Währungsprobleme des Kunden sehr schnell zu Problemen der Bank werden können. Wer vor sechs Jahren einem englischen Kunden, der nur Pfundeinkünfte hatte, ein D-Mark-Darlehen zu niedrigen Zinsen (im Vergleich zum £-Sterling) zur Verfügung gestellt hat, wurde bald belehrt, daß die Zinsdifferenz zum englischen Pfund nichts anderes als der Ausdruck des Währungsrisikos war. Mit der Veränderung der Währungsparitäten wurde der Zinsvorteil rasch durch den damaligen Anstieg der Mark gegenüber dem Pfund überkompensiert, und die Mieteinnahmen reichten mitunter nicht zur Bedienung des DM-Darlehens aus. In aller Regel finanziert die WH ausländische Objekte daher nur in der Währung der Mieteinnahmen. Wer auf eine bestimmte Währungsentwicklung spekuliert, kann sich entsprechender Instrumente bedienen, sollte jedoch das Währungsrisiko nicht mit dem Immobilienrisiko vermengen.

Ein anderes Problem der Hypothekenbanken ist die Beschaffung der Refinanzierungsmittel über den Verkauf von Pfandbriefen bei Ausschluß der Währungsrisiken. Grundsätzlich bestehen hierbei folgende Möglichkeiten:

- Eigene Fremdwährungsemissionen,
- aufgenommene Fremdwährungsdarlehen,
- Währungsswaps.

Im Zusammenhang mit Fremdwährungsemissionen treten Probleme auf, die hier nur in Stichworten genannt werden können: Rating, kontinuierliches Aktivgeschäft in relevanten Größenordnungen, Kurspflege, notwendiges internationales Standing. Die Darlehensaufnahme, insbesondere im Langfristbereich, ist teuer und schmälert damit die Konkurrenzfähigkeit auf der Aktivseite. Von daher sind Währungsswaps für eine mittelgroße Bank bis auf weiteres die kostengünstigste und flexibelste Lösung. Der Refinanzierungsvorteil über den Pfandbrief im langfristigen DM-Bereich kann so in die Fremdwährung transformiert werden. Hypothekenbanken dürfen im Deckungsbereich keine offenen Währungspositionen halten. In der Regel werden aber auch Währungspositionen im Außerdeckungsbereich kongruent „gehedged".

Das Währungsproblem wird sich mit der Einführung des Euro im wesentlichen lösen, allerdings nicht im Hinblick auf das £-Sterling, da dieses bekanntlich aller Voraussicht nach nicht am ersten Schritt in die Währungsunion teilnehmen wird.

Generell gilt, daß sich der Kampf um Marktanteile mit der Einführung des Euro noch verstärken wird. Die Internationalisierung der im Immobilienbereich tätigen Banken wird sich beschleunigen mit entsprechendem höheren Wettbewerb und Druck auf die Margen. Von daher kann die Voraussage gewagt werden, daß sich in diesem Markt nur Banken mit günstiger Kostenstruktur, einem schlanken kundenorientierten Apparat und einer optimalen Refinanzierungsbasis im Langfristbereich werden halten können.

6

Strategisches Immobilien-Management

Portfolio-Selektion und strategisches Immobilien-Management

Jost Hieronymus, Vorstandsvorsitzender der AIH, Allgemeine Immobilien Holding AG, Frankfurt am Main, und Dr. Oscar Kienzle, geschäftsführender Gesellschafter der IC Immobilien Consulting- und Anlagegesellschaft mbH, Regensburg

Inhalt

1.	Überlegungen für den Aufbau des Immobilien-Portfolios	641
1.1	Rendite und Risiko	641
1.2	Der Begriff der Rendite	642
1.2.1	Der laufende Ertrag	643
1.2.2	Die laufenden Kosten	643
1.2.3	Die Wertveränderung	643
1.2.4	Das Risiko	645
1.3	Der Nutzen des richtigen Portfolios	647
1.4	Die Übertragung der Portfolio-Theorie auf den Immobilienbereich	650
2.	Immobilien-Management im Bestand	653
2.1	Analyse	653
2.2	Strategie	653
2.3	Umsetzung	654
3.	Literatur	654

1. Überlegungen für den Aufbau des Immobilien-Portfolios

1.1 Rendite und Risiko

Die moderne Portfolio-Theorie baut auf der einfachen Erkenntnis auf, daß im Wirtschaftsleben eine höhere Rendite nur durch Einbeziehung eines höheren Risikos erkauft werden kann (vgl. Abb. 1). Bei jeder zumindest längerfristigen Teilnahme am wirtschaftlichen Leben sieht man in der Tat diesen Zusammenhang immer wieder bestätigt. Dennoch ist es erstaunlich, daß oftmals von den Beteiligten geglaubt wird, man könne sich über dieses Naturgesetz hinwegsetzen. Eigentlich darf sich jedoch niemand wundern, der bei dem Streben nach weit überdurchschnittlicher Rendite (also einer Rendite, die zum Beispiel deutlich über der praktisch risikolosen Rendite einer Bundesanleihe liegt) Risiken eingeht. Bei einer Geldanlage sind diese Risiken sogar ganz einfach zu greifen: Das Risiko liegt darin, daß das Geld möglicherweise hinterher weg ist. Wer an diese Grundsätze der Rendite-Risiko-Kurve nicht glaubt, wird vermutlich über kurz oder lang die Erfahrung auf bitterem Wege machen. Der einzige Trost mag dann sein, daß die Beträge hoffentlich noch so verdaulich sind, daß sie auf das Konto „Erfahrung" gebucht werden können.

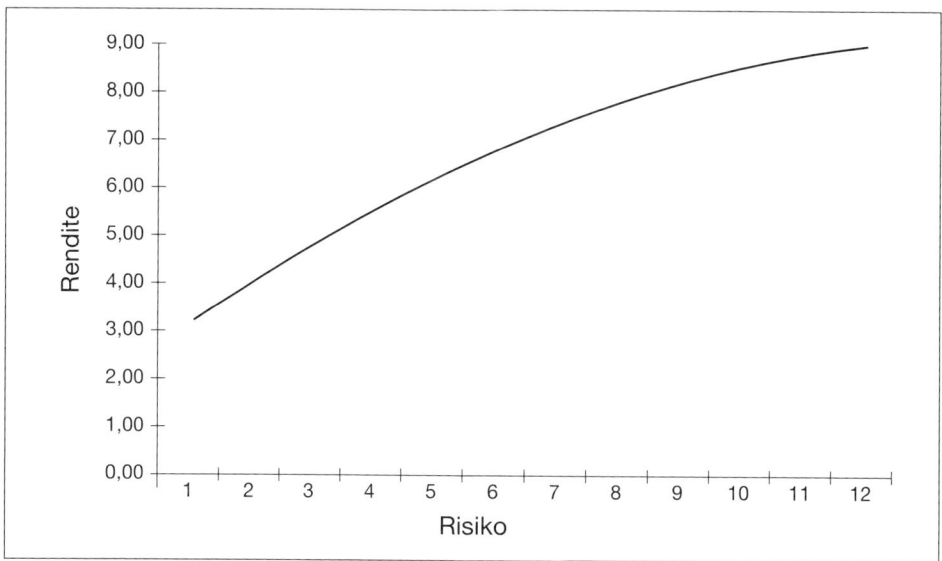

Abb. 1: Die Rendite-Risiko-Kurve

Mit der konsequenten Anwendung von Erkenntnissen der Portfolio-Theorie wird nach einem Weg gesucht, dieses Naturgesetz zwar nicht außer Kraft zu setzen (was bei Naturgesetzen ja auch gar nicht geht), es jedoch aus seinem Kern heraus im positiven Sinne zu einer Verbesserung der Ertragslage zu nutzen.

Die Grundlagen dieser Theorie wurden wohl unstreitig von Harry Markowitz entwickelt, der mit seinem Aufsatz „Portfolio Selection" im Journal of Finance im März 1952 die richtungweisenden grundsätzlichen Überlegungen skizziert hat. William F. Sharpe hat mit seinem Buch „Portfolio Theory" 1970 die Ansätze von Markowitz aufgegriffen und ergänzend ausgebaut. Das Verdienst, die Gedanken der Portfolio-Theorie systematisch auch auf Immobilien zu übertragen, gebührt somit den Angelsachsen. Die im Rahmen der RICS Books erschienene Veröffentlichung „Property in a Portfolio Concept" mag als Nachweis und Beleg für diese vorausschauende Entwicklung dienen.

1.2 Der Begriff der Rendite

Jedwede Diskussion über die Portfolio-Theorie setzt voraus, daß man eine grundsätzliche Einigung über die Definition der Rendite sowie des Risikos herbeiführt. Wenn man sich die Vielzahl der Veröffentlichungen zum Begriff der Rendite im Immobilienmarkt vor Augen hält und auch die heftige Diskussion verfolgt, die gerade bei der Prospektierung von Geschlossenen Immobilienfonds zu diesem Thema geführt wird, muß der Versuch einer Definition jedenfalls der Rendite als vermessen erscheinen.

Es ist sicher nicht einfach, die Definition der Rendite in einen schönen, griffigen Satz zu packen, der dann auch noch so elegant und einfach wie die geniale Einsteinsche Formel mathematisch dargestellt werden kann. Dennoch führt die Betrachtung der Teilkomponenten der Rendite zu Erkenntnissen, aus denen insgesamt eine verständliche Ableitung des Renditebegriffs möglich erscheint. Diese Teilkomponenten der Rendite sind – unter Vernachlässigung der je nach Einkunftsart unterschiedlichen steuerlichen Konsequenzen – der laufende Ertrag, die laufenden Kosten als sein Gegenspieler, die Wertveränderung über die Zeit sowie die Transaktionskosten, die bei Eingehung des Investments wie bei dessen Beendigung zu tragen sind. Vernachlässigt man letztere mit dem Argument, die Haltedauer sei nicht bekannt, kommt man zu der Gesamtrendite $R^n = (E - K - VW^{n-1} + VW^n) / VW^{n-1}$. Dabei entspricht E dem laufenden Ertrag, K den Kosten und VW ist der Verkehrswert zum Stichtag bzw. dem Vorjahresstichtag.

1.2.1 Der laufende Ertrag

Der laufende Ertrag ist bei der Immobilie in erster Linie die eingehende Miete. Um ein vollständiges Bild zu erhalten, sollte man auch noch die seitens der Mieter gezahlten Beiträge zu den Nebenkosten als Ertragskomponente ansehen. Dies ist insbesondere dann sinnvoll, wenn diese Beträge entweder pauschaliert sind oder, wie beispielsweise in den Vereinigten Staaten durchaus üblich, sich lediglich auf die Kostensteigerungen gegenüber einem Basisjahr, üblicherweise dem Jahr des Vertragsbeginns, beziehen. Last but not least wird dann auch nicht so schnell übersehen, daß potentieller Leerstand auch die Nebenkosten umfaßt.

1.2.2 Die laufenden Kosten

Die Gegenspielerin zum laufenden Ertrag ist die Summe der laufenden Kosten. Bei diesen Kosten sind natürlich alle Positionen zu berücksichtigen, die nicht durch Umlage oder Kostenübernahme dem Eigentümer abgenommen werden. Zu diesen Positionen gehört seit einiger Zeit vor allem der große Block der offenen oder verdeckten öffentlichen Abgaben, sei es nun die Grundsteuer, die Kosten der Ver- und Entsorgung mit Wasser und Energie sowie die immens gestiegenen Kosten der Beseitigung dessen, was unsere Wohlstandsgesellschaft als wertlos kostenpflichtig übrigläßt. Schließlich gehören hierzu auch die Kosten der Instandhaltung. Diese Kosten werden gemeinhin erheblich unterschätzt. Sinnvollerweise sollten nämlich unter dieser Position nicht nur die Kosten erfaßt werden, die erforderlich sind, um das Objekt vor dem Verfall zu bewahren. Berechtigterweise sollten hier auch die Kosten aufgenommen werden, die erforderlich sind, um das Objekt relativ zum Markt in der Position zu halten, in der es zum Zeitpunkt seiner Fertigstellung war. Der in vielen Investitionsrechnungen zu entdeckende Verweis auf die Gewährleistung und der insofern bei neuen Objekten in den ersten fünf Jahren minimalisierte oder gar unterbleibende Ansatz von Kosten ist daher erkenntnisreich, jedoch nicht richtungweisend.

1.2.3 Die Wertveränderung

Die wohl kritischste Größe ist die der Wertveränderung. Die Wertveränderung als Teilkomponente der Rendite zu sehen und vor allem zeitnah und richtig auszuweisen ist ein in Deutschland noch nahezu unbekanntes Phänomen. Selbst ansonsten so präzise rechnende Institute wie Versicherungen gehen bis heute teilweise noch davon aus, den laufenden Ertrag nach Abzug kalkulatorischer Kosten einschließlich einer Abschreibungsgröße von 1% der Anschaffungskosten in Relation zum abgeschrieben Buchwert zu sehen. Da ist der private Häuslebauer schon fast fortschrittlich, der sich noch an die Anschaffungskosten seines Hauses erinnert und sich freut, daß Zins und Tilgung zwischenzeitlich spürbar niedriger als eine marktübliche Miete sind und der mögliche Verkaufserlös vermutlich deutlich über seinen Anschaffungskosten liegt.

Dieses Defizit oder, wenn man so will, die halbseitige Blindheit manch eines deutschen Immobilieninvestors ist jedoch nur allzu verständlich. Je größer und professioneller er ist, desto mehr wird seine Rechnungslegung und damit letztlich auch sein Denken geprägt vom deutschen strengen Niederstwertprinzip. Nie darf der Ansatz in den Büchern höher sein als entweder der Buchwert oder der Marktwert, der immer niedriger ist. Wobei festzuhalten ist, daß man sich zur Feststellung des Niederstwertes offensichtlich doch mit dem Marktwert auseinandersetzen muß. Je nach Markt-, Stimmungs- oder Bilanzlage wird er ignoriert oder zur Teilwertabschreibung genutzt.

Ganz anders verhalten sich hier jedenfalls vom Ansatz her die Angelsachsen. Da bei ihnen der Gedanke des Shareholder Value seit langem eine wichtige Rolle spielt und dort die Überzeugung vorherrscht, daß eine Firma den Aktionären und nicht dem Vorstand gehört, sind sie zumindest bemüht, in ihren Bilanzen ein wahres Bild der Wirklichkeit und des Wertes ihrer Immobilien zu zeigen. Vor dieser Kulisse und von der Notwendigkeit geprägt, ihren Immobilienbestand unter Umständen sogar jährlich nachprüfbar zu bewerten, hat sich insbesondere in England eine völlig andere Kultur der Bewertung entwickelt. Während sie in Deutschland davon geprägt wird, dem mündelsicheren Investment in Pfandbriefen seinen sicheren goldenen Boden zu bereiten, zielt die Bewertung in England darauf ab, ein möglichst zeitnahes Bild des Verkehrswertes zu vermitteln. Allerdings nimmt man damit in Kauf, in der Rezession den Abwärtstrend zu verschärfen und in der Hausse in guten Jahren den Preisauftrieb noch anzuheizen. Hier führt der deutsche, ausgleichende Bewertungsansatz nahezu zwangsläufig zu einer geringeren Volatilität der Märkte. Erfreulicherweise sind einerseits die angelsächsischen Ansätze zunehmend in unser Denken eingeflossen, andererseits hat man sich auch in Amerika und England intensiver mit dem Gedanken befaßt, daß neben der Momentaufnahme des Zeitwerts auch ein etwas weniger volatiler Wert vielleicht seine Berechtigung im Interesse aller Marktteilnehmer hat.

Es ist jedenfalls festzuhalten, daß über eine vergleichende Rendite auch bei Immobilien nur dann gesprochen werden kann, wenn beispielsweise auf jährlicher Basis die positive oder negative Wertveränderung dem Saldo aus Ertrag und Aufwand hinzugerechnet wird. Erst dann sind wir bei einem fairen und vernünftigen Renditemaßstab im Immobilienbereich; der Engländer würde hierfür den Begriff des Total return wählen. Diese Rendite kann stark schwankend sein. Wenn sich der Immobilienmarkt wertmäßig um 10 % nach oben bewegt, was in manchen Jahren durchaus schon eingetreten ist, dann kann die gesamte Rendite unter Einbeziehung einer saldierten Ertrags-Aufwandsposition von 6 % durchaus 16 % betragen. Umgekehrt wird bei einem Rückgang der Immobilienwerte um den gleichen Prozentsatz die gesamte Rendite mit minus 4 ermittelt werden müssen. Eine Auswertung verschiedener deutscher Immobilien-Portfolios zeigt interessanterweise, daß Theorie und Praxis hier gar nicht so weit auseinander liegen. Ordentliche Portfolios weisen nämlich im Schnitt der letzten 25 Jahre eine Gesamtrendite von zwischen 8 und 9 % aus. Diese Gesamtrendite entspricht der Addition der durchschnittlichen laufenden Rendite von zwischen 5 und 6 % zuzüglich einer Wertsteigerung von etwas über 3 % pro Jahr.

1.2.4 Das Risiko

Man mag sich bei dem Begriff der Rendite weiterhin trefflich streiten. Dies ist jedoch sehr oft nur reine Semantik. Nach den vorstehenden Ausführungen dürfte aber der Begriff der Rendite zumindest greifbar sein, beim Risiko wird die Sache schon deutlich schwieriger.

Ganz simpel formuliert besteht das Risiko grundsätzlich darin, daß die Entwicklung einen anderen Weg nimmt, als man dachte. Unser Gefühl legt uns nahe, den Beruf des Beamten als relativ risikoarm einzuschätzen. In der Tat wird der Beamte im Innendienst relativ selten mit Dingen konfrontiert, mit denen er nicht rechnen konnte oder gerechnet hat. Die hergebrachten Grundsätze des deutschen Berufsbeamtentums ersparen es ihm, sich mit dem aktuell für alle Werktätigen im Vordergrund stehenden Risiko, der Unsicherheit seiner künftigen Lohnzahlung oder gar der Sicherheit seines Arbeitsplatzes, auseinandersetzen zu müssen. Demgegenüber wird man das Risiko des Rennfahrers eher als hoch einschätzen, weil er, was leider immer wieder passiert, sein Leben und damit das höchste Gut des Menschen vorzeitig aufs Spiel setzt. (Wobei sich am Beispiel des Rennfahrers wiederum das oben erwähnte Naturgesetz erkennen läßt, weil üblicherweise die Bezüge eines Rennfahrers die dienstlichen eines Beamten übersteigen dürften. Allerdings läßt sich am Rennfahrer auch zeigen, daß dieses Naturgesetz nicht ohne weiteres direkt umgekehrt werden kann. So geht beispielsweise der Fahrer, der auf seinen Helm verzichtet, ein deutlich höheres Risiko ein, ohne daß sich im Regelfall die Rendite dadurch erhöht.)

Insofern hat Risiko sicher immer damit zu tun, daß etwas anders kommt, als man denkt, oder daß etwas anderes kommt, als man es aufgrund der aktuellen Situation durch lineare Extrapolation erwarten würde. Was bedeutet dies nun bei einer Immobilie?

Ähnlich dem Beamtenleben wird eine Immobilie, die längerfristig an eine Behörde vermietet ist, gefühlsmäßig als risikoarm einzustufen sein. Dieses Gefühl läßt sich auch rational nachvollziehen. Insbesondere dann, wenn der Mieter auch im Instandhaltungsbereich dem Eigentümer das Risiko stark schwankender Reparaturausgaben abgenommen hat, wird die Gesamtrendite dieses Objektes von den Erwartungen und insbesondere von den Vorjahreswerten nur wenig abweichen. Die Sicherheit des Mieters, die Regelmäßgkeit seiner Mietzahlungen und die langfristige Bindung führen dazu, daß das Risiko einer Ertrags- oder Kostenschwankung relativ gering ist. Auch das Wertveränderungsrisiko fällt relativ klein aus. In schlechten Jahren schützt der sichere Cash-flow vor einem drastischen Wertverfall, in guten Jahren verhindert die langfristig festgeschriebene Miete eine allzu phantasievolle Entwicklung des Wertes.

Das pleite gegangene Hotel, das in Abhängigkeit von der entsprechenden Notwendigkeit jeweils auf relativ kurzfristiger Basis durch die örtliche Verwaltung als Asylantenheim angemietet wird, werden wir hingegen als eher risikoreich einstufen. Weder ist der Mietertrag nachhaltig sicher, weil die öffentliche Hand sich in der Ungewißheit über die diesbezüglichen politischen Strömungen wohl kaum langfristig binden wird, noch scheint die Aufwandsseite leicht überschaubar. Insbesondere der Instandhaltungsbereich wird, ohne daß dies näherer Erläuterung bedürfte, nicht so ohne weiteres berechenbar sein. Insofern wird ein solches Objekt im Gegensatz zu dem vorher beschriebenen Behördenhaus über die Jahre eine stark schwankende Gesamtrendite ausweisen.

Spätestens hier werden bei manchem Leser Erinnerungen an die Grundzüge der Statistik wach. In der Tat handelt es sich, jedenfalls mathematisch-statistisch gesehen, beim Risiko um nichts anderes als die Varianz, deren Maßstab wiederum die Standardabweichung ist. Risikohafte Immobilien sind somit die, die im Verlauf der Zeit renditebezogen eine eher lineare Entwicklung (Standardabweichung gegen null) aufweisen. Und als risikoreiche Immobilien gelten solche, die zwischen den Jahren stark schwankende Ergebnisse ausweisen. Mit anderen Worten sind dies die Objekte mit hoher Volatilität (vgl. Abb. 2 und 3).

Interessante wissenschaftliche Erkenntnisse sind oft in volksmündlichen

Aussagen verborgen. Der Elefant im Porzellanladen ist ein Risiko. Wir kennen aber auch die Eierfrau, die, um dem Verlust ihrer Eier auf dem Weg zum Markt vorzubeugen, diese auf mehrere Körbe und diese wiederum auf mehrere Kinder verteilt. Sie will nicht Gefahr laufen, den gesamten Bestand an Eiern auf einen Schlag zu verlieren. Dieses Risiko ist für sie unerträglich hoch; das Risiko des Verlustes eines Teils der Eier ist sie offensichtlich bereit zu tragen. Unsere Eierfrau nützt die Vorteile der Portfolio-Theorie!

1.3 Der Nutzen des richtigen Portfolios

Wenn eine risikoarme Investition, also unser Behördenhaus, mit einer risikoreichen Immobilie, zum Beispiel dem Asylantenheim, kombiniert wird, tritt bezüglich der Rendite der in Abbildung 4 skizzierte Effekt einer gewissen Dämpfung ein. Die Durchschnittsrendite dieses Mini-Portfolios, die sich aus der halbierten Summe der Teilkomponenten ergibt, ist zwar stärker schwankend als das risikoarme Investment, jedoch deutlich weniger volatil als die risikoreiche Immobilie.

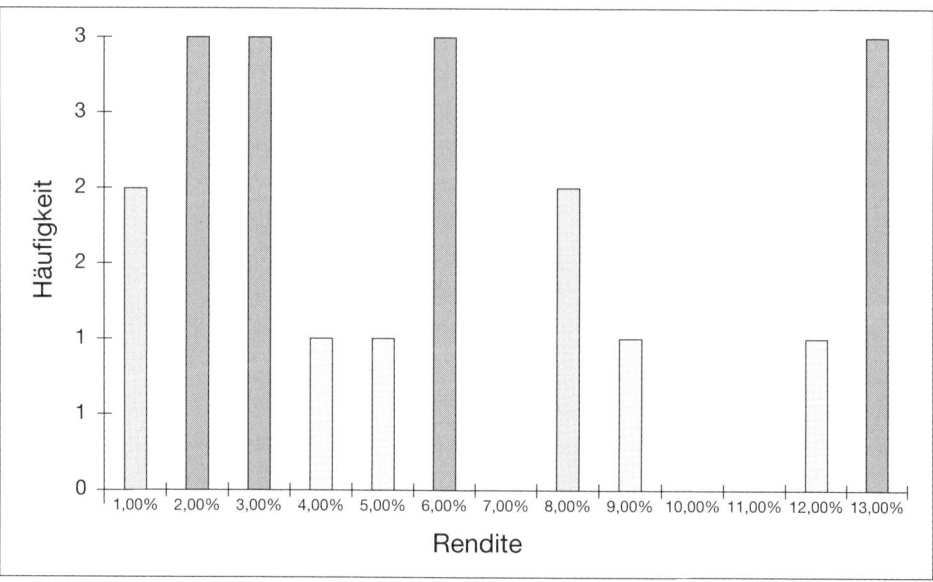

Abb. 2: Objekte mit hoher Volatilität I

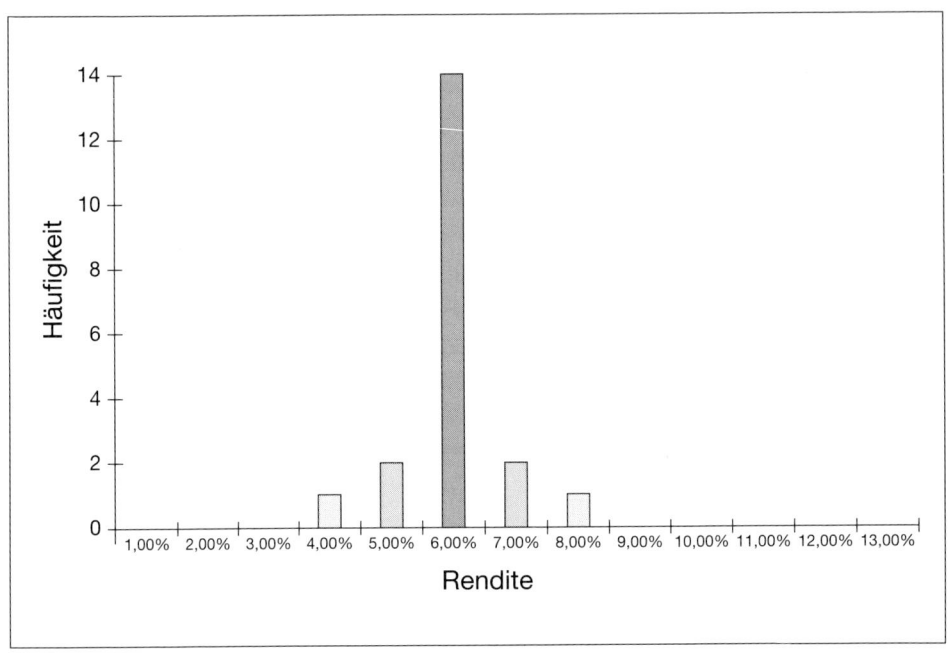

Abb. 3: Objekte mit geringer Volatilität II

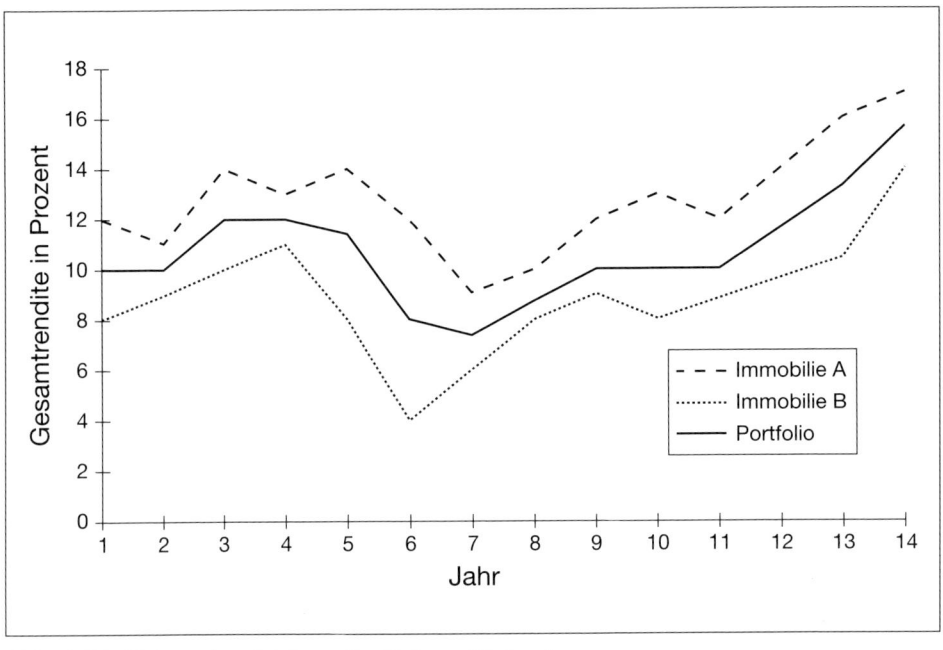

Abb. 4: Die Nutzen des richtigen Portfolios – Risikostreuung

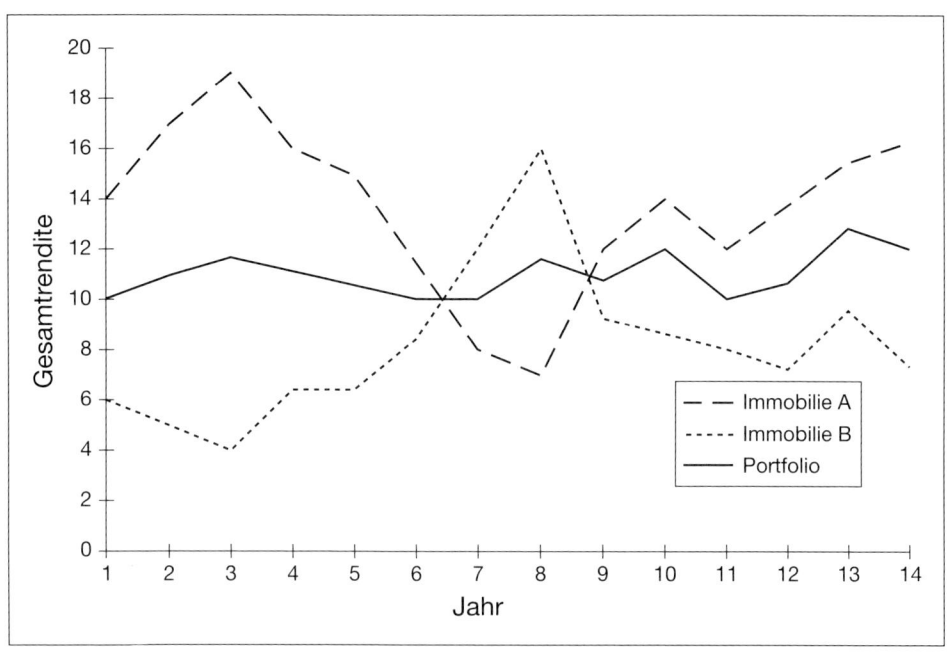

Abb. 5: Die richtige Kombination von risikoreichen Immobilien

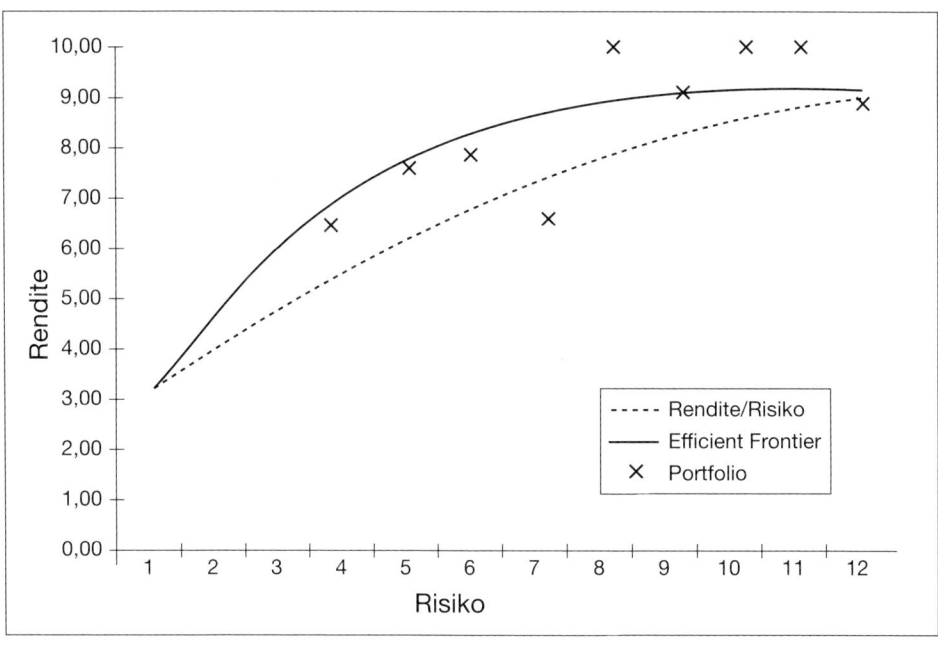

Abb. 6: Risikominderung am Beispiel britischer Portfolios

Ein besonders überraschender Effekt tritt dann ein, wenn durchaus risikoreiche (also höher rentierliche) Immobilien so miteinander kombiniert werden, daß sich die Ausschläge gegenseitig zumindest teilweise kompensieren (vgl. Abbildung 5). Dann führen nämlich risikoreiche Immobilien in der Kombination plötzlich zu einem Ergebnis, das dem einer risikoarmen Immobilie nahekommt. Mit anderen Worten, die Zusammenführung zweier risikoreicher Immobilien (mit vorgegebener höherer Gesamtrendite) führt plötzlich zu einer deutlich reduzierten Risikosituation, wie man sie auf der Rendite-Risiko-Kurve eigentlich nur von einem Investment erwarten würde, das eine geringere Gesamtrendite ausweist.

Dieser Effekt tritt natürlich nur dann ein, wenn die Ausschläge nach oben und unten jeweils gegenläufig erfolgen oder wenn die beiden Investments, wie der Statistiker sagen würde, negativ korreliert sind. Gibt es dies überhaupt? Ein Hersteller von Sportartikeln könnte sich sowohl mit der Produktion von Skiern als auch mit der Fertigung von Tennisschlägern befassen. Wenn der Absatz der Skier unter dem milden Winter leidet, könnte der Absatz von Tennisschlägern eine ausgleichende Hilfe sein und umgekehrt. Auch der Pizzabäcker, der im Sommer jedenfalls die Eisdiele stärker herauskehrt, nützt die Vorteile der negativen Korrelation seiner Hauptprodukte. Das Ergebnis ist immer eine quantitative Verbesserung des Ergebnisses, weil zwar nicht ein höherer Ertrag, aber bei geringerem Risiko derselbe Ertrag erwirtschaftet wird. Wir haben uns also links neben der bisherigen Rendite-Risiko-Kurve positioniert. Dieses Phänomen kann übrigens durch eine Anlayse diverser britischer Portfolios auch praktisch belegt werden (vgl. Abb. 6).

1.4 Die Übertragung der Portfolio-Theorie auf den Immobilienbereich

Hin und wieder wird behauptet, daß sich die Grundsätze der Portfolio-Theorie auf Immobilieninvestitionen nicht übertragen ließen. Meist wird dies damit begründet, daß es zwar möglicherweise negativ korrelierte Immobilien gebe, daß diese Korrelationen jedoch rein zufällig seien und insofern nicht sinnvoll zur Entwicklung einer Immobilienstrategie herangezogen werden könnten. Diese Behauptung kann widerlegt werden.

Kurz nach der Wende brach der Münchner Immobilienmarkt aus der allgemeinen deutschen Aufwärtsentwicklung aus und stürzte ab. Ursache war im wesentlichen auch die Meinung vieler Marktteilnehmer, daß München als heimliche Hauptstadt ausgedient hätte und an den Rand der wirtschaftlichen Entwicklung Deutschlands gedrängt worden sei. In abgeschwächter, aber dem Grunde nach ähnlicher Form traf das auch auf Frankfurt zu. Beiden Städten sollte nach Auffassung Vieler Berlin bereits kurzfristig den Rang ablaufen. In Konsequenz fielen die Mieten in München von 70 auf 50 DM, somit um etwa 30 %. Die Mieten in Berlin stiegen von 30 auf 80 DM und mehr.

Seit nunmehr etwa drei Jahren bewegt sich der Berliner Immobilienmarkt in einem Abwärtskanal, dessen Ende vielleicht (und für viele auch hoffentlich) inzwischen erreicht ist. Hingegen sind seit Jahresanfang 1996 bereits die Büromieten in München wieder tendenziell im Steigen begriffen, und diese Entwicklung hat sich in 1997 verfestigt. Nachdem steigende Mieten grundsätzlich Wertzuwachs, fallende Mieten grundsätzlich Wertverfall signalisieren, haben wir hier einen eindeutigen (und eigentlich sogar vorhersehbaren) Fall einer negativen Korrelation. Durch die Phasenverschiebung zwischen den Teilmärkten der Wohnimmobilien und der Gewerbeimmobilien, durch die Phasenverschiebung zwischen dem Teilmarkt der Büro- und der Einzelhandelsimmobilie öffnen sich immer wieder vorübergehend Fenster, die in mehr oder weniger ausgeprägter Form Ansätze für negative Korrelationen bieten.

Ganz augenscheinlich und unübersehbar wird dieses Phänomen, sobald in internationalen Dimensionen gedacht wird. So war der britische Immobilienmarkt ab Mitte 1988 leicht zeitversetzt zum amerikanischen in einem ausgeprägten Abwärtstrend, der erst im Herbst 1993 etwa seinen Tiefpunkt fand. Gleichzeitig war der deutsche Immobilienmarkt in einem deutlichen Aufwärtstrend, der über die übliche Zykluslänge hinaus noch durch den Effekt der Wiedervereinigung getrieben wurde. Fast genau zum selben Zeitpunkt, als sich am britischen Immobilienmarkt die Trendwende abzeichnete, begann in Deutschland die Abwärtsentwicklung, von deren Ende auch viele zum Zeitpunkt dieser Veröffentlichung noch nicht überzeugt sind. Wohl dem, der dem englischen Markt in den Jahren 1987 und 1988 den Rücken gekehrt hat und sein Augenmerk auf Deutschland richtete. Und wohl dem, der bei dieser Reise Ende 1993 wieder die Rückfahrt nach England angetreten hat.

Damit soll jedoch keineswegs einem Trading-Portfolio das Wort geredet werden. Jede Entscheidung birgt das Risiko des Irrtums und des Fehlers. Jeder An- und Verkauf einer Immobilie ist mit Kosten (gesetzlich verordneten und nervlichen) verbunden. Je nach Marktlage hat diese mehr der Käufer oder eher der Verkäufer zu tragen. Nur selten ist der Markt in der Phase solch idealer Ausgeglichenheit, daß die Grunderwerbsteuer dem gesetzlichen Leitbild folgend hälftig zwischen Erwerber und Veräußerer geteilt wird. Die Portfolio-Theorie als Leitfaden für eine Immobilieninvestmentstrategie soll nicht den Wechsel zwischen schwankenden Märkten, sondern die Schwerpunktbildung zwischen wechselnden Märkten fördern. Gerade in der Kombination der unterschiedlichen Märkte liegt der positive Effekt der Portfolio-Theorie und nicht im Springen auf jeden Zug, der im Moment attraktiv erscheint. Gerade der Marktkenner übersieht leicht den Wendepunkt, und besonders der institutionelle Anleger in seiner manchmal eher schwerfälligen Art wird in einen Markt erst dann einsteigen, wenn der Zug bereits in voller Fahrt ist und die Cleversten sich bereits intensiv mit dem Gedanken befassen, wem sie ihren Fahrschein möglichst teuer verkaufen können. Nicht umsonst zeigt der projizierte Vergleich zwischen einer reinen Halte-Strategie und einer Trading-Strategie im deutschen Immobilienmarkt die erstaunliche Erkenntnis, daß Halten zumindest kein schlechteres Ergebnis produziert als eine optimale Trading-Strategie (vgl. Abb. 7).

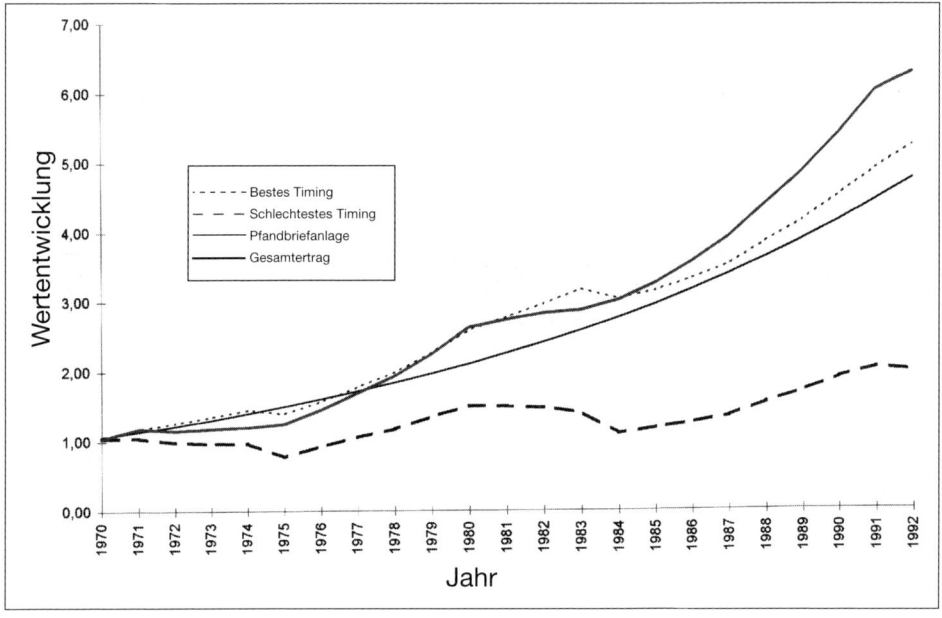

Abb. 7: Gesamtrendite eines optimierten, unveränderten Portfolios

Irren ist bekanntlich menschlich. Eine an den Grundsätzen der Portfolio-Theorie ausgerichtete Immobilienstrategie hilft, uns vor den negativen Folgen unserer Irrtümer einigermaßen zu bewahren.

2. Immobilien-Management im Bestand

Während die vorgenannten Ausführungen insbesondere beim Neuaufbau eines Portfolios von der Stunde Null an beachtet und damit auch leichter umgesetzt werden können, wird die Mehrzahl der Marktteilnehmer vor die Frage gestellt, ein bereits bestehendes Portfolio zu optimieren. Dies erfordert eine mehrstufige, intensive Vorgehensweise. Erst an deren Ende können und müssen die vorherigen Ausführungen dann in die Überlegungen und Entscheidungen einbezogen werden.

2.1 Analyse

Am Anfang steht in der Regel die objektbezogene Analyse des Grundbesitzes unter Ertrags- und Substanzgesichtspunkten. Neben die traditionellen Bewertungsmethoden tritt dabei die Bewertung der Potentiale (Markt-Standortanalyse). Die wirtschaftliche, technische, privat- und öffentlich-rechtliche Grundlagenermittlung fließt – sofern noch erforderlich – in die professionelle EDV-gestützte Erfassung und Abbildung sämtlicher Bestandsdaten ein. Sie ist – sofern nicht bereits vorhanden – erforderlich, um jede einzelne Immobilie in ihrer technisch-architektonischen, ihrer juristischen und damit letztendlich in ihrer ökonomischen Dimension ganzheitlich beurteilen zu können. Am Ende steht die Analyse des Gesamtportfolios.

Hier fließen Objekt- und Marktdimension zusammen. Gebräuchliche Hilfsmittel dazu sind:

- das von der Boston Consulting Group entwickelte Marktwachstums-Marktanteils-Portfolio,
- das von McKinsey und GE entwickelte Marktattraktivitäts-Wettbewerbsvorteils-Portfolio und
- das Instrument des Immobilien-Benchmarking, der inner- und außerbetrieblichen Vergleichsmethode zur Wettbewerbsfähigkeit des Bestandes.

2.2 Strategie

Aus der Analyse leitet sich in Verbindung mit den differenzierten kurz-, mittel- und langfristigen Gesamtvermögenszielen des Eigentümers eine jedes Einzelobjekt erfassende Portfolio-Strategie ab. Auf der Grundlage eingehender Entwicklungsprognosen und der Ermittlung von Ertrags- und Wertsteigerungspotentialen wird ein Soll-Portfolio identifiziert. Langfristige Wirtschaftlichkeitsberechnungen mit Sensitivitätsanalysen sind die Basis für konkrete Investitions-, Desinvestitions- oder Nutzungsentscheidungen und ihre Umsetzung.

2.3 Umsetzung

Analyse, Strategie und Umsetzung erfolgen entweder durch eigenes Management oder durch externe Portfolio-Manager. Diese sind in der Regel als treuhänderische Vermögensverwalter tätig und veranlassen, koordinieren und kontrollieren auf der Basis vereinbarter Konzepte gegebenenfalls erforderliche Aktivitäten Dritter. Sie sind üblicherweise nur begrenzt bevollmächtigt und zu umfangreichem Reporting verpflichtet.

Es handelt sich auf der noch jungen Angebotsseite zumeist um Banken- und Maklertöchter, die zunehmend durch Ausgründungen von CRE-Abteilungen großer Industriebanken ergänzt werden. Die Leistungsbilder weichen noch stark voneinander ab und werden teils pauschal, teils zeit- oder erfolgsorientiert abgerechnet.

Bei der Auswahl des richtigen Partners sollte daher sowohl auf die Interessenunabhängigkeit des Unternehmens geachtet werden als auch auf die für diese Aufgabe erforderliche umfassende Immobilienkompetenz, die entweder durch eigenes Personal oder ein entsprechendes Netzwerk gewährleistet werden kann.

3. Literatur

Property in an Portfolio Concept, Papers presented at a Series of Technical Seminars held by the Society of Property Researchers and the Royal Institution of Chartered Surveyors, New York 1997

Markowitz, H.: *Portfolio Selection*, in: Journal of Finance, March 1952

Sharpe, W. F.: *Portfolio Theory*, New York 1970

Schäfers, W.: *Strategisches Management von Unternehmensimmobilien*, S. 116–123, Köln 1997

Bone-Winkel, S.: *Das strategische Management von Offenen Immobilienfonds*, Schriften zur Immobilienökonomie, Köln 1994

Machbarkeitsstudie – Mustergliederung

1. Übersicht
1.1 Technischer/rechtlicher/wirtschaftlicher Bearbeitungsstand

2. Technische/architektonische/städtebauliche Programmstellung
2.1 Lage
2.1.1 Makrolage
2.1.2 Mikrolage
2.1.3 Grundstück und Gebäude
2.2 Planungsvarianten
2.2.1 Sanierungskonzept
2.2.2 Raumbuch (wenn vorhanden)
2.2.3 Baubeschreibung (wenn vorhanden)
2.2.4 Planungskennzahlen
2.2.5 Planungsunterlagen

3. Rechtliche Programmstellung
3.1 Öffentlich-rechtliche Programmstellung
3.3.1 Bebaubarkeit
3.3.2 Denkmalschutz
3.3.3 Sanierungsschutz
3.3.4 Brandschutz
3.3.5 Bauantrag
3.2 Privatrechtliche Programmstellung
3.2.1 Kaufvertrag
3.2.2 Projekt-Management-Vertrag
3.2.3 Architektenvertrag
3.2.4 Bauwerkvertrag
3.2.5 Mietvertrag
3.2.6 Grundstückstausch/Grundstückstrennung
3.2.7 Generalunternehmervertrag

4. Wirtschaftliche Programmstellung
4.1 Vermietung/Vermarktung
4.2 Wirtschaftlichkeit
4.2.1 Kostensituation
4.2.2 Ertragssituation
4.2.3 Wirtschaftlichkeitsberechnung

5. Meilensteine
5.1 Meilensteinplan
5.2 Entscheidungsvorlage

6. Zusätzliche Punkte bei Fortschreibung der Machbarkeitsstudie
6.1 Kosten Baumaßnahme
6.1.1 Baukosten
6.1.2 Baunebenkosten
6.2 Finanzierung
6.3 Projektkalkulation

Portfolio-Management / Corporate Real Estate Management (CREM)

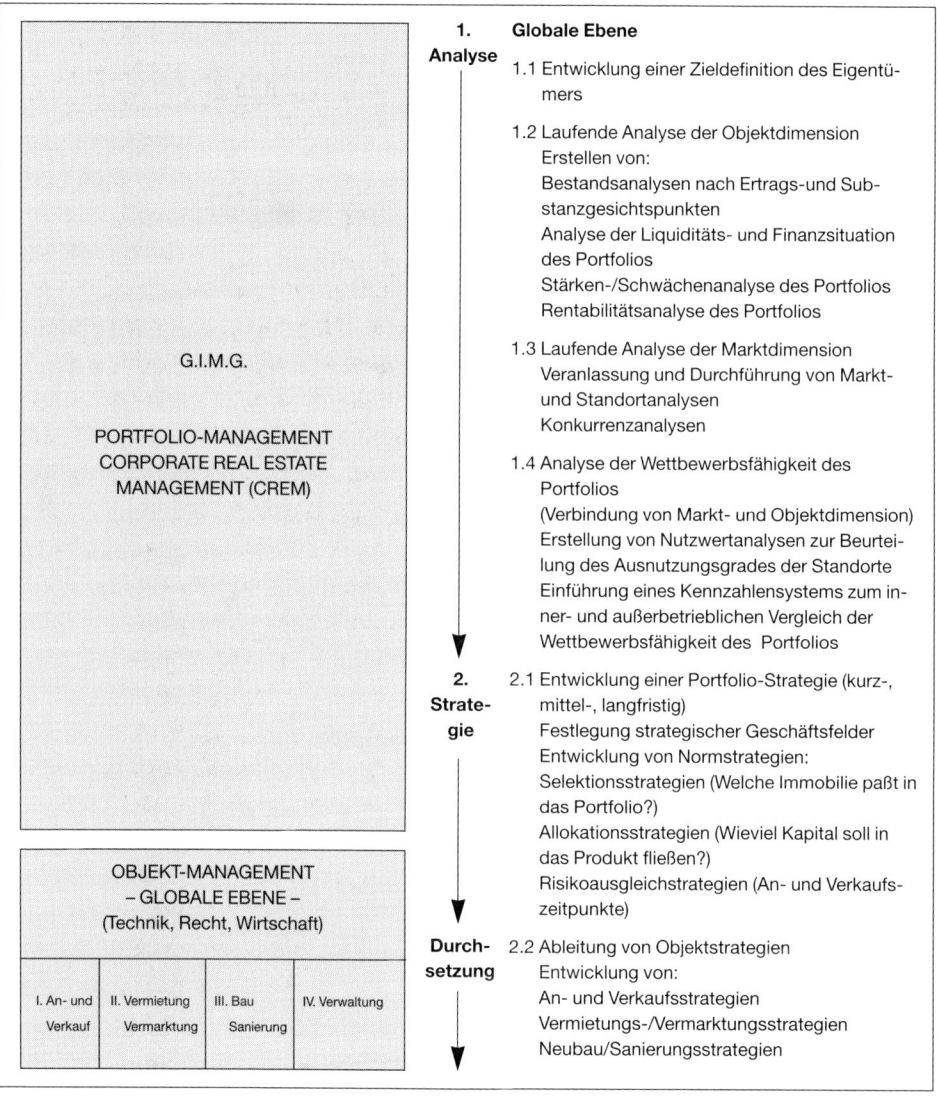

Objekt-Management – Globale Ebene –
1. Ankauf + Verkauf

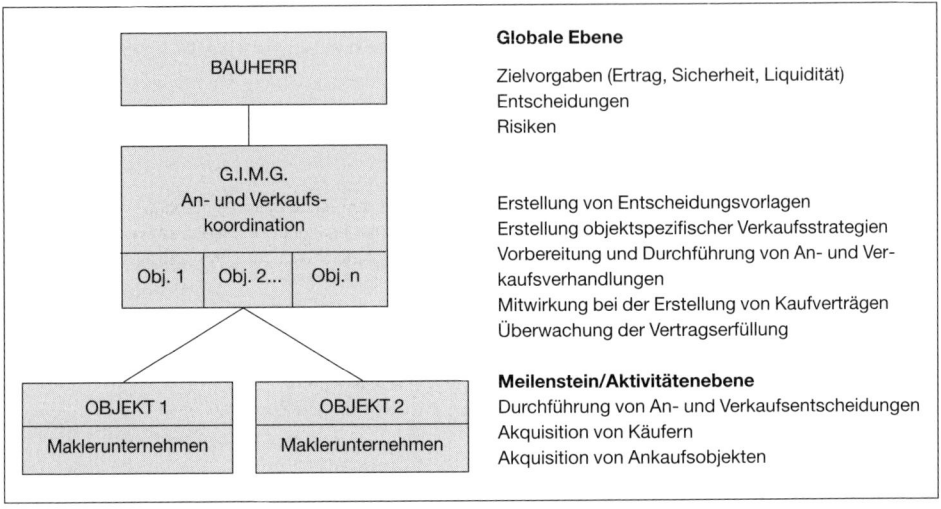

Objekt-Management – Globale Ebene –
2. Vermietung/Vermarktung

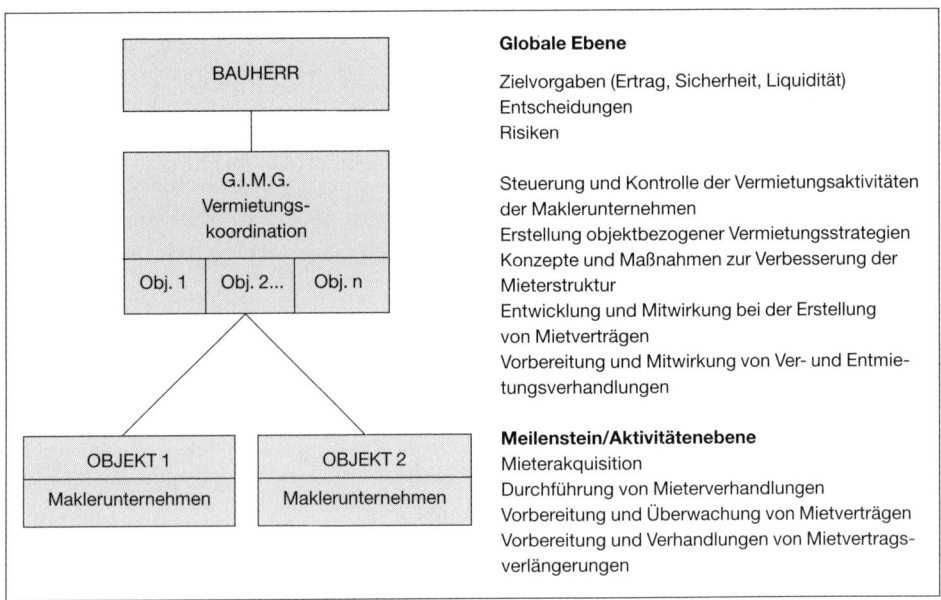

Objekt-Management – Globale Ebene –
3. Bau/Sanierung

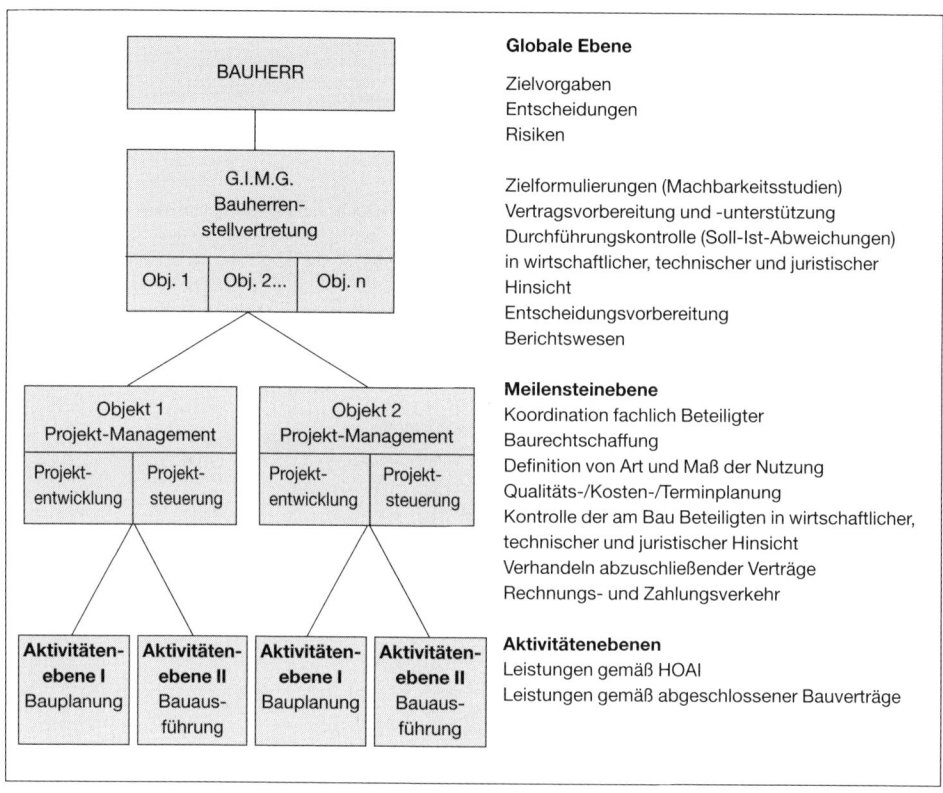

Globale Ebene

Zielvorgaben
Entscheidungen
Risiken

Zielformulierungen (Machbarkeitsstudien)
Vertragsvorbereitung und -unterstützung
Durchführungskontrolle (Soll-Ist-Abweichungen)
in wirtschaftlicher, technischer und juristischer Hinsicht
Entscheidungsvorbereitung
Berichtswesen

Meilensteinebene

Koordination fachlich Beteiligter
Baurechtschaffung
Definition von Art und Maß der Nutzung
Qualitäts-/Kosten-/Terminplanung
Kontrolle der am Bau Beteiligten in wirtschaftlicher, technischer und juristischer Hinsicht
Verhandeln abzuschließender Verträge
Rechnungs- und Zahlungsverkehr

Aktivitätenebenen

Leistungen gemäß HOAI
Leistungen gemäß abgeschlossener Bauverträge

Objekt-Management – Globale Ebene –
4. Verwaltungscontrolling

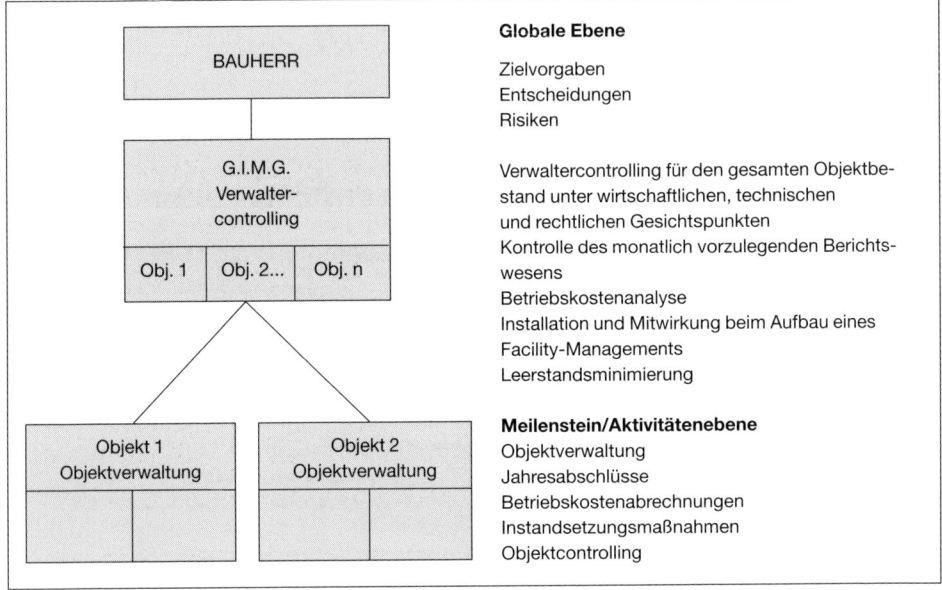

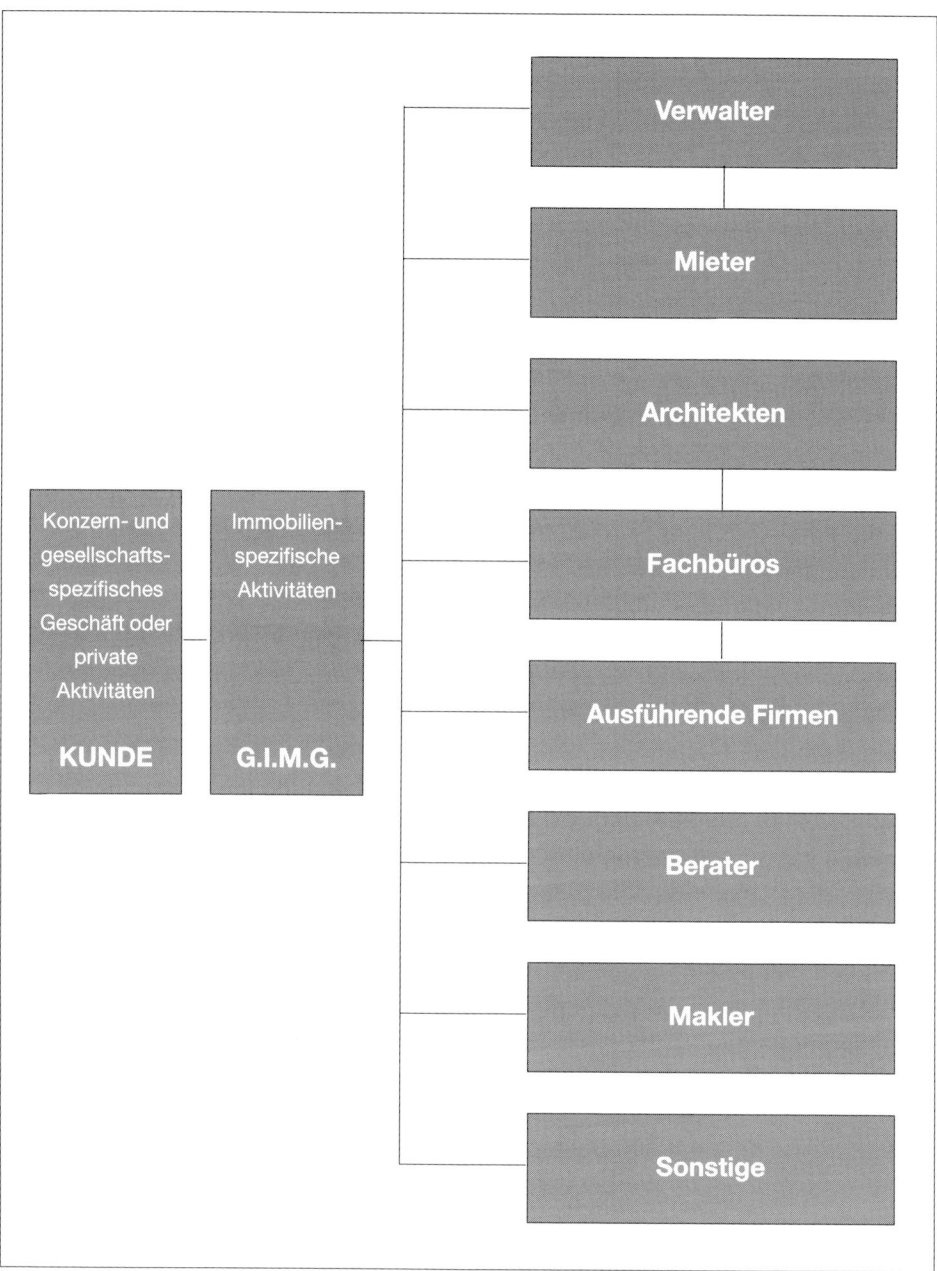

Unternehmenskonzept der G.I.M.G.

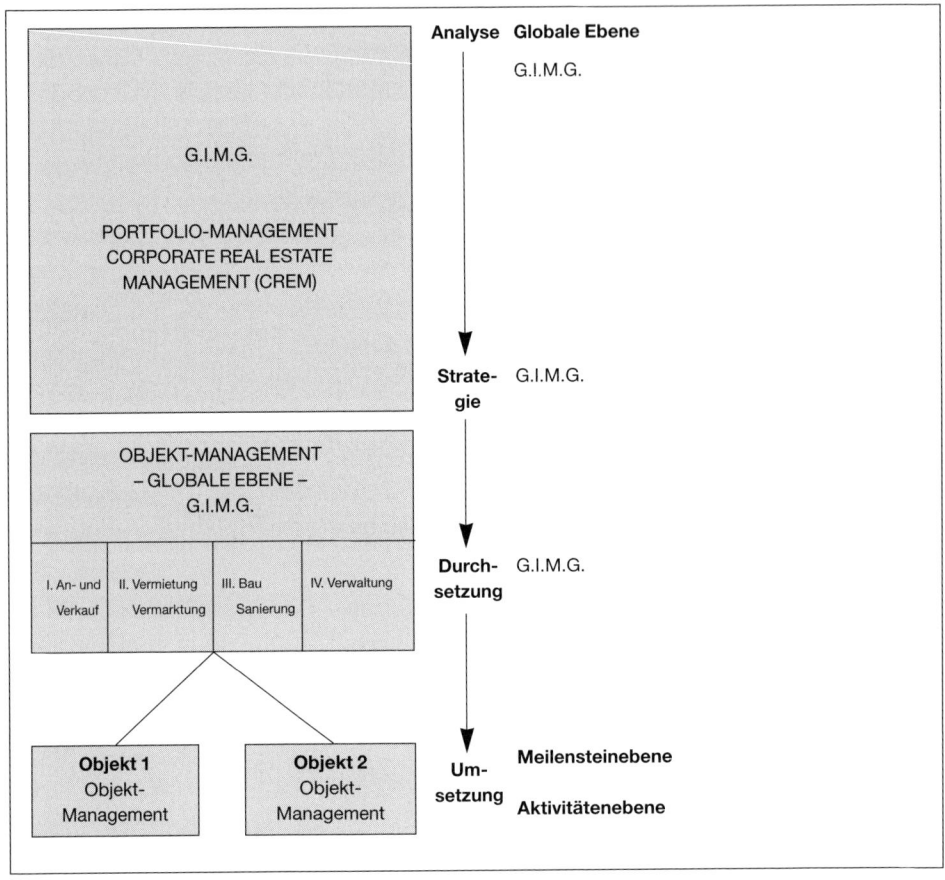

Portfolio-Management für Immobilien

Peter Welling, Geschäftsführer, PortfolioInvest Management für Immobilien GmbH, Düsseldorf

Inhalt

1.	Der Begriff des Portfolio-Managements	665
1.1	Abgrenzung zur konventionellen Immobilienverwaltung	666
1.2	Abgrenzung zum Facility-Management	667
1.3	Abgrenzung zum Corporate-Real-Estate-Management	667
1.4	Portfolio-Management für privatrechtliche Anleger	668
1.5	Portfolio-Management für öffentlich-rechtliche Eigentümer	670
1.5.1	Verwaltungsvermögen	671
1.5.2	Finanzvermögen	671
1.5.3	Vorratsgrundstücke	672
1.5.4	Vermögen in Tochterorganisationen	673
2.	Methoden und Instrumente	673
2.1	Schrittweises Herangehen an das Problem	673
2.2	Erfassung der Ist-Situation	676
2.2.1	Bestandsaufnahme der einzelnen Objekte	677
2.2.2	Segmentierung des Portfolios	680
2.2.3	Datenerfassung	686
2.2.4	Bewertung des Bestandes	687
2.2.5	Benchmarking	690
2.3	Optimierung	691

2.3.1	Optimierung einzelner Liegenschaften	691
2.3.2	Optimierung des Portfolios	694
3.	Organisation	699
3.1	Aufbau- und Ablauforganisation	699
3.1.1	Arbeitsteilung oder ganzheitliche Bearbeitung	699
3.1.2	Outsourcing	700
3.1.3	Controlling	703
3.1.4	Projekt- versus Prozeßorganisation	705
4.	Muster: Quickcheck-Erfassungs- und Beurteilungsbogen	708
5.	Literatur	710

1. Der Begriff des Portfolio-Managements

Portfolio-Management als ein Teilgebiet immobilienwirtschaftlicher Tätigkeit rückte erst in jüngster Zeit ins Blickfeld unternehmerischer Aktivitäten.

Während man traditionell unter Portfolios eher eine Zusammensetzung papiergebundener Anlageformen, also Wertpapiere unterschiedlichster Art versteht, ist die Betrachtung einer Mehrzahl von Immobilien als Gesamtanlage relativ neu.[1]

Aus Sicht des Anlegers stellt sich die Gesamtheit seiner Anlageimmobilien als ein Geschäftsfeld dar, das mit sonstigen Anlageformen unterschiedlichster Art konkurriert und diese ergänzt. Ertragschancen und Risikogesichtspunkte werden den Anleger veranlassen, eine quantitative Gewichtung zwischen den unterschiedlichsten Anlageformen vorzunehmen.

Vernachlässigt wurde in diesem Zusammenhang von der Immobilienwirtschaft das Bedürfnis des Anlegers, auch innerhalb des Immobilien-Portfolios seine Entscheidungen an der Abwägung von Erträgen und Risiken zu orientieren und volle Transparenz über diese im Vergleich zu anderen Anlageformen komplexere Investition zu gewinnen. Portfolio-Management bedeutet, dem Anleger diese Transparenz zu verschaffen und ihn gleichzeitig bei der Gestaltung und Entwicklung seines Immobilienbestandes zu unterstützen, um durch ganzheitliche Gestaltung des Bestandes eine dem Risikoprofil des Anlegers entsprechende Ertragssituation herzustellen.

Dies heißt nicht nur, die Optimierung einzelner Objekte anzustreben, sondern auch die Umgestaltung und Umschichtung des Bestandes durch Zu- und Abverkauf von Objekten.

Die dem Portfolio-Management eigene Flexibilität, die auch den Austausch, das Desinvestment oder die Erweiterung des Portfolios immer im Auge hat, nimmt der Immobilie als Anlageobjekt ihren größten Nachteil – die Unbeweglichkeit. Größere Flexibilität hat sich aber in den letzten Jahren als zunehmend wichtig erwiesen. Verstärkter Wettbewerbsdruck auf die Nutzer (Mieter), Verkleinerung der betrieblichen Organisation (Lean Management), Outsourcing und erhöhte Serviceanforderungen von Nutzern verlangen auch von der Immobilie eine höhere Beweglichkeit. Die Umnutzungsintervalle haben sich verkleinert, die Umschlagsgeschwindigkeit hat sich erhöht. Um diesen Marktgegebenheiten gerecht zu werden, reicht es nicht mehr aus, einen Immobilienbestand in der gewohnten statischen Form zu

---

[1] Portefeuille (franz.: Buch, Aktentasche, Brieftasche); die Wortwurzeln weisen schon auf die wertpapierorientierte Herkunft des Begriffes hin.

verwalten oder zu bewirtschaften. Vielmehr muß der Bestand durch kontinuierliches aktives Eingreifen in seiner Performance stabilisiert und durch die Optimierung seiner Erträge in seinem Gesamtwert gesteigert werden. Dies setzt neben einer genauen Kenntnis der Anfangssituation des Portfolios und seiner einzelnen Immobilien eine Analyse der Optimierungspotentiale und eine laufende Erfolgskontrolle der einzelnen Optimierungsmaßnahmen voraus (vgl. Abb. 1).

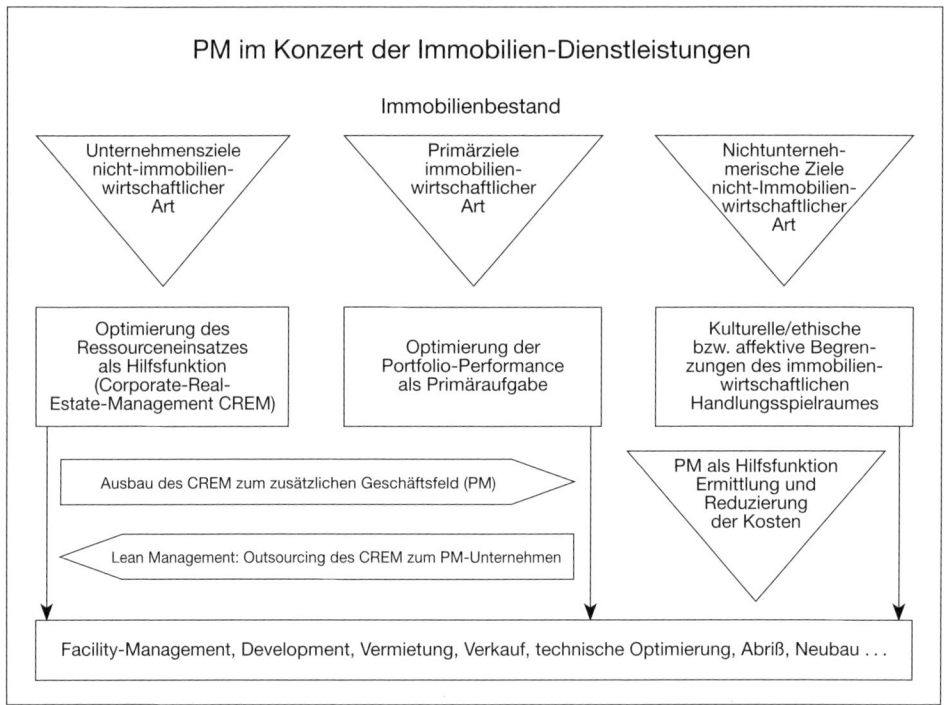

Abb. 1: Portfolio-Management (Abgrenzung)
Quelle: PortfolioInvest Management für Immobilien GmbH

1.1 Abgrenzung zur konventionellen Immobilienverwaltung

Portfolio-Management wird oft mit der kaufmännischen oder gar technischen Verwaltung von Immobilien gleichgesetzt. Dies wird der Funktion jedoch nicht gerecht. Die Verwaltung der einzelnen Objekte ist zwar Teil eines umfassenden Portfolio-Managements; sie ist aber nur eine von vielen Aktionsfeldern. Deshalb hat sich auch eine Aufgabenteilung herausgebildet, die darin besteht, daß Unternehmen der Immobilienverwaltung und solche, deren Kerngeschäftsfeld sich auf das Portfolio-Manangement konzentriert, zwar kooperieren, nicht aber identisch sind. Die organisatorische Trennung zwischen Immobilienverwaltung und Portfolio-Management führt zu einem intensiveren Controlling des Immobilienverwalters durch den Portfolio-Manager. Auch ist das Handlungsspektrum des Portfolio-Managers breiter als das des Verwalters. Der Portfolio-Manager trachtet danach, die Performance des Immobilien-Portfolios auch durch An- und Verkäufe zu optimieren, während der Verwalter den Bestand als statisch betrachtet und das Umschichtungs-Management in der Regel dem Eigentümer überläßt.

1.2 Abgrenzung zum Facility-Management

Auch die Einschaltung eines Facility-Managers gehört zu den Instrumenten des Portfolio-Managements. Da moderne Immobilien wie Einkaufszentren und in wachsendem Maße auch Büroimmobilien eine zusätzliche nutzer- und branchenspezifische Steuerung benötigen, die auch weitergehende Dienstleistungen als die reine technische und kaufmännische umfaßt, wird der Portfolio-Manager sich um die Bindung entsprechend qualifizierter Dienstleister bemühen. Die Vielzahl der von ihm betreuten Immobilien verschafft ihm dabei eine Nachfragemacht, die ihm ggf. auch Preisvorteile und Synergien ermöglicht.

1.3 Abgrenzung zum Corporate-Real-Estate-Management

Im privatwirtschaftlichen Sektor haben diese Erwägungen unter dem Schlagwort „Corporate-Real-Estate-Management" (CREM) in den letzten Jahren nachhaltige Verbreitung gefunden. Hier wird unterschieden zwischen den betriebsnotwendigen und den nicht betriebsnotwendigen Immobilien. Diese Unterscheidung ist vergleichbar, aber nicht identisch mit Portfolio-Management aus Sicht eines privaten oder institutionellen Anlegers. Zwar steht auch hier die wirtschaftliche Optimierung des Produktionsfaktors Grund und Boden im Vordergrund; sie ist zunächst jedoch nur Hilfsfunktion für die Verwirklichung des primären Unternehmenszwecks, sei es Handel, Produktion, sei es das Erbringen bürogebundener Dienstleistungen.

„Systematische Analyse, Organisation und Kontrolle immobilienbezogener Unternehmensaktivitäten verspricht Gewinne in einem nicht für möglich gehaltenen Ausmaß."[2]

---

[2] Frankfurter Allgemeine Zeitung vom 7. Juli 1995.

Die renditebezogenen Auswirkungen eines gezielten Immobilien-Managements sind auf den ersten Blick auf der Kostenseite zu sehen, zum Beispiel bei der Verzinsung des in den Immobilien gebundenen Kapitals. Gezieltes und effizientes Immobilien-Management wird von Privatunternehmen aber auch als ertragsträchtiges Geschäftsfeld erkannt und als solches in die Unternehmens- und Konzernstruktur eingebaut. Großunternehmen sollen durch strategisches Immobilien-Management Kosten eingespart und Gewinne erzielt haben, die die Ertragslage des Gesamtunternehmens massiv verbessert haben. In Einzelfällen stellte sich heraus, daß ein Unternehmen durch die Bewirtschaftung seiner Immobilien, deren Entwicklung sowie den Handel mit Grundstücken mehr Gewinne erzielte, als in seinem originären Geschäftsfeld zu erwarten waren. Dies führte dazu, daß ein solches Unternehmen im Laufe der Zeit zu einem reinen oder überwiegenden Immobilienunternehmen wurde.

Unternehmen, die durch ihren originären Geschäftszweck zwangsläufig in ständigen Kontakt zu immobilienwirtschaftlichen Fragestellungen kommen (Einzelhandelsketten usw.), können entsprechende Abteilungen oder sogar Tochtergesellschaften aufbauen, deren einzige Aufgabe die Entwicklung bzw. Bewirtschaftung von Immobilien ist. Mit steigender Professionalität wird diese zunächst nur der Muttergesellschaft vorbehaltene Dienstleistung marktgängig und zum selbständigen Einnahmepotential des Konzerns. Der andere Weg besteht in der Einschaltung eines spezialisierten Portfolio-Management-Unternehmens, das als Dienstleister des Eigentümers und mit dessen Zielrichtung die Bewirtschaftung des Immobilienbestandes steuert und gestaltet („managt"). Dies erspart dem Konzern die Investitionen und das unternehmerische Risiko, die mit dem Aufbau eines derart komplexen neuen Geschäftsfeldes zusammenhängen.

Die herkömmlichen Dienstleister, insbesondere Unternehmen, die die Funktion der technischen und kaufmännischen Verwaltung haben, erscheinen auch hier als Subunternehmer bzw. Subdienstleister des Portfolio-Managers. Letzterer steht dem Eigentümer näher als den anderen – von ihm beauftragten – Dienstleistern.

1.4 Portfolio-Management für privatrechtliche Anleger

Der privatrechtliche Anleger, also eine Institution oder Person, die ihr Vermögen nicht in Wahrnehmung hoheitlicher Aufgaben, sondern im wirtschaftlichen Eigeninteresse anlegt, ist in ihrer Zielrichtung und Interessenlage flexibler, im Zweifel aber auch eher renditeorientiert als ein öffentlich-rechtlicher Eigentümer (Körperschaften, Anstalten, Stiftungen des öffentlichen Rechts), die in ihrem Tun dem Vorrang und Vorbehalt des Gesetzes und der Erfüllung ihrer öffentlich-rechtlichen Aufgaben unterworfen sind.

Individuelle Privatpersonen oder Familien, die ihr Vermögen ganz oder teilweise in Immobilien anlegen, verfolgen damit in der Regel die klassischen Ziele Existenzsicherung, Renditeoptimierung Vermögenssicherung und Altersvorsorge. Gesichtspunkte der persönlichen Lebensgestaltung, des individuellen Risikoprofils, aber auch Gesichtspunkte wie Erbfolge und ethisch-moralische Verpflichtungen gegenüber Familienangehörigen sind hier zu berücksichtigen. Bei institutionellen Anlegern, also in der Regel juristischen Personen des Privatrechts, finden diese Fragen keine Berücksichtigung. Hier gelten vielmehr Handlungsrestriktionen, wie beispielsweise solche des Kapitalanlagengesellschaftsgesetzes. Demgegenüber werden sich bei Privatpersonen unter Umständen nicht wirtschaftlich faßbare, aber ebenso verbindliche Begrenzungen des immobilienwirtschaftlichen Handlungsspielraumes finden, die eher kultureller oder affektiver Natur sind. So wird der klassische private Immobilienanleger unter völliger Außerachtlassung von Renditegesichtspunkten in der Regel emotionale Vorbehalte gegen die Veräußerung seines Elternhauses haben. Die Betreuung des privaten Anlegers bedarf deshalb einer entsprechenden Sensibilität.

Es steht zu hoffen, daß die Handlungsspielräume institutioneller Anleger durch gesetzgeberische Maßnahmen, insbesondere durch das Dritte Finanzmarktförderungsgesetz, in naher Zukunft erweitert werden. Die Möglichkeit, immobilienwirtschaftliche Sondervermögen im Zusammenhang mit Investmentfonds zu begründen, schafft in diesem Bereich die Möglichkeit der Diversifizierung der Anlageprodukte und einen neuartigen Risikomix.

Insbesondere derartige Immobiliensondervermögen, die in anders geartete Anlagegesellschaften einbezogen werden, bedürfen von Anfang an einer auf den sonstigen Anlagezweck angepaßten Risiko- und Chancenstruktur. Es ist erklärtes Ziel, durch die gesetzliche Zulassung gemischter Wertpapier- und Grundstückssondervermögen eine Vermögensverwaltung „aus einer Hand" zu ermöglichen. Zu diesem Zweck sollen Fondsgesellschaften die Möglichkeit erhalten können, bis zu 30 % ihrer Mittel in Grundstücken, Beteiligungen an Grundstücksgesellschaften oder Anteilen an Grundstückssondervermögen zu investieren. Bei dem Versuch, eine Vermögensverwaltung aus einer Hand zu ermöglichen, darf aber nicht übersehen werden, daß sich in dieser „Hand" dann das Management-Know-how für unterschiedliche Anlageformen widerspiegeln muß.

Ähnliches gilt für Versorgungs- und Pensionssondervermögen, die ebenfalls als neue Fondstypen in Deutschland zugelassen werden sollen. Diese müssen zwischen 51 und 75 % in Substanzwerten investieren. Auch diese Fonds gemischter Vermögensverwaltung setzen eine entsprechende Ausweitung des zur Verfügung stehenden Management-Know-how voraus. Das Dritte Finanzmarktförderungsgesetz soll darüber hinaus auch die Gestaltungsmöglichkeit von Grundstücksfonds erweitern. Insbesondere das Erbbaurecht und die Beteiligung an Grundstücksgesellschaften sollen flexibler gestaltet werden.

Vor dem Hintergrund dieser vielfältigen Mischungsmöglichkeiten von Wertpapiersondervermögen, Beteiligungssondervermögen, Grundstücks- und Geldmarktsondervermögen mit künftig unterschiedlichen Schwerpunkten als „gemischtes Wertpapier- und Grundstückssondervermögen" ist zu erwarten, daß auch die Immobilienaktiengesellschaft, die in der Bundesrepublik Deutschland in der Vergangenheit kein großes Interesse gefunden hat, erneut in den Fokus der Überlegungen kommen wird.

1.5 Portfolio-Management für öffentlich-rechtliche Eigentümer

Viele Kommunen in den neuen, aber auch in den alten Bundesländern sind durch die wirtschaftliche Neustrukturierung, dank kommunalen Investitionsbedarfs, Steuerausfällen und des „Diktats der leeren Kassen", in eine Situation gekommen, in der die finanziellen Belastungen nur schwerlich aus dem Steueraufkommen zu decken sind. Zuwendungen des Landes und des Bundes sind in der Regel zweckgebunden und erlauben der Kommune kein eigenes kreatives, politisches Handeln bei der Gestaltung des örtlichen Umfeldes. Aber auch die Kommunen und öffentlich-rechtlichen Institutionen in den alten Bundesländern sehen sich Sparzwängen und finanziellen Engpässen ausgesetzt.

In dieser Situation kann die ergebnisorientierte Bewirtschaftung des kommunalen Immobilienbestandes zu einer Kostensenkung und einer Einnahmeerhöhung führen, die die politische Handlungsfähigkeit wiederherstellt oder vergrößert. Aber auch die aus der Privatwirtschaft entlehnten Gedanken des „schlanken Staates" geben Anlaß zu einer Überprüfung der Kosten- und Ertragsverhältnisse in öffentlichen Organisationen und Institutionen. Dabei wird man nur bis zu einem gewissen Umfang Unterschiede zwischen Körperschaften, Anstalten und Stiftungen des öffentlichen Rechtes einerseits und den in ihrem Eigentum stehenden Kapitalgesellschaften und Regiebetrieben machen. Optimierungspotentiale bei der Bewirtschaftung von Liegenschaften lassen sich ungeachtet der Rechtsform des Eigentümers verallgemeinern. Geht man sogar so weit, eine Körperschaft (etwa eine Gemeinde) zusammen mit den ihr gehörenden GmbHs wirtschaftlich wie einen Konzern zu betrachten[3], so lassen sich weitere Parallelen zur immobilienwirtschaftlichen Grundstücksnutzung privater Unternehmungen finden.

Kommunen und andere öffentlich-rechtliche Institutionen verfügen im Verwaltungs- und Finanzvermögen über einen beachtlichen Bestand an Immobilien. Seine Entstehung ist auf die unterschiedlichsten Vorgänge zurückzuführen. Eine Ursache für den Erwerb dieser Immobilien ist zum Beispiel die projektbezogene kommunale Vorratshaltung von Flächen, die als Austauschland für öffentliche Bauvorhaben oder auch als potentielles Umwidmungsland erworben wurden.

1.5.1 Verwaltungsvermögen

Darüber hinaus verfügen die meisten öffentlich-rechtlichen Körperschaften über einen beachtlichen Immobilienbestand, der der Durchführung der eigenen Verwaltungsaufgaben aktuell dient.

Insofern ergeben sich Parallelen zur Differenzierung zwischen betriebsnotwendigen und nicht betriebsnotwendigen Immobilien in privaten Unternehmen.

Verwaltungsvermögen ist jenes Vermögen, das für die Erfüllung originärer Verwaltungstätigkeiten verwendet wird. Auf die Frage, was in einem „modernen Dienstleistungsstaat" darunter zu verstehen ist, soll hier nicht weiter eingegangen werden.

1.5.2 Finanzvermögen

In vielen Fällen befinden sich im Eigentum der Körperschaften aber auch Liegenschaften, die ursprünglich zur Erfüllung öffentlicher Aufgaben erworben wurden oder aus den o.g. Zwecken erworben wurden, um liegenschaftsrelevante Projekte zu unterstützen, die im Interesse der Kommune lagen. Diese Liegenschaften haben aber unter Umständen ihre ursprüngliche Zweckbestimmung verloren. Sie verbleiben dann in der Regel im Vermögen dieser Körperschaften und werden einer Zwischennutzung zugeführt, bis endgültig sichergestellt ist, daß die ursprüngliche Zweckbestimmung nicht wieder aktuell werden wird.

---

3 Was natürlich schon aus ertrags- und umsatzsteuerlichen Gesichtspunkten der skeptischen Überprüfung bedarf.

1.5.3 Vorratsgrundstücke

Eine Kommune oder eine öffentliche Institution wird aus den vielfältigsten Gründen im Laufe der Zeit Immobilien erwerben, die schon im Zeitpunkt des Erwerbs nicht für eine eigene Nutzung vorgesehen waren und die auch nicht mit dem Vorsatz übernommen worden sind, sie durch Bestandshaltung und Fremdnutzung als Finanzvermögen zu halten. So ist es zum Beispiel üblich, daß Kommunen in Stadtrandlage landwirtschaftliche Nutzflächen erwerben, um sie landwirtschaftlichen Betrieben, die in der Region wirtschaften, als Ersatzland anbieten zu können. Die landwirtschaftlichen Betriebe benötigen dieses Ersatzland, falls ihre Wirtschaftsflächen durch Maßnahmen der Bauplanung zu Bauland werden. In der Regel hängt die Verkaufsbereitschaft landwirtschaftlicher Unternehmen dann davon ab, daß sie anderweitig Ersatzland erwerben können. In Regionen, in denen landwirtschaftliche Nutzflächen angemessener Qualität und angemessenen Zuschnittes knapp sind, kann dies für den einzelnen Unternehmer schwierig bis kritisch sein. Kommunen pflegen deshalb zum Verkauf kommende landwirtschaftliche Nutzflächen ungeachtet ihrer zukünftigen baurechtlichen Überplanung zu erwerben. Oftmals ist bei diesem Erwerb auch die künftige Planungserwartung der Kommune selbst relevant. Sie schafft sich selbst die Möglichkeit, die Flächen ggf. zu überplanen und so die planungsbedingte Wertsteigerung des Objektes selbst abzuschöpfen.

Auch werden unter Umständen bei bestimmten Betriebs- oder Organisationsteilen einer öffentlichen Institution Vorratsflächen mit erworben, um für spätere Erweiterungen des Organisationsteils gerüstet zu sein.

Bei diesen Tausch-, Vorrats- und Reserveimmobilien sollte allerdings ein System der turnusmäßigen Kontrolle eingeführt werden. Es muß im Rahmen eines bestimmten Zeitablaufes überprüft werden, ob die beim Erwerb der Immobilie angestrebten Zielsetzungen noch verwirklicht werden können oder ob sich die Rahmenbedingungen zwischenzeitlich so geändert haben, daß eine Zielverwirklichung ausscheidet. In diesem Fall ist eine Überprüfung der ursprünglichen Ankaufsentscheidung erforderlich.

Wird bei einer solchen Überprüfung festgestellt, daß die Erreichung des ursprünglichen mit dem Immobilienerwerb angestrebten Ziels nicht mehr erwartet werden kann, sollte die fragliche Liegenschaft in die Portfolio-Strategie der Institution mit einbezogen werden. Darüber hinaus kann, wenn das Portfolio abschließend erfaßt, analysiert und transparent gemacht ist, überlegt werden, ob diese konkrete Zielsetzung evtl. mit einer anderen Immobilie erreicht werden kann.

1.5.4 Vermögen in Tochterorganisationen

Öffentliche Körperschaften verfügen über Unterorganisationen in der Rechtsform öffentlicher Anstalten, Regiebetriebe, Tochtergesellschaften und Behördenstränge, die ebenfalls über Liegenschaften verfügen. In der Regel ist dieser Immobilienbestand für die übergeordnete Organisation nicht transparent. Soweit die Einzelobjekte des Bestandes bekannt sind, besteht im Regelfall nur eine begrenzte Transparenz hinsichtlich der momentanen Nutzung bzw. der ggf. vorhandenen Nutzungspotentiale.

Im Verwaltungsvermögen genutzte Immobilien wurden in der Regel bei Erwerb, Inbetriebnahme oder gravierenden Änderungen der Organisationsstruktur der nutzenden Verwaltung dem zu diesem Zeitpunkt aktuellen Nutzungszweck angepaßt.

Organisations- und Aufgabenänderungen, die sich sukzessive auswirken, in einigen Fällen aber auch grundlegendere Strukturänderungen der Organisation führten nicht in allen Fällen zu einer Nutzungsänderung, einem Umbau oder einer Umnutzung des Gebäudes. Dies bedeutet, daß in vielen Fällen das Gebäude seinem momentanen Nutzungszweck suboptimal dient, sich die Organisation an eine suboptimale Gebäudesubstanz anpassen muß und deshalb Effizienzdefizite hat oder das im Gebäude vorhandene Nutzungspotential durch die momentane Organisationsform und Aufgabengestaltung suboptimal ausgenutzt wird.

2. Methoden und Instrumente

2.1 Schrittweises Herangehen an das Problem

Insbesondere bei größeren und unübersichtlichen Immobilienbeständen erscheint es schwierig, eine Optimierungsstrategie zu entwickeln. Je größer die Zahl der Objekte und je inhomogener der Bestand, desto vielfältiger sind die Probleme, ihre gegenseitige Abhängigkeit und Chance, alle Probleme auf einmal zu lösen.

„Wie verspeist man einen Elefanten? In ganz kleinen Scheiben!"

Schon vor die Frage gestellt, ob man im ersten Schritt seinen Immobilienbestand analysieren sollte oder aber, parallel zur Analyse und ohne ihn genau bis ins letzte Detail zu kennen, eine Strategie für dessen Verwertung oder

Optimierung entwickeln sollte, scheiden sich die Geister. Im Ergebnis muß man sagen, daß beides nicht möglich ist.

In einem iterativen, sich selbst verfeinernden Prozeß müssen sich Zielfindung, Datenerhebung, Datenanalyse einschließlich der Bewertung und sodann die Umsetzung der neu gewonnenen Erkenntnisse zu einer verfeinerten Zielfindung abwechseln. Diese Methodik entspricht der Theorie des hermeneutischen Zirkels in der Erkenntnislehre.

Zur Lösung des Problems bietet sich ein schrittweises Herangehen an, bei dem in klar definierten Einzelschritten nach einer Liegenschaftserfassung eine sorgfältige Analyse, sodann eine Entwicklung von Konzepten und im letzten Schritt die Umsetzung erfolgen. Aufwand und Dauer hängen naturgemäß von der Anzahl der Liegenschaften ab, die betrachtet werden müssen (vgl. Abb. 2).

Phasenmodell:

Zielfindungsphase: Welches Ziel soll unter Einsatz des Portfolio-Managements erreicht werden?

Datenerfassungsphase: Die Bestandsdaten werden für alle zum Portfolio gehörigen Liegenschaften erfaßt und in geordneter Form gespeichert. Die verschiedenen Datenbestände innerhalb der Organisation oder bei Beratern und Dienstleistern werden konsolidiert und auf Aktualität überprüft.

Konzeptionsphase: Nach einem Vergleich von Ist-Situation und Zielstellung wird ein Handlungskonzept einschließlich Kosten- und Ressourcenplanung erstellt.

Umsetzungsphase: Realisierung des Konzeptes mit begleitendem Controlling.

Die Erfolgskontrolle stellt die Basis für eine Fortsetzungsentscheidung dar; in Abstimmung mit dem Eigentümer wird in der *Perpetuierungsphase* über die methodische Weiterbewirtschaftung des Bestandes entschieden und eine neue, verfeinerte Zielsetzung erarbeitet (vgl. Abb. 2).

Die Schwäche des Phasenmodelles liegt darin, daß die nächste Phase erst beginnt, wenn die vorhergehende abgeschlossen ist. Dies führt zu Zeitverlusten. Wünschenswert wäre es, bereits mit den ersten Optimierungsmaßnahmen zu beginnen, wenn die ersten Daten erfaßt und die Handlungskonzepte im Grobentwurf vorliegen. Ein solches Parallelarbeitsmodell ist zwar zeitsparend, bringt aber andere Nachteile (vgl. Abb. 3).

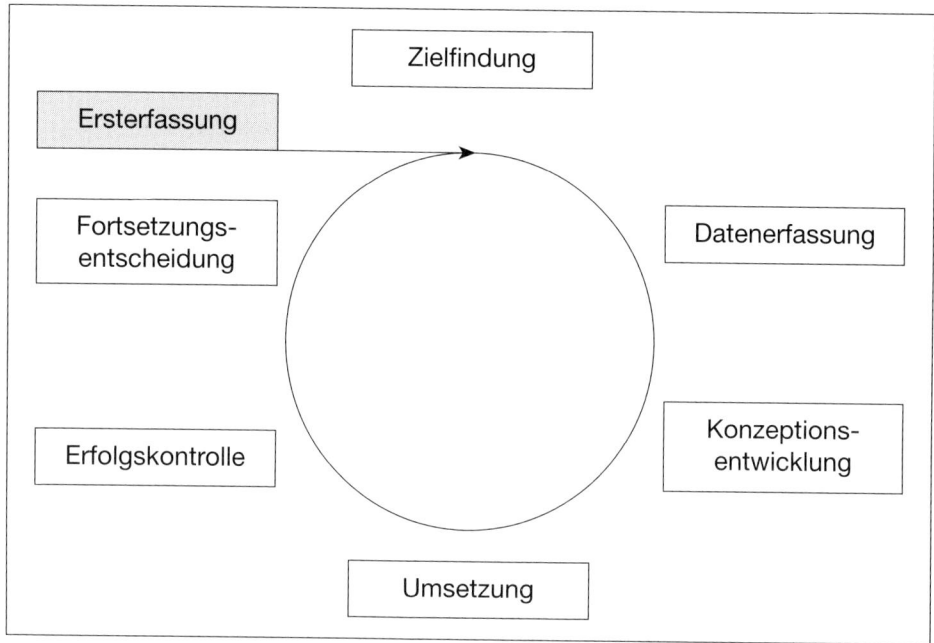

Abb. 2: Zyklisches Phasenmodell

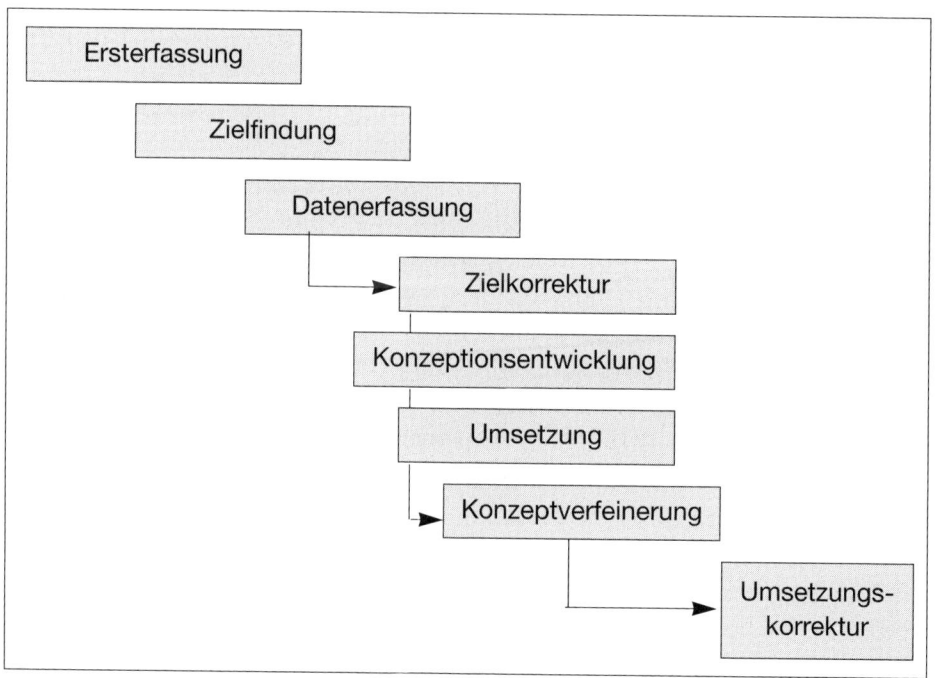

Abb. 3: Parallelarbeitsmodell

Es setzt eine hohe Qualität des mit der Aufgabe betrauten Personals und eine präzise Ablaufsteuerung der betroffenen Organisation voraus. Falls keine eigene Organisation vorhanden ist und statt dessen externe Berater und Dienstleister koordiniert werden müssen, ist die Einschaltung eines professionellen Portfolio-Managers bzw. der Aufbau einer entsprechenden Organisationsstruktur unvermeidbar. Wenn Analyse, Konzeptentwicklung und Umsetzung unterschiedlichen Abteilungen übertragen werden sollen, besteht die Gefahr, daß der gesamte Ablauf für die Beteiligten intransparent wird. Dies gilt um so mehr, als es sich bei dieser Form von Immobilienbewirtschaftung um eine für die Organisation neue Tätigkeit handelt, so daß die meisten Mitarbeiter zunächst nicht über hinreichende praktische Erfahrungen und fundierte Kenntnisse verfügen werden. Darüber hinaus ist zu erwarten, daß die zu ergreifenden Maßnahmen bei vielen Mitarbeitern auf geringe Akzeptanz und sogar Widerstand stoßen werden. Handeln auf der Basis von vorläufigen und noch zu verbessernden Konzepten verstärkt diesen Widerstand, macht die gesamte Maßnahme unglaubwürdig und bringt die Gefahr des Scheiterns. Deshalb sollte während der Implementation des Systems auf Parallelarbeit verzichtet werden.

2.2 Erfassung der Ist-Situation

Der erste Schritt besteht in der Auflistung sämtlicher im Portfolio befindlichen Grundstücke. Dies mag im Einzelfall durch Rückgriff auf vorhandene Aktenbestände, Listen, u. U. sogar auf in der EDV gespeicherte Daten geschehen können; jedoch ist nicht in allen Organisationen ein geschlossener und homogen strukturierter Informations- und Datenbestand über den gesamten Immobilienbestand vorhanden. Insbesondere in solchen Organisationen, die sich durch eine Vielzahl unterschiedlich strukturierter Unterorganisationen, Behörden, Institutionen, Gesellschaften auszeichnen, ist die liegenschaftliche Bestandsbuchhaltung oft inhomogen, unterschiedlich strukturiert. Die unterschiedlichen Aufbereitungsformen beschränken sich keineswegs auf divergierende EDV-Dateien mit unterschiedlichen Datenmodellen und Datenbank- sowie Anwendungsprogrammen. So banal es klingen mag: Schon die Aktenordnung und aktenmechanische Aufbereitung der Liegenschaftsakten sind oft unterschiedlich. Diese Unterschiede ergeben sich aus den individuellen Bedürfnissen der jeweiligen Suborganisation sowie aus der von ihr verwalteten Objektstruktur und den bisher verfolgten Nutzungskonzeptionen. Die erste Auflistung der Objekte stellt insofern auch den Arbeitsfahrplan dar, nachdem die restlichen Informationen zusammengetragen werden sollen. Bereits in dieser Phase ist das Datenerfassungskonzept zu erstellen. Auch wenn die Datenerfassung und Datenpflege parallel zur Akkumulation der Objektinformationen erfolgen werden, muß das Datenmodell bereits im Vorfeld entwickelt werden. Nur so kann bereits beim Zusammentragen der objektbezogenen Informationen sichergestellt werden, daß Informationsdefizite rechtzeitig erkannt und ausgeglichen werden. Auch muß beim Zusammentragen der jeweiligen Informationen auf ihren Aktualitätsstand geachtet werden. Viele Akteninhalte, die für die bisherige Bewirtschaftung bzw. Nutzung des Objektes nicht relevant waren, können je nach Portfolio-Strategie für die Optimierung der Objekte an Bedeutung gewinnen. Zum Beispiel wird das Bauplanungsrecht eines mittelfristig fremdverwalteten Objektes, bei dem der Mietvertrag eine Verlängerungsoption vorsieht und bei dem ein Abbruch des Mietverhältnisses bisher konkret nicht ins Auge gefaßt worden ist, von geringer Relevanz sein. Im Rahmen einer Optimierungsstrategie kann sich dies anders darstellen, da mögliche höherwertige Nutzungen auf ihre bauplanungsrechtliche Machbarkeit hin untersucht werden müssen. In der Akte wird sich in der Regel, wenn überhaupt, eine veraltete Information über die bauplanungsrechtliche Seite des Objektes finden. Bei Objekten, die einem qualifizierten Bebauungsplan unterliegen, mag diese Erwägung sekundär erscheinen. Bei Objekten, deren optimale Ausnutzungsmöglichkeit nach § 34 BauGB geregelt ist, ist in der Regel die Neueinholung aktueller Informationen in Abstimmung mit den kommunalen Ämtern erforderlich.

2.2.1 Bestandsaufnahme der einzelnen Objekte

Der Begriff des „Objektes" ist unscharf und bedarf der Konkretisierung. Bei größeren Immobilienbeständen, bei denen eine strategische Umnutzung, eine Konversion oder eine Revitalisierung erforderlich werden können, muß geklärt sein, wie Einnahmen, Ausgaben und Werte auf die Wirtschaftseinheiten verteilt werden und wie die Wirtschaftseinheiten definiert und ggf. umgestaltet werden. Als begriffliche Einheit ist das Objekt zu unterscheiden von dem Grundstück, der Immobilie, der Verwaltungseinheit, der Vermietungseinheit und der Liegenschaft.

Grundstück ist „ein räumlich abgegrenzter Teil der Erdoberfläche, der im Bestandsverzeichnis des Grundbuchblattes unter einer besonderen Nummer eingetragen oder gemäß Grundbuchordnung 3 III gebucht ist, sowie seine Bestandteile."[4] Diese juristische Definition ist für die immobilienwirt-

---
4 Palandt, O.: Kommentar zum Bürgerlichen Gesetzbuch, 53. Auflage, Überblick vor § 90, Anmerkung 3.

schaftlichen Fragestellungen des Portfolio-Managements untauglich, da sie sich auf die einzelne Katasterparzelle fokussiert und die Bildung wirtschaftlicher Gesamtheiten, die aus mehreren Flurstücken bestehen, nicht berücksichtigt.

Der Begriff der Immobilie findet unter Juristen und in der Finanzwirtschaft Verwendung. Dort dient er in erster Linie der Abgrenzung zu Mobilien, also beweglichen Gegenständen. Umgangssprachlich wird die Bezeichnung Immobilie auch für Gebäude verwendet, die insofern von dem Grundstück, auf dem sie stehen, der Liegenschaft, abgegrenzt werden sollen. Diese Differenzierung sollte, da sie mehr verwirrt als klärt, nicht verwendet werden. Das Bürgerliche Gesetzbuch, das ausführliche Regelungen zum „Immobiliarsachenrecht" enthält, kennt eine getrennte Betrachtung von Gebäude und Grund und Boden erst seit Abschluß des Einigungsvertrages. Mit Art. 233 des EGBGB hat dieses Rechtsinstitut zur Abwicklung der besonderen Rechtsverhältnisse nach dem Recht der ehemaligen DDR aus dem ZGB übernommen. Da dieses Rechtsinstitut auf der Basis des Sachenrechtsbereinigungsgesetzes sukzessive zurücktreten soll, bedarf es hier keiner detaillierten Erörterung. Der Begriff der Immobilie soll hier mit dem Inhalt verwendet werden, der in Rechtswissenschaft und Finanzwirtschaft üblich ist.

Der Begriff der Verwaltungseinheit stammt aus der Liegenschaftsverwaltung, insbesondere aus der Wohnungsverwaltung. Mit ihm sind eines oder mehrere Grundstücke oder Gebäude gemeint, die in ihrem räumlichen bzw. wirtschaftlichen Zusammenhang einheitlich verwaltet werden können und sollen. Dieser Begriff stellt auf die innere Organisation des verwaltenden Unternehmens ab und ist für Portfolio-Erwägungen nur bedingt tauglich.

Die Vermietungseinheit ist ein Teil einer Verwaltungseinheit, der im Zusammenhang an einen Mieter auf der Basis eines einheitlichen Mietverhältnisses vermietet ist. Je nach Entwicklung der Mietverhältnisse werden sich die Vermietungseinheiten innerhalb einer Verwaltungseinheit ändern, etwa wenn ein Mieter auszieht und ein Nachbar Teile seiner Fläche übernimmt, während der Rest einem neuen Mieter überlassen wird.

Demgegenüber ist ein Objekt aus der betriebswirtschaftlichen Sichtweise, wie sie sich aus der bisherigen Nutzung und der Einbindung in die bisherigen Organisationsstrukturen ergibt, zu verstehen. Der Begriff ist als Grundlage für Überlegungen des Portfolio-Managements am ehesten geeignet. Diese vergangenheitsbezogene Sicht- und Herangehensweise mag überraschen, da sie der Entwicklung von zukunftsorientierten Konzeptionen zu widersprechen scheint. Es ist aber zu bedenken, daß das Objekt zunächst nicht unbeeinflußt vorhanden ist. Es ist eingebunden in die Organisation und Zuständigkeitsverteilung der Eigentümerorganisation mit ihren Abteilungen, Ämtern und Mitarbeitern. Dies muß in alle Überlegungen einer Portfolio-Bewirtschaftung einbezogen werden. Der Begriff des „Objektes" mag deshalb wenigstens während eines Übergangsstadiums als Grundlage dienen. Idealerweise wird man geschlossene Katasterflächen zu Objekten zusammenfassen. Häufig wird dies aber gerade nicht möglich sein, weil die Nutzungsverhältnisse auf größeren Grundstücken bzw. in größeren Objekten dies zunächst nicht zulassen.

Bei der Erfassung der Daten ist bereits jetzt auf die spätere Speicherung Rücksicht zu nehmen, d. h., Checklisten, Formulare, Erfassungsbögen usw. sollten den späteren Datenbankformaten entsprechen.

Schwierig zu beantworten ist die Frage, was und wie viele Informationen denn überhaupt erfaßt werden müssen. Es hängt von der Zusammensetzung des Portfolios und der Zielsetzung des Analyseauftrages ab.

Sämtliche Bestandsinformationen sollten – auch im Vorgriff auf die Verkehrswertermittlung – verfügbar gemacht werden. Dazu gehören neben den vollständigen Grundbuch- und Katasterunterlagen auch rechtliche Besonderheiten wie beispielsweise Eigentumsverhältnisse[5], Landschaftsschutz, Denkmalschutz, Naturschutz, Nutzungsbindung wegen Inanspruchnahme von Fördermitteln. Umweltrelevante Sachverhalte wie Bodenverunreinigungen, Abfall, entsorgungsbedürftige Anlagen (Galvanik, Laboreinrichtungen usw.) sowie die Verwendung gesundheitsbeeinträchtigender Baumaterialien (Asbest) brauchen zu diesem Zeitpunkt nicht in extenso begutachtet zu werden. Das Vorliegen entsprechender Verdachtsmomente, die sich auch schon aus der Vornutzung ergeben können, sollte aber bereits in diesem Stadium registriert werden. Die vorhandene Bausubstanz sollte grob klassifiziert werden und auch ein evtl. aufgelaufener Instandhaltungsrückstau bzw. akuter Modernisierungsbedarf sollte registriert werden. Denkbar ist auch, den gesamten technischen Stamm, also alle denkbaren Informationen zur Gebäudesubstanz, zur Ausstattung usw. zu erfassen; wegen der damit verbundenen Kosten sollte aber sehr genau geprüft werden, ob dies zu diesem Zeitpunkt bereits erforderlich ist.

Bestehende Mietverhältnisse müssen natürlich genauso ermittelt werden wie die baurechtliche Situation (GFZ, GRZ und ggfs. BMZ usw.).

---

[5] Nur in den fünf neuen Bundesländern, wo aber Eigentumsfragen ein erhebliches Risiko darstellen können, wenn sie unterschätzt werden.

2.2.2 Segmentierung des Portfolios

Größere Immobilien-Portfolios müssen transparent gemacht werden, bevor die einzelnen Objekte analysiert werden können. Dies ist allein schon erforderlich, weil Prioritäten für die Reihenfolge der Erstanalyse gesetzt werden müssen. Es empfiehlt sich, das Portfolio zunächst nach Fallgruppen zu segmentieren. Aus der Zuordnung der einzelnen Objekte zu den unterschiedlichen Fallgruppen ergibt sich dann auch eine Priorisierung im Sinne eines ersten Hinweises auf die Reihenfolge der Abarbeitung. Diese Klassifizierung stellt eine erste Grobanalyse dar, die in der weiteren Arbeit verfeinert werden muß. Diese Grobeinstufung kann später als Grundlage einer ABC-Analyse verwendet werden.

Jedes Objekt wird anhand möglichst einfacher und auf der Basis der vorhandenen Daten zu bestimmender Meßkriterien einer von fünf Objektklassen zugeordnet (Abb. 4).

Objektklasse	Voreinschätzung	Meßkriterium	Priorität	Maßnahme
1	Auf jeden Fall halten		C	Optimierung im Bestand, Ertragssituation überprüfen und Optimierungskonzept vorbereiten
2	Halten, wenn keine besonderen Gründe dagegen sprechen		B	Recherche durch die für Bestandsoptimierung zuständigen Mitarbeiter
3	Veräußern, wenn keine besonderen Gründe dagegen sprechen		B	Recherche durch die für den Vertrieb zuständigen Mitarbeiter
4	Auf jeden Fall veräußern		A	Verkaufsaktivitäten einleiten
5	Voreinschätzung wegen objektbezogener Besonderheiten nicht möglich		A	sofortige Tiefenrecherche

Abb. 4: ABC-Raster für die Reihenfolge der Erstanalyse

Die Objektklassen sind nach dem Regel-Ausnahmeprinzip gestaffelt. Lediglich die fünfte Klasse beinhaltet Objekte, die wegen individueller Besonderheiten nicht eingestuft werden können. Bei diesen Objekten ist vorrangiger Handlungsbedarf zu vermuten; entweder ist die vorhandene Datenlage so schlecht, daß sie eine Klassifizierung verhindert, oder es handelt sich um so außergewöhnliche Objekte, daß eine gesonderte Behandlung erforderlich ist. Sollte die Anzahl dieser Objekte in Klasse 5 überproportional hoch sein, kann dies aber auch dafür sprechen, daß der Katalog der Meßkriterien für den vorhandenen Bestand falsch gewählt bzw. unvollständig ist.

Schlüssel der ersten Grobanalyse ist die Wahl der richtigen Meßkriterien und Meßgrößen. Sie richtet sich nach der individuellen Zielsetzung des Eigentümers bzw. des von ihm beauftragten Portfolio-Managers. Hier fließen auch erstmals die spezifischen Zielsetzungen des Eigentümers ein. Es macht einen Unterschied, ob ein Immobilien-Portfolio ausschließlich privaten immobilienwirtschaftlichen Zielsetzungen unterworfen ist, oder ob beispielsweise eine Kommune auch wirtschaftspolitische Nebenziele wie beispielsweise regionale Wirtschaftsförderung oder Mittelstandsförderung verfolgt oder ein Speditionsunternehmen seinen Bestand straffen will.

Im folgenden sollen einige unterschiedliche Portfolio-Strategien schlaglichtartig dargestellt werden.

- *Standortorientierte Selektion.* Die Qualität des Makrostandortes wird bei privaten oder institutionellen Anlegern eine größere Rolle spielen, da ihre Anlagestrategie vornehmlich von Risiko- und Ertragserwägungen geprägt ist, die teilweise durch den Standort abgebildet werden können.
- *Selektion anhand von Immobilientypen.* Wohnen, Gewerbe, Serviceimmobilien, Spezialimmobilien, Büro, Industrie, mieterbezogene Branchenselektion.
- *Zahlungsflußorientierte Selektion.* Erster Ansatzpunkt (es geht ja nicht um die endgültige Entscheidung, sondern um die Reihenfolge der Analyse) könnte hier ein Vergleich von Brutto-Mieteinnahmen und Buchwert sein.
- *Selektion anhand der Funktion im Unternehmen.* Betriebsnotwendig oder nicht, Produktion, unternehmerische Hilfsfunktion, Fremdnutzung. Bei einem Unternehmen oder einer Organisation, die Teile ihres Immobilienbestandes für die Erfüllung ihres primären Organisationszweckes benötigt, muß die künftige Funktionserfüllung das wichtigste Selektionskriterium darstellen. Dies soll an einem Beispiel geschildert werden, das die lineare Segmentierung anhand nur eines Kriteriums darstellt.

Beschreibung eines Szenarios[6]: Ein seit mehreren Jahrzehnten als Regiebetrieb existierender kommunaler Verkehrsbetrieb ist kürzlich in eine GmbH („V GmbH") umgewandelt worden. In der Vergangenheit hatte die V einen Einzugsbereich von fünf Gemeinden, darunter vier Flächengemeinden und eine Großstadt, die sie durch den Betrieb von Schienenfahrzeugen und Bussen versorgte. Im Rahmen der betrieblichen Neustrukturierung wird sich die V künftig darauf beschränken, Straßenbahnen und Busse in der Großstadt zu betreiben. Der Verkehrsbetrieb in den Flächengemeinden wird von privaten Unternehmen übernommen.

Die V verfügt über einen ansehnlichen Immobilienbestand in den fünf Gemeinden und stellt sich die Frage, wie sie ihn durch betriebliche Nutzung oder durch Veräußerung für das Betriebsergebnis nutzbar machen kann. Der Gesellschafter hat durch Beschluß angeordnet, daß alle Immobilien, die dem unmittelbaren Unternehmenszweck nicht dienen, zu veräußern sind.

V wird also betriebsnotwendige und nicht betriebsnotwendige Grundstücke voneinander trennen wollen. Da die Frage der Betriebsnotwendigkeit

Klasse	Meßkriterium: Art der Einbindung in die Unternehmensaktivitäten	Maßnahme
1	Erforderlichkeit für den Schienenverkehr (Gleise u.ä.)	betriebsnotwendige Vermögen, kein Verkauf zu erwägen
2	Technische Hilfsfunktionen (Werkstätten, Ersatzteillager, Busparkplätze)	Flächenbedarf minimieren; Büros schaffen, um die Verwaltung aus dem Innenstadtbereich zu verlagern; prüfen, ob für diese Hilfsfunktionen im Rahmen des Unternehmenskonzeptes Outsourcing geplant ist; veräußern, wenn nicht nutzbar
3	Administrative Hilfsfunktionen (Büros, Sozialgebäude)	in der Regel Verkauf einleiten, wenn Ersatzgebäude auf den technischen Standorten geschaffen werden können
4	Vermietet/verpachtet an Dritte oder ungenutzt	Verkauf einleiten[7]
5	Straßenbahnmuseum	prüfen, ob der Marketingetat einen Behalt rechtfertigt

Abb. 5: Lineare Segmentierung

---

[6] Das Szenario ist frei erfunden.

[7] Dabei wird die Geschäftsführung natürlich auch die Liquiditätssituation des Unternehmens im Auge behalten müssen. Die vorrangige Veräußerung von hochwertigen Grundstücken wird – falls diese Grundstücke bisher vermietet waren – zu einem Einnahmeausfall führen. Es müßten Nettoertrag der Grundstücke und Refinanzierungszins miteinander verglichen werden. Hier wird unterstellt, daß die Grundstücke bisher von V selbst genutzt wurden.

auch vom Unternehmenskonzept abhängt, läßt sie sich nicht in einem Schwarz-Weiß-Raster beantworten, sondern bedarf der Analyse. Die Geschäftsführung plant, sich von werthaltigen Immobilien, insbesondere innerstädtischen Lagen zu trennen und das Unternehmen auf niederwertige Stadtrandgrundstücke zu konzentrieren (vgl. Abb. 5).

Daraus ergibt sich folgendes Raster für die Erstanalyse:
Der Maßnahmenkatalog, der für die jeweilige Kategorie vorgesehen ist, kann auch bereits den Recherchebedarf konkretisieren und überflüssige Arbeiten ersparen.

Zu den konventionellen Methoden gehört die Segmentierung anhand von Matrix-Clustern (vg. Abb. 6). Für den anlageorientierten Immobilieneigentümer wird ein eindimensionales Modell in der Regel nicht ausreichend sein. Er könnte sich an einfachsten Kennzahlen orientieren, wie zum Beispiel dem Mietenvervielfältiger. Dieser könnte sich aber allenfalls aus Buchwerten ergeben, wenn nicht zufällig aktuelle Gutachten vorhanden und auch ohne weitere Recherchen verfügbar sind.

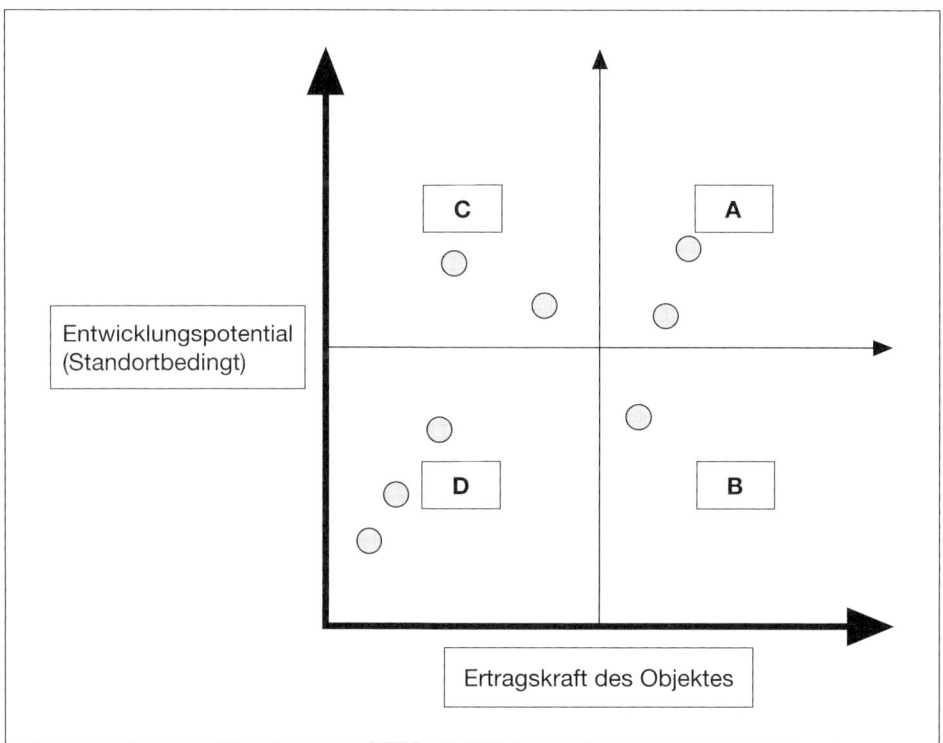

Abb. 6: Portfolio-Segmentierung durch Matrix-Cluster

Hier sind bereits im Stadium der ersten Grobanalyse mehrdimensionale Kategorisierungen erforderlich. Dabei werden für jede einzelne Immobilie zwei Meßkriterien herangezogen, die in eine Matrix eingetragen werden. Während beispielsweise auf der x-Achse der Brutto-Mietenvervielfältiger seinen Platz finden könnte, ist die Abschätzung des Entwicklungspotentials eines Objekts ungleich schwieriger. Hier kann man sich helfen mit Scoring-Modellen, die beispielsweise weiche Standortfaktoren in Zahlenwerte umsetzen. Ansonsten könnte z. B. zur Bezifferung von Makrostandortqualitäten auf synthetische Kennzahlen, wie zum Beispiel der Trend des Quotienten von Arbeitslosigkeit und Bevölkerungsmigration, zurückgegriffen werden.

Die vier Quadranten stehen für Maßnahmenkataloge, die in Abb. 7 dargestellt sind.

Klasse	Meßkriterium: prognostizierte Objektperformance	Priorität	
A	Das vorhandene Potential realisieren und dann nach erneuter Prüfung entweder verkaufen oder im Dauerbestand behalten	4	Zu vermutende hohe Buchwertverzinsung läßt auf geringen Zeitdruck schließen; Potential sollte durch Optimierung/Abwarten realisiert werden
B	Verkaufen oder im Bestand halten	2	Zu vermutende schlechte Buchwertverzinsung erfordert sofortige Prüfung, ob man es sich erlauben kann, die Potentialrealisierung abzuwarten; Ertragsoptimierung kann den Zeitfaktor entschärfen
C	Verkaufen oder erst entwickeln und dann verkaufen	3	Zu vermutende hohe Verzinsung gewährt Zeitpuffer, Handlungsbedarf ist aktuell gering, weil Potential durch Entwicklung ebenfalls gering
D	Sofort verkaufen	1	Sofortiger Prüfungs- und Handlungsbedarf

Abb. 7: Maßnahmenkatalog

Dies entspricht weitgehend der allgemein üblichen Beschreibung als Star (A), Question mark (C), Dog (D) und Cash cow (B).

Nimmt man nun weitere Selektionskriterien hinzu, so entstehen zunächst Würfel und sodann n-dimensionale Differenzierungsmodelle, die sich nicht mehr umfassend graphisch darstellen lassen. Sie lassen sich jedoch mit modernen Analysetools auch in ihrer n-Dimensionalität auswerten.

Bei extrem großen Portfolios oder bei solchen, deren Zusammensetzung weitgehend unbekannt ist, lassen sich die Selektionskriterien nicht ohne weiteres erkennen. In diesem Fall wird es notwendig sein, mit einer Stichprobe zu arbeiten. Diese gibt dann lediglich eine Richtung für die ersten Schritte. Bereits während der Datenerfassungsphase müssen die Vorarbeiten für das spätere Portfolio-Management beginnen. Deshalb sollte zu Beginn der Datenerfassung darauf verzichtet werden, ausschließlich jene Objekte zu untersuchen, denen in der ersten Grobanalyse höchste Priorität zugemessen wurde. Vielmehr sollte in der ersten Phase eine Objektauswahl angearbeitet werden, die für alle Objektklassen repräsentativ ist. Sollten sich nach der Analyse dieser Objekte die Anfangsannahmen nicht bestätigen, kann das Analysemodell verbessert werden. Nach der Verbesserung des Analysemodells wird sich in der Regel herausstellen, daß der Informationsbedarf größer ist als erwartet. Dies bedeutet, daß auch die Informationen über die Stichprobenobjekte unvollständig sind. Sie sollten zuerst komplettiert werden, bevor das Modell als abschließend betrachtet wird. Ein erneuter Abgleich zwischen Stichprobe und Modell erlaubt es, die Verwendbarkeit des Modells zu beurteilen. Es muß dann die Entscheidung über die Brauchbarkeit des Modells getroffen werden. Erst auf der Basis dieses verbesserten Modells sollte dann anhand der Priorisierung der Objekte gearbeitet werden (vgl. Abb. 8).

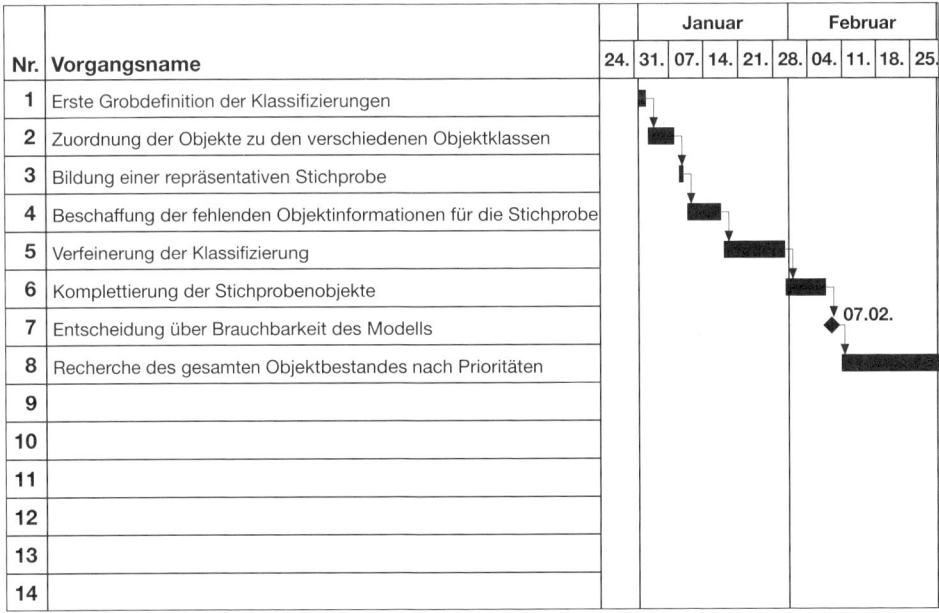

Abb. 8: Erstanalyse eines Portfolios, Ablauf

Auch hier findet ein Phasenmodell ohne Parallelarbeit Anwendung. Der mit der Stichprobenbearbeitung verbundene Zeitverlust muß dann in Kauf genommen werden. Das Verfahren lohnt sich also nur bei der Erstanalyse besonders umfangreicher und komplexer Portfolios.

Wenn nämlich alle Objekte des Portfolios recherchiert sind, muß ohnehin eine erneute Überprüfung des Modells stattfinden. In der Tat wäre es tragisch, zu diesem Zeitpunkt festzustellen, daß das Modell völlig untauglich war und daß die Recherche die richtigen Antworten auf die falschen Fragen geliefert hat. Ein solcher Fehlschlag wäre nämlich auch mit beachtlichen Kosten verbunden[8]. Die Wahrscheinlichkeit, daß ein Selektionsmodell, das bereits einmal anhand einer Stichprobe überprüft worden ist, so grundlegend falsch ist, ist erfahrungsgemäß genauso gering, wie die Hoffnung, das Modell möge alle Fragen beantworten, in der Regel trügt. Deshalb werden in den späteren Stadien durch ein prozeßbegleitendes Controlling immer wieder steuernde Eingriffe erforderlich sein.

2.2.3 Datenerfassung

Die Erfassung der Daten sollte tunlichst so geschehen, daß eine computerisierte Auswertung und Weiterbearbeitung möglich ist. Auch sollten parallel zu Erfassung und Bearbeitung die Pflege und Aktualisierung der Dateien gewährleistet sein. Die Organisation des Projektes bzw. der Abteilung muß diese Notwendigkeit von Anfang an berücksichtigen. Das bedeutet, daß auch Erfassungsformulare und Datenbankstrukturen von Anfang an identische Inhalte und Formate haben müssen.

Die einzusetzende Hard- und Software hängt von einer Vielzahl von Parametern ab. Sie kann nur in seltenen Fällen anhand der Projektbedürfnisse frei gewählt werden. Nicht nur die Anschaffungskosten reduzieren das Wünschbare auf das Machbare. Insbesondere die firmen- oder behördeninternen Standards werden die Anwendung bestimmter Geräte und Programme nahelegen oder erzwingen.

Als Minimalkonfiguration wünschenswert ist der Einsatz eines LAN[9], bei dem mehrere Personalcomputer durch Kabel dergestalt miteinander vernetzt sind, daß sie auf einen einheitlichen Datenbestand zugreifen können. Bei kleineren Portfolios wird eine Insellösung, also ein einzelner, alleinstehender PC genügen. Gewarnt werden muß vor Lösungen, bei denen mehrere

---

8 … und seien es nur die so gerne übersehenen „stillen Kosten", die durch die Inanspruchnahme der organisationseigenen Ressourcen entstehen.
9 LAN (Local Area Network), lokales Netzwerk oder WAN (Wide Area Network).

nicht miteinander verbundene Einzelrechner jeweils Teilaspekte speichern und bearbeiten. Hier besteht die Gefahr, daß sich im Laufe des Projektes redundante Datenmodelle entwickeln, die nach kurzer Zeit auch abweichende Inhalte aufweisen werden. In Netzwerken muß die Software ebenfalls netzwerkfähig sein und die Pflege und Bedienung des Netzwerkes durch entsprechende Fachleute gewährleistet sein. Optimal ist die Verwendung eines WAN (Wide Area Network), die es gestattet, Eigentümer, Portfolio-Manager und sonstige Dienstleister miteinander zu vernetzen.

Herz der Datenerfassung ist eine Datenbank, die objektrelevante Informationen speichert. Es ist eine Frage des konkreten Anwendungsfalles, ob die Daten in einer Datei oder in einem Netz miteinander verbundener Dateien („Tabellen") abgelegt werden. Um die Verwaltung größerer Immobilienbestände zu organisieren, muß eine entsprechende Spezialsoftware eingesetzt werden, die für alle Rechnergrößen vom PC bis zum externen Rechenzentrum angeboten wird.

2.2.4 Bewertung des Bestandes

Wesentlicher Bestandteil der Portfolio-Analyse ist die Bewertung der einzelnen Immobilien und damit auch des gesamten Immobilien-Portfolios. Die Wertermittlung ist erforderlich, um die Performance des Portfolios bestimmen zu können, die Rendite, den Return on capital employed, mit anderen Worten, um die Einnahmen aus dem Portfolio in ein Verhältnis zum eingesetzten wirtschaftlichen Wert zu bringen.

Die Bewertung der Einzelobjekte wird auch benötigt, um später im Wege des Benchmarkings leistungsstarke und leistungsschwache Objekte miteinander vergleichen zu können, um Ansatzpunkte für die Optimierung der Gesamtperformance zu finden, sei es im Wege der Objektoptimierung, sei es im Wege der Portfolio-Umschichtung.

Für die Risikoanalyse werden die Werte der Einzelobjekte benötigt, um wirtschaftliche Risikohäufungen feststellen zu können; die Zuordnung überproportional hoher Vermögenswerte beispielsweise in bestimmten Nutzerbranchen oder Regionen muß zwar nicht falsch sein, bedarf aber der ständigen Reflexion und Überprüfung vor dem Hintergrund eines sich ständig wandelnden Marktes.

Die wohl einfachste Form der Bewertung ist der Rückgriff auf die Buchwerte des Eigentümers. Steuerliche Sonderabschreibungen sollten hier natürlich außer acht bleiben, da sie das Bild verfälschen. Setzt man die so ermittelten Buchwerte in ein Verhältnis zu den Mieteingängen, so wird man vielfach feststellen, daß das Ergebnis nicht plausibel ist. Dies kann daraus resultieren, daß ein Objekt zu überhöhten Preisen eingekauft wurde und die nunmehr realisierten Mieten und sonstigen Einnahmen diesen Preis nicht (mehr) rechtfertigen. Man kann dann aber noch keine Aussage treffen, ob diese Diskrepanz wirklich auf einen überhöhten Einkauf oder aber auf ein unzureichendes Objekt-Management zurückzuführen ist. Ähnliche Diskrepanzen, aber mit umgekehrtem Vorzeichen, können sich ergeben, falls die Buchwerte marktbedingte Wertsteigerungen, die zu Mieterhöhungen geführt haben, nicht ausdrücken.

Die sicherste Form der Bewertung ist die Verkehrswertermittlung nach der Wertermittlungsverordnung. Läßt man eine solche Bewertung durch einen öffentlich bestellten (sogenannten vereidigten) Sachverständigen vornehmen, so können die vom Sachverständigen ermittelten Werte (Ertragswert, Substanzwert, Vergleichswert und daraus resultierend der Verkehrswert) zur Grundlage vielfältiger Auswertungen gemacht werden.

Sie wird aber nur in geringem Umfang die Entwicklungsmöglichkeiten des Objekts wiedergeben und sich in erster Linie auf den Status quo konzentrieren.

Außerdem ist eine kompetente und qualifizierte Überprüfung des externen Gutachtens erforderlich.

Die einzelobjektbezogene Bewertung kann aber insbesondere bei größeren Beständen zu einem Mengen-, Zeit- und damit auch zu einem Kostenproblem führen. Es liegt also nahe, vereinfachte Bewertungsverfahren zu suchen. Bei ihnen stellt sich jedoch jeweils die Frage, ob sie in der Lage sind, den Verkehrswert in einer der Bundeshaushaltsordnung entsprechenden Weise zu ermitteln. Gemäß § 63 III BHO muß bei der Veräußerung von Grundstücken durch den Bund der Verkehrswert bei der Preisermittlung zugrunde gelegt werden.[10] Nach § 105 BHO gilt das Verkehrswertprinzip auch für bundesunmittelbare juristische Personen des öffentlichen Rechts. Für Länder und Kommunen finden sich ähnliche Vorschriften in den Landeshaushaltsordnungen. Für die neuen Bundesländer gilt § 49 der Kommunalverfassung vom 17. Mai 1990 i. V. m. Anlage II Kapitel II Sachgebiet B Abschnitt I des Einigungsvertrages vom 31. August 1990.[11] Ein Verkauf von Immobilien im Eigentum einer juristischen Person des öffentlichen Rechts zu einem unter dem Verkehrswert liegenden Preis wäre, wenn keine Rechtfertigung durch Verbilligungsrichtlinie oder sonstiges Haushaltsrecht vorliegt, ein Rechts-

---

10 Ausnahmen hiervon sind die sogenannten „Verbilligungsrichtlinien", die bei Vorliegen genau umrissener Ausnahmetatbestände eine Veräußerung zu niedrigeren Preisen erlauben.
11 BGBl. II 1990, 885.
12 Vgl. als Beispiel: § 67 II 1 der Thüringer Kommunalordnung.
13 Zum Beispiel das Liebesverfahren der TLG Treuhand Liegenschaftsgesellschaft.

bruch, der disziplinarische oder sogar strafrechtliche Konsequenzen für die Handelnden nach ziehen kann. Vereinfachte Bewertungsverfahren als Grundlage für Verkaufs- oder auch Vermietungsgeschäfte[12] sollten deshalb nur mit größter Zurückhaltung eingesetzt werden. Für die hausinterne Bewertung des Immobilien-Portfolios können sie jedoch wertvolle Hilfestellungen leisten und die Entwicklung einer Portfolio-Strategie unterstützen. Als Auswege bieten sich eine Bewertung nach dem Miethöhenmultiplikator und Kurzgutachten nach standardisierten, EDV-gestützten Bewertungsverfahren[13] an. Bei unbebauten Grundstücken kann auch auf die Auskunft des örtlichen zuständigen Sachverständigenausschusses bzw. die Einsicht in die Bodenrichtwertkarte zurückgegriffen werden, die erste Anhaltspunkte über den Bodenpreis gibt. Der Blick in die Bodenrichtwertkarte erspart allerdings nicht die kundige Besichtigung vor Ort, da innerhalb eines in der Bodenrichtwertkarte ausgewiesenen einheitlichen Preisgebietes sehr hohe massive Schwankungen je nach Lage des einzelnen Grundstückes auftreten können.

Aus Sicht eines renditeorientierten Anlegers, sei es ein privater, sei es ein institutioneller Anleger, wird sich der Wert des in seinem Eigentum befindlichen Immobilienbestandes in erster Linie nach den Auszahlungen bemessen, die der Immobilienbestand seinem sonstigen Vermögen gewährt. Renditegesichtspunkte werden für ihn im Vordergrund stehen. Insofern ist der anlageorientierte Immobilienbesitzer dem Aktienanleger vergleichbar.

Die geeignete Methode zur Bewertung eines Immobilienbestandes aus seiner Sicht ist die Barwertmethode, bei der Überschüsse, die der Immobilienbestand bei Abzug von Aufwendungen aller Art generiert, kapitalisiert werden. Will man Gesichtspunkte des Shareholder-Value-Prinzips auf die Bewertung von Immobilienbeständen überführen, so bietet sich eine Bewertung nach dem Croci-Prinzip (Cash return on capital invested) an. Voraussetzung ist aber, daß die Eingangswerte der einzelnen Immobilien zu realistischen Preisen bekannt sind, was bei Beständen, die sich seit längerer Zeit im Eigentum des jetzigen Eigentümers befinden, oft nicht der Fall ist. Die Barwerte lassen sich, wenn der Bewirtschaftung eine funktionierende EDV-Struktur zugrunde liegt, relativ schnell aus dem Gesamtbuchwerk ermitteln. Zugrunde zu legen sind für den jeweiligen Zeitabschnitt die Mieteinnahmen abzüglich Bewirtschaftungskosten aller Art. Ebenfalls sind die Instandsetzungskosten abzuziehen. Modernisierungskosten sollten nicht mit einbezogen werden; sie müssen nach der erzielbaren Mietsteigerung nach der Return-on-Investment-Methode (ROI) erfaßt werden. Vielfach wird sich herausstellen, daß der so ermittelte Barwert vom Verkehrswert, der nach der Bewertungsverordnung ermittelt wurde, abweicht. Die Bewertungsverordnung berücksichtigt aber neben dem Ertragswert auch den Substanzwert und den Vergleichswert einer Immobilie (und damit natürlich auch der Summe der Immobilien, nämlich des Portfolios). Die Gründe für die Abweichungen können vielfältig sein; sie können bei einem abweichenden Vergleichswert u.a. darin liegen, daß die Verkehrsanschauung dem jeweiligen Standort langfristige Wertsteigerungsperspektiven zubilligt, die sich z. Zt. noch nicht in Zahlungsströmen und erhöhten Mieten niedergeschlagen haben. Dies kann erstes Indiz für einen Optimierungsansatz im Einzelobjekt sein. Zu bedenken ist weiterhin, daß die Wertermittlung über Vergleichswerte zwar für Einzelobjekte erprobt und realisierbar ist, bei ganzen Portfolios aber im Zweifel versagen muß, da die Verschiedenheit der Portfolios Vergleiche verbietet und über vergleichbare Portfolios nur wenige Kerndaten allgemein zugänglich sind. Der Portfolio-Manager, der mehrere Bestände betreut, kann hier auf Benchmarkingsysteme zurückgreifen und verfügt so über einen Informationsvorsprung, den er zugunsten eines Auftraggebers einsetzen kann.

2.2.5 Benchmarking

Benchmarking bedeutet, die Kennzahlen von Objekten oder Portfolios miteinander zu vergleichen, um so die relative Positionierung des Vergleichsgegenstandes auszudrücken. Soweit die zu vergleichenden Merkmale meßbar, wägbar oder in Geldbeträgen auszudrücken sind, ist dies problemlos möglich, falls die zugrundeliegenden Zahlen realitätskonform erfaßt worden sind.

Viele Merkmale einer Immobilie oder eines Portfolios sind numerisch aber nicht ohne weiteres formulierbar. Es müssen deshalb Kennzahlen, ggf. synthetische Kennzahlen gefunden werden. Notfalls müssen subjektive Einschätzungen über Scoring-Modelle arithmetisch faßbar gemacht werden. Aber die scheinbare Präzision der so geschaffenen Zahlenwerke darf nie darüber hinwegtäuschen, daß ihnen subjektive Bewertungen zugrunde liegen. Die Qualität eines Scoring-Modells liegt also weniger in seiner komplexen Ausgestaltung als vielmehr in seiner Handhabbarkeit und Verständlichkeit für die Mitarbeiter, die es anwenden sollen. Wieviel man ihnen zumuten darf, hängt nicht nur von der Ausbildung, sondern mehr noch von der Erfahrung der einzelnen ab.

2.3 Optimierung

Natürlich muß von Anfang an klar sein, mit welcher Zielsetzung man das Portfolio analysiert. Steht von vornherein fest, daß Verkauf und Liquidität im Vordergrund stehen, wird die Ertragsoptimierung des Einzelobjektes nur in Form der Zwischennutzungsphase relevant sein. Dabei versucht man während der Zeit, die bis zum Verkauf vergeht, die Einnahmesituation durch kurzfristige Nutzungen zu verbessern oder aber, zur Senkung nicht umlagefähiger Nebenkosten, Objekte mit Leerständen über 50 % und sanierungsbedürftiger Substanz leerzuziehen. Dient das Portfolio nicht nur Renditezwecken, sondern werden die Immobilien auch für andere Zwecke (Wirtschaftsförderung, kulturelle oder mildtätige Zwecke) verwendet und erwirtschaften sie deshalb nicht den Ertrag, der bei Ausschöpfen aller immobilienwirtschaftlichen Instrumente erzielbar wäre, so kann an dieser Stelle der Ertragsverlust, der durch Verzicht auf Optimierungsmaßnahmen entsteht, ausgewiesen werden. Er stellt dann eine Erfolgsziffer für den Eigentümer bei der Verfolgung seines Primärzweckes dar.

So könnte man etwa die Differenz zwischen marktüblicher Miete und einer gewollt subventionierten Miete für eine sozialpflegerische Einrichtung über die Laufzeit des Mietvertrages diskontieren, um darzulegen, wie zum Beispiel ein gemeinnütziger Verein als Eigentümer seinen Vereinszweck verfolgt und fördert.

2.3.1 Optimierung einzelner Liegenschaften

In der Regel werden aber Ertragsoptimierung und damit die Wertentwicklung der Objekte und des Portfolios im Vordergrund stehen. Begrenzender Faktor für alle Optimierungsansätze sind neben den Marktverhältnissen und Finanzierungsaspekten in erster Linie rechtliche Bindungen. Deshalb ist es sinnvoll, den Ansatz über die Vertragslaufzeiten zu wählen (vgl. Abb. 9).

Diese Tabelle kann in vielfältiger Weise ausgebaut werden. Aus den monatlichen Salden läßt sich der aktuelle Barwert des Objektes errechnen, wenn alle Erlös- und Kostenfaktoren berücksichtigt worden sind. Die Bindungszeiten der Verträge geben auch einen Arbeitsplan für die Objektoptimierung. Ergänzt man die Tabelle um die vorzunehmenden Maßnahmen und die zu erwartenden Ergebnisse für die Ertrags- und Kostenstruktur, so lassen sich auch die Wertsteigerungen des Einzelobjektes prognostizieren und Korrelationen zu den Risiken des Objektes herleiten (siehe unten).

Die immobilienwirtschaftliche Optimierung erfordert dann alle Instrumente des immobilienwirtschaftlichen Werkzeugkastens: Neuvermietungen,

Objekt Hauptstraße 14 in A-Stadt														
		1997												
Rechtsverhältnis	Bindungszeit	1	2	3	4	5	6	7	8	9	10	11	12	
Mietvertrag 1	01.01.1999													
Mietvertrag 2	31.12.1997													
Mietvertrag 3	30.06.2005													
Mietvertrag 4	31.03.2003	Zahlungsstrom pro Einheit												
Mietvertrag 5	31.12.2010													
Verwaltervertrag	30.06.1997													
Bewachungsvertrag	31.03.1997													
		Saldo												
Maßnahme 1	01.01.1998													
Maßnahme 2	01.05.1999	Saldierter Maßnahmeeffekt												
Maßnahme 3	01.06.2000													
		Saldo												

Abb. 9: Optimierungsmethode über die Vertragslaufzeiten

Instandsetzungen und Modernisierungen, soweit sie sich durch Mietanpassungen refinanzieren lassen, Nebenkostensenkungen durch technische Maßnahmen und modernes Gebäude-Management, Mikrostandortmarketing zur Steigerung von Umsatzmieten, Initiierung von Werbegemeinschaften unter den Mietern in Großobjekten, professionelles Center-Management, Verbesserung der Verkehrsanbindung, Verhandlungen mit der Kommune über die ÖPNV-Anbindung, Einbeziehung von Gebäuden in städtische Wegeleitsysteme und letztendlich auch die Umgestaltung der Immobilie zur Serviceimmobilie mit ganzheitlichem Facility-Management – alles ist zu prüfen und zu kalkulieren. Jede Einzelmaßnahme wird von einer Wirtschaftlichkeitsberechnung begleitet, die ausweist, wie ein entsprechender Return on Investment bzw. eine angemessene interne Verzinsung erzielt werden kann.

Dies setzt, wenn ein laufendes Mietverhältnis betroffen ist, voraus, daß eine Übereinkunft mit dem Mieter gefunden werden kann, die zu einer Refinanzierung der Maßnahme, zum Beispiel durch Mieterhöhung, führt. Wenn dem Mieter gewährleistet werden kann, daß die „zweite Miete", also die umlagefähigen Betriebs- und Nebenkosten, in angemessenem Umfang reduziert werden, lohnt es sich für ihn, die dafür erforderlichen Investitionen, beispielsweise in Außenisolierung, über eine Mieterhöhung mitzutragen. Gebäude, die in den sechziger Jahren errichtet wurden, entsprechen nicht dem heutigen Stand der Technik. Hohe Energiekosten, „sick-building-syndrome", veraltete Klimatechnik, unzureichende Kommunikationsinfrastruktur, nachteilige Umfeldveränderungen und fehlende hausinterne Dienstleister können die Auslöser dafür sein, daß ein jahrzehntelanger Hauptmieter einen Standortwechsel ins Auge faßt. Bereits mehrere Jahre vor dem Auslaufen des Mietvertrages sollte zusammen mit diesem Mieter ein kundengerechtes Optimierungskonzept entwickelt werden, das den Mieter rechtzeitig an den Standort bindet.

Ist ein älteres Büroobjekt durch eine unzureichende Ausstattung mit Parkplätzen belastet, bietet es sich unter Umständen an, einen Parkhausneubau zusammen mit einem benachbarten Kinobetreiber zu konzipieren, um eine zeitliche Erweiterung der Nutzung zu ermöglichen. Ähnliche Parkplatzsynergien sind denkbar zwischen einem Einkaufszentrum und einem Fußballstadion. Ist in einem Großgebäude der Leerstand nicht in vertretbarer Zeit durch Akquise eines Großmieters abzubauen, ist die kleinteilige Vermietung zu prüfen. Bauliche Merkmale stehen dem oft entgegen. Rastermaße, Gebäudetiefe, Plazierung von Aufzugsschächten, Feuerfluchttreppen unter Berücksichtigung der Hochhausverordnung und der Versammlungsstättenrichtlinie, Sanitär- und Sozialräume müssen umgestaltet, ggf. in ausreichendem Maße geschaffen werden. Intelligentes Design und Management von Wartezonen, Besprechungsräumen, Foyers, Telefonzentrale und Bürotechnik können dann für die neuen Mieter Kosteneinsparungen bringen. Für den Vermieter wird sich allerdings das Problem stellen, daß sich das Verhältnis von Bruttonutzfläche zu Nettonutzfläche verschlechtert.

Die daraus resultierenden Mieteinbußen können allenfalls über Serviceangebote kompensiert werden. Viele Mieter, insbesondere solche mit geringem Flächenbedarf, scheuen die vermeintliche Anonymität der Großimmobilie, weil sie befürchten, dort kein eigenständiges Unternehmensprofil gewinnen zu können, quasi unterzugehen. Ein besucherfreundliches Kundenleitsystem mit Wegweisern vom Eingangsfoyer bis zum Schreibtisch, farbliche Differenzierung in der Innenausstattung, aber auch gestalterische Auflockerung der Fassade können hier helfen. Besonderes Augenmerk muß darauf gelegt werden, die Außenwerbung des neuen Mieters mit den Interessen der vorhandenen Mieter und dem Standortmarketingkonzept des Objektes zu harmonisieren.

Auch die Verbesserung des Umfelds und die Einbeziehung des Objektes in die stadträumliche Lage können die Attraktivität eines Objektes verbessern. Dies wird in der Regel aber nur in Zusammenarbeit mit der Kommunalverwaltung möglich sein. Eine Erleichterung des Zugangs, eine neu zu schaffende Abbiegerspur oder eine bessere fußläufige Verbindung zur nächsten Bus- oder Bahnhaltestelle, gegebenenfalls durch eine zusätzliche Fußgängerampel, können unter Umständen erreicht werden, indem auf der Basis eines öffentlich-rechtlichen Vertrages, wie er in den Verwaltungsverfahrensgesetzen der Länder vorgesehen ist, die Kosten zwischen Gemeinde und Vermieter geteilt werden. Einzelhandelsmieter profitieren oft von einer Verbesserung der Anlieferungsmöglichkeiten durch Schaffung von Ladezonen, die der Vermieter mit den Straßenverkehrsbehörden abstimmen sollte. Konzessionsfragen bei der Vermietung an Gastronomiebetreiber sollten vom Fettabscheider bis zum Abluftsystem vermieterseitig betreut und begleitet werden. Diese Beispiele zeigen, daß in der entscheidenden Phase der Mietvertragsverhandlungen eine Kundenbetreuung stattfinden muß, die fast schon die Intensität einer Unternehmensberatung erreicht. Nicht ausreichend ist es, dem Mietinteressenten eine bestimmte Anzahl an Quadratmetern Mietfläche anzubieten und es ihm zu überlassen, den steinigen Weg durch die Unzahl von Ämtern zu gehen. Er wird den Mut verlieren, überfordert sein und seine Zukunft in einem Neubauobjekt suchen.

Der Portfolio-Manager wird sich zur Erfüllung dieser Aufgaben in der Regel externer Dienstleister bedienen, da das Spektrum der Möglichkeiten so breit ist, daß ein einzelnes Unternehmen nur in den seltensten Fällen für jede Spezialaufgabe ausreichend erfahrene und spezialisierte Mitarbeiter haben wird. Lediglich wenige Großunternehmen verfügen in ihren Konzerntöchtern über die ganze breite Palette des Know-how-Spektrums. Insbesondere die Revitalisierung von Einkaufszentren durch Veränderung des Branchenmix, Standortmarketing, Schaffung einer Erlebniskomponente, Neugestaltung der Fußgängerströme, Vernetzung mehrerer Etagen und Neugestaltung des Gastronomiebereiches sollte Spezialisten überlassen werden.

2.3.2 Optimierung des Portfolios

Renditeschwächen oder Risiken lassen sich nicht immer durch die Optimierung des jeweiligen Objekts beseitigen. Manche Objekte sollten aus dem Bestand entfernt und durch bessere oder optimierungsfähige ersetzt werden. Deshalb muß das Portfolio turnusmäßig daraufhin überprüft werden, ob eine strategische Umschichtung erforderlich ist. Die optimale Umschlagsgeschwindigkeit läßt sich ermitteln aus der Barwertsteigerung, die der Portfolio-Manager durch die Objektoptimierung im Jahresdurchschnitt erzielt, in Korrelation zur internen Verzinsung des im Portfolio angelegten Kapitals. Ist die Optimierungsrendite höher als die Rendite aus dem Halten eines optimierten Objekts, sollte die Umschlagsgeschwindigkeit erhöht werden. Aber auch Risikohäufungen lassen sich beheben, indem durch Verkauf einzelner Objekte eine wunschgemäße Diversifikation und damit Risikostreuung hergestellt wird. Besonders schwer wird diese Entscheidung, wenn die Risikominimierung nur durch prozyklische Verkäufe erreicht werden kann. Verfügt der Portfolio-Manager über ausreichende Marktkenntnis, so wird er wissen, in welcher Phase des Schweinezyklus sich die jeweiligen Immobilienteilmärkte befinden. Er wird Portfolio-Umschichtungen langfristig vorausplanen und so einerseits Verkäufe in Krisenzeiten vermeiden können, andererseits antizyklisch einkaufen, um marktbedingte Wertzuwächse, die für eine akzeptable Gesamtrendite unverzichtbar sind, realisieren zu können.

Im Umgang mit dem Portfolio sollte deshalb ein maßvolles Risikobewußtsein nicht nur jede Einzelmaßnahme begleiten, Risikoanalyse und -Management sind ein wesentlicher Teil des Dienstleistungsprodukts „Portfolio-Management" (vgl. Abb. 10). Hier sollen einige Risikoaspekte exemplarisch geschildert werden.

- Regionale Konzentration
- Häufung bestimmter Immobilientypen (nur Einzelhandel)
- Konzentration auf Mieter bestimmter Branchen
- Einheitliche Altersstruktur
- Anfälligkeit für bestimmte makroökonomische Trends

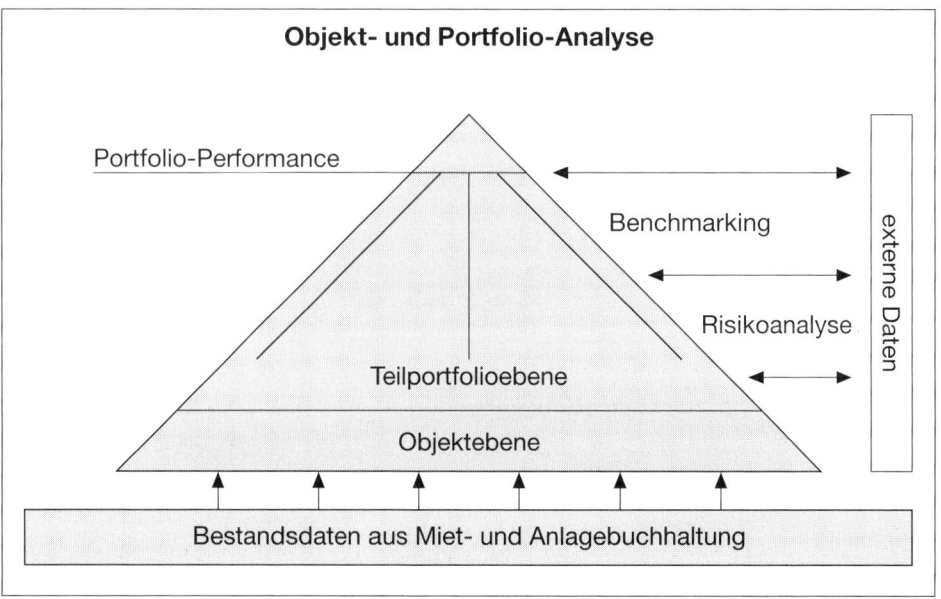

Abb. 10: Generieren der Portfolio-Auswertung aus den Objektdaten

Ein relativ leicht zu erfassender und auch aus der Mietbuchhaltung problemlos abzubildender Risikofaktor ist die Laufzeit der Mietverträge. Insbesondere bei gewerblichen Großobjekten kommt es oft zu Konstellationen, bei denen mehrere Mietverträge zeitnah zueinander auslaufen. Um den Risikozeitpunkt zu ermitteln, kann auf die durchschnittliche Laufzeit der Verträge abgestellt werden. Besser als ein solches arithmetisches Mittel der durchschnittlichen Vertragsenddaten ist aber ein nach Miethöhe gewichtetes Mittel (vgl. Abb. 11).

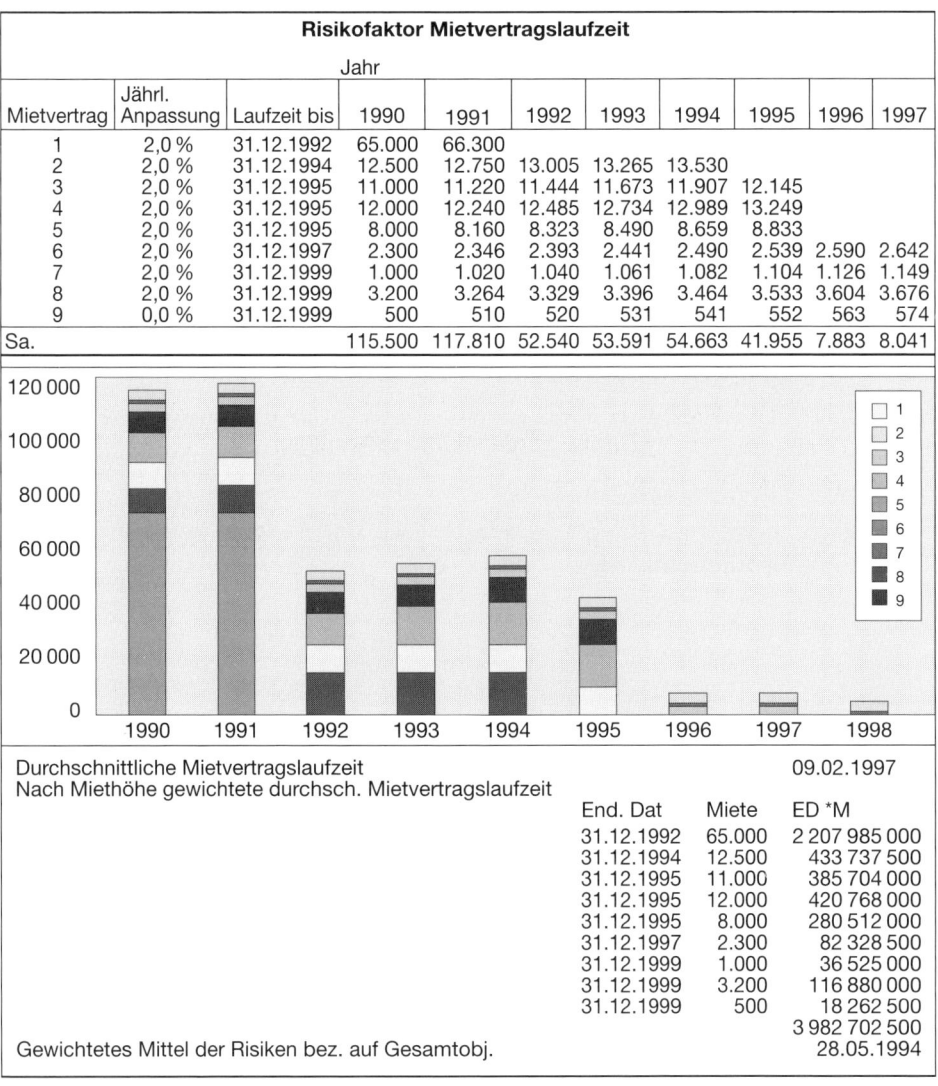

Abb. 11: Mietvertragslaufzeit als Risikofaktor

Der so gewonnene „Tag des maximalen Risikos" ist dem „mittleren Zinstag" vergleichbar und kann wiederum im Portfolio-Vergleich verwendet werden.

Auch eine über dem Markt liegende Plazierung eines Objektes kann einen Risikofaktor darstellen, nämlich wenn beim Auslaufen eines Vertrages mit einer gleichwertigen Verlängerung nicht zu rechnen ist.

Nach Ermittlung des relevanten Teilmarktes unter Berücksichtigung von Branche und Region werden die Vergangenheitszahlen für den Markt (Vergleichsobjekte) und das zu prüfende Objekt (Portfolio) in Form einer Trendprognose fortgeschrieben. Dabei darf natürlich nicht auf blinde Arithmetik vertraut werden. Es muß überprüft werden, ob die abgeschlossenen Verträge eine Fortschreibung der Vergangenheitstrends denn überhaupt erlauben. Objekt 2, das in seinem Trend deutlich über dem Markt zu liegen verspricht, erweist sich als Risikokandidat, der eine erhöhte Aufmerksamkeit verdient. Es besteht die Gefahr, daß der Mieter versuchen wird, den Mietvertrag zu beenden. Eine Neuvermietung zu Marktkonditionen würde dann zu einem Ergebnisrückschlag führen. Objekt 1, das die Marktentwicklung nicht ausreichend nachvollzieht, sollte betreut werden, bevor es in einer Turn-around-Situation ist und den Anschluß an die Entwicklung verloren hat. Obwohl dieses Objekt in der Vergangenheit eine über dem Markt liegende Performance zeigte, ergibt sich aus der Trendfortschreibung, daß es seine Position zu verlieren droht. Hier ist Ursachenforschung zu betreiben: Verhindern die Mietverträge eine turnusmäßige Anpassung? Steigt der Leerstand? Gibt es Auffälligkeiten bei den Bewirtschaftungskosten?

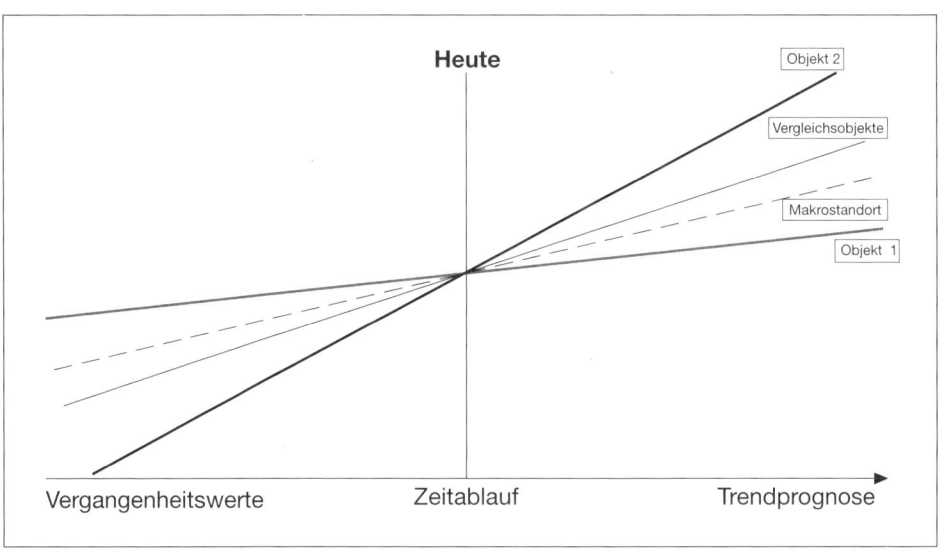

Abb. 12: Marktplazierung

In Abbildung 12 wird davon ausgegangen, daß alle Zeitreihen als Scoring-Modelle dargestellt werden, wobei auf der Zeitachse „Heute" alle Reihen auf einen Indexwert von 100 gesetzt wurden. Ähnliche Vergleiche lassen sich natürlich zwischen den Objekten und Makrostandortdaten vornehmen. (Wohnungsmieten und Beschäftigungszahlen und Migrationsdaten).

Für den Anleger/Eigentümer ist ein individuelles Risikoprofil zu ermitteln. Dabei bedarf insbesondere der Privatanleger der sensiblen Beratung. Oft ist sein Portfolio besonders risikobehaftet, weil:

- er es in einer bestimmten Lebensphase aufgebaut hat und die Gefahr besteht, daß ein Modernisierungsdruck zur Leerstandsabwendung in mehreren Objekten gleichzeitig auftritt;
- er das Portfolio aufgrund seiner Ortskenntnis regional konzentriert hat und deshalb mit seinen Immobilien vom Wohl und Wehe der Region abhängt. Liegt sein sonstiges Vermögen – zum Beispiel ein Gewerbebetrieb, Zulieferer eines großen Automobilwerkes in der Region – auch in der Region, so geben ihm die Immobilien nicht die zusätzliche Sicherheit, die er erwartet. Wird das Automobilwerk geschlossen, so entfällt nicht nur der größte Kunde seines Gewerbebetriebes, die nachfolgende Arbeitslosigkeit samt Kaufkraftverlust in der Region drückt auch auf die Umsätze seiner Gewerbemieter und die Solvenz seiner Wohnungsmieter;
- er aufgrund seiner sonstigen Affinität zu gewissen Branchen in seinen Immobilien einen Mietermix herbeigeführt hat, der weitgehend homogen und deshalb gleichartig krisen- und konjunkturanfällig ist (Beispiel: ein Sportartikelhersteller vermietet in seinen privaten Ladenlokalen mit Vorliebe an eine Sportartikel-Franchisekette);
- er besondere Schwerpunkte in der Finanzierung gewählt hat (Zinsrisiken);
- er die Immobilien nicht nur als Anlage, sondern auch als Alterssicherung benötigt.

Das Portfolio sollte deshalb ggf. mit zunehmendem Alter rechtzeitig so umstrukturiert werden, daß es wenig Umschichtungsbedarf hat, damit wenig Entscheidungsbedarf. Bei der Abwägung von Renditechance und Risiko, dem Verzehr der Substanz durch gewollten Instandhaltungsstau usw. müssen auch höchst persönliche Fragen mit dem privaten Anleger diskutiert werden:

Wie stark ist seine sonstige Alterssicherung? Wie ist die Absicherung seines Ehegatten? Wie hoch ist das Versorgungsbedürfnis seiner Kinder?

Schon diese Beispiele zeigen, daß umfassendes Portfolio-Management als Vermögensverwaltung einer Grundlage persönlichen Vertrauens bedarf.

3. Organisation

3.1 Aufbau- und Ablauforganisation

Portfolio-Management wird vielfach verstanden als eine Nebenaufgabe nicht-immobilienwirtschaftlicher Abteilungen, die in ihrem Kerngeschäftsfeld nebenbei auch mit Immobilien konfrontiert werden. Bei Immobilienunternehmen geht man oft davon aus, daß Portfolio-Management keine selbständige Funktion im Unternehmen, sondern die Aufgabe des Unternehmens sei.

Erfahrungen aus dem Bereich des Corporate-Real-Estate-Managements haben gezeigt, daß das vielfältige immobilienwirtschaftliche Know-how in den sonstigen Fachabteilungen nicht abgebildet werden kann. Unternehmensinterne Konflikte können darüber hinaus dazu führen, daß die strategische Bewirtschaftung des Immobilien-Portfolios aus dem Blickfeld gerät und den anderweitigen Zielerfüllungsvorgaben geopfert wird.

3.1.1 Arbeitsteilung oder ganzheitliche Bearbeitung

Es ist denkbar, daß die vielfältigen Aufgaben des Portfolio-Managements in Teams ganzheitlich an dem jeweiligen Portfolio bearbeitet werden. Dies bedeutet, daß für jedes Teilportfolio Teams vorhanden sind, die sämtliche Teilfunktionen, nämlich Bewertung, Analyse, Steuerung von Geschäftsbesorgern, ggf. auch Eigenobjektverwaltung und Bewirtschaftung, Einkauf und Verkauf, vorhalten.

Eine Alternative besteht darin, spezifische Fachabteilungen zu schaffen, die sich auf die jeweilige Funktion konzentrieren und diese für mehrere Portfolios oder Teilportfolios wahrnehmen. Die Entscheidung, welche Organisationsform die bessere ist, hängt von betriebswirtschaftlichen Größen ab; insbesondere die Anzahl der Teilportfolios, deren Größe und die Anzahl der an ihnen arbeitenden Mitarbeiter sind ausschlaggebend. Im Zweifel ist eine teamorientierte und ganzheitliche Betreuung des jeweiligen Portfolios durch ein ergebnisverantwortliches Team vorzuziehen. Dies setzt aber voraus, daß Zielkonflikte, die innerhalb der ganzheitlichen Teamorganisation auftreten können, erkannt werden und eine Gegensteuerung sichergestellt ist. Derartige Interessenkonflikte können insbesondere auftauchen, wenn die Entscheidung zwischen der Veräußerung eines Objektes einerseits und seiner Optimierung andererseits zu treffen ist. Der mit dem Management der Portfolios Beauftragte muß sich insofern davor hüten, im eigenen Unternehmen als „Dienstleistungsfunktionen" jene Problemkonstellation erneut abzubilden, die den Eigentümer veranlaßt hat, im Wege des Outsourcings beim Portfolio-Manager Hilfe zu suchen.

3.1.2 Outsourcing

Erfahrungen aus dem privatwirtschaftlichen Immobilien-Management haben gezeigt, daß es betriebswirtschaftlich nicht immer sinnvoll ist, innerhalb des eigenen Unternehmens spezielle Abteilungen oder Organisationseinheiten zu schaffen, deren hauptamtliche Aufgabe darin besteht, eine effiziente Immobilienbewirtschaftung zu entwerfen, zu planen und durchzuführen.

Lediglich groß angelegte Konzernstrukturen sind in der Lage, das erforderliche Fachwissen für solche Aufgaben vorzuhalten. Auch sie tun es in der Regel durch Ausgründung entsprechender Management-Gesellschaften, die bei Bedarf zu immobilienwirtschaftlichen Eigentumsgesellschaften fortentwickelt werden.

Die Erfahrung hat auch gezeigt, daß insbesondere in der Planungs- und Analysephase eingekauftes Know-how in Form von immobilienerfahrenen Beratungsunternehmen den kostengünstigsten Einstieg in das Thema gewährleistet. Auf diese Art und Weise können Kosten und Nutzen in einer Grobschätzung gegeneinander abgewogen und beurteilt werden, ob es sich unter Berücksichtigung des vorhandenen Immobilienbestandes und des abzuschätzenden Regelungsbedarfes überhaupt lohnt, eigene Organisationen aufzubauen. Gegen die Einschaltung externer Berater und Dienstleister bestehen vielfach Vorbehalte. Während die Beratungskosten feststehen, ist der Beratungserfolg im vorhinein schwer abzuschätzen. Für die Berufsgruppen der Unternehmensberater und Makler gibt es keine staatlich festgeschriebenen Berufszugangsregelungen oder Ausbildungsgänge, die die Qualität der Dienstleistung absichern. Schlechte Erfahrungen mit diesen Berufsgruppen schrecken die Entscheidungsträger oft ab.

Die Effektivität und Effizienz solcher Beratungsleistungen hängen von folgenden Voraussetzungen ab:

– Das Beratungsunternehmen muß eine gewisse Mindestgröße haben, um aus der breiten Palette der immobilienwirtschaftlich relevanten Fachbereiche eigenes Know-how zur Verfügung stellen zu können. Dies betrifft Fragen des Planungsrechtes, der Bewertung, der Erfassung, der EDV, der kaufmännischen Analyse, der Verwertung von Liegenschaften durch Vermietung und des Vertriebes durch den Verkauf sowie Spezial-Know-how in der Wohnungsprivatisierung;

– dieses Know-how muß in Form von fest angestellten Mitarbeitern in den Beratungsunternehmen vorhanden sein, da dazugekauftes Beraterwissen in der Regel flüchtig ist, Loyalität gegenüber dem Beratungsunternehmen und insbesondere gegenüber seinem Klienten nur in eingeschränktem Maße gewährleistet werden kann und der Klient sichergestellt haben möchte, daß der vom Beratungsunternehmen auf der Basis von Interimsverträgen eingekaufte Berater nicht drei Monate später als Rechtsanwalt „auf der Gegenseite" steht;
– das Beratungsunternehmen muß über umfangreiche eigene Erfahrungen in diesem Beratungssujet verfügen. Der Klient möchte von den Erfahrungen seines Beraters profitieren und nicht das Versuchskaninchen sein, an dem der Berater seine Erfahrungen erst macht;
– das Beratungsunternehmen muß darüber hinaus über Beratungserfahrungen verfügen, die es ihm gestatten, das eigene im Haus inhärente Fachwissen zugunsten des zu beratenden Klienten umzusetzen.

Dies bedeutet, daß als Beratungsunternehmen für öffentlich-rechtliche Institutionen und Körperschaften – insbesondere für größere Körperschaften – nur ein Unternehmen in Frage kommt, das

1. bei der Bewirtschaftung eines eigenen Immobilienbestandes immobilienwirtschaftliche Eigenerfahrung gewonnen hat;
2. durch eigene Beratungstätigkeit außerhalb des Unternehmens Beratungserfahrung gewonnen hat;
3. über Erfahrungen auf dem Spezialgebiet der Analyse von Immobilien-Portfolios verfügt; auch muß das Beratungsunternehmen wirtschaftlich so stabil sein, daß eine Fremdeinflußnahme mit Sicherheit ausgeschlossen ist.

Ein Vertrag, der Portfolio-Management als Dienstleistung, als Beratungsaufgabe oder als eine treuhandähnliche Übernahme von Entscheidungsbefugnissen des Eigentümers zum Gegenstand hat, läßt sich nur schwerlich unter die vom Gesetz vorgesehenen Standardvertragstypen einordnen. Um im Rahmen eines Dienstleistungs- oder Beratungsvertrages im Ergebnis auch jene Informationen zu bekommen, die für die weitere Planung erforderlich sind, muß der Auftrag an den Berater genau umrissen sein.

Reine und echte Beratungsleistungen werden üblicherweise auf der Basis von Dienstverträgen im Sinne von § 611 BGB erbracht. „Durch den Dienstvertrag wird derjenige, welcher Dienste zusagt, zur Leistung der versprochenen Dienste, der andere Teil zur Gewährung der vereinbarten Vergütung verpflichtet. Gegenstand des Dienstvertrages können Dienste jeder Art sein."

Die Besonderheit am Dienstvertrag ist darin zu sehen, daß kein besonderer Erfolg von seiten des Dienstleisters geschuldet wird. Es ist Sache des Dienstherren, seinen Dienstleister so zu steuern, daß dessen Dienste zu einem für den Dienstherren brauchbaren Ergebnis führen. Naturgemäß ist Dienst insbesondere bei Beratungsverhältnissen besonders schwierig. Der Ratsuchende ist mit der Beratungsmaterie nicht hinreichend vertraut, um seinen Beratungsbedarf konkret und dezidiert formulieren zu können. Der Dienstleister wird aber nicht bereit sein, einen Vertrag abzuschließen, bei dem der geschuldete Erfolg darin besteht zu garantieren, daß der Ratsuchende durch den Rat klüger wird.

Soweit wie möglich sollten deshalb Werkverträge gemäß § 631 BGB vereinbart werden. „I. Durch den Werkvertrag wird der Unternehmer zur Herstellung des versprochenen Werkes, der Besteller zur Entrichtung der vereinbarten Vergütung verpflichtet."

„II. Gegenstand des Werkvertrages kann sowohl die Herstellung oder Veränderung einer Sache als ein anderer durch Arbeit oder Dienstleistung herbeizuführender Erfolg sein."

Die Verwendung des Ausdrucks „Dienstleistung" in § 631 zeigt schon, wie schwierig die Abgrenzung zwischen einem Dienstvertrag und einem Werkvertrag im Einzelfall sein kann. Der Abschluß eines Werkvertrages wird immer dann geraten sein, wenn sich das Arbeitsergebnis, also das vom Unternehmer herzustellende Werk, genau definieren läßt. Zwischen beiden Vertragsformen sind auch Mischformen denkbar. So wäre es vorstellbar, daß ein Geschäftsbesorger sich auf Werkvertragsbasis zur Bestandserfassung bestimmter Liegenschaften verpflichtet. Eine Vergütung könnte er in diesem Fall nur beanspruchen, wenn er die Bestandserfassung entsprechend den ihm vorgegebenen und mit ihm vereinbarten Anforderungen auch durchführt. Die Beratungsleistung, die auf der Erfassung dieses Bestandes aufbaut, könnte dann im Wege eines Dienstvertrages geregelt sein. Idealerweise wird man den Vertrag als Dienstvertrag konzipieren, das Beraterhonorar aber spätestens bei der Umsetzung teilweise als Erfolgshonorar flexibilisieren, als Management-Fee und als Incentive aufteilen. Das Incentive sollte eine Beteiligung des Portfolio-Managers an den von ihm erzielten Renditesteigerungen oder Barwerterhöhungen ausdrücken. Ein Portfolio, das sich überwiegend im Stadium der Cash cow befindet, das womöglich in seiner Marktplazierung im oberen Bereich der Wettbewerber liegt, wird anders behandelt werden müssen. Hier ist das Risiko-Management von größerer Bedeutung.

3.1.3 Controlling

Als Controlling werden in erster Linie der Ist-Soll-Vergleich zwischen gesetzten Zielen und deren Erfüllungsgrad hier verstanden. Das objektbezogene Controlling hat die Aufgabe, nach der Anfangsanalyse die Entwicklung der Performance des einzelnen Objekts zu beobachten und gleichzeitig die Effektivität von eingeleiteten Optimierungsmaßnahmen zu überprüfen. Dies weist auf die Notwendigkeit hin, Optimierungsmaßnahmen im Rahmen von Ist-Soll-Konzeptionen zu implementieren, d. h. auch, Optimierungspläne zu formulieren. Das portfoliobezogene Controlling ist mehr als die reine Konsolidierung der objektbezogenen Einzelpläne und objektbezogenen Istzahlen. Erreicht die Summe der objektbezogenen Maßnahmen bzw. Pläne nicht die Sollvorgabe des Portfolios, sind die ersten Anzeichen dafür gegeben, daß eine Umschichtung des Portfolios durch Abverkauf von schlechteren Objekten und Zukauf von besseren bzw. optimierungsfähigen Objekten notwendig ist. Als Prüfungsintervalle des Controllings im Portfolio-Management bieten sich neben dem Fünfjahresplan, dem Kalenderjahr ggf. noch quartalsbezogene Termine an. Die Langfristigkeit der Rechtsverhältnisse, die der Bewirtschaftung zugrunde liegt, spricht gegen eine monatliche Berichterstattung. Auf Verwaltungsebene bleibt es selbstverständlich bei monatlichen Beobachtungen von Sollstellungen, Mietzahlungen usw.

Soweit allerdings die Umschichtung der Bestände eine größere Bedeutung hat bzw. wenn bei größeren Portfolios eine entsprechende Anzahl von Einzeloptimierungsplänen erfüllt werden muß, sollte hinsichtlich der dazu zu ergreifenden Einzelmaßnahmen eine monatliche Berichterstattung gewählt werden. Hier wird es sich in erster Linie um die Einhaltung von Terminen und die Überprüfung handeln, ob bestimmte, geplante Maßnahmen durchgeführt und erfolgreich zum Ende gebracht worden sind. Es handelt sich hier weniger um das wirtschaftliche Controlling der Performance des Immobilienbestandes als vielmehr um eine Ablaufsteuerung innerhalb der das Portfolio-Management betreibenden Organisation (oder Unternehmen).

Versteht man Portfolio-Management als eine Vielzahl von parallel und nacheinander laufenden Einzelprojekten, also beispielsweise die Durchführung eines Optimierungsplans für ein einzelnes Objekt als ein Projekt, so kann das Erfolgscontrolling bei der Abarbeitung der Maßnahmenpläne mit den Mitteln der Projektorganisation (siehe unten) erfolgen. Das Handeln im Rahmen des Portfolio-Managements und das dazugehörige Controlling sind dabei als ein iterativer Prozeß zu verstehen, der in einem Regelkreis stattfindet (vgl. Abb. 13). Dies bedeutet, daß die Ergebnisse des Berichtswesens kontinuierlich und permanent in die Ziel- und auch in die Ablaufplanung der jeweiligen Optimierungkonzepte zurückgegeben werden müssen, die Pläne und Ziele angepaßt und verfeinert werden müssen. Führt zum Beispiel die erste Analyse eines Portfolios zu der Einsicht, daß von zwanzig Einzelobjekten fünf wegen unzureichender Performance veräußert werden sollten, so bedarf die darin beinhaltete Entscheidung, die anderen fünfzehn zu behalten, spätestens dann der erneuten Überprüfung, wenn der Veräußerungserlös der fünfzehn abverkauften Objekte in höherwertige Objekte besserer Performance investiert worden ist. Aus dem ursprünglich verbliebenen Restbestand werden sodann wieder die schlechtesten einer Überprüfung unterzogen werden müssen, ggf. mit dem Ergebnis, daß sie in einem zweiten Arbeitsgang nunmehr zu veräußern sind. Ist der Bestand einmal überarbeitet, muß mit neuer, verfeinerter Zielsetzung reinvestiert werden.

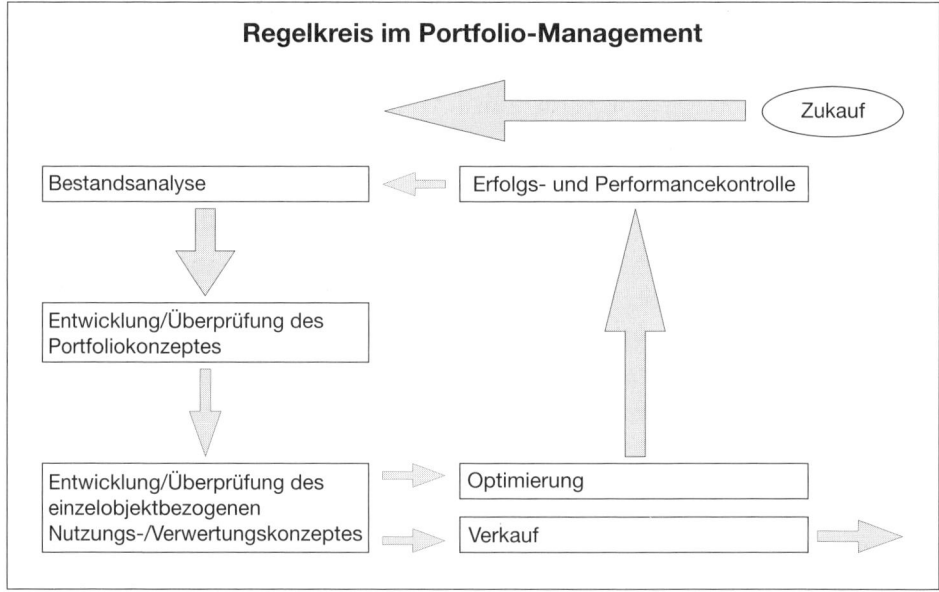

Abb. 13: Regelkreis

Als Instrumente des Controllings bieten sich die verschiedenen EDV-Produkte an, die standardisiert am Markt erhältlich sind. Bereits eine oberflächliche Analyse zeigt allerdings, daß es keine allgemein verfügbare Komplettlösung gibt, in der sowohl die Vorgänge der normalen Objektbewirtschaftung (Mietbuchhaltung usw.) als auch die modernen für das Portfolio-Management erforderlichen Analyseinstrumente und darüber hinaus die im Projekt-Management üblichen Ablaufverfolgungssysteme enthalten sind. Zwar gibt es für jeden einzelnen dieser Teilbereiche unterschiedlich komplexe

Einzellösungen; es gibt auch Ansätze, Teilbereiche in anderen Systemen abzubilden; eine auf die jeweilige Unternehmensorganisation zugeschnittene ganzheitliche Lösung ist naturgemäß am Markt nicht erhältlich. Dies versetzt den Portfolio-Manager in die Notwendigkeit, eine eigene, seinen Bedürfnissen angepaßte EDV-Architektur zu schaffen bzw. schaffen zu lassen. In der Regel wird es erforderlich sein, sogenannte „Schnittstellenprogramme" zu verwenden, die zwischen den jeweiligen Fachanwendungen (Mietbuchhaltung, Bestandsbuchhaltung, Projektsteuerungssystem, Reporting und Auswertungssysteme) Brückenfunktionen übernehmen und jeweils durch Datenexport und -import den Informationstransfer herstellen. Dies hat im Ergebnis zur Folge, daß verschiedene Datenbestände in den jeweiligen Fachanwendungen gehalten werden müssen, so daß die Gefahr von Redundanzen erheblich ist.

Man versucht dem heute entgegenzuwirken, indem die Datenmodelle der verschiedenen Fachanwendungen nach dem sogenannten Data-Warehouse-Concept entwickelt werden. Dies setzt allerdings voraus, daß der Portfolio-Manager ein umfassendes Datenmodell erstellt, das nicht nur die betriebsinternen Prozesse abbildet, sondern auch die Datenstrukturen der eingesetzten fachspezifischen Anwendungen transparent gestaltet. Aber selbst dann ist ein penibles Daten-Management erforderlich, das eine Inhaltsidentität der ggf. redundanten Daten an u. U. unterschiedlichen Lokationen gewährleistet, dem Datenschutz Genüge tut und Sicherheit vor unbefugtem externem Zugriff bietet.

3.1.4 Projekt- versus Prozeßorganisation

Versteht man Portfolio-Management als einen iterativen, sich selbst verfeinernden Prozeß, so liegt es nahe, auch die Abläufe innerhalb des Unternehmens mit den Methoden der Prozeßorganisation zu gestalten. Dies wird im Ergebnis aber der Immobilie als Gegenstand des Handels nicht gerecht.

Immobilien sind Unikate, Einzelobjekte, kaum katalogisierbar und immer mit ihren eigenen individuellen Besonderheiten behaftet. Die Vielfältigkeit der Kundenprofile, der Problemstellung der jeweiligen Einzelimmobilien (auch innerhalb eines Portfolios), aber auch die Unterschiedlichkeit der verschiedenen Immobilien-Portfolios bzw. Teilportfolios erfordern eine individuelle, flexible und jederzeit anpaßbare Organisation. Es sollte deshalb nach Möglichkeit auf die Methoden der Projektorganisation zurückgegriffen werden. Danach sind die einzelnen Schritte und Phasen im Portfolio-Management als Projekte oder Teilprojekte zu verstehen, die auch entsprechend abgearbeitet werden.

Eine auf Projektarbeit ausgerichtete Unternehmenskultur erlaubt es darüber hinaus, abteilungsübergreifend Spezialisten einzusetzen. In letzter Konsequenz erlaubt eine exakte Projektorganisation, die auch den Ressourceneinsatz minütlich nachhält, ein Verbuchen der Fixkosten auf das jeweilige Teilportfolio als Kostenträger (oder auf das jeweilige Objekt), so daß der Portfolio-Manager auch Transparenz über die Rentabilität seines eigenen Tuns gewinnt.

Das folgende Diagramm (Abb. 14) stellt einen vernetzten Balkenplan (GANNT) dar, der die vorbereitende Planungsphase eines PM-Projektes abbildet. Dabei wird die Planung aus der Sicht eines externen Beraters dargestellt, der vom Portfolio-Eigentümer mit der Analyse beauftragt worden ist. Besonderer Wert ist auf die permanente Abstimmung mit dem Auftraggeber zu legen, um sicherzustellen, daß sich der Berater dauerhaft in dem Interessenkorridor des Auftraggebers bewegt. Dieses Beispiel geht davon aus, daß der Berater die Analyse bis zum Optimierungskonzept durchführt. Die Projektsteuerung umfaßt natürlich auch die Ressourcenplanung.

Nach Verabschiedung des Optimierungskonzeptes durch den Eigentümer kann dieses Konzept zu einem Zeit-, Kosten- und Maßnahmenplan verfeinert werden, der dann auch die Grundlage des Controllings bildet bzw. in Form eines Wirtschaftsplanes die Grundlage der Budgetierung ist.

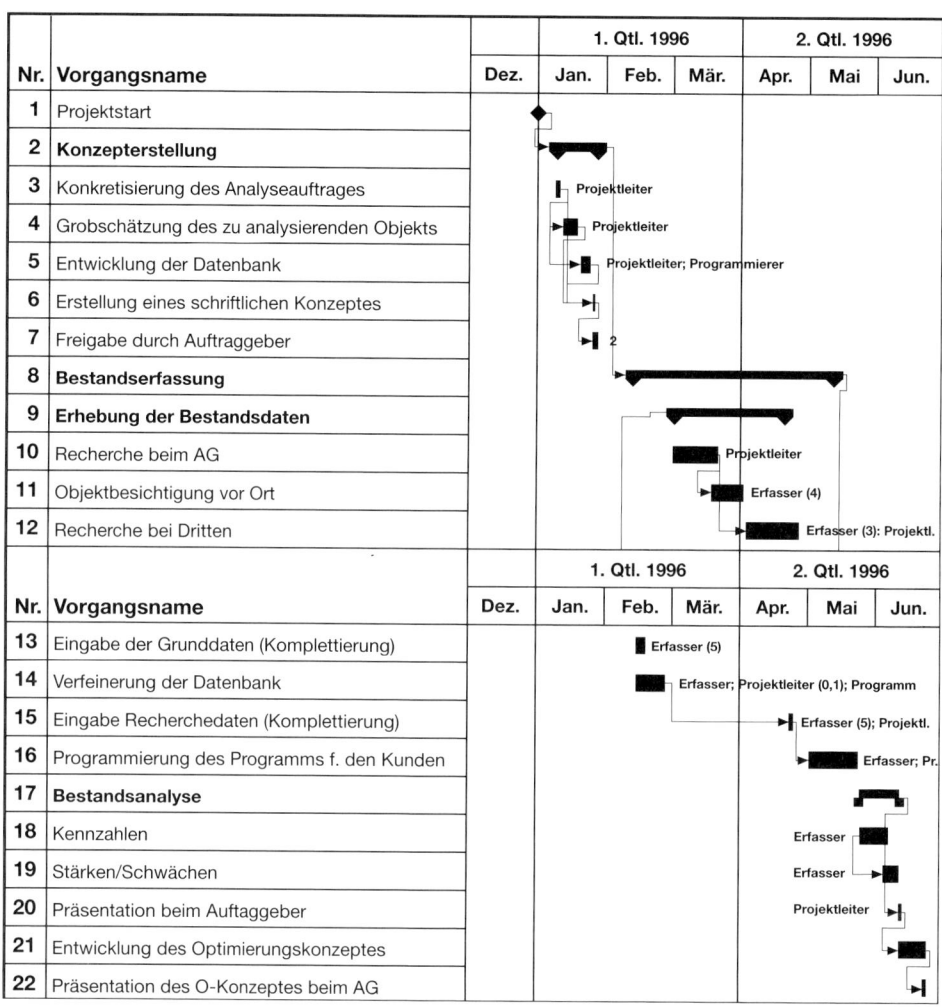

Abb. 14: Ablauf eines Musterprojektes (erstellt mit MS-Project)

4. Muster:
Quickcheck-Erfassungs- und Beurteilungsbogen

Anmerkung:

Der Bogen unterscheidet deutlich zwischen Angaben, die objektivierbar, also numerisch oder in Kategorien rechtlicher Verbindlichkeit ausgedrückt werden können, und solchen, die die subjektiv-qualitative Einschätzung des Erfassers wiedergeben. Letztere sollten so formuliert werden, daß die problemlose Übernahme in ein EDV-gestütztes Scoring-Modell möglich ist.

Quickcheck-Erfassungs- und Beurteilungsbogen						
Objekt		Obj.Nr.				
Baujahr						
Grundstücksgröße						
Vorhandene Sachverständigengutachten	Jahr					
	Verkehrswert					
	Substanzwert					
	Ertragswert					
	Vergleichswert					
Entwicklung der Rentabilität						
	Durchschnittswert (Basis SV)					
	Perspektive lfd. J., Folgejahre					
BGF Gewerbe						
	Netto-Kaltmiete					
	Anzahl der Mietverträge					
	kleinste vorhandene ME					
	größte vorhandene ME					
	nach Rastermaß kleinste mögliche ME					
	Leerstandsquote nach % BGF					
	Leerstandsquote nach % Sollmiete					
	Miethöhe IST					
	welche Miete wäre am Markt erzielbar bei freier Verfügbarkeit?					
	Mietsteigerungsmöglichkeit im laufenden Mietverhältnis auf DM ?					
	Verhältnis umlagef./nicht-umlagef. BK/HK					
BGF Wohnen						
	Netto-Kaltmiete					
	Wohnungsgröße					
	min					
	max					
	durchschn.					
	Leerstandsquote nach % BGF					
	Leerstandsquote nach % Sollmiete					
	Miethöhe IST					
	welche Miete wäre am Markt erzielbar bei freier Verfügbarkeit?					
	Mietsteigerungsmöglichkeit im laufenden Mietverhältnis auf DM ?					
	Verhältnis umlagef./nicht-umlagef. BK/HK					
	Nächste Erhöhungsmöglichkeit					
	wann waren die letzten Mieterhöhungen?					

Einschätzungen	sehr gut	gut	mittel	dürftig	schlecht
Einschätzung des Standortes					
Einschätzung der Lage am Standort					
Erscheinungsbild des Umfelds					
Wie ist das Objekt im Vergleich zum Umfeld?					
Wäre das Objekt nach § 34 BBauG zulässig?					
Einschätzung GE					
Ausstattung GE					
Einschätzung v. Qualität/Struktur der Mieterschaft					
Einschätzung der Fluktuation					
Prozesse/Mietstreitigkeiten					
Einschätzung nachhaltige Vermietbarkeit					
Einschätzung WE					
Ausstattung WE					
Einschätzung v. Qualität/Struktur der Mieterschaft					
Einschätzung der Fluktuation					
Prozesse/Mietstreitigkeiten					
Einschätzung nachhaltige Vermietbarkeit					

Technische Besonderheiten, IHK-Stau

Tendenz Folgejahre

Rechtliche Besonderheiten

Mietbindungen
Wohnrechte
Wegerechte
Dienstbarkeiten
Baulasten
Sonst.

Einschätzungen am Markt

	Kapitalanleger	Aufteiler	
erzielbarer Preis			
Rendite auf Basis Kaufpreiserwartung			

Fazit

Zusammenfassende Objekteinschätzung

Vorschlag zur Verfahrensweise

Vorschlag zur Kaufpreishöhe/Wertansatz

	Nächste Schritte		
Maßnahme	Technische Optimierung	Vertragsopt.	Verkauf
(wer)	(was)		
Termin			

Abb. 15: Objekt-Checkliste: Ersterfassung

5. Literatur

Bone-Winkel, S.: *Das strategische Management von Offenen Immobilienfonds unter besonderer Berücksichtigung der Projektentwicklung von Gewerbeimmobilien, Schriften zur Immobilienökonomie*, EBS, Köln 1994

Bundesministerium der Finanzen (Hrsg.): *Drittes Finanzmarktförderungsgesetz, Diskussionsentwurf eines Gesetzes zur weiteren Fortentwicklung des Finanzplatzes Deutschland*, 3. April 1997

Kommunale Gemeinschaftsstelle für Verwaltungsvereinfachung, *KGST-Bericht, der Organisation der Gebäudewirtschaft*, Köln, Bericht Nr. 4/1996

Kleiber, W./Simon, J./Weyers, G.: *Verkehrswertermittlung von Grundstücken, Kommentar und Handbuch zur Ermittlung von Verkehrs-, Beleihungs-, Versicherungs- und Unternehmenswerten unter Berücksichtigung von WertV+BauGB*, Köln, 2. Auflage 1995

Maurer, R., Stephan, Th. G.: *Immobilien-Rendite-Benchmark für Offene Fonds*, in: Die Bank 8/95

WestLB Research GmbH (Hrsg.): *Property Shares, Industries and Company Analyses*, Düsseldorf Januar 1997

Stinner, J.: *Der Markt der gewerblichen Immobilien: Ein Umbruch ist unübersehbar*, in: Der langfristige Kredit 10/97

Usinger, W. (Hrsg.): *Immobilien-Recht und Steuern, Handbuch für die Immobilienwirtschaft*, Köln 1996

Wirtschaftlichkeitsberechnungen als Grundlage für Immobilienentscheidungen

Rolf Grosspeter, Geschäftsführer verschiedener Projektgesellschaften der Bayerischen Hypotheken- und Wechsel-Bank AG, München

Inhalt

1.	Vorbemerkungen	713
2.	Vergleich der Wirtschaftlichkeitsberechnungen	714
2.1	Ertragswertberechnung eines Offenen Immobilienfonds	715
2.2	Renditeberechnung einer Pensionskasse	717
2.2.1	Renditeberechnung 1	717
2.2.2	Renditeberechnung 2	718
2.2.3	Interne-Zinsfuß-Methode	720
2.3	Cash-flow-Berechnung eines amerikanischen Developers	721
2.3.1	Cash-flow-Projektion	721
2.3.2	Mittelverwendungs- und Herkunftsrechnung	723
2.4	Barwert-Methode einer Objektgesellschaft	723
2.4.1	Renditeberechnung	723
2.4.2	Kostenberechnung der Investitionsphase	725
2.4.3	Kapitalwertberechnung	725
2.4.4	Ermittlung der Instandsetzungskosten	727
2.4.5	Ermittlung der Kosten der Zwischenfinanzierung	727
2.4.6	Wertung der Ergebnisse der Kapitalwertberechnung	728
2.4.7	Profitability-Index	729

2.4.8	Interne-Zinsfuß-Methode	730
2.4.9	Leverage-Effekt	732
3.	Schlußbemerkung	733
4.	Literatur	733

1. Vorbemerkungen

Jede Investition in ein Grundstück, unabhängig davon, ob als erstmalige Projektentwicklung oder Kaufentscheidung, ob Erneuerungsinvestition (refurbishment) oder Kauf erfolgt, zieht die Notwendigkeit nach sich, sich als Investor Klarheit über die wirtschaftlichen Auswirkungen dieses Vorhabens zu verschaffen. Investitionsentscheidungen in diesem Sektor erfolgen regelmäßig auf der Grundlage von Wirtschaftlichkeitsberechnungen. Eine einheitliche Handhabung hierbei ist nicht gegeben. Vielmehr rechnet jeder Investor mehr oder weniger nach eigenem Gusto, zum Teil geleitet von eigenen Kenntnissen und Vorstellungen, zum Teil von den Wünschen des Käufers oder der finanzierenden Bank.

Unterschieden werden zwei Gruppen, die sogenannten statischen Verfahren der Investitionsrechnung (*Return on investment, Renditeberechnung, Ertragswertberechnung*) und die dynamischen Berechnungen (*Interne-Zinsfuß-Methode, [einfache] Cash-flow-Methode, Discounted-Cash-flow-Methode, Kapitalwert-Methode*).[1]

Die statischen Verfahren haben den Nachteil, daß die Investitionsrechnung die Zahlungszeitpunkte nicht berücksichtigt. Die dynamischen Verfahren der Investitionsrechnung zeichnen sich demgegenüber dadurch aus, daß sie dem zeitlichen Ablauf der Zahlungsströme Rechnung tragen, was vor allem in der Verwendung der Zinseszinsrechnung zum Ausdruck kommt.

Auch wenn die abzuzinsenden Ein- und Auszahlungen bezüglich ihrer Höhe und des Zeitpunktes ihrer Entstehung bei den dynamischen Investitionsrechnungen zum Teil auch geschätzt werden müssen, sind diese Methoden letztendlich nicht nur mathematisch überzeugender, sondern auch wirklichkeitsnäher. Sie bieten gerade bei einem so langfristig angelegten Investment wie der Immobilie eine sinnvolle Vorgehensweise zur Entscheidungsfindung an, obwohl damit statischen Verfahren situationsbedingt Vorteile nicht abgesprochen werden sollen. Dynamischen Verfahren wohnt zwar ebenfalls eine Fehlerquote inne, die unter Umständen recht erheblich sein kann, allerdings ist sie bei realistischer Einschätzung der Werte nicht so groß wie gegenüber der statischen Projektion der Erträge, beispielsweise der Mieten.

Die *Interne-Zinsfuß-Methode* unterstellt, daß die Erträge der Investition wieder zum gewählten internen Zinsfuß angelegt werden können. Das kann

---
[1] Vgl. Schulte, Karl-Werner (Hrsg.): Handbuch der Immobilien-Projektentwicklung, Köln 1996, S. 189ff.: Schulte definiert zusätzlich VoFi-Methoden (Vollständige Finanzpläne) für die Immobilienwirtschaft (mit weiteren Nachweisen).

in der Praxis durchaus zu Schwierigkeiten führen, so daß sie, im Zeitablauf betrachtet, auch Unwägbarkeiten beinhaltet. Insbesondere kann es bei abwechselnden Einnahmen- bzw. Ausgaben-Situationen zu mathematischen Problemen[2] kommen bzw. unter Umständen auch zu mehreren *richtigen* Lösungen.[3]

Bei der *Kapitalwert- bzw. Discounted-Cash-flow-Methode* wird die Vergleichbarkeit dadurch erreicht, daß alle zukünftigen Ein- und Auszahlungen auf den heutigen Zeitpunkt abgezinst werden (Barwertberechnung). Der so ermittelte Kapitalwert wiederum ist abhängig von dem sogenannten Kalkulationszinsfuß, mit dem die Abzinsung erfolgt.

Betrachtet werden die Anwendungen der statischen und dynamischen Investitionsrechnungen durch verschiedene Anwender, um Gemeinsamkeiten, aber auch unterschiedliche Ansätze, Vorgehensweisen und Ziele aufzuzeigen. Damit soll nicht der Eindruck hervorgerufen werden, daß die Anwendung der jeweils beschriebenen Methode symptomatisch für den Anwender ist oder ausschließlich durchgeführt wird. Insoweit ist die Zuordnung der Methode zu einer Anwendergruppe eher zufällig. Inwieweit sie allerdings ein Indiz für die Häufigkeit der Anwendung durch den beschriebenen Nutzer ist, bleibt dahingestellt.

Nicht berücksichtigt werden bei den Betrachtungen steuerliche Auswirkungen, zumal ein Vergleich mit anderen Anlageformen nicht vorgenommen wird. Auch könnte eine Immobilieninvestition vor Steuern durchaus ungünstiger sein als eine vergleichbare andere Anlage, möglicherweise ist sie nach Steuern jedoch viel vorteilhafter. Da dieses Ergebnis wesentlich von der individuellen steuerlichen Situation der juristischen oder natürlichen Person abhängig ist, die eine Immobilie errichtet oder erwirbt, wurde auf die Darstellung der steuerlichen Auswirkung verzichtet.

2. Vergleich der Wirtschaftlichkeitsberechnungen

Verglichen werden unterschiedliche Wirtschaftlichkeitsberechnungen durch verschiedene Marktteilnehmer. Die gewählten Beispiele sind allesamt der Praxis entlehnt, wurden aber so verfremdet, daß Rückschlüsse – welcher Art auch immer – nicht möglich sind. Im einzelnen sind das:

---

2 Vgl. Brealey, Richard A./Myers, Stewart C.: Principles of Corporate Finances, Singapur 1988, S. 78–88.
3 Vgl. Schulte, Karl-Werner: Wirtschaftlichkeitsrechnung, 4. Auflage, Heidelberg 1986, S. 96ff.

- Ertragswertberechnung eines Offenen Immobilienfonds,
- Renditeberechnung einer Pensionskasse (Vers.-Verein a.G.),
- Cash-flow-Berechnung eines amerikanischen Developers,
- Kapitalwert-Methode einer Objektgesellschaft.

2.1 Ertragswertberechnung eines Offenen Immobilienfonds

Die Offenen Immobilienfonds führen durchweg *Ertragswertschätzungen bzw. -berechnungen* für ihre Investitionsentscheidungen durch. Diese basieren auf den für Bewertungen üblichen Verfahren gemäß der Wertermittlungsverordnung. Dies auch aus dem Grund, da Verkehrswertermittlungen bei Offenen Immobilienfonds regelmäßig durch ihre Gutachterausschüsse erfolgen, die mit vereidigten Sachverständigen besetzt sind und auf Basis der Bewertungsverordnung (WertVO) arbeiten. Diese langjährig praktizierte, eher konservative Methode ist in Deutschland weit verbreitet und auch Basis der Bewertung von Kreditengagements bei Banken und Sparkassen.

Kern dieser Berechnungsmethode (Tab. 1) ist die Annahme, daß die ermittelten Gebäudeerträge (E) unverändert für die Restnutzungsdauer des Gebäudes, in diesem Fall 80 Jahre, fließen. Der aus der Kombination zwischen Restnutzungsdauer und Liegenschaftszins ermittelte Vervielfältiger[4] ergibt mit dem Reinertrag multipliziert den Gebäudewert, der, um den Bodenwert oder sonstige Sonderwerte erweitert, den Ertragswert bestimmt (F). Parallel dazu wurden die Gesamtkosten (G) ermittelt, die in etwa dem Ertragswert (F) entsprechen sollen.

Auch wenn die Anwendung dieser Methode bei mehreren möglichen Investitionsvorhaben durchaus zu zufriedenstellenden Ergebnissen führt, sofern sie als stichtagsbezogene Aussage gewertet wird, so sehr ist der gedankliche Kern dieser Methode angreifbar: Die Unterstellung, daß einmal ermittelte Erträge über einen Zeitraum von hier 80 Jahren fließen, ist zuwenig realistisch und im Laufe der letzten Jahre und Jahrzehnte durch immer kürzer werdende wirtschaftliche, nicht zwangsläufig technische Restnutzungsdauern problematisch, abgesehen von der Wahrscheinlichkeit, daß die einmal ermittelten Erträge dauerhaft, d. h. für die Nutzungsdauer des Objektes fließen.

---

4 Vgl. WertVO, Anlage 1 zu § 9 Abs. 3

Mieterträge (2)			250.000,00 DM
Umlagen Nebenkosten (Mieteranteil)			0,00 DM
pro Monat			250.000,00 DM
Rohertrag p.a.	**A**		3.000.000,00 DM
Bewirtschaftungskosten p.a.			
Nebenkosten nicht umlegbar	pauschal		20.000,00 DM
Hausverwaltung	2,00 %		60.000,00 DM
Mietrisiko	2,00 %		60.000,00 DM
Instandhaltung (3)			160.000,00 DM
Summe	**B**	entspricht 10,00 % des Rohertrags	300.000,00 DM
Reinertrag (A ./. B)	**C**		2.700.000,00 DM
Bodenwertverzinsung (4) D	5,50 %		440.000,00 DM
Gebäudeertrag (C ./. D)	**E**		2.260.000,00 DM
Vervielfacher (5)	**F**	17,93	
Restnutzungsdauer	80,00 Jahre		
Liegenschaftszins	5,50 %		
Gebäudewert (E x F)			40.500.000,00 DM
Bodenwert			8.000.000,00 DM
Sonderwert (6)			0,00 DM
Ertragswert			**48.500.000,00 DM**
Gesamtkosten (7)	G		48.000.000,00 DM
Netto-Rendite (C/G x 100)	**H**		5,63 %
Differenz Ertragswert ./. Gesamtkosten			500.000,00 DM

Erläuterungen:

(1) Sofern nicht ausdrücklich erwähnt, handelt es sich jeweils um Netto-Beträge, d.h. ohne Mehrwertsteuer.
(2) Auf die Aufzählung einzelner Mietertragspositionen wurde hier verzichtet; sie folgt an anderer, in diesem Zusammenhang sinnvollerer Stelle.
(3) Die Instandhaltungskosten werden je nach Nutzungsart unterschiedlich pro Quadratmeter bzw. je StPl kalkuliert und fließen hier nur einschließlich eines Abrundungsbetrages als eine Summe in die Berechnung ein.
(4) Die Bodenwertverzinsung gibt die Standortqualität in der Form wieder, daß mit steigender Lageattraktivität der Zinssatz sinkt.
(5) Der Vervielfacher bzw. Vervielfältiger läßt sich tabellarisch anhand der beiden Parameter Restnutzungsdauer (RND) und Liegenschaftszins ermitteln.
(6) Hier können Zu- und Abschläge für zu erwartende Beeinträchtigungen oder Wertsteigerungen vorgenommen werden.
(7) Die Gestehungskosten des Projektes wurden separat ermittelt und sind hier nicht dargestellt.

Tab. 1: Schätzung des aktuellen Ertragswertes

Trotz ihrer Nachteile ist die Methode geeignet, zumal es sich bei den Anwendern um ausgesprochen erfahrene Marktteilnehmer handelt und das Portfolio-Management der Fonds noch anderen Kriterien unterliegt wie Veränderungen des lokalen Marktes, Entwicklungspotentiale und Risiken, die einer gesonderten Bewertung unterliegen.

2.2 Renditeberechnung einer Pensionskasse

2.2.1 Renditeberechnung 1

Die im folgenden dargestellte *Renditeberechnung* einer Pensionskasse (Versicherungsverein auf Gegenseitigkeit) muß im Gegensatz zur Bilanz dieser Kasse die formalen Anforderungen des Bundesaufsichtsamtes für das Versicherungswesen nur hinsichtlich der Höhe der Rendite (Minimum 3%) erfüllen, nicht aber hinsichtlich der dort vorgeschriebenen Form (Tab. 2).

Die verwendete Form der *Rentabilitätsberechnung* stellt in bekannter Form die Kosten den Erträgen gegenüber mit der Ausnahme, daß bei den Kosten des Baugrundstücks neben dem Buchwert auch der Verkehrswert anhand der Richtwertkartei ermittelt wurde. Insofern errechnen sich zwei Renditegrößen, wobei das Ergebnis bei Zugrundelegen des Verkehrswertes maßgeblich für die Investitionsentscheidung sein sollte (und auch war).

I. Kosten	TDM	TDM
1. Kosten des Baugrundstücks (1)		
Buchwert des Grundstücks		10.000
Verkehrswert des Grundstücks	*70.000*	
2. Baukosten inkl. Baunebenkosten und Abbruch		80.000
3. Sonstige Kosten während der Bauzeit und bis zur Vollvermietung		10.000
Gesamtkosten		**100.000**
II. Erträge und Bewirtschaftungskosten p.a.		
1. Mietertrag		12.000
2. ./. Nutzungsentgelte an Dritte	0,3 %	40
3. ./. nicht umlegbare Nebenkosten	0,5 %	60
4. ./. Bewirtschaftungskosten	7,5 %	900
Gesamtertrag		**11.000**
III. Rendite bei einem Grundstückswert in TDM von		
1. 10.000 (Buchwert)		11,0 %
2. 70.000 (Verkehrswert)		6,5 %

Erläuterungen:
(1) Das Vorhaben wurde vollständig durch Einsatz von Eigenkapital finanziert.
(2) Da das Grundstück sich schon lange im Eigentum der Pensionskasse befand, war die Gegenüberstellung zwischen Buchwert und Verkehrswert erforderlich, um eine konkrete Aussage zur Rendite zu ermöglichen.
(3) Diese Position beinhaltet auch Kosten für entgangene Verzinsung des Eigenkapitals für die Dauer der Investitionsphase.

Tab. 2: Rentabilitätsberechnung

2.2.2 Renditeberechnung 2

Die folgende Bilanzaufstellung (in Sinne einer *bilanziellen Renditeberechnung*) (Tab. 3) betrifft das identische „Objekt". Hier wird der Rohertrag (Pos. 2 – laufende Erträge) nach Abzug der Bewirtschaftungskosten (Pos. 3b) zuzüglich der Abschreibungen in Relation zum arithmetischen Mittel der Bilanzwerte gesetzt und der so entstehende Saldo der Erträge[5] und Aufwendungen gleichsam als Überschuß bzw. als Rendite ermittelt. Aus Vereinfachungsgründen wurden einige Positionen, die für diese Betrachtung keine Bedeutung haben, weggelassen.

Die Gemeinsamkeit liegt darin, daß es sich, wie bei der Ertragswertberechnung auch, um eine Stichtagsbetrachtung handelt. Wesentlicher Unterschied

---
5 Eine Pensionskasse unterliegt keiner Ertragsbesteuerung.

Nr.	Bezeichnung	TDM	TDM
1.	arithmetisches Mittel der Bilanzwerte a + b		99.000
	a. Bilanzwert am Ende des Vorjahrs	100.000	
	b. Bilanzwert am Ende des Geschäftsjahrs	98.000	
2.	laufende Erträge (1)		12.000
	durchschnittliche laufende Brutto-Verzinsung des Bilanzwertes (Nr. 1)	12,1 %	
3.	Summe Aufwendungen a + b (2)		3.000
	Aufwendungen in % des Bilanzwertes	3,0%	
	a. Abschreibungen/Wertberichtigungen [%-Angabe zu Pos. 1]	[2,0 %] 2.000	
	b. sonstige unmittelbare Aufwendungen [%-Angabe zu Pos. 2]	[8,3 %] 1.000	
4.	Saldo der Erträge und Aufwendungen		
	a. in TDM		9.000
	b. in % des arithmetischen Mittels der Bilanzwerte (Pos. 1)	9,1 %	

Erläuterungen:
(1) Hierunter wird der Rohertrag der Immobilie verstanden.
(2) Die Aufwendungen bestehen hier in den (üblichen) Bewirtschaftungskosten (3b) und den Abschreibungen (3a). Zu den Bewirtschaftungskosten vgl. Anmerkung 4 unter Punkt 2.1 (Offener Immobilienfonds).

Tab. 3: Erträge und Aufwendungen aus Kapitalanlagen gemäß den Bestimmungen des BAV – Bundesaufsichtsamtes für das Versicherungswesen

bei Tabelle 3 aber ist, daß die Abschreibungen in die Aufwendungen mit einbezogen wurden. Auf diese Weise errechnet sich bei Fortschreibung dieser Berechnung und gleichbleibenden Erträgen eine prozentuale Steigerung der Rendite.

Dabei wird deutlich, daß trotz der Tatsache, daß es sich um das identische Objekt handelt, aufgrund der unterschiedlichen Ansätze unterschiedliche Ergebnisse zutage treten. So wird bei der Berechnung für das Bundesaufsichtsamt zwar die Abschreibung des Objektes mit berücksichtigt, andererseits aber führt die Tatsache, daß bei dieser bilanziellen Betrachtung (natürlich) der Buchwert[6] des Objektes herangezogen wurde, zu keinem besonders aussagefähigen Ergebnis.

---

[6] Die offene Möglichkeit ist hierbei gegeben, im Gegensatz zu den Objekten von offenen Immobilienfonds, die zum Jahresultimo zum Verkehrswert in die Bilanz übernommen werden und für die keine Abschreibungsmöglichkeiten in diesem Sinne bestehen.

2.2.3 Interne-Zinsfuß-Methode

Anders könnte das Ergebnis lauten, wenn die *Interne-Zinsfuß-Methode* angewandt würde. Die Fragestellung dieser Methode lautet: Wie groß ist der interne Zinsfuß, der sich bei einem Kapitalwert von null ergibt? Der ermittelte interne Zinsfuß kennzeichnet dann die Rentabilität, mit der sich der Kapitaleinsatz jährlich verzinst.[7]

Wendet man die Interne-Zinsfuß-Methode ebenfalls auf das vorliegende Objekt an, so erhält man wiederum ein anderes Ergebnis (Tab. 4):

Jahr	1–3	4	5	6	7	8	9	10	Ende
Summe der Investitionen	-99.150	-635	-223						
Mieterträge netto/Verkaufsertrag Indexierung 2 % p.a.		+11.000	+11.220	+11.450	+11.680	+11.910	+12.150	+12.390	+247.800
Periodenergebnis	-99.150	+10.365	+10.998	+11.450	+11.680	+11.910	+12.150	+12.390	+247.800
Barwert zum 01.01. Jahr 1 Abzinsung: 18,16 %, mittelschüssig	-75.086	+5.780	+5.190	+4.574	+3.948	+3.407	+2.942	+2.539	+46.716
Investitionssumme angenommener Vervielfältiger	+100.000 20,0	Summe Periodenergebnisse Verkauf 2006 für		+247.800 +228.000		Netto-Barwert-Summe +0 Interner Zinsfuß 18,2 %			

Tab. 4: Interne-Zinsfuß-Methode

Das Ergebnis von 18,16 % als interner Zinsfuß kommt unter folgenden Prämissen zustande:

– Es wird nur Eigenkapital eingesetzt.
– Die Mieten werden für einen durchaus überschaubaren Zeitraum projiziert, sieben Jahre. Die damit verbundenen Unwägbarkeiten halten sich damit in engen Grenzen. Die Mieten werden mit 2 % p. a. indexiert.
– Das Objekt wird nach zehn Jahren mit einem Vervielfältiger in Höhe des zwanzigfachen Mietertrages veräußert.

Das vorliegende Ergebnis kann als sehr positiv gewertet werden, da der beim Barwertverfahren verwendete interne Zinsfuß von 7,5 % deutlich überschritten wird.

Eine Verwendung der Renditeberechnungen in Zusammenhang mit der großen Differenz zwischen Buchwert und Verkehrswert des Grundstückes führt ebenso zu positiven Ergebnissen wie die Interne-Zinsfuß-Methode. Als alleinige Entscheidungsgrundlage sind die Renditeberechnungen allerdings nicht befriedigend.

---

[7] Vgl. Schierenbeck VL: Betriebswirtschaftliche Grundlagen, Gießen, S. 162ff.

2.3 Cash-flow-Berechnung eines amerikanischen Developers

Amerikanische bzw. international operierende Developer bevorzugen nicht selten Cash-flow-Berechnungen zu Aussagen über die Wirtschaftlichkeit. Diese Berechnungsart erfolgt über einen Zeitraum von fünf bis ca. fünfzehn Jahren, vorausgesetzt, der Developer ist kein *long-term investor*. Dieser Zeitraum wird bestimmt von der Absicht, die Finanzierung nur für diesen Zeitraum zu wählen und das Objekt danach zu veräußern.

2.3.1 Cash-flow-Projektion

Die vorliegende *Cash-flow-Projektion* ermittelt ausschließlich den Cashflow und verzichtet in dieser Übersicht auf Zins-, Tilgungs- und sonstige Kapitalbeträge (Tab. 5).

Cash-flow-Projektion	1991	1992	1993	1994	1995	1996	......	2008
Einnahmen (1)								
Mindestmiete (2)	8.000	14.500	15.000	15.600	16.600	17.500	......	25.300
Nebenkosten (Mieteranteil) (3)	2.000	4.200	4.600	4.900	5.200	5.500	......	11.700
Umsatzmiete etc. (4)	730	970	1.200	1.650	2.160	2.820	......	1.560
Rohertrag	7.500	30.000	30.250	31.200	33.000	33.800	......	48.500
Leerstand	[300]	[1.150]	[1.180]	[1.200]	[1.280]	[1.310]	......	[1.900]
Sonst. Einnahmen (5)	0	180	200	210	220	230	......	330
Gesamteinnahmen	17.930	48.700	50.070	52.360	55.900	58.540	......	85.490
Ausgaben								
Bewirtschaftungskosten (6)	[1.500]	[7.750]	[8.020]	[8.410]	[8.840]	[9.180]	......	[13.000]
Reinertrag (Net Operation Income)	16.430	40.950	42.050	43.950	47.060	49.360	......	72.490
Rücklagen	[30]	[50]	[50]	[50]	[60]	[60]	......	[90]
Cash-flow	16.400	40.900	42.000	43.900	47.000	49.300	......	72.400

Erläuterungen:
(1) Die Einnahmen-/Ausgabenrechnung umfaßt keine Zins- und Tilgungsbeträge.
(2) Bei dem Objekt handelt es sich um ein Shopping-Center. Diese Position gibt die vertraglich vereinbarten Mindestmieten an.
(3) Nur Nebenkosten, die von den Mietern gezahlt werden.
(4) Neben der Umsatzmiete sind auch in geringerem Umfang Büromieterträge enthalten.
(5) Hauptbestandteil: Werbeeinnahmen.
(6) Unter anderem: Nebenkosten, Management-Kosten, Werbung, Grundsteuer, Versicherung etc., aber ohne Leerstandsrisiko; diese wurden bereits oben als negative Einnahmen kalkuliert.

Tab. 5: Cash-flow-Rechnung eines Developers I

Die Einnahmen- bzw. Ausgabenvorschau (*Cash-flow-Projektion*) ist ähnlich aufgebaut wie bei den vorstehenden Ertrags-/Renditeberechnungen[8], beinhaltet aber zusätzlich die Entwicklung der Einnahmen und Ausgaben über einen Zeitraum von 13 Jahren. Diese Einnahmen/Ausgaben werden jedoch nicht abgezinst, da eine Veräußerung nach fünf Jahren vorgesehen ist und dieser Zeitraum noch einigermaßen überschaubar erscheint. Der Verkauf erfolgt in der Regel an eine Gesellschaft, die das aufgenommene Fremdkapital durch (größtenteils) Eigenkapital ersetzt. Aus diesem Grund wurde keine Tilgungszahlung vereinbart und die Finanzierung von dem Erreichen einer DCR (Debt Coverage Ratio) von > 1,2 abhängig gemacht.[9]

Sources + Uses Summary	Vorphase	1991	1992	1993	1994	1995	1996	Summen
Einnahmen								
Grundstück (1)	80.000							80.000
Reinertrag								
(Net Operating Income) (2)		16.430	40.950	42.050	43.950	47.060	49.360	239.800
Rücklagen (3)		[30]	[50]	[50]	[50]	[60]	[60]	[300]
(Net) Cash-flow (4)		16.400	40.900	42.000	43.900	47.000	49.300	239.500
Darlehen		180.000	185.000	0	0	0	0	365.000
Einnahmen Gesamt	80.000	196.400	225.900	42.000	43.900	47.000	49.300	604.500
Ausgaben								
Grundstück	80.000							
Baukosten gesamt (5)		178.000	195.000	0	0	0	0	373.000
Zinsendienst								
Zwischenfinanzierungszinsen		18.000	18.500					36.500
Zinsen (keine Tilgung)		0	0	36.500	36.500	36.500	36.500	146.000
Gesamtausgaben	80.000	196.000	213.500	36.500	36.500	36.500	36.500	555.500
Überschuß	0	400	12.400	5.500	7.400	10.500	12.800	49.000
Debt Coverage Ratio (DCR) (6)				1,15	1,20	1,29	1,35	

Erläuterungen:
(1) Das Grundstück wurde vom Developer als Eigenkapital eingebracht.
(2) Entspricht der Position in Tabelle 4.
(3) Entspricht der Position in Tabelle 4.
(4) Entspricht der Position in Tabelle 4.
(5) Die Zahlung der Baukosten wurde durch Einsatz von Eigenkapital und Verschiebung der Zahlungszeitpunkte auf die Zeitperiode 91/92 verschoben.

Tab. 6: Cash-flow-Rechnung eines Developers II

---

8 Ausnahme: Die Leerstandskosten wurden als negative Einnahmen und nicht als Teil der Bewirtschaftungskosten erfaßt.
9 Debt Coverage Ratio (DCR) oder Debt Service Ratio (DSR) bezeichnet eigentlich das Verhältnis von Reinertrag (net operation income) zur Annuität, d. h. Zins und Tilgung. Da hier keine Tilgung vereinbart wurde, gibt der DCR das Verhältnis zwischen Reinertrag und Zins an. Auf diese Weise wurde die Bedienbarkeit des Darlehens dargelegt.

2.3.2 Mittelverwendungs- und Herkunftsrechnung

Die Ergebnisse dieser Cash-flow-Betrachtung fließen wiederum in eine Berechnung der Zuflüsse und Abflüsse (Sources and Uses Summary), die aus Gründen des vorgesehenen Verkaufs nur bis zur Stabilisierung bzw. nur bis zum Verkauf nach zirka fünf Jahren ausgeführt wird (vgl. Tab. 6).

Der Verzicht auf die Diskontierung der Zahlen ist vor dem Hintergrund des Geschäftszwecks zu sehen und war gerechtfertigt, da keine größeren inflationären Tendenzen absehbar waren. Diese Cash-flow-Methode diente sowohl dem Investor als Investitionsgrundlage wie auch der finanzierenden Bank für ihre Kreditentscheidung. Der angestrebte Zweck wurde damit voll erreicht.

2.4 Barwert-Methode einer Objektgesellschaft

Die Discounted-Cash-flow- bzw. Barwert-Methode gehört in den Vereinigten Staaten zu den gebräuchlichsten Methoden für Investitionsentscheidungen im Immobilienbereich. Sie findet mehr und mehr auch Eingang in Deutschland, wo sie – wenn auch nur langsam – die Rentabilitätsberechnung (vgl. Abschnitt 2.1) ergänzt.

2.4.1 Renditeberechnung

Das dieser Kalkulation zugrundeliegende Objekt wird zuerst in Form der Rentabilitätsberechnung dargestellt (Tab. 7), und zwar unter Anwendung der üblichen pauschalen Zinsberechnungsformel:

$$\text{Gesamtinvestition} \times \frac{\text{Bauzeit (Monate)}}{12} \times \frac{1}{2} \times \text{Zinssatz}$$

Das Ergebnis ist eine 5,5%ige Rendite bezogen auf ein Investitionsvolumen von 100.000.000 DM (vgl. Tab. 7).

Bürogebäude mit Handelnutzung und Passage im EG
Vollausbau Handel/Büro

Kosten

Herstellungskosten inkl. NK, netto		40.000 TDM
Unvorhergesehenes	3,6 % der HK	1.420 TDM
anfallende MWSt. der Herstellungskosten (1)	15 %	6.000 TDM
Marketingkosten (netto)		4.000 TDM
Leerstand in Jahresmieten (2)	0,50	2.750 TDM
Mieterausbauten/Freimieten (3)	0,50 Jahresmieten	2.750 TDM
Grundstücks- und Erwerbskosten		32.000 TDM
Stellplatzablöse		4.000 TDM
Zwischenfinanzierung	5,5 % Zins 36 Mon.	7.080 TDM
Summe		**100.000 TDM**

Erträge (4)		Anz./Fläche	Miete p. m²	Miete p. a.
TG-Stellplätze		40 Stellpl.	250 DM	120 TDM
EG Handel	Mietfläche 1	1.500 m²	50 DM	900 TDM
Gastronomie EG/1. OG	Mietfläche 1	200 m²	35 DM	80 TDM
Büroflächen	Mietfläche 1	7.000 m²	54 DM	4.540 TDM
Lagerflächen	Mietfläche 1	1.000 m²	14 DM	170 TDM
Gemeinschaftliche Mietflächen	Mietfläche 2	600 m²	30 DM	220 TDM
Bewirtschaftungskosten		10.300 m²	-4 DM	-520 TDM
Summen/Durchschnitt		**10.300 m²**	**44 DM**	**5.500 TDM**

Rendite	**5,5 %**

Erläuterungen:

(1) Das Objekt befand sich in einer typischen Bankenlage. Da die Vorsteuerabzugsberechtigung bei Banken (als Mieter) nicht gegeben ist, wurde die bei den Baukosten anfallende Mehrwertsteuer als Kostenposition angesetzt.
(2) Die Position Leerstand fällt erst nach Fertigstellung an.
(3) Die Position Mieterausbauten/Freimieten fällt größtenteils erst nach Fertigstellung an.
(4) Gesellschaft für Immobilienwirtschaftliche Forschung e. V., Oestrich-Winkel: Richtlinie zur Berechnung der Mietfläche für Büroraum (MF-B), April 1996.

Tab. 7: Rentabilitätsberechnung Objektgesellschaft

2.4.2 Kostenberechnung der Investitionsphase

Geht man dazu über, die anstehenden Investitionen im Zeitablauf darzustellen, würden sich nur bei linearer Verteilung der Investitionen dieselben Zwischenfinanzierungskosten und damit dasselbe Investitionsvolumen ergeben. Da die Verteilung der einzelnen Kostenpositionen jedoch nicht linear verläuft, sondern wie in Tabelle 8 dargestellt, ergibt sich ein geänderter Zwischenfinanzierungsbedarf und damit ein geändertes Finanzierungsvolumen.

Jahr	1.	2.	3.	4.	5.	Summen
Herstellungskosten inkl. Baunebenkosten	-4.000	-16.000	-20.000	0	0	-40.000
Unvorhergesehenes	-142	-568	-710	0	0	-1.420
anfallende MWSt. der Herstellkosten (15 %)	-600	-2.400	-3.000	0	0	-6.000
Marketingkosten	-400	-1.000	-1.500	-800	-300	-4.000
Leerstandskosten (0,5 Jahresmiete)	0	0	0	-2.063	-688	-2.750
Mieterausbauten/Freimieten (0,5 Jahresmiete)	0	0	0	-2.063	-688	-2.750
Grundstücks- und Erwerbskosten	-32.000	0	0	0	0	-32.000
Stellplatzablöse	0	0	-4.000	0	0	-4.000
Zwischenfinanzierung	-1.020	-2.650	-4.150	-140	-320	-8.280
Summe der Investitionen (Fremdkapital)	**-38.162**	**-22.618**	**-33.360**	**-5.065**	**-1.995**	**-101.200**

Tab. 8: Berechnung der Kosten in der Investitionsphase einer Objektgesellschaft

Die Abweichung zwischen den beiden Methoden von 0,11 % Rendite ist aber nicht so groß, daß damit die Rentabilitätsberechnung abzulehnen wäre, zumal beide Berechnungsarten Unwägbarkeiten enthalten, die größer sind als die zutage tretende Abweichung.

2.4.3 Kapitalwertberechnung

Betrachtet man nun die auf Tabelle 8 fußende Kapitalwertberechnung über einen Zeitraum von insgesamt zehn Jahren, ergibt sich folgendes Bild (Tab. 9):

Jahr (1)	1.–3. InvPhase	4.	5.	6.	7.	8.	9.	10.	Summen in TDM
Investitionen (FK) (2)	-101.200							Verkauf	-101.200
Zinskosten 5,5 % (3)		-5.320	-5.510	-5.570	-5.570	-5.570	-5.570	-5.570	
Mieterträge (4)		+5.480	+5.590	+5.710	+5.830	5.950	+5.920	+6.030	
Verkaufserlös 18,4fach (5)								+110.948	
Periodenergebnis		+160	+80	+140	+260	+380	+350	+460 +9.748	+11.578
Barwert (6)		+124	+58	+94	+162	+221	+189	+231 +4.731	+5.810
Abzinsung: 7,5 %, mittelsch.									
					Netto-Barwert-Summe: (7)				+5.810

Erläuterungen:
(1) Die Investition wurde ausschließlich mit Fremdkapital finanziert. Die Zusammensetzung dieser Investitionen entnehmen Sie der vorangehenden Tabelle 8.
(2) Tilgung wurde nicht vereinbart.
(3) Die Mieterträge stellen Reinerträge dar und wurden mit 2 % p. a. indexiert.
(4) Der Verkaufserlös errechnet sich aus der Miete im Jahre 10 multipliziert mit der reziproken Rendite von 5,434 % (5,5 Mio. DM Mietertrag/101,2 Mio. DM Investitionskosten) = Vervielfältiger 18,4fach
(5) Der Barwert bezieht sich auf den 01.01. des Jahres 10 und errechnet sich nach der Formel

$$\text{Barwert} = \frac{\text{Nominalbetrag} \times 1}{(1 + \text{Zinsfuß})^n},$$

wobei „n" die Anzahl der Zeitperioden, in der Regel Jahre bedeutet.
(6) Die Netto-Barwert-Summe ist der Saldo aller Barwerte im Zeitablauf.

Tab. 9: Kapitalwertberechnung einer Objektgesellschaft

Der Netto-Barwert beträgt hier 5,83 Mio. DM und ist damit schon einmal grundsätzlich positiv. Ob diese Summe ausreichend ist, das im Projekt immanent herrschende Risiko abzudecken, obliegt der unternehmerischen Entscheidung des Investors. Diese unternehmerische Entscheidung ist vor dem Hintergrund der Gesamtinvestition und des damit vorhandenen Gesamtrisikos zu sehen. Dies ist aus dem Ergebnis des Netto-Barwerts an sich nicht erkennbar, da diese Zahl nur summarischen und keinen relationalen Charakter besitzt. Jedenfalls sind Vergleiche auf dieser Basis mit anderen Vorhaben problemlos möglich.

Im Vergleich zu den vorher geschilderten Berechnungsarten ergeben sich folgende Abweichungen/Übereinstimmungen:

Auch bei dieser Methode waren Einnahmen und Ausgaben zu prognostizieren, allerdings nicht in einer linearen Hochrechnung für 80 Jahre, sondern in der Regel für einen Zeitraum zwischen zehn und 30 Jahren. Hier wurden Veränderungen der Zahlungsströme im Zeitablauf vorgenommen

- durch Indexierung der Mieteinnahmen,
- durch den Ansatz von Leerstandskosten nach Fertigstellung und
- steigende Instandsetzungskosten.

2.4.4 Ermittlung der Instandsetzungskosten

Verwendet wurden in diesem Zusammenhang die Werte für Instandsetzungskosten der unten stehenden Abbildung 1, und zwar in ihrer indexierten Form. Diese Tabelle wurde in Zusammenarbeit mit und nach Angaben von Projektsteuerern und beratenden Ingenieuren entwickelt (vgl. Abb. 1).

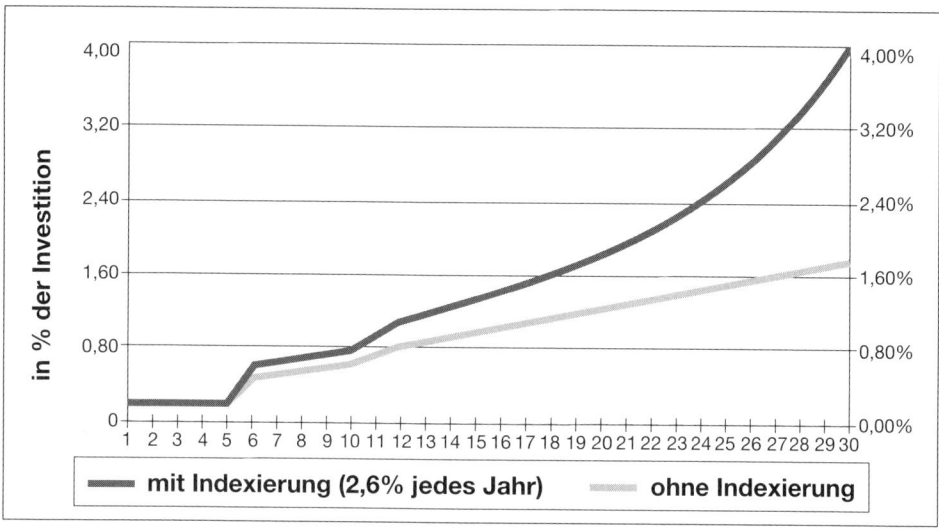

Abb. 1: Instandsetzungskosten für Gewerbeimmobilien in Prozent der ursprünglichen Herstellungskosten

2.4.5 Ermittlung der Kosten der Zwischenfinanzierung

Die Ermittlung der Zwischenfinanzierungszinsen wurde auf der Basis einer vierteljährlichen Betrachtungsweise vorgenommen. Beim Vergleich von verschiedenen Objekten ergaben sich folgende tatsächliche Zinsgrenzkosten je Quartal, d. h. zusätzliche Zinskosten für die Zwischenfinanzierung (s. Abb. 2):

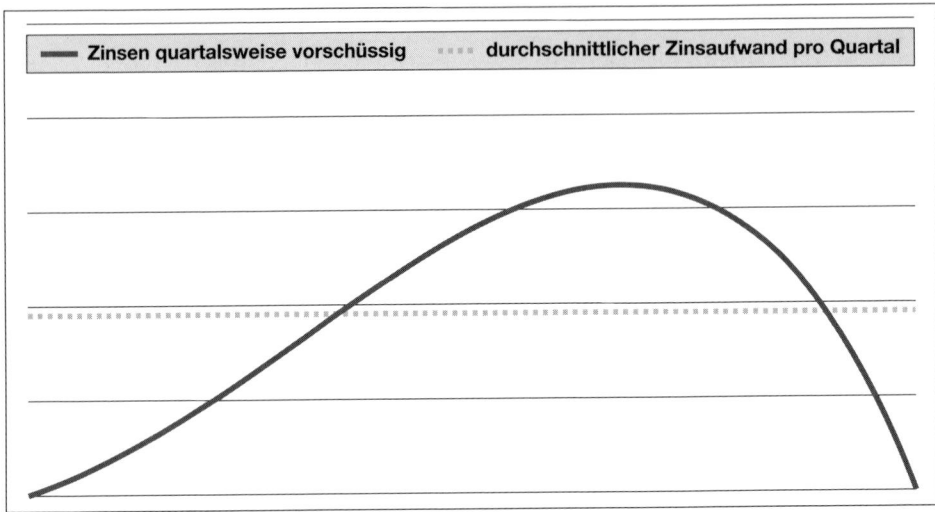

Abb. 2: Tatsächlicher Zinsbedarf für die Zwischenfinanzierung

Es wird bereits optisch deutlich, daß die Zinsverteilung im Saldo eine annähernd gleiche Größenordnung erreicht. Dies bedeutet, daß der Unterschied zur gebräuchlichen Formel:

$$\text{Gesamtinvestition} \times \frac{\text{Bauzeit (Monate)}}{12} \times 1/2 \times \text{Zinssatz}$$

nicht so groß ist, daß eine quartalsweise Berechnung zwingend erforderlich wäre. Auch die damit verbundenen Veränderungen der Gesamtinvestition stehen in keinem ausschlaggebenden Verhältnis zum höheren Berechnungsaufwand, die diese Berechnungsart zwingend erforderlich machen würde. Eine Zinsberechnung auf jährlicher Basis ist jedoch angebracht, zumal das Verhältnis zwischen Aufwand und Ergebnis vernünftig erscheint. Je stärker der Finanzmittelbedarf im Verlauf des Projektes jedoch von einer Sinuskurve abweicht, desto stärker ist die Abweichung zwischen quartalsweiser und jährlicher Zinsberechnung und damit eine quartalsweise Berechnungsart von Vorteil.

2.4.6 Wertung der Ergebnisse der Kapitalwertberechnung

In beiden Fällen, also bei der Rentabilitätsberechnung wie auch bei der Kapitalwertmethode, ergeben sich bei Zugrundelegen der gleichen Zahlenwerte positive Ergebnisse. Beide können in Kombination miteinander problemlos als Entscheidungsgrundlage dienen. Die Nachteile der Rentabilitätsberechnung wurden geschildert. Die Nachteile der Kapitalwertberechnung liegen aus Sicht des Verfassers darin, daß das Ergebnis der Kapitalwert-Methode in keinem Verhältnis zur Investitionssumme zum Ausdruck gebracht wird. Vielmehr ist die Höhe des Netto-Barwertes unabhängig von der Investitionshöhe, jedoch eher abhängig von der Qualität des Investments.

2.4.7 Profitability-Index

Um diesen eher unbedeutenden Nachteil auszugleichen, ist das folgende Verfahren geeignet:

Anstelle der Abzinsung des Periodenergebnisses mit Hilfe des Kapitalisierungszinsfußes auf den jeweiligen Barwert werden der Barwert der Kosten (Investitionen) und der Barwert der Erträge bzw. Erlöse separat ermittelt. Der Saldo dieser Barwertreihen ergibt erneut den in Tabelle 9 ermittelten Barwert.

Setzt man nun den Barwert der Kosten und den Barwert der Erträge/Erlöse in Relation zueinander, so ergibt sich aus diesem Faktor ein Hinweis auf das dem Projekt innewohnende Risiko im Verhältnis zur Gesamtinvestition. Dieser Index wird als Profitability-Index[10] bezeichnet. In der Regel wird der Profitability-Index zwischen dem Barwert der Erträge/Erlöse und dem eingesetzten Eigenkapital berechnet. Da es sich im vorliegenden Fall um eine reine Fremdfinanzierung handelte, wurde statt dessen der Barwert der Zinskosten berechnet und dem Barwert der Erträge gegenübergestellt (vgl. Tab. 10).

Im vorliegenden Fall errechnet sich ein Profitability-Index in Höhe von 1,08. Ob dem Investor bereits ein Profitability-Index von mehr als 1,0 ausreicht, um die Investition durchzuführen, ist bei Immobilienprojekten fraglich. Ein Profitability-Index von mehr als 1,1 erscheint eher erforderlich.[11]

---

[10] Vgl. Brealey, Richard A./Myers, Stewart C.: Principles of Corporate Finance, Singapur 1988, S. 85ff.
[11] Vgl. Brueggemann/Fisher/Stone: Real Estate Finance, Irwin Inc., 1989, S. 286.

Jahr	1.-3. Inv.-Phase	4.	5.	6.	7.	8.	9.	10.	Summen in TDM
Investitionen (FK) (1)	-101.200								Verkauf -101.200
Zinskosten 5,25 % (2)		-5.320	-5.510	-5.570	-5.570	-5.570	-5.570	-5.570	
Mieterträge (3)		+5.480	+5.590	+5.710	+5.830	5.950	+5.920	+6.030	
Verkaufserlös 18,4fach									+110.952
Periodenergebnis		+160	+80	+140	+260	+380	+350	+460	+9.752
Barwert Kosten	+0	-4.130	-3.979	-3.742	-3.481	-3.238	-3.012	-2.802	
Barwert Erträge	+0	+4.255	+4.037	+3.836	+3.643	+3.459	+3.201	+3.033	
Barwert	+0	+124	+58	+94	+162	+221	+189	+231	
Abzinsung: 7,5 %, mittelsch.									
Investitionssumme +1.080			Barwert Kosten:		(-)73.488		Barwert Erträge:		+79.296
Vervielfältiger 18,4fach			Verkauf n. 10 J. für: +110.952				Profitability Index (4):		1,08

Erläuterungen:
(1) Die Investition wurde ausschließlich mit Fremdkapital finanziert. Die Zusammensetzung dieser Investitionen entnehmen Sie Tabelle 7.
(2) Tilgung wurde nicht vereinbart.
(3) Die Mieterträge stellen Reinerträge dar und wurden mit 2 % p.a. indexiert.
(4) Die Formel lautet: $\frac{\text{Barwert Erträge}}{\text{Barwert Kosten}}$ = Profitability-Index (PI)

Tab. 10: Barwertberechnung des Profitability-Index

2.4.8 Interne-Zinsfuß-Methode

Zu untersuchen bleibt, wie sich das Ergebnis bei Anwendung der Internen-Zinsfuß-Methode darstellt. Dazu muß lediglich der Kapitalwert gleich null gestellt und der interne Zinsfuß durch Iteration ermittelt werden.

Bleiben wir bei der 100%igen Fremdfinanzierung des Objektes, erweist sich diese Methode als nicht brauchbar (vgl. Tab. 11):

Jahr	1.–3. Inv.-Phase	4.	5.	6.	7.	8.	9.	10.	Summen in TDM
Investitionen (FK, 100 %)	(-100.000)							Verkauf	-100.000
Investitionen (EK, 0 %)									
Zinskosten 5,5 %		-5.210	-5.250	-5.250	-5.250	-5.250	-5.250	-5.250	
Mieterträge		+5.480	+5.590	+5.710	+5.830	5.950	+5.920	+6.030	
Verkaufserlös 18,4fach								+111.000	
Periodenergebnis		+270	+340	+460	+580	+700	+670	+780	+11.000	+14.800
Barwert		+0	+0	+0	+0	+0	+0	+0	+0	+0
Abzinsung: 7,5 %, mittelsch.									
							Interner Zinsfuß:		505,0 %

Tab. 11: Anwendung der Internen-Zinsfuß-Methode bei 100 % Fremdfinanzierung

Das Ergebnis mit einem internen Zinsfuß von ~500 % ist enttäuschend, da nicht realistisch. Hierbei wird deutlich, daß, je näher der Barwert der Null-Marke kommt, der interne Zinsfuß in Richtung „unendlich" wandert. Bei 100%igem Fremdkapitaleinsatz ist die Interne-Zinsfuß-Methode also nicht verwendbar.

Ist der Fremdkapitaleinsatz dagegen nur 80 %, ergibt sich folgende Rechnung (vgl. Tab. 12):

Jahr	1.–3. Inv.-Phase	4.	5.	6.	7.	8.	9.	10.	Summen in TDM
Investitionen (FK, 80 %)	(-74.000)	(-4.030)	(-1.550)					Verkauf	-79.580
Investitionen (EK, 20 %)	-18.500	-1.007	-368						
Zinskosten 5,5 %		-4.180	-4.330	-4.380	-4.380	-4.380	-4.380	-4.380	
Mieterträge		+5.480	+5.590	+5.710	+5.830	5.950	+5.920	+6.030	
Verkaufserlös 18,4fach								+111.000	
Perioden-ergebnis	-18.500	+293	+874	+1.330	+1.450	+1.570	+1.540	+1.650	+31.420	+21.630
Barwert	-16.110	+208	+561	+774	+764	+750	+667	+647	+11.739	+0
Abzinsung: 7,5 %, mittelsch.									
							Interner Zinsfuß:		10,4 %

Tab. 12: Anwendung der Internen-Zinsfuß-Methode bei 80 % Fremdfinanzierung

Als Ergebnis wird ein interner Zinsfuß von 10,4 % ermittelt, eine reguläre Größenordnung also. Ist der Fremdkapitaleinsatz dagegen nur noch 50 %, erhalten wir folgendes Ergebnis (vgl. Tab. 13):

Jahr	1.–3. Inv.-Phase	4.	5.	6.	7.	8.	9.	10.	Summen in TDM
Investitionen (FK, 50 %)	(-45.100)	(-2.500)	(-920)					Verkauf	-48.520
Investitionen (EK, 50 %)	-45.060	-2.496	-917						
Zinskosten 5,5 %		-2.550	-2.640	-2.670	-2.670	-2.670	-2.670	-2.670	
Mieterträge		+5.480	+5.590	+5.710	+5.830	5.950	+5.920	+6.030	
Verkaufserlös 18,4fach									+111.000
Perioden-ergebnis	-45.060	+434	+2.033	+3.040	+3.160	+3.280	+3.250	+3.360	+62.480	**+36.000**
Barwert	-40.570	+334	+1.452	+2.014	+1.943	+1.871	+1.721	+1.650	+29.588	**+0**
Abzinsung: 7,5 %, mittelsch.										
								Interner Zinsfuß:	**7,8 %**

Tab. 13: Anwendung der Internen-Zinsfuß-Methode bei 50 % Fremdfinanzierung

Hier erhält man als Ergebnis einen internen Zinsfuß von 7,8 %.

2.4.9 Leverage-Effekt

Vergleicht man die Ergebnisse der Internen-Zinsfuß-Berechnungen, so ergibt sich folgendes Bild:

Fremdkapitalanteil	Interner Zinsfuß
100 %	~ 500 %
80 %	10,40 %
50 %	7,80 %

Das bedeutet, je höher der Fremdkapitalanteil, desto höher der interne Zinsfuß. Dieser sogenannte Leverage-Effekt bzw. Hebelwirkung mag aus rentabilitätsorientierter Sicht willkommen sein, andererseits ist das finanzwirtschaftliche Risiko, das mit steigender Verschuldung verbunden ist und mit steigender Zinsbelastung einhergeht, nicht in seinem Risikogehalt zu unterschätzen.

Verbindet man diese Tabelle mit der Information über die zugehörigen Barwerte, wird die Kehrseite der Medaille noch deutlicher sichtbar: Die Kapitalwerte sinken von 36 Mio. DM im gewählten Beispiel auf 14,8 Mio. DM:

Fremdkapitalanteil	100 %	80 %	50 %
Interner Zinsfuß	~ 500 %	10,40 %	7,80 %
Kapitalwert	14.800	21.630	36.000

Je höher die Verschuldung, desto geringere Schwankungen in den Mietertragswerten genügen, um die Illiquidität herbeizuführen. Insofern ist jeder Investor aufgerufen, den richtigen Weg zwischen Rendite und Barwert zu wählen.

3. Schlußbemerkung

Die Kapitalwert-Methode ist in den überwiegenden Fällen die sinnvollste Berechnungsart für Investitionen im Immobilienbereich. Sie ist sachgerecht und dem langfristigen Zyklus einer Immobilie angemessen. In der überwiegenden Anzahl der Investitionsentscheidungen kann auf dieses Verfahren, d.h. die Abzinsung auf den Bewertungsstichtag für alle sich während des Betrachtungszeitraums ergebenden Zahlungsströme mittels eines angemessenen Diskontsatzes, nicht verzichtet werden. Auch wenn nicht übersehen werden darf, daß die Anwendung verschiedene Fehlerrisiken in sich birgt, verlangen unsere immer komplexer werdenden Immobilien ein adäquates Bewertungsverfahren, die Kapitalwert-Methode.

4. Literatur

van Horne, J. C.: *Financial Management and Policy*; 10th Edition, Englewood Cliffs 1994

Brealey, R. A./Myers, St. C.: *Principles of Corporate Finance*; 5th Edition, Singapore 1996

Bruegmann, W. B./Fischer, J. D./Stone, L. D.: *Real Estate Finance*; 10th Edition, Singapore 1996

Möglichkeiten und Auswirkungen von Wertsteigerungen bei Mietverträgen von Gewerbeimmobilien[1]

Dr. rer. pol. Dr. h.c. Hans Vielberth, geschäftsführender Gesellschafter, Gewerbepark Regensburg GmbH und Donau Einkaufszentrum GmbH, Regensburg

1.	Die Wertsicherung der Miete	737
1.1	Werterhaltung und Wertsteigerung von Gewerbeimmobilien	737
1.1.1	Einfluß der Inflation	737
1.1.2	Verschiedene Methoden der Wertsicherung	740
1.2	Wertsicherung der Mieten durch Indexbindung	742
1.2.1	Verschiedene Indizes	742
1.2.2	Indexregelungen im Mietvertrag	747
1.2.3	Die Entwicklung indexierter und teilindexierter Mieten	751
1.3	Wertsicherung durch Staffelmieten	757
1.4	Einfluß der Wertsicherung der Mieten auf die Wertentwicklung von Immobilien	758
1.4.1	Wertsicherung und Renditen	758
1.4.2	Auswirkung verschiedener Indexanpassungen auf die Wertentwicklung von Immobilien	759
1.4.3	Der Einfluß der steuerlichen Komponente	761

---

[1] Abdruck aus dem „Handbuch für Gewerbeparks" von Hans Vielberth

1. Die Wertsicherung der Miete

1.1 Werterhaltung und Wertsteigerung von Gewerbeimmobilien

Für den Investor, der in einen Gewerbepark investiert, sind die langfristige Werterhaltung und Wertsteigerung seiner Großimmobilie entscheidend. Der Wert einer Immobilie wird (neben anderen Faktoren) wesentlich bestimmt durch die langfristig nachhaltig erzielbaren Mieteinnahmen. Bauqualitäten und Maßnahmen wie Mietermix, Lage, Imageverbesserungen und Bauunterhalt dienen letztlich dem Ziel, das Mietniveau zu halten und zu erhöhen. Im folgenden soll der Einfluß untersucht werden, den Mietvertragsklauseln zur Absicherung der Mieten gegen Inflation auf die Wertentwicklung der Immobilien eines Gewerbeparks haben.

1.1.1 Einfluß der Inflation

Das 19. Jahrhundert und die Zeit bis zum Beginn des Ersten Weltkrieges waren durch relativ stabile Preise gekennzeichnet; das 20. Jahrhundert erlebte eine Hyperinflation in den zwanziger Jahren, eine große Geldentwertung nach dem Zweiten Weltkrieg und eine Steigerung des Preisniveaus seit der Währungsreform 1949 bis Ende 1994 von 100 auf 348,9 Punkte (vgl. Tab. 1 und 2). Dabei ist die DM in Europa und weltweit eine der Währungen mit sehr geringer Geldentwertung.

Die DM von 1949 war das 3,49fache unserer heutigen Mark wert.[1] Über eine längere Zeit hin gilt nicht „DM ist gleich DM", sondern – so lehrt dies jedenfalls die Vergangenheit – „die DM der Zukunft ist weniger wert". Inflationsraten von 1,5 % bis 2 % per anno gelten als sehr gering und werden nur selten erreicht; sie sind das Ziel der Währungspolitik (vgl. Tab. 1 und 2).

Bei Zahlungen aus langfristigen Vereinbarungen wie bei der Miete ist daher die Wertsicherung sehr wichtig, weil nicht nur die Kaufkraft der laufenden Mietzahlungen, sondern auch der Wert des Mietobjektes davon abhängen. Bei sehr kurzen Laufzeiten eines Mietvertrags bildet sich der Mietpreis am Markt immer wieder neu. Die Frage der Wertsicherung stellt sich dann nicht. Bei langfristigen Mietverträgen jedoch addieren sich die jährlichen Wertminderungen des Geldes über die Jahre hin zu erheblichen Größen.

---
[1] Quelle: Deutsche Bundesbank

Jahr	Preisindex*	Veränd. ggü. Vorjahr in %	Preisindex gleitender Durchschnitt	Veränd. ggü. den letzten 5 Jahren in %
1949	100,0		100,0	
1950	93,7	- 6,25 %		
1951	100,9	7,58 %		
1952	103,1	2,25 %		
1953	101,1	- 1,93 %		
1954	101,4	0,28 %		
			100,1	0,06 %
1955	103,1	1,68 %		
1956	105,7	2,48 %		
1957	108,0	2,15 %		
1958	110,2	2,11 %		
1959	111,1	0,77 %		
			107,6	7,55 %
1960	112,8	1,53 %		
1961	115,6	2,52 %		
1962	118,7	2,70 %		
1963	122,4	3,11 %		
1964	125,3	2,32 %		
			119,0	10,56 %
1965	129,5	3,40 %		
1966	134,1	3,51 %		
1967	136,1	1,48 %		
1968	137,8	1,25 %		
1969	140,6	2,06 %		
			135,6	13,99 %
1970	145,2	3,23 %		
1971	152,6	5,09 %		
1972	160,8	5,40 %		
1973	171,6	6,71 %		
1974	183,2	6,79 %		
			162,7	19,94 %
1975	184,1	0,47 %		
1976	203,1	10,34 %		
1977	209,9	3,36 %		
1978	215,3	2,57 %		
1979	223,6	3,83 %		
			207,2	27,38 %
1980	235,2	5,21 %		
1981	250,3	6,40 %		
1982	263,4	5,22 %		
1983	272,2	3,34 %		
1984	278,4	2,30 %		
			259,9	25,42 %
1985	284,1	2,04 %		
1986	283,5	- 0,20 %		
1987	283,8	0,10 %		
1988	286,9	1,10 %		
1989	295,2	2,87 %		
			286,7	10,32 %
1990	303,1	2,69 %		
1991	313,9	3,56 %		
1992	326,4	3,98 %		
1993	338,9	3,83 %		
1994	348,9	2,93 %		
			326,2	13,79 %

* Lebenshaltungskostenindex (Vier-Personen-Haushalt von Arbeitern und Angestellten mit mittlerem Einkommen), Jahresdurchschnittswerte unbasiert auf 1949.
Angaben ab 1991 nur für Westdeutschland berücksichtigt.

Tab. 1: Preisindex für Lebenshaltungskosten 1949–1994
Quelle: Statistisches Bundesamt Wiesbaden, Reihe 7, Dez. 1994 (Eilbericht)

Jahr	Index der Lebenshaltungskosten (1810 = 100)	Jahr	Index der Lebenshaltungskosten (1810 = 100)	Jahr	Index der Lebenshaltungskosten (1810 = 100)
1810	100	1844	127	1878	189
1811	98	1845	127	1879	182
1812	113	1846	140	1880	191
1813	113	1847	136	1881	189
1814	111	1848	104	1882	184
1815	120	1849	98	1883	182
1816	149	1850	100	1884	178
1817	211	1851	116	1885	178
1818	147	1852	138	1886	176
1819	113	1853	127	1887	176
1820	93	1854	156	1888	176
1821	102	1855	167	1889	184
1822	107	1856	140	1890	182
1823	98	1857	140	1891	191
1824	89	1858	124	1892	187
1825	98	1859	129	1893	178
1826	87	1860	138	1894	173
1827	89	1861	149	1895	173
1828	109	1862	144	1896	173
1829	102	1863	138	1897	178
1830	113	1864	140	1898	182
1831	111	1865	133	1899	182
1832	111	1866	138	1900	184
1833	107	1867	158	1901	187
1834	102	1868	151	1902	189
1835	102	1869	147	1903	189
1836	109	1870	153	1904	187
1837	107	1871	178	1905	196
1838	118	1872	200	1906	200
1839	120	1873	207	1907	204
1840	109	1874	213	1908	209
1841	104	1875	204	1909	213
1842	111	1876	202	1910	218
1843	131	1877	198		

Steigerung von 1810–1910 von 100 auf 218 Punkte.

Tab. 2: Index der Lebenshaltungskosten von 1810–1910
Quelle: Gömmel, R.: Realeinkommen in Deutschland. Ein internationaler Vergleich (1810–1914), Nürnberg 1979, S. 28

In einem Mietvertrag stellt der Vermieter seine Immobilie dem Mieter gegen ein Entgelt zur Verfügung und gewährleistet den Gebrauch der Mietsache, wobei davon auszugehen ist, daß deren Nutzwert über die ganze Vertragslaufzeit gleichbleibt. Der Mieter sollte dafür eine im Wert gleichbleibende Gegenleistung als Miete erbringen. Der Grundsatz „DM ist gleich DM", der bei allen Rechtsgeschäften gilt, berücksichtigt jedoch eine laufende Minderung der Pachtzahlung durch Geldentwertung nicht. Es gibt keinen im Gesetz und in der Rechtsprechung verankerten Anspruch eines Vermieters auf Ausgleich des laufenden Wertverlustes durch die inflatorische Entwicklung des Geldwertes. Eine Wertsicherung von Zahlungen aus langfristigen Verträgen kann nur durch vertragliche Regelungen erreicht werden. Eine Anpassung von Zahlungen an die veränderten Wertverhältnisse ohne vertragliche Regelungen ist kaum möglich, auf dem Verhandlungswege sicherlich nur in seltenen Fällen. Die Gerichte haben lediglich bei Erbpachtverträgen geringfügige Anpassungen zugelassen. Es gibt jedoch verschiedene Möglichkeiten der Mietanpassung, die in den Mietvertrag aufgenommen werden können.

1.1.2 Verschiedene Methoden der Wertsicherung

- *Sachleistung.* Eine archaische Form der Wertsicherung sind Sachleistungen, zum Beispiel bei landwirtschaftlichen Pachten, die die Pacht oder Miete an den unmittelbaren Nutzen des Pächters binden. Sie sind in unserer heutigen arbeitsteiligen Geldwirtschaft nicht möglich.
- *Anpassung an die Marktmiete.* Wollen die Parteien keine Festmiete, sondern eine Marktmiete, so kann durch Vereinbarungen, die beispielsweise die Anpassung nach ein, zwei oder drei Jahren vorsehen, eine Wertsicherung angestrebt werden, die so eng wie möglich an die Marktmiete herankommt.
  Beide Parteien haben das Risiko der Änderung der Marktmiete. Zur Ermittlung der Marktmiete müssen Ermittlungsverfahren vereinbart und Gutachterberufung und Schiedsverfahren geregelt werden.
- *Indexierung.* Die Wertentwicklung des Geldes wird durch die Preisentwicklung verschiedener Warenkörbe ermittelt, die in verschiedenen Indizes vom Statistischen Bundesamt in Wiesbaden laufend publiziert werden. Die Miete wird an einen solchen Index, meist den Lebenshaltungskostenindex, gebunden und entweder in regelmäßigen Abständen oder dann, wenn sich der Index zum Beispiel um 10 % geändert hat, angepaßt. Die Kopplung der Miete an einen Index der Geldwertentwicklung löst die Miethöhe von der wirtschaftlichen Entwicklung und der Marktmiete.

Diese Abtrennung vom Marktgeschehen ist bei einem langfristigen Mietvertrag beabsichtigt, weil beide Parteien langfristig feste Verhältnisse wollen.

Vertragliche Vereinbarungen zur automatischen Wertsicherung über Indexklauseln müssen von der Bundesbank genehmigt werden. Der Gesetzgeber verbietet eine automatische Indexierung von Verträgen, die kürzer als zehn Jahre laufen. Für kürzere Verträge besteht nur die Möglichkeit, definitive Einzelvereinbarungen über die Anhebung von Mieten zu vereinbaren, zum Beispiel Staffelmieten. Eine gleitende automatische Anbindung an Indizes ist nicht erlaubt.

- *Staffelmieten.* Bei Staffelmieten werden die Mieten in festen Zeitabständen um einen fest vereinbarten Satz gesteigert. Sie finden Anwendung vor allem bei Verträgen unter zehn Jahren Laufzeit, aber auch bei längeren Verträgen, wenn die Parteien eine zeitlich verschobene Mietzahlung beabsichtigen.
- *Verhandlungsklauseln.* Das Ziel einer Wertsicherung durch Verhandlung kann entweder sein, die Miete an die Marktmiete heranzuführen oder einen Ausgleich für die stattgefundene Geldentwertung zu erreichen. Eine Verhandlungsklausel muß unbedingt folgende Punkte enthalten:

1. Einen Wert, ob Index oder Marktmiete, der als Richtgröße dient,
2. feste Zeitintervalle für die Anpassung und
3. eine Schiedsgerichtsvereinbarung, wenn die Parteien sich nicht einigen.

Bei Verhandlungsklauseln müssen die Parteien über die beabsichtigten Ergebnisse Einigkeit erzielen. Vage Formulierungen machen Verhandlungsklauseln weitgehend unwirksam. Das Mieterinteresse zielt oft auf Klauseln, die die wirtschaftliche Entwicklung des Mieters mit berücksichtigen oder die einen Abschlag von der möglichen Mieterhöhung bringen. Ob solche Regelungen akzeptiert werden, hängt von der Verhandlungsstärke der Parteien und der Immobilienmarktlage ab.
- *Umsatzmiete.* Umsatzmieten sind kein Wertsicherungsinstrument, sondern ermöglichen dem Vermieter, am wirtschaftlichen Erfolg oder Mißerfolg des Mieters teilzuhaben. Umsatzmieten können zu Mietsteigerungen führen, die weit über das Inflationsmaß hinausgehen, aber umgekehrt bei schlechter wirtschaftlicher Entwicklung auch bedeuten, daß die Miete stagniert oder unter das einmal vereinbarte Niveau fällt. Um letzteres zu vermeiden, wird bei der Umsatzmiete oft auch eine Mindestmiete vereinbart. Die Wertsicherung der vereinbarten Miete kann unter dem Aspekt des Ausgleichs der Geldentwertung erfolgen. Die hierfür übliche Methode

der Absicherung ist die Indexierung. Wertsicherung kann aber auch bedeuten, daß der Vermieter und der Mieter jeweils die Miete vereinbaren, die dem Marktwert entspricht. Darüber hinaus gibt es weitere Möglichkeiten, eine veränderliche Miete zu vereinbaren, wie etwa durch die Berücksichtigung der Entwicklung des allgemeinen Mietniveaus am Standort. Die Berücksichtigung der wirtschaftlichen Entwicklung des Mietpartners stellt hingegen keine Wertsicherung dar, sondern ist als Teilhabe am wirtschaftlichen Erfolg oder Mißerfolg zu bewerten.

1.2 Wertsicherung der Mieten durch Indexbindung

1.2.1 Verschiedene Indizes

Es gibt eine Vielzahl von Indizes, so daß es schwierig ist, einen Maßstab für die Werthaltigkeit der Mietzahlungen zu finden. Bei langfristigen Verträgen wird das Interesse des Vermieters mehr in Richtung einer allgemeinen Absicherung der Kaufkraft seiner Miete gehen, hingegen kann beim Mieter ein Interesse vorliegen, die Miete nur so abzusichern, daß sie in die Entwicklung seines Geschäftszweiges paßt. Heute wird bei Indexabsicherungen üblicherweise die Indexreihe für die Lebenshaltungskosten eines Vier-Personen-Haushalts gewählt.[2]

Wenn der reale Wert von Mietzahlungen über die Vertragslaufzeit hin konstant bleiben soll, wird die Miete an den Lebenshaltungskostenindex gebunden und der nominale Wert der Miete je nach Entwicklung des Index erhöht oder vermindert. Bleibt der reale Wert aber wirklich gleich? Die Frage, inwieweit ein Index überhaupt die Entwicklung des Geldwertes repräsentieren kann, ist schwierig zu beantworten. Der Warenkorb, der dem Index zugrunde liegt, wird von Zeit zu Zeit in Zusammenstellung und Qualität verändert. Preiserhöhungen, die durch Qualitätsverbesserungen bedingt sind, mögen im Index eine Geldentwertung suggerieren, wo dies nicht der Fall ist. (Dies ist auch einer der Gründe, warum von den Vertragsparteien bisweilen eine nur teilweise Anwendung des Index vereinbart wird. Dem liegt die Überlegung zugrunde, daß nur ein Inflationsausgleich abgegolten werden soll, nicht aber eine Preissteigerung, die aus der Verbesserung der Produkte herrührt.)

---

[2] In der Bundesrepublik Deutschland werden Indexreihen vom Statistischen Bundesamt in Wiesbaden herausgegeben. Die Indexreihen können im Einzelabonnement bezogen werden.

In den 30 Jahren von 1965 bis 1994 ist der Lebenshaltungskostenindex von 100 auf 269,3 gestiegen oder, anders ausgedrückt, die DM von 1965 ist 1994 noch 37,1 Pfennige wert. Diese Entwicklung zeigt, wie notwendig eine Indexierung von Mieten in langfristigen Verträgen ist. Bereits bei zehnjährigen Verträgen ist der Inflationsverlust erheblich: Der Index ist von 1965 bis 1974 um 41,4 % gestiegen, 1974 war die DM nur mehr 70,7 Pfennige wert. Nach 20 Jahren, also bis 1984, betrug die Indexsteigerung 114,9 %, die DM von 1965 war zu dieser Zeit nur mehr 46,5 Pfennige wert.

Vergleicht man den Lebenshaltungskostenindex mit Baukostenindizes, so wird ersichtlich, daß die Baukosten für Bürogebäude und gewerbliche Gebäude im selben Zeitraum wesentlich stärker gestiegen sind als die allgemeinen Lebenshaltungskosten, nämlich bei Bürogebäuden von 1965 – 100 Punkte auf 389,2 Punkte in 1993 und bei gewerblichen Gebäuden von 1965 – 100 Punkte auf 381,7 Punkte in 1993. Im Vergleich dazu sind die Lebenshaltungskosten von 1965 bis 1993 auf 261,6 Punkte gestiegen.

Bei gleichen Kapitalkosten werden daher die Mieten in Neuprojekten höher sein als die Mieten selbst bei 100%iger Indexierung in Altobjekten (vgl. dazu Tabelle 3 für Bürobauten und gewerbliche Bauten). Das oft zu hörende Argument, daß eine indexierte Wertsicherung langfristig Mietpreise bedingen würde, die über dem Marktniveau liegen und den Mieter im Markt benachteiligen würden, greift also nicht (vgl. Abb. 1 und 2). Dies bedeutet, daß die Marktmiete für ein gewerbliches Gebäude nach einer gewissen Zeit höher sein wird als die vertraglich vereinbarte an den Lebenshaltungskostenindex gebundene Miete. Die Entwicklung der letzten 30 Jahre wird in der folgenden Abbildung und Tabelle für den Preisindex für Lebenshaltung (früheres Bundesgebiet) im Vergleich mit den Preisindizes für Neubauten von Bürogebäuden und gewerblichen Gebäuden dargestellt, jeweils auf der Basis 1965.[3]

Bei der Wertung der Indizes für Bürogebäude und gewerbliche Gebäude ist allerdings zu berücksichtigen, daß die Qualität der Bauten in den letzten 30 Jahren erheblich verbessert wurde, was die technischen Anforderungen (Isolierung, Doppelböden, Elektroinstallation etc.) und auch die Ansprüche in der Ausstattung anbelangt, so daß ein Vergleich der Gebäude von 1965 mit denen von 1995 nicht angebracht ist. Altbauten haben einen erheblichen Investitionsbedarf, wenn sie auf das Niveau von 1995 gebracht werden sollen. Ein Teil der Erhöhung des Index für Bürogebäude und gewerbliche Gebäude ist jedoch nicht auf zusätzliche Ausstattungen und qualitativ hochwertigere Bauten zurückzuführen, sondern auf Preissteigerungen.

---

[3] Die vom Statistischen Bundesamt mit Basis 1985 erhaltenen Indizes wurden auf 1965 umbasiert.

Eine Bindung an die Entwicklung der Einzelhandelspreise ist oft das Interesse des Handels, weil die Entwicklung des Index für Einzelhandelspreise im Verhältnis zur allgemeinen Preissteigerung zurückbleibt. Dies bedeutet, daß bei einer 100%igen Bindung der Miete an den Index der Lebenshaltungskosten die Miete relativ stärker steigt als das Preisniveau der im Handel veräußerten Waren.

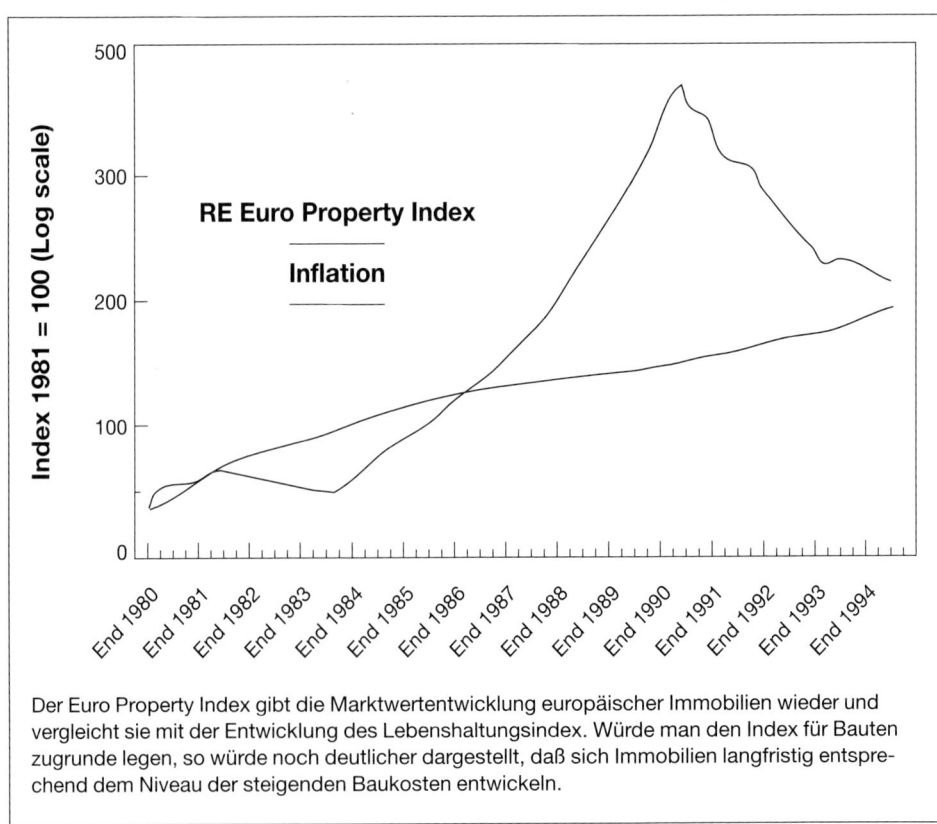

Der Euro Property Index gibt die Marktwertentwicklung europäischer Immobilien wieder und vergleicht sie mit der Entwicklung des Lebenshaltungsindex. Würde man den Index für Bauten zugrunde legen, so würde noch deutlicher dargestellt, daß sich Immobilien langfristig entsprechend dem Niveau der steigenden Baukosten entwickeln.

Abb. 1: Richard-Ellis-Euro-Property-Index
Quelle: Ellis, Richard: European Office Market Bulletin, April 1996, 1st Quarter 1996, London, Berkeley Square House

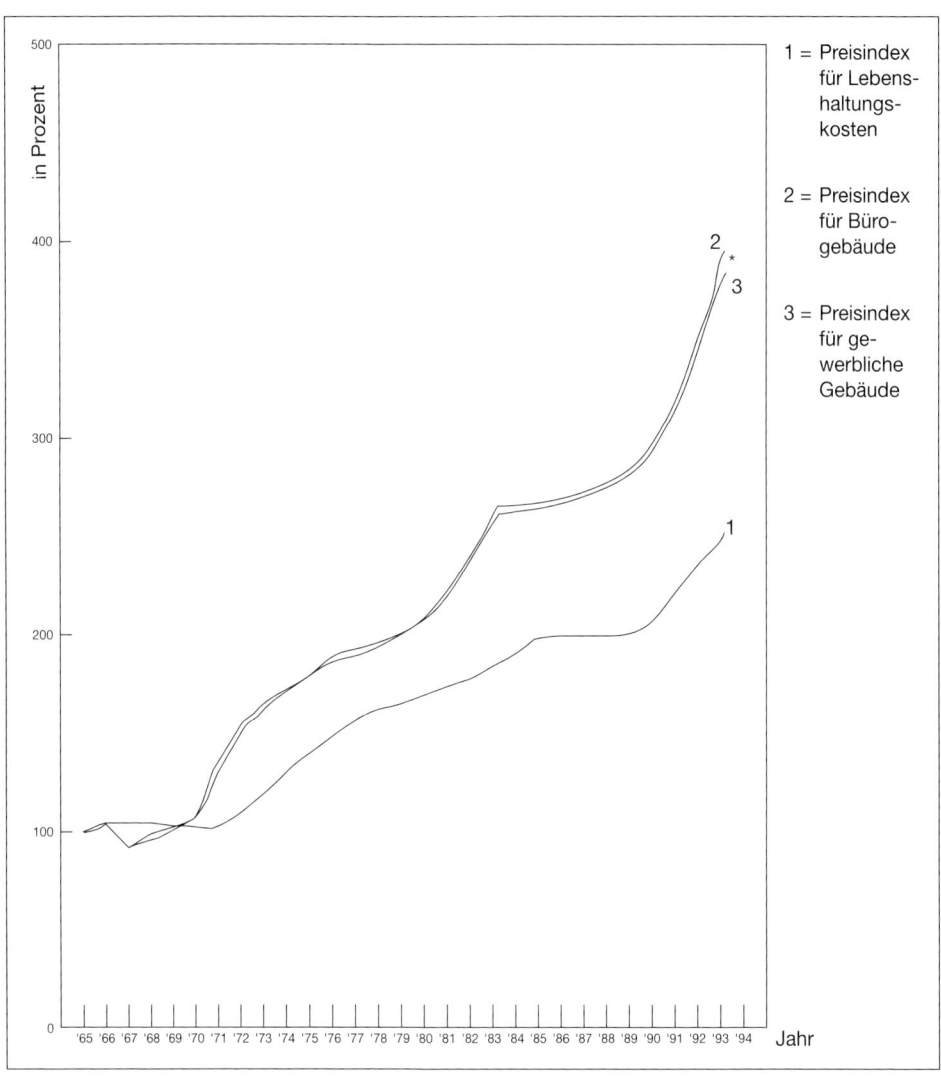

Abb. 2: Preisindizes für Lebenshaltung, Büro- und gewerbliche Gebäude
Quelle: Statistisches Bundesamt Wiesbaden

Jahr	Preinsindex für Lebenshaltungskosten*		Preisindex für Bürogebäude**		Preisindex für gewerbliche Gebäude	
	in %	Veränderung in % gegenüber Vorjahr	in %	Veränderung in % gegenüber Vorjahr	in %	Veränderung in % gegenüber Vorjahr
1965	100,0		1000		100,0	
1966	103,5	3,5	103,4	3,4	102,8	2,8
1967	105,0	1,4	97,5	- 5,7	97,7	- 5,0
1968	106,4	1,3	104,8	7,5	103,1	5,5
1969	108,6	2,1	111,4	6,3	112,1	8,7
1970	112,1	3,2	130,1	16,8	132,4	18,1
1971	117,8	5,1	143,5	10,3	146,7	10,8
1972	124,2	5,4	152,8	6,5	154,1	5,0
1973	132,5	6,7	163,6	7,1	163,4	6,0
1974	141,4	6,7	174,7	6,8	172,9	5,8
1975	150,0	6,1	178,4	2,1	177,7	2,8
1976	156,8	4,5	184,4	3,4	184,8	4,0
1977	162,1	3,4	192,9	4,6	192,7	4,3
1978	166,3	2,6	204,0	5,8	203,1	5,4
1979	172,6	3,8	220,2	7,9	219,1	7,9
1980	181,6	5,2	243,2	10,4	241,7	10,3
1981	193,2	6,4	257,7	6,0	256,6	6,2
1982	203,3	5,2	267,3	3,7	267,0	4,1
1983	210,1	3,3	273,6	2,4	272,9	2,2
1984	214,9	2,3	281,5	2,9	279,7	2,5
1985	219,3	2,0	284,1	0,9	281,7	0,7
1986	218,8	-0,2	289,2	1,8	287,6	2,1
1987	219,1	0,1	295,7	2,2	294,1	2,3
1988	221,5	1,1	303,1	2,5	300,3	2,1
1989	227,8	2,8	314,2	3,7	310,7	3,5
1990	234,0	2,7	332,4	5,8	329,8	6,1
1991	242,3	3,5	353,4	6,3	350,4	6,2
1992	252,0	4,0	372,7	5,5	367,6	4,9
1993	261,6	3,8	389,2	4,4	381,7	3,8
1994	269,3	2,9				

Die Daten des Statistischen Bundesamtes auf der Basis von 1985 wurden auf Basis 1965 = 100 umbasiert.
* 4-Personen-Haushalte von Arbeitern und Angestellten mit mittlerem Einkommen
** einschließlich Umsatz- bzw. Mehrwertsteuer

Tab. 3: Preisindex für gewerbliche Gebäude und Preisindex für Lebenshaltungskosten im Zeitvergleich (früheres Bundesgebiet) – Basis 1965 –
Quelle: Statistisches Bundesamt Wiesbaden, Fachserie 17, Reihen 4 und 7
Eigene Berechnung und Zusammenstellung

Wenn der prozentuale Anteil der Mieten an den Einzelhandelsumsätzen tatsächlich steigt, ist dies ein Anzeichen, daß die Mieten stärker steigen als die Preise.

Jahr	Miete in % vom Umsatz*			
	SBL	SM	DISC	Durchschnitt
1957	–	–	–	1,0
1960	–	–	–	1,0
1970	1,4	1,9	–	1,5
1975	1,7	2,5	–	2,0
1980	1,8	2,5	–	2,1
1985	2,6	3,6	–	3,2
1990	2,3	3,5	–	3,1
1991	2,6	3,8	–	3,5
1992	2,9	3,7	2,8	3,6
1993	3,2	4,0	–	4,0

* = ab 1992 inkl. Discounter
SBL = SB-Läden und SB-Märkte
SM = Supermärkte ab 400 m^2 Verkaufsfläche
DISC = Discounter
Durchschnitt = Gesamtdurchschnitt
– = nicht getrennt ausgewiesen

Tab. 4: Miete in Prozent vom Umsatz nach Betriebsform 1957 bis 1993.
Quelle: EHJ, Handel aktuell 1995, S. 220

Ein Teil der Steigerungen in Tabelle 4 mag auch auf größere Flächen im Verhältnis zum Umsatz und auf bessere Ausstattung zurückzuführen sein. Ein Vergleich der Indizes über die Entwicklung der Lebenshaltungskosten und der Entwicklung der Preise für gewerbliche Bauten zeigt, daß die Preise für gewerbliche Immobilien schneller steigen als die allgemeinen Lebenshaltungskosten.

1.2.2 Indexregelungen im Mietvertrag

Bei der Vereinbarung einer Indexklausel in einem Mietvertrag ist wichtig, exakt die Indexreihe zu definieren, die als vereinbart gilt, und Bezug zu nehmen auf den Index eines bestimmten Jahres. Der Index beginnt in der Regel mit Bezugsfertigkeit des Gebäudes zu laufen.

Werden mehrere Verträge, zum Beispiel für ein Gebäude, abgeschlossen, so sollte der Beginn des Index für alle Mieter gleich sein, da andernfalls, wenn für den Indexbeginn beispielsweise der Zeitpunkt des Vertragsabschlusses gewählt wird, die später abgeschlossenen Mietverträge weniger Miete während der Vertragslaufzeit bringen als die vorher abgeschlossenen

Verträge, weil zum Beispiel bei einer Zeitdifferenz von einem halben Jahr auch die erste Indexanpassung erst ca. ein halbes Jahr später erfolgt.

Teil der Indexvereinbarung sind auch die Intervalle, zu denen der Index angepaßt wird, beispielsweise nach Erhöhung oder Minderung des Index um zehn Punkte oder bei Änderung des Index um 10 % oder nach bestimmten Perioden (jährlich, zweijährlich, dreijährlich etc.) zu einem jeweils fest vereinbarten Datum. Die Erfahrung aus der Vergangenheit zeigt, daß der Index mit Ausnahme weniger Jahre ständig steigt. Bei Anpassung nach einer 10%igen Änderung bedeutet dies, daß die letzte Mietzahlung vor der Änderung bereits 10 % unter dem realen Wert lag. Im Durchschnitt ergibt sich auch bei 100%iger Anpassung ein laufender Inflationsverlust von zirka 5 % der Mietzahlungen. Je nachdem, wie groß die Stufen der jeweiligen Anpassung sind, wird dieser Verlust größer oder kleiner. Eine jährliche Anpassung bringt in dieser Hinsicht den geringsten Inflationsverlust.

Sinnvoll in der Indexierungsvereinbarung ist der Passus, daß die Indexerhöhung ab dem Monat zu zahlen ist, in dem die für die Erhöhung vereinbarte Indexmarke erreicht wird, ganz unabhängig davon, wann dies festgestellt und berechnet wird. Fehlt diese Vereinbarung, wird die erhöhte Mietzahlung erst mit der Berechnung und Inrechnungstellung fällig. Verzögerungen von mehreren Monaten können eintreten, weil es möglich ist, daß die Veröffentlichung der Statistik und die Berechnung der sich daraus ergebenden Miete längere Zeit in Anspruch nehmen.

Wichtig ist weiterhin, daß die Mindestlaufzeit des Mietverhältnisses von zehn Jahren eingehalten wird, weil andernfalls die Klausel nicht genehmigt werden kann bzw. ungültig ist.[4]

---

4 Beispiel für eine Indexklausel (aus dem Mietvertrag „Gewerbepark Regensburg"):

Indexbindung

1. Die Miete ist an den amtlichen Lebenshaltungskostenindex für einen Vier-Personen-Haushalt von Arbeitern und Angestellten mit mittlerem Einkommen gebunden, den das Statistische Bundesamt ermittelt und veröffentlicht. Basisjahr ist 1991 = 100 Punkte. Die Indexbindung dieses Vertrages läuft ab dem ...
Ändert sich der Lebenshaltungskostenindex um mehr als 10 % nach diesem Termin, so werden die Mieten automatisch im gleichen prozentualen Verhältnis der Änderung zur vorhergehenden Basis erhöht oder gesenkt. Die Vermieterin nimmt entsprechende Mietneu- bzw. -nachberechnungen jeweils nach Veröffentlichung der Indexreihe vor. Die Veränderung wird zum 01. des auf den Stichtag folgenden Monats wirksam.

2. Nach einer weiteren Änderung des Lebenshaltungskostenindex um mehr als 10 % bezogen auf den Tag der letzten Feststellung der Miete erfolgt eine weitere Anpassung entsprechend Absatz 1.

3. Die vereinbarte Indexbindung der Miete bedarf der Genehmigung durch die Landeszentralbank. Sollte diese Genehmigung versagt werden, so vereinbaren die Parteien, daß sie sich verpflichten, einvernehmlich eine Änderung der Miete durchzuführen, die in ihrer Größenordnung wirtschaftlich der automatischen Veränderung, wie sie in Abschnitt 1 und 2 dieses Paragraphen vorgesehen ist, entspricht.

- *Optionen bei wertgesicherten Verträgen.* Ist im Mietvertrag eine Option vereinbart, kann das Einfluß auf die Wertsicherung haben. Eine Option ist die vertragliche Vereinbarung, daß der Mieter nach Ablauf einer vereinbarten Vertragslaufzeit das Vertragsverhältnis zu meist gleichen Konditionen durch einseitige Erklärung um eine neue Mietzeitspanne verlängern kann. Der Mieter, nicht jedoch der Vermieter, kann durch Nichtausübung der Option das Mietverhältnis beenden. Optionen, die in langfristigen Verträgen vereinbart werden, können vom Mieter unter Androhung der Nichtfortführung des Vertrages zu Mietanpassungsverhandlungen genutzt werden, wenn zum Zeitpunkt der Optionsausübung das vertragliche Mietniveau über dem des Marktes liegt. Für den Mieter stellen Optionen die Möglichkeit dar, alle Wertsicherungsklauseln zu korrigieren, wenn die vereinbarte Miete über das Marktniveau steigen würde. Umgekehrt aber ist der Vermieter nicht in der Lage, durch periodisch wiederkehrende Zeitpunkte eine unter Marktniveau gefallene Miete auf dem Verhandlungswege anzupassen, weil Optionen nur einseitig dem Mieter und nicht dem Vermieter gewährt werden.

- *Rechtliche Zulässigkeit der Indexierung.* Nach § 3 Währungsgesetz der Bundesrepublik Deutschland sind Klauseln, nach denen ein in DM geschuldeter Betrag durch den künftigen Kurs einer anderen Währung oder durch den künftigen Preis oder Wert von Gütern oder Leistungen bestimmt werden soll, grundsätzlich nicht erlaubt; es sei denn, der Vertrag läuft

  – über die Lebenszeit einer der Parteien,
  – über die Dauer von mindestens zehn Jahren.

  Diese Mindestdauer von zehn Jahren ist auch gegeben, wenn der Mieter oder Pächter die Vertragsdauer auf mindestens zehn Jahre verlängern kann oder wenn der Vertrag in der Weise abgeschlossen ist, daß er vom Vermieter oder Pächter frühestens nach Ablauf von 10 Jahren durch Kündigung beendet werden kann.[5]

- *Genehmigung und Gültigkeit von Wertsicherungsklauseln.* Verträge mit Indexierungen oder Währungsabsicherungen sind zur Genehmigung der Landeszentralbank vorzulegen. Die Wertsicherungsklauseln sind erst nach Genehmigung rechtsgültig. Genehmigungsbedürftig ist nicht nur die Wertsicherungsklausel, sondern grundsätzlich der gesamte Mietvertrag:

---

5 NJW 1978, Heft 47, Seite 2381.

- Jegliche Veränderung des Mietvertrages, die den ursprünglich genehmigten Vertrag verändert, ist genehmigungsbedürftig.
- Wird bei einer Vertragsänderung der wirtschaftliche Inhalt verändert, so wird eine Genehmigung nur erteilt, wenn die Laufzeit wiederum über zehn Jahre geht.
- Die alte Laufzeit des Vertrages gilt weiter beispielsweise bei Flächenreduzierungen, redaktionellen Änderungen eines Vertrages wegen aktueller Rechtsprechung, Umbaumaßnahmen, bei denen ausschließlich die Kosten für den Umbau als Zuschlag zur Miete berechnet werden, solange die Grundmiete gleichbleibt.
- Sonderkündigungsrechte des Mieters verkürzen die Laufzeit nicht.
- Die Ausübung einer fünfjährigen Option nach zehnjähriger Vertragslaufzeit bedeutet die Fortsetzung des alten Vertragsverhältnisses.
- Der Umzug eines Mieters innerhalb eines Gebäudes bei gleichbleibenden Vertragskonditionen bedeutet nicht den Beginn eines neuen Mietverhältnisses.
- Tritt ein Nachmieter in alle Rechte und Pflichten eines Mietvertrages ein, so ist dies nicht schädlich. Die Genehmigung der Wertsicherung ist weiterhin gültig.

Die Ausübung einer Option nach zehn Jahren (eventuell Vormietrecht vorgesehen) für einen Zeitraum unter zehn Jahren bei gleichzeitiger Neufestsetzung der Miete ist nicht genehmigungsfähig. Wird ein neuer Vertrag abgeschlossen, der den Inhalt des Vertrages ändert, so ist wieder eine Laufzeit von zehn Jahren notwendig. Grundsätzlich erlischt die Genehmigung für eine Wertsicherungsklausel bei allen Vertragsänderungen und Nachträgen, d. h., für alle Änderungen und Nachträge müssen Genehmigungen eingeholt werden. Diese Genehmigung wird innerhalb kurzer Zeit erteilt, soweit die Änderungen genehmigungsfähig sind oder die Restlaufzeit von zehn Jahren besteht.

Wird ein Mietverhältnis aus den im Vertrag vorgesehenen Möglichkeiten heraus gekündigt und läuft der Vertrag damit vor zehn Jahren aus, so bleibt die Indexierung gültig, d. h., bisherige Angleichungen aus der Wertsicherungsklausel behalten ihre Gültigkeit. Die spätere Verkürzung der Vertragslaufzeit ist für die Vergangenheit nicht schädlich. Die exakte Vereinbarung einer vertraglichen Laufzeit von zehn Jahren ist wichtig. Zu beachten ist, daß zum Beispiel die Vereinbarung, daß die Mietzeit mit Bezugsfertigkeit der Räumlichkeiten beginnt und ausgehend vom zu erwartenden Bezugstermin ein fixer Endtermin für die Beendigung des Mietverhältnisses vereinbart wird, zu einer Verkürzung der Mietlaufzeit führen kann, wenn die Bezugsfertigkeit später eintritt. Ein derartiger Mietvertrag kann unter eine Laufzeit von zehn Jahren kommen.

Ist die Genehmigung der Landeszentralbank aufgrund der im Vertrag angenommenen Beginn- und Endtermine erfolgt, so verfällt diese Genehmigung, wenn sich der Anfangstermin so weit verschiebt, daß keine zehn Jahre Vertragslaufzeit mehr gegeben sind.

Wird in einem solchen Fall die Wertsicherungsklausel trotzdem angewandt, so sind die in Rechnung gestellten Mieterhöhungen nicht Rechtens. Üblicherweise ist jedoch in den Mietverträgen vereinbart, daß im Falle der Ungültigkeit der Indexklausel eine Regelung zu finden ist, die wirtschaftlich der vereinbarten Indexierung entspricht.

1.2.3 Die Entwicklung indexierter und teilindexierter Mieten

Obwohl es selbstverständlich sein müßte, daß Leistung und Gegenleistung bei einem Miet- oder Pachtvertrag über die gesamte Vertragslaufzeit im realen Wert gleichbleiben, wird oft, insbesondere bei Mietverträgen über Handelsimmobilien, vereinbart, daß die Steigerungen des Index nur mit einem bestimmten Prozentsatz, zum Beispiel 50 %, 60 %, 75 %, 80 %, der Miete zugeschlagen werden. Der inflationsbereinigte Wert der Miete verringert sich dann fortlaufend, je länger der Mietvertrag läuft. Aufgrund der inflatorischen Entwicklung steigen zwar die nominalen Mieten, der reale Wert jedoch sinkt. Welchen Umfang dies annimmt, wird in den nachfolgenden Tabellen und Berechnungen (vgl. Tab. 5 bis 8) dargelegt. Eine teilweise Indexierung der Mieten bedeutet (wenn man davon ausgeht, daß zum Zeitpunkt des Vertragsabschlusses Marktmieten gezahlt wurden und daß die Nutzbarkeit der gemieteten Flächen, die sich in Lage und Funktionalität ausdrückt, erhalten bleibt) eine laufende Mietsenkung für das Objekt. Eine geringere Teilanpassung kann jedoch durch hoch angesetzte Ausgangsmieten teilweise kompensiert werden. Ein Vermieter kann daran aus verschiedenen Gründen interessiert sein, etwa, weil er durch höhere Ausgangsmieten eine höhere Finanzierung auf dem Objekt unterbringt oder weil er glaubt, einen höheren Verkaufspreis zu erzielen, wenn die Ausgangsmieten höher sind. Im letzteren Fall allerdings ist davon auszugehen, daß ein sachkundiger Käufer einen Mehrpreis für ein Objekt mit auf diese Weise erhöhten Mieten nicht zahlt.

In den nachfolgenden Darstellungen wird von langfristigen Verträgen zwischen 10 und 30 Jahren ausgegangen. Es sollen die historischen Werte dargestellt werden, wie sich Mieten, die an den Lebenshaltungskostenindex gebunden waren, in den vergangenen 30 Jahren entwickelt haben. Es werden systematisierte Tabellen mit Zahlenreihen erstellt, die die Entwicklung der Miete unter verschiedenen Bedingungen darstellen und transparent machen, wie sich die Inflation und die vertraglichen Vereinbarungen bei einer teilweisen Indexierung der Mieten auswirken.

Bei teilindexierten Mietverträgen tritt nur für einen Teil der Mietzahlung ein Inflationsausgleich ein. Nun wurde bereits darauf hingewiesen, daß das für die jeweilige Anpassung gewählte Intervall immer (auch bei 100%iger Indexierung) einen gewissen Inflationsverlust bei den Mietzahlungen bedeutet. Bereits eine jährliche Anpassung bedeutet einen Verlust, der je nach Inflationsrate mehr oder weniger hoch ausfällt (nur eine kontinuierliche monatliche Anpassung der Mieten an den sich verändernden Index könnte als 100%iger Ausgleich von Inflationsverlusten betrachtet werden). In der Bundesrepublik Deutschland sind diese Verluste – im Gegensatz zu Ländern mit hohen Inflationsraten von über 10 % – bei den niedrigen Inflationsraten von 1 % bis 4 % relativ gering. Dazu kommt bei teilindexierten Verträgen noch der volle Inflationsverlust aus dem nicht indexgebundenen Teil der Mietzahlung.

Jedem Vermieter muß die Tatsache bewußt sein, daß beim Abschluß von Mietverträgen mit Teilindexierungen eine über die Vertragslaufzeit fallende Miete vereinbart wird. Sie erhöht sich zwar nominell, real in Kaufkraft gemessen jedoch fällt sie. Die Tabellen 5, 11, 12 geben die Verluste bzw. die nicht realisierten Mieten bei verschiedenen Indexanwendungssätzen an. Es zeigt sich, daß eine 50%ige Mietanpassung bei langfristigen Verträgen dazu führt, daß letztlich nicht 50 % der Inflationierung aufgefangen werden, sondern erheblich weniger. In Tabelle 5 beträgt die Miete bei einer Ausgangsmiete von 100,00 DM und 50%iger Anpassung im 20. Jahr 157,28 DM, bei 100%iger Anpassung waren es jedoch 214,55 DM. Besonders extrem entwickeln sich die Verhältnisse bei höheren Inflationsraten auseinander.

Jahr		Index 1), 3) Jan. 1965 = 100	Änderung in %	Jährl. 3), 4), 5) Anpassung	2jährliche 3), 5) Anpassung	3jährliche 3), 5) Anpassung	Anpassung nach 10jähriger Änderung des Index zum nächsten Monat 2), 3)						
							100 %	90 %	80 %	70 %	60 %	50 %	0 %
a	b	c	d	e	f	g	h	i	j	k	l	m	n
1965	1	101,84		101,84 DM	101,84 DM	101,84 DM	100,00 DM	100,00 DM	100,00 DM	100,00 DM	100,00 DM	100,00 DM	100,00 DM
1966	2	105,38	3,48 %	105,38 DM	101,84 DM	101,84 DM	100,00 DM	100,00 DM	100,00 DM	100,00 DM	100,00 DM	100,00 DM	100,00 DM
1967	3	106,92	1,46 %	106,92 DM	106,92 DM	101,84 DM	100,00 DM	100,00 DM	100,00 DM	100,00 DM	100,00 DM	100,00 DM	100,00 DM
1968	4	108,31	1,30 %	108,31 DM	106,92 DM	108,31 DM	100,00 DM	100,00 DM	100,00 DM	100,00 DM	100,00 DM	100,00 DM	100,00 DM
1969	5	110,51	2,03 %	110,51 DM	110,51 DM	108,31 DM	108,37 DM	107,53 DM	106,70 DM	105,86 DM	105,02 DM	104,19 DM	100,00 DM
1970	6	114,08	3,23 %	114,08 DM	110,51 DM	108,31 DM	110,04 DM	109,04 DM	108,03 DM	107,03 DM	106,02 DM	105,02 DM	100,00 DM
1971	7	119,44	4,70 %	119,44 DM	119,44 DM	119,44 DM	111,90 DM	110,71 DM	109,52 DM	108,33 DM	107,14 DM	105,95 DM	100,00 DM
1972	8	126,28	5,73 %	126,28 DM	119,44 DM	119,44 DM	121,21 DM	119,09 DM	116,97 DM	114,85 DM	112,73 DM	110,61 DM	100,00 DM
1973	9	134,82	6,76 %	134,82 DM	134,82 DM	119,44 DM	129,39 DM	126,45 DM	123,51 DM	120,57 DM	117,63 DM	114,70 DM	100,00 DM
1974	10	143,65	6,55 %	143,65 DM	134,82 DM	143,82 DM	134,60 DM	131,14 DM	127,68 DM	124,22 DM	120,76 DM	117,30 DM	100,00 DM
Zwischensumme 1				1.171 DM	1.147 DM	1.132 DM	1.116 DM	1.104 DM	1.092 DM	1.081 DM	1.069 DM	1.058 DM	1.000 DM
1975	11	152,73	6,32 %	152,73 DM	152,73 DM	143,82 DM	146,87 DM	142,18 DM	137,50 DM	132,81 DM	128,12 DM	123,44 DM	100,00 DM
1976	12	159,49	4,43 %	159,49 DM	152,73 DM	143,65 DM	146,87 DM	142,18 DM	137,50 DM	132,81 DM	128,12 DM	123,44 DM	100,00 DM
1977	13	165,05	3,49 %	165,05 DM	165,05 DM	165,05 DM	161,61 DM	155,45 DM	149,29 DM	143,13 DM	136,97 DM	130,81 DM	100,00 DM
1978	14	169,27	2,56 %	169,27 DM	165,05 DM	165,05 DM	162,95 DM	156,66 DM	150,36 DM	144,07 DM	137,77 DM	131,48 DM	100,00 DM
1979	15	175,69	3,79 %	175,69 DM	175,69 DM	165,05 DM	178,50 DM	170,65 DM	150,36 DM	144,07 DM	137,77 DM	131,48 DM	100,00 DM
1980	16	184,88	5,23 %	184,88 DM	175,69 DM	184,88 DM	178,50 DM	170,65 DM	162,80 DM	154,95 DM	147,10 DM	139,25 DM	100,00 DM
1981	17	196,56	6,32 %	196,56 DM	196,56 DM	184,88 DM	185,94 DM	177,35 DM	168,75 DM	160,16 DM	151,56 DM	142,97 DM	100,00 DM
1982	18	206,98	5,30 %	206,98 DM	196,56 DM	184,88 DM	197,99 DM	188,19 DM	178,39 DM	168,59 DM	158,79 DM	149,00 DM	100,00 DM
1983	19	213,73	3,26 %	213,73 DM	213,73 DM	213,73 DM	197,99 DM	188,19 DM	178,39 DM	168,59 DM	158,79 DM	149,00 DM	100,00 DM
1984	20	218,82	2,38 %	218,82 DM	213,73 DM	213,73 DM	214,55 DM	203,10 DM	191,64 DM	180,19 DM	168,73 DM	157,28 DM	100,00 DM
Zwischensumme 2				1.843 DM	1.808 DM	1.621 DM	1.681 DM	1.605 DM	1.529 DM	1.454 DM	1.378 DM	1.000 DM
1985	21	223,20	2,00 %	223,50 DM	213,73 DM	213,73 DM	217,86 DM	206,07 DM	194,29 DM	182,50 DM	170,72 DM	158,93 DM	100,00 DM
1986	22	222,82	-0,17 %	222,82 DM	223,20 DM	222,82 DM	217,86 DM	206,07 DM	194,29 DM	182,50 DM	170,72 DM	158,93 DM	100,00 DM
1987	23	222,97	0,07 %	222,97 DM	222,97 DM	222,82 DM	217,86 DM	206,07 DM	194,29 DM	182,50 DM	170,72 DM	158,93 DM	100,00 DM
1988	24	225,43	1,10 %	225,43 DM	222,97 DM	222,82 DM	217,86 DM	206,07 DM	194,29 DM	182,50 DM	170,72 DM	158,93 DM	100,00 DM
1989	25	231,96	2,90 %	231,96 DM	231,96 DM	231,96 DM	217,86 DM	206,07 DM	194,29 DM	182,50 DM	170,72 DM	158,93 DM	100,00 DM
1990	26	238,23	2,70 %	238,23 DM	231,96 DM	231,96 DM	223,33 DM	211,00 DM	198,66 DM	186,33 DM	174,00 DM	161,67 DM	100,00 DM
1991	27	246,65	3,53 %	246,65 DM	246,65 DM	231,96 DM	239,73 DM	225,76 DM	211,78 DM	197,81 DM	183,84 DM	169,87 DM	100,00 DM
1992	28	256,51	4,00 %	256,51 DM	246,65 DM	256,51 DM	239,73 DM	225,76 DM	211,78 DM	197,81 DM	183,84 DM	169,87 DM	100,00 DM
1993	29	266,22	3,79 %	266,22 DM	266,22 DM	256,51 DM	258,32 DM	242,49 DM	226,66 DM	210,82 DM	194,99 DM	179,16 DM	100,00 DM
1994	30	274,18	2,99 %	274,18 DM	266,22 DM	256,51 DM	264,51 DM	248,06 DM	231,61 DM	215,16 DM	198,71 DM	182,26 DM	100,00 DM
Zwischensumme 3				2.408 DM	2.382 DM	2.348 DM	2.315 DM	2.183 DM	2.052 DM	1.920 DM	1.789 DM	1.657 DM	1.000 DM
Summe 30 Jahre*				5.423 DM	5.337 DM	5.101 DM	5.187 DM	4.968 DM	4.749 DM	4.531 DM	4.312 DM	4.093 DM	3.000 DM
in %				100,00 %	98,41 %	94,07 %	95,65 %	91,62 %	87,58 %	83,55 %	79,52 %	75,49 %	55,32 %

1) Preisindex für die Lebenshaltung eines 4-Personen-Haushalts von Arbeitern und Angestellten mit mittlerem Einkommen.
2) Bei einer Indexsteigerung um mehr als 10 % wird die Miete im folgenden Monat um diesen %-Satz erhöht.
3) Der Jahresindex bzw. die Mieten p. a. sind als Durchschnitt der einzelnen Monate berechnet.
4) Es wird unterstellt, daß die Miete p. a. gemäß der durchschnittlichen Indexsteigerung desselben Jahres angepaßt wird.
5) Verzögerungen durch eine Berechnung der durchschnittlichen Mieten p. a. aufgrund der Indexänderung der jeweiligen Vormonate bleiben unberücksichtigt.

Tab. 5: Entwicklung teilindexierter Mieten für 100 DM Miete p. a. am Beispiel des Preisindex für Lebenshaltung von 1965–1994 (Index Januar 1965 = 100)
Quelle: Eigene Berechnungen auf Basis von Zahlen des Statistischen Bundesamtes, Wiesbaden

Jahr		Index Jan. 1965 = 100	Änderung in %	Jährl. Anpassung	2jährliche Anpassung	3jährliche Anpassung	Anpassung nach 10jähriger Änderung des Index zum nächsten Monat						
							100 %	90 %	80 %	70 %	60 %	50 %	0 %
a	b	c	d	e	f	g	h	i	j	k	l	m	n
1965	1	101,84											
1966	2	105,38	3,48 %	3,48 %	0,00 %	0,00 %	0,00 %	0,00 %	0,00 %	0,00 %	0,00 %	0,00 %	0,00 %
1967	3	106,92	1,46 %	1,46 %	4,99 %	0,00 %	0,00 %	0,00 %	0,00 %	0,00 %	0,00 %	0,00 %	0,00 %
1968	4	108,31	1,30 %	1,30 %	0,00 %	6,35 %	0,00 %	0,00 %	0,00 %	0,00 %	0,00 %	0,00 %	0,00 %
1969	5	110,51	2,03 %	2,03 %	3,36 %	0,00 %	8,37 %	7,53 %	6,70 %	5,86 %	5,02 %	4,18 %	0,00 %
1970	6	114,08	3,23 %	3,23 %	0,00 %	0,00 %	1,54 %	1,40 %	1,25 %	1,10 %	0,95 %	0,80 %	0,00 %
1971	7	119,44	4,70 %	8,08 %	8,08 %	10,28 %	1,69 %	1,54 %	1,38 %	1,22 %	1,05 %	0,89 %	0,00 %
1972	8	126,28	5,73 %	5,73 %	0,00 %	0,00 %	8,32 %	7,57 %	6,80 %	6,02 %	5,21 %	4,39 %	0,00 %
1973	9	134,82	6,76 %	6,76 %	12,88 %	0,00 %	6,75 %	6,18 %	5,59 %	4,99 %	4,35 %	3,70 %	0,00 %
1974	10	143,65	6,55 %	6,55 %	0,00 %	20,27 %	4,03 %	3,71 %	3,37 %	3,02 %	2,66 %	2,27 %	0,00 %
1975	11	152,73	6,32 %	6,32 %	13,28 %	0,00 %	9,12 %	8,42 %	7,69 %	6,91 %	6,10 %	5,23 %	0,00 %
1976	12	159,49	4,43 %	4,43 %	0,00 %	0,00 %	0,00 %	0,00 %	0,00 %	0,00 %	0,00 %	0,00 %	0,00 %
1977	13	165,05	3,49 %	3,49 %	8,07 %	14,90 %	10,04 %	9,33 %	8,58 %	7,77 %	6,90 %	5,97 %	0,00 %
1978	14	169,27	2,56 %	2,56 %	0,00 %	0,00 %	0,83 %	0,78 %	0,72 %	0,66 %	0,59 %	0,51 %	0,00 %
1979	15	175,69	3,79 %	3,79 %	6,45 %	0,00 %	0,00 %	0,00 %	0,00 %	0,00 %	0,00 %	0,00 %	0,00 %
1980	16	184,88	5,23 %	5,23 %	0,00 %	12,01 %	9,54 %	8,93 %	8,27 %	7,56 %	6,77 %	5,91 %	0,00 %
1981	17	196,56	6,32 %	6,32 %	11,88 %	0,00 %	4,17 %	3,92 %	3,66 %	3,36 %	3,03 %	2,67 %	0,00 %
1982	18	206,98	5,30 %	5,30 %	0,00 %	0,00 %	6,48 %	6,12 %	5,71 %	5,27 %	4,77 %	4,21 %	0,00 %
1983	19	213,73	3,26 %	3,26 %	8,74 %	15,60 %	0,00 %	0,00 %	0,00 %	0,00 %	0,00 %	0,00 %	0,00 %
1984	20	218,82	2,38 %	2,38 %	0,00 %	0,00 %	8,36 %	7,92 %	7,43 %	6,88 %	6,26 %	5,56 %	0,00 %
1985	21	223,20	2,00 %	2,00 %	4,43 %	0,00 %	1,54 %	1,47 %	1,38 %	1,29 %	1,18 %	1,05 %	0,00 %
1986	22	222,82	- 0,17 %	- 0,17 %	0,00 %	4,25 %	0,00 %	0,00 %	0,00 %	0,00 %	0,00 %	0,00 %	0,00 %
1987	23	222,97	0,07 %	0,07 %	- 0,10 %	0,00 %	0,00 %	0,00 %	0,00 %	0,00 %	0,00 %	0,00 %	0,00 %
1988	24	225,43	1,10 %	1,10 %	0,00 %	0,00 %	0,00 %	0,00 %	0,00 %	0,00 %	0,00 %	0,00 %	0,00 %
1989	25	231,96	2,90 %	4,03 %	4,10 %	0,00 %	0,00 %	0,00 %	0,00 %	0,00 %	0,00 %	1,72 %	0,00 %
1990	26	238,23	2,70 %	2,70 %	0,00 %	0,00 %	2,51 %	2,39 %	2,25 %	2,10 %	1,92 %	5,07 %	0,00 %
1991	27	246,65	3,53 &	3,53 %	6,33 %	000 %	7,34 %	7,00 %	6,60 %	6,16 %	5,66 %	0,00 %	0,00 %
1992	28	256,51	4,00 %	4,00 %	0,00 %	10,58 %	0,00 %	0,00 %	0,00 %	0,00 %	0,00 %	5,47 %	0,00 %
1993	29	266,22	3,79 %	3,79 %	7,93 %	0,00 %	7,75 %	7,41 %	7,02 %	6,58 %	6,07 %	1,73 %	0,00 %
1994	30	274,18	2,99 %	2,99 %	0,00 %	0,00 %	2,40 %	2,30 %	2,18 %	2,06 %	1,90 %		0,00 %

Tab. 6: Prozentuale Änderung im Vergleich zur Vorjahresmiete
Quelle: Eigene Berechnungen auf Basis von Zahlen des Statistischen Bundesamtes Wiesbaden

Jahr		Index Jan. 1965 = 100	Änderung in %	Jährl. Anpassung	2jährliche Anpassung	3jährliche Anpassung	Anpassung nach 10jähriger Änderung des Index zum nächsten Monat					
							100 %	90 %	80 %	70 %	60 %	50 %	0 %
a	b	c	d	e	f	g	h	i	j	k	l	m	n
1965	1	101,84		0,00 DM	0,00 DM	0,00 DM	0,00 DM	0,00 DM	0,00 DM	0,00 DM	0,00 DM	0,00 DM	0,00 DM
1966	2	105,38	3,48 %	5,38 DM	0,00 DM	0,00 DM	0,00 DM	0,00 DM	0,00 DM	0,00 DM	0,00 DM	0,00 DM	0,00 DM
1967	3	106,92	1,46 %	1,54 DM	6,92 DM	0,00 DM	0,00 DM	0,00 DM	0,00 DM	0,00 DM	0,00 DM	0,00 DM	0,00 DM
1968	4	108,31	1,30 %	1,39 DM	0,00 DM	8,31 DM	0,00 DM	0,00 DM	0,00 DM	0,00 DM	0,00 DM	0,00 DM	0,00 DM
1969	5	110,51	2,03 %	2,20 DM	3,59 DM	0,00 DM	8,37 DM	7,53 DM	6,70 DM	5,86 DM	5,02 DM	4,18 DM	0,00 DM
1970	6	114,08	3,23 %	3,57 DM	0,00 DM	0,00 DM	1,67 DM	1,50 DM	1,34 DM	1,17 DM	1,00 DM	0,84 DM	0,00 DM
1971	7	119,44	4,70 %	5,36 DM	8,93 DM	11,13 DM	1,86 DM	1,67 DM	1,49 DM	1,30 DM	1,12 DM	0,93 DM	0,00 DM
1972	8	126,28	5,73 %	6,84 DM	0,00 DM	0,00 DM	9,31 DM	8,38 DM	7,45 DM	6,52 DM	5,59 DM	4,65 DM	0,00 DM
1973	9	134,82	6,76 %	8,54 DM	15,38 DM	0,00 DM	8,18 DM	7,36 DM	6,54 DM	5,73 DM	4,91 DM	4,09 DM	0,00 DM
1974	10	143,65	6,55 %	8,83 DM	0,00 DM	24,21 DM	5,21 DM	4,69 DM	4,17 DM	3,65 DM	3,13 DM	2,61 DM	0,00 DM
Zwischensumme 1 zusätz. Miete d. Anpassung				43,65 DM	34,82 DM	43,65 DM	34,60 DM	31,14 DM	27,68 DM	24,22 DM	20,76 DM	17,30 DM	0,00 DM
1975	11	152,73	6,32 %	9,08 DM	17,91 DM	0,00 DM	12,27 DM	11,04 DM	9,82 DM	8,59 DM	7,36 DM	6,13 DM	0,00 DM
1976	12	159,49	4,43 %	6,76 DM	0,00 DM	0,00 DM	0,00 DM	0,00 DM	0,00 DM	0,00 DM	0,00 DM	0,00 DM	0,00 DM
1977	13	165,05	3,49 %	5,56 DM	12,32 DM	21,40 DM	14,74 DM	13,27 DM	11,79 DM	10,32 DM	8,84 DM	7,37 DM	0,00 DM
1978	14	169,27	2,56 %	4,22 DM	0,00 DM	0,00 DM	1,34 DM	1,21 DM	1,07 DM	0,94 DM	0,80 DM	0,67 DM	0,00 DM
1979	15	175,69	3,79 %	6,42 DM	10,64 DM	0,00 DM	0,00 DM	0,00 DM	0,00 DM	0,00 DM	0,00 DM	0,00 DM	0,00 DM
1980	16	184,88	5,23 %	9,19 DM	0,00 DM	19,83 DM	15,55 DM	13,99 DM	12,44 DM	10,88 DM	9,33 DM	7,77 DM	0,00 DM
1981	17	196,56	6,32 %	11,68 DM	20,87 DM	0,00 DM	7,44 DM	6,70 DM	5,95 DM	5,21 DM	4,46 DM	3,72 DM	0,00 DM
1982	18	206,98	5,30 %	10,42 DM	0,00 DM	0,00 DM	12,05 DM	10,85 DM	9,64 DM	8,43 DM	7,23 DM	6,02 DM	0,00 DM
1983	19	213,73	3,26 %	6,75 DM	17,17 DM	28,85 DM	0,00 DM	0,00 DM	0,00 DM	0,00 DM	0,00 DM	0,00 DM	0,00 DM
1984	20	218,82	2,38 %	5,09 DM	0,00 DM	0,00 DM	16,56 DM	14,90 DM	13,25 DM	11,59 DM	9,94 DM	8,28 DM	0,00 DM
Zwischensumme 2 zusätz. Miete d. Anpassung				75,17 DM	78,91 DM	70,08 DM	79,95 DM	71,96 DM	63,96 DM	55,97 DM	47,97 DM	39,97 DM	0,00 DM
1985	21	223,20	2,00 %	4,38 DM	9,47 DM	9,09 DM	3,31 DM	2,98 DM	2,65 DM	2,32 DM	1,99 DM	1,65 DM	0,00 DM
1986	22	222,82	-0,17 %	-0,38 DM	0,00 DM	0,00 DM	0,00 DM	0,00 DM	0,00 DM	0,00 DM	0,00 DM	0,00 DM	0,00 DM
1987	23	222,97	0,07 %	0,15 DM	-0,23 DM	0,00 DM	0,00 DM	0,00 DM	0,00 DM	0,00 DM	0,00 DM	0,00 DM	0,00 DM
1988	24	225,43	1,10 %	2,46 DM	0,00 DM	9,14 DM	0,00 DM	0,00 DM	0,00 DM	0,00 DM	0,00 DM	0,00 DM	0,00 DM
1989	25	231,96	2,90 %	6,53 DM	8,99 DM	0,00 DM	5,47 DM	4,92 DM	4,38 DM	3,83 DM	3,28 DM	2,74 DM	0,00 DM
1990	26	238,23	2,70 %	6,27 DM	0,00 DM	0,00 DM	16,40 DM	14,76 DM	13,12 DM	11,48 DM	9,84 DM	8,20 DM	0,00 DM
1991	27	246,65	3,53 %	8,42 DM	14,69 DM	24,55 DM	0,00 DM	0,00 DM	0,00 DM	0,00 DM	0,00 DM	0,00 DM	0,00 DM
1992	28	256,51	4,00 %	9,86 DM	0,00 DM	0,00 DM	18,59 DM	16,73 DM	14,87 DM	13,01 DM	11,15 DM	9,30 DM	0,00 DM
1993	29	266,22	3,79 %	9,71 DM	19,57 DM	0,00 DM	6,19 DM	5,57 DM	4,95 DM	4,33 DM	3,71 DM	3,10 DM	0,00 DM
1994	30	274,18	2,99 %	7,96 DM	0,00 DM	0,00 DM	49,96 DM	44,96 DM	39,97 DM	34,97	29,98 DM	24,98 DM	0,00 DM
Zwischensumme 3 zusätz. Miete d. Anpassung				55,36 DM	52,49 DM	42,78 DM	49,96 DM	44,96 DM	39,97 DM	34,97	29,98 DM	24,98 DM	0,00 DM
zusätz. Miete während 30 Jahre d. Anpassung				174,18 DM	166,22 DM	156,51 DM	164,51 DM	148,06 DM	131,61 DM	115,16 DM	98,71 DM	82,26 DM	0,00 DM

Tab. 7: Jährliche Erhöhung in DM bei 100 DM Grundmiete p. a.
Quelle: Eigene Berechnungen auf Basis von Zahlen des Statistischen Bundesamtes Wiesbaden

Jahr		Index Jan. 1965 = 100	Änderung in %	Jährl. Anpassung	2jährliche Anpassung	3jährliche Anpassung	Anpassung nach 10jähriger Änderung des Index zum nächsten Monat						
							100 %	90 %	80 %	70 %	60 &	50 %	0 %
a	b	c	d	e	f	g	h	i	j	k	l	m	n
1965	1	101,84		0,00 DM	0,00 DM	0,00 DM	0,00 DM	0,00 DM	0,00 DM	0,00 DM	0,00 DM	0,00 DM	0,00 DM
1966	2	105,38	3,48 %	5,38 DM	0,00 DM	0,00 DM	0,00 DM	0,00 DM	0,00 DM	0,00 DM	0,00 DM	0,00 DM	0,00 DM
1967	3	106,92	1,46 %	6,92 DM	6,92 DM	0,00 DM	0,00 DM	0,00 DM	0,00 DM	0,00 DM	0,00 DM	0,00 DM	0,00 DM
1968	4	108,31	1,30 %	8,31 DM	6,92 DM	8,31 DM	0,00 DM	0,00 DM	0,00 DM	0,00 DM	0,00 DM	0,00 DM	0,00 DM
1969	5	110,51	2,03 %	10,51 DM	10,51 DM	8,31 DM	8,37 DM	7,53 DM	6,70 DM	5,86 DM	5,02 DM	4,18 DM	0,00 DM
1970	6	114,08	3,23 %	14,08 DM	10,51 DM	8,31 DM	10,04 DM	9,04 DM	8,03 DM	7,03 DM	6,02 DM	5,02 DM	0,00 DM
1971	7	119,44	4,70 %	19,44 DM	19,44 DM	19,44 DM	11,90 DM	10,71 DM	9,52 DM	8,33 DM	7,14 DM	5,95 DM	0,00 DM
1972	8	126,28	5,73 %	26,28 DM	19,44 DM	19,44 DM	21,21 DM	19,09 DM	16,97 DM	14,85 DM	12,73 DM	10,60 DM	0,00 DM
1973	9	134,82	6,67 %	34,82 DM	34,82 DM	19,44 DM	29,39 DM	26,45 DM	23,51 DM	20,57 DM	17,63 DM	14,70 DM	0,00 DM
1974	10	143,65	6,55 %	43,65 DM	34,82 DM	43,65 DM	34,60 DM	31,14 DM	27,68 DM	24,22 DM	20,76 DM	17,30 DM	0,00 DM
Miete nach 10 Jahren inkl. Erhöhung				143,65 DM	134,82 DM	143,65 DM	134,60 DM	131,14 DM	127,68 DM	124,22 DM	120,76 DM	117,30 DM	100,00 DM
1975	11	152,73	6,32 %	52,73 DM	52,73 DM	43,65 DM	46,87 DM	42,18 DM	37,50 DM	32,81 DM	28,12 DM	23,44 DM	0,00 DM
1976	12	159,49	4,43 %	59,49 DM	52,73 DM	43,65 DM	46,87 DM	42,18 DM	37,50 DM	32,81 DM	28,12 DM	23,44 DM	0,00 DM
1977	13	165,05	3,49 %	65,05 DM	65,05 DM	65,05 DM	61,61 DM	55,45 DM	49,29 DM	43,13 DM	36,97 DM	30,80 DM	0,00 DM
1978	14	169,27	2,56 %	69,27 DM	65,05 DM	65,05 DM	62,95 DM	56,66 DM	50,36 DM	44,07 DM	37,77 DM	31,48 DM	0,00 DM
1979	15	175,69	3,79 %	75,69 DM	75,69 DM	65,05 DM	62,95 DM	56,66 DM	50,36 DM	44,07 DM	37,77 DM	31,48 DM	0,00 DM
1980	16	184,88	5,23 %	84,88 DM	75,69 DM	84,88 DM	78,50 DM	70,65 DM	62,80 DM	54,95 DM	47,10 DM	39,25 DM	0,00 DM
1981	17	196,56 DM	6,32 %	96,56 DM	96,56 DM	84,88 DM	85,94 DM	77,35 DM	68,75 DM	60,16 DM	51,56 DM	42,97 DM	0,00 DM
1982	18	206,98	5,30 %	106,98 DM	96,56 DM	113,73 DM	97,99 DM	88,19 DM	78,39 DM	68,59 DM	58,79 DM	49,00 DM	0,00 DM
1983	19	213,73	3,26 %	113,73 DM	113,73 DM	113,73 DM	97,99 DM	88,19 DM	78,39 DM	68,59 DM	58,79 DM	49,00 DM	0,00 DM
1984	20	218,82	2,38 %	118,82 DM	113,73 DM	113,73 DM	114,55 DM	103,10 DM	91,64 DM	80,19 DM	68,73 DM	57,28 DM	0,00 DM
Miete nach 20 Jahren inkl. Erhöhung				218,82 DM	213,73 DM	213,73 DM	214,55 DM	203,10 DM	191,64 DM	180,19 DM	168,73 DM	157,28 DM	100,00 DM
1985	21	223,20	2,00 %	123,20 DM	123,20 DM	113,73 DM	117,86 DM	106,97 DM	94,29 DM	82,50 DM	70,72 DM	58,93 DM	0,00 DM
1986	22	222,82	-0,17 %	122,82 DM	123,20 DM	122,82 DM	117,86 DM	106,07 DM	94,29 DM	82,50 DM	70,72 DM	58,93 DM	0,00 DM
1987	23	222,97	0,07 %	122,97 DM	122,97 DM	122,82 DM	117,86 DM	106,07 DM	94,29 DM	82,50 DM	70,72 DM	58,93 DM	0,00 DM
1988	24	225,43	1,10 %	125,43 DM	122,97 DM	122,82 DM	117,86 DM	106,07 DM	94,29 DM	82,50 DM	70,72 DM	58,93 DM	0,00 DM
1989	25	231,96	2,90 %	131,96 DM	131,96 DM	131,96 DM	123,33 DM	111,00 DM	98,66 DM	86,33 DM	74,00 DM	61,67 DM	0,00 DM
1990	26	238,23	2,70 %	138,23 DM	131,96 DM	131,96 DM	123,33 DM	111,00 DM	98,66 DM	86,33 DM	74,00 DM	61,67 DM	0,00 DM
1991	27	246,65	3,53 %	146,65 DM	146,65 DM	131,96 DM	139,73 DM	125,76 DM	111,78 DM	97,81 DM	83,84 DM	69,86 DM	0,00 DM
1992	28	256,51	4,00 %	156,51 DM	146,65 DM	156,51 DM	138,73 DM	125,76 DM	111,78 DM	97,81 DM	83,84 DM	69,86 DM	0,00 DM
1993	29	266,22	3,79 %	166,22 DM	166,22 DM	156,51 DM	158,32 DM	142,49 DM	126,66 DM	110,82 DM	94,99 DM	79,16 DM	0,00 DM
1994	30	274,18	2,99 %	174,18 DM	166,22 DM	156,51 DM	164,51 DM	148,06 DM	131,61 DM	115,16 DM	98,71 DM	82,26 DM	0,00 DM
Miete nach 30 Jahren				274,18 DM	266,22 DM	256,51 DM	264,51 DM	248,06 DM	231,61 DM	215,16 DM	198,71 DM	182,26 DM	100,00 DM

Tab. 8: Aufgelaufene Erhöhungen für 100 DM Miete p. a.
Quelle: Eigene Berechnungen auf Basis von Zahlen des Statistischen Bundesamtes Wiesbaden

1.3 Wertsicherung durch Staffelmieten

Bei Mietverträgen unter zehn Jahren ist keine Indexbindung möglich. In diesem Fall werden oft Staffelmieten vereinbart. Sie kommen dem Bedürfnis der Mietparteien entgegen, mit fest definierten Mietzahlungen über den vereinbarten Vertragszeitraum kalkulieren zu können. Staffelmieten können der wertmäßigen Absicherung der Mieten dienen, aber auch Teil der Vermietungsstrategie sein. In einem Gewerbepark können sie einem frühen Mieter niedrige Eingangsmieten gewähren, die stufenweise an die Mietpreisentwicklung angepaßt werden, um mit Fertigstellung des Projektes die erwartete Marktmiete zu erreichen. Ein Einzelhandelsunternehmen kann an einer Staffelmiete mit niedrigen Anfangsmieten interessiert sein, um die Anlaufverluste gering zu halten. Die Mieten steigen dann gegen Ende der Laufzeit stärker als Kompensation für die niedrigen Eingangsmieten an (vgl. Tab. 9). Wenn eine vereinbarte Staffelmiete bei Vertragslaufzeiten unter 10 Jahren der Kompensation der Geldentwertung dienen soll, hängt es von der Staffelung der Miete und von der Einschätzung der tatsächlichen Inflationsentwicklung durch die Vertragsparteien ab, in welchem Maße dies gelingen wird.

Jahr	Indexierte Mieten		Staffelmieten			
	Mietentwicklung 100 % Index-anpassung jährlich**	Mietentwicklung 100 % Index nach 10 % Steigerung***	Anpassung 2 % jährlich	Anpassung 3 % jährlich	Anpassung 4 % jährlich	Anpassung 4 % zweijährlich
1985	100,70 DM	100,00 DM	100,00 DM	100,00 DM	100,00 DM	100,00 DM
1986	100,53 DM	100,00 DM	102,00 DM	103,00 DM	104,00 DM	100,00 DM
1987	100,60 DM	100,00 DM	104,00 DM	106,10 DM	108,20 DM	104,00 DM
1988	101,70 DM	100,00 DM	106,10 DM	109,30 DM	112,50 DM	104,00 DM
1989	194,65 DM	100,00 DM	108,20 DM	112,60 DM	117,00 DM	108,20 DM
1990	107,48 DM	100,00 DM	110,40 DM	115,90 DM	121,70 DM	108,20 DM
1991	111,28 DM	106,71 DM	112,60 DM	119,40 DM	126,50 DM	112,50 DM
1992	115,73 DM	111,07 DM	114,90 DM	123,00 DM	131,60 DM	112,50 DM
1993	120,11 DM	111,91 DM	117,20 DM	126,70 DM	138,20 DM	117,00 DM
1994	123,70 DM	121,15 DM	119,50 DM	130,50 DM	143,70 DM	117,00 DM
Mietsumme*	1.086,48 DM	1.050,84 DM	1.094,90 DM	1.146,50 DM	1.203,40 DM	1.083,40 DM

*) Mietsumme nach zehn Jahren bei DM 100 Jahresmiete zu Vertragsbeginn auf Basis des Index Jan. 1985 = 100
**) Jahresmieten bei sofortiger monatlicher Anpassung der Miete noch im Monat der Indexänderung
***) Bei einer Indexsteigerung um mehr als 10 % wird die Miete des folgenden Monats um diesen Satz erhöht.

Tab. 9: Vergleich indexierter Mieten mit Staffelmieten auf der Basis von 100 DM Miete p.a. (Index Januar 1985 = 100)
Quelle: Eigene Berechnungen

1.4 Einfluß der Wertsicherung der Mieten auf die Wertentwicklung von Immobilien

1.4.1 Wertsicherung und Renditen

Beim Erwerb von Immobilien spielt die Wertsicherung der Mieten eine wichtige Rolle. Immobilieninvestitionen gelten als inflationssicher. Welchen Umfang diese Absicherung – für die Einnahmen, aber auch für den Wert der Immobilie selbst – erreicht, hängt wesentlich von den Vereinbarungen über die Wertsicherung ab. Erst mit Ende der Mietverträge laufen die Wirkungen einer ungenügenden Wertsicherung aus. Der Realzins des eingesetzten Kapitals bei einem Immobilienobjekt ist im ersten Jahr identisch mit der nominalen Miete. Ist keine Indexierung vereinbart, fällt der Realzins entsprechend der kumulierten jährlichen Inflationsrate. Ist eine Indexierung vereinbart, so wird dieser Verlust je nach vereinbarter Indexanpassung ausgeglichen. In welchem Umfang, zeigen die Tabellen 10 und 11.

	Index	Anpassung nach			Anpassung nach 10 % Änderung des Index						
		1 Jahr	2 Jahre	3 Jahre	100 %	90 %	80 %	70 %	60 %	50 %	0 %
Nach 10 Jahren 1974 Mietsumme	143,65	1.171	1.147	1.132	1.116	1.104	1.092	1.081	1.069	1.058	1.000
Miete in % zur Vollanpassung		100 %	97,9 %	96,7 %	95,3 %	94,3 %	93,2 %	92,3 %	91,3 %	90,3 %	85,4 %
Inflationsverlust			2,1 %	3,3 %	4,7 %	5,7 %	6,8 %	7,3 %	8,7 %	9,7 %	14,6 %
Nach 20 Jahren 1984 Mietsumme	218,82	3.014	2.955	2.753	2.872	2.785	2.697	2.610	2.523	2.436	2.000
Miete in % zur Vollanpassung		100 %	98,0 %	91,3 %	95,3 %	92,4 %	89,5 %	86,6 %	83,7 %	80,8 %	66,4 %
Inflationsverlust			2,0 %	8,7 %	4,7 %	7,6 %	8,5 %	13,4 %	16,3 %	19,2 %	33,6 %
Nach 30 Jahren 1994 Mietsumme	274,18	5.423	5.337	5.101	5.187	4.968	4.749	4.531	4.312	4.093	3.000
Miete in % zur Vollanpassung		100 %	98,4 %	94,0 %	95,6 %	91,6 %	87,6 %	83,6 %	79,5 %	75,5 %	55,3 %
Inflationsverlust			1,6 %	6,0 %	4,4 %	8,4 %	12,4 %	16,4 %	20,5 %	24,5 %	44,7 %

Tab. 10: Verluste aus Inflation
 Teilindexierte Mieten über 30 Jahre Mietzeit 1965–1994
 Basis Preisindex für Lebenshaltungskosten 1965–1994 (Januar 1965 = 100)
Quelle: Eigene Berechnungen auf Basis von Zahlen des Statistischen Bundesamtes Wiesbaden.

Jahr	jährliche 100%ige Anpassung	Mietsumme bei:									
		Anpassung nach 10%iger Änderung des Index zum Jahresende									
		100% Anpassung	Inflationsverlust b/c*	Differenz in %	70 % Anpassung	Inflationsverlust b/f*	Differenz in %	50 % Anpassung	Inflationsverlust b/i*	Differenz in %	0 % Anpassung	Inflationsverlust b/l*	Differenz in %
a	b	c	d	e	f	g	h	i	j	k	l	m	n
10	1.171 DM	1.116 DM	56 DM	4,76 %	1.081 DM	90 DM	7,72 %	1.058 DM	113 DM	9,69 %	1.000 DM	171 DM	14,62 %
20	3.014 DM	2.872 DM	143 DM	4,73 %	2.610 DM	404 DM	13,41 %	2.436 DM	579 DM	19,19 %	2.000 DM	1.014 DM	33,65 %
30	5.423 DM	5.187 DM	236 DM	4,35 %	4.531 DM	892 DM	16,45 %	4.093 DM	1.329 DM	24,51 %	3.000 DM	2.423 DM	44,68 %

* Inflationsverlust ist die Summe der entgangenen Mieten während der Vertragslaufzeit aufgrund der jeweiligen Teilanpassung.

Tab. 11: Inflationsverlust teilindexierter Mieten für 100 DM Miete p. a. bei 10-, 20-, und 30jähriger Laufzeit der Mietverträge, jeweils am Ende der Vertragslaufzeit (auf der Basis der tatsächlichen Entwicklung des Lebenshaltungskostenindex von 1965–1994, Basis: Jan. 1965 = 100)
Quelle: Eigene Berechnungen auf Basis von Zahlen des Statistischen Bundesamtes Wiesbaden.

1.4.2 Auswirkung verschiedener Indexanpassungen auf die Wertentwicklung von Immobilien

Auch für Immobilienpreise gilt der Grundsatz, daß sie sich durch Angebot und Nachfrage am Markt bilden. Während in Zeiten starker Nachfrage nach Immobilien die Preise steigen, fallen sie bei Immobilienflauten. Immobilienpreise werden oft als das Vielfache der Nettomiete ausgedrückt. Dieser Multiplikator schwankt bei sonst gleichen Bedingungen mit dem Auf und Ab der Konjunktur.

Werden gute Immobilien in Boomzeiten mit einer Nettorendite von 5 % bis 6 % gekauft, also dem 17- bis 20fachen der Nettomieten, so können gleichwertige Immobilien in Zeiten schlechter Konjunktur für eine Nettorendite von 6,5 % bis zu 7,8 % oder besser erworben werden, d. h., die Multiplikatoren sind 15,3 bis 12,8.

Von Einfluß auf die Bewertung einer Immobilie ist neben dem Bauzustand und der Lage auch die Qualität der Mieter. Die „nachhaltig zu erzielende Miete" durch sehr gute Mieter kann den Wert einer Immobilie beträchtlich erhöhen, wobei langfristige Mietverträge insbesondere von institutionellen Anlegern und Vermögensverwaltungen mit einem Aufgeld beim Kauf honoriert werden. Die langfristig nachhaltig zu erzielende Miete hängt sehr stark von der in den Verträgen vorgesehenen Wertsicherung für die Mietzahlungen ab. Eine fehlende Wertsicherung bei einem langfristigen Vertrag bedeutet eine erhebliche Wertminderung, und auch Mieterhöhungsklauseln, die nur teilweise der Indexerhöhung entsprechen, haben Einfluß auf die Höhe des Kaufpreises, weil die langfristig erreichbare Rendite niedriger ausfällt. Die Tabellen 12 und 13 zeigen die Auswirkungen verschiedener

1. Anpassung	1 Jahr	2 Jahre	3 Jahre	100 %[1)	90 %[1)	80 %[1)	70 %[1)	60 %[1)	50 %[1)	0 %[1)
2. a	b	c	d	e	f	g	h	i	j	k
3. Miete im 1. Jahr	100,–	100,–	100,–	100,–	100,–	100,–	100,–	100,–	100,–	100,–
Kaufpreis bei:										
4. 6 % Rendite (16,6fache Miete)	1.660,–	1.660,–	1.660,–	1.660,–	1.660,–	1.660,–	1.660,–	1.660,–	1.660,–	1.660,–
5. 7 % Rendite (14,3fache Miete)	1.430,–	1.430,–	1.430,–	1.430,–	1.430,–	1.430,–	1.430,–	1.430,–	1.430,–	1.430,–
6. Miete im 10. Jahr	143,65	134,82	143,65	134,60	131,14	127,68	124,22	120,76	117,30	100,00
Kaufpreis bei:										
7. 6 % (16,6fache Miete)	2.385,–	2.238,–	2.385,–	2.234,–	2.177,–	2.119,–	2.062,–	2.005,–	1.947,–	1.660,–
8. 7 % (14,3fache Miete)	2.054,–	1.928,–	2.054,–	1.925,–	1.875,–	1.826,–	1.776,–	1.727,–	1.677,–	1.430,–
9. Miete im 20. Jahr	218,82	213,73	213,73	214,55	203,10	191,64	180,19	168,73	157,28	100,00
Kaufpreis bei:										
10. 6 % (16,6fache Miete)	3.632,–	3.548,–	3.548,–	3.562,–	3.371,–	3.181,–	2.991,–	2.801,–	2.610,–	1.660,–
11. 7 % (14,3fache Miete)	3.129,–	3.056,–	3.056,–	3.068,–	2.904,–	2.740,–	2.576,–	2.413,–	2.249,–	1.430,–

Miete und Kaufpreis im ersten Jahr, nach 10 und nach 20 Jahren, jeweils bei 6 % und bei 7 % Rendite

1) Anpassung der Miete nach jeweils 10 % Änderung des Index
Den Indexsteigerungen liegen die Entwicklungen des Index von 1965 bis 1995 zugrunde.

Tab. 12: Auswirkungen der Indexierung auf den Kaufpreis für Renditeobjekte auf der Basis der Nettomiete von 100 DM bei Mietvertragsabschluß und bei 30jähriger Vertragsdauer.
Quelle: Eigene Berechnungen

Indexklauseln in den Mietverträgen auf den Kaufpreis. Es wird ein Verkauf der Immobilie nach zehn und nach 20 Jahren betrachtet.

Es zeigt sich, daß die Höhe des Kaufpreises – je nach Indexierung der Mietverträge – über die Zeit hin stark differiert. Eine Immobilie, die nach Fertigstellung bei der Erstvermietung auf der Basis von 100,00 DM Miete einen Verkaufserlös von 1.660,00 DM erbrachte (Faktor 16,6), bringt bei einem Verkauf nach zehn Jahren bei 100 % Indexanpassung 2.234,00 DM und bei 50 % Anpassung 1.947,00 DM (Spalten 7/e und 7/j). Bei einem Verkauf nach 20 Jahren ergibt sich bei 100 % Indexanpassung ein Kaufpreis von 3.562,00 DM und bei 50 % ein Wert von 2.610,00 DM (Spalten 10/e und 10/j) – immer die gleiche erwartete Rendite für den Anleger unterstellt. Der Kaufpreis bei 50 % Indexierung ist nach zehn Jahren etwa 13 % niedriger als derjenige bei 100 % Indexierung; beim Verkauf nach 20 Jahren liegt er etwa 27 % darunter.

In der Realität wird beim Verkauf des teilindexierten Objektes vermutlich ein wesentlich schlechterer Multiplikator angesetzt werden, weil bei Teilindexierung die Rendite des Objektes durch die weniger steigenden Mieten geringer ist (vgl. Tab. 13). Wenn statt des 16,6fachen der Miete ein Kaufpreis von nur dem 14,3fachen gerechnet wird, ist der Abschlag gegenüber einer 100%igen Indexierung ebenfalls zirka 13 % am Kaufpreis beim Verkauf nach 10 Jahren. Nach 20 Jahren ist der Abschlag zirka 27 % bei 50 % Indexierung im Vergleich zu 100 %. Absolut gesehen sinkt der Kaufpreis jedoch. Erst nach Auslaufen des 30jährigen Mietvertrages wird der Immobilienwert zum Marktwert zurückkehren, wenn die Neuvermietung zu Marktpreisen erfolgt. Ob der Marktpreis der Mieten dann höher oder niedriger liegen wird, hängt vom Objekt und von der Marktentwicklung für Immobilien ab.

Anpassung	1 Jahr	2 Jahre	3 Jahre	100 %	90 %	80 %	70 %	60 %	50 %	0 %
Kaufpreis nach 10 Jahren*	2.385,–	2.238,–	2.385,–	2.234,–	2.177,–	2.119,–	2.062,–	2.005,–	1.947,–	1.660,–
Miete für die restlichen 20 Jahre	4.252,–	4.190,–	3.969,–	4.071,–	3.664,–	3.657,–	3.450,–	3.243,–	3.035,–	2.000,–
Miete in % des investierten Kapitals**	178 %	187 %	166 %	182 %	177 %	173 %	167 %	162 %	156 %	120 %
durchschnittl. Verzinsung p.a.***	8,9 %	9,35 %	8,3 %	9,1 %	8,85 %	8,65 %	8,35 %	8,1 %	7,8 %	6,0 %

* 30jähriger Mietvertrag, Kaufwert nach zehn Jahren, Rendite 6 %
** Miete für die restlichen 20 Jahre in % des Kaufpreises
*** Die durchschnittliche Verzinsung umfaßt die restliche Laufzeit der Verträge von 20 Jahren, nicht inflationsbereinigt

1) Die periodische Anpassung der Mieten führt dazu, daß im Jahre des angenommenen Kaufs die Miete niedrig ist und eine Anpassung bevorsteht. Aus diesem Grund ist der Kapitaleinsatz niedrig. Es ist jedoch wahrscheinlich, daß bei tatsächlichem Verkauf für die zukünftige Miete ein Zuschlag gewährt wird, der den Nachteil der periodischen Angleichung ausgleicht, dadurch wird das Zahlenergebnis verfälscht.
2) Wird unterstellt, daß das Marktniveau der Mieten derjenigen Miete entspricht, die bei 100%iger Indexierung erreicht wurde, so kann nach 30 Jahren in allen Fällen auf die Marktmiete angepaßt werden, zum Beispiel im 30. Jahr Miete bei 100 % Indexierung auf 264,51 DM.

Tab. 13: Auswirkung der Indexierung auf die Renditen beim Erwerb eines Objektes mit 30jährigem Mietvertrag im zehnten Jahr
Quelle: Eigene Berechnungen. Den Mietberechnungen liegt die Indexentwicklung des Vier-Personen-Haushaltes laut Statistischem Bundesamt von 1965 bis 1994 zugrunde.

1.4.3 Der Einfluß der steuerlichen Komponente

Ein Investor, der langfristig seine Immobilien behält und nicht an einen Verkauf denkt, ist natürlich an möglichst hohen laufenden Renditen interessiert. Aber auch für einen Kapitalgeber, der die Immobilien im Eigenbesitz behält, kann es interessant sein, unter den Gesichtspunkten des steuerfreien Vermögenszuwachses gering indexierte Immobilien zu kaufen, wenn der Standort gut ist und die Immobilie nach Auslaufen der schlecht indexierten Verträge einen hohen Wiedervermietungspreis zuläßt. Die steuerlichen Überlegungen gelten natürlich nicht für Investoren, die von der Einkommensteuer freigestellt sind, wie zum Beispiel Versicherungen.

Nachfolgende Beispielrechnung soll aufzeigen, daß bei Einbeziehung der steuerlichen Komponenten, insbesondere bei Anwendung des Höchststeuersatzes, ein Investor mehr am Vermögenszuwachs interessiert sein kann als an hohen laufenden Mieteinnahmen. Ein hoher Vermögenszuwachs entsteht dann, wenn der Investor ein Objekt mit langlaufenden Mietverträgen und unter der Marktmiete liegenden Mieten kauft, wie sie sich bei nicht indexierten Mietverträgen ergeben. Die Werterhöhung des Immobilienobjektes tritt nach Auslaufen der Mietverträge ein. Liegen die Marktpreise für Mieten dann höher als die bisher erzielten Mieten, so ist über die erzielbaren Mieten auch der Immobilienwert höher.

Für die nachfolgenden Beispiele wird von den Zahlen in den Tabellen 11 und 12 ausgegangen und folgendes angenommen: Herstellung des Objektes Anfang 1965 mit 30jähriger Vermietung, Erwerb der Immobilie Ende 1974 und Verkauf der Immobilie Ende 1994. Basis der Mietberechnung ist die tatsächliche Indexentwicklung dieser Zeitspanne. Es werden verschiedene Arten der Indexierung durchgerechnet: volle Indexierung, keine Indexierung und 50%ige Indexierung.

Aufgrund der exorbitant hohen Steuern ist der steuerfreie Veräußerungsgewinn in der Lage, den ganzen Verlust auszugleichen, der durch die fehlende Indexierung entsteht. Da bei der Anschaffung einer nicht indexierten Immobilie vermutlich ein wesentlich niedrigerer Multiplikator gewählt wird als hier angenommen, dürfte das Gesamtergebnis sogar noch günstiger liegen als im Fall I. Unterstellt wird bei diesem Beispiel die Steuerfreiheit des Veräußerungsfalls (Stand 1996).

Dieses Beispiel zeigt auch, daß ein Erwerber für ein teilindexiertes Objekt einen höheren Preis zahlen wird, je näher der Zeitpunkt des Vertragsendes rückt. Gegenläufig dazu besteht ein Risiko hinsichtlich der Neuvermietung, das bei der Bewertung der Immobilie eine Rolle spielen wird. Je nachdem, wie sich die Marktsituation darstellt, führen kurze Restlaufzeiten der Mietverträge zu einem höheren oder geringeren Abschlag. Hier wurde der Versuch unternommen, den Einfluß der Wertsicherungsklausel auf den Wert einer Immobilie rechnerisch zu erfassen. Solche Berechnungen sind für Verhandlungsführer bei Immobilienkäufen, aber auch für Banken bei der Berechnung des Beleihungswertes wichtig. Für den Autor selbst war der starke Einfluß der Einkommensteuer überraschend. Die steuerlichen Überlegungen gelten nur für einen Käufer von Immobilien mit hohen Steuersätzen. Für den Investor, der Immobilien baut, sind Teilindexierungen immer nachteilig und bringen Verluste bei den Einnahmen wie auch im Falle des Verkaufs.

I. 100 % Indexierung und Anpassung nach 10%iger Änderung des Index

./.	Anschaffungswert 1974	2.234,00 DM
+	Verkaufspreis 1994	4.391,00 DM

Steuerfreier Mehrerlös (ist im Grunde die Inflation) — 2.157,00 DM
[6]+ Mieten in 20 Jahren: 4.071,00 DM; nach 53 % Steuern: — 1.913,00 DM

Gesamtgewinn — 4.070,00 DM
+ Kapitaleinsatz — 2.234,00 DM

Kapital am Ende der Investitionsperiode — 6.304,00 DM

II. Keine Indexierung
(Kapitalangleichung an Fall I: Der besseren Vergleichbarkeit wegen wurde eine Erhöhung des Mietvolumens auf die Summe wie im Fall I unterstellt; der Faktor ist 134,6 %[7])

./. Anschaffungswert vor 20 Jahren (1.660,00 DM x 134,6 %) — 2.234,00 DM
+ Verkaufspreis nach 20 Jahren (4.391,00 DM x 134,6 %) — 5.910,00 DM

Verkaufsgewinn = 2.731,00 DM — 3.676,00 DM
[8]+ Mieten in 20 Jahren: (2.000,00 DM x 134,6 % = 2.692,00 DM)
nach 53 % Steuern: — 1.265,00 DM

Gesamtgewinn — 4.941,00 DM
+ Kapitaleinsatz — 2.234,00 DM

Kapital am Ende der Investitionsperiode — 7.175,00 DM

III. 50 % Indexierung
(Kapitalangleichung an Fall I mit Faktor 114,7 %[9])

./. Anschaffungswert (1.947,00 DM x 114,7 %) — 2.234,00 DM
+ Verkaufspreis nach 20 Jahren (4.391,00 DM x 114,7 %) — 5.036,00 DM
= 2.444,00 DM — 2.802,00 DM
[10]+ Mieten in 20 Jahren: 3.035,00 DM = nach 53% Steuern:
(1.426,00 DM x 114,7 %) — 1.636,00 DM

Gesamtgewinn — 4.438,00 DM
+ Kapitaleinsatz — 2.234,00 DM

Kapital am Ende der Investitionsperiode — 6.672,00 DM

---

6 Vgl. Tabelle 12.
7 Mit diesem Faktor wird der niedrigere Anschaffungswert hochgerechnet auf einen gleichen Investitionsbetrag.
8 Vgl. Tabelle 12.
9 Anpassungsfaktor, um die Investitionssummen mit Fall I vergleichbar zu machen.
10 Vgl. Tabelle 12.

Der Developer neuer Immobilien muß sich ebenso wie der Vermögensverwalter mit Immobilienbesitz bei der Vermietung von Immobilien (seien es neue oder frei werdende Flächen) über die Konsequenzen, die Wertsicherungsklauseln sowohl für die langfristige Ertragsentwicklung als auch für die Wertentwicklung einer Immobilie haben, im klaren sein. Der Erwerber von Immobilien wird bei der Bewertung der Mietverträge nicht nur die Bonität und die Laufzeit der Verträge zu bewerten haben, sondern auch die Wertsicherungsklausel. Sie entscheidet über die langfristige Rentabilität des Projektes und über den Wiederverkaufswert in der Zukunft.

Auslands-Portfolio-Management bei Offenen Immobilienfonds

Jürgen Wundrack, Geschäftsführer, Deutsche Grundbesitz-Investmentgesellschaft mbH, Deutsche Bank Gruppe, Geschäftsbereich Immobilien, Frankfurt am Main

Inhalt

1.	Auslandsengagements der Offenen Immobilienfonds	767
1.1	Zögerlicher Anfang	767
1.2	Seit 1991 europaweite Anlage	767
1.3	Großbritannien Hauptanlageland	768
1.4	Begrenztes deutsches Angebot	769
2.	Umfassendes Research	770
2.1	Untersuchung der Einzelmärkte	770
2.2	Unterschiedliche Immobilienzyklen	770
2.3	Immobilienspezifische Faktoren	771
3.	Rechtliche Rahmenbedingungen	772
3.1	Differierende Mietvertragsgestaltung	772
3.1.1	Mietpreisanpassung	772
3.2	Betriebskosten	773
4.	Renditeermittlung	773
5.	Wechselkursabsicherung	773
5.1	Fremdmittel in Landeswährung	773
5.2	Devisentermingeschäfte	774

5.3	Verkauf von Mietforderungen	774
5.4	Währungsrisiko abwägen	774
5.4.1	Zwei Beispiele zur Wechselkursabsicherung	775
6.	Steuern	775
6.1	Besteuerungsrecht im Investitionsland	775
6.2	Ertragsteuer	775
6.3	Grunderwerb- und Veräußerungsgewinnsteuer	776
7.	Drittes Finanzmarktförderungsgesetz	776
7.1	Beteiligung an Objektgesellschaften	776
7.1.1	Steuerliche Gestaltungsmöglichkeiten	777
8.	Anlagestrategie	777
8.1	Unterschiedliche Gewichtung der Märkte	777
8.2	Objektgröße	778
8.3	Auswahlkriterien	778
8.4	Kooperation mit Beratern vor Ort	779
8.5	Ausstattungsstandards	779
9.	Objekt-Management und Bewertung von Immobilien	779
10.	Ausblick	780
11.	Literatur	781

1. Auslandsengagements der Offenen Immobilienfonds

Die Offenen Immobilienfonds sind mit 80 Mrd. DM Fondsvermögen inzwischen wichtige institutionelle Teilnehmer an den deutschen und zunehmend auch an europäischen Immobilienmärkten (vgl. Abb. 1).

1.1 Zögerlicher Anfang

Der erste Offene Immobilienfonds wurde 1959 aufgelegt, 1965 folgte ein zweiter. Das Immobilieninvestment setzte sich anfangs nur zögerlich durch. Erst nach Novellierung des Gesetzes über Kapitalanlagegesellschaften (KAGG) im Jahre 1969 stieg aufgrund größerer Rechtssicherheit das Interesse an dieser Anlageform. 1970 verwalteten fünf Fonds ein Vermögen von 588 Mio. DM. 1980 waren es bereits acht Fonds mit einem Vermögen von 4,4 Mrd. DM. Bis 1985 verdoppelte sich die Summe auf 8,5 Mrd. DM.

Bis 1980 investierten alle Fonds ausschließlich im Inland, obwohl zwei weltweit hätten anlegen können. Schon damals sah das KAGG vor, daß 20 % des Fondsvermögens im Ausland investiert werden durften, sofern die Vertragsbedingungen des jeweiligen Fonds eine derartige Regelung vorsahen. Die restriktive Haltung der Fonds lag wohl darin begründet, daß zusätzliche Risiken aus einer grenzüberschreitenden Anlage wie zum Beispiel Wechselkursrisiken, aber auch solche aus differierenden Märkten vorerst nicht eingegangen werden sollten.

Die erste Auslandsinvestition durch einen Fonds erfolgte 1980 mit einem Objekt in New York. Mit zunehmender Globalisierung der Märkte änderte sich diese Einstellung. Wie zuvor bei den Wertpapierfonds, setzte sich der Gedanke der internationalen Diversifizierung durch.

1.2 Seit 1991 europaweite Anlage

Der Weg ins Ausland öffnete sich dann allen Fonds 1991. Mit der Umsetzung der EG-Richtlinie in deutsches Recht können nun auch die Fonds, deren Vertragsbedingungen die Öffnungsklausel nicht enthielten, Investitionen in den Mitgliedstaaten der Europäischen Union tätigen, und das in unbegrenzter Höhe. 1996 kamen mit Island, Liechtenstein und Norwegen die drei restlichen Länder des europäischen Wirtschaftsraumes hinzu. Weltweit, d.h.

außerhalb des europäischen Wirtschaftsraumes, können alle die Fonds 20 % des Fondsvermögens anlegen, deren Vertragsbedingungen dies vorsehen.

1.3 Großbritannien Hauptanlageland

Von 13 Offenen Immobilienfonds waren Ende 1996 zehn im Ausland investiert (vgl. Abb. 1). Bevorzugt wurde bisher Großbritannien mit 41, gefolgt von den Niederlanden mit 36 Objekten. Die Investitionsvolumina lagen per Ende 1996 bei 6,1 Mrd. in Großbritannien bzw. 1,8 Mrd. DM in den Niederlanden. Vom Immobilienvermögen aller Offenen Immobilienfonds waren Ende 1996 rund 18,2 % im Ausland angelegt, wobei mittlerweile auch Objekte in Österreich, Belgien und Italien erworben wurden.

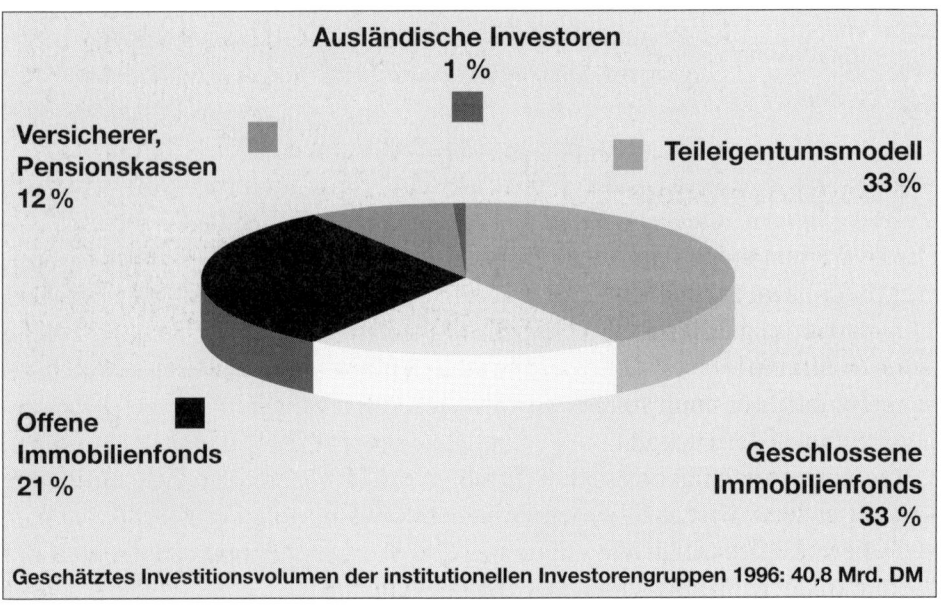

Abb. 1: Offene Immobilienfonds: Investitionen im Immobilien-Anlagemarkt
Quelle: Münchener Institut

Fonds	Objektanzahl	Nutzfläche in m²	Auslandsanteil in %*
BfG ImmoInvest	9	45.381	17,9
CS-Euroreal	8	29.808	71,4
DespaFonds	11	217.665	24,0
DIFA 1	4	50.258	15,3
DIFA-GRUND	4	73.727	12,8
grundbesitz-invest	5	104.081	21,6
GRUNDWERT-FONDS	26	234.273	16,0
Hansaimmobilia	2	7.102	13,3
HAUS-INVEST	12	239.746	32,7
WestInvest	12	50.839	16,1

* Verkehrswert der ausländischen Liegenschaften in % vom Immobilienvermögen des Fonds per 31. Dezember 1996

Tab. 1: Internationale Investitionen Offener Immobilienfonds per Ende 1996

1.4 Begrenztes deutsches Angebot

Dies war nicht zuletzt auch eine Folge der hohen Mittelzuflüsse der Offenen Fonds in den vergangenen Jahren, für die geeignete Anlageobjekte im Inland in ausreichender Anzahl nicht immer zu haben waren. Obwohl die deutschen Immobilienmärkte seit den frühen neunziger Jahren von einem Überangebot an Mietflächen mit regional unterschiedlich hohen Leerständen geprägt sind, fanden Preisrückgänge bei den für die Fonds interessanten Objekten kaum statt. Das Angebot an qualitativ hochwertigen, voll vermieteten Gebäuden in den wirtschaftlichen Ballungszentren ist nach wie vor begrenzt.

Der zweite Grund für ein Auslandsengagement: Die Fonds nutzen die unterschiedlichen Marktzyklen für einen günstigen Einstieg. Mindestens ebenso wichtig ist der Aspekt der Risiko-Diversifizierung, der mit der Beimischung von Auslandsobjekten einhergeht. Sie dient der Verstetigung des Ergebnisses für den Anleger.

Eigenes Immobilien-Know-how, Research-Abteilungen und weltweite Verbindungen der Gesellschafter der Kapitalanlagegesellschaften sowie die Einschaltung qualifizierter Property-Consultants, Rechts- und Steuerberater erschließen den Offenen Immobilienfonds heute ein breites Spektrum in nahezu allen Märkten.

2. Umfassendes Research

Die Anlageentscheidungen für ein bestimmtes Land, einen bestimmten Standort basieren auf einem umfangreichen Research. Für eine internationale Strategie ist es noch wichtiger als für Engagements im heimischen Markt.

2.1 Untersuchung der Einzelmärkte

Das Immobiliengeschäft ist national bzw. regional, zum Teil sogar lokal, geprägt. Dadurch hat jeder Markt seine eigene Dynamik. Auch in einem vereinten Europa behalten Standorte wie London, Frankfurt oder Paris ihre Eigenheiten. Eine einheitliche Entwicklung bei Gewerbeimmobilien gibt es nicht. Dazu differieren Standorte, Nutzungsarten und Objektqualitäten zu sehr voneinander.

2.2 Unterschiedliche Immobilienzyklen

Außerdem bewegen sich alle Immobilienmärkte in unterschiedlichen Zyklen, die etwa sieben bis acht Jahre dauern. Beispielsweise waren in Deutschland 1985 erste Anzeichen des Aufschwungs erkennbar. 1991 setzte die merkliche Abkühlung ein. Verdeutlicht werden die unterschiedlichen Immobilienzyklen anhand einer von Jones Lang Wootton entwickelten Immobilienuhr, in der Auf- und Abschwungphasen ausgewählter europäischer Metropolen abgebildet wurden (vgl. Abb. 2).

Die Offenen Fonds nutzen diese verschiedenen Wachstums- und Konjunkturzyklen bei ihren Investments. Dazu das Beispiel Großbritannien: Als die Fonds 1991 begannen, in London – dem mit Abstand wichtigsten Immobilienmarkt in Großbritannien – zu investieren, hatte der Markt die Talsohle erreicht. Bereits 1992, als der Abwärtstrend an den deutschen Märkten gerade erst begonnen hatte, zeigten sich in London erste Tendenzen einer Besserung. Die Preise, die in den Jahren davor stark nachgegeben hatten, zogen an, die Mieten stiegen und die Leerstandsrate in der City von London ging von über 20 % 1990 auf etwa 7 % 1997 zurück.

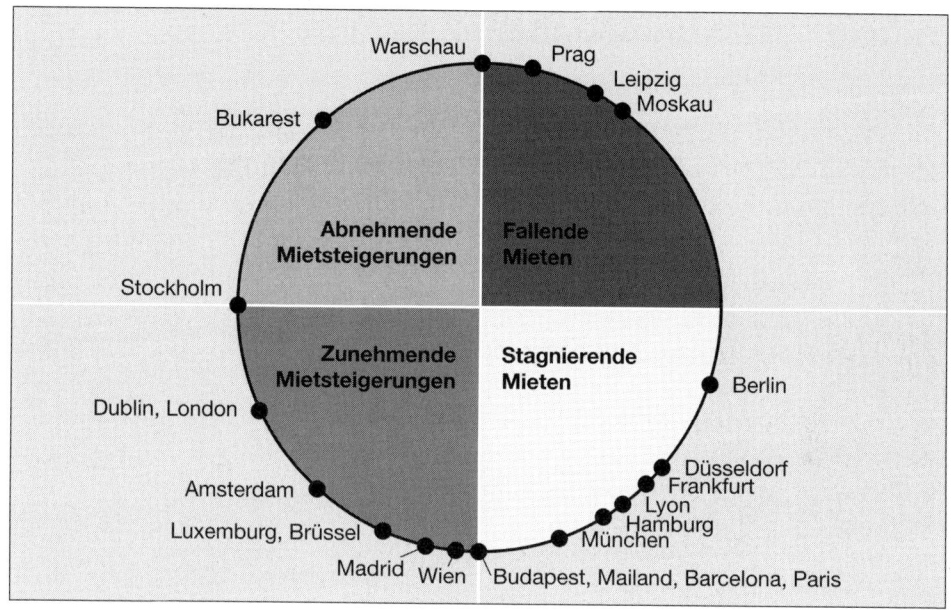

Abb. 2: Immobilienuhr: Mietenzyklus am Büromarkt (1. Quartal 1997)
Quelle: Jones Lang Wootton

2.3 Immobilienspezifische Faktoren

Die volkswirtschaftlichen Rahmendaten wie Entwicklung des Sozialprodukts, der Beschäftigung, die Preisentwicklung und das Zinsniveau – um nur einige Beispiele zu nennen – sind um immobilienspezifische Faktoren zu ergänzen, um eine Anlagestrategie zu entwickeln:

- Charakteristika der Märkte wie zum Beispiel Marktenge, noch zu entwickelnde oder wachsende Märkte,
- Infrastruktur,
- Flächenbestand,
- Flächen-Neuzugang,
- Vermietungsleistung,
- Leerstände,
- Miethöhe, differenziert nach zentralen Lagen und Randlagen.

3. Rechtliche Rahmenbedingungen

Auch rechtliche Fragen müssen zweifelsfrei geklärt werden, gegebenenfalls durch eine „legal option" einer namhaften Anwaltssozietät. So existieren in vielen Ländern keine dem deutschen Grundbuch entsprechenden Register. Die Rechtssicherheit für den Investor muß auf andere geeignete Weise hergestellt werden. Auch Erbbaurechte sind häufig anders ausgestaltet als im Inland. Vielfach ist nur der Erwerb auf Erbbaurechtsbasis möglich, die allerdings regelmäßig wesentlich längere Laufzeiten als in Deutschland üblich aufweist.

3.1 Differierende Mietvertragsgestaltung

Unter Umständen ist die Position des Eigentümers auch stärker als in Deutschland. So sind in Großbritannien Mietverträge mit einer Laufzeit von 25 Jahren üblich, wobei in neuerer Zeit zunehmend mieterseitige Kündigungsoptionen nach 15 Jahren verlangt werden. Dennoch besteht größere Ertragssicherheit als bei den in Deutschland zur Zeit üblichen Fünf- oder Zehnjahresmietverträgen. In Belgien beträgt die Laufzeit der indexierten Mietverträge typischerweise neun Jahre mit einem Kündigungsrecht des Mieters nach drei Jahren.

In Österreich stellt sich die Situation wiederum anders dar. Dort werden für vor 1967 errichtete Gebäude unbefristete Verträge geschlossen, die nur durch den Mieter gekündigt werden können. Für nach 1967 erbaute Objekte sind auch befristete Verträge zulässig. Allerdings setzen sich diese aufgrund der hohen Registrierungskosten nur langsam durch.

Neun Jahre beträgt die Mietvertragsdauer in Frankreich. Allerdings hat der Mieter alle drei Jahre ein Sonderkündigungsrecht. Gekoppelt sind die Verträge an den Baukostenindex. Dies sind einige wenige Beispiele, die verdeutlichen sollen, wie unterschiedlich verfahren wird.

3.1.1 Mietpreisanpassung

Mietverträge sehen in Großbritannien alle fünf Jahre eine Mietpreisanpassung vor, und zwar ausschließlich nach oben. Ist der Mietvertrag niedrigpreisig abgeschlossen, birgt jede Markterholung die Chance einer Mietsteigerung. Ist er hochpreisig abgeschlossen, müssen die Eigentümer länger warten, bis sie die Mieten und damit den Ertragswert steigern können. In jedem

Falle ist der Vermieter auf dem einmal erreichten Niveau bis zur Fälligkeit des Mietvertrages abgesichert.

3.2 Betriebskosten

Auch die Weiterbelastung von Instandhaltungs- und Betriebskosten an die Mieter unterliegt in den einzelnen Ländern unterschiedlichen Regeln. Während in Großbritannien der Full-Repairing-and-Insuring-Mietvertrag gängig ist, der den Eigentümer von fast allen Nebenkosten befreit, verbleiben zum Beispiel in den Niederlanden Teile der Grundsteuer und weiterer Abgaben beim Vermieter.

4. Renditeermittlung

Dies muß bei Renditevergleichen immer mit berücksichtigt werden. Hierbei ist zunächst die Bemessungsgrundlage zu definieren. Bemessungsgrundlage ist der Kaufpreis zuzüglich aller Erwerbsnebenkosten, denen die Nettoerträge gegenüberstehen. Vielfach liegen die Anfangsrenditen und laufenden Ergebnisse in den meisten Ländern über denen vergleichbarer inländischer Immobilien. Ob sich Auslandsinvestments tatsächlich lohnen, hängt jedoch nicht nur von der laufenden Rendite ab. Der langfristige Erfolg ist erst dann gegeben, wenn die Immobilien auch eine positive Wertentwicklung aufweisen. Das Gesamtergebnis wird zudem durch steuerliche Einflußfaktoren und Wechselkurseinflüsse bestimmt.

5. Wechselkursabsicherung

Da Auslandsinvestitionen in fremden Währungen erfolgen, müssen Wechselkursschwankungen ins Kalkül gezogen werden.

5.1 Fremdmittel in Landeswährung

Gegen Wechselkursverluste bestehen generell zwei Sicherungsinstrumente. Zum einen wird durch die Aufnahme von Fremdmitteln in Landeswährung erreicht, daß sich Kursänderungen auf der Vermögensseite in einer entsprechenden Veränderung der Verbindlichkeiten niederschlagen. Insoweit gleichen sich im Ergebnis Währungskursrückgänge wie auch Erhöhungen aus. Ein Restrisiko besteht aber für eventuelle Spitzen, die nicht abgesichert sind. Durch die Fremdfinanzierung ergibt sich für die Rendite zudem ein positiver Effekt, wenn die Finanzierungskosten unter denen der Objektrendite liegen. Hinzu kommt die steuerliche Abzugsfähigkeit der Zinsen von den Mieterträgen.

5.2 Devisentermingeschäfte

Ein weiteres Sicherungsinstrument bietet der Abschluß eines Devisentermingeschäfts, bei dem die Umrechnung der Währung bei Fälligkeit zu einem von vornherein bekannten Währungskurs erfolgt. Kurssicherungskosten fallen dabei als Differenz zwischen dem Terminkurs und dem Marktkurs bei Abschluß des Geschäftes an. Gegenüber der Darlehensaufnahme ergibt sich bei dieser Variante ein höherer ausschüttungsfähiger Ertrag, der nach Abzug der im Ausland gezahlten Steuern in Deutschland zu steuerfreien Ausschüttungen führt.

5.3 Verkauf von Mietforderungen

Seit Einführung des Zweiten Finanzmarktförderungsgesetzes können zur Verminderung von Währungsrisiken auch Mietforderungen in ausländischer Währung bis zur nächsten Fälligkeit auf Termin verkauft werden. Alle Absicherungsmechanismen führen dazu, daß Chancen nicht oder nur begrenzt genutzt werden können.

5.4 Währungsrisiko abwägen

Inwieweit sie notwendig sind, hängt auch von der Einschätzung der künftigen Entwicklung der jeweiligen Währung gegenüber der DM ab. So dürfte eine Kurssicherung bei holländischen Gulden und österreichischen Schillingen aufgrund der engen Verzahnung mit der DM entbehrlich sein, während sich eine Absicherung von £-Sterling-Risiken bisher – zumindest in Teilperioden abhängig vom Zeitpunkt des Erwerbs – als nützlich erwiesen hat.

5.4.1 Zwei Beispiele zur Wechselkursabsicherung

Für das 1992 erworbene Bürogebäude Ropemaker Place in London wählte der Offene Immobilienfonds „grundbesitz-invest" die Absicherung des Investments gegen Wechselkursschwankungen ausschließlich durch ein Darlehen in £-Sterling. Bei der zweiten Londoner Investition 1993 entschied sich die Gesellschaft für eine Kombination aus Fremdfinanzierung und Devisentermingeschäft. Da die Absicherung Geld und damit Rendite kostet, wird die Einführung der europäischen Währung von vielen Investmentgesellschaften in diesem Bereich begrüßt. Dann könnten Investitionen auch in Südeuropa sehr viel interessanter werden, die bisher unter anderem wegen der Wechselkursrisiken vermieden wurden.

6. Steuern

Deutsche Investmentfonds sind mit ihren Erträgen von der deutschen Steuer befreit. Steuerpflichtige Erträge erzielt nur der Anleger. Anders bei Auslandsinvestitionen in Immobilien.

6.1 Besteuerungsrecht im Investitionsland

Nach den bestehenden Doppelbesteuerungsabkommen liegt das Besteuerungsrecht generell im Investitionsland. Dort ist aber nicht der Anleger, sondern regelmäßig der Fonds steuerpflichtig. Die der ausländischen Steuer unterliegenden Erträge werden um die Bewirtschaftungskosten und die Fremdkapitalzinsen sowie um die nach den jeweiligen steuerlichen Vorschriften zulässigen Abschreibungen gekürzt.

6.2 Ertragsteuer

Vergleichsweise günstig sind die Ertragsteuersätze in Großbritannien (23 %) und den Niederlanden (35 % für Einkünfte über 10.000 hfl). Die nach Abzug der ausländischen Ertragsteuern gezahlten Ausschüttungen sind für den deutschen Anleger steuerfrei. Sie unterliegen lediglich dem Progressionsvorbehalt, d.h., sie werden bei Ermittlung des Einkommensteuersatzes für das steuerpflichtige Inlandseinkommen berücksichtigt. Sind die Einkünfte negativ (Verluste), dürfen diese nur mit positiven Einkünften der jeweils selben Art (Einkünfte aus der Vermietung von unbeweglichem Vermögen) aus demselben Staat des laufenden Jahres oder der Folgejahre verrechnet werden.

6.3 Grunderwerb- und Veräußerungsgewinnsteuer

Neben den Ertragsteuern spielen die Grunderwerbsteuer und die Veräußerungsgewinnsteuer eine erhebliche Rolle. So ist der Ankauf fertiggestellter Gebäude in Frankreich mit 18,5 % Registersteuer belastet, während in Großbritannien nur 1 % Stamp Duty anfällt.

Die Besteuerung von Veräußerungsgewinnen entfällt beim Vorliegen bestimmter Voraussetzungen in Deutschland, Großbritannien, den Niederlanden und Österreich, während in Frankreich 33,33 % und in Belgien 39 % Steuern erhoben werden, sofern keine Reinvestition innerhalb von fünf Jahren erfolgt. Mit Engagements im Ausland können Fonds ihren steuerfreien Anteil an der Ausschüttung erhöhen.

7. Drittes Finanzmarktförderungsgesetz

7.1 Beteiligung an Objektgesellschaften

Um einige der steuerlichen Nachteile, die sich beim Direkterwerb von Immobilien im Ausland ergeben, zu vermeiden, kann der Erwerb über Objektgesellschaften sinnvoll sein. Dies läßt das Kapitalanlagegesetz derzeit noch nicht zu. Das wird sich ändern, wenn 1998 das Dritte Finanzmarktförderungsgesetz in Kraft tritt. Dann ist es den Fonds gestattet, sich an in- und ausländischen Grundstücksgesellschaften zu beteiligen. Diese Zulassung erleichtert vor allem beim Erwerb ausländischer Immobilien die Zusammenarbeit mit Partnern vor Ort und die Konzeption einer international ausgerichteten Anlagestrategie. Über Joint-ventures können Marktpräsenz und Erfahrung effizienter genutzt werden. Darüber hinaus lassen sich über eine Kapitalbeteiligung Dritter auch die Risiken eines Auslandsengagements verringern.

7.1.1 Steuerliche Gestaltungsmöglichkeiten

Im Vergleich zu einer Direktanlage bietet die Beteiligung an einer Objektgesellschaft, die Kapital- oder auch Personengesellschaft sein kann, unter Umständen günstigere steuerliche Gestaltungsmöglichkeiten. Das nationale Steuerrecht in einigen Ländern bietet schon heute gute Voraussetzungen für Direktinvestitionen. In den Ländern, in denen diese nicht gegeben sind, kann durch Erwerb oder Verkauf von Gesellschaftsanteilen beispielsweise eine hohe ausländische Grunderwerbsteuer oder die Besteuerung von Veräußerungsgewinnen vermieden, zumindest aber deutlich reduziert werden. Eine weitere Variante wäre, durch Gesellschafterdarlehen das steuerliche Ergebnis im Ausland zu optimieren.

Mit dem nunmehr vorgesehenen Beteiligungserwerb verringern sich insgesamt gesehen die Nachteile, die die Offenen Immobilienfonds bislang bei grenzüberschreitenden Investitionen im Vergleich zu ausländischen Wettbewerbern teilweise hinnehmen mußten.

8. Anlagestrategie

Auf der Grundlage von Research-Ergebnissen und unter Berücksichtigung der steuerlichen sowie rechtlichen Gegebenheiten wird das Auslands-Portfolio zusammengestellt. Wie bei inländischen Akquisitionen auch, ist für das Auslandsengagement eine Anlagestrategie zu formulieren, die langfristig Wachstumsperspektiven eröffnet.

8.1 Unterschiedliche Gewichtung der Märkte

Zum Aufbau eines diversifizierten Portefeuilles mit ausgewogener Chancen- und Risikostruktur werden europäische Immobilienmärkte unterschiedlich gewichtet. Bevorzugt werden die europäischen Metropolen mit einer Konzentration auf Standorte und Marktsegmente, die besonders attraktiv und zumindest steuerlich neutral sind.

Eine solche Prioritätenliste könnte zum Beispiel folgende Schwerpunkte aufweisen. Priorität Nummer 1 haben Großbritannien für Büros, Einzelhandel und Hotels, die Niederlande für Büros und Einzelhandel, Belgien für Büros und Hotels sowie Österreich für Büros und Einzelhandel. Erworben werden nach Möglichkeit nur Objekte ohne Leerstände oder Vermietungsrisiken, um Wertabschläge bei Fertigstellung der Projekte bzw. bei Übernahme der Objekte zu vermeiden. Derartige Immobilien haben ihren Preis. Deshalb muß der Fonds-Manager den Kaufpreis und damit die Rendite gegen das Risiko abwägen.

8.2 Objektgröße

Die Größe eines Einzelinvestments ist gesetzlich auf 15 % des Fondsvermögens begrenzt. Das sind bei den großen Offenen Immobilienfonds regelmäßig mehr als 1 Mrd. DM. Es ist allerdings fraglich, ob mit Blick auf die Fungibilität ein derartiges Volumen sinnvoll ist. Bevorzugte Investitionsvolumen bei Auslandsimmobilien liegen bei 50 bis 250 Mio. DM. Bei Unterschreiten dieser Volumina ergibt sich unter Umständen ein überproportionaler Verwaltungsaufwand, bei Überschreitung ist die Fungibilität zunehmend eingeschränkt. Marktgängig für institutionelle Anleger sind die genannten Größenordnungen. Für größere Investitionen ist der Kreis möglicher Kaufinteressenten bei einer späteren Veräußerung begrenzt. Bei Beträgen unter 50 Mio. DM konkurrieren institutionelle Anleger häufig mit Privatanlegern, die ihre Kaufentscheidungen vielfach nach persönlichen Präferenzen treffen.

8.3 Auswahlkriterien

Wie im Inland gilt auch im Ausland, daß nur qualitativ hochwertige Objekte in den Bestand der Fonds aufgenommen werden sollten. Auswahlkriterien sind des weiteren beim Mikrostandort die Verkehrsanbindung und die Infrastruktur. Gibt es für den Individualverkehr ausreichende Parkmöglichkeiten? Wie weit ist es zu öffentlichen Verkehrsmitteln? Sind zur Versorgung der Mieter Einkaufsmöglichkeiten, öffentliche Einrichtungen, Ärzte und Apotheken vorhanden? Die positiven Antworten auf diese Fragen bestimmen die Anlageentscheidung. Entwicklungstendenzen im Umfeld des Objekts, wie zum Beispiel Bauvorhaben, sind ebenso zu berücksichtigen wie die Verlegung oder Ansiedlung von Verwaltungs-, Dienstleistungs- und Handelsbereichen.

8.4 Kooperation mit Beratern vor Ort

Grundlage für jede Entscheidung sind eine intensive Marktbeobachtung und Marktuntersuchung. Neben der eigenen Kompetenz nutzen die Fonds-Manager das Know-how von Beratern vor Ort. In der Regel arbeiten die Gesellschaften mit international tätigen Consultantfirmen, namhaften Projektentwicklern oder auch mit Gesellschaften aus dem eigenen Unternehmensverbund zusammen, da diese die Situation im jeweiligen Land kennen und über entsprechende Verbindungen verfügen. Sie akquirieren für die Fondsgesellschaften Objekte nach deren Anlagestrategie und Qualitätsvorstellungen.

8.5 Ausstattungsstandards

Wert gelegt wird dabei nicht nur auf eine zeitgemäße Architektur. Vielmehr richtet sich das Augenmerk auf eine wirtschaftliche Nutzungskonzeption und eine gute technische Ausstattung wie beispielsweise das Vorhandensein von Anschlüssen an Datenleitungen und den möglichen Einsatz zukunftsweisender Energiesysteme. Auch der Ausstattungsstandard bedarf einer sorgfältigen Prüfung. So gelten im Ausland im Gegensatz zu Deutschland divergierende rechtliche Vorschriften zum Beispiel hinsichtlich Schallschutz, Wärmedämmung und Arbeitsschutz. Wie müssen die Arbeitsplätze ausgestattet sein, wie hoch ist der Platzbedarf pro Mitarbeiter – oftmals gelten hier andere Standards.

9. Objekt-Management und Bewertung von Immobilien

Objekt-Management heißt, und das gilt auch im Ausland: eine optimale Verwaltung der Liegenschaften, Wartung und Instandhaltung. Dazu sind Wirtschaftlichkeitskontrollen und Nutzungsoptimierungen erforderlich, die Spezialwissen und Professionalität verlangen. Im Ausland kaufen sich die Fonds diese in aller Regel vor Ort ein. So können durch Outsourcing Kosten reduziert, vor allem aber Manpower und Zeit eingespart werden.

Durch die gesetzlich vorgeschriebene jährliche gutachterliche Beurteilung werden standort- und marktbedingte Veränderungen verdeutlicht und können zusätzlichen Handlungsspielraum eröffnen. Ausgeführt werden die Gutachten von den für den jeweiligen Fonds zuständigen deutschen Sachverständigen, die oftmals von ausländischen Immobilienexperten unterstützt werden.

Das Fonds-Management stellt eine Mehrjahresplanung auf, in die Mietertragserwartungen, Kostenentwicklung, Standortfaktoren und mögliche Verkehrswertentwicklungen einfließen. Erfüllen sich diese Planvorgaben nicht, etwa aufgrund mangelnder Standortqualität, wird ein Verkauf angestrebt. Ohnehin ist die Haltedauer im Ausland kürzer als in Deutschland. Der Immobilienbestand wird häufiger umgeschlagen.

10. Ausblick

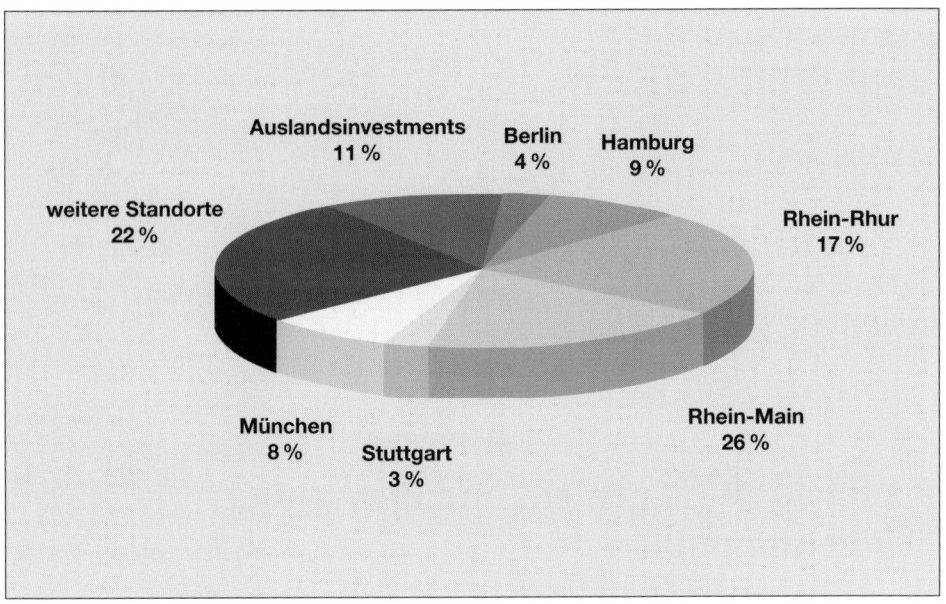

Abb. 3: Offene Immobilienfonds: Regionale Verteilung der Nutzflächen
Quelle: Rechenschafts- und Halbjahresberichte der offenen Immobilienfonds

Es steht zu erwarten, daß die Offenen Immobilienfonds ihren Auslandsanteil in den nächsten Jahren weiter aufstocken werden. Die hierfür erforderliche Liquidität ist vorhanden, und die ausländischen Märkte bieten zum Teil auch nach Kosten attraktive Renditen. Die Tatsache, daß zur Zeit einige Länder noch nicht in Betracht kommen, hängt nicht nur mit der dortigen Marktverfassung zusammen, sondern auch mit den ungünstigen steuerlichen Gegebenheiten. Dennoch dürften in Zukunft neben dem Kauf von

Bürogebäuden in London und den niederländischen Großstädten auch Investitionen in andere Standorte und Nutzungsarten in Betracht kommen (vgl. Abb. 3). Das sind vor allem Brüssel, Wien und nach Einführung des Dritten Finanzmarktförderungsgesetzes Metropolen wie Paris, Madrid und Barcelona. Die Einführung des Euro wird dazu beitragen, diese Entwicklung zusätzlich zu unterstützen, wenn die Währungsunterschiede entfallen.

11. Literatur

Brunner, M. (Hrsg.): *Immobilien-Investment-Produkte, Märkte, Strategien*, Wiesbaden 1997

Bundesverband Deutscher Investment-Gesellschaften e.V. (Hrsg.): *Investment 96 – Daten, Fakten, Entwicklungen*, Frankfurt 1996

Rollmann, C. (Hrsg.): *Der Immobilienkauf*, Bonn 1997

Management für Geschlossene Immobilienfonds

Dr. H. Jürgen Tiemann, Mitglied des Vorstandes der KapHag Vermögensanlagen Handels-AG und geschäftsführender Gesellschafter der KapHag Unternehmen

Inhalt

1.	Grundlagen	785
1.1	Begriffsabgrenzungen	786
1.1.1	Geschlossene Immobilienfonds	786
1.1.2	Fonds-Management	787
1.2	Rechtsformen	788
1.2.1	BGB-Gesellschaft (GbR)	788
1.2.2	Kommanditgesellschaft	791
1.3	Allgemeine Vertragsbedingungen	792
2.	Wandel der Aufgaben des Fonds-Managements im Projektablauf	794
2.1	Akquisition	796
2.2	Planung und Konzeption	797
2.3	Vertrieb	798
2.4	Vermietung	801
2.5	Baudurchführung	802
2.6	Verwaltung	802
3.	Immobiliennutzung	803
3.1	Wohnimmobilien	804
3.2	Gewerblich genutzte Immobilien	804

3.2.1	Büros	804
3.2.2	Einkaufszentren	806
3.2.3	Hotels	807
3.2.4	Alteneinrichtungen	807
3.2.5	Sonstige Spezialimmobilien	807
4.	Erfolg durch gutes Management	808
5.	Literatur	809

1. Grundlagen

Seit vielen Jahrzehnten schätzen Anleger Geschlossene Immobilienfonds als eine attraktive Kapitalanlage. Die Initiatoren großer Immobilienprojekte nutzen diese im Zeitablauf immer beliebter werdende Finanzierungsform, die jedoch erhebliche Management-Kompetenzen verlangt.

Die spezielle Situation in Deutschland nach dem Zweiten Weltkrieg begünstigte die Entwicklung des Geschlossenen Immobilienfonds. Die Wirtschaftswundergeneration sparte nach und nach immer mehr Vermögen an. Eine derartig große Vermögensbildung breiter Bevölkerungsschichten gab es niemals zuvor. Die Erfahrungen mit der Inflation trugen dazu bei, daß mehr und mehr Immobilien die bevorzugte Kapitalanlage darstellten. Da jedoch das Vermögen eines einzelnen zumeist nicht für den Erwerb einer attraktiven Immobilie in guter Lage ausreichte, wurde nach Wegen gesucht, das Geld mehrerer Anleger bzw. Investoren zu bündeln. Auf diese Weise entstand schließlich der Geschlossene Immobilienfonds. Während der letzten vier Jahrzehnte haben die Investitionen in solche Fonds mit ganz wenigen Ausnahmen von Jahr zu Jahr stetig zugenommen.

In den Jahren seit 1989 war der Immobilienzyklus so ausgeprägt, wie man ihn in Deutschland wohl noch nicht erlebte. Die Immobilienbranche durchlief als Folge der Wiedervereinigung einen wahren Boom. In sehr kurzer Frist waren in den neuen Bundesländern Wohn- und vor allem Gewerbeflächen zu errichten. Der Nachholbedarf schien zunächst unendlich groß zu sein. Allerdings vergrößerte sich die Menge des Angebotes auch wegen der ungewöhnlich ausgeprägten steuerlichen Investitionsanreize rapide. Sehr viele dieser Immobilien wurden innerhalb Geschlossener Immobilienfonds finanziert. Zu optimistische Erwartungen in bezug auf die Entwicklung des Nachfragepotentials, des Einkommens und die extrem hohe Arbeitslosigkeit führten zu der Immobilienkrise in der zweiten Hälfte der neunziger Jahre.

Die an das Management Geschlossener Immobilienfonds zu stellenden Aufgaben sind als Folge der sich verändernden Rahmenbedingungen im Zeitablauf wesentlich komplexer und damit komplizierter geworden. Die gute Qualität des Fonds-Managements ist eine Grundvoraussetzung für den Erfolg eines Geschlossenen Immobilienfonds.

Zum Verständnis der Besonderheiten des Managements Geschlossener Immobilienfonds ist es zunächst wichtig, relevante Begriffe abzugrenzen und einzelne Ausprägungsformen darzulegen.

1.1 Begriffsabgrenzungen

1.1.1 Geschlossene Immobilienfonds

Wie die Offenen ermöglichen auch die Geschlossenen Immobilienfonds einer breiten Bevölkerungsschicht, sich an großen Immobilieninvestitionen zu beteiligen. Sie sind in aller Regel ertragreicher als Kleinprojekte, werden jedoch dadurch geprägt, daß für ihre Realisierung sehr viel Kapital notwendig ist, wesentlich mehr, als ein Einzelinvestor im Regelfall allein aufbringen kann. Immobilienfonds liefern also das wirtschaftliche und rechtliche Gerüst, die Kapitalkraft vieler Einzelinvestoren zu bündeln und somit jedem – entsprechend seinen finanziellen Möglichkeiten – den Erwerb eines Anteils an lukrativen Immobilieninvestitionen zu ermöglichen.

Besonders sichere Immobilieninvestitionen sind mit den besten Lagen in großen Städten verbunden. Ein Gebäude am Kurfürstendamm, am Ballindamm, der Königstraße oder Maximilianstraße bindet in aller Regel zweistellige oder sogar noch größere Millionenbeträge. Eigentümer solcher Immobilien sind fast ohne Ausnahme institutionelle Investoren, außergewöhnlich wohlhabende Personen oder Immobilienfonds. Solche Eigentümer wissen sehr genau um die Vorteile der besten Lagen. Vergleichbares gilt für sonstige Großinvestitionen in Immobilien an guten Standorten, die die im weiteren noch zu definierenden Kriterien erfüllen.

Für Offene Fonds ist ein Immobilien-Portfolio von grundsätzlich nicht weniger als zehn Objekten gesetzlich vorgeschrieben. Die Auswahl der Immobilien ist vom Fondszeichner nicht zu beeinflussen. Es werden im Zeitablauf Immobilien als Projekte oder als fertiggestellte Gebäude erworben, bewirtschaftet und veräußert.

Beim Geschlossenen Fonds wird die zu errichtende oder zu erwerbende Immobilie dem Interessenten umfassend dargestellt. Der Fondszeichner weiß also sehr genau, woran er sich beteiligt. In seltenen Fällen investiert ein Geschlossener Fonds auch in mehr als nur eine Immobilie.

Ein weiterer Unterschied ist, daß Offene Immobilienfonds, entsprechend den Bestimmungen des Gesetzes über Kapitalanlagegesellschaften (KAGG), nur in der Rechtsform der AG oder der GmbH aufgelegt werden dürfen. Die Einhaltung der gesetzlichen Bestimmungen dieses Spezialgesetzes wird vom Bundesaufsichtsamt für das Kreditwesen beaufsichtigt. Der Beteiligte erzielt Einkünfte aus Kapitalvermögen. Für ihn lassen sich Vorteile aus Sonderbestimmungen des Ertragsteuerrechtes in aller Regel nicht nutzen.

Geschlossene Immobilienfonds werden hingegen grundsätzlich in der

Rechtsform der Personengesellschaft organisiert und führen gewöhnlich zu Einkünften aus Vermietung und Verpachtung.

Man kann also definieren: Geschlossene Immobilienfonds sind Personengesellschaften, deren Geschäftszweck auf den Erwerb von unbebauten und/oder bebauten Grundstücken und diesen gleichgestellten Rechten sowie gegebenenfalls auf deren Bebauung und Verwaltung ausgerichtet ist, wobei das der Höhe nach feststehende Eigenkapital öffentlich dem Publikum zur Zeichnung angeboten wird.

1.1.2 Fonds-Management

Die Anforderungen an das Management von Geschlossenen Immobilienfonds sind hoch, denn neben der Immobilie muß auch der Fonds als gesellschaftsrechtlicher Rahmen professionell gemanagt werden.

Die Fondskonstruktion ist die Voraussetzung für die Möglichkeit, sich mit vergleichsweise geringen Beträgen an einer Immobilie zu beteiligen. Sie gewährleistet darüber hinaus, daß trotz der oftmals großen Zahl der Gesellschafter entsprechend dem Willen der Mehrheit gehandelt werden kann.

Theoretisch kann sich jeder die Informationen und das Wissen aneignen, die für erfolgreiche Immobilieninvestitionen notwendig sind. Jeder braucht dazu nur Kenntnisse, Erfahrungen, Ausbildung, Verbindungen und nicht zuletzt auch Zeit. Da im Regelfall mehrere dieser Voraussetzungen nicht erfüllt werden, bedient sich der Zeichner der Dienstleistungen eines erfahrenen Partners. Diese beziehen sich im wesentlichen auf das Immobilien-Management, das in Abhängigkeit von der Nutzungsart der Immobilie sehr komplex werden kann. Im speziellen Fall geht es zusätzlich um das juristische Konstrukt „Geschlossener Immobilienfonds".

Alles, was für das Immobilien-Management notwendig ist, muß das Fonds-Management für die Fondsgesellschaft zu leisten in der Lage sein. Zusätzlich erbringt das Fonds-Management Dienstleistungen wie

- Konzeption des Fonds,
- Geschlossenheit der Finanzierung,
- Optimierung der Rechnung unter Beachtung des Leverage-Effektes,
- steuerliche Optimierung,
- Aufbereiten eines marktfähigen Fondsangebotes, das innerhalb der dafür vorgesehenen Zeit plaziert wird,
- Plazierung,
- Fondssteuerung in der Investitionsphase und
- Fondsverwaltung.

Die Management-Leistung ist dann perfekt, wenn die wirtschaftlichen Ziele entsprechend den Marktmöglichkeiten optimal erreicht werden und dem Fondszeichner sämtliche Arbeiten abgenommen werden. Für ihn reduzieren sich diese auf

- Einzahlen der Beteiligungssumme sowie Lieferung von Bonitätsunterlagen,
- Entgegennahme der Ausschüttung und
- Entgegennahme des auf ihn entfallenden steuerlichen Ergebnisses.

Mindestens einmal jährlich muß also das Fonds-Management die Zeichner informieren. Speziell in der Investitionsphase wird das nicht ausreichend sein. In aller Regel liefert das Fonds-Management eine sehr viel größere Menge an Informationen, als sie die Mehrzahl der Fondszeichner wünscht. Die Selektion wird vom Zeichner (bzw. dessen Steuer- oder Rechtsberater) vorgenommen.

1.2 Rechtsformen

Die rechtlichen Grundlagen für Geschlossene Immobilienfonds sind im wesentlichen das BGB, das HGB und die Rechtsprechung im Zusammenhang mit Personengesellschaften. Der rechtliche Rahmen gestattet also sehr unterschiedliche Ausgestaltungsprägungen. Um die im Zusammenhang mit Immobilien sehr vorteilhafte Einkunftsart „Vermietung und Verpachtung" zu erreichen, sind die Geschlossenen Fonds fast ohne Ausnahme als Personengesellschaften konzipiert. Es gelten grundsätzlich die vorgesehenen gesetzlichen Bestimmungen für die Gesellschaft bürgerlichen Rechts (§§ 705 ff. BGB) und für die Personenhandelsgesellschaften (§§ 105 ff. HGB). Im Gesellschaftsvertrag müssen diese Bestimmungen – insbesondere unter dem Gesichtspunkt des Anlegerschutzes – ergänzt werden, um für die Durchführung des Investitionsvorhabens die notwendige rechtliche Sicherheit zu erreichen und für das Erlangen der wirtschaftlichen Ziele hinreichend Flexibilität zu gewährleisten. In der Praxis haben sich vor allem zwei Rechtsformen durchgesetzt, auf die im folgenden näher eingegangen werden soll.

1.2.1 BGB-Gesellschaft (GbR)

Die Gesellschaft bürgerlichen Rechts (GbR) ist eine Gesellschaftsform (Interessengemeinschaft) zur Erreichung eines gemeinsamen Zwecks. Die Gesellschaft hat keine eigene Rechtspersönlichkeit. Bei Geschlossenen Immobilienfonds liegt der Zweck im Erwerb, der Bebauung, der Vermietung und der Verwaltung von Immobilien. Im Gegensatz zu der Gesellschafterstellung in der Bruchteilsgemeinschaft sind die BGB-Gesellschafter keine direkten Eigentümer der Fondsimmobilie, sondern lediglich Inhaber von Gesellschaftsrechten an einem Immobilien-Gesamthandvermögen. Alle Gesellschafter der GbR werden namentlich im Grundbuch eingetragen.

In der Praxis ist der Eintrag eines Treuhänders als juristischer Eigentümer im Grundbuch üblich, verbunden mit einer Auflassungsvormerkung für die Gesellschafter, die üblicherweise von einer Treuhandbank, an die die Fondsgesellschafter als Treugeber ihre Rechte abtreten, gehalten wird. Ein Grundbuchtreuhänder wird zwischengeschaltet, um auch im Zeitablauf entsprechend den mit Mehrheit gefaßten Gesellschafterbeschlüssen handeln zu können. Beschließen die Gesellschafter beispielsweise mit der hierfür definierten Mehrheit, die Immobilie zu belasten oder zu verkaufen, vollzieht dieses der Grundbuchtreuhänder, dessen Handlungen die Treuhandbank für die Zeichner interessenwahrend überwacht. Mit dieser Konstruktion läßt sich vermeiden, daß einzelne Personen oder Minderheiten von der Mehrheit gewünschte Handlungen verhindern. Auch wenn Gesellschafter nicht mehr handlungsfähig oder handlungswillig sind, kann das von der Mehrheit Gewünschte durchgeführt werden.

In einigen Fällen ist der Grundbuchtreuhänder auch der Geschäftsbesorger des Fonds. Neuerdings wird es immer üblicher, daß der Grundbuchtreuhänder ausschließlich Sicherheitsfunktionen übernimmt und daß eine andere juristische Person für die Geschäftsbesorgungsaufgabe verantwortlich zeichnet. Mit dieser Aufgabenteilung kann den Zielsetzungen der Zeichner, über ihre Immobilie sicher zu verfügen und optimale Management-Leistungen zu nutzen, am besten entsprochen werden.

Der Geschäftsbesorger tritt nach außen im Namen und für Rechnung der Gesellschafter auf. Im Innenverhältnis ist er entsprechend der Satzung der Gesellschaft und den Gesellschafterbeschlüssen weisungsgebunden. Er legt über seine Tätigkeiten Rechenschaft gegenüber den Anlegern ab (vgl. Abb. 1).

Mit der Treuhandkonstruktion, einer Rechtskonstruktion, die der Gesetzgeber in Analogie für den Offenen Immobilienfonds vorschreibt, wird sichergestellt, daß die Fondszeichner wirtschaftliche Eigentümer der Immobilie sind und Anspruch auf das wirtschaftliche und steuerliche Ergebnis des Fonds haben. Sie haben außerdem sämtliche Weisungs- und Kontrollrechte.

Ein Problem der GbR kann – weitgehend theoretisch – sein, daß ihre Gesellschafter im Außenverhältnis grundsätzlich unbeschränkt gesamtschuld-

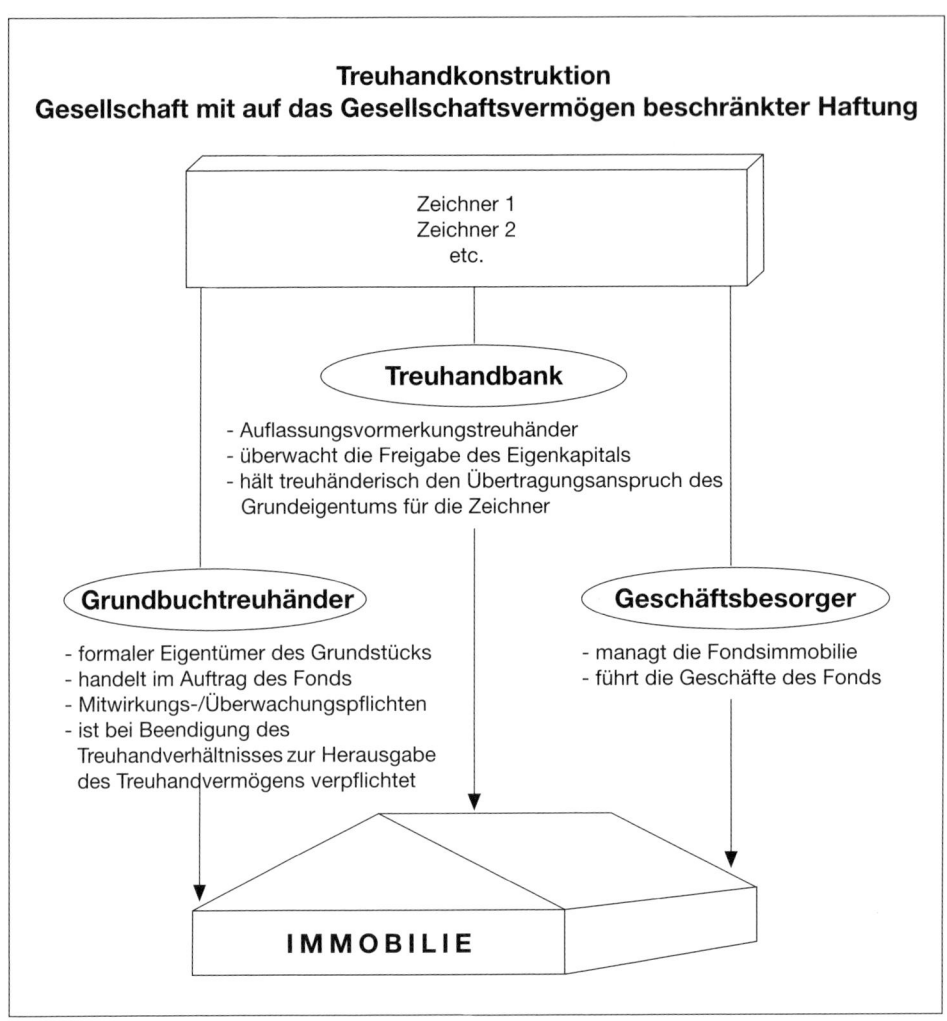

Abb. 1: Sicherheit durch die Treuhandkonstruktion

nerisch haften. In der Praxis sind diese Inhalte – sofern das Management über die entsprechende Seriosität und Erfahrung verfügt – abweichend von den gesetzlichen Grundlagen, die sich auf andere Gesellschaftszwecke beziehen, geregelt. Im Ergebnis ist der Zeichner verpflichtet, seinen gezeichneten Eigenkapitalbetrag einzulegen. Grundsätzlich haftet er quotal begrenzt. Vertraglich wird sichergestellt, daß die Haftung auf das Gesellschaftsvermögen beschränkt ist, so daß die wirtschaftliche Stellung eines GbR-Gesellschafters weitgehend mit der eines Kommanditisten identisch ist. Diese Treuhandkonstruktion gestattet im Vergleich zur Kommanditgesellschaft eine bessere Absicherung des wirtschaftlichen Eigentums. Für Haftungsansprüche, die sich aus der Verwaltung der Immobilie oder aus sonstigen Gründen – allenfalls mit Ausnahme von gesetzlichen Bestimmungen – gegen den Grundstückseigentümer richten, besteht im Ergebnis eine optimale Absicherung des wirtschaftlichen Eigentums an der Immobilie, die mit einer KG-Konstruktion so nicht zu erreichen ist.

1.2.2 Kommanditgesellschaft

Die vermögensverwaltende Kommanditgesellschaft (KG) ist der am häufigsten anzutreffende rechtliche Rahmen für Geschlossene Immobilienfonds. Die Vorschriften zur KG finden sich in den §§ 161 ff. HGB und werden ergänzt durch die §§ 705 ff. BGB zur GbR und die §§ 105 ff. HGB zur Offenen Handelsgesellschaft (OHG). Wie die OHG ist die KG eine Gesellschaft, deren Zweck auf den Betrieb eines Handelsgewerbes unter gemeinschaftlicher Firma gerichtet ist. Der Unterschied zur OHG besteht darin, daß bei den Kommanditisten die Haftung gegenüber den Gesellschaftsgläubigern auf die Höhe der Kapitaleinlage, die sogenannte Haftsumme, beschränkt ist. In aller Regel entspricht die Beteiligungssumme der Pflichteinlage des Gesellschafters. Die Einlage eines Gesellschafters im Verhältnis zu der insgesamt zu erbringenden Einlage ist Maßstab für die Beteiligung am Gesellschaftsvermögen und am Gewinn und Verlust sowie am Auseinandersetzungsguthaben der Gesellschaft.

Der persönlich haftende Gesellschafter (es können auch mehrere sein) haftet unbeschränkt für die Verbindlichkeiten der Gesellschaft. Der bzw. die Komplementäre sind gewöhnlich dem Initiatorenkreis des Fonds zuzurechnen. Sie übernehmen die Geschäftsführung und Vertretung der Gesellschaft (vgl. Abb. 2). Die grundsätzlich eher passive Rolle des Kommanditisten entspricht dem Interesse des typischen Fondsanlegers, der im Regelfall primär an der Mehrung seines Vermögens, an laufenden Ausschüttungen und günstigen steuerlichen Ergebnissen interessiert ist.

Auch in der vermögensverwaltenden KG wird im Regelfall ein Treuhänder in die Konstruktion eingebunden, der das Investitionskapital für jene Kommanditisten hält, die nicht in das Handelsregister eingetragen werden möchten. Solche Anleger treten also nach außen hin nicht als Gesellschafter in Erscheinung, sondern halten ihren Anteil über eine schuldrechtliche Position gegenüber dem Treuhandkommanditisten, wenngleich sie wirtschaftlich und steuerlich betrachtet Kommanditisten und damit Chancen- und Risikoträger bleiben. Im Treuhandvertrag wird das Verhältnis zwischen Treugebern und dem Treuhandkommanditisten geregelt. Um eine steuerliche Anerkennung zu erreichen, müssen die Treugeber im wesentlichen so gestellt werden, als wären sie unmittelbar Kommanditisten der Kommanditgesellschaft.

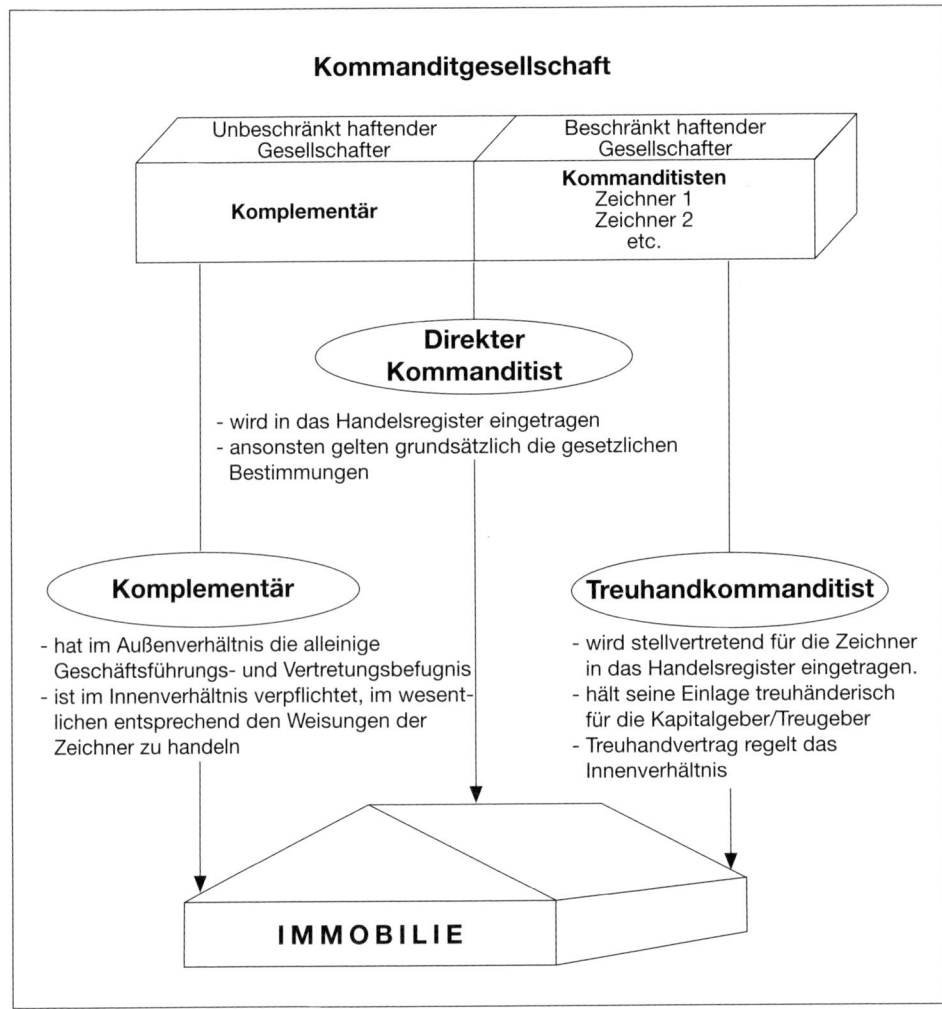

Abb. 2: Fondskonstruktion bei der Kommanditgesellschaft

1.3 Allgemeine Vertragsbedingungen

Die Grundvoraussetzung für das Funktionieren einer Fondsgesellschaft ist eine der Zielsetzung des Fonds entsprechende Gestaltung der Allgemeinen Vertragsbedingungen (AVB). Ziel ist, zu gewährleisten, daß jederzeit entsprechend den Weisungen der Mehrheit der Fondsgesellschafter gehandelt werden kann und daß allen Gesellschaftern umfassende Kontrollrechte eingeräumt werden.

Die AVB beinhalten in der Regel den Gesellschaftsvertrag, den Treuhandvertrag, den Geschäftsbesorgungsvertrag und den Treuhandbankvertrag. Im Gesellschaftsvertrag werden die rechtlichen Beziehungen der Gesellschafter untereinander geregelt:

- Zweck der Gesellschaft,
- Beteiligung am wirtschaftlichen und steuerlichen Ergebnis und am Vermögen,
- Ausgestaltung der Gesellschafterversammlung,
- Gesellschafterbeschlüsse,
- Geschäftsführung und Vertretung,
- Haftung,
- Dauer der Gesellschaft,
- Ausscheiden aus der Gesellschaft.

Um die Liquidität und damit die langfristige Existenz, zumindest aber die Handlungsfähigkeit eines Immobilienfonds sicherzustellen, sollte eine Kündigungsmöglichkeit für den Zeichner erst sehr spät – zum Beispiel nach 30 Jahren – gegeben sein. Zusätzlich stellt die lange Laufzeit sicher, daß die Finanzbehörde die Einkunftsart „Vermietung und Verpachtung" grundsätzlich als gegeben annimmt. Nach Ablauf der von der Finanzbehörde definierten Spekulationsfrist steht es dem Zeichner jedoch jederzeit frei, seinen Anteil zu veräußern.

Im Treuhandvertrag sind im wesentlichen die Aufgaben des Grundbuchtreuhänders festgelegt. Des weiteren regelt er die Freistellung von Verbindlichkeiten, die Haftung und Laufzeit sowie Kündigung des Treuhandverhältnisses. Im Geschäftsbesorgungsvertrag werden zudem Aufgaben, Vertretungsbefugnis und Haftung des Geschäftsbesorgers festgelegt. Auch ist dort dargelegt, wie die Immobilie finanziert werden soll. Weitere wichtige Inhalte beziehen sich auf die Verwaltung des Grundbesitzes, die Mitwirkungspflichten der Zeichner sowie ihre Ansprüche, Rechenschaft zu verlangen und Kontrollrechte auszuüben. Im Treuhandbankvertrag finden sich Regelungen zur Kapitalfreigabe, zur dinglichen Sicherung des Anspruchs auf Übertragung des Grundeigentums und zum Rang der im Grundbuch einzutragenden Auflassungsvormerkung.

2. Wandel der Aufgaben des Fonds-Managements im Projektablauf

Anhand des Projektablaufs lassen sich die Aufgaben des Fonds-Managements in sechs Phasen unterteilen (vgl. Abb. 3).

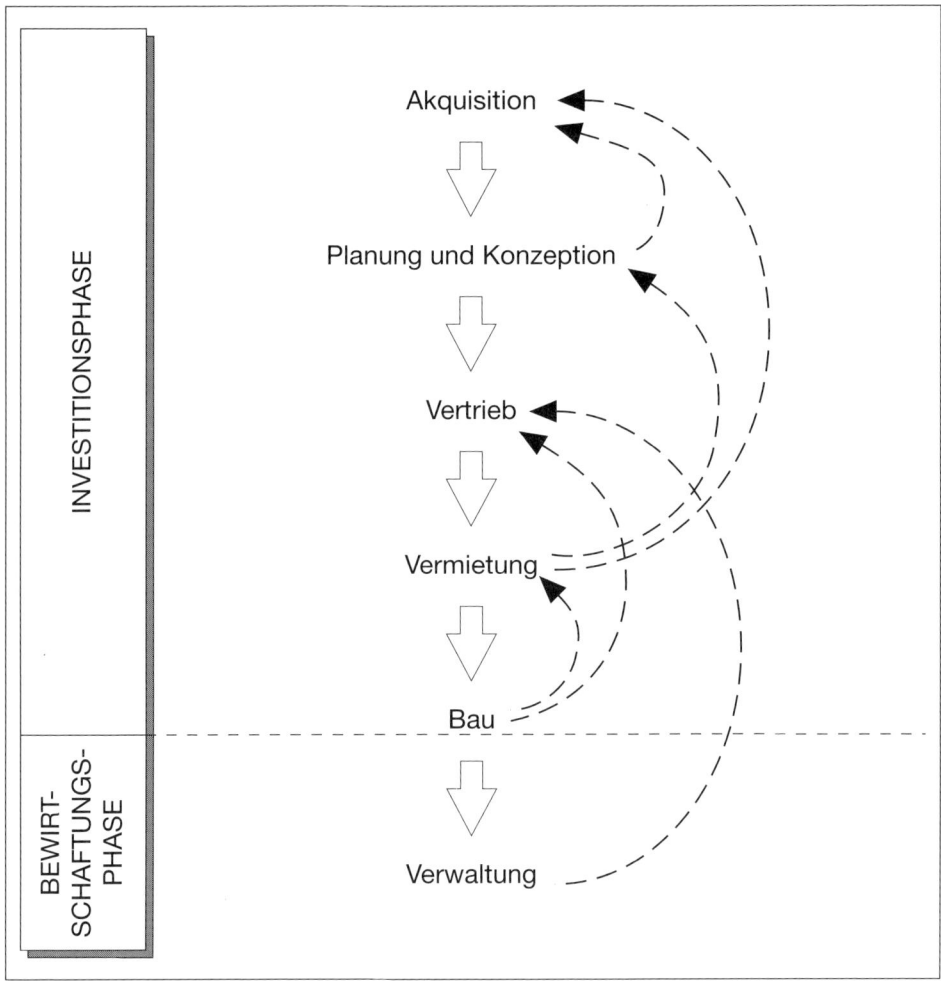

Abb. 3: Projektablauf im Sechs-Phasen-Modell

Die Pfeile in Abb. 3 sollen darlegen, daß zwischen verschiedenen Bereichen Abhängigkeiten existieren, daß der Ablauf zum Teil zeitgleich stattfindet und daß auch die zeitliche Abfolge im konkreten Fall von der exemplarischen Darstellung abweichen kann. So muß zum Beispiel schon in der Akquisitionsphase überprüft werden, ob die Baukosten zu einer am Markt durchsetzungsfähigen Miethöhe führen. Selbstverständlich kann nur dann gekauft werden, wenn mit hinreichender Wahrscheinlichkeit die Immobilie finanziert und somit die Fondszertifikate vertrieben werden können. Solche Abhängigkeiten sind auch durch Pfeile nur schwer darstellbar. Weniger kompliziert ist graphisch darzustellen, daß der Vertrieb zum Teil erst dann möglich ist, wenn vermietet und gebaut wurde. Im Idealfall bilden alle Phasen einen Regelkreis. Nur selten wird entsprechend der in der Akquisitionsphase entwickelten Konzeption realisiert. Anpassungsprozesse sind im zeitlichen Ablauf ständig notwendig. Es existiert also eine lernende Organisation.

Während der Phasen des Prozesses werden sowohl unter dem Begriff „Fondssteuerung" als auch „Fondsvertrieb" Leistungen erbracht. Im Zeitpunkt des Emissionsbeginns sind innerhalb der Fondsverwaltung die Arbeiten aufzunehmen (vgl. Abb. 4).

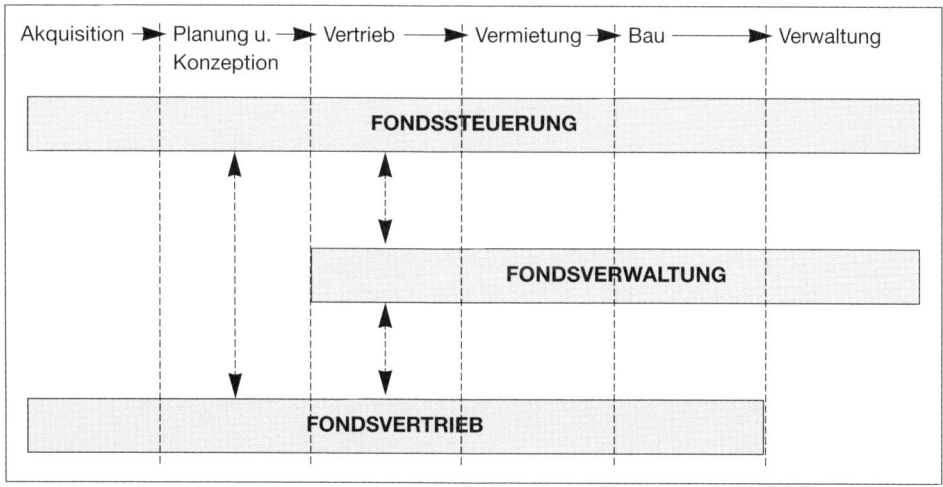

Abb. 4: Einbindung des Fonds-Managements in die Projektphasen

2.1 Akquisition

Schon im Vorfeld der Entscheidung, ob ein Grundstück oder eine fertiggestellte Immobilie erworben werden soll, ist zu prüfen, ob der Fondsvertrieb mit hinreichender Wahrscheinlichkeit erfolgreich zu Ende gebracht werden könnte. Für die Beurteilung sind folgende Fragestellungen wichtig:

- Welcher langfristige Ertrag resultiert aus der Immobilie?
- Welche steuerlichen Ergebnisse sind zu erwarten?
- Wie wird sich im Zeitablauf der Immobilienwert entwickeln?

Um für die Akquisitionsentscheidung hinreichend Sicherheit zu erhalten, ist es notwendig, die Vermietungsergebnisse möglichst exakt zu schätzen und die Finanzierungsrelation zwischen Eigen- und Fremdkapital so zu bestimmen, daß sich aufgrund des Fondsgrobkonzeptes der zu erwartende wirtschaftliche Erfolg grundsätzlich messen läßt. Selbstverständlich müssen auch die Baukosten innerhalb einer vertretbar kleinen Toleranz ermittelt werden, um die Wirtschaftlichkeit für den Initiator prüfen zu können. Schon in dieser Phase bedarf es einer Festlegung der Baudurchführungsqualität, um innerhalb der Planrechnung ermitteln zu können, in welchem Umfang Mieteinnahmen für Instandhaltungskosten etc. verwendet werden müssen.

Das Fonds-Management hat zumindest in drei Bereichen die Marktverhältnisse exakt zu analysieren:

- Vermietung,
- Einkauf von Bauleistungen und
- Vertrieb des Fonds.

Speziell zum dritten Bereich ist eine sehr exakte Analyse notwendig. Hierbei bedient man sich interner und externer Marktanalysen, die möglich werden, weil ständig Marktbeobachtungen stattfinden. In Gesprächen mit Vertriebspartnern wird man Aufschluß darüber erhalten, ob das zu prüfende Angebot marktkonform ist. Wird das Projekt nicht hinreichend positiv eingeschätzt, sind Anpassungsprozesse notwendig. Wenn hierfür kein hinreichender Spielraum gegeben ist, wird die Akquisition abzubrechen sein.

2.2 Planung und Konzeption

Im Zeitpunkt des Überganges von der Akquisitions- in die Planungs- und Konzeptionsphase ist der Grundstückserwerb zu vollziehen. Selbstverständlich müssen im Kaufvertrag die Voraussetzungen dafür geschaffen werden, daß der Fonds entsprechend den Ergebnissen, die man am Ende der Akquisitionsphase für erreichbar hält, zu realisieren ist. Parallel zur Abstimmung zum Kaufvertrag läuft die Vorbereitung der Ankaufsfinanzierung. Sobald die Durchführung der Investition durch den Erwerb sichergestellt wird, ist von der Fondssteuerung mit der Erarbeitung des Fondskonzeptes zu beginnen (vgl. Abb. 5).

Das Fondskonzept basiert auf den drei in Abbildung 5 dargestellten Säulen

- Projektentwicklung,
- Bauplanung,
- Marktdaten für den Vertrieb.

War es zuvor hinreichend, die Fondseckdaten zu ermitteln, kommt man nun nicht umhin, langfristige Fondsprognoserechnungen zu erstellen, aus denen Investition und Finanzierung, Liquiditätsergebnis (Entwicklung der Ausschüttungen) sowie die steuerlichen Planergebnisse zu entnehmen sind. Auch wenn nicht unumstritten, ist es für die Optimierung der Fondsrechnung von Vorteil, die Totalrendite nach der Methode des Internen Zinsfußes zu ermitteln. Das Ergebnis dieser Rechnung hängt, neben den allseits bekannten Faktoren, im Zeitablauf wesentlich von der Höhe der erwarteten Inflationsrate und dem Preis der Immobilie im Zeitraum des geplanten Verkaufes ab. Die entsprechenden Rechnungen sind nur unter dem Einsatz von elektronischer Datenverarbeitung möglich. Innerhalb von Optimierungsprogrammen wird mindestens jeweils ein Parameter variiert, während die anderen Bestimmungsgrößen konstant bleiben.

Obwohl ohne den Einsatz der elektronischen Datenverarbeitung solche Rechnungen kaum realisierbar sind, ist das menschliche Gehirn bei der Ergebnisinterpretation der EDV überlegen. Die Sensitivitätsanalysen zu den einzelnen Parametern dienen des weiteren dazu, Schwachstellen des Projektes aufzudecken und durch entsprechende Veränderungen, die in der Regel Verbesserungen sein dürften, das gesamte Projekt noch vorteilhafter zu gestalten. Man erkennt also die Schwachstellen und ist gefordert, die notwendigen Schritte in Richtung des Gesamtoptimums einzuleiten.

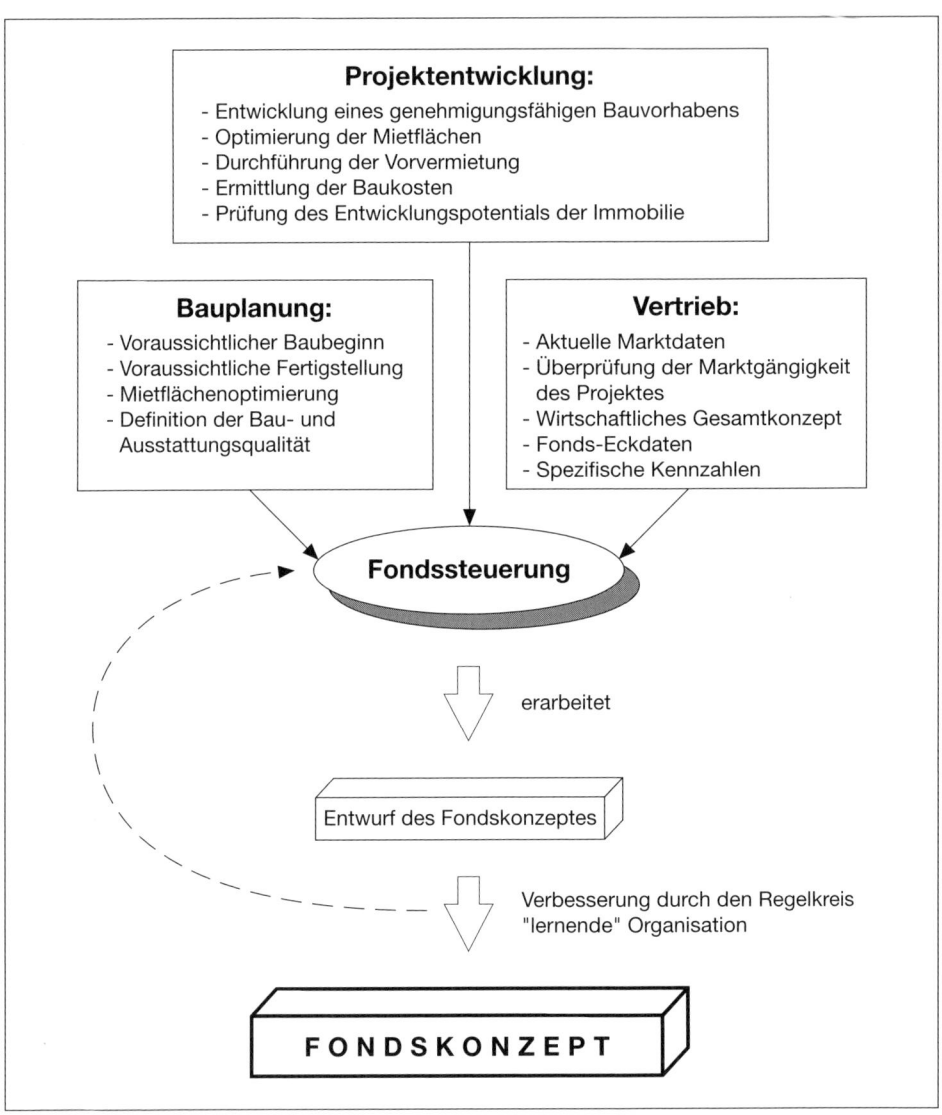

Abb. 5: Erarbeitung des Fondskonzeptes

2.3 Vertrieb

Die Bedeutung der Fondsprognoserechnung ist hoch. Jedoch sei ausdrücklich angemerkt, daß – wie bei jeder anderen unternehmerischen Investition – kein Fondsinitiator garantieren kann, daß die Immobilie sich zukünftig so entwickelt, wie es geplant wurde. Weder der Fondsinitiator noch Personen, die sich damit auseinandersetzen, Fondszeichner zu werden, können absehen, wie „richtig" die Prognoserechnungen sind. Abweichungen, die sich mit einer an Sicherheit grenzenden Wahrscheinlichkeit ergeben, haben die unterschiedlichsten Ursachen, zum Beispiel:

- Entwicklung der Volkswirtschaft,
- Entwicklung des Standortes,
- Gebäude-Management,
- Änderungen der Nutzungsanforderungen und
- Umfang der Revitalisierungsmaßnahmen etc.

Erfahrung und Kompetenz des Fondsinitiators haben deshalb auch eine herausragende Bedeutung. Der Leistungsbilanz des Initiators ist zu entnehmen, ob die früher prognostizierten wirtschaftlichen und steuerlichen Ergebnisse hinreichend mit den Istwerten übereinstimmen. Auch eine solche retrograde Betrachtung bietet keine Sicherheit für die Zukunft, dürfte jedoch dennoch im Rahmen des Möglichen der beste Weg sein, sich für den richtigen Fonds zu entscheiden.

Sobald das Fondskonzept grundsätzlich „steht", wird damit begonnen, den Fondsprospekt zu erstellen (vgl. Abb. 6). Die notwendigen Unterlagen hierfür sind von den Bereichen

- Projektentwicklung,
- Vermietung,
- Baudurchführung und
- Vertrieb

zu liefern.

Zunächst überarbeitet die Fondssteuerung auf Basis dieser Informationen die exakte Investitions- und Finanzierungsplanung und entwickelt das rechtliche und steuerliche Konzept. Sobald die Relation zwischen Eigen- und Fremdkapital festgelegt ist, sollte die Endfinanzierung zu den im Prospekt ausgeführten Bedingungen sichergestellt werden.

Neben den Planrechnungen sind sämtliche weiteren Inhalte, die Gegenstand des Prospektes werden sollen, zu erarbeiten. Entsprechend der im speziellen für Prospekte geltenden Rechtsprechung ist es notwendig, sämtliche Vertragspartner zu benennen, ihre Leistungen zu beschreiben und – sofern vorhanden – die Verknüpfungen zwischen ihnen offenzulegen.

Alle Verträge, die für die Beteiligungsentscheidung des Zeichners Bedeutung haben, werden Bestandteil des Prospektes. In aller Regel handelt es sich um die Allgemeinen Vertragsbedingungen und sonstige Treuhandverträge, die schon ausgeführt wurden. Nachdem der Prospektentwurf erstellt ist, wird er intern und extern geprüft. Intern sind federführend der Vertrieb und die Initiatoren verantwortlich. Die externe Begutachtung erfolgt von Rechtsanwälten, Steuerberatern und Wirtschaftsprüfern. Das Ergebnis stellt sich im Regelfall so dar, daß der erste Entwurf mehrfach modifiziert werden muß.

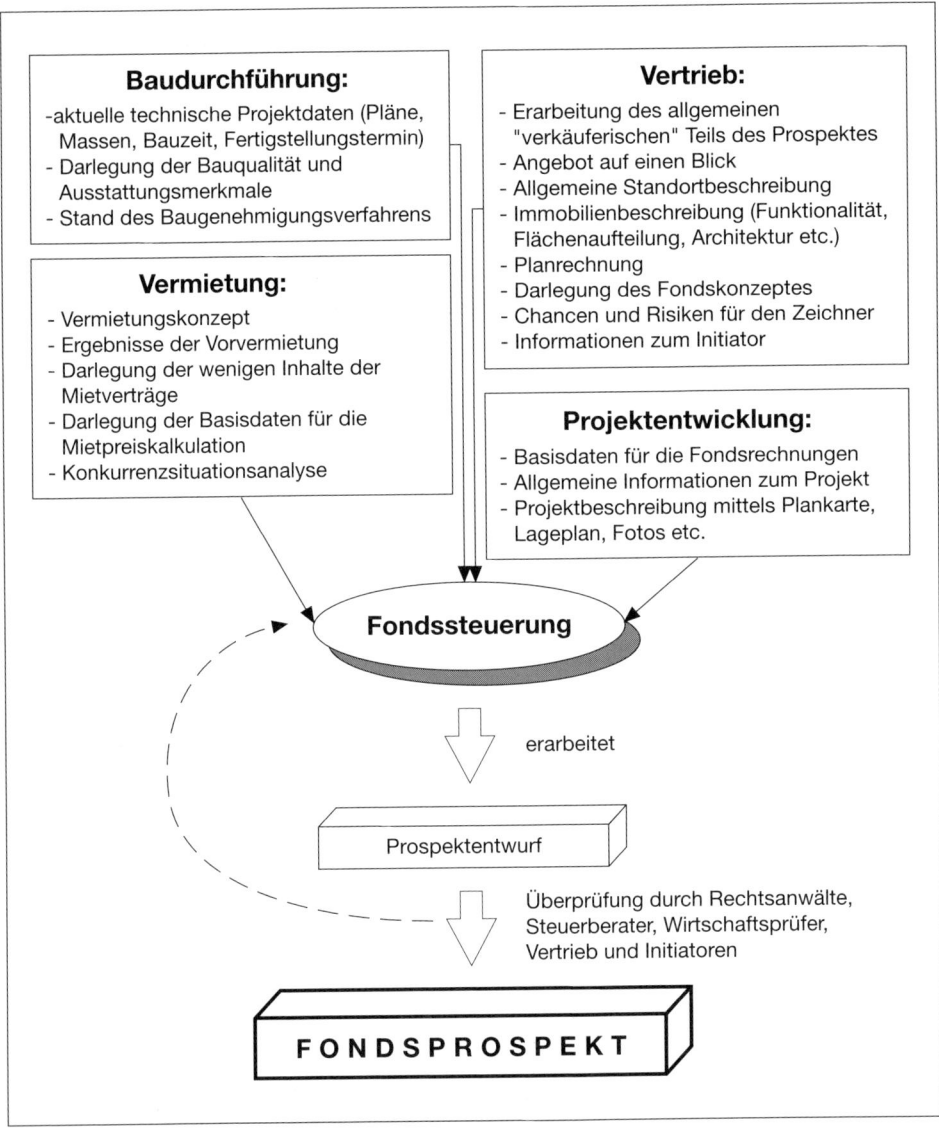

Abb. 6: Erstellung des Fondsprospektes

Die bestmögliche Ausgestaltung des Fondsprospektes ist sowohl aus Gründen der Prospekthaftung und der Optimierung der Vertriebsfähigkeit des Fonds als auch bezüglich der optimalen Handlungsfähigkeit der Fondsgesellschaft von herausragender Bedeutung. Sind die Arbeiten am Fondsprospekt weitgehend abgeschlossen, beginnt die Vertriebsvorbereitung. In der Regel werden aussagekräftige Vertrags- und Seminarunterlagen und sonstige Vertriebshilfen wie beispielsweise Kurzexposés erarbeitet.

Die Phase der Vertriebsdurchführung beginnt mit dem Abschluß von Vertriebsvereinbarungen sowie eventuell damit verbundenen Festabnahmeverträgen zwischen Emissionshaus und Vertriebspartnern. Parallel nimmt der Fondsvertrieb die redaktionelle Betreuung der Presse auf. Die Fondsverwaltung ist für die Annahme der Zeichnungsscheine einschließlich der damit verbundenen Überprüfungen und für die Datenerfassung zuständig. Sie fordert von den Fondszeichnern die vertraglich vereinbarten Einzahlungen ein und kontrolliert die Zahlungseingänge. Nach Schließung des Fonds wird eine Schließungsnachricht zusammen mit der Einladung zur ersten Gesellschafterversammlung an Fondszeichner, die beteiligten Banken und die Vermittler versandt. In der Praxis wird die Vertriebsphase sich zeitlich stark mit den nachfolgend beschriebenen Bau- und Vermietungsphasen überlappen.

2.4 Vermietung

Für den wirtschaftlichen Erfolg einer Immobilie ist die professionelle Vermietung wichtig. Es geht nicht nur darum, mindestens die angestrebten Mieten zu erzielen und bonitätsstarke Mieter zu finden, sondern die Verträge auch so auszugestalten, daß der im Zeitablauf zu erwartende Geldwertverlust aufgrund angemessener Indexregelungen ständig ausgeglichen wird.

Weiterhin sind die Nebenkostenregelungen wichtig. Grundsätzlich sollten alle Kostenarten, die Gegenstand der II. Berechnungsverordnung sind, auf den Mieter vollständig überwälzt werden. Außerdem muß es das Ziel sein, daß die Kosten der Instandsetzung, Instandhaltung und der Erneuerung von Verschleißteilen ebenfalls vom Mieter getragen werden.

Auch jene Inhalte von Mietverträgen, die allgemeine rechtliche Bedeutung haben (Aufrechnung und Zurückbehaltungsverbot, Sonderkündigungsklauseln etc.), haben während der Laufzeit des Fonds Gewicht. Schließlich ist für den Gesamterfolg auch wichtig, welche Pflichten der Mieter zu erfüllen hat, wenn das Mietverhältnis beendet wird. Neben diesen formalen Inhalten, die im Mietvertrag zu regeln sind, geht es auch darum, Mieter zu finden, die über eine dem Gebäude und seiner Funktion entsprechende Ausstrahlung verfügen. Beispielsweise würde eine Auszahlungsstelle für Sozialhilfeempfänger im Erdgeschoß einer hochwertigen Büroimmobilie vielleicht zu günstigen Mieterträgen führen, dürfte jedoch die weitere Vermietung an klassische Büronutzer erheblich erschweren. Schließlich muß es das Ziel sein, spätestens im Zeitpunkt der Fertigstellung der Immobilie sämtliche Flächen an solche Mieter vermietet zu haben, die im Zeitpunkt der Eröffnung der Immobilie ihren Betrieb aufnehmen.

2.5 Baudurchführung

Sobald die rechtlichen Voraussetzungen für die Baudurchführung gegeben sind, die Finanzierung sichergestellt werden konnte und der erfolgreiche Abschluß von Mietverträgen hinreichend wahrscheinlich ist, wird mit der Durchführung der Baumaßnahme begonnen. Während des gesamten Bauablaufes haben die Termin- und noch mehr die Qualitätskontrolle große Bedeutung. Um die Kosten der Instandhaltung so gering wie möglich zu halten, kommt es in dieser Phase darauf an, Baumängel zu vermeiden, Materialien zu verwenden, die wenig Pflegeaufwand auslösen, und technische Installationen so ausführen zu lassen, daß die Haltbarkeit überdurchschnittlich ist und daß das Auswechseln beweglicher Teile, die dem Verschleiß unterliegen, mit wenig Aufwand möglich ist.

2.6 Verwaltung

Die Verwaltung bezieht sich einerseits auf die Immobilie und zum anderen auf den Fonds. Das Thema „Immobilienverwaltung" kann hier allerdings nicht erschöpfend ausgeführt werden, doch folgendes sollte gesagt sein. Wie dargelegt, nimmt die Fondsverwaltung mit dem Beginn der Vertriebsphase ihre Tätigkeit auf. Sobald erste Zeichnungen erfolgen, werden die Stammdaten erfaßt (vgl. hierzu Abschnitt 2.3). Spätestens ab der ersten Einzahlung ist es die Aufgabe der Buchhaltung, sämtliche Geschäftsvorgänge, die Zahlungsströme auslösen oder mit ihnen zusammenhängen, zu erfassen. Aus sämtlichen Zahlungsflüssen sind die Jahresabschlüsse abzuleiten, gegebenenfalls ist die Bilanz zu erstellen.

Weiterhin zählt es zu den Aufgaben der Fondsverwaltung sicherzustellen, daß das Eigenkapital pünktlich eingezahlt wird und daß der Fondszeichner alle Informationen erhält, die für ihn wichtig sind, wie zum Beispiel über das wirtschaftliche und steuerliche Ergebnis, das Liquiditätsergebnis etc. Außerdem muß über den Baufortschritt, den Vermietungsstatus, den Stand im Zusammenhang mit der steuerlichen Anerkennung und über alle weiteren Inhalte, die grundsätzliche Relevanz haben, berichtet werden. Die Gesellschafterversammlungen sind zudem zu organisieren. Gleiches gilt für Beiratssitzungen.

Am Ende der Investitionsphase koordiniert die Fondsverwaltung zusammen mit den Mitgliedern des Beirates die Abnahme des Bauvorhabens. In aller Regel wird ein vereidigter Sachverständiger eingeschaltet, der überprüft, ob die Bauausführung ordnungsgemäß und vertragsgerecht ausgefallen ist. Ebenso ist es am Ende der Investitionsphase Aufgabe der Fondssteuerung, die Abschlußarbeiten zur Investitions- und Finanzierungskontrolle durchzuführen. Abweichungen sind zu erfassen, zu analysieren und den Fondszeichnern mitzuteilen. Gegebenenfalls ist ein Konzept zu entwickeln, wie im Falle eines Falles gegengesteuert werden soll.

3. Immobiliennutzung

Wie bereits erwähnt, bestimmt sich aus der Nutzungsart einer Immobilie ihre wirtschaftliche Nutzungsdauer. Generell läßt sich sagen, daß die wirtschaftliche Lebensdauer der Immobilie in positiver Korrelation zur Flexibilität eines Bauwerks steht. Für eine Spezialimmobilie, beispielsweise ein Hochregallager, endet die wirtschaftliche Lebensdauer spätestens dann, wenn dieses nicht mehr wirtschaftlich zu betreiben sind.

Grundsätzlich läßt sich ausführen, daß die Finanzierungsform „Geschlossener Immobilienfonds" nur dann optimal ist, wenn eine multifunktionale Nutzung – mit vertretbarem Umbauaufwand verbunden – zu erreichen sein sollte. Die Lage, die grundsätzlich für den Wert und die Wertentwicklung einer Immobilie überragende Bedeutung hat, steht in einem engen Zusammenhang mit der Nutzungsart. Auf Grundstücken, die für eine Wohnbebauung ausgewiesen sind, wird man weder eine Fabrik noch ein Einkaufszentrum errichten können. Wenn also die Lage heute für eine bestimmte spezielle Nutzung sehr geeignet ist, muß dieselbe Lage für andere Nutzungen im Zeitablauf nicht unmittelbar überdurchschnittliche Qualität aufweisen. Und nun zu den Nutzungsarten im einzelnen.

3.1 Wohnimmobilien

Trotz vergleichsweise geringer Jahresmieten erzielen Wohnimmobilien bezogen auf die Totalperiode ähnlich hohe Mieteinnahmen wie vergleichbare gewerblich genutzte Objekte.

Nach dem Zweiten Weltkrieg lösten in Deutschland Steuervergünstigungen und staatliche Subventionen Impulse aus, die in erheblichem Umfang Wohnraum entstehen ließen, obwohl die Rendite – bezogen auf das nominal eingesetzte Eigenkapital – wesentlich unter der in den meisten anderen Ländern lag. Derzeit ändern sich diese Verhältnisse, so daß die Rendite mittelfristig – zumindest in den Ländern der EU – bei vergleichbarer Investition ähnlich hoch sein wird.

Wegen der sicheren Miteinnahmen war es möglich, solche Immobilien mit relativ viel Fremdkapital zu finanzieren. In vielen Fällen reichen die Netto-Mieteinnahmen allerdings nicht aus, Zins und Tilgung für den Kapitaldienst zu leisten. Solche Finanzierungen sind nur sinnvoll, wenn wegen einer hohen persönlichen Steuerbelastung die Unterdeckung mit sonstigen Einkünften kompensiert werden kann. Im Zeitablauf sind auch hier durchgreifende Veränderungen zu erwarten. Die Gesetzgebung gestattet es derzeit kaum, die Netto-Mieteinnahmen wesentlich zu steigern, so daß Wohnimmobilien für Geschlossene Fonds nur im Spezialfall geeignet sind.

Das Management von Wohnimmobilien ist im Vergleich zu allen anderen Immobiliennutzungen einfach, auch wenn viele gesetzliche Sonderbestimmungen in Deutschland zu beachten sind.

3.2 Gewerblich genutzte Immobilien

3.2.1 Büros

Büros weisen im Regelfall eine Lebensdauer auf, die deutlich unter der der Wohnimmobilie liegt. Sie übersteigt jedoch die Lebensdauer der als Spezialimmobilien zu bezeichnenden Anlagen wesentlich. Die Arbeitsformen ändern sich ständig. Zu bestimmten Zeiten werden Großraumbüros präferiert. Dann wieder sind es Einzelbüros oder Büros, deren Größe auf ein Team, das sehr eng miteinander verzahnt arbeitet, zugeschnitten ist. Sowohl generell als auch hier im speziellen gilt, daß das Management von Büroimmobilien um so einfacher ist, je höher die Flexibilität in bezug auf das Raumangebot und die technischen Einrichtungen ausfällt. Büros sind heute nur dann zu guten Preisen zu vermieten, wenn das Erscheinungsbild attraktiv ist und ständig alle Voraussetzungen geschaffen werden, die Mieter zufriedenzustellen.

Um über das Erscheinungsbild der Immobilie neue Mieter zu finden und zu binden, ist das Instandhaltungs-Management ebenso wichtig wie eine hinreichend rechtzeitig vorgenommene Revitalisierung. Es ist ein Trend hin zum perfekten Facility-Management zu verzeichnen, das geeignet ist, die Attraktivität von Büroimmobilien ständig hochzuhalten, weil die damit verbundenen Zeitersparnisse, der Imagegewinn und Kostensenkungen für die Mieter von großer Bedeutung sind. Als Beispiel für derartige umfassende Dienstleistungsangebote bei Büroimmobilien dient Abbildung 7.

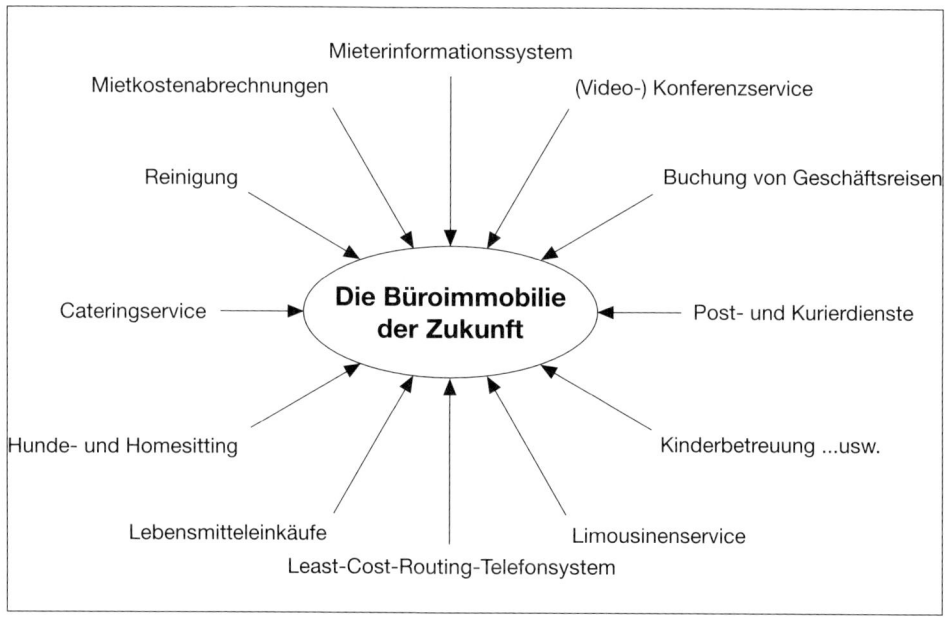

Abb. 7: Die Büroimmobilie der Zukunft

Ein Management, das dieses umfangreiche Leistungspaket für den beruflichen und persönlichen Bedarf anbietet, trägt dazu bei, optimale Vermietungsergebnisse zu erreichen. Für den Geschlossenen Fonds ist prägend, daß grundsätzlich die in der Investitionsphase vorgenommene Finanzierung nur bedingt geändert werden kann. Die notwendige finanzielle Flexibilität, zum Beispiel im Zusammenhang mit Revitalisierungsmaßnahmen, läßt sich somit nur dann erreichen, wenn das Fonds-Management weitgehende Rechte in bezug auf die Aufnahme zusätzlicher Fremdmittel, die durch zusätzliche

Mieteinnahmen bedient werden können, hat. Sofern die Zustimmung der Zeichner zu wesentlichen Veränderungen notwendig ist, muß das Fonds-Management durch eine entsprechende vertragliche Ausgestaltung in die Position gebracht werden, Entscheidungen der Fondszeichner kurzfristig abfordern zu können.

3.2.2 Einkaufszentren

Der Erfolg eines Einkaufszentrums hängt von der Qualität seines Managements ab. Die Management-Funktion bezieht sich auf die Hauptbereiche:

- Optimieren im Bereich Vermietung,
- Werbemaßnahmen und
- Nebenkostenkontrolle.

In der Investitionsphase wird angestrebt, den Mietermix so zu gestalten, daß der Kunde alle Warenangebote vorfindet, die er sucht, daß das Angebotsniveau der Struktur der Kunden entspricht und daß mit der Anordnung der Mietverhältnisse typischen Kaufabläufen Rechnung getragen wird. Jedes Zentrum braucht hinreichend starke Magnetmieter, deren Großmietflächen so anzuordnen sind, daß möglichst alle Geschäfte vom Kundenstrom profitieren.

Die Attraktivität der Händler ist unterschiedlich. Das gilt auch für ihre Belastungsfähigkeit in bezug auf die Miethöhe je Quadratmeter. Ein Juwelier kann in aller Regel höhere Mieten zahlen als der Betreiber eines Handwerksbetriebes. Die Attraktivität des Zentrums dürfte nur hinreichend gegeben sein, wenn beide Angebote dort existieren, so daß das Center-Management dies bei der Verhandlung von Mietverträgen berücksichtigen muß.

Gewöhnlich werden Mietverträge mit einer Laufzeit von zehn Jahren abgeschlossen. Man darf davon ausgehen, daß schon nach Ablauf von wenigen Monaten die ersten Umsetzungen erfolgen, da sich bestimmte Mieter zum Beispiel nicht hinreichend attraktiv darstellen oder den strengen Anforderungen, wie beispielsweise gleichen Öffnungszeiten für alle Einzelhändler im Zentrum, nicht entsprechen. Die Probleme sind in aller Regel besonders bei Existenzgründern ausgeprägt, während jene Einzelhändler, die sich darauf spezialisiert haben, Mietflächen in Einkaufszentren zu betreiben, „um das Geschäft wissen". Deshalb finden – in der Regel von der Werbegemeinschaft getragen – Veranstaltungen statt, wird gemeinsam in der Presse und im Rundfunk geworben.

In der Eröffnungsphase geht es darum, Kunden das erste Mal für das

Einkaufszentrum zu gewinnen. Deshalb sind viele Veranstaltungen, die hohe Attraktivität besitzen, notwendig. Später sind es mehr gezielte Aktionen, zum Beispiel zu Weihnachten und zu Ostern, oder Veranstaltungen, die für Kinder besonders anziehend sind, weil so ihre Mütter veranlaßt werden, das Zentrum zu besuchen.

Ein Einkaufszentrum muß sauber und sicher sein, seine Technik sollte immer funktionieren. Der Aufwand für diese drei Bereiche ist hoch. Ihn zu kontrollieren und auf das notwendige Maß zu beschränken hat große Bedeutung für den Erfolg eines Zentrums, denn nur den Nettoertrag kann das Fonds-Management für den Kapitaldienst verwenden.

Schließlich sollte so gebaut, instandgehalten und revitalisiert werden, daß mit vertretbarem Aufwand auf sich wandelnde Anforderungen reagiert werden kann.

3.2.3 Hotels

Eine weitere typische Management-Immobilie sind Hotels. Im Gegensatz zu Einkaufszentren sind sie sehr stark auf einen Nutzer, den Betreiber, ausgerichtet. Da große Hotelketten individuelle Standards für sich definiert haben, steht und fällt der Erfolg eines derartigen Fonds mit der Güte des Betreibers. Eine für Hotelnutzung konzipierte Immobilie ist nur eingeschränkt für andere Nutzungsarten geeignet, was möglicherweise die Anschlußvermietung erschwert.

3.2.4 Alteneinrichtungen

Bei Alteneinrichtungen, die oftmals zum einen Teil betreutes Wohnen und zum anderen Teil Altenpflege anbieten, verhält es sich ähnlich wie bei den zuvor beschriebenen Hotels. Auch hier kommt dem Betreiber eine zentrale Bedeutung zu, da er erheblichen Einfluß auf die wirtschaftliche Lebensdauer der Immobilie nehmen kann.

3.2.5 Sonstige Spezialimmobilien

Viele Spezialimmobilien wie beispielsweise Lagerhallen oder Gewerbeparks haben häufig eine extrem kurze wirtschaftliche Lebensdauer. In diesem Fall wird besonders deutlich, daß die technische Lebensdauer das Vielfache der wirtschaftlichen ausmachen kann. Beispielsweise ändern sich

Lagertechniken innerhalb von zehn Jahren häufig so erheblich, daß gegebenenfalls die Immobilienhülle um das Hochregallager – wie ausgeführt – völlig wertlos wird. Vergleichbares gilt für Gewerbeparks, da die dort typische Kombination aus Produktion, Montage, Lagerhaltung und Büro ständig gravierenden Veränderungen unterworfen ist. Das Fonds-Management sollte bei derartigen Immobilien die Finanzierung so gestalten, daß sich die Investition bereits während einer kurzen Lebensdauer bezahlt macht.

4. Erfolg durch gutes Management

Die Bedeutung Geschlossener Immobilienfonds wird in Zukunft weiter steigen, was für den gesamten Markt gewinnbringender Kapitalanlagen gilt. Zur Jahrtausendwende wird das Vermögen der privaten Haushalte voraussichtlich mehr als 6 Bio. DM betragen. Außerdem werden bis zum Jahr 2000 etwa 1,8 Bio. DM an Geld- und Sachvermögen vererbt werden. Ein Teil dieser Gelder wird mit steigender Tendenz in Geschlossene Immobilienfonds fließen, da Einkünfte aus Immobilien sicher sowie steuerlich begünstigt sind und langfristige Wertsteigerung ermöglichen.

Eine gemeinsame europäische Währung, verbunden mit nationaler Fiskal- und Wirtschaftspolitik, wird zu Disharmonien führen. Es wird schwer, wenn nicht sogar unmöglich sein, Effekte, die zu einer Geldwertverringerung führen, in ihrer Auswirkung zu mindern oder zu neutralisieren. In Zeiten steigender Inflationsraten und hoher laufender Geldentwertung waren Immobilienanlagen besonders vorteilhaft. Das dürfte für die Zukunft ebenfalls gelten, auch wenn die relativen Steuervorteile geringer sein sollten, als das in der Bundesrepublik Deutschland seit 1949 der Fall war.

Geschlossene Immobilienfonds bieten Dienstleistungen, die nur von Spezialisten erbracht werden können. Zum einen kann der Fondszeichner sich an Immobilien beteiligen, die seine finanziellen Möglichkeiten allein übersteigen würden. Auch wenn das Management bezahlt werden muß, ist der relative Ertrag höher, als dieser Aufwand ausmacht. Es wurde dargelegt, welch vielfältige Management-Aufgaben zu erfüllen sind. Da die wirtschaftlichen, rechtlichen und steuerlichen Zusammenhänge in der Zukunft wahrscheinlich noch komplexer werden, als sie es ohnehin schon heute sind, dürfte es für den Fondszeichner um so notwendiger sein, Spezialisten für sich arbeiten zu lassen.

Im Bemühen, sich positiv von anderen Fondsanbietern abzuheben, wird dem Fonds-Management zunehmend eine Schlüsselrolle zukommen. Unter der Vielzahl der Angebote auf dem Markt für Geschlossene Immobilienfonds werden sich Anleger für denjenigen Fondsanbieter entscheiden, der ein hochqualifiziertes und umfassendes Management aufweisen kann. Langjährige Erfahrung – ausgewiesen durch die in der Vergangenheit erzielten nachhaltigen Anlageerfolge –, gepaart mit Zukunftsorientierung, sind die Erfolgsfaktoren eines kompetenten Fonds-Managements, sowohl heute als auch in der Zukunft.

5. Literatur

Braun, H.P./Oesterle, E./Haller, P.: *Facility Management. Erfolg in der Immobilienbewirtschaftung*, Berlin 1996

Klumpe, W.: *Offene und Geschlossene Immobilienfonds. Grundlagen, Unterschiede, Besonderheiten*, Bonn 1993

Kurth, H./Grass, H.-G.: *Der Geschlossene Immobilienfonds. Handbuch für Anleger und Berater*, 2. Auflage, Freiburg 1990

Loipfinger, S.: *Geschlossene Immobilienfonds. Grundlagen, Analyse, Bewertung*, Stuttgart 1994

Opitz, G.: *Geschlossene Immobilienfonds. Wirtschaftliche, rechtliche und steuerliche Konzeptionen*, Freiburg 1995

Werner, H./Machunsky, J.: *Immobilienfonds und Erwerbermodelle*, 2. Auflage, Berlin 1993

Immobilienstrategien und Plazierungskonzepte für Geschlossene Immobilienfonds

Roland Pellegrino, Geschäftsführer, Kapital-Consult, Gesellschaft für Konzeption und Marketing von Kapitalanlagen GmbH, Stuttgart

Inhalt

1.	Ausgangsüberlegung	813
2.	Anforderungen an eine Fondsbeteiligung aus der Sicht der Anleger	814
2.1	Grundsätzliche Anforderungen	815
3.	Konzeptionseckdaten	817
3.1	Ankauf der Immobilien	817
3.2	Risikostreuung	818
3.3	Liquidität	818
3.3.1	Liquidität für Innenfinanzierung	819
3.3.2	Liquidität für Instandhaltung und Revitalisierung	820
3.3.3	Liquidität für Anschlußvermietung	820
4.	Neue Immobilienstrategien	821
4.1	Frequenzimmobilien	822
4.2	Die Entwicklung des Marktes für Großkinoanlagen	824

1. Ausgangsüberlegung

In der jüngeren Vergangenheit wurde die ursprüngliche Zielrichtung, die mit der Konzeption Geschlossener Fonds verfolgt werden sollte, allzuoft aus den Augen verloren. Zum einen hat eine enteignungsähnliche Steuer- und Finanzpolitik viele Anleger in Beteiligungsangebote getrieben, die nahezu ausschließlich steuerindexiert waren. Das bedeutet, daß über die Aussicht auf anfängliche hohe Verlustzuweisungen die Überprüfung einer wirtschaftlichen Rentabilität der Angebote unterblieben ist. Durch den damit mit hervorgerufenen Boom, der der Branche hohe Zuwachsraten einbrachte, kamen zusätzlich auch noch viele Angebote mit auf den Markt, die außer dem jeweiligen Initiator wohl keinem der Beteiligten irgendwann einen Gewinn bringen werden. Und da die Geschlossenen Fonds (im Gegensatz zu den Offenen) weder dem KAGG unterliegen noch durch ein Bundesaufsichtsamt kontrolliert werden, sind konzeptionelle Schwächen oder Fehler oft erst dann feststellbar, wenn es bereits zu spät ist.

Doch es gibt noch einen weiteren, äußerst gravierenden Punkt, dem künftig bei der Konzeption und bei der Anlageentscheidung eine maßgebliche Bedeutung zukommen wird. Verursacht durch die großflächige Zerstörung bestehender Bausubstanzen während des Zweiten Weltkrieges wurde der hiesige Markt über Jahrzehnte hinweg von deutlichen Preisrückgängen in zyklischen Abwärtsphasen eher verschont. Erste Anzeichen dafür, daß auch der deutsche Immobilienmarkt erwachsen wird, wurden Mitte der achtziger Jahre, noch deutlicher zu Beginn der neunziger Jahre in Westdeutschland erkennbar. Zukünftig wird die Bandbreite zyklisch bedingter Preisänderungen denen anderer traditionell starker Märkte, wie beispielsweise Frankreich, Großbritannien oder den USA, kaum nachstehen. Vor diesem Hintergrund findet in Deutschland voraussichtlich eine Revolution in der Immobilienbewertung statt. Die Themen Wertzuwachs oder Wertsteigerung einer Immobilie oder eines entsprechenden Standortes müssen neu überdacht werden und werden eventuell in Zukunft auch wesentlich an Bedeutung verlieren. Dagegen werden Cash-flow-Betrachtungen sowie der langfristige und real erwirtschaftete Ertrag der Immobilieninvestments zunehmend wichtiger. Dies wird naturgemäß wiederum starke Auswirkungen auf die Einkaufspreise bei den Immobilien mit sich bringen, da Leerstände nun einmal keine Mieterträge erwirtschaften. Im Gegenteil, sie bringen Fixkosten mit sich, die den verbleibenden Netto-Mietertrag progressiv belasten.

Wenn man nun noch mit in Betracht zieht, daß durch die derzeit geplanten Änderungen in der steuerlichen Gesetzgebung ebenfalls die Notwendigkeit deutlich höherer Renditen von Immobilieninvestitionen begründet wird, ist unschwer nachvollziehbar, daß viele der gebräuchlichen Anlagestrategien- und -konzepte neu überdacht werden sollten. Aus diesem Grund sollte vor der Darstellung von Anlagestrategien und -konzepten erst noch einmal kurz in Erinnerung gerufen werden, welche Anlageziele mit der Beteiligung an einem Geschlossenen Fonds grundsätzlich erreicht werden sollten bzw. welche Erwartungshaltung beim Anleger damit verbunden ist.

2. Anforderungen an eine Fondsbeteiligung aus der Sicht der Anleger

Über die klassischen Aspekte einer Anlageentscheidung (Sicherheit, Rendite und Liquidität) hinaus soll mit einer Beteiligung an Geschlossenen Fonds vor allem der langfristige Erhalt des jeweils anvertrauten Vermögens unter Berücksichtigung der steuerlichen Situation sowie des inflationsbedingten Kaufkraftverlustes erreicht werden. Diese eindeutige Aufgabenstellung ließ sich zumindest in den vorangegangenen Jahrzehnten mit reinen Geldanlagen nur sehr schwer erreichen.

Mit der Beteiligung an Geschlossenen Fonds konnte Anlegern dagegen die Möglichkeit geboten werden, sich auch mit überschaubaren Beträgen an Großobjekten, vorwiegend Gewerbeimmobilien, zu beteiligen, die die Finanzkraft eines Einzelinvestors übersteigen. Zum einen konnten hierbei in der Vergangenheit bereits häufig überdurchschnittliche und zum größten Teil steuerfreie Wertzuwächse realisiert werden. Andererseits bieten langfristig gut vermietbare Immobilien die Möglichkeit, die Mieterträge zumindest weitgehend an die laufende Geldentwertung anzupassen und dem Anleger auszuschütten. Der maßgebliche Vorteil liegt somit in der Regel in einem hohen Cash-flow-Ertrag sowie im Kaufkraftschwundausgleich über die Indexierung der Mietverträge. Somit ist klar, daß der anfänglich erzielbare Steuervorteil kein wesentliches Merkmal für die Beurteilung sein kann.

Die beispielsweise im Geltungsbereich des Fördergebietsgesetzes gegebenen enormen Abschreibungsmöglichkeiten – diese wurden gelegentlich sogar als Jahrhundertgeschenk bezeichnet – führten häufig dazu, daß die Investitionsentscheidung insbesondere für Gewerbeimmobilien nur noch aufgrund der damit verbundenen steuerlichen Vorteile getroffen wurde. Die Frage nach der nachhaltigen Vermietbarkeit und somit des Cash-flow blieb dabei allzuoft offen. Das führte dazu, daß zahlreiche dieser Immobilien nach wie vor unvermietet sind. Dennoch sind weitere im Bau und im Angebot. Bei einigen dieser Immobilien ist es fraglich, ob diese jemals den Erfordernissen des Marktes entsprechen werden. Solche Objekte sind wirtschaftlich unbrauchbar, da an den Anforderungen eines funktionalen Mietermarktes vorbeigebaut wurde. Welche Auswirkungen diese durch eine übermäßige steuerliche Sonderförderung hervorgerufenen Marktauswüchse für die Anleger haben werden, liegt auf der Hand. Die Betroffenen hätten wohl besser ihre Steuern bezahlt.

Sinnvoller als die reine Beurteilung von Anfangssteuervorteilen ist die Betrachtung des erzielbaren Nach-Steuer-Ergebnisses über einen Anlagezeitraum von zehn, zwanzig oder noch mehr Jahren. So finden sich zum Beispiel in einer Vielzahl von zwischenstaatlichen Abkommen zur Vermeidung der Doppelbesteuerung Regelungen, die es erlauben, ausländische Erträge aus Immobilienbesitz entweder ganz oder zumindest teilweise steuerfrei anzusetzen. So sind beispielsweise auch die Erträge aus US-Immobilieninvestitionen innerhalb bestimmter Beteiligungsgrenzen für die beteiligten Anleger in Deutschland praktisch steuerfrei und unterliegen in Deutschland nur dem sogenannten Progressionsvorbehalt. Dieser langfristig wirkende Vorteil überwiegt auch unter Barwertgesichtspunkten den Verzicht auf höhere Anfangssteuervorteile deutlich.

2.1 Grundsätzliche Anforderungen

Immobilieninvestitionen müssen grundsätzlich 20 bis 30 Jahre im voraus betrachtet werden. Auch bei überwiegend langfristig abgeschlossenen Mietverträgen sollte irgendwann mit dem Auszug des Mieters gerechnet werden. Und selbst die beste Bonität eines Mieters kann sich, mittel- bis langfristig betrachtet, unter Umständen negativ verändern. Spätestens zum Zeitpunkt des Auszuges des Mieters unterliegt das Objekt der dann gültigen Konkurrenzsituation und muß den aktuellen Anforderungen des Marktes erneut gerecht werden. Diese können sich stets nachhaltig ändern.

Beispielsweise wird es durch die rasante Entwicklung im Bereich der Telekommunikation zukünftig möglich, immer mehr einfache Standarddienstleistungen vom Wohnzimmer aus in Anspruch zu nehmen. Dies beschränkt sich nicht mehr nur auf die Tele- oder Telefonbank. Derzeit haben Network-Anbieter in den USA enorme Zuwachsraten, die über ihre Fernsehkanäle einen erlebnisreichen Einkaufsbummel ermöglichen. Die so bestellten Waren werden über Nacht frei ins Haus geliefert. Die Betreiber forcieren konsequent das digitale Fernsehen, das zielgruppenorientierte Shoppingkanäle und den interaktiven Einkauf per Fernbedienung anbietet.

Inzwischen sind auch in Deutschland schon seit längerem das Telefonieren und der Medienkonsum die häufigsten und beliebtesten Freizeitbeschäftigungen. Vor dem Hintergrund der jetzt auch hier bestehenden Möglichkeit zur digitalen Übertragung wird sich die Anzahl der zur Verfügung stehenden Kanäle zukünftig etwa verzehnfachen. Bereits heute können zusammen mit dem am 8. April 1996 gestarteten Satelliten Astra 1F bis zu 300 Fernsehprogramme ausgestrahlt werden, wobei der Start von weiteren Satelliten, zum Beispiel durch die Deutsche Telekom, bereits geplant ist. Dienstleistungsunternehmen wie Banken, Versandhäuser, Reiseveranstalter oder große Immobilienmaklerunternehmen werden sich über die neu entstehenden Kommerzkanäle zukünftig direkt an den angeschlossenen Einzelhaushalt wenden können. Das Einkaufen von Gegenständen des täglichen Bedarfs erfolgt zukünftig über einen interaktiven Anschluß direkt vom Wohnzimmersessel aus. Seit dem 1. Dezember 1996 strahlt beispielsweise das amerikanische Tele-Kaufhaus QVC (der weltgrößte Spezialist für den elektronischen Warenvertrieb) in einem Pilotversuch in Nordrhein-Westfalen ein Fernsehprogramm aus, über das 24 Stunden am Tag Bekleidung, Schmuck, Möbel und vieles mehr bestellt werden können. Deutschland wird mit mehr als 24 Mio. Kabel- und Satellitenhaushalten und dem größten Direktmarketingumsatz je Einwohner als der ideale Markt für eine kontinuierliche Expansion in diesem Bereich angesehen. Wenn also der Weg in die Videotheken künftig wegfällt, der Urlaubskunde sich bereits in der diesjährigen Sommersaison erstmals online sein Zimmer und die Hotelumgebung ansehen oder über Telebanking und Homeshopping seine sonstigen Angelegenheiten oder Einkäufe erledigen kann, wird sich dieses geänderte Konsumverhalten auch zwangsläufig auf die Immobilienstandorte mit auswirken, an denen diese Angebote bisher direkt nachgefragt werden mußten. Hier ist für ein langfristiges Investment in Immobilien eine Neubewertung des bisherigen Standort- oder Lagebegriffes notwendig, ganz unabhängig davon, ob diese Entwicklung in fünf, zehn oder erst zwanzig Jahren zum Tragen kommt.

Der weitere Ausbau der sogenannten Datenautobahnen ermöglicht zudem auf Sicht der nächsten zehn bis zwanzig Jahre einen grundlegenden Wandel auch bei der Organisation von Büroarbeitsplätzen. Zukünftig ist es durchaus denkbar, daß ein großer Teil der Angestellten seine Tätigkeit im eigenen Arbeitszimmer ausführt und die Verbindung mit der dann wesentlich verkleinerten Verwaltungszentrale über den vernetzten Personalcomputer bzw. Bildtelefone hält. Entsprechende Versuche werden bereits heute durchgeführt. IBM Deutschland hat in den letzten Jahren zum Beispiel rund 200.000 m^2 an Fläche eingespart und richtet im Gegenzug zunehmend Telearbeitsplätze ein. Wie stark Telearbeit dabei auch noch die Unternehmenskosten reduziert, wurde durch eine britische Untersuchung des Telearbeitprojektes einer britischen Bank nachgewiesen: Pro Jahr und Telemitarbeiter sparte die Bank umgerechnet rund 13.000 DM an Mieten (Stand 1994!). Auch hier bahnt sich ein Trend an, der sich künftig eher noch verstärken dürfte.

Daß auch mit drastischen Veränderungen des Individualverkehrs für die kommenden zehn bis zwanzig Jahre zu rechnen ist, verstärkt die vorab skizzierten Auswirkungen höchstens noch zusätzlich.

Der Standortfrage und der langfristig ausgerichteten Nutzungskonzeption einer Immobilie kommt damit eine erhebliche Bedeutung zu. Eine Reduzierung der Miete oder gar der komplette Mietausfall durch Leerstand, beispielsweise wegen einer falsch prognostizierten Nachfrage oder wegen einer schlechten Anbindung an öffentliche Nahverkehrsmittel und genauso wichtige Individualverkehrswege einschließlich ausreichender Parkflächen, hätte entsprechende Auswirkungen auf die Gewinnentwicklung bzw. Ausschüttung der Gesellschaft und würde den Wert des betroffenen Objektes deutlich reduzieren. Bei einem Totalausfall der Mieteinnahmen und der damit nicht mehr möglichen Tilgung der in der Regel vorhandenen Grundschulddarlehen ist dann selbst der vollständige Vermögensverfall möglich. Dieses Risiko sollte nun zunächst durch die konsequente Streuung des Investitionskapitals minimiert werden.

3. Konzeptionseckdaten

Beteiligungsgesellschaften, die dem nachstehenden Anlagekonzept entsprechen, werden seit nunmehr zehn Jahren angeboten. Hierbei wird vor allem der Investitionsaufteilung in gebundenes und ungebundenes Vermögen Rechnung getragen. Auch wenn von den einzelnen Beteiligungsgesellschaften in verschiedene Immobilien mit unterschiedlichster Nutzungskonzeption investiert wurde, blieb die im Jahre 1987 geschaffene Philosophie bis heute unverändert. Deren Eckdaten lassen sich wie nachfolgend beschreiben zusammenfassen.

3.1 Ankauf der Immobilien

Ein ausschlaggebender Punkt für eine mögliche gute Objektrendite liegt zwangsläufig im Einkaufspreis. Deshalb sollte der Ankauf der Immobilien immer direkt vom ursprünglichen Projektentwickler bzw. Eigentümer ohne Einschaltung von Zwischenankaufsgesellschaften erfolgen. Diese wirken zwangsläufig preiserhöhend. Die Realisierung renditezehrender Zwischengewinne im Umfeld des Fondsinitiators führen in aller Regel zum Verlust der Ertragsvorteile, die ein Anleger von einer Fondslösung mit Recht auch erwartet. Durch den direkten Ankauf fließt die jeweils tatsächlich erzielbare Objektrendite ungeschmälert der Beteiligungsgesellschaft zu.

Darüber hinaus sollte nur in vermietete Objekte mit entsprechend günstigen Einkaufsfaktoren auf der Grundlage langfristig und indexiert abgeschlossener Mietverträge investiert werden. Die Investition in unvermietete Immobilien aufgrund von Standortgutachten bzw. in Objekte mit Mietgarantien macht deutlich, daß diese Immobilien zum angebotenen Preis nicht nachgefragt werden. Oder, um es noch drastischer auszudrücken: Eine Renditeimmobilie muß immer vermietet sein, eine unvermietete Immobilie ist eine Ruine.

3.2 Risikostreuung

Das zur Investition bestimmte Kapital einer Beteiligungsgesellschaft sollte immer sowohl in verschiedene Objekte als auch in verschiedene Länder gestreut werden. In vorstehenden Ausführungen bezüglich des Doppelbesteuerungsabkommens wurde bereits darauf eingegangen. Die Risikostreuung des zur Verfügung stehenden Anlagekapitals ist eines der Grundprinzipien jeder Vermögensanlage. Eine Anlagestrategie, die dies unberücksichtigt läßt, widerspricht allen gängigen Erfahrungswerten. Weiterhin sollte darauf verzichtet werden, in subventionierte oder euphorisierte Märkte (zu denen in weiten Teilen derzeit auch noch die neuen Bundesländer und die Stadt Berlin gehören) zu investieren, da hier das Risiko einer Anpassung an das normale Preisniveau erfahrungsgemäß immer nur eine Zeitfrage sein kann.

3.3 Liquidität

In der Branche heißt es: „Bei steuerorientierten Beteiligungsgesellschaften führen fünf Verlustjahre zu erfreuten Anlegern – drei Monate Illiquidität führen bei derselben Gesellschaft zur Bekanntschaft mit dem Konkursrichter und dem zuständigen Staatsanwalt!" Nach Schließung verfügt jeder Geschlossene Fonds über ein genau definiertes Vermögen, dem danach grundsätzlich kein neues Beteiligungskapital mehr zugeführt wird. Das bedeutet, daß man mit den zur Verfügung stehenden Mitteln über Jahrzehnte hinweg auskommen muß. Dabei gehört es zu den Grunderkenntnissen jeder Vermögensverwaltung, daß das zur Verfügung stehende Kapital keinesfalls ausschließlich in gebundene Anlagen, wie eben beispielsweise Immobilien, angelegt werden darf. Es sollte vielmehr darauf geachtet werden, daß ein nicht zu geringer Anteil des Gesamtvermögens in kurzfristig zu realisierenden Geldwerten, wie zum Beispiel festverzinslichen Wertpapieren oder Festgeldern, angelegt wird. Wer hiergegen verstößt, braucht für die Erfüllung der aufgestellten Planrechnung mehr Glück als Können. Daß diese Erkenntnis sich derzeit mehr und mehr auch auf breiter Ebene durchsetzt, ist beispielsweise auch der am 7. März 1997 im Handelsblatt veröffentlichten Meldung zu entnehmen, wo unter der Überschrift „Immobilien – Deutsche Bank mit neuen Fondsideen" nachzulesen war, daß auf der Vorhabenliste der Bank auch stehe, „die Liquidität aller von ihr aufgelegten Geschlossenen Immobilienfonds dem traditionell hohen Liquiditätsniveau ihres Offenen Immobilienfonds 'grundbesitz-invest' anzupassen". Die nachstehenden Beispiele sollen diese Notwendigkeit verdeutlichen.

3.3.1 Liquidität für Innenfinanzierung

Bereits Gaius Julius Caesar hat vor über zweitausend Jahren ein Gesetz erlassen, nach dem die Schulden auf Immobilien den jeweils gesunkenen Immobilienpreisen angepaßt werden mußten. Die Investition in Immobilien und deren Verwaltung ist ohne entsprechende Liquidität langfristig kaum möglich, vor allem dann nicht, wenn wie bei den meisten Geschlossenen Fonds noch eine entsprechende Innenfinanzierung mit zu berücksichtigen ist. Auch Immobilienpreise unterliegen zyklischen Schwankungen. Sollten sich während der Finanzierungslaufzeit die Immobilienpreise (und damit zwangsläufig verbunden die Beleihungswerte) nach unten entwickeln, besteht die große Gefahr, daß der bestehende Kredit über der neuen Beleihungsgrenze liegt. In diesem Fall wird die finanzierende Bank Zusatzsicherheiten fordern oder das Objekt zwangsverwerten, außer der Fonds hat genügend liquide Mittel, um die Bankdarlehen in die Beleihungsgrenzen zurückzuführen.

3.3.2 Liquidität für Instandhaltung und Revitalisierung

Während die Instandhaltung aus laufenden Erträgen erfolgen kann, scheint dies bei Revitalisierung nicht möglich. Wie die Erfahrungen gezeigt haben, ist für die langfristige Erzielung der Miete der Erhaltungszustand des zu vermietenden Objektes ausschlaggebend. Neben der reinen Mängelbeseitigung zur Substanzwerterhaltung kommt hier der zukünftigen Anpassung an ein sich veränderndes Nachfrageverhalten mehr und mehr Gewicht zu. Der Immobilieneigentümer hat darauf zu achten, daß das zu vermietende Objekt dem zum jeweiligen Zeitpunkt geforderten Markstandard entspricht. Wie dieser Standard aussehen wird, kann nicht immer exakt vorhergesagt werden. Sicher ist jedoch, daß die erforderlichen Anpassungsmaßnahmen Kosten verursachen, und darauf muß man sich einstellen.

Für Instandhaltungs- und Modernisierungsmaßnahmen werden in der langfristigen Prognoseberechnung normalerweise entsprechende Beträge kalkuliert. Inwieweit diese Beträge ausreichen, um die jeweils notwendigen Maßnahmen zu finanzieren, kann ebenfalls nicht exakt vorausgesagt werden. Für Revitalisierung in der Regel auch nicht. Hierfür wird zusätzliche Liqidität benötigt, die in aller Regel cash-flow-erhöhend wirkt.

Jede Beteiligungsgesellschaft sollte auf die langfristige Erzielung von ausschüttungsfähigen Erträgen ausgerichtet sein. Sie sollte daher auch dann, wenn die dafür zurückgelegten Mittel nicht ausreichen sollten, die zur Erhaltung der Mieterträge notwendigen Maßnahmen durchführen können und zu diesem Zweck ebenfalls eine entsprechende Liquidität bereithalten.

3.3.3 Liquidität für Anschlußvermietung

Markterfahrungen zeigen, daß Kosten für Anschlußvermietungen und Mietausfallzeiten zu kalkulieren sind. Um eine Anschlußvermietung zu marktüblichen Konditionen zu ermöglichen, fallen oftmals noch weitere, nicht unbeträchtliche Kosten an. Für folgende eventuell anstehende Maßnahmen sollte deshalb eine entsprechende Liquidität vorhanden sein:

- Renovierungsmaßnahmen, die sowohl fällige Schönheitsreparaturen der Mieträume als auch neue Ein- und Umbauten gemäß Mieterwunsch beinhalten.
- Revitalisierungsmaßnahmen, die durch eine grundsätzliche Anpassung des Mietobjektes an aktuelle Marktanforderungen anfallen.
- Vermarktungszeiten, die im Einzelfall einen sechs- bis zwölfmonatigen Mietausfall mit sich bringen können.

- Maklergebühren, die sich im Regelfall auf zirka drei Monatsmieten belaufen.
- Sonstige Incentives, die dem neuen Mieter unter Umständen eingeräumt werden müssen, wie zum Beispiel freie Mietzeiten, Umzugskostenbeteiligung oder -übernahme oder sonstige Kostensubventionierungen.

In zyklischen Abwärtsphasen können hier erhebliche Aufwendungen anfallen, während gleichzeitig der Kapitaldienst weiterläuft. Die Folge aus den vorgenannten Möglichkeiten sollte in jedem Fall also die Vorhaltung einer entsprechend hohen Liquiditätsreserve sein. Bei der Prospektierung Geschlossener Fonds sollte künftig überlegt werden, ob die Übernahme der Cash-flow-Berechnung mit der möglichen Liquiditätsunterdeckung in den Prospekt mit aufgenommen werden kann. Damit könnten die mit einer derartigen Liquiditätsunterdeckung verbundenen Risiken für die Fondsgesellschaft und den einzelnen Gesellschafter dargestellt werden.

4. Neue Immobilienstrategien

Moderne Volkswirtschaften verändern sich immer mehr zu Dienstleistungsgesellschaften. Insbesondere die Marktsegmente „Freizeit" und „Unterhaltung" erfreuen sich in den letzten Jahren einer stetig steigenden Nachfrage. Wer in der zukünftigen Multimedia-Gesellschaft seinen Arbeitsplatz im privaten Zuhause hat, die Güter des täglichen Bedarfs über interaktive Fernsehkanäle bestellt und frei Haus geliefert bekommt oder sich über dasselbe Medium sein persönliches Unterhaltungsprogramm zusammenstellt, wird zunehmend versuchen, den dadurch ausgelösten Mangel an Kommunikation anderweitig auszugleichen.

Dies wird zu einer Renaissance der örtlichen „Marktplätze" führen. Hiervon profitieren bereits heute unter anderem Großveranstaltungen, wie zum Beispiel die verschiedenen Sportereignisse, bestimmte Formen der Erlebnisgastronomie, Varieté-, Revue- und Musicaltheater oder die Anbieter von Großkino-Anlagen mit mehr als 500 Zuschauerplätzen. Kommunikation wird somit zum Wirtschaftsgut.

4.1 Frequenzimmobilien

Eine auf historischen Erfolgswerten aufbauende Lagebeurteilung wird in der Zukunft deshalb immer mehr an Bedeutung verlieren.

Durch die oben beschriebenen Merkmale und hier insbesondere die mangelhafte Berücksichtigung der innerstädtischen Verkehrsinfrastrukturen werden weiter große Veränderungen des Konsum- und Freizeitverhaltens stattfinden, die zu einer Neubewertung des Begriffes „Lage" beitragen. Hierbei sei noch einmal kurz auf die rapide wachsende Zahl der Fernsehkanäle, auf Telearbeit und Teleshopping verwiesen. Hinzu kommt die zunehmende Unerreichbarkeit der 1a-Lagen in den Innenstädten durch geforderte Verkehrsberuhigung und dauerhaft steigende Parkprobleme und den aufgrund der finanziellen Situation der Kommunen nur beschränkt an die Nachfrageentwicklung anzupassenden öffentlichen Nahverkehr. Die Gründe, in die klassischen Spitzenlagen zu investieren, nehmen somit ab. Was künftig bei der Bewertung eines Bürostandortes im Vordergrund steht, sind beispielsweise vermehrt verkehrsgünstige Lagen, die gleichzeitig hohen Freizeitwert für die Belegschaft garantieren. Zum anderen muß der Trend zum Erlebniskauf und zur 24-Stunden-Immobilie berücksichtigt werden. Heutige Spitzenlagen müssen zukünftig unter anderen Voraussetzungen hinterfragt werden müssen.

Unter Einbringung der wechselnden gesellschaftlichen Ausgangssituation sollten also die neuen Konzepte dahingehend weiterentwickelt werden, daß sie Information, Kultur und Unterhaltung, Sport, Spiel, Spaß und Gesundheit sowie Einkaufen und Freizeit verbinden. Einkaufen alleine wird vergleichsweise uninteressant, es muß immer mehr mit Erlebniswerten kombiniert werden. Durch die Kombination von Einkaufen, Erlebnisgastronomie (Themenrestaurants) und Freizeitangeboten wird das Einkaufen zunehmend Bestandteil der Freizeitgestaltung.

Gesucht wird künftig also verstärkt die Immobilie, in der Handel, Gastronomie und Unterhaltung betrieben werden können und die 24 Stunden am Tag und sieben Tage in der Woche nutzbar ist. Oder zumindest eine Kombination aus verschiedenen Objekten, die eben diesen Rund-um-die-Uhr-Betrieb am Standort ermöglichen können. Der Trend geht also eindeutig zu der Art von Immobilien, die aufgrund ihrer Konzeption und Mieterstruktur dazu in der Lage sind, durch ihre selbstgeschaffenen Besucherfrequenzen ihre eigene Lagequalität zu entwickeln.

Urban Entertainment Center (UEC) heißt das Zauberwort für eine in den USA neu entstandene Form der Freizeitimmobilie, die diesem international stark anwachsenden Freizeitkonsum und Wunsch nach Erlebnisshopping und Unterhaltung Rechnung trägt. Die permanente und stark wachsende Nachfrage unterschiedlicher Konsumentengruppen nach neuen Wegen der Freizeitgestaltung in Kombination mit Unterhaltung – Erlebnis – Einkauf – Gastronomie förderte die Entwicklung von ganzheitlichen Konzepten, die diesem Wunsch gerecht werden. UECs stellten das nachvollziehbare Ergebnis aus dem Zusammenwachsen der Unterhaltungs-, der Medienindustrie und des Handels dar.

Die größten Immobilienentwickler der USA haben entweder mit Unterhaltungskonzernen gemeinsam geplante Hotel-, Einzelhandels- oder Mixed-Use-Projekte angekündigt oder bereits die ersten Spatenstiche gesetzt, die alle einen gemeinsamen Nenner aufweisen: die Magnetnutzung von Freizeitkomponenten.

In Anbetracht des überdurchschnittlich wachsenden Freizeitmarktes wird künftig sowohl von der Immobilienseite als auch von der Betreiber- und Produktanbieterseite ein Markt generiert werden, der von lokalen und internationalen Trendanalysen schon gewisse Zeit prognostiziert wird. Die Freizeitausgaben steigen überproportional zum privaten Verbrauch an. Die Gesellschaft befindet sich auf dem Weg in eine Erlebnisgesellschaft. Erlebnis wird zunehmend zum normalen Konsumgut.

Das UEC als Freizeit- und Unterhaltungsdestination ist ein rein themenorientiertes Immobilienkonzept. Film, Show, High-Tech und Unterhaltung werden mit Gastronomie, Shopping, Hotel, Sport- und Gesundheitseinrichtungen kombiniert. Ein UEC ist somit ein komplexes Dienstleistungs-Entertainment-Shopping-Produkt, welches eine breite lokale und überregionale Konsumentenschicht anspricht.

Angesichts der tendenziell schlechten Situation am deutschen Büro- und Einzelhandelsmarkt und der vergleichsweise starken Nachfrage bei Freizeitaktivitäten liegt der Schluß nahe, daß in den kommenden Jahren die Entwicklung spezifischer Freizeitimmobilien in Deutschland dem Immobilienmarkt neue Impulse geben wird.

Eines der ersten UECs in Deutschland, dessen Erfolg mit Sicherheit feststeht, ist das „Freizeit- und Erlebniscentrum SI Stuttgart International" in Stuttgart-Möhringen. Durch professionelle internationale Betreiber, ausgefeiltes Management und einen spannenden Leistungsmix ist es dem Projektentwickler gelungen, ein UEC überaus erfolgreich zu starten – sehr zur Freude der Stadtvertreter in Stuttgart und Umgebung, der Investoren und des Initiators selbst. Mit Investitionskosten von rund 500 Mio. Mark wurde ein komplettes In- und Outdoor-Freizeitzentrum für jung und alt geschaffen, das in Europa einzigartig ist. Das Leistungsangebot läßt sich sehen und reicht von einer Musical-Hall, Drei- und Vier-Sterne-Hotel, Entertainment,

Themenrestaurants und Shoppingmöglichkeiten bis zu den Schwaben-Quellen. Magnet des Gebäudekomplexes ist die Musical-Hall, die mit 1.800 Plätzen das Musical-Zentrum in der süddeutschen Region ist. Dieses UEC hat mit Sicherheit eine positive Signalwirkung für die Region, als erfolgreiches Urban-Entertainment-Projekt ist es für den gesamten deutschsprachigen Raum von Bedeutung. Trotz oder gerade wegen der schlechten wirtschaftlichen Situation ist es gelungen, ein kommerziell tragfähiges UEC zu verwirklichen, was den Schluß zuläßt, daß der Konsument sich auch in schlechten Zeiten nicht den Spaß an Freizeit und Konsum verderben läßt.

Zwischenzeitlich wurde das oben beschriebene „Freizeit- und Erlebniscentrum SI Stuttgart International" noch für den ersten Bauabschnitt um ein Spielcasino sowie in einem zweiten Bauabschnitt um unter anderem ein zweites Musicaltheater für rund 1.800 Zuschauer, einen weiteren Tagungs- und Ausstellungsbereich, weitere Zonen für Gastronomie, Läden, Erlebniswelt und zusätzlichen Biergarten für alleine rund 1.000 Gäste, etwa 200 Wohneinheiten und einen Konferenz- und Kinobereich (CinemaxX) erweitert.

4.2 Die Entwicklung des Marktes für Großkinoanlagen

Multiplex ist die Bezeichnung für einen Kinotyp der neuen Generation von Großkino-Anlagen. Die Idee dieser Multiplex-Kinos stammt ursprünglich aus den USA, wo inzwischen Großkino-Anlagen mit bis zu 24 Leinwänden entstanden sind. Aus der Entwicklung in den USA und in Europa, hier insbesondere in Großbritannien, kann die Marktentwicklung für Großkino-Anlagen auch in Deutschland abgeleitet werden.

Aus einem aktuellen Bewertungsgutachten eines deutschen Bankinstituts geht eindeutig hervor, daß der Markt für derartige Großkinoanlagen in den letzten Jahren ein bemerkenswertes Wachstum verzeichnete. Die Zahl der Leinwände in diesen Anlagen hat sich europaweit von 1990 bis heute mehr als verdoppelt. Im Jahr 1990 existierten hier 1.582 Leinwände in Großkinoanlagen, 1995 waren es 2.680 und 1996 bereits über 3.300 Leinwände. In Deutschland hat sich die Zahl der Leinwände nahezu verachtzehnfacht: 1990 gab es nur 23, während es 1995 bereits 249 waren und 346 für 1996 erwartet wurden. In den nächsten Jahren kann europaweit mit weiter steigenden Wachstumsraten gerechnet werden.

Gegenüber den traditionellen Kinos bieten diese Großkinoanlagen erhebliche Vorteile. Die große Zahl an Leinwänden ermöglicht ein breit angelegtes Filmangebot. Immerhin besuchen nach den Erfahrungen der Betreiber rund 30 % der Besucher dann, wenn ihr Wunschfilm ausgebucht sein sollte, einen Alternativfilm, sofern ein solcher angeboten wird. Darüber hinaus stehen Restaurants, Café- oder Snackbars und Bistros in den großzügigen Foyers der Anlagen zur Verfügung. Die Säle sind mit modernster Projektions- und Tontechnik ausgestattet. Jeder Sitzplatz bietet durch steil aufsteigende Sitzreihen eine optimale Sicht auf die Leinwand bei großem Sitzkomfort durch bequeme Sitze und größeren Reihenabstand. Ein Reservierungsservice für Karten und Sitzplätze rundet das Dienstleistungsangebot ab und macht den Kinobesuch für eine größere Zielgruppe interessant.

Nach einer Zählung des Hauptverbandes Deutscher Filmtheater (HDF) sind derzeit 32 Großkinoanlagen in Deutschand in Betrieb. Weitere 18 befinden sich im Bau und 54 in der Planung.

Der deutlich gesteigerte Erlebniswert führt zu steigenden Besucherzahlen. Die Filmförderungsanstalt (FFA) berichtete im August letzten Jahres über einen Umsatzrekord der gesamten Kinobranche im ersten Halbjahr 1996. In dieser Zeit besuchten insgesamt 60,4 Millionen Menschen die deutschen Kinos, im Vergleich zu 58 Millionen Kinogängern im Vorjahreshalbjahr. Laut dpa-Meldung in den Stuttgarter Nachrichten vom 28. August 1996 wurde darüber wie folgt berichtet: „Umsatzrekord – Deutsche Kinos im Aufwind: Die Kinobranche in Deutschland boomt, im ersten Halbjahr 1996 haben die Filmtheater mit fast 600 Millionen DM Umsatz einen Rekord verbucht."

Die Entwicklung in den USA oder auch in Großbritannien zeigt, daß die hier angebotene Form des „Filmpalastes" sich in der Regel kurzfristig gegen die vor Ort anzutreffende Konkurrenz der traditionellen Angebote durchsetzen kann. Insbesondere in Großbritannien gelang es den Betreibern von Multiplex-Anlagen, innerhalb verhältnismäßig kurzer Zeiträume erhebliche Marktanteile für sich zu gewinnen. Es scheint absehbar, daß sich dies im hiesigen Markt wiederholt.

Die Vielzahl der derzeit geplanten bzw. bereits im Bau befindlichen Multiplex-Anlagen kann an einzelnen Standorten zu erheblichen Überkapazitäten führen. Eine derartige Entwicklung ist in der Regel nicht vorhersehbar, nachdem die Entscheidung, weitere Großkinoanlagen zu genehmigen, letztendlich in die Planungshoheit der jeweils betroffenen Städte fällt. Derzeit kommt es den marktführenden Unternehmen darauf an, möglichst schnell eine Vielzahl der in Frage kommenden Standorte zu besetzen. Ziel ist es, über die Zahl der vorhandenen Kinosäle einen möglichst hohen Marktanteil zu erreichen, da dieser für die zukünftigen Verhandlungen mit den Filmverleihfirmen sowohl hinsichtlich der Versorgung mit attraktiven Filmen als auch bezüglich der Höhe der Verleihgebühren von zentraler Bedeutung sein wird. Insoweit ist die derzeit an einzelnen Standorten zu beobachtende Überbauungssituation ein eindeutiges Indiz für die positive Einschätzung dieses Zukunftsmarktes seitens der marktführenden Betreiberunternehmen. Es ist zu erwarten, daß sich gerade die marktführenden Unternehmen mittelfristig betrachtet auch an überbesetzten Standorten durchsetzen werden. In Städten mit beispielsweise einem CinemaxX sind sowohl die absoluten Besucherzahlen als auch die Besucherfrequenzen bei einem Einzugsgebiet von bis zu 80 Kilometern erheblich gestiegen. In Hannover hat sich der Pro-Kopf-Kartenverkauf seit Eröffnung des CinemaxX in 1991 bis 1995 von rund zwei Karten auf rund 5,5 Karten mehr als verdoppelt.

Neben dem Kinoprogramm bieten die meisten Großkinoanlagen weitere Veranstaltungs- bzw. Nutzungsmöglichkeiten an: Ausstellungen, Lesungen, Podiumsdiskussionen, Kabarett-, Theater- und Musikveranstaltungen sprechen unterschiedliche Besuchergruppen an und vergößern das kulturelle Angebot der Stadt. Viele Kinosäle lassen sich darüber hinaus in kurzer Zeit auch zu Kongreß-, Vortrags- oder Hörsälen umrüsten. Wahrscheinlich ist die Kombination mit weiteren Nutzungsmöglichkeiten auch hier nur noch eine Frage der Zeit.

Corporate Real Estate – Funktionen und Voraussetzungen für ein Immobilien-Management durch den Staat

Karl-Heinz Ehlers, Direktor, Alleinvorstand der Sprinkenhof AG, Hamburg

Inhalt

1.		Einleitung	829
2.		Blick auf das Umfeld, in dem staatliches Immobilien-Management tätig ist	829
2.1		In welcher Situation der Stadtentwicklung befinden wir uns?	830
2.2		Einfluß auf das staatliche Immobilien-Management	832
2.3		Zielkonflikt des staatlichen Immobilien-Managements	832
3.		Funktionen und Voraussetzungen staatlichen Immobilien-Managements	833
3.1	These I:	Staat, Länder und Gemeinden müssen ordnenden Einfluß ausüben – und nicht mehr	833
3.2	These II:	Die Kommunen müssen professionelles Management von Gewerbeflächen und Bestands-Management betreiben	834
3.3	These III:	Der Staat muß an sich arbeiten und mit Privaten kooperieren	835
3.4	These IV:	Kommunen müssen überregional denken lernen – nicht nur ihre eigene Gemeinde verwalten	836
3.5	These V:	Es gilt, Verkehr zu reduzieren – weg von der „Charta von Athen" – und durch Einsatz staatlicher Grundstücke die Versorgung mit öffentlichen Einrichtungen zu verbessern	837

3.6	These VI: Staatliche Immobilien müssen eingesetzt werden zur Vermeidung von ungesunden Fehlentwicklungen...	838
3.7	These VII: ...und zur Förderung von Branchenmix und zur Belebung der Innenstädte – aber nach Marktmechanismen	839
4.	Erfüllt das staatliche Immobilien-Management diese Anforderungen?	841
5.	Fazit	842
6.	Literatur	842

1. Einleitung

Im Bereich der Immobilienwirtschaft gehören Beschaffung, Betrieb, Verwertung grundsätzlich in eine Hand. Bei der staatlichen Immobilienbewirtschaftung – wie auch oft bei großen Konzernen – fehlt ein umfassendes Immobilien-Management. Die staatliche Verwaltung arbeitet insofern in Teilbereichen nicht professionell. Es fehlen der Gesamtüberblick und die Kenntnis des wirtschaftlichen Gesamtinteresses.

Die Ursache hierfür liegt einerseits im kameralistischen Haushaltsrecht und andererseits darin, daß die Politik wahlbezogen arbeitet. Jedoch sind Klagen fehl am Platze, es ergibt sich vielmehr die Verpflichtung der Wirtschaft, sich aktiv zu beteiligen – an Planungsprozessen und an der Politik.

2. Blick auf das Umfeld, in dem staatliches Immobilien-Management tätig ist

Es gibt einen fundamentalen Unterschied in der Betrachtung der Bewirtschaftung von Immobilien zwischen Staat/Kommunen und privaten Besitzern: Länder und Gemeinden können die Verantwortung als Grundstückseigentümer nicht nur fiskalisch sehen. Grundstückspolitik muß auch Ziele der *Daseinsvorsorge* im Auge haben – sowohl Ziele der Daseinsvorsorge für Gruppen von Bürgern, die ihre Ziele immer egoistischer verfolgen, als auch die Staatsziele insgesamt.

Der Staat kann sich bei der Realisierung seiner Aufgaben nicht nur als Profitmaximierer betätigen. Es sind vielmehr ständig öffentliche und auch politische Aufgaben und Zielsetzungen zu beachten. Im Bereich des Immobilien-Managements der Kommunen ist insbesondere die faktische Einbindung in die Tendenzen und Gegebenheiten der Stadtentwicklung zu berücksichtigen. Die Lebensfähigkeit der Gemeinden – finanziell und als Gemeinwesen – muß gewährleistet sein. Das heißt *nicht*, daß die Kommune keine Gewinnmaximierungsinteressen haben darf – im Gegenteil, sie hat sie zuwenig. Es ist bequemer für einen Apparat, sich „politisch zu verkriechen", als um Gewinn zu kämpfen. Genausowenig können aber auch Private an der Sozialverpflichtung des Eigentums als Grundgesetzauftrag vorbei.

Zunächst soll auf einige Faktoren eingegangen werden, die das Immobilien-Management beeinflussen. Profis werden sofort den Einfluß auf den Umgang mit staatlichen Immobilien erkennen.

Das oberste Ziel für Kommunen besteht darin, Stadtentwicklungsinteressen durchzusetzen (zum Beispiel Problem des Umgangs mit dem Auto). Betrachten wir also zunächst folgende, unten genannte Kriterien.

2.1 In welcher Situation der Stadtentwicklung befinden wir uns?

Grundsätzliche Probleme sind:

- Bürger sind sensibler im Umgang mit ihrer Stadt geworden. Revitalisierung hat Vorrang vor Neubau auf der Wiese. Diese Identifizierung mit der Stadt hat einerseits unschätzbare Vorteile, macht aber andererseits Stadtplanung viel schwieriger bis – wegen Gruppeninteressen und Egoismen – fast unmöglich.
- Insbesondere in wachsenden Regionen und Städten werden die Flächenreserven für die Ansiedlung von Gewerbe immer enger. Die Flächenansprüche der Bevölkerung wachsen, und trotz einer Verkleinerung der Haushalte, was die Personenanzahl angeht, ist ein höherer Flächenverbrauch festzustellen.
- Gleichzeitig ist der Flächenverbrauch pro Arbeitsplatz erheblich gestiegen und die Ansprüche an die Verkehrsflächen bei Arbeitsplätzen sind gewachsen. Bisher galt als einer der Vorzüge der EDV auch der geringere Flächenverbrauch. Bei gestiegenen Ansprüchen an die Büroumwelt wird dieses Ziel allerdings immer weniger erreicht.
- Insgesamt ist festzustellen, daß sich die Struktur der Städte – besonders in Großstädten – verändert hat. Die durchschnittliche Lebenserwartung der Menschen ist erheblich angestiegen. Es kann schon von einer Überalterung gesprochen werden. Gleichzeitig liegt die Zahl der Ein-Personen-Haushalte in den größeren Städten bei fast 50%. Das hat Einfluß auf Wohnungsgrößen und Flächenverbrauch.
- Die Städte und Gemeinden – und damit auch der Handel – sehen sich konfrontiert mit einer Arbeitslosenquote um 10% und einer zusätzlichen Quote von Sozialhilfeempfängern von weiteren rund 10%. Diese werden jünger und zahlreicher.
- Zudem gibt es einen Anteil einer neuen Bevölkerung – nämlich ohne deutschen Personalausweis. Der Ausländeranteil in Hamburg beispielsweise liegt bei 15%. Das schafft Struktur- und Steuerungsprobleme an allen Ecken.

- Für viele private Haushalte kumulieren die Probleme. Der Verlust des Arbeitsplatzes wird immer häufiger zum Beginn einer negativen Karriere, an deren Ende soziale Isolierung, Verschuldung und der Verlust von Basisqualifikation stehen. Stadtpolitik muß sich deshalb auch darauf konzentrieren, Tendenzen der Spaltung und Polarisierung aufzuhalten und gefährdete Lebenssituationen und Quartiere zu stabilisieren. Nur in einem solchen Umfeld kann auch der Handel blühen.
- Neben der nur angedeuteten sozialen Polarisierung – zwischen den gesellschaftlichen Gruppen, einer Auseinanderentwicklung von Beschäftigungschancen und Einkommen, von Sicherheit aus Vermögen und Versorgungsansprüchen, von Wohnqualität und Wohnsicherheit – ist auch eine räumliche Polarisierung zu beobachten.
- Die Städte und Regionen werden geprägt durch eine sozialräumliche Struktur, die man sich als relativ kleinteilig organisiertes Patchwork unterschiedlicher lokaler Milieus vorstellen muß. Neue Lebensstile breiten sich aus; die Trennung zwischen sozialen Gruppen vertieft sich; Zuwanderer bringen neue Lebensformen mit.
- Damit einher gehen durch erhöhte Mobilität eine regionale Differenzierung und räumliche Ausdehnung von Lebenswelten. Es kommt zu funktionalen Spezialisierungen von Stadtteilen und Gemeinden innerhalb der Kernstadt und des Umlandes, zu Verlagerungen von Wohnstandorten ins Umland – bei Konzentration der Arbeitsplätze im Kern. Arme und immobile Bevölkerungsgruppen (Arbeitslose, Alte, Zuwanderer) konzentrieren sich dagegen auf die Kernstadt und dort auf innerstädtische Altbauquartiere oder auf neuere Stadtrandsiedlungen. Tendenziell beherbergt die Kernstadt mehr die *nicht-familialen* Haushaltstypen wie Singles und Wohngemeinschaften, während die Familien stärker ins Umland abwandern. Dies führt zu besonderen Problemen bei der Infrastruktur, bei Schulen usw.
- Privilegierte, aber auch benachteiligte Bevölkerungsgruppen konzentrieren sich jeweils stark auf bestimmte Stadtquartiere. Hier sind Gewalttätigkeit auf der einen und Rückzugseffekte auf der anderen Seite aus Angst vor Bedrohung und Belästigung zu beobachten, wobei es oft zu einer negativen Arbeitsteilung in der Weise kommt, daß das Kerngebiet die Hauptlasten der Armut, Arbeitslosigkeit und Zuwanderung zu tragen hat (Sozialhilfe, Sozialwohnungsbau, Arbeitsbeschaffungsmaßnahmen etc.).

2.2 Einfluß auf das staatliche Immobilien-Management

Das staatliche Immobilien-Management muß die aufgezeigten Änderungen in den Strukturen erkennen und sich ihnen stellen, wenn es beispielsweise den Handel und die gewerbliche Wirtschaft erfolgreich integrieren möchte. Dies ist erforderlich und für Kommunen überlebenswichtig, denn man kann sich *nicht nur* auf *Anziehungskraft* verlassen. Die gestiegene Mobilität führt sonst zur Bevorzugung von Einkaufszentren, und Innenstädte verkümmern zu den „Tankstellen", in denen man während der Arbeitszeit Restkäufe erledigt, die vergessen wurden. Anziehung hat man selten automatisch. Anziehung muß man herstellen. Von dieser Erkenntnis leben Kosmetik- und Bekleidungsindustrie.

Die Umstrukturierung der achtziger Jahre hat nicht nur einen wirtschaftlichen Wachstumsschub gebracht, sie hat vielmehr – anders als die Wachstumsschübe vorher – Arbeitslosigkeit nicht beseitigen können und Verdrängungsprozesse in innerstädtischen Bereichen ausgelöst. In der gewerblichen Wirtschaft ist zudem die Tendenz zur Computerisierung und damit zu mehr Effizienz bei zugleich geringerer Zahl von Arbeitsplätzen zu verzeichnen. Es ist eine grundsätzliche Verschlankung der Unternehmen und ein verstärktes Outsourcing zu beobachten, wobei das Tempo des allgemeinen und technologischen Wandels die Prognosehorizonte drastisch verkürzt hat.

Aufgrund immer noch zunehmender Spezialisierung und Arbeitsteilung – sogar zwischen benachbarten Kommunen – kommt es so zu einer Polarisierung des Wirtschaftsraumes mit erheblichem Konkurrenzdruck (zum Beispiel Hamburg und Umland) und zu einer entsprechenden Segmentierung des Arbeitsmarktes mit der Folge verstärkter einseitiger Pendlerströme in die Kernstadt.

2.3 Zielkonflikt des staatlichen Immobilien-Managements

Der Staat bzw. die Länder als einer der großen Grundeigentümer befinden sich auch auf dem Gebiete des Immobilien-Managements in einem Zielkonflikt. Einerseits besteht das Ziel, den eigenen Grundbesitz so zu bewirtschaften, daß es im fiskalischen Sinne zu einer Gewinnmaximierung kommt; andererseits sind „öffentliche Interessen" zu verwirklichen. Es gibt daneben den Gesichtspunkt des Vorbildcharakters und den Gesichtspunkt des Anreizens privater Investitionen nach nicht nur kommerziellen Interessen. Dieser Zielkonflikt zieht sich durch alle Gebiete der öffentlichen Subventionierung, der Finanzierung und der Projektentwicklung. Vor dem Hintergrund der Finanzknappheit der öffentlichen Haushalte gewinnt dieser Zielkonflikt eine besondere Brisanz. Man kann leider nicht sagen, daß Kommunen diesen Konflikt immer oder auch nur überwiegend vernünftig lösen.

3. Funktionen und Voraussetzungen staatlichen Immobilien-Managements

Nachfolgend werden die wichtigsten ohne Anspruch auf Vollständigkeit thesenartig dargestellt:

3.1 These I: Staat, Länder und Gemeinden müssen ordnenden Einfluß ausüben – und nicht mehr

Warum? Das soll im folgenden erklärt werden:

- Vor dem Hintergrund eines gestiegenen und auf absehbare Zeit mindestens stagnierenden Bodensatzes von Arbeitslosigkeit, Armut und Kriminalität können auch der Handel und die gewerbliche Wirtschaft als wesentliche Bestandteile der Gesellschaft ohne ordnenden Einfluß der Politik nicht wirklich erfolgreich integriert werden. *Politik muß sich aber auch darauf beschränken*. Ihre Aufgabe kann und darf nicht sein, sich in Wettbewerb mit privaten Investoren in die Einzelheiten der Durchführung zu begeben. Das begreifen die Politiker nur schwer. Es bedeutet nämlich *Verzicht*, weil es Einflußverlust bedeutet und ideologisches Umdenken in Teilen der Politik erfordert: „You can't have the cake and eat it."
- Gewerbeansiedlung und Gewerbeflächenpolitik müssen bei knappen Ressourcen und ökologischen Belastungsgrenzen umgesetzt werden. Flächen müssen intensiver genutzt werden. Dies bedeutet wieder *Verzicht* – nämlich auf die Großstadt als Kurort.
- Es muß auch ein Recycling von Flächen sichergestellt und eine durchaus kleinteilige Gewerbepolitik betrieben werden. Wirtschaft lebt vom Mittelstand. Dies bedeutet einerseits wieder *Verzicht* – nämlich auf Reglementierung. Andererseits darf der Mittelstand aber auch keine Schutzzonen fordern.
- All diese Faktoren muß eine gute Stadtentwicklungspolitik berücksichtigen. Der Geist, der heute Städte baut oder saniert, ist fatal. Politik wird immer stärker *re*ideologisiert und folgt nicht mehr Gesetzen von Geschmack

und Bildung, sondern der Not der leeren Kassen, und wird bestimmt von Ideologen mit nur begrenztem Sachverstand. Lassen Sie es mich überspitzt sagen: Stadtentwicklungspolitik machen zu häufig der grüne Lehrer, die sich selbst verwirklichende rote Hausfrau, der schwarze Landwirt und der gelbe Textileinzelhändler, der seit Jahren die Verluste seines Geschäftes aus dem ererbten Vermögen ausgleicht und nur noch existieren kann, weil bereits sein Vater Vorsitzender der Mittelstandsvereinigung war und er selber noch einmal Schützenkönig werden möchte.

Stadtentwicklungspolitik mit einem *umfassenden* Steuerungsanspruch ist in latenter Gefahr, sich mit der planerischen und verwaltungsmäßigen Umsetzung dieses Anspruchs zu überfordern. Deshalb müssen sich selbst steuernde Systeme installiert werden. Die gestaltende Politik sollte nur noch Moderator zwischen Grundeigentümer, Nutzer und Wirtschaft einerseits und der planenden Verwaltung andererseits sein. Dabei ist der Staat als Grundeigentümer Teil des Systems. Das macht es nicht einfacher, weil Politik nicht konsequent und langfristig denkt, sondern von Wahl zu Wahl – die Quadratur des Kreises.

3.2 These II: Die Kommunen müssen professionelles Management von Gewerbeflächen und Bestands-Management betreiben

Die Aufgaben für die Entwicklung einer Stadt können nur gelöst werden, wenn die Gemeinde über ein professionelles systematisches Gebiets- und Bestands-Management von Gewerbeflächen verfügt. Durch realitätsnahe Flächenausweisung und Vergabe von Flächen müssen vor allem zieladäquate Nutzungen hergestellt werden, und *diese Ziele gilt es zu definieren*. Gleichzeitig müssen aufgrund des ständigen schnellen Wandels künftige Entwicklungen offengehalten werden, um Spielräume für spätere Nutzungsänderungen nicht zu verbauen – wieder eine Quadratur des Kreises.

Was aber geht und dringend erforderlich ist, um ansatzweise das Ziel zu erreichen: Die Verwaltungen müssen sicherstellen, daß Grundstücksdateien aufgebaut und auf neustem Stand gehalten und gepflegt werden. Das sollte dafür zu gründenden Immobilien-Management-Gesellschaften übertragen werden. Die Grundstücksdateien müssen Informationen über Art, Bebauung und Größe der Grundstücke beinhalten, aber auch Auskünfte über Eigentümer, Mietverhältnisse, Änderungspotentiale und das stadträumliche Umfeld enthalten. Heute stößt man schon auf das Phänomen: Der größte Eigentümer weiß gar nicht, *was* er *wo* hat. Die Privaten wissen dies häufig viel besser.

Nur durch solches Management können die Nutzung von Reserveflächen und die beschleunigte und gezielte Neuverwertung von Grundstücken sichergestellt werden. Nur so können bisher anders genutzte oder nicht genutzte Flächen (Brachen) aktiviert und deren intensivere Nutzung (Verdichtung) initiiert werden (Hafenerweiterung in Hamburg). Der Politik fällt jedoch nur die grüne Wiese ein – Verdichtung ist ja schwierig. Diese Haltung produziert aber die *Probleme von morgen*: Wo Infrastruktur vorhanden ist (Schulen, ÖPNV usw.), wandert man ab und baut neu – in Gegenden, wo die Infrastruktur mit viel Geld erst geschaffen werden muß. Da man das Geld nicht hat, unterbleibt das meist. Sogenannte Folgeeinrichtungen werden nicht als logische, sondern als zeitliche Folge begriffen und unendlich vertagt – mit der Konsequenz der Verslumung ganzer Quartiere.

Das Ziel muß die effiziente Bewirtschaftung sein – durch privatwirtschaftlich geführte staatliche Unternehmen. Das mag vielen zuwenig sein. Es wäre aber ein riesiger Fortschritt bei einer Tankerverwaltung mit heute viel zu langen Steuerungs- und Bremswegen. Verwaltungsvermögen sollte dabei in die Gesellschaft eingebracht und neu vom Nutzer angemietet werden mit dem Ziel: den Wert der eigenen Nutzungen zu erkennen und Kosten zu sparen.

3.3 These III: Der Staat muß an sich arbeiten und mit Privaten kooperieren

Ein Problem liegt für den Grundeigentümer „Staat" darin, daß die Wirtschaft tatsächlich in erheblichem Umfang Flächen braucht und verbraucht. Böden werden kontaminiert und nach Aufgabe der gewerblichen Nutzung nicht wieder dem wirtschaftlichen Kreislauf zugeführt, weil eine Sanierungsverpflichtung des Verursachers nicht greift und die öffentliche Hand mit dieser Aufgabe finanziell überfordert ist. Auf diese Weise besteht die Gefahr, daß ein Wirtschaftsstandort sich selbst zerstört.

Es ist daher notwendig, Mechanismen zu schaffen, die mit einer gewissen Automatik zur Wiedernutzung solcher Grundstücke führen, aber auch die Verantwortung Privater ist gefragt. Angesichts der Lage der öffentlichen Haushalte kann die Politik nicht vorrangig auf Geld setzen. Sie muß Mut und Kreativität auf allen Ebenen mobilisieren, Verwaltungen effizienter gestalten, die Kooperation mit privaten Partnern ausbauen und den Bürgern Anstöße und Raum für eigene Initiativen geben. Auch müssen gebietsbezogene

Konzepte auf die einzelnen Quartiere zugeschneidert werden. Dabei müssen Private helfen, die das langsam zu begreifen beginnen. Wenn diese es nicht tun – wer sonst? Die vor sich hin wurschtelnde Verwaltung tut es bestimmt nicht. Der Staat muß aber vor allem seine eigenen Aufgaben definieren. Auch er verbraucht Flächen in erheblichem Umfang – häufig die besten und für Aufgaben, die er gar nicht wahrzunehmen bräuchte.

3.4 These IV: Kommunen müssen überregional denken lernen – nicht nur ihre eigene Gemeinde verwalten

Insgesamt – auch für den Handel – wird die Bedeutung von Regionen noch weiter zunehmen. Bezugsgröße staatlichen Denkens wird in Zukunft immer weniger die einzelne Stadt und immer mehr die Region sein. *Der Wettbewerb Europas wird sich nicht zwischen Nationalstaaten oder Städten, sondern zwischen Regionen vollziehen.* Daher sind regionale Wirtschaftsförderungsgesellschaften, die auch Flächen kaufen und bevorraten (Grundstücksfonds), grundsätzlich zu befürworten – allerdings müssen sie länder- und stadtgrenzenübergreifend tätig werden. Davon sind die Kommunen weit entfernt. Wettbewerb zwischen Kommunen löst aber erst recht einen unnötig hohen Flächenverbrauch aus, obwohl gerade bei großen Städten ein hohes Interesse an einer intensiven Nutzung von Flächen besteht. In diesem Zusammenhang haben Berlin und Brandenburg historische Chancen vertan, als die vernünftige Fusion nicht gelang und nun die schädliche Konkurrenz vor allem im Umfeld von Berlin weitergeführt wird.

Eine entscheidende Aufgabe ist daher die Stärkung der Kooperationsbeziehungen. In der Frage einer regional gezielten Flächenvergabe und der sparsamen Flächennutzung wird man allerdings nicht ohne neue Instrumente oder Änderungen des finanzrechtlichen Rahmens auskommen. Die derzeitige institutionelle Verfassung der Region (Landes- und Kreisgrenzen, Finanzausgleich) behindert das Denken in Maßstäben der Region. Auch Finanzierungs- und Management-Aufgaben müssen auf regionaler Ebene angesiedelt werden, und zwar mit der notwendigen Eigenständigkeit für Flächen-Management und Bodenfonds, also *nicht* als Teil einer Verwaltung. Hier gilt es, zusammen mit den Privaten die *Ziele* zu definieren.

3.5 These V: Es gilt, Verkehr zu reduzieren – weg von der „Charta von Athen" – und durch Einsatz staatlicher Grundstücke die Versorgung mit öffentlichen Einrichtungen zu verbessern

Um einer zu weiten Spezialisierung von Städten und Stadtteilen auf einzelne Funktionen im Sinne der „Charta von Athen" entgegenzuarbeiten, muß auf bürgernahe Handelsstrukturen hingearbeitet werden. So wird nicht nur der schon beschriebenen Einseitigkeit beispielsweise von Schlafstädten in den Vororten und der Gefahr von Polarisierung und Ghettoisierung entgegengewirkt. Es wird zugleich eine möglichst verkehrsarme Raumstruktur erreicht, wenn verstärkt Mischnutzungen ermöglicht und angestrebt werden. *Dazu muß der Staat seine Immobilien gezielt und gesteuert einsetzen*. Das geht nur, wenn auf beiden Seiten – staatlicher Steuerer und privater Realisierer – Profis sitzen.

Immer wieder werden Beschwerden des Handels – vor allem in Citylagen – wegen einer zu geringen Anzahl an Parkplätzen laut. Hier sind die Interessen der Region an einer gesunden Integration des Handels mit vor allem ökologischen Interessen abzuwägen und in Einklang zu bringen. Diese Problematik kann jedoch nicht isoliert betrachtet werden, sondern um tragfähige Ergebnisse dauerhaft zu erreichen, muß das besondere Augenmerk auf die Vermeidung von ungesunden Fehlentwicklungen gelenkt werden. Aber merke: Verteufelung des Autos ist vom Teufel und der Tod der Innenstädte. Einsatz staatlicher Grundstücke muß für politisch gewollte Infrastruktur erfolgen, sonst wird diese unbezahlbar. Aber es gibt auch das Mittel des Flächentausches, denn die Kommune darf nicht aus dem Auge verlieren, daß ihr Grund und Boden wertvoll ist – und Private sollten nicht stets verlangen, daß ihre eigenen Grundstücke „natürlich wertvollen" Nutzungen zugeführt werden müssen und die kommunalen Grundstücke gefälligst für die Abfallprodukte der Wirtschaft verwendet werden können. Diese Betrachtung von Folgeeinrichtungen wird in der Reparatur von Fehlern unendlich teuer. Kommunen müssen ihrerseits das Bewußtsein entwickeln, daß auch Wohnen und Wirtschaften Konsequenzen hat – zum Beispiel ein Parkhaus zu bauen und nicht nur ein multikulturelles Stadtteilzentrum.

3.6 These VI: Staatliche Immobilien müssen eingesetzt werden zur Vermeidung von ungesunden Fehlentwicklungen ...

Wegen der fortschreitenden und oft noch nicht in erforderlichem Umfang wahrgenommenen sozialen Polarisierung stellt sich die Aufgabe immer dringender, eine tiefgreifende Spaltung der Gesellschaft zu verhindern. *Die drohende Ausgrenzung ganzer Bevölkerungsgruppen aus Erwerbszusammenhängen droht den sozialen Frieden zu zerstören.* Bevölkerungsgruppen wie alte Leute, Kinder oder auch Ausländer stellen spezifische Anforderungen an eine sachgerechte Stadtentwicklungspolitik, da diese Gruppen über kaum eine Lobby verfügen und oft auch nicht genügend wahrgenommen werden. Der Verarmung und dem sozialen Abrutschen ganzer Stadtteile entgegenzuwirken ist somit eine parteiübergreifende zentrale Aufgabe der Wirtschafts- und Immobilienpolitik. Wenn das explosive Gemisch in sozialen Brennpunkten hochgeht, brauchen wir uns über neue Einkaufszentren keine Gedanken mehr zu machen. Es muß in diesem Zusammenhang auch um die *Förderung einer Stadtteilwirtschaft und der auf den regionalen Markt ausgerichteten Unternehmen gehen, um Beschäftigungseffekte und Entwicklung lokaler Milieus zu erzielen.*

Die Stadtteilwirtschaft umfaßt Dienstleistungs- und Handwerksbetriebe aus den Bereichen Einzelhandel, Gesundheitswesen, Gastronomie und dem produzierenden bzw. Reparaturgewerbe. Diese Betriebe sind auf kostengünstige Gewerbeflächen angewiesen und in ständiger Gefahr, von wirtschaftlich Stärkeren verdrängt zu werden. Schon heute leiden viele Stadtteile an einem Mangel an erreichbaren Läden, Reparaturwerkstätten, Gaststätten etc. Zum anderen ist es genau diese Art Betriebe, die Beschäftigungschancen auch für auf dem Arbeitsmarkt Benachteiligte, für weniger Qualifizierte und für Teilzeitarbeit bieten. Dieses gestörte Gleichgewicht ist erkennbar an überdurchschnittlichen Fluktuationsraten, lokal konzentrierten Vermietungsproblemen und Prozessen der Bevölkerungsentmischung bis hin zur bereits dargestellten Ghettoisierung eines Viertels.

Der *eigentliche* Ansatz von *Stadtentwicklungspolitik* muß deshalb sein, *Destabilisierungsprozesse aufzuhalten oder umzukehren*, zum Beispiel durch Freiräume für die Integration von Gewerbe im Hinblick auf die Versorgung der Quartierbewohner mit Gütern und Dienstleistungen und im Hinblick auf quartiernahe Arbeitsplätze. Eine Erweiterung von Freiräumen für eine stärkere soziale und funktionale Mischung ist im Hinblick auf eine stärkere Flexibilisierung von Quartieren wünschenswert, wobei sich Widersprüche zu Erhaltungssatzungen, Zweckentfremdungsverordnung oder Denkmalschutz ergeben können und entsprechende Abwägungsprozesse erforderlich sind. Dies geht wieder nur gemeinsam. Es geht nicht, daß der Staat saniert und subventioniert, und die Wirtschaft verdient.

3.7 These VII: ... und zur Förderung von Branchenmix und zur Belebung der Innenstädte – aber nach Marktmechanismen

Nicht zu verkennen ist, daß sowohl der Bund als auch die Länder und Kommunen als Grundeigentümer nicht nur die – allerdings dominierende – politische Verantwortung haben, sondern daß sie ganz praktisch mit ihrem Grundstücksbestand umgehen und ihn bewirtschaften müssen. In diesem Zusammenhang haben die für diesen Bereich Zuständigen und für den Erfolg Verantwortlichen (selten Profis) ähnliche Voraussetzungen und Problemstellungen wie private Eigentümer:

- Wie kann der Bestand profitabel genutzt werden?
- Wie kann unnötiger Leerstand vermieden werden?
- Wie kann verhindert werden, daß „die Politik" in eine professionelle Grundstücksbewirtschaftung „hineinregiert"?
- Wie kann die unterwertige Vermietung an politisch gewollte Nutzungen oder an Privatpersonen – unter Mißachtung der Grundsätze von Haushaltswahrheit und Haushaltsklarheit – verhindert werden?

Die hamburgische städtische Sprinkenhof AG ist in diesem Zusammenhang Beispiel für eine gute Lösung. Vorzugskonditionen gibt es für keinen Mieter. Davon unberührt ist natürlich das Recht der Stadt als Eigentümerin, im Einzelfall besondere Bedingungen durch Anweisung zu verlangen – das tun Privatleute auch. Aber: Derartige Sonderfälle gegen den Rat des professionellen Beraters durchzusetzen fällt auch der Politik nicht leicht und ist meist mit Parlamentsbeschlüssen und damit Öffentlichkeit verbunden. Umgehungen des Haushaltsrechts sind auf diese Weise kaum zu befürchten.

Bei den vorgenannten Problemen müssen die Verantwortlichen, die für die Grundstücksbewirtschaftung zuständig sind – seien es staatliche, privatrechtlich organisierte Gesellschaften oder seien es Behördenteile –, die Fragestellungen immer wieder problematisieren. Allein die Parlamente oder haushaltsverantwortlichen Stellen dürften politische Vorzugskonditionen über Mietsubventionen den Mietern direkt zukommen lassen. Andernfalls lassen sich versteckte Subventionen nicht mehr beherrschen. Profis müssen das Geschäft betreiben. Politischer Einfluß sollte die Ausnahme bleiben. Das ist den Politikern schwer zu vermitteln, weil sie auch und zu oft in Dimensionen der Versorgung von Wählern denken.

Eine ähnliche Problematik ergibt sich, wenn von der öffentlichen Hand erwartet wird, daß sie einen Branchenmix in Innen- oder Altstädten oder die Belebung der Citys finanziert, indem in staatlichen bzw. städtischen Gebäuden wiederum zu Vorzugskonitionen Nutzungen untergebracht werden, die im Sinne eines Branchenmix bzw. der innerstädtischen Belebung wünschenswert sind. Eine solche – im Einzelfall durchaus anzustrebende – Belebung muß aus haushaltsrechtlichen Gründen – wenn gewünscht – über offene Subventionen bewerkstelligt werden. Daß dies bei der derzeitigen Finanzknappheit nur in extremen Einzelfällen in Betracht kommen kann, liegt auf der Hand. Wünschenswert mögen da Modelle eines Mietenpools sein, bei dem die Eigentümer eines bestimmten Gebietes zum Zwecke des Branchenmix ihre Mieteinnahmen in einen Pool einbringen und sich so die Vor- und Nachteile gemischter Branchen und Mieterstrukturen teilen. Inwieweit solche Modelle in der Praxis tragfähig sind, müßte der Versuch zeigen. Ich warne jedoch: Von öffentlichen Eigentümern dürfen erstens keine Subventionen erwartet werden. Und zweitens darf man die Fehler des gespaltenen Wohnungsmarktes nicht wiederholen.

Hinsichtlich der Mischung von Wohngebieten mit anderen Nutzungen steht die jeweilige Stadtplanung vor nur schwer lösbaren Aufgaben: Betreiber von Ladengeschäften sind oft nur schwer dafür zu interessieren, in neue Siedlungen zu investieren, Handwerksbetriebe scheuen Auflagen und begrenzte Expansionsmöglichkeiten, die eine benachbarte Wohnbebauung mit sich bringt. Den Familienbetrieb mit entsprechenden Entscheidungen gibt es kaum noch.

Die Nutzungsmischung ist dennoch ein positives Leitbild, zumal über eine Bündelung und Verflechtung der Nutzungen Verkehrswege verkürzt werden können und einer Verlagerung des Handels auf die grüne Wiese entgegengewirkt wird. Die Förderung des Mittelstandes wird ebenfalls oft als in der Verantwortung der öffentlichen Hand liegend angesehen, besonders in diesem Zusammenhang. Bebauungspläne müssen mittelstandsfreundlich sein, wird gefordert, und der Einsatz staatlicher Grundstücke zu Vorzugskonditionen dafür ist gemeint. Aus der Tatsache des umfangreichen Grundbesitzes der Länder kann ein besonderer Anspruch auf Förderung jedoch *nicht* abgeleitet werden, obgleich der Mittelstand als der größte Arbeitgeber grundsätzlich förderungswürdig sein mag. Sicher ist der Markt brutal, er bestraft eben „Schlafmützen"; diesen Mechanismus auszuschalten und Schutzzonen einzurichten kann nicht richtig sein. Voraussetzung für staatliches Immobilien-Management insbesondere in solchen Fällen ist, daß Politik und Verwaltung:

- Bewohner beteiligen,
- örtliche Akteure mobilisieren und
- ihren Grundstücksbestand *wirtschaftlich* sinnvoll einsetzen.

4. Erfüllt das staatliche Immobilien-Management diese Anforderungen?

Aus den Thesen ergibt sich: Eine wichtige Funktion staatlichen Immobilien-Managements muß das Gebäude-Management sein. Hier geht man mit Milliardenvermögen um, ohne daß jemand nach einer vernünftigen Verzinsung fragt. Ein großer Teil der Diskussion um den „Verkauf von Tafelsilber" wäre überflüssig, stimmte denn die Verzinsung. Private – die erwerben! – können auch nicht zaubern. Grund für die Abgabe von Grundstücken sollte nicht die Not, sondern Steuerung sein. Das begreift Politik selten.

Staatliches Immobilien-Management ist heute u. a. durch folgende Faktoren gekennzeichnet:

- Dadurch, daß staatliche Ämter und Dienststellen im Eigenbesitz in der Regel keine Mieten zahlen, wird oft verschwenderisch mit Raum und Fläche umgegangen.
- Nebenkosten werden oft nicht erfaßt und sind dann in ihrer Höhe unbekannt. Vor allem belasten sie oft nicht das Budget der behördlichen Nutzer, da diese Kosten gar nicht im Sinne einer Kostenstellenrechnung zugeordnet werden.
- Gleiches gilt in der Regel für die im Rahmen von Bauunterhaltungsmaßnahmen durchgeführten Maßnahmen. Auch hier fehlt mindestens dem behördlichen Nutzer der Überblick.

Hamburg hat nach dem Kriege einen richtungweisenden richtigen Schritt getan: die Sprinkenhof AG gegründet. Es gibt heute Nachahmer – insbesondere die Stadt Köln hat sich dazu entschieden, die Gebäudewirtschaft als städtischen Eigenbetrieb zu führen. Dadurch wird jeder behördliche Nutzer auch im eigenen Bestand als Mieter von Räumen behandelt und der einzelnen Dienststelle Entscheidungsbefugnisse bezüglich Raumbedarf, Instandhaltung und Standort gegeben. Eine zentrale Stelle wird als Vermieter installiert und die zu zahlende Miete ist Bestandteil des Budgets der einzelnen Dienststelle. Aufgrund der Mietzahlungen und der zugeordneten Budgetbelastung werden die einzelnen Ämter zum Beispiel motiviert, teure Standorte zugunsten preiswerter Lagen zu verlassen oder leerstehende Räume abzugeben und einer anderen Nutzung zuzuführen. Die wenig flexiblen Grundsätze des Haushaltsrechts werden von ausgefeilten kaufmännischen Steuerungssystemen abgelöst.

5. Fazit

Die öffentliche Hand muß:

- Wirtschaftsmechanismen in ihr Handeln einführen,
- ihren Besitz professionell – nicht zufällig oder gefällig – managen, um ernst genommen zu werden; Beschaffung, Bewirtschaftung und Verwertung müssen in einer Hand konzentriert werden,
- über Politik klare Ziele setzen und mit Privaten diskutieren,
- die tatsächliche Umsetzung der Ziele den Privaten überlassen und dabei durch Einsatz des Grundbesitzes und staatlichen Immobilien-Managements helfen,
- staatliches Immobilien-Management nicht nur nach Gewinnmaximierungsgesichtspunkten ausrichten; die öffentliche Hand muß sich den „Einsatz" aber genau überlegen (knappe Kassen),
- das Gebäude-Management profihaft betreiben und Kontrollverluste der Politik in Kauf nehmen.

Immobilien setzen Langfristplanung voraus. Diese muß die Politik lernen – die Zeit drängt.

6. Literatur

Abschlußbericht der Enquête-Kommission „Stadtentwicklung" der Hamburgischen Bürgerschaft, Bürgerschaftsdrucksache 15/4100 vom 2. November 1995, bestehend aus:
Bd. I – Bericht: Ziele und Aufgaben der künftigen Stadtentwicklung und
Bd. II – Grundsatzpapiere sowie Anhangband

Stichwortverzeichnis

2. Bankrechtskoordinierungsrichtlinie 624
2. Berechnungsverordnung 88, 238, 249, 262, 362
3-D-Modelle 276
4-Personen-Arbeitnehmerhaushalt mit mittlerem Einkommen 179

A

Abgeschlossenheitsbescheinigung 467
Ablaufschema 135
Ablauftermin 575
Abnahme 116, 177, 218, 220
Abnahme des Bauvorhabens 803
Abrechnung 80f., 270, 280, 370
Abschreibung 265, 387, 608, 609
Abschreibungssätze 109, 539
Abwehrender Brandschutz 344, 347, 349
Accredited Management Organisation (AMO) 20
Administration 292
Agentur 395, 411, 421f., 427f., 430, 432, 441, 446
Agenturaufbau 428
Agenturstunden 430, 432
Akquisition 156
Akquisitions-Management 465
Aktionskreis innovatives Bauen 125f.
Aktionsrisiken 304
Alleinverkaufsauftrag 484, 489
Allergien 79
Allgemeine Geschäftsbedingungen 169f.
Allgemeine Vertragsbedingungen 792
Allocated Loans 634
Altbauten 530
Alteneinrichtungen 807
Altlastengutachten 491
Analyse 396, 402, 593
Analyse der Optimierungspotentiale 666
Angebot 15, 18, 55, 125f., 152, 438, 597
Angebotsunterlagen 614
Ankauf der Immobilien 817
Anlageentscheidung, Aspekte der 814
Annuitätendarlehen 323, 545
Anpassung an die Marktmiete 740

Ansprache 420
Ansprüche 32, 57, 114, 127, 142, 290, 316, 341
Anwendungssysteme 274
Anzahlung 616
Anzeigenmotiv 430
Arbeitsteilung oder ganzheitliche Bearbeitung 699
Architekt 28, 47, 106, 121f., 203, 209, 266, 292, 346
Architektenvertrag 168, 174, 209, 211
Architektur 34, 46, 114, 135, 232, 252, 266, 277ff., 386, 389, 391
Architekturwettbewerb 107, 406
Aspekte einer Anlageentscheidung 814
Asset Manager 571
Aufteilungsobjekte 467, 469
Auftragsabwicklung 430
Auftragserteilung 168, 173, 207
Ausbauzustand 508, 515
Ausgleichsregelung 210
Auslands-Portfolio 777
Auslöseschwelle 181
Ausschreibung 126, 239, 254, 267f., 273, 280
Ausstattungsstandard 468, 471, 779
Ausübung einer Option 750
AVA-Modul 280

B

Bagatellrisiken 307
Bankfinanzierung 323
Barwert 542f., 689, 691, 729
Barwertreihen 729
Barwertverfahren 720
Bau-Management 128f., 566
Bauantrag 108
Bauausführung 49, 65, 99f., 117, 121, 215
Baubeginn 189, 217, 403, 417
Bauberatende Berufe 129
BauBoden 6, 261, 275f.
Baudurchführung 25, 134
Baufreigabe 100f., 108, 217
Baugenehmigung 53, 104, 107, 116, 562
Baugesetzbuch (BauGB) 157, 204f.
Bauherr 89, 99f., 104f., 116, 177ff., 234, 390

Bauinvestitionen 526
Baukostenindex 743, 772
Baukostenüberschreitungen 211
Bauleistungen 126, 132, 135, 168, 171
Bauleitverfahren 206
Bauliche Anlässe 457
Baulicher Zustand 49
Baumaterialien 79, 268, 388
Baunutzungsverordnung (BauNVO) 175, 201
Bauphase 100, 316, 421
Bauplanung 121, 244, 264, 327
Bauprozeß 128, 137ff.
Baurecht 31, 41, 53, 128, 187f., 200, 218
Baustellenausstattung 421
Baustellenkommunikation 456
Baustellenmarketing 458
Bauträgerobjekte 465f.
Bauvertrag 220
Bauvorschriften 158, 586
Bauwerkssicherung 327, 338
Bauwirtschaft 126f., 129, 134f., 138, 142, 526
Bebauungsplan 104, 107, 157, 159, 202f.
Bedingungsrisiken 304
Belastungssperren 203
Beleihungspolitik im Ausland 627
Beleihungswert 542
Benchmarking 37, 57ff., 249, 356
Benutzeroberfläche 276ff.
Beratung 8, 116, 126, 186, 246, 388
Beratungsbedarf 479, 702
Bericht 27, 126, 140, 293, 588, 606
Berufsbild 15, 99, 121f., 126, 129, 141
Beschaffung 26, 34, 215, 237f., 246
Besichtigungstermine 396, 597
Bestands-Management 74
Bestandsaufnahme der einzelnen Objekte 677
Bestandserfassung 239
Bestandsobjekte 466f., 470, 472f., 532
Bestandsverwaltung 75, 601
Besteuerung 603
Besteuerungsstrategie 579
Bestimmungen 17, 41, 64, 131, 168f., 319, 345
Beteiligung an Objektgesellschaften 776
Betreiber-Immobilien 32
Betreiberrisiko 473

Betreibervertrag 493
Betriebsführung 32, 230, 232, 242
Betriebsgröße 75
Betriebshaftpflichtversicherung 573f.
Betriebskosten 74, 110, 183, 239, 249f., 265, 356, 359, 362ff.
Betriebsphase 165, 167, 179, 316
Betriebsprozesse 299, 308
Bewachungsdienste 291, 342
Bewertung 34, 40, 45, 50, 123f., 243, 266, 390
Bewertung des Bestandes 687
Bewertungsgutachter 613
Bewirtschaftung 17, 184, 228, 238, 257f., 265
– kaufmännische 238, 258
Bewirtschaftungskosten 65, 238f., 249, 265
BGB 168f., 174, 176ff., 208, 217, 317
Bilanzrichtliniengesetz 554
Bilanzstruktureffekt 555
Bilanzumfangeffekt 555
Bodenpolitik 64, 162
Bonität 50, 65, 289, 304, 315f., 576
Bonitätsprüfungen 598
Branchenmix 47, 49f., 105
Branchenstrukturanalyse 52
Brandbekämpfung 344, 347f.
Brandschutz 327, 332, 344ff., 347, 349
– vorbeugender 327, 344f.
Brandschutzkonzepte 327, 349
Brandschutzordnungen 347
Broschüren 436, 438, 441
Budget 108, 247, 258, 405, 417, 583, 587, 589
Budgetplanung 397, 420
Building Owners and Managers Association (BOMA) 21
Bundesverband für Facility-Management e.V. (GEFMA) 21, 228
Bürgschaften 178
Büroimmobilie 20, 30, 45, 50, 389
– Management von 30
Büroimmobilie der Zukunft 20, 30, 45, 50
Büroimmobilienmarkt 527
Buy-and-Lease 552

C
CAD-System 280
Cash-flow 65, 67, 306, 492f., 543, 613
Cash-flow-Berechnungen 715, 721, 821

Cash-flow-Betrachtung 723, 813
Cash-flow-Ertrag 814
Cash-flow-Management 606
Cash-flow-Methode, diskontierte 492
Cash-flow-Projektion 721
Cash-Handling 293
CD-Gliederung 442
CD-Systeme 442f.
Center-Management 16, 22, 240, 288f., 370
Center-Manager 16, 25, 31, 183
Certified Property Manager (CPM) 21
Certified Shopping Center Manager (CSM) 21
Chartered Surveyors 626
Checklist-Methode 45
CinemaxX 824, 826
City-Management 157, 159f.
Coaching 451
Codierung 340
Collage City 155
Computer Aided Design (CAD-Anlagen) 252
Computer-Aided-Facility-Management-Systeme (CAFM-Systeme) 244
Computersimulation 128
Computerunterstützung 262, 273, 275, 284
Controlling 27, 36, 238, 246, 269, 292, 355, 360f., 377, 394
– Instrumente des 704
– portfoliobezogenes 703
Controllingsystem 269, 377
Corporate Behaviour 395
Corporate Design (CD) 49, 395, 425, 441ff.
Corporate Identity (CI) 49, 394f., 407
Corporate Real Estate (CRE) 16, 235
Corporate-Real-Estate-Management 551, 558, 565
Corporate-Real-Estate-Manager 14
Cost-Center 248, 259
Covenant 630
Croci-Prinzip (Cash return on capital invested) 689
Cross-Collateralization 634

D

D&O-Versicherung (directors and officers liability) 316f.
Darlehensbedingungen 545
Datenbank 58, 136, 253, 274, 276, 590
Datenbankformate 679
Datenbanksoftware 252
Datenbasis 267, 281, 358f., 377
Datenerfassung 677, 679, 686f., 801
Datenerfassungskonzept 677
Datenerfassungsphase 674, 685
Datenverarbeitung 52, 73, 81, 128, 276
DCR (Debt Coverage Ratio) 722
Deckungsbeitrag 63, 297, 306
Demographische Struktur 41, 403
Desinvestitionsstrategien 68
Deutscher Verband für Facility Management e.V. 21
Dienstleistergruppe 374
Dienstleistung 23, 74f., 89f., 112, 122ff., 131ff., 233ff., 272f., 290, 367f., 370, 374, 385
Dienstleistungsanteil 227
Dienstleistungsfunktion 74
Dienstleistungsgesellschaft 129, 132, 521
Dienstleistungskosten 368
Dienstleistungsprozesse 358, 370, 377
Dienstleistungsstandort 227
DIN 276 108, 241, 264, 266
Direct-Mailing 465ff., 481
Direkter Vertrieb 391
Direktkontakte 457, 481
Disagio 325, 545
Discounted-Cash-flow bzw. Barwert-Methode 723
Distanz-Methode 503
Distributionsmarketing 385
Doppelbesteuerungsabkommen 546, 625
Drittes Finanzmarktförderungsgesetz 776
Drittverwendungsfähigkeit 32, 66, 564
Due Diligence Period 618
Durchführung 31, 44f., 62, 83, 131, 228, 340ff.
Dynamische Informationen 605
– Berechnungen 713
– Investitionsrechnungen 535, 713f.

E

EC-Extended Coverage 371
Economies of Scale 53
EDV 259, 293

EDV-Unterstützung 240, 251
Effektivität und Effizienz von Beratungsleistungen 700
Eigenheimfinanzierung 300, 326
Eigenheimförderung 532
Eigennutzer 370, 387ff., 392
Eigennutzerobjekt 479, 488f.
Eigenregie 16, 285, 288ff.
Eigentümer-Haftpflichtversicherung 372
Eigentumszeitraum 608
Eingriffsausgleich 188, 205
Einkaufszentrum 44, 47, 104, 167, 529
Einkunftserzielung 300, 321, 324
Einsparungen 23, 80f., 108, 191, 259
Eintrittsbarrieren 53
Einzelhandel 149, 152f., 159, 287, 294f.
Einzelhandelsimmobilien 103, 391, 528
Einzelhandelskonzepte 157, 159
Einzelobjektüberwachung 339
Electronic Advertising 401
Electronic Shopping 529
Elektrosmog 79
Elementarschäden 319
Emotionen 436ff.
Empfangsdienste 344
Energieeinsparung 388, 577
Energiekostenwirtschaftlichkeit 294
Erbbaurechtsverträge 187, 202f.
Erbbauzins 202
Erfassungsformulare 686
Erfolgskontrolle 198
Erlebnisgastronomie (Themenrestaurants) 821f.
Erlöse 315
Erosion 47
Ersatzprodukte 52, 54
Erschließung 34, 43, 48, 104f., 140, 194, 296
Erstanalyse 680, 683, 686
Erstbrandbekämpfung 348
Erstvermietung 184, 229
Ertragsoptimierung 135
Ertragsteuer 562, 775f.
Ertragswert 468, 470, 472, 542f., 625
Ertragswertschätzungen bzw. -berechnungen 715
Ertragswertverfahren 390, 542
Etathöhe 420

Etatumfang 421
Euro 28, 260, 522, 525, 534
Events 421
Exit Fee 633
Expertenkommission Wohnungsbau 533

F
Fachkompetenz 87, 351
Fachmärkte 529
Facilities 231, 233f.
Facility Management Administrators (FMA) 21
Facility Warehouse 356, 361, 367
Facility-Management 23f., 27, 35, 65, 88, 92, 110, 225ff., 231ff., 245ff., 263, 279, 539
Facility-Management-Profit-Center 229, 246f.
Facility-Managementleistungen 23
Facility-Manager 14, 21, 256
Factory-Outlet-Center 31, 44, 53
Factory-Outlet-Malls 29, 101
Farben 436, 441ff.
Festmiete 180
Festzinshypothek 632
Filialunternehmer 529
Filmförderungsanstalt (FFA) 825
Finanz-Management 27f., 36
Finanzbuchhaltung 241, 249, 261, 269f., 273, 276
Finanzierungsform „Geschlossener Immobilienfond" 803
Finanzkonditionen 558
Finanzmittel 593
Finanzvermögen 671f.
Finanzwelt 402
Firmenimage 402, 407
Flächen- bzw. Raumplanung 239
Flächen-Management 25f., 31, 36
Flächenbedarfsentwicklung 43, 64
Flächenbewirtschaftung 238f., 258
Flächeneffizienz 449, 482
Flächenflexibilität 48
Flächennutzungsplan 104, 157
Flexibilität 48f., 65f., 90, 114f., 197f., 217, 233, 262, 274, 342, 391, 400
Fonds-Management 780, 787
– Aufgaben des 794

Fondsinitiator 546, 798f., 818
Fondskonzept 797, 799
Fondsprospekt 799, 801
Fondssteuerung 787, 795, 797, 799, 801
Fondsvertrieb 795f., 801
Fondsverwaltung 787, 802f.
Fördergebietsabschreibungen 546
Fördergebietsgesetz 532
Formbedürftigkeit 187, 201
Formen 53, 157, 299, 321, 370, 388, 392, 441, 443f.
Formerfordernis 187
Frankfurt 30, 68, 92f., 119, 132, 230, 397
Freehold 626
Freilandsicherung 327, 337f.
Freizeit- und Kultureinrichtungen 149
Freizeitimmobilien 32, 386, 539
Freizeitverhalten 539, 822
Fremdvergabe 16, 288ff., 291
Fristen 175f., 179f., 200, 217
Führungskraft 85ff., 90f.
Full-insuring and repairing 626
Fungibilität 66, 564
Funktionalität 47ff., 65, 276, 287, 293
Funktionsfähigkeit 148, 292

G

Garagenimage 294
Gebäude-Management 24, 225, 228, 230f.
Gebäudeausrüstung 228
Gebäudeleittechnik 334
Gebäudetechnik 264, 266, 268, 334, 595
Gebäudewirtschaft als städtischer Eigenbetrieb 841
Gefährdungskatalog 309
GEFMA 21, 228
Gemeinden, Finanzierungs- und Managementaufgaben der 836
Gemeinschaftseigentum 188, 214
Genehmigungsverfahren 173
Generalklausel 171
Generalunternehmer 108, 112, 124, 130, 197f., 215
Gesamtrendite 608f., 642ff.
Geschäftsbesorgungsvertrag 793
Geschäftsfeld 86f., 227, 317
Geschäftswelt 115

Geschlossene Immobilienfonds 546, 607, 785ff., 804, 818
 – Bedeutung, 808
 – Management 785
Geschoßfläche 104, 201f.
Geschoßwohnungsbau 530
Gesellschaft bürgerlichen Rechts (GbR)
Gestaltungssatzungen 158
Gewährleistung 108, 178, 218, 267, 333f., 347, 390
Gewährleistungsansprüche 108, 121, 123, 178, 316
Gewährleistungsfrist 177f., 218
Gewerbeertragsteuer 556
Gewerbeflächen, Gebiets- und Bestandsmanagement von 834
Gewerbeimmobilien 19, 51, 88, 113, 263ff., 283f., 364, 370, 385f., 389ff., 397, 406, 571
Gewerbliche Fonds 562
Gewerke 108, 121, 218, 254, 266ff., 280, 316
Gewichtung 27, 46, 384
Give-aways 440
Globalisierung 22, 39ff., 521
Glosure®-Police 372f.
Grobanalyse 257
Gross Lease 599
Großgesellschaft 196
Großkino-Anlagen 821
Großrisiken 307
Großwerbemittel 439
Grunderwerbsteuer 201, 315, 560, 561, 776
Grundstücksanalyse 628
Grundstücksbeschaffenheit 47, 65
Grundstücksdateien 834
Grundstückseigenschaften 102
Grundstücksfläche 162, 201, 279
Grundstückssachverständige 628
Grundstückssicherung 53, 187, 199

H

Haftungsrisiken 299, 320
Halte-Strategie 652
Handbuch 24, 118, 221, 351, 581
Handelsbetrieb 31, 101, 152, 159
Hartwährung 523, 524
Hauptverband Deutscher Filmtheater (HDF) 825

847

Haus- und Grundstücksbesitzer-Haftpflicht 320
Hausordnung 513
Heimfallwert 612
Herstellkosten 267f.
Hierarchien 84, 138
Historische Untersuchung 491
HKS-System 443
HOAI 124, 127
Hochschule 64, 91f., 125, 139
Homeshopping 816
Honorare 174, 188, 209, 421, 446
Honorarordnung für Architekten und Ingenieure (HOAI) 128, 168, 174
Hotelgesellschaften 474, 491f.
Hotelimmobilien 473, 491ff.
Hotels 29, 32, 43, 48
Human Relations 402, 404
Humankapital 451
Hypotheken 371, 574
Hypothekensumme 321f.

I

Image 45, 49f., 53, 59f., 64f., 85, 103, 124, 156, 392, 395ff., 404, 406f., 419, 425
Image-Analyse 37, 59f.
Immobilien-Benchmarking 653
Immobilien-Berichtswesen 356f.
Immobilien-Controlling 27, 36, 355, 358ff., 365, 370, 377
Immobilien-Facility-Management-Team (IFM-Team) 244
Immobilien-Leasing 552
Immobilien-Management 12ff., 15ff., 32ff., 47, 51f., 235, 272, 283f., 355, 359f., 411, 551
 – Aufgabenfelder 21
 – Bedeutung 21
 – Entwicklungsperspektiven 12
 – Strategische Aspekte 33
Immobilien-Managementleistung 23
Immobilien-Manager 14, 18f., 21, 23, 27ff., 273
Immobilien-Marketing 26, 36, 381, 383, 396
Immobilien-Portfolio 605, 645, 665, 667ff., 687, 699, 705
Immobilien-Selbstnutzer 360, 365
Immobilienaktie 546

Immobilienaktiengesellschaft 670
Immobilienarten, Facettenreichtum an 19
Immobiliengesellschaften, eigenständige 16
Immobilienfinanzierung 623
Immobilieninvestitionen 389, 532
Immobilieninvestmentstrategie 652
Immobilienmakler 43, 54, 396, 400, 590
Immobilienmarketing 396
Immobilienmarkt 13, 16, 39f., 64, 100, 107, 117, 384, 394, 396, 398
Immobilienmarktforschung 13
Immobilienspezifische Faktoren 771
Immobilienteilmärkte 42, 52, 64
Immobilienuhr 770
Immobilienversicherungen 364
Immobilienverwalter 92, 229, 365, 358
Immobilienverwaltung 284, 336
 – im klassischen Sinne 31
Immobilienwirtschaft 14f., 26f., 35, 39, 61, 100, 172, 239, 261, 275f., 299, 301, 314, 318
Immobilienwirtschaftliche Optimierung 691
Immobilienzyklus 609, 770, 785
Index der Lebenshaltungskosten 744
Index für Einzelhandelspreise 744
Indexbeginn 747
Indexierte Mieten, Entwicklung der 751
Indexierung 316
Indexierung der Mietverträge 760, 814
Indexmarke 748
Indexmiete 181
Indexklauseln, Auswirkung verschiedener 759
Indexregelungen im Mietvertrag 747
Indexreihe für die Lebenshaltungskosten eines Vier-Personen-Haushalts 742
Industrie- und Gewerbeparks 12, 29
Inflation 306, 534
Inflationsängste 528
Inflationsrate 182, 523
Inflationsverlust 540, 743, 748, 752
Informationen 22, 39ff., 58ff., 87, 132f., 198f., 279f., 330, 340, 398, 400, 440, 522
Informations-Management 22, 30, 37, 52, 244, 383, 605
Informationsbasis 22, 46, 48f., 59, 243
Informationsbeschaffung 22, 197
Informationsdefizit 15, 23, 27, 302

Infrastruktur 34, 42, 64, 102, 147, 156, 183, 234, 279, 287, 403
Innenstädte 145, 147ff., 152ff., 158f., 163
Innenstadtleitvorstellungen 156
Input-Output-System 402
Instandhaltung 31, 230, 241, 273, 280f., 316, 320, 422
Instandhaltungs- und Betriebskosten 773
Instandhaltungsmodelle 546
Instandhaltungsprogramm 582
Instandsetzungskosten 689, 727
Institute of Real Estate Management (IREM) 21
Institutionelle Kapitalanleger 470f., 482f., 485
Interessenkonflikt 110, 127
Interest-cover-covenant 630
International Council of Shopping Centers (ICSC) 21
International Facility Management Association (IFMA) 21, 228
Internationalisierung 40f., 89, 149, 636
Interne-Zinsfuß-Methode 713, 720, 730f.
Intervalle 748
Investition 24, 44, 83, 129, 131, 179, 237f., 314ff., 370, 388, 411
Investitionsrechnung, statische Verfahren der 713
Investitions- und Wachstumsstrategien 67
Investitionsplanung 40, 583
Investitionsrechnungen 535
Investorengruppe 613
ISO 9004 122ff.
Ist-Situation, Erfassung der 676

J
Juristisches Fachwissen 31

K
Kalkulation 106, 121, 213
Kalkulationsspielräume 76
Kapitalanlage 33, 315, 355ff.
Kapitalbildung 521
Kapitaldienstgrenze 544
Kapitalisierungszinssatz 542
Kapitalsammelstellen 131
Kapitalwert 627, 714, 720, 730

Kapitalwertberechnung 725, 728
Kapitalwert-Methode 535, 714f., 728, 733
Katastrophenrisiken 307
Käufer 39, 50, 64, 117, 136f., 167, 386, 391, 395, 403, 425
Käufergruppe 386
Käufermarkt 383, 385
Kaufoption 566
Kaufpreisberechnung 187, 201
KIM – Kooperatives Immobilien-Management 275ff., 281, 283f.
Kleingruppen 196
Know-how 23, 31, 118, 126f., 254, 294, 297, 386, 411
Kommunen 36, 81, 101, 112f., 142f., 154, 193
Kommunikation 85f., 123, 134, 160, 220, 259, 343, 384, 394f., 397f., 402, 404, 411, 414ff., 419, 423, 446
Kommunikations-Management 409, 411
Kommunikations-Mix 393
Kommunikationsbudget 419
Kommunikationskonzept 414ff., 417, 422, 424, 436, 441, 446
Kommunikationsmaßnahmen 394, 396ff., 402, 419
Kommunikationsmittel 138, 417, 433, 438
Kommunikationspalette 427
Kommunikationsphasen 425
Kommunikationspolitik 58, 384, 393f., 396, 400f.
Kommunikationsprozeß 160
Kommunikationsservice 427
Kommunikationsstrategie 59, 384, 395
Kommunikationstechniken 153, 528
Kommunikationstest 423
Kompakte Stadt 155
Komplettlösung 121, 389, 392
Konditionen 42, 131
Konkurrenzschutz 31, 166, 184f.
Konsumverhalten 504, 816
Kontrollmechanismus 589
Konversion 463, 468, 677
Konzeption 47ff., 137, 144, 156, 287, 416, 446
Konzeptionsphase 422
Kooperatives Immobilien-Management 275
Koordinationsgespräche 134
Koordinierungsfunktion 121

Koordinierungsstellen 333f.
Kosten 22f., 77f., 106ff., 128f., 183f., 241f., 249ff., 256ff., 264ff., 279ff., 314ff., 351
Kosten-Management 184, 261ff., 266, 270ff., 283f., 356, 358f., 363
Kostenanalyse 51, 245, 261ff., 267, 271f., 280
Kostenarten 108, 263ff., 268ff., 272
Kosteneinsparung 80f., 250f., 422
Kostenentwicklung 100, 109, 174f.
Kostenerfassung 261ff., 266, 269f., 280, 282
Kostenpläne 108
Kostenplanung 128, 175, 261ff., 281, 416, 422
Kostenrahmen 175, 269
Kostensenkung 226, 252, 254, 281
Kostensenkungsmaßnahmen 261ff., 267, 271f., 280f., 283f.
Kostensenkungspotentiale 367
Kostentransparenz 49, 65, 248, 256, 259, 263, 280, 360
Kostenüberschreitungen 131
Kostenzuordnung 368
Kreativitätsablauf 435
Kreditfinanzierung 617
Krisen-Management 581
Kunde 27, 50, 55, 60f., 80ff., 132f., 293ff., 331, 383, 385ff., 392, 396, 404
kundengerechtes Optimierungskonzept 693
Kundenhinweise 594
Kundenservice 53, 288
Kurzexposé 486, 801

L

Lagen 103, 362, 387
Lagerung 488
Landeszentralbank, Genehmigung der 749
laufender Ertrag 572
Laufzeit der Mietverträge 471
Laufzeiten 316, 322
Lean Management 289
Leasehold 626
Leasing-Raten 554
Leasing-Vertrag 553
Leasinggeber 555
Leasingnehmer 553
Lebenshaltungskostenindex 740, 742f., 751
Lebensversicherung 299f., 318, 321ff.
Lebensversicherungsansprüche 325

Lebenszyklus 14, 22, 24f., 46, 52, 100, 261, 278
Leerstände 43, 51, 64, 397, 417, 528
Leerstandsquoten 39, 43, 109
Leistungs- und Massenverzeichnisse, computerunterstützte 136
Leistungsgegenstand 175
Leistungstransparenz 249
Leitbilder 148, 154f.
Leitstellen- und Informationsdienste 343
Leverage-Effekt 712, 732, 787, 851
Liegenschaften 16, 33f., 231, 276, 279
Liegenschafts-Management 235
Liegenschaftsverwalter 231, 240, 250
Lineare Segmentierung 681, 851
Liquidität für Anschlußvermietung 811, 820
Liquidität für Instandhaltung und Revitalisierung 811, 820
Logos 436f.
LTV-covenant 630
Luftqualität 586

M

Make-or-buy-Entscheidung 245
Makler 102, 106, 136, 315, 318, 391f., 397
Makroanalyse 40, 45, 103
Makrostandort 45, 62
Management 13, 15ff., 21, 29f., 33ff., 71f., 228f., 233f., 244ff., 304f., 333f., 539
Management-Anforderungen 22, 29
Management-Ansatz 256
Management-Aufgaben 273
Management-Ebene 225, 238, 305
Management-Gesellschaften 16f., 30, 35
Management-Immobilie 29, 539
Management-Know-how 669f.
Management-Lehre 84
Management-System 235, 333
Mangel 72, 83, 178, 189, 198, 218
Mängelhaftung 189, 218
Mängelnachbesserung 189, 220
Market-disruption-Clause 625
Market-Research 39
Marketing- und Öffentlichkeitsarbeit 31
Marketing-Mix 384f.
Marketinginstrumente 56, 384, 397, 405, 408
Marketingkonzept 26, 51, 115, 118, 383, 400, 411, 414, 416, 446

Marketingkonzeption 51, 118
Marketingmaßnahmen 453, 477, 481, 483, 490, 494
Marketingpolitik 295f.
Marketingpolitische Instrumente 60, 384
Marketing 26f., 39, 56, 115, 292, 295, 383, 402
Marketingschema 411
Marketingstrategie 383
Markt-Standortanalyse 653
Marktanalysen 14
Marktattraktivitäts-Wettbewerbsvorteils-Portfolio 38, 63
Marktbeobachtung 24, 397
Marktberichte 43, 396
Marktforschungsaufgaben 31
Marktgepflogenheiten 496
Marktgewichtung 777
Marktkenntnisse 32, 392, 596
Marktkonzept 55
Marktlage 417, 611
Marktstudie 611
Marktteilnehmer 15, 19, 22, 131, 398
Markttransparenz 54, 398, 565
Marktuntersuchung 32, 765, 770
Marktwachstums-Marktanteils-Portfolio 38, 62
Massenermittlung 266f.
Maßnahmenkatalog 59
Materialien 65, 79, 337, 438, 441, 444
Matrix 62f.
Matrix-Cluster 683
Mechanische Sicherheit 335, 338
Medienstruktur 396
Mehrfamilienhaus 388
Meinungsklima 453
Mietanpassung, Möglichkeiten der 740
Mietausfälle 317
Mietausfallversicherung 317
Mieteinnahmen 30, 51, 107f., 315, 362, 538
Mieter- und Branchenmix 47, 49f.
Mieteranalyse 50
Mieterbindung 580
Mieterdarlehen 557
Mieterfindung 53, 424
Mietergemeinschaften 166, 185
Mietermarkt 39, 52, 54, 103, 181, 270
Mieterprofil 499, 505

Mieterwechsel 31
Mietkandidaten 505
Mietkonditionen 515
Mietpartei 82
Mietpreisanpassung 765, 772
Mietverlustversicherung 371
Mietvertrag 24, 185f., 249, 315, 363, 371ff., 389, 591
Mietvertragsanalyse 600
Mietvertragsgestaltung 53f.
Mietvertragsklauseln 539
Mietzinsgestaltung 182f.
Mikroanalyse 45f., 102f.
Mikrostandort 43, 62
Mindesthonorar 188, 207, 210
Mobilität 41, 64, 147, 154, 287
Modelle 45, 139, 243, 322, 421
Modernisierungsmodelle 546
Motorisierung 154, 287
Multifunktionalität 154, 156, 163
Multimedia-Kommunikation 400
Multiplex 101
Multiplex-Kino 32, 153
Multiplikation 32, 45
Multiplikator 404
Musterbauordnung 345

N
Nachbesserung 188, 198, 209, 220
Nachfaßaktivitäten 615
Nachhaltige Stadt 155
Nachtragspreis 189, 217
National Association of Retailers (NAR) 21
Nebenkosten 28, 31, 50, 54, 166, 183f., 258
Nebenkostenabrechnung 31, 258, 261f., 270f., 276, 283, 363
Net Lease 599
Net-worth-covenant 634
Netto-Barwert 726, 729
Network-Anbieter 815
Neubau-Leasing 551
Neue Medien 398
Neuvermietung 580
Niederstwertprinzip 644
Notfallbekämpfung 348
Notleidende Immobilien 475
Nutzungsart einer Immobilie 803

Nutzungskonzept 676
Nutzungskonzeption 29, 44, 48, 65
Nutzungskosten-Budget 249
Nutzungsmischung 154ff.
Nutzungsphase 27f., 30, 77, 165, 169, 179
Nutzungsverträge 169f.

O

Objekt 677, 679
Objekt-Management 25ff., 29ff., 265, 275
Objektanalyse 22, 31, 39, 46f., 50, 52
Objektaufbereitung 477, 480, 483, 485, 489, 493
Objektbesichtigung 610
Objektbewirtschaftung 76
Objektgröße 16, 30, 43, 62, 64
Objektprüfung 477, 480, 482ff., 488, 491
Objektsteuerung 240
Objektverwalter 587
Off-balance-Effekt 563
Offene Immobilienfonds 470, 473, 485, 546, 767, 775
Öffentliche Hand 112, 147, 160, 217
Öffentliche Meinung 454, 456
Öffentliche Bauleistungen 527
Öffentlicher Personennahverkehr 161
Öffnungszeiten 185, 289ff.
Ökologie 69, 79, 97, 114f., 386, 389
Ökonomische Rahmenbedinungen 63
Online-Dienste 81
Online-Nutzer 400
Open Market Value 628
Operative Ebene 244
Optimierung 14, 51, 57, 128f., 136, 389, 411
Optimierung des Portfolios 664, 694
Optimierung einzelner Liegenschaften 664, 691
Optimierungsmaßnahmen 666, 674, 691, 703
Optimierungsstrategie 673, 677
Optionen bei wertgesicherten Verträgen 749
Organisationen im Immobilien-Management 20f.
Outsourcing 16, 23, 87, 93, 246, 289

P

Parallelarbeitsmodell 674
Parkgaragen 287, 293

Parkierungsanlage 288ff., 292ff., 295f.
Parkmöglichkeiten 110
Passivenversicherung 318, 320
Pauschalierung 174
Pauschalpreisvertrag 176
Pauschalvertrag 174, 176, 189, 215
Performance 68, 290
Periodenrentabilität 314
Peripherieschutz 339
Personalentwicklung 123
Phasenmodell 686
Photovoltaik 115
Planänderungen 188, 209
Planung 17, 23, 33, 52, 106, 145, 370, 386, 389, 391, 422, 430, 439
Planungs- und Konzeptionsphase 797
Planungsänderungen 280, 598
Planungsfortschritt 174
Planungsteams 129
Planungsverträge 187, 203, 213
Planwerte 267, 269, 271, 283
Polarisierung 153
Political Engineering 447, 449
Politik 88, 91ff., 147ff., 396
Portefeuilles 111
Portfolio 61, 68
Portfolio-Beleihungen 633
Portfolio-Konzept 61f., 67
Portfolio-Management 33, 35, 61, 356, 600
Portfolio-Management für privatrechtliche Anleger 663, 668
Portfolio-Manager 654, 667f., 676, 687, 690, 700, 705
Portfolio-Theorie 639, 641f., 647, 650, 652
Portfolio-Umschichtungen 695
Portfolioanalyse 61, 383
Portfoliomanager, externe 654
Portfolioplanung 356
Positionierung 63, 66, 415
Potentialfeld 41
Potentialstrategien 67
Preis 43, 54, 75, 82f., 215, 368, 388, 390f., 422
Preiseinschätzungsverfahren 492
Preisfindung 482, 489
Preispolitik 56, 295, 384, 390
Preispraxis 390
Preiswettbewerb 53

Pressearbeit 456
Privatinvestoren, indirekte 483
Problemidentifizierung 119, 132, 136
Problemlösung 119, 132ff., 137f., 257, 385
Produktentwicklung 122, 384
Produktimage 60
Produktion 127, 129, 142, 306, 386
Produktionsprozeß 134, 138
Produktkenntnis 595
Produktlebenszyklen 538
Produktpolitik 56, 386
Profit-Center 34, 229f., 246ff., 259, 359
Profitability-Index 711, 729
Proformahochrechnung 612
Prognoserechnung 535
Projekt-Management 25, 121, 127f., 167, 191, 571
Projekt-Management-Verträge 191
Projekt-Manager 14, 25, 122f., 132f., 142
Projektdurchführung 109, 132, 141
Projektentwickler 53ff., 99ff., 103f., 106f., 441
Projektentwicklung 22, 43f., 48, 95, 97, 391
Projektidee 102, 121, 123, 194
Projektkonzept 46
Projektnachsorge 109, 132
Projektplanung 187, 194, 238
Projektsteuerer 106, 119, 123ff., 127f.
Projektsteuerung 122f., 125, 130, 140, 144
Projektstudie 102, 104f., 106
Prospekt 117, 395, 407, 433f.
Provision 54f., 592
Provisionsertrag 398
Provisionsstruktur 591
Public Relations (PR) 292, 393, 397f., 402f., 422
Public-Private-Partnership 157, 159f.

Q

Qualitätsmanagement 122f., 177
Qualitätspolitik 123f.
Qualitätssicherungssystem 123ff.
Quellenbesteuerung 625
Quick-look 44
Quickcheck-Erfassungs- und Beurteilungsbogen 664, 708

R

Rangstelle 202
Rationalisierung 528
Raumbedarf 596
Raumplanung 238f.
Real Property Administrator (RPA) 21
Rechnungsprüfung 267, 282
Rechnungswesen 240, 292
Rechtliche Grundstückssituation 48
Rechtliche Rahmenbedingungen 64
Rechtliche Zulässigkeit der Indexierung 749
Rechtsberatungsgesetz 192
Rechtsbesorgung 192
Rechtschutzversicherung 320
Rechtsformen 783, 788
Rechtsunsicherheit 168
Rechtsvorschriften 349, 603
Refinanzierung 574
Regel-Ausnahmeprinzip 681
Regionalanalyse 37, 39ff., 43
Regionalforschung 41
Regulierung 75, 88, 330
Reichsgaragenordnung 287
Reinstatement-Value 629
Reinvestitionen 65, 560
Rendite 24, 43, 51, 64f., 100, 110f., 388, 532, 539
 – Begriff der 642f.
Rendite-Risiko-Kurve 641, 650
Renditeberechnung 111, 127, 362
 – bilanzielle 718
Renditeermittlung 765, 773
Rentabilität 25, 54, 127, 314ff., 370, 543
Rentabilitätsberechnung 89
Reputations-Management 447, 458f.
Research 34, 39f., 390f.
Ressourcen 49, 55f., 128, 134, 258
Ressourcenverfügbarkeit 64
Restbuchwert 557
Return-on-Investment-Methode (ROI) 685
Revitalisierung 31, 44, 46f., 67, 155
Risiko 65, 100f., 104, 135, 148, 604
Risiko-Lebensversicherung 325
Risiko-Management 584, 629
Risikoanalyse 370
 – des Portfolios 634

Risikoaspekte 695
Risikobereitschaft 144, 572
Risikoeindämmung 584
Risikofaktor 116, 305
Risikogemeinschaften 303
Risikokategorien 299, 305f., 309
Risikoplanung 301
Risikopotential 309, 374
Risikoprofil, individuelles 698
Risikostreuung 40
Risk-Management 299, 301f., 304f.
Risk-Management-Programm 585
Rückkaufswert 322
Rückvergütungssystem 288
Rückzahlbarkeit, vorzeitige 632

S
Sachanlagenverwaltung 572
Sachenrecht 202, 624
Sachleistung 407
Sachrisiken 299, 318
Sachwert 309, 329f., 344, 348, 534
Sale-and-lease-back 551, 559
Sales-Promotion 406
Sauberkeit 153
Schriften 436, 441f.
Schriftform 188, 208
Schutzaufgaben 327, 332, 340
Scoring-Modelle 45
Sealed-bid-Verfahren 615
Secondary Investments 635
Secondhandbereich 387, 392
Segmentierung 39, 62
 – des Portfolios 663, 680
Sekundärprozesse 233ff.
Selektion anhand der Funktion im Unternehmen 681
Selektion anhand von Immobilientypen 681
Selektionskriterien 684f.
Senioren 154, 387, 531
Senioren-Immobilien 33
Seniorenwohnheime 29, 32
Sensible Management-Immobilien 29
Serviceaufgaben 333
Servicefunktion 292, 331, 342
Serviceimmobilien 531
Servicekompetenz 291

Shareholder Value 644
Shopping-Center 16, 21, 29, 31, 185
Sicherheit 76, 78, 112, 153, 199, 578
Sicherheits-Management 16, 327, 329ff., 333ff.
Sicherheitsaufgaben 331, 334, 340
Sicherheitseinrichtungen 78, 311
Sicherheitskonzept 312, 333
Sicherheitslage 331
Sicherheitsorganisation 331
Sicherheitspersonal 78, 327, 334, 340ff.
Sicherheitsprogramm 579
Sicherheitsstandard 329, 351
Sicherheitstechnik, elektronische 327, 335, 337f.
Sicherungsinstrument 773f.
Sicherungsmaßnahmen 305, 312f., 338
Sicherungstechnik, mechanische 327, 337, 351
Single-purpose-company 630
Softwarelösungen 273, 361
Softwaresysteme 276f.
Soll-Ist-Vergleich 109, 137, 261, 268, 271f., 282
Sonder-AFA 111, 562
Sonderabschreibungen 392, 530, 532
Sonderausgaben 324f.
Sonderimmobilien 387, 389
Soziodemographische Struktur 502
Spekulationsfrist 533
Spezialimmobilie 461, 463, 471, 473, 681, 803, 807
Sponsor 397, 405
Sponsoring 393, 397f., 405, 411
Staatliches Immobilien-Management 840ff.
Städtebauliche Gebote 158
Städtebauliche Rahmenpläne 159
Städtebauliche Verträge 158
Stadtentwicklung 64, 113, 145, 154f., 160, 231
Stadtentwicklungspolitik 64
Stadtkern 147, 152, 159, 162f.
Stadtmarketing 159ff.
Staffelmiete 182
Staffelmietvertrag 182
Standardmietvertrag 512f
Standort 17f., 44f., 51, 102, 154, 362, 387, 390, 403, 439, 524
Standortanalyse 22, 31, 43ff., 564

Standortfaktoren 42, 45f., 64
Standortgutachten 511f., 515, 818
Standortmarketing 447, 450, 452f., 456f., 692
Standortorientierte Selektion 681
Stärken-Schwächen-Analyse 47, 56
Statische Informationen 605
Steuerliche Komponenten, Einbeziehung der 762
Steuerorientierung 468f., 471
Steuersparmodelle 538
Steuerungssysteme, kaufmännische 842
Stille Reserven 560
Störungsereignisse 310
Strategie 27, 45, 56, 67, 154, 242, 367, 384, 403
Strategische Allianzen 471
Strategische Planung 248, 602
Strategische Geschäftseinheiten (SGE) 61ff., 66ff.
Strategisches Immobilien-Management 639, 668
 – Aufgaben 33
Strukturwandel 153, 287
Stufenweise Beauftragung 173
Substanzwert 542, 670, 688, 820
Symbolanalytiker 137ff., 141
Symbolanalytische Dienste 137
Synergieeffekte 34, 185, 258, 407f.

T
Technischer Service 363
Technologisierung 114
Teilamortisationsmodell 556
Teileigentumseinheiten 214
Teilindexierte Mieten, Entwicklung 751
Teilleistungsanbieter 257
Teilungserklärung 188, 213f.
Teilungsgenehmigung 187, 203
Telearbeitsplätze 816
Telebanking 153
Telekommunikation 73, 77
Terminplan 189, 217
Testverfahren 423
Text 140, 343, 422, 433, 435f., 442
Tilgung 203, 322ff., 609
Tilgungsaussetzung 322ff.
Tilgungsaussetzungsmodelle 545

Trade-Off 254
Trading-Portfolio 651
Trading-Strategie 652
Transaktionskosten 541, 547
Trendprognose 697
Treuhandbankvertrag 793
Treuhandkonstruktion 789f.
Treuhandvertrag 791, 793
Trigger-Rate 631
Triple Net Lease 599
TÜV 466f.

U
Überökonomisierung 163
Überpüfungszeitraum 618
Umfeld 39, 41, 82, 102f., 106, 130, 134, 403, 405
Umlegungsmaßstab 184
Umsatzmiete 182f., 277
Umschichtung 575
Umsetzungsphase 674
Umweltschutz 80
Umweltverträglichkeitsprüfung 188, 205
Unternehmen Stadt 156
Unternehmensführung 68, 75, 233, 238, 304
Unternehmensstrategien 67
Unterversicherung 319
Urban Entertainment Center (UEC) 474, 822
Urbanität 148, 153f., 163
Urheberrecht 188, 211
Urkunde 187, 201, 208, 421
USP (Unique Selling Proposition) 452

V
Vacant-position-Value 629
Veräußerung 100, 616
Veräußerungsablauf 617
Veräußerungsgewinn 533
 – steuerfreier 762
Veräußerungsgewinnsteuer 776
Veräußerungsstrategien 607
Verband Deutscher Maschinen- und Anlagenbau e.V. (VDMA) 230
Verdingungsordnung für Bauleistungen (VOB) 168, 171
Vergleichsphase 58

855

Vergleichsphase 58
Vergleichswert 390
Vergütung 167, 173f., 176, 216
Verhaltenskategorien 403
Verhandlungsmacht 52, 64
Verhandlungsprotokolle 165, 172
Verhandlungsstärke 52, 54
Verjährung 178, 189, 218
Verjährungsfrist 178
Verkauf 26, 100, 117, 133, 279, 391, 397, 406, 411, 446
Verkäufermarkt 383
Verkaufs-Management 5, 24, 36
Verkaufsauftrag 480, 489, 492, 496
Verkaufsentscheidung 610
Verkaufsförderung 391, 393, 397, 406, 411, 614
Verkaufshandbuch (Sales Manual) 407
Verkehrsdienst 332, 341
Verkehrsentwicklungsplan 161
Verlängerungsklausel 187, 200
Vermarktungskonzept 413
Vermarktungsunterlagen 465ff., 484, 611
Vermiet- und Verkaufs-Management 24, 36
Vermiet-Management 7, 24, 32, 73
Vermietung 24ff., 279, 294, 315, 388, 390f., 411, 446
Vermietungsentscheidung 501
Vermietungserfolg 501, 511f., 539
Vermietungsgesellschaft 561
Vermietungsteams 510
Vermietungswesen 229, 239
Vermögen in Tochterorganisationen 663, 673
Vermögensdiversifikation 538
Vermögensteuer 532
Vermögensverwaltende Kommanditgesellschaft (KG) 791
Vernetzter Balkenplan (GANNT)
Vernetzung 69, 81, 121, 155f., 408, 521
Versicherung 14, 107, 111, 149, 211, 363, 370ff., 577
Versicherungshypothek 299, 321
Versicherungsschutz 188, 211, 272, 318, 341
Versicherungssumme 321ff.
Verträge 28, 50, 108, 117, 121, 204
Vertrags-Management 28, 167, 177, 276f.

Vertragsdauer 165, 179, 181f.
Vertragsgestaltung 112, 116, 171, 173, 564
Vertraglaufzeit 28, 54, 179f., 182
Vertragsrecht 624
Vertragsstrafe 116, 177, 208, 220
Vertragsverhandlungen 172f., 203, 598, 616
Vertrieb 117, 129, 391f., 394, 401, 406f.
– indirekter 392
Vertriebsstrukturen 392
Vertriebsweg 464, 469, 471
Videoüberwachung 291, 293, 339, 343
VOB 126, 168f., 176, 192, 221
Volkswirtschaftliche Gesamtrechnung 525
Vollmacht 188, 204, 213f.
Vollvermietung 419
Vorhaben- und Erschließungsplan (VEP) 157, 188, 205
Vorratsgrundstücke 663, 672

W

Wachstums- und Konjunkturzyklen 770
Währungsfragen 635
Währungsgesetz 181
Wartungsprogramme 582
Wartungsverträge 576
Wechselkursabsicherung 765, 773, 775
Weiterbelastung 270, 283
Werbeagenturen 401, 411
Werbegemeinschaft 31, 65, 186, 240, 295
Werbestrategien 592
Werbung 185, 292, 391, 393, 397f., 400, 402, 411, 592
– im Internet 400
Werbungskosten 324, 326, 625
Wert einer Immobilie 419
Wertschöpfung 129, 132, 136, 142, 227, 234
Wertsicherung 202, 539
– der Mieten durch Indexbindung 735, 742
Wertsicherungsklausel 181, 541
– Genehmigung und Gültigkeit 749
Wertveränderung 642f., 645f.
Wertzuwachs 135, 536
Wettbewerbssituation 46f., 52, 228
Wettbewerbsvorteile 56, 63f., 243
Wiedervereinigung 22, 104, 106, 191, 423

Wirtschaftliche Unternehmensrisiken 299, 314
Wirtschaftlichkeitsaspekte 51, 65
Wirtschaftlichkeitsberechnungen 105
Wirtschafts- und Immobilienpolitik 838
Wirtschaftsförderung 42, 145, 162
Wirtschaftsstruktur 42, 63
Wohn- und Gewerbeimmobilien 19, 264, 284
Wohnen 53, 71, 89, 149, 316, 384
Wohngebäudeversicherung 318 f.
Wohnimmobilien 19, 48, 77, 86, 107, 265, 386ff., 397, 401, 403, 532
Wohnung 17 f., 69, 71 ff., 74 ff., 82, 296, 387ff., 529
Wohnungsbau 71, 76 f., 88, 142, 362, 527
Wohnungsfrage 71
Wohnungsimmobilie 19, 69, 385
Wohnungsmanagement 71 f., 77
Wohnungsverwaltung 69, 75, 79, 83, 87

Workflow 246
Worst-case-Szenario 104, 116

Z

Zahlungsflußorientierte Selektion 681
Zentrale Dienste 239
Zielfindungsphase 674
Zielgruppe 15, 23, 27, 39, 60, 110, 387ff., 392, 395ff., 400ff., 411, 414ff., 421ff., 436, 438
Zielkonflikt 56, 112, 226, 254
Zielsetzung 15, 23, 25, 27 f., 33, 57, 356, 397, 407, 414
Zielsetzungsphase 58
Zielvorgabe 83
Zinsänderungsrisiken 631
Zusätzliche Leistung 216
Zutrittskontrollsysteme 340
Zwischenfinanzierungszinsen 727
Zyklus 609